Harold C. Schonberg

Die großen Komponisten

Harold C. Schonberg

Die großen Komponisten

Ihr Leben und Werk

Aus dem Amerikanischen von Gerhard Aschenbrenner,
Hans-Horst Henschen und Albrecht Roeseler

Gondrom

Titel der amerikanischen Originalausgabe:
Harold C. Schonberg, The Lives of the Great Composers. Revised Edition
W. W. Norton & Company Inc., New York 1981

Aus dem Amerikanischen übersetzt von Gerhard Aschenbrenner (Vorwort, Kap. 1–11, 19–20),
Hans-Horst Henschen (Kap. 12–18, 21–26) und Albrecht Roeseler (Kap. 27–40).

Sonderausgabe für Gondrom Verlag GmbH & Co. KG, Bindlach 1990
© 1983 Athenäum Verlag GmbH, Königstein/Ts.
© 1981 by Harold C. Schonberg
Alle Rechte vorbehalten
Ohne ausdrückliche Genehmigung des Verlages ist es auch nicht gestattet, das Buch oder Teile
daraus auf fotomechanischem Weg (Fotokopie/Mikrokopie) zu vervielfältigen.
Umschlaggestaltung: Creativ Werbe- und Verlagsgesellschaft U. Kolb, Leutenbach
Umschlagbilder: BAVARIA (Guiseppe Verdi, Mendelsson-Bartholdy), Nationalarchiv der
Richard-Wagner-Stiftung Bayreuth (Richard Wagner), IFA Bilderteam (Franz von Liszt),
LAENDERPRESS (W. A. Mozart, Ludwig van Beethoven, Joseph Haydn, Franz Schubert)
Druck und buchbinderische Weiterverarbeitung: Druckerei „Hermann Duncker",
Leipzig – III/18/138
ISBN 3-8112-0706-7

Für Rosalyn

Inhalt

Vorbemerkung 11

1. Kapitel
CLAUDIO MONTEVERDI · Wegbereiter der Oper 13

2. Kapitel
JOHANN SEBASTIAN BACH · Verklärung des Barock 29

3. Kapitel
GEORG FRIEDRICH HÄNDEL · Komponist und Impresario 47

4. Kapitel
CHRISTOPH WILLIBALD GLUCK · Reformer der Oper 62

5. Kapitel
JOSEPH HAYDN · Klassik par excellence 73

6. Kapitel
WOLFGANG AMADEUS MOZART · Das Wunder aus Salzburg 86

7. Kapitel
LUDWIG VAN BEETHOVEN · Der Revolutionär aus Bonn 101

8. Kapitel
FRANZ SCHUBERT · Der Liedkomponist 117

9. Kapitel
WEBER UND DIE FRÜHROMANTIKER · Freiheit und eine neue Sprache 131

10. Kapitel
HECTOR BERLIOZ · Romantischer Überschwang und klassisches Maß . . . 145

11. Kapitel
ROBERT SCHUMANN · Florestan und Eusebius 164

12. Kapitel
FRÉDÉRIC CHOPIN · Apotheose des Klaviers 180

13. Kapitel
FRANZ LISZT · Virtuose, Scharlatan – und Prophet 196

14. Kapitel
FELIX MENDELSSOHN-BARTHOLDY · Bürgerliches Genie 212

15. Kapitel
ROSSINI, DONIZETTI UND BELLINI · Gesang, Gesang und abermals Gesang 224

8 Inhalt

16. Kapitel
MEYERBEER, CHERUBINI UND AUER · Prunk, Prunk und abermals Prunk . . 241

17. Kapitel
GIUSEPPE VERDI · Der italienische Koloß 259

18. Kapitel
RICHARD WAGNER · Der deutsche Koloß 281

19. Kapitel
JOHANNES BRAHMS · Hüter der Flamme 306

20. Kapitel
HUGO WOLF · Meister des Kunstlieds 321

21. Kapitel
STRAUSS, OFFENBACH, SULLIVAN · Walzer, Cancan, Satire 329

22. Kapitel
VON GOUNOD BIS SAINT-SAËNS · Faust und die französische Oper 350

23. Kapitel
VON GLINKA BIS RIMSKIJ-KORSAKOW · Der russische Nationalismus und
das „mächtige Häuflein„ 369

24. Kapitel
PJOTR ILJITSCH TSCHAIKOWSKY · Übersättigte Emotionalität 393

25. Kapitel
EUROPÄISCHE NATIONALISTEN · Von Böhmen bis Spanien 407

26. Kapitel
VON FRANCK BIS FAURÉ · Chromatik und Sensibilität 432

27. Kapitel
GIACOMO PUCCINI · Nur für das Theater 445

28. Kapitel
RICHARD STRAUSS · Die lange Coda des Romantizismus 459

29. Kapitel
BRUCKNER, MAHLER, REGER · Religion, Mystizismus und Rückblick . . . 476

30. Kapitel
CLAUDE-ACHILLE DEBUSSY · Symbolismus und Impressionismus 498

31. Kapitel
MAURICE RAVEL UND LES SIX · Gallische Eleganz und neue Saat 513

32. Kapitel
IGOR STRAWINSKY · Das Chamäleon 529

Inhalt 9

33. Kapitel
ELGAR, DELIUS, VAUGHAN WILLIAMS · Die englische Renaissance 540

34. Kapitel
SKRJABIN UND RACHMANINOW · Mystizismus und Melancholie 559

35. Kapitel
PROKOFJEW UND SCHOSTAKOWITSCH · Unter den Sowjets 577

36. Kapitel
BUSONI, WEILL, HINDEMITH · Deutscher Neoklassiszismus 591

37. Kapitel
VON GOTTSCHALK ZU COPLAND · Beginn einer amerikanischen Tradition 605

38. Kapitel
BÉLA BARTÓK · Der kompromißlose Ungar 623

39. Kapitel
SCHÖNBERG, BERG, WEBERN · Die zweite Wiener Schule 634

40. Kapitel
Nach 1945: Die internationale serielle Schule 655

Bibliographie 669

Bildnachweis 686

Personenregister 686

Vorbemerkung

Ich habe das vorliegende Buch für den interessierten Laien geschrieben und mich um eine Gestaltung bemüht, welche die geschichtliche Kontinuität von Claudio Monteverdi bis zu Arnold Schönberg wahrt. Die Entwicklung der Musik ist ein kontinuierlicher Prozeß, und kein Genie hat je darauf verzichtet, hie und da etwas von seinen Vorgängern zu übernehmen.

Bei der Niederschrift dieses Buches war ich bestrebt, die großen Komponisten auch als Menschen darzustellen, einen Begriff davon zu geben, was sie empfanden und dachten. Dieser Ansatz ist heute etwas aus der Mode gekommen. Viele Musikwissenschaftler vertreten mit Nachdruck die Ansicht, daß es nicht um den Menschen, sondern um das Werk gehe, daß ein Musikstück sich am besten als Musik erklären lasse, daß eine gründliche Analyse von Harmonie und Struktur die einzige stichhaltige ‚Erhellung' liefere. Alles andere sei nur sentimentales Geschreibsel für Programmhefte. Ich bin hingegen fest davon überzeugt, daß Musik durch den Menschen und seine Zeit erklärt werden *muß*. Denn die Musik, die jemand schafft, ist Funktion seiner selbst, ist Spiegelung seines geistigen Prozesses und seiner Reaktion auf die Welt, in der er lebt. Wir sehen die Welt mit den Augen eines Rembrandt, Cézanne oder Picasso, wenn wir ihre Bilder betrachten, und gleichermaßen erleben wir die Welt mit den Ohren und dem Geist eines Beethoven, Brahms oder Strawinski, wenn wir ihre Musik hören. Je größer die Identifizierung ist, um so besser können wir das Werk des Komponisten erfassen. Dies war der Grund, warum der französische Pianist Alfred Cortot von seinen Schülern verlangte, sie sollten, wenn sie ein Musikstück studierten, auch Biographien des Komponisten, seine Korrespondenz und die Briefe seiner Zeitgenossen lesen. Der Schüler hatte dann die Aufgabe, das Musikstück zum gesamten Leben und Schaffen des Komponisten in Beziehung zu setzen.

Das vorliegende Buch betont deshalb die biographischen Aspekte der Großen der Musik. Die Fachtermini werden auf ein Mindestmaß beschränkt; nicht zu umgehen waren sie allerdings bei der Behandlung der Zwölfton- und der seriellen Musik des zwanzigsten Jahrhunderts. Form und Analyse sollten hingegen den Gelehrten und Berufsmusikern überlassen werden. Ich kann mich nicht mit Büchern anfreunden, die sich vermeintlich an den Laien wenden, aber eine Fülle komplizierter Notenbeispiele enthalten. Der Laie, dem es schwer fällt, auch nur einer einzigen D-Dur-Zeile im G-Dur-Schlüssel zu folgen, kann sie nicht nutzbringend lesen.

Den bedeutendsten Komponisten ist meistens ein ganzes Kapitel gewidmet. Große Tonsetzer, deren Beiträge zur Musikgeschichte nicht isoliert betrachtet werden können, werden zusammen mit einem oder mehreren Zeitgenossen behandelt. Außerdem gibt es in diesem Buch auch Kapitel, die sich mit einer ganzen Periode oder einer bestimmten Zeit und Gegend beschäftigen und somit die biographischen Kapitel ergänzen.

Diese überarbeitete und erweiterte Fassung meines 1970 erstmals erschienen Buches beginnt mit Monteverdi. In meiner ersten Fassung, die Ende der sechziger Jahre entstand, setzte ich Bach an den Anfang meiner Darstellung, da Monteverdi damals noch relativ selten gespielt wurde. In den siebziger Jahren wurde er wiederentdeckt, und seitdem gehören seine Opern zum Repertoire der Opernhäuser der ganzen westlichen Welt. Außerdem endete meine erste Fassung mit der zweiten Wiener Schule, während es mir nun – 1980 – möglich schien, die nach 1945 komponierte Musik mit größerer Sachkenntnis zu behandeln.

Einige Artikel sind ursprünglich in meiner Samstagskolumne in der *New York Times* oder im *Times*-Magazin erschienen. Ich habe sie für die vorliegende Ausgabe jedoch überarbeitet und erweitert. Der *New York Times Company* möchte ich für die Erlaubnis danken, dieses Material verwerten zu dürfen. Ein Großteil des Kapitels über Charles Ives war bereits 1958 in der Dezembernummer des *Esquire* erschienen und wurde mit Genehmigung von *Esquire Magazine Inc.* hier aufgenommen. Erich Schaal stellte mir aus seiner Sammlung seltene Fotos von Komponisten zur Verfügung, und Rosemary Andersen war mir eine große Hilfe bei der Beschaffung weiterer Aufnahmen. Mein Dank gilt auch Herrn Robert E. Farlow, dem verstorbenen Lektor des Verlags W. W. Norton, der mein Manuskript mit Sachkenntnis und Engagement betreute.

Claire Brook gab mir die wertvolle Anregung, die erste Fassung meines Buchs zu überarbeiten, die musikwissenschaftlichen Forschungsergebnisse seit Ende der sechziger Jahre heranzuziehen und die Kapitel über Monteverdi und über die Entwicklung der Musik nach dem Zweiten Weltkrieg hinzuzufügen. Auch ihr bin ich zu großem Dank verpflichtet.

1. KAPITEL

Claudio Monteverdi
Wegbereiter der Oper

Der früheste Komponist der Musikgeschichte, dessen Werke heutzutage weltweit gespielt werden, ist Claudio Monteverdi. Viele seiner großen Vorgänger und Zeitgenossen waren seinerzeit berühmt – und sind es sogar heute noch. Doch im modernen Konzertleben spielt ihre Musik nur eine untergeordnete Rolle. Adrian Willaert, Johannes Ockeghem, Jacques Arcedelt, Orlando di Lasso, William Byrd, Thomas Tallis, Jan Sweelinck, Palestrina, Heinrich Schütz, Jean-Baptiste Lully – sie alle waren Wegbereiter; Beispiele ihres Schaffens finden sich auf Schallplatten und sind gelegentlich in Kirchen und Chorkonzerten zu hören. In musikwissenschaftlichen Untersuchungen werden sie erschöpfend behandelt, sie haben sogar viele begeisterte Anhänger. Dennoch kann man aber nur selten ihre Œuvre in Konzertsälen hören, da verhältnismäßig wenige Musiker umfassende Kenntnisse über die Zeit vor Bach und ihre komplizierte Aufführungspraxis besitzen. Dazu kommt noch, daß das Publikum vielfach die Musik dieser Periode als archaisch, unpersönlich oder schlicht und einfach als langweilig empfindet.

Anders verhält es sich mit Monteverdi, der im Mai 1567 in Cremona geboren wurde und am 29. November 1643 in Venedig starb. Bis in die fünfziger Jahre konnte niemand ahnen, daß Monteverdi heutzutage eine derartige Popularität besitzen werde. Zu seinen Lebzeiten erfreute sich der Künstler großer Beliebtheit, doch dann geriet er in Vergessenheit. In der ersten Hälfte des neunzehnten Jahrhunderts zog Carl von Winterfelds umfassende Studie über Giovanni Gabrieli eine gewisse Aufmerksamkeit auf Monteverdi. Doch erst 1881 wurde eine moderne Ausgabe seiner großen Oper *Orfeo* (Orpheus) gedruckt. Aber auch dies bewirkte nicht viel. Zwar kam es hie und da zu Aufführungen von Monteverdi-Opern, darunter zu einem modernisierten und ‚gereinigten‘ Orfeo an der Metropolitan Opera 1912. Doch es blieb unseren Tagen vorbehalten, Monteverdi als großen Opernkomponisten wiederzuentdecken.

Die Aufführungen der Opern Monteverdis erlebten einen plötzlichen Aufschwung. Überall dort, wo es Chöre oder Madrigalensembles gibt, wird seine Vokalmusik gesungen. Er scheint mit seiner Musik dem Zeitgeist zu entsprechen, obwohl diese heute zwangsläufig meistens anders gehört wird, als sie vor über dreihundert Jahren in Manuta oder Venedig erklang. Die Tonhöhe hat sich verändert. Viele der von Monteverdi verwendeten Instrumente werden heute nicht mehr gebraucht, über die Aufführungspraxis seiner Zeit ist man nicht genug unterrichtet. Dennoch erfreuen sich aufgrund ihres leidenschaftlichen, eindrucksvollen Charakters Monteverdis Opern in unseren Tagen wieder großer Beliebtheit.

Monteverdi, der älteste Sohn eines Arztes, verbrachte die ersten zweiundzwanzig Jahre seines Lebens, bis 1597, in der Geigenbauerstadt Cremona, wo Andrea Amati (1535–1611) die Technik erarbeitete, die dann von Stradivari und der Familie Guarneri vervollkommnet wurde. Vermutlich besuchte Claudio Monteverdi die Universität seiner Heimatstadt, wo er unter der Anleitung des Domkapellmeisters Marcantonio Ingegneri studierte. In seinen drei ersten Publikationen, den *Sacrae Cantinculae* (1958²), den *Madrigali spirituali* (1583) und den *Canzonetti a tre voci* (1584), bezeichnete er sich stolz als „Ingegneris Schüler". Seine beiden ersten Bücher weltlicher Madrigale wurden 1587 und 1590 veröffentlicht. Monteverdi war ein fleißiger, höchst begabter junger Mann. Bereits sein erstes Madrigalbuch, das er mit zwanzig schrieb, wies ihn als einen Meister aus.

In der zweiten Hälfte des sechzehnten Jahrhunderts wurde in ganz Europa der Stil der berühmten niederländischen Komponisten nachgeahmt. Der Einfluß der niederländischen Schule ist auch bei Monteverdi offenkundig. Guillaume Dufay (um 1400–1474) hatte viele Jahre in Rom, Florenz und Turin verbracht; der in Flandern geborene Johannes Ockeghem (um 1420–1495) hatte am französischen Hof und in Spanien gewirkt, Josquin Despréz (um 1450–1521) Tonsetzer in Mailand, Florenz und Rom beeinflußt. Der aus Brabant gebürtige Heinrich Isaac (1450–1517) hatte in Florenz, Rom und Wien gearbeitet, Adrian Willaert (zwischen 1480 u. 1490–1562) einen größten Teil seines Lebens in Venedig verbracht. Sein Schüler Ciprian de Rore (1516–1565) war ihm im Amt des Maestro di cappella im Markusdom nachgefolgt. Orlando di Lasso (1532–1594) hatte vor seiner Übersiedelung nach München sich lange Jahre in Italien aufgehalten. Jacobus Clemens, genannt Clemens non Papa, (1510–1556) hatte eine Zeitlang in Florenz gelebt.

Die Niederländer übten mit ihrer Meisterschaft in der Kunst der kontrapunktischen Stimmführung großen Einfluß auf andere Komponisten aus, ähnlich wie die serielle Musik der fünfziger und der sechziger Jahre die internationale Avantgarde in ihren Bann zog. Diese Art von Polyphonie erreichte ihren Höhepunkt mit Komponisten wie Giovanni Pierluigi da Palestrina (1525–1594), Orlando di Lasso, William Byrd und dem Spanier Tomás Luis de Victoria (um 1548/50–1611). Monteverdi dürfte im niederländischen Stil unterwiesen worden sein, da sein Lehrer Ingegneri ein Schüler von Ciprian de Rore war. Doch weltliche Musik interessierte Monteverdi mehr als kirchliche. Bereits 1584 löste er sich mit seinen Kanzonetten von der althergebrachten Tradition. Die Italiener hatten eine bunte Vielfalt volkstümlicher Musikformen – Maskerade, Ballett, Pastorale, frottola, und verschiedene andere Lied- und Tanzformen –, die Monteverdi anzogen.

Doch die musikalische Form, die ihn am stärksten interessierte, war das Madrigal, das von Luca Marenzio (1553–1599) und Carlo Gesualdo (1560–1613) zu einem dramatischen Ausdrucksmittel geformt worden war. In der Regel war das Madrigal die Vertonung eines kurzen Gedichts für zwei oder mehr Stimmen (nur selten mehr als sechs), häufig, aber nicht immer, mit

Instrumentalbegleitung. Mit Begeisterung vertonten die Komponisten Worte wie „Tod" (mit einer chromatischen Abwärtsbewegung), „fliegen" (steigende und fallende Koloraturen), „Schmerz" (gehauchte Seufzer) usw. Als das italienische Madrigal nach England gelangte, ergingen sich auch die dortigen Komponisten – Wilbye, Weelkes und die anderen Tonsetzer aus der großen elisabethanischen Epoche – in üppiger Tonmalerei.

Das späte Madrigal konnte chromatisch und sogar, wie in Gesualdos oder Monteverdis Fall, richtiggehend dissonant sein. Es kam vor, daß Elemente anderer italienischer Gesangsformen – der *frottola,* der *giustiniana,* der *villanella* und des *balletto* – im Madrigal erschienen. Doch es nahm nicht nur volkstümliche Liedformen auf, sondern wies auch auf die Oper voraus; mehrere Musikwissenschaftler haben über den Einfluß der Madrigaltechnik auf die Rezitative in Monteverdis Opern geschrieben. Nach Monteverdis Tod verschwand die Form des Madrigals beinahe für immer.

Wie alle Komponisten der damaligen Zeit bemühte sich Monteverdi nach Abschluß seiner Lehrzeit um ein kirchliches Amt oder eine Anstellung an einem Hof. Er hatte sich bereits ausgewiesen, war ein ausgezeichneter Violaspieler, hatte vier Werke veröffentlicht, war etwas gereist und mithin keineswegs ein Provinzler. 1590 fand er seine erste Anstellung als Sänger und Violaspieler am Hofe der Gonzaga in Mantua.

Herzog Vincenzo, der regierende Fürst, war wie die meisten Fürsten der Renaissance ungeheuer reich, arrogant, streitsüchtig und genußfreudig, jedoch mächtiger als die meisten anderen. Die Gonzaga waren mit den Häusern Habsburg, Este, Farnese und Medici verwandt. Außerdem erwies sich Herzog Vincenzo als Mäzen von Malern und Musikern. Kein geringerer als Rubens war acht Jahre lang sein Hofmaler. Selbstverständlich hielt sich der Fürst ein eigenes Theater und eine eigene Hofkapelle. Zweimal nahm der Herzog seine Theatertruppe nach Versailles mit.

Monteverdi unterstand zunächst Gian Giacomo Gastoldi, der 1582 zum *maestro di cappella* ernannt worden war. Daneben lernte Monteverdi vermutlich viel von Giarches de Werth, dem berühmten niederländischen Madrigalisten und vormaligen Kapellmeister am mantuanischen Hof. Andere tüchtige Musiker am Hof waren Benedetto Pallavicino, Lodovico Grossi da Viadana und Salomone Rossi („l'Ebreo" – der Jude). Sie arbeiteten eng zusammen und komponierten ständig Musik für Hof und Kirche.

Monteverdi gewöhnte sich ein. 1595 heiratete er Claudia Cattaneo, eine Sängerin am Hof. Sie gebar ihm zwei Söhne, starb aber schon in jungen Jahren, 1607. Monteverdi ging keine zweite Ehe ein. 1592 veröffentlichte er ein weiteres Buch mit Madrigalen; er begleitete den Herzog 1595–1596 auf die Kampagne gegen die Türken wie auch 1599 nach Flandern. Monteverdis Bruder Giulio Cesare war gleichfalls Musiker und Komponist am mantuanischen Hof und lieh dem berühmten Jüngeren zuweilen seine Stimme. So war es beispielsweise Giulio, der im Vorwort zu den *Scherzi musicali* von 1607 einige von Claudios Gedanken und Theorien erläuterte.

Monteverdi wartete – nicht allzu geduldig – auf eine Beförderung. Am 20. November 1601, nach Pallavicinos Ableben, schrieb er einen Brief an den Herzog, in dem er darlegte, daß er den Tod Alessandro Striggios, de Werths, Francesco Rovigos und nun Pallavicinos erlebt habe. Er verlangte praktisch die Stellung des *maestro di cappella* für sich und erhielt sie auch. Doch das Salär war kärglich, und die Arbeit anstrengend und anspruchsvoll. Monteverdi, der sich in Geldverlegenheiten befand, wurde ständig von Sorgen bedrängt. Die Arbeitsfülle hinderte ihn sogar am Komponieren. Zwischen seinen Madrigalen aus dem Jahr 1592 und der nächsten Publikation, dem vierten Madrigalbuch (1603), vergingen elf Jahre. Das fünfte erschien 1605 und wurde von Giovanni Maria Artusi, einem konservativen Musiktheoretiker, scharf kritisiert. Doch gerade das fünfte Buch trug Monteverdi internationales Ansehen ein. Es erschien in Deutschland, Dänemark und dem heutigen Belgien. 1607 wurden die dreistimmigen *Scherzi musicali* veröffentlicht. Und dann, gleichfalls 1607, erschien Monteverdis erste Oper, *Orfeo*.

Die Oper war damals noch eine ganz junge Kunstform, die nur ein paar Jahrzehnte früher entstanden war, als in Florenz eine Gruppe von Literaten und Musikern (zum Teil Dilettanten) eine neue Kunstform erdachte, um die griechische Tragödie, so wie man sie verstand, wiederzuerwecken. Die Theorien wurden mehr oder minder von Vincenzo Galilei (dem Vater Galileo Galileis) in seinem *Dialogo della musica antica e della moderna* (1581) ausformuliert. Galilei versuchte, den Weg der Musik von der griechischen Antike bis in seine eigene Zeit zu verfolgen, und strebte eine Kombination von Musik und Drama an, die das wiederherstellen sollte, was er und die Gruppe um ihn als den antiken Zustand der Musik betrachteten. Galilei räumte zwar ein, daß ein großer Teil der modernen Musik vortrefflich sei, aber „heutzutage ist nicht das geringste davon zu sehen oder zu vernehmen, was die Musik der Alten zuwege brachte." Die gegenwärtige Musik habe kein anderes Ziel als „das Ergötzen des Ohres, wenn man es denn ein Ergötzen nennen kann." Die modernen Komponisten dächten zuallerletzt an „den Ausdruck der Worte mit jener Leidenschaft, die sie verlangen ... Ihre Unwissenheit und Sorglosigkeit sind mit die stärksten Ursachen, warum die Musik unserer Zeit bei den Hörern keine jener tugendhaften und herrlichen Wirkungen erzielt, wie es die Musik der Alten getan". Galilei redete den Komponisten ins Gewissen, sie sollten Musik schreiben, in der alle Faktoren berücksichtigt würden, „der Charakter der sprechenden Figur, ihr Alter, ihr Geschlecht, von wem sie spricht und welche Wirkung sie mit diesen Mitteln zu erzielen bestrebt ist."

Die Florentiner Camerata, wie Galilei und seine Gruppe genannt wurden, glaubte also, zu der Praxis der alten Griechen zurückzukehren. Sie wandte sich gegen die Polyphonie; sie wollte eine einfache Gesangslinie, eine schlichte Begleitung, natürliche Charakterisierung und natürliche Wortvertonung. Der Camerata gehörten unter anderen der Dichter Rinuccini, der Libretti lieferte, sowie die Komponisten Emilio de'Cavalieri, Jacopo Peri und Giulio Caccini an. Ihre Theorien gewannen mit Peris *Dafne* von 1597 konkrete Gestalt, die gemeinhin als die erste komponierte Oper gilt. Einige Jahre später arbeiteten Peri und Caccini jeder an einer Vertongung von *Euridice*. Im Vorwort zu dieser Oper schrieb Peri: „Ich glaubte, daß die alten Griechen und Römer (, wie viele meinen, ihre Tragödien überhaupt gesungen haben) eine Art Musik gebrauchten, die gehobener war als gewöhnliches Sprechen, doch schlichter als die Melodie des Gesanges, ergo ein Mittelding zwischen beiden." Ob nun *Euridice* „griechisch" war oder nicht (wir wissen bis heute nur sehr wenig über die Musik der Antike), markierte die Oper doch ohne Zweifel einen bedeutsamen Bruch mit der Vergangenheit.

Sie war mehr monodisch als polyphon. Die Vokalsolisten gaben eine Art gesungener Deklamation, und der Chor wurde wie in einer griechischen Tragödie eingesetzt. Die erhalten gebliebene Partitur der *Euridice* gibt die Melodielinie der Sänger über einem Generalbaß an. Der Generalbaß, der für die spätere Barockmusik so wichtig werden sollte, ist eine Art musikalischer Kurzschrift, in der Ziffern unter der Baßnotierung angegeben sind, welche die harmonische Grundlage bilden. Ein Musiker an einem Tasteninstrument mußte einen bezifferten Baß ebenso rasch und genau lesen lernen, wie er die gedruckten Noten las, und dabei die Ziffern in die richtigen Akkorde übertragen. Zudem hatte er die bloßen Harmonien mit Verzierungen und in freier Improvisation aufzufüllen. Dies verlangte hohes Können. Noch heute ist weitgehend unbekannt, wie in der Zeit Monteverdis der bezifferte Baß realisiert wurde.

Selbstverständlich ist die *Euridice* von überragender historischer Bedeutung, wenn auch die Musik recht stilisiert und steif wirkt. Monteverdi blieb es vorbehalten, mit seinem *Orfeo* die Oper zu einer kraftvollen und lebendigen Kunstform zu machen. Mehr als alle anderen Komponisten seiner Zeit erkannte er, was sich mit einem vertonten Drama erreichen ließ. Er war von den Problemen fasziniert und komponierte bis zu seinem Lebensende neunzehn dramatische oder halbdramatische Werke. Von ihnen haben sich nur sechs erhalten, und wiederum nur drei davon sind Opern.

Die Bezeichnung Oper selbst war noch nicht in Gebrauch, als Monteverdi *Orfeo* komponierte. Er nannte das Werk eine „favola in musica" – eine vertonte Fabel. In den *Orfeo* nahm er Elemente des Madrigalgesangs und einige monodische Ideen der Florentiner Camerata auf. Die Musik evoziert auch, wie beispielsweise in den einleitenden Fanfaren, die Prachtliebe der Renaissance. Monteverdis Orchester war viel anspruchsvoller als alles, was der Camerata vorschwebte: Es verlangt sechsunddreißig Musiker. *Orfeo* ist sorgfältig und symmetrisch gebaut, und Musikwissenschaftler haben viel Zeit daran verwendet, die formalen Bezüge herauszuarbeiten. Aber das Werk geht weit über das rein Formale hinaus. Die gesungenen Rezitative der Florentiner sind um Arioso und Arie bereichert, und ihr *stile recitativo* hat sich in den *stile rappresentativo* und den *stile concitato* verwandelt. Zum erstenmal in der Geschichte wurde eine vollkommene Einheit von Drama und Musik erreicht. Der natürliche Fluß der Worte ist nie verzerrt, die Musik, andern als die der *Euridice*, von blühender Vielfalt. Es finden sich lustige Madrigale, wie beispielsweise *Lasciate i monti*, und Tanzinterludien. Die Musik ist von psychologischer Eindringlichkeit und tiefberührender Traurigkeit, wenn die Botin Euridices Tod meldet: ein schlichtes, gemurmeltes chromatisches Absinken von einer Reinheit, die an Giotto denken läßt. Die ganze Oper hat für den Hörer von heute etwas Archaisches wegen der Wirkung der Kirchentonarten, die im Mittelalter das Fundament der Tonleitern und des harmonischen Systems waren. In Monteverdis Zeit waren die Kirchentonarten noch nicht verschwunden. Nicht lange nach seinem Tod zerstörte sie dann der Aufstieg der Harmonie so weitgehend, daß nur die Dur- und Moll-Tonarten übrigblieben.

Der *Orfeo* verlangte auch virtuoses sängerisches Können. Eine Arie wie *Possente spirto* mit ihrem kunstvollen Auf- und Absteigen auf einem einzigen Vokal, die Stimme vom Orchester umwoben, erfordert eine imponierende Gesangstechnik. Die Oper ist in vieler Hinsicht erstaunlich modern; so wirkte sie nicht nur in Monteverdis Tagen, wir empfinden es heute ebenso. Modern daran ist, daß alles dem Ziel dient, mit Musik Worte und Empfindungen stärker zur Geltung zu bringen, ohne Zeit an Äußerlichkeiten oder Belangloses zu vergeuden. Über allem steht das Dramatische, und die Musik verdeutlicht die emotionalen Vorgänge. In diesem Punkt steht *Orfeo* in Stil und Technik beispielsweise Alban Bergs *Wozzeck* viel näher als Wagners *Tristan und Isolde*. Monteverdi und Berg, konzise wie sie komponierten, strebten Knappheit, nicht kunstvolle Üppigkeit an und schufen Bühnenwerke, in denen das Dramatische der Musik mindestens ebenbürtig ist. *Orfeo* ist natürlich ein weniger originäres Werk als Monteverdis letzte Oper, *L'Incoronazione di Poppea (Die Krönung der Poppäa)*, aber bis dahin war nichts komponiert worden, was ihm auch nur annähernd glich.

Im folgenden Jahr schuf Monteverdi zwei bedeutende Werke. Zur Vermählung von Herzog Vincenzos Sohn mit Margarita di Savoia, 1608, komponierte er eine Oper, *Arianna*, und den *Ballo delle Ingrate*. Aus *Arianna* ist uns nur das berühmte *Lamento* überliefert, und dies auch nur, weil Monteverdi es zu einem Madrigal umarbeitete. Nach der Überlieferung rührte das *Lamento* das Publikum zu Tränen. Monteverdi hatte den Gipfel seiner Schaffenskraft erreicht, doch er war nicht glücklich. Er fühlte sich gehetzt, nicht nach seinen Verdiensten gewürdigt und mußte zuviel und zu rasch arbeiten. In späteren Jahren bemerkte er zu den Feierlichkeiten von 1608, daß er sich zuviel zugemutet habe und außer der Oper in ganz kurzer Zeit 1500 Verse habe vertonen müssen, was er beinahe „mit dem Leben bezahlt hätte".

Sein Mißmut veranlaßte ihn zu einem drastischen Schritt. Kurz nach *Orfeo* und *Arianna* hatte sich sein Verhältnis zum mantuanischen Hof derart verschlechtert, daß er mit seinen beiden Kindern nach Cremona zurückkehrte. Er quartierte sich bei seinem Vater ein (seine Frau war im Vorjahr gestorben). Der Arbeitsdruck in Mantua war unerträglich geworden. Bereits 1604 hatte er dem Herzog geklagt: „Mir fehlt die Energie, so emsig zu arbeiten, wie ich es früher getan. Denn ich fühle mich von der jüngsten Überarbeitung noch müde und schwach. Ich flehe Euer Hoheit an, mir um Gottes willen nie wieder soviel auf

Claudio Monteverdi (1567–1643). Nach dem Gemälde eines unbekannten Meisters.

einmal zu tun zu geben oder mir dafür eine so knappe Frist zu stellen; andernfalls wird mein Leben unerwartet kurz sein, und ich vermag Eurer Hoheit nicht länger zu dienen und meinen armen Söhnen nicht mehr zu helfen." Natürlich hätte ein Komponist von Monteverdis Können Aufträge unverzüglich ausführen können, aber er hatte von seinem Schaffen eine zu ernste Auffassung, um Musik zu produzieren, in der er nicht sein Bestes gab. „Wenn ich in einer knappen Frist viel arbeiten muß", sagte er einmal, „bleibt mir nicht anderes als bloße Notenspinnerei, statt Musik zu komponieren, die des Textes würdig ist."

Andere Dinge lagen ihm auf der Seele, etwa sein jämmerlich niedriges Salär. Er hatte das Gefühl, daß man ihn als Durchschnittsmusiker betrachtete, und auch das kränkte ihn. In einem Abschiedsgesuch, gerichtet an den herzoglichen Sekretär Annibale Chieppio führte Monteverdi als einen seiner Gründe an: „Seine Hoheit haben mir niemals die Gunst erwiesen, mir öffentlich Anerkennung zu zollen, und Euer Edlen wissen wohl, daß Diener Gunstbeweise von großen Herren, namentlich vor Fremden, sehr schätzen, um ihrer Ehre und um ihres Vorteils willen."

Der Herzog befahl dem unbotmäßigen Komponisten, nach Mantua zurückzukehren, doch Monteverdi war nicht gesonnen, sich herumkommandieren zu lassen. Ein Brief, den er am 8. Dezember 1608 an Chieppio schrieb, zeigt seinen unabhängigen Geist und die wahren Gründe des Grolls, der ihn erfüllte:

„Heute am letzten Novembertag habe ich Euren Brief erhalten, dem ich Seiner Hoheit Befehl entnehme, sofort nach Mantua zurückzukehren. Also befiehlt der edle Herr Chieppio, ich solle mich von neuem abquälen. Ich aber sage, wenn ich mich nicht von den Anstrengungen der Theatermusik erhole, wird mein Leben sicherlich von kurzer Dauer sein, denn wegen der großen Mühen der vergangenen Monate habe ich mir einen Kopfschmerz zugezogen und einen starken, juckenden Ausschlag um die Taille, den ich weder durch Verätzung noch durch orale Purgierung noch durch Aderlässe und andere starke Mittel mehr als nur zum Teil beheben konnte, und mein Herr Vater schreibt den Kopfschmerz den anstrengenden Studien zu und das Jucken dem schädlichen Mantuaner Klima und befürchtet, daß allein die Luft binnen kurzem mein Tod sein würde. Nun möge Euer Edlen bedenken, was dann noch die Studien bewirken würden. Und wenn es heißt, ich solle zurückkommen, um Dank und Gunst von der Güte und Huld Seiner Hoheit zu empfangen, so sage ich Euch, daß das Glück, das ich in Mantua neunzehn volle Jahre hindurch gehabt habe, mir Veranlassung gegeben hat, es eher als Unglück und als feindlich zu bezeichnen. Denn wenn es mir die Gunst gewährt hat, dem Herzog in Ungarn zu dienen, so hat es mir auch das Unglück zugefügt, dafür zusätzliche Ausgaben machen zu müssen, unter denen mein ärmlicher Haushalt fast heute noch zu leiden hat ... Und wenn es zum Schluß (um nicht lästig zu werden) mich hat glauben lassen, von Seiner Hoheit eine Pension von hundert mantuanischen Scudi an Steuereinkünften zu erhalten, so hat es auch dafür gesorgt, daß es nach der Hochzeit nicht mehr hundert waren, sondern lediglich ihrer siebzig ..."

Anschließend führt Monteverdi weitere Beschwerdepunkte auf und schließt: „... woran Ihr klar sehen könnt, welches Pech ich in Mantua habe." Gleichwohl kam er zurück. Er wandte nun seine Aufmerksamkeit kirchlichen Werken zu und unternahm auch eine Reise nach Rom. Hielt er heimlich Ausschau nach einer besseren Position? 1612 wurden ihm die Dinge aus der Hand genommen. Herzog Vincenzo starb, und Monteverdi legte sein Amt am Hofe nieder. Es könnte auch sein, wie manche Musikwissenschaftler glauben, daß er entlassen wurde. Er zog jedenfalls nicht im Triumph davon. Nach fünfundzwanzig Jahren, erklärte er voll Bitterkeit, habe er nicht mehr als fünfundzwanzig Scudi mitgenommen. Mit ihm verließ auch sein Bruder den mantuanischen Hof. Monteverdi kehrte nach Cremona zurück und unternahm dann eine Reise nach Mailand. 1613 erhielt er eine Traumstellung, die des *maestro di cappella* am Markusdom in Venedig, mit einem Salär von 300 Dukaten" sowie den „üblichen Zuwendungen". Dazu bekam er eine Wohnung, „die mir angemessen eingerichtet wird". (Drei Jahre später wurde das Gehalt auf 400 Dukaten erhöht.) Zum erstenmal in seinem Leben hatte er Geld und eine angesehene Stellung. Zudem genoß er in Venedig beinahe vollkommene Freiheit. In der Rupublik wehte nach den Maßstäben der Zeit ein liberaler, ja sogar demokratischer Wind. Monteverdi mußte sich nur an eine einzige Bedingung halten: sich nicht in politische Angelegenheiten einmischen.

Als Monteverdi in Venedig eintraf, zählte die Stadt ungefähr 110 000 Einwohner. Es war eine kosmopolitische, reiche Stadt, in die die Aristokratie aus ganz Europa kam, um Geld auszugeben und zügellosen Ausschweifungen zu frönen. Das ganze Jahr über war Venedig eine Stadt der Feste, Vergnügungen, des Karnevalstreibens, der Bälle und Theateraufführungen. Hier hatten Tintoretto, Veronese und Tizian gelebt und gearbeitet. Die musikalische Tradition stand in hohem Ansehen. Infolge seiner Lage war Venedig gleichsam ein Knotenpunkt, hatte es sich die Wechselgesänge der ostkirchlichen Liturgie, die süditalienische Volksmusik, die anmutige weltliche Musik des französischen Hofes, die kontrapunktische Kargheit des niederländischen Stils, die Kirchenmusik des Vatikans angeeignet. Ständig hielten sich ausländische Komponisten in der Stadt auf. Willaert und Ciprian de Rore waren Kapellmeister am Markusdom gewesen, und zahlreiche andere bedeutende Musiker Europas hatten Venedig zu ihrer Heimat erwählt. Die Stadt besaß auch ihre eigene italienische Komponistenschule. Sehr bedeutend waren die beiden Gabrieli, Andrea (um 1520–1586) und sein Neffe Giovanni (um 1554–1612). Giovanni Gabrielis Schaffen verdient besondere Erwähnung. Er schrieb zahlreiche Kompositionen für den Markusdom, wobei er die Möglichkeit der Kirche für besondere Effekte nutzte. Der Dom hatte an beiden Seiten je eine Empore mit einer Orgal und reichlich Platz für Instrumentalisten, Solisten und einen Chor. So boten sich antiphonische Wirkungen wie von selbst an, und Gabrieli machte sich diese Möglichkeiten voll zunutze. In seinen *Symphoniae sacrae* von 1597 findet sich eine *Sonata pian'e forte,* die eine aus einem Kornett und drei Posaunen bestehende Gruppe einer zweiten gegenüberstellt, die von einer Viola da braccia und drei weiteren Posaunen gebildet wird. Da jede Gruppe – auch „Chor" genannt – mit der anderen und gegen sie spielt, muß der Klang dieser stolzen, noblen Musik die Markuskirche mit Herrlichkeit und Pracht erfüllt haben. Ein Werk wie etwa Gabrielis *In ecclesiis* ist für zwei Vokalchöre, Solisten, Orgel, Blechbläser und Streicher geschrieben. Gabrieli strebte einen vollen, strahlenden Klang an, und wenn man seine Musik hört, erwacht der Glanz der italienischen Spätrenaissance zu neuem Leben. Er war ein großer Neuerer, und allein schon seine *sonate* für Soloinstrumente, wiesen den Weg in die Zukunft.

In der Stadt wirkten zahlreiche Opernkomponisten. Als 1637 das Teatro di San Cassiano seine Pforten öffnete, wurde Venedig alsbald zum Opern-Mekka Europas, das beispielsweise Tonsetzer wie Pier Francesco Cavalli (1602–1676), Marcantonio Cesti (1623–1669) sowie andere Meister wie Giovanni Freschi, Antonio Sartorio und Giovanni Legrenzi anzog. Cavalli war einer von Monteverdis Schülern und kam als Wegbereiter der Oper gleich nach ihm. Venedig hatte einen unersättlichen Opernhunger, und am Ende des Jahrhunderts war die Oper zu einem öffentlichen Spektakulum geworden. Die Stadt besaß sechzehn Theater, in denen 358 Opern aufgeführt worden waren. In vielen Fällen handelte es sich um ausgewachsene, kunstreiche und aufwendige Darbietungen, die anzustaunen Besucher aus ganz Europa zusammenströmten. Der Engländer John Evelyn, der Venedig 1645 besuchte, vermerkte in seinem Tagebuch, daß er die Oper besucht habe, „wo Komödien und Stücke mit rezitativischer Musik von den exzellentesten Vokal- wie Instrumentalmusikern dargeboten werden. Dies mit einer Vielzahl von Bühnenbildern, mit keiner geringeren Kunst der Perspektive gemalt und ersonnen, samt Flugmaschinen und anderen wundersamen Bewegungen.

Gegeben wurde die Historie von *Herkules in Lydien;* der Schauplatz wechselte dreizehnmal." (Es war eine Oper von Giovanni Rovetta, Monteverdis Nachfolger am Markusdom.)

Monteverdi liebte Venedig, sowohl der Stadt selbst als auch der Ehrungen wegen, die man ihm hier zukommen ließ. Er schrieb an seinen guten Freund Alessandro Striggio nach Mantua „... zudem gibt es keinen Edelmann, der mich nicht schätzt, und wenn ich irgendwelche Musik aufführe, sei es Kammermusik oder Kirchenmusik, so schwöre ich, daß die ganze Stadt auf den Beinen ist." Monteverdi verlor nie den Kontakt zum Hof von Mantua, der weiterhin Interesse an seinem Schaffen nahm und mehrere bedeutende Werke in Auftrag gab, darunter auch den Ballo *Tirsi e Clorinda* (1615). Striggio ersuchte auftragsgemäß Monteverdi, nach Mantua zurückzukehren. Aber dieser ließ ihn ohne Umschweife wissen, daß er nicht daran dächte. Er schreibt über Venedig:

> „Die Prokuratoren haben ihre Entscheidung nie bereut, sondern haben mich geehrt und ehren mich noch immer in der Weise, daß man im Chor keinen Sänger anstellt, ohne vorher die Meinung des Kapellmeisters eingeholt zu haben (das heißt, Monteverdis selbst) ... sie stellen keinen Organisten, keinen zweiten

Kapellmeister ein, ohne die Meinung und den Bericht des Kapellmeisters gehört zu haben ... Und dann ist der Dienst höchst angenehm, weil der ganze Chor mit Ausnahme des Kapellmeisters dem Dienstplan unterworfen ist, ja, der Kapellmeister macht sogar selbst den Plan und kann den Sängern Erlaubnis zum Fernbleiben erteilen oder nicht, und wenn er selbst nicht zum Dienst erscheint, kann ihm niemand etwas vorwerfen, und sein Gehalt ist ihm sicher bis zum Tode ... und sein Gehalt wird ihm, wenn er es einmal nicht abholt, nach Hause gebracht."

Monteverdi setzt diese angenehmen Verhältnisse in Kontrast zu den unerfreulichen Erinnerungen an seinen Dienst in Mantua: „Gott möge mich davor bewahren, [wie in Mantua] jeden Tag zum Schatzmeister gehen und ihn anflehen zu müssen, mir zu geben, was mir zusteht. Ich habe in meinem Leben nie mehr gelitten als damals, da ich, was mein war, vom Schatzmeister erbitten mußte."

Nein, er war nicht gesonnen, Venedig zu verlassen.

In der Markuskirche standen ihm ungefähr dreißig Sänger und zwanzig Instrumentalisten zu Diensten. Er war verpflichtet, zu komponieren, zu unterrichten und die Gesamtleitung der Kapelle wahrzunehmen. Wie Bach komponierte er eifrig Kirchenmusik. 1618 entschuldigte er sich brieflich bei Striggio, er habe eine versprochene Partitur nicht liefern können, weil er in der Karwoche und über Ostern so sehr mit Arbeit überhäuft gewesen sei; nun nähere sich das Fest der Kreuzeserhöhung, wofür er eine Messe und Motetten für den ganzen Tag vorbereiten müsse. Alles spricht dafür, daß Monteverdi nicht besonders viel daran lag, geistliche Musik zu schreiben, und es verdroß ihn, daß ihm dies Zeit für die Arbeit raubte, die ihn am meisten interessierte. Seine kirchlichen Dienstpflichten hätten ihn von der Gattung der Theaterkomponisten etwas entfernt. schrieb er; oder: „Der Dienst in der Markuskirche hat mich abgelenkt." Das heißt, er hatte all seine Zeit in Anspruch genommen. Als energischer Leiter der Kapelle und glänzender praktischer Musiker reorganisierte Monteverdi die liturgische Musik und die Aufführungsqualität in der Markuskirche und brachte beides auf eine neue Höhe. Seine geistliche Musik wurde in zwei großen Sammlungen veröffentlicht: *Selva morale e spirituale* (1640) und *Messa a quattro e salmi* (posthum, 1651).

Seine Amtspflichten im Markusdom hielten ihn jedoch nicht davon ab, weltliche Musik zu schreiben. 1614, 1619 und 1638 wurden Sammlungen von Madrigalen publiziert. Im Vorwort zum Madrigalbuch von 1638 äußerte er sich über seine Theorien. Ein längeres Vorwort hatte auch *Il combattimento di Tancredi e Clorinda* (1624) eingeleitet, ein Werk, das die meisten Musikwissenschaftler als eine „dramatische Kantate" bezeichnen. In dieser Vorbemerkung äußerte sich Monteverdi eingehend über den *stile concitato*. Er nahm für sich in Anspruch, diese Art zu schreiben erfunden zu haben. „In all den Werken früherer Komponisten konnte ich kein Beispiel des *stile concitato finden*, hingegen viele vom sanften und temperierten Genre. Doch Plato hat diesen Typus im dritten Buch des *Staats* beschrieben." Monteverdi nahm sich vor, diese Musik neuzuentdecken. Er fand das Geheimnis in gewissen rhythmischen Mustern, die er in *Tancredi e Clorinda* verwendete. „Die Musik wurde mit viel Beifall und Lob aufgenommen. Nachdem ich einmal mit der Nachahmung des Zornes einen geglückten Anfang gemacht, erforschte ich den Stil durch zusätzliche Studien weiter und schrieb alle möglichen Werke für Kirche und Hof; und dieser Stil wurde von Komponisten derart geschätzt, daß sie ihn nicht nur laut lobten, sondern gleichfalls Nachahmungen schrieben, zu meiner großen Freude und Ehre." Ein Aspekt des *stile concitato* war die Einführung von Effekten wie beispielsweise dem Streichertremolo und dem Pizzikato, die als Symbole für Leidenschaft und Krieg dienten.

Monteverdis Madrigale mit ihrem Stimmungsreichtum und ihrer technischen Vielfalt sind eine ganze musikalische Welt für sich. Durch seine grellen Harmonien löste er bei manchen Befremden aus. „Expressive Dissonanz" lautet das Urteil, das viele Musikwissenschaftler darüber gefällt haben. Ein konservativer Geist wie Giovanni Artusi hörte in diesen Madrigalen nichts anderes als Dissonanzen und konnte einfach nicht verstehen, daß der Komponist diese harmonischen Reibungen bewußt suchte, um das Expressive zu verstärken. In Monteverdis Madrigalen begegnet man, mit Denis Stevens' Worten, „einem Repertoire von Klangfakturen und Techniken, die bei seinen Vorgängern und Zeitgenossen beinahe ohne Beispiel sind."

Die Oper nahm auch weiterhin Monteverdi stark in Anspruch. Die Musik zu Werken wie *La finta pazza Licori, Armida, Adone, La Proserpina rapita* und *La Delia e l'Ulisse* ist zwar ausnahmslos verloren gegangen, aber wir wissen aus Monteverdis Korrespondenz mit seinem Librettisten einiges darüber. *La finta pazza Licori* – ‚Die Wahnsinn heuchelnde Licori' – wurde 1627 komponiert und gilt als die erste komische Oper in der Musikgeschichte. Das Libretto schrieb Giulio Strozzi, und Monteverdi verfuhr mit ihm ganz ähnlich wie Verdi mit *seinen* Librettisten.

Beide Komponisten hatten entschiedene Ansichten über die Textvorlage und den Ablauf der Aktion. Beiden war eine allzu literarische, „elegante" Sprache zuwider. Beiden lag an einer logischen Entwicklung der Figuren. Beide strebten nach einer Art musikalischer Wahrheit, wo das Wesen der Charaktere mehr zählt als belanglos danebenher laufende Musik. So schrieb Monteverdi an Strozzi über die Figur der Licori: „Die Rolle der Licori muß mit einer Frau besetzt werden, die in der Lage ist, mit lebendigem Gebärdenspiel und unterschiedlichem Verhalten mal als Frau und mal als Mann aufzutreten, weil das Nachahmen dieser verspielten Verrücktheit von einem Augenblick auf den andern gesteuert werden und sich auf ein einziges Reizwort und nicht auf den Inhalt des ganzen Satzes beziehen muß – wenn sie also von Krieg spricht, muß sie Krieg darstellen, wenn sie von Frieden spricht, Frieden, bei Tod Tod usw." Es fiel Strozzi nicht leicht, die Handlung der Oper zu Monteverdis Zufriedenheit zu gestalten, und der Komponist schrieb an einen Freund, wenn er die Arbeit mit Strozzi hinter sich habe, werde das Libretto bereichert sein um „weitere abwechslungsreiche, neuartige und bunte Szenen, wie ich sie ihm gewiß vorschlagen werde".

Wenn ein Libretto Monteverdi nicht innerlich ansprach, lehnte er eine Vertonung ab. In einem Brief an Striggio beschäftigte er sich sich mit einem Operntext, an dem er seine Zweifel hatte: „Ich stelle fest, daß die Geschichte mich überhaupt nicht bewegt und sogar schwierig zu verstehen ist. Und ich habe auch nicht das Gefühl, daß sie mich ganz von selbst zu einem rührenden Höhepunkt zu inspirieren vermag." Seine Librettisten bemühten sich tapfer, ihn zufriedenzustellen. Schließlich war Monteverdi ja nicht irgendein Komponist. So schrieb Giacomo Badoaro, der die Libretti zu zwei Monteverdi-Opern – die verlorengegangene *Le nozze di Eneo e Lavinia* und die erhalten gebliebene *Il ritorno d'Ulisse in patria* – verfaßte: „Ich mied alle weithergeholten Gedanken und Begriffe und achtete mehr auf die Affekte, wie Monteverdi sie haben wollte; zu seiner Genugtuung änderte oder strich ich auch viel von dem Material, das ich zuerst verwendet hatte."

Doch so beschäftigt Monteverdi auch war, fand er doch Zeit für einige Reisen. Er war ein gesunder Mann und erreichte ein hohes Alter, obwohl ihm zeit seines Lebens Kopfschmerzen und Sehbeschwerden zu schaffen machten. Auf einer seiner Reisen wurde er überfallen und ausgeraubt. Er schilderte den Vorfall in einem höchst anschaulichen Brief an Striggio. Die Strauchdiebe tauchten mit Musketen in der Hand aus einem Feld neben der Straße auf. Der dritte hatte einen Dolch und packte Monteverdis Pferd. Monteverdi mußte auf der Straße niederknien und seine Kleider ausziehen. Als die Banditen feststellten, daß er kein weiteres Geld mehr bei sich hatte, ließen sie von ihm ab. Auch seine Dienerin sollte sich entkleiden, „doch sie sträubte sich mit vielen Gebeten, flehentlichen Bitten und Tränen und brachte es zuwege, daß sie von ihr abließen." Einer der Räuber probierte Monteverdis Reisemantel an, der ihm jedoch zu lang war. Dann packte er den Mantel von Monteverdis Sohn. Dieser aber war zu kurz. „Als nächstes stieß er auf einen Anzug des Knaben und wiederholte die gleiche Prozedur." Monteverdi verdächtigte zwar den Kurier aus Mantua, der sie begleitete, der Komplizenschaft, konnte ihm aber nichts nachweisen. Aus dieser Episode erfahren wir immerhin, daß Monteverdi wohl ein hochgewachsener Mann war. Im übrigen ist uns nur wenig Persönliches über ihn bekannt. Ein Brief, den ein Musiker in Pavia schrieb, liefert uns einige Details: Monteverdi habe nur vormittags und abends gearbeitet, nachmittags der Ruhe gepflogen; er habe viel „geschwatzt" und sei manchmal schwierig gewesen.

Der ältere von Monteverdis beiden Söhnen, Francesco – er wurde Karmelitermönch – besaß eine gute Stimme und wurde Sänger in der Markuskirche, wo er 1623 eine feste Anstellung erhielt. Der jüngere, Massimiliano, ergriff den Arztberuf. 1627 geriet er in Schwierigkeiten mit der Inquisition, weil er ein indiziertes Buch gelesen hatte, und wurde in Haft genommen. Erst nach monatelangen Bemühungen gelang es dem verzweifelten Vater, dem jungen Mann zur Freiheit zu verhelfen.

Mantua wurde 1630 im Verlauf des Mantuanischen Erbfolgekriegs erobert und teilweise verwüstet. Dabei gingen zahlreiche Manuskripte Monteverdis zugrunde, einschließlich der Partituren vieler seiner Opern. 1632 schrieb er die *Scherzi musicali*, 1638 die *Madrigali guerrieri e amorosi*, 1640 die *Selva morale e spirituale* und 1642 die letzten beiden Opern, *Il ritorno d'Ulisse in patria* und mit fünfundsiebzig Jahren *L'incoronazione di Poppea*.

Mit *Il ritorno d'Ulisse in patria* verbinden sich einige Probleme. Die Oper galt lange als verloren, doch 1881 wurde in Wien ein Manuskript entdeckt, dessen Titelblatt fehlt. Das Manuskript ist von einem Kopisten geschrieben, und es weist bedeutsame Abweichungen von Badoaros erhalten gebliebenem Libretto auf. Gleichwohl schreiben die meisten Experten das Werk ohne Zögern Monteverdi zu. Bei *Poppea* liegt der Fall eindeutig. Das Werk zeigt eine flammende Genialität, die keinem anderen Komponisten der Zeit auch nur annähernd möglich gewesen wäre. Es ist die Summe von Monteverdis Kunst. Jahre vorher hatte er auf eine von Artusis Attacken geantwortet, daß das Wort die Harmonie diktieren müsse, nicht aber die Harmonie die Gebieterin des Wortes sein dürfe. Monteverdis Ziel war eine expressive Musik, eine poetische Sprache im Gesang. In der *Poppea* erreichte er es wie noch nie vorher.

L'incoronazione di Poppea mit ihren Da-capo-Arien, ihren Belcanto-Linien, ihrer lebenswahren Charakterisierung, dem eingestreuten Humor ist eine Oper neuen Stils. Hier finden sich Leidenschaft, Wollust, Ausgelassenheit, Liebe und lyrische Wärme. Über drei Jahrhunderte hinweg springt *Poppea* sozusagen unmittelbar in Opernheorien des neunzehnten Jahrhunderts, in denen alles einer stringenten musikalischen Dramatik unterworfen wird. Purcells *Dido und Aeneas* vielleicht ausgenommen, wurde bis zu Mozarts *Figaros Hochzeit* keine Oper geschrieben, in der die Conditio humana so lebensvoll in Musik übertragen wird. Monteverdi erreichte hier eine vollkommene Ebenbürtigkeit von Musik und Drama. Für ihn bestand eine Oper nicht aus einer Gruppe unverbunden nebeneinander stehender Stücke, die die Virtuosität der Sänger oder das Talent des Komponisten, hübsche Melodien zu schreiben, zur Schau stellen sollten. Als der große Avantgardist seiner Zeit versuchte Monteverdi, eine Reihe musikalischer Formen zu schaffen, die die Empfindungen seiner Figuren getreulich zum Ausdruck brachten.

Als Produkte der ersten Hälfte des siebzehnten Jahrhunderts werfen die Opern Monteverdis ebensoviele Probleme auf wie Shakespeares Dramen. Problematisch ist schon die Frage der Editionen. Von praktisch keinen Manuskript ist eine eigenhändige Fassung Monteverdis bekannt, und unsere heutigen Herausgeber müssen mit Manuskriptkopien oder ersten Druckausgaben arbeiten. Monteverdis Orchester mit seinen veralteten Instrumenten muß modernen Bedingungen angepaßt werden. Dies macht „praktische Ausgaben" notwendig. Heute gibt es viele solcher Editionen von *Orfeo, Ulisse* und *Poppea,* und jede hat bei den Musikgelehrten ein heftiges Für und Wider ausgelöst. Es ist schwierig zu bestimmen, was Monteverdis Anweisungen wirklich bedeuteten, wie sein Orchester in Wirklichkeit aussah. Seine bezifferten Bässe auszuführen, schafft Probleme. Probleme wirft auch die Aufführungspraxis auf, besonders was die Sänger betrifft. Verzierungen gehörten schon zur allerersten Oper, wie wir aus dem Vorwort zu Peris *Euridice* von 1600 wissen. Er äußert sich lobend über eine Sängerin, „die man die Euterpe unserer Zeit nennen könnte, Signora Vittoria Archilei". Sie nahm Peris Noten und „verzierte sie in einer Weise, die ihrer Kunst würdig war, nicht allein mit jenen Trillern und Nachschlägen...die sie sie mit ihrer lebendigen Kunstfertigkeit beständig erfindet...sondern auch mit jener reizenden Anmut, die sich nicht in Noten aufschreiben oder, wenn doch, dann nicht entziffern läßt. Den Sängern wurde also eine Gestaltungsfreiheit eingeräumt, die heute undenkbar ist.

Nur einige Jahre später schrieb Giulio Caccini, eines der ursprünglichen Mitglieder der Camerata, über „die edle Art des Singens", bei der „die Stimme eines Mannes nicht an das gewöhnliche Zeitmaß gebunden ist, häufig den Notenwert um die Hälfte verringert und ihn manchmal erhöht, je nach dem Gehalt der Worte, woraus sich jene ausgezeichnete Art des anmutig-lässigen Gesangs ergibt." Dies ist eine sehr gute Beschreibung des Rubato – ‚geraubte Zeit' –, das früher als eine Erfindung der Romantik betrachtet wurde. Die Sache ist die, daß die Musiker und Sänger von heute, die an die Opern Monteverdis und seines Schülers Cavalli (der in den späten siebziger Jahren eine erstaunliche Neubelebung erfuhr) in perfekter Notentreue herangehen, sich auf einem Irrweg befinden und das Wesen der Werke verfehlen.

In seinem letzten Lebensjahr nahm Monteverdi Urlaub. Er wollte noch einmal Cremona und Mantua besuchen, bevor er starb, und seine Reise gestaltete sich zu einer Art Triumphzug. Man veranstaltete große Empfänge für ihn, erwies ihm hohe Ehrungen. Er blieb ein halbes Jahr fort. Dann kehrte er nach Venedig zurück und starb bald darauf, in seinem siebenundsiebzigsten Lebensjahr. In zwei Kirchen fand gleichzeitig ein Trauergottesdienst für den „göttlichen Claudio" statt. Alessandro Vincenti, seit vielen Jahren sein Verleger, brachte beinahe ein Jahrzehnt damit zu, Monteverdis musikalische Hinterlassenschaft zu sammeln, die er schließlich 1651 veröffentlichte.

Wie kam es, daß ein so großer, so lebensvoller und berühmter Komponist nach seinem Tod so lange in Vergessenheit geraten konnte? Eine Antwort darauf liegt nahe. Die Musik schlug nach ihm eine andere Richtung ein. Monteverdi stand mit einem Bein noch in der Renaissance, mit dem anderen im Frühbarock, doch das Hochbarock schwemmte die Schule weg, die in dem großen Cremonesen ihren Gipfel erreicht hatte. Man muß auch bedenken, daß in der Zeit Monteverdis nur wenige Opern gedruckt wurden (zu kostspielig), daß es kaum einen Mechanismus gab, künstlerische Ideen zu verbreiten, daß das historische Bewußtsein weitgehend ein moderner Begriff ist. Monteverdi mußte bis zu seiner Wiederentdeckung weit über dreihundert Jahre warten.

Johann Sebastian Bach (1685–1750). Wiedergabe der Heliogravüre aus den Veröffentlichungen der Neuen Bachgesellschaft.

2. KAPITEL

Johann Sebastian Bach
Verklärung des Barock

Nach einer alten Überlieferung soll Johann Sebastian Bach in der Nähe des
Eingangs zur Leipziger Johanneskirche, etwa sechs Schritte von der Südmauer
entfernt, bestattet worden sein. 1894 stand ein Umbau der Kirche bevor, der
Bachs Ruhestätte zerstört hätte. Daraufhin begann eine Gruppe von Gelehrten,
angeführt von dem Anatomen Wilhelm His, nach dem Grab zu forschen. Man
konnte sich bei der Arbeit nur an eine einzige Information halten: 1750, Bachs
Todesjahr, waren nicht mehr als zwölf Personen in Eichensärgen beigesetzt
worden. Einer von diesen zwölf war Bach.

Nahe der Südmauer wurden drei Särge freigelegt. Zwei davon waren aus
Fichtenholz. Einer bestand aus Eiche und enthielt das gut erhaltene Skelett eines
Mannes. Es wurde auf jede denkbare Art überprüft, und der Bildhauer Karl
Seffner fertigte eine Gesichtsmaske nach dem Schädel an. Die Maske entsprach
weitgehend den bekannten Bachporträts. In seinem 1895 publizierten Bericht
faßte Dr. His das gesamte Beweismaterial zusammen und zog daraus – zusammen mit den Wissenschaftlern, die an dem Projekt beteiligt gewesen waren –
den Schluß, daß es sich tatsächlich um Bachs Skelett handle. Die Gebeine
wurden dann in einem Sarkophag unter dem Altar der Johanniskirche beigesetzt.

Wenn es sich wirklich um das Skelett Bachs handelte, war der Komponist
etwa 1,70 Meter groß, hatte einen massiven Kopf und einen kräftigen Körperbau, entsprechend den wenigen uns überlieferten Porträts, die zu seinen Lebzeiten gemalt wurden. Die bildlichen Darstellungen, die erhalten geblieben sind –
auf denen Bach, dem Zeitbrauch gemäß, ausnahmslos eine Perücke trägt –,
zeigen viele Gemeinsamkeiten: die kräftig ausgebildete Nase, die fleischigen
Wangen, das vorgeschobene Kinn, die schmalen, strengen Lippen. Es ist das
Gesicht eines Mannes, der entschlossen ist, seinen Willen durchzusetzen. Bach
war starrköpfig und neigte zum Jähzorn: es war allgemein bekannt, daß mit ihm
schwer zurechtzukommen sei.

Er war ein gläubiger Mensch, ein praktizierender Lutheraner, seine Bibliothek enthielt eine große Zahl geistlicher Bücher. Vom Gedanken an den Tod
war er förmlich besessen und ängstigte sich weit mehr davor als seine Zeitgenossen. Händel war zum Geispiel sehr gläubig, hatte aber die Gewißheit, in den
Himmel zu kommen. Derselben Überzeugung war auch Haydn. Beide spürten,
daß sie Freunde Gottes waren. Anders verhielt es sich mit Bach, der viel mehr in
der Furcht des Herrn stand. Er sagte einmal, die Musik sei „anders nicht, als nur
zu Gottes Ehre und Recreation des Gemüths" gedacht. Daß er einen starken
Geschlechstrieb hatte, bezeugt seine Nachkommenschaft: zwanzig Kinder,

von denen ihn neun überlebten – eine beachtliche Leistung sogar für Bachs Zeit, als kinderreiche Familien nichts Ungewöhnliches waren. Hierher gehört auch der Tadel mit dem ihm 1706 das Arnstädter Konsistorium rügte: „... auß was macht er ohnlängsten die frembde Jungfer auf den Chor biethen und musiciren laßen". Prüde Bach-Biographen des 19. Jahrhunderts waren bestürzt über den daraus zu ziehenden Schluß, daß ihr heiligmäßiger Held, der Schöpfer der h-Moll-Messe, an fremden Jungfern hätte interessiert sein können. So kam man auf die Lösung, die fremde Jungfer sei seine Cousine Maria Barbara gewesen, die er im folgenden Jahr ehelichte. Aber es gibt für das eine so wenig wie für das andere einen Beweis.

Bach war ein biederer Stadtbürger, zweimal verheiratet und trotz seines Wohlstandes geizig wie ein Bauer, der jeden Pfennig zweimal umzudrehen pflegt. Einige der Briefe, die er an seinen Vetter Johann Elias schrieb, sind in dieser Beziehung sehr erheiternd. Diese Eigenheit ist der einzige amüsante Zug im Leben des Komponisten, der auf jeden Fall weniger Humor als andere große Komponisten hatte. Sogar Wagner schrieb schließlich ein Werk wie die *Meistersinger*. Bachs musikalischer Humor – wie er sich in der *Kaffeekantate*, im *Capriccio sopra la lontananza del suo fratello dilettissimo* (Capriccio auf die Abwesenheit seines geliebtesten Bruders) und einigen anderen Kompositionen ausdrückt – spielt nur eine winzige Rolle in seinem Gesamtwerk. Doch kehren wir zu Johann Elias zurück: Bach schreibt über ein Fäßchen Most, das dieser ihm als Geschenk übersandt und das unterwegs „Noth gelitten" hatte, und klagt bewegt, wie schade es sei, „daß von dieser edlen Gabe Gottes das geringste Tröpfflein hat sollen verschüttet werden". Und eilends fügt er hinzu, daß er nicht in der Lage sei, sich *„reellement revengiren* zu können". In einem Postscriptum bemerkt er dann noch: „Ohnerachtet der Herr Vetter sich geneigt *offeriren*, fernerhin mit dergleichen *liqueur* zu *assistiren;* So muß doch wegen übermäßiger hiesigen Abgaben es *depreciren;* denn da die Fracht 16 gr. der Überbringer 2 gr. der *Visitator* 2 gr. die Land*accise* 5 gr. 3 pf. und *generalaccise* 3 gr. gekostet hat, als können der Herr Vetter selbsten ermeßen, daß mir jedes Maaß fast 5 gr. zu stehn kömt, welches denn vor ein Geschencke alzu kostbar ist ..."

Bach wurde am 21. März 1685 in Eisenach als jüngstes der acht Kinder des Johann Ambrosius Bach geboren, des Sohnes von Christoph Bach, dessen Vater Johann Bach war, der von Veit Bach abstammte, der 1619 gestorben war. Johann Sebastian, der mit Stolz auf die Leistungen seiner Familie zurückblickte, begann einmal, eine Familienchronik mit dem Titel „Ursprung der musicalisch-Bachischen Familie" zu schreiben. Er führte sie auf Veit Bach zurück, einen „Weißbäcker in Ungarn", der „im 16. seculo der lutherischen Religion halber aus Ungarn hat entweichen müssen". In dieser Chronik entwirft Bach ein reizendes Bild des alten Veit. „Er hat sein meistes Vergnügen an einem Cythringen [einem lautenähnlichen Instrument] gehabt, welches er auch mit in die Mühle genommen und während des Mahlens darauf gespielt hat. (Es muß doch hübsch zusammengeklungen haben! Wie wohl er doch den Takt sich hat

Johann Sebastian Bach 31

imprimieren lernen.) Und dieses ist gleichsam der Anfang zur Musik bei seinen Nachkommen gewesen." Bach glaubte zeit seines Lebens, ungarischer Abstammung zu sein, heute aber nehmen die meisten Bachforscher an, daß Veit in Deutschland geboren worden, nach Ungarn gezogen und dann wieder in seine Heimat zurückgekehrt war.

Veit hatte zwei Söhne, Lips, mit dem die „Meininger Linie" begann, und Johann (Hans): letzterer hatte drei Kinder: Johann, Christoph und Heinrich. Zwei Jahrhunderte lang brachte die Bachfamilie einen geachteten Musiker nach dem anderen hervor. Mitglieder der weitverzweigten Familie Bach wirkten in Arnstadt und Eisenach, in Ohrdruf, Hamburg und Lüneburg, in Berlin, Schweinfurt und Halle, in Dresden, Gotha, Weimar, Jena, Mühlhausen, Minden und Leipzig. Wenn in Bachs Familie, in der das Musikertum im 17. und 18. Jahrhundert erblich war und sorgfältig gepflegt wurde, sich mehrere Familienmitglieder zu einer Feier zusammenfanden, hielten sie Collegia musica, sangen, spielten Choräle, Motetten, Concerti und improvisierten Quodlibets, tauschten Meinungen über neue Kompositionen und Stellenbesetzungen aus und förderten sich gegenseitig im Wissen und Können. Die Bachs besaßen einen ausgezeichneten Ruf im Lande und stellten daher zahlreiche Kantoren für die Lateinschulen, Organisten für die Kirchenorgeln, Stadtpfeifer für die Türme, Ratsstuben und Kirchen der thüringischen Städte.

Bachs Vater, Ambrosius, war Kirchenorganist in Eisenach und ein hochgeachteter Mann. Er starb, als Johann Sebastian zehn Jahre alt war (die Mutter war im Vorjahr gestorben). Sebastian und sein Bruder Johann Jakob wurden von ihrem älteren Bruder Johann Christoph aufgenommen, der Organist in Ohrdruf war. Über die fünf Jahre, die Johann Sebastian dort zubrachte, ist mit Ausnahme der Tatsache, daß er ein talentiertes Kind gewesen sein muß, nicht viel bekannt. Bereits mit vierzehn Jahren trat er in die Prima ein, in der die Schüler im Durchschnitt knapp achtzehn waren. Er spielte auch gut auf der Orgel und dem Clavier (Clavier war damals die Sammelbezeichnung für Tasteninstrumente: Clavichord, Cembalo, Spinett u. a.), er sang, war ein ausgezeichneter Geiger und komponierte vermutlich schon sehr früh. Wann trat aber sein außergewöhnliches Talent zum erstenmal zutage? Hatte er das absolute Gehör? Zweifelsohne müssen bestimmte Erbanlagen in seiner Familie vorhanden gewesen sein, die die musikalische Begabung immer wieder übertrugen. Was ging im Kopf des Knaben vor, welche Art musikalischer oder physikalischer Reflex war am Werk, wie sah die Schulung aus, die sein Vater oder sein älterer Bruder ihm angedeihen ließen? Darüber wissen wir leider nichts.

Bekannt sind uns immerhin die äußeren Begebenheiten seines Lebens. Wir wissen, daß er mit fünfzehn Jahren in die Schule des Michaeliklosters zu Lüneburg aufgenommen wurde, daß er Hamburg besuchte, daß er damals schon ein streitbarer junger Mann war und im Laufe seines Lebens eine Reihe von Stellungen am Hof und im kirchlichen Dienst innehatte; Arnstadt, Mühlhausen, der Fürstenhof von Anhalt-Köthen und Leipzig sind die Stationen seines Lebens. In Leipzig, wo er von 1723 bis zu seinem Tode 1750 blieb, war er Kantor an der Thomasschule sowie Organist und Chordirigent an der Thomaskirche. Wir wissen, daß er zu seiner Zeit hochgeachtet war, allerdings mehr als Orgelvirtuose denn als Komponist. Bach, der das musikalische Barock zur Vollendung führte, lebte in einer Zeit, in der radikale neue Ideen das Bauwerk untergruben, das weitgehend auf dem Fundament der Polyphonie errichtet worden war. So blieb ihm der Vorwurf nicht erspart, ein altmodischer Komponist, ein Pedant zu sein, dessen Musik vom leichteren, homophonen, galanten Stil, von jener eleganten, gefälligen und recht oberflächlichen Musik beiseite geschoben wurde, die seinen Sohn Johann Christian in London so populär machte.

Viel spricht dafür, daß dies Bach nicht sehr bekümmerte. Er lebte in einer Zeit, die noch nicht den Begriff des *l'art pour l'art*, die Vorstellung einer Musik kannte, die für die Ewigkeit geschrieben ist. Bach war ein praktischer, vernünftig denkender Mann. Wie alle Tonsetzer seiner Zeit betrachtete er sich als einen Berufsmusiker, der komponierte, um einen Bedarf zu stillen – eine Kantate für den Sonntagsgottesdienst, ein Übungsheft für die Kinder, ein Orgelstück, um ein bestimmtes Instrument vorzuführen. Er publizierte zwar einige wenige Stücke, auf die er besonders stolz war, erwartete aber nicht, daß seine Werke ihn überlebten. Als er Thomaskantor wurde, schnürte er die Kompositionen seines Vorgängers zusammen und verstaute sie irgendwo abseits (allerdings las er anscheinend alles sorgfältig durch, bevor er es beiseite räumte), und er war sich im klaren darüber, daß später sein Nachfolger mit seinen Manuskripten ebenso verfahren werde. Ein Kantor hatte die Aufgabe, Musik zu präsentieren, die er selbst komponiert hatte, nicht die eines anderen.

Natürlich war er sich seines Wertes bewußt. Nichts konnte ihn rasender machen als musikalische Leistungen, die nicht seinen eigenen Maßstäben entsprachen. Bereits 1705 in Arnstadt kam es mit einem Schüler namens Geyersbach zu einer heftigen Auseinandersetzung. Schließlich zog Bach seinen Degen und ging auf Geyersbach los; ergrimmt versuchte der künftige Komponist der *Matthäuspassion* seinem Widersacher einen Denkzettel zu verabreichen. Bach erhielt einen Verweis, „zumal er ohnedem in dem Ruf stände, daß er sich mit den Schülern nicht vertrüge ..."

Aber Bach war unverbesserlich. Nichts konnte sein Bild von der Musik stören, nichts seinen Drang – oder besser gesagt, seinen inneren Zwang –, sich an seiner Kunst zu sättigen, mit Eifer zu studieren, alles aufzunehmen, was er nur aufnehmen konnte. Wenn jemand sich einmischte, *tant pis!* 1706 wurde er getadelt, weil er seinen Pflichten fernblieb (er war nach Lübeck gewandert, um Buxtehude Orgel spielen zu hören). Er wurde wegen seiner fremdartigen Harmonien beim Orgelspiel während der Gottesdienste gerügt. Man machte ihm Vorhaltungen wegen seiner reservierten, hochmütigen Art, „... denn wenn er es für keine Schande erachte, bei der Kirche zu sein und die Besoldung zu nehmen, müsse er sich auch nicht schämen, mit den Schülern, die dazu bestellt sind, so lange zu musizieren, bis etwas anderes verordnet wird ..."

Johann Sebastian Bach

In Weimar wurde er „wegen seiner Halßstarrigen Bezeügung v. zu erzwingenden *dimission*" sogar in Haft genommen. 1717 siedelte er nach Köthen über, später (1723) nach Leipzig, wo er sich ständig bei den Behörden wegen Geldangelegenheiten und seiner kargen Nebeneinnahmen beschwerte. Schon bald machte er sich sehr unbeliebt beim Rat der Stadt, der ihm Pflichtenvernachlässigung vorhielt. Bach hatte zahlreiche Aufgaben. In seiner Bewerbung nach Leipzig hatte er niedergeschrieben, was er alles zu tun versprach:

1. Daß ich denen Knaben, in einem erbarn eingezogenen Leben und Wandel, mit gutem Exempel vorleuchten, der Schulen fleißig abwarten, und die Knaben treulich informieren,
2. Die Music in beyden Haupt-Kirchen dieser Stadt, nach meinem besten Vermögen, in gutes Aufnehmen bringen,
3. E. E. Hochweisen Rathe allen schuldigen respect und Gehorsam erweisen und deßen Ehre und reputation aller Orthen bester maßen beobachten und befördern, auch so ein Herr des Raths die Knaben zu einer Music begehret, ihme dieselben ohnweigerlich folgen laßen, außer diesen aber denenselben auf das Land, zu Begräbnüßen oder Hochzeiten, ohne des regierenden Herrn Bürgermeisters und der Herren Vorsteher der Schulen Vorbewust und Einwilligung zureisen keinesweges verstatten.
4. Denen Herren Inspectoren und Vorstehern der Schulen in allen und ieden, was im Nahmen E. E. hochweisen Raths dieselbige anordnen werden, gebührende Folge leisten,
5. Keine Knaben, welche nicht bereits in der Music ein fundament geleget, oder sich doch darzu schicken, daß sie darinnen informiret werden können, auf die Schule nehmen, auch solches, ohne derer Herren Inspectoren und Vorsteher Vorwißen und Einwilligung, nicht thun.
6. Damit die Kirchen nicht mit unnöthigen Unkosten beleget werden mögen, die Knaben nicht allein in der Vocal sondern auch in der Instrumental-Music fleißig unterweisen.
7. Zu Beybehaltung guter Ordnung in denen Kirchen die Music dergestalt einrichten, daß sie nicht zulang währen, auch also beschaffen seyn möge, damit sie nicht opernhafftig herauskommen, sondern die Zuhörer vielmehr zur Andacht aufmuntere.
8. Die neue Kirche mit guten Schülern versehen,
9. Die Knaben freundlich und mit Behutsamkeit tractiren, daferne sie aber nicht folgen wollen, solche moderat züchtigen, oder gehöriges Orts melden;
10. Die Information in der Schule und was mir sonsten zuthun gebühret, treulich besorgen,
11. Und da ich solche selbst zuverrichten nicht vermöchte, daß es durch ein ander tüchtiges Subjectum, ohne E. E. Hochweisen Raths, oder der Schule, Beytrag, geschehe, veranstalten,
12. Ohne des regierenden Herrn Bürgermeisters Erlaubnüß mich nicht aus der Stadt begeben,
13. In LeichBegängnüßen jederzeit, wie gebräuchlich, so viel möglich, bey und neben denen Knaben hergehen,

14. Und bey der Universität kein officium, ohne E. E. Hochweisen Raths Consens annehmen solle und wolle.

Außerdem war Bach die musikalischen Darbietungen in allen vier Kirchen der Stadt verantwortlich. Er hatte für jeden Sonntagsgottesdienst eine Kantate zu komponieren und ihre Aufführung zu leiten. Für den Karfreitag mußte er Passionsmusik beisteuern. All dies gehörte zu den gewöhnlichen Pflichten eines Kantors. Dazu kamen außeramtliche Arbeiten wie die Lieferung von Motetten für Hochzeiten und Begräbnisse oder Festkompositionen für die Stadt. Daraus bezog er Nebeneinkünfte, und einmal klagte er in allem Ernst: „... und wenn es etwas mehrere, als *ordinairement,* Leichen gibt, so steigen auch nach *proportion* die *accidentia;* ist aber eine gesunde Lufft, so fallen hingegen auch solche, wie denn voriges Jahr an *ordinairen* Leichen *accidentien* über 100 rthl. Einbuße gehabt."

In Leipzig fand Bach weder die Unterstützung, die Einkünfte noch die Wertschätzung, die er erhofft hatte. Schon bald lag er, wie üblich, mit der Stadtobrigkeit im Streit. Ratsherr Steger wurde davon zu dem Ausspruch veranlaßt, „es thue der Cantor nicht allein nichts, sondern wolle sich auch diesfals nicht erklären". Dieses Verhalten bestätigteden Rat vermutlich in seinem geheimen Argwohn gegenüber Bach, der nur deswegen zu seinem Leipziger Amt gekommen war, weil keine anderen Kandidaten zur Verfügung standen, die dem Rat der Stadt zusagten. Der Ratsherr Platz hatte es so ausgedrückt: „Da man die besten nicht bekommen könne, müsse man mittlere nehmen." Der „beste", den er meinte, war Georg Philipp Telemann (1681–1767), ein unglaublich fruchtbarer Tonsetzer, der bei seinem Tod ein Œuvre von 3000 Werken hinterließ. Telemann war in Deutschland sehr populär – ungleich mehr, als es der minder modische Bach jemals war. Dann kam 1736 Bachs Konflikt mit Johann August Ernesti, dem Rektor der Thomasschule. Die Affäre versetzte den Rat der Stadt in größte Aufregung und ließ Bachs kämpferischen Instinkten freien Lauf. Ernesti hatte einen gewissen Johann Gottlieb Krause zum Musikpräfekten an der Thomasschule bestellt. Aber Krause war ein schlechter Musiker. Bach protestierte beim Rat, Ernesti reagierte scharf. Es kam zu Beschuldigungen und Gegenbeschuldigungen. Bach wollte nicht nachgeben. Er trug die Auseinandersetzung vor das Konsistorium und erhob, als er keine Genugtuung erhielt, Klage bei seinem „Allerdurchlauchtigsten, Großmächtigsten Fürsten und Herrn, Herrn Friedrich Augusto, König in Pohlen, Groß-Herzog in Litthauen, Reußen, Preußen, Mazovien, Samogitien, Kyovien, Vollhinien, Podolien, Podlachien, Lieffland, Smolenscien, Severien und Czerniechovien etc. etc. Herzog zu Sachsen, Jülich, Cleve, Berg, Engern und Westphalen, des heiligen Römischen Reichs Ertz-Marschall und ChurFürsten, Landgraffen in Thüringen, Marggraffen zu Meißen, auch Ober- und Nieder-Lausiz, Burggraffen zu Magdeburg, Gefürsteten Graffen zu Henneberg, Graffen zu der Marck, Ravensberg und Barby, Herrn zu Ratenstein, etc. etc. Meinem allergnädigsten Könige, ChurFürsten und Herrn". Es ist nicht

Johann Sebastian Bach 35

bekannt, wie die Affäre ausging. Man nimmt an, daß Bach sich schließlich durchgesetzt habe.

Bach war, wie bemerkt, ein Mensch, der sich nichts gefallen ließ, und diese Haltung übertrug er auch auf seine musikalische Arbeit. Wie er sich über die Mediokrität ärgerte, von der er sich umgeben fand! Dieser unvergleichliche Musiker mußte in Leipzig mit schlechten Schülern und zweitrangigen Musikern und Sängern arbeiten. 1730 gab er bekannt, wieviel Mitwirkende er für die Kirchenmusik mindestens benötigte. Jeder Chor, erklärte er dem Rat, sollte aus wenigstens zwölf Sängern bestehen, sechzehn wären allerdings besser. Das Orchester verlange achtzehn, besser noch, zwanzig Instrumentalisten. Was aber, klagte Bach, habe er zur Verfügung? Ganze acht – vier Stadtpfeifer, drei „Kunstgeiger" und einen Gesellen. „Von deren qualitäten und *musicalischen* Wißenschafften aber etwas nach der Warheit zu erwehnen, verbietet mir die Bescheidenheit." Bach schlug gleichsam die Hände über dem Kopf zusammen. Derartige Bedingungen seien unerträglich, und zu allem Überfluß seien die meisten Schüler auch nocht untalentiert. Dies erkläre, meinte er, den Niedergang des musikalischen Niveaus in Leipzig. Am Ende seines Memorials zieht er eine Bilanz der Qualität der Schüler. Siebzehn seien „zu gebrauchende", zwanzig „noch nicht zu gebrauchende" und siebzehn „untüchtige". Diese vierundfünfzig Knaben bildeten die Chöre der vier Leipziger Kirchen. Die Peterskirche bekam den Ausschuß, „nemlich die, so keine *music* verstehen, sondern nur nothdörfftig einen *Choral* singen können."

(Man beachte den Hinweis auf die „Stadtpfeifer". Diese Herren konnten tüchtige Musiker sein, und 1745 examinierte Bach einen von ihnen namens Carl Friedrich Pfaffe. „Da sich denn befunden, daß er auf jedem Instrumente, so von denen Stadt-Pfeiffern pfleget gebrauchet zu werden, als Violine, Hautbois, Flute travers. Trompette, Waldhorn und übrigen BassInstrumenten, sich mit Beyfall aller Anwesenden gantz wohl habe hören laßen, und zu der gesuchten Adjunctur gantz geschickt befunden worden.")

Das also waren die Bach zur Verfügung gestellten Kräfte. Hin und wieder, zu besonderen Anlässen, konnte er sich mehr verschaffen. Für die Aufführung der *Matthäuspassion* gelang es ihm, mehr als vierzig Mitwirkende zusammenzuführen. Bach sehnte sich offensichtlich nach starken Besetzungen, und es ist ein Fehler, heute im Namen der „Authentizität" Werke wie die h-Moll-Messe und die beiden großen Passionen gemäß Bachs Denkschrift von 1730 mit einer winzigen Schar von Musikern aufzuführen. Natürlich muß die Faktur der Musik erhalten bleiben, einerlei, wie stark die Besetzung ist, und ebenso muß sie mit vollkommener Klarheit dargeboten werden. Aber das schließt einen sonoren Klang nicht aus.

Aus dem, was ihm zur Verfügung stand, machte Bach das Beste. Er konnte wahrscheinlich selbst die meisten Instrumente in seinem Orchester spielen und ging mit den Mitwirkenden ganz ähnlich um wie ein Dirigent unserer Tage. In der Regel dirigierte er mit der Geige in der Hand oder vom Cembalo aus. Zur Frühgeschichte des Dirigierens liegen bisher nur wenige Forschungsergebnisse

Johann Sebastian Bach spielt vor Friedrich II. in Potsdam im Jahre 1747.
Zeichnung von Carl Roehling.

Johann Sebastian Bach und seine Familie.
Gemälde von Toby Edward Rosenthal, 1870.

Bach-Denkmal in Leipzig vor der Thomaskirche mit den Thomanern.

Johann Sebastian Bach. Autograph. Anfang der 9. zweistimmigen Invention.

vor, man neigt aber zu der Annahme, daß erst im neunzehnten Jahrhundert ein Orchesterleiter den Takt schlug. Doch es gibt eine Fülle von Belegen aus der Zeit Bachs, die zeigen, daß derjenige, der einem Ensemble vorstand, sehr wohl den Takt angab. Ja, als Bach den unglücklichen Krause examinierte, erwähnte er eigens, daß dieser „nicht einmahl in denen beyden Haupt Arten des *tactes,* als nemlich dem gleichen oder 4 Viertel, u. dem ungleichen oder e Viertel *tact,* die *mensur accurat* hat geben können".

Nach allen Augenzeugenberichten war Bach, wenn er ein Orchester leitete, eine dominierende Gestalt. Er war ein glänzender Partiturleser. Sein Gehör sei so fein gewesen, daß er sogar im größten Klangkörper den geringsten Fehler entdeckt habe. Beim Dirigieren sang er, spielte seinen eigenen Part, sorgte für gleichmäßigen Rhythmus und hielt seine Musiker beisammen, „den einen durch einen Wink, den andern durch Treten des Taktes, den dritten mit drohendem Finger ...", indem er „jenem in hoher, diesem in tiefer, dem dritten in mittlerer Lage seinen Ton angibt, und daß er ganz allein, im lautesten Getön der Zusammenwirkenden, obgleich er von allen die schwierigste Aufgabe hat, doch sofort bemerkt, wenn und wo etwas nicht stimmt und alle zusammehält und überall vorbeugt und, wenn es irgendwo schwankt, die Sicherheit wiederherstellt; wie der Rhythmus ihm in allen Gliedern sitzt ..." So hat Johann Matthias Gesner, der Amtsvorgänger des lästigen Ernesti, den großen Mann bei der Arbeit geschildert. Sein Sohn Carl Philipp Emanuel bemerkte, daß Bach in bezug auf das Stimmen der Instrumente immer besonders heikel gewesen sei. „Niemand konnte ihm seine Instrumente zu Danke stimmen und bekielen. Er tat alles selbst ..." Der Begriff des Dirigenten im modernen Wortsinn war noch nicht erfunden, doch man kann behaupten, daß Bach in allem bis auf den Namen ein moderner Dirigent war – und bei seiner Neigung zu Jähzornausbrüchen vermutlich ein gefürchteter.

Wie er genau dirigierte, ist uns nicht bekannt. Welche Tempi nahm er? Welche Vorstellungen hatte er vom Rhythmus? Welche Ausdrucksmittel? Heute kennt man viele Feinheiten von Bachs Aufführungspraxis nicht mehr. Über die Tonhöhe der Instrumente, die Klangbalance, selbst über die Rhythmen und Tempi können wir nur Spekulationen anstellen. Musikwissenschaftler sind zu dem Schluß gekommen, daß zu Bachs Zeit die Stimmung häufig einen vollen Ton tiefer lag als heutzutage. Doch es gibt noch heute spielbare Orgeln aus der Bach-Zeit, die *höher* gestimmt sind. Offenbar bestanden damals auch zahlreiche Konventionen, die nicht schriftlich fixiert wurden, beispielsweise dafür, wann Töne länger oder kürzer ausgehalten wurden, als tatsächlich angegeben war. Doch wenn auch die Aufführungspraxis sich von Generation zu Generation wandelt, ist Bachs Musik heute doch kraftvoller, als sie es jemals war, im Vergleich zum Schaffen der anderen Großen seiner Zeit – Händel, Vivaldi, Couperin, Alessandro und Domenico Scarlatti. Welchen Maßstab man auch nimmt, Bach überstrahlt sie alle. Seine Technik war brillant, sein Gefühl für Harmonie erschreckend in seiner Kraft, Expressivität und seinem Einfallsreichtum. Und wenn er auch nicht als einer der großen Melodiker gilt, so konnte er gleichwohl Melodien von unaussprechlicher Schönheit komponieren, wie etwa die Arie *Bist du bei mir* oder den langsamen Satz der Triosonate in e-Moll, der den Rhythmus der Gezeitenbewegung zu haben scheint.

Bach war ein Komponist des Barock, der Periode, die in der Musik die Zeit von etwa 1600 bis 1750 umfaßt. Die Barockmusik, wie sie die Größten aus dieser Periode schrieben, hat ausgesprochen manieristische Eigenschaften: Mystizismus, Überschwang, Komplexität, Verzierung, Allegorie, Verzerrung, Hinwendung zum Übernatürlichen und zum Grandiosen, alles miteinander vermengt. Stand die Renaissance (und später die Klassik) für Ordnung und Klarheit, so vertrat das Barock (und später die Romantik) Bewegung, Unruhe, Zweifel. Das Barock brachte den Aufstieg der vierstimmigen Harmonie und des Generalbasses, bei dem Ziffern die zu verwendenden Harmonien angeben. Ein anderer Name für den bezifferten Baß ist ‚fortlaufender' Baß (Basso continuo). Für Bach war der Basso continuo laut Aussage eines Schülers „das vollkommenste Fundament der Music welcher mit beyden Händen gespielet wird dergestalt das die lincke Hand die vorgeschriebenen Noten spielet die rechte aber Con- und Dissonantien darzu greift damit dieses eine wohlklingende Harmonie gebe zur Ehre Gottes und zulässiger Ergötzung des Gemüths und soll wie aller Music, also auch des General Basses Finis und End-Uhrsache anders nicht, als nur zu Gottes Ehre und Recreation des Gemüths seyn."

Im Barock verschwanden die alten Kirchentonarten und konsolidierte sich das Dur/Moll-Skalensystem, das bis heute in Gebrauch ist.

Gleichzeitig wurden die Grundlagen für die Sonate, die Sinfonie, das Konzert, die Ouvertüre und die Variation gelegt. Aber das Barock hatte auch seine eigenen freien Formen – Toccata, Fantasie, Präludium, Ricercare.

In dieser Epoche bahnte sich auch der Aufstieg eines kulturbeflissenen Bürgertums an. Die Musik begann sich von den Fürstenhöfen und den Kirchen in die Städte auszubreiten, wo viele Bürger der Mittelschicht nun ein Bedürfnis nach musikalischer Unterhaltung entwickelten. Solche Darbietungen waren die Vorläufer der öffentlichen Konzerte von heute. Musiker begannen diese Nachfrage zu erfüllen, mitunter, wie im Falle Händels, mit spektakulärem finanziellen Erfolg. Musikakademien bildeten sich, und sogar Kaffeehäuser boten Musikprogramme, um ihre Stammgäste zufriedenzustellen. Auch Bach beteiligte sich an einem derartigen Projekt; viele Jahre leitete er die allwöchentlichen Konzerte in Zimmermanns Kaffeehaus in Leipzig, Freitagabend von acht bis zehn Uhr. Die Mitwirkenden (so hieß es 1736 in der Ankündigung) waren zumeist „aus den allhier Herrn Studirenden, und sind immer gute Musici unter ihnen, so daß öffters, wie bekannt, nach der Zeit berühmte Virtuosen aus ihnen erwachsen".

Mit Bach erreichte das musikalische Barock seine Vollendung. Er war nicht nur ein kenntnisreicher Musiker, wenn es um seine eigenen Werke ging, sondern im ganzen Reich der Musik, ohne Zweifel einer der gebildetsten Komponisten seiner Zeit. Es verlangte ihn einfach danach, die gesamte ihm damals zugängliche Musik, ob alt oder zeitgenössisch, kennenzulernen und sich

40   Verklärung des Barock

anzueignen. Allerdings war er kein Gelehrter in dem Sinne, daß ihn die Musikgeschichte interessiert hätte. So gibt es beispielsweise keinen Beleg dafür, daß er sich viel Mühe gegeben hätte, mittelalterliche Musik auszugraben. Was ihn aber interessierte, und zwar überwältigend, ja, sogar zwanghaft, war die musikalische Technik. Wie komponieren andere? Welcher Art waren ihre Gedanken? In solchen Dingen war Bach, von einer unersättlichen professionellen Neugier. Lag der – bewußte oder unbewußte – Grund darin, daß er sich an anderen Tonsetzern messen wollte? Wann immer es ihm möglich war, hörte er sich neue Musik an, und er las ständig, was er nicht selbst hören konnte. Selbstverständlich konnte er eine gedruckte Partitur mühelos lesen. Als junger Mann entzog er sich seinen Pflichten, um das Spiel der großen Organisten zu hören – Vincent Lübecks und Buxtehudes unter anderen –, und es war für ihn eine der großen Enttäuschungen seines Lebens, daß er nie den berühmten Händel hörte. Er kannte von der alten Musik Palestrina, Frescobaldi und Legrenzi, zeitgenössisches von Vivaldi, Telemann und Albinoni. Sehr stark interessierte ihn die italienische Musik, und besonderen Eindruck müssen auf ihn die Werke seines Zeitgenossen Vivaldi (1678–1741) gemacht haben. Er kopierte und transskribierte nicht nur Werke des Italieners, sondern übernahm auch dessen Form des Konzerts für seine eigenen Arbeiten in diesem Genre. Er kannte die Sonaten Domenico Scarlattis und die Chorwerke Alessandro Scarlattis. Aber nicht allein italienische Musik eignete Bach sich an. Er war auch mit der französischen Schule von Lully bis d'Anglebert und Couperin vertraut. Mit dem berühmten François Couperin (1668–1733) soll er eine lange Korrespondenz geführt haben, doch die Briefe sind nicht erhalten geblieben. Wie Bach entstammte auch Couperin einer berühmten Musikerfamilie und wurde in ganz Europa gefeiert. Seine herrlichen Clavecin-Werke haben noch heute einen festen Platz im Repertoire, und auch manche seiner Orgelkompositionen und *Concerts royaux* sind nach wie vor zu hören. Bach schrieb für sich und für Anna Magdalena einige Werke des französischen Meisters ab. Von den deutschen Komponisten schätzte Bach Händel, Froberger, Kerll, Fux, Schütz, Theile, Pachelbel und Fischer. Wir haben keinen Beleg dafür, daß er die zeitgenössische Musik Englands gekannt hat, aber dies dürfte seinen Grund nur darin gehabt haben, daß die gedruckten Manuskripte nicht allgemein zugänglich waren. Vermutlich war Bach weitgehend Autodidakt. Aus allen Quellen nahm er Anregungen auf und machte sie sich zu eigen, und zwar in jedem musikalischen Genre mit Ausnahme der Oper. Nur selten tragen seine Arbeiten Spuren von Eile, Konventionalität oder Ungeduld. Alle achtundvierzig Präludien und Fugen des *Wohltemperierten Klaviers* unterscheiden sich voneinander wie die Etüden Chopins. *Die Kunst der Fuge,* als eine der größten geistigen Leistungen des Abendlandes gefeiert, ist ein kolossales Werk, eine unvollendet gebliebene Reihe kontrapunktischer Variationen, gleichfalls von nie versagender Imagination und breitester Vielfalt.

Niemand weiß, welche Instrumentalbesetzung Bach sich für *Die Kunst der Fuge* dachte – ob als Orgel- oder als Orchesterwerk. Die Instrumentation ist

nicht spezifiziert (allerdings glauben die meisten Musikwissenschaftler, daß das
Werk für ein Tasteninstrument komponiert wurde), und der deutsche Musikologe Friedrich Blume trug sogar die Ansicht vor, Bach selbst sei nicht daran
interessiert gewesen, ob Werke wie *Die Kunst der Fuge* jemals aufgeführt
würden oder aufgeführt werden könnten. Mit ihnen, schreibt Blume, habe er
eine Tradition der höchsten kontrapunktischen Könnerschaft fortsetzen wollen, ererbt von der römischen Schule der Palestrina-Zeit über Berardi, Sweelinck, Scacchi, Theile, Werckmeister und Vitali. Blume nennt diese uneigennüt-
zige Weitergabe einer abstrakten Theorie ein „esoterisches" Tun. Vielleicht
trifft dies zu, aber gab es jemals einen Komponisten, der abstrakte Musik
schrieb, die nicht gespielt werden sollte? Wie dem auch sei, *Die Kunst der Fuge*
führt den reinen Kontrapunkt auf seinen Gipfel. Um einen Begriff von der
Komplexität des Werkes zu geben: Es beginnt mit vier Fugen, von denen zwei
das Thema vorstellen, während die anderen es in der Umkehrung bringen (das
heißt, von hinten nach vorn). Dann folgen Gegenfugen, in denen das Originalt-
hema umgekehrt wird. Es gibt Doppel- und Tripelfugen, mehrere Kanons, drei
Paare Spiegelfugen. Karl Geiringer schreibt darüber: „In dem ersten Paar, zwei
vierstimmigen Fugen (Nr. 12, 1 und 2) bringt Bach alle Stimmen sowohl in der
Originalgestalt (,rectus') als auch in vollkommener spiegelbildlicher Umkehrung (,inversus'). Um die Spiegelung ganz realistisch zu gestalten, wird der Baß
der einen Fuge zum Sopran der anderen, der Tenor zum Alt, der Alt zum Tenor
und der Sopran zum Baß. So hat es bei Nr. 12,2 den Anschein, als stünde hier
Nr. 12,1 auf dem Kopf."

Die Polyphonie ist nur ein Aspekt der Kunst Bachs. Er konnte Sammlungen
von Tanzstücken mit den Titeln Suite oder Partita schreiben, von Glaubenskraft
erfüllte Kantaten oder Musik von der erfrischenden Lebensfülle der *Brandenburgischen Konzerte* oder titanische Werke wie die *h-Moll-Messe* und die
Matthäuspassion, rein virtuose Stücke für die Orgel, groß angelegt, überwältigend in ihrem Klangreichtum und mit ungehemmtem Einsatz von Händen und
Füßen (diese Orgelwerke sollten auf einer Barock-, *nie* aber auf einer Orgel aus
der Zeit der Romantik gespielt werden), oder höchst anspruchsvolle Stücke für
Solovioline oder -cello oder Cembalo-Variationen, *Goldbergvariationen*
genannt, die an chromatischer Spannung bis zu Chopin und Wagner kaum
ihresgleichen haben.

Es ist vor allem die harmonische Intensität, die Bachs Musik eine Sonderstellung neben der seiner Zeitgenossen einnehmen läßt. Bach dachte im Musikalischen alles andere als konventionell. Sein Werk ist ständig voller Überraschungen: immer erscheint irgend etwas Unerwartetes, irgendeine Abweichung von
der Norm. Ein Vivaldi-Concerto beispielsweise ergeht sich vorwiegend im
harmonischen Bereich von Tonika, Dominante und Subdominante. Bach
schafft hingegen eine vollkommen neue harmonische Sprache. Während sich
die meisten Komponisten seiner Zeit auf die Regeln beschränkten, stellte Bach
neue Regeln auf. Bereits als junger Mann untersuchte er eifrig das harmonische
Potential der Musik, und gerade dafür wurde er getadelt. Seine Hörer waren

solchen Wagemut nicht gewohnt. In Arnstadt wurde dem damals einundzwanzigjährigen Bach vorgehalten, „daß er bißher in dem Choral viele wunderliche *variationes* gemachet, viele frembde Thone mit eingemischt, daß die Gemeinde drüber *confundiret* worden". Mit zunehmendem Alter wurde auch seine harmonische Kühnheit immer ausgeprägter.

Bach nahm die überkommenen Formen und arbeitete ständig daran, sie zu erweitern, zu verfeinern und zu verbessern. Für seine Orgel-, Violin- und Cembalokonzerte nahmer oft als Ausgangspunkt Werke anderer Meister, wie beispielsweise Vivaldis und ließ dann sein eigenes in deren Genie einfließen. Seine Werke für Solostreichinstrumente sind an Einfallsreichtum und Komplexität nie übertroffen worden.

Gewiß konnte nur ein Geigenvirtuose solche Figurationen erdenken. Die gewaltige Chaconne aus der Partita in d-Moll für Violine ist das bekannteste dieser Solostücke für Streichinstrumente, aber die Fuge aus der C-Dur-Sonate ist ein ebenso imposanter und großartiger Entwurf. Die fugierten Sätze der Solosuiten für Cello sind gleichfalls äußerst komplex und schwierig auszuführen. In Bachs Werk finden sich Ausbrüche einer mitreißenden Virtuosität wie beispielsweise in der Cembalo-Kadenz des dritten *Brandenburgischen Konzertes*. Und viele seiner Orgelstücke verlangen äußerste Fingerfertigkeit und Fußbeweglichkeit. Bach verhalf der heute gebräuchlichen wohltemperierten Stimmung mit zum Durchbruch. Vorher war die mitteltönige Stimmung mit Halbtönen von unterschiedlicher Höhe allgemein gebräuchlich gewesen. Dabei bestand die Schwierigkeit, die Töne innerhalb der Oktave so anzuordnen, daß die Tonreihe von Ton zu Ton stimmige harmonische Verhältnisse aufwies. In der mathematischen Stimmung ließen sich zwar die Schwingungsverhältnisse der Tonreihe in jeder beliebigen Tonart errechnen, doch was beispielsweise für C-Dur gut war, war für f-Moll nicht gut. Der englische Musikologe Percy A. Scholes drückte es so aus: „Es ist unmöglich, irgendein Tasteninstrument für mehr als eine Tonart *perfekt* zu stimmen; Stimmt man es korrekt für C, sind,sobald man in einer anderen Tonart spielt, einige Töne nicht mehr rein. In der mitteltönigen Stimmung war nur eine einzige Tonart perfekt, aber durch eine Kompromißlösung eine gewisse Anzahl weiterer Tonarten soweit der Perfektion angenähert, daß das Ohr sie tolerieren konnte; der Rest blieb draußen." Bei dem von Scholes erwähnten Kompromiß handelte es sich darum, daß cinzelne Intervalle reiner gestimmt waren als andere, so daß mehrere Tonarten verwendet werden konnten. Doch bestimmte waren, wie Scholes darlegt, so außerhalb der mitteltönigen Strukturen, daß sie nicht benutzt werden konnten. In der alten Musik sind Tonarten wie H-Dur oder cis-Moll nur sehr selten anzutreffen – außer bei Bach. Der Anregung folgend, die Andreas Werckmeister in *Musicalische Temperatur* (1686/87) gegeben hatte, teilte Bach die Oktave in zwölf ungefähr gleich große Intervalle auf. Bei diesem Kompromiß war zwar keine Tonart perfekt, alle Tonarten hatten kleine Unvollkommenheiten, doch diese waren so geringfügig, daß das Gehör sie ertragen konnte. Dieses System ermöglichte Modulationen in jede andere Tonart, Bach komponierte *Das wohltemperierte Klavier,* um zu illustrieren, was diese Stimmung vermochte. Die beiden Bücher dieses Werkes enthalten achtundvierzig Präludien und Fugen, je zwei für alle Dur- und Molltonarten.

In den letzten Jahren ist viel über Bachs Gebrauch der musikalischen Symbolik geschrieben worden. Albert Schweitzer, einer der ersten Verfechter dieser These, behauptete, Bach sei nicht nur im Grunde ein Tonmaler, sondern habe auch sehr oft spezifische Motive für Schrecken, Kummer, Hoffnung, Mattigkeit in seine Musik aufgenommen. Schweitzer verfocht die Ansicht, daß es unmöglich sei, ein Werk Bachs zu interpretieren, wenn der Sinn des Motivs nicht bekannt sei. Heute ist man von dieser Auffassung weitgehend abgekommen, und nur noch ganz wenige Bach-Spezialisten versuchen, eine geistliche oder sogar Zahlensymbolik in Bachs Musik hineinzulesen. Der Austausch der Buchstaben des Alphabets gegen Zahlen ist eine Übung, die seit der Zeit der niederländischen Komponisten bekannt ist. In Karl Geiringers Bach-Biographie aus dem Jahre 1966 heißt es: „Nach dem Zahlenalphabet steht 14 für Bach, 41, die Umkehrung von 14, für J. S. Bach und 82 für Walther.

$$\text{W} \quad \text{A} \quad \text{L} \quad \text{T} \quad \text{H} \quad \text{E} \quad \text{R}$$
$$21 + 1 + 11 + 19 + 8 + 5 + 17$$

Auf die Töne c, g, d', a' sind die leeren Saiten der Viola gestimmt, die Bach gewöhnlich im Orchester spielte. So wies der Komponist auf sich selbst sowohl in den Noten als im Zahlenalphabet. Walther wird auch mit einer Zahl angeführt, und der Komponist macht ihm ein elegantes Kompliment, indem er andeutet, daß Walther (82) zweimal so viel sei wie J. S. Bach (41)."

Aber sollte Bach diese Methode wirklich verwendet haben, so würde seine Leistung nicht an Wert einbüßen. Es gibt keine Musik in der ganzen Tonkunst, die derart logisch gestaltete Tonsequenzen hat wie die Bachs. Seine Musik ist auch eng mit der Religion, genauer gesagt, mit der lutherischen, verbunden. Bach glaubte, daß aus der Musik die Stimme Gottes spreche. Er begann seine Partituren geistlicher Werke mit JJ (*Jesu Juva* – Jesus, hilf!) und endete sie mit SDC (*Soli Deo Gloria* – Gott allein der Ruhm!) Bach schrieb sehr viel Kirchenmusik, und aus seinen Motetten und Kantaten, Messen und Passionen spricht ein derart tiefes religiöses Gefühl, das nur jenen zugänglich ist, die sich in das spirituelle Leben der Bach-Zeit versetzen können. Dies gilt besonder für Werke wie *Christ lag in Todesbanden* oder die *h-Moll-Messe.* Diese Bemerkungen beschränken sich nicht einmal unbedingt auf Bachs Kirchenmusik. Ein Werk wie *Die Kunst der Fuge* bedeutet jemandem, der selbst mit dem Kontrapunkt gerungen hat und daher imstande ist, das großartige Ingenium zu erkennen, mit dem Bach die Probleme löste, sicherlich mehr als einem Hörer, der nicht einmal Noten lesen kann.

Eines der größten Probleme, die Bachs Musik im 20. Jahrhundert stellt, betrifft Fragen der Aufführungspraxis. Es liegt auf der Hand, daß es unmöglich ist, Aufführungen zustande zu bringen, wie sie zu Bachs Zeit stattfanden. Zu viele Faktoren haben sich verändert, und jede Epoche hat ihren eigenen

Aufführungsstil. Die Romantiker nahmen, wie in allem, eine sehr freie Haltung zu Bach ein, ihre Aufführungspraxis hat sich fast bis in unsere Tage gehalten. Erst dank der Forschungsarbeiten der letzten Jahrzehnte wissen wir heute etwas mehr über Bachs Aufführungsstil. Als Reaktion auf die romantische Aufführungspraxis spielen und dirigieren heute zahlreiche Musiker Bach mit mechanischer Strenge unter Zugrundelegung wissenschaftlicher Editionen mit relativ kleinen Besetzungen, um auf diese Weise einen „authentischen" Bach zu bieten. Der Nachteil freilich ist, daß Bach nun oft steril klingt – ein Bach, dem man seine Menschlichkeit und Anmut, seinen Stil, seinen Duktus genommen hat. Wenn wir etwas über Bach wissen, dann, daß er ein Vollblutmensch- und Musiker war. Er spielte und dirigierte seine eigenen Werke ohne Zweifel mit unendlich mehr Schwung und Spontaneität, als die moderne Aufführungspraxis zuläßt. Einem Schüler, Johann Gotthilf Ziegler, erklärte er, daß ein Organist nicht allein die Noten, sondern „nach dem Affekt der Worte" spielen, den Sinn- und Gefühlsgehalt des Stückes zum Ausdruck bringen solle. Es könnte durchaus möglich sein, daß die verspotteten Romantiker, auch wenn ihnen die modernen wissenschaftlichen Erkenntnisse fehlten, dem inneren Wesen des Bach-Stils intuitiv näherkamen, als es den strengen, der Notentreue verpflichteten Musiker unserer Zeit gelingt.

Nach Bachs Tod wurden die meisten seiner Werke beiseite geräumt, er selbst aber und eine Handvoll seiner Partituren gerieten nicht in Vergessenheit. Es wird immer wieder betont, daß er rund fünfundsiebzig Jahre vernachlässigt worden sei. Doch dies stimmt einfach nicht. Schon seine Söhne, die eine recht zwiespältige Einstellung zu ihrem Vater hatten (wie auch gegenüber seiner zweiten Frau, Anna Magdalena, die sie beinahe verhungern ließen und die später in einem sogenannten Armengrab beigesetzt wurde), trugen dazu bei, daß seine Werke nicht vergessen wurden. Mag Johann Christian seinen Vater auch einmal „die alte Perücke" genannt haben, so bemühte er sich doch um die Verbreitung seines Werkes. Carl Philipp Emanuel, dem das Antiquierte an Bachs Musik anscheinend nicht behagte und der die gestochenen Kupferplatten der *Kunst der Fuge* als Altmetall verkaufte, lieferte gleichwohl Johann Nikolaus Forkel, der die erste Biographie Bachs schrieb (1802), Material von unschätzbarem Wert.

Bachs Söhne wandten sich ausnahmslos der Musik zu. „Alle geborene Musiker" sagte der stolze Vater von seinen Söhnen. Aber mehrere von ihnen starben früh, einer war sogar schwachsinnig. Vier jedoch schlugen eine bedeutende Laufbahn ein.

Wilhelm Friedemann Bach (1710–1784) ging nach Halle, begann dann ein unstetes Wanderleben und ließ sich schließlich in Berlin nieder. Er war ein Sonderling, unfähig sich anzupassen und vermutlich zudem ein Trinker. Obwohl er sehr begabt und der Stolz seines Vaters war, blieb sein Leben ohne Erfüllung. Carl Philipp Emanuel (1714–1788) wirkte achtundzwanzig Jahre am Hof Friedrichs des Großen und brachte es zu hohem Ruhm als Cembalist, Komponist und Lehrer. 1768 wurde er Telemanns Nachfolger in Hamburg. Als

Komponist vertrat Carl Philipp Emanuel den neuen Stil, der sich in ganz Europa ausbreitete – den eleganten, nicht kontrapunktischen „galanten Stil", der von Komponisten der Mannheimer Schule entwickelt wurde und dann zu Haydn und Mozart führte. Johann Christoph Bach (1732–1795), der sogenannte Bückeburger Bach, diente in dieser Stadt von seinem achtzehnten Lebensjahr bis zum Tod als Musiker und führte die väterliche Tradition weiter. Schließlich bleibt noch Johann Christian (1735–1782) der „Londoner Bach", eines der wenigen reisenden Mitglieder der Familie, zu erwähnen. Er ging nach Italien, wo er sich Giovanni Bach nannte und zum katholischen Glauben übertrat. 1762 siedelte er nach England über, wo er John Bach genannt wurde. Er war ein angesehener, künstlerisch sehr erfolgreicher Mann, schrieb viele Opern, gab Klavierunterricht, dirigierte, war Lehrer, Mentor des jungen Mozart in London, ging bankrott und hinterließ hohe Schulden nach seinem Tod. Auch er vertrat den galanten Stil.

Diese vier Bach-Söhne, von denen zwei in ganz Europa bekannt waren, trugen dazu bei, die Erinnerung an ihren Vater lebendig zu erhalten. Schüler Bachs wie beispielsweise Johann Friedrich Agricola, Johann Philipp Kirnberger und Johann Gottlieb Goldberg (für den Bach seine berühmten Variationen schrieb) wurden bekannte Musiker und sorgten auch dafür, daß sein Name nicht in Vergessenheit geriet. Öffentliche Konzerte waren eine Seltenheit. Wenn überhaupt Konzerte gegeben wurden und sich mühsam Aufführungsstätten dafür improvisieren ließen (der Salon eines Adeligen, ein Tanzsaal, ein Opernhaus, denn es existierten keine Konzertsäle), dann in der Regel, weil ein Komponist, der seine eigenen Werke vorführen wollte, sich darum bemühte. Es war noch nicht üblich, daß ein konzertierender Musiker Werke anderer Tonsetzer spielte. Bis zur Romantik blieb das Musizieren weitgehend eine an die eigene Zeit gebundene Kunst, die sich nicht mit dem Vergangenen beschäftigte, da sich ältere Partituren nur mit größter Mühe auftreiben ließen.

Doch Bachs Musik war so beeindruckend, daß sie vielen Berufsmusikern vertraut blieb. Johann Friedrich Doles, Schüler Bachs und sein Nachfolger als Thomaskantor (1756–1789) fuhr fort, bei den Gottesdiensten weiterhin Werke Bachs zu spielen. Durch ihn erhielt Mozart Zugang zu einigen Bach-Partituren. Er studierte sie, arrangierte einige Werke und wurde vom Bachschen Kontrapunkt stark beeinflußt. Baron Gottfried von Swieten führte in Wien so etwas wie einen Bach-Kult ein. Er machte Mozart und Haydn mit Bach-Partituren bekannt, und gab musikalische Gesellschaften, bei denen Bach gespielt wurde. Haydn kannte *Das wohltemperierte Klavier* und die h-Moll-Messe sehr gut und besaß von beidem die Noten. Beethoven wuchs mit dem *Wohltemperierten Klavier* auf. Der englische Organist und Komponist Samuel Wesley studierte, spielte und propagierte Bach, lange bevor Mendelssohn die *Matthäuspassion* neubelebte – Wesley selbst hatte Bach durch eine Gruppe Bach-begeisterter Dilettanten und Berufsmusiker kennengelernt. Johann Baptist Cramer (1771–1858), Komponist und Pianist, spielte schon vor 1800 Bach in der Öffentlichkeit, und seinem Beispiel folgten andere Pianisten wie Alexander Boëly, Joseph

Verklärung des Barock

Lipavsky und John Field. In den Musikzeitschriften und -büchern des späten achtzehnten und frühen neunzehnten Jahrhunderts findet man zahllose Verweise auf den „berühmten Bach". Gleichwohl steht in zahlreichen Musikgeschichten zu lesen, Bach sei nach seinem Tod in Vergessenheit geraten und erst wiederentdeckt worden, als Mendelsohn 1829 die *Matthäuspassion* wiederaufführte. Doch das ist ein Mythos, wenn Bach auch vielleicht nicht als so bedeutend galt wie Händel oder Johann Adolf Hasse (1699–1783), seinerzeit populärer Komponist heute vergessener Opern.

Der letzte, der in direkter Linie von Johann Sebastian abstammte, war Friedrich Ernst (1759–1845), ein Sohn des „Bückeburger Bach". Diese Linie besteht bis zum heutigen Tag. Es gibt noch immer Bachs des Meininger und des Ohrdrufer Zweiges, und noch 1937 wurde ein Bachscher *Familienverband für Thüringen* ins Leben gerufen. Doch keiner der Bachnachkommen des zwanzigsten Jahrhunderts war und ist ein professioneller Musiker.

3. Kapitel

Georg Friedrich Händel
Komponist und Impresario

War Bach ein Mann der Provinz, der nie aus Deutschland hinauskam, so muß
man Georg Friedrich Händel (oder George Frideric Handel, wie er sich in
England schrieb, wo er den größten Teil seines Lebens zubrachte) einen
Kosmopoliten nennen, einen Weltmann und unabhängigen Geist. Georg Friedrich Händel: ein massiger Mann und den Lebensgenüssen zugetan; ein naturalisierter englischer Untertan, der englisch mit einem starken deutschen Akzent
sprach; ein Mann von explosivem Temperament und gleichwohl ein gutherzi-
ger, sogar großzügiger Menschenfreund; ein Mann, der durch seine musikalischen Unternehmungen Vermögen anhäufte und wieder verlor; Eigentümer
einer ansehnlichen Kunstsammlung, zu der auch einige Rembrandt-Gemälde
gehörten; einer der größten Organisten und Cembalisten seiner Zeit; ein Mann
von einem schlichten, unkomplizierten Glauben und einer ebenso einfachen
und unkomplizierten Lebenseinstellung.

Händel kam 1710 nach London und eroberte die Stadt. Die dort lebenden
Literaten, Exzentriker, Dandys, Wüstlinge, Dichter, Essayisten, Politiker und
Hofleute machten London zu einem der größten geistigen Zentren Europas. Es
war eine geschlossene Gesellschaft, und sie frönte dem Klatsch. John Gay
schrieb, um ein Beispiel zu nennen, an Alexander Pope, der die Mitteilung an
Dr. Arbuthnot weitergab und dieser an Jonathan Swift. Joseph Addison und
Richard Steele entzückten London mit ihren Gazetten, dem *Tatler* und dem
Spectator. Sir Isaac Newton grübelte über Fragen der Religion, nachdem er viele
mathematische Thesen umgestürztund neue aufgestellt hatte, die generationen-
lang die Wissenschaftler beschäftigen sollten. Es gab keine Geheimnisse, schon
gar nicht am Hof; und wenn Lord Henry Hervey in einen seiner zahlreichen
Skandale verwickelt wurde, wenn eine Hofdame der Herzogin von Queensbury
mit einem Mitglied des Königshauses flirtete oder wenn Lord S. dabei beobachtet wurde, wie er sich heimlich aus dem Boudoir von Lady B. stahl – sogleich
begann in der ganzen Stadt ein Gemunkel. Doch die Kolporteure behaupteten,
keinen Klatsch zu verbreiten. So schrieb Swift einmal an Sir Charles Wogan:
„Sie müssen wissen, daß Pope, Gay und ich unser ganzes Trachten darauf
richten, die Leute zu vergnügen, und wir erklären, niemanden außer Schurken
und Narren zum Feind zu haben."

In diese Gesellschaft platzte Händel förmlich hinein. Mit seiner dominieren-
den und taktlosen Art begann er sich sogleich Feinde zu machen, Addison und
Steele voran. Kurz vor Händels Eintreffen hatte Addison ein Libretto verfaßt,
das von einem unfähigen, aber ehrgeizigen Komponisten namen Thomas
Clayton vertont wurde. Das Werk war *Rosamond* betitelt, und selten hat die

Opernkunst eine ähnliche Mißgeburt hervorgebracht. Als dann Händel, mit einem italienischen Libretto debütierte, und dies auch noch mit gewaltigem Erfolg, nahm Addison ihn unter schwersten Beschuß. Die *Spectator*-Aufsätze über die italienische Oper gehören bis heute zu den erheiterndsten und giftigsten Beiträgen zur englischen Polemik.

Händel bestimmte das Tempo und produzierte Jahr um Jahr italienische Opern. Kein anderer Komponist konnte sich lange gegen ihn behaupten, er machte die italienische Oper zur Zeitmode, die das Publikum hinriß. Seine Wirkung war überwältigend. Gay schrieb degoutiert an Swift über den Taumel: „Niemand außer einem Eunuchen oder einer Italienerin darf sagen *Ich singe*. Heutzutage sind die Leute zu ebensogroßen Richtern über den Gesang geworden, wie sie zu Ihrer Zeit Richter über die Dichtkunst waren; und Leute, die vormals keine Melodie von der anderen unterscheiden konnten, disputieren nun täglich über die unterschiedlichen Stile Händels, Bononcinis und Attilios ... In London und in Westminster, in allen gepflegten Konversationen wird Senesino täglich zum größten Menschen erklärt, der je gelebt." Senesino, mit richtigem Namen Francesco Bernardi, war einer der bedeutendsten Kastraten, die auf den Londoner Bühnen auftraten.

Publikum und Gesellschaft fanden großes Gefallen an den Opern Händels, aber er mußte auch einige scharfe Attacken in der Presse über sich ergehen lassen. Trotzdem waren die meisten kultivierten Engländer – wie auch die übrigen Europäer – im großen und ganzen der Ansicht, Händel sei der größte Musiker, der je gelebt habe. Er konnte nicht über Mangel an Anerkennung bei seinen Zeitgenossen klagen. „Händel aus Hannover, vielleicht seit Orpheus der Mann mit dem höchsten musikalischen Genie und Können." So schrieb Viscount Percival am 31. August 1731 in sein Tagebuch. Antoine Prévost, der Verfasser von *Manon Lescaut,* urteilte in seinem *Le Pour et Contre* folgendermaßen über Händel. „Noch nie verband sich in ein und demselben Mann so vollendete Kunst, welcherart auch immer, mit solch fruchtbarer Produktion." Diese Reaktionen Percivals und Prévosts waren typisch. Nur wenige Komponisten wurden zu ihren Lebzeiten so in den Himmel gehoben, über wenige wurde mehr geschrieben als über Händel.

Doch von keinem der berühmten Tonsetzer – mit Ausnahme von Franz Schubert – ist uns so wenig Persönliches bekannt. Es gibt eine Unmenge Material *über* Händel, wie jeder feststellen kann, der Otto Erich Deutschs umfangreiches Werk *Handel. A Documentary Biography* durchblättert. Aber kein Komponist war verschlossener, was Äußerungen über sich selbst betraf. Die Lebenschronologie Händels ist lückenhaft, insbesondere, was seine Jahre in Italien betrifft. Wir wissen, wieviel Geld er einnahm, wie seine Musik aufgenommen wurde, doch uns ist beinahe nichts bekannt über seine Denkweise. Die wenigen Briefe, die uns überliefert worden sind, wirken formal, geschraubt und enthüllen nichts von seinem Privatleben. Bei einem Mann, der so sehr im Licht der Öffentlichkeit stand – als Komponist, als Impresario, als ausübender Musiker, als einer der farbigsten Figuren in einer farbigen Epoche – kann das nicht nur Zufall sein. Man hat beinahe den Eindruck, als hätte er etwas zu verbergen gehabt. Händel gab sich die größte Mühe, sein Leben in der Öffentlichkeit von seinem Privatleben getrennt zu halten.

Die wichtigste zeitgenössische Informationsquelle über ihn ist die Biographie, die der Geistliche John Mainwaring verfaßte. Sie erschien 1760, ein Jahr nach Händels Tod, und war die erste Lebensbeschreibung eines Musikers überhaupt. Allein dies ist ein bemerkenswertes Zeugnis für Händels Ruhm. (Bachs erste Biographie kam 1802 heraus, zweiundfünfzig Jahre nach seinem Tod). Doch Mainwaring hatte Händel nicht einmal gekannt. Er bezog einen großen Teil seiner Informationen von Händels Sekretär John Christopher Smith (der ursprünglich Johann Christoph Schmidt geheißen hatte), und das Buch strotzt von Ungenauigkeiten. Viel Material über Händel findet sich in Charles Burneys Werk *A General History of Music* (1776–1789), das eine Lebensskizze des Komponisten und eine Fülle vermischter Informationen enthält. Burney, der wenigstens Händel persönlich kannte, beschreibt sein Äußeres auf zuverlässige Weise. Seiner Schilderung zufolge soll Händel beleibt und schwerfällig in seinen Bewegungen gewesen sein. Wenn jedoch ein Lächeln sein Gesicht erhellte, habe man den Eindruck gehabt, daß die Sonne durch eine dunkle Wolke hindurchbreche. „Er war unbeherrscht, grob und hochfahrend in Wesen und Gespräch, doch ganz ohne Übelwollen oder Böswilligkeit." Burney schreibt, Händel habe „eine natürliche Anlage zu Witz und Humor" besessen und sei trotz seines starken Akzents im Englischen ein guter Erzähler gewesen. „Hätte er die englische Sprache ebensogut beherrscht wie Swift, wären seine Bonmots ebenso zahlreich gewesen." Johann Mattheson, der damals berühmte Komponist, der als junger Mann in Hamburg Händel sehr nahestand, bezeugt dessen kauzigen Humor. Händel habe sich gestellt, „als ob er nicht bis fünfe zählen könne" und eine trockene Art gehabt, die Leute zum Lachen zu bringen, ohne selbst das Gesicht zu verziehen. Er konnte sogar über das schwere Los scherzen, das seine späten Jahre überschattete. Dem Erblindeten – Händel hatte 1752 das Augenlicht verloren, was ihn aber nicht vom Komponieren und Orgelspielen abhielt – schlug seinem Arzt, Samuel Sharp, vor, John Stanley in einem seiner Konzerte mitwirken zu lassen. Händel soll darauf in schallendes Gelächter ausgebrochen sein. „Mr. Sharp, haben Sie denn nicht die Bibel gelesen?" Wissen Sie nicht mehr, daß, wenn der Blinde den Blinden führt, beide in den Graben fallen?"

Als weitgereister Mann, der mit vielen bedeutenden Männern seiner Zeit in Verbindung stand, muß Händel ein vielseitig gebildeter Mann gewesen sein. Es ist allgemein bekannt, daß er ein Kunstkenner war. Er studierte an der Universität Halle, dürfte also auch eine gute humanistische Bildung erhalten haben. Doch wie gebildet er war, darüber lassen sich wegen seiner Verschlossenheit nur Mutmaßungen anstellen. Das gleiche gilt für sein Liebesleben. Es steht fest, daß er nie geheiratet hat, und über seine Liebesverhältnisse ist auch kaum etwas an die Öffentlichkeit geraten. In seiner Jugend waren Gerüchte über seine Liebschaften mit italienischen Sängerinnen im Umlauf. In einem Exemplar von Mainwarings Biographie findet sich die gekritzelte Randbemerkung: „G. F.

Händel ... verschmähte den Rat aller außer der Frau, die er liebte, doch seine Amouren waren von recht kurzer Dauer und stets im Kreise seiner Profession." Man nimmt an, daß es sich um die Handschrift Georgs III. handelt.

Händels Zornausbrüche gegenüber Sängern, die ihm Schwierigkeiten bereiteten, waren legendär. Der berühmteste Vorfall dieser Art spielte sich ab, als die Sopranistin Francesca Cuzzoni sich weigerte, eine Arie – *Falsa immagine* aus *Ottone* – so zu singen, wie sie komponiert war. Händel geriet außer sich, packte sie an den Schultern und brüllte: „Madame, ich weiß, daß Sie ein wahres Teufelsweib sind, aber ich werde Ihnen zeigen, daß ich Beelzebub, der Oberteufel, bin."

Was kann man sonst noch über Händel berichten? Er war sehr gläubig, aber nicht fanatisch; Hawkins erzählte er, welche Freude es ihm bereite, Bibeltexte zu vertonen. Daß er ein großer Esser war, bezeugt die berühmte Karikatur von Joseph Goupy, die Händel schweinsgesichtig auf einem Faß sitzend, umgeben von Speisen und Getränken, zeigt. (Die Karikatur veranlaßte Händel anscheinend, Goupy aus seinem Testament zu streichen.) Er bewegte sich mit großer Sicherheit in den obersten Gesellschaftskreisen. Die Kunst betrieb er nicht allein um der Kunst willen (ohnedies damals eine praktisch unbekannte Einstellung), sondern er spielte oft gern zur Unterhaltung. Es ist überliefert, daß Händel auf der Abendgesellschaft vom 12. April 1734, zu der Lord und Lady Rich, Lord Shaftesbury, Lord und Lady Hammer und das Ehepaar Percival eingeladen waren, von sieben bis elf Uhr auf dem Cembalo spielte, Dilettanten beim Singen begleitete und höchst vergnügt war.

Händel wurde am 23. Februar 1685, dem Geburtsjahr Bachs, in Halle geboren. Über seine Knabenjahre ist nur wenig bekannt, außer daß er bereits mit zehn Jahren so gut Orgel spielte, daß Herzog Johann Adolf von Weißenfels auf ihn aufmerksam wurde. Friedrich Wilhelm Zachow, der Organist der lutherischen Kirche in Halle, war sein Lehrer. Es ist nicht bekannt, ob Händel noch andere Lehrer gehabt hat. 1702 war er Organist der kalvinistischen Domkirche. Doch es war ihm nicht bestimmt, Kirchenorganist zu bleiben. Schon in frühen Jahren zog ihn die Bühne an, und 1703 ging er nach Hamburg, eines der betriebsamsten und berühmtesten Opernzentren Europas. Dort freundete er sich mit dem jungen Komponisten Johann Mattheson (1681–1764) an und begann ernsthaft zu komponieren. In Hamburg geschah es auch, daß er beinahe ums Leben gekommen wäre. Mattheson war ebenso eigen- und starrsinnig wie Händel, und die beiden jungen Männer gerieten sich einmal in die Haare. Zu dieser Zeit wurde in Hamburg Matthesons Oper *Kleopatra* in Szene gesetzt, in der Mattheson selbst eine der Hauptrollen sang. Vermutlich um sein vielseitiges Talent zu zeigen, stieg er ins Orchester hinab, das Händel vom Cembalo aus leitete, und wollte diesem die Arbeit abnehmen. Händel ließ sich jedoch nicht leicht verdrängen. Es kam zu einem heftigen Wortwechsel, die beiden Hitzköpfe verließen das Theater und zogen ihre Degen. Mattheson stach auf Händel ein, aber der Degen zerbrach an einem Metallknopf an dessen Jacke. Das Unheil war abgewendet ... Die beiden versöhnten sich, und Mattheson

Georg Friedrich Händel (1685–1759).
Kupferstich von Georg Friedrich Schmidt (1712–1775).

übernahm sogar die Rolle des ersten Tenors in Händels Erstlingsoper *Almira*, 1707 komponiert.

Im selben Jahr ging Händel nach Rom. Er verbrachte die folgenden vier Jahre in Italien, wo man ihn *Il Sassone* – den Sachsen – nannte, und machte wie überall einen großen Eindruck. Über diesen Italien-Aufenthalt weiß man nur ganz wenig. Bekannt sind nur einige Anekdoten. Anscheinend „duellierte" sich Händel mit dem gleichaltrigen Domenico Scarlatti auf dem Cembalo und der Orgel. Scarlatti schrieb über 550 seiner eindrucksvollen Cembalosonaten, „esercizi", kurze, glänzende Meisterwerke, die noch heute zum Repertoire von Cembalisten oder Pianisten gehören. Die Begegnung zwischen Händel und Scarlatti fand im Hause des Kardinals Ottoboni statt. Als Cembalisten erklärte man die beiden für einander ebenbürtig. Auf der Orgel trug Händel einen leichten Sieg davon. „Scarlatti", schreibt Mainwaring, „bestätigte selbst die Überlegenheit seines Gegenspielers und räumte freimütig ein, bevor er ihn [Händel] auf diesem Instrument gehört hatte, habe er sich keine Vorstellung davon gemacht, was es zu leisten vermöge." Mit dem Verschwinden solcher Wettkämpfe – dem Auftreten zweier großer Instrumentalisten im selben Programm, die einander unter den Tisch zu spielen versuchten –, ist der Musik viel abhanden gekommen. Mozart und Clementi erreichten in ihrem Wettspiel vor Joseph II. ein Unentschieden. Beethoven spielte den Abbé Gelinek und jeden anderen, der sich ihm stellte, an die Wand. Liszt und Thalberg trugen im Salon der Prinzessin Belgioioso in Paris ein Klavierduell aus.

In einer anderen Anekdote spielt auch der große Violinist und Komponist Arcangelo Corelli eine Rolle. Ein Werk von Händel wurde gespielt, und Corelli hatte Schwierigkeiten mit dem stürmischen Stil des Stückes und den hohen Lagen. Der stets impulsive Händel entriß dem größten Geigenvirtuosen Europas das Instrument und führte vor, wie die Stelle zu gehen habe. Corelli, ein milder und gütiger Mann, verübelte es ihm nicht. „Mein lieber Sachse, das ist Musik im französischen Stil, in dem ich mich nicht auskenne." Händel erwab sich die Achtung aller Musiker, mit denen er in Kontakt kam. Er lernte alle bedeutenden Meister kennen, studierte alles und wurde von der italienischen Melodik stark beeinflußt. Besonderen Eindruck machten auf ihn die Werke von Alessandro Scarlatti (1660–1725), Domenicos Vater.

1710 verließ Händel Italien und wurde Hofkapellmeister des Kurfürsten von Hannover. Später im Jahr nahm er Urlaub und besuchte England, wo zu jener Zeit die italienische Oper zur beliebtesten Form musikalischer Unterhaltung aufstieg und die Kastraten mit ihrem kraft- und glanzvollen Gesang alle Welt in Staunen setzten. Händel schrieb für die Engländer eine Oper, *Rinaldo;* sie wurde 1711 auf die Bühne gebracht und war ein durchschlagender Erfolg. Welche Gedanken ihn bewegten, als er nach Hannover zurückkehrte, läßt sich leicht erraten: Hier ein verschlafener kleiner Hof, der wenig Chancen bot, dort das große London und die Möglichkeit, zu Ruhm und Reichtum zu kommen. 1712 erhielt Händel die Erlaubnis, wieder nach England zu reisen, doch unter der Bedingung, daß er in angemessener Zeit nach Hannover zurückkehre. Nach

Georg Friedrich Händel 53

seiner Ankunft in England komponierte er die Oper *Il pastor fido* und bald danach zur Feier des Friedensschlusses von Utrecht ein großes repräsentatives Werk, das *Utrechter Tedeum*. Er schrieb auch eine Geburtstagsode für Königin Anna, die ihm ein Jahresgehalt von zweihundert Pfund aussetzte. Mittlerweile waren zwei Jahre vergangen, und Händel hatte seinen vom hannoveanischen Hof gewährten Urlaub unstreitig weit überzogen. Es mag sein, daß er eine Rückkehr erwog, doch die Entscheidung wurde ihm aus der Hand genommen, als 1714 Königin Anna starb. Händels Brotherr, der Kurfürst von Hannover, folgte Anna als Georg I. von England auf den Thron. Händel muß sich ein paar unbehagliche Stunden lang gefragt haben, was ihm wohl widerfahren werde.

Doch es geschah nichts. Nach kurzer Zeit stand er wieder in Georgs Gunst, mit verdoppeltem Gehalt. Einer Anekdote zufolge soll Händel mit der *Wassermusik* das Vertrauen seines Fürsten zurückerlangt haben. Der König soll an dem Werk, das 1717 anläßlich einer Themsefahrt des königlichen Prunkschiffes gespielt wurde, derart starkes Gefallen gefunden haben, daß es unverzüglich zur Aussöhnung gekommen sei. Eine solche Fahrt fand tatsächlich statt, und es ist auch bezeugt, daß bei den Festlichkeiten eine Suite aus Stücken von Händel gespielt wurde. Der *Daily Courant* vom 19. Juli 1717 berichtet, den König habe die Musik so entzückt, „daß sie auf seine Veranlassung bei der Abfahrt und der Rückkehr dreimal gespielt wurde". Die hübsche Legende krankt jedoch leider daran, daß die Aussöhnung offenbar schon vor 1717 stattgefunden hatte.

Entspannt, weil seine Beziehungen zum König nun geregelt waren, begann Händel in London eine lange Serie von Opern zu schreiben, wobei er sich ebenso in Finanzabenteuer und in die Bühnenproduktionen verstrickte, wie er sich ins künstlerische Schaffen stürzte. Er knüpfte dauerhafte Verbindungen zur englischen Aristokratie an, namentlich zu Lord Burlington und zum Herzog von Chandos. Einige Zeit lebte er in Burlingtons großem Stadthaus in Piccadilly, ein Faktum, das John Gay sorgsam vermerkte. Die englischen Literaten interessierten sich immer sehr für die Protektion, die den Künstlern zuteil wurde.

Händel stürzte sich in das gesellschaftliche Leben Londons, wobei ihm nicht nur die vierhundert Pfund des von Georg I. ausgesetzten Gehalts, sondern auch weitere zweihundert Pfund von der Princess of Wales zustatten kamen. Er leitete Opernunternehmungen, die der Adel subskribierte, und reiste auf den Kontinent, um Sänger zu engagieren. Unterdessen entströmte eine Oper nach der anderen seiner Feder: *Il pastor fido* (1712), *Teseo* (1713), *Silla* (1715), *Il Radamisto* (1720), *Il Floridante* (1723), *Ottone* (1724), *Giulio Cesare* (1725) und *Serse* (1738) sowie andere mehr. Der italienische Librettist Giacomo Rossi war voll des Staunens, wie rasch Händel 1711 die Musik zu *Rinaldo* aufs Papier warf: „Der Herr Händel, der Orpheus unsrer Zeit, hat mir bei seinem Komponieren kaum Zeit gelassen den Text niederzuschreiben; mit Erstaunen habe ich sehen müssen, welchergestalt in zwei Wochen eine ganze Oper im höchsten Grade der Vollkommenheit harmonisirt worden." Allerdings konnte Rossi nicht wissen, daß der Komponist für *Rinaldo* auch Musik verwendete, die er früher für eine andere Oper komponiert hatte.

Gleichwohl war Händel ein überaus rascher Arbeiter. Er sollte insgesamt über vierzig Opern schreiben. Es waren ausnahmslos italienische Werke, Beispiele dessen, was wir heute als Barockopern bezeichnen.

Fast immer beruhte das Libretto der Händelschen Oper auf einem klassischen oder mythologischen Vorwurf. Händels Opernfiguren tragen Namen wie Bradamante, Oronte, Melissa, Morgana, Alcina. Sie sind ebenso künstlich wie ihre Namen. Die Librettisten der Barockoper kümmerten sich nur wenig um eine Charakterisierung ihrer Gestalten. Die Händelschen Vertonungen dieser Libretti können heiter, kriegerisch oder herzbewegend sein, doch zeichnen sie häufig mehr die Stimmung als die Figur. Eine regelrechte vorandrängende Handlung fehlt, weshalb man die Barockoper ein Konzert in Kostümen genannt hat. Die meisten Opern Händels bilden keine Ausnahme; was das Dramatische betrifft, sind sie nahezu statisch.

Fundament der Opern war die Da-capo-Arie. Vom Sänger wurde erwartet, daß er bei der Wiederholung des ersten Teils mit seinen musikalischen Kunststücken prunkte, die Melodie verschönerte, verzierte und ausschmückte. Die Händelsche Oper ist auf weite Strecken eine Aufeinanderfolge von Da-capo-Arien mit ein paar eingestreuten Duetten und gelegentlich auch größeren Ensembleszenen. Ein weiterer Aspekt der Barockoper verdient vielleicht Erwähnung – das Verhalten des Publikums. Zu Händels Zeit ging man in die Oper, um gesehen zu werden; während der Aufführung spielten die Leute Karten, plauderten, gingen umher, aßen Orangen und Nüsse, spuckten fleißig, zischten und buhten einen Sänger aus, der ihnen nicht zusagte. Die Sänger selbst stiegen gleichsam aus ihren Rollen, grüßten Freunde in den Logen oder unterhielten sich miteinander, wenn sie nichts zu singen hatten. Niemand auf der Bühne gab vor zu agieren.

Eine Oper dieser Art brauchte spektakuläre Gesangsleistungen. Händel hatte solche Sänger zur Verfügung, vor allem Kastraten. Bereits vor Händel waren die Kastraten Publikumsidole: Sie waren verwöhnte, verhätschelte Figuren, von großem Reichtum, hochgradiger Eitelkeit und noch größerer Exzentrität. Als die ersten ausübenden Musiker in der Musikgeschichte errangen sie den Status von Stars.

Kastraten waren schon seit der Antike bekannt; im zwölften Jahrhundert waren sie in den Dienst der Päpste getreten. Die Kirche hatte Frauenstimmen verbannt und durch die Kastraten ersetzt, die seit 1599 offiziell in der Sixtinischen Kapelle sangen. Die Operation wurde vor der Pubertät ausgeführt; nach jahrelanger strenger Ausbildung traten sie in den Dienst der Kirche, mit weiblich hohen Stimmen, doch männlichen Lungen. Ihre Gesangskunst war so vollendet, daß sie bald auch außerhalb der Kirche zu singen begannen. Manche von ihnen hatten einen Stimmumfang von nahezu *vier* Oktaven, bis zum A oder sogar H über dem hohen C, und zwar bei voller Bruststimme. Und diese

Stimmen hielten sich lange. Caffarelli hörte sich noch mit siebzig jugendlich an. Orsini löste in Prag mit seinem herrlichen Gesang einen wahren Taumel der Begeisterung aus, als er schon dreiundsiebzig war, und sang zehn Jahre später vor Maria Theresia. Bannieri, der mit hundertzwei Jahren starb, sang noch mit siebenundneunzig. Ihrer äußeren Erscheinung nach waren diese Sänger sehr unansehnlich, aufgebläht, dick, mit riesigem Brustkorb und dürren Gliedmaßen. Die meisten hatten ein geregeltes Liebesleben, auch wenn es nicht der Norm entsprach. Manche waren homosexuell, andere hatten Affären mit gelangweilten Frauen der Aristokratie, die das Außergewöhnliche anlockte.

Die Kastraten hatten gewissermaßen weibliche Stimmen, und nach allen Berichten war der Klang, den sie hervorbrachten, von außerordentlicher Süße. Eines ihrer Kunststücke war die Fähigkeit, Töne manchmal länger als eine Minute auszuhalten. Zu den Genüssen des Opernbesuchs in jener Zeit gehörte es, dem Wettstreit zwischen einem Kastraten und einem Trompeter oder Flötisten zuzujubeln. Ihre Gesichter liefen zwar blau an, während sie einen Ton aushielten, doch immer gewannen die Kastraten. Vom jungen Farinelli wird berichtet, daß er unisono mit einem Oboisten einen Ton viel länger aushielt als in der vorangegangen Probe. Farinelli sang, bis dem Oboisten die Luft ausging, und hielt den Ton immerfort weiter. Während das Publikum starr vor Staunen dasaß, fügte Farinelli noch eine schwierige extemporierte Kadenz an. Und erst als er diese beendet hatte, mußte er eine Pause einlegen, um Luft zu holen.

Das Publikum bevorzugte Kastraten-Stimmen so sehr, daß in der Opera seria Männerstimmen nahezu verschwanden.Die berühmtesten Kastraten waren Nicoló Grimaldi (genannt Nicolini), Francesco Bernardi (Senesino), Gaetano Maiorano (Caffarelli) und Carlo Broschi (Farinelli), der größte von allen. Ihre Zeit der Blüte erlebten sie ungefähr von 1673, dem Geburtsjahr Nicolinis, bis 1783, dem Todesjahr Caffarellis. Der letzte Kastrat auf der Opernbühne war Giovanni Battista Vellutti, für den Meyerbeer eine Rolle in *Il crociato in Egitto* (1824) schrieb.

Soweit bekannt, war Alessandro Moreschi (1858–1922) der letzte Kastrat. Wie Schallplattenaufnahmen bezeugen, hatte seine fremdartig traurig klingende Stimme das Timbre eines Alts, der weder männlich noch weiblich klingt.

Beherrschung und Flexibilität der Stimme zeichneten den Kastraten aus. Ein Blick auf die Partitur einer beliebigen Händel-Oper zeigt Koloraturpassagen aus Ketten von Zweiunddreißigsteln, die scheinbar kein Ende nehmen und dem Sänger keine Chance geben, Luft zu holen. Die Partien liegen nicht extrem hoch, doch dem Publikum jener Zeit war es ohnedies nicht sehr um hohe Töne zu tun. Das hohe C des Tenors ist im Grunde eine Erfindung der Romantik. Genau betrachtet war auch der Star-Tenor weitgehend eine Hervorbringung der Romantik. In der Barockoper singen die Tenöre Nebenrollen. Es trifft zwar zu, daß die meisten Kastraten mühelos ein hohes C erreichten, und wenn man dem Komponisten Johann Joachim Quantz (1697–1773) glauben darf, schaffte Farinelli mit voller Stimme ein F über dem hohen C. Doch in der Regel waren die Kastraten nicht auf solche Effekte aus. Ihr Stolz richtete sich auf ihre unglaubliche Atembeherrschung und die Fähigkeit, jede Art komplizierter Gesangsfiguren ohne Bruch im Register und ohne jede merkliche Anstrengung der Stimme zu bewältigen.

Auch die Sängerinnen der Händel-Zeit besaßen dieses Vermögen. Die berühmtesten waren Francesca Cuzzoni und Faustina Bordoni. Beide sangen in London in Opern Händels, häufig im selben Ensemble. Die Cuzzoni war klein, dick, häßlich, unbeherrscht und schauspielerisch völlig untalentiert; die Bordoni hingegen war von angenehmem Äußerem und für die damalige Zeit eine hervorragende Schauspielerin. Wie man sich vorstellen kann, haßten die beiden Frauen einander, was zu einem unbeherrschten Ausbruch in einer Aufführung von Bononcinis *Astianatte* am 6. Juni1727 führte. Von ihren Anhängern im Publikum angefeuert (die Bordoni war ein Liebling der Burlington-Gruppe, die Bewunderer der Cuzzoni gehörten zum Kreis um Lady Pembroke), gingen die beiden mit Krallen aufeinander los, und es kam zu einer großen Balgerei, wobei sie schrille Schreie ausstießen und einander an den Haaren rissen. Die Tageblätter weideten sich an dem Vorfall, und eine Flugschrift, in der jeder Hieb beschrieben wurde, brachte einen „vollen und wahrheitsgetreuen Bericht des entsetzlichen und blutigen Kampfes zwischen Madame Faustina und Madame Cuzzoni." In der Flugschrift wurde der Vorschlag gemacht, die beiden Damen sollten ihren Streit doch in der Öffentlichkeit austragen. Diesen unvergeßlichen Abend leitete Händel. Er donnerte, die Cuzzoni sei eine Teufelin, die Bordoni ein „verwöhntes Kind Beelzebubs" und nannte beide „Gören".

Das damalige Publikum akzeptierte willig den Kastraten wie auch die Konventionen der barocken Oper. Für spätere Zeiten galt das nicht mehr, und heute könnte ein Sänger nicht im Traum mehr daran denken, mit seiner Partie umzugehen wie die Sänger aus Händels Tagen, und ebensowenig vermag die wunderbare Musik für die unmöglich gestelzten Libretti zu entschädigen. Deshalb sind stark stilisierte Aufführungen notwendig. Manche Musikwissenschaftler empfehlen, die Kastratenrollen Baritonen oder Bässen zu übertragen. In jedem Fall muß heute die Gesangslinie vereinfacht werden, wodurch die Opern Händels viel von ihrer *raison d'être* einbüßen. Trotzdem können sie noch immer Genuß bereiten, wie Neubelebungen von – unter anderem – *Julius Caesar* und *Alcina* gezeigt haben, doch diese modernen Aufführungen lassen sich nur als Adaptationen des Originals bezeichnen.

Ein überraschend großer Teil der Partituren von Händels Opern besteht aus Musik, die nicht aus seiner eigenen Feder stammt. Dies war und ist ein heikles Thema in der Händel-Biographie, und seine Biographen haben sich seit jeher bemüht, diesen Tatbestand zu erklären oder zu entschuldigen: kurzum, Händel war ein Plagiator, und das war schon zu seinen Lebzeiten bekannt. Bereits früh machte er Anleihen bei Komponisten wie Keiser, Graun und Urio und gab sie als eigene Schöpfungen aus. Seine Zeitgenossen nahmen das mit Nachsicht hin. 1733 schrieb der Abbé Prévost: „Manche Kritiker indessen beschuldigen ihn, viele schöne Dinge bei Lully entlehnt zu haben, namentlich aus unseren französischen Kantaten, die er, so ihre Rede, geschickt im italienischen Stil

Händel und Georg I. auf der Themse. Aufführung der »Wassermusik«.
Kupferstich, 19. Jahrhundert.

Auf dieser Orgel spielte Händel häufig, wenn er in Edington-Hall weilte.

Händel: »Messias«. Notendruck nach der Wiedergabe der Uraufführung.

tarne. Doch das Vergehen, stünde es mit Gewißheit fest, wäre ein leichtes. " Eine nachsichtige Erklärung könnte darin zu sehen sein, daß der vielbeschäftigte Händel, der mit der Verwaltung eines Operntheaters, den Temperamentausbrüchen seiner Sänger und dem Zwang, ständig neue Opern zu Papier zu bringen, sowie der Notwendigkeit, Gelegenheitsmusik für den Hof zu komponieren, einfach nicht die Zeit hatte, alles selbst zu machen. So borgte er sich anderswo musikalisches Material, verbesserte es bei der Übernahme und gab es als sein eigenes aus. Eine Liste der von Händel begangenen Plagiate wäre unglaublich lang. (Bach schrieb Werke anderer Komponisten um, aber dabei handelte es sich um Adaptationen oder Arrangements; es gibt keinen Beweis dafür, daß er jemals fremdes musikalisches Material unverändert verwendet hätte. Gluck war ein Selbstplagiator, der nicht die Werke anderer, sondern seine eigenen ausplünderte.)

In den späten zwanziger Jahren des achtzehnten Jahrhunderts begann die Begeisterung der Londoner für die italienische Oper nachzulassen, und beinahe hätte ihr der Erfolg der *Bettleroper* völlig den Garaus gemacht – eine auf englisch gesungene Liederoper voll satirischer Anspielungen auf das Kabinett Walpole. *Die Bettleroper,* nach einem Text von John Gay und mit ihrer von John Christopher Pepusch (1667–1753) arrangierten Musik, ist seit ihrer Uraufführung 1728 in England nie aus dem Repertoire verschwunden. In ihrer Art ein echtes kleines Meisterwerk, trug sie auch zum Bankrott von Händels italienischer Operntruppe bei. Aber Händel hatte mit dem Unternehmen viel Geld verdient und konnte 10 000 Pfund aus eigener Tasche in sein nächstes, im King's Theatre, stecken – das sich bis 1737 behauptete. Es hätte vielleicht noch länger bestanden, wäre nicht in Lincoln Inn Fields eine konkurrierende Operngesellschaft gegründet worden.London war nicht groß genug für zwei Operntheater, und diesmal verlor Händel sehr viel Geld.

Die italienische Oper schien tot, und Händel wandte sich einer anderen Kunstform zu – dem Oratorium in englischer Sprache. Er fand dafür ein aufnahmebereites Publikum. 1738 schrieb er *Saul,* 1739 *Israel in Ägypten,* 1741 den *Messias.* Insgesamt komponierte er knapp zwanzig Oratorien und schloß nach seiner Erblindung die Reihe dieser großen Werke 1752 mit *Jephta* ab.

Warum wandte Händel sich dem Oratorium zu? Biographen aus früheren Zeiten erklären es gern damit, daß Händel nach dem 1737 erlittenen Schlaganfall mit vorübergehender geistiger Verwirrung tief religiös geworden sei. Die Wahrheit ist vermutlich banaler. Das Komponieren war sein Broterwerb; wenn die italienische Oper nicht mehr gefragt war, mußte er einen anderen Weg einschlagen. Als er feststellte, daß das Publikum begeistert seine Oratorien aufnahm, lieferte er ihm Oratorien. Einige Händelforscher, vor allem Paul Henry Lang, vertreten mit Nachdruck die Ansicht, die Oratorien seien keineswegs Werke religiöser Frömmigkeit, sondern dramatische Schöpfungen über biblische Themen, die keinen kirchlichen Charakter hätten. Wie dem auch sei, Händel entdeckte jedenfalls, daß die Komposition von Oratorien höchst ein-

träglich war. Da er eine der berühmtesten Figuren in London und auch als
ausübender Musiker äußerst populär war, sorgte er dafür, daß er in jeder
Aufführung eines seiner Oratorien als Orgelsolist auftrat und als zusätzlichen
Publikumsanreiz ein bis zwei Konzerte spielte. Seine Blindheit weckte Mitgefühl, und auch das kam ihm zustatten. Als *Samson* zum erstenmal aufgeführt
wurde und der Tenor John Beard neben dem blinden Komponisten

> Tiefdunkle Nacht! Kein Tag, kein Licht,
> nur dunkle Nacht umhüllt mein Angesicht!

sang, muß sich dem Publikum ein vernehmbarer Seufzer entrungen haben.

Von den Oratorien ist natürlich *Der Messias* das beliebteste. Vielleicht ist er
sogar das beliebteste Chorwerk, das jemals komponiert wurde. Händel schrieb
es 1741, und es gibt eine Fülle von Erzählungen über dessen Entstehung: Wie
Händel von dem arroganten Charles Jennens den Text erhalten habe; daß er
sich in seinem Londoner Domizil eingeschlossen und das Werk in vierundzwanzig Tagen komponiert und ihn dabei die Hand des Herrn geleitet habe; daß das
Autograph, im Schaffensrausch geschrieben, mit Tränen benetzt sei; daß er
Essen und Schlafen verschmäht habe, um das Werk rechtzeitig für die Dubliner
Aufführung zu Papier zu bringen. Die Musikwissenschaftler bezweifeln jedoch
leider diese Berichte, da *Der Messias* erst im April des folgenden Jahres
uraufgeführt wurde.

Wie kam Händel nach Dublin? Er hatte die Einladung des Vizekönigs
angenommen, eine Reihe von Konzerten zu geben, die auch ein neues Oratorium einschloß, das aus einem karitativen Anlaß gegeben werden sollte. In
Dublin verbreitete sich die Kunde, daß der große „Mr. Handel" seinen *Messias*
fertiggestellt habe, und die Mühlen der Publicity – es gab schon damals viele,
und Händel wußte sich ihrer geschickt zu bedienen – begannen zu mahlen. In
sämtlichen Zeitungen erschienen Vorankündigungen, und die öffentlichen
Proben, die am 8. April begannen, bestätigten das Interesse. *Der Messias* war
ein Meisterwerk. Der Berichterstatter des Dubliner Blattes *News-Letter* stellte
fest, Händels neues Werk „übertrifft nach dem Urteil der besten Richter alles in
dieser Gattung, was jemals in diesem oder irgendeinem anderen Königreich
aufgeführt wurde". Das *Dublin Journal* ging noch weiter und nannte den
Messias ein Werk, „von den größten Kennern zur schönsten musikalischen
Komposition erklärt, die jemals zu vernehmen war". So nahm es nicht wunder,
daß alle Welt darauf versessen war, an der Uraufführung am 13. April teilzunehmen. Die Förderer wußten, daß die Nachfrage nach Plätzen bei weitem das
Fassungsvermögen des Saales überstieg, und deshalb wurden die Damen dringlich aufgefordert, „an diesem Tag nicht im Reifrock zu kommen", und die
Herren „ersucht, ohne ihren Degen zu erscheinen."

Auch London fand den *Messias* großartig. Der Überlieferung zufolge war
König Georg vom Halleluja-Chor derart beeindruckt, daß er sich erhob.
Natürlich mußte daraufhin das gesamte Publikum aufstehen, ein Brauch, der

bis auf den heutigen Tag fortbesteht. Gedichte wurden auf das Oratorium verfaßt, die Literaten diskutierten es erschöpfend, und schon hatte *Der Messias* eine Popularität gewonnen, die bis dahin nur wenigen musikalischen Schöpfungen zuteil geworden ist.

Die genaue Zusammensetzung des Orchesters bei der Uraufführung in Dublin ist nicht bekannt. Susanne Cibber sang die Altpartie. Spätere Generationen hielten sie für eine große Altistin, vor allem aufgrund der Tatsache, daß Händel sie für sein großes Werk ausgewählt hatte. Doch zur Zeit Händels wurde sie als Sängerin kaum zur Kenntnis genommen. Susanna Maria Cibber war die Lieblingsschauspielerin Londons. Sie war 1715 als Tochter eines Polsterers geboren worden. Ihr Bruder Thomas wurde ein gefeierter Komponist. Und er war es auch, der Susannas hübsche Stimme entdeckte. So debütierte sie auf der Opernbühne in Werken, die ihr Bruder komponiert hatte oder produzierte. Später trat sie in das Ensemble des Drury-Lane-Theaters ein, lernte einen gewissen Theophilus Cibber kennen und ehelichte ihn. Schon bald vertauschte sie den Gesang mit der Schauspielerei. Sie hatte spektakuläre Erfolge und wurde in London gefeiert. Doch dann ereignete sich ein übler Skandal, in dem ihr Ehemann eine miserable Figur abgab (er war in Wahrheit ein Kuppler), worauf sie sich nach Dublin zurückzog. Händel brauchte eine Solistin für den *Messias,* und sie stand zur Verfügung. So erwarb sich Susanna Cibber einen Platz in der Geschichte der Musik wie in der des Dramas.

Daß heute die meisten Opern und Oratorien Händels – ja, vom *Messias* abgesehen, die meisten seiner Werke – übergangen werden, gibt Anlaß zu einigen verwirrenden Fragen. Zu seinen Lebzeiten galt Händel als einer der größten Musiker. In England genoß er unmittelbar nach seinem Tod und während des neunzehnten Jahrhunderts hohes Ansehen, obwohl er in erster Linie als Komponist von Oratorien geschätzt wurde. Auf Händel war es zurückzuführen, daß jeder englische Tonsetzer sich mit kunstvollen Chorwerken beweisen mußte. Diese Begeisterung gab George Bernard Shaw Anlaß zu der Bemerkung: „Das englische Publikum findet ein makabres Vergnügen an Totenmessen." Die Chormusik galt als geistiger Besitz des Volkes. Bürgerliche Weihe senkte sich auf die Musik in England herab, und die alljährlich stattfindenden Händel-Feste wurden zu förmlich religiösen Ereignissen, unabhängig davon, ob Händel selbst seine Oratorien als Ausdruck der Religiosität gemeint hatte. Das *Chester and North Wales Magazine* bemerkte dazu: „Händels Musik ist in wahrhaft bewundernswerter Weise mit der Kraft begabt, die Seele mit jener frommen Verzückung zu erfüllen, die wir als Christen *empfinden* sollten." Mehr als anderthalb Jahrhunderte gelang es keinem anderen Komponisten, sich von diesem Einfluß zu lösen.

Doch seit Beginn des zwanzigsten Jahrhunderts ging Händels Ansehen sogar in England zurück. Es war erstaunlich, wie wenige seiner Werke öffentlich zu hören waren. Seine Opern waren schon zu seinen Lebzeiten in Vergessenheit geraten. Das ganze neunzehnte und den größten Teil des zwanzigsten Jahrhunderts hindurch gewann nur eine einzige seiner Kompositionen hohe Beliebtheit außerhalb Englands. Das war natürlich *Der Messias*. Sein populärstes Orchesterwerk, *Die Wassermusik*, war zumeist in einer von Hamilton Hardy besorgten Einrichtung zu hören. (Heutzutage sind die Dirigenten anspruchsvoller, und wenn *die Wassermusik* gespielt wird, dann in einer dem Original angenährten Form.) Wenn Geiger sich überhaupt die Mühe machten, Händel aufs Programm zu setzen, dann griffen sie zu romantisierten Bearbeitungen wie etwa die Arrangements der A-Dur- oder der D-Dur-Sonate von Nachez. Seine Orgelkonzerte finden trotz prächtiger Musik nicht oft Eingang in die Konzertsäle. Die Opern Händels sind in ihrer Mehrzahl dem breiten Publikum unbekannt. In Deutschland wurde vor dem Zweiten Weltkrieg ein Versuch zur Wiederbelebung der Händelopern unternommen, aber sie konnten auf der Bühne bis heute nicht recht Fuß fassen. So ist Händel praktisch ein Komponist, der vor allem in einem einzigen Werk fortlebt, wenn man von seinen Orchesterwerken absieht, ganz im Gegensatz zu Bach, dessen Kompositionen in der ganzen Welt ständig von Orchestern, Solisten und Chören dargeboten werden. Immerhin gibt es zahlreiche Plattenaufnahmen von der Instrumentalmusik Händels, Oratorien sowie anderen Chorwerken und zunehmend auch von seinen Bühnenwerken.

Es ist schwer zu sagen, warum Händel nicht so oft gespielt wird. Aufführungen seiner Opern stellen natürlich erhebliche Probleme; dies gilt aber nicht für die Oratorien, die Concerti grossi, die Cembalo-Suiten und Kantaten.

Händels Musik ist in vieler Hinsicht leichter zugänglich, als es die Werke Bachs sind; leichter zu verstehen, von unmittelbarer Aussage, minder komplex, stärker melodisch.

Händel starb am 14. April 1759, von ganz England aufrichtig betrauert. Auf seinen eigenen Wunsch wurde er in der Westminster Abbey beigesetzt. Sein Tod löste zahllose und kunstreich ersonnene Nachrufe aus. Typisch dafür der, den der *Public Advertiser* in seiner Ausgabe vom 17. April brachte, samt einem Akrostichon aus Händels Namen (in englischer Schreibweise: Handel):

> *Hinweggerafft vom Tod der Töne Meister!*
> *Ach, weint um diesen Mann, ihr hohen Geister!*
> *Nie, seit der Zeiten ew'ge Ströme rauschen,*
> *Durfte die Welt so hehrem Genius lauschen.*
> *Er ist der Fels; in seinem Riesen-Schatten*
> *Liegt, was wir früher noch bewundert hatten.*

4. KAPITEL

Christoph Willibald Gluck
Reformer der Oper

Willibald Gluck ist als der Komponist berühmt geworden, der die erste große Reform der Oper in Angriff nahm. Von seinen rund fünfzig Opern wird heute meistens nur *Orpheus und Euyridike* gespielt; seltener stehen *Alkeste* und die beiden *Iphigenien* auf dem Spielplan. Seine frühen Opern werden kaum noch aufgeführt. Den *Orpheus* schrieb Gluck erst mit achtundvierzig Jahren. Bis dahin hatte er Werke komponiert, die den geltenden Konventionen entsprachen.

Dem Librettisten Ranieri da Calzabigi (1714–1795) verdankte Gluck entscheidende Anregungen zum *Orpheus,* seiner großen Reformoper. Ranieri da Calzabigi hatte für Gluck die gleiche Bedeutung wie Lorenzo da Ponte für Mozart. Diese beiden Bühnendichter hatten überhaupt sehr viel gemeinsam: Beide waren Abenteurer, die durch die Lande zogen, Ränke schmiedende Intriganten und ziemlich skrupellose Charaktere. Beide waren Poeten, die das Musiktheater von Grund auf verstanden. Beide fanden sich gerade im richtigen Augenblick in Wien ein. Calzabigi kam 1761 und bot mit dem Libretto *Orpheus und Eurydike* Gluck praktisch die Chance zu seiner Reform. Dieser war hochherzig genug, seinem Mitarbeiter volle Gerechtigkeit widerfahren zu lassen:

> „... wenn meine Musik einiges Aufsehen erregt hat, so glaube ich mit Dank erkennen zu müssen, wie viel ich ihm schuldig bin, denn er allein ist es, der mich in den Stand gesetzt hat, die Quellen meiner Kunst entwickeln zu können... So viel auch ein Komponist Talent besitzt, so wird er doch niemals eine andre als mittelmäßige Musik machen, wenn der Dichter nicht einen Enthusiasmus in ihm erweckt, ohne welchen die Produkte aller Künste schwach und ärmlich sind."

Bis 1762, dem Jahr der Uraufführung von *Orpheus und Eurydike* hatte Gluck zwar einen gewissen Erfolg verzeichnen können, doch vorwiegend als tüchtiger Berufsmusiker und weniger als genialer Komponist.

Er wurde am 2. Juli 1914 im oberpfälzischen Erasbach als Sohn eines Försters im Dienst des Hochadels geboren. Über Glucks frühe Jugend ist nicht viel bekannt. Er erhielt anscheinend eine gute Erziehung, spielte Geige, Cello und Klavier und besuchte die Universität Prag. Mit zweiundzwanzig Jahren ging er nach Wien und dann nach Mailand, wo er bei dem berühmten Giovanni Battista Sammartini (1701–1775) studierte. In Italien, wo Gluck acht Jahre blieb, komponierte er auch 1741 seine erste Oper, *Artaserse,* die im Dezember desselben Jahres in Mailand mit Erfolg aufgeführt wurde.

Christoph Willibald Gluck (1714–1787). Gemälde von Duplessis. 1773.

Gluck war, wie Händel, Kosmopolit. Er ging nach Paris, wo er sich kurze Zeit aufhielt, und zog dann 1745 nach London. Dort komponierte er im Auftrag von Lord Middleses zwei Werke für die italienische Oper, *La caduta dei giganti* und *Artamene* (1746). In London befreundete er sich auch mit Händel, der gespottet haben soll, sein Koch verstehe mehr vom Kontrapunkt als Gluck. Da Händels Koch, Gustavus Waltz (oder Walz), ein Bassist und gutgeschulter Cellist war, kann diese Feststellung vielleicht zugetroffen haben. Zweifelsohne muß aber Gluck die Feinheiten der Fugenkomposition beherrscht haben. Das Entscheidende ist, daß ihn der Kontrapunkt nie besonders interessierte, was etwas anderes ist als mangelnde Beherrschung der Technik. Weil Gluck homophon (und nicht kontrapunktisch) dachte, vertraten viele die Meinung, er sei dem Kontrapunkt nicht gewachsen gewesen. So behauptete Sir Thomas Tovey – wenn er auch auf Glucks nie versiegende Inspiration hinwies –: „... seine technische Routine war und blieb unzulänglich", was zutrifft, wenn man sie am grenzenlosen Einfallsreichtum eines Bach oder Händel mißt, nicht aber in bezug auf das, was Gluck anstrebte. Ob ihm nun Händels Spott zu Ohren gekommen ist, weiß man nicht; sicher ist, daß sie nach wie vor in einem freundschaftlichen Verhältnis zueinander standen. Gluck in dessen Schlafzimmer sogar später ein Bild Händels hing, soll gesagt haben: „Das ist das Porträt des geistvollsten Meisters unserer Kunst. Wenn ich des Morgens die Augen aufschlage, blicke ich ihn voll ehrfürchtiger Scheu an und zolle ihm als solchem meine Anerkennung."

Anschließend siedelte Gluck nach Hamburg über, wo er die Leitung einer reisenden italienischen Operntruppe übernahm, die unter anderem in Leipzig und Dresden gastierte.

1752 ließ er sich endgültig in Wien nieder, wo er am 15. September 1750 Marianne Pergin, die Tochter eines Großkaufmanns, geheiratet hatte, was ihn aller Geldsorgen enthob und ihm eine Sonderstellung unter den Komponisten seiner Zeit verschaffte. Die finanzielle Sicherheit erklärte zweifellos sein zunehmend selbstsicheres Verhalten – manche sprachen von Arroganz – und seinen wachsenden Starrsinn. Gluck komponierte ausdauernd und machte sich auch als Dirigent einen Namen. Er trat dem Kreis und der „Musikalischen Akademie" des kunstfreudigen Prinzen von Sachsen – Hildburghausen nahe und war 1754–1756 „herzoglicher Kapellmeister". 1756 machte ihn Papst Benedikt XIV. zum päpstlichen Cavaliere. Fortan bestand er auf der Anrede Ritter von Gluck oder in Frankreich Chevalier Gluck. Während dieser Jahre schrieb er eine Reihe von Opern, die heute in Vergessenheit geraten sind: *Ezio, Issipile, Le cinesi, La danza* und *Antigono*.

Die Begegnung mit Calzabigi, die Glucks Opernreform auslöste, fand zum richtigen Zeitpunkt statt, denn eine Reform lag regelrecht in der Luft. Die Oper war in Formeln erstarrt, einerseits gefestigt durch die Libretti Metastasios und andererseits unterhöhlt durch die Possen der Sänger. Der Dichter Pietro Metastasio (1698–1782) war in Musikerkreisen besonders wegen seiner siebenundzwanzig *drammi per musica* berühmt. Die meisten davon entstanden in Wien, als er kaiserlicher Hofpoet war, eine Stellung die er von 1730 bis zu seinem Tod

Christoph Willibald Gluck

innehatte. Metastasios siebenundzwanzig Libretti wurden von den Komponisten des achtzehnten Jahrhunderts mehr als *tausendmal* in Musik gesetzt; in der Vertonung von manchem Libretto haben sich sogar mehr als siebzig Komponisten versucht. Diese Libretti beruhten auf Stoffen aus der Mythologie und der antiken Geschichte, hatten viele Rollen und waren laut Tovey gut und logisch aufgebaut, nach „einem sehr rationalen musikalischen Schema, bei dem jede Situation durch ein natürliches und glattes Fortschreiten von Dialog und Aktion erreicht wurde".

Es mag wohl so gewesen sein. Doch die damalige italienische Oper war eine Abfolge von Sologesängen und gelegentlichen Duetten, beherrscht von Sängern, die unausgesetzt improvisierte Rouladen auf ein paar wenige Vokale von sich gaben. Und die Sänger jener Tage teilten dem Komponisten hochfahrend mit, was er zu tun habe, und zögerten nicht, die Musik so abzuändern, daß sie ihren eigenen Ansprüchen und ihrem jeweiligen Gesangsstil entsprach. Alle Aktion auf der Bühne geriet ins Stocken, wenn sie an die Rampe traten und das Publikum mit ihrem Stimmfeuerwerk frappierten. Von den bedauernswerten Komponisten kamen gelegentlich Einwände und dringende Bitten um Reformen. Bereits 1720 machte sich der italienische Komponist Benedetto Marcello, in der Schrift *Il teatro alla moda* über die italienische Oper lustig. Unter anderem schildert er darin die Beziehung zwischen Komponist und Sänger: Wenn der Komponist mit Sängern, insbesondere mit Kastraten, arbeitete, stellte er sich stets zu ihrer Linken, einen Schritt zurück, den Hut in der Hand. Er beschleunigte oder verlangsamte das Tempo der Arien, die dem „Genie" des jeweiligen Virtuosen angepaßt werden mußten, eingedenk der Tatsache, daß sein Ruf und sein Ansehen in ihren Händen lagen. Aus diesem Grund veränderte er notfalls Arien, Rezitative und dergleichen mehr.

In dieser Periode strebte man vom ornamentalen Reichtum allmählich wieder zur Einfachheit. 1760 hatten sich die Musiker bereits vom Barockprunk abgewandt und schrieben nun im galanten Stil, schlicht und melodisch und unter Verzicht auf den Kontrapunkt. Die Zeit stand im Zeichen Rousseaus, der in seiner *Nouvelle Héloise* (1760) und im *Émile* (1762) sein Ideal der Natur und der Natürlichkeit propagierte. Johann Joachim Winckelmann belebte in seiner berühmten *Geschichte der Kunst des Altertums* (1764) das klassische Ideal neu. Seine Erkenntnis, daß Schönheit in der Unterordnung des Details unter das Ganze, daß wahre Kunst aus Harmonie und anmutigen Proportionen bestehe, war von fundamentaler Bedeutung für die Ästhetik der Aufklärung. Von Calzabigis Libretti angespornt, leistete Gluck für die Oper das, was Winckelmann für die bildende Kunst und Rousseau für den Menschen predigten. (Gluck, der offensichtlich Rousseau gelesen hatte, sprach immer wieder davon, daß er in seinem Schaffen zur Natur zurückkehren wolle, wobei er mit Natur nicht nur Bäume und Himmel, sondern das Leben meinte, wie es wirklich gelebt wurde.) Er ließ die Barockoper mit ihren Verzierungen, ihrer Überladenheit und ihrem Stimmprunk hinter sich zurück und wandte sich den klassischen Idealen des Reinen, Ausgewogenen, Einfachen und sogar Kargen zu. Allerdings zeigte er sich in diesem Denken nicht völlig konsequent. In den fünfundzwanzig Jahren nach *Orpheus und Eurydike* komponierte er dreizehn weitere Opern, davon sechs ‚Reform'-Opern, die anderen hingegen im traditionellen Stil.

Dennoch gebührt das Verdienst der Opernreform im 18. Jahrhundert ihm allein. Als erstes gedachte er, die Sänger in ihre Schranken zu weisen. Zum einen forderte er mit Nachdruck, daß sie die ganze Oper hindurch in ihrer Rolle bleiben sollten. Zum zweiten modifizierte er die Da-capo-Arie oder gab sie auch ganz auf. Es sollte vor allem vermieden werden, daß die Sänger bei der Rückkehr zum ersten Teil hemmungslos extemporierten; sie hatten sich streng an ihre Partien zu halten. Der hitzige Gluck, der anspruchsvollste Dirigent seiner Zeit, dirigierte seine Opern selbst, um dafür zu sorgen, daß alles genau nach seinem Willen ging. In den Gluckschen Reformopern sind die Arien viel kürzer als in den Barockopern, während das Rezitativ einen höheren Stellenwert erhält. Das Rezitativ ist Sprechgesang, in seiner Natur deklamatorisch, im Gegensatz zur rein gesungenen Arie. Es wird als Mittel verwendet, die Handlung voranzubringen und die Charakterisierung zu verstärken sowie die gesungenen Partien der Oper miteinander zu verbinden. Gluck ging beinahe ganz vom alten *recitativo secco* ab, bei dem die Begleitung auf ein paar Cembaloakkorde reduziert ist. Statt dessen verwendete er das ungleich ausdrucksstärkere *recitativo stromentato* mit seiner reichen Instrumentalbegleitung, bezog die Ouvertüre in das dramatische Geschehen mit ein, strebte nach stärkerer Charakterentwicklung und versuchte, eine vollkommene dramatische Einheit zu erreichen.

In einem Brief an den *Mercure de France* aus dem Jahre 1773 umriß Gluck seine Ziele: „Die Nachahmung der Natur ist das große Ziel, was sie [die Künstler] vor Augen haben müssen und was auch mich beseelt, es zu erreichen. Stets einfach und natürlich, so weit es möglich ist, suchte ich in meiner Musik die Poesie nur durch die kräftigsten Ausdrücke und die angemessenste Deklamation zu heben. Dies ist auch der Grund, warum ich die Paßagen, Triller und Kadenzen vermeide, die der Italiener so sehr liebt."

1777 wiederholte er seine Auffassung gegenüber dem *Journal de Paris:* „Ich glaubte ..., daß die Stimme, die Instrumente, alle Töne, selbst die Pausen, einen einzigen Zweck und zwar den Ausdruck erreichen dürften, und daß die Übereinstimmung zwischen den Worten und dem Gesange so verbunden sein sollte, daß weder das Gedicht auf die Musik, noch die Musik auf das Gedicht gemacht zu sein schiene."

Orpheus und Eurydike hält sich enger an diese Ideale als alle anderen Opern Glucks. Die Handlungsführung ist klar, die Aktion sogar, wie manchmal beklagt wird, allzu dürftig, der Text schlicht doch erhaben, die Musik von allem Überflüssigem, sogar in der Harmonie, befreit. *Orpheus* war für das Wiener Publikum zunächst zu neuartig, doch schon bald gewann die Oper begeisterte Anhänger. Glucks nächste Reformoper war *Alkeste* (1767), wiederum italienisch. In der Widmung zu dieser Oper gab Gluck eine ausführliche Erläuterung seiner Theorie:

Christoph Willibald Gluck

„Als ich ‚Alceste‘ zu komponieren unternahm, war es meine Absicht, restlos alle jene Mißbräuche auszumerzen, die infolge der übel beratenen Eitelkeit der Sänger und der allzu großen Gefälligkeit der Tonsetzer sich eingeschlichen haben, seit langer Zeit die italienische Oper entstellten und aus dem erhabensten und schönsten aller Schauspiele das lächerlichste und langweiligste gemacht haben. Ich trachtete die Musik auf ihre wahre Ausgabe zu beschränken, der Dichtung zu dienen für den Ausdruck und für die Situationen der Handlung, ohne die Aktionen zu unterbrechen oder durch unnötige und überflüssige Zierraten zu hemmen. Ich meinte, daß sie das gleiche bewirken solle wie bei einer fehlerfreien und richtig angelegten Zeichnung die Lebhaftigkeit der Farben und der gut verteilte Kontrast von Lichtern und Schatten, die der Belebung der Gestalten dienen, ohne die Umrisse zu verändern. Ich wollte weder den Darsteller im Feuer des Dialogs aufhalten, damit er ein langweiliges Ritornell abwartet, noch ihn mitten im Wort auf einem günstigen Vorhalt Halt machen lassen, damit er in einem langen Lauf mit der Beweglichkeit seiner schönen Stimme prunken könne oder darauf achten müsse, bis ihm das Orchester Zeit gibt, für eine lange Kadenz Atem zu schöpfen. Ich meinte auch nicht, über den zweiten Teil einer Arie flüchtig hinwegeilen zu sollen, besonders wenn er gerade der leidenschaftlichere und wichtigere war, nur um nach der Regel die Worte des ersten Teils viermal wiederholen zu können und um die Arie dort zu schließen, wo der Schluß nicht sinngemäß ist, aber dem Sänger Gelegenheit gegeben wird zu zeigen, wie er eine Stelle auf mannigfache Art launig zu variieren versteht. Kurzum, ich habe versucht, alle jene Mißbräuche zu beseitigen, gegen die seit langem der gute Geschmack und die Vernunft vergeblich angekämpft haben.

Ich habe mir vorgestellt, daß die Ouvertüre die Zuhörer auf die Handlung, die vorzuführen ist, vorbereiten und sozusagen deren Inhalt andeuten soll, daß die Mitwirkung der Instrumente sich nach dem Grade des Interesses und der Leidenschaft regeln soll und daß zwischen Arie und Rezitativ in der Textbehandlung kein so empfindlicher Unterschied geduldet werden darf, um nicht die Periode sinnwidrig zu zerreißen und die Lebhaftigkeit und Wärme der Bühnenaktion zu beeinträchtigen.

Ich habe ferner geglaubt, die größte Sorgfalt auf die Erreichung einer schönen Einfachheit verwenden zu müssen. So habe ich vermieden, auf Kosten der Klarheit mit Schwierigkeiten zu prunken, und habe niemals auf die Erfindung von etwas Neuartigem Wert gelegt, wenn es nicht ganz natürlich der Situation und dem Ausdruck entsprungen war. Und es gibt da keine Schulregel, die ich nicht gerne gelegentlich der angestrebten Wirkung aufopfern zu dürfen glaubte.

Dies sind also meine Grundsätze. Glücklicherweise kam meinem Vorhaben das Textbuch wunderbar entgegen, in dem der berühmte Verfasser, auf neuartige Behandlung des Dramatischen bedacht, die blumigen Schilderungen, überflüssigen Vergleiche, Sentenzen und blutleeren Moralitäten durch die Sprache des Herzens, starke Leidenschaften, interessante Situationen und ununterbrochene Bühnenbewegung ersetze. Der Erfolg hat meinen Ansichten recht gegeben und die allgemeine Anerkennung in einer so berühmten Stadt hat deutlich gezeigt, daß die Einfachheit, die Wahrheit und die Natürlichkeit die tragenden Grundlagen des Schönen in allen Schöpfungen der Kunst bilden ...“

Gluck überreicht Marie-Antoinette die Partitur seiner Werke (Iphigenie, 1774). Ölbild von E. Hammann, 19. Jahrhundert.

Gluck und seine Frau Marianne geb. Pergin. Unbezeichnetes Ölbild, um 1772.

Die dritte Oper, die Calzabigi und Gluck gemeinsam verfaßten, war *Paris und Helena* (1770). Dann wandte sich Gluck Frankreich zu, wo man auf seine Opern sehr neugierig war. 1774 wurde in der Pariser Opéra *Iphigenie in Aulis* nach einem Libretto von François du Roullet herausgebracht. Gluck konnte auf die Unterstützung von Marie Antoinette rechnen, die in Wien seine Gesangsschülerin gewesen war, und trug keine Bedenken, mit ihrem Namen Eindruck zu machen. Als einmal eine Probe zu *Iphigenie* zu seiner Unzufriedenheit ausfiel, verkündete er, er werde zur Königin gehen und ihr erklären, daß es unmöglich sei, die Oper aufzuführen. Anschließend werde er in seine Kutsche steigen und nach Wien zurückfahren. Gluck setzte wie immer seinen Willen durch. Auf *Iphigenie in Aulis* folgte ein paar Monate später die französische Fassung von *Orpheus*, in der ein Tenor den Kastraten ersetzte. (Heute hört man in der Regel die italienische Originalfassung, wobei eine Mezzosopranistin oder eine Altistin an die Stelle des männlichen Alts tritt). Gluck brachte auch *Alkeste* auf französisch heraus.

Zusätzlich belebt wurden seine Pariser Jahre durch seine Rivalität mit Niccolò Piccini (1728–1800), einem tüchtigen italienischen Komponisten, der 1776 nach Paris kam. Piccini hatte sich sogleich eine Anhängerschaft geschaffen, der seine traditionellen Opern ungleich mehr zusagten als Glucks klassische Kargheit. Es kam zu einer großen Polemik, und Paris genoß die Auseinandersetzung ebensosehr, wie es kurz nach der Jahrhundertmitte die *guerre des bouffons* genossen hatte. Diese frühere Kontroverse hatte sich gleichfalls um die Oper gedreht. Die einen vertraten die These, für die französische Oper gebe es den einzig logischen Weg, dem Beispiel der Werke von Jean-Baptiste Lully (1632–1687) zu folgen; andere behaupteten mit gleichem Eifer, das Heil liege allein bei der italienischen Oper. Rousseau trat für letztere ein und erklärte, die französische Sprache sei für die Musik ungeeignet, weswegen eine französische Oper notwendig ein Unding sein müsse. Die Pariser nahmen an der Gluck-Piccini-Kontroverse mit großem Engagement teil. Es ging sogar so weit, daß Männer, die einander zum ersten Mal begegneten, sich die Frage stellten: „Monsieur, sind Sie Gluckianer oder Piccinianer?" Benjamin Franklin, der sich damals als Gesandter der Vereinigten Staaten in Paris aufhielt, hörte sich mit Verblüffung die Reden beider Lager an, die, wie er schrieb „mit Eifer über die Leistungen zweier ausländischer Musiker stritten, der eine ein *cousin,* der andere ein *moscheto;* mit diesem Streit brachten sie ihre Tage hin, um die Kürze der Zeit anscheinend so unbekümmert, als wären sie gewiß gewesen, sie hätten nur noch einen Monat zu leben. Ihr Glücklichen! dachte ich bei mir, ihr lebt sicher unter einer weisen, gerechten und milden Regierung, da ihr über keine öffentlichen Mißstände zu klagen, noch einen anderen Streitgegenstand habt als die Vorzüge und Unvollkommenheiten ausländischer Musik."

Im allgemeinen war man der Ansicht, daß Gluck das Feld behauptet habe, namentlich nach *Armida* (1777) und *Iphigenie in Tauris* (1779). Manche jedoch versuchten, die Wogen der Erregung mit der diplomatischen Feststellung zu glätten, Gluck sei im Tragischen, Piccini im Komischen stärker. *Echo und*

Narziß, das ebenfalls 1779 auf die Bühne kam, war Glucks letzte Oper. 1781 erlitt er einen Schlaganfall und verbrachte seine letzten Lebensjahre in Wien, wo er Hof hielt, aber nicht mehr komponierte.

Gluck war ein durchsetzungsfähiger, dominierender Mann von einem explosiven Temperament und einer genialen Begabung, in der Welt voranzukommen. Die Erinnerungen von Johann Christian von Mannlich, einem Hofmaler in Paris, bringen eine gute Beschreibung des Komponisten. Mannlich war zunächst etwas enttäuscht. „Wer Gluck in seinem Überzieher und mit seiner runden Perücke begegnet wäre, ohne ihn zu kennen, hätte in ihm ganz gewiß nicht eine hervorragende Persönlichkeit und einen schöpferischen Genius vermutet." Mannlich schreibt, Gluck sei ein wenig mehr als mittelgroß gewesen, „gedrungen, stark und sehr muskulös, ohne dabei beleibt zu sein. Sein Kopf war rund, sein Gesicht breit, rosig und pockennarbig, die Augen klein, etwas tiefliegend, aber funkelnd, voll Feuer und Ausdruck." (Auch Dr. Charles Burney schrieb, Gluck sei „grob von Gestalt und Erscheinung" gewesen.) Mannlich erwähnt Glucks „leicht erregbare" Art und seine rücksichtslose Offen- oder sogar Grobheit. „Wahrheitsgetreu nannte er die Dinge bei ihrem Namen und beleidigte auf diese Weise wohl zwanzigmal am Tage die empfindlichen Ohren der Pariser, die an Schmeichelei … gewöhnt waren. In den Augen der Franzosen war er ein sehr unhöflicher Mensch." Mannlich fährt fort: „Ohne sich jemals zu berauschen … war er ein starker Esser und Trinker. Daß er gewinnsüchtig war und das Geld liebte, verhehlte er selbst nicht. Desgleichen legte er ein gut Teil Egoismus an den Tag, besonders bei Tisch, wo er ein Recht auf die besten Bissen zu haben glaubte." Nicht nur die Pariser finden ihn ungeschliffen. Als Dirigent war er der Toscanini seiner Zeit, ein zum Jähzorn neigender Zuchtmeister, vor dem die Musiker zitterten. Er war ein Perfektionist und ließ sie eine Stelle zwanzig- oder dreißigmal wiederholen, bis er endlich zufrieden war. In Wien herrschte ein deartig gespanntes Verhältnis zwischen Gluck und seinen Musikern, daß der Kaiser persönlich mehrmals intervenieren mußte. Es ging das Gerücht, daß Gluck, wenn er eine seiner Opern einstudierte, Musiker mit doppelten Gagen bestechen mußte. Der Komponist muß ein ungewöhnlich feines Gehör gehabt haben, und Mißtöne brachten ihn außer sich. Wenn er für die Komposition einer Oper zwanzig Livres bekäme, erklärte er, müßten ihm eigentlich zwanzigtausend für die Proben gezahlt werden. Mannlich, der an den Proben zur aulidischen *Iphigenie* teilnahm, gibt einen Begriff von dem, was sich dabei abspielte: „Beim Einstudieren des dritten Teiles jedoch lief Gluck wie ein Besessener von einem Ende des Orchesters zum anderen; bald waren es die Violinen und Bässe, bald die Hörner und Bratschen, die seine Gedanken schlecht wiedergaben. Er klopfte kurzweg ab, sang ihnen die Stelle mit dem Ausdruck vor, den er in sie zu legen wünschte, klopfte gleich darauf von neuem ab, indem er aus voller Kehle schrie: ‚Das ist keinen Teufel wert.' Des öfteren sah ich im Geiste den Augenblick voraus, wo ihm alle Geigen und anderen Instrumente an den Kopf fliegen würden."

Doch so sehr Gluck die Mühe verhaßt war, bestand er doch immer darauf,

seine Opern selbst einzustudieren. In der Widmung, mit der er Paris und
Helena dem Herzog von Braganza dedizierte, schrieb er: „Je mehr man die
Wahrheit und Vollendung sucht, desto notwendiger ist die äußerste Genauigkeit." Dies könne, bemerkt er zu Recht, allein der Komponist erreichen. „Es
ist fast nichts notwendig, daß aus meiner Arie im ‚Orfeo' ‚Che farò senza
Euridice' ein Springtanz von Burattini wird, nur eine geringfügige Veränderung in der Art des Ausdrucks … Deshalb ist die Anwesenheit des Komponisten bei der Ausführung dieser Art von Musik sozusagen ebenso notwendig
wie die Gegenwart der Sonne bei den Schöpfungen der Natur. Er ist da
durchaus die Seele und das Leben und ohne ihn bleibt alles in Verwirrung und
Dunkel".

Gegenüber seinen Sängern war Gluck ungemein barsch; er warf ihnen
ständig vor, daß sie schrien, nicht sängen, keinen Geschmack und keine
Musikalität besäßen. Überhaupt war der eigensinnige, unabhängig denkende,
taktlose Gluck für jedermann eine Heimsuchung. Er schien immerzu die
falschen Dinge zu sagen. So war es nicht immer leicht, mit ihm auszukommen.
Einmal wurde er nach Versailles an den Hof eingeladen. Als er wieder in Paris
war, speiste er bei einem Herzog, der sich erkundigte, ob Gluck von der
Aufnahme beim König angetan gewesen sei. Gluck knurrte, es werde wohl von
ihm erwartet, daß er sich geschmeichelt fühle, aber wenn er noch eine Oper für
Paris schriebe, würde er sie lieber dem Generalsteuereinnehmer widmen, weil
er von diesem vielleicht Dukaten statt Komplimente erhielte. Die Gäste waren
betroffen, und der Herzog wechselte rasch das Thema. Ähnlich wie Beethoven
pflegte Gluck nicht Bitten auszusprechen, sondern Forderungen zu stellen. So
verlangte er in seinen Unterhandlungen mit der Opéra, „daß man mir, wenn
ich in Paris bin, wenigstens zwei Monate zur Ausbildung der Darsteller und
Darstellerinnen einräumt, daß ich die Vollmacht besitze, soviel Proben abzuhalten, wie ich es für nötig halten werde, daß man keine Rolle verdopple, und
daß man eine andere Oper bereit halte für den Fall, irgend ein Darsteller oder
eine Darstellerin wird unpäßlich. So lauten die Bedingungen, ohne die ich
meine ‚Armida' zu meinem Vergnügen aufbewahren würde."

Schon zu Glucks Lebzeiten war man sich weithin bewußt, daß er die Oper
revolutioniert hatte. Dr. Burney, der Gluck 1772 aufsuchte, vermerkte: „Der
Chevalier Gluck beschäftigt sich damit, die Musik einfacher zu machen … er
gibt sich alle Mühe, seine Musik keusch und nüchtern zu halten."
Und an anderer Stelle: „Nach meiner Auffassung findet seine Erfindungsgabe
bei keinem anderen Komponisten ihresgleichen, namentlich in der dramatischen Malerei und den Bühneneffekten."

Andere Komponisten neideten Gluck seine Erfolge, und manche fürchteten
ihn sogar. Leopold Mozart schärfte seinem Sohn ein, sich von Gluck fernzuhalten. Ihre Wege kreuzten sich während Wolfgangs Paris-Aufenthalt 1778.
Später kam es wieder zu einer Begegnung in Wien, und Mozart nannte Gluck
einen „großen Mann". Den Rang, den die beiden Männer in den Augen der
maßgeblichen Kreise einnahmen, bezeichnet der Umstand, daß Gluck als

K.u.K. Hofkompositeur zweitausend Gulden Gehalt empfing. Als Mozart seine Nachfolge antrat, erhielt er das kärgliche Salär von achthundert Gulden.

Glucks Einfluß machte sich in Mozarts Werk nur am Rande bemerkbar. Er ist vor allem in seiner Opera seria *Idomeneo* zu spüren. Hin und wieder erinnert eine Melodie – wie das Thema des langsamen Satzes des Flötenquartetts in D-Dur – KV 185 – an Gluck. Ungleich stärker ist der Geist Glucks in den Werken Spontinis, Cherubinis und, in einem gewissen Maß, in der Klassizität von Berlioz' *Trojanern* lebendig. Debussy schrieb, Berlioz' Oper wecke Erinnerungen an Gluck, den Berlioz leidenschaftlich verehrt hatte: Als Student hatte er Glucks Opern mühsam abgeschrieben und sich eingeprägt: „Der Jupiter unseres Olymp war Gluck." In der Pariser Opéra war Berlioz der Wachhund, der bellte und heulte, wenn die Dirigenten an einer Gluck-Oper Änderungen vornahmen oder in anderer Weise von der Partitur abgingen.

In der europäischen Musik war Berlioz wohl der letzte, auf den Gluck einen direkten Einfluß ausübte. Glucks strenger Klassizismus lag der farbenfrohen Romantik nicht.

5. KAPITEL

Joseph Haydn
Klassik par excellence

Joseph Haydn war der meistgefeierte Komponist einer Epoche, die von logischem Denken, Harmoniestreben, Gefühlsbeherrschung und kultivierter Lebensart bestimmt war. Sie war das goldene Zeitalter der Aristokratie und auch die Periode, in der die Philosophen davon überzeugt waren, daß die Vernunft Denken und Handeln des Menschen leiten könne. Erst Ende des Jahrhunderts leiteten Revolution und Blutvergießen neue Vorstellungen von der Gesellschaft und der Rolle des Künstlers ein. Doch im 18. Jahrhundert wandelten junge Intellektuelle und Künstler nicht in einer geistigen Toga umher, sich im Glanz ihrer unvergleichlichen Gaben sonnend. Sie maßen ihren „Visionen", ihren Leiden, ihren Idealen keine große Bedeutung bei. Das blieb den jungen Romantikern des 19. Jahrhunderts vorbehalten. In der zweiten Hälfte des 18. Jahrhunderts strebte man in allen Dingen nach Maß, in der Musik legte man weniger Wert auf die Fuge, wandte man sich von den gewaltigen, komplizierten Formen des Barocks ab. Das galante Zeitalter in der Musik hatte eine Vorliebe für melodische, homophone, angenehm unterhaltende Musik.

Joseph Haydn (1732–1809) war der Klassiker par excellence – keiner wurde so geehrt und traf den Geschmack seines Publikums wie er. Er war ein typischer Repräsentant der Aufklärung, gläubig, doch nicht fanatisch; wagemutig, aber in Maßen; intelligent, doch nicht auf eine aggressive Art; in seinem Schaffen experimentierfreudig, doch bei weitem nicht so revolutionär wie Mozart. Haydn zeichnete sich durch große Ausgeglichenheit aus.

Sein Äußeres war nicht sehr einnehmend. Er war klein und dunkelhaarig, das Gesicht pockennarbig, die Beine waren zu kurz für den Körper. Ein Polyp hatte ihm die Nase verformt, worunter er anscheinend sehr litt. Der berühmte Haydn gab niemals ein Porträt in Auftrag. Doch er muß ein sehr freundlicher Mensch gewesen sein. Wegen seines liebenswürdigen, gütigen Wesens hatte er so gut wie keine Feinde. Er war ausgeglichen, fleißig, hochherzig, hatte einen ausgeprägten Sinn für Humor, behandelte seine Liebesaffären als Kavalier und erfreute sich zeit seines Lebens einer guten Gesundheit, abgesehen von Sehbeschwerden und Rheumatismus, unter denen er am Ende seiner Tage zu leiden hatte. Er verfügte wohl nicht über eine umfassende literarische Bildung; zweifelsohne aber war er ein praktisch denkender Mann von nüchternem Verstand. Er zeichnete sich durch Integrität und Aufrichtigkeit aus – jene Aufrichtigkeit, die ihn einmal, als von Mozart die Rede war, sagen ließ, seine Freunde schmeichelten ihm oft wegen seiner Begabung, doch Mozart sei wesentlich begabter als er gewesen.

Er legte großen Wert auf seine Kleidung. Der böhmische Musiker Johann

74 Klassik par excellence

Wenzel Tomaschek schilderte den alten Meister, wie er gegen Ende seines
Lebens Gäste empfing: „Haydn sitzt im Sorgenstuhl, sehr geputzt. Eine gepu-
derte, mit Seitenlocken gezierte Peruque, ein weißes Halsband mit goldener
Schnalle, eine weiße, reichgestickte Weste von schwerem Seidenstoff, dazwi-
schen ein stattliches Jabot prangte, ein Staatskleid von feinem Kaffeebraunen
Tuche, gestickte Manschetten, schwarzseidene Beinkleider, weißseidende
Strümpfe, Schuhe mit großen über den Rist gebogenen silbernen Schnallen, und
auf dem zur Seite stehenden Tischchen nebst dem Hut ein paar weißlederner
Handschuhe, waren die Bestandstücke seines Anzuges."

Zu Haydns Zeit standen Musiker zumeist im Dienst eines Fürsten. Als er die
Stellung im Hause Esterházy annahm – wo er einen großen Teil seines Lebens
blieb –, zog er wie die anderen Diener als „Hausoffizier" die Livree seines Herrn
an. Aufgrund seines stark ausgeprägten Individualismus trug er jedoch keinen
Schaden von dieser subalternen Stellung davon. Er war vom Adel nicht sonderlich beeindruckt und suchte auch keine Kontakte zu ihm. Diese Haltung
resultierte nicht aus einem Minderwertigkeitsgefühl, sondern aus seinem mangelnden Interesse an solchem Umgang. Er hatte keinerlei gesellschaftlichen
Ehrgeiz. Er habe, sagte er einmal, mit dem Kaiser, mit Königen und Prinzen
Gespräche gepflogen und viel Schmeichelhaftes von ihnen gehört, wolle aber
mit solchen Personen keinen vertrauten Umgang haben, da er Menschen seiner
eigenen Klasse vorziehe. Sein hauptsächliches Interesse galt der Musik und
deren Liebhabern; er war völlig unpolitisch und wollte in Ruhe und Frieden
leben, um seiner Arbeit nachzugehen. In diesem Bereich aber war er sich seiner
Überlegenheit voll bewußt und zögerte auch nicht, von seiner Autorität
Gebrauch zu machen. Einer seiner Brotgeber, Fürst Nikolaus II., störte einmal
eine Probe. Haydn hätte Seine Durchlaucht beinahe aus dem Raum gewiesen.
„Eure fürstliche Hoheit! Hierüber habe *ich* zu entscheiden ...". Wie berichtet
wird, soll der Fürst sprachlos davongegangen sein, es aber unterlassen haben,
seinen berühmten Kapellmeister zur Räson zu bringen. Hätte er es getan, wäre
Haydn vielleicht für immer aus dem Dienst geschieden. Es gab genügend reiche
Fürsten, die ihn nur zu gern angestellt hätten.

Ebenso freimütig verhielt er sich gegenüber seinen Verlegern. 1782 hatte er
eine heftige Auseinandersetzung mit Artaria. Als der Streit nicht zu seiner
Zufriedenheit beigelegt wurde, schickte er dem Verleger die barsche Nachricht:
„... machen Sie also der Sache ein Ende und schicken mir entweder Music oder
Geld." Haydn war ein selbstsicherer Mann, der sich nie Sorgen wegen der
Konkurrenz machte. Er konnte Mozart nicht genug rühmen, und bereits 1793
wußte er über den jungen Beethoven, den er kurze Zeit unterrichtet hatte,
genug, um ihn beim Kurfürsten von Köln mit den Worten zu empfehlen:
„Kenner und Nichtkenner müßten unparteiisch eingestehen, daß er mit der Zeit
die Stelle eines der größten Tonkünstler in Europa vertreten werde".

Daß Haydn danach trachtete, mit allen in Frieden zu leben, offenbart auch
sein Werk. Seiner Musik fehlt vielleicht die Leidenschaftlichkeit Mozarts, aber
man kann durchaus behaupten, daß sie sich konsequent auf einem ebenso

hohen Niveau wie die Mozarts bewegt, auch wenn er nie die Höhen erreichte, die Mozart in seinen größten Werken erstieg. Von 1780 bis zu seinem Tod schrieb Haydn kaum eine Symphonie oder Messe, kaum ein Quartett oder Oratorium, die man nicht als Meisterwerke bezeichnen kann.

Seine musikalische Entwicklung verlief langsam, in einer gleichmäßig aufsteigenden Linie. Schon als Kind zeigte er eine große Begabung, ohne ein Wunderkind zu sein; das Komponieren fiel ihm nie so leicht wie Mozart, Schubert oder Mendelssohn. Er habe nie rasch, sondern stets mit Sorgfalt und Fleiß komponiert, schrieb er einmal. Als er zu komponieren begann, steckte die neue Musik – die Musik des galanten Stils – noch in den Kinderschuhen, und alle diese Ansätze führte Haydn zusammen. Nicht umsonst wird er der ‚Vater der Sinfonie‘ genannt. Mit gleichem Recht könnte man ihn auch den ‚Vater des Streichquartetts‘ oder den ‚Vater der Sonatenform‘ nennen.

Haydn wurde am 31. März 1732 in Rohrau an der Leitha unweit der ungarischen Grenze geboren. Sein Vater, Mathias Haydn, war Wagner. Schon früh zeigte der Junge eine ungewöhnliche Musikalität: Als Fünfjähriger soll er schon simuliert haben, Geige zu spielen, indem er mit einem Stecken auf dem linken Arm sägte. Seine Eltern hofften, er werde die geistliche Laufbahn einschlagen und schickten den Jungen kurz vor seinem sechsten Geburtstag auf Anregung eines Verwandten ins nahegelegene Hainburg. Dort lernte er lesen und schreiben und wurde wegen seiner musikalischen Begabung im Spiel von Blas- und Streichinstrumenten unterwiesen. Haydn selbst schrieb in einer autobiographischen Skizze: „Gott der Allmächtige, welchem in alleinig so unermeßliche Gnade zu danken habe, gab mir besonders in der Musik so viel Leichtigkeit, indem ich schon in meinem sechsten Jahre ganz dreist einige Messen auf dem Kirchenchore herabsang und auch etwas auf dem Klavier und Violin spielte." Doch nicht alles fiel ihm in den Schoß. Haydn hatte eine schwere Kindheit. Von seinem Vetter in Hainburg bekam er „mehr Prügel als zu essen", erzählte er später. Das meiste mußte er sich selbst beibringen: „Eigentliche Lehrer habe ich nicht gehabt. Mein Anfang war überall gleich mit dem Praktischen – erst im Singen und Instrumentespiel, hernach auch in der Composition. In dieser habe ich andere mehr gehört und studirt; ich habe aber auch das Schönste und Beste in allen Gattungen gehört, was es in meiner Zeit zu hören gab ... So ist nach und nach, was ich wußte und konnte gewachsen."

In Wien hörte Haydn zum erstenmal „das Schönste und Beste". Mit acht Jahren wurde er in den Chor des Stephansdoms aufgenommen; als er aber 1749 den Stimmbruch bekam, wurde er auf die Straße gesetzt. Gerüchten zufolge soll er sich den Streich erlaubt haben, einem Mitschüler den Zopf abzuschneiden, was seine sofortige Entlassung bewirkte. Haydn war nun siebzehn Jahre alt und besaß nur drei alte Hemden und einen abgetragenen Mantel. Der neue ‚Star‘ unter den Sängerknaben wurde nun sein jüngerer Bruder Michael (1737–1806), dem man eine große Zukunft voraussagte. In allem außer im Komponieren überragte er seinen Bruder. In Salzburg trat er Mozarts Nachfolge als Domorganist an und komponierte viele geistliche

Werke, keine seiner Kompositionen hat sich allerdings im Konzertrepertoire lange behaupten können.

Nach seiner Entlassung aus dem Chor des Stephansdoms fristete Haydn mehrere Jahre ein Hungerdasein. Als Klavierspieler und Violinist war er kein erstklassiger Berufsmusiker. Er bemerkte dazu selbst: „Ich war auf keinem Instrument ein Hexenmeister ... ich war kein schlechter Klavierspieler und Sänger, und konnte auch ein Konzert auf der Violine vortragen." Doch das konnten viele Musiker. Acht Jahre lang mußte Haydn sich mühsam durchschlagen, spielte bei gesellschaftlichen Anlässen, unterrichtete und komponierte, wie er erzählte, in seinem Eifer oft bis spät in die Nacht. Er vertiefte sich in das Studium der Werke von Carl Philipp Emanuel Bach und nahm auch Unterricht beim berühmten Komponisten Nicola Porpora (1686–1767). Er verbesserte sein Klavier- und Geigenspiel und gelangte so zu höherem Ansehen. 1759 wurde er Kapellmeister des Grafen Ferdinand Maximilian von Morzin in Böhmen. Zwei Jahre später beging er den größten Fehler seines Lebens: Er heiratete Maria Anna Aloysia Apollonia Keller, die Tochter eines Perückenmachers. Haydn hatte sich ursprünglich in ihre Schwester verliebt – auffallend hier die Parallele zu Mozart, der sich in Aloysia Weber verliebt hatte und dann, als er abgewiesen worden war, ihre Schwester Constanze heiratete. Wahrscheinlich wurde Haydn von der Familie Keller zu dieser Heirat überredet. Maria Anna war drei Jahre älter als er, häßlich, unbeherrscht, zänkisch und eifersüchtig. Sie hatte nichts für die Musik übrig, war eine schlechte Wirtschafterin, konnte nicht mit Geld umgehen. Kein Wunder, daß Haydn schon bald ernüchtert war, sie eine „höllische Bestie" nannte und anderweitig Entspannung suchte. Später rechtfertigte er seinem Biographen Georg August Griesinger gegenüber seine außerehelichen Beziehungen folgendermaßen: „Sie war unfähig zum Kindergebären, deshalb war ich auch gegen die Reize anderer Frauenzimmer weniger gleichgültig ..."

1761 trat Haydn als Vizekapellmeister in die Dienste des Hauses Esterházy. Fürst Paul Anton Esterházy, das Oberhaupt dieses wohlhabenden ungarischen Adelsgeschlechts war ein Kunst- und Musikliebhaber. In seinem Schloß in Eisenstadt hatte er zahlreiche Räume für Gäste zur Verfügung sowie einen großen Park und Theaterräume. Haydn übersiedelte alsbald nach Eisenstadt; interessant sind die Vertragsbedingungen, die Aufschluß über die Erwartungen geben, die man von einem Musiker zu Hofe hatte:

> „1. Die weilen zu Eisenstadt ein Kapellmeister namens Gregorius Werner schon lange Jahre hindurch dem Hochfürstl. Hause treue, emsige Dienste geleistet, nurmehr aber, seines hohen Alters und daraus öfters entstehender unpäßlichkeit halber, seiner Dienstschuldigkeit nachzukommen nicht allerdings imstande ist, so wird er, Gregorius Werner, dennoch in Ansehung seiner langjährigen Dienste ferner als Oberkapellmeister verbleiben, er, Joseph Heyden [sic!] hingegen als Vizekapellmeister zu Eisenstadt in der Chor-Musique ihm Gregorio Werner, qua Oberkapellmeister, subordiniert sein und von ihm dependieren. In allen anderen Begebenheiten aber, wo eine Musique immer gemacht werden solle, wird alles, was

Joseph Haydn (1732–1809).
Stich nach dem Gemälde von Hoppner.

Vive Joseph Haydn!
Holzstich, 19. Jahrhundert.

Ein Frühkonzert bei Haydn. Nach einem Gemälde von A. Rozier, 1888.

zur Musique gehörig ist, in Genere und Specie an ihn Vizekapellmeister angewiesen.

2. wird er Joseph Heyden als ein Haus-Offizier angesehen und gehalten werden. Darum hegen Sr. Hochfürstl. Durchlaucht zu ihm das gnädige Vertrauen, daß er sich also, wie es einem ehrliebenden Haus-Offizier bei einem fürstlichen Hofstaat wohl anstehet, nüchtern, und mit den nachgesetzten Musicis nicht brutal, sondern mit Glimpf und Art bescheiden, ruhig, ehrlich, aufzuführen wissen wird, hauptsächlich, wenn vor der Hohen Herrschaft eine Musique gemacht wird, solle er Vizekapellmeister samt den Subordinierten allezeit in Uniform und nicht nur er Joseph Heyden selbst sauber erscheinen, sondern auch alle anderen von ihm Dependierenden dahin anhalten, daß sie der ihnen hinausgegebenen Instruktion zufolge in weißen Strümpfen, weißer Wäsche, eingepudert, und entweder in Zopf oder Haarbeutel, jedoch durchaus gleich, sich sehen lassen. Derohalben

3. sind an ihn Vizekapellmeister die anderen Musici angewiesen worden, folglich wird er sich um so viel exemplarischer conduitizieren, damit die Subordinierten von seinen guten Eigenschaften sich ein Beispiel nehmen können. Mithin wird er Joseph Heyden allebesondere Familiarität, Gemeinschaft in Essen und Trinken und anderen Umgang vermeiden, um den ihm gebührenden Respekt nicht zu vergeben, sondern aufrecht zu erhalten, auch die Subordiniertenzu schuldiger Parition desto leichter zu vermögen, je unangenehmer die daraus entstehen könnenden Folgerungen, Mißverständnisse und Uneinigkeiten der Herrschaft sein dürften.

4. Auf allmaligen Befehl Sr. Hochfürstl. Durchlaucht solle er Vizekapellmeister verbunden sein, solche Musikalien zu komponieren, was vor eine Hochdieselbe verlangen werden, sothanne Kompositionen mit niemanden zu kommunizieren, viel weniger abschreiben zu lassen, sondern für Ihro Durchlaucht einzig und allein vorzubehalten, vorzüglich ohne Vorwissen und gnädiger Erlaubnis für niemand andern nicht zu komponieren.

5. wird er Joseph Heyden alltäglich (es sei demnach dahier zu Wien oder auf den Herrschaften) Vor- und Nachmittag in der Antichambre erscheinen und sich melden lassen, allda die Hochfürstl. Ordre, ob eine Musique sein solle, abwarten, alsdann aber nach erhaltenem Befehl solchen den anderen Musicis zu wissen machen, und nicht nur selbst zu bestimmterZeit sich accurate einfinden, sondern auch die anderen dahin ernstlich anhalten, die aber zur Musique entweder spätkommen oder gar ausbleiben specifice annotieren. Wenn demnach

6. zwischen den Musicis wider alles bessere Verhoffen Uneinigkeiten, Disput oder einige Beschwerden wider den anderen sich äußerten, wird er Vizekapellmeister trachten, nach Gestalt der Umstände dieselbigen auszumachen, damit der hohen Herrschaft mit jeder Kleinigkeit und Bagatell-Sache keine Ungelegenheit verursacht werde; sollte aber Wichtigeres vorfallen, welches er Joseph Heyden von sich selber ausgleichen oder vermitteln nicht könnte, sothannes muß Ihro Hochfürstl. Durchlaucht gehorsamst einberichtet werden.

7. solle er Vizekapellmeister auf alle Musikalien und musikalischen Instrumente allen möglichen Fleiß und genaue Absicht tragen, damit diese aus Unachtsamkeit oder Nachlässigkeit nicht verdorben und unbrauchbar werden, auch solche respondieren.

8. wird er Joseph Heyden gehalten sein, die Sängerinnen zu instruieren, damit sie

dasjenige, was sie in Wien mit vieler Mühe und Spesen von vornehmen Meistern erlernet haben, auf dem Land nicht abermal vergessen. Und weil er Vizekapellmeister in unterschiedlichen Instrumenten erfahren ist, so wird er auch in allen jenen, denen er kundig ist, sich brauchen lassen.

9. wird ihm Vizekapellmeister hiemit eine Abschrift von der Konvention und Verhaltens-Norma der ihm subordinierten Musiquanten hinausgegeben, daß er dieselben nach dieser Vorschrift zu ihrer Dienstleistung anzuhalten wissen möge. Übrigens

10. wie man alle seine schuldigen Dienste zu Papier zu setzen um so weniger nötig erachtet, als die Durchlauchtigste Herrschaft ohnedem gnädigst hoffet, daß er Joseph Heyden in allen Vorfallheiten aus eigenem Trieb nicht nur oberwähnte Dienste, sondern auch alle anderen Befehle, die er von Hoher Herrschaft nach Bewandtnis der Sachen künftig bekommen sollte, auf das Genaueste beobachten, auch die Musique auf solchen Fuß setzen und in so guter Ordnung erhalten wird, daß er sich eine Ehre und dadurch der ferneren fürstlichen Gnaden würdig mache, also läßt man auch jene seiner Geschicklichkeit und Eifer über. In solcher Zuversicht.

11. werden ihm Vizekapellmeister alle Jahre 400 Gulden rhein. von der Hohen Herrschaft hiermit akkordiert und beim Obereinnehmeramt angewiesen, quartalweise zu empfangen. Überdies

12. auf den Herrschaften solle er Joseph Heyden den Offizier-Tisch oder einen halben Gulden des Tags Kostgeld haben. Endlich

13. ist diese Konvention mit ihm Vizekapellmeister vom 1. Mai 1761 an wenigstens auf drei Jahre lang beschlossen worden, solchergestalten, daß wenn er Joseph Heyden nach vollstreckter Frist von dreien Jahren sein Glück weiters machen wollte, seine diesfällige Intention ein halbes Jahr voraus, das ist anfangs des fünften halben Jahrs, der Herrschaft kundzumachen schuldig sei. Ingleichen

14. verspricht die Herrschaft, ihn Joseph Heyden nicht nur so lang in Diensten zu behalten, sondern, wenn er eine vollkommene Satisfaktion leisten wird, solle er auch die Expektanz auf die Oberkapellmeisters-Stelle haben, widrigenfalls aber ist Hochderselben allezeit frei, ihn auch unter dieser Zeit des Dienstes zu entlassen."

Haydn war aber nur ein Jahr im Dienste Paul Antons, da dieser 1762 starb. Sein Nachfolger wurde Fürst Nikolaus, genannt der Prachtliebende. Nikolaus ließ ein neues Schloß errichten, das 1766 vollendet wurde und den Namen Eszterháza erhielt. Nach Versailles war es der größte und prunkvollste Palast Europas, verfügte über ein Marionettentheater und ein Opernhaus mit vierhundert Sitzplätzen. Einem zeitgenössischen Bericht zufolge wurde die Fürstenloge von roten römischen Marmorsäulen getragen. Abwechselnd wurden deutsche Komödien und italienische Opern aufgeführt: „Es ist unbeschreiblich, wie sehr hier Augen und Ohren ergötzt werden. Durch die Musik, da das ganze Orchester auf einmal ertönt, und bald die rührendste Delikatesse, bald die heftigste Gewalt der Instrumente, die Seele durchdringt, – denn der große Tonkünstler, Herr Haiden, der als Kapellmeister in Fürstlichen Diensten steht, dirigiret dieselben." Auch Maria Theresia zeigte sich beeindruckt, die, wenn sie eine gute Oper hören wollte, nach Esterháza ging.

Als 1766 der erste Kapellmeister, Werner, starb, übernahm Haydn seine Stellung. Er mußte das Orchester dirigieren, komponieren, die Bibliothek betreuen, allen Verwaltungsaufgaben nachkommen, die im Zusammenhang mit Musik standen, Musiker engagieren oder entlassen, kopieren, Streitfälle schlichten. All dies besorgte er mit großer Ausgeglichenheit und Gerechtigkeit. Da er häufig persönlich beim Fürsten vorsprach, um sich für seine Leute zu verwenden, wurde er verehrungsvoll „Papa" Haydn genannt.

Der Fürst kam mit Haydn gut aus. Nikolaus, ein ebenso glühender Musikliebhaber wie sein Vorgänger, spielte das Baryton, ein mit der Viola da gamba verwandtes Instrument. Für seinen muszierenden Herrn komponierte Haydn etwa zweihundert Trios für Baryton, Bratsche und Cello. „Mein Fürst war mit allen meinen Arbeiten zufrieden, ich erhielt Beifall, ich konnte als Chef eines Orchesters Versuche machen, beobachten, was den Eindruck hervorbringt und was ihn schwächt, also verbessern zusetzen, wegschneiden, wagen. Ich war von der Welt abgesondert, niemand in meiner Nähe konnte mich an mir selbst irre machen und quälen, und so mußte ich originell werden."

In Eszterháza dirigierte Haydn ein Orchester von zwanzig bis dreiundzwanzig Musikern – nur wenige Orchester in Europa zählten mehr Mitglieder. Als das beste der Welt galt das Mannheimer mit rund fünfzig Mitgliedern. Die Mannheimer Schule, vertreten vor allem von Johann Stamitz (1717–1757) und Christian Cannabich (1731–1798) hat möglicherweise auch Haydn beeinflußt. Die Präzision und Virtuosität des Mannheimer Orchesters, das „eine Armee von Generälen" bezeichnet wurde, rissen sogar den anspruchsvollen Mozart hin. Christian Schubart schildert voll Entzücken: „Kein Orchester in der Welt hat es je dem Mannheimer zuvorgetan. Sein Forte ist ein Donner, sein Crescendo ein Katarakt, sein Diminuendo ein in die Ferne hinplätschernder Kristallfluß, sein Piano ein Frühlingshauch." Letzteres war das berühmte „Mannheimer Crescendo", das sich von einem dreifachen Pianissimo zu einem donnernden Fortissimo zu steigern vermochte.

Haydns Orchester hatte zwar nicht dieses Niveau, aber es gelang ihm, es zu einem der besten Europas zu machen. Die damals übliche Orchesterleitung unterschied sich von der heutigen. Haydn dürfte vom Cembalo oder vom ersten Geigenpult aus dirigiert haben; zwei Dirigenten waren seinerzeit üblich, einer am Tasteninstrument, der andere bei den Geigen. Der Dirigent am Cembalo sorgte für die Einhaltung des Rhythmus und korrigierte die Musiker und Sänger, wenn sie aus dem Takt kamen. Der dirigierende Geiger kümmerte sich um das gesamte Orchester und die Nuancierung. Haydn bestand auf feinen Tonnuancierungen wie er in vielen Briefen kundtut. Obwohl es einen zweiten Dirigenten gab, hatte er das Orchester ganz in der Hand. Genauso wie heutige Dirigenten bestimmte er die Tempi und hielt die Musiker zusammen – allerdings saß er inmitten des Orchesters.

Haydn komponierte für zwei Konzerte pro Woche, die dienstag- und sonnabendnachmittags von zwei bis vier Uhr stattfanden. Er leitete auch die Opernaufführungen und schrieb zahlreiche dramatische Werke für das Theater in Eszterháza. (Keine seiner Opern konnte sich jedoch auf Dauer im Bühnenrepertoire durchsetzen, auch wenn einige gelegentlich wiederaufgeführt werden und zahlreiche Plattenaufnahmen vorliegen.) Allein im Jahr 1786 wurden in Exzterháza siebzehn Opern in hundertfünfundzwanzig Aufführungen (darunter acht Premieren) gegeben. Nach Schätzung des Haydn-Forschers H. C. Robbins Laudon soll Haydn von 1780 bis 1790 insgesamt 1026 Aufführungen italienischer Opern dirigiert haben, von den Marionetten-Singspielen und der Zwischenaktmusik für Sprechstücke ganz abgesehen. Für die harte Arbeit wurde Haydn reichlich entschädigt: Er bezog ein gutes Salär, hatte ein Dienstmädchen, eine Kutsche mit Kutscher, lebte in einer der Prunkstätten Europas und dirigierte eine Schar versierter, von ihm selbst ausgesuchter Musiker. In seiner Freizeit konnte er seinen Lieblingsbeschäftigungen nachgehen – der Jagd und dem Angeln.

Für Haydns Entwicklung war 1781 die Begegnung mit dem fünfundzwanzigjährigen Mozart sehr wichtig. Die beiden Genies bewunderten einander glühend. Mozart widmete Haydn nicht nur seine Streichquartette Nr. 14–19, sondern nahm ihn auch in Wort und Tat in Schutz. Als beispielsweise Leopold Kozeluch, ein in Wien wirkender Pianist über eine Stelle in einem Haydnquartett abschätzig bemerkte: „Das hätte ich nicht so gemacht", erwiderte Mozart: „Ich auch nicht. Aber wissen Sie warum? Weil weder Sie noch ich auf diesen Einfall gekommen wären." Haydn vergalt es ihm mit Gleichem. Als in seiner Gegenwart Kritik am *Don Giovanni* geäußert wurde, sagte er: „Ich kann das nicht ausmachen. Das aber weiß ich, daß Mozart heute der größte lebende Komponist ist."

Haydn erhielt durch Mozart neue Ideen für die musikalische Gestaltung, die Tonartbeziehungen und vor allem die Ausdrucksmöglichkeiten der Musik. Nach dem Zusammentreffen mit Mozart gewann seine Musik an Tiefe und Ausdruckskraft. Aber auch Mozart lernte viel von Haydn.

Damals war Haydn bereits einer der berühmtesten Komponisten Europas. Schon 1776 erregte seine Musik Entzücken, und in einer Rezension hieß es: „... Herr Joseph Haydn, der Liebling unserer Nation, dessen sanftes Wesen sich in jedem seiner Stücke ausprägt. Seine Kompositionen haben Schönheit, Ordnung, Klarheit, eine treffliche und edle Einfachheit..." In Frankreich, Italien, Rußland, Spanien wurden seine Werke bewundert, veröffentlicht, dann kopiert und in Raubdrucken herausgebracht. Haydn wurde in alle Hauptstädte Europas eingeladen, dennoch zog es vor, in Eszterháza zu bleiben. Aber als Nikolaus der Prachtliebende 1790 starb, entließ dessen Nachfolger Fürst Anton, der nicht viel Interesse an der Musik hatte, die meisten Mitglieder der Kapelle bis auf wenige Musiker. Haydn blieb in seinem Dienst; da es jedoch nur wenig für ihn zu tun gab und er sich frei bewegen konnte, siedelte er nach Wien über. Gegen Jahresende nahm er das Angebot an, in England zu konzertieren. Johann Peter Salomon, ein Geiger und Konzertunternehmer, der sich in London niedergelassen hatte, reiste nach Wien, um Europas berühmtesten Komponisten für sich zu gewinnen. Er versprach ihm, daß er als reicher Mann nach Wien zurückkehren würde, wenn er nach England käme, Musik für das englische Publikum komponierte und selbst dirigierte. Haydn ging auf das Angebot ein und traf am 1. Januar 1791 in England ein, wo er anderthalb Jahre blieb. Salomons Versprechungen wurden gehalten.

In keiner europäischen Hauptstadt gab es ein so reges musikalisches Leben wie in London, und Haydns Ankunft, die in allen Zeitungen gemeldet wurde, verursachte großes Aufsehen.

Der *Public Advertiser* vom 6. Januar enthielt einen Artikel über Haydn sowie eine Liste der musikalischen Ereignisse Londons unter der Überschrift: *Musikveranstaltungen an jedem Wochentag während der gesamten Wintersaison.* Die Aufzählung ist eindrucksvoll.

SONNTAG: Das Subskriptionskonzert des Adels findet jeden Sonntag in einem anderen Hause statt.

MONTAG: Konzert der Berufsmusiker in den Räumen am Hannover Square bei Mrs. Billington.

DIENSTAG: Oper

MITTWOCH: Die „Ancient Music" in den Räumen in der Tottenham Street, unter dem Patronat Ihrer Majestäten.

DONNERSTAG: Im Pantheon: ein Pasticcio aus Musik und Tänzen, falls die beiden Operntruppen sich zusammenschließen; wenn nicht, dann ein Konzert mit Madama Mara und Sig. Pacchierotti. Konzert der „Academy of Ancient Music" jeden zweiten Dienstag in der Free Masons's Hall.

FREITAG: Ein Konzert unter der Leitung von Haydn in den Räumen am Hannover Square, mit Signor David (Giacomo Davide).

SONNABEND: Oper

Die Londoner Gesellschaft schloß Haydn in ihr Herz. „Meine ankunft verursachte grosses aufsehen durch die ganze stadt. durch 3 Tag wurd ich in allen zeitungen herumgetragen, jedermann ist begierig mich zu kennen. ich muste schon 6 mahl ausspeisen, und könte wen ich wollte täglich eingeladen seyn, allein ich muss erstens auf meine gesundheit und 2. auf meine arbeith sehen."

Diese Arbeit bestand in der Komposition der ersten sechs der sogenannten Londoner Sinfonien, seiner zwölf letzten Werke dieser Gattung (Nr. 93–104). Haydns erstes Konzert fand am 11. März 1791 statt; vom Flügel aus dirigierte er ein Orchester von vierzig Musikern, das größte, das er jemals geleitet hatte. Für das Echo auf seinen gewaltigen Erfolg war die Reaktion des *Morning Chronicle* typisch. „Vielleicht hat es noch nie einen reicheren Musikgenuß gegeben", schrieb der Rezensent und verglich Haydn mit Shakespeare. „Wir waren glücklich, daß das Konzert am ersten Abend so gut besucht war, denn wir hegen im stillen die Hoffnung, daß das überragendste Musikgenie unserer Zeit, von uns so herzlich aufgenommen, sich in England niederlassen werde."

Den Höhepunkt seines Englandaufenthaltes bildeten die Verleihung der Ehrendoktorwürde durch die Universität Oxford und die Romanze mit Rebecca

Joseph Haydn 83

Schröter, der Witwe eines bekannten Pianisten. Haydns Eindrücke vom Musik-
und Gesellschaftsleben in England finden sich in seinen sogenannten Londoner
Tagebüchern, die eine unterhaltsame Lektüre sind und Haydns unersättliche
Wißbegierde sowie seine Vorliebe für Statistiken dokumentieren: „Man rechnet
die Stattsschulden von England über 2 hundert Millionen, man rechnete
neuestens aus, daß wan man diese Summa in Silber mit einer Zufuhr abzahlen
müst, die Wägen dicht aneinander von London bis Yorck als 200 Meyl sich
erstrecken würden, ungeachtet man nicht mehr auf jeden Wagen als 6000 Pfund
legen könte." oder: „Die stadt London gebraucht Jährlich an Kohln 8 mahl
hundert tausend karn, jeder karn hält in sich 13 Säcke, jeder Sack hat 2 Metzen.
die meisten koln komen von Newcastle: es komen öffters 200 Schiffe damit
beladen zugleich an, der karn kostet 2 ½ Pfund". Es fehlen aber auch nicht
kritische Bemerkungen wie die folgende: „den 21^{tn} May [1792] war Giardinis
concert in Renelag [Ranelagh Gardens] – Er spielte wie ein schwein."
    Haydn fuhr am 14. Juni 1792 nach Ascot zum Pferderennen, das er ausführlich
beschrieb. Es ist faszinierend, seine Darstellung, einen der frühesten Berichte
über Pferderennen, zu lesen:

> „... wan Sie also fertig, wird as 2te mahl geläutet, und auf den ersten schlag der
> glocke reiten sie zugleich ab, wer also der Erste nach den ganzen gemachten 2 meilen
> langen Circul zu der bühne, wo sie abgegangen dahin komt, erhält den Preiß, in der
> ersten Heeth waren Ihrer 3 Reiter, und muß 2 mahl ohne aussetzung den Circul
> machen, Sie machten diesen zweymaligen Lauf in 5 Minuten, nimand fremder
> glaubt dises ausgenommen, er ist selbst davon überzeugt. Das 2te mahl ritten Ihrer
> Sieben, als Sie in der Mitte des Circuls waren, waren sie alle 7 in gleicher linie, sobald
> Sie aber näher kamen, blieben einige zurück, aber nie mehr, als ungefähr 10
> Schritte, und da man glaubt, daß einer so schon zimlich nahe an den Ziehl ist, und
> auf welchen in diesem augenblick grosse wetten gesetzt werden, der allererste seyn
> wird, rennt ein anderer mit unglaublicher Force dicht neben seiner an den orth des
> gewinstes, der Reitter ist ganz leich gekleidet von Seiden und Jeder von einer andern
> farbe, damit man Sie desto gewisser bestimmen kan, ohne stifl, ein kleines cascet auf
> den Kopf, alle mager wie die windhund, und ihre pferde, ein jeder wird abgewogen,
> und wird ihm eine gewisse schwere, welche den kräften des Pferds a proporzione
> angemessen, zugetheilt, und ist der Reitter zu gering, muß Er sich dichter anziehen
> oder man hängt Ihm bley an ... es ist unter anderen eine eigene grosse Bude
> errichtet, wo die Englander Ihre Wetten machen. der König hat seitwärts seine
> eigene Bude. ich sahe den Ersten Tag 5 Heets [heats]. unerachtet des grossen
> Regenwetters waren gegen 2000 wägen, alle voll mit Menschen, und 3 mahl so viel
> zu Fuß von gemeinem Volck, nebst dem sich noch verschiedene allerhand
> Puppenspiel, Ciarlatany und gaugl Possen, wehrend des Pferd Rennens, eine
> Menge zelter mit Erfrischungen, alle sorten von wein und bier ..."

Haydn schrieb nicht, ob er gewann. Er hätte einen Einsatz riskieren können,
denn seine Reise nach London war, wie Salomon versprochen hatte, sehr lukrativ
ausgefallen und zwar so, daß es sich für ihn durchaus lohnte, Anfang 1794 noch
einmal nach England zu fahren, wo er bis zum 15. August 1795 blieb. Als er nach

84   Klassik par excellence

Wien zurückkehrte, fand er einen neuen Chef des Hauses Eszterházy vor. Fürst
Anton war gestorben, und sein Nachfolger, Nikolaus II., wollte die Kapelle
vorwiegend für Kirchenmusik wieder einsetzen. Haydn erklärte sich bereit, die
Leitung zu übernehmen und Messen zu komponieren.

In diesen Jahren schrieb er auch die österreichische Kaiserhymne. Der
Innenminister beauftragte den „Dichter" Leopold Haschka, einen patriotischen
Text zu verfassen, „Gott erhalte Franz, den Kaiser", den Haydn vertonte. Am
12. Februar 1797 wurde die Hymne erstmals im Hoftheater gesungen; später
verwendete Haydn das Thema für den Variationensatz seines C-Dur-Streichquartetts op. 76, Nr. 3, das den Beinamen „Kaiserquartett" erhielt.

1802 wurde Haydn seiner Dienstpflichten für das Haus Eszterházy entbun-
den, und er führte fortan ein stilles Leben in Wien. Seine Frau war 1800
gestorben. Krankheit überschattete seine letzten Lebensjahre, so daß er, an
Rheumatismus leidend, weitgehend ans Haus gefesselt war. Seine Beine waren
derart angeschwollen, daß ihm das Gehen starke Schmerzen bereitete. In seinen
letzten Tagen ließ er sich dreimal täglich ans Klavier tragen, um die Kaiserhymne
zu spielen. Er verschied am 31. Mai 1809 nach langer Krankheit. Bei der
Gedächtnisfeier am 15.Juni wurde Mozarts Requiem gespielt.

Im 19. Jahrhundert erlitt Haydns Popularität einen merklichen Rückschlag.
Mozart war für die Romantiker immer interessant, und der *Don Giovanni* stand
ihrer Gefühlswelt nie fern, doch von den Werken Haydns wurde in den
Konzertsälen mit Ausnahme der *Jahreszeiten*, der *Schöpfung* und einiger
Sinfonien nur wenig gespielt. Erst mit der Wiederentdeckung der Klassik nach
dem Ersten Weltkrieg und der außergewöhnlichen Renaissance von Klassik und
Barock, zu der es nach dem Zweiten Weltkrieg kam, erhielt Haydn den ihm
gebührenden Platz zurück. Bis dahin war er in den Konzertprogrammen nur
durch etwa ein halbes Dutzend seiner über hundert Sinfonien, bei Kammermusi-
kabenden durch einige Streichquartette und bei Solokonzerten von Pianisten nur
durch zwei Werke vertreten, die f-Moll-Variationen und die große Es-Dur-
Sonate.

In den achtziger Jahren veränderte sich in seiner Schaffensweise überraschend
wenig: Alle seine Werke legen Zeugnis von einer reinen, vollkommen beherrschten Technik, einer optimistischen Haltung, einer klaren Anlage, männlich
klingenden Melodien, einem erstaunlich reichen harmonischen Klanggewebe
und einer reinen Freude am Komponieren ab. Haydn läßt das Rokoko weit hinter
sich, er schreibt klassische Musik von der reinsten Art, deren Gefühlswelt
geordnet und unkompliziert ist – nicht, daß es ihr an Empfindung und sogar an
Leidenschaft fehlte, aber sie vermittelt doch immer den Eindruck von Lebensfreude. Dies gilt sowohl für die Sinfonien, die Kammermusik, die Messen als auch
für die beiden großen Oratorien, *Die Schöpfung* und *Die Jahreszeiten*.

Haydns größte Leistung bestand darin, die Sonatenform zu vervollkomme-
nen. In der Frühzeit seines Schaffens begnügte er sich damit, melodische Musik zu
schreiben, in der die Durchführung keine große Rolle spielte. Doch als er die
Werke Carl Philipp Emanuel Bachs, der Mannheimer und der frühen Wiener

Schule kennenlernte, die seine Technik bereicherten, führte er die Sonate zur Vollendung. Die Sonatenform besteht in ihrem Wesen aus Kontrast und Entfaltung. Der erste Satz einer Sonate gliedert sich in Exposition, Durchführung und Reprise. Die Exposition bringt das musikalische Material, auf dem der Satz aufgebaut wird. Sie ist im Hauptsatz mit dem ersten Thema in der Grundtonart, Überleitung und Seitensatz mit dem zweiten Thema in einer anderen Tonart (meistens Dominante oder Paralleltonart) unterteilt und wird oft durch einen Epilog abgeschlossen. Die Durchführung bringt eine Verarbeitung des thematischen Materials der Exposition mit Modulationen in entferntere Tonarten. Ihr folgt die Reprise mit der Wiederaufnahme der Elemente der Exposition, vielfach in der Grundtonart, worauf eine Koda den Satz abschließen kann.

In vielen Sinfonien der Klassik beginnt der erste Satz mit einer langsamen Einleitung und schließt mit einer schwungvollen Koda; darauf folgt ein lyrischer zweiter Satz, diesem ein tänzerischer dritter (der manchmal ausgelassen wird), und zum Abschluß ein Finalsatz. Häufig ist dieser ein Rondo, eine Form, in der Nebenthemen sich zwischen das wiederholte Hauptthema schieben, nach dem Muster ABACA, oder eine Kombination von Rondo- und Sonatenform.

Nichts von alledem war Haydns Erfindung, doch kein anderer Komponist in Europa hat diese Form so ausgestaltet. Seine Werkverzeichnisse führen 104 Sinfonien, 83 Streichquartette, 52 Klaviersonaten, zahlreiche Konzerte, viel vermischte Kammermusikwerke, Chorwerke in großer Zahl, dreiundzwanzig Opern, viele Lieder, vier Oratorien und eine große Anzahl von Messen auf. Es gab keine musikalische Form, der sich Haydn nicht zuwandte, ganz Europa erkannte ihn als Meister an. Manche Kollegen versuchten jedoch seine Leistungen zu verkleinern und behaupteten, seine Musik sei zu leichtgewichtig und zu gefällig. Haydns Menuettsätze, die Beethovens Scherzi so stark beeinflußten, wurden oft abschätzig als „gewöhnlich" oder „vulgär" abgetan. Er komponierte so anmutig und mit solcher Sicherheit, daß manche bedeutenden Aspekte seines Schaffens unbemerkt blieben – zum Beispiel die kühne Tonartenstruktur. In den siebziger Jahren, der Periode vorromantischer Empfindsamkeit in Deutschland und Österreich, schrieb Haydn Musik in ungewöhnlichen, bereits „romantischen" Tonarten – f-Moll, e-Moll, fis-Moll, H-Dur. In der Wahl der Tonarten war er in der Tat sogar kühner als Mozart, der allerdings *innerhalb* der Tonart noch experimentierfreudiger war. In seinen späteren Werken sind Vorklänge der Romantik zu vernehmen.

Seine Musik ist Ausdruck einer inneren Ruhe und heiteren Gelassenheit. „Da Gott mich mit einem fröhlichen Naturell ausgestattet hat", schrieb Haydn, „wird mein Schöpfer mir wohl verzeihen, wenn ich ihm fröhlich diene."

6. Kapitel

Wolfgang Amadeus Mozart
Das Wunder aus Salzburg

Wolfgang Amadeus Mozart war der größte Komponist seiner Zeit. In allen Kompositionsformen leistete er Hervorragendes – in der Oper, der Symphonie, im Konzert, in der Kammer-, Vokal-, Klavier- und Chormusik. Er war der glänzendste Pianist und Organist sowie der beste Dirigent Europas. Er konnte komplizierte Musik niederschreiben und sich währenddessen ein anderes Stück ausdenken; er war imstande, ein ganzes Streichquartett zu konzipieren und dann die einzelnen Stimmen auszuschreiben, bevor er die Gesamtpartitur zu Papier brachte; er konnte alle Noten, die man ihm vorsetzte, perfekt vom Blatt spielen sowie die Noten eines Musikstücks, das er zum erstenmal hörte, später aus dem Gedächtnis aufschreiben. Er lebte nur knappe sechsunddreißig Jahre (27. 1. 1756–5. 12. 1791), hinterließ jedoch der Welt der musikalisches Erbe, das bis heute nichts von seinem Glanz verloren hat.

Mozart war ein Wunderkind, und wie allen außergewöhnlich Begabten war es ihm nicht beschieden, ein seinem Alter entsprechendes Leben zu führen. Seine Tragik bestand darin, daß er in starker Abhängigkeit von seinem Vater aufwuchs und außerstande war, sich den Forderungen der Gesellschaft und des Lebens zu stellen. So schrieb Friedrich Schlichtegroll, Mozarts erster Biograph, 1793: „Denn so wie dieser seltne Mensch früh schon in seiner Kunst *Mann* wurde, so blieb er hingegen – dieses muß die Unparteilichkeit von ihm sagen – fast in allen übrigen Verhältnissen beständig *Kind*. Er lernte nie sich selbst regieren; für häusliche Ordnung, für gehörigen Gebrauch des Geldes, für Mäßigung und vernünftige Wahl im Genuß hatte er keinen Sinn. Immer bedurfte er eines Führers, eines Vormundes ..." Fünf Jahre später bemerkte Franz Niemetschek in seiner Biographie, „daß dieser als Künstler so seltne Mensch nicht auch in den übrigen Verhältnissen des Lebens ein großer Mann war ..." Die Männer, von denen diese Bemerkungen stammen, waren keine Philister, die an Mozarts unkonventioneller Lebensführung Anstoß nahmen. Sie wußten, daß der Komponist sich oft selbst im Wege stand.

Bereits mit drei Jahren fing Mozart an, kleine Melodien auf dem Klavier zu spielen. Sein Gehör war so empfindlich, daß laute Geräusche ihm physische Übelkeit verursachten. Und er hatte nicht nur ein empfindliches, sondern das absolute Gehör; als Vierjähriger wies er erfahrene Berufsmusiker darauf hin, daß ihre Geigen um einen Viertelton verstimmt waren. In diesem Alter war er auch schon imstande, ein Musikstück in etwa einer halben Stunde einzustudieren. Mit fünf Jahren spielte er verblüffend gut Klavier, mit sechs begann er zu komponieren, und sein Vater nahm ihn zusammen mit der Schwester Maria Anna (Nannerl) auf eine Konzertreise mit. Nannerl, fünf Jahre älter als Wolfgang, zeigte gleichfalls eine außergewöhnliche Begabung, allerdings nicht in dem Maße wie der Bruder. Der Vater, Leopold Mozart, war ein trefflicher Musiker, Geiger, Vizekapellmeister im Dienst des Fürsterzbischofs von Salzburg und Verfasser der berühmten Schrift „Versuch einer gründlichen Violinschule". Er hatte es jedoch nie zu dem gebracht, worauf sein Ehrgeiz zielte und deshalb lag ihm viel daran, daß sein genialer Sohn eine möglichst gute Anstellung finde und die Familie finanziell unterstützte. Leopold Mozart sehnte sich nach einem gesicherten Lebensabend, woran er später den Sohn mehr als einmal mahnend erinnerte.

Der junge Wolfgang Amadeus war seit seinem sechsten Lebensjahr beinahe ständig unterwegs und verblüffte mit seinen ungewöhnlichen Leistungen die europäischen Höfe und die musikalischen Akademien. Als Erwachsener unternahm er weitere Konzertreisen und verbrachte insgesamt vierzehn Jahre in der Ferne. Musikgelehrte und Wissenschaftler verfaßten eine wahre Flut gelehrsamer Artikel über diesen Wunderknaben. Als Leopold Mozart 1763 den sechsjährigen Wolfgang auf eine Kunstreise nach Paris mitnahm, schrieb Baron Friedrich Melchior von Grimm voll Entzücken darüber in seiner *Correspondance Littéraire*. Mozart führte einige der Kunststücke vor, die sein Vater für ihn ersonnen hatte. Er produzierte sich beispielsweise auf einem Klavier, dessen Tastatur mit einem Tuch bedeckt war (nicht unbedingt schwierig, aber sehr effektvoll), spielte Musik vom Blatt und demonstrierte sein absolutes Gehör. „Ich sehe es wahrlich noch kommen", schrieb Grimm, „daß dieses Kind mir den Kopf verdreht, wenn ich es noch öfter höre. Es macht mir begreiflich, daß es schwer ist, sich vor dem Wahnsinn zu bewahren, wenn man Wunder sieht. Ich bin nicht mehr erstaunt, daß der heilige Paulus nach seiner sonderbaren Vision den Kopf verloren hat." Ganz Europa stimmte in diesen Lobgesang ein.

Einem Musiker von solchen Gaben hätte es eigentlich nicht schwer fallen müssen, eine lukrative Stellung zu finden, doch dies gelang Mozart nie, obwohl er zeit seines Lebens nach einer Position am Hof mit einem guten und sicheren Gehalt Ausschau hielt. Er wuchs zu einem Menschen mit einem schwierigen Charakter und einem beispiellosen Talent heran, sich Feinde zu machen. Er war oft taktlos, impulsiv, äußerte offen, was er über andere Musiker dachte (nur selten hatte er Gutes über sie zu sagen), neigte zu Arroganz und Hochmut und hatte darum unter seinen Kollegen nur sehr wenige Freunde. Er war in der Tat besser als alle anderen Musiker seiner Zeit, erkannte unfehlbar die Mittelmäßigkeit um ihn herum, (aber auch die Größe – Haydn zollte er den höchsten Respekt), und in seinem musikalischen Urteil ging er nie fehl. Doch all das trug nicht dazu bei, ihm das Leben zu erleichtern. Außerdem war sein Äußeres nicht sehr anziehend: Er hatte ein pockennarbiges Gesicht mit gelblichem Teint, einen zu großen Kopf für den zarten Körper, etwas hervorstehende, kurzsichtige blaue Augen, eine große Nase und fleischige Hände. (Die romantische Vorstellung, ein großer Pianist müsse feine, schlanke Hände haben, bewahrheitet sich in der Wirklichkeit nur selten.)

Lange kämpfe Mozart darum, sich vom väterlichen Joch zu befreien. Leopold

Mozart war zwar intelligent, doch phantasielos und unnachgiebig, pedantisch, in geordneten Bahnen denkend, vorsichtig, behutsam und recht geldgierig. Als guter Musiker erkannte er sogleich die geniale Begabung seines Sohnes. Doch zu seinem großen Kummer mußte er feststellen, daß dieser nicht sehr lebenstüchtig zu sein schien. Es stellte sich bald heraus, daß Wolfgang Amadeus Mozart von Gemüt und Temperament her das Gegenstück zu seinem Vater war – leichtlebig, gesellig, nicht sehr diszipliniert und leicht zu entmutigen.

Leopold überschüttete den Sohn ständig mit weisen Ratschlägen. Trau keinem Fremden! Geh nachts nicht spazieren! Plane voraus! Pflege den Umgang mit den richtigen Leuten! Handle mit Würde! Doch wenn Leopold viele Merkmale von Polonius zu eigen hatte, so Wolfgang Amadeus von Hamlet. Er konnte sich nicht rasch entschließen oder zugreifen, wenn die Gelegenheit günstig war. Das schien ihn aber wenig zu kümmern, denn er vertraute darauf, daß sich am Ende doch noch alles zum Guten fügen werde. Er verschob immer alles von einem Tag auf den anderen. Obwohl er in seinen Briefen dem Vater immer wieder beteuerte, daß sich eine günstige Entwicklung abzeichnete, schien ihm das Glück nicht gewogen zu sein. Er verschwendete das Geld, vergeudete seine Gaben, pflegte mit den verkehrten Leuten Umgang. Immer wieder warnte Leopold den Sohn davor, sich von Schmeicheleien betören zu lassen.

Wolfgang Amadeus Mozart ging dennoch seinen Weg. Vermutlich fürchtete er den Vater, denn all seine Briefe sind zweifellos ausweichend. Alles werde sich bald wieder regeln. Ja, er habe Geld verloren. Nein, er habe keine nützlichen Kontakte aufgenommen, aber er habe glänzende Aussichten. Vergeblich mahnte Leopold den Sohn, Schmeicheleien und Bravissimo-Rufe genügten nicht, Kutscher oder Gastwirte zu bezahlen. Oft verlor der Vater die Beherrschung, besonders wenn er vage Briefe voll schöner Sprüche erhielt. „Potz Oraclsprüche, und kein Ende!" Ihn interessierten nicht die Ansichten seines Sohnes über das Leben, sondern lediglich, ob sich eine gute Stellung für ihn bot und wo die Golddukaten geblieben waren. Auch befürchtete er, sein lockerer Umgang würde ihn dem Spott preisgeben. Er mahnte ihn, sich vor allem von Musikern fernzuhalten, da diese einen gesellschaftlich niedrigen Rang einnähmen. Es sei nicht ratsam, sich ihnen gegenüber zu freundschaftlich zu geben. Das gelte sogar für Komponisten wie Gluck, Piccini und Grétry. Ihnen gegenüber solle Wolfgang sich höflich verhalten, doch nicht mehr. „Mit hohen Standspersonen kannst du *immer ganz natürlich seyn,* aber mit allen anderen *mache einen Engelländer,* das bitte ich dich, sey nicht so aufrichtig!" Nichts als Nörgeleien enthielten die Briefe des Vaters, auch wenn er es selbstverständlich gut meinte: „... was ich sage, geht nur dahin, einen rechtschaffenen Mann aus dir zu machen. Millionen Menschen habe keine so grosse Gnade von Gott erhalten, wie du, welche Verantwortung! Wäre es nicht immer schade, wenn ein so grosses Genie auf abweege geriethe!"

All dies führte beinahe zu einer Entfremdung zwischen Vater und Sohn. Der Vater war außerstande, seinen Wertekodex zu verändern oder abzuschwächen, und Wolfgang Amadeus Mozart war nicht fähig, der nüchterne, fleißige, aufs

Geld bedachte Bürger zu werden, als den ihn sein Vater haben wollte. Der Vater wählte immer den goldenen Mittelweg. Wie aber konnte Wolfgang Amadeus Mozart, der künftige Schöpfer des *Don Giovanni* und des c-Moll-Klavierkonzertes, einem von der Vorsicht eingegebenen goldenen Mittelweg folgen? Leopold Mozart erkannte nicht, wie überreizt sein Sohn war, wie dringend er ermutigenden Zuspruch brauchte, nicht aber Predigten und Vorhaltungen. Jahrelang waren Vater und Sohn durch Haßliebe aneinander gekettet. Als Mozart auch in Paris keine Anstellung fand, wäre der Vater glücklich gewesen, wenn sein Sohn mit einer Position in Salzburg zufrieden gewesen wäre. Doch diesem war Salzburg und alles, was mit der Stadt zusammenhing, verhaßt. Er wußte, daß er sein Talent in einer Provinzstadt vergeuden würde, vermochte es aber nicht, sich gegen die damals übliche Patronage aufzulehnen. Da er keinen Brotherrn hatte, der ihm die Möglichkeit gab, all seine Einfälle zur Verwirklichung zu bringen, wagte er als einer der ersten Musiker in der Geschichte den Bruch mit der Tradition, ganz auf sich selbst gestellt sein künstlerisches Ziel zu erreichen. In all seinen Briefen erscheint er als ein schöpferischer Künstler, dem sein Werk über alles geht. Daran hielt er ohne Rücksichten auf andere fest. Zwar schrieb er Auftragsmusik, auch gefällige, leichte Kompositionen, aber billige Musik zu komponieren, dazu war er außerstande.

Da Leopold und Wolfgang Amadeus Mozart ständig auf Reisen waren, schrieben sie oft Briefe an ihre Angehörigen in Salzburg. Diese psychologisch komplexen Briefe sind voll scharfer Beobachtung, lebendig, nervös und überschwenglich, ganz anders als die traurigen aus seinen letzten Jahren, als er sich gezwungen sah, um Darlehen zu betteln. Aus den Briefen seiner frühen Jugend spricht jungenhafte Zärtlichkeit, wenn er bittet, die Hände der Mama 100 000 000 mal für ihn zu küssen. „An H. von schidenhofen [einen Freund der Familie] meine grausame empfehlung, tralaliera, tralaliera ...“ schrieb er übermütig seiner Schwester mit vierzehn Jahren, als er bereits ausgedehnte Reisen durch Europa hinter sich und Wien, München, Koblenz, Frankfurt, Mannheim, Brüssel, Paris, London, Lyon, Innsbruck, Mailand, Bologna, Neapel, Venedig gesehen hatte. Bereits als Dreizehnjähriger äußerte er sich wie ein reifer, erfahrener Musiker. Professionell kritisierte er beispielsweise 1770 eine Opernaufführung in Mantua: „... die prima Dona singt gut, aber still, und wenn man sie nicht agiren sehte, sondern singen nur allein, so meinete man, sie singe nicht, dan den mund kan sie nicht eröpfen, sonder winselt alles her ... la seconda Dona macht ein ansehen wie ein granadierer, und hat auch eine starcke stime, und siengt wahrhaft nicht übel ... il primo uomo, il musico, singt schön, aber einne ungleiche stime ...“ Aus Bologna schickte er außerdem einen Brief nach Hause, in dem er notengetreu eine Kadenz aufschrieb, die die Sopranistin Lucrezia Agujari sang (deren Stimme „bis ins C Sopraacuto“ reichte).

1777 trat Wolfgang Amadeus Mozart, von der Mutter begleitet, eine lange Reise an, mit dem Ziel, eine feste Anstellung zu finden. Zum erstenmal reiste er ohne den Vater. Seine Briefe aus München, Mannheim und Paris verraten einen selbstbewußt-herausfordernden Ton, obwohl sich fast alle Pläne zerschlugen.

In Mannheim freundete er sich mit der Familie Weber an, doch solche Freunde entsprachen nicht dem Geschmack des Vaters, weil sie wenig Geld hatten und ein Boheme-Leben führten. Fridolin Weber war Bassist, Souffleur und Musiker am Mannheimer Hoftheater und hatte vier Töchter. Mozart verliebte sich in die siebzehnjährige Aloysia Weber, die eine schöne Stimme und eine verheißungsvolle Zukunft als Opernsängerin vor sich hatte. Mozarts Mutter schrieb mißbilligend nach Salzburg: „Mein lieber Man, aus disen brief wirst du ersehen haben, das wan der Wolfgang eine Neue bekandschaft machet er gleich gueth und blueth für solche leuthe geben wolte ..."

Einige Zeit danach reiste er mit seiner Mutter nach Paris. Der erhoffte Erfolg blieb jedoch aus, und nach dem Tod der Mutter kehrte er 1779, nach einem Aufenthalt in München, wohin die Familie Weber übersiedelt war, nach Salzburg zurück. Aloysia hatte ein festes Engagement an der Münchner Oper erhalten, womit ihre Familie auf eine bessere Zukunft hoffen konnte. Tief entmutigt war Mozart in Salzburg angekommen, denn Aloysia hatte ihn abgewiesen.

Aus Paris hatte Mozart seinem Vater eine Art Unabhängigkeitserklärung geschickt: „... ein Mensch von mittelmässigem Talent bleibt immer mittelmässig, er mag reisen oder nicht, aber ein Mensch von superieurem Talent (welches ich mir selbst, ohne gottlos zu seyn, nicht absprechen kan) wird schlecht, wenn er immer in den nemlichen ort bleibt; wenn sich der Erzbischof mir vertrauen wollte, so wollte ich ihm bald seine Musique berühmt machen ... Nur eines bitte ich mir zu Salzbourg aus, und das ist: das ich nicht bey der violin bin, wie ich sonst war – keinen geiger gebe ich nicht mehr ab; beym clavier will ich dirigirn – die arien accompagnieren ..."

Widerwillig übernahm Mozart den Posten des Hoforganisten. Durch seine Verdrossenheit war seine Schöpferkraft jedoch nicht beeinträchtigt. In dieser Zeit komponierte er u. a. die *Krönungsmesse* (KV 317), das Es-Dur-Konzert für zwei Klaviere (KV 365), die *Sinfonia concertante* für Violine, Viola und Orchester (KV 364) sowie die Auftragsoper *Idomeneo*, die 1781 in München uraufgeführt wurde – Werke, die den Übergang zu Mozarts klassischer Periode markieren. *Idomeneo* ist zwar eine Opera seria nach dem Vorbild Glucks und Metastasios, größtenteils formenstreng, aber sie enthält auch wunderbare, zarte Musik, darunter ein Quartett von erstaunlicher Tiefe des Gefühls. Diese Oper verschwand im 19. Jahrhundert aus dem Repertoire, ist jedoch in den letzten Jahren von vielen Opernhäusern wieder aufgeführt worden.

1781 kam es auch zum offenen Bruch mit dem Fürsterzbischof von Salzburg, dessen Oberstküchenmeister Graf Karl Arco Mozarts Abschied mit einem Tritt in den Hintern beschleunigte. Mozart schwor Rache – aus sicherer Entfernung: „... ich werde nächster tägen dem H. Grafen schreiben, was er sich von mir zuverlässig zu gewarten hat, sobald das glück will daß ich ihn treffe ..." Natürlich schrieb er den Brief nie. Nein, zum Helden war Mozart wirklich nicht geborgen.

All dies hatte sich in Wien abgespielt, wohin ihn der Fürsterzbischof, der dort

Wolfgang Amadeus Mozart (1756–1791).
Nach einer Zeichnung von Josef Lange, 1782.

zu Besuch weilte, befohlen hatte. Mozart ließ sich in der Stadt nieder, er hatte wenig Geld und bat den Vater,seine Sorgen nicht noch durch unerquickliche Briefe zu vermehren. Die „Weberischen", die inzwischen auch in Wien wohnten, gewährten Mozart Unterkunft. Am 15. Dezember 1781 schrieb er dem Vater einen langen Brief. Zunächst erging er in einer umständlichen Einleitung über die Notwendigkeit, daß ein junger Mann heiraten müsse, und berichtete dann, daß er sich verliebt habe. „Nun aber wer ist der Gegenstand meiner Liebe? ... doch nicht eine Weberische? – Ja eine Weberische aber nicht Josepha – nicht Sophie, sondern Constanza; die Mittelste ... sie ist nicht hässlich, aber auch nichts weniger als schön. – ihre ganze schönheit besteht, in zwey kleinen schwarzen augen, und in einem schönen Wachsthum. sie hat keinen Witz, aber gesunden Menschenverstand genug, um ihre Pflichten als eine Frau und Muter erfüllen zu können ..." Des Vaters Befürchtungen hatten sich bewahrheitet. Die Hochzeit fand im August 1782 statt. Wie sich zeigte, war Constanze ein leichtfertiges, zu Tändeleien aufgelegtes Mädchen, eine schlechte Wirtschafterin und keine Stütze für Mozart, aber er liebte sie, und die Ehe war anscheinend glücklich. Die Beziehungen zwischen Vater und Sohn kühlten sich nun erheblich ab.

Eine Zeitlang schien das Glück Mozart zu begünstigen, der Schülerinnen und Aufträge gewann. Sein Singspiel *Die Entführung aus dem Serail,* das 1782 im Nationaltheater uraufgeführt wurde, war ein großer Erfolg. In der Folgezeit schuf er Werke, die zu den Höhepunkten der jeweiligen Gattung zählen. 1786 lernte Mozart den kaiserlichen Theaterdichter Lorenzo da Ponte kennen, der die Libretti zu seinen drei großen Opern schrieb, *Le Nozze di Figaro* (Die Hochzeit des Figaro, 1786), *Don Giovanni* (1787) und *Cosí fan tutte* (1790). Die beiden ersten Opern fanden sofort begeisterten Anklang in Prag, wo Mozart seinen größten Publikumserfolg hatte. Am 7. Dezember 1787 trat er als Kammerkomponist in den Dienst Josephs II. mit einem Gehalt von 800 Gulden (Gluck, Mozarts Vorgänger, hatte 2000 Gulden bezogen). Nach Mozarts Aussage soll dies zuviel gewesen sein für das, was er tat, und zu wenig für das, was er hätte tun können. Als erfolgreicher Opernkomponist und umjubelter Klaviervirtuose hätte er eigentlich große Summen einnehmen müssen. Sollte dies zutreffen, so muß ihm das Geld unter den Händen zerronnen sein. Immer wieder wechselte er die Wohnung: elf Umzüge in neun Jahren. In seinen letzten Lebensjahren geriet er in arge Bedrängnis und mußte häufig den wohlhabenden Kaufmann Michael Puchberg, seinen Freund und Freimaurerbruder, um Darlehen angehen. In der Regel entsprach Puchberg diesen Bitten, obwohl er gewußt haben muß, daß das Geld niemals zurückgezahlt würde. 1788 bat Mozart Puchberg um eine Unterstützung von „1 oder 2 tausend Gulden gegen gebührenden Intereßen" auf ein oder zwei Jahre. Könne Puchberg aber eine solche Summe nicht entbehren, „so bitte ich sie mir *wenigstens* bis Morgen ein *paar hundert gulden* zu lehnen, weil mein hausherr auf der Landstrasse so indiscret war, daß ich ihn gleich auf der stelle (um Ungelegenheit zu vermeiden) auszahlen musste, welches mich sehr in unordnung gebracht hat!" Später wurden

Mozarts Bitten um Zuwendungen beinahe hysterisch dringlich. In seinem letzten Lebensjahr komponierte er *Die Zauberflöte*, die am 30. September 1791 uraufgeführt und ein Kassenschlager wurde. Sie hätte ihm vielleicht einiges eingebracht, aber Überarbeitung im Verein mit Krankheit brachten ihm ein frühes Ende. Er bekam ein Armenbegräbnis und wurde in einem Gemeinschaftsgrab auf dem St. Marx-Friedhof beigesetzt.

Mozarts Musik ist leicht und schwer zugleich: leicht wegen ihrer Anmut, ihrer Melodienfülle, ihrer klaren und vollkommenen Gestaltung; schwer wegen ihrer Tiefe, ihrer Subtilität, ihrer Leidenschaftlichkeit. Es wirkt sonderbar, wenn man von einem Komponisten, der mit sechs Jahren zu beschreiben begann und nur knapp sechsunddreißig Jahre lebte, behauptet, er habe sich spät entwickelt, aber es war so. Nur wenige von Mozarts frühen Werken haben, bei aller Eleganz die Konzentration und den Reichtum seiner Musik nach 1781 (bezeichnenderweise dem Jahr, in dem es zum endgültigen Bruch mit dem Fürsterzbischof kam). Die g-Moll-Sinfonie (KV 183) mit ihrem Sturm- und Drang-Charakter oder die A-Dur-Sinfonie (KV 201) sowie die C-Dur-Sinfonie (KV 338) sind Ausnahmen. Mit dem Jahr 1781 beginnt Mozarts Reifezeit, und jede spätere Komposition ist ein Meisterwerk.

In Wien war Mozart ganz auf sich gestellt und, als wäre eine psychologische Sperre abgebaut, begann er, Werke von größerer Tiefe zu komponieren, die allerdings nicht immer Beifall fanden, weil sie zu anspruchsvoll, zu kompliziert waren. Sogar der Komponist Karl Ditters von Dittersdorf (1739–1799), ein Bewunderer Mozarts, zeigte sich über diese Entwicklung besorgt: „Er ist unstreitig einer der größten Originalgenies", schrieb er, „und ich habe bisher noch keinen Komponisten gekannt, der einen so erstaunlichen Reichtum von Gedanken besitzt. Ich wünschte, er wäre nicht so verschwenderisch damit. Er läßt den Zuhörer nicht zu Atem kommen; denn kaum will man einem schönen Gedanken nachsinnen, so steht schon wieder ein anderer herrlicher da, der den vorigen verdrängt, und so geht das immer in einem so fort, so daß man am Ende keine dieser Schönheiten im Gedächtnis aufbewahren kann." (Man darf nicht vergessen, daß um 1780 sogar ein Berufsmusiker nicht sicher sein konnte, ob er eine eigene Komposition ein zweites Mal hören würde. Eine neue Komposition mußte sich gleich beim ersten Mal einprägen, da sie in den meisten Fällen nicht einmal gedruckt wurde. Erst seit Beethoven und der Romantik konnte ein Komponist damit rechnen, daß seine Hauptwerke publiziert würden.) Aber nicht nur Dittersdorf hatte Bedenken; andere fanden Mozarts Musik zu wenig gefällig, seine Opern zu reich instrumentiert. „Zu schön für unsere Ohren, und viel zu viele Noten, lieber Mozart", soll Joseph II. gesagt haben.

Maßgeblichen Einfluß auf Mozarts musikalische Entwicklung hatten der Vater und Komponisten wie Johann Schobert, C.P.E. Bach und J. Chr. Bach. In jenen Jahren komponierte Mozart Musik im galanten Stil, anmutig, melodisch, aber nicht besonders eindrucksvoll. Der erste Komponist, der Mozart entscheidend prägte, war Haydn; der Jüngere studierte die sechs Streichquartette aus Haydns op. 33 sehr sorgfältig und nahm sie sich zum Vorbild für die herrlichen sechs Quartette, die er zwischen 1782 und 1785 komponierte und dem bewunderten Kollegen widmete. Als Haydn Mozarts Werke in dessen Wiener Wohnung hörte, versicherte er Leopold Mozart neidlos: „Ich sage Ihnen vor Gott, Ihr Sohn ist der größte Komponist, den ich von Person und dem Namen nach kenne."

Später kamen der Einfluß Händels und vor allem Johann Sebastian Bachs hinzu. Bachs Musik lernte Mozart durch dessen begeisterten Verehrer Baron Gottfried van Swieten kennen, der als Botschafter am preußischen Hof mit Bachs Werken vertraut geworden war und zahlreiche Abschriften davon nach Wien gebracht hatte. (Er war auch ein begeisterter Anhänger Händels). Ab 1781 stand Mozart in freundschaftlicher Beziehung zum Baron, und im folgenden Jahr schrieb er an seinen Vater: „... ich gehe alle Sonntage um 12 Uhr zum Baron von Suiten – und da wird nichts gespielt als Händl und Bach." Der Baron lieh Mozart einige seiner Kopien. „... als die konstanze die fugen hörte, ward sie ganz verliebt darein; – sie will nichts als fugen hören, besonders aber (in diesem fach) nichts als Händl und Bach; und weil sie mich nun öfters aus dem kopfe fugen spiellen gehört hat, so fragte sie mich ob ich noch keine aufgeschrieben hätte? – und als ich ihr Nein sagte – so zankte sie mich recht sehr daß ich eben das künstlichste und schönste in der Musick nicht schreiben wollte ..." Nach dieser Begegnung mit Bach gewann Mozarts Werk einen stärker polyphonen Charakter. Ihm verdankte Mozart die Anregung, jede Art kontrapunktischer Kunstgriffe einzusetzen; glanzvoller Höhepunkt ist der Schlußsatz der Jupiter-Sinfonie (KV 551), wo kontrastierende Themen aufgestellt und für das Finale ins Rennen geschickt werden. Dieser Schlußsatz ist eine der mitreißendsten Leistungen, die man in der Musik kennt. Auch Händel, dessen *Messias* er im Stil des späten 18. Jahrhunderts neu instrumentierte, hatte große Bedeutung für Mozart.

Schon in ganz frühen Jahren interessierte sich Mozart für die Oper. Sein erstes Werk dieser Gattung komponierte er mit dreizehn, *La finta semplice*, daran schlossen sich *Bastien und Bastienne, Mitridate, Lucio Silla, La finta giardiniera* u. a. m. bis zum *Idomeneo* aus dem Jahr 1781. Abgesehen von der letztgenannten hat keine dieser Opern sich im Repertoire des 20. Jahrhunderts langfristig behaupten können. Durchgesetzt haben sich vor allem *Die Entführung aus dem Serail* (1782), *Figaros Hochzeit* (1786), *Don Giovanni* (1787), *Così fan tutte* (1790) und *Die Zauberflöte* (1791) – alles heitere Werke, auch *Don Giovanni*, den Mozart als ein „dramma giocoso" bezeichnete. Mozart war der erste, der die Opera buffa über die bloße Unterhaltung hinausführte. Es gelang ihm aufgrund seiner überschäumenden, nicht zu zügelnden komischen Ader und weil er sich bemühte, durch seine Musik Stimmungen wiederzugeben, Situationen und Charaktere zu schildern.

In einem Brief an den Vater schrieb der Komponist, in einer Oper müsse die Dichtung stets der Musik „gehorsame Tochter" sein, was jedoch nicht bedeutete, daß das Libretto für ihn unwichtig gewesen wäre. Für die Suche nach geeigneten Textbüchern nahm er sich viel Zeit. So schrieb er 1778 seinem Vater,

Der elfjährige Mozart am Klavier bei einer Teegesellschaft des Prinzen Conti im Pariser Temple. Gemälde, 19. Jahrhundert.

Bühnenbildentwurf »Königin der Nacht« von Simon Quaglio für die Münchner Aufführung 1818 von Mozarts »Die Zauberflöte«.

Wolfgang Amadeus Mozart: »Don Giovanni«.
Titelkupfer von Fr. Wolt nach Kinninger.

Wolfgang Amadeus Mozart: »Hochzeit des Figaro«, Szenenbilder.
Kupferstich von J. H. Ramberg.

sein sehnlichstes Verlangen sei, Opern zu schreiben. Er beneide jeden Opernkomponisten und könne manchmal vor Kummer weinen, wenn er eine Arie
höre. 1781 begann er das Textbuch zur *Entführung aus dem Serail* zu vertonen,
und seine Briefe gewähren einen aufschlußreichen Einblick in die Art und
Weise, wie er diese Arbeit in Angriff nahm. Über eine Arie Osmins schrieb er
dem Vater: „... und da sein [Osmins] Zorn immer wächst, so muß da glaubt
man die Aria seye schon zu Ende – das allegro aßai – ganz in einem andern
zeitmaas, und in einem anderen Ton – eben den besten Effect machen; denn, ein
Mensch der sich in einem so heftigen Zorn befindet, überschreitet alle ordnung,
Maas und Ziel, er kennt sich nicht – so muß sich auch die Musick nicht mehr
kennen – weil aber die leidenschaften, heftig oder nicht, niemals bis zum Eckel
ausgedrücket seyn müssen, und die Musick, auch in der schaudervollsten lage,
das Ohr niemalen beleidigen, sondern doch dabey vergnügen muß, folglich
allzeit Musick bleiben Muß, so habe ich keinen fremden ton zum f (zum ton der
aria) sondern einen befreundten dazu, aber nicht den Nächsten, D minor,
sondern den weitern, A minor, gewählt." Dann spricht Mozart über Belmontes
Arie „Oh, wie ängstlich": „... wissen sie wie es ausgedrückt ist – auch ist das
klopfende liebevolle herz schon angezeigt – die 2 violinen in oktaven. – dies ist
die favorit aria von allen die sie gehört haben – auch von mir. – und ist ganz für
die stimme des Adamberger geschrieben. man sieht das zittern – wanken – man
sieht wie sich die schwellende brust hebt – welches durch ein crescendo
exprimirt ist – man hört das lispeln und seufzen – welches durch die ersten
violinen mit Sordinen und einer flaute mit in unisono ausgedrückt ist". In einem
anderen Brief ergeht Mozart sich über die Oper allgemein: „... warum gefallen
denn die Welschen kommischen opern überall? – mit allem dem Elend was das
buch angelangt! – so gar in Paris – wovon ich selbst ein Zeuge war. – weil da
ganz die Musick herrscht – und man darüber alles vergisst. – um so mehr Muß
ja eine opera gefallen wo der Plan des Stücks gut ausgearbeitet; die Wörter aber
nur blos für die Musick geschrieben sind, und nicht hier und dort einem Elenden
Reime zu gefallen ... da ist es am besten wenn ein guter komponist der das
Theater versteht, und selbst etwas anzugeben im stande ist, und ein gescheider
Poet, als ein wahrer Phönix, zusammen kommen."

Zu dieser Zeit (1781) ahnte Mozart noch nicht, daß er bald seinem wahren
Phönix begegnen werde. Lorenzo da Ponte, eigentlich Emanuele Conegliano,
geboren 1749, war ein italienischer Priester jüdischer Herkunft, der wegen eines
Skandals Italien verlassen hatte, eine Abenteurer- und Intrigantennatur. Er ließ
sich in Wien nieder, wo er 1781–1791 kaiserlicher Theaterdichter für die
italienische Oper war. (Er starb 1838 in New York als erster Professor für
Italienisch am Columbia College. In seiner Autobiographie wird Mozart nur
flüchtig erwähnt.) Die Zusammenarbeit zwischen da Ponte und Mozart setzte
mit dem Projekt ein, Beaumarchais' Komödie *Der tolle Tag oder Figaros
Hochzeit* als Oper herauszubringen. Es war erstaunlich, daß eine Oper mit
einem derart revolutionären Gehalt – zwei schlaue Vertreter der niedrigen
Stände tragen den Sieg über einen Aristokraten davon – überhaupt inszeniert

werden durfte. Baronesse d'Oberkirch bemerkte über Mitglieder der Pariser Gesellschaft, die sich köstlich über die Komödie amüsierten: „Es wird ihnen eines Tages noch leid tun." Sah Mozart sich selbst insgeheim als Figaro?

Figaros Hochzeit ist ein sprühendes Werk mit lebensnahen Gestalten, und die Musik zeigt sie so, wie sie sind – liebenswert, eitel, egoistisch, ehrgeizig, tändelnd, zum Verzeihen bereit. Das von da Ponte verfaßte Libretto zu *Così fan tutte* hingegen hält der Musik nicht stand, weil es künstlich konstruiert erscheint. Der Oper fehlt die Humanität des *Don Giovanni*. Nicht unproblematisch ist auch die *Zauberflöte*, die eine Mischung aus volkstümlicher Zauberposse und Humanitätsdrama, eine Synthese von Mozarts Opernschaffen ist. Emanuel Schikaneders Libretto mit seiner Märchenhaftigkeit und seiner Freimaurersymbolik erweckt den Eindruck eines naiven und ungeschickt zusammengefügten Spektakels. Bis heute gibt diese Oper zu allen möglichen Spekulationen Anlaß. 1866 vertrat Moritz Alexander Zille die Ansicht, *Die Zauberflöte* sei ein allegorisches Werk mit Bezug auf Leopold II., der die Freimaurer verfolgte. Dieser Interpretation zufolge sollte Sarastro das Oberhaupt der österreichischen Freimaurer, Ignaz von Born, darstellen. Die Königin der Nacht war Maria Theresia, die Feindin der Bewegung. Tamino stand für Leopolds Vorgänger Joseph II., der den Freimaurern wohlgesinnt war, und so fort. Trotz vieler Deutungsversuche kann man nicht abstreiten, daß der Text zahlreiche Brüche aufweist, dennoch fand diese Oper großen Anklang beim Wiener Publikum.

Die Mozartoper, die sich im romantischen 19. Jahrhundert der größten Beliebtheit erfreute, war *Don Giovanni,* die großartigste Oper, die jemals komponiert wurde. Die Ouvertüre legt schon die Stimmung fest. Mit ein paar verminderten Septakkorden und einer d-Moll-Skala gelingt es Mozart, das Gefühl des Bangens, Entsetzens vor dem sich nahenden Unheil zu vermitteln. Gegen Ende der Oper wird die Skala wieder aufgenommen. Mit den einfachsten Mitteln wird hier eine überwältigende Wirkung erzielt – kein Wunder, daß die Romantiker davon hingerissen waren. Was den zügellosen, zynischen, dekadenten und eigentlich recht abstoßenden Don Giovanni zu einem echten Helden macht, ist seine Bereitschaft, für seine Lebensprinzipien zu sterben. „Bereue!" donnert der Commendatore. „Nein!" antwortet Don Giovanni. „Bereue!" – „Nein!" – und der Abgrund der Hölle tut sich auf, um den Helden zu verschlingen.

Nicht nur in der Oper, in jeder Gattung erreichte Mozart den höchsten Rang. Mozart hat dem Klavierkonzert sinfonische Breite gegeben, und beginnend mit dem Es-Dur-Konzert (KV 271) besitzt jedes seine eigene Ausdruckskraft, Virtuosität und vollendete Gestalt: manche heiter-abgeklärt wie das B-Dur- (KV 595) und das A-Dur-Konzert (KV 488) trotz seines elegischen langsamen Satzes; andere von romantischer Düsternis wie das d-Moll-Konzert (KV 466); wieder andere, wie das c-Moll-Konzert (KV 491), von edler Klassizität.

Die Werke der Reifeperiode – das Klarinettenquintett, das Divertimento für Streichtrio in Es-Dur, der Torso der c-Moll-Messe und das unvollendet gebliebene Requiem, die beiden Klavierquartette, die letzten zehn Streichquartette, die fünf großen Streichquintette, die Sinfonia concertante für Violone und Viola, die Serenade für dreizehn Bläser, die letzten sechs Sinfonien, das Klarinettenkonzert, Adagio und Fuge in c-Moll – bilden eine Gruppe, in der formale Gestaltung, Ausdruck und Technik zur Vollkommenheit geführt wurden.

Mozart sprach und schrieb oft über „Geschmack" und verachtete die Musiker, die mit billigen Effekten arbeiteten. Aus diesem Grund fällte er ein hartes Urteil über den Pianisten Muzio Clementi – er nannte ihn einen „mechanicus" – weil er einzig darauf abzielte, mit seiner Technik, den doppelten Terzenpassagen, mit seiner Virtuosität zu beeindrucken. (Möglicherweise beruhte Mozarts Widerwille auch auf der Erkenntnis, daß Clementis Spiel genausogut wie sein eigenes oder diesem gar überlegen war.) Mozart war ein Verfechter von Maß und Proportion. Damit ist kein steriles Spiel gemeint, denn ihm lag ebensoviel an der Wirkung eines Stückes wie Verdi oder Liszt. Einige seiner Klavierkonzerte waren ausgesprochen virtuose Werke, die darauf abzielten, die Aufmerksamkeit des Publikums – und der anderen Pianisten – zu fesseln. Über seine Konzerte in B-Dur (KV 450) und D-Dur (KV 451) schrieb Mozart, er „halte sie beyde für Concerten, welche schwitzen machen". Ähnlich hatte er als Opernkomponist keine Bedenken, eine Arie einer Stimme anzupassen oder Partien zu vereinfachen, um einem Sänger entgegenzukommen, wie er es beim *Idomeneo* für den betagten Anton Raaff tat. In Mozarts Musik verbinden sich Ausgewogenheit und ein unerschöpflicher melodischer Einfallsreichtum mit einem hochentwickelten Gefühl für Modulationen, das das untrüglichste Kennzeichen des bedeutenden Komponisten ist. Mozart weicht oft unerwartet vom Schema ab, was dazu beiträgt, daß seine Musik so bezaubernd und frisch wirkt wie beim folgenden Beispiel: Der erste Satz der Violinsonate in Es-Dur (KV 481) berührt die Tonarten As-Dur, f-Moll, Des-Dur, cis-Moll, A-Dur und gis-Moll. Manche seiner späten Klavierwerke, wie etwa das Adagio in h-Moll, besitzen ein harmonisches Gewebe, das in seiner Tonartenstruktur schon auf Chopin vorausweist.

Zu Mozarts Lebzeiten wurden nur 144 seiner Werke publiziert. Er hinterließ zahlreiche Autographen, und seine Frau, die ihm nie eine große Stütze war, entwickelte nach seinem Tod unvermittelt einen ausgeprägten Geschäftssinn; sie verkaufte Abdruckrechte zu ansehnlichen Preisen und behielt die Manuskripte für sich. Der große Erfolg der *Zauberflöte* führte nach Mozarts Tod zu einem steigenden Interesse an seinem Werk. Seine Opern erlebten zahlreiche Aufführungen, wenn auch nicht immer in einer Form, die ihm gefallen hätte. *Die Zauberflöte* wurde beispielsweise 1801 in Paris als *Les mystères d'Isis* inszeniert. Der Text war umgeschrieben worden, und man hatte Teile aus anderen Mozartopern und sogar aus Haydnsinfonien eingebaut. Doch damals waren derartige Entstellungen nichts Ungewöhnliches. Der Begriff der Werktreue kam erst später, im 20. Jahrhundert, auf. Im 19. Jahrhundert wurde Mozart jedenfalls weitgehend mißverstanden: Man nannte ihn den Raffael der Musik und sah in ihm einen eleganten, saft- und kraftlosen Rokoko-Komponisten, der nur aus Zufall den *Don Giovanni* geschrieben hatte. Die Humanität und Kraft, die seine Musik beseelen, entgingen den meisten.

In der Romantik wurde Mozart wenig gespielt, und wenn, dann mit all den Übertreibungen der Zeit – übersteigerter Dynamik, übermäßigem Legato in den Phrasierungen, massiver Streicherbesetzung, in der die Strukturbalance unterging. Nach dem Ersten Weltkrieg versuchte man zur Aufführungspraxis der Mozartzeit zurückzukehren, auch in der Besetzung. Doch Mozart selbst hatte nichts gegen ein großes Orchester. Als er 1781 eine seiner Sinfonien in großer Besetzung hörte, berichtete er dem Vater voller Begeisterung: „... habe ihnen auch neulich vergessen zu schreiben, daß die Sinfonie Magnifique gegangen ist, und allen Succés gehabt hat – 40 Violin haben gespielt – die blaß-Instrumente alle doppelt – 10 Bratschen – 10 Contre Bassi, 8 violoncelli, und 6 fagotti."

Dirigenten der Gegenwart treffen jedoch leider oft nicht den Klang, die Klangbalance und die instrumentellen Nuancierungen, die Mozart vorschwebten, ebenso wie kein heutiger Konzertflügel eine Vorstellung von Mozarts Klaviermusik zu geben vermag, die für einen Waltherflügel mit einer bescheidenen dynamischen Skala geschrieben wurde.

Natürlich ist es unmöglich, die Bedingungen, unter denen Mozart seine Musik hörte, exakt nachzuahmen. Dies liegt zum einen schon daran, daß sich inzwischen die Orchesterstimmung um einen halben Ton erhöht hat. Mit seinem absoluten Gehör würde der Komponist heute seine g-Moll-Sinfonie (KV 550) als gis-Moll vernehmen. Auch die Instrumente haben sich verändert. Wie die Tempi zu Mozarts Zeit genommen wurden ist noch immer ungeklärt. Was meinte er genau mit „allegro" oder „andante"? Ein weiteres Problem ist das der Improvisation. Das Klavierpart von Mozarts Konzerten ist manchmal nur eine skizzenhafte Andeutung dessen, was er tatsächlich spielte. Ein gutes Beispiel hierfür ist der langsame Satz des *Krönungskonzerts,* wie es uns überliefert wurde. Der Solopart ist in einer Art Stenogramm geschrieben, mit einzelnen Noten im Sopran und Baß. Gewiß hat der Komponist beim Spiel die Harmonie ausgefüllt und die karge Melodie ausgeschmückt. Es ist irrig, an Mozarts Musik mit der Einstellung heranzugehen, daß der Notentext letzte Gültigkeit habe. Die neueren Forschungen über die Aufführungspraxis im 18. Jahrhundert haben gezeigt, daß unsere Vorväter bei der Interpretation von Musik mit viel größerer Freizügigkeit zu Werke gingen, als viele Musiker sich heutzutage eingestehen wollen.

Obwohl heute die Idealisierung in wissenschaftlicher wie populärer Rezeption einem differenzierten Mozart-Bild gewichen ist, bleibt Mozart Inbegriff eines Komponisten, der eindringliche Welterfahrung in einem Werk von realistischer Schönheit und Humanität gestaltete. Vielseitiger als Bach und musikalisch aristokratischer als Beethoven kann er als der vollkommenste, talentierteste und natürlichste Komponist bezeichnet werden, den es je gegeben hat.

7. KAPITEL

Ludwig van Beethoven
Der Revolutionär aus Bonn

Nicht nur durch sein Genie und seine unvergleichliche schöpferische Energie unterschied sich Beethoven von allen anderen Komponisten, sondern auch durch sein Selbstverständnis als Künstler. Während es Mozart zeit seines Lebens nicht gelungen war, in der Welt der Aristokratie heimisch zu werden, rannte der nur vierzehn Jahre jüngere Beethoven ihre Türen ein.

Als Künstler und schöpferischer Mensch fühlte er sich gekrönten Häuptern und Adligen überlegen. Von der Gesellschaft hatte Beethoven entschieden revolutionäre Vorstellungen, von der Musik ausgesprochen romantische. „Was ich auf dem Herzen habe", sagte er zu seinem Schüler Carl Czerny, „muß heraus, und darum schreibe ich." Weder Mozart noch Haydn noch Bach hätten sich je so geäußert. Das Wort „Künstler" kommt in Mozarts Briefen an keiner Stelle vor. Bis dahin hatten sich die Komponisten als geschickte Handwerker begriffen, die eine „Dienstleistung" verrichteten; die Vorstellung von Kunst um ihrer selbst willen oder die Idee, für die Nachwelt zu schreiben, war ihrem Denken ganz fern. In Beethovens Briefen und mündlichen Äußerungen hingegen begegnet man immer wieder Ausdrücken wie „Kunst", „Künstler" und „Künstlertum". Im Unterschied zu Mozart war er eine willensstarke Persönlichkeit, die tiefen Eindruck hinterließ. Goethe bemerkte: „Zusammengeraffter, energischer, inniger habe ich noch keinen Künstler gesehen. Ich begreife recht gut, wie der gegen die Welt wunderlich stehen muß." Beethoven ging es nicht darum, sich seiner Umwelt anzupassen. Er verlangte, wie später Wagner, daß die Welt sich nach ihm richte. Mit diesem selbstbewußten Naturell, das sich mit überragender schöpferischer Geisteskraft verband, konnte Beethoven — abgesehen von seinem Gehörleiden – dem Leben alles abzwingen, was er wollte.

Dies gelang ihm trotz einiger Charakterschwächen und beklagenswerter Umgangsformen. Wegen seines dunklen Teints wurde er in seiner Jugend „der Spagnol" genannt. Er war von mittlerem Wuchs, ungefähr 1,77 Meter groß, hatte einen untersetzten, schweren Körperbau, einen großen Kopf mit zerzauster Mähne, vorstehende Zähne, eine fleischige Nase und die üble Angewohnheit herumzuspucken. Infolge seiner Ungelenkigkeit kam es immer wieder vor, daß er Gegenstände umwarf oder zerschlug. Aus diesem Grund lernte er auch niemals tanzen, und ebenfalls seiner Ungeschicklichkeit war es zuzuschreiben, daß er sich beim Rasieren oft schnitt. Er war mürrisch und argwöhnisch, ein äußerst empfindlicher Misanthrop, der überzeugt war, alle wollten ihn betrügen. Ihm fehlte jeder Schliff, er war vergeßlich, neigte zu sinnlosen Zornausbrüchen und verhielt sich gegenüber seinen Verlegern nicht immer korrekt. In seinen Junggesellenquartieren herrschte ein unbeschreibliches Chaos, da sich

Dienstboten wegen seiner Wutanfälle nie lange hielten. Baron de Tremont, der 1809 Beethoven besuchte, schrieb entsetzt:

> „Stellen Sie sich das Unsauberste und Unordentlichste vor: Wasserlachen bedeckten den Boden; ein ziemlich alter Flügel, auf dem der Staub mit Blättern voll gedruckter Noten um den Platz stritt. Darunter – ich übertreibe nichts – ein noch nicht geleertes diskretes Gefäß. Daneben ein kleiner Tisch aus Nußbaumholz, der daran gewöhnt war, daß das Schreibzeug darauf oft umgeworfen wurde. Eine Menge Federn voll eingetrockneter Tinte, neben welchen die sprichwörtlichen Gasthoffedern ausgezeichnet gewesen wären. Die Stühle hatten fast alle Strohsitze und waren mit Kleidungsstücken und Tellern voller Reste vom Abendessen des vorhergehenden Tages bedeckt."

Ganz ähnliche Beschreibungen wie diese gaben auch viele andere Besucher. Beethoven war überaus nachlässig, nur nicht in seiner Musik.

Am 16. Dezember 1770 in Bonn geboren, wurde Beethoven, der schon früh eine große Begabung zeigte, von seinem Vater, einem liederlichen Hofmusiker, mit übergroßer Strenge erzogen. Richard und Edith Sterba, die eine psychologische Studie über Beethoven verfaßt haben, vertreten die Ansicht: „Eine frühe innere Auflehnung gegen die Willkür und ungerechte Strenge des Vaters legte den Grund zur Empörung gegen jede Art von Autorität, die bei Beethoven in einem Ausmaß zutage tritt, das als ganz ungewöhnlich bezeichnet werden muß. Keine Art von Zwang konnte er ertragen." Beethovens Vater hoffte, daß sein Sohn in die Fußstapfen des jungen Mozart treten werde. Der Junge war zweifellos ungewöhnlich begabt; einer seiner Lehrer, Christian Gottlob Neefe, prophezeite dem damals Zwölfjährigen, er könne ein zweiter Mozart werden. Doch er war mehr als nur ein talentierter Pianist, Geiger und Organist, sondern von Anfang an eine schöpferische Naturbegabung voll Ideenschwung und Originalität.

Dieser Originalität verdankte er später seine Sonderstellung. Er war wie eine Naturgewalt, die durch nichts gebändigt werden konnte. Nur kurze Zeit nahm er Unterricht bei prominenten Komponisten der Zeit, wie Haydn und vermutlich Mozart, zeigte sich jedoch unzufrieden mit beiden Meistern. Beethoven war kein einfacher Schüler, er war sich seines eigenen Genies zu sehr bewußt. Wenn er sich zu etwas entschloß, wußte er, daß er das Richtige tat. Harmonieregeln betrachtete er immer mit Argwohn – einer seiner Freunde verwies ihn einmal auf eine Reihe paralleler Quinten in einem Werk. Dies war nach der klassischen Harmonielehre eine unverzeihliche Sünde. Wer denn die Quinten verbiete, wollte Beethoven wissen. Fux, Albrechtsberger und andere Autoritäten wurden ihm genannt. Beethoven tat diese Namen mit einer Handbewegung ab. „Ich gestatte sie", sagte er. Um die Unbrauchbarkeit der „Regeln" zu beweisen, führte er in einem uns überlieferten Notenheft eine Harmonik-Übung in siebzehn verschiedenen Variationen aus und schrieb am Schluß „Du Esel", womit er die „maßgebliche Persönlichkeit" meinte, die die Regel aufgestellt hatte.

Ruhm errang Beethoven zuerst als Pianist. Schon 1791 bemerkte der Kritiker Carl Ludwig Junker: „Sein Spiel unterscheidet sich auch so sehr von der gewöhnlichen Art, das Klavier zu behandeln, daß es scheint, als habe er sich einen ganz eigenen Weg bahnen wollen, um zu dem Ziel der Vollendung zu kommen, an welchem er jetzt steht." Als Beethoven sich 1792 in Wien niederließ, machte seine Art zu musizieren einen überwältigenden Eindruck. Das Wiener Publikum war den glatten, flüssigen Stil eines Mozart oder Hummel gewöhnt. Und nun kam der junge Beethoven, hieb mit den Händen auf die Tasten, daß Saiten rissen, um eine sonore, orchestrale Klangfülle bemüht, wie sie bis dahin noch nicht dargeboten worden war. In seinem Streben nach einem machtvolleren Klang bat Beethoven die Klavierbauer, ihm ein besseres Instrument als den Wiener Flügel mit seiner leichten Mechanik zu geben, der für ihn wie eine Harfe klang. Beethoven war der temperamentvollste Pianist seiner Zeit und vielleicht der größte Improvisator, den es je gegeben hat. Im damaligen Wien konnte man eine Reihe tüchtiger – einheimischer oder durchreisender – Pianisten hören: Hummel, den Abbé Gelinek, Joseph Wölffl, Daniel Steibelt, Ignaz Moscheles. Doch keiner von ihnen konnte sich mit Beethoven messen, obwohl der vortreffliche Wölffl mit seinem klassischen Vortragsstil eine starke Anhängerschaft unter den Konservativen hatte. Beethoven war in vieler Hinsicht der erste der modernen Klaviervirtuosen: Hatten Pianisten vor ihm ihr Publikum gefällig und elegant umschmeichelt, so riß er es von den Sitzen.

Beethoven wurde vom aufgeklärt denkenden, musikliebenden Wiener Hochadel mit offenen Armen aufgenommen. Viele Mitglieder dieser Gesellschaft unterhielten eigene Orchester, und beinahe alle führten einen musikalischen Salon. Hochgestellte Persönlichkeiten wie die Fürsten Lobkowitz, Schwarzenberg und Auersperg, Graf Heinrich von Haugwitz und Graf Batthyani reisten sogar mit ihren Musikern. In diesen Kreisen bewegte sich Beethoven ohne die geringste Scheu. Es sei leicht, mit dem Adel auszukommen, bemerkte er, wenn man etwas besitze, was beeindrucke. Und er bestand auch darauf, gebührend geachtet zu werden und an der Tafel des Gastgebers – entgegen dem damaligen Brauch – zu speisen. Er verkehrte nicht nur in den besten Kreisen, er hatte auch Beziehungen zu den Damen dieser Gesellschaft, obgleich dieses Thema immer noch geheimnisumwittert ist. Nach Aussage eines Zeitgenossen hatte er einen beispiellosen Erfolg bei Frauen und war zeit seines Lebens immer wieder von neuem verliebt, aber man weiß nicht, ob es sich vielleicht doch nur um platonische Verhältnisse handelte. Es kommt nicht von ungefähr, daß er seine Aufmerksamkeit unerreichbaren Frauen widmete – glücklich verheirateten Damen, die ihm an sozialem Status weit überlegen waren. Seine Beziehungen zu Giulietta Guicciardi, Julie von Vering, Bettina Brentano, Amalie Sebald u. a. m. waren höchstwahrscheinlich nicht viel mehr als Tändeleien. Richard und Edith Sterba behaupten sogar, Beethoven sei ein Frauenhasser gewesen, weil er zwar oft den Wunsch geäußert habe, er würde gern heiraten, unbewußt aber vor dem Gedanken zurückgeschreckt sei. Aus diesem Grund habe er sich zu Frauen hingezogen gefühlt, die ihn unter keinen Umständen geehelicht hätten. Gleichwohl existieren glühende Briefe Beethovens an diese oder jene Dame, darunter der berühmte an die geheimnisvolle „Unsterbliche Geliebte". „Mein Engel, mein alles, mein Ich ... Kannst du es ändern, daß du nicht ganz mein, ich nicht ganz dein bin ... Ach, wo ich bin, bist du mit mir ... wie du mich auch liebst – stärker liebe ich dich doch ... ist es nicht ein wahres Himels-Gebäude unsre Liebe – aber auch so fest, wie die Veste des Himels." Die „Unsterbliche Geliebte" zu identifizieren erscheint ebenso aussichtslos zu sein wie eine Identifizierung der Dark Lady aus Shakespeares Sonetten. George Marek bringt in seiner Beethoven-Biographie Belege, die auf Dorothea von Erdmann weisen, die mit einem österreichischen Offizier verheiratet und eine talentierte Pianistin war. Doch Maynard Solomon kommt in seiner Biographie zu dem Schluß, es habe sich um Antonia Brentano gehandelt. Nebenbei bemerkt war Beethoven sehr prüde. Er behauptete zum Beispiel, daß die Handlung des *Don Giovanni* unsittlich sei.

Es trifft nicht ganz zu, wenn man – wie in manchen frühen musikgeschichtlichen Darstellungen – die These vertritt, Beethoven sei ohne fremde Hilfe zu Ruhm gelangt. Es ist dokumentiert, daß bereits 1801 Fürst Lichnowsky ihm Geldbeträge zukommen ließ. Als Beethoven 1808 eine Stellung am Westfälischen Hof angeboten wurde, setzten Erzherzog Rudolf, Fürst Lobkowitz und Fürst Kinsky ihm gemeinsam eine Jahresrente von 4000 Gulden aus, um ihn in Wien zu halten. Infolge der Abwertung von 1811 zerrannen die Mittel für diese Annuität. Dann kam Fürst Kinsky bei einem Unfall ums Leben, und Lobkowitz machte Bankrott. Immerhin empfing Beethoven von 1815 bis zu seinem Tod jährlich 3400 Gulden und machte keine Anstalten, das Geld nicht anzunehmen, ganz im Gegenteil. Er ging sogar vor Gericht, um die Verwalter des Kinsky-Nachlasses zu zwingen, ihrer Verpflichtung nachzukommen. Beethoven bat nicht um das Geld, er forderte es, weil er der Meinung war, daß es ihm zustehe.

Seine frühen Wiener Jahre waren vom Erfolg begünstigt. Die Welt lag ihm zu Füßen, er war erfolgreich, wurde geehrt und bewundert. Als Pianist brauchte er keine Konkurrenz mehr zu fürchten, mit seinen Kompositionen hatte er sich bereits einen Namen gemacht; außerdem konnte er einige der erlauchtesten Namen in Wien zu seinen Schülern zählen. Finanziell ging es ihm sehr gut. „Meine Kompositionen tragen mir viel ein", schrieb er 1801 seinem alten Bonner Freund Franz Wegeler, „und ich kann sagen, daß ich mehr Bestellungen habe, als fast möglich ist, daß ich befriedigen kann. Auch habe ich auf jede Sache sechs, sieben Verleger, und noch mehr, wenn ich mir's angelegentlich sein lassen will: man akkordiert nicht mehr mit mir, ich fordere und man zahlt."

Doch eine schreckliche Entwicklung bahnte sich nun an: Beethoven begann das Gehör zu verlieren: „... Meine Ohren, die sausen und brausen Tag und Nacht fort. Ich kann sagen, ich bringe mein Leben elend zu, seit zwei Jahren fast meide ich alle Gesellschaften, weil's mir nicht möglich ist, den Leuten zu sagen: Ich bin taub ... Um Dir einen Begriff von dieser wunderbaren Taubheit zu geben, so sage ich Dir, daß ich mich im Theater ganz dicht am Orchester anlehnen muß, um die Schauspieler zu verstehen. Die hohen Töne von Instru-

Ludwig van Beethoven (1770–1827), die »Missa solemnis« komponierend.
Lithographie von Kriehuber nach dem Gemälde von Josef Stieler, 1819.

Beethovens Geburtshaus in Bonn, Gartenansicht.
Unbezeichnetes Aquarell um 1900.

menten, Singstimmen, wenn ich etwas weit weg bin, höre ich nicht ... Manchmal auch hör' ich den Redenden, der leise spricht, kaum, ja die Töne wohl, aber die Worte nicht; und doch sobald jemand schreit, ist es mir unausstehlich." Beethoven war sogar bereit, eine galvanische Kur oder eine Behandlung durch Quacksalber zu versuchen.

Natürlich war das eine traumatische Erfahrung. Das berühmte Heiligenstädter Testament von 1802, für seine Brüder nach seinem Tod bestimmt, ist ein Schrei aus der Tiefe des Herzens: „O ihr Menschen, die ihr mich für feindselig, störrisch oder misanthropisch haltet oder erkläret, wie unrecht thut ihr mir, ihr wißt nicht die geheime urßache von dem; was euch so scheinet ... ach wie wär es möglich daß ich dann die Schwäche *eines Sinnes* angeben sollte; der bej mir in einem vollkoménern Grade als bej andern sein sollte ..." Und so geht die Klage fort, seitenlang.

Er weigerte sich, sein Schicksal hinzunehmen, obwohl sein Gehör Jahr für Jahr schlechter wurde. 1817 war er nahezu stocktaub, wenn er auch an guten Tagen ein wenig Musik oder Sprechen ohne Hörrohr hören konnte. Die Ursache seines Gehörleidens ist bis heute nicht geklärt. Vielleicht wurde es durch eine Typhuserkrankung ausgelöst. Nach Ansicht einiger Otologen könnte es auch die Folge einer erworbenen oder angeborenen Syphilis gewesen sein. Beethoven spielte trotz der zunehmenden Schwerhörigkeit weiterhin Klavier und ließ es sich nicht nehmen, seine eigenen Werke zu dirigieren. Die Musiker lernten, nicht auf ihn, sondern auf den ersten Geiger zu achten, doch Beethoven brachte es tatsächlich fertig, das Ohr durch das Auge zu ersetzen. Joseph Böhm, der erste Geiger eines Streichquartetts, der 1825 in Anwesenheit des Komponisten das Streichquartett in Es-Dur op. 127 einstudierte, hat uns eine aufschlußreiche Schilderung Beethovens hinterlassen: „Es wurde fleißig studirt, unter Beethovens eigenen Augen häufig probirt: Ich sage nicht umsonst unter Beethovens *Augen*, denn der Unglückliche war damals schon so taub, daß er die himmlischen Klänge seiner Kompositionen nicht mehr vernahm. Und doch war eine Probe in seiner Anwesenheit nichts leichtes. Mit gespannter Aufmerksamkeit folgten seine Augen dem Bogen und darnach wußte er die kleinsten Schwankungen im Tempo oder Rhythmus zu beurteilen und selbe auch gleich abzustellen."

Für Nichtmusiker ist es beinahe unvorstellbar, daß ein tauber Mann Musik komponieren kann, doch bei ungewöhlichen Begabungen betrifft die Schwerhörigkeit nur äußere Töne, nicht innere. Beethoven hatte das absolute Gehör, die Fähigkeit, jede beliebige Note oder Kombination von Noten auf der Stelle zu benennen oder jede Note ohne die Hilfe eines Klaviers oder einer Stimmgabel korrekt zu singen. Ein guter Komponist braucht zum Arbeiten nicht unbedingt ein Klavier. Beethoven riet sogar einmal seinem englischen Schüler Cipriani Potter, niemals in einem Raum zu komponieren, in dem ein Klavier stand, weil er sonst in die Versuchung kommen könnte, die Noten zu überprüfen. So dürfte das Komponieren Beethoven mit seiner unglaublich großen Schöpferkraft nicht schwerer als Bach oder Mozart gefallen sein, wenn auch nur von den Tönen in seinem inneren Ohr geleitet.

In seiner depressivsten Phase arbeitete er an der *Eroica*, die im Jahr 1805 uraufgeführt wurde. Diese Sinfonie stellt einen Wendepunkt in der Musikgeschichte dar. Bis dahin war Beethoven als Komponist noch im 18. Jahrhundert verwurzelt gewesen. Die sechs Streichquartette op. 18 zeigen eine Energie, die, wenn auch nur andeutungsweise, in neue Richtungen weist. Die beiden ersten Sinfonien erweiterten das klassische Vorbild sowohl hinsichtlich des Umfangs als auch der Klangvorstellung. Die frühen Klaviersonaten, besonders die *Pathétique*, die *Mondscheinsonate* und *Der Sturm* (in d-Moll), gingen in ihrer sonoren Klangfülle, ihrem romantischen Ausdruck, der unkonventionellen Handhabung der Form und einer neuartigen Virtuosität weiter als die Klavierwerke Mozarts oder Haydns. Dennoch sprachen die Kompositionen Beethovens, die vor der *Eroica* entstanden, im großen und ganzen die Sprache seiner Vorgänger. Dann erschien die *Eroica*, und leitete mit einem Schlag das 19. Jahrhundert ein.

Die Entstehungsgeschichte der *Eroica* ist weithin bekannt. Beethoven, der 1803 daran zu arbeiten begann, wollte die Partitur Bonaparte widmen. Als dieser sich jedoch zum Kaiser proklamierte, soll der Komponist – ein Anhänger demokratischer Ideen – das Titelblatt mit der Widmung zerrissen haben. Im Mai 1804 wurde die Partitur abgeschlossen, und am 7. April 1805 fand im Theater an der Wien die Uraufführung statt. Wie das Werk wiedergegeben wurde, ist nicht dokumentiert, aber Beethovens gigantische Partitur muß den Musikern noch nicht erahnte Schwierigkeiten bereitet haben. Diese Sinfonie war wesentlich länger als alle bisherigen und schwieriger zu spielen, wies eine überaus komplexe harmonische Struktur sowie krasse Dissonanzen auf und zeugte von einer titanischen Kraft.

Die Aufführung war ein außergewöhnliches Ereignis. Die Kritiker waren betroffen, sie erkannten zwar die Kraft des Werkes an, aber nur wenige vermochten seine stringente Logik und Gestaltung zu erfassen. „... eine lange für die Ausführung äußerst schwierige Komposition", schrieb der Kritiker der *Allgemeinen Musikalischen Zeitung*, „eigentlich eine sehr weit ausgeführte, kühne und wilde Phantasie". Es fehle ihr zwar „gar nicht an frappanten und an schönen Stellen, in denen man den energischen, talentvollen Geist ihres Schöpfers erkennen muß; sehr oft aber scheint sie sich ganz ins Regellose zu verlieren. Der Schreiber gehört gewiß zu Hrn. v. Beethovens aufrichtigsten Verehrern, aber bei dieser Arbeit muß er doch gestehen, des Grellen und Bizarren allzuviel zu finden, wodurch die Übersicht äußerst erschwert wird und die Einheit beinahe ganz verloren geht."

Das musikalische Wien war über die Meriten der *Eroica* geteilter Meinung. Manche nannten sie Beethovens Meisterwerk, andere vertraten die Meinung, aus dem Werk spreche nur ein Streben nach Originalität, die sich aber nicht einstelle, und Beethoven solle den neuen Weg nicht weiter verfolgen, sondern wieder Musik schreiben wie das gefeierte Septett und die beiden ersten Sinfonien. Dieser Gruppe war die Schar der Bewunderer der *Eroica* an Zahl unterlegen. Bei der Uraufführung ging das Publikum nicht so aus sich heraus, wie Beethoven es erhofft hatte. Er war darüber unglücklich, weigerte sich aber, auch nur eine einzige Note an der Partitur zu verändern. Sein einziges Zugeständnis bestand in der Anregung, die Sinfonie an den Anfang eines Konzerts zu stellen, bevor das Publikum ermattete. (Die *Eroica* dauert ungefähr fünfzig Minuten und sogar länger, wenn sämtliche Wiederholungen gespielt werden. Sinfonien von Mozart oder Haydn haben kaum eine Spieldauer von mehr als einer halben Stunde).

In den nächsten sieben oder acht Jahren folgte ein Meisterwerk auf das andere: 1805 *Leonore*, die Erstfassung des *Fidelio* (der Erfolg stellte sich erst mit der umgearbeiteten Fassung 1814 ein), die drei Rasumowsky-Quartette, das Violinkonzert, die Klavierkonzerte Nr. 4 (in G-Dur) und Nr. 5 (in Es-Dur), die Sinfonien Nr. 4–8, mehrere der berühmtesten Klaviersonaten (darunter die *Waldstein-Sonate* und die *Appassionata*). Doch um das Jahr 1811 ließ Beethovens Produktivität aus mehreren Gründen nach. Infolge des Gehörverlusts zog er sich mehr und mehr in seine innere Welt zurück. Aus dieser Periode gingen schließlich die *Missa Solemnis* und die späten Streichquartette und Klaviersonaten hervor – diese gigantischen, ans Mystische grenzenden Schöpfungen. „Es heißt übrigens bei mir immer: Nulla dies sine linea", schrieb er an Wegeler, „und lasse ich die Muse schlafen, so geschieht es nur, damit sie desto kräftiger erwache." Dazu kam, daß Beethoven an Leber- und Unterleibsbeschwerden litt. Doch das, was ihn am meisten beanspruchte und möglicherweise sogar die Welt um einige Meisterwerke gebracht hat, war die Vormundschaft über seinen Neffen Karl.

Als Beethovens Bruder Caspar 1815 starb, hinterließ er die testamentarische Verfügung, daß seine Frau Johanna und sein Bruder Ludwig die Vormundschaft über den damals neunjährigen Knaben übernehmen sollten. Beethoven, der Johanna nicht besonders schätzte, nahm sich vor, ihr den Sohn zu entziehen, und wandte sich in dieser Absicht an die Gerichte. Er tobte hemmungslos gegen die Schwägerin, warf ihr Charaktermängel und eine unmoralische Denkart vor. Tatsächlich brachte er es dahin, daß Johannas Vormundschaft annulliert wurde, doch sie setzte sich zur Wehr und bekam 1819 Recht. Beethoven appellierte darauf an eine höhere Instanz und trug schließlich 1820 den Sieg davon. Karl schien ein aufgeweckter Knabe zu sein, aber er hätte keinen ungeeigneteren Vormund bekommen können als seinen Onkel Ludwig, der sehr an ihm hing und es sicher gut mit ihm meinte. Beethoven war dem Neffen gegenüber abwechselnd streng und nachgiebig, so daß Karl nicht mehr wußte, wonach er sich richten sollte. Er wählte den bequemeren Weg und bemühte sich, dem Onkel zu schmeicheln. Er schloß sich zweifelhaften Freunden an, versuchte zunächst ohne Erfolg davonzulaufen und später, 1826, sich das Leben zu nehmen. Die erste Kugel verfehlte ihr Ziel, die zweite streifte ihn am Schädel. Nach der Genesung sagte er, man solle den Onkel von ihm fernhalten, er habe ihn „zu viel ‚sekirt'". Der Polizei gegenüber erklärte er, Beethoven quäle ihn. Der Komponist grämte sich sehr; seine Freunde behaupteten sogar, er sei in diesen Wochen um zwanzig Jahre gealtert. Karl, eine mißverstandene Gestalt,

Eine Jugendsinfonie Beethovens. Anfang der ersten Seite der Originalstimme zur ersten Violine. Eigenhändig.

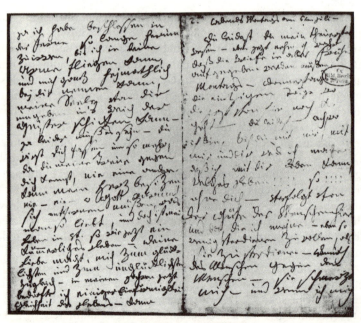

Brief an die »Unsterbliche Geliebte«, Seite 3, eigenhändig.

Beethovens »Neunte Sinfonie«. Titel mit Widmung an Friedrich Wilhelm III. von Preußen. Eigenhändiger Entwurf.

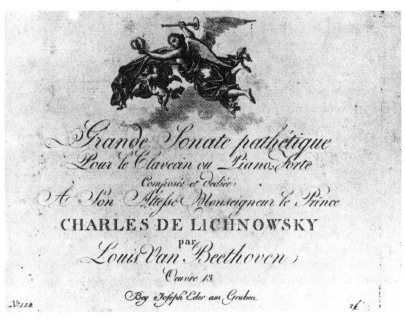

Beethovens »Grande Sonate pathétique«.
Titelseite der Originalausgabe von 1799, Wien, bei Joseph Eder.

ging schließlich zum Militär. 1832 nahm er den Abschied, heiratete und erbte den Nachlaß seines Onkel Johann (Beethovens zweiter Bruder). Er starb 1858.

Als Folge seines endlosen Prozessierens um die Vormundschaft und seiner psychopathischen Entschlossenheit, sich der Schwägerin in den Weg zu stellen, war Beethoven in den Jahren 1815–1820 nicht sehr produktiv. In diesem Zeitraum komponierte er nur sechs große Werke, und zwar die letzten beiden Cellosonaten, den Liederzyklus *An die ferne Geliebte* und die Klaviersonaten in A-Dur (op. 101) B-Dur (op. 106) und E-Dur (op. 109). Das Werk in B-Dur, die *Hammerklaviersonate,* ist die längste, großartigste und schwierigste Sonate in der Musikgeschichte, mit einem Schlußsatz, der aus einer beinahe unspielbaren Fuge besteht. Ab 1818 beschäftigte sich der Komponist mit der *Missa Solemnis* und der Neunten Sinfonie; die Messe schloß er 1823, die „Neunte" ein Jahr später ab. Sie wurde am 7. Mai 1824 uraufgeführt – nach nur zwei Proben! Der Chor hatte Schwierigkeiten und bat darum, die hohen Passagen nach unten zu transponieren, und auch die Sängerin der Altpartie, Karoline Unger, ersuchte inständig um Abänderungen. Beethoven wollte nichts davon wissen. Bei der Aufführung ließen dann einige Sänger die hohen Töne einfach aus. Das Scherzo machte jedoch großen Eindruck, und die Unger drehte Beethoven zum Publikum hin, damit er den für ihn unhörbaren Beifall wenigstens sehen konnte. Wie die *Eroica* einen Wendepunkt in der Musik des 19. Jahrhunderts darstellte, so war die „Neunte" dasjenige Werk Beethovens, das vor allem die künstlerische Phantasie der späteren Romantiker in seinen Bann zog. Die letzten bedeutenden Beiträge Beethovens zur Musik waren fünf Streichquartette und die „Große Fuge" für vier Streichinstrumente, ursprünglich als Finalsatz des B-Dur-Quartetts, op. 130, gedacht.

In seiner Wahlheimat Wien genoß Beethoven nach wie vor große Verehrung; er galt als der größte lebende Komponist, bedeutender noch als der populäre Pianist und Komponist Johann Nepomuk Hummel, und zog Besucher aus ganz Europa an. Wer ihm seine Aufwartung machen wollte, konnte ihn meistens in den „Beisln" und Kaffeehäusern antreffen, wo er sich über Gott und die Welt erging. Die uns überlieferten Briefe Beethovens – zumeist an seine Verleger gerichtet oder an Freunde adressiert, die er zum Essen einlädt – sind leider nicht so informativ wie die Mozarts, weil sie uns weder Aufschluß über die Lebenseinstellung des Komponisten noch über seine Einschätzung der zeitgenössischen Musik geben.

Nach langer Krankheit starb der Komponist am 27. März 1827. Zeitgenössischen Schilderungen zufolge raffte sich der Sterbende, als ein Blitz am Himmel zuckte, gefolgt von einem Donnerschlag, von seinem Lager hoch, hob den Arm und ballte trotzig die Faust. Beethoven war zeit seines Lebens ein Rebell gewesen. Warum hätte er am Ende seines Ringens nicht den Elementen, ja, Gott selbst trotzen sollen? Zwanzigtausend Menschen nahmen an seinem Begräbnis teil.

Er war das überragendste Genie der Musik. Betrachtet man ihn als den Komponisten, der eine Brücke schlug zwischen Klassik und Romantik, so setzt

man sich der Gefahr einer nicht zutreffenden Kategorisierung aus. Genauge-
nommen finden sich in seiner Musik ungleich weniger romantische Elemente als
in den Werken Webers und Schuberts, beide Zeitgenossen Beethovens. (Weber
starb 1826, Schubert 1828), und auch viel weniger als bei einigen Komponisten
minderen Rangs wie etwa Louis Spohr und Johann Ladislaus Dussek. Aber
Ausnahmen bestätigen die Regel. Der langsame Satz der E-Dur-Klaviersonate,
op. 109, hat beispielsweise mit seiner an Chopin gemahnenden Melodie romantische Züge. Aber Beethoven sprach einfach nicht die Sprache der Romantiker.
Er hatte als ein Komponist begonnen, der in der klassischen Tradition stand,
und er starb als einer, der über Zeit und Raum hinausgewachsen war und in
seiner Musik eine Sprache gebrauchte, die er selbst geschaffen hatte: verdichtet,
geheimnisvoll und explosiv drückte er sich in Formen aus, die er selbst gestaltet
hatte.

Beethoven arbeitete sehr langsam. Wenn Mozart für ein Werk ein paar Tage
oder Wochen benötigte, brauchte Beethoven Monate und Jahre. Mozart komponierte seine drei größten Sinfonien im Sommer 1788 innerhalb von sechs
Wochen. Beethoven arbeitete mindestens drei Jahre an seinem Opus 1, drei
Klaviertrios, bis er es als veröffentlichungsreif erachtete. Lange Zeit beschäftigte er sich mit musikalischen Ideen im Geiste, und dann kostete es ihn ein
hartes Ringen, sie zu Papier zu bringen. Seine Skizzenhefte zeigen, daß er immer
wieder an seinen Kompositionen feilte, daß er eine Phrase Note für Note
veränderte, bis sie endlich die uns bekannte Beethovensche Qualität erreichte.
Das Thema des langsamen Satzes der Fünften Sinfonie muß mindestens ein
Dutzend Mal umgearbeitet worden sein, bevor Beethoven sich für die endgültige Form entschied.

Beethovens Schaffen gliedert sich in drei Perioden. Zunächst arbeitete er im
wesentlichen mit den zu seiner Zeit gängigen Formen. In seinen zwanzig
Werken etwa erprobte er die überkommen Formen, erweiterte sie und ließ
bereits die explosive Kraft ahnen, die er später entfaltete. Schon damals zeigte
sich die starke Expressivität, die den reifen Beethoven kennzeichnen sollte. Das
schwungvolle Menuett der ersten Sinfonie weist auf die kraftvolle Scherzi der
späteren Sinfonien voraus. Der langsame Satz der D-Dur-Klaviersonate (op. 10,
Nr. 3) ist mit seiner intensiven Klangschönheit ein Tonpoem *en miniature*.

Diese Art zu komponieren zeigt eine ganz persönliche Note, eine unmittel-
bare Gefühlsbeteiligung, eine der Romantik nahe Melodik, die in der Musik
etwas Neues war. Der Unterschied zwischen dem ersten Satz der *Pathétique*
Beethovens und Mozarts ebenso bedeutender, tief empfundener c-Moll-Fanta-
sie KV 475 ist der Unterschied zwischen dem 18. und dem 19. Jahrhundert,
zwischen einer vom Adel beherrschten und einer vom Begriff der Individualität
regierten Gesellschaft. Beethovens Musik hat viel mehr persönlichen Charakter
als das Werk Mozarts. Sie beschäftigt sich mehr mit dem Seelenzustand und
dem Verlangen nach Ausdruck der Persönlichkeit. Mozart wahrt die Zurückhaltung des Klassikers, Beethoven offenbart seine Seele.

Nach dem Wendepunkt, den die *Eroica* brachte, begann die zweite Schaffens-

periode. Beethoven war voll Selbstvertrauen, ein Meister der Form, von einem
überaus fruchtbaren Schaffensgeist und eine Individualität beseelt, die sich ihre
eigenen Regeln schuf. Unter seiner Feder erlebte die Sonatenform, die er von
Haydn und Mozart übernommen hatte eine tiefgehende Umwandlung. Die
Mehrzahl seiner großen Werke – die Sinfonien, Konzerte, Quartette, Klavier-
und Violinsonaten, Trios und anderen Kammermusikwerke – sind auf ihr
aufgebaut, doch es ist seine spezifische Sonatenform, nicht die des Lehrbuchs.
Die kleineren Tonsetzer seiner Zeit verwendeten die Sonatenform weitgehend
so, wie ein Baumeister einen standardisierten Bauplan für ein Fertighaus
benutzt: Thema A, Thema B, eine alltägliche, mechanische Durchführung
(ohne Regelverstoß, aber auch ohne unkonventionelle Harmonik), darauf die
Reprise. Beethovens Einfalls- und Erfindungsreichtum erlahmten hingegen nie.
In der Sinfonie Nr. 5 gelang es ihm, aus vier Noten ein ganzes Bauwerk zu
errichten – vier Hammerschläge, mehr Motiv als Thema. Mit der *Appassionata*
entwarf er ein Werk, das alle klassischen Regeln umstößt. Zwar fehlte ihm
Mozarts verfeinerter harmonischer Sinn, aber er schenkte der Musik dafür
etwas anderes – eine vorantreibende Rhythmik, eine Erweiterung aller musikalischen Formen, eine Durchführung, die aus dem musikalischen Material alles
herausholt, eine Akzentuierung, oft gegen den Takt, die die Musik in unruhige
und unerwartete metrische Muster zwingt. Beethovens Musik ist nicht geschlif-
fen und gefällig. Wie keinem anderen Komponisten gelang es ihm, seinen
Hörern ein Gefühl des Dramatischen zu vermitteln. Aber der Konflikt wird rein
musikalisch ausgetragen. Für Programm-Musik hatte er nur Spott übrig.
Während der Arbeit an der *Pastorale* beschäftigte er sich intensiv mit diesem
Problem: „Jede Mahlerei, nachdem sie in der Instrumentalmusik zu weit
getrieben verliehrt ... Wer auch nur je eine Idee vom Landleben erhalten, kann
sich ohne viele Überschriften selbst denken, was der Autor will – Auch ohne
Beschreibung wird man das Ganze welches mehr Empfindung als Tongemälde
erkennen.“

So wird jede Beethoven-Partitur, welche Gefühlslage auch aus ihr spricht,
durch eine rein *musikalische* Logik zusammengehalten, durch die Vorstellungen des Komponisten von Entwicklung, Kontrastierung, thematischen Verknüpfungen und Rhythmik. Aus der Musik mag reiner Freudenüberschwang
klingen wie etwa aus dem Finalsatz des C-Dur-Streichquartetts aus op. 59, oder
großen Teilen der Sinfonie Nr. 7; die Musik kann aber auch geheimnisvoll sein
wie beispielsweise in der Klaviersonate in Fis-Dur oder eine Kombination aus
elektrisierender Virtuosität und kerniger Kraft wie im Klavierkonzert Nr. 5
oder von einer lyrischen Weichheit erfüllt sein, wie das Klavierkonzert Nr. 4.

Dann folgt eine ziemlich unfruchtbare Zeit, an die sich die sogenannten
Spätwerke anschließen, die letzten fünf Streichquartette und Klaviersonaten,
die *Diabelli-Variationen,* die *Missa Solemnis,* die Neunte Sinfonie. Nichts
Vergleichbares ist seitdem geschrieben worden, kann jemals wieder geschrieben
werden. Es ist die Musik eines Mannes, der alles gesehen, alles erlebt, sich in
seine stumme Welt des Leids zurückgezogen hat und nicht mehr komponiert,

um Menschen Freude zu bereiten, sondern um seine künstlerische und geistige Existenz zu bestätigen. Diese Musik ist nicht anmutig, nicht einmal anziehend. Sie ist nur eines: erhaben. In dieser Phase seines Komponistenlebens schienen Beethoven ebenso Ideen und Symbole zu beschäftigen wie Noten. Seine Themen können knapp und ruppig, oder, wie beispielsweise in der Cavatina des Streichquartetts in B-Dur, breit dahinströmend sein. Selbst Augenblicke der Stille spielen in dieser Musik eine Rolle. Plötzlich nimmt der Triller eine bedrohliche Bedeutung an. Die Musik aus Beethovens später Schaffensperiode ist voll langer, tückischer Triller, die für den Komponisten gewiß einen außermusikalischen Sinn gehabt haben müssen. Er läßt in diesen Werken die schulmäßige oder vom Zeitgeschmack vorgeschriebene Form außer acht und fügt sich ausschließlich dem Diktat der Musik. Die c-Moll-Klaviersonate op. 111 besteht nur aus zwei Sätzen, und der zweite aus einer Variationenreihe, die mit einer lang ausgehaltenen, geheimnisvoll gedämpften Trillerkette schließt. Das Streichquartett in cis-Moll hat sieben deutlich voneinander geschiedene Sätze, die ohne Pause zu spielen sind. Im Schlußsatz der „Neunten" werden ein Chor und Vokalsolisten aufgeboten. Alle diese Werke sind vergeistigte Musik von äußerster Subjektivität und Grandiosität.

Die Deutung der letzten Quartette wirft immer noch Probleme auf. Wer in Beethovens Welt nicht einzudringen vermag, findet sie öde, kalt, unverständlich, was besonders auf die große Trias, das Streichquartett in B-Dur op. 130, das in cis-Moll op. 131 und das in a-Moll op. 132 zutrifft. In gewisser Weise kann man diese drei Quartette als ein einziges überdimensionales Quartett betrachten. Sie sind thematisch miteinander verbunden, getragen von der gleichen Sprache und Empfindung und jeweils sehr lang (wie umgekehrt die letzten drei Klaviersonaten relativ kurz sind). Sie drücken einen mystischen Seelenzustand aus. Ihre organischen Durchführungen, das Konvulsivische der „Großen Fuge", der „lydische" langsame Satz des a-Moll-Quartetts mit seiner unbeschreiblichen Entfaltung, die fugierte Einleitung des cis-Moll-Werkes, die Cavatina des Quartetts in B-Dur führen die Musik zu einem Höhepunkt.

Die Musik der unverwechselbaren Künstlerpersönlichkeit strebt über das Individuelle hinaus zur Allgemeingültigkeit. So verwendet Beethoven in seinen letzten Werken einen kontrapunktischen Stil, der in seiner für die Zeit unerhörten Ausprägung die Überwindung der früheren dualistischen Gestaltungsformen darstellt. Dieser Stil, der von den Musikern der Romantik übernommen wurde, ist die persönliche Aussage des von der sinnlichen Erscheinungsform seiner Kunst und von der Welt isolierten Musikers. 1859 schrieb der Gelehrte Adolf Bernhard Marx ein Buch über den Komponisten, in dem er den Begriff der ,Idealmusik' einführte, womit gemeint war, daß Beethovens Musik ebensosehr mit dem Ethischen wie mit dem reinen Klang zu tun habe. Musik als Offenbarung, Musik als Macht des Idealen (im platonischen Sinn), Musik als Manifestation des Göttlichen. Die Romantiker machten sich diese Gedanken zu eigen. Zwar bedeuteten ihnen die letzten fünf Streichquartette nicht so viel wie den Zeitgenossen des 20. Jahrhunderts, aber die „Neunte" war ihr Leitstern, was für die Romantiker das Wesen des Beethovenschen Geistes darstellte – das Aufbegehren gegen die Form, der Ruf nach Brüderlichkeit, ein titanischer Ausbruch, ein spirituelles Erlebnis. Die Neunte Sinfonie war das Werk Beethovens, das den stärksten Einfluß auf Berlioz und Wagner ausübte; sie blieb auch das unerreichbare Ideal Brahms', Bruckners und Mahlers. Für viele ist die „Neunte" mehr als nur Musik. Sie ist ein ethisches Werk, und Debussy hatte gar nicht so unrecht, als er die große Partitur einen „universalen Alptraum" nannte – zu drückend lastete sie auf der Musik ihres Jahrhunderts. Heute wird vielfach Kritik am Schlußsatz geübt, aber bei der Coda des ersten Satzes mit dem schreckeneinflößenden Stöhnen und dem chromatisch gleitenden Baß erfaßt die Hörer nach wie vor ein lähmendes Entsetzen. So geht die Welt zugrunde. Es ist zwar absolute Musik, doch sie stellt unverkennbar ein Ringen dar, und bei einem Aufschrei von so monumentaler Seelenpein neigen wir dazu, sentimental zu werden und einen falschen Gehalt in der Musik zu suchen.

Man könnte Beethovens Werk auch als die kraftvolle, sogar arrogante Spiegelung eines phänomenalen musikalischen Intellekts interpretieren, der von körperlicher Krankheit und seelischem Leiden dazu getrieben wurde, sich in einen reinen Solipsismus zurückzuziehen, fern den erhabenen Idealen, die spätere Epochen dem Komponisten zuschrieben. Beethoven schwebte zwar das Ideal einer universalen Brüderlichkeit vor, doch wenn es um ihn selbst ging, schien er von diesen Vorstellungen Abstand zu nehmen. Einem Freund schrieb er einmal, das Ethos des Mannes, der über den anderen steht, liege in seiner Stärke, und diese Stärke besitze er. Es sind imponierende, ja erschreckende Worte, aber dieser Geist spricht auch aus Beethovens Musik.

8. KAPITEL

Franz Schubert
Der Tondichter

Franz Schubert, der mit einunddreißig Jahren starb, stand zeit seines Lebens im Schatten Beethovens. Für die Wiener, ja, für ganz Europa war Beethoven *der* Meister, neben dem nur ein paar wenige andere Komponisten – Hummel, Spohr, vielleicht noch Weber – im gleichen Atemzug genannt zu werden verdienten.

In seiner Heimat genoß Schubert großes Ansehen, wenn auch vorwiegend als Liedkomponist. Er entfernte sich nie sehr weit von Wien – abgesehen von zwei kurzen Aufenthalten im benachbarten Ungarn, wo er die Kinder des Grafen Johann Karl Esterházy unterrichtete – und zeichnete sich durch Zurückhaltung aus. Er war der erste große Komponist in der Geschichte der Musik, der *nicht* dirigierte und auch nicht als Instrumentalist öffentlich konzertierte, somit hatte er keine Chance, als praktizierender Musiker Ruhm zu erlangen. Er stellte keine hohen Ansprüche, führte eine recht bohemehafte Existenz und schien damit zufrieden zu sein, Notenblatt um Notenblatt zu füllen, unabhängig davon, ob die Musik aufgeführt wurde oder nicht, ausschließlich vom Drang erfüllt, Musik zu schreiben. „Mich soll der Staat erhalten", sagte er zu seinem Freund Anselm Hüttenbrenner, „ich bin für nichts als das Komponieren auf die Welt gekommen."

Trotz der Fülle der Literatur über Schubert bleibt der Komponist doch eine zum Teil rätselhafte Gestalt. Von seinem Lebenslauf wissen wir inzwischen viel, doch überraschend wenig von seinen Anschauungen und Empfindungen. Schubert hinterließ nur sehr wenige Briefe, und das später abgebrochene Tagebuch, das er 1816 zu führen begann, enthält größtenteils Sentenzen, die zum Gemeingut gehören, jedoch nichts Typisches über den Schreibenden aussagen. „Der Mensch gleicht einem Balle, mit dem Zufalle und Leidenschaft spielen." Oder: „Glücklich, der einen wahren Freund findet. Glücklicher, der in seinem Weibe eine wahre Freundin findet." Rund vierzig Jahre nach seinem Tod, als man sich seiner großen Bedeutung als Komponist bewußt wurde, begann man, sich mit all denen in Verbindung zu setzen, die ihn gekannt hatten. Die Fülle des Materials übertraf alle Erwartungen; begreiflicherweise wollte jeder, der persönlichen Kontakt mit Schubert gehabt hatte, sich im Widerschein seines Ruhms sonnen. Aber Schuberts kurzes Leben (31. Januar 1797 – 19. November 1828) bietet wenig „interessante" Erlebnisse und somit Material nur für eine flüchtige biographische Skizze. Viele der hübschen, zuweilen etwas sentimentalen Anekdoten über ihn entbehren der realen Grundlage. Dagegen bilden Schuberts Rolle in der musikhistorischen Entwicklung und seine ungeheure schöpferische Leistung den Hauptgegenstand der Fachliteratur.

Franz Schubert war das zwölfte von vierzehn Kindern, von denen nur fünf am Leben blieben. Sein Vater, Franz Theodor Schubert, hatte in der Leopoldstadt in Wien, wo Franz Schubert zur Welt kam, eine eigene Schule. 1808 wurde der Junge Sopranist im Chor der Wiener Hofkapelle, in deren Konvikt er auch eine allgemeine Ausbildung erhielt. Er trug die Konviktsuniform: einen altmodischen Dreispitz, weißes Halstuch, einen dunklen Gehrock mit einer kleinen goldenen Epaulette auf der linken Schulter und glänzenden Knöpfen, eine altmodische Weste, eine Kniebundhose mit Schnallenverschluß und Schuhe ohne Schnallen. Als aufgeweckter Junge bot Franz in allen Fächern gute Leistungen, und in der Musik sicherte er sich sogleich den ersten Platz als Klavierspieler, Geiger und Komponist. Sein Musiklehrer im Stadtkonvikt, Wenzel Ruzicka, stellte fest, daß er dem Jungen nichts beizubringen habe. „Der hat's vom lieben Gott gelernt", schrieb er. Ein anderer Lehrer, Michael Holzer, sagte: „Wenn ich ihm was Neues beibringen wollte, hat er es schon gewußt. Folglich habe ich ihm eigentlich keinen Unterricht gegeben, sondern mich bloß mit ihm unterhalten und ihn stillschweigend angestaunt." 1808 zog Schubert auch die Aufmerksamkeit Antonio Salieris auf sich und wurde Kompositionsschüler dieses einflußreichen Mannes, der einer der bekanntesten Komponisten der Zeit war und die besten Beziehungen hatte. Im Konvikt gewann Schubert viele Freunde, von denen einer, Joseph von Spaun, zeit seines Lebens eng mit ihm verbunden blieb. Schubert soll ein reizender, unkomplizierter, musikalisch hochbegabter Junge gewesen sein. Zu Hause spielte er Kammermusik mit seinen Brüdern und dem musikliebenden Vater, wobei er diesen schüchtern korrigierte, wenn er einen seiner häufigen Fehler machte.

1812 begann Schuberts Stimme zu mutieren. Zunächst wirkte er noch als Altist in der Hofkapelle mit, schließlich mußte er ausscheiden und verließ im Herbst 1813 das Internat. Er besuchte dann die Lehrerbildungsanstalt der „Normal- und Hauptschule" in der Anna-Gasse. Obwohl er kein passionierter Pädagoge war, trat er 1814 als Schulgehilfe in die Schule seines Vaters ein, wo er bis 1818 tätig blieb. In diesen Jahren schrieb er Lieder, Sinfonien, Kammermusik und Messen. Er bemühte sich auch, auf den Wiener Bühnen Fuß zu fassen und komponierte deutsche Singspiele, doch Wien war von einem Rossini-Taumel erfaßt. Gegen Ende 1816 löste Rossinis *L'inganno felice* eine unglaubliche Begeisterung in der Donaustadt aus, und nun folgte eine Rossini-Oper auf die andere. Schubert, der sich sein Urteil über die Musik eines anderen Komponisten nie von persönlichen Erwägungen trüben ließ, nannte Rossini ein „außergewöhnliches Genie", und einiges von dessen Stil schlich sich auch in Schuberts Musik ein. Vielleicht hätte er eine Erfolgschance gehabt, wäre er einem tüchtigen Librettisten begegnet. Seine Singspiele sind voll reizender Einfälle, aber selten hatte ein Komponist solchen Unsinn zu vertonen, wie den, mit dem sich Schubert immer wieder abzuplagen hatte.

In den beiden ersten Dekaden des 19. Jahrhunderts hatte eine Entwicklung eingesetzt, die die Musik nicht mehr zu einem Privileg der Fürstenhöfe, sondern allmählich zu einem bürgerlichen Phänomen machte. Es entstand ein Walzerfieber, das auch die seriöse Musik beeinflußte. Schubert schrieb wie Mozart und, in geringerem Maße, Beethoven sehr viel Tanzmusik. Bis zur zweiten Dekade des Jahrhunderts waren Menuett, Ländler und Kontertanz die beliebten Tanzformen. Der Walzer wurde während des Wiener Kongresses 1814/15 modisch, und fortan galt Wien als die Stadt des Walzers. (In den zwanziger Jahren des 19. Jahrhunderts bot die Stadt am Faschingsdonnerstag nicht weniger als 1600 Bälle.) Bürgertum wie Adel drehten sich im Dreivierteltakt. Das kultivierte Bürgertum zeigte auch eine Vorliebe für die italienische Oper und das deutsche Schauspiel, vor allem aber begann es, Verbindung zu Komponisten zu suchen und die Musik zu einem wesentlichen Bestandteil seines Lebens zu machen. In Wien, das damals keine sehr große Stadt war, deckten vier Theater den kulturellen Bedarf: das Burgtheater für das gesprochene Drama, das Kärntnertor-Theater für Oper und Ballett, das Theater an der Wien für Schauspiele, Konzerte und Opern, das Leopoldstädter Theater für Schauspiele und Oper. Daneben gab es noch kleinere Kunststätten – das Theater in der Josephstadt, den Redoutensaal in der Hofburg, den großen Saal der Universität.

Das musik- und kunstliebende, geistig aufgeschlossene Bürgertum war die Schicht, mit der Schubert sein ganzes Leben verkehrte. Im Gegensatz zu Beethoven bewegte er sich nur selten in aristokratischen Kreisen. Wohl fühlte er sich nur unter Bürgerlichen und in der künstlerischen Boheme Wiens. Als er 1818 den Lehrerberuf aufgab, suchte er engeren Kontakt zu dieser Gesellschaftsschicht, für die er auch seine Werke komponierte. Sie bestand aus Musikern, Malern und Schriftstellern, mit denen Schubert zumeist eng befreundet war: den Dichtern Franz Grillparzer und Johann Mayrhofer, dem Maler und Illustrator Moritz von Schwind, dem Komponisten und Dirigenten Franz Lachner, dem Sänger Michael Vogl, dem als Zeichner dilettierenden Franz von Schober und vielen anderen.

Nur selten hatte Schubert Geld, er wohnte bei Freunden, saß gerne in Kaffeehäusern. Von 1818 an lebte er als freier Künstler, war allerdings schon seit zwei Jahren Berufsmusiker. Am 17. Juni 1816 hatte er in sein Tagebuch eingetragen: „An diesem Tag componirte ich das erste Mahl für Geld. Nähmlich eine Cantate für die Nahmensfeyer des Hn. Professors Wattrot von Dräxler. Das Honorar ist 100 fl. W. W." Das Geld dürfte nicht lange vorgehalten haben. Schubert besaß nie genug, um auch nur ein Klavier zu mieten, geschweige denn zu erwerben. Doch das war einerlei, denn er hatte zum Komponieren kein Klavier nötig. Er sagte sogar, daß es ihn in seinen Gedanken stören würde. Brauchte er doch einmal ein Klavier, so ging er zu einem Freund, der ein Instrument besaß. Zu Schuberts engsten Freunden gehörten Moritz von Schwind und Eduard von Bauernfeld. Sie bildeten ein Trio, das kein Privateigentum kannte: Hüte, Schuhe, Kleidung, Geld – alles war Gemeinschaftsbesitz. Wer gerade Geld in der Tasche hatte, beglich die Rechnungen. Auch war Schubert ein schlechter Geschäftsmann, wenn er mit Verlegern über den Verkauf von Werken verhandeln mußte. Mit der Einhaltung von Verabredungen hatte er immer Schwierigkeiten. Er trieb seine Freunde zur Verzweiflung,

Franz Schubert (1797–1828) am Klavier. Studie von Moritz von Schwind.

wenn er nicht zur vereinbarten Stunde erschien. In einem Brief aus dem Jahr 1825 tadelt ihn von Schwind, weil er einer Einladung ferngeblieben war; der Brief gewährt auch Einblick in Schuberts komplexen Charakter: „Hättest Du aber daran denken wollen, wie viel Liebe Dich erwartet hat, so wärst Du gekommen. So wenig es mich abhalten wird, Dir zu sein und zu tun, was Dir von mir bis jetzt willkommen war, so muß ich mich fast fürchten, so viel Freuden von Dir [zu] empfangen, da ich sehe, wie wenig Übergewicht ich über Dein Mißtrauen und Deine Furcht, Dich geliebt und verstanden zu sehen, durch so manches Jahr habe erringen können." Es ist nicht ausgeschlossen, daß Schubert, wie viele schüchterne Naturen, dazu neigte, überempfindlich zu reagieren. Dennoch hielten seine Freunde jeder treu zu ihm, und die meisten Frauen bemutterten ihn gern.

Er war kleinwüchsig, dicklich (daher der Spitzname „Schwammerl"), hatte braunes Lockenhaar, eine stumpfe Nase, ein rundes Gesicht und ein Grübchen im Kinn. Da er kurzsichtig war, trug er immer eine Brille. Im allgemeinen war er gutmütig und ließ sich bei kleinen Festen leicht dazu überreden, Klavier zu spielen und Walzer zu improvisieren. Manchmal jedoch war er verdrießlich und reizbar, besonders während seiner Krankheit. Er hatte sich ein venerisches Leiden zugezogen und litt infolgedessen vorübergehend unter Haarausfall. In dieser Zeit zog er sich beinahe ganz aus der Gesellschaft zurück. In Beethovens Konversationsheft von 1823 findet sich eine Notiz in der Handschrift seines Neffen Karl: „Man lobt den Schubert sehr, man sagt aber, er soll sich verstekken." Schuberts Freund Leopold von Sonnleithner sagte, Schubert „lachte nie hell und frei auf, sondern brachte es nur zu einem Kichern, das mehr dumpf als hell klang". Er führte ein ganz und gar ungeregeltes Leben. Von etwa neun Uhr morgens bis zwei Uhr nachmittags komponierte er, dann ging er aus dem Haus. Wenn er nicht zum Abendessen oder zu einer Gesellschaft eingeladen wurde, suchte er eines der Kaffeehäuser auf. Dort pflegte er bis Mitternacht zu sitzen, zu rauchen, Kaffee und Wein zu trinken, die Zeitungen zu lesen und „Hof zu halten". Als ein im Grunde verschwiegener Mensch behielt er seine Liebesaffären für sich, nicht einmal seinen Freunden teilte er sich offen mit. Er trat nie in den Stand der Ehe. Zwar verfiel er nie restlos dem Alkohol, doch gelegentlich trank er mehr, als er vertragen konnte. Josef Kenner, ein anderer Freund Schuberts, hat einige dunkle Andeutungen gemacht: „Wer Schubert kannte, weiß, wie er aus zwei einander fremden Naturen zusammengesetzt war, wie gewaltig ohnehin die Genußsucht seine Psyche zu ihrem Schlammpfuhl niederzog ..."

Schuberts Bemühungen, einen Verleger zu finden, brachten ihn nicht sehr weit. 1817 sandte er Breitkopf & Härtel eines seiner Meisterlieder, den *Erlkönig,* zu. Die Verleger zeigten nicht das geringste Interesse und schickten das Manuskript dem einzigen Franz Schubert zurück, der ihnen bekannt war, einem in Dresden lebenden Komponisten dieses Namens. Der Dresdner Schubert war beleidigt und schrieb den Verlegern in steifem Ton, wer dieser „Padron" sei, der seinen Namen mißbraucht habe. Er werde das Lied behalten,

122 Der Liedkomponist

„um etwan zu erfahren, wer dergleichen Machwerk zu Ihnen ... übersendet hat ..." Dann schickte Josef von Spaun Goethe die Schubertschen Vertonungen seiner Gedichte in der Hoffnung, das Interesse des Dichters zu wecken, aber aus Weimar kam keine Antwort. Doch nicht alle Versuche schlugen fehl. Mit der Zeit wurde Schuberts Name bekannt. Angesehene Sänger wie Pauline Anna Milder-Hauptmann und besonders Johann Michael Vogl begannen seine Kompositionen der Öffentlichkeit vorzustellen, und Schuberts Freundeskreis – klein, aber einflußreich – machte Propaganda für ihn.

Vogl nahm eine bedeutende Rolle in Schuberts Leben ein. Als der Komponist ihn im Frühjahr 1817 kennenlernte, näherte sich der beinahe dreißig Jahre ältere Sänger dem Ende seiner Opernsängerkarriere als Bariton, die ihm viel Ansehen gebracht hatte. Er sah sich einige Lieder Schuberts an, wollte erst nicht recht mit der Sprache herausrücken, fand die Kompositionen schließlich aber reizvoll und wurde Schuberts erster großer Interpret. Wenn der beleibte, hochgewachsene Vogl zusammen mit dem nur 1,56 Meter großen Schubert durch die Straßen Wiens zog, boten die beiden einen komischen Anblick, wie eine Karikatur von Franz von Schober zeigt. Die Tatsache, daß ein so bedeutender Sänger wie Vogl der eifrigste Verehrer Schuberts wurde und mit dem jungen Komponisten Lieder einstudierte, zeitigte ihren Erfolg. Die Kritiker begannen, Schubert Beachtung zu schenken und hatten meistens lobende Bezeichnungen für ihn. In einer ausführlichen und musikverständigen Rezension in der *Wiener Zeitschrift für Kunst* (1822) wurde er ein Genie genannt, und im Jahr darauf bezeichnete ihn das gleiche Blatt als „diesen beliebten Meister". Der Komponist erlangte zwar nie den Ruhm, der ihm gebührt hätte, aber sein Werk blieb nicht ohne Resonanz.

Die „Schubertiaden" waren in Wien wohlbekannt. An diesen von seinen Freunden veranstalteten geselligen Abenden wurde ausschließlich Schuberts Musik gespielt – Lieder, Kammermusik, zwei- und vierhändige Klavierstücke – mit dem Komponisten am Klavier. Der Freundeskreis sorgte auch für die Drucklegung seiner Lieder, indem er das Geld für die Publikation aufbrachte. Franz von Hartmann, ein Mitglied des Kreises, hat in seinem Tagebuch zahlreiche Schubertiaden beschrieben. Charakteristisch ist die Eintragung vom 15. Dezember 1826:

> „Ich gehe zu Spaun, wo eine große Schubertiade ist. Beim Eintritte werde ich von Fritz unnachsichtig und von Haas sehr naseweis empfangen. Die Gesellschaft ist ungeheuer. Das Arnethische, Witteczekische, Kurzrockische, Pompische Ehepaar, die Mutter der Frau des Hof- und Staatskanzleikonzipisten Witteczek, die Doktorin Watteroth, Betty Wanderer, der Maler Kupelwieser und seine Frau, Grillparzer, Schober, Schwind, Mayrhofer und sein Hausherr Huber, der lange Huber, Derffel, Bauernfeld, Gahy (der herrlich mit Schubert à 4 mains spielte), Vogl, der fast 30 herrliche Lieder sang, Baron Schlechta und andere Hofkonzipisten und -sekretäre waren da ... Nachdem das Musizieren aus ist, wird herrlich schnabeliert und dann getanzt. Doch bin ich gar nicht zum Courmachen aufgelegt. Ich tanze 2mal mit der Betty und 1mal mit jeder der Frauen von Witteczek,

Kurzrock und Pompe. Um 12½ begleiten wir, nach herzlichem Abschiede von den Späunen und Enderes, Betty nach Hause, und gehen zum Anker, wo noch Schober, Schubert, Schwind, Derffel, Bauernfeld. Lustig. Nach Hause. Um 1 Uhr zu Bett."

Als Schuberts Ansehen stieg, traten einige Verleger an ihn heran, doch nur sehr wenige der bedeutenden Werke wurden zu seinen Lebzeiten publiziert. Keine Sinfonie, nur ein einziges seiner neunzehn Streichquartette, drei der einundzwanzig Klaviersonaten, eine der sieben Messen, keines der zehn Bühnenwerke, nur 187 von mehr als 600 Liedern wurden gedruckt. Daraus bezog Schubert nach einer Schätzung des Biographen Otto Erich Deutsch rund 12 500 Dollar in einem Zeitraum von zwölf Jahren – nicht viel, aber der Komponist hat, wie Deutsch schreibt „nie gehungert". Am Schluß seines Lebens zeichnete sich eine positive Wende ab. 1828 sandte ihm der Verlag Schott einen an „Sr. Wohlgeboren, Herrn *Franz Schubert,* berühmter Tonsetzer in Wien" adressierten Brief, in dem er um die Zusendung von Kompositionen ersucht wurde. Auch der Verlag Probst zeigte Interesse.

Hätte Schott in Schuberts letztem Lebensjahr die Verhandlungen fortgeführt, wäre dies für den Verlag auf lange Sicht überaus einträglich gewesen. Wie fruchtbar dieses Jahr war! Es entstanden die Es-Dur-Messe, das Streichquintett, die letzten drei Klaviersonaten und eine Reihe großartiger Lieder. Außerdem gab Schubert sein erstes öffentliches Konzert. Wieder hatten sich seine Freunde für ihn eingesetzt. Die „Gesellschaft der Musikfreunde" stellte ihm ihren Saal kostenlos zur Verfügung, und genau ein Jahr nach Beethovens Tod fand der einzige Kompositionsabend statt, den Franz Schubert jemals veranstaltet hat. Die Wiener Presse überging jedoch das Konzert vollständig. Zu dieser Zeit hielt sich Paganini in Wien auf. Sein erstes Konzert, am 29. März, und die dreizehn darauf folgenden nahmen den ganzen Platz in den Zeitungsfeuilletons in Anspruch. Als sei Schubert in diesem hektischen letzten Jahr seines Lebens nicht schon genügend ausgelastet gewesen, beschloß er auch noch, bei dem Hoforganisten Simon Sechter Fugenkomposition und Kontrapunkt zu studieren. Anlaß zu diesem Vorsatz gab ihm die Beschäftigung mit der Musik Händels. Zum erstenmal, sagte er, sei ihm klar geworden, woran es ihm mangle. Dieser Entschluß hat Musikwissenschaftler wie Bewunderer Schuberts sehr erstaunt, obwohl es beispielsweise bei niemandem Befremden erregte, daß Mozart sich begeistert in den Bachschen Kontrapunkt vertieft hatte. Doch aus dem Unterricht bei Sechter sollte nichts werden. Anfang November erkrankte Schubert und mußte das Bett hüten; am 19. desselben Monats starb er an einer Typhusinfektion. Er hinterließ nichts – keine Bücher, kein Geld, kein Mobiliar, keinen Nachlaß. Alles, was von ihm blieb, waren Notenmanuskripte in den Händen verschiedener Freunde in Wien. Der Komponist wurde in der Nähe von Beethovens Grab beigesetzt. Seine Freunde waren untröstlich, Schwind schrieb an Schober: „Schubert ist tot und mit ihm das Heiterste und Schönste, was wir hatten." Grillparzer verfaßte den Grabspruch: „Die Tonkunst begrub hier einen reichen Besitz oder noch viel schönere Hoffnungen."

Schubert schuf in den einunddreißig Jahren seines Lebens ein gewaltiges Werk. Er komponierte unglaublich rasch, darin stimmen alle zeitgenössischen Darstellungen überein. Franz von Schober erzählte, wenn man Schubert tagsüber besuche, frage er nur, wie es einem gehe, und arbeite gleich weiter. Sein Schreibtempo beeindruckte die Freunde sehr. Leopold von Sonnleithner berichtet: „Auf Ersuchen des Fräuleins Fröhlich hatte Franz Grillparzer hierzu [zu einer Nachtmusik] das schöne Gedicht ‚Ständchen', ‚Zögernd stille' verfaßt, und sie gab dieses Schubert mit der Bitte, es für ihre Schwester Josephine (Mezzosopran) und einen Weiberchor als Serenade in Musik zu setzen. Schubert nahm das Gedicht in die Hand, ging in eine Fensternische, las es ein paarmal aufmerksam und sagte dann lächelnd: ‚Ich hab's schon, es ist schon fertig, es wird recht gut werden.'" Spaun schildert die Entstehung des *Erlkönigs*. Als er eines Nachmittags zusammen mit Mayrhofer Schubert besuchte, traf er ihn bei der Lektüre des Gedichtes an. „Er ging mehrmals mit dem Buche auf und ab, plötzlich setzte er sich, und in kürzester Zeit, so schnell man nur schreiben kann, stand die herrliche Ballade auf dem Papier. Wir liefen damit in das Konvikt, und dort wurde der *Erlkönig* noch denselben Abend gesungen und mit Begeisterung aufgenommen." Viele Jahre glaubte man, Schubert habe für große Kompositionen wie Sinfonien nie Aufzeichnungen gemacht. Das hat die moderne Forschung widerlegt. Doch es besteht kein Zweifel, daß Schubert – wie Mozart – einer der raschesten Komponisten in der Geschichte der Musik war, ein ganzes Werk im Kopf konzipieren und dann sogleich zu Papier bringen konnte.

Schuberts Musik ist in hohem Maß persönlich. Kein Komponist der Zeit konnte sich völlig dem Einfluß Beethovens, Mozarts und Haydns entziehen, doch Schubert löste sich, als er seinen Stil geformt hatte, mehr als jeder andere davon. Er bewunderte Beethoven – aus sicherem Abstand. Der Aussage Schindlers zufolge soll Beethoven von Schuberts Liedern beeindruckt gewesen sein und gesagt haben, er besitze den göttlichen Funken. Nur ein einziges Mal soll Schubert Beethoven besucht haben, und zwar als dieser schon auf dem Sterbebett lag, aber über den Verlauf dieses Besuches ist nichts bekannt.

Auf seinem ureigenen Gebiet, dem Liedschaffen, hatte Schubert vergleichsweise wenige Vorläufer, sieht man von Johann Friedrich Reichardt, Carl Friedrich Zelter und Johann Rudolf Zumsteeg ab. In jungen Jahren lehnte sich Schubert bei der Liedkomposition an Zumsteeg an. Auch Haydn, Mozart und Beethoven hatten schöne Lieder komponiert, aber Schubert schuf, wenn wohl auch nicht der erste Liedkomponist war (man denke beispielsweise an den Elisabethaner John Dowland) – als erster der großen Komponisten eine Fülle von Kunstliedern, die noch heute im Konzertrepertoire sind.

Von Anfang fühlte er sich zu dieser musikalischen Form hingezogen. Er war erst siebzehn Jahre alt, als er 1814 *Gretchen am Spinnrad* komponierte, eines der vollkommensten Lieder, die je geschrieben wurden. Im Jahre 1815 vertonte Schubert mehr als 150 Gedichte. Das bewegendste Erlebnis dieser Zeit war für

Schubert mit seinen Freunden Johann-Baptist Jenger und Anselm Hüttenbrenner.
Aquarell von Joseph Teltscher.

Ein Schubertabend in einem Wiener Bürgerhaus.
Gemälde von Julius Schmid, 19. Jahrhundert.

ihn Goethe: In diesem Jahr entstanden 27 Goethelieder. Von den insgesamt über 600 Liedern des Komponisten sind rund siebzig Goethe-Vertonungen. Außerdem vertonte er Gedichte von Klopstock, Schiller, Heine, von seinen Freunden Mayrhofer und Schober, von Ludwig Gottfried Kosegarten, Wilhelm Müller und vielen anderen. Das Schubertlied weist zwei Grundformen auf: die strophische und die durchkomponierte. Im Strophenlied wird die gleiche Melodie für alle Verse verwendet. Ein durchkomponiertes Lied hingegen folgt dem Text vom Anfang bis zum Ende in einer einzigen kontinuierlichen Linie dramatischer oder lyrischer Art und läßt häufig die Balladenform anklingen. Der Zufall fügte es, daß Carl Loewe (1796–1869), Schöpfer der neueren Ballade in der Musik, ein Jahr vor Schubert geboren, ebenfalls den *Erlkönig* vertonte. Schuberts berühmte Vertonung ist gleichfalls eine Ballade, ebenso deskriptiv wie gefühlsstark, und der Komponist erreicht damit eine Tiefe, die Loewe versagt blieb, so schön dessen Werk auch ist. Schubert hielt sich nie sklavisch an die gewählte Liedform und vermengte häufig Strophisches mit Durchkomponiertem.

„Er gab der Poesie Töne und Sprache der Musik", sagte Grillparzer von ihm. Schuberts Lieder weisen eine erstaunliche Vielfalt auf – sie sind lang oder kurz, lyrisch oder dramatisch, schlicht und komplex, manche deklamatorisch, andere wiederum volksliedhaft. Wie die Lyrik soll das Kunstlied eine Empfindung verdichtet ausdrücken. Schubert illustrierte mit dem ihm eigenen Zauber den Stimmungsgehalt der Worte musikalisch in einer Weise, die beiden Elementen höchsten Ausdruck verleiht.

Es klingt banal, wenn man Schubert einen der größten Melodiker der Musikgeschichte nennt. Jeder Liedkomponist braucht einen unerschöpflichen Quell der Melodie, und Schubert hatte außergewöhnlich viele melodische Einfälle von unvergeßlicher Schönheit – in *Auf dem Wasser zu singen, Du bist die Ruh', Horch, horch!, Liebesbotschaft, Ungeduld, Der Musensohn, Ave Maria.* In einem Brief von 1829 an Friedrich Wieck gab Robert Schumann eine unvergeßliche Beschreibung der Schubertschen Melodie: „... ungeheurer, stiller, gepreßter, lyrischer Wahnsinn." Mit diesem melodischen Einfallsreichtum verband sich ein erlesenes Gefühl für die Modulation. Mit größter Freiheit bewegte sich Schubert von Tonart zu Tonart, traf genau den richtigen Akkord, um ein Wort oder eine melodische Sinneinheit zu unterstreichen, verknüpfte die Modulationen innerhalb eines Liedes meisterhaft mit unerwarteten Einfällen.

Zwei Liederzyklen verdienen besondere Erwähnung: *Die schöne Müllerin* und *Die Winterreise.* Für viele gilt *Die Winterreise* – 1827, ein Jahr vor seinem Tod komponiert – als der größte Liederzyklus: voll Trauer und Klage, ja Verzweiflung, bis zum herzzerreißenden letzten Lied vom *Leiermann*, der im Winter seine Leier spielt. Niemand gibt ihm ein Almosen, niemand hört seiner Musik zu. Knurrende Hunde verfolgen ihn, doch er behält sein Lächeln und zeigt keine Spur von Enttäuschung. „Wunderlicher Alter", schließt das Lied, „soll ich mit dir geh'n? Willst zu meinen Liedern deine Leier dreh'n?" All dies ist im Ton tiefster Trostlosigkeit gehalten, mit nackten Quinten im Baß und

von Ernst Müller gedichtet, Gymnasiallehrer in dessau, gest. 1827

darüber einem Fetzen Melodie, einem Motto gleich. Man ist geneigt anzunehmen, daß Wilhelm Müllers Worte für Schubert auch eine autobiographische
Bedeutung hatten.

Nur in einer Kompositionsgattung versuchte sich Schubert nie – im Konzert.
Das ist insofern nicht verwunderlich, als Solokonzerte damals üblicherweise
von Tonsetzern komponiert wurden, die sie selbst spielten, und Schubert zwar
ein tüchtiger Pianist, aber kein Virtuose war. Eine beträchtliche Anzahl seiner
Werke wird auch heute noch immer nicht aufgeführt. Seine Opern sind
praktisch unbekannt und laut Ansicht der Fachleute nicht bühnenwirksam,
weil die Libretti so schlecht sind. Diese Auffassung wurde bereits zu Schuberts
Lebzeiten vertreten. 1820 bemerkte der Rezensent im *Conversationsblatt*, wie
lächerlich die Handlung der *Zauberharfe* sei. „Schade vor allem um *Schuberts*
wunderschöne Musik, die keinen würdigeren Gegenstand gefunden."

Nicht immer stand Schubert bei der Kritik in hohem Ansehen. Da seine
Vorstellungen von der Sonatenform vom klassischen Ideal abwichen, seine
Durchführung unstreitig eine Neigung zum Schweifend-Diffusen zeigte und
seinen Konstruktionen die gestalterische Kraft eines Beethovens mangelte,
wurde ihm vorgeworfen, von der „Sonatenform" nichts zu verstehen.

Es trifft zu, daß Schubert zwiespältig an die Sonatenform heranging. Im
damaligen Wien, mit der beherrschenden Gestalt Beethovens und der lebendigen Erinnerung an Mozart, schrieben alle Komponisten Sonaten, Konzerte und
Sinfonien, und auch Schubert fühlte sich verpflichtet, dem Zeitgeschmack zu
folgen, obwohl die strenge Sonatenform seiner lyrischen Neigung widersprach.
So huldigte er in vielen seiner frühen Sinfonien, Sonaten und Quartette pflicht-
getreu, doch ohne echte Begeisterung, dem Kult der Sonatenform. Später, etwa
in der *Unvollendeten* oder der großen C-Dur-Sinfonie, gelang es ihm, den
Gehalt mit seiner eigenen Form zu vereinen, wodurch er zu einer Sonatenform
gelangte, die in ihrer Art ebenso vollkommen war wie die Beethovens.

In der Zählung der Sinfonien herrscht eine gewisse Unklarheit. Die richtige
Abfolge lautet: Nr. 1 in D-Dur (1813); Nr. 2 in B-Dur (1815); Nr. 3 in D-Dur
(1815); Nr. 4 in c-Moll (1816); Nr. 5 in B-Dur (1816); Nr. 6 in C-Dur (1818);
Nr. 7 in E-Dur (1821, skizziert und Fragment geblieben); Nr. 8 in h-Moll (*die
Unvollendete*, 1822) und Nr. 9 in C-Dur (1828). Ob Schubert während seines
Sommeraufenthalts in Gastein im Jahre 1825 an einer großen Sinfonie gearbeitet hat, die als *Gmunden-Gasteiner-Sinfonie* durch viele zeitgenössische und
spätere Berichte geistert, ist zweifelhaft. Das Werk ist nirgends aufgetaucht. Die
früher vertretene Theorie, Schuberts *Grand Duo* für Klavier zu vier Händen sei
eine Transskription der *Gmunden-Gasteiner Sinfonie*, gilt heute als unhaltbar.
Einer anderen Theorie zufolge, die bei einigen Musikwissenschaftlern Anklang
findet, soll die *Gmunder-Gasteiner Sinfonie* eine Erstfassung der großen
C-Dur-Sinfonie gewesen sein.

Die ersten drei Sinfonien sind noch keine Zeugnisse der Meisterschaft,
obwohl aus der zweiten mit ihrer melodischen Beschwingtheit bereits echter
Schubert spricht. Die vierte Sinfonie, in c-Moll (Schubert nannte sie selbst *Die*

Tragische), ist ein Werk, das oft unterschätzt wird. Obwohl er in ihr Beethovens Stil huldigt, tritt Schuberts schöpferische Eigenart, vor allem im Finalsatz mit seinem elegischen Klang von hinreißender Schönheit schon deutlich zutage. Es dauerte lange, bis ihm bewußt wurde, daß er sich längst auf einem eigenen Weg befand, daß er Beethoven wohl nachahmen konnte, ihm aber niemals gleichen würde, und daß gerade eine absolut eigenständige und neuartige Gestaltung das Entscheidende in seiner künstlerischen Entwicklung war. Ungleich stärker stand er unter dem Einfluß Haydns, und die 5. Sinfonie, in B-Dur, elegant und anmutig instrumentiert, stellte eine Rückkehr zum Haydnstil dar. Die 6. Sinfonie, die sogenannte „kleine C-Dur-Sinfonie", erinnert zwar mit ihrem Ausdruck von Lebensfreude an Rossini, ist aber nicht ganz gelungen, weil es ihr an Geschlossenheit fehlt. Die *Unvollendete,* aus zwei Sätzen bestehend, wurde bald zum Inbegriff des Schubertschen Schaffens. Kein anderes sinfonisches Werk des 19. Jahrhunderts wird so beispiellos geliebt wie dieses. Die zerbrechliche Schönheit der Musik erschließt eine bis dahin unbekannte Sphäre. Vermutlich ließ der Komponist 1822 seinem alten Freund Anselm Hüttenbrenner die Partitur zukommen. Sie war dem Steiermärkischen Musikverein in Graz gewidmet, der kurz vorher Schubert zum Ehrenmitglied gewählt hatte, und Hüttenbrenner sollte sie den Mitgliedern überreichen. Es ist nicht bekannt, ob Schubert ihm mehr als die beiden Sätze zusandte. Die Partitur blieb jedenfalls in Hüttenbrenners Besitz bis 1865, als der Dirigent Johann Herbeck sie ihm mit dem Versprechen entlockte, eine von Hüttenbrenners Kompositionen in Wien aufzuführen. Warum nur zwei Sätze? Man hat Spekulationen angestellt und behauptet, Schubert habe die beiden anderen Sätze später nachsenden wollen oder das Gefühl gehabt, die beiden vorhandenen Sätze nicht übertreffen zu können, und deshalb die Arbeit nicht fortgeführt. Letztere Theorie ist jedoch nicht stichhaltig, denn im uns überlieferten Manuskript sind Skizzen für einen dritten Satz enthalten. Die Vermutung liegt nahe, Hüttenbrenner habe die beiden letzten Sätze verloren.

Es ist Robert Schumanns Verdienst, Schuberts 9. Sinfonie, die „große C-Dur-Sinfonie" entdeckt zu haben. Als er zu Neujahr 1830 Schuberts Bruder Ferdinand in Wien aufsuchte, zeigte dieser ihm die vielen noch unbekannten Manuskripte von Franz. Schumann erkannte sofort die Bedeutung der C-Dur-Sinfonie; ihm ist es zu verdanken, daß eine Kopie angefertigt und Felix von Mendelssohn nach Leipzig gesandt wurde, der das Werk bereits am 29. März 1839 in einem Gewandhauskonzert uraufführte und selbst dirigierte. Einiges spricht dafür, daß das Werk unter Schuberts Leitung 1828 in Wien probiert, aber als zu schwierig beiseite gelegt worden war. In einem Brief an Clara Wieck schwärmte Schumann über die Partitur: „Die ist Dir nicht zu beschreiben; das sind Menschenstimmen, alle Instrumente, und geistreich über die Maßen, und diese Instrumentation trotz Beethoven – und diese Länge wie ein Roman in vier Bänden, länger als die neunte Sinfonie [Beethovens]." (Schumann ließ sich hier zu sehr mitreißen. Die Schubertsche „Neunte" dauert ungefähr fünfzig Minuten, die Beethovensche nimmt mehr als eine Stunde in Anspruch). Dann besprach Schumann mit der ihn auszeichnenden Begeisterungsfähigkeit die Leipziger Uraufführung. „Die Sinfonie hat denn unter uns gewirkt wie nach den beethovenschen keine noch … Jahre werden vielleicht vergehen, ehe sie sich in Deutschland heimisch gemacht hat; daß sie vergessen, übersehen werde, ist kein Bangen da; sie trägt den ewigen Jugendkeim in sich." Schumann hatte recht, wie so oft. Die C-Dur-Sinfonie mit ihren dramatischen Höhepunkten, dem sanft klagenden Andante, dem tänzerischen Schwung des Scherzo und den polyphonen Partien kann durchaus ihren Platz neben Beethovens „Neunter" behaupten. Schubert hatte nun die Kraft zu einer Formgebung von klassischer Gültigkeit. Es ist unvorstellbar, wie viele Einfälle er nebeneinander konzipieren, gestalten und zur Vollendung bringen konnte. Sogar auf dem Sterbebett soll er noch gesagt haben, neue Harmonien und Rhythmen gingen ihm im Kopf herum.

Auch seine letzten Messen, die in As-Dur (1822) und die in Es-Dur (1828) enthalten Musik von hinreißender schöpferischer Kühnheit. Das Gloria der As-Dur-Messe ist ein gewaltiger Aufschwung, und zu noch größeren Höhen steigert sich das *Domine Deus*, unterstützt von rastlosen Modulationen: Die Musik durcheilt in rascher Aufeinanderfolge eine Reihe nicht miteinander verwandter Tonarten – a-Moll, B-Dur, C-Dur, D-Dur und E-Dur. Die Es-Dur-Messe ist sein eindrucksvollstes kirchenmusikalisches Werk. Er forderte dreifache Fortissimi (eine Seltenheit unter seinen dynamischen Anweisungen), und in gewisser Hinsicht ist die Messe das vokale Gegenstück zur „großen" C-Dur-Sinfonie. Die fugierten Abschnitte behandelt Schubert mit der ihm eigenen Natürlichkeit und musikalischen Logik. In seiner Chormusik gewinnt ein romantischer Ton Gestalt. Eine souveräne Beherrschung des Orchesters macht sich ebenfalls bemerkbar. Eine neue, naturorientierte Religiosität prägt Schuberts Messen und kirchenmusikalische Werke.

Schuberts Musik ist voll Wärme, Schönheit und Anmut. Immer ist sie intensiv, manchmal sogar schmerzlich melodisch. Häufig sind die Melodien typisch Schubertisch melancholisch gestimmt. Es genügt, seine Walzer für Klavier und die beiden Klaviertrios zu beachten, von denen das in B-Dur das beliebtere ist. Im langsamen Satz dieses Trios ist ein wundervolles Beispiel für Schuberts kühne Modulationen enthalten. Die Spannungen und Höhepunkte der Melodie werden durch die überraschenden Harmoniewechsel verschärft oder gelöst und ständig in neue Beleuchtungen gerückt. Die Musik bewegt sich in der Tonart As-Dur und gerät unvermittelt in das weit entfernte E-Dur. Es sind Augenblicke musikalischer Zauberei. Doch solche Wirkungen finden sich in den meisten Werken Schuberts, so zum Beispiel in den letzten drei Streichquartetten (in a-Moll, d-Moll und G-Dur), in der großen f-Moll-Fantasie für Klavier zu vier Händen, im *Forellenquintett* und in dem von Esprit funkelnden Oktett für Streicher und Bläser. Das Streichquintett in C-Dur, eines der letzten Werke Schuberts, nimmt einen besonderen Platz ein. Seine ersten beiden Sätze weisen die verhaltene Melancholie der *Unvollendeten* auf, jenen Ausdruck einer ewig unbegreiflichen Sehnsucht.

Erst seit einigen Jahren erfreuen sich Schuberts Klaviersonaten großer Beliebtheit in Konzertprogrammen. Die Pianisten der Romantik haben ihnen zumeist keine Beachtung geschenkt. Wenn sie überhaupt Schubert spielten, dann die *Wandererfantasie* oder die *Moments musicaux*. In den Augen der Pianisten war Schuberts Klavierwerk undankbar, schwierig, dabei nicht offenkundig virtuos und schwer zu gestalten. Zudem verlangte es dem Publikum ebensoviel ab wie dem Vortragenden. Erst in den dreißiger Jahren des 20. Jahrhunderts begannen Pianisten, Artur Schnabels Beispiel folgend, die Schubertsonaten regelmäßig zu spielen. Heute gehören sie zum Standardrepertoire. In Schuberts Klavierwerk – ja, dies gilt für sein ganzes Instrumentalwerk – ist das Klavier nur Ausdrucksmittel, nicht Selbstzweck. Der Pianist soll keine technischen Kunststücke vorführen (wenn auch die Musik, soll sie gut gespielt sein, beträchtliches technisches Können verlangt, besonders im Fall der drei imposanten postumen Sonaten).

Nach Schuberts Tod mußten rund vierzig Jahre vergehen, bis die Welt sich seiner genialen schöpferischen Leistung bewußt wurde. Ende des 19. Jahrhunderts, als seine Werke allmählich publiziert wurden und schließlich weite Verbreitung fanden, übte Schüberts Schaffen bedeutenden Einfluß auf Brahms, Dvořák, Bruckner und Mahler aus. Obwohl er wenig auf die frühromantische Schule einwirkte, vermochte er in seiner Musik Inhalte zu vermitteln, die durchaus romantisch waren. Viel stärkere romantische Züge weist jedoch Carl Maria von Weber in seiner Musik auf, der einen unvergleichlich größeren Einfluß auf die kommende Generation hatte. Schubert nimmt jedoch einen anderen, noch bedeutenderen Platz ein: Mit ihm wurde das Kunstlied zu einer zentralen Gattung der europäischen Musik, die im Grunde durch ihn erst entstand.

9. KAPITEL

Weber und die Frühromantiker
Freiheit und eine neue Sprache

Im ersten Drittel des 19. Jahrhunderts, als Beethoven (1827) und Schubert (1828) starben, war es als Folge der Französischen und industriellen Revolution in allen Bereichen der Wirtschaft zu tiefgreifenden Wandlungsprozessen gekommen, deren Ergebnis der Durchbruch der Industrialisierung war. Industrialisierung hieß Umbruch im Bereich der Produktionsverfahren, der Technik, der Energiequellen, des Transportwesens, der Gesellschaftsstrukturen. Allmählich vollzog sich der Übergang von der ständischen zur bürgerlichen Gesellschaft. Zu einer der ausschlaggebenden Schichten der Industriegesellschaft wurde das Bürgertum, das großen Reichtum zu erwerben begann. Eisenbahnen beförderten Menschen und Güter mit noch nie dagewesener Geschwindigkeit, Naturwissenschaften und Medizin erfuhren einen stürmischen Aufschwung. Die Dichter wandten sich vom Alexandriner und Hexameter ab, versuchten sich in neuen Versformen und schrieben subjektive Lyrik. Auch im politischen, religiösen und ökonomischen Denken schlug sich diese Umwälzung nieder. Das Zeitalter der Moderne brach an.

Natürlich spiegelte sich dieser Wandel auch in der Musik wider. Beethoven hatte den Musikern Beispielloses abverlangt, und die neuen Komponisten führten seine Ideen weiter. In Frankreich träumte Hector Berlioz von einem Orchester aus 467 Mitgliedern, ergänzt durch einen 360 Sänger starken Chor. Eine verbesserte Technik erweiterte den Tonartenumfang der Blasinstrumente, die mit Ventilen ausgestattet wurden, so daß Blechblasinstrumente zum erstenmal konsequent den Ton halten konnten. Da die Orchester größer und die Werke komplizierter wurden, war eine zentrale Leitung allmählich unumgänglich geworden. Ein Concerto grosso von Vivaldi konnte mit Hilfe des ersten Geigers und des Cembalisten ohne große Schwierigkeiten gespielt werden, bei einer komplexen Sinfonie Beethovens und seiner Nachfolger war das nicht mehr möglich. Um 1820 trat der Dirigent als Virtuose auf den Plan – der Mann, der kraft seiner persönlichen Ausstrahlung die Orchestermitglieder in seinen Bann zu ziehen vermochte und eine Einheit werden ließ. Pionierarbeit als Dirigenten leisteten Louis Spohr (1784–1859), Carl Maria von Weber (1786–1826), Gaspare Spontini (1774–1851) und François-Antoine Habeneck (1781–1849), der 1828 das Pariser Orchestre du Conservatoire gründete und es mit dem Geigenbogen statt mit dem Dirigentenstab dirigierte.

Außer den Orchesterinstrumenten wurde auch das Klavier in technischer Hinsicht verbessert. Das zartklingende Instrument aus Mozarts Zeit und das kraftvollere Pianoforte Broadwoods, das Beethoven so begeisterte, mußten einem massiven Instrument mit Stahlrahmen weichen, auf das sich Scharen von

Carl Maria von Weber (1786–1826).
Zeitgenössischer Punktierstich.

Virtuosen stürzten. Auf dem Klavier wollten sie dieselben Leistungen erbringen wie Niccolò Paganini auf der Geige. Paganini (1782–1840), der meist eigene Kompositionen vortrug, nimmt in der Geschichte der Musik einen bedeutenden Platz ein, weil er das gesamte Instrumentalschaffen der Romantik beeinflußte. Er war der erste Virtuose par excellence und gilt als der größte Geiger aller Zeiten. Teils Genie, teils Scharlatan löste er ab 1805 überall, wo er auftrat, Begeisterungsstürme aus. Von diesem hochgewachsenen, dunkelhäutigen Italiener mit dem ausgemergelten Gesicht, der auf seiner Guarneri unerhörte Kunststücke vollführte, ging etwas beinahe Satanisches aus, das in seinen Bann zog. Die Musiker gingen eifrig in seine Konzerte, um das Geheimnis seiner Effekte herauszufinden. Auch das Publikum war von seinen Konzerten hingerissen und die Zuhörer, die zum Aberglauben neigten, glaubten ihn im Besitz teuflischer Kräfte. Paganini tat nichts, um diesen Eindruck zu zerstreuen, im Gegenteil, er unterstrich nur noch mehr das Diabolische seiner Darbietungen. Als „Teufelsgeiger" feierte er Triumphe in ganz Europa. Er gab nicht Konzerte, er veranstaltete Saturnalien. Einer seiner Kunsttricks bestand darin, während des Spiels eine Saite der Geige zum Reißen zu bringen und auf drei Saiten zu Ende zu spielen. Oder er zog eine Schere aus der Tasche, schnitt drei Saiten durch und vollbrachte auf der G-Saite allein wahre Wunder. Seine Kunstgriffe schockierten die in klassischer Tradition erzogenen Geiger. Er verwendete oft die Technik der Scordatura, um das Spielen bestimmter Intervalle zu erleichtern, und wenn er mit Orchesterbegleitung spielte, stimmte er häufig die G-Saite einen halben Ton höher, um schwere Passagen bequemer ausführen zu können. Er spielte ganze Stakkatoläufe mit einem einzigen Bogenstrich, dem sogenannten Saltatostrich, und Arpeggien über mehrere Saiten mit der oberen Bogenhälfte. Paganinis 24 *Capricen für Solovioline*, zwischen 1801 und 1807 entstanden, gehören noch heute zum Besten, was je für Geigenvirtuosen geschrieben wurde. Mit seinen Doppelgriffen, Oktav- und Dezimgriffen, Trillern, Terzen und Sexten sowie Flageolett-Tönen war hier die Technik des Violinspiels auf ihrem Höhepunkt angelangt. Liszt und Schumann schrieben Variationen über Paganinis berühmte *Capricen,* bemüht, diesem genialen Jugendwerk etwas Ebenbürtiges zur Seite zu stellen. Später benutzten Brahms, Rachmaninow und andere die 24. Caprice als Ausgangspunkt für umfangreiche Klavierkompositionen.

Paganini war der Prototyp des exzentrischen Genies, obwohl es natürlich schon vor ihm berühmte Virtuosen gegeben hatte. Italien hatte im 18. Jahrhundert eine Reihe vortrefflicher Geiger aufzuweisen, unter anderem Giuseppe Tartini (1692–1770), dessen Violintechnik (Bogentechnik, Doppelgriffe, Triller) Grundlage für das moderne Violinspiel wurde. Besonders virtuos ist seine *Teufelstrillersonate.* Gegen Ende des Jahrhunderts verknüpfte eine Gruppe von Pianisten, angeführt von Johann Baptist Cramer, Ignaz Moscheles, Johann Ladislaus Dussek und John Field, Elemente der Klassik mit solchen der beginnenden Romantik. Doch in der ganzen Geschichte der Musik hält kein Instrumentalkünstler dem Vergleich mit Paganini stand. Liszt trat Paganinis Erbe an.

Als Pianist feierte er Triumphe in ganz Europa. Die Genialität des Pianisten spiegelt sich in der Virtuosität und den stimmungsmalenden Klangeffekten seiner Klavierwerke wider. Er wurde zum Begründer der neuen Klaviertechnik und war mit seinen Orchesterwerken wegweisend noch für das 20. Jahrhundert. In seiner Instrumentation fand er das wahre Gleichgewicht zwischen Solo- und Orchesterpart.

Das Virtuosentum fand in ganz Europa beim Publikum großen Anklang. Darum wurden überall Konzertsäle gebaut, ständige Orchester und Musikvereine gegründet. Rossini, Bellini und Donizetti, die kurz nach der Jahrhundertwende zu komponieren begannen, schrieben Musik, die um klangsinnliche Schönheit in Tongebung und Stimmführung bemüht war im Stil des *Belcanto*, des „schönen Gesangs". Es handelt sich auch hierbei um keinen völlig neuen Gesangsstil, doch der Begriff Belcanto wird spezifisch auf die Opern dieser drei Komponisten angewandt. Beim Belcanto treten stimmliche Flexibilität, Reinheit der Gesangslinie, virtuose Technik in den Koloraturpassagen und sorgfältige Formung der gesungenen Vokale in den Vordergrund. Im Verlauf des Jahrhunderts gewann der dramatischere Gesangsstil größere Bedeutung – sehr zum Leidwesen Rossinis und anderer Liebhaber des Belcanto. In ihren Augen hatten Meyerbeer, Verdi und Wagner die Vokalkunst verdorben. Große Sänger wie Luigi Lablache, Maria Malibran, Wilhelmine Schröder-Devrient, Pauline Viardot-Garcia, Gilbert-Louis Duprez und Enrico Tamberlik waren ebenso populär wie die Klavier- und Violinvirtuosen. Duprez sang als erster Tenor ein hohes C mit voller Stimme. Rossini beschrieb voll Abscheu diesen Ton als „das Quaken eines Kapauns, dem die Kehle durchgeschnitten wird".

Genauso wie in früheren Zeiten waren in der ersten Hälfte des 19. Jahrhunderts die großen Instrumentalisten zugleich auch große Komponisten. Weber, Mendelssohn, Chopin und Liszt waren die vier bedeutendsten Pianisten ihrer Zeit; Berlioz, Mendelssohn, Weber und Wagner die vier größten Dirigenten. In der Mitte des Jahrhunderts trat ein musikhistorisch neues Phänomen auf – konzertierende Musiker, die selbst nicht komponierten. Pianisten wie Hans von Bülow und Karl Tausig arrangierten Musik, die andere geschrieben hatten, komponierten aber selbst nicht ernsthaft, sondern waren reine Virtuosen. Heutzutage hat die Bezeichnung Virtuose einen negativen Beiklang, weil sie eine Bedeutungsverengung erfahren hat und nur noch einen qualifizierten, selbstgefälligen ausübenden Musiker kennzeichnet, aber im 19. Jahrundert drückte sie Meisterschaft und technische Vollendung aus. Bisher hat niemand eine maßgebliche Geschichte des musikalischen Virtuosentums geschrieben, aber es ist verbürgt, daß die großen konzertierenden Musiker damals großen Einfluß auf das Schaffen der Komponisten hatten. Während bisher Komponist und ausführender Instrumentalist meist ein und dieselbe Person waren, wurde mit dem Erscheinen des Virtuosen und dessen subjektiver Interpretation die Musik eines Komponisten oft abweichend von der Absicht ihres Schöpfers wiedergegeben. Das barg Gefahren in sich, denn von jeher hat es Virtuosen gegeben, die herrliche Musik in einem Tumult billiger Effekte haben untergehen lassen.

Doch die Tonsetzer der Romantik waren durchaus willens, sich mit dem Virtuosen zu verbünden, vor allem auch weil sie sich dessen bewußt waren, daß die Notation die Autorenabsicht nicht immer genau und umfassend spiegeln kann.

Besonders einsichtig waren in diesem Punkt die Frühromantiker. In der Romantik strebte man nach verstärktem Ausdruck der eigenen Persönlichkeit, nach dem Ideal der Kunst um der Kunst willen. Beethoven war vielleicht der erste Komponist, der dieses Prinzip seinem Schaffen zugrunde legte. Zurückzuführen war diese Haltung auf den Einfluß von Jean-Jacques Rousseau, der die These des natürlichen, durch seinen Instinkt richtig geleiteten Menschen und die des individuellen Werts eines jeden Einzelnen propagiert hatte. Der menschliche Instinkt, sagte Rousseau, leite uns zuverlässiger als die Vernunft; man solle außerdem Gefühle nicht unterdrücken. Dieser Aufforderung kamen die Romantiker nach. Jean Paul legte bereits 1804 in seiner *Vorschule der Ästhetik* einige Grundregeln für die Kunst-, Welt- und Lebensanschauung der Romantik dar, indem er betonte, daß das entscheidende Element die Weite sei. „Das Romantische ist das Schöne ohne Begränzung oder das schöne Unendliche". Oder: „Ist Dichten Weissagen: so ist romantisches das Ahnen einer größeren Zukunft, als hienieden Raum hat."

Man hat sehr viel über die Romantik geschrieben und ist dabei oft ins Schwärmen geraten, doch ihre Grundzüge sind klar umrissen: Steigerung des schöpferischen Ich ins Universale, Unendliche, Elementare; Interesse am Übernatürlichen; Experimentieren mit neuen Formen, neuen Farben, neuen Fakturen. Innerhalb einer Dekade, zwischen 1830 und 1840, entfaltete sich ein fast unübersehbarer Reichtum an musikalischen Stilerscheinungen. Alle musikalischen Elemente, vor allem die Harmonik (verstärkte Leittönigkeit, Alteration), aber auch Rhythmik, Dynamik und Klanglichkeit wurden zu äußerster Differenzierung getrieben. Die Komponisten verwendeten nun Sept-, Nonen- und sogar Undecimenakkorde und chromatisch veränderte Akkorde.

Die Romantiker liebten zum Leidwesen aller Konservativen ungewohnte Tonkombinationen, entlegene Akkorde und Dissonanzen. Ignaz Moscheles (1794–1870) – ein guter Komponist und einer der besten Pianisten und engagiertesten Musiker Europas – stand beispielsweise Chopins Musik zunächst ratlos gegenüber: „... immer aber stolpern meine Gedanken, und durch sie die Finger, bei gewissen harten, unkünstlerischen, mir unbegreiflichen Modulationen." Musiker mit einer Ausbildung wie Moscheles – mit der Betonung auf Klarheit, Reinheit, richtiger Stimmführung und sparsamem Pedalgebrauch – waren außerstande, die romantische Musik zu verstehen, weil sie ihre ästhetischen und akustischen Prämissen nicht verstanden. Reiner *Klang* war den Romantikern sehr wichtig, und sie entwickelten neue Techniken und Kompositionsweisen, um diesen zum Ausdruck bringen zu können. Erst als Moscheles selbst Chopin spielen hörte, gab er seinen Irrtum zu. Chopins neue Technik, seine Art des Legatospiels, durch den nuancierten Einsatz des Pedals unterstützt, ermöglichte es ihm, diese Dissonanzen zu glätten.

Die Musik der Romantik hat also ihren eigenen Klang – üppig, sinnlich, farbenreich –, und das ist wahrscheinlich der bedeutendste Aspekt dieser Epoche. Romantische Musik ist größtenteils nicht-abstrakte Musik. Nicht selten folgten Komponisten, wie es oft bei Berlioz und Liszt der Fall war, in ihrer Musik einem spezifischen Programm. Im idealistischen Zeitalter der musikalischen Romantik mit ihrer engen Beziehung zur Literatur und der nun umfassenden Bildung der meisten Komponisten, war es ein beliebtes Spiel, einen programmatischen Gehalt in die Musik hineinzulegen. Auch Schumann legte diesen Maßstab an die Kompositionen an, und je bedeutender das Werk war, desto mehr las er hinein. Bei einer Auslegung dieser Art verstieg sich Hans von Bülow zu der Behauptung, Chopin schlage sich in seinem E-Dur-Prélude mit einem Hammer auf den Kopf. Und Wagner deutete die *Eroica* als einen Dialog zwischen Mann und Frau, gekrönt von der alles bezwingenden Macht der Liebe. „Noch einmal zuckt das Herz, und es quillt die reiche Träne edler Menschlichkeit, doch aus dem Entzücken der Wehmut bricht kühn der Jubel der Kraft hervor – der Kraft, die sich der Liebe vermählte, und in der nun der *ganze, volle* Mensch uns jauchzend das Bewußtsein seiner Göttlichkeit zuruft." Derartige Interpretationen waren im 19. Jahrhundert durchaus üblich, eine Änderung der Perspektive trat erst später ein, als man dazu überging, objektive Kriterien anzuwenden. In einem Kommentar zur *Eroica* äußerte sich Toscanini verächtlich über die romantische Sicht: „Manche sagen, sie sei Napoleon, manche Hitler, manche Mussolini. Ach was! Für mich ist es schlicht und einfach Allegro con brio." Darin würden ihm heute die meisten beipflichten.

Diese Bemerkung des großen Dirigenten ist Ausdruck einer Einstellung, die sich so stark durchsetzte, daß in den fünfziger Jahren des 20. Jahrhunderts die Grundanschauungen der Romantik beinahe ganz in Vergessenheit gerieten – ähnlich wie es sich in den vierziger Jahren mit den Grundlinien der Mozartschen Aufführungspraxis zugetragen hatte. Dieses Phänomen verdient Beachtung, weil das ausgehende 20. Jahrhundert eine zwiespältige Beziehung zur Romantik hat. Obwohl das heutige Repertoire zu einem großen Teil aus romantischer und spätromantischer Musik besteht und es gewissermaßen als verbürgt gilt, daß unsere Musiker diese Werke verstehen, während sie mit dem klassischen und barocken Repertoire weniger umgehen können, verhält es sich in Wirklichkeit genau umgekehrt. Dank gründlicher Forschungen über die Zeit vom Mittelalter bis zu Mozart haben junge Musiker heute genauere Kenntnisse der vorromantischen als der zwischen 1830 und 1900 entstandenen Musik.

Heute weiß jeder gebildete Musiker eine Menge über die Aufführungspraxis zu Mozarts Zeit, aber noch immer recht wenig über die Liszt-Tradition. Die Aufführungspraxis der Romantiker nimmt in der Literatur nicht den ihr gebührenden Platz ein, weil die Musikforschung sich vorwiegend mit den Problemen der älteren Musik befaßt. Dazu kommt, daß man in unserem Jahrhundert der romantischen Bewegung mit Skepsis gegenübersteht. Viele Musiker wissen nicht einmal, wie sie bei einem Konzert den Notentext eines romantischen Musikwerkes umsetzen sollen. Ein Komponist wie Schumann

Weber und die Frühromantiker   137

beispielsweise achtete sorgfältig darauf, Bezüge zwischen den einzelnen Stimmen zu kennzeichnen. Er markierte sehr genau die Phrasierung, bezeichnete die Fähnchen einzelner Noten, so daß sie sich deutlich abhoben, schrieb Legatoangaben über Baß- oder Tenorlinien. Seine Eintragungen haben eine harmonische und polyphone Bedeutung, doch nur wenige Musiker bemerken sie, wenn sie etwa den *Carnaval* op. 9 (1834/35) oder die *Kinderszenen* op. 15 (1838) spielen. Für die Romantiker waren Tempoverlangsamung beim Übergang vom ersten zum zweiten Thema, eine deutliche Absetzung der kontrastierenden Abschnitte voneinander, Rubato und ständige Schwankungen des Tempos selbst charakteristisch. Sie hatten auch nichts gegen kleine Eingriffe in den Notentext einzuwenden, der für sie nicht unantastbar war. Die besseren Musiker entfernten sich nie radikal vom Original, aber keiner von ihnen hätte Bedenken gehabt, eine Passage zu verändern oder hervorzuheben, um einer optimalen Wirkung oder einer großartigen Geste willen. Kurzum, die Romantiker gingen an die Musik mit einer Unbefangenheit heran, die ein Jahrhundert später verboten war.

Angesichts dieser unbefangenen Einstellung und der Freiheit, die das 19. Jahrhundert seinen Stimm- und Instrumentalvirtuosen bereitwillig einräumte, nimmt es nicht wunder, daß vor allem in der Frühromantik die Musik der Vergangenheit falsch wiedergegeben wurde. Für die Frühromantik war Subjektivität das oberste Prinzip. Wissenschaftliche Werktreue lag den von Gefühl und Phantasie geleiteten Musikern fern, es gab noch nicht einmal eine musikwissenschaftliche Disziplin. Als Mendelssohn 1829 die *Matthäuspassion* wiederbelebte, wurde das Werk gekürzt, revidiert, neu orchestriert und in manchen Abschnitten neu komponiert. Auch an Mozarts und Beethovens Werken nahm man einschneidende Änderungen vor. Die Romantiker erhoben Beethoven zwar zu ihrem Idol, doch aus der eigenen Sicht heraus. Sie hielten ihn für den größten Revolutionär in der Musik und schrieben seinen Werken ein ethisches Ideal zu, doch das hinderte sie nicht daran, seine Partituren zu ändern, um sie zeitgemäß erscheinen zu lassen. Wagner revidierte Glucks Orchestrierung, Liszt „verbesserte" Schuberts Klavierwerke. Wagner bemerkte zu seinen Revisionen Beethovenscher Partituren, er habe seine Ehrfurcht nie so weit getrieben, Beethovens Vorschriften wortwörtlich zu nehmen. Wagner brachte es zwar nicht über sich, die Beethovenschen Sinfonien zu verstümmeln, so wie Mahler später mit Schumanns Sinfonien verfuhr, doch der eine wie der andere versuchte, die Musik zu „verbessern".

Die Romantik huldigte dem Gefühl. Die Konturen verwischten sich, außermusikalische Anregungen spielten eine tragende Rolle. Nationalistische Gefühle faßten Fuß, zuerst bei Chopin in seinen Mazurken und Polonaisen, dann bei Liszt in seinen *Ungarischen Rhapsodien* und später bei den böhmischen und russischen Nationalkomponisten. Das Wort-Ton-Verhältnis wurde neu und tiefer gefaßt, das Wesen der Oper änderte sich, die Werke des Belcanto mußten den effektvoll bühnenwirksamen Opern Meyerbeers, der intensiven musikalischen Dramatik Verdis und dem Wagnerschen Musikdrama das Feld

Carl Maria von Weber: »Der Freischütz«. Szenenbild ›Wolfsschlucht‹.
Stich, 19. Jahrhundert.

räumen. Der Wandel vollzog sich binnen fünfundzwanzig Jahren, in einer Generation: Mendelssohn (geb. 1809), Chopin und Schumann (geb. 1810), Liszt (geb. 1811), Wagner und Verdi (geb. 1813). Diese Entwicklung hing mit der literarischen Bewegung zusammen.

Eine der führenden literarischen Persönlichkeiten der deutschen Romantik war E. T. A. Hoffmann, dessen Erzählungen und Märchen unvermittelt in eine hintergründig-dämonische Spukwelt von grotesker Phantasie umschlagen, in der die Musik als Sprache eines Geisterreiches erscheint. Hoffmann vereinte alles in sich – er war Dekorationsmaler, Zeichner, Literat, Romancier, Kapellmeister, Regisseur, Musiklehrer, Librettist, Dirigent, Musikkritiker und Regierungsrat. Seiner Auffassung nach war die Musik „die romantischste aller Künste, beinahe möchte man sagen, allein echt romantisch ..." Diese Aussage ist einem 1813 geschriebenen Aufsatz über Beethovens Instrumentalmusik entnommen. Weiter heißt es: „Jede Leidenschaft – Liebe – Haß – Zorn – Verzweiflung etc., wie die Oper sie uns gibt, kleidet die Musik in den Purpurschimmer der Romantik." In Hoffmanns Schriften ist oft die Rede vom „Reich des Unendlichen", vom „ewigen Sphärentanze", von „unendlicher Sehnsucht", „unruhevoller Sehnsucht", vom „Geisterreich des Unendlichen", „jauchzenden Jubel", von der „Ahnung des Ungeheuern". Diese Ausdrucksweise spiegelt die von Gefühl und Phantasie geleitete Lebensanschauung der Romantik wider. Hoffmanns musikalische Schriften waren – vom heutigen Standpunkt aus – verstiegen und sentimental, aber die Romantiker ließen sich enthusiastisch von seinen Gedanken leiten. Er rief auf zum Bruch mit der Vergangenheit und erhoffte eine idealistische, individuell geprägte Musik. 1815 komponierte er *Undine*, eine Oper, die das Übernatürliche zum Thema hat und darum eine Gemeinsamkeit mit Webers *Freischütz*. Weber pries sie als „eines der geistvollsten Werke, das uns die neuere Zeit geschenkt hat".

Ein weiterer Vorläufer der Romantik war der gefeierte Pianist Muzio Clementi (1752–1832), ein Wegbereiter der modernen Klaviertechnik, der seit 1766 in England lebte und zahlreiche Konzertreisen unternahm. Er spezialisierte sich auf einen virtuosen Vortragsstil in Terzen und Oktaven. Die Pianisten seiner Zeit folgten mehr seinem Vorbild als dem klassischen Stil Mozarts, der zwar ein unvergleichlich größerer Künstler war, aber am Flügel nicht so mitriß wie Clementi. Ein ebenfalls bedeutender Pianist war Clementis Schüler John Field (1782–1837), dessen Nocturnes Chopin zur Nachahmung anregten. Eine faszinierende Gestalt dieser Übergangsperiode war auch der österreichische Komponist und Pianist Johann Nepomuk Hummel (1778–1837), ein Schüler Mozarts, Albrechtsbergers und Salieris, der Klavier-, Violin-, Kammermusik und mehrere Bühnenwerke komponierte, die bereits der Romantik nahe standen. In Wien galt er als einziger ernstzunehmender Rivale Beethovens, und in der ersten Hälfte des 19. Jahrhunderts zählte man Hummel zu den unsterblichen Meistern der Musik. Sein Septett für Klavier, Streicher und Bläser in d-Moll brachte ein harmonisches Vokabular, das viel „moderner" und klanglich reicher als das Schuberts war, und einen Stil der Klavierkomposition, der direkt zu Chopin führte. Hummels a-Moll-Klavierkonzert, dem Chopins e-Moll-Klavierkonzert stark verpflichtet ist, verdient besondere Beachtung. Nur ganz wenigen seiner Kompositionen begegnet man im heutigen Konzertrepertoire; sein Werk verdient jedoch, wiederbelebt zu werden.

An dieser Stelle muß auch Louis Spohr (1784–1859) erwähnt werden. Heute ist seine Musik bis auf das Nonett op. 31 in F-Dur für Streicher und Bläser ziemlich vergessen. Seine zweihundert Kompositionen – darunter nicht weniger als fünfzehn Violinkonzerte – galten als äußerst kühn. Er war der bedeutendste Geiger Deutschlands, gehörte der Mozartschule an und schätzte die romantischen Komponisten nicht besonders, obwohl er sich später als Hofkapellmeister am Theater in Kassel, für Wagner einsetzte. Eine seiner Opern, *Die Kreuzfahrer* (1845), wies sogar auf Wagners Stil voraus, da das Werk ohne überflüssige Textwiederholungen und Verzierungen komponiert ist, um die Handlung schneller voranzutreiben. Er schrieb u. a. zehn Opern, darunter *Faust* (1816) und *Jessonda* (1823), die eine beinahe ebenso begeisterte Aufnahme fand wie Webers *Freischütz*. Spohr war einer der anerkanntesten Geigenvirtuosen und Komponisten seiner Zeit.

Obwohl man dazu neigt, eine Epoche nur nach den großen Meistern zu beurteilen, stellt man immer wieder fest, daß das Publikum im Laufe der Zeit von deren künstlerischer Größe überfordert ist und sich geringeren Talenten zuwendet, die seine anspruchslosen Bedürfnisse eher befriedigen können. Um 1830 galten Beethoven, Mozart und Hummel als die drei größten Komponisten für den durchschnittlichen Musikliebhaber, der sich aber zugleich wesentlich entspannter fühlte, wenn er Musik von kleineren Meistern, wie Georg Onslow (1784–1853), Ferdinand Ries (1784–1838), Henri Herz (1803–1888), Franz Hünten (1793–1878) oder Friedrich Kalkbrenner (1785–1849) hörte. Das waren die Schöpfer der kommerziellen Musik ihrer Zeit, die ihren Hörern keinerlei Probleme bot. Sie ersannen gefällige Ouvertüren und Potpourris, lieferten den jungen Damen Europas die geeignete Klaviermusik für ihre Hauskonzerte, schrieben die sentimentalen Weisen fürs Gemüt und Arrangements für Flöte, Harfe und Klavier, die in den Musiksalons des Bürgertums erklangen und die Musikverleger reich machten.

Kalkbrenner ist ein typisches Beispiel. Er war ein hervorragender Pianist, der es zu großem Ansehen gebracht und eine hohe Meinung von sich selbst hatte. Als der junge Chopin in Paris ankam, wandte er sich an ihn. *Das* sei wahres Klavierspiel, soll Chopin voll Begeisterung ausgerufen haben. Kalkbrenner war außergewöhnlich produktiv, sein Verleger Probst vernachlässigte sogar Schubert, um Kalkbrenners Werke herauszubringen. Heinrich Heine, der ein glänzender Kritiker war, hat ein Konzert Kalkbrenners amüsant beschrieben: „Auf seinen Lippen glänzt noch immer jenes einbalsamierte Lächeln, welches wir jüngst auch bei einem ägyptischen Pharaonen bemerkt haben, als dessen Mumie in dem hiesigen Museum abgewickelt wurde." Ähnlich äußerte sich Clara Schumann über Kalkbrenner, den sie „sanft lächelnd und selbstzufrieden" nennt, als wolle er ständig Gott dafür danken, daß er einen solch genialen Geist

Weber und die Frühromantiker

wie ihn erschaffen habe. Da Kalkbrenner reich und berühmt war, erwartete er, daß jedermann ihm Aufmerksamkeit schenkte. Es gibt viele Komponisten seinesgleichen, die große Popularität genießen, aber einige Jahrzehnte nach ihrem Tod vergessen sind. Es sind die Komponisten vom Rang Kalkbrenners die den größten Teil des Repertoires ihrer Zeit bestreiten – nicht die vier oder fünf Genies, die in derselben Epoche wirken.

Carl Maria von Weber gilt als der erste Romantiker. Er war ein bedeutender Pianist und unternahm zahlreiche Konzertreisen, u. a. in die Schweiz, nach Prag und Berlin; seine Musik war der Zeit voraus. Ebenso erfolgreich wie musikhistorisch bedeutend war der *Freischütz*, in dem Weber im Dienst charakteristischen Ausdrucks die Instrumentation durch ungewöhnliche Klangfarben bereicherte. Außer dem *Freischütz*, den Ouvertüren zu drei Opern, dem *Konzertstück* für Klavier und Orchester oder gelegentlich einer Sinfonie sind heute kaum noch Werke Webers im Repertoire. Bekannt ist auch die *Aufforderung zum Tanz* (1819), die jedoch fast nie in ihrer ursprünglichen Form – für Klavier allein – gespielt wird. Darum fällt es oft schwer, sich die überwältigende Wirkung Webers auf die heranreifenden Romantiker vorzustellen – auf Mendelssohn, Berlioz, Liszt, Marschner und insbesondere Wagner. Heinrich Marschner (1795–1861) war ein populärer Opernkomponist und griff in seinem *Vampyr* die Thematik des *Freischütz* auf. Mit seinen Gespenstern und Dämonen, mit der Gestaltung verborgener Ängste, Träume und Wahnvorstellungen steht er in der Tradition der sogenannten schwarzen Romantik.

Webers Einfluß auf Wagner ist nicht von der Hand zu weisen, denn vor allem die ungewohnten Harmonien der Ouvertüre zu *Euryanthe* weisen auf den *Ring*-Zyklus hin. 1813 trug sich Weber mit dem Gedanken, eine Oper über die Tannhäusersage zu schreiben. Hätte er dieses Vorhaben ausgeführt, wäre er Wagner zuvorgekommen. Auch in anderen Bereichen griff er Wagner vor. Als einer der ersten Operndirigenten führte er Szenenproben ein. Wagner übernahm viele Ideen Webers, beispielsweise seine pangermanischen Gedanken über die Oper. 1817 schrieb Weber: „Wo bei den andern es meist auf die Sinnenlust einzelner Momente abgesehen ist, will der Deutsche ein in sich abgeschlossenes Kunstwerk, wo alle Teile sich zum schönen Ganzen runden und einen." Hier ist schon Wagners Konzept des *Gesamtkunstwerks* angedeutet – vierzig Jahre bevor Wagner *seine* Theorien aufstellte.

Mit Webers *Freischütz* hat das Zeitalter der Romantik in der Musik begonnen. Die geheimnisvolle Szene in der Wolfsschlucht, mit ihrer Beschwörung der Macht des Bösen, ihrer stimmungsvollen Naturmalerei, ihren phantastischen Elementen barg elementare Kräfte, die die neue Bewegung in Europa vorantrieben.

Carl Maria von Weber, der einer Musikerfamilie entstammte, wurde am 18. November 1786 geboren und starb am 4. Juni 1826, ein Jahr vor Beethoven, zwei Jahre vor Schubert. Den *Freischütz* hatte er 1821 geschrieben, eine Oper, die sich von allen bisherigen unterschied. Seine anderen Opern, u. a. *Euryanthe* (1823) und *Oberon* (1826), werden wegen ihrer unzulänglichen

Libretti heute nur selten aufgeführt, haben aber gleichfalls übersinnliche Themen zum Inhalt. Um 1840 fällte der englische Kritiker Henry Fothergill Chorley ein Urteil über Weber, das man als typische Reaktion betrachten kann. (Es muß betont werden, daß Chorley ein Reaktionär war, dem der Schaum vor den Mund trat, wenn er die Namen Schumann und Wagner hörte.) Webers Musik, schrieb Chorley, „ist durchtränkt vom Geist jener alten Zeit, als in den Wäldern Weissagungen gemurmelt und Schlachten von den blutroten Geistern vorausgesagt wurden, die ihre Waffen schwenkten und ihre Fahnen in den Westwind hielten. Der Zauber, der von Webers Musik ausgeht, ist der des Aberglaubens, der Schimmer darüber ist entweder der Abglanz des Perlenzelts aus dem Land der Träume oder der prachtvolle farbige Lichtstrom, der sich aus einem wappengeschmückten Fenster ergießt, verziert *mit so manchem kunstvollen Mittel.*" All das entsprach den Empfindungen der Romantiker. Webers Klavierwerke waren ebenso populär wie seine Opern. Als Wilhelm von Lenz, der sich gerne mit prominenten Klavierlehrern umgab und später Bücher über sie schrieb, in den zwanziger Jahren des 19. Jahrhunderts Liszt Webers *Aufforderung zum Tanz* und Schuberts As-Dur-Sonate vorspielte, erstarrte der große Pianist in Ehrfurcht. Aber nicht nur Liszt, sondern auch die anderen Pianisten der Romantik spielten mit Vorliebe Webers Musik.

Weber war ein schlanker, an Schwindsucht leidender Mann, der mit einem Hüftleiden geboren worden war und sein Leben lang hinkte. Er starb an den Folgen der Überarbeitung und der Schwindsucht und hinterließ ein reiches musikalisches Erbe. Als Pianist war er ein glänzender Virtuose. Der enthusiastische Schwung seines Spiels lebt in seinem mitreißenden, energisch punktierten Rhythmus und in der Eleganz seiner Melodik fort. Der kleinwüchsige Weber hatte außerordentlich große Hände, so daß einige Stellen in seinen Klavierkompositionen nicht von allen gespielt werden können, weil sie eine zu große Spannweite der Finger erfordern. Als reisender Virtuose war Weber gewohnt, sehr auf das jeweilige Publikum einzugehen. Zuweilen arbeitete er mit seichten Effekten, so daß seine Klavierwerke manchmal mehr durch ihren äußeren Glanz als durch die Substanz wirken. Aber wenn er all seine schöpferischen Kräfte aufbot, wie etwa im *Konzertstück,* ist seine Musik erhaben. Heute sind seine vier Klaviersonaten, die Variationen und Virtuosenstücke von der Art der *Polacca brillante* beinahe ganz aus dem Repertoire verschwunden, doch im 19. Jahrhundert erfreuten sie sich großer Beliebtheit.

Aber nicht nur als Pianist und Komponist erlangte Weber Ruhm. Als der bedeutendste Dirigent seiner Zeit bahnte er einer Gruppe von Männern, die seinem Beispiel folgten, den Weg, und es dauerte nicht mehr lange, bis in der Welt der Musik die Dirigenten eine Machtposition einnahmen. Bereits 1804, im Alter von achtzehn Jahren, wurde Weber erster Kapellmeister am Stadttheater in Breslau, wo er auf großen Widerstand wegen seiner Jugend und seiner neuartigen Vorstellungen von der Führung eines Theaters stieß. Der Primgeiger Joseph Schnabel schied sogar aus dem Orchester aus, um sich die Schande zu ersparen, unter der Leitung eines „Kindes", spielen zu müssen. Weber verließ

Weber und die Frühromantiker

Breslau 1806, bekleidete danach mehrere kleinere Stellungen, unternahm eine Konzerttournee und wurde schließlich 1813 Kapellmeister und Operndirektor am Landständischen Theater in Prag. 1816 wurde er vom König von Sachsen nach Dresden berufen mit dem Auftrag, die deutsche Oper auszubauen, damit die hemmungslose Begeisterung für die italienische Oper gedämpft würde. Deutschland war vom Rossini-Taumel erfaßt worden, und in Berlin hatte 1820 Spontini als Dirigent und Komponist so populärer Opern wie *La Vestale* (Die Vestalin), eines Lieblingswerks Berlioz', und *Fernand Cortez* die unumschränkte Herrschaft.

Weber, ein glänzender Organisator, gestaltete das Programm der Dresdner Oper um, ließ italienische und französische Libretti ins Deutsche übersetzen, ging sämtliche Partituren durch, korrigierte darin enthaltene Fehler und bestand auf mehreren Szenenproben. Da er die gesamte Produktion überwachte – Bühnenbild, Inszenierung, Besetzung –, war die Aufführung dann wirklich vollendet, wenn er vom Pult aus dirigierte. Als Wagner 1843 zum Königlich Sächsischen Kapellmeister an der Dresdner Oper ernannt wurde, griff er zahlreiche Ideen Webers auf.

Webers romantische Stimmungsoper *Der Freischütz* (1821) gilt als das größte Ereignis der deutschen Opernbühne zwischen Mozart und Wagner. Bis dahin war die deutsche Oper nicht über Ansätze hinausgekommen. Drei der vier großen Mozartopern waren in italienischer Sprache, und *Die Zauberflöte* konnte ebensowenig eine deutsche Operntradition begründen wie Beethovens *Fidelio*. Schuberts Opern und Singspiele waren in Vergessenheit geraten – und dabei ist es bis heute geblieben. Doch *Der Freischütz* führte in direkter Linie zu den heute meist vergessenen, aber damals sehr populären Opern Marschners und Spohrs und zu den immer noch gespielten Lortzings und Wagners.

Weber war wie die meisten Romantiker ein rastloser Geist. Er befaßte sich aus Liebhaberei mit der Lithographie, war einer der ersten Gitarrenvirtuosen und auch ein einigermaßen guter Sänger, aber er verdarb sich 1806 die Stimme, als er versehentlich ein Glas Salpetersäure trank. Er schwebte eine Zeitlang in Lebensgefahr, erholte sich aber dann wieder und suchte Zerstreuung in einigen Liebesaffären. Außerdem trat er als Musikkritiker und -schriftsteller hervor, schrieb zwischen 1809 und 1818 Bücherrezensionen, Gedichte und einen Fragment gebliebenen Roman. Weber genoß den Ruf eines scharfen, schonungslosen Kritikers und urteilte sogar abschätzig über Beethoven. In Darmstadt gründete er einen „Harmonischen Verein", der dazu dienen sollte, die Grundzüge der romantischen Kunstauffassung zu erläutern, und das Ziel verfolgte, in der Musikkritik „das Gute zu erheben und hervorzuziehen... und besonders ist hier auf junge, angehende Talente Rücksicht zu nehmen". Alle Vereinsmitglieder hatten ein Pseudonym. Weber unterzeichnete mit „Melos", „Simon Knaster" und „B. f. z. Z.", worunter „Beharrlichkeit führt zum Ziel" gemeint war – sein eigener Wahlspruch. In seiner 1834 gegründeten „Neuen Zeitschrift für Musik" übernahm Schumann das Prinzip der Pseudonyme und nannte seine Anhänger „Davidsbündler".

Weber war eine faszinierende Gestalt, aristokratisch gesinnt, intelligent, willensstark – ein wahres Genie, dessen größte Tragik darin bestand, seiner Zeit dreißig Jahre vorauszusein.

10. KAPITEL

Hector Berlioz
Romantischer Überschwang und klassisches Maß

Hector Berlioz war der erste bedeutende Komponist in der Geschichte der Musik, der seine Anerkennung und seinen Erfolg nicht ungewöhnlichen, bereits in der frühen Kindheit sich offenbarenden musikalischen Talenten verdankte. Die Tatsache, daß er kein Wunderkind war, erklärt viele seiner Stärken und Schwächen. Wunderkinder, von klein auf sozusagen von der Musik durchdrungen, entwickeln ein besonders feines Gehör und eine extreme Fingerfertigkeit und als Jugendliche sind sie oft schon Meister der Technik. Bereits im zarten Kindesalter haben sie sich mit Musik auseinandergesetzt, große Fertigkeit im Instrumentenspielen erlangt, und alles, was sie in Angriff nehmen, fällt ihnen so leicht wie das Atmen. Aufgrund ihrer künstlerischen Gestaltungskraft und Phantasie bieten sich ihnen jeweils verschiedene Entfaltungsmöglichkeiten, aber fast immer entwickeln sie sich zu Meistern der Form. Während einige die Musik zu hoher technischer Vollendung bringen, erschließen andere Neuland und entwickeln sich immer weiter; wieder andere geraten in Vergessenheit, sobald ihr Ruhm verblaßt. Ihre Kompositionen zeugen jedoch immer von professioneller Beherrschung der Technik.

Ganz anders verhält es sich mit Berlioz. Er lernte nicht einmal ein nützliches Instrument richtig spielen, konnte lediglich ein paar Akkorde auf der Gitarre greifen, einige Töne auf der Flöte oder dem Flageolett dudeln. Über Berlioz' Kindheit in La Côte-St.-André (Isère), wo er am 11. Dezember 1803 geboren wurde, ist nicht viel bekannt, aber es steht fest, daß er keine besonders gute musikalische Ausbildung genoß. Seinem Vater, einem Arzt von liberaler Gesinnung, war daran gelegen, daß Hector eine gute Allgemeinbildung erwarb und Medizin studierte, um später den Arztberuf auszuüben, doch er konnte ihm nur begrenzte Kenntnisse auf dem Gebiet der Musik vermitteln. Da im Haus ein Flageolett vorhanden war, zeigte Dr. Berlioz seinem wißbegierigen Sohn, wie man damit umging; dann kaufte er dem Jungen eine Flöte und ließ ihm Unterricht erteilen. Hector lernte später auch rudimentär Klarinette spielen, doch das war alles. Ihn beseelte ein starkes Verlangen nach Musik, und seine mit Kompositionsskizzen angefüllten Notizbücher legen Zeugnis davon ab. Diese Neigung wurde jedoch von seinem Vater nicht unterstützt.

Es ist daher verständlich, daß dem Autodidakten Berlioz das Komponieren nie so leicht fiel, wie jemandem, der von Anfang an mit der Musik aufgewachsen ist. Oft hat man den Eindruck, daß er um die Gestaltung seines Materials mühsam ringen mußte. Aber durch seine überragende schöpferische Geisteskraft machte er die mangelnden Grundlagen wett und dank sei-

146   Romantischer Überschwang und klassisches Maß

ner starken künstlerischen Phantasie gelang es ihm, neue Wege zu beschreiten, die ihn von anderen Komponisten unterschieden.

Die Bedeutung des Klavierspiels für einen Komponisten war ihm durchaus bewußt: „Wenn ich aber an die erschreckende Menge von Platitüden denke, die täglich mit ihrer Hilfe in die Welt gesetzt werden, und mir sage, daß die meisten Komponisten diese Platitüden, so jammervoll sie auch sind, nicht würden schreiben können, wenn sie ihr musikalisches Kaleidoskop nicht hätten und lediglich auf Feder und Papier angewiesen wären, dann kann ich mich nicht enthalten, dem Zufall zu danken, der mich dazu brachte, in Stille und Freiheit zu komponieren. Er hat mich vor der für das Denken so gefährlichen Tyrannei der Fingergewohnheiten bewahrt wie auch vor der verführerischen Wirkung, die der Wohlklang gewisser Trivialitäten stets mehr oder weniger auf den Komponisten ausübt. Die zahllosen Liebhaber solcher Sachen haben allerdings das Gegenteil an mir auszusetzen; doch mich kümmert dies wenig." Aber wenn er schon kein Instrument perfekt spielen konnte, so vermochte er doch, mit hundert Instrumenten umzugehen – dem Sinfonieorchester.

Berlioz ist der erste französische Romantiker und Repräsentant der später sogenannten Zukunftsmusik, der bedeutendste Vertreter der Programmusik, der er mit einer bis dahin unerhörten Fülle instrumentaler Klangfarben im Orchester neue Wege wies. Als erster Komponist schuf er „autobiographische" Musik, und mit dem detaillierten Programm seiner *Symphonie fantastique* (1830) bahnte er den Weg für die sinfonischen Dichtungen, an denen das spätere 19. Jahrhundert so reich war. Er ließ die klassischen Harmonieregeln außer acht, um mit bis dahin verpönten Akkordfolgen und einer völlig neuartigen Melodik zu experimentieren. Und schließlich wurde er zu einer der maßgeblichen Persönlichkeiten seines Jahrhunderts – seine Kompositionen wurden von Liszt und Wagner, von den neuen russischen Tonsetzern, von Mahler und Richard Strauss, von der neuen französischen Komponistengeneration studiert. Niemand trat sein geistiges Erbe an, denn seine Ideen waren zu unorthodox, als daß seine Zeitgenossen sie sich hätten aneignen können; doch spätere Komponisten nahmen seine Botschaft auf, und sein Einfluß erstreckte sich auf jeden Sektor der musikalischen Avantgarde.

Als Liszt Berlioz ein Exemplar der *Tannhäuser*-Ouvertüre Wagners schickte, schrieb er darauf: „Sie werden sich wiedererkennen." Und Wagner, dessen *Tristan und Isolde* in gewisser Hinsicht in der Nachfolge von Berlioz' *Roméo et Juliette* steht – das in manchen Abschnitten eine Intensität gewinnt, die an *Tristan* gemahnt –, sandte Berlioz, „dem verehrten, großen Komponisten von Roméo et Juliette", sein Meisterwerk mit der Widmung: „Vom dankbaren Komponisten von *Tristan und Isolde*." Gounod, der Berlioz', Nachfolge in der Führung der französischen Schule antrat, war gleichfalls von *Roméo et Juliette* beeinflußt. Er hörte das Werk 1839 und nannte es „eine eigenartige, leidenschaftliche, konvulsivische Musik, die mir neue und farbenreiche Horizonte erschloß."

Berlioz war der erste vollwertige Romantiker der Musik überhaupt, worin er

Chopin und Schumann vorwegnahm – eine begeisterungsfähige Natur, ein geborener Revolutionär, der erste der *bewußten* Avantgardisten. Weber hätte sich nicht zur Avantgarde gezählt, ebensowenig Schubert. Berlioz aber war derjenige, der die Musik von Grund auf revolutionierte. Ungestüm, gefühlsbetont, witzig, lebhaft, war er sich seines Hangs zur Romantik durchaus bewußt. Er liebte die *Idee* des Romantischen, den Drang nach subjektivem Ausdruck und das Bizarre als Kontrast zu den klassischen Idealen von Ordnung und Maß. Der Geist der Romantik beseelt sowohl seine Musik als auch seine wunderbare Autobiographie, in der die Grenzen zwischen Dichtung und Wahrheit sehr fließend sind. Berlioz, der sich zugleich als Schriftsteller durch Musikfeuilletons betätigte, war ein glänzender Stilist, der nicht nur einen Beitrag zur Musik-, sondern auch zur Weltliteratur leistete. Seine Schriften vermitteln uns das Bild eines Mannes von blühender schöpferischer Phantasie, großer Lebens- und Kampfeslust und einer Bereitschaft zur Selbstenthüllung, die in den Annalen der Musik nicht ihresgleichen hat. (Mozarts Briefe waren hingegen nicht im Hinblick auf eine Veröffentlichung geschrieben worden.) Im Vergleich zum gewandten, bilderreichen Stil von Berlioz', Memoiren ist Wagners Autobiographie eine eher farblose Zusammenstellung von Fakten, angereichert mit metaphysischen Erörterungen.

Berlioz war ein ungewöhnlicher Mann. Er führte – ganz auf sich gestellt – eine Umwälzung der Musik herbei und setzte sich über Konventionen hinweg. Seine begrenzten Kenntnisse machte er durch seine überragende Begabung wett. Doch nur aufgrund seiner lückenhaften Grundkenntnisse konnte er den eingeschlagenen Weg weitergehen.

In Paris, wohin ihn sein Vater gegen seinen Willen zum Medizinstudium geschickt hatte, begann er aufzuleben. Als Berlioz zum erstenmal einer Sezierung beiwohnte, verließ er fluchtartig den Saal. Sehr erheiternd erzählt er davon in seiner Autobiographie:

> „Der Anblick dieser entsetzlichen menschlichen Fleischkammer, die umherliegenden Gliedmaßen, die verzerrten Gesichter, die halbgeöffneten Schädel, der blutige Schlamm, in dem wir wateten, der widerliche Geruch, der ihm entströmte, die Spatzen, welche sich in Schwärmen um Lungenreste stritten, die Ratten, die in einer Ecke an blutigen Wirbelknochen nagten, dies alles erfüllt mich mit solchem Grausen, daß ich mit einem Sprung aus dem Fenster die Flucht ergriff und atemlos nach Hause lief, als ob der Tod mit seinem schauerlichen Gefolge mir auf den Fersen sei. Ich blieb vierundzwanzig Stunden im Bann dieses ersten Eindrucks, wollte von Medizin nichts mehr hören und erdachte tausend Torheiten, um der mir drohenden Zukunft zu entgehen.
> ... Ich willigte ein, ihm [seinem Vetter Robert] noch einmal nach dem Spital zu folgen, und wir traten in den Leichensaal. Seltsam! Als ich die Sektionsobjekte wieder erblickte, die mir zuerst einen so tiefen Abscheu eingeflößt hatten, blieb ich vollkommen ruhig; ich hatte keine andere Empfindung als kalten Widerwillen; ich war mit diesem Anblick schon so vertraut wie ein altes Semester; das Schlimmste war vorüber. Es machte mir sogar Spaß, gleich nach meiner Ankunft

in der halbaufgeschnittenen Brust eines Toten herumzustochern, um den geflügelten Gästen dieses liebreizenden Aufenthaltes eine Portion Lunge zu spendieren. ‚Das lasse ich mir gefallen‘, sagte Robert lachend, ‚du nimmst Vernunft an. – Die jungen Vöglein läßt zum Futter du gelangen.‘ – ‚Und meine Güte hält die ganze Welt umfangen‘, erwiderte ich, während ich einer großen Ratte ein Stück Schulterblatt zuwarf.“

Es dauerte nicht lange, und das Medizinstudium trat hinter die Musik zurück. Berlioz verbrachte ungleich mehr Zeit in der Oper und in der Bibliothek des Konservatoriums als bei der ärztlichen Ausbildung im Spital „De la Pitié“. Schließlich gelang es ihm, den Widerstand der Eltern zu überwinden. Seine Mutter war eine gottesfürchtige Frau, die davon überzeugt war, daß jeder Berufsmusiker den Weg zur Hölle betreten habe. Berlioz wurde in das Konservatorium aufgenommen, zerstreute die Bedenken Cherubinis und errang 1830 mit der Kantate *La dernière nuit de Sardanapale* den Prix de Rome.

Schon als Student hinterließ er einen unvergeßlichen Eindruck und erregte Anstoß bei seinen Zeitgenossen. Er glaube weder an Gott noch an Bach, bemerkte empört der Komponist, Pianist und Dirigent Ferdinand Hiller. Hiller hat uns eine anschauliche Beschreibung von Berlioz hinterlassen. „Seine hohe Stirn, scharf abgeschnitten über den tief liegenden Augen, die auffallend stark gebogene Habichtsnase, die schmalen, feingeschnittenen Lippen, das etwas kurze Kinn, alles dies gekrönt von einer außerordentlichen Fülle hellbraun gefärbter Locken, die ihr phantastisches Wachsthum nicht einmal durch das ordnende Eisen des Haarkünstlers einbüßten – man konnte diesen Kopf nicht vergessen, wenn man ihn einmal gesehen hatte.“ Berlioz war eine auffallende Erscheinung und zog, ob bewußt oder unbewußt, stets die Aufmerksamkeit auf sich. In der Pariser Oper, wo er umgeben von Kommilitonen in der Galerie Hof hielt, erhob er sich flammend vor Zorn und klärte das Publikum auf, wenn unsauber gespielt oder gesungen wurde. Der Dramatiker Ernest Legouvé war eines Abends in der Aufführung des *Freischütz,* als plötzlich auf der Galerie Unruhe unter den Zuschauern entstand. Legouvé schilderte den Vorfall:

> „Einer meiner Nachbarn erhebt sich von seinem Sitz, beugt sich zum Orchester hinab und brüllt mit Stentor-Stimme: ‚Ihr habt da keine zwei Flöten zu nehmen, ihr Holzköpfe! Zwei Piccoloflöten sind verlangt, verstanden? Zwei Piccoloflöten. Oh, diese Holzköpfe!‘ Nachdem er dies gesagt hat, setzt er sich einfach wieder hin, empört die Stirne runzelnd. In dem allgemeinen Tumult, den dieser Ausbruch ausgelöst hat, wende ich mich um und sehe einen vor Leidenschaft zitternden jungen Mann, die Hände zu Fäusten geballt, mit blitzenden Augen und einem Haarschopf – was für einen Haarschopf! Er wirkte wie ein riesiger Regenschirm aus Haaren, der wie eine bewegliche Markise einen Raubtierschnabel überragte.“

Manche nahmen Anstoß an Berlioz’ Benehmen. Mendelssohn, ein zurückhaltender und übertrieben empfindlicher Mann, war ganz und gar nicht von Berlioz angetan, als er ihn in Rom kennenlernte, im Gegenteil, er fand ihn allzu

Hector Berlioz (1803–1869).

affektiert. „Ich mag diesen nach außen gekehrten Enthusiasmus, diese den Damen präsentierte Verzweiflung und die Genialität in Fraktur, schwarz und weiß, ein für allemal nicht ausstehen." Doch sogar Mendelssohn mußte zugeben, daß Berlioz interessant war. Schumann zeigte mehr Verständnis: „Berlioz will auch gar nicht für artig und elegant gelten; was er haßt, faßt er grimmig bei den Haaren, was er liebt, möchte er vor Innigkeit zerdrücken."

Dennoch kann man Berlioz nicht als Wichtigtuer abstempeln. Er war lediglich seiner Zeit voraus und hatte wahrhaft große Visionen, die zum Teil bis heute nicht realisiert worden sind. Dazu gehört beispielsweise seine Vorstellung vom idealen Sinfonieorchester. In den dreißiger Jahren des 19. Jahrhunderts ging eine Orchesterbesetzung kaum über sechzig Musiker hinaus. Berlioz, der größte Orchester-Erneuerer der Musikgeschichte, brachte bereits 1825 eine Besetzung aus 150 Musikern zusammen, aber das bedeutete noch nichts im Vergleich zum Orchester seiner Träume. Dieses zählte 467 Mitglieder (samt einem Chor aus 360 Sängern); zu den 242 Streichern kamen Gruppierungen wie dreißig Harfen, dreißig Klaviere, zwölf Becken, sechzehn Waldhörner und eine exotische Vielfalt von Schlaginstrumenten. Kein Wunder, daß seine Freunde ihn für praxisfremd und seine Feinde ihn für verrückt hielten. Berlioz ließ sich davon nicht erschüttern: „Ein allgemeines Vorurteil nennt die großen Orchester lärmend. Sind sie jedoch gut einstudiert und gut geleitet und führen sie echte Musik auf, so müßte man sie mächtig nennen."

Seine großen orchestralen Entwürfe überraschten ganz Europa. Dieser relativ ungeschulte Komponist und ehemalige Medizinstudent, der kein Instrument vollkommen beherrschte, hatte dennoch die Fähigkeit, bis dahin ungeahnte Klangkombinationen zu ersinnen. Die *Symphonie fantastique,* soviel sie Beethovens Einfluß auch verdanken mag, brachte Klangfarben und eine Klangfülle, die alle künftigen Komponisten zwangen, über den Orchesterklang und die Möglichkeiten des Sinfonieorchesters neu nachzudenken. Sie war Berlioz' erstes großes Werk. Er vollendete sie 1830, bevor er das Konservatorium verließ.

Gewiß dachte keiner der Frühromantiker in ähnlichen Dimensionen – weder der formbewußte Mendelssohn, noch Chopin, Schumann oder Liszt, ebenfalls Pianist, der vor Mitte der fünfziger Jahre des 19. Jahrhunderts keine bedeutenden Orchesterwerke schuf. Berlioz, der seiner Zeit so weit voraus war, beeinflußte Wagner und Richard Strauss viel stärker als seine Zeitgenossen. Noch heute machen die beiden letzten Sätze der *Symphonie fantastique,* die einen Richtplatz und einen Hexensabbat schildern, den Hörer betroffen.

Die fünfsätzige Sinfonie, ein Jugendwerk voll Überschwang, von De Quinceys *Confessions of an Opium Eater* angeregt, nimmt vom klassischen Maß Abstand. Berlioz ließ sowohl auf literarischem als auch auf musikalischem Gebiet seine schöpferische Phantasie walten. Bei jedem anderen Komponisten würden die beschreibenden Effekte, die sich in Berlioz' Werk in so reicher Fülle finden, oberflächlich wirken. Bei ihm ist es aber nicht der Fall, weil er dabei so erfinderisch und originell war. Geradezu herausfordernd ging er daran, *sich selbst* in seiner Musik auszudrücken: *seine* Liebeserlebnisse, *seine* Weltsicht, *seine* Erfahrungen. Nicht einmal Schumann, der Komponist, der seine Musik als Spiegel der eigenen Persönlichkeit benutzt, versuchte jemals ein so anschauliches Bild des Künstlers als jungen Mann zu entwerfen, wie es Berlioz in der *Symphonie fantastique* tat.

Die *Symphonie fantastique* ist das erste große Beispiel von Programm-Musik (das heißt, einer Musik, die eine Geschichte erzählt), obwohl ihr viele kleinere Werke vorausgegangen waren. Sogar Bach hatte eine Komposition auf die Abreise seines geliebten Bruders geschrieben. Wie nimmt man Programm-Musik auf? Muß einem die Geschichte geistig stets gegenwärtig sein? Soll man nur die Musik, losgelöst vom Inhalt, hören? Seit mehr als anderthalb Jahrhunderten diskutieren die Musikästheten diese Frage. Für die *Symphonie fantastique* verwendete Berlioz zum Teil auch Musik, die er früher für andere Zwecke geschrieben hatte – Musik also, die mit dem Programm des Werkes nichts zu tun hatte. Dazu kommt, daß, aus dem Programmzusammenhang gerissen, sie sich in vieler Hinsicht einer konventionellen Sinfonie nähert, mit einem Allegro in Sonatenform, einem Adagio, einem Scherzo und einem Schlußsatz. Wozu also überhaupt die Bezeichnung Programm-Musik? Die Antwort ist nicht einfach. Jeder hört Musik auf seine eigene Weise. Der weniger anspruchsvolle Hörer braucht vielfach irgendeine Art Stütze und neigt dazu, in allen Formen von Musik Bilder zu „sehen". Der professionelle hingegen hört anders, konzentriert sich auf Form, Linie und Gestalt und nimmt oft keine Notiz vom „Programm", gleich in welcher Musik. (Arnold Schönberg hat einmal gestanden, er habe jahrelang mit großer Freude die Lieder Schuberts gehört – Lieder sind ihrem Wesen nach eine Art Programm-Musik –, ohne die geringste Ahnung vom Text zu haben.) Wer die *Symphonie fantastique* – oder auch Liszts *Les Préludes,* Strauss' *Till Eulenspiegel* oder Debussys *La Mer* – zum erstenmal hört und den dem Werk zugrunde liegenden literarischen Gehalt nicht kennt, wird das Programm unmöglich erraten können. Musik kann allenfalls Stimmung und Gefühle ausdrücken, mehr nicht. Nur ein ausgesprochen unmusikalischer Hörer erkennt nicht sofort, daß der zweite Satz der *Symphonie fantastique* ein Walzer ist oder daß der letzte Satz mit seinen wilden, dunklen, stürmischen Klängen etwas heraufbeschwört. Das Programm gibt vielleicht eine Vorstellung von dem, was dem Komponisten vorschwebte, doch die Musik muß sich selbst behaupten, was sogar für die Oper gilt, wo außermusikalische Gesichtspunkte zwangsläufig eine Rolle spielen. Noch nie hat sich eine Oper lediglich aufgrund eines glänzendes Librettos im Repertoire gehalten, sondern nur wenn die Musik bedeutend ist.

Berlioz brauchte einen außermusikalischen Reiz, der ihn anregte. In der *Symphonie fantastique* gab er seinen eigenen Phantasien Ausdruck; das auslösende Moment für die Komposition war seine Liebesaffäre mit der irischen Schauspielerin Harriet Smithson. Es war eine glühende, heftige Leidenschaft, einer Naturgewalt gleich, die ihn beinahe um den Verstand brachte. Bei seinen Freunden weinte er sich aus. Er war außer sich, raste. Dann verschwand er in der ländlichen Umgebung von Paris. Als er wieder einmal wütete, machten sich Liszt, Mendelssohn und Chopin auf, um ihn zu suchen, weil sie annahmen, er werde sich ein Leid antun.

Miss Smithson erwiderte seine Liebe nicht, und zwar aus dem einfachen Grund, weil sie Berlioz nicht kannte. Sie war ihm nie begegnet, und alles, was sie über ihn wußte, stand in den leidenschaftlichen Briefen, die er ihr schrieb und die sie zu Tode erschreckten. Sie hielt ihn für verrückt und weigerte sich, ihn zu empfangen. Er ging in das Theater, um sie zu sehen. Als er sie in den Armen ihres Bühnenliebhabers erblickte, wurde er fast wahnsinnig vor Schmerz, stieß einen markerschütternden Schrei aus und stürzte aus dem Theater. All dies ging in die *Symphonie fantastique* ein. Man munkelte, daß Harriet ein Verhältnis mit einem anderen Mann habe. Er würde es ihr schon zeigen! Im letzten Satz der Sinfonie ließ er sie als Hure beim Hexensabbat auftreten, was er später zurücknahm, als er erfuhr, daß die Gerüchte unsinnig waren.

Schon früher hatte es Programm-Musik gegeben, aber sie hielt dem Vergleich mit der von Berlioz nicht stand. Die *Symphonie fantastique* wurde 1830 uraufgeführt, und wie benommen folgten die Hörer Hectors und Harriets Weg durch fünf wüste, stürmische Sätze. Natürlich verstanden nur wenige, was sich da abspielte. Liszt, der die der Musik zugrunde liegende Intention durchschaute, arrangierte sogleich das Werk für das Klavier. Sätze aus diesem Arrangement trug er in seinen Konzerten vor. Einer seiner Kunstgriffe bestand darin, vom Orchester den Gang zum Richtplatz spielen zu lassen. Dann hieß er mit großer Geste die Musiker schweigen, spielte die Soloversion des Satzes mit umfangreichem Klangvolumen und erzielte damit eine noch großartigere Wirkung.

Ein technischer Kunstgriff in der *Symphonie fantastique* machte großen Eindruck. Das Thema der Geliebten erscheint in der gesamten Sinfonie als eine immer wiederkehrende *idée fixe,* die später bei Wagner das vorrangige musikdramatische Gestaltungsprinzip bildet, das Leitmotiv. Die *Symphonie fantastique* hat allerdings auch ihre Mängel, manche Stellen sind überkomponiert, andere wiederum gekünstelt und unsicher, manches melodische Material ist nicht gerade anregend, einige Übergänge wirken unbeholfen. Doch solche Schwächen werden angesichts der Kraft und Originalität des Werkes, seiner glänzenden Orchestrierung, seiner romantischen Glut bedeutungslos.

Diese Mischung aus kleinen Mängeln und Genialität ist für beinahe alle Werke Berlioz' charakteristisch. Augenblicke der Inspiration wechseln mit Banalitäten oder nicht enden wollenden Passagen ab. Sogar für Berlioz' gewiß nicht allzu strengen Maßstäbe war die Formung seiner musikalischen Gedanken zuweilen unbefriedigend. Manchen Tonsetzern verzeiht man Mängel der Form. Schubert und Schumann sah man sie wegen ihrer außergewöhnlichen melodischen Begabung und der Qualität des Materials nach, Berlioz wegen seiner hypersensiblen gestaltenden Phantasie und seiner unvergleichlichen Feinfühligkeit, was Klangfarben anbetraf. Er war nie ein sehr disziplinierter Komponist, noch fiel ihm das Komponieren von Melodien leicht, wenn er auch zuweilen eine plötzliche glückliche Eingebung hatte, wie etwa in der Liebesmusik von *Roméo et Juliette* oder im ersten Lied des Zyklus *Les nuits d' été* (Die Sommernächte).

Nach sechsjährigem Werben heiratete Berlioz schließlich Harriet – allerdings nach einigen dramatischen Zwischenfällen, wie beispielsweise der Affäre mit Maire Moke. Nach dem Wirbel, den die *Symphonie fantastique* ausgelöst hatte, setzte sich Berlioz, der vorübergehend Harriet vergessen und sich in die talentierte Pianistin Marie Moke verliebt hatte, noch Rom ab. In Italien erfuhr er aber, daß Marie den Klavierfabrikanten Pleyel geheiratet hatte. In seinen Memoiren schildert Berlioz diese Episode: „Tränen der Wut stürzten mir aus den Augen, und mein Entschluß war augenblicklich gefaßt. Es handelte sich darum, nach Paris zu eilen und dort zwei schuldige Frauen [Marie und ihre Mutter] und einen unschuldigen Mann erbarmungslos umzubringen. Daß ich nach diesem hübschen Streich auch mich selber töten müsse, war ja, wie man sich denken kann, unvermeidlich." Es gelang ihm, sich einen Platz im Postwagen zu beschaffen; dann nahm er sich noch die Zeit, eine unfertige Arbeit zu instrumentieren, besorgte sich Frauenkleider – um sich als Zofe zu verkleiden –, Pistolen, ein Fläschchen Laudanum und ein Fläschchen Strychnin. Dergestalt ausgerüstet erreichte er Nizza und stellte plötzlich fest, daß er vom Liebeskummer geheilt war. Dort verbrachte er die drei glücklichsten Wochen seines Lebens. Berlioz erzählt diese Episode höchst erheiternd, indem er sich über sich selbst lustig macht und den Leser an seinem Spaß teilnehmen läßt.

1832 kehrte er nach Paris zurück, und im Jahr darauf heiratete er Harriet. Sie erwies sich als eine zänkische Person und schon bald als eine Trinkerin. Alsbald übernahm Berlioz die Führung der Avantgarde im Musikleben Europas. Ihn interessierte nur die Zukunft. „Wenn Sie ... irgendein Werk von Johann Sebastian Bach zu Hilfe nehmen würden, wäre ich imstande, vor seinen Fugen die Flucht zu ergreifen und Sie mit seiner ‚Passion' alleine zu lassen." Viele Komponisten der Romantik mochten entweder die klassische Musik nicht oder gaben nur vor, sie zu bewundern. Berlioz äußerte sein Mißfallen an den älteren Komponisten freimütiger als die meisten anderen. An Haydns Werken lag ihm nichts, die Kompositionen Mozarts ignorierte er zumeist. Die große musikalische Inspiration seines Lebens war – wie für alle Romantiker – Beethoven. Mit Ausnahme der Opern Glucks und Spontinis schätzte er die Musik der anderen Komponisten nicht besonders. Paradoxerweise hatte er jedoch eine ausgesprochene Vorliebe für die Literatur der Vergangenheit: Homer, Vergil, Dante, Shakespeare zählten zu seinen Lieblingsautoren. Insbesondere Shakespeare, der, wie Berlioz sagte, neben Gott am meisten geschaffen habe. Bei Gesellschaften deklamierte er seinen gelangweilten Freunden stundenlang Passagen aus dem *Hamlet*. Berlioz war zuweilen inkonsequent. So sehr er gegen die Tradition wetterte, enthielt seine Musik doch sehr viele herkömmliche Elemente, wie die neuere Musikforschung dargelegt hat. Mit zunehmendem Alter traten in seinem Schaffen klassische Wesenszüge immer stärker hervor, und Teile seiner letzten Oper, *Les Troyens* (Die Trojaner), erinnern stark an die Werke Glucks.

154   Romantischer Überschwang und klassisches Maß

Dennoch war Berlioz in jeder Hinsicht ein Revolutionär, bereit, geltende, ja, sogar bisher unantastbare Begriffe über Bord zu werfen. „Er strebte nach dem Unmöglichen und wollte es um jeden Preis erlangen", sagte Saint-Saëns von ihm. In seiner *„Histoire du romantisme"* erklärt Théophile Gautier Berlioz, Hugo und Delacroix zu den drei großen Romantikern. Für Gautier vertritt Berlioz „die musikalische Idee des Romantischen". Er vergleicht ihn mit Victor Hugo und stellt fest, daß beide versucht hätten, sich vom althergebrachten klassischen Rhythmus mit seiner Eintönigkeit, seinen obligatorischen Kadenzen und seinen festgesetzten Pausen zu befreien. Genauso wie Hugo Zäsuren verwende, das Enjambement wieder einführe und durch allerlei Kunstmittel die Monotonie der dichterischen Ausdrucksart unterbreche, ändere Berlioz den Rhythmus und hebe die musikalische Phrase hervor, wie er es für gut halte. Berlioz' Romantik unterschied sich stark von der deutschen: sie war weniger gefühlsbetont, kurzum aristokratischer, edler.

Berlioz' Kompositionen erschienen in stetiger Folge – *Harold en Italie* (Harold in Italien) 1834, die *Grande messe des morts* (Requiem für die Beisetzung des Generals Damrémont im Invalidendom) 1837, *Roméo et Juliette* (Romeo und Julia) 1839, *La damnation de Faust* (Fausts Verdammnis) 1846, das *Te Deum* 1849, das Oratorium *L'enfance du Christ* (Die Kindheit Christi) 1854, die Opern *Benvenuto Cellini* 1838, *Les Troyens* (Die Trojaner) 1855–1858 und *Béatrice et Bénédict* 1862. Außerdem schrieb er auch zahlreiche Chorwerke, Werke für Singstimme und Orchester, Lieder und Ouvertüren. Vielfach benutzte Berlioz für seine Werke Mischformen. Welcher Gattung gehört *La damnation de Faust* an? Ist es ein Oratorium oder eine Oper? Berlioz nannte das Werk eine „opéra de concert" (konzertante Oper). Was ist *Roméo et Juliette?* Ein Chorwerk? Der Komponist bezeichnete es als eine „dramatische Sinfonie". Aber Formbestimmungen sind nicht ausschlaggebend, jedes Werk muß für sich beurteilt werden. Bei *La damnation de Faust* wird der Hörer nach einigen ungelenk aneinandergefügten Szenen und endlosen Rezitativen vom Rákoczy-Marsch mitgerissen. Was für ein genialer Einfall sind die machtvoll tönenden Posaunen und Fagotte, während der Wind heult! Ganz anders ist *L'enfance du Christ* mit ihren verhaltenen Klängen und ihrer unvergleichlichen Zartheit oder das monumentale *Requiem* mit seinen Blechbläsergruppen und der Sinnlichkeit des Klangs (Berlioz war der erste Komponist, der den Klang um seiner selbst willen nutzte – um eine Ästhetik des reinen Klanges zu schaffen). An diese Musik darf man nicht mit den üblichen Maßstäben herangehen. Ihre Anlage ist zu unkonventionell, die Melodien sind zu asymmetrisch aufgebaut, die Harmonik ist zu persönlich. Man kann insofern von zunehmenden klassizistischen Zügen in seiner Musik sprechen, als für Berlioz die Qualität der Linienführung vorrangiger ist als die des Klangs. In *A Hundred Years of Music* schreibt Gerald Abraham: „Die Geschichte der Musik verzeichnet nur wenige auffälligere Paradoxien als die folgende: Als die romantische Bewegung im 19. Jahrhundert die ganze Welt der Musik erobert hatte, war der einzige bedeutende Komponist, der weiterhin Musik von seliger Schönheit schrieb, erfüllt vom klassischen Geist und nach dem klassischen Ideal strebend, ausgerechnet er, der ein Vierteljahrhundert vorher als der extravaganteste der Romantiker gegolten hatte."

In diesen Jahren hatte Berlioz ständig Schwierigkeiten: Ärger zu Hause mit seiner Frau (er legte sich schon bald eine Geliebte zu, eine mittelmäßige Sängerin namens Marie Recio, die er dann nach Harriets Tod heiratete), Schwierigkeiten mit seinen Kollegen, mit dem französischen Publikum, das von seiner Musik verwirrt war. Immerhin hatte er eine Anhängerschaft wie alle großen Komponisten. Doch es war eine kleine und überwiegend professionelle Gefolgschaft; der Publikumserfolg, den der gefeierte Giacomo Meyerbeer an der Pariser Opéra errang, blieb ihm versagt. Paganini – der Berlioz für den einzigen würdigen Nachfolger Beethovens hielt, rettete einmal den französischen Komponisten mit einem Geschenk von 20 000 Francs aus seinen Nöten.

Die Musiker der alten Schule lehnten sich gegen Berlioz' Neuerungen auf oder ignorierten sie schlicht. Bezeichnend dafür war sein Verhältnis zu François Habeneck, einem liebenswürdigen alten Herrn, der 1828 die Concerts du Conservatoire ins Leben gerufen hatte. Da dieser aber sehr konservativ dachte, hatte Berlioz wenig Respekt vor ihm. 1836 erhielt er einen der wenigen offiziellen Aufträge seiner Komponistenlaufbahn. Der Innenminister beauftragte ihn, ein Requiem für den alljährlichen Gedenkgottesdienst für die Toten der Revolution von 1830 zu schreiben. Die Uraufführung fand im folgenden Jahr statt und wurde von Habeneck geleitet. Berlioz war betroffen, denn er hätte auf gar keinen Fall Habeneck als Dirigenten haben wollen, der seit Jahren nicht mehr mit ihm sprach. „Sein Benehmen mir gegenüber war ebenso unerklärlich wie unhöflich." Aber der Komponist konnte nichts dagegen tun, denn die Uraufführung erfolgte unter dem Patronat der Regierung, und Habeneck stand bei allen wichtigen Staatsveranstaltungen mit musikalischen Darbietungen am Dirigentenpult. In seinen Memoiren beschreibt Berlioz die Uraufführung:

> „Die Ausführenden waren in mehrere, ziemlich weit voneinander entfernte Gruppen aufgeteilt, schon damit die vier Bläsergruppen im ‚Tuba mirum' die vier äußersten Ecken besetzen konnten. Nun muß zu Beginn dieses Teils, der sich unmittelbar an das ‚Dies irae' anschließt, das Tempo um das Doppelte verlangsamt werden; in dem neuen Zeitmaß ertönen zuerst alle Blechinstrumente zusammen, dann rufen sie einander an und antworten aus der Ferne mit aufeinanderfolgenden Einsätzen, deren jeder um eine Terz höher ist als der vorhergehende. Es ist also von größter Wichtigkeit, die vier Taktteile des breiten Tempos, im Augenblick, wo es eintritt, deutlich zu markieren. Denn sonst kann dieser von langer Hand vorbereitete gewaltige Ausbruch mit seinen nie zuvor versuchten Klangverbindungen und außergewöhnlichen Proportionen, kann diese musikalische Vision des Jüngsten Gerichts (von der ich hoffe, daß sie Bestand haben wird) nur in ein scheußliches Durcheinander ausarten.
>
> Infolge meines üblichen Mißtrauens war ich hinter Habeneck stehen geblieben und überwachte, den Rücken gegen ihn gekehrt, die Gruppe der Paukenschläger,

die er nicht sehen konnte, denn es nahte der Augenblick, wo sie in das allgemeine Treffen eintreten sollten.

Mein ‚Requiem' enthält an die tausend Takte. Und genau bei dem Takt, von dem ich eben sprach, in dem das Tempo breiter wird und die Blechinstrumente ihre furchtbare Fanfare herausschmettern, mit einem Wort: bei dem einzigen Takt, in dem die Tätigkeit des Dirigenten wahrhaft unentbehrlich ist, senkt Habeneck seinen Stab, zieht in aller Seelenruhe seine Tabaksdose aus der Tasche und nimmt eine Prise. Zum Glück hatte ich immer wieder zu ihm hingeblickt; in dem Augenblick, da ich sehe, daß er den Einsatz nicht gibt, drehe ich mich blitzschnell auf meinem Absatz herum, stürze vor ihn, strecke den Arm aus und markiere die vier langsamen Taktteile des neuen Tempos. Die Orchester folgen mir, alles setzt in Ordnung ein, ich dirigiere den Satz bis zum Schluß, und die von mir erträumte Wirkung ist erzielt. Als Habeneck bei den letzten Worten des Chores sah, daß das ‚Tuba mirum' gerettet war, sagte er zu mir: ‚Mich überlief kalter Schweiß; ohne Sie waren wir verloren!' – ‚Ja, ich weiß es wohl', antwortete ich und sah ihn fest an. Ich fügte kein Wort hinzu ... Hat er es mit Absicht getan? ... Wäre es möglich, daß dieser Mensch im Bunde mit Monsieur X und der Cherubini-Clique eine solche Niederträchtigkeit geplant hätte? ... Ich will es nicht glauben ... Doch ich zweifle nicht daran, und möge Gott mir vergeben, wenn ich dem Mann Unrecht tue."

Ernest Newman bezweifelt in der englischen Ausgabe der Berlioz'-Memoiren die Authentizität dieser Schilderung. Doch in diesem Punkt irrt er sich. Der Pianist und Dirigent Charles Hallé erwähnt in seinen Erinnerungen ausdrücklich Habenecks Versagen. Berlioz war bis zum Ende seines Lebens überzeugt, daß Habeneck die Aufführung habe sabotieren wollen.

Um ein geregeltes Einkommen zu haben, betätigte sich Berlioz als Musikkritiker. 1843 übernahm er das musikalische Feuilleton des *Journal des débats*. Er schrieb aber auch Beiträge für andere Zeitschriften. Obwohl Berlioz als der bedeutendste Musikkritiker seiner Zeit galt, waren ihm das Rezensieren und das Schreiben trotz seines flüssigen Stils verhaßt, der immer spontan wirkt. In seinen Memoiren geht er ausführlich auf seine Schreibsperren ein und beklagt sich über sein bitteres Los. Er könne acht Stunden hintereinander komponieren, müsse aber große innere Widerstände überwinden, um eine Kritik zu schreiben. Vielen Schriftstellern mag es wohl wie ihm ergehen:

„Mein Gehirn schien zerspringen zu wollen. Mir war, als hätte ich heiße Asche in den Adern. Bald stützte ich die Ellbogen auf den Tisch und hielt meinen Kopf mit beiden Händen; bald ging ich mit großen Schritten auf und ab wie eine Schildwache bei einer Kälte von fünfundzwanzig Grad ... Und als ich mich umsah und mein Blick den verdammten Titel auf dem verdammten weißen Blatt prangen sah, das hartnäckig weiterer Worte harrte, die es bedecken sollten, da fühlte ich, wie die Verzweiflung sich meiner bemächtigte. Gegen meinen Tisch gestützt stand eine Gitarre; mit einem Fußstoß trat ich ihr in den Leib ein ... Auf meinem Kamin starrten mich zwei Pistolen mit ihren runden Augen an ... Ich betrachtete sie sehr lange ... Dann fing ich an, mit den Fäusten auf meinen

Schädel zu schlagen. Endlich weinte ich vor wütender Entrüstung und raufte mir das Haar wie ein Schüler, der seine Aufgabe nicht lösen kann."

Die Furcht, langweilig oder eintönig zu schreiben, bemerkt er weiterhin, habe ihn veranlaßt, die Form seiner „armen Sätze" zu variieren. Die musikalische Szene stellte er mit großer Anschaulichkeit, Wärme und Humor dar, so daß seine Feuilletons wirklich unvergleichlich sind. Leider sind die meisten seiner brillanten Rezensionen aus dem *Journal des débats* oder der *Gazette musicale* noch nicht übersetzt worden. Einige seiner spritzigsten Essays wurden in den Band *Soirées de l'orchestre* aufgenommen. Einer kann sogar den Vergleich mit E. T. A. Hoffmann aushalten. Berlioz beschreibt einen Klavierwettbewerb am Pariser Konservatorium. Dreißig Pianisten haben sich versammelt, um das g-Moll-Klavierkonzert Mendelssohns zu spielen. Nachdem es dreißigmal dargeboten wurde, beginnt der Flügel, ein edler Érard, selbst das Konzert zu spielen. Niemand kann ihm Einhalt gebieten. Man schickt nach dem Klavierfabrikaten, und Érard persönlich eilt herbei, macht Beschwörungsrituale, besprengt den Flügel mit Weihwasser. Es nützt nicht. Man entfernt die Klaviatur, die weiterspielt, wirft sie in den Hof, und Érard läßt sie mit einem Beil zerhacken. Daraufhin tanzen die einzelnen Tasten umher. Schließlich werden sie ins Feuer geworfen. „Aber was war sonst zu machen? es gab kein anderes Mittel, um uns davon zu befreien. Ein Concert dreißig Mal hinter einander in demselben Saale, an demselben Tage spielen, und das Pianoforte soll sich nicht daran gewöhnen! Zum Teufel! Mendelssohn kann sich nicht darüber beklagen, daß man seine Musik nicht aufführt! Aber freilich, dies sind die Folgen davon."

Berlioz brachte viel Zeit und Engagement für seine Opern auf – *Benvenuto Cellini* (1838), *Les Troyens* (1855–58) und *Béatrice et Bénédict* (1862). Von diesen drei Werken sind *Les Troyens* mit Abstand das größte, in dem sich schon die spätere Verbindung von klassischen und romantischen Elementen zeigt. Unter den Dichtern galt – wie bereits erwähnt – Berlioz' Verehrung Shakespeare, Byron und Vergil. Als Jugendlicher hatte er sich in die Lektüre Vergils vertieft. Mit diesen „Halbgöttern" habe er nach seiner eigenen Aussage die meiste Zeit seines Lebens verbracht. 1855 begann er eine Oper zu komponieren, der er den Stoff der *Aeneis* zugrunde legte, und vollendete das Libretto in kurzer Zeit. In den Operntext baute er auch die Liebesszene zwischen Lorenzo und Jessica aus Shakespeares *Kaufmann von Venedig* ein.

Doch wer sollte diese Oper mit ihren überladenen Bühnenbildern und aufwendigen Kostümen aufführen? Sie bestand aus zwei Teilen und hatte eine Spieldauer von rund viereinhalb Stunden. Kassandra steht im Mittelpunkt des ersten Teils, *La prise de Troie* (Die Einnahme Trojas); im zweiten Teil, *Les Troyens à Carthage* (Die Trojaner in Karthago) tritt sie nicht mehr auf. Mit dieser Oper stieß Berlioz aber auf kein großes Interesse. Vergeblich versuchte er, Napoleon III. dafür zu gewinnen. Auf eigene Kosten ließ er einen Klavierauszug drucken, jedoch auch dieses Bemühen wurde nicht von Erfolg gekrönt.

Schließlich erklärte sich 1863 Léon Carvalho, der Intendant des Thêátre-

Hector Berlioz: »Les Troyens de Carthago«. Plakat, 1863.

Lyrique, bereit, *Les Troyens* aufzuführen, allerdings nur den zweiten Teil. Die Oper erlebte zweiundzwanzig Aufführungen, und Berlioz verdiente tatsächlich soviel daran, daß er seine Arbeit als Musikkritiker einstellen konnte. Aber die mittelmäßige Inszenierung Carvalhos war die einzige, die der Komponist zu seinen Lebzeiten erlebte. 1899 wurde *La prise de Troie* in Paris auf die Bühne gebracht, und erst nach 1960 wurden beide Teile von *Les Troyens* als Ganzes aufgeführt, entsprechend der Absicht ihres Schöpfers.

Berlioz fand die Inszenierung des verstümmelten Operntextes am Théâtre-Lyrique „absurd" und „lächerlich". Bei der Premiere verpfuschte der Inspizient die Jagdszene während des Sturms, so daß eine Pause von fünfundfünfzig Minuten eingelegt werden mußte, um das Bühnenbild zu wechseln. Am nächsten Abend wurde die ganze Szene gestrichen. Darauf bestand Carvalho auf weiteren Textänderungen und Streichungen. Berlioz befürchtete daher, daß die Oper beim Publikum durchgefallen sei. Doch die Aufführung war kein totaler Mißerfolg: „... ein schüchterner Pfiff ertönte zum Schluß, als man meinen Namen rief, und das war alles. Das Individuum, das gepfiffen hatte, stellte sich ohne Zweifel die Aufgabe, mich mehrere Wochen lang auf dieselbe Weise zu insultieren, denn er kam in Begleitung eines Kumpanen auch zu der dritten, fünften, siebenten und zehnten Vorstellung, um seinen Pfiff an derselben Stelle zu wiederholen."

Les Troyens weisen nicht nur starke romantische Elemente auf, sondern auch Einflüsse Glucks und Spontinis. Berlioz selbst sagte: „Ich fühle, daß, könnte Gluck zurückkommen und *Les Troyens* hören, er zu mir sagte: ‚Wahrhaft, das ist mein Sohn'." Die Musik dieser Oper ist oft von hinreißender Schönheit, aber man muß sich erst mit ihren Eigentümlichkeiten vertraut machen, um sie richtig einschätzen zu können. Beim flüchtigen Zuhören hat man den Eindruck, daß der erste Teil zu sehr mit Rezitativen oder Deklamationen überfrachtet sei. Doch wenn man sich intensiv mit dem Werk auseinandersetzt, erkennt man Berlioz' Kompositionsprinzip. Subtile Verklammerungen fügen die ganze Partitur zu einer ausdrucksstarken Einheit zusammen. Auch das vielstimmige Ensemble, das den Tod Laokoons besingt, hat eine außergewöhnliche Wirkung.

Der zweite Teil wird weitgehend von einer hinreißenden Melodik getragen, besonders berühmt ist das Duett ‚Nuit d'ivresse'. Von ebenso hohem Rang ist das Duett zwischen Anna und Dido, das mit den Worten „Reine d'un jeune empire" beginnt. Wenn die beiden Frauen in Terzen singen, beschwört Berlioz tatsächlich den Geist der Belcanto-Oper noch einmal herauf, doch auf einer überhöhten Ebene. Den ganzen Akt verbindet der immer wiederkehrende Ruf an Aeneas, nach Latium zu kommen. Mit dem vom Chor gesungenen „Italie", das den zweiten Teil durchzieht, wird die Lösung der Handlung beschleunigt.

Mit dem Aeneis-Stoff wollte der Komponist Vergil huldigen. Berlioz fühlte sich jedoch verpflichtet, sich an die damals an der Pariser Oper herrschende Tradition zu halten. Da ihm die Aufführung von *Les Troyens* an der Opéra sehr am Herzen lag, hielt er es für ratsam, eine Balletteinlage – bei weitem das schwächste Stück – in die Partitur einzufügen. Der Anklang an die Musik

Meyerbeers, des beliebtesten Opernkomponisten der Zeit, in der Marschmusik zu Beginn des zweiten Akts von *La prise de Troie* ist unverkennbar. Doch im übrigen atmen *Les Troyens* den klassischen Geist Glucks. Berlioz bändigt hier seine romantische Natur. Die von Aeneas verlassene Dido gibt sich, wie Isolde, den Tod, sie bleibt aber gefaßt und besonnen, während Isolde in Wagners Oper glühend vor Leidenschaft in den Tod geht. (Nebenbei bemerkt: Wagner schloß sein Werk schon ein Jahr nach der Fertigstellung von *Les Troyens* ab.) Tristan und Isolde sind Symbolgestalten, Aeneas und Dido hingegen Liebende aus Fleisch und Blut, getaucht in mediterranes Licht. Tristan und Isolde sind Geschöpfe der Nacht, Aeneas und Dido Gestalten des hellen Tages. Wagner war zwar der bedeutendere Komponist, Berlioz jedoch der subtilere Denker. In der Musik des zweiten Teils von *Les Troyens,* besonders in der Liebesmusik, erreichte er Wagnerische Höhen.

Nachdem ein Dirigent – der mit ihm befreundete Narcisse Girard – 1834 die Uraufführung von *Harold en Italie* verdorben hatte, beschloß Berlioz, künftig selbst seine Opern zu dirigieren. Als eigenwillige künstlerische Persönlichkeit mit einer klaren Vorstellung davon, wie seine Musik klingen solle, konnte er einem Orchester die höchsten Leistungen abverlangen. Wagner hörte 1839 Berlioz dirigieren und war höchst beeindruckt, obwohl er gewöhnlich nicht sehr freigebig mit Lob umging: „Ich war ganz nur Ohr für Dinge, von denen ich bisher gar keinen Begriff hatte und welche ich mir nun zu erklären suchen mußte." Am Dirigentenpult machte Berlioz äußerst lebhafte, effektvolle Bewegungen, doch so sehr er sich auch drehte und verrenkte, seine Taktführung blieb deutlich, und seine Interpretation war stets ausgewogen. Als Dirigent war er der Gegenpol zu Wagner, der sich durch Egozentrik und ständige Temposchwankungen auszeichnete. Wagners Stil erschien Berlioz viel zu frei, „wie ein Seiltänzerakt, *sempre tempo rubato*". Wagner hielt Berlioz in allem für oberflächlich – mit Ausnahme der von ihm komponierten Werke. (Das ist übrigens die landläufige Ansicht deutscher Musiker über die französischen Kollegen.) Vieles spricht dafür, daß Berlioz' Dirigierstil dem Geschmack des 20. Jahrhunderts mehr entsprochen hätte als der Wagners.

Berlioz und Wagner: die beiden Größen der musikalischen Avantgarde. Ihre Wege kreuzten sich nur flüchtig. Wagners erfolgreichste Kompositionen entstanden in den 60er und 70er Jahren des 19. Jahrhunderts, zu einer Zeit, als Berlioz bereits aufgehört hatte zu komponieren. Der französische Tonsetzer wohnte nie der Aufführung eines der großen Werke aus Wagners Reifezeit bei. Eine Ausnahme bildet das Vorspiel zu *Tristan und Isolde,* worüber er in einer Rezension schreibt: „Es handelt sich wiederum um ein langsames Stück, das ganz piano anfängt, sich nach und nach bis zum Fortissimo steigert, und zur Anfangsschattierung zurücksinkt, ohne ein anderes Thema, als eine Art chromatischen Seufzens, das indeß voll von dissonirenden Accorden ist, deren lange, die wirkliche Note der Harmonie ersetzende Vorhalte noch das Herbe vermehren."

Die beiden Komponisten, die sich bereits früher in Paris kennengelernt hatten, begegneten einander wieder 1855 in London, wo beide als Dirigenten gastierten. In seiner Autobiographie „Mein Leben" schildert Wagner die anregende Begegnung mit Berlioz, die einer gewissen Komik nicht entbehrte. Wagner war ein sprühendes Temperament, ein gewandter, gewaltiger Redner, der für seine Argumentation auf ästhetisch-metaphysischem Gebiet Kant, Schiller, Schopenhauer und viele andere mehr bemühte. Wie üblich hielt er mitreißende, hochtrabende Reden: „Berlioz schien die Stimmung, welche ich ihm in heiterster Ungezwungenheit entgegentrug, wohltätig zu berühren; der sonst so kurz zugespitzt, fast verschlossen sich gebende Mensch, tauete ersichtlich in den gutgelaunten Stunden unsres Umganges auf. Er erzählte mir viel Drolliges von *Meyerbeer*, und der Unmöglichkeit, seinem einschmeichelnden und ewig zu lobenden Artikeln verlockenden Benehmen zu entgehen. Der ersten Aufführung seines ‚Propheten' habe er das übliche ‚Dîner de la veille' vorangehen lassen; da Berlioz sein Ausbleiben davon entschuldigte, machte ihm Meyerbeer hierüber zärtliche Vorwürfe und forderte ihn auf, das große Unrecht, was er ihm hierdurch zufüge durch einen recht hübschen Artikel über seine Oper gut zu machen. Berlioz erklärte, es sei unmöglich, in einem Pariser Blatte etwas gegen *Meyerbeer* zur Aufnahme zu bringen. Schwieriger war es mir, mit ihm über innigere künstlerische Angelegenheiten mich zu verständigen, da hier stets der feurige und in sicheren Pointen sich aussprechende Franzose sich mir zu erkennen gab, welcher in seiner eigenen Sicherheit nie den Zweifel darüber aufkommen lassen konnte, ob er den andren denn auch nur richtig verstanden habe. Da ich mich gemütlich erwärmt hatte, suchte ich, der ich zu meinem eigenen Erstaunen hier auch plötzlich der französischen Sprache mächtig wurde, mich über das Geheimnis der künstlerischen Konzeption gegen ihn auszudrücken. Ich suchte hierbei die Kraft der Lebenseindrücke auf das Gemüt zu bezeichnen, welche uns in ihre Weise gefangen hielten, bis wir uns ihrer durch die einzige Ausbildung der innersten Seelenformen, welche keineswegs durch jene Eindrücke hervorgerufen, sondern aus ihrem tiefen Schlummer nur eben angeregt worden waren, gänzlich entledigten, so daß das künstlerische Gebilde uns dann keineswegs als eine Wirkung des Lebenseindruckes, sondern im Gegenteile als eine Befreiung davon erschiene. Hier lächelte *Berlioz*, wie herablassend verständnisvoll, und sagte: ‚Nous appelons cela: digérer'."

Wagner, der keinerlei Sinn für Humor hatte, merkte nicht, daß Berlioz mit seiner Bemerkung – „wir nennen das Verdauung" – seine Selbstgefälligkeit ironisiert hatte. Berlioz war in dem gleichen Maße klassisch, realistisch, weltmännisch und geistreich, wie Wagner egozentrisch und ein philosophischer Wirrkopf war. Da die beiden als Führer der Avantgarde im Rampenlicht der Öffentlichkeit standen, war es wohl unvermeidlich, daß sie gegeneinander ausgespielt wurden. Liszt löste das Problem, indem er sich mit seinen Anhängern auf Wagners Seite schlug und ihm unter dem Banner der „Zukunftsmusik" folgte. Berlioz hätte sich dieser Gruppe niemals anschließen können. Er war als erster mit seiner Programmusik auf den Plan getreten und hatte seinen Stil schon lange vor *Tristan und Isolde* ausgeformt. Vielleicht ahnte er auch, daß Wagner eine glänzende Zukunft beschieden sein werde. Berlioz war ein Einzelgänger und hinterließ keine Schüler, Wagner aber der Magnet, der die jüngere Generation anzog. Doch 1860 gab Wagner in einem Brief an Liszt offen zu, daß er sich Berlioz' hohen Rangs durchaus bewußt war. Seines Erachtens gab es nur drei Komponisten, die Anerkennung verdienten: Liszt, Berlioz und – eben er selbst. „In dieser Gegenwart gehören doch nur wir drei Kerle eigentlich zu uns, weil wir nur uns gleich sind; und das sind – Du – Er – und ich!" Bezeichnenderweise überging er Verdi. Im übrigen hatte er vollkommen recht. 1860 waren Schumann, Mendelssohn und Chopin schon tot, und die großen Komponisten der Spätromantik mußten sich erst noch einen Namen machen.

Krank und trübe gestimmt verbrachte Berlioz seine letzten Lebensjahre in einer kleinen Wohnung, die er „Calibans Höhle" nannte, und wartete auf den Tod. Hin und wieder zeigte er sich in der Öffentlichkeit, so als er nach Wien reiste, um Aufführungen seiner Werke *La damnation de Faust* und *Harold en Italie* beizuwohnen. Aber seine Musik fand nur wenig Widerhall. Liszt, Meyerbeer, Auber, Gounod, Thomas waren die neuen Helden des Tages in Paris. Mit Opium versuchte er seine körperlichen und seelischen Schmerzen zu lindern. Er starb am 8. März 1869 in Paris. Thomas und Gounod gaben ihm das letzte Geleit. Beim Trauergottesdienst wurde Musik von Cherubini, Gluck, Mozart und ein Teil von Berlioz' Requiem gespielt. Zeitgenössischen Berichten zufolge, säumte eine unübersehbare Menschenmenge den Weg zum Friedhof von Montmartre, während eine Kapelle der Nationalgarde Trauermärsche spielte. In ganz Europa verfaßten Musikgelehrte Nachrufe auf Berlioz. Manche warfen ihm vor, einen nachteiligen Einfluß auf die Entwicklung der Musik ausgeübt zu haben. Oscar Comettant, der Kritiker des *Ménestral*, gab jedoch ein abgewogenes und einfühlsames Urteil ab. Er schildert den ersten Eindruck, den die Musik auf ihn machte:

> „Als ich vor vielen Jahren *Roméo et Juliette* zum erstenmal hörte, mit einem imposanten Orchester, starkem Chor und unter persönlicher Leitung des Komponisten, weckte das Werk in mir eine jener tiefen, doch unbestimmten Empfindungen, die zwar keine Begeisterung, doch Respekt einflößen. Ich sah einen großen Künstler vor mir; mein Verstand sagte mir, daß ich großartige Musik hörte, erfüllt von Poesie; doch nur mit Mühe konnte mein Ohr, damals noch ungeübt, ihrer einfallsreichen und kühnen Entfaltung folgen. Andererseits berührten die Akzente der Melodik – abwechselnd keusch, wollüstig, fantastisch, düster, brillant, glühend oder leidenschaftlich erregt, doch stets geprägt vom Genialen, das heißt, von der Originalität – nur leicht mein Herz, ohne es zu durchdringen. Dieses Werk riß mich nicht mit, verblüffte mich aber, und es erging mir wie einem Bewohner der texanischen Great Plains oder der peruanischen Anden, der plötzlich ohne Vorbereitung aus seiner vertrauten Umgebung herausgerissen und in eine Großstadt wie Paris an einem Festtag versetzt wird."

Den Eindruck, den Comettant 1869 so genau beschrieb, erweckt auch heute noch beim ersten Hören Berlioz' Musik.

Nach seinem Tod war Berlioz nur mit einer geringen Anzahl von Kompositio-
nen und einem einzigen seiner großen Werke, der *Symphonie fantastique,* im
Repertoire vertreten. Obwohl sich einige für ihn einsetzten, wie beispielsweise
der Dirigent Felix Weingartner, blieb er bis nach dem Zweiten Weltkrieg eine
Randfigur im Musikleben. Besonders in England kam es dann zu einer starken
Neubelebung seines Schaffens; auch seine Opern erhielten stürmischen Beifall.
In den Vereinigten Staaten setzte sich seine Musik nur zögernd durch; erst seit
1950 kommt sie allmählich häufiger im Repertoire vor. Vielleicht ist es Berlioz'
Los, immer nur von einer Minderheit verehrt zu werden, die jedoch von
ausschlaggebender Bedeutung ist. Seine Musik spricht zwar nicht jeden an, aber
die bewußte Ausnutzung der Klangfarben der Orchesterinstrumente ist eine der
überwältigendsten Neuerungen dieses aristokratisch aussehenden Mannes, der
soviel Selbstvertrauen ausstrahlte und der Prototyp des romantischen Künstlers
war.

11. Kapitel

Robert Schumann
Florestan und Eusebius

Schumanns Werk ist der Inbegriff deutscher musikalischer Romantik. Er war ein nach innen gewandter Mensch, verfügte über eine umfassende literarische Bildung, nahm in sein Klavierwerk wesentliche Impulse der (zeitlich früheren) literarischen Romantik auf, war ein großartiger Neuerer im Reich der Musik. Mit ihm beginnt die für das spätere 19. Jahrhundert bezeichnende Trennung in eine klassizistische und eine programmatische, am Neuen orientierte Linie. Das Neuartige, das mit der Musik des jungen Schumann hervortritt, ist der ausgefeilte, kontrapunktisch durchdrungene Klaviersatz. In seinem Schaffen ging er zunächst beinahe ganz von den konventionellen klassischen Formen ab. Der bis dahin gültige Formbegriff bedeutete ihm kaum etwas, obwohl er überdurchschnittliche Kenntnisse auf dem Gebiet der Musiktheorie hatte. Während andere Komponisten seiner Zeit Sonaten, Sinfonien und Variationen schrieben, umging Schumann die Sonatenform durch Reihung kurzer Charakterstücke zu Zyklen, die Namen wie *Intermezzi, Arabesken, Davidsbündlertänze, Kreisleriana, Carnaval, Kinderszenen* tragen. Sein lyrisches Charakterstück lebt vom musikalischen „Einfall". Ein Kritiker hielt ihm einmal vor, daß er keine konventionellen Sonaten komponiere. Schumann antwortete darauf ganz im Sinne der romantischen Einstellung, die er vertrat: „Ich wie jeder Mann des Tages will sich verlustieren, Neues ist sein Begehr, und wenn so in meinem Bardiet eine Weise nach der anderen auftaucht, wie weiland die eingefrornen in Münchhausens Posthorn, so wird mir die schöne Welt Dank wissen. Was kann lästiger sein für manche, als wenn sie im Kreise von ein paar Gedanken, die freilich oft tüchtig aus- und durchgeführt werden, herumschweben müssen; indes sich auf unsere neue Weise wie an einer Festtafel alles, von der Suppe bis zum Nachtische zu, mit immer neuem Reize genießen läßt. Geist ist die Hauptsache, und den zu zeigen, muß man nicht faul sein ... Neue Tonzeuge für die Tonbühne zu erfinden, möchte schwer halten, wie nötig sie auch unsereinem werden, aller seiner Gedankenwirbel sich zu entladen; aber gewissermaßen kann man doch zum Ergänzen kommen, wenn man bemerkt, daß jedes Tonzeug, über Gebühr angestrengt, außer seiner Bahn getrieben, wieder frisch als etwas Neues dastehen, für eine neue Erfindung gelten kann, was mancher Schwachkopf, der kopfschüttelnd in eine unserer Partituren (Allstimmen und Stimmenschall) blicket, schwer verdauen kann." Das ist eine sehr bedeutsame und moderne Aussage. Zum erstenmal in der Musikgeschichte wird ausdrücklich erklärt, daß Inhalt und Idee die Form bestimmen sollen, nicht umgekehrt. Mehr als jeder andere Komponist, sogar mehr als Chopin mit seinen ebenfalls weitgehend antiklassischen Formen, begründete Schumann eine Ästhetik, die schon auf den Expressionismus vorausweist. Die Musik sollte einen inneren Zustand, eine Gefühls- und Seelenlage spiegeln, im Sinne der romantischen Kunsttheorie um das „Poetische" kreisen. Sowohl Schumann als auch Chopin, die unabhängig voneinander arbeiteten, bewiesen, daß Formen nicht für die akademischen, sondern für die schöpferischen Geister da sind, daß die reine Idee ihre eigenen Formen erzwingen und eine kleine, aber in ihrer Art vollkommene Form, die einen einzigen Gedanken aufnimmt und ihm alles abgewinnt, ihre eigene ästhetische Rechtfertigung in sich selbst tragen kann.

Stimmung, Klangfarbe, Eindruck, Andeutung waren Schumann viel wichtiger als das Schreiben von korrekten Fugen, Rondi oder Sonaten. Seine Musik hat immer wieder etwas Kapriziöses, Unerwartetes, Kaleidoskopisches, ist reine Spiegelung der Persönlichkeit, intensivierte Subjektivität. Für die Pedanten und sterilen Akademiker waren darum seine Werke der Untergang der Musik, Zeichen eines degenerierten Zeitalters. Seine Kompositionen erschienen ihnen fremdartig, formlos, anarchisch, hohl. Es war eine Musik, die sich mit der Poesie, der Malerei verband, erfüllt von persönlichen Anspielungen und der Ästhetik der Romantik. Wenige der großen Komponisten sind zu ihren Lebzeiten auf so entschiedene Ablehnung gestoßen und so selten aufgeführt worden wie Schumann. Wagner beispielsweise war vielen geradezu verhaßt, aber seine Werke wurden häufig gespielt und lösten lange Diskussionen in ganz Europa aus. Er verstand es, für sich die Trommel zu rühren. Der sanftmütige Schumann war nicht imstande, sich wie Wagner und Berlioz gegen diese Angriffe richtig zur Wehr zu setzen. Mit allen Kräften setzte er sich jedoch für die neue Musik ein, von der er ganz erfüllt war, und förderte alle jungen Talente. Aber seine grellen Harmonien, seine ungewöhnlich harten Dissonanzen und synkopierten Rhythmen, sein neues Konzept einer freien und dennoch funktionalen Form — all dies wurde von den Konservativen als das Werk eines Verrückten hingestellt. Für Henry Fothergill Chorley, den Kritiker des Londoner *Athenaeum*, bestand Schumanns Kunst darin, „Seiten um Seiten mit Gedanken zu bedecken, die kaum erwähnenswert sind, und die ihm innewohnende Erfindungsarmut durch eine düstere oder eintönige Exzentrität zu verbergen".

Chorley meinte, die Kultur des Abendlandes sei dem Untergang geweiht. „Dekadenz!" wetterte er. Zum Glück hatte Schumann Freunde und Anhänger, und seine Bewunderer sorgten dafür, daß seine Musik allmählich weithin bekannt wurde. Zudem war seine Frau eine der hervorragendsten Pianistinnen der Welt. Schritt für Schritt gewann seine Musik an Boden, obwohl er erst nach seinem Tod als einer der unsterblichen Meister anerkannt wurde.

Wenn jemals ein Komponist der Musik buchstäblich verfallen war, dann Schumann. Man könnte sagen, daß die Musik sich seiner schon in der Wiege bemächtigte, seine geistige Nahrung war und ihn schließlich zugrunde richtete. Wie die meisten Romantiker zeigte Schumann von Anfang an eine Überbetonung des Gefühls. Jean Pauls Werke gingen ihm derart zu Herzen, daß der intensive Lesegenuß ihn — nach seiner eigenen Aussage — an den Rand des Wahnsinns trieb. Als er von Schuberts Tod erfuhr, weinte er die ganze Nacht.

Robert Schumann (1810–1856).

Hypersensibilität birgt aber auch die Gefahr in sich, daß die Anlage zu einer Gemütskrankheit irgendwann ans Licht tritt. Diesem Schicksal erlag schließlich auch Schumann. Etwa 1851, fünf Jahre vor seinem Tod, stellten sich Halluzinationen ein. Er hörte himmlische Harmonien. Eines Nachts bildete er sich ein, die Geister Schuberts und Mendelssohns hätten ihm ein musikalisches Thema suggeriert, und er sprang aus dem Bett, um es aufzuschreiben. Wie der englische Maler und Dichter William Blake, der für seine irrationale mythologische und kosmologische Dichtung eine verrätselnde Symbolik entwickelte, wurde auch Schumann von Visionen heimgesucht. Anders als Blake konnte er jedoch ohne sie nicht leben, und schließlich brach er 1854 zusammen und blieb bis zu seinem Tod (1856) in einer Heilanstalt.

Dennoch vollbrachte er Erstaunliches in sechsundzwanzig Jahren. Sein kompositorisches Schaffen ist unvergleichlich; sein Dämon gab ihm die einzigartigen musikalischen Einfälle ein. Wem Bach, Händel, Haydn, Mozart und Beethoven Anregungen verdanken, ist leicht nachzuweisen. Berlioz war Beethoven verpflichtet. Selbst bei einem Genie wie dem des jungen Chopin sind Einflüsse anderer Komponisten nicht von der Hand zu weisen – Fields, Webers, Hummels. Schumann aber ging von Anfang an seinen eigenen Weg, und man kann kein Vorbild für sein Werk finden.

Als Komponist war er Autodidakt. Es steht fest, daß er nicht aus einer musikalischen Familie stammte. Er wurde am 8. Juni 1810 in Zwickau als Sohn eines Verlagsbuchhändlers geboren, eines schüchternen und zurückhaltenden Menschen. August Schumann führte aber nicht nur seine Buchhandlung, sondern brachte auch in deutscher Übersetzung sämtliche Werke von Sir Walter Scott und Lord Byron heraus. Am liebsten saß er in seinem Arbeitszimmer, wo er unaufhörlich Pfeife rauchte und dabei Ritterromane schrieb. In der Familie kamen aber seelische Störungen vor. Der Vater litt, wie es hieß, an Nervenschwäche, und in seinen letzten Lebensjahren verwirrten sich ihm die Sinne. Seine Tochter Emilia, geistig und körperlich behindert, beging Selbstmord. Viele Jahre später versuchte auch Robert Schumann, sich das Leben zu nehmen. Schon als junger Mann befürchtete er, verrückt zu werden – eine Angst, die sein ganzes Leben überschattete. Als er sechzehn Jahre alt war, starb der Vater.

In der väterlichen Buchhandlung lernte der aufgeweckte Robert Schumann seine Leiblingsdichter, vor allem Ludwig Tieck, Jean Paul, Novalis, E. T. A. Hoffmann und Clemens Brentano kennen und legte den Grund für seine umfassende literarische Bildung. Am meisten verehrte er Jean Paul, der sich in seinen Werken immer wieder über die Musik äußerte – in Bemerkungen, die der junge Schumann verschlang. In Jean Pauls Aufzeichnungen ist einmal die Rede vom Ton, der wie die Morgenröte strahlt, von der Sonne, die einem Tone gleich aufgeht. Diese Eintragung faßt den Gedanken des Dichters über die engen Beziehungen der Musik zur Natur zusammen. Die Musik ist Dolmetscherin der Elemente, Offenbarerin der höchsten Geheimnisse der Natur und Gottes. Durch sie reichen wir an die unaussprechlichen Wahrheiten, sie bietet Ersatz für die Ohnmacht der menschlichen Sprache. Jean Paul wußte, daß die innere

Musik, werde sie in Klänge oder Worte übersetzt, das All des Individuums bedeutet. Die Musik als sichtbares und unsichtbares, tagtäglich von der äußeren Wirklichkeit und vom innersten Geheimnis des Seins, von Tag- und Nachtträumen durchdrungenes All, ist das Bemühen des Menschen, ins Unendliche zu gelangen. Die literarische Romantik, insbesondere Jean Paul, prägten Schumann. Mit achtzehn Jahren schrieb er an einen Freund: „Wenn die ganze Welt Jean Paul läse, so würde sie bestimmt besser, aber unglücklicher – er hat mich oft dem Wahnsinn nahe gebracht, aber der Regenbogen des Friedens und der menschliche Geist schwebt immer sanft über alle Tränen, und das Herz wird wunderbar erhoben und wild verklärt." Von seinen literarischen Helden inspiriert, versuchte Schumann, Gedichte und Romane zu schreiben sowie zu komponieren, womit er schon mit sieben Jahren begonnen hatte. Ohne große Mühe hatte er das Klavierspielen erlernt und besaß ein starkes Talent fürs Improvisieren, das er bei Privatkonzerten in Zwickau unter Beweis stellte. Dennoch konnte er nur als Dilettant auf musikalischem und literarischem Gebiet angesehen werden.

Als sein Vater starb, war er noch unschlüssig über den Weg, den er einschlagen sollte. Seine Mutter aber hatte bestimmte Vorstellungen von der Zukunft ihres Sohnes. Weder die Musik noch die Literatur schienen ihr vielversprechend, weshalb sie darauf bestand, daß Robert zum Studium der Rechte nach Leipzig ging. Doch diese Stadt bot unendlich viele musikalische Ereignisse. Schumann besuchte Konzerte im Gewandhaus, die von Musik begleiteten Gottesdienste in der Thomaskirche (wo Bach Kantor gewesen war) und die Aufführungen des Chorvereins Euterpe. Es kam aber auch vor, daß er früh aufstand und wie im Rausch acht oder neun Stunden Klavier übte, wobei er ständig Zigarren rauchte. Abends rief er seine Freunde zusammen und spielte ihnen vor. Oder er las Goethe, Shakespeare, Byron und natürlich den geliebten Jean Paul. Er war ein Romantiker *par excellence,* legte sich eine byroneske Pose zu, verliebte sich immer wieder neu, dilettierte in den Künsten und diskutierte die Nächte durch über die Musik, das Leben und ästhetische Grundanschauungen. Die juristischen Vorlesungen besuchte er in Leipzig nur selten. Im Hause von Dr. Caruso begegnete er dem Klavierpädagogen Friedrich Wieck, bei dem er Unterricht nahm. 1829 ging er für ein Semester nach Heidelberg; sein eigentliches Studium bildeten auch hier das Klavierspiel und die Komposition. Dort lebte außerdem einer seiner engsten Freunde, Professor Justus Thibaut, der ein Buch über Musikästhetik geschrieben hatte und ein großer Musikliebhaber war.

Erst ein Konzert von Paganini, das er in Frankreich am Main hörte, festigte endgültig Schumanns Entschluß, sich ganz der Musik zu widmen. 1830 nahm er in Leipzig den Unterricht bei Wieck wieder auf, dessen damals neunjährige Tochter Clara, eine ungewöhnliche Begabung zeigte und eine der hervorragendsten Pianistinnen der Musikgeschichte wurde. Wieck war von Schumanns Anlagen begeistert. Er schrieb an dessen Mutter und versprach, er werde aus Robert in drei Jahren einen Pianisten machen, „geistiger und leidenschaftlicher als Moscheles und großartiger als Hummel". Die Mutter war über diese Wende der Dinge begreiflicherweise nicht glücklich, konnte aber nichts dagegen tun. Schumann zog in Wiecks Haus, übte fleißig, komponierte nebenbei und nahm auch Kompositionsunterricht bei Heinrich Dorn, Kapellmeister am Leipziger Opernhaus. Doch die angestrebte Virtuosenlaufbahn wurde durch eine Fingerzerrung vereitelt. Um seine Fingerfertigkeit rascher zu verbessern, hatte Schumann eine Vorrichtung ersonnen, durch die der schwache vierte Finger der rechten Hand beim Üben in einer Schlinge hochgehalten wurde. Das Ergebnis des Experiments war eine Überdehnung der Sehne, die trotz ärztlicher Behandlung nicht mehr brauchbar wurde. Anscheinend war er durch den Unglücksfall nicht allzusehr bekümmert. Er muß schon zu dieser Zeit gewußt haben, daß seine entscheidende Stärke das Komponieren war. 1831 erschien im Druck op. 1, *Thema und Variationen über den Namen ABEGG* (Meta Abegg hieß eine Studentenliebe Schumanns aus Mannheim) für Klavier. Im Jahre 1832 folgten seine *Papillons* für Klavier op. 2, eine musikalische Version der Maskenballszene aus Jean Pauls *Flegeljahre*. Schumann glaubte, die ganze Welt stehe ihm offen:

> „In mancher schlaflosen Nacht seh' ich ein fernes Bild, wie ein Ziel – während des Niederschreibens des Papillons fühl' ich recht, wie sich eine gewisse Selbständigkeit entwickeln will, die jedoch die Kritik meist verwirft – Nun flattern die Papillons in die weite, herrliche Frühlingswelt; der Frühling steht selbst vor der Thüre und sieht mich an – ein Kind mit blauen Himmelsaugen – Und nun fang' ich an, mein Dasein zu begreifen."

Er strebte einzig danach, seine musikalischen Einfälle zu Papier zu bringen und begann auch, in der *Allgemeinen Musikalischen Zeitung* und im *Kometen* Rezensionen zu schreiben. Eine seiner ersten Besprechungen in der *Allgemeinen Musikalischen Zeitung* machte deutsche Leser auf Chopin aufmerksam. Schumann war auf die Variationen über Mozarts *Là ci darem* (op. 2) gestoßen und schrieb eine begeisterte Kritik mit der berühmt gewordenen Zeile: „Hut ab, meine Herren, hier ist ein Genie!" Die Rezension, im Stile Jean Pauls gehalten, bringt eine einfühlsame und erstaunlich weitsichtige Analyse von Chopins neuer Musik. 1833 beschloß Schumann, eine eigene Musikzeitschrift zu gründen, die *Neue Zeitschrift für Musik, herausgegeben durch einen Verein von Künstlern und Kunstfreunden* (NZfM), deren erste Nummer 1834 erschien. Nach dem Tod seiner Mutter (1836) war aus Schumanns Neigung zu der Tochter seines Lehrers eine große Liebe geworden.

1837 verlobte er sich mit Clara Wieck. Friedrich Wieck setzte dieser Verbindung heftigen Widerstand entgegen. So hartherzig, selbstsüchtig und ehrgeizig er auch erscheinen mag, man kann Verständnis für seinen Standpunkt aufbringen. Er hatte Clara zur besten Pianistin gemacht, die es gab. Und gerade jetzt, da sich seine Mühe bezahlt zu machen begann, verband sie sich mit einem mittellosen Komponisten, einem Idealisten mit verschwommenen Vorstellungen, einem Radikalen, dessen Theorien als Hirngespinste galten, einem unpraktischen und lebensfremden Mann. Niemand hielt viel von Schumanns Kompositionen. In Paris machte Chopin sich darüber lustig. Mendelssohn mochte Schumann zwar persönlich gern, rühmte aber seine Werke nicht sonderlich. (Als Schumann später Sinfonien zu schreiben begann, war es allerdings Mendelssohn, der für deren Verbreitung sorgte.) Sogar der große Liszt hatte versucht, Schumanns Musik öffentlich vorzutragen, war aber daran gescheitert. Wenn schon Liszt, der größte Publikumsliebling, Schumanns Musik nicht durchzusetzen vermochte, wer war dann dazu in der Lage?

Bei allem Verständnis für Wiecks Haltung waren die Mittel, die er zur Verhinderung der Heirat anwendete, alles andere als einwandfrei. Er verbreitete Gerüchte, daß Schumann zeitweilig alkoholsüchtig und darum unfähig sei, für eine Frau zu sorgen. Jedes Mittel war ihm recht, um die Liebenden zu trennen. Er stempelte Schumann Clara gegenüber als äußerst faulen Menschen ab, was diese ihrem Geliebten selbstverständlich hinterbrachte. Schumann schrieb ihr: „Dein Vater nennt mich phlegmatisch? Carnaval und phlegmatisch! – Fis-moll-Sonate und phlegmatisch! – Liebe zu einem solchen Mädchen und phlegmatisch! Und das hörst Du ruhig an? Er spricht, ich habe sechs Wochen nichts in die Zeitung geschrieben – erstens ist das nicht wahr, zweitens wäre es auch so, weiß er, was ich sonst gearbeitet habe; endlich, wo soll denn der Stoff herkommen immer? Ich habe bis jetzt an die achtzig Druckbogen eigener Gedanken in die Zeitschrift geliefert, die anderen Arbeiten der Redaktion gar nicht mit errechnet, habe nebenbei zehn große Kompositionen in zwei Jahren fertig gebracht – Herzblut ist dabei – dabei täglich mehrere Stunden strenge Studien in Bach und Beethoven, und viel eigene gemacht – eine große Korrespondenz, die oft sehr schwierig und ausführlich, pünktlich besorgt – bin ein junger Mann von 28 Jahren, ein Künstler raschen Blutes ... und dieser Fleiß, diese Einfachheit, diese Leistungen finden keine Anerkennung bei Deinem Vater?“ Da jedoch Wieck seinen Widerstand gegen die Heirat nicht aufgab, mußten Schumann und Clara sie gerichtlich erzwingen (1840).

Es war eine unvergleichliche Liebe, die Verbindung zweier ungewöhnlicher Seelen. Clara war die stabilisierende Kraft in Schumanns Leben, er der geistige Motor für sie. Sein Schaffen hatte jedoch Vorrang, auch wenn dies bedeutete, daß Clara gegen ihr eigentliches Verlangen lange Zeit aufs Üben verzichten mußte. Für den Berufsinstrumentalisten wird oft das Bedürfnis zu üben zum inneren Zwang und zu einer schweren psychischen Belastung, wenn er nicht sechs bis sieben Stunden am Tag üben kann. Schumann war ein schwieriger Mensch; wenn er schlechte Laune hatte, kehrte er autoritäre Züge hervor. Einmal begleitete er Clara auf eine Konzerttournee nach Rußland. In St. Petersburg zeigte ihnen der berühmte Pianist Adolf Henselt die Sehenswürdigkeiten der Stadt. Sie kamen zu einem Turm, der eine schöne Aussicht bot, aber Schumann weigerte sich hinaufzusteigen, weil er leicht von Schwindel befallen wurde – ein Grund, weshalb er es vorzog, immer im Erdgeschoß zu wohnen. Dann lud Frau Henselt Clara ein, mit ihr den Turm zu besteigen. Dagegen erhob Schumann Widerspruch, denn seine Frau gehe nur dorthin, wohin er auch gehe!

Laut Frau Henselts Aussage soll Clara sich entschuldigt und verängstigt neben ihren Mann gesetzt haben. Vielleicht hatte Schumann noch immer nicht die Bemerkung des Aristokraten verschmerzt, dem er bei einem Privatkonzert Claras in St. Petersburg vorgestellt worden war: „Sind Sie auch musikalisch?"

In einer Hinsicht hatte Clara einen schlechten Einfluß auf ihren Ehemann. Sie hatte eine „orthodoxe" musikalische Erziehung erhalten, und war in der Überzeugung aufgewachsen, daß die „besten" Komponisten Sinfonien und Opern schrieben. So sehr sie Robert und seine Musik auch liebte, war sie doch davon überzeugt, er könne sich erst dann voll und ganz verwirklichen, wenn er sich mit Beethoven und den anderen großen Sinfonikern maß. Vielleicht war es auch der unbewußte Wunsch, daß Robert ein „angesehener" Musiker werden solle, der sie veranlaßte, ihn in Bereiche zu drängen, für die er emotionell, geistig und technisch nicht gerüstet war. Vor der Heirat schrieb sie in ihr Tagebuch: „Ich glaube, das Beste ist, er componiert für Orchester, seine Phantasie kann sich auf dem Clavier nicht genug ausbreiten ... Seine Compositionen sind alle orchestermäßg, und ich glaube, daher dem Publicum so unverständlich, indem sich die Melodien und Figuren so durchkreuzen, daß viel dazu gehört, um die Schönheiten herauszufinden ... Die Zeit wird noch kommen, wo die Welt ... ihn erkennen wird, aber spät wird sie kommen ... Mein höchster Wunsch ist, daß er für Orchester componiert – da ist sein Feld! – Möchte es mir doch gelingen, ihn dazu zu bringen."

Clara hätte sich nicht mehr täuschen können als mit dieser Hoffnung. Aber für viele seiner anderen musikalischen Unzulänglichkeiten war sie völlig blind, und sie geriet in Zorn, wenn man ihr zu verstehen gab, es wäre besser, wenn Robert Schumann aufhörte zu dirigieren. In Düsseldorf, wo er die Stelle des städtischen Musikdirektors übernahm und schon bald Chor und Orchester durcheinanderbrachte, legte man ihm nahe, das Amt aufzugeben. Clara kämpfte für ihn, obwohl – wie sich später herausstellte – es Schumann nicht immer zum besten gereichte, wenn sie eingriff.

Trotz des Gemütsleidens, dessen erste Anzeichen sich schon um 1833 gezeigt haben sollen, vollbrachte Schumann erstaunliche Leistungen. Er komponierte nicht nur, sondern unterrichtete auch am Leipziger Konservatorium, trat hier und da als Dirigent seiner eigenen Werke auf, machte sein Haus zum Mittelpunkt der fortschrittlichen Musik in Europa und gab weiterhin die *Neue Zeitschrift für Musik* heraus, die in einem ganz persönlichen, der Romantik verpflichteten Geist geführt wurde. Sie war das Organ, in dem gute Musik ihren Lohn und schlechte ihre Strafe erhalten sollte. Zu Anfang der dreißiger Jahre beherrschte minderwertige, kommerzielle Musik die Szene, beliebt beim Publikum waren musikhistorische Randerscheinungen wie Henri Herz und Franz Hünten, die gefällige Potpourris für die europäischen Salons schrieben. 1834 schrieb Schumann in der neuen *Zeitschrift für Musik*: „Auf der Bühne herrschte noch *Rossini*, auf den Klavieren fast ausschließlich Herz und Hünten ... Laßt uns nicht müßig zusehen, greift an, daß es besser werde, daß die Poesie der Kunst wieder zu Ehren komme."

In der *Neuen Zeitschrift für Musik* konnte der Komponist nach Herzenslust seinen romantischen Spielereien frönen. Der idealistische „Davidsbund" war eine Fiktion Schumanns. Um die Musik unter verschiedenen Gesichtspunkten zu betrachten, hatte er sich drei Künstlercharaktere ausgedacht: den feurigen, voranstürmenden Florestan, den sanften, lyrischen Eusebius und den zwischen beiden vermittelnden Meister Raro. Dann gab es u. a. noch Chiarina und Jonathan. Das waren Pseudonyme für die Menschen seiner Umgebung. Chiarina stand für Clara, Raro war Friedrich Wieck, Jonathan Schumanns Freund Ludwig Schuncke. Die „Davidsbündler" – nach dem biblischen Sänger David genannt – hatten sich verschworen, gegen die Philister zu kämpfen, jene phantasielosen Bürger oder musikalischen Scharlatane, die sich in konventioneller oder verkitschter Musik ergingen.

Ohne die geistreiche Brillanz eines Berlioz zu besitzen, verfügte Robert Schumann als Rezensent über eingehende Kenntnisse und zeichnete sich durch große Aufgeschlossenheit aus. Entdeckte er bei einem Komponisten einen Ansatz von Begabung, so war er bereit, ihn vorbehaltlos zu loben. Man hat Schumann vorgeworfen, Komponisten gepriesen zu haben, die heute als zweitklassig gelten. Doch Tonsetzer wie beispielsweise Niels Gade (1817–1890) und William Sterndale Bennett (1815–1875) brachten es zu ihren Lebzeiten zu hohem Ansehen und waren durchaus talentierte Musiker. Niels Gade, der bei dem vom Kopenhagener Musikverein ausgeschriebenen Wettbewerb 1841 mit seiner Ouvertüre *Nachkläge aus Ossian* op. 1 den ersten Preis erhielt, war sogar ein ausgezeichneter Komponist. Besonders erwähnenswert ist sein Streichquartett in f-Moll.

Schumann scheute aber auch nicht davor zurück, die Helden seiner Zeit, Rossini und Meyerbeer, wegen des Pomps ihrer Musik anzugreifen. Schon 1831 hatte er in der *Allgemeinen musikalischen Zeitung* Chopin in die deutsche Musikwelt eingeführt; in einem der letzten Artikel seiner Zeitschrift hieß er den jungen Johannes Brahms in den Reihen der Meister willkommen. Er hatte zwar einige Vorbehalte gegenüber Berlioz, doch seine lange und eingehende Besprechung der *Symphonie fantastique* ist ein Vorbild an Fairness und Einfühlungsvermögen. Mendelssohn vergötterte er, und Liszt schätzte er sehr, obwohl er Clara gegenüber einmal äußerte, Liszts Welt sei nicht die seine. Es ist irrig anzunehmen, daß Schumann Wagner nicht verstanden habe. In Dresden wohnte er 1845 der ersten Aufführung von Wagners *Tannhäuser* bei, von dem er sehr ergriffen war, dessen Schwächen er jedoch erkannte. Das Bühnentalent Wagners schätzte er höher ein als dessen Musikertum. Allerdings hat Schumann kein einziges Werk aus Wagners Reifezeit gehört. Schumanns sachkundige und begeisterte Artikel trugen außerdem zur Wiederbelebung der Werke des späten Beethoven und des beinahe vergessenen Schubert bei, ebenso wie seine zahlreichen Artikel über Bach ein wesentlicher Beitrag zur Bach-Renaissance sind. In seinen Kritiken gab Schumann seiner Begeisterung Ausdruck und verfolgte dabei auch einen erzieherischen Zweck – den Geschmack des Publikums zu bilden: „Eine Zeitschrift soll nicht bloss die Gegenwart abspiegeln; der sinken-

Robert und Clara Schumann geb. Wieck. Lithographie von Kaiser 1847.

Robert Schumann: »Lieder für die Jugend«. Titelblatt von L. Richter.

den muss die Kritik vorauseilen und sie gleichsam aus der Zukunft zurückbekämpfen", schrieb er. Dies war Schumanns Credo als Kritiker, und er hielt daran fest wie an all seinen Grundsätzen. „Ich mag den Menschen nicht, dessen Leben mit seinen Werken nicht in Einklang steht", ließ er einmal Florestan sagen.

Die letzten Lebensjahre des Komponisten waren von seiner Krankheit gezeichnet und gingen auch an Clara nicht spurlos vorüber. Schumann zog sich immer mehr in seine eigene Welt zurück. Er behauptete ständig, in seinem Inneren ein A zu hören, das ihn am Sprechen und Denken hinderte. Er wurde immer stiller und in sich gekehrt, kein Besucher konnte ihm mehr ein Wort entlocken. Wagner überfiel ihn einmal bei einem Besuch, seiner Gewohnheit entsprechend, mit einem Wortschwall. Doch sogar der für sein mangelndes Einfühlungsvermögen bekannte Wagner, der am liebsten sich selbst reden hörte, zeigte sich betroffen, wie schweigsam sich sein Gastgeber verhielt. Als sich das Ende näherte, geriet die Familie Schumann in Schwierigkeiten; sie war groß (im Laufe der Ehe wurden acht Kinder geboren) und nicht sonderlich bemittelt. Schumann war außerstande zu arbeiten, da sich Halluzinationen einstellten. Seiner Aussage nach sollen Anfang 1852 eine ganze Woche lang Engel ihm Musik diktiert haben, während Teufel in Gestalt von Tigern und Hyänen ihm mit der Hölle drohten. Am 27. Februar unternahm er einen Selbstmordversuch. Er stürzte sich von einer Brücke in den Rhein. Auf eigenen Wunsch wurde er 1854 nach Endenich bei Bonn in die Privat-Heilanstalt von Dr. Richarz gebracht. Clara mußte ihn allein lassen und eine Tournee antreten, um Geld zu verdienen. Als sein Ende nahte, holte man sie aus einem Konzert an sein Krankenbett. Schumanns letzte Tage müssen nach den Schilderungen von seiner Frau und Freunden sowie von Johannes Brahms, der eine Zeitlang bei den Schumanns lebte, schrecklich qualvoll gewesen sein. Als Schumann am 29. Juli 1856 starb, begann sein Werk international bekannt zu werden. Das a-Moll-Klavierkonzert war sehr beliebt, und auch andere Werke wurden allmählich ins Konzertrepertoire aufgenommen.

Obwohl Schumann als Kritiker die Ansichten anderer Komponisten dem Publikum verständnisvoll darstellen konnte, begriffen nur wenige seinen eigenen Standpunkt, weil er zu unkonventionell und zu persönlich war. Für ihn als Melodiker wäre es keine Mühe gewesen, anmutige, leichte Musik zu komponieren. Doch dieser Gedanke lag ihm fern. Clara Schumann beurteilte viele seiner Werke als hermetisch und zu „modern", und in manchen Briefen läßt sie den Wunsch laut werden, er möge leichtere Stücke schreiben – eben Stücke, die den Pianisten zur Geltung bringen und durch virtuose Schaustellung die Beifallsstürme des Publikums entfesseln, das stets mehr durch Fingerfertigkeit geblendet, als durch tiefe Erschütterung berührt wird. Doch Schumann hatte als junger Mann den Kampf gegen die Philister aufgenommen und mußte sich selbst treu bleiben.

Abgesehen von jeglicher Unkonventionalität ist es der persönliche Gehalt seiner Musik, der das Verständnis erschwert. Man kann sie fast als autobiographisch bezeichnen. Zu einem an Clara Wieck gerichteten Brief vom 13. April 1838 hat sich Schumann folgendermaßen über seine schöpferische Tätigkeit ausgesprochen: „Es affiziert mich alles, was in der Welt vorgeht, Politik, Literatur, Menschen; über alles denke ich nach meiner Weise nach, was sich dann durch die Musik Luft machen, einen Ausweg suchen will. Deshalb sind auch viele meiner Kompositionen so schwer zu verstehen, weil sie an entfernte Interessen anknüpfen, oft auch bedeutend, weil mich alles Merkwürdige der Zeit ergreift, und ich es dann musikalisch wieder aussprechen muß." Schumann war mit Leib und Seele Romantiker. Schon Novalis, der größte frühromantische Lyriker und Erzähler, hatte diesen Gedanken ausgesprochen: „Der Sitz der Seele ist da, wo sich Innenwelt und Außenwelt berühren." Dies hat auch der Naturphilosoph Henrik Steffens in seinen „Caricaturen des Heiligsten" formuliert, wo er sagt, daß die äußere Welt ein Aspekt unserer inneren Welt sei und das wahre Mysterium in jenem großen Zwiegespräch des All mit sich selbst liege, das sich in jedem von uns in einer besonderen und bestimmten Weise fortsetze. Schumann setzte die Gedanken seiner Zeit in seiner Musik um.

Allgemeiner Beliebtheit erfreut sich beispielsweise Schumanns *Carnaval,* der auch eine außermusikalische Symbolik besitzt, die mit Programm-Musik nichts zu tun hat. Man kann seinen *Carnaval* nicht ganz erfassen, wenn man nicht weiß, daß er wie eine Bildergalerie ist, in der sowohl die beiden Seiten von Schumanns Wesen als auch u. a. Clara, Chopin, Wieck, Paganini, Mendelssohn erscheinen; wenn man nicht erkennt, daß die ganze Komposition auf vier Noten basiert, daß es sich um zwanzig Stücke über den Namen der Stadt ASCH handelt, der Heimat Ernestine von Frickens, einer Freundin des Komponisten; daß s [es], c h a auch die einzigen musikalischen Buchstaben in Schumanns Namen sind; daß der abschließende Marsch Schumanns Entschlossenheit versinnbildlicht, seine Schar aufrechter Musiker in das Lager der Feinde Meyerbeer, Herz und Hünten zu führen und diesen den Garaus zu machen. Das sind nur einige der im *Carnaval* enthaltenen Symbole. Schumann durchsetzte viele seiner Werke mit Symbolgehalt, so daß es uns heute leider nicht mehr möglich ist, alle Sinnbilder zu entschlüsseln.

Seine nachträglich den Kompositionen beigefügten Überschriften sollen Fingerzeige beim Suchen und Enträtseln ihrer „poetischen Ganzheit", ein Hinweis auf den Stimmungsgehalt sein. Schon 1838 klagte Schumann: „Das Klavier wird mir zu enge, ich höre bei meinen jetzigen Kompositionen eine Menge Sachen, die ich kaum andeuten kann." Schumanns Harmonik ordnet sich der Melodik unter und ist durch mediantische Klänge, plagale Schlüsse und breite subdominantische Wirkungen aufgelockert. Moderne Pianisten übergehen weitgehend seine sorgfältigen Hinweise auf die innere Stimmführung. Einer der wenigen Musiker, die die Dichte und polyphone Komplexität der scheinbar so leichten Kompositionen Schumanns erkannte, war Alban Berg. 1920 war Berg vom konservativ gesinnten Hans Pfitzner wegen seines „Mangels an Melodie" angegriffen worden. Warum, fragte Pfitzner, seien Berg, Schönberg und Webern nicht imstande, eine hübsche, unkomplizierte, melodische Komposition zu schreiben wie Schumanns *Träumerei?* Berg widerlegte Pfitzner, indem er in einer Wiener Musikzeitschrift eine Analyse der Harmonik von Schumanns *Träumerei* veröffentlichte. Er bewies, daß dieses Stück aus den *Kinderszenen* keineswegs unkompliziert, sondern im Gegenteil harmonisch erstaunlich anspruchsvoll ist und Schumanns Vorliebe für polyphone Bildungen dokumentiert.

Ebenso wie Chopin begann Schumann als Klavierkomponist, und seine ersten dreiundzwanzig Werke sind Kompositionen für Klavier. Dazu gehören drei Sonaten, die dreisätzige *Fantasie* in C-Dur op. 17 und kleine Klavierstücke. Zuweilen, wie in den *Symphonischen Etüden* (*XII études symphoniques* für Klavier op. 13) oder im *Carnaval* wird ein beherrschender Grundrhythmus in jedem Satz durchgehalten, doch in den meisten Werken wird keine Geschlossenheit angestrebt. Es sind Kompositionen, die mit der gefälligeren, glanzvoller wirkenden Klaviermusik eines Liszt, Thalberg und Henselt nur wenig gemeinsam haben. Die Kompositionen dieser Tonsetzer lieferten dem Virtuosen reichhaltigeres Material und waren im Hinblick auf Konzertsaal und Publikum geschrieben. Schumanns Klaviermusik ist zwar vielfach genauso schwierig zu spielen, aber in der Regel zielt sie nicht auf den Effekt. Es gibt Ausnahmen, wie etwa im zweiten Satz der Fantasie in C-Dur, doch selbst dort erscheint die Bravour nur als eine innere, gehaltliche Notwendigkeit. Die Fantasie in C-Dur, Schumanns größtes und umfangreichstes Werk für Klavier, Chopins b-Moll-Sonate und Liszts h-Moll-Sonate sind die Grundpfeiler der Klaviermusik der Romantik. In Schumanns Klavierwerken wird kein Prunk, kein Oktaven-Feuerwerk und keine Virtuosität entfaltet, die für die damalige Epoche charakteristisch war. Für Virtuosität als Selbstzweck hatte der Komponist nichts als Verachtung übrig.

Dabei ist seine Musik keineswegs zurückhaltend. In seinen Klavierwerken wechseln Überschwang und Poesie einander ständig ab. Schumanns Melodie sucht ihre Stützpunkte nicht in leitereigenen Tönen, sondern in Neben- und chromatischen Zwischentönen; kanonische und fugiert scheinende Engführungen treten häufig auf. Im Bau größerer Formen durchbricht er die überkommene Dreiteiligkeit zugunsten überdimensionierter Durchführungsteile. Es ist eine vom romantischen Ideal getragene Musik, die im Reich der Töne das erreichen möchte, was Jean Paul in der Literatur gelang. Zu der Zeit, als Schumann meinte, Dichtersein bedeute für ihn die wirkliche Laufbahn und die Musik sei nur eine Zutat der Dichtung, entdeckte er, daß keiner mit solchem Nachdruck wie Jean Paul die Einheit von Musik und Dichtung proklamiert hatte. Für Schumann war die Musik die Kunst des Geheimnisvollen, die Kunst, die ihren Weg weiterging, wenn die Dichtung, ja, das Leben selbst an ihr Ende gelangt waren. Er näherte sich dabei dem Bereich des Mystischen, komponierte in einem Zustand, der an Ekstase grenzte.

Von der Klaviermusik wandte sich Schumann der Liedkomposition zu. 1840 schrieb er eine bemerkenswerte Anzahl von Liedern und Liederzyklen – die beiden *Liederkreis*-Vertonungen (*Liederkreis*, 9 Heine-Lieder op. 24 und *Lie-*

derkreis, 12 Eichendorff-Lieder op. 39), *Myrthen,* Liederkreis mit 26 Liedern op. 25, *Frauenliebe und -leben,* „Liedercyclus", 8 Lieder nach Chamisso op. 42, und *Dichterliebe,* 16 Heine-Lieder op. 48, der man den Rang von Schuberts *Winterreise* zuerkennen kann. Schumanns Bedeutung für das romantische Klavierlied liegt vor allem darin, daß er der Begleitung eine im Vergleich zu Schubert selbständigere Funktion als Träger des musikalischen Ausdrucks beimißt. Er ist der Meister der kleinen Form. Insgesamt komponierte er mehr als 250 Lieder sowie eine Reihe hinreißender Vokalduette.

Dann wandte sich der Komponist 1841 der sinfonischen Kunst zu. Claras innigster Wunsch erfüllte sich. Schumann brauchte nur vier Tage, um seine erste Sinfonie, in B-Dur op. 38, zu skizzieren, die er *Frühlingssinfonie* nannte. Drei Monate später, im März, war die Instrumentierung abgeschlossen, und Mendelssohn dirigierte die Uraufführung in Leipzig. Im April beendete Schumann eine Partitur, die er als Ouvertüre bezeichnete und im folgenden Monat um zwei weitere Sätze ergänzte. Die Komposition, die zuerst unter dem Namen Suite und später „Symphoniette" lief, ist heute als *Ouvertüre, Scherzo und Finale* für Orchester op. 52 bekannt, wird aber heutzutage leider zu selten von den Dirigenten beachtet. Im Mai folgte eine einsätzige Fantasie für Klavier und Orchester. Schumann legte sie aber dann vier Jahre beiseite, doch schließlich wurde daraus sein populärstes Werk, das Klavierkonzert in a-Moll op. 54 (1. Satz 1841, 2. und 3. Satz 1845).

Nach dem Abschluß der Fantasie begann Schumann an einer Sinfonie in d-Moll zu arbeiten, die er im September abschloß und ebenfalls beiseite legte; zehn Jahre später erschien sie als 4. Sinfonie in d-Moll op. 120. Dann komponierte er eine Sinfonie in c-Moll, führte sie aber nicht zu Ende. Schumanns 2. Sinfonie in C-Dur op. 61 wurde 1846 gedruckt, und die 3., die *Rheinische Sinfonie* in Es-Dur op. 97, im Jahre 1850. 1842 befaßte sich der Komponist vorwiegend mit Kammermusik und schrieb die drei Streichquartette in a-Moll, F-Dur und A-Dur op. 41, das Klavierquartett in Es-Dur op. 47 sowie das Klavierquintett in Es-Dur op. 44.

Alle vier Schumann-Sinfonien nehmen trotz gewisser Mängel in Struktur und Orchestrierung einen festen Platz im Konzertrepertoire ein. Es besteht Einigkeit darüber, daß Schumanns Stärke nicht in der Instrumentation lag; er war in erster Linie Pianist und komponierte nicht im Hinblick auf das Orchester, weshalb die Dirigenten schon immer das Bedürfnis gehabt haben, an seinen Partituren zu feilen. Heute werden solche Eingriffe, im Unterschied zu der zur Jahrhundertwende üblichen Praxis, diskreter vorgenommen, als Dirigenten wie Mahler Schumann helfen wollten, indem sie seine Musik beinahe umschrieben. Die klassische Sonatenform liegt Schumann nicht, sie geht bei ihm in eine freie Fantasieform über. In seinen Sinfonien tritt hingegen große Originalität auch in bezug auf thematische Verknüpfungen zutage. Darin erreichte er seinen Höhepunkt in der einsätzigen 4. Sinfonie in d-Moll, deren vier Abschnitte ohne Pause gespielt werden und in der die Art der thematischen Umformung schon auf Liszts h-Moll-Sonate vorausweist. Jede Sinfonie hat ihren eigenen Charakter:

die *Frühlingssinfonie* zeichnet sich durch Überschwang aus, die 2. Sinfonie durch ihre Romantik (mit dem trauererfüllten Adagio, einem der schönsten Adagiosätze überhaupt); die *Rheinische Sinfonie* durch ihre suitenhafte Fünf-sätzigkeit wie Berlioz' *Symphonie fantastique;* die 4. Sinfonie, die das lyrischste der vier Werke ist, durch ihre Neuartigkeit. Man hat bei Schumann gewisse Schwächen in der Instrumentierung festgestellt und versucht, den Wert seiner Sinfonien zu schmälern, indem man sie mit denen Beethovens verglichen hat. In ihrer Neuartigkeit gehören sie aber zu den eindrucksvollsten musikalischen Schöpfungen des 19. Jahrhunderts.

Erst spät bemühte sich Schumann um die großen Vokalformen, ohne jedoch darin den Erfolg zu haben wie in seinem übrigen kompositorischen Schaffen. Lange arbeitete er an der Oper *Genoveva* (Uraufführung Leipzig 1850), die ihm jedoch keinen Ruhm eintrug und nur selten aufgeführt wird. Zu seinen bekann-testen Chorwerken zählen *Das Paradies und die Peri* op. 50, *Requiem für Mignon* für Soli, Chor und Orchester op. 98b (1849), und *Der Rose Pilgerfahrt* nach Moritz Horn mit Klavier, später Orchester op. 112 (1851). Man findet sie jedoch, wie so viele andere Werke Schumanns, kaum noch im Konzertreper-toire. Sein Stil ist nicht jedermanns Geschmack. Die Aussage der Musik dieses Erzromantikers, des subjektivsten aller großen Komponisten, entsprach nicht der Ästhetik, die von der Weimarer Republik bis zum Zweiten Weltkrieg propagiert wurde. Schumann galt als sentimental und verweichlicht, als ein besserer Salonkomponist, bestenfalls als ein sanfter Liedkomponist, der keine Gefühlsdisziplin kannte. Dabei wurden sowohl die vollendete Verschmelzung von Form und Inhalt in seinen kleineren Werken als auch die hinreißende Kühnheit und Originalität, die Reinheit, die seine Kompositionen immer aufweisen, völlig verkannt. Schumann war der Inbegriff der Reinheit – sein Leben, seine Liebe, seine Hingabe, seine Redlichkeit, seine Denkweise, seine Musik sind ein untrügliches Zeugnis für diese Haltung.

12. KAPITEL

Frédéric Chopin
Apotheose des Klaviers

Die Mehrzahl der romantischen Komponisten hatte der Romantik gegenüber ein positives *parti pris*. Sie waren Propagandisten; sie spielten oder dirigierten wechselseitig ihre jeweiligen Werke; sie schrieben Rezensionen und Aufsätze über die neuen Stile und Theorien; sie halfen einander, so gut sie konnten, und manche von ihnen vermittelten ihre Bestrebungen der nachfolgenden Generation als Lehrer weiter. Nicht so Frédéric Chopin. Er, der so sehr Teil der Bewegung war, tat nichts dergleichen. In Wirklichkeit schätzte er die Romantik sogar gering ein. Er hielt Liszts Musik für vulgär, liebte Schumanns Werke ganz und gar nicht und hatte auch nichts zu den Arbeiten von Berlioz oder Mendelssohn zu sagen, obwohl er mit diesen großen Männern befreundet war. Er näherte sich Beethoven mit einer Mischung aus Bewunderung und Geringschätzung; der Donnerer war ihm zu massig und ungeschlacht, und Chopin fühlte sich bei seiner Musik unwohl. Wenn er überhaupt irgendein Stück von Schumann hörte, so erwähnte er es doch nicht. Die beiden einzigen Meister, die ihm etwas bedeuteten, waren Bach und Mozart. Für sie hatte er nichts als Lob. Ebenso bewunderte er die Opern Bellinis.

Er war durchaus nicht umfassend belesen und auch nicht empfänglich für die bildende Kunst der Romantik. Delacroix war einer seiner besten Freunde; aber er schaute sich seine Bilder an und murmelte gewöhnlich etwas Unverbindliches, weil er Delacroix' Gefühle nicht verletzen wollte. Sein Unterricht – und eben der war es, von dem er in großem Stil seinen Lebensunterhalt bezog – fand privat statt und beschränkte sich weitgehend auf die vornehme Gesellschaft. Elegante Schülerinnen betraten Chopins Studio und legten ihre zwanzig oder dreißig Francs auf den Kaminsims, während er aus dem Fenster schaute. Er war ein Herr, und vornehme Herren machten sich nicht mit etwas derart Vulgärem wie geschäftlichen Transaktionen die Hände schmutzig. Er bewegte sich mit Vorliebe in aristokratischen Kreisen, und sein Denken kreiste weitgehend um Stil, Geschmack, Kleidung und *bon ton*. Er konnte witzig, boshaft, argwöhnisch, schlecht gelaunt und reizend sein. Chopin hatte etwas Katzenhaftes.

Einer der größten Pianisten der Geschichte, gab er doch zu seinen Lebzeiten nur sehr wenige Konzerte und war in der Hauptsache ein Klaviervirtuose, der die intime Umgebung des Salons vorzog. Klein, schlank, blond, mit blau-grauen (manche sagen auch: braunen) Augen, einer vorspringenden Nase und exquisitem Benehmen, war er körperlich zart, und sein Spiel hatte, selbst wenn er in bester Verfassung war, wenig Klangfülle. Gegen Ende seines Lebens war es nur noch ein Geflüster. Schon früh hatte er erfahren müssen, daß er nie in großen Sälen würde spielen können, und sein letzter öffentlicher Auftritt fand am

26. April 1835 statt, als er sechsundzwanzig Jahre alt war. In den Jahren, die ihm noch verblieben – er starb im Jahre 1849 –, gab er nur noch drei weitere – überdies halbprivate – Konzertabende im Salon des Klavierfabrikanten Pleyel, und zwar vor einem sorgfältig ausgewählten Auditorium, das nie mehr als dreihundert Zuhörer zählte. Ein großer Teil seines pianistischen Wirkens blieb musikalischen Abendgesellschaften vorbehalten. Und was für Abende müssen das gewesen sein! Chopin und Liszt vierhändig am Klavier (Chopin spielte die Baßpartien; Liszt wird *ihn* nicht übertönt haben), vielleicht mit Mendelssohn, der die Seiten umwendete, während er darauf wartete, daß die Reihe zu spielen an ihn kam; um das Klavier möglicherweise Berlioz, Meyerbeer, Eugène Sue, Delacroix, Heine und George Sand, mit Ary Scheffer im Hintergrund, der Skizzen anfertigte.

Chopin fügte sich wunderbar in das verrückte, böse, elende und glückliche Paris der dreißiger und vierziger Jahre des 19. Jahrhunderts. Obwohl er nicht viele enge Freunde hatte, kannte er jedermann, und jedermann schätzte und achtete ihn. Alle wußten, daß er ein Genie war. Und das Paris jener Tage hatte ein gerüttelt Maß Erfahrung in der Beurteilung von Genies. Es war die intellektuelle und künstlerische Hauptstadt der Welt. Hugo, Balzac, Sand, Vigny, Lamartine, Heine, Gautier und Musset waren unter den dort lebenden literarischen Gestalten. Liszt, Meyerbeer, Rossini, Berlioz und Luigi Cherubini hatten Paris zu ihrem Wohnsitz erkoren. Delacroix und Ingres standen auf dem Höhepunkt ihrer Laufbahn. Mendelssohn war ständiger Gast dort. Paris hatte drei gute Orchester und das größte Opernhaus der Welt. Die Malibran, die Pasta, Lablache, Rubini und Nourrit waren dort zu hören und sorgten für einen reichverzierten, virtuosen Gesangsstil, der atemberaubend gewesen sein muß. Paris war auch der Hauptsitz der europäischen Pianistenzunft, mit Kalkbrenner, Thalberg, Herz, Heller, Litolff und Prudent als dort ansässigen Vertretern. Politisch war Paris zeitweilig stabilisiert. Die *Trois Jours Glorieux* des Juli 1830 hatten Louis-Philippe auf den Thron gehoben, und da die Erhebung ein Volksaufstand gewesen war, machten sich auch Zugeständnisse an den volkstümlichen Geschmack bemerkbar. Die Bourgeoisie war an die Macht gekommen, und während die unteren Schichten nicht viel mehr hatten denn je, war eine Art nationaler Erneuerung und Prosperität spürbar, die zum Teil auch für das plötzliche Aufblühen der Künste verantwortlich zeichnete. Paris erlebte in den dreißiger Jahren des 19. Jahrhunderts eine Art Renaissance, wie sie London in den letzten Tagen der Regierung Elizabeths I. kennengelernt hatte.

Chopin war 1831 nach Paris gekommen. Er verbrachte dort auch den Rest seines Lebens. Als er in Paris eintraf, war er ein Provinzler aus Warschau. Sein Geburtsort war Zelazowa-Wola in der Nähe der polnischen Hauptstadt, und über das genaue Datum besteht beträchtliche Uneinigkeit. Die Kirchenbücher verzeichnen den 22. Februar 1810 als seinen Geburtstag, aber Chopins Mutter bestand darauf, es sei der 1. März gewesen, und an diesem Tage feierte sie denn auch stets den Jahrestag ihres berühmten Sohnes. Chopins Vater war ein Emigrant aus Frankreich, seine Mutter Polin. Frédéric war das zweite von vier

Kindern und der einzige Sohn. Seine musikalische Begabung machte sich früh bemerkbar, und schon mit sechs Jahren war er ein guter Pianist. Adalbert Zwyny, sein Lehrer, war ein kultivierter Musiker, der sein junges Schüler-Genie mit einer Fülle Bachscher Musik vertraut machte. (Bach im Jahre 1816 in Warschau! Und da wird behauptet, er sei nach seinem Tode vergessen gewesen!) Im Alter von acht Jahren sah Chopin seine erste Komposition im Druck erscheinen. Es war eine Polonaise. Von 1826 bis 1828 studierte er Komposition bei Joseph Elsner, einem Mann, der so einsichtig war zu bemerken, daß es sich bei Chopin um etwas Besonderes handelte, das auch mit besonderer Sorgfalt betreut werden mußte. Als Akademiker wünschte sich Elsner nichts sehnlicher, als daß Chopin Sinfonien, Sonaten und vielleicht gar polnische Nationalopern komponierte. Aber er setzte Chopin nie stilistischem Zwang aus und tat alles, was er nur konnte, um den jungen Mann sich natürlich entwickeln zu lassen. Das mag sein entscheidendster Beitrag gewesen sein – und überdies ein Beitrag, für den die Nachwelt ihm dankbar sein muß. Denn in mancher Hinsicht war Chopin ein musikalischer Exzentriker, mehr noch als sogar die meisten Wunderkinder. Er war nicht nur ein Genie als Pianist, er war ein Genie im schöpferischen Sinne, eines der auf verblüffende Weise originellsten des Jahrhunderts.

Woher kamen ihm seine Einfälle? Warschau lag ein wenig entfernt von den kosmopolitischen Mittelpunkten Europas, wenn es auch von bedeutenden Künstlern besucht wurde. Chopin hatte Gelegenheit, einige davon zu hören – unter anderen Hummel, Paganini und die Sopranistin Henriette Sontag. Die Genese eines Teils der Chopinschen Musik läßt sich bis zu den Arbeiten von Moscheles, Hummel und Czerny zurückverfolgen. Aber das erklärt keineswegs die revolutionären Eigenschaften des musikalischen Denkens von Chopin – seine Entwicklung einer gänzlich neuen Art des Klavierspiels; sein wagemutiges und doch verfeinertes Harmoniegefühl; sein Experimentieren mit einer Art von Klavierklang, der das Instrument ein für alle Male von der Vergangenheit befreite. Man kann nur sagen, daß sich im jungen Chopin eine musikalische Gärung vollzog und er sich gehalten fühlte, die geltenden Regeln umzugestalten. Wieviel von seiner neuen Denkweise bewußt und wieviel unbewußt vor sich ging, bleibt allgemeiner Vermutung überlassen. Er war ein Genie und von Geburt an mit bestimmten geistigen, Finger- und Ohr-Reflexen ausgestattet, die vom Glück weniger gesegnete Musiker nie erreichen. Zweifellos erreichte er das Stadium der vollen Reife eher als die meisten Komponisten, und alles schien ihm leichthin zuzufliegen. „Du weißt", schrieb ihm sein Vater, „daß die Technik des Klavierspiels nur einen kleinen Teil Deiner Zeit in Anspruch genommen hat, und daß Dein Geist geschäftiger war als Deine Finger. Mögen andere die Klaviatur tagelang in Bewegung gesetzt haben, Du hast selten auch nur eine Stunde lang die Werke anderer gespielt." Als Musiker war Chopin somit einer der glücklichen – ein technisches Naturtalent mit flüssigem Stil, ein Komponist, der sich früh dafür entschied, ausschließlich für das Instrument zu schreiben, das er liebte. Es sollte sich zeigen, daß seine Arbeiten weitgehend in den Bereich der kleineren Formen fielen, aber er trug dazu bei, das Bild der Musik zu verändern, und die Mehrzahl seiner Zeitgenossen erkannte ihn als den Revolutionär an, der er war. „Unter Blumen eingesenkte Kanonen", sagte Schumann von Chopins Werken.

In Warschau fiel allgemein auf, daß der junge Chopin etwas Außergewöhnliches war, obwohl niemand hätte ahnen können, in welch phantastischem Ausmaß das zutraf. Der erste Fingerzeig darauf ergab sich, als Chopin Polen in Richtung Wien verließ, um sich als Komponist und Pianist vorzustellen. Das war 1829, und er gab verschiedene Konzerte, in denen er die Kenner mit der Neuheit seiner Musik und seiner Behandlung der Tastatur verblüffte. Wie alle Virtuosen der Zeit konzentrierte sich Chopin auf seine eigenen Kompositionen. In den Briefen an seine Familie schrieb er bescheiden und sogar mißbilligend über seine Aufnahme, obwohl er nicht umhin kam zu sagen, daß „die Journalisten mich ins Herz geschlossen haben" und daß, als er über einige polnische Melodien improvisierte, „meine Spione im Parkett des Hauses mir bedeuten, daß die Leute in ihren Sesseln auf- und niedergesprungen sind". Die Wiener hörten nicht auf zu fragen: Konnte Chopin derart viel in *Warschau* gelernt haben?

Wieder in Polen, hatte er eine jugendliche Liebesaffäre, komponierte stetig, besuchte die Oper, wurde verzärtelt und gehätschelt und entschloß sich dann, seine Karriere in Paris zu machen. Am 2. November 1830 verließ er Polen für immer, mit sehr wenig Geld und äußerstem Vertrauen in seine Fähigkeiten. Erneut spielte er in Wien; er knüpfte Verbindungen an, besuchte Musiker und hörte mit ihm rivalisierende Pianisten spielen. Sigismund Thalberg, der neue Klavierlöwe, war einer davon, und Chopin entwarf brieflich ein verheerendes Charakterporträt von ihm: „Thalberg spielt vorzüglich, ist aber nicht mein Mann. Er ist jünger als ich, bei den Damen beliebt, spielt Potpourris über Themen aus *Masaniello* [i. e. Aubers Oper *Die Stimme von Portici* von 1830], bringt ein *piano* eher mit dem Pedal als mit der Hand hervor, greift Dezimen so leicht wie ich Oktaven und trägt Manschetten mit Diamantknöpfen." Chopin hätte auch in Wien Karriere machen können, aber sein Ziel war Paris, und dort traf er denn auch Ende 1831 ein, von den großen Männern seiner Umgebung ehrfürchtig bestaunt. Beinahe unverzüglich verstrickte er sich in eine der eher wahnhaften Episoden der Musikgeschichte.

Chopin, einundzwanzig Jahre alt, ein Genie mit perfekt ausgebildetem und originellem Klavierstil, hörte Friedrich Kalkbrenner spielen und war überwältigt. Kalkbrenner war unzweifelhaft ein wunderbarer Pianist, aber Klassizist der alten Schule. Vorromantische Pianisten wie Kalkbrenner, Moscheles, Hummel und Clementi spielten guteinstudierte Passagen die Tastatur auf und ab, mit wenig Pedalbenutzung. Mit hoher Fingerstellung eher aus Hand und Handgelenk denn aus Ellbogen und Arm spielend, hatten sie kaum eine Vorstellung von den klanglichen Ressourcen des Klaviers (eines Instruments, daß um 1830 dem heutigen Konzertflügel in Anschlag und Klangwirkung schon sehr nahe kam). Als Gruppe brachten die klassischen Pianisten der romanti-

184 Apotheose des Klaviers

schen Musik keine Sympathien entgegen. Kalkrenner war wahrscheinlich der
fähigste der Gruppe. Er war einer der beliebtesten Pianisten seiner Zeit und ein
eingebildeter Fatzke obendrein. Aus irgendeinem Grund ließ sich Chopin von
seiner Spielweise mitreißen. Er eilte zu Kalkbrenner, um bei ihm Unterricht zu
nehmen, und der große Mann hörte seinem jüngeren Kollegen ernsthaft zu.
Dann eröffnete er Chopin, daß er Talent habe und sich zu einem bedeutenden
Künstler entwickeln werde, wenn er drei Jahre unter seiner, Kalkbrenners,
Obhut verbringe. Chopin unterrichtete unverzüglich seine Familie über den
Schritt, den er zu unternehmen gedachte. Sein Vater und Elsner, beide entsetzt,
schickten empörte Briefe aus Polen. Glücklicherweise kam Chopin bald wieder
zu sich und gab Anfang 1832 sein eigenes und eigenständiges Debut in Paris.
Liszt und Mendelssohn waren anwesend, und sein Konzertabend war der
Gesprächsstoff von ganz Paris. Danach war von der albernen Episode mit
Kalkbrenner keine Rede mehr.

Chopin begann sich in den höchsten Kreisen zu bewegen. Durch seine
adeligen polnischen Freunde machte er die Bekanntschaft der Rothschilds, und
das allein galt schon als Eintrittsberechtigung. Beinahe unverzüglich hatte er
mehr Schüler, als er bewältigen konnte – Prinzessin X, Gräfin Y. Von da an war
sein Lebensstil festgelegt, bis er mit George Sand zusammentraf. Er unternahm
einige kleine Reisen. Im Jahre 1834 besuchte er Aachen und erneuerte seine
Freundschaft mit Mendelssohn; im folgenden Jahr besuchte er Dresden und
begegnete Schumann, der ihn abgöttisch verehrte. Ein weiteres Zusammentreffen mit Schumann fand 1836 in Leipzig statt. Chopin verdankte dem großmüti-
gen Schumann beträchtlich viel, dessen Rezension der *Là ci darem*-Variationen
ihn in Deutschland eingeführt hatte und der in der *Neuen Zeitschrift für Musik*
jedes neue Chopin-Stück, dessen er habhaft wurde, begeistert besprach. (Chopin war 1831 höchst amüsiert gewesen – oder gab es jedenfalls vor-, als er
Schumanns berühmte Rezension der Variationen las. „Im fünften Takt des
Adagio, so sagt er, küßt Don Giovanni Zerlina auf dem Des. Plater [Graf
Ludwik Plater, ein Freund in Paris] fragte mich gestern, wo denn nun ihr Des sei
etc.!") Die meiste Zeit verbrachte Chopin jedoch in Paris, komponierte, fand
Eingang in die besten Kreise und machte wichtige Bekanntschaften. „Ich gehöre
nun zur höchsten Gesellschaft", schrieb er 1833 mit großer Befriedigung nach
Hause. „Mein Platz ist zwischen Botschaftern, Fürsten und Ministern – ich
weiß selbst nicht, wie ich da hineingeraten bin! Heute aber sind alle diese Dinge
für mich unerläßlich: diese Kreise gelten als Quelle des guten Geschmacks ...
Ich muß jetzt fünf Stunden täglich geben. Du glaubst wohl, daß ich damit ein
Vermögen verdiene, aber ein eigener Wagen und weiße Handschuhe, die
unbedingt zum guten Ton gehören, strapazieren meine Mittel doch einigermaßen." Chopin war in der Lage, die Summe von dreißig Francs pro Stunde zu
fordern, in jenen Tagen ein enormer Betrag. Er lebte in Luxus. Und er hatte auch
die Zahl von Liebesaffären, wie sie jeder temperamentvolle und ungebundene
junge Mann nun einmal hat. Bevor ihn die Tuberkulose schwächte, waren seine
sexuellen Gewohnheiten vollkommen normal. Er war weder effeminiert noch

keusch, obwohl er seine Liebesaffären für sich behielt und gelegentlich prüde sein konnte.

Chopins Leben änderte sich, als er von Liszt George Sand vorgestellt wurde. Er war sechsundzwanzig Jahre alt, sie zweiunddreißig und bereits eine berühmte Romanschriftstellerin, gleichermaßen bekannt für ihr Unabhängigkeitsstreben wie für ihre Geringschätzung konventioneller Anstandsformen. Ihr wirklicher Name war Aurore Dudevant, ihr Schriftstellerpseudonym aber legte sie sich für ihre Romane *Indiana* (1831) und *Lélia* (1833) zu. Beide Bücher weckten wegen ihrer Angriffe auf die herkömmliche Moral, insbesondere auf die Ehe, großes Interesse. Sie war eine kleine, eher plumpe Frau von scharfer Intelligenz und stand ständig im Mittelpunkt des öffentlichen Interesses. Zeitweilig trug sie Männerkleidung, rauchte Zigarren und hatte eine Reihe von Liebhabern. Der Frau, die die Geliebte von Jules Sandeau, Prosper Mérimée, Alfred de Musset, Michel de Bourges, Pietro Pagello und sehr wahrscheinlich auch von Franz Liszt gewesen war, fehlte es nicht an Erfahrung. Von ihrem Gatten Casimir Dudevant (sie wurden 1836 geschieden) hatte sie zwei Kinder, Maurice und Solanges. Wenn man einem Brief eines Freundes von Chopin Glauben schenken darf, war er anfangs von George Sand abgestoßen. Die Liebesgeschichte machte nur langsame Fortschritte, aber im Jahre 1838 lebten sie zusammen, und den Winter 1838/39 verbrachten sie gemeinsam auf Mallorca.

Die Reise war als Idylle geplant gewesen und erwies sich als die reine Hölle. Das Wetter war schlecht, es regnete unvunterbrochen, das Haus, das sie bewohnten, war ständig feucht, und Chopins flache Lungen machten sich bemerkbar. Er wäre beinahe gestorben. Sie mußte ihn bis zu seiner Genesung pflegen und brachte ihn mehr tot als lebendig nach Marseille. Einem Freund machte Chopin die gequälte Mitteilung: „Die drei berühmtesten Ärzte der Insel traten zu einem Konsilium zusammen: der eine beschnüffelte meinen Auswurf, der andere beklopfte mich an der Stelle, woher der Auswurf gekommen war; der dritte auskultierte mich, während ich spuckte. Der erste sagte, ich würde krepieren, der zweite ebenfalls, der dritte aber, ich wäre schon krepiert." Trotz seines schlechten Gesundheitszustandes schrieb Chopin auf Mallorca einige bedeutende Werke. Hier war es auch, wo er seine vierundzwanzig Préludes vollendete. Eines davon, das *Regentropfen-Präludium*, soll angeblich eine musikalische Interpretation des Regens sein, der unaufhörlich auf die Villa herabtropfte, die die Liebenden bewohnten. Aber das ist eine spätere Erfindung, und niemand weiß, um welches Prélude es sich handelt – selbst wenn die Geschichte wahr sein sollte, was sie wahrscheinlich nicht ist. Manche Kenner sprechen sich für Nr. 15 in Des-Dur aus, mit den wiederholten Achteln im cis-Moll-Mittelteil, während andere mit gleicher Hartnäckigkeit daran festhalten, beim *Regentropfen-Präludium* handele es sich in Wirklichkeit um das h-Moll-Prélude mit seiner gleichmäßigen, klagenden Figur in der linken Hand.

Die Beziehung zwischen Chopin und George Sand dauerte bis 1847. Während der Jahre ihrer Bindung waren sie nie sehr weit voneinander entfernt. In

Frédéric Chopin (1810–1849). Gemälde von F. Rumpf.

Paris lebten sie in benachbarten Häusern. Den Sommer verbrachten sie in George Sands Haus in Nohant, wo sie gewöhnlich vier Monate verweilten. In Nohant komponierte Chopin auch seine größten Werke. George Sand umhegte ihn, bemutterte ihn, kümmerte sich um ihn. Es hat den Anschein, daß die Beziehung nach kurzer Zeit platonisch verlief. George Sand schien damit zufrieden, und es gibt keinerlei Anhaltspunkte dafür, daß sie während ihrer langen Affäre mit Chopin irgendwelche anderen Liebhaber hatte. Der Bruch war betrüblich. George Sands Kinder, verwöhnt und undiszipliniert, waren die Haupttriebkräfte. Maurice und Chopin kamen nicht sehr gut miteinander aus, und sein Liebling war Solange. Im Jahre 1847 heiratete sie einen Bildhauer von zweifelhaftem Ruf, August Clésinger, nachdem sie eine Verlobung mit einem jungen Mann gelöst hatte, den sowohl Chopin als auch George Sand mochten. In der Familie kam es zu Kämpfen und Beschuldigungen, Lügen und Unaufrichtigkeitsanklagen. Solange beschuldigte ihre Mutter tatsächlich sogar, eine Beziehung zu einem der Freunde von Maurice zu unterhalten. George Sand wollte mit Solange und ihrem Gatten nicht das geringste zu schaffen haben, während Chopin Partei für Solange ergriff – was zur Folge hatte, daß George Sand und Chopin sich einander für immer entfremdeten. Während der ganzen Auseinandersetzung benahm sich George Sand mit großer Würde und gab eine durchaus bessere Figur als Chopin ab, der geradezu begierig den Lügen Glauben zu schenken schien, die ihm Solange ins Ohr flüsterte. Nach dem Bruch begegneten sie einander durch Zufall noch einmal. Chopin verließ eine Abendgesellschaft, zu der sich George Sand gerade einfand. Sie wechselten einige Worte im Hausflur. „Sie fragte mich, wie es mir ginge", schrieb Chopin an Solange. „Ich sagte: gut, und dann winkte ich dem Pförtner, mir die Haustür zu öffnen. Ich setzte meinen Hut auf und ging heim zum Square d'Orléans." Mit dem Austausch dieser Banalitäten nahmen sie für immer voneinander Abschied.

Chopin hatte nur noch ein Jahr zu leben. Er befand sich bereits im Endstadium seiner Krankheit und spuckte Blut. Im Jahre 1848 besuchte er England auf Drängen von Jane Stirling, einer Freundin und Schülerin. Sie war eine reiche junge Adlige aus Schottland, die sich wahrscheinlich in Chopin verliebt hatte. Er glaubte, nichts zu verlieren zu haben, wenn er ihre Einladung annähme. In Paris war die Revolution von 1848 ausgebrochen, und Chopins Schülerinnen waren geflohen und hatten ihn ohne feste Einkommensquelle zurückgelassen. Also ging er nach England und Schottland. Er war in schrecklicher Verfassung und so schwach, daß er von seinem Kammerdiener ins Schlafzimmer geführt und entkleidet werden mußte. In England spielte er vor der besten Gesellschaft, beobachtete die Menschen und ihre Bräuche und entwickelte einen unbändigen Haß auf alles und jeden. Seine Briefe nach Paris entwarfen das Bild eines bis zum Übermaß gereizten Mannes. Er beschreibt eine Abendgesellschaft, die ihm zu Ehren von einer adligen schottischen Dame gegeben wurde: „Nachdem ich gespielt und andere schottische Damen verschiedene Arien gesungen hatten, wurde eine Art Akkordeon hereingebracht, und sie [seine Gastgeberin] begann mit äußerstem Ernst darauf die schrecklichsten Melodien zu spielen. Aber was kann man anderes erwarten? Mir scheint, jedes dieser Geschöpfe ist verrückt ... Diejenigen, die meine Kompositionen kennen, bitten mich ‚Spielen Sie mir doch Ihren *Zweiten Seufzer* [das Nocturne in G-Dur] ... Ich liebe Ihre Glocken.‘ Und jeder Kommentar schließt mit den Worten: ‚Like water‘, was bedeuten soll, daß die Musik wie Wasser dahinperlt. Ich habe noch keiner Engländerin vorgespielt, ohne sie ‚Leik Water‘ sagen gehört zu haben. Sie schauen alle auf ihre Hände und spielen mit seelenvollster Miene falsche Töne. Welch elendes Los! Der Herr erbarme sich ihrer.“

Wieder in Paris und den erstickenden Umklammerungsversuchen von Miss Stirling entronnen, arbeitete Chopin kaum noch und erwartete sein Ende. Er war deprimiert. „Ich habe noch nicht einmal zu spielen angefangen und kann nicht komponieren. Gott allein weiß, von welcher Art Stroh ich bald zu leben haben werde.“ Er wurde von Miss Stirling und ihrer Schwester unterstützt, die, nachdem sie von Chopins verzweifelter Lage erfahren hatte, ihm eine anonyme Spende von 25 000 Francs zukommen ließ. Seine Schwester Louise kam aus Warschau, um ihn während seiner letzten Krankheit zu pflegen. George Sand schickte Louise einen Brief mit der Bitte, Frédéric besuchen zu dürfen, bevor es zu spät sei. Louise antwortete nicht. Es war nicht George Sand, sondern Solange Clésinger, die an Chopins Seite war, als er am Morgen des 17. Oktober 1849 starb. Ebenfalls an seinem Sterbebett waren Louise und Prinzessin Marcelline Czartoryska, eine Freundin der Familie. In späteren Jahren entstanden Legenden über Chopins letzte Stunden und wundersame romantische Geschichten über diese oder jene Gräfin, die Trauergesänge angestimmt haben soll, während er starb.

Chopin hegte sich selbst und seinem Werk gegenüber keinerlei falsche Bescheidenheit. Bereits 1831 äußerte er sich über seinen „vielleicht allzu kühnen, aber edlen Wunsch und Vorsatz“, sich selbst „eine neue musikalische Welt zu schaffen“. Genau das tat er. Als Pianist schuf er einen Stil, der die gesamte zweite Hälfte des 19. Jahrhunderts beherrschte und sich nicht entscheidend änderte, bis Debussy und Prokofjew auf den Plan traten. Es war ein Stil, der abrupt mit allem brach, was ihm vorausging. Zum ersten Mal wurde das Klavier zum *totalen* Instrument: zum singenden Instrument, zum Instrument von unbegrenzter Klangfarbe, Lyrik und Nuancenreichtum, zum heroischen Instrument, zum intimen Instrument. Schumanns Klaviermusik klingt, so wunderbar sie auch ist, im Vergleich dazu schwer. Chopins Musik entwickelte sich ganz natürlich aus seiner eigenen Weise des Klavierspiels, und als Pianist war er Schumann um Lichtjahre voraus, weil er das Klavier auf idiomatische und vollkommen moderne Art behandelte. Jedenfalls übte die Klaviermusik Schumanns zu ihrer Zeit relativ wenig Einfluß aus, während die neuen Ideen zu Pedaltechnik, Fingersatz, Rhythmik und Klangfarbe, die Chopin einbrachte, unverzüglich von allen jüngeren Pianisten aufgegriffen wurden.

Viele Berufskollegen der Zeit konnten ihm nicht folgen. Moscheles war nicht der einzige, der sich verblüfft zeigte. Selbst ein so kluger musikalischer Kopf wie Mendelssohn war anfangs verstört. Mendelssohn, der bei Moscheles im klassischen Stil ausgebildet worden war – Hände möglichst dicht auf der Tastatur, wenig Pedal, nur ein Minimum von *rubato* oder Tempowechsel –, mußte sich erst durch Augenschein an Chopin gewöhnen, bevor er sich überzeugen ließ. „Es ist etwas Grundeigenthümliches in seinem Clavierspiel", schrieb er, „und zugleich so sehr Meisterliches, daß man ihn einen recht vollkommenen Virtuosen nennen kann ... (er) macht so neue Sachen wie Paganini auf seiner Geige, und bringt Wunderdinge herbei, die man sich nie möglich gedacht hätte."

Selbst der große Liszt war nicht zu stolz, um von Chopin zu lernen. Zwischen den beiden bestand eine unsichere Freundschaft. Sie hielten viel voneinander, es mag jedoch auch eine unbewußte Feindseligkeit zwischen beiden bestanden haben. Chopin neidete Liszt seine Kraft, seine Extravertiertheit, seine Männlichkeit und seine Macht, große Zuhörermengen zu hypnotisieren. „Liszt spielt meine Etüden", schrieb er an Stephan Heller, „und führt mich weit über meine normalen Gedanken hinaus. Ich möchte ihm die Art und Weise stehlen, wie er meine eigenen Etüden spielt." Es lag darin aber auch ein Element von Vulgarität und Schwindelei, das Chopin abstieß. Gelegentlich brach er geradezu in Boshaftigkeit aus wie in einem Brief an Jules Fontana: „Dieser Tage wird er noch Parlamentsmitglied oder sogar König von Abessinien oder vom Kongo – aber was die Themen seiner Kompositionen angeht, nun, sie werden in den Zeitungen begraben sein."

Liszt andererseits bewunderte Chopins Musikertum aufrichtig und machte sich viele seiner Ideen zu eigen. Chopin zeigte, daß das Klavier, selbst in virtuoser Musik, mehr sein konnte als nur ein virtuoses Instrument. Und mehr noch, Chopins Musik machte deutlich, daß sogar die wildesten Ausbrüche von Virtuosität eine musikalische Bedeutung haben konnten. Chopins Filigranarbeit und Bravourstücke sind in seinen reifen Arbeiten nie bloße Prunkentfaltung. Er führte das Konzept der funktionalen Verzierung ein. Bis zu dem Zeitpunkt, da er Chopin begegnete, war Liszt in der Hauptsache auf Knalleffekte versessen gewesen. Nachdem er Chopins Spiel und seine Musik kennengelernt hatte, versuchte er seine *bravura* in Richtung auf einen eher poetischen Stil umzuformen. Aber mochte sich Liszt in Chopins Gesellschaft nicht ein wenig unbehaglich gefühlt haben? Der elegante Pole war Aristokrat, während an Liszt etwas war, das ihn eher zum sozialen Aufsteiger als zum natürlichen Mitglied der großen Salons stempelte. Er kleidete sich zu auffällig, sprach etwas zu laut, prahlte zu sehr und hielt sein Getränk nicht so, wie ein Herr das tun sollte. Er hatte entschieden keinen *bon ton*. Gelegentlich stoben zwischen ihm und Chopin die Funken. Liszt, der fortgesetzt damit befaßt war, die Musik anderer zu „verbessern", spielte einstens ein Nocturne von Chopin, wobei er alle möglichen Verzierungen hinzufügte. Chopin fauchte laut einer in Josef Nowakowskis Studie berichteten Anekdote Liszt an und bedeutete ihm, das Stück so zu spielen, wie es geschrieben stand, oder gar nicht. Aber die beiden größten Pianisten ihrer Zeit blieben dennoch auch weiterhin in Verbindung, und noch 1848 sprach Chopin von „meinem Freund Liszt".

Zwei Aspekte von Chopins Klavierstil – und darüber hinaus, wie immer,

190   Apotheose des Klaviers

seiner Musik insgesamt – sind von äußerster Bedeutsamkeit: seine Vorstellung
von *rubato* und sein Hang zur Klassik. *Rubato,* das Thema vieler Auseinandersetzungen von Ausführenden bis zurück zu Mozart und C. Ph. E. Bach, ist eine
Art von Beschleunigung bzw. Verlangsamung, bei der der Rhythmus leicht
verändert wird, nicht aber das taktmäßige Grundschema. Es verleiht einer
Phrase Abwechslung und verstärkte Bedeutung. Jeder sensible Musiker benutzt
es; als Mittel ist es der Variierung einer Linie in der Zeichnung eines Malers
gleichwertig. Chopin mit seiner Erbschaft an polnischen Volkstänzen verwendete ein derart ausgeprägtes *rubato,* daß damit nicht vertraute Zuhörer geradezu verblüfft waren. Meyerbeer, selbst ein guter Pianist, war überzeugt, daß
Chopin in seinen Mazurkas zwei Viertel anstatt drei Viertel spielte. Charles
Hallé, ein anderer ausgezeichneter Pianist, wies darauf hin, daß „ein bemerkenswerter Zug von Chopins Spiel die völlige Freiheit (war), mit der er den
Rhythmus behandelte, die aber so natürlich anmutete, daß sie mir jahrelang
nicht aufgefallen war". Auch Hallé beharrte darauf, daß Chopin manche seiner
Mazurkas eher im Zweiviertel- als im Dreivierteltakt spielte.

Und doch hatte Chopin, trotz seines romantischen *rubato* und seiner in
äußerstem Maße romantischen Musik, eine starke Neigung zur Klassik. Er
hatte stets ein Metronom auf dem Klavier stehen und achtete darauf, daß seine
Schüler streng im Takt blieben, gab ihnen viel Bach und Mozart zu spielen und
geriet außer sich, wenn sie sich rhythmische Freiheiten erlaubten. Sein eigenes
Spiel war sauber, und er bestand auf dieser Sauberkeit auch bei seinen Schülern.
„Gestern hörten wir Henri Herz", schrieb Joseph Filtsch an seine Eltern. „Seine
Ausführung ist elegant, angenehm und kokett, aber ohne Feinfühligkeit. Was
für ein Unterschied zwischen ihm und Chopin, dessen Finger singen, einem
Tränen in die Augen treiben und jeden Empfänglichen vor Empfindung erzit-
tern lassen. Seine empfindsamen und schlanken Hände bewältigen weite Spannen und Sprünge mit fabelhafter Leichtigkeit, und seine Fingerfertigkeit ist so
atemberaubend, daß ich die amüsante Geschichte zu glauben geneigt bin, daß er
dabei beobachtet worden ist, wie er seine Füße um den Nacken schlang! Mehr
noch, dank dieser Fingerfertigkeit kann er sogar schwarze Tasten mit dem
Daumen oder ganze Serien von Tönen mit nur zwei Fingern anschlagen, wobei
der längere Finger über den kürzeren greift und so von einem Ton zum anderen
gleitet." Das waren Techniken, die bei den klassischen Lehrern verpönt waren.
Schwarze Tasten durften nicht mit dem Daumen angeschlagen werden. Filtsch
fährt fort und beschreibt Chopins *rubato:* „Zu seinen Schülern sagt er: ‚Lassen
Sie Ihre linke Hand den Dirigenten spielen und streng im Takt bleiben.' Und
damit ist seine rechte Hand, bald zögernd, bald eilend, dennoch gezwungen,
diese Grundregel zu befolgen und den Rhythmus der linken nie zu beeinträchtigen." (Mozart hatte beinahe genau das gleiche vor mehr als einem halben
Jahrhundert gesagt.) Joseph Filtsch war übrigens ein Pianist, der zusammen mit
seinem jüngeren Bruder Karl aus Ungarn gekommen war, um bei Chopin zu
studieren. Karl war ungeheuer begabt und der bei weitem beste Schüler, den
Chopin je hatte. Liszt hörte ihn und sagte, daß er, wenn der junge Mann

öffentlich zu spielen begänne, die „Bude schließen" würde. Der arme Karl starb jedoch im Alter von fünfzehn Jahren.

Als Komponist hat Chopin alle Schwankungen der Mode überlebt und ist heute so beliebt wie immer. Nahezu alles, was er komponiert hat, ist im aktiven Konzertrepertoire vertreten. Läßt sich das von vielen anderen Komponisten sagen? Er hat sehr früh zu seinem Stil gefunden – tatsächlich sogar bevor er Polen verließ, um nach Paris zu gehen. Später sollte seiner Musik größere Tiefe zuwachsen, aber nur wenig im Bereich von Technik, harmonischen oder melodischen Einfällen. Nach den Etüden op. 10, von denen er viele bereits vor seiner Ankunft in Paris vollendet hatte, trat kein entscheidender Wandel mehr ein. Ebenso hatte er sich das stilistische Grundmuster seiner Mazurkas und Nocturnes bereits in Polen erarbeitet. Die Nocturnes waren aus den Kompositionen John Fields abgeleitet. Chopin übernahm die Form der Nocturnes von Field und verfeinerte sie zu etwas sehr viel Aristokratischerem, mit einem auf interessantere Weise arpeggierten Baß und Melodien, die den großbögigen Kantilenen ähnelten, wie sie sich in italienischen Belcanto-Opern finden lassen. Wenn es etwas gab, das Chopin liebte, so war es schöner Gesang, und viele seiner melodischen Einfälle standen unter dem Einfluß der großen Vokalkomponisten der Zeit.

Ein anderer Aspekt seines musikalischen Denkens war der polnische Nationalismus, wie ihn die Mazurkas und Polonaisen repräsentieren. Für Europa waren sie fremdartig und exotisch. Chopin war der erste der großen Nationalisten. Die großen Nationalisten kopieren keine Volksweisen. Sie brauchen das nicht. Die volkstümliche Tradition ist ein Teil ihres Hintergrundes, ihres rassischen Unterbewußten. Sie macht sich als Zauber der Heimat bemerkbar, selbst wenn (wie im Falle so vieler Nationalisten) keine wirklichen Volkslied-Zitate verwendet werden. In seinen Mazurkas und Polonaisen ließ Chopin die Melodien nachklingen, mit denen er aufgewachsen war. In seiner übrigen Musik war er sehr viel kosmopolitischer, obwohl hier und da – etwa im Mittelteil des h-Moll-Scherzos – auch ein Volkslied auftauchen kann.

Chopin war ein „absoluter" Komponist und gab seinen Werken nie andere als abstrakte Titel. In dieser Hinsicht unterschied er sich von den anderen Romantikern. Sogar der Klassizist Mendelssohn unterlegte manchen seiner *Lieder ohne Worte* und anderen Stücken deskriptive Titel. Chopin dagegen nie. *Schwarze-Tasten-Etüde, Winterwind-Etüde,* die Mazurka *Der kleine Jude, Regentropfen-Präludium, Militär-Polonaise* – das alles sind romantische Erfindungen, die im allgemeinen von Musikverlegern stammen. In keinem von Chopins Werken gibt es irgendwelche Voraussetzungen programmatischer Art, obwohl behauptet wird, daß die vier Balladen von Gedichten des polnischen Patrioten Adam Mickiewicz beeinflußt worden sind. Wenn das richtig ist, so hat sich Chopin diesbezüglich bemerkenswerte Zurückhaltung auferlegt. Der angebliche Mickiewicz-Einfluß auf die Balladen ist wahrscheinlich eine weitere romantische Erfindung. Die einzigen Titel, die Chopin der überwältigenden Mehrheit seiner Kompositionen gab (die polnischen Lieder natürlich ausgenommen), waren allgemeiner bzw. gattungsspezifischer Art: Walzer, Mazurka, Etüde, Polonaise, Nocturne, Scherzo, Präludium, Phantasie, Impromptu, Ballade, Variationen, Sonate, Konzert.

In seiner Jugend war seine Musik graziös, überschwenglich, erfindungsreich, voller Brillanz und von einer entschiedenen Vorliebe für Virtuosität geprägt. Wie alle Komponisten bis dahin komponierte Chopin seine Werke als Medien der öffentlichen Aufführung, und natürlicherweise paßte er sie seinen eigenen pianistischen Vorlieben an. Da sind die beiden Klavierkonzerte, die *Là ci darem*-Variationen, der *Krakowiak* für Klavier und Orchester (selten gespielt, aber dennoch ein verblüffendes Werk), sämtlich geprägt durch eine Erweiterung der pianistischen Technik, wie sie bis dahin bekannt war. Schumann, der eigenständig und unabhängig in Deutschland arbeitete, schrieb Klaviermusik, bei der die *Musik* das Eigentliche war. Chopin brachte Musik hervor, bei der eine genauere Balance zwischen Musik und Klavier als Ding-an-sich bestand. Seine Werke sind, im Sinne der Klaviertastatur, sehr viel idiomatischer als die oft schwerfällig komponierten Schumanns. Es ist häufig atemberaubende, glitzernde und funkelnde Musik, die sich komplizierter Figurationen bedient und sie auflöst oder sie über den ganzen Umfang der Tastatur verstreut, so daß die Töne wie Flammenspitzen zucken.

Nun gab es jedoch andere Komponisten, die Chopin, was bloßen technischen Aufwand betraf, nahezu gleichkamen. Dazu gehörten etwa Moscheles und Kalkbrenner und auch der junge Liszt. Was aber Chopins Musik sofort von der ihren abhob und unterschied, war die Kombination von melodischer und harmonischer Fülle von beispiellosem Zauber und Reichtum. Das war von Anfang an mit Händen zu greifen, und er änderte seinen stilistischen Ansatz denn auch nie. Aber in dem Maße, wie er älter wurde, gerieten seine Formen knapper und straffer. Es gab weniger Füllsel, und jeder Ton hatte seine Bedeutung. Die Musik konnte schwierig sein, aber sie war auch dicht und stets vollkommen kontrolliert. Es kamen darin auch Dissonanzen vor, darunter grelle Sekunden und Nonen, die unerträglich klangen, wenn die klassischen Pianisten sie spielten, und die neue Pianistengeneration mußte lernen, mit ihnen umzugehen, sie strahlen zu lassen und sie durch geschickte Pedalbehandlung aufzulösen. Diese chromatischen und gewagten Harmonien übten einen befruchtenden Einfluß auf das musikalische Denken des 19. Jahrhunderts aus. Chopin wirkte als Harmoniker auf Wagner und sogar auf noch spätere Komponisten ein. Die *Barcarole* mit ihren freischwebenden Pedaleffekten und ihren beinahe schon impressionistischen Harmonien antizipiert tatsächlich bereits Debussy. Der empfindsame, kränkliche polnische Komponist warf einen mächtigen Schatten auf die Zukunft der Musik.

Empfindsam und kränklich – aber das soll nicht bedeuten, daß es seiner Musik an Kraft gefehlt hätte. Die Scherzi und Balladen, die f-Moll-Fantasie, die letzten Polonaisen (besonders die heroische in fis-Moll, ein sogar noch erregenderes und meisterlicheres Werk als die beliebte in A-Dur), die beiden letzten Sonaten (er komponierte insgesamt drei, aber die c-Moll-Sonate ist eine Schülerarbeit, die nicht mehr im Repertoire auftaucht) bewegen sich sämtlich auf majestätischen Stilebenen. Sie sind in dem Material vollkommen angemessene Formen gekleidet, in Formen, die von der Musik diktiert sind. Von den Sonaten abgesehen versuchte er nie, die Form dem Einfall aufzudrängen. Lyrisch und spontan, wie seine Musik häufig klingt, war sie doch das Produkt angestrengter Arbeit und langen Nachdenkens. Er warf seine Einfälle nicht aufs Papier, wie Mozart und Schubert das so häufig taten. Chopin war ein langsamer Arbeiter, der ein Musikstück nicht an die Öffentlichkeit treten ließ, bevor er davon überzeugt war, daß es so anmutig, makellos und logisch wie möglich war. Seine anfänglichen Einfälle kamen ihm schnell, aber ihre Ausarbeitung zur angemessenen Form konnte quälend sein. Viele seiner Kompositionen erwuchsen aus der Improvisation, und Filtsch hat die Art und Weise beschrieben, wie Chopin arbeitete: „Neulich [d. h. im März des Jahres 1842] hörte ich Chopin im Hause von George Sand improvisieren. Es ist wunderbar, Chopin auf diese Weise komponieren zu sehen. Seine Inspiration ist so unvermittelt und geschlossen, daß er ohne das geringste Zögern spielt, so als müßte es so und nicht anders sein. Aber wenn es an die Niederschrift und Aufzeichnung des ursprünglichen Gedankens in allen Einzelheiten geht, verbringt er Tage nervöser Anspannung und nahezu schrecklicher Verzweiflung. Er ändert und überarbeitet ein und dieselbe Phrase unaufhörlich und geht auf und ab wie ein Verrückter." Sogar nach der Veröffentlichung eines Werkes war Chopin nicht zufrieden. Er machte Änderungen, wo immer er konnte, und in vielen seiner Werke gibt es Unterschiede zwischen den französischen und deutschen Ausgaben, manche davon signifikant.

Seine Musik ist aus einem Guß. Ob die Stücke winzig sind wie das Präludium in cis-Moll aus op. 28, das kaum mehr als zwanzig Sekunden dauert (gibt es in der gesamten Literatur ein kürzeres Werk?), oder ausladend wie die h-Moll-Sonate – immer sind sie höchst idiosynkratische Musik und durch graziöse, häufig melancholische Melodien und einen Reichtum an harmonischer Textur charakterisiert, der in seiner Chromatik schon beinahe wie der von Franck anmutet. Aber es ist keine zum Überdruß führende Art von Chromatik. Chopins musikalisches Denken war zu präzise, um die Klangfarbe die Form dominieren zu lassen. Es handelt sich meistens um eine höchst genaue, verdichtete Form von Kompositionen, von denen manche nur einen einzigen Einfall ausbeuten. Dieser Aspekt des einzigen Einfalls kommt in den Etüden, Präludien, Mazurkas und Nocturnes zum Ausdruck, während in den längeren Mazurkas und Nocturnes auch Nebenthemen und -einfälle auftauchen. Die Werke mit größeren Formen – die Scherzi, Balladen und die f-Moll-Fantasie – sind Chopins eigenständige Lösung des Problems der Sonatenform. Die klassische Sonatenform interessierte ihn sehr wenig. In der h-Moll-Sonate durchläuft er schulmäßig die Expositions-, Durchführungs- und Wiederholungsabschnitte und erreicht so eine Lehrbuchform, die die Prüfung eben gerade besteht. Was die Sonate aber rettet und sie so beliebt gemacht hat, ist ihr Reichtum an Einfällen und die Freiheit, mit der sie sich entwickelt, wenn der erste Satz einmal

194   Apotheose des Klaviers

vorbei ist.Die frühere b-Moll-Sonate, die mit dem *Trauermarsch*, steht dem Konzept der klassischen Sonate völlig fern, und selbst ein so ergebener Bewunderer wie Schumann rang dabei die Hände. Das ist keine Sonate, sagte er. Chopin hat für ihre vier Sätze „gerade vier seiner tollsten Kinder zusammengekoppelt". Ironisch genug: gerade der erste Satz erweist sich als Chopins erfolgreichstes Experiment mit der Sonatenform. Er ist ordentlich, klar aufgebaut und im ganzen Verlauf konsistent. Mit diesem Satz nehmen Chopin und die Sonate Abschied voneinander. Am verblüffendsten ist das Finale, ein *sotto voce* gemurmeltes Geheimnis in schnellen, *unisono* geführten Laufpassagen, das kaum mehr als anderthalb Minuten dauert. Es hätte durchaus auch unter den Präludien seinen Platz haben können, und war nach allem, was wir wissen, ursprünglich auch als solches gedacht. Das Präludium in es-Moll (Nr. 14) steht ihm nach Stimmung, Anlage und Technik so nahe, daß es ein Seitenstück des Finales der b-Moll-Sonate sein könnte. Beide Werke wurden etwa zur gleichen Zeit komponiert. Die b-Moll-Sonate stammt von 1839, die Präludien aus den Jahren zwischen 1836 und 1839.

Gegen Ende seines Lebens begann Chopin polyphone Strukturen in seine Musik einzuführen. Dieser romantischste aller Komponisten hatte immer einen starken Hang zur Klassik gehabt – Klassik in dem Sinne, daß seine Formen immer straff organisiert waren, Klassik im Sinne ihrer eleganten handwerklichen Ausführung, Klassik auch darin, daß die Werke seiner Reifezeit alles leere Füllwerk vermieden. Wie effektvoll, glänzend und sogar spektakulär seine Schreibweise auch sein mag (etwa im Schlußteil des Impromptus in Fis-Dur oder in den kaskadenartigen Begleitfiguren des Scherzos in cis-Moll) – jeder Ton hat eine expressive oder klangsinnliche Bedeutung, die über bloße Prunkentfaltung weit hinausgeht. Seine Musik ist nie vulgär, ist nie Effekt um des Effektes willen. Es gibt andere Aspekte, die auf Klassizismus und inbesondere auf seinen geliebten Bach schließen lassen. Die vierundzwanzig Präludien folgen der Grundidee des *Wohltemperierten Klaviers* und durchschreiten alle Dur- und Molltonarten des Quintenzirkels. (Hummel hatte das gleiche getan, ebenfalls in einer Reihe kurzer Präludien, die wenigstens fünfzehn Jahre vor denen Chopins entstanden waren.) Könnte das allererste Präludium von Chopin, das in C-Dur, eine indirekte Huldigung an das C-Dur-Präludium sein, das Bachs großes Korpus eröffnet? Wenn Chopins Stück in sehr langsamem Tempo gespielt wird, ergibt sich eine verblüffende Beziehung zwischen beiden. Und in den Etüden begann Chopin ebenfalls mit einem in Wechselbeziehung stehenden Tonartenschema, das er jedoch nie zu Ende führte. Später, etwa in der f-Moll-Ballade oder im Schlußteil der Mazurka in cis-Moll (op. 63, Nr. 3), tauchen Abschnitte in kontrapunktischer Imitation auf. Polyphone Strukturen gibt es in vielen Spätwerken Chopins. Für Chopin war die Fuge die *ultima ratio* der musikalischen Logik, und zu Delacroix, der seine Äußerungen in seinem Tagebuch pflichtschuldigst festhielt, sagte er ungefähr: „Sich genau auf die Fuge verstehen heißt mit dem Grundelement allen Denkens und aller Folgerichtigkeit in der Musik vertraut sein." Das ist eine Seite Chopins, die vielen unbekannt ist. Er komponierte lediglich eine bekannt gewordene Fuge; sie ist eine Schülerarbeit und aus dem Konzertrepertoire verschwunden.

Als Chopin sein künstlerisches Ansehen erst einmal fest begründet hatte, stieß seine Musik auf bemerkenswert wenig kritische Einwände. Sie wurde anerkannt als das Werk eines Meisters, und sogar Zweifler wie der Berliner Ludwig Rellstab und James William Davison, der Musikgelehrte aus London, ließen sich schließlich bekehren. Wie Liszt im Jahre 1842 schrieb, „[bleibt] diese exquisite, erhabene und in so hohem Maße aristokratische Berühmtheit unbestritten. Um ihn herrscht bereits ein völliges Schweigen aller Kritik, so als hätte die Nachwelt ihn schon eingeholt." Liszt äußerte da nur, was tatsächlich ein Faktum war. Fraglos wußten die Eingeweihten der Zeit – Liszt, Mendelssohn, Schumann, Berlioz –, daß Chopin ein Unsterblicher war, daß er innerhalb seiner selbstauferlegten Grenzen die Vollkommenheit an sich verkörperte. Um im 19. Jahrhundert als großer Pianist zu gelten, war es unabdingbar, ein großer Chopin-Pianist zu sein. Das war sogar noch in der antiromantischen Phase nach dem Ersten Weltkrieg gültig. Heute, da die romantische Aufführungspraxis eine nahezu entschwundene Kunst ist, hat es an Wahrheit eingebüßt. Aber immer noch sind Chopins Werke bei Klavierabenden ebenso häufig vertreten wie die vieler anderer Komponisten und sicherlich sehr viel zahlreicher als die der anderen Romantiker. Andere Komponisten erleben ihre Höhen und Tiefen. Chopins Beliebtheitskurve dagegen verläuft ganz stetig, und die Klavierliteratur wäre ohne ihn unvorstellbar. Er scheint wechselnden Geschmacksrichtungen gegenüber widerstandsfähig und geschützt.

13. KAPITEL

Franz Liszt

Virtuose, Scharlatan – und Prophet

Wenn Chopin der Pianist der Pianisten war, so war Franz Liszt der des
Publikums – der effekthascherische Schauspieler, der Held, derjenige, der seine
Zuhörer zu stummen Affen degradierte. Alles an ihm sprach zu seinen Gunsten
– gutes Aussehen, eine magnetische Anziehungskraft, Wucht des Anschlags,
eine kolossale Technik, eine noch nie dagewesene Klangfülle und die Art von
Opportunismus (wenigstens in seinen frühen Jahren), die das Publikum auf die
zynischste Art und Weise für sich gewinnen konnte. Er hatte die Aura. Vor Liszt
hielten die Pianisten die Hände dicht auf die Tastatur gesenkt und spielten eher
aus Handgelenk und Fingern als aus Arm oder Schultern. Nicht dagegen nach
Liszt. Er begründete ein für alle Mal das Genre des Bravourpianisten, des
Klavierlöwen, der hochmütig auftrat, das Publikum einschüchterte, die Hände
hoch emporhob und das Instrument im Sturm nahm. Selbst Musiker, die alles
haßten, was er repräsentierte, die „reinen" Musiker, konnten nicht anders als
sich beeindruckt zeigen. Mendelssohn, der Südpol zu Liszts Nordpol, mußte
einräumen, daß Liszt beispiellos war, daß er „eine gewisse Gelenkigkeit und
Verschiedenheit der Finger und ein durch und durch musikalisches Gefühl hat,
das wohl nirgends seines Gleichen finden möchte. Mit einem Worte, ich habe
keinen Musiker gesehen, dem so wie Liszt die musikalische Empfindung bis in
die Fingerspitzen liefe .." Zeitgenössische Pianisten wie Charles Hallé hörten
Liszt und gerieten in Verzweiflung. Sie konnten unmöglich anfangen, mit dieser
Kombination aus Brillanz und bloßer Aura in Wettstreit zu treten. Clara Wieck,
ihrerseits durchaus keine bloß durchschnittliche Technikerin, war vollständig
verblüfft, weil „Liszt alles das vom Blatt spielt, wo sich unsereins plagt und es
doch zu nichts bringt".
  Als Pianist machte Liszt auch seinen anfänglichen siegreichen „Einfall" in
Europa. Später wurde er alles mögliche – Komponist, Dirigent, Kritiker,
Literat, Don Juan, Abbé, Lehrer, Symbol und schließlich sogar „der große alte
Mann" der Musik. Er wurde am 22. Oktober 1811 geboren, etwa zur gleichen
Zeit wie die anderen Frühromantiker, überlebte sie jedoch alle bei weitem.
Mendelssohn starb 1847, Chopin 1849, Schumann 1856 und Berlioz 1869.
Liszt starb am 31. Juli 1886 als letzter der großen Musiker, der mit diesen
Heroen eng befreundet gewesen, und als der Mann, der Beethoven begegnet
war und tatsächlich sogar (jedenfalls glaubte man das) einen Kuß von den
Lippen des Unsterblichen erhalten hatte. Franz Liszt: ein großer Mann, ein
komplizierter Mensch, ein Mensch, der allen alles und anderes war. Er hatte
Genie, und doch war auch immer etwas von einem Scharlatan an ihm. Er
verfügte über ein glänzendes musikalisches Gefühl, eines der ausgeprägtesten

in der Musikgeschichte, und doch gelang es ihm bei seinen Konzertabenden nicht, sich nicht in die Werke anderer Komponisten einzumischen und sogar Beethoven durch hinzugefügte Effekte zu verwässern. Er konnte zuvorkommend und großzügig sein und sich doch rasch ändern und arrogant und launenhaft werden. Er war eitel und brauchte ständige Bewunderung und konnte sich doch in Gegenwart eines Genies wie Wagner echt ehrfürchtig geben. Ja, er war all das für alle Menschen, und als Folge davon sind viele nicht in der Lage gewesen, seine Persönlichkeit als Ganzes zu sehen. Vielleicht konnte Liszt das nicht einmal selbst. Vielen galt er als der Renaissance-Mensch der Musik. Seine Bewunderer vermochten natürlich nur seine guten Seiten zu sehen. Für andere war er nur Flitter und Schwindel – „ein begabter Hochstapler", wie der Dirigent Hermann Levi verächtlich sagte. Seine Feinde sahen natürlich nur seine schlechten Seiten.

Es würde Bände füllen, wollte man Dichtung und Wahrheit säuberlich scheiden, und einer ganzen Reihe von Psychiatern bedürfen, wenn man Liszts Handlungsmotivationen zu erklären versuchte. Aber die allgemeinen Grundzüge sind deutlich genug. In Raiding in Ungarn geboren, spielte er mit sechs Jahren bereits gut Klavier, komponierte mit acht, gab mit neun Konzertabende und studierte mit zehn bei Czerny und Salieri in Wien. Bei all diesen Reisen wurde er von seinem Vater Adam Liszt begleitet, einem Beamten im Dienste der Familie Esterházy und hochgebildeten Amateurmusiker, der sich des enormen Talentes seines Sohnes deutlich bewußt wurde. Dasselbe war der Fall bei einer Reihe ungarischer Adeliger, die die Studien des jungen Franz unterstützten. Das musikalische Europa billigte ihre Hochschätzung des jungen Genies voll und ganz. Der Junge verblüffte sein Publikum, wo immer er auftrat. Nur wenige Jahre nach seiner Studienzeit bei Czerny war er bereits ein Veteran der Konzertbühne, hatte sein Debüt in London und Paris gegeben und ganz Europa auf Tourneen durchquert. Im Alter von sechzehn Jahren litt er unter Selbstzweifeln und nervöser Erschöpfung und sprach davon, alles aufzugeben und in den geistlichen Stand einzutreten. Sein ganzes Leben lang war ständig die Rede von diesem Eintritt in die Kirche; das war ein Teil der romantischen Attitüde. Natürlich handelte es sich dabei größtenteils nur um Gerede. Selbst als Liszt gegen Ende seines Lebens den Schritt tatsächlich unternahm, war er doch in der besten beider Welten zu Hause und nahm seine Religion wahrscheinlich nie ernst. Er machte aus diesem Ernstnehmen lediglich eine große theatralische Darbietung.

Erst im Alter von neunzehn Jahren begann er mehr oder weniger seßhaft zu werden. Er machte im Jahre 1827, nach dem Tode seines Vaters, Paris zu seinem Hauptwohnsitz und arbeitete an der Schließung seiner Bildungslücken. Wie die meisten Wunderkinder hatte er nur eine flüchtige Allgemeinbildung genossen und einen ungeheuren Aufwand an Studium und Lektüre zu betreiben, als er sich einmal entschlossen hatte, das wettzumachen. Schließlich konnte er sogar als gebildeter Mann gelten, und das war ein Triumph seines Fleißes, weil er alles aus eigener Kraft erreichte. „Mein Geist und meine Finger", schrieb er im Jahre

1832, „haben wie die Verrückten gearbeitet. Homer, die Bibel, Plato, Locke, Byron, Hugo, Lamartine, Chateaubriand, Beethoven, Bach, Hummel, Mozart, Weber sind alle um mich herum. Ich studiere sie, ich denke über sie nach, ich verschlinge sie mit Feuereifer." Er bewegte sich in intellektuellen Kreisen, wo er wegen seines Genies und seines guten Aussehens willkommen war. Die heiratsfähigen jungen Damen von Paris lagen ihm zu Füßen. Und er hörte die drei Musiker, die seine Entwicklung so entscheidend beeinflußten.

Berlioz war der erste. Bei Berlioz entdeckte Liszt die Bedeutung der Klangfarbe und auch die der großen musikalischen Form. Berlioz' Ansatz war dem Liszts kongenial. Er führte ihn in die visionäre Seite der Romantik ein, in ihre aufwühlende und sehnsuchtsvolle Dimension, in ihre Subjektivität und Vorliebe für das Monumentale. Liszt versuchte für Klavier zu schreiben, was Berlioz für Orchester schrieb, und transkribierte sogar mehrere Hauptwerke von Berlioz für Solo-Klavier. Darunter auch die *Symphonie fantastique*. Er spielte sie tatsächlich auch im Konzert, und einer seiner Kunstgriffe bestand darin, auf eine Orchesteraufführung der *Symphonie fantastique* seine Klavierfassung des *Marche au supplice,* des vierten Satzes, folgen zu lassen, und zwar mit einer Wirkung (schrieb Hallé), „die sogar die des vollen Orchesters übertraf und einen unbeschreiblichen Aufruhr hervorrief". Liszt war der erste, der am Klavier *orchestrierte,* dabei die wildesten dynamischen Extreme erzielte, das Maximum von Klangfarbe hervorbrachte und den gesamten Umfang der Tastatur in einer Aufschichtung von Klangmassen benutzte. Bei all dem war er Berlioz verpflichtet.

Der zweite Einfluß war der Paganinis. Dessen Wirkung auf ihn war eher rein instrumental als ästhetisch oder philosophisch. Im Jahre 1831 begegnete Liszt Paganini zum ersten Mal, hörte ihm intensiv zu und war wie vom Donner gerührt. Unverzüglich entschloß er sich, Paganinis Effekte aufs Klavier zu übertragen. Das erste, was er in Angriff nahm, war die Transkription von sechs *Caprices* für Solovioline von Paganini, wobei er Schwierigkeiten auf Schwierigkeiten häufte. Wahrscheinlich war zu Liszts Zeiten niemand anderer als er selbst in der Lage, sie zu spielen, und auch heute können es nur wenige. Liszts *Paganini-Etüden* sind ein verblüffendes pianistisches Gegenstück zu den ursprünglichen Werken für Violine. Überdies versetzte die Musik, gespielt wie nur Liszt sie spielen konnte, die Zuhörer in eine wilde Erregung, ähnlich der, wie sie Paganini selbst hervorbrachte.

Schließlich hörte Liszt Chopin und wurde dabei gewahr, daß beim Klavierspiel Poesie ebenso möglich war wie Bravourentfaltung, daß das Instrument subtiler Klangwellen ebenso fähig war wie heldischer Stürme und daß Verzierungsarbeit auch eine Funktion der musikalischen Grundidee sein konnte statt bloßer überladener und vulgärer Wucherung.

Als Liszt dann seine Tourneen durch Europa wiederaufnahm, tat er das als vollausgereifter Künstler und fegte alle vor ihm aufgetretenen Konkurrenten hinweg. Seine solistischen Konzerte waren eine Reihe von Triumphen. Besonders Frauen fühlten sich zu seinen Auftritten hingezogen, wie das später auch bei Paderewski der Fall sein sollte, und es gab Szenen wirklicher Ekstase, in denen sensible Damen in Ohnmacht sanken oder sich um die Handschuhe stritten, die er achtlos auf die Bühne geworfen hatte. Heinrich Heine, der das Phänomen zu beschreiben versuchte, sprach von „Magnetismus, Galvanismus, Elektrizität, von der Kontagion in einem schwülen, mit unzähligen Wachskerzen und einigen hundert parfümierten und schwitzenden Menschen angefüllten Saale, von Histrionalepilepsie, von dem Phänomen des Kitzelns, von musikalischen Kantharides und anderen skandalösen Dingen, welche, glaub ich, Bezug haben auf die Mysterien der Bona Dea". Liszt war sich des Eindrucks, den er machte, nur allzu deutlich bewußt. Alles daran war berechnet. Das schloß auch seine Programme ein, die selten viel Fleisch auf den Knochen hatten. In seinem eigenen Studio spielte er alles, was er kannte, aber bei seinen großen öffentlichen Auftritten beschränkte er sich größtenteils auf erfolgssichere, applauschaschende Werke, die im allgemeinen von ihm selbst stammten. Er betrat die Bühne mit an Ketten hängenden, klirrenden Schmuckstücken. Er warf einen prüfenden Blick über das Auditorium und zog sich langsam die Handschuhe aus, die er zu Boden gleiten ließ. Bis 1839 beugte er sich der herkömmlichen Aufführungspraxis und ließ sich nur in einem Teil des Programms hören. Ein typischer Liszt-Beitrag zu einem seiner Programme waren seine Transkription von Rossinis Ouvertüre zu *Wilhelm Tell*, seine Phantasie über Mozarts *Don Giovanni*, seine Übertragungen von Schuberts *Erlkönig* und Beethovens *Adelaide* und sein *Grand Galop chromatique*. Und das war denn tatsächlich auch das Programm, das er einmal in St. Petersburg spielte.

Natürlich mußte es gerade der große Egomane Liszt sein, der 1839 den solistischen Auftritt erfand, wie er heute gebräuchlich ist. Warum sollte er sich mit jemand anderem in ein Konzert teilen? Anfangs nannte er seine solistischen Auftritte „Soliloquien" und beschrieb sie der Prinzessin Belgiojoso folgendermaßen: „... Welcher Gegensatz zu den langweiligen ‚musikalischen Selbstgesprächen' (ich weiß meiner Erfindung keinen anderen Namen zu geben), mit dem ich mir eingebildet habe, die Römer beglücken zu können und die ich in Paris einzuführen imstande bin, so unermeßlich wird meine Frechheit! Denken Sie sich, daß ich, des Haders müde und außerstande, ein Programm zusammenzustellen, das Sinn und Verstand hat, es gewagt habe, ganz allein eine Reihe von Konzerten zu geben, wobei ich ganz den Stil Ludwigs XIV. hervorkehrte und stolz zum Publikum gesagt habe: Das Konzert bin ich!" Später begannen diese Soliloquien dann *recitals* genannt zu werden, und der Ausdruck erregte in England große Heiterkeit. „Was meint er denn damit? Wie kann er auf dem Klavier vortragen [recite]?"

Wenn Liszt als Pianist auch früh zur Reife kam und wahrscheinlich der größte Pianist wurde, den die Welt je gekannt hat, so setzte seine Entwicklung als Komponist doch etwas spät ein. Seine frühen Werke haben keinerlei Bedeutung mehr. Das meiste davon ist leeres Virtuosengeklingel. Er komponierte im Alter von vierzehn Jahren eine Oper, *Don Sancho,* die ebenfalls in Vergessenheit geraten ist. Von 1829 bis 1834 transkribierte er eifrig verschiedene Vorlagen –

Berlioz' Orchesterwerke, Beethovens Sinfonien – oder schrieb Opernparaphrasen. Erst 1835 nahm er die Reihe von Werken in Angriff, die einen ständigen Platz im Repertoire behalten sollten. Die vier Jahre nach 1835 waren die Jahre der *Études d'exécution transcendante,* der *Paganini-Etüden,* der beiden ersten Bände der *Années de Pèlerinage,* der Arrangements von Liedern Schuberts und der Reihe der für Klavier bearbeiteten Orgelwerke Bachs. Nach 1840 entstanden viele der *Ungarischen Rhapsodien,* der großangelegten Opernparaphrasen und eine beachtliche Reihe von Liedern, die heute selten gesungen werden, es aber durchaus verdienten. Die Klaviersonate in h-Moll erschien 1853 und ist eine der bedeutendsten Entwürfe der romantischen Bewegung geblieben. In diesem halbstündigen Werk benutzte Liszt thematische Umgestaltungen, bei denen er das Hauptthema verschiedenen Abwandlungen und Umarbeitungen unterzog und es zum Bindeglied des ganzen einsätzigen Werkes machte. Die h-Moll-Sonate bildet die Essenz der romantischen Rhetorik, und manche Kommentatoren halten sie für peinlich und nennen ihre Gefühlswelt falsch, ihren Inhalt oberflächlich. Andere wiederum bezeichnen das Werk als den charakteristischsten Beitrag zur Klaviertechnik und zum Geist der Romantik, den Liszt je geleistet hat. Die h-Moll-Sonate und auch das einsätzige Es-Dur-Klavierkonzert aus dem Jahre 1855 (ein weiteres Werk, das das Prinzip der thematischen Umgestaltung veranschaulicht) haben sich seit dem Zeitpunkt ihrer Komposition im Repertoire gehalten, wecken noch heute Begeisterung und haben elektrisierenden Reiz.

Im Jahre 1847 beendete Liszt seine Laufbahn als „professioneller" Pianist – das heißt als Klaviervirtuose, der sich auf Tourneen für Geld hören ließ. Bis dahin war sein Leben ein hektisches, gefühlsgeleitetes Hin und Her gewesen und hatte eine Liebesaffäre eingeschlossen, über die ganz Europa mißbilligend den Kopf schüttelte (eine Mißbilligung, in die sich wahrscheinlich heimlicher Neid mischte). Liszt war 1834 der Gräfin d'Agoult begegnet, und im folgenden Jahr verließ sie ihren Gatten und folgte Liszt in die Schweiz. Drei Kinder rührten aus dieser Verbindung her. Zwei starben jung, aber die 1837 geborene Cosima heiratete später Liszts ersten bedeutenden Schüler Hans von Bülow, den sie dann zugunsten von Wagner verließ. Sie war aus demselben Holz geschnitzt, erfreute sich wie ihr Vater eines langen Lebens und starb 1930 im Alter von dreiundneunzig Jahren.

Die Gräfin d'Agoult hatte literarische Ambitionen, und aufgrund ihres Drängens – und sehr wahrscheinlich auch mit ihrer redaktionellen und Schreibhilfe – begann Liszt mit der Abfassung von Kritiken und Essays. Er ließ sich mit der Gräfin in Genf nieder, wo er Unterricht gab, und Genf war auch das Hauptquartier, von dem aus er zu Tournee nach Tournee aufbrach. Im Jahre 1842 wurde er zum Außerordentlichen Herzoglichen Hofkapellmeister von Weimar ernannt, nahm seine Pflichten aber erst 1848 ernstlich auf. In der Zwischenzeit kühlten sich seine Beziehungen zur Gräfin d'Agoult merklich ab, und 1844 trennten sie sich. Sie kehrte nach Paris

Franz Liszt (1811–1886). Radierung von O. Sander-Henry, um 1880.

202   Virtuose, Scharlatan – und Prophet

zurück und schrieb unter dem Pseudonym Daniel Stern einen Roman mit dem Titel *Nélida*. Liszt spielte darin eine ziemlich dürftige Rolle.

Auf seiner letzten Tournee als Klaviervirtuose spielte Liszt in Rußland. In Kiew begegnete er der Prinzessin Karoline Sayn-Wittgenstein. Er war sechsunddreißig Jahre alt, sie achtundzwanzig, Tochter eines polnischen Großgrundbesitzers und im Alter von sechzehn mit dem Prinzen von Sayn-Wittgenstein verheiratet worden. Nach einigen Jahren trennten sie sich, und sie lebte allein auf ihrem Besitz in Kiew. Körperlich nicht sehr anziehend, war sie emanzipiert, ziemlich maskulin und hatte etwas von einer religiösen Fanatikerin an sich. Aber sie war eine *Prinzessin*, wenn auch nur durch Heirat, und verfügte über ein ungeheures Vermögen, und Liszt gesellte sie seiner langen Reihe von Eroberungen hinzu. Sie war aber nicht gewillt, ihn ziehen zu lassen, traf 1849 mit ihm in Weimar zusammen und erregte bei Hofe Anstoß. Wie sehr sie es auch versuchte, konnte sie doch keine Scheidung erreichen. Jedenfalls bestanden zwischen Liszt und ihr nach einigen Jahren nur noch geringfügige sexuelle Beziehungen. Selbst Schriftstellerin – und eine schwülstige, mittelmäßige dazu –, schrieb sie wahrscheinlich ein Großteil der Arbeiten, die unter Liszts Namen erschienen. Aufgrund ihrer Vorstellungen von literarischem Stil entartete Liszts Chopin-Biographie, die maßgeblich hätte werden können, zu einer Reihe vager, hochglanzkaschierter Abschnitte, in denen Chopin nur eine untergeordnete Rolle spielt. Die Geschichte hat gut daran getan, Karoline Sayn-Wittgenstein in Mißkredit fallen zu lassen. In ihren letzten Lebensjahren lebte sie in Rom, wo sie an ihrem großen Projekt arbeitete, einer Reihe von Büchern mit dem Titel *Causes intérieures de la faiblesse extérieure de l'Eglise* (Innere Ursachen der äußeren Schwäche der Kirche). Es wurde in vierundzwanzig Bänden veröffentlicht, die meisten davon über tausend Seiten stark. In ihrem Arbeitszimmer standen eine Druckerpresse, vierzehn Büsten von Liszt und Hunderte von eigens für sie angefertigten starken Zigarren. Der Tabak war, so ging das Gerücht, in Eisenfeilspäne getaucht, damit er noch stärker wurde.

In Weimar stürzte sich Liszt in die Arbeit und machte die kleine Stadt zum Mittelpunkt der progressiven musikalischen Bewegung. Er führte die Werke von Wagner, Berlioz, Schumann und Komponisten der kommenden Schule wie Raff, Cornelius und Verdi auf. Pianisten aus ganz Europa schwärmten nach Weimar, um bei ihm zu studieren. Der hervorragendste davon war Karl Tausig, der 1871 im Alter von dreißig Jahren starb. Tausig war allen Berichten zufolge ein überwältigend guter Pianist, der alles, was Liszt spielte, *auch* spielen konnte, aber ohne dessen Flair. In Weimar begann Liszt auch zu dirigieren. Die Bedeutung von Liszts Dirigententätigkeit ist im allgemeinen noch nicht gewürdigt worden. Er übertrug viele charakteristische Merkmale seines Klavierspiels aufs Podium. Was er bot, war freies Dirigieren. Anstatt sich auf reines Taktschlagen und Dirigieren mit regelmäßigen Akzentsetzungen zu beschränken, wie es so viele Dirigenten taten und noch heute tun, gab sich Liszt mit rhythmischer Geschmeidigkeit, dramatischer Entfaltung und Klangfarbe ab. Seine höchst unorthodoxe Stabführung zeichnete eher den Aufstieg und Fall

Franz Liszt   203

einer Phrase nach, als daß sie geradlinig den ersten Taktteil betont hätte. „Wir
sind Steuermänner und keine Ruderknechte", pflegte er zu sagen. Ein anderer Dirigent, der sich mehr an Phrasierung als Taktschlagen interessiert zeigte, war
Wagner, und Wagner nahm sich wie Liszt in Fragen der Tempi große Freiheiten
heraus. Es gab kein ein für allemal eingehaltenes Tempo, wenn Liszt oder Wagner dirigierten, sondern ganze Reihen fluktuierender Tempi, die durch die Ge-
samtkonzeption zusammengehalten wurden. Die chronologische Folge ist
schwer festzulegen, und es läßt sich unmöglich bestimmen, wie sehr Liszt als Dirigent Wagner beeinflußte und umgekehrt. Die beiden lehnten sich immer wieder
aneinander an. Liszt hatte jedoch als Pianist den zeitlichen Vortritt, und seine
freien Einfälle zur Interpretationsarbeit drangen von da aus auch in seine
Tätigkeit als Dirigent ein. Aller Wahrscheinlichkeit nach beeinflußte Liszt, wie
in so vieler Hinsicht, Wagner mehr als dieser ihn.

Wegen feindseliger Äußerungen bei der Premiere von Peter Cornelius' *Barbier von Bagdad* im Jahre 1858 verzichtete Liszt auf seine Position in Weimar.
Wenigstens war das der Grund, den er anführte. Liszt war in Weimar nicht
mehr glücklich. Sein erster Dienstherr, Großherzog Karl Friedrich, hatte ihm
uneingeschränkte Vollmacht und ein großzügig bemessenes Budget eingeräumt. Aber Karl Friedrich starb 1853, und sein Nachfolger, Großherzog Karl
Alexander, hatte für Musik wenig Interesse. Und er war auch über den
Aufwand für das Orchester und das Opernhaus wenig erbaut. Liszts Position
wurde überdies durch die Anwesenheit seiner Geliebten beeinträchtigt. Als
Cornelius' Oper ausgebuht wurde, war sich Liszt darüber im klaren, daß die
Demonstration ebensosehr gegen ihn wie gegen den Komponisten gerichtet
war.

Aber obwohl er seine Verpflichtungen als Hofkapellmeister aufgab, unter-
hielt er doch weiterhin enge Beziehungen zu Weimar. Für den Rest seines
Lebens entwickelte er die Gewohnheit, zwischen Rom, Budapest und Weimar
hin und her zu pendeln, aber doch immer und überall in Europa in Erscheinung
zu treten, wenn es galt, seine Kräfte in den Dienst einer guten Sache zu stellen.
Immer wurde er von Schülern und bewundernden jungen Damen verfolgt. Im
Jahre 1865 nahm er die vier niederen kirchlichen Weihen, trug daher die
Soutane und wurde mit Abbé Liszt angeredet. „Mephisto in der Soutane", war
eine gebräuchliche Redewendung. Er komponierte stetig, gab bis in sein letztes
Lebensjahr Unterricht und bewegte sich als Hoheit unter Hoheiten.

Von Beginn seiner Laufbahn an hatte er darauf bestanden, von der Aristokratie als gleichberechtigt anerkannt zu werden. Als junger Mann hatte er in den
großen Salons gespielt und bemerkt, daß „Künstler ersten Ranges wie Moscheles, Rubini, Lafont, die Pasta, die Malibran und andere gezwungen werden,
durch den Dienstboteneingang hereinzukommen". Liszt hätte das nie getan.
Wenn er mit den Gästen nicht auf gleichem Fuße verkehren konnte, spielte er
eben nicht. Im Laufe seiner Karriere beleidigte er Adlige und sogar Könige,
wenn sie sich während seines Vortrags ungebührlich benahmen. Er war Liszt,
der einzige seiner Art, und fürstliche Hoheiten hatten sich seinem Willen zu

fügen. Als er älter wurde, benahm er sich denn auch selbst hoheitsvoll und erwartete persönliche Vorrechte. Wenn ihm aber Huldigung und Ehrerbietung zuteil wurden – Liszt war bedauerlicherweise ein Snob –, konnte er sanft und großzügig sein, und es gab sehr wenige Talente, die seinen Weg kreuzten und nicht Grund gehabt hätten, sich zu freuen. Junge Komponisten aus ganz Europa und sogar Amerika brachten ihm ihre Werke. Er sah sie mit unerschöpflicher Höflichkeit durch und ermutigte Komponisten wie Grieg, Smetana, Borodin, Rimskij-Korsakow, Balakirew, MacDowell und eine Zeitlang sogar Brahms. Dieser Flirt mit Brahms, der 1853 Weimar besuchte, währte nicht lange. Brahms repräsentierte die „reine" klassische Schule, die für die alten Formen der Sinfonie und das Sonatenprinzip einstand. Liszt und seine Gruppe vertraten freie Formen, romantischen Überschwang und eine durch außermusikalische Assoziationen gelenkte Art von Musik. Im Jahre 1860 unterzeichneten Brahms, Joachim und mehrere andere eine Proklamation gegen die „neudeutsche" Musik, wie sie von der Weimarer Schule vertreten wurde. Brahms sollte sich als der Führer der Opposition, als der Statthalter entpuppen, aber die Geschichte war nicht auf seiner Seite. Er und seine Nachfolger wie Max Reger hatten wenig Einfluß auf die Musik des 20. Jahrhunderts, während Liszt und Wagner direkt zu Strauss, Mahler, dem jungen Arnold Schönberg und schließlich sogar zur Zwölfton-Schule und ihren Abkömmlingen überleiteten.

Auch als Klavierlehrer sollte Liszt einen sehr weitreichenden Einfluß ausüben. Er brachte zwei Generationen von Epigonen hervor, die sämtlich den Stil und die Lehren des Meisters über den ganzen Erdball verbreiteten. Nach von Bülow und Tausig kamen solche pianistischen Riesen wie Sophie Menter, Eugène d'Albert, Moritz Rosenthal, Alfred Reisenauer, Alexander Siloti, Arthur Friedheim, Frederic Lamond, Rafael Joseffy, Emil von Sauer und Bernhard Stavenhagen – alles Liszt-Schüler und die meisten davon ihrerseits Lehrer, die die Liszt-Tradition weitervermittelten. Und es gab buchstäblich hunderte anderer, sämtlich von Liszt ausgebildet und sämtlich Respräsentanten einer heute erloschenen Schule romantischer Klavierkunst.

Während der ersten Weimarer Zeit – von 1848 bis 1858 – war Liszt auf seinem schöpferischen Höhepunkt. Mit einem Orchester, das ihm zur Verfügung stand, trat er in eine neue Kompositionsphase ein. Anfangs hatte er sich seine Partituren von August Conradi, Joachim Raff und anderen talentierten jungen Komponisten seines Kreises instrumentieren lassen. Seit 1854 fühlte er sich sicher genug, sich eine eigene Instrumentation zu erarbeiten. Aus dieser Periode stammen die zwölf sinfonischen Dichtungen, eine neue, von Liszt erfundene musikalische Form. Sie sind Beispiele für Programmusik, alle einsätzig und von außermusikalischen Anlässen inspiriert – von einem Gedicht, einem Bühnenwerk, einem Gemälde oder etwas anderem. Der Titel der sinfonischen Dichtung und häufig auch ein in der Partitur mitgedruckter literarischer Auszug liefern den Schlüssel: *Les Préludes, Orpheus, Hamlet, Mazeppa.* Die Musik illustriert in ganz spezifischer Weise das Programm, obwohl sie auf andere Weise ebenso streng organisiert sein kann wie eine Sonate auf ihre. Nachdem

»Eine Matinee bei Liszt«. Von rechts: Der Geiger Ernst, Liszt am Klavier, die Komponisten Czerny und Berlioz. Lithographie, 1848.

Franz Liszt: »Schwanengesang«, Titelseite des Erstdrucks, 1840.

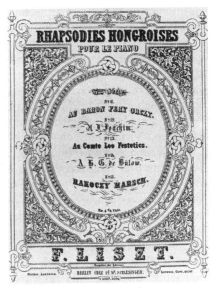

Franz Liszt: »Ungarische Rhapsodie«, Originalausgabe J. Joachim gewidmet.

Liszt einmal das Vorbild geliefert hatte, überschwemmte bald eine ganze Woge sinfonischer Dichtungen Europa. Ein anderer Beitrag Liszts war das Konzept der Transformation eines musikalischen Kernthemas. In Werken wie der ausladenden, einsätzigen h-Moll-Sonate oder dem Es-Dur-Klavierkonzert ist das Thema so angelegt, daß es zu verschiedenen Zwecken dienen kann. Es kann umgestaltet werden, um später als zweites Thema aufzutauchen, es kann in wieder anderer Form als Finalthema dienen, aber es bleibt im Verlauf des ganzen Werkes immer als ein und dasselbe Thema erkennbar. Liszt war auf diesem Felde des thematischen Jonglierens sehr erfindungsreich, und es diente bei ihm oft als formales Prinzip und verlieh seiner Musik ihre ganz eigene Art von Einheit, ohne in alte Formen zurückzufallen. Liszt und der klassische Stil hatten nie etwas miteinander zu schaffen. Sogar Chopin machte in seinen drei Klavier- und der Cello-Sonate eine Verbeugung vor dem alten Sonatenprinzip. Das tat Liszt nie. Er erfand stets neue Formen.

Seine gewaltigen Opernparaphrasen für Soloklavier waren ebenfalls etwas Neues. Komponisten wie Herz und Hünten fanden ihr gutes Auskommen dabei, wenn sie die Nachfrage nach Opernparaphrasen erfüllten. Gewöhnlich schrieben sie eine glanzvolle Einleitung – schwer, aber nicht zu schwer für die jungen Damen, die ihr Publikum bildeten –, führten dann das Thema des Werkes ein und ließen darauf eine Reihe gängiger und wenig einfallsreicher Variationen folgen, bevor sie mit einer Coda voller Läufe und Arpeggios schlossen. Damit verglichen wirken Liszts Paraphrasen und Phantasien über Opernthemen wie ein Blitzstrahl neben einem Kerzenflackern. Er bündelte die Themen in einer kontrapunktischen Verschmelzung zusammen, veränderte die Harmonien und beutete jedes technische Hilfsmittel seines pianistischen Genies bis zum äußersten aus. Das Ergebnis ist eine Musik, die sich nur für Supervirtuosen eignet: Originalkompositionen (aus welcher Quelle immer) in heroischem und sogar explosivem Maßstab. Musik dieser Art ist im Laufe des 20. Jahrhunderts in Mißkredit geraten, obwohl sich neuerdings Anzeichen dafür bemerkbar gemacht haben, daß sie an Boden zurückgewinnt. Sie verfügt über großen Einfallsreichtum und erweckt wie keine andere eine spezifische Periode der Musikgeschichte zum Leben, eine Periode, in der der Virtuose König und Virtuosität Selbstzweck war.

Die Weimarer Phase brachte auch solch ehrgeizige Werke wie die *Faust-Sinfonie in drei Charakterbildern,* die *Sinfonie zu Dantes Divina Commedia* und den erstaunlichen *Totentanz* für Klavier und Orchester hervor, darüber hinaus eine beträchtliche Anzahl religiöser und Orgelwerke und viele ausladende Kompositionen für Soloklavier, darunter eine Reihe intensiver und faszinierender Variationen über ein Thema aus Bachs Kantate *Weinen, Klagen, Sorgen, Zagen.* Diese Werke sind sämtlich so schwer zu beschreiben wie der Mensch selbst, denn es handelt sich dabei um eine Kombination von Seelenadel und Sentimentalität, von Poesie und geschmacklosen Effekten. Eines haben die Werke seiner Reifezeit gewöhnlich aber gemeinsam, und das ist eine harmonische Dimension der originellsten, wagemutigsten und sogar extremsten Art. Bei all diesen Effekten, unter der Vorherrschaft der Machart über die Substanz macht sich ein verblüffend ungewöhnliches musikalisches Denken bemerkbar. Liszts Chromatik konnte sogar noch radikaler sein als die Chopins und sollte direkt zu Wagner überleiten. Es gibt ein Lied von Liszt, *Ich möchte hingehn*, das bereits Note für Note den berühmten Tristan-Akkord enthält, mit einer einzigen leichten Veränderung (D anstelle von Dis im allerersten Akkord). Es wurde 1845 komponiert, lange bevor Wagner überhaupt den Gedanken an *Tristan und Isolde* gefaßt hatte. Eine wahrscheinlich apokryphe Geschichte läßt Wagner und Liszt in einer Loge sitzen, als das *Tristan*-Vorspiel beginnt. „Das ist *Dein* Akkord, Vater", sagt Wagner, worauf Liszt mit einiger Bitterkeit antwortet: „Wenigstens wird er jetzt gehört." Wagner gestand seine Dankesschuld bei Liszt offen ein. „Seit meiner Bekanntschaft mit Liszts Kompositionen", schrieb er 1859, „hat sich meine Behandlung der Harmonik im Verhältnis zu früher sehr verändert." Liszts kühne Einfälle und häufige Dissonanzen wurden allerorten von den jungen Komponisten nachgeahmt, und in der Zeit zwischen Chopin und Liszt entwickelte sich in der Musik eine ganz neue Sprache. Chopin war der Bahnbrecher, der erste auf diesem Gebiet. Liszts Harmonik, die der Chopins einiges verdankt, war sehr viel extravertierter als die verfeinertere, subtilere des polnischen Komponisten. Aber sie war ebenso persönlich, ebenso idiosynkratisch und von ebenso großer Tragweite.

Im übrigen ist Liszts Musik eine Musik des Überschwangs und der Bravourentfaltung, der sorgsam berechneten Effekte, der trotzigen Posen und der triumphierenden Lösung wuchtiger technischer Schwierigkeiten. Es ist kinetische Musik, Musik, die dazu bestimmt ist zu verblüffen. In Liszts späteren Jahren kam es zu einigen bezeichnenden Wandlungen. Seine Musik aber als Effekthascherei mit wenig Substanz zu beschreiben, wie das manche Kommentatoren getan haben, trifft nicht das Entscheidende. Keine Musik von solch harmonischer Kühnheit kann ganz und gar oberflächlich sein. Und auch viele der großbögigen Melodien Liszts können nicht einfach geringschätzig abgetan werden. Er war ein hervorragender Melodiker, selbst wenn seine Melodien häufig eine Spur zu lang geraten sind, etwas zu entschlossen darauf abzielen, die Aufmerksamkeit auf sich zu lenken. Die Musik übt eine echte Faszination aus; eine der Schwierigkeiten ihres Verständnisses liegt jedoch darin, daß sie so entscheidend von der Aufführung abhängt. Das gilt besonders für die Klaviermusik. Die romantische Tradition des Liszt-Spiels begann sich nach dem Ersten Weltkrieg zu verflüchtigen, und heute gibt es nur noch sehr wenige Pianisten, die über die Kombination von *diablerie* und Einbildungskraft verfügen, die erforderlich ist, um sie mit Erfolg zu Gehör zu bringen. Wenn sich der Pianist dem Notentext allzu buchstäblich nähert, ist er verloren. Die Musik klingt dann lediglich so, wie eben leere, rasselnde Läufe und Arpeggios klingen. Wenn er sich aber zu viele Freiheiten herausnimmt, kann sie vulgär und zügellos klingen. Liszts Klaviermusik bedarf eines Pianisten von unbegrenzter technischer Virtuosität, von Wagemut (jene vorsichtigen Klavierspieler, die sich kaum je ein Herz fassen, weil sie einen falschen Ton anzuschlagen fürchten, können nie überzeugende Liszt-Interpreten werden), großer Klangfülle, feinfühligen Schattierungen, von Exhibitionismus und einer durch die Fähigkeit zu aristokratischer Zurückhaltung gemilderten Extraversion und von unerschütterlichem und doch flexiblem rhythmischem Gefühl. Nicht nur die pianistische Gestaltung ist schwierig. Sehr viel schwieriger ist in diesen Tagen die Identifizierung mit Liszts Denken und seiner Welt.

In Liszts letzten Lebensjahren setzte eine merkwürdige Reihe von Experimenten ein. In Klavierstücken wie *Czardas macabre* und *Nuages gris* ist alle Virtuosität beinahe ausgeschlossen. Die Harmonik ist dissonant, kahl und offen. Der musikalische Impressionismus – und sogar schon der Expressionismus – wird erahnbar. In jüngster Zeit sind diesen späten Stücken Liszts bemerkenswert viele Forschungsarbeiten gewidmet worden. Es finden sich darin bereits Keime von Debussy, Bartók und den anderen Modernen. Sie sind weitgehend unbekannt geblieben, weil nur wenige Pianisten sie öffentlich spielen. Manche sind eher bloße Entwürfe als voll ausgearbeitete Kompositionen. Aber sie sind prophetisch und sogar gespenstisch: der alte Liszt, müßiggängerisch eine Art von Musik entwerfend, die auf eine noch unbekannte Welt verweist, zum bloßen eigenen Vergnügen und ohne Rücksicht darauf, ob sie je aufgeführt werden oder auch nur das Licht der Welt erblicken würde.

Liszt war in seinen letzten Lebensjahren eine Institution. Er war ständig von jungen Pianisten und Komponisten, Journalisten, Speichelleckern und Schmarotzern umgeben. Gelegentlich trat er öffentlich auf, und er hatte noch immer die Fähigkeit, seine Zuhörer in Ohnmacht sinken zu lassen. Und auch Alter, weißes Haar und eine beträchtliche Menge von Warzen vermochten es nicht, den leidenschaftlichen Liebhaber in ihm zu mäßigen. Die Frauen fühlten sich auch weiterhin zu dem großen Mann hingezogen, und es gab einen gehörigen Skandal, als seine Schülerin, die reiche Olga Janina (die „Kosakengräfin"), erst ihn und dann sich selbst zu erschießen versuchte. Sein Leben unterlag ständiger öffentlicher Erörterung. Alles an diesem Menschen war für eine klatschsüchtige Welt von Interesse. Besondere Aufmerksamkeit galt den Händen des größten aller Pianisten. Gipsabgüsse wurden davon gemacht, und seine Schülerinnen schrieben Prosagedichte darüber. Nach verbreiteter Auffassung hatte er gewaltig große Hände, was aber nicht richtig war. Er konnte ohne Anstrengung lediglich eine Dezime greifen. Ganz wie die Phrenologen, die sich bemühten, die Höcker von Liszts Schädel zu untersuchen, brannten auch die Handlesekünstler darauf, sich seine Hände anzuschauen, und einer amerikanischen Dame, Anne Hampton Brewster, gelang das denn auch tatsächlich. Sie schickte einen Bericht darüber an das *Evening Bulletin* in Philadelphia, das am 22. März 1878 erschien und hier als Kuriosität auszugsweise zitiert zu werden verdient:

„Welchen Beweis für Desbarolles Theorie bieten nicht Hand und Finger dieses berühmten Künstlers! Es handelt sich um eine gemischte Hand: die Finger sind verschiedenartig, einige sind rund, andere eckig und wieder andere flach und spachtelförmig; dies ist wirklich die Hand eines Künstlers, denn sie zeigt Form und

Idee an. Der Handteller ist mit strahlenförmigen Linien bedeckt, die verraten, daß sein Leben unruhig verlaufen ist, ereignisreich, voller Leidenschaft und Gefühl – aber die philosophischen und materiellen *nœuds* oder Knoten auf den Apollo- und Merkur-Fingern, Logik und Wille auf diesem wunderbar langen Daumen, der sich bis zum Mittelglied des Zeigefingers erstreckt, machen deutlich, daß dieser bemerkenswerte Mensch in der Lage gewesen ist, seine Triebe zu zügeln und sein Temperament zu beherrschen. Der Handlesekunst zufolge zeigt sich diese Selbstbeherrschung in den Handlinien, die etwas undeutlich verlaufen. Ernsthafte, schwere Arbeit und Studien hoher und edler Art haben die Eindrücke einer stürmischen Jugend verwischt und ihn im Alter auf eine erhabene Warte gehoben, auf der er Heiterkeit und Frieden genießt. Die Lebenslinie ist die ausgeprägteste, die ich je gesehen habe; und zahllose Linien gehen vom Jupiter-Hügel aus. Die Finger sind bemerkenswert. Die Jupiter- und Saturn-Finger sind eckig; die Ring- oder Apollo- und die kleinen oder Merkur-Finger sind spatelförmig, flach und breit. Das zweite Glied des Jupiter-Fingers ist länger als das erste, was Ehrgeiz bedeutet. Der Saturn-Finger ist voller Knoten. Auf dem Apollo-Finger der rechten Hand findet sich eine Warze. Die Kraft des kleinen Fingers beider Hände ist gewaltig; der Knöchel scheint wie aus Eisen gefertigt. Der Knöchel des Apollo-Fingers ist sehr stark entwickelt. Der Knöchel des Saturn-Fingers sieht wie ein Scharnier aus. Von der Wurzel des Apollo-Fingers geht eine Linie aus, die sich über alle Gelenke hinzieht; sie ist stark markiert; das bedeutet großes Ansehen."

Es gab aber auch Zeitgenossen, die Liszts Posen und seine Aufmachung als Abbé unerträglich fanden. *Le Charivari* beschrieb im Jahre 1877 sein Profil als das eines Mephisto, „der, über den Tod Margarethens bestürzt, über eine langsame Einkehr nachsinnt". Liszt, so *Le Charivari*, gibt sich den Anschein von Alter und Armut, aber: „Man glaube ihm nicht; es ist lediglich die Zurschaustellung von Demut, und die Soutane kann schwerlich den Drang seiner noch immer jugendlichen Seele bändigen ... Sie sollten ihn sehen, wie er mit gesenkten Augen die Pasdeloup-Konzerte verläßt und sittsam eine fürstliche Equipage besteigt, die ein großer Name ihm zur Verfügung gestellt hat." *Le Charivari* fährt fort mit seiner Beschreibung von Liszts Lebensweise, seiner Eßgewohnheiten, der kleinen und sehr schlechten römischen Zigarren, die er bevorzugte, des *café noir*, den er den ganzen Tag schlürfte, und der Austern, die er zum Frühstück aß. „Ein letztes Wort", schließt der Artikel. „Liszts Gesicht ist mit einigen Leberflecken bedeckt, die man höflicherweise Genie-Narben nennt. Früher hatte er deren vier, heute hat sich die Zahl mehr als verdoppelt. Es wird behauptet, daß es sich um seinen Glauben handelt, der da zum Vorschein kommt."

Ja, über Liszt ließ sich in der Tat spotten, und seine Schwächen boten sich dafür geradezu an. Aber als er starb, verfiel die Welt in echte Trauer. Nicht nur deswegen, weil mit ihm das letzte große Bindeglied zu den Tagen der Frühromantik dahingegangen war. Liszt war, als Lehrer und Komponist, als Pianist und Idol von Matineen, eine Quelle der Inspiration gewesen – der Erzromantiker, der Mann, der sich seine eigenen Gesetze gegeben hatte, die außergewöhnli-

210   Virtuose, Scharlatan – und Prophet

che Gestalt, die auf mehreren Hochzeiten zugleich tanzen konnte. Er war alles, was seine Freunde und Feinde immer behauptet hatten, daß er sei. Schaut man ihn aus dieser Perspektive an, war er ein Genie. Betrachtet man ihn aus einer anderen, war er ein *poseur*. Aber man *mußte* ihn einfach anschauen und sich selbst ein Bild von ihm machen. Von dem Augenblick an, da Liszt über die Welt hereinbrach, ließ er sich nicht mehr ignorieren.

Für viele Heutige bleibt Liszts Musik vulgär und zweitklassig. Für andere ist sie faszinierend bis in alle Ewigkeit. Sie ist ganz so wie der Mensch Liszt selbst – immer originell, immer voller Einfälle, manchmal charakterlos, manchmal mit einer gewissen falschen Vornehmheit. Sie ist für alle Zeiten verschiedenartige Musik, von der empfindsamen Intimität jenes kostbaren Klavierstücks *Au bord d'une source* bis hin zu den mephistophelischen Posen der gewaltigen *Faust-Sinfonie*. Bei Liszt stehen Fleisch und Teufel immer auf der einen, der Chor der Engel immer auf der anderen Seite. Folgerichtig sind seine „Teufels"-Werke immer interessanter als seine geistlichen (die Sünde ist, wie fortgesetzt angemerkt worden ist, eben anziehender als die Tugend). Liszts Musik kann so brausend-hohl sein wie der *Grand Galop chromatique,* so visionär wie die h-Moll-Sonate, so schlicht wie die *Canzonetta del Salvator Rosa,* so kompliziert wie *Don Juan-Fantasie,* so gedämpft wie *Il Pensieroso* und so gleißend wie *Les Jeux d'eaux à la Villa d'Este.* Sie kann nationalistisch sein wie in den oft belächelten *Ungarischen Rhapsodien* (irgend jemand hat einstens darauf hingewiesen, daß niemand etwas dagegen gehabt hätte, wenn Liszt sie *Zigeunerrhapsodien* betitelt hätte), bachisch wie in den *Variationen über Weinen, Klagen* oder ästherisch wie im *Christus-Oratorium.*

Das alles wurde von den neuen Auffassungen von Form und Harmonik in den Schatten gestellt, die Liszt in die Musik einführte. Béla Bartók wies in einem Vortrag über Liszt auf bestimmte offenkundige Mängel in seiner Musik hin. Die aber waren, laut Bartók, so wichtig nicht. „Das Wesen seiner Werke müssen wir in den neuen Ideen finden, denen Liszt als erster Ausdruck verlieh, und in dem kühnen Vordringen in die Zukunft. Diese Dinge erheben Liszt als Komponisten in die Reihen der Großen." Zu Liszts kompositorischen Beiträgen zählte Bartók

> „... die kühnen harmonischen Wendungen, die ungezählten modulatorischen Ausweichungen, so das vollkommen übergangslose Nebeneinanderstellen der beiden voneinander am weitesten entfernten Tonarten, und viele andere Gesichtspunkte, die hier die Einführung allzu vieler technischer Fachausdrücke erforderlich machten. Das alles aber sind bloße Einzelheiten. Wichtiger ist die absolut neue imaginative Vorstellung, die sich in den Hauptwerken äußert (in der Klaviersonate beispielsweise oder in den beiden Ecksätzen der *Faust*-Sinfonie), aufgrund deren diese Werke zu den hervorragendsten musikalischen Schöpfungen des 19. Jahrhunderts zählen. Auch formal brachte Liszt, wenn er auch nicht vollständig mit der Tradition brach, viel Neues hervor. So findet man bei ihm, beispielsweise im Es-Dur-Klavierkonzert, die erste vollkommene Verwirklichung der zyklischen Sonatenform, mit gemeinsamen Themen, die anhand von Variationsprinzipien bearbeitet werden ... Es ist menschlich sehr verständlich, daß er

sein romantisches Jahrhundert mit all seinen Übertreibungen nicht ablehnte. Daher rührt sein eigenes übertrieben rhetorisches Pathos, und zweifellos erklärt es auch die Konzessionen, die er, selbst in seinen besten Werken, dem Publikum machte. Wer aber immer nur diese Schwächen herausgreift – und es gibt noch immer einige Musikliebhaber, die das tun –, sieht nicht das Wesentliche dahinter."

Bartók war einer der ersten, die an Liszt die befruchtende Kraft lobten, die er war. Brahms und Wagner sollten Liszt im Laufe des 19. Jahrhunderts als schöpferische Gestalt in den Schatten stellen, und im zweiten Viertel des 20. war er nahezu vergessen. Und doch kann es durchaus sein, daß der prophetische Liszt mehr mit der tatsächlichen Entwicklung der Musik zu schaffen hatte als irgendein anderer einzelner Komponist der Zeit. Die vollständige Geschichte seines majestätischen Ranges in der Musikgeschichte muß noch immer geschrieben werden.

14. Kapitel

Felix Mendelssohn-Bartholdy
Bürgerliches Genie

Es war der vollblütigste Musiker aller Frühromantiker, der sich zum Klassizisten, zum Traditionsverfechter, zum „reinen" Musiker wandelte. Berlioz, Schumann, Chopin, Liszt – alle waren sie Genies, aber als Musiker war Mendelssohn etwas ganz Beispielloses, und nur Mozart war mit ähnlichen Gaben zur Welt gekommen. Mendelssohn entwickelte sich in der Tat sogar noch rascher als Mozart, denn er komponierte das schöne Oktett in Es-Dur mit sechzehn und die *Sommernachtstraum*-Ouvertüre mit siebzehn Jahren, womit er Mozart – und jede andere Gestalt der Musikgeschichte – im gleichen Alter weit in den Schatten stellte. Mendelssohn war musikalisch kein einseitiger Spezialist. Wie Mozart beherrschte er alle Sparten. Er war einer der hervorragendsten Pianisten der Zeit, der größte Dirigent (am Dirigentenpult war er schon vor Liszt und Wagner aktiv) und vielleicht auch der größte Organist. Hätte er gewollt, wäre er auch einer der größten Geiger geworden. Sein Gehör war vollkommen, sein Gedächtnis umfassend. Überdies war er klassisch gebildet – kultiviert, außerordentlich belesen und an Dichtung und Philosophie interessiert. Wie häufig bemerkt worden ist, hätte er bei allem, worauf er seine Aufmerksamkeit richtete, weithin beachteten Erfolg gehabt.

Aber die ursprünglichen schöpferischen Hoffnungen, die er geweckt hatte, erfüllte er nie. Ein gewisser Konservatismus, eine gefühlsmäßige Hemmung hielt ihn davon ab, das Höchste zu erreichen. Seine technisch immer glänzende Musik geriet, als er älter wurde, mehr und mehr zu einer Reihe korrekter, glatter Gesten. Dafür läßt sich wohl sein familiärer Hintergrund verantwortlich machen. Aus einer angesehenen, wohlhabenden, konservativen jüdischen Bankiersfamilie stammend, wurde er von Jugend auf dazu angehalten, sich korrekt zu benehmen, gute Formen zu wahren und es zu vermeiden, Anstoß zu erregen. Ein junger Mann, wie enthusiastisch und genial er auch sein mag, wächst nicht, von einem sensiblen, aber patriarchalischen Vater geleitet, in großem Wohlstand auf, ohne daß ihm konservative Einstellungen geradezu in Fleisch und Blut übergegangen wären. Mendelssohn wurde zu einem vorsichtigen Menschen, der argwöhnisch alles beäugte, was die herkömmliche Ordnung der Dinge bedrohte. „Lobt auch das Neue nur erst dann", bedeutete er seiner Schwester, „wenn es etwas in der Welt äußerlich erreicht hat und heißt; denn bis dahin kömmt es immer auf Geschmackssache hinaus." Vorsicht, Vorsicht. Es könnte wohl auch sein, daß die Kombination von Wohlstand und Judentum Mendelssohn in einem stark antisemitischen Berlin unbewußt in einem Zustand der Überängstlichkeit hielt, ihn zögern ließ, sich jemandem aufzudrängen, und ihn um Anerkennung besorgt machte. Vielleicht trieb ihn seine Herkunft aber auch zu einem freimütig eingestandenen deutschen Nationalismus, der später bei Wagner zur vollen Reife kam. Mendelssohn war Deutscher und stolz darauf, er war Patriot und von der deutschen Überlegenheit auf musikalischem und anderen künstlerischen Gebieten überzeugt. Deutsche Juden haben, wenn man sie gewähren ließ, immer deutscher zu sein versucht als die Deutschen selbst, und sicherlich sah sich Mendelssohn mehr als Deutschen denn als Juden. Nur einmal soll er auf seine Herkunft Bezug genommen haben. Jedenfalls waren seine Eltern, Abraham und Lea, nicht orthodox und hatten ihre Kinder auf den Namen Mendelssohn-Bartholdy taufen lassen. (Leas Bruder hatte beim Übertritt zum Christentum den Namen Bartholdy angenommen.)

Die Mendelssohns waren in die Berliner Gesellschaft integriert; sie gehörten „dazu", und ihr Haus war eines der Zentren des musikalischen und intellektuellen Geschehens — wenn auch eines musikalischen und intellektuellen Geschehens der „anerkannten" Art. Felix Mendelssohns familiärer Hintergrund war revolutionären Ideen nicht förderlich. Und so wuchs er zum Vertreter und Inbegriff des wohlhabenden deutschen Bürgertums heran und hatte dabei die Natur auf seiner Seite, denn er war ein umgänglicher, lebhafter junger Mann, biegsam und aktiv, mit aristokratischem Gebaren, hoher Stirn, schwarzgelocktem Haar und vergeistigtem, ausdrucksvollem Gesicht. Er war wohlerzogen, etwas snobistisch, später sogar ziemlich pedantisch, mißtraute allem Überschwang, genoß sein ruhiges Familienleben, hatte eine pflichtgetreue Gattin, kümmerte sich um seine Kinder, arbeitete stetig und unterschied sich von anderen Vertretern der wohlhabenden Bourgeoisie nur dadurch, daß er eben zufällig ein Genie war.

Welch ein außerordentliches Kind war nicht dieser Enkel des großen Philosophen Moses Mendelssohn! Er wurde am 3. Februar 1809 in Hamburg geboren, aber die Familie zog drei Jahre später nach Berlin um, und eben dort wuchs Felix in einer Atmosphäre beinahe verbissener Kulturbeflissenheit heran. Verbissen, weil beide Elternteile entschlossen dafür sorgten, daß ihren Kindern jeder Vorteil zugute kam, den Geld und gesellschaftliche Stellung verschaffen konnten. Lea betrieb Musik und Malerei selbst als Liebhaberin, hatte gute Kenntnisse in englischer, französischer und italienischer Literatur und konnte sogar Homer im Original lesen. Abraham liebte Musik und war ein kultivierter, gebildeter Mensch. Mit Lea überwachte er die Erziehung der Kinder nicht nur direkt, sondern kümmerte sich auch darum, daß sie sie ernst nahmen. Das bedeutete ein großes Arbeitspensum und kein Honigschlecken. Felix stand gewöhnlich um fünf Uhr morgens auf und machte sich an die Arbeit in Musik, Geschichte, Griechisch und Latein, Naturwissenschaften, zeitgenössische Literatur und Zeichnen und Malen. (Er sollte diese frühe Stunde seines Arbeitsbeginns sein ganzes Leben lang beibehalten.) Er gedieh bei dieser Lebensweise, ganz wie seine begabte Schwester Fanny, die vier Jahre älter war als er. Als Fanny geboren wurde, schaute sich ihre Mutter die Hände des Babys an. „Bachsche Fugen-Finger!", rief sie entzückt aus. Das war die Art von Familie, die die Mendelssohns repräsentierten. Fanny und Felix: eine weitere Parallele zu

214   Bürgerliches Genie

Mozart, denn Fanny war eine gute Klavierspielerin und Komponistin, genau
wie Mozarts Schwester Nannerl. Während sich aber Mozart später von seiner
Schwester entfernte, blieb Felix Fanny sein Leben lang sehr nahe.
    Im Alter von neun Jahren spielte Mendelssohn öffentlich Klavier. Ignaz
Moscheles, einer der besten Pianisten der Zeit, gab seinem Stil den letzten
Schliff. Es war keine Rede davon, Felix' Talent im Sinne einer Pianistenkarriere
auszubeuten, wie das bei Mozart der Fall gewesen war, und Felix hatte als Kind
nur wenige öffentliche Auftritte. Ganz im Gegenteil. Mendelssohns Eltern
zweifelten daran, ob sie Felix die Laufbahn eines Berufsmusikers einschlagen
lassen sollten, und es gab diesbezüglich lange Familiendiskussionen. Bald
wurde es jedoch offensichtlich, daß eine derart ungewöhnliche Begabung
ermutigt und entwickelt werden mußte. Felix hatte nicht nur ein natürliches
Talent als Instrumentalmusiker, sondern war 1825, im Alter von sechzehn
Jahren, auch bereits Komponist von vier Opern, Konzerten, Sinfonien, Kantaten und Klaviermusik, Arbeiten, die zum großen Teil immer noch nur im
Manuskript vorliegen. Felix probte seine Stücke mit einem eigens dafür von
seinen Eltern engagierten Orchester. So nimmt es nicht wunder, daß er sich zu
einem makellosen Techniker entwickelte. Er konnte heranwachsen, indem er
Musik für ein eigenes Orchester schrieb und sie dann dirigierte. An Sonntag-
vormittagen gab es musikalische Matineen im Hause Mendelssohn, die von den
Berühmtheiten des europäischen Geistes- und Gesellschaftslebens besucht wur-
den. Alle Kinder beteiligten sich daran – Felix dirigierte oder spielte Klavier,
Fanny ebenfalls, Rebecca (1811 geboren) sang, und Paul (1813 geboren) spielte
Cello. Gelegentlich wird das eine oder andere dieser frühen Mendelssohn-
Werke wieder ausgegraben, und sie sind wegen ihrer formalen Reinheit, ihrer
Lebendigkeit und ihres zünftigen Musikertums durchaus eindrucksvoll. Der
Junge gehörte bereits zu den besseren Komponisten in Europa. Als er 1825 das
Oktett in Es-Dur schrieb, zeigte er, daß er einer der größten war.
    Das Oktett ist in vieler Hinsicht typisch für Mendelssohn als Komponisten.
Es bleibt den herkömmlichen Prinzipien der Sonatenform verhaftet und macht
durchaus keinen Versuch, auf diesem Gebiet musikalisches Neuland zu betreten. Nie kommt eine Ahnung davon auf, daß sich in der Schreibweise dieses
siebzehnjährigen Jungen ein revolutionärer Drang ins Freie Bahn bricht. Aber
mit welcher Selbstsicherheit und Logik wird das weit ausgesponnene Einleitungsthema präsentiert und entwickelt! Es ist ein Thema, das keinerlei rhythmische Unregelmäßigkeiten der Art enthält, wie sie Berlioz, Chopin und Schumann einführen sollten. Mendelssohns musikalisches Denken ging nicht in
diese Richtung, und das Einleitungsthema seines Oktetts nimmt bereits die
ruhig fließenden, klassisch gestalteten Themen seiner Reifezeit voraus, genau
wie die Durchführung des Oktett-Themas bereits die Verfeinerung, Eleganz
und Geschmeidigkeit der späteren Werke zeigt. Im dritten Satz des Oktetts,
einem Scherzo, führte Mendelssohn eine neue musikalische Dimension ein.
Diese graziöse, tänzelnde, leichtfüßige Schreibweise wirkte damals wie ein
Wunder – und wirkt noch heute so. Ältere Musikschriftsteller sprachen von

Felix Mendelssohn-Bartholdy
(1809–1847). Aquarell.

diesem Stück stets als von „Mendelssohns Feen-Musik", und es hat in der Tat etwas Elfisches. Diese Kompositionsweise erreichte im folgenden Jahr ihren Höhepunkt, als Mendelssohn die *Sommernachtstraum*-Ouvertüre schrieb. Er war siebzehn Jahre alt und brachte nie wieder ein derart vollkommenes Werk hervor. Oberon, Titania, die Liebespaare, der Weber Bottom [im Dt. Zettel] – sie alle schweifen durch diese Feenlandschaft. Die Musik ist unvergänglich lebendig geblieben und ein vollkommenes Beispiel für die restlose Verschmelzung von Inhalt und Technik. Das schließt auch die Instrumentation ein. Mendelssohn repräsentierte als Instrumentalist wie als Komponist den goldenen Mittelweg. Er benutzte genau die instrumentalen Mittel, die er benutzen *mußte,* und keine anderen; was er aber benutzte, setzte er mit Geschmack, Stil und imaginativer Kraft ein.

Mendelssohns frühe Jahre in Berlin fanden ihren Höhepunkt in seiner Vorbereitung und öffentlichen Aufführung von Bachs *Matthäuspassion* (zwei Aufführungen am 11. und 21. März 1829). Das Werk war seit Bachs Tagen nicht mehr zu hören gewesen, obwohl Bach sicherlich einige Mühe gehabt hätte, seine Partitur in der von Mendelssohn gebotenen Form wiederzuerkennen. Er setzte einen Chor von vierhundert Mitwirkenden und ein beträchtlich vergrößertes Orchester ein. Er strich einige Abschnitte und modifizierte andere, um sie für den Geschmack des Berliner Publikums annehmbarer zu machen, und zögerte auch nicht, bestimmte Teile neu zu instrumentieren, wo er das für nötig hielt. Der zwanzigjährige Mendelssohn bearbeitete das Werk nicht mehr und nicht weniger, als auch andere Komponisten und Dirigenten das damals mit alter Musik taten. Die Neueinstudierung trug viel dazu bei, die Bach-Renaissance zu beflügeln. Sein Leben lang stand Mendelssohn Bach nie sehr fern und hatte sich wahrscheinlich alle seine bis dahin bekannten Kompositionen eingeprägt. Alle guten Musiker verfügen über ein hervorragendes Gedächtnis, aber das von Mendelssohn war außergewöhnlich. Als Kind kannte er bereits die neun Beethoven-Sinfonien auswendig und konnte sie auf dem Klavier spielen. Höchstwahrscheinlich war er in der Lage, ein Musikstück nach einmaligem Hören für immer im Gedächtnis zu behalten. Charles Hallé sagte mit einem gehörigen Maß von Übertreibung, er sei überzeugt, daß Mendelssohn jeden Takt aller je geschriebenen Musik kenne und ihn sofort wiedergeben könne.

Wie alle wohlhabenden jungen Männer aus guter Familie mußte auch Mendelssohn die „große Bildungsreise" unternehmen, und er brach im Jahre 1829 dazu auf. Sie sollte drei Jahre dauern. Er besuchte Italien, Frankreich und England, begegnete aller Welt und wurde von allen hoch geschätzt. Er schrieb lange, gutgegliederte Briefe, die er häufig mit Bleistiftzeichnungen illustrierte. Mendelssohn ist als Zeichner überschätzt worden. Seine Zeichnungen sind mit festem Strich und sehr sorgfältig ausgeführt, entbehren jedoch der persönlichen Handschrift und sind bloße Kopien dessen, was er sah. Als er menschliche Gestalten zu zeichnen versuchte, wurden seine künstlerischen Mängel offensichtlich, obwohl diese Personenzeichnungen wenigstens eine Art von Charme haben, die den sorgfältig hingestrichelten Landschaftsmalereien fehlt.

Felix Mendelssohn-Bartholdy 217

Im Jahre 1831 war er in Paris, begegnete Liszt, Chopin, Berlioz und Kalkbrenner, machte sich als Zuhörer mit dem ersten Schwall von romantischer Musik vertraut und fand keinen großen Gefallen daran. Chopin war seiner Meinung nach der beste der ganzen Gruppe, obwohl Mendelssohn etwas Zeit brauchte, um sein anfängliches Mißtrauen gegenüber Chopins radikalen Harmonien und seiner neuen Art von Klavierspiel zu überwinden. Ebenso schätzte er Schumann als Menschen sehr, begegnete aber auch seiner Musik mit Argwohn. Sie war ihm unbehaglich. „Er liebt den Tod zu sehr", höhnte Berlioz. Mendelssohn repräsentierte die Periode des Biedermeier: behaglich, heimelig, gefühlsmäßig schwerfällig, bürgerlich und sachlich. Wenn aber Mendelssohn der Romantik auch mißtrauisch gegenüberstand, so hinderte ihn das doch nicht daran, romantische Werke zu dirigieren, als er 1835 Gewandhauskapellmeister in Leipzig wurde. Interessant ist auch festzuhalten, daß, wo spätere Generationen auf Mendelssohns Musik als zu geziert, zu dünn und zu oberflächlich herabsahen, die Frühromantiker ein vollständig anderes Bild von ihm hatten. Für Schumann beispielsweise war Mendelssohn die Vollkommenheit selbst: „Ich halte Mendelssohn *für den ersten Musiker* unserer Zeit und ziehe vor ihm als Meister den Hut." Beim Avantgardisten Berlioz stand Mendelssohn als Komponist in hoher Achtung, ebenso bei Liszt. Ein Teil der Bewunderung mag eine Reaktion auf Mendelssohns phänomenale Leistungen als ausübender Musiker gewesen sein. Musiker reagieren immer auf handwerkliche Könnerschaft, und Mendelssohn bot mehr Könnerschaft als irgend jemand weit und breit. Aber es gibt auch viele Anhaltspunkte dafür, daß seine Musik einen deutlichen Einfluß auf seine Zeitgenossen ausübte. Und das Publikum konnte gar nicht genug davon bekommen. Tatsächlich war kein anderer Komponist der Romantik zu seinen Lebzeiten beim Publikum als Meister so weltweit anerkannt.

Mendelssohns Maßstäbe waren sehr hoch, und er hatte 1833 – als er Musikdirektor in Düsseldorf wurde – Gelegenheit, sie zur Geltung zu bringen. Er begann unverzüglich, Komponisten des 16. und 17. Jahrhunderts wie Orlando di Lasso, Palestrina und Leonardo Leo ins Programm aufzunehmen, und dirigierte in der Oper eine Neueinstudierung von Mozarts *Don Giovanni*. Mendelssohn war für die schläfrige und provinzielle Stadt Düsseldorf jedoch ein zu hochgespannter Musiker. Als er 1835 eingeladen wurde, die Gewandhauskonzerte in Leipzig – der Stadt Bachs! – zu leiten, nahm er nur allzu bereitwillig an. In kurzer Zeit machte er Leipzig zur musikalischen Hauptstadt Deutschlands und revolutionierte auch die Orchesterpraxis in seinem eigenen Lande. Er vergrößerte das Orchester von vierzig auf fünfzig Mitwirkende, verpflichtete Ferndinand Davis als Konzertmeister und sorgte dafür, daß seine Spieler in gesicherten Lebensbedingungen arbeiten konnten, indem er jedem Orchestermitglied eine Pension erwirkte. Als einer der ersten Dirigenten, der einen Stab benutzte, machte Mendelssohn sein Orchester zu einem Präzisionsinstrument. Er war sparsam in seiner Gestik, neigte zu raschen Tempi und bestand auf genauer Rhythmik und geschmeidigem Zusammenspiel. Mendels-

Mendelssohn spielt als Kind dem alten Goethe vor. Holzstich, 19. Jahrhundert.

sohn war wahrscheinlich der erste moderne Dirigent im heutigen Sinne des Wortes. Energisch, nervös und diktatorisch, verlangte er von seinen Spielern Gehorsam und war dafür bekannt, die Fassung zu verlieren, wenn sie ihm nicht das boten, was er wünschte.

Auch das Repertoire überprüfte er. Vor seiner Übernahme der Gewandhauskonzerte waren die meistgespielten Komponisten heute vergessene Gestalten wie Anton Eberl, Ignaz von Seyfried, Karl Reissiger, Alexander Fesca, Sigismund Neukomm, Ferdinand Ries und ähnliche Größen gewesen. Mendelssohn brach mit all dem. Er machte Mozart und Beethoven zu Stützen des Repertoires, mit Hadyn, Bach und Händel in dichtem Abstand. Unter den jüngeren Komponisten, die er dem Leipziger Publikum vorstellte, waren Spohr, Cherubini, Moscheles, Gade, Rossini, Liszt, Chopin, Schumann und Schubert. Er entledigte sich der herkömmlichen Buntscheckigkeit der Programme und begann, sie schon ganz im heutigen Sinne zu gestalten, mit einer Ouvertüre zu Beginn, gefolgt von einem größeren Werk, dann einem Konzert oder umfangreicheren Werk und einem kürzeren Stück am Schluß. Und er trennte die Sätze einer Sinfonie auch nicht mehr durch einen unterhaltenden Teil. Häufig wurde in Programmen der Zeit eine Beethoven-Sinfonie nach zwei Sätzen unterbrochen, dann unterhielt ein Harfenist, Cellist oder Sänger das Publikum, und danach wurde die Sinfonie wieder aufgenommen. Die Konzertveranstalter waren sich deutlich bewußt, daß kein Publikum die intellektuelle Anstrengung zu leisten imstande war, eine Beethoven-Sinfonie in einem Zuge durchzuhören.

Mendelssohn arbeitete in Leipzig sehr angestrengt, erübrigte aber dennoch die Zeit, eine Ehe einzugehen. Seine Frau war Cécile Jeanrenaud, Tochter eines Geistlichen der gallikanischen Kirche. Die Ehe war glücklich und mit vier Kindern gesegnet; über Cécile ist jedoch überraschend wenig bekannt. Die Mendelssohns gewährten keinen Einblick in ihr Familienleben, und Cécile blieb im Hintergrund. Sie muß eine intelligente, hilfreiche Frau gewesen sein und machte einen guten Eindruck auf Mendelssohns Schwester, als die beiden Frauen einander schließlich in Leipzig begegneten. Fanny schrieb nach Hause:

„Endlich kenne ich jetzt meine Schwägerin, und ich fühle mich, als sei mir eine Last von der Seele genommen, denn ich kann nicht leugnen, daß mir sehr unbehaglich und unwohl dabei war, sie nie zu Gesicht bekommen zu haben. Sie ist liebenswert, zutraulich, frisch, heiter und sogar gelassen, und ich halte Felix für sehr beneidenswert, weil sie ihn, obwohl sie ihm unaussprechlich zugetan ist, doch nicht einengt, sondern ihn, wenn er launisch ist, mit einem Gleichmut behandelt, der ihn im Laufe der Zeit sehr wahrscheinlich ganz von seinen Anfällen von Reizbarkeit heilen wird. Ihre Gegenwart bringt die Wirkung einer frischen Brise hervor, so natürlich und heiter ist sie."

Zusätzlich zu den Leipziger Konzerten übernahm Mendelssohn 1841 die Leitung der Konzerte der Berliner Singakademie. Als Gastdirigent tauchte er überall in Europa auf und wurde insbesondere in London geehrt, wo er mit

220   Bürgerliches Genie

Königin Victoria und Prinz Albert befreundet war. Die Königin liebte beruhigende Musik, und Mendelssohn war genau der richtige, sie ihr zu bieten. Mendelssohns Briefe sind voll von Anspielungen auf Musikabende und Aufführungen in Windsor Castle. Die königliche Familie liebte insbesondere sein Klavierspiel. Mendelssohn repräsentierte als Pianist den reinen, klassischen Stil im Gegensatz zu den romantischen Klanggewittern der Liszt-Schule oder den empfindsamen Nuancen und Farbeffekten des Chopin-Stils. Sein Spiel war wie seine Musik – sauber, elegant, präzise, logisch, mit wenig Pedalgebrauch. Wahrscheinlich klang es wie das von Kalkbrenner, aber mit „Köpfchen".

Über seine gesamte Dirigenten- und Konzerttätigkeit hinaus – ganz zu schweigen von seiner Kompositionsarbeit – gründete Mendelssohn Ende 1842 das Leipziger Konservatorium, das am 3. April des folgenden Jahres eröffnet wurde. Robert Schumann und er unterrichteten Komposition und Klavier. Unter den Mitgliedern des Lehrkörpers war auch Ferdinand Davis, der mit der Leitung der Violin-Klasse betraut war. David, einer der besten Geiger Europas, war von Mendelssohn als Konzertmeister des Gewandhausorchesters nach Leipzig geholt worden. Die beiden Männer waren enge Freunde, und Mendelssohn zog David bei einer Reihe technischer Probleme zu Rate, als er sein Violinkonzert in e-Moll komponierte.

Und so war Mendelssohn Mitte der vierziger Jahre des 19. Jahrhunderts als Komponist, Dirigent, Pianist, Lehrer, musikalischer Leiter, Familienvater und Reisender aktiv. Überdies bewältigte er eine enorme Korrespondenz und war bei der Gründung von Musikfestspielen behilflich – in Köln, Düsseldorf, Schwerin und Birmingham. Im Jahre 1845 bat er um Entlastung von seinen Pflichten in Berlin, und das verschaffte ihm mehr Zeit zur Betätigung in London. Er hielt Tag und Nacht an seinen verschiedenen Aktivitäten fest, war ständig auf Reisen, arbeitete ununterbrochen, wurde immer reizbarer. Seine Familie machte sich Sorgen um seine Gesundheit. Mendelssohn war physisch und gefühlsmäßig erschöpft, hatte jedoch einen regelrechten Arbeitszwang. Anfang 1847 beispielsweise dirigierte er in Leipzig sein *Paulus*-Oratorium und reiste dann nach London, wo er vier Aufführungen seines *Elias*-Oratoriums leitete. Er hatte dann noch weitere Verpflichtungen in England, darunter Auftritte als Pianist. Er sah krank und erschöpft aus, als alles absolviert war, und soll gesagt haben, daß eine weitere Woche in London ihn zugrunde gerichtet hätte. Er reiste ab und traf zu mehreren Auftritten als Dirigent in Frankfurt ein.

Eben dort erhielt er im Mai 1847 die Nachricht vom plötzlichen Tod seiner geliebten Schwester. Sie hatte in Berlin einen Schlaganfall erlitten und starb am 14. Mai. Als Mendelssohn davon erfuhr, bekam er selbst einen Schlaganfall, von dem er sich nie ganz erholte. Er mußte seine Berufstätigkeit aufgeben und reiste mit seiner Familie in die Schweiz, wo er Entspannung zu finden versuchte, indem er Aquarelle malte und an einem Streichquartett und anderen Werken arbeitete. Im September kehrte er nach Leipzig zurück und ließ verlauten, es gehe ihm besser; er erlitt jedoch einen weiteren Schlaganfall, der ihm eine partielle Lähmung eintrug. Er starb am 4. November 1847 im Alter von achtunddreißig Jahren.

Mendelssohns Romantizismus war der bei weitem verhaltenste der großen Komponisten, die in den dreißiger und vierziger Jahren des 19. Jahrhunderts tätig waren. Ihm war keine der romantischen Sehnsüchte, keiner der hochfliegenden Entwürfe eigen, die die Romantiker so entzückte. „Die Menschen klagen oft darüber", schrieb er einstens, „daß Musik so vieldeutig ist, daß, was sie empfinden sollten, wenn sie Musik hören, so unklar ist, während jedermann Worte versteht. Bei mir ist das genaue Gegenteil der Fall ... Die Gedanken, die mir von einer Musik zum Ausdruck gebracht werden, die ich liebe, sind nicht zu unbestimmt, um sich in Worte kleiden zu lassen, sondern im Gegenteil zu bestimmt." Dies ist die Äußerung eines Menschen, der auf Logik mit Musik reagiert, und ein Großteil der Musik Mendelssohns ist denn auch nichts anderes als im höchsten Grade logisch. Instinktiv scheute er vor Exzessen aller Art zurück – in der Musik, in der Kunst, im Leben. Natürlicherweise stieß ihn die überspannt klingende Musik von Berlioz ab: „Ein schreckliches Durcheinander, ein unzusammenhängender Brei ... man sollte sich die Hände waschen, wenn man eine seiner Partituren angefaßt hat." In einigen seiner früheren Werke experimentierte Mendelssohn tatsächlich mit ein paar gewagteren Harmonien, gab das aber, gleichsam erschrocken, bald wieder auf. Seiner Musik ist beinahe nichts von der strukturalen Fülle Schumanns, Chopins und Liszts eigen. Sie entbehrt jener alterierten Akkorde, jener unorthodoxen Tonartenbeziehungen, jener unregelmäßigen rhythmischen Passagen. Mendelssohns Musik ist weitgehend diatonisch. Er sprach nicht dieselbe Sprache wie die Romantiker.

Es war dieser Mangel an schneidender Harmonik in seiner Musik, der ihn so beliebt machte. Konventionell gesonnene Hörer, die von den wilden Dissonanzen der anderen Romantiker aufgestört wurden, waren in der Lage, sich bei Mendelssohns Musik zurückzulehnen und zu entspannen. Sie hatte eine enge Beziehung zu den damals populären Werken von Hummel, Cherubini und sogar manchen Salonkomponisten. Was sie aber meilenweit über deren Musik erhob, war die besondere Mendelssohnsche Grazie und Eleganz, die sie darbot, und ihre deutlich umrissene Gliederung. Spätere Generationen sollten diese Art von Vollkommenheit für langweilig halten, Mendelssohns Melodien ermüdend und seine Rhythmik allzu regelmäßig und vorhersehbar finden. Seine Musik hat allerdings weniger Überraschungselemente als die irgendeines großen Komponisten. Aber die erste Hälfte des 19. Jahrhundert sah in Mendelssohn beinahe eine Art Gottheit. Besonders in England war sein Einfluß das ganze Jahrhundert hindurch stark und beherrschte die gesamte englische Schule. Mendelssohn liebte England von dem Augenblick an, da er zum erstenmal in London eintraf, und die Bewunderung war wechselseitig. Sir George Grove reklamierte Mendelssohn tatsächlich beinahe sogar als englischen Staatsbürger. „Er ist lange für einen halben Engländer gehalten worden. Er sprach gut englisch, er schrieb flüssig Briefe und vertrauliche Mitteilungen in unserem Idiom; er trat in der Provinz auf; sein erstes wichtiges Werk nahm sich Shakespeare zur Grundlage

222 Bürgerliches Genie

... und seine *Schottische Sinfonie* und die *Hebriden-Ouvertüre* machten deutlich, wie tief ihn die Landschaft Englands beeinflußt hatte."

Im 20. Jahrhundert büßte Mendelssohns Musik ihre große Beliebtheit ein. Aber trotz der verunglimpfenden Bemerkungen der intellektuellen Kritiker waren seine Werke immer wieder im Repertoire vertreten. Nicht nur war die Romantik ganz allgemein aus der Mode gekommen, die Schumann, Liszt und sogar Chopin zum alten Eisen warf, sondern die avantgardistischen Kritiker kamen einhellig zu dem Entschluß, Mendelssohns Musik für zu unoriginell und sogar geschmacklos zu halten. Paul Rosenfeld, der amerikanische Kritiker, hatte für Werke wie die Oratorien *Elias* und *Paulus* nichts als Geringschätzung übrig. Er schrieb Aufsätze, in denen er die Vermutung äußerte, Mendelssohn sei ein jüdischer Snob gewesen, der versucht hätte, sich mit geistlichen Werken Eingang in die christliche Gesellschaft zu verschaffen. Rosenfelds Auffassung wurde von den avantgardistischen Denkern allgemein gebilligt. Das Publikum dagegen schenkte diesen Verleumdungen keinerlei Aufmerksamkeit. Das Violinkonzert, die *Italienische* und die *Schottische Sinfonie,* die *Sommernachtstraum-* und die *Hebriden-Ouvertüre* (auch unter dem Titel *Fingalshöhle* bekannt) waren so beliebt wie eh und je. Wo immer sich Kammermusikvereinigungen zusammenfanden, waren auch das d-Moll- und das c-Moll-Trio und mehrere der Streichquartette nicht allzu fern. Die *Variations sérieuses* verschwanden nie aus dem Klavierrepertoire, ebensowenig das Klavierkonzert in g-Moll

Auf den ersten Blick war es befremdlich, daß so viele Musiker und Kritiker in der Zeit von 1920 bis 1940 von Mendelssohn eine so geringe Meinung hatten. Man kann Zuhörer verstehen, die mit dem Antiromantizismus von Strawinsky und Bartók aufwuchsen und angesichts des extravertierten Prunks eines Liszt oder der geheimnisvollen Seelenlandschaften eines Schumann Unbehagen empfanden. Aber Mendelssohns Musik zeigt klare Linienführung und übersichtlichen Aufbau und vermeidet beinahe vollständig die ausschweifende romantische Gestik. Mendelssohn hätte von den Antiromantikern des 20. Jahrhunderts eigentlich enthusiastisch begrüßt werden müssen. Es war wahrscheinlich das Fehlen von Wagemut und Abenteurergeist, der sie eine Zeitlang ungenießbar machte.

Jedenfalls ist die zweite Hälfte des 20. Jahrhunderts eifrig mit der Wiederentdeckung Mendelssohns beschäftigt. Sogar den einst verlachten *Lieder ohne Worte* wird wieder mit Respekt begegnet, und sie gelten als technisch makellose Stücke der Zeit mit starker persönlicher Handschrift. Die Pianisten befassen sich wieder mit den drei Etüden, den sechs Präludien und Fugen und so effektvollen Virtuosenstücken wie der fis-Moll-Fantasie (op. 28). In jüngster Zeit hat die Erforschung der Werke eingesetzt, die Mendelssohn in Berlin komponierte, als er zwölf Jahre alt war, ebenso die technische Würdigung der Musik – dieser Sinfonien für Streicher, Konzerte für zwei Klaviere und Kammermusikwerke. Auch seine Lieder beginnen wieder im Repertoire aufzutauchen. Sogar die Oratorien werden nicht mehr automatisch für dumpfe Beispiele moralistischer viktorianischer Frömmigkeit gehalten. Man beginnt, Mendelssohn in der ihm angemessenen Perspektive wahrzunehmen. Er war sehr viel mehr als ein glatter Komponist mit perfekter Technik. Seine Musik zeichnet sich durch Sensibilität, Stil und eine sehr persönliche Handschrift aus, und er komponierte für die Vielzahl der musikalischen Formen immer jeweils ein makelloses Beispiel – Sinfonie, Konzert, Klavierwerk, Kammermusik, Lied, Konzertouvertüre oder Oratorium. Tatsächlich also alles, ausgenommen die Oper. Sein Einfluß läßt sich in der französischen Schule nachweisen (besonders bei Gounod und Fauré), beim jungen Richard Strauss und in den Jugendwerken Tschaikowskys. Noch immer gibt es heute ein wenig Argwohn gegenüber der Mendelssohns Musik zugrunde liegenden Gefühlswelt. In dem Maße aber, wie die serielle und postserielle Musik in ihrer Entwicklung verebbt und die Neoromantik wieder in Erscheinung tritt, wird Mendelssohns Musik – wie die Liszts – erneut zur Geltung kommen und Mendelssohn als der anmutige, reine, vollkommen ausgewogene Meister anerkannt werden, der er war.

15. Kapitel

Rossini, Donizetti und Bellini

Gesang, Gesang und abermals Gesang

Von 1810, dem Aufführungsjahr von Gioacchino Rossinis erster Oper, bis 1848, dem Todesjahr von Gaetano Donizetti, beherrschten drei Komponisten die italienische Oper – das heißt, die in Italien komponierte Oper, die Belcanto-Oper, im Gegensatz zu den imposanten Opern in italienischer Sprache, die von Komponisten wie Cherubini in Paris herausgebracht wurden. Diese drei Komponisten waren Rossini, Donizetti und Vincenzo Bellini.

Bei ihrer Opernpraxis waren vor allem die Sänger und deren Gesangsleistungen entscheidend. Ihre Opern zielten größtenteils ganz unverhohlen auf Unterhaltung ab. Weber mag sich in seinen Werken mit deutschen Problemen und Menschen befaßt haben, und Beethoven strebte im *Fidelio* nach spirituellen Werten. Nichts davon berührte die Belcanto-Komponisten. Ihre gefühlsbetonte und exhibitionistische Kunst rief die Zuhörer nicht zu tieferem Nachdenken auf. Als Folge davon waren ihre Opern ungeheuer beliebt. „Musik", beklagte sich Berlioz, „ist für die Italiener ein sinnliches Vergnügen und nichts anderes. Für diese adlige Ausdrucksform menschlichen Geistes haben sie kaum mehr Respekt als für die Kochkunst. Sie wünschen sich eine Partitur, die wie ein Makkaroni-Gericht unverzüglich vereinnahmt werden kann, ohne darüber nachdenken oder ihr auch nur Aufmerksamkeit schenken zu müssen." Später vertrieben die großen Prunkopern Meyerbeers, die psychologischen Opern Verdis und die Musikdramen Wagners die Belcanto-Oper von der Bühne, obwohl eine Handvoll Werke den internationalen Repertoireumlauf überlebte – Rossinis *Il barbiere di Siviglia* (Der Barbier von Sevilla), Donizettis *Lucia di Lammermoor, Don Pasquale* und *L'elisir d'amore* (Der Liebestrank) und Bellinis *Norma*. In Italien mag gelegentlich noch ein halbes Dutzend anderer zu hören gewesen sein. Stellt man aber in Rechnung, daß Rossini neununddreißig, Donizetti etwa siebzig und Bellini elf Opern komponierten, so war das kein großes Aufführungskontingent.

Nach dem Zweiten Weltkrieg kam es in ganz Europa und in Amerika zu einem plötzlichen Wiederaufleben des Interesses an der Belcanto-Oper, und zwar in der Hauptsache dank zweier Sängerinnen – Maria Callas und Joan Sutherland. Mehr als ein Jahrhundert lang in Vergessenheit geratene Opern wurden aus den Archiven geholt, und die Musikliebhaber forschten begierig nach Raritäten. Es stellte sich jedoch heraus, daß nur sehr wenige Opern mehr als antiquarischen Wert hatten. Und es war auch nicht möglich, eine angemessene Vorstellung davon zu vermitteln, wie diese Opern einst klangen. Die Belcanto-Oper verlangt Koloratur-Tenöre, -Altistinnen und -Baritone ebenso wie Koloratur-Soprane. (Es ist eine irrige Vorstellung, daß die Koloraturfertig-

Rossini, Donizetti und Bellini 225

keit nur für den Stimmbereich des hohen Soprans in Frage kommt). Aber die Tradition war erloschen, wie sehr die Callas und die Sutherland sie auch wiederzubeleben versuchten, und es gab weltweit nirgendwo Tenöre oder Baritone, die ihre Partien wenigstens etwa so hätten singen können wie der Tenor Rubini oder der Bassist Lablache in der ersten Hälfte des 19. Jahrhunderts.

Ein Großteil der Belcanto-Opern waren schematische oder „Rezept"-Opern, hastig produziert und überwiegend auf *cavatina* und *cabaletta* als Stilmittel gestützt. Die langsame und lyrische *cavatina* war dazu bestimmt, die Stimmführung des Sängers im besten Lichte zu zeigen, seine Fähigkeit zu demonstrieren, eine lange Phrase mit Tonreinheit, Nuancenreichtum und Fülle der Klangfarbe darzubieten. Auf die *cavatina* folgte ein schneller Teil namens *cabaletta*, in dem die Virtuosität des Sängers ins Spiel gebracht wurde. Der Belcanto – und das bedeutet „schöner Gesang" – spiegelte in hohem Maße das im 18. Jahrhundert gültige Ideal der geschmackvollen Improvisation wider. Man erwartete von einem Sänger, daß er über eine makellose Technik verfügte. Man erwartete überdies von ihm, daß Geschmack und Gefühl für Ausschmückung, Verzierung und *cadenza* [freie Improvisation] hatte. Die Kombination von reiner Tongebung und brillanter Technik repräsentierte die Belcanto-Gesangskunst. Ein Großteil dieser Gesangskunst leitete sich von den Kastraten her. Baldassare Ferri, ein virtuoser Kastrat des 17. Jahrhunderts, konnte eine fortlaufende Folge von Trillern, über zwei Oktaven auf und ab, in einem Atemzug einstreuen. Solche Passagen konnten, ohne Unterbrechung, fünfzig Sekunden dauern. Auch für Farinelli wurde die Zeit von fünfzig Sekunden pro Phrase auf einen Atemzug genommen. Rossini hatte einige der großen Kastraten gehört und wußte, was sie zu leisten vermochten. Er wußte aber auch, daß sie nicht nur bloße Stimmprotze waren. Die Geschmackvolleren unter ihnen bezauberten ihre Zuhörer durch die Reinheit, Schönheit und sogar Leidenschaft ihrer Vortragsweise.

Das Ideal – Gesangstechnik *plus* Geschmack – kam in der Wirklichkeit nicht sehr häufig vor. Opernsänger neigen, mehr als alle anderen Musiker, dazu, ihre Vorrechte zu mißbrauchen. In Rossinis Frühzeit machten sie, was ihnen gerade einfiel. Sie wurden verzärtelt und gehätschelt und standen ihrer Bedeutung nach sehr viel höher als die Komponisten. Der Komponist mußte über das diplomatische Geschick eines Talleyrand verfügen, um sie zufriedenzustellen. Wenn zwei beliebte Primadonnen in ein und derselben Oper aufzutreten hatten, kam es zu heftiger Rivalität und Mißgunst, zu Haß- und Tränenausbrüchen. Jede zählte die einzelnen Takte ihrer Arien zusammen, um sicherzugehen, daß sie nicht übervorteilt wurde. Gewöhnlich machte sie sich dann auch daran, die Musik so zu verändern, daß sie ihren eigenen Fähigkeiten entgegenkam. Die Sänger der Zeit Rossinis hatten dem gedruckten Notentext gegenüber eine derart sorglose Einstellung, daß der verblüffte Komponist seine eigene Musik nur mit Mühe wiedererkennen konnte. Rossini kämpfte fortgesetzt gegen die Geschmacklosigkeit von Sängern. Er schrieb sogar viele Verzierungen eigens aus und

Gioacchino Rossini (1792–1868). Aufnahme um 1860.

Rossini, Donizetti und Bellini   227

verlangte, daß sie genau befolgt würden. Aber nicht einmal Rossini erwartete, daß eine Star-Sopranistin alles genau so ausführen würde, wie es geschrieben stand. Jahre nach seinem Rückzug von der Opernbühne begleitete er die junge Adelina Patti in *Una voce poco fa* aus dem *Barbiere di Siviglia*. Sie spickte die Arie bis zur völligen Unkenntlichkeit mit Verzierungen, und nachdem ihr Rossini zu ihrem brillanten Vortrag gratuliert hatte, fragte er sie in eisigem Ton, wer denn der Komponist sei. Einige Tage später erzählte er Saint-Saëns, er habe gar nichts dagegen, daß seine Arien verändert oder erweitert würden. „Dazu sind sie ja da. Aber von dem, was ich komponiert habe, auch nicht eine Note stehenzulassen, nicht einmal in den Rezitativen – nun, das ist zu viel."

In Italien traf der Komponist im ersten Drittel des 19. Jahrhunderts gewöhnlich im Opernhaus ein, komponierte die Oper in etwa drei Wochen, leitete die ersten drei Aufführungen und reiste dann in die nächste Stadt weiter. Die italienische Oper hatte immer auf diese Art und Weise funktioniert; sie war ein Geschäft, und je schneller die Ware umgeschlagen wurde, um so besser. Selten erschienen die Werke im Druck, und Rossini beispielsweise, der wußte, daß die nächste Stadt von seiner letzten Oper noch keine Kenntnis haben konnte, borgte in aller Stille ganze Teile daraus und ließ sie als neu durchgehen. Rossinis berühmteste Oper, *Il barbiere di Siviglia* von 1816, benutzt Arien und Ensembles aus *La cambiale di matrimonio* von 1810 und darüber hinaus Material aus vier anderen seiner Opern. Selbst die heute weithin populäre Ouvertüre wurde einem früheren Werk entlehnt. Es ist bezeichnend, daß der Komponist zur Fertigstellung von *Il barbiere* nicht mehr als dreizehn Tage brauchte. „Ich habe immer gewußt, daß Rossini ein Faulpelz war", scherzte Donizetti, als ihm von diesem Handstreich erzählt wurde. Donizetti wußte, wovon er redete, denn es hatte ihn selbst nicht mehr als acht Tage gekostet, *L'elisir d'amore* zu komponieren. Der durch Italien reisende Felix Mendelssohn schaute, staunte und schüttelte amüsiert den Kopf über diese italienische Art des Komponierens. „Donizetti", schrieb er nach Hause, „beendet eine Oper in zehn Tagen. Natürlich kann sie ausgepfiffen werden, aber das spielt keine Rolle, weil sie ihm trotzdem bezahlt wird, und er dann losziehen und sich ein schönes Leben machen kann. Wenn sein Ansehen wirklich einmal geschmälert würde, müßte er wohl wirklich hart arbeiten, und das wäre unbequem. Deshalb verwendet er manchmal ganze drei Wochen auf eine Oper und gibt sich beträchtlich viel Mühe mit ein paar Arien darin, so daß sie dem Publikum gefallen können, und dann kann er es sich wieder erlauben, seinem Vergnügen nachzugehen und Schund zu schreiben." Mendelssohn, die fleißige deutsche Ameise, über Donizetti, die italienische Grille.

Die Belcanto-Komponisten waren nur deshalb in der Lage, ihre Partituren mit einer derartigen Geschwindigkeit auszustoßen, weil sie tatsächlich Opern nach Rezept schrieben, die alle auf die gleiche Weise aufgebaut waren. Auf einen Einleitungschor folgte eine sorgfältig abgewogene Reihe von Arien und Ensembles, die jeweils mit der Strenge von Soldaten plaziert wurden, die in einer Militärkompanie in Habachtstellung stehen, jedermann an seiner vorher festgelegten Stelle. Jeder der beiden Akte endete mit einem donnernden Chor, bei dem die Sänger der Hauptrollen an die Rampe traten und, das Publikum anstarrend, bis zum Fallen des Vorhangs weitersangen. In einem Brief an einen anderen Komponisten äußerte sich Rossini mit erschreckender Offenheit über diese Kompositionsweise:

> „Warten Sie bis zum Abend vor der Premiere. Nichts beflügelt die Inspiration mehr als die unabdingbare Dringlichkeit, sei es nun die Anwesenheit eines auf Ihre Arbeit wartenden Kopisten oder die Anfeuerungen eines sich die Haare raufenden Impresarios. Zu meiner Zeit waren die Impresarios von ganz Italien mit dreißig kahl ... Ich schrieb die Ouvertüre zu *La gazza ladra* am Tage ihrer Erstaufführung im Theater selbst, wo ich vom Direktor eingesperrt und unter die Aufsicht der Bühnenarbeiter gestellt war, die Auftrag hatten, meinen originalen Notentext Seite für Seite durchs Fenster den Kopisten zuzuwerfen, die unten bereits warteten, um ihn abzuschreiben. In Ermangelung von beschriebenen Seiten waren sie angewiesen, mich selbst leibhaft aus dem Fenster zu werfen. Bei *Il barbiere* hatte ich mehr Glück. Ich komponierte keine neue Overtüre, sondern wählte dafür eine andere, die eigentlich für eine halb-ernste Oper mit dem Titel *Elisabetta* bestimmt war. Das Publikum war damit vollkommen zufrieden. [Rossini verschwieg allerdings, daß er die *Barbiere*-Ouvertüre außer bei *Elisabetta* auch noch für seine Opern *Aureliano* und *L'equivoco stravagante* benutzt hatte.]"

Bellini, der nicht über das unbeschwerte Temperament von Rossini und Donizetti verfügte und seine Kunst ernster nahm, brach aus dem erstarrten Opernschema aus, wenn auch nur geringfügig. Seine beiden leichtfüßigen Zeitgenossen kümmerten sich nie darum, ihr erfolgreiches Rezept abzuwandeln. Im Grunde ist in jeder Rossini- und Donizetti-Oper – und in manchen Werken Bellinis – schlampige Arbeit, Selbstplagiat, ja Zynismus nachzuweisen. Und das ist auch der Grund dafür,warum die meisten ihrer Opern vergessen sind. Donizetti: Wer hat je – oder wird je – seine *Chiara e Serafina*, seinen *L'Ajo nell'imbarazzo, Parisiana, Torquato Tasso, Rosamonda d'Inghilterra* oder *Belisario* kennengelernt? Rossini: Wer hat je seine *Elisabetta, regina d'Inghilterra, Torvaldo e Dorliska, Adelaide de Borgogna* gehört? Bellini: Wer seine *Bianca e Gernando* oder *Zaira*?

Rossini, der Donizetti und Bellini überlebte, war der bedeutendste. Er hatte Genie, Witz und funkelnden Esprit und eine nie versagende melodische Begabung. „Man gebe mir ein Wäscheverzeichnis, und ich werde es vertonen", brüstete er sich. Er war am 29. Februar 1792 in Pesaro, einer Hafenstadt an der Adria geboren. In späteren Jahren sollte er den Namen „Schwan von Pesaro" bekommen. Schon als Kind ließ er, wie so viele große Komponisten, erstaunliche Fähigkeiten erkennen und konnte Klavier, Violine und Viola spielen. Vor dem Stimmbruch trat er auch als Sänger in der Oper auf und war bereits als Jugendlicher ein fruchtbarer Komponist. Im Jahre 1807 begann er sein Studium am Konservatorium von Bologna. Eben dort begegnete er der spanischen Sopranistin Colbran, die später seine Gattin und die größte Interpretin seiner

Werke werden sollte. Die erste Oper von ihm, die aufgeführt wurde, war eine 1810 in Venedig komponierte einaktige Farce mit dem Titel *La cambiale di matrimonio.* Der Schwung, Geist, unbezähmbare Humor der Musik und ihre wirkliche Individualität ließen sie sofort als etwas Besonderes aus der Masse herausragen. Rossinis erster großer Erfolg, *L'inganno felice,* wurde im drauffolgenden Jahr ebenfalls in Venedig aufgeführt. Daran schlossen sich Opern wie *La scala die seta, Il signor Bruschino, Tancredi, L'Italiana in Algeri (Die Italienerin in Algier), Semiramide, Il Turco in Italia* (Der Türke in Italien), *La Cenerentola* (Aschenbrödel) und *Le Comte Ory.* Im Alter von einundzwanzig Jahren war Rossini bereits weltberühmt, und seine Opern fanden, sobald sie herauskamen, sofort Eingang ins internationale Repertoire.

Es war vor allem seine Melodik, die Rossini berühmt machte, und Wagner räumte das denn auch bedauernd ein: „Über den pedantischen Partiturenkram sah er [Rossini] hinweg, horchte dahin, wo die Leute ohne Noten sangen, und was er da hörte, war das, was am unwillkürlichsten aus dem ganzen Opernapparate im Gehöre haften geblieben war, die *nackte, ohrgefällige, absolut melodische Melodie,* das heißt die Melodie, die eben nur *Melodie* war und nichts anderes."

Wagner schloß daraus mit einem Gemisch aus Zorn und Ironie daß mit Rossini die *„eigentliche Geschichte der Oper"* zu Ende" gehe, denn aller Anspruch auf dramatische Entfaltung wurde fahrengelassen, und der ausführende Sänger hatte ausschließlich die Aufgabe, grelle Virtuosität hervorzukehren. Wagner war entschlossen, diese Situation zu bereinigen.

Il barbiere di Siviglia, der größte Vertreter des ganzen Genres der *opera buffa,* machte Rossinis Musik zum Kassenfüller jedes europäischen Opernhauses. Rossini hatte eine gehörige Portion Unverschämtheit an den Tag gelegt, als er sich daran machte, eine Oper über dieses Sujet zu schreiben. Giovanni Paisiello, ein bedeutender und sehr beliebter Komponist, hatte bereits 1782 einen *Barbiere di Siviglia* geschrieben, der geschätzt und bewundert wurde und ungeheuer beliebt war. Heute gilt die Paisiello-Oper als bloße Kuriosität, eine Kuriosität mit einem zwar welken Charme, harmonisch und melodisch aber entschieden ungewagt. Rossinis Oper, die auf beinahe demselben Libretto beruht, verurteilte sie rasch zu tiefer Vergessenheit. Und doch war Rossinis *Barbiere* bei der Uraufführung am 20. Februar 1816 in Rom ein Mißerfolg. Anscheinend waren die sängerischen Leistungen dürftig, und es gab einige komische Zwischenfälle, die die Aufmerksamkeit des Publikums von der Musik ablenkten. Eine Sängerin stolperte und mußte mit blutiger Nase weitersingen; eine Katze schlich sich herein und versetzte jedermann in Aufruhr. Aber im zweiten Akt ging alles gut, und das Werk eroberte sich bald den Rang *der* komischen Oper aller Zeiten. Erst neun Jahre nach der Uraufführung war es, in Manuel Garcias erster Saison am Park Theater, in New York zu hören (obwohl eine gekürzte Fassung dort bereits im Jahr zuvor aufgeführt worden war). Garcia hatte auch in der Uraufführung die Rolle des Almaviva gesungen.

Rossini ist heute hauptsächlich als Komponist von *opere buffe* in Erinnerung, aber auch seine ernsten und tragischen Werke wie *Otello, Le siège de Corinth, Moïse, Guillaume Tell* (Wilhelm Tell) standen zu ihrer Zeit in hoher Geltung. Im Jahre 1822 fand im Kärntnertor-Theater in Wien ein Rossini-Festival statt, und die Stadt erlebte ein regelrechtes Rossini-Delirium. Selbst Beethoven bewunderte den *Barbiere* und bedeutete Rossini, der musikalischen Welt mehr von der Art zu schenken. Schubert machte sich das berühmte Rossini-*crescendo* und einige andere von dessen Stilmitteln in manchen seiner Werke zu eigen. In Paris standen die Rossini-Opern ständig auf den Spielplänen vom Théâtre des Italiens und der Opéra. London erlebte 1824 eine „Rossini season". Der Komponist fuhr nach London (wie er nach Wien gefahren war), um die Aufführungen zu überwachen, und seine Anwesenheit trug gewichtig zu den Einnahmen bei. Europa war Rossini-närrisch. Alles ließ sich sehr gut an für den munteren Italiener. Er heiratete seine Colbran, nachdem er jahrelang mit ihr zusammengelebt hatte, und ging ein Verhältnis mit Olympe Péllisier ein, als die Colbran starb. Wo immer er hinkam, wurde er beneidet, gefeiert und bewundert. Er wurde korpulent, überlebte einige Krankheiten, war einer der berühmtesten Feinschmecker Europas (die Tournedos *à la* Rossini sind eine seiner Hinterlassenschaften an die Menschheit), und als 1829 an der Pariser Opéra *Guillaume Tell* aufgeführt wurde, steigerte sich die Lobhudelei beinahe zu Hysterie.

An diesem Punkt seiner Laufbahn stellte Rossini das Komponieren ein und schrieb, obwohl er weitere neununddreißig Jahre leben sollte, kein weiteres Werk, das zur Veröffentlichung bestimmt gewesen wäre.

Sein Rücktritt ist ein Geheimnis, das Gegenstand endloser Spekulation gewesen ist. Er schrieb noch zwei umfangreiche religiöse Werke, das *Stabat Mater* und die *Petite Messe Solennelle* (die, wie oft angemerkt worden ist, weder *petite* noch *solennelle* ist), und vergnügte sich mit der Komposition einer großen Zahl kurzer Klavier- und Gesangsstücke. Im Grunde aber war seine Laufbahn 1829, auf dem Gipfelpunkt seines Ruhmes, beendet.

Darüber lassen sich bestimmte Vermutungen anstellen. Einmal hatte sich Rossini viel Geld erarbeitet. Bei seinem Tode hinterließ er einen Besitz im Werte von annähernd $ 1 420 000 [d. h. ca. 3 500 000 DM]. Es bestand also keinerlei finanzieller Druck mehr für ihn zu schreiben, und Rossini war nicht von der Art des Idealisten, der aus ästhetischer Überzeugung oder geistigem Drang komponiert hätte. Zum anderen stand es um seine Gesundheit nicht zum besten. Er hatte urologische Beschwerden und litt überdies unter Schlaflosigkeit und Hypochondrie. „Ich habe alle Frauenkrankheiten", schrieb er einem Freund. „Alles, was mir fehlt, ist ein Uterus." Auch ein gewisser Anteil natürlicher Faulheit wirkte bei seinem Rücktrittsentschluß mit.

Mehr als das aber, war Rossini in Sorge über die Richtung, die die Entwicklung der Oper einschlug. Er glaubte ernstlich, daß mit dem Verschwinden der Kastraten auch die Gesangskunst dahinginge. Bereits 1817 – er war damals erst fünfundzwanzig Jahre alt – beklagte er den Verfall der Gesangskunst. „Viele unserer außerhalb Italiens geborenen Sänger haben sich von der Reinheit des

Rossini, Donizetti und Bellini 231

musikalischen Geschmacks losgesagt … Zwitschern, Sprünge, Triller, Hopser, Mißbrauch von Halbtönen, Tontrauben, das charakterisiert die Art von Gesang, die heute vorherrscht." Zu eben dieser Zeit setzte sich Rossini auch mit dem auseinander, was er den schädlichen Einfluß der deutschen Schule nannte. In einem Brief vom 12. Februar 1817 äußert er sich so konservativ wie der strengste Akademiker irgendeines Konservatoriums:

„Bereits Haydn hatte angefangen, die Reinheit des Geschmacks durch die Einführung von fremdartigen Akkorden, gekünstelten Übergängen und gewagten Neuheiten zu untergraben … Nach ihm aber verdarben Cramer und schließlich Beethoven mit ihren Kompositionen, die aller Geschlossenheit und allen natürlichen Flusses entbehrten und voller künstlicher Ausgefallenheit steckten, den Geschmack für die Instrumentalmusik vollständig. Und jetzt hat Mayr den einfachen und erhabenen Stil der Sarti, Paisiello und Cimarosa auf der Bühne durch seine eigenen ingeniösen, aber verderblichen Harmonien ersetzt, in denen die Hauptmelodie aus Unterwürfigkeit vor der deutschen Schule erdrosselt wird."

Es gibt keinerlei Anhaltspunkte dafür, daß Rossini seine Auffassungen mit wachsendem Alter änderte. Seine eigenen Opern, sogar *Guillaume Tell* mit ihren Meyerbeer-Elementen, sind im Grunde klassisch, mit eleganter Melodik, Klarheit, zurückhaltender Instrumentierung und vorwiegend diatonischer Harmonik. Um 1830 war die Romantik auf dem Vormarsch, und Rossini war Antiromantiker. Er verabscheute die Lautheit, die „Exzentrizitäten", die „Geziertheiten" der neuen Bewegung. Vor allem aber haßte er den neuen Gesangsstil. Eine neue Generation – Tenöre mit hohen Spitzentönen – war im Schwange, und Rossini verachtete alles, was sie repräsentierten. Enrico Tamberlik verblüffte das Opernpublikum mit seinem berühmten hohen Cis, und es ergab sich, daß Tamberlik Rossini einen Besuch abstattete. „Lassen Sie ihn eintreten", sagte Rossini. „Aber sagen Sie ihm, er soll sein Cis am Garderobenständer hängen lassen. Auf dem Heimweg kann er es wieder mitnehmen."

Schon vor *Guillaume Tell* dachte Rossini an Rücktritt, und das war allgemein bekannt. Stendhal besuchte Rossini in Mailand. „Nächstes Jahr im April", schrieb er, „wird Rossini achtundzwanzig, und er brennt darauf, im Alter von dreißig mit dem Komponieren aufzuhören." Weiter gibt es einen Brief von Rossinis Vater: „Gioacchino hat mir sein Wort darauf gegeben, daß er sich 1830 von allem zurückziehen, den Herrn spielen und sich in der Lage sehen will, alles zu komponieren, was er möchte, weil er genug ausgelaugt worden ist." Die Zeitungen griffen die Gerüchte auf, und 1828 merkte die *Revue musicale* in einem Artikel zur bevorstehenden Aufführung von *Guillaume Tell* an, „er selbst [habe] versichert …, daß diese Oper die letzte aus seiner Feder sein wird".

In den vierziger Jahren muß sich Rossini, selbst wenn er daran gedacht haben mochte, seine Karriere wiederaufzunehmen, gefragt haben, ob ihn sein Publikum wohl zugunsten der neuen Götter, insbesondere Giacomo Meyerbeers, im Stich lassen würde oder nicht. Rossini, der so viele Jahre lang der König der europäischen Oper gewesen war, hätte die Möglichkeit, eine Größe von gestern genannt zu werden, sicher nicht nach seinem Geschmack gefunden. Herbert Weinstock, einer seiner Biographen, kommt zu folgendem Schluß: „Nichts legt die Vermutung nahe, daß er mit dem Komponisten von *Les Huguenots* und *Le Prophète* oder dem von *Nabucco* oder *Ernani* in Wettstreit getreten wäre – oder hätte treten wollen, um Zuhörerkreise, deren Geschmack er nicht teilte, mit Opern zu versorgen, die seinem eigenen nicht ganz genügten." Die Opernwelt Rossinis, kurzgesagt, existierte nicht mehr.

Also nahm er seinen Abschied. Er besaß Häuser in Bologna und Paris und einen Sommerwohnsitz in Passy. Er fand eine neue Geliebte. Er plagte sich mit dem Liceo Communale in Bologna und versuchte, die Maßstäbe jenes provinziellen Musikkonservatoriums zu heben. Er wurde umworben und umschmeichelt und als „der große alte Mann" der Musik anerkannt. Witzig, kultiviert, urban, scharfzüngig, war er wegen seiner Meinungsäußerungen gefürchtet, und seine Stegreifbemerkungen wurden überall genüßlich zitiert. „Ich habe gerade einen Stilton und eine Kantate von Cipriani Potter erhalten. Der Käse war wirklich gut." Oder: „Wagner hat einige schöne Augenblicke, aber manche schlechte Viertelstunde." Nach einer Aufführung von Berlioz' *Symphonie fantastique* sagte er: „Wie gut, daß das keine Musik ist." Eine andere Äußerung Rossinis zu Berlioz bezog sich auf Branders *Rattenlied* aus *La damnation de Faust*. Es konnte nicht gefallen, erklärte Rossini, weil keine Katze im Haus war. Oder – er liebte Wortspiele –, als er zufällig mitanhörte, wie jemand das Credo aus Liszts *Grande Messe* als die anmutigste Blume im Blütenkranz lobte: „Ja, geradezu eine *fleur de Liszt*." Die knappen Klavierstücke und Lieder, die er komponierte – manche sind noch heute unveröffentlicht –, nannte er Sünden seines Alters. Diesen Stücken ist eine Art Surrealismus *à la* Chabrier und Satie eigen, besonders in den Titeln: *Les Hors d'oeuvres*, mit Einzelstücken namens *Les Anchois, Les Radis, Le Beurre* oder: *Mon Prélude hygiénique du matin*, oder: *Gymnastique d'écartement*, oder: *L'Innocence italienne suite de la candeur française*.

In Paris begründete er einen der glanzvollsten Salons Europas. An Samstagabenden fanden förmliche Empfänge statt. Es gab Musikdarbietungen, und häufig ging Rossini selbst zum Klavier, um einen berühmten Sänger zu begleiten. Er war ein Pianist der alten Schule, der wenig oder gar kein Pedal benutzte und seine Finger elegant über die Tasten gleiten ließ. Den Gästen wurden gedruckte Einladungen zugeschickt, und es gab gedruckte Programme für den musikalischen Teil des Abends. Rossini standen auf Abruf einige begabte Pianisten zur Verfügung, um zu spielen oder zu begleiten, wenn er selbst sich nicht dazu in der richtigen Verfassung fühlte. Einer davon war Camille Saint-Saëns, ein anderer der brillante Louis Diémer. Eduard Hanslick beschrieb in einem Bericht für die *Neue Freie Presse* in Wien eine der Soireen Rossinis. So sagte er, das Haus sei zu klein gewesen, um alle Gäste zu fassen:

„Die Hitze war unbeschreiblich und das Gedränge so groß, daß es jedesmal verzweifelter Anstrengungen bedurfte, wollte eine Sängerin (zumal von dem Gewicht einer Madame Sax) von ihrem Sitze zum Clavier gelangen.

Eine juwelenfunkelnde Damenschar hält den ganzen Raum des Musikzimmers dicht besetzt; an den offenen Thüren desselben stehen regungslos geklemmt die Herren. Mitunter schleicht ein Bedienter mit Erfrischungen durch die verschmachtenden Reihen, aber seltsamerweise sieht man nur wenige (meist fremde) Gäste ernstlich zugreifen. Die Hausfrau, sagt man, sieht es nicht gern."

Als Rossini am 13. November 1868 starb, wurde mit ihm ein König der Musikwelt zu Grabe getragen.

In seinen Opern gab es keine Bezüge zur Welt der Romantik. Er war jedoch sehr wachsam, und in Werken wie dem *Stabat Mater* oder der *Petite Messe Solennelle* benutzte er sehr viel gewagtere Harmonien als alles, was in seinen Opern zu finden ist. Die *Messe* ist mit ihrer Chromatik, die Seite an Seite mit ihrem klassischen melodischen Zuschnitt steht, ein faszinierendes Amalgam von Altem und Neuem. In ihrer Originalbesetzung – für Chor, vier Solisten, zwei Klaviere und Harmonium – übt sie einen besonderen Reiz aus. Sie ist ein Meisterwerk, ganz wie die *Péchés de ma vieillesse* – „Meine Alterssünden" – Meisterwerke *en miniature* sind. Von den überschäumenden Opern der Zeit vor 1829 sind der *Barbiere, La Cenerentola, Le Comte Ory* und die anderen bezaubernden Komödien von bleibendem Wert. Und es wird der Tag kommen, da *Guillaume Tell* die ihm gebührende Anerkennung als Meisterwerk findet. Aber wer kann heute Rossini-Opern singen?

Was hätte Rossini, der letzte Kenner der Gesangskunst, gesagt, wäre er dem angespannten, kehligen, heulenden, gespreizten, lauten, vulgären, schwerfälligen, linkischen Gesangsstil begegnet, der heute so häufig, *faute de mieux*, als der „Rossini-Stil" durchgeht?

Gaetano Donizetti (29. November 1797 – 7. April 1848) war sogar noch fruchtbarer als Rossini. Er studierte in seiner Geburtsstadt Bergamo, ging dann nach Bologna, kehrte nach Bergamo zurück und begann daraufhin Opern herauszubringen. Zusätzlich zu etwa siebzig Opern schrieb er zwölf Streichquartette, sieben Messen, Lieder, Klaviermusik, Kantaten, Motetten und Psalmen. Er hatte Fingerspitzengefühl und Stil, und er mißbrauchte fortgesetzt sein Talent, indem er zuviel und zu schnell schrieb. Und doch stehen *Lucia di Lammermoor* (1835), *Don Pasquale* (1843) und *L'elisir d'amore* (Der Liebestrank, 1832) noch heute in hohem Ansehen, und *Anna Bolena* (1830), *La fille du régiment* (Die Regimentstochter, 1840) und *La favorite* (Die Favoritin, 1840) werden gelegentlich wieder ausgegraben. Besonders bewundert wurden Donizettis Wahnsinnsszenen. Die Zuhörer verlangten geradezu danach, seine Heldinnen in Fluten von Trillern, Arpeggios, Läufen, Sprüngen und hohen Tönen, sämtlich durch eingeschobene Kadenzen erweitert, dahinschmachten zu sehen. Die französische Oper übernahm Donizettis Wahnsinnsszenen. Und Donizetti übte einen starken Einfluß auf den jungen Verdi aus, in sehr viel

Gaetano Donizetti (1797–1848). Gemälde von Eugen Felix.

Rossini, Donizetti und Bellini 235

stärkerem Maß als Rossini und Bellini. Das ganze Jahrhundert hindurch galt die Vorliebe großer Sänger und Sängerinnen den Opern Donizettis – von der Pasta, Rubini, Lablache und Duprez bis hin zur Lind, Sontag, Grisi, Patti und Alboni. In jenen Tagen des Höhepunktes der großen Gesangskunst, der Mitte des 19. Jahrhunderts, galt *Anna Bolena* (1830) als Donizettis Meisterwerk.

Wie alle italienischen Opernkomponisten war Donizetti ständig auf Reisen. Er durchquerte Italien von Nord nach Süd und führte seine Opern auf. Viele wurden mit Begeisterung aufgenommen, und nach *Anna Bolena* war er berühmt. *L'elisir d'amore* vermittelt Einblick in die Bedingungen, unter denen Donizetti zu arbeiten hatte, und die Geschwindigkeit, mit der er seine Aufträge erfüllte. Der Intendant des Teatro della Canobbiana in Mailand benötigte kurzfristig eine neue Oper, weil ein anderer Komponist ein versprochenes Werk zu liefern versäumt hatte. Der verzweifelte Intendant schlug vor, Donizetti möge doch etwas aus alten Werken zusammenstückeln und es als neu ausgeben. Mit diesem Ansinnen wandte er sich zwei Wochen vor dem Premierentermin an den Komponisten. Donizetti faßte das wahrscheinlich als Herausforderung auf. Was? Sie meinen, ich sei nicht in der Lage, eine Oper in zwei Wochen zu komponieren? Er ließ den Librettisten Felice Romani kommen, dem er gesagt haben soll: „Ich bin gezwungen, in zwei Wochen einen Opernstoff zu vertonen. Ich gebe Ihnen eine Woche, um das Libretto für mich vorzubereiten. Wir wollen sehen, wer von uns beiden mehr Mark in den Knochen hat!" Romani lieferte das Libretto rechtzeitig, und Donizetti warf die Musik eilends aufs Papier. Sie wurde bei der Premiere ein Erfolg und ist seither eine seiner beliebtesten Opern geblieben. Berlioz hörte sie in Mailand kurz nach der Premiere. Sein Bericht vermag eine Vorstellung vom Gebaren des italienischen Opernpublikums zu geben. Er fand das Theater gedrängt voll mit Menschen, aber „sie sprachen mit normaler Lautstärke und mit dem Rücken zur Bühne. Die ganz unbehelligten Sänger gestikulierten und schrien sich die Lungen im Geiste schärfster Rivalität aus dem Leibe. Wenigstens vermutete ich das aufgrund ihrer weit geöffneten Münder; aber der Lärm des Publikums war so stark, das kein Laut durchdrang außer dem der großen Trommel. Die Leute spielten Glücksspiele, soupierten in den Logen usw. usw. Folglich ging ich, als ich merkte, daß es ganz sinnlos war zu erwarten, irgend etwas von dem Werk zu hören zu bekommen, nach Hause."

Die Jahre nach *L'elisir d'amore* sahen Donizetti auch weiterhin ständig auf Reisen, sahen ihn in Paris, in Wien. *Lucia di Lammermoor* wurde 1835 in Neapel uraufgeführt. Sie erwies sich als eine der beliebtesten Opern des ganzen Jahrhunderts. Im Jahre 1837 verlor Donizetti seine Gattin, die er vergötterte, und erholte sich nie mehr. Überdies suchten ihn verschiedene Krankheiten immer wieder heim. Er erlitt 1845 einen Schlaganfall, büßte allmählich seine geistige Klarheit ein und starb drei Jahre später. Es herrschte allgemeine Trauer. Die Welt hatte nicht nur einen begabten Komponisten, sondern auch einen freundlichen, entgegenkommenden Menschen verloren, von dem gesagt wurde, ihm sei auch nicht die leiseste Spur von Eifersucht oder Bösartigkeit eigen gewesen. In seinen besten Tagen war er ein begnadeter Komponist, und seine komischen Opern haben jene Art von melodischer Erfindungsgabe, Schwung und Brio, wie sie nur Rossini in der Musik zum Ausdruck gebracht hat.

Vincenzo Bellini (3. November 1801 – 23. September 1835) komponierte eine *opera semiseria, La sonnambula* (Die Nachtwandlerin, 1831), die zu ihrer Zeit ungeheuer beliebt war und noch heute im Repertoire zu finden ist. Sie hat bezaubernde Stellen, aber die für Bellini typischeren Werke sind *Norma* (1831) und *I Puritani* (Die Puritaner, 1835). In diesen beiden Werken finden sich gehäuft jene Arien, die das Wesen der Musik Bellinis ausmachen – die lange, weitgespannte, langsame Melodie über einem arpeggierten Baß. Bellini war geradezu melodiebesessen. Als er einmal Pergolesis *Stabat Mater* durchspielte, sagte er zu einem Freund: „Wenn ich nur *eine* Melodie schreiben könnte, die so schön wie diese wäre, würde ich gern so jung sterben wie Pergolesi." Sogar Wagner, der einen Großteil der italienischen Musik verabscheute, reagierte auf *Norma*. Von Bellinis Opern sagte er, sie seien „ganz Herz, zusammengehalten durch Worte". Auch Rossini und Donizetti hatten weitgespannte, langsame Melodien geschrieben, aber ohne Bellinis besondere Intensität. Rossinis Melodik beispielsweise ist klassisch orientiert, Bellinis dagegen romantisch, und aus gutem Grund waren Bellini und Chopin eng miteinander befreundet. Sie hatten musikalisch etwas gemeinsam, und ein Nocturne von Chopin repräsentiert einen Typus von Melodik und Baßführung, der der Melodik Bellinischer Prägung sehr nahe kommt. (Sie hatten noch weitere Gemeinsamkeiten. Beide waren zarte, gebrechliche Männer von aristokratischem Äußeren. Beide hatten die „modische" romantische Krankheit, die Tuberkulose, und beide starben jung). Schon in den frühen Bellini-Opern wie *Il Pirata* (Der Pirat, 1827) und *La straniera* (Die Fremde, 1829), war ein neuer, weitausschwingender, etwas sentimentaler Ton zu vernehmen. Verdi sollte sich später bewundernd über Bellinis „lange, lange Melodien" äußern, „wie sie niemand vor ihm geschrieben hat".

Seine Musik zog die großen Sänger sogar mehr an als die Rossinis. Sie reagierten auf die in Bellinis Arien mitschwingende Romantik. Und er hatte einige bemerkenswerte Stimmen zur Verfügung, vor allem die heroische Gruppe von Mezzosopranen, die in der ersten Jahrhunderthälfte aktiv waren. Gerade für sie schrieben Rossini, Donizetti und Bellini viele der Rollen, die heute von Sopranistinnen gesungen werden (die Rolle der Rosina im *Barbiere* beispielsweise war ursprünglich für eine tiefe Stimme gedacht). Aber diese Mezzosoprane der Belcanto-Epoche waren sehr wandlungsfähig. Sie konnten an einem Abend die strahlendste Koloraturpartie und bei der nächsten Vorstellung die Norma oder die düsterste Meyerbeer-Rolle singen. Maria Malibran, die 1836 nach einem Sturz vom Pferd im Alter von achtundzwanzig Jahren starb, wurde von ihren Zeitgenossen voller Überzeugung für die größte Sängerin aller Zeiten gehalten. Sie war ein Mezzosopran mit einem Stimmumfang vom tiefen F bis zu einem mit Leichtigkeit erreichten hohen C. Dasselbe galt für Marietta Alboni und Giulia Grisi. Die hohen Sopranstimmen – etwa von Giuditta Pasta und Henriette Sontag – reichten bis hinauf zum F oder G. Dann

Vincenzo Bellini (1801–1835).

Vincenzo Bellini: »Norma«, 1831. Szenenbild gezeichnet von Albert Baur.

gab es Tenöre wie Mario (er war nur unter diesem Namen bekannt), Baritone wie Antonio Tamburini und Bassisten wie Luigi Lablache, auf den die Geschichte der Musik als den größten seines Faches zurückblickt. Luigi Lablache: der mit der Stimme eines Donnerers und der Flexibilität einer „Ringelnatter". Bellini schrieb für alle diese Sänger. Das wahrscheinlich größte Vokalquartett aller Zeiten – Grisi, Rubini, Tamburini und Lablache – trat geschlossen in seinen Opern auf. Auch die große Jenny Lind kam zu ihrem ersten Ruhm als Bellini-Interpretin, ebenso Adelina Patti.

Nicht unbedingt der beste, sicher aber der elektrisierendste aller Bellini-Sänger war Giovanni Battista Rubini, ein Tenor, der auch in einigen Rossini- und Donizetti-Opern seinen Stammplatz hatte. „Rubini und Bellini waren füreinander geboren", schrieb die *Musical World*. Besonders berühmt war Rubini wegen seines eingeschobenen F über dem hohen C in *I puritani*, das er im Falsett sang. Léon Escudier, der französische Kritiker, hörte Rubini in Donizettis *Roberto Devereux* einmal „sogar bis zum G emporsteigen. Er war nie bis zu dieser Höhe hinaufgekommen und schien nach dieser *tour de force* über diesen Geniestreich selbst erstaunt." Er war kein guter Schauspieler, aber niemand besuchte eine seiner Vorstellungen in der Erwartung, sich von seiner Darstellungskunst mitreißen zu lassen. Man wollte sich von seinen Gesangsleistungen erregen lassen. *La Revue des Deux Mondes* vermittelt in ihrem Nachruf zum Tode Rubinis (der 1854 starb) eine Vorstellung von seinen Fähigkeiten:

> „Das erstaunte Ohr folgte dem Sänger bei seinem triumphalen Aufstieg zu den höchsten Höhen des Tenorregisters, ohne in dieser langen Tonspirale irgendeine Unterbrechung der Kontinuität wahrzunehmen ... Zu dieser beinahe unglaublichen Fähigkeit des bruchlosen Übergangs von Brust- zu Kopfstimme kam bei Rubini eine andere, nicht weniger wichtige – nämlich eine Atemkontrolle, deren Umfang er sparsam einzusetzen gelernt hatte. Mit einer breiten Brust ausgestattet, die seinen Lungen die Ausdehnung erleichterte, schlug er einen hohen Ton an, füllte ihn allmählich mit Leuchtkraft und Wärme, und wenn er seine volle Sättigung erreicht hatte, schleuderte er ihn dem Haus entgegen, wo er wie ein bengalisches Feuerwerk in tausend Klangfarben zersplitterte."

Der Autor fährt mit einer rhapsodischen Schilderung von Rubinis „erstaunlich flexibler" Koloraturtechnik fort – Läufe, Arpeggios, Triller auf den höchsten Tönen, Vorschläge, Doppelschläge usw. Kein Wunder, daß Bellinis Opern im 20. Jahrhundert nicht ihre volle Wirkung erreichen können. Die Auslese von Sängern, für die sie komponiert wurden, ist ausgestorben.

Bellini verbrachte einige Jahre in Paris, wo er – in einer Stadt voll romantischer Gestalten – eine der romantischsten war. Zart, empfindsam, umgänglich, körperlich ermattend, begabt, zog er zumeist Verehrerinnen geradezu an. Heinrich Heine, scharfzüngig und zynisch wie immer, sah Bellini als

> „... eine hoch aufgeschossene, schlanke Gestalt, die sich zierlich, ich möchte sagen kokett bewegte; immer à quatre épingles; ein regelmäßiges Gesicht, läng-

lich, blaßrosig; hellblondes, fast goldiges Haar, in dünnen Löckchen frisiert; hohe, sehr hohe, edle Stirne; grade Nase; bleiche, blaue Augen; schöngemessener Mund; rundes Kinn. Seine Züge hatten etwas Vages, Charakterloses, etwas wie Milch, und in diesem Milchgesichte quirlte manchmal süßsäuerlich ein Ausdruck von Schmerz. Dieser Ausdruck von Schmerz ersetzte in Bellinis Gesichte den mangelnden Geist; aber es war ein Schmerz ohne Tiefe; er flimmerte poesielos in den Augen, er zuckte leidenschaftslos um die Lippen des Mannes. Diesen flachen, matten Schmerz schien der junge Maestro in seiner ganzen Gestalt veranschaulichen zu wollen. So schwärmerisch wehmütig waren seine Haare frisiert, die Kleider saßen ihm so schmachtend an dem zarten Leibe, er trug sein spanisches Röhrchen so idyllisch, daß er mich immer an die jungen Schäfer erinnerte, die wir in unseren Schäferspielen mit bebänderten Stäben und hellfarbigen Jäckchen und Höschen minaudieren sehen. Und sein Gang war so jungfräulich, so elegisch, so ätherisch. Der ganze Mensch sah aus wie ein Seufzer en escarpins. Er hat bei den Frauen vielen Beifall gefunden, aber ich zweifle, ob er irgendwo eine starke Leidenschaft geweckt hat."

Norma gilt allgemein als sein größtes Werk, obwohl *I puritani* mehr Brillanz zu bieten haben (darunter die hohen D's für Rubini). Eine schwebende, unendlich lange melodische Linie wie die der *Casta Diva*-Arie aus *Norma*, die, vollkommen proportioniert, rein, aber doch leidenschaftlich Takt um Takt überwölbt, macht einen unvergeßlichen Eindruck, wenn sie gut gesungen wird. Norma ist keine leichte Rolle. Sie verlangt einen dramatischen Sopran von ungewöhnlicher Biegsamkeit. Im späteren Verlauf des 19. Jahrhunderts sollte die deutsche Sopranistin Lilli Lehmann sagen, sie sänge lieber drei Brünnhilden nacheinander als eine einzige Norma. *Norma* ist die einzige Bellini-Oper, die ständig im internationalen Repertoire vertreten ist. Vielen gilt sie als die ureigenste Verkörperung der Belcanto-Tradition.

16. KAPITEL

Meyerbeer, Cherubini und Auber
Prunk, Prunk und abermals Prunk

Während das Hauptaugenmerk der Deutschen auf Sonatenform und absolute
Musik gerichtet blieb, entwickelten die Franzosen eine Form von Musik, die das
breite Publikum und die Aristokratie von Lissabon bis St. Petersburg so reizvoll
und anziehend fanden, daß sie das ganze 19. Jahrhundert hindurch und sogar
noch darüber hinaus im aktiven Repertoire vertreten blieb. Die französische
Große Oper von Meyerbeer und seinen Zeitgenossen, die die Belcanto-Oper
von Rossini und Bellini ablöste, überschwemmte die Welt. Wagner mochte
seine Theorien, sein großes Orchester und seine Leitmotive, seine gewagten
Harmonien und seine weitreichenden Visionen haben; aber die Franzosen
verstanden sich darauf, den Gaumen zu kitzeln. Das war Musik zum reinen
Genuß! Meyerbeer, Auber, Halévy, Hérold – das waren Komponisten, die
einem Melodik und schöne Stimmen garantierten! Und die Opéra in Paris
lieferte den Augenschmaus dazu.

Die Académie Royale de Musique war 1671 als Einrichtung des ernsten
lyrischen Dramas gegründet worden. Um die Wende zum 18. Jahrhundert hatte
sie sich in der Hauptsache zum Opernlieferanten entwickelt. Einige wichtige
Komponisten waren dort tätig (und auch an anderen Pariser Theatern), und
viele der von ihnen herausgebrachten Opern waren in bezeichnender Weise
vorromantisch, nahmen die eigentliche Romantik sehr viel mehr vorweg als die
Instrumentalmusik der Zeit. Bereits mit Jean-Jacques Rousseaus *Le Devin du
village* (1752) kam ein neues Naturgefühl zum Ausdruck. André Grétrys
Zémire et Azor (1771), *La Caravane du Caire* (1783) und *Richard Cœur de
Lion* (Richard Löwenherz, 1784) brachten die Art von Mittelaltertümlichkeit
und Interesse an exotischen Sujets ins Spiel, die von den Romantikern so sehr
geschätzt wurde. Die Opern von Nicolas Dalayrac, besonders *Les deux petits
Savoyards* (1788) und *Adolphe et Clara* (1799), waren sehr beliebt. Luigi
Cherubini nahm mit seiner *Lodoiska*(1791), seiner *Medée* (1797) und *Les
deux journées* (1800) die Prunkopern mit großen Feuerbränden und anderen
Naturschauspielen auf der Bühne vorweg. Diese drei Cherubini-Opern wurden
zuerst im Théâtre Feydeau und später in der Opéra aufgeführt. Im Théâtre
Favart vertonte François Boieldieu so exotische Libretti wie *Zoraïne et Zulnar*
(1798) und *Le Calife de Bagdad* (1800). Damals existierte nirgendwo auf der
Welt eine vergleichbare Opernschule. Die deutsche Oper war isoliert, und nur
einige wenige Werke – Mozarts *Zauberflöte* und *Don Giovanni,* Webers
Freischütz und später Nicolais *Lustige Weiber von Windsor* (1849) – fanden
eine gewisse internationale Aufmerksamkeit. Die Opern von Heinrich Marschner, Ludwig Spohr und Albert Lortzing, die in Deutschland beliebt waren,

242 Prunk, Prunk und abermals Prunk

blieben Lokalereignisse, während die französische Oper und das Singspiel ganz Europa gefangennahmen.

In den dreißiger Jahren des 19. Jahrhunderts wurde die Oper, mit Meyerbeers Aufstieg, zum großen Geschäft. Sie war jetzt eine bürgerliche Angelegenheit. Im Jahre 1831 unterstellten die mit dem Bürgerkönig zur Macht gekommenen Geschäftsleute die Opéra einem „Direktor-Entrepreneur", einem Spielleiter, „der sie sechs Jahre lang auf eigene Gefahr und eigenes Risiko leiten sollte". Damit war sie tatsächlich sein Haus. Er konnte die Gewinne einstreichen, mußte die Verluste tragen und durfte Repertoire und Besetzung auswählen. Überdies erfreute er sich einer staatlichen Subvention – in den dreißiger Jahren 710 000 Francs. Der Direktor führte die Oper als geschäftliches Unternehmen. Er bot Unterhaltung in der Hoffnung auf Profit. Natürlich war auch er ein Bürgerlicher, mit bürgerlichem Geschmack. Louis Véron, der erste der großen Direktoren der Opéra, gab seiner Autobiographie tatsächlich sogar den Titel *Mémoires d'un bourgeois de Paris*. Darin brachte er die Selbstgefälligkeit der neuen herrschenden Kreise zum Ausdruck – der Bankiers, Industriellen und der Bourgeoisie, die Paris und das Land von sich abhängig machte. Der König selbst brüstete sich damit, ein Bürgerlicher zu sein, und für viele Zeitgenossen war die Regentschaft von Louis-Philippe unerträglich langweilig. *„La France s'ennuie"*, klagte Lamartine.

Der 1798 geborene Véron hatte Medizin studiert und praktizierte tatsächlich auch als Arzt. Dann wandte er sich dem Journalismus zu und gründete die *Revue de Paris*. Gewitzt, auf Publicity bedacht und genau darüber im Bilde, was die Leute wollten, wußte er natürlich auch, was von ihm erwartet wurde. Dieser dickliche Mensch liebte den Luxus, kleidete sich wie ein Stutzer, trug aufwendige Anzüge und Juwelen, bemühte sich nachdrücklich um Werbung und entlohnte die Kritiker geradezu verschwenderisch. Im Jahre 1831 zum Direktor der Opéra ernannt, schaffte er in der Verwaltung Ordnung und stellte ihm genehme Mitarbeiter an. Er hatte auch einige neue Einfälle in bezug auf das Repertoire und machte die Pariser Opéra in den vier Jahren seines dortigen Wirkens zum angesehensten Haus in Europa. In jenen Tagen befand sich die Oper in der Rue Le Peletier. Das Gebäude war 1821 errichtet worden, und das Auditorium faßte 1954 Besucher.

Für viele Operninszenierungen der Amtszeit Vérons lieferten Komponisten wie Meyerbeer, Auber und Halévy die Musik. Der offizielle Librettist war Eugène Scribe. Als Chefdirigent amtierte François Habeneck, der Beethoven-Spezialist, der auch die Konservatoriums-Konzerte leitete. An der Spitze des Balletts stand die berühmte Maria Taglioni, zu der sich später die ebenfalls gefeierte Fanny Elßler gesellen sollte. Edmond Duponchel und Pierre Cicéri führten die Bühnenregie. Unter den Sängern fanden sich Stars wie Adolphe Nourrit, Louis Duprez und Cornélie Falcon. Es gab heftigen sängerischen Wettstreit mit dem Théatre des Italiens, das sich auf die italienische Oper spezialisiert hatte und über berühmte Sängerinnen wie die Malibran und die Sontag verfügte. Aber nicht einmal sie lenkten so viel Aufmerksamkeit auf sich wie Duprez, einer der ersten großen Heldentenöre. Er sang die Spitzentöne mit der Bruststimme anstatt im Falsett; und – so ein zeitgenössischer Bericht – „wenn er das hohe C mit der Bruststimme und aller Macht seines gewaltigen Organs herausbrachte, war es mit dem Ruhm aller seiner Vorgänger unversehens zu Ende. Nourrit, bis dahin der Liebling der Pariser, ein ausgezeichneter Tenor, erkannte die Übermacht seines Rivalen an. Seine Zeit war um, und in Verzweiflung über seinen verlorenen und unwiderbringlichen Ruhm stürzte er sich aus einem hochgelegenen Fenster aufs Straßenpflaster hinunter und machte so seinem Leben ein Ende".

An der Spitze des *corps de claque* stand ein imposanter Mann, den die Welt nur unter dem einfachen Namen Auguste kannte. Sein vollständiger Name war Auguste Levasseur. Über Auguste weiß man zu berichten: „Er lebte in der Oper – und konnte tatsächlich nur da leben ... Er war stark, robust, von regelrecht herkulischer Größe, mit außerordentlich großen Pranken ausgestattet und geradezu dafür geschaffen und in die Welt gesetzt, Claqueur zu sein." Kein Sänger, kein Komponist, ja nicht einmal Véron selbst fühlte sich sicher, solange Auguste nicht die Beifallskundgebungen lenkte und vom Fleck weg einen Erfolg buchte. Die Claque blieb im ganzen weiteren Verlauf des Jahrhunderts in Paris eine Institution, und die Position eines *chef de claque* war äußerst begehrt und einträglich. Der *chef de claque* konnte dadurch zu Geld kommen, daß er von Sängern oder Komponisten verpflichtet wurde, oder auch die vierzig Freikarten verkaufen, die er zu jeder Vorstellung gratis erhielt. Im Jahre 1860 wurde der *chef de claque* nicht mehr von der Opéra bezahlt; statt dessen leistete er dem Intendanten selbst Zahlungen für seine Stellung. Nicht nur die Oper, sondern auch jedes andere Theater hatte seinen *chef de claque*. Jeder hatte ein bestimmtes Café zu seinem Hauptquartier erklärt. Wie die *Musical World* in London den Ablauf darstellte, beraumte der *chef de claque* gegen fünf oder sechs Uhr einen Termin an. „Er wird dann von vierzig oder fünfzig Leuten bedrängt, die bemüht sind, sich für den Abend verpflichten zu lassen. In der Regel ist das erste, worauf der *chef de claque* schaut, der Aufzug seiner Kandidaten. Wenn er einen Menschen gut gekleidet, gesund aussehend und in guter körperlicher Verfassung und überdies mit breiten Schultern und großen Händen ausgestattet findet, verpflichtet er ihn auf der Stelle." Es wäre närrisch von einem neuen Sänger, fährt die *Musical World* fort, ohne Verpflichtung des *chef de claque* aufzutreten. „Solange der französische Geist eine verschlagene Vorliebe für verstohlenes Auszischen an den Tisch legt und offenkundiges Vergnügen an dramatischen Tumulten findet, so lange wird auch der *chef de claque* auf seinem Posten sein und seinen ehrenwerten Truppen mit Bühnengetuschel zurufen ,Allons, mes enfants, tous ensemble; chaudement, et à bas la cabale.'"

Genauso wie die Sänger Auguste brauchten, hätten sich auch viele Komponisten französischer Opern ohne ein Libretto von Eugène Scribe geradezu verloren gefühlt. Eugène Scribe (1791–1861) legte 1815 ein juristisches Examen ab, übte jedoch nie den erlernten Beruf aus. Er war zu emsig damit beschäftigt, erfolgreiche Stücke zu schreiben und reich und berühmt zu werden. Bereits

244   Prunk, Prunk und abermals Prunk

1811 hatte er mit den Brettern, die die Welt bedeuten, zu schaffen, und zwischen 1820 und 1830 wurden etwa hundert Stücke von ihm aufgeführt. Im Laufe seines Lebens produzierte er eine unglaubliche Menge von Literatur, und seine „Gesammelten Werke" umfassen sechsundsiebzig Bände. Er war 1828 für die Opéra verpflichtet worden, noch vor Vérons Amtsantritt, und lieferte die Libretti für einige der sensationellsten Erfolge dieser Phase.

Scribes Texte waren weitgehend Originale und keinen klassischen Vorbildern nachgeahmt. Er hatte wenig mit der Mythologie und den klassischen Themen der lyrischen Tragödie im Sinn, die dem Herzen der Académie so teuer waren. Er machte sich zum Echo des neuen und beliebten romantischen Geschmacks, schrieb über das Übernatürliche, konnte groteske Liebesgeschichten verfassen und gab sich auch mit mittelalterlichen Legenden ab. Unter den berühmten Libretti aus seiner Feder waren *Robert le Diable* (Robert der Teufel), *Le Prophète* (Der Prophet), *Les Huguenots* (Die Hugenotten) und *L'Africaine* (Die Afrikanerin, Meyerbeer), *La Juive* (Die Jüdin, Halévy), *La Dama Blanche* (Die weiße Dame, Boieldieu), *Le Comte Ory* (Rossini), *I vespri siciliani* (Verdi), *Ali Baba* (Cherubini), *La favorita* (Donizetti) und *Fra Diavolo* (Auber). Scribe schrieb allein für Auber achtunddreißig Libretti. Überdies waren viele Libretti wie das zu Verdis *Un ballo in maschera* nach Scribe-Stücken maßgeschneidert.

Heute hat seine Schreibweise an Frische eingebüßt, aber zeitgenössische Hörerkreise fanden in seinen Stücken und Libretti über unterdrückte Menschen und Minderheitengruppen gesellschaftliche Relevanz. In enger Zusammenarbeit mit seinen Komponisten entwickelte Scribe eine Art Grundrezept. Gewöhnlich setzten seine Libretti wie bei der italienischen Oper mit einem Chor ein. Arien und Ensembles wurden nach einem sorgfältig ausgewogenen Plan plaziert. Alles zielte darauf ab, auf eine Art Superschauspiel zuzusteuern wie die große Ballsaalszene in Aubers *Gustav III.* oder die Festszene in Halévys *La Juive.* Im Jahre 1835 beschrieb der *Courier Français* diese *La Juive* als das achte Weltwunder. „Die Kostüme der Krieger, Bürger und Geistlichen sind nicht nachgeahmt, sondern noch in ihren geringfügigsten Details genau reproduziert. Die Rüstungen sind nicht mehr aus Pappmaché, sondern aus wirklichem Metall. Da gibt es Männer aus Eisen, Männer aus Silber und Männer aus Gold zu sehen! Kaiser Sigismund beispielsweise ist ein von Kopf bis Fuß glitzerndes Metallungetüm. Die Pferde, historisch nicht weniger genau ausstaffiert als die Reiter, tänzeln und stampfen."

Das war Große Oper. Das war Scribe. Das war Véron.

Scribe schrieb sein erstes Libretto 1828 für Auber. Die Oper, *La Muette de Portici* (Die Stumme von Portici, auch unter dem Titel *Masaniello* bekannt), war ein Wendepunkt in der Geschichte der Opernbühne. Sie war eben „Große Oper" und in der Inszenierung genauer durchdacht als alles Bisherige. Unter ihren technischen Hilfsmitteln gab es Cyclorama und ein bewegliches Panorama. *La Muette* war auch musikalisch ein prächtiges, melodienseliges, reich instrumentiertes Werk, das sich das ganze Jahrhundert hindurch auf der Bühne hielt. Der nächste große Treffer nach jenem von Auber war 1829 Rossinis *Guillaume Tell.* Viele Zuhörer waren der Meinung, sie sei das Beste, was Rossini hervorgebracht habe. Als Véron die Leitung der Opéra übernahm, wollte er diese beiden Erfolge vermehren und brachte 1831 Meyerbeers *Robert le Diable* heraus. Es war eine romantische Oper, und zwar in Hinsicht darauf, daß sie sich um mittelalterliche Ritter und den Teufel drehte. Die Kostüme stachen sogar die der *Muette de Portici* aus, und zum erstenmal wurde auf einer französischen Bühne eine Gasbeleuchtung benutzt. *Robert le Diable* war ein Erfolg, der alles in den Schatten stellte, was man bis dahin in Paris gesehen hatte. So populär waren dieses Werk und die folgenden Meyerbeer-Opern, daß sie beinahe sogar die Rossini-Vernarrtheit in Europa dahinschwinden ließen. Bis dahin war Rossini *der* Opernkomponist gewesen; aber wie konnte Rossinis schlanke, transparent instrumentierte Musik gegen die Klangkanonaden des heroischen Meyerbeer-Orchesters bestehen? Sie konnte es nicht. Nachdem das Publikum *Robert le Diable* gesehen hatte, verlangte es von allen neuen Opern, deren Niveau als prunkvollen Augenschmaus zu erreichen.

Meyerbeer, der in Paris zu solchen Ruhmeshöhen aufstieg, war am 5. September 1791 in Berlin geboren. Sein eigentlicher Name war Jakob Liebmann Beer. Wie Mendelssohn stammte er aus einer reichen jüdischen Bankiersfamilie. Wie dieser war auch er ein Wunderkind und einer der begabtesten Pianisten in Europa. Im Gegensatz zu Mendelssohn aber hatte er einen Hang zum Theater und war nur glücklich, wenn er Opern komponieren konnte. Er ging nach Italien, wo er in den Einflußbereich von Rossini geriet, und komponierte 1824 eine erfolgreiche Oper mit dem Titel *Il crociato in Egitto* (Der Kreuzritter in Ägypten). Dann wandte er sich nach Paris, wo Männer wie Auber, Méhul, Cherubini und Spontini den Ton angaben. Gaspare Spontini (1774–1851) war ein vor-Meyerbeerscher Komponist, dessen berühmteste Opern, *La Vestale* und *Fernand Cortez*, 1807 bzw. 1809 in der Opéra aufgeführt worden waren. Berlioz war immer der Meinung, *La Vestale* sei die bedeutendste Oper seit Gluck. Sie wird selbst heute immer wieder einmal ausgegraben und ist ein frühes Beispiel für die Große Oper. Musikalisch ist sie prächtig, statisch und sehr Gluck-ähnlich in ihren diatonischen Harmonien und ihrer Modulationsarmut.

Bei Meyerbeers erstem Paris-Besuch im Jahre 1826 befand sich die Oper in einer Flaute. Das Opernhaus war das Spielzeug der Aristokratie. Die Aufführungen waren armselig, die Leistungen dürftig, und die früher beliebten Opern von François Philidor, Pierre Monsigny und André Grétry wurden selten gespielt. Die Opéra war so miserabel, daß François Castil-Blaze im Jahre 1824 das Théâtre Odéon benutzte, um Opern von Mozart, Weber und Rossini aufzuführen. Seine Absichten waren gut, aber er verfälschte die Partituren so schwerwiegend (und fügte sogar eigene oder andere neue Werke ein), daß als Ergebnis monströse Verzerrungen entstanden. Rossini wurde 1826 für die Opéra als Berater gewonnen und überwachte Aufführungen seiner eigenen Werke wie *Le siège de Corinth, Moïse* und *Le Comte Ory.* Aber sogar er konnte der Trägheit und des bürokratischen Schlendrians nicht Herr werden. Das blieb

Véron überlassen, der das Fingerspitzengefühl und die administrativen Fähigkeiten hatte, die Oper wiederzubeleben und neue Werke ins Repertoire einzubringen. Als Meyerbeer 1830 nach Paris zurückkehrte, hatte er freie Bahn. Alles, was er zu tun hatte, war, etwas in der Art von *La Muette* oder *Guillaume Tell* zu komponieren. Es ist Vérons gewitzter Vorstellungsgabe zuzuschreiben, daß er gewillt war, sein Glück mit diesem wenig bekannten Komponisten zu versuchen.

Meyerbeer war kein flinker Arbeiter. *Robert le Diable* von 1831 folgten erst 1836 *Les Huguenots*, 1849 *Le Prophète*, 1854 *L'étoile du Nord* (in der Opéra-Comique aufgeführt), 1859 *Dinorah* und 1865 die posthum aufgeführte *L'Africaine*. Es bestand kein Grund für Meyerbeer, in aller Eile zu produzieren. Jede seiner Opern eroberte Europa im Sturm, und nie hatte ein Komponist eine derart unglaubliche Beliebtheit gewonnen, nicht einmal Rossini. *Robert le Diable* wurde in den ersten acht Jahren nach seiner Uraufführung von 1843 europäischen Theatern gespielt. „Man könnte" schrieb ein englischer Journalist, „eine ganze Bibliothek mit den Stücken füllen, die von tausend Komponisten nach den Arien dieser Oper arrangiert worden sind ... Überall, im Theater, im Lokal, bei Militärparaden, in den Kirchen, bei Konzerten, in den Hütten und in den Palästen war und ist die köstliche Musik von *Robert* zu hören ... In London ist er in vier Häusern gleichzeitig gespielt worden." Bis zu den großen Verdi-Erfolgen in den frühen fünfziger Jahren des 19. Jahrhunderts gab es keinen Opernkomponisten, der sich mit Meyerbeer hätte messen können.

Meyerbeer wußte, was das Publikum wollte, und er arrangierte seine Opern in der ganz entschiedenen Absicht, diese Wünsche zufriedenzustellen. Das Auge mußte auf seine Kosten kommen. Es mußten brillante Gesangspartien vorkommen, aber die Arien durften nicht sehr lange dauern. Das Publikum durfte sich nicht langweilen; denn das zuzulassen, wäre die ärgste Sünde überhaupt gewesen. Charakterisierung der Personen und dramatische Entwicklung blieb den Deutschen, der Belcanto den Italienern überlassen. Aber es mußte imposante Chöre und ein Ballett geben. Scribe war sehr zuvorkommend und lieferte Meyerbeer genau das, was er wollte. Das *Journal pour Rire* bot einen erfundenen Dialog zwischen Meyerbeer und seinem Librettisten:

M. MEYERBEER: Ich hätte gern ein Libretto für eine komische Oper, deren Thema die Amouren von Zar Peter dem Großen mit der *vivandière* [Marketenderin] Catherine sein sollen.
M. SCRIBE: ... Zuerst wollen wir unsere drei Akte festlegen. Nichts leichter als das. Im ersten liebt Peter der Große, ein einfacher Schiffszimmermann, Catherine, eine einfache *vivandière*; im zweiten liebt Peter der Große Catherine im Tumult des Lagerlebens immer noch; im dritten entschließt sich Peter der Große, jetzt im Zentrum der Macht, aber noch immer in Liebe zu Catherine entbrannt, sie zu heiraten. Beschäftigen wir uns, wenn es Ihnen recht ist, zunächst mit dem ersten Akt. Er ist der einzig wichtige. Die beiden anderen muß sich das Publikum anschauen, ob gut oder schlecht. Wir sagen also, daß Peter der Große, einfacher Zimmermann, Catherine, einfache *vivandière*, liebt. Damit haben wir das Motiv

Giacomo Meyerbeer (1791–1864). Aufnahme um 1860.

für (1.) einen Chor der Zimmerleute beim Aufgehen des Vorhangs, (2.) eine große Arie anläßlich Peters Liebeserklärung an Catherine und (3.) ein Finale der Zimmerleute ...

M. MEYERBEER: In den ersten Chor würde ich gern ein Chanson oder eine Ballade wie die in *La Dame Blanche* einfügen.

M. SCRIBE: Nichts leichter als das. Wir lassen irgendeinen Schokoladen- oder Kuchenverkäufer auftreten, der seine Erfrischungen und dazu fröhliche Refrains anbietet. Und dann?

M. MEYERBEER: Ich hätte auch gern eine Hochzeit wie die im ersten Akt von *Macon*.

M. SCRIBE: Nichts leichter als das. Wir feiern die Hochzeit von einem der Gefährten Peters.

M. MEYERBEER: Mit einer Arietta für Sopran.

M. SCRIBE: Die das klopfende Herz der Braut versinnbildlich: tic, tac, tic, tac.

M. MEYERBEER: Und ein Trinklied für die Bässe.

M. SCRIBE: Chor der Zechgenossen: glu, glu, glu, glu. Schon geschehen. Und dann?

M. MEYERBEER: Wir müssen irgendeine Abwechslung finden, ein Soldatenlied wie das von Max in *Le Chalet*.

M. SCRIBE: Nichts leichter als das. Ein Trupp Rekruten, der die Trommel schlägt, platzt in die Hochzeit hinein ...

M. MEYERBEER: Und Sie glauben, daß das für die Intelligenz des Publikums ausreichend sein wird?

M. SCRIBE: Oh, mon Dieu! Dem Publikum ist es nicht so wichtig, zu verstehen, sondern vergnüglich unterhalten zu werden. Nebenbei, wenn eine komische Oper gesunden Menschenverstand enthielte, wäre es eben keine komische Oper mehr.

M. MEYERBEER: Und wieviel Zeit werden Sie brauchen, um das alles in Verse zu bringen?

M. SCRIBE: Nur ein paar Stunden ...

Die besseren Musiker der Zeit merkten rasch, daß Meyerbeers Opern nichts anderes als geschickte Collagen waren. Mendelssohn lächelte spöttisch. Ja, sagte er, die Opern Meyerbeers sind mit knalligen Effekten gespickt. Aber woraus bestehen sie? „An Effekt fehlt es nicht, er ist immer wohl berechnet, viel Pikantes ist an den rechten Stellen angebracht, Melodie für das Nachsingen, Harmonie für die Gebildeteren, Instrumentierung für die Deutschen, Kontratänze für die Franzosen, etwas für jeden – aber ein Herz ist nicht dabei." Etwas für jeden: Mendelssohn wies genau auf den wunden Punkt hin. Manche Zeitgenossen zweifelten sogar, ob die Opern Meyerbeers überhaupt Musik seien. Der Komponist und Pianist Ferdinand Hiller wurde gefragt, was er von den Opern Meyerbeers hielte. „Oh", sagte Hiller, „reden wir nicht von Politik." Andere vertraten strengere Auffassungen. George Sand sagte von *Les Huguenots,* sie habe keine Lust, in die Oper zu gehen, um mitanzusehen, wie sich da Katholiken und Protestanten zu einer von einem Juden geschriebenen Musik die Kehlen durchschnitten. Ebenso äußerte sie, daß in Chopins winzigem c-Moll-Präludium mehr Musik stecke als in den vier Stunden Trompetengedröhne in

Les Huguenots. (Viele Jahre später gab sich Claude Debussy ähnlich spöttisch wie George Sand. Über *Les Huguenots* schrieb er: „Die Musik ist so überspannt, daß nicht einmal die Angst, unglückselige Protestanten zu massakrieren, sie ganz entschuldigt.“). Berlioz, der sich in bezug auf die Opern Meyerbeers nie ganz schlüssig werden konnte, beschrieb sie unwirsch (aber mit einem gewissen Maß an Respekt und sogar Neid) als Sammelsurium von

> „hohen C's von allen Arten von Bruststimmen, großen Trommeln, Schnarrtrommeln, Orgeln, Militärkapellen, Fanfaren, Tuben in der Größe von Lokomotivenschornsteinen, Glocken, Kanonen, Pferden, Kardinälen unter Baldachinen, Kaisern, Königinnen mit Tiaras, Begräbnissen, Festen, Hochzeiten ... Schindlern, Schlittschuhläufern, Chorknaben, Weihrauchpfannen, Monstranzen, Kreuzen, Schenken, Prozessionen, Orgien von Priestern und nackten Weibern, dem Stier Apis und ganzen Massen von Ochsen, Käuzchen, Fledermäusen, den fünfhundert Dämonen der Hölle und was man sonst noch will – das Erdröhnen der Himmel und das Ende der Welt mit ein paar faden Cavatinen durchsetzt und von einer großen Claque betreut.“

Für den lauteren Robert Schumann war Meyerbeer der Erzfeind der Komponisten, der Geschmacksverderber, Als Schumann erste Bekanntschaft mit *Les Huguenots* machte, fuhr er schwerstes Geschütz auf: „Ich bin kein Moralist; aber einen guten Protestanten empört's, sein teuerstes Lied auf den Brettern abgeschrien zu hören, empört es, das blutigste Drama seiner Religionsgeschichte zu einer Jahrmarktsfarce heruntergezogen zu sehen.“
Schumann kam zu dem Schluß, daß *Le Huguenots* geradezu ein Musterbeispiel für „Abgedroschenheit, Verzerrung, Unnatürlichkeit, Unsittlichkeit und fehlende Musikalität“ seien. Die Deutschen waren nicht die einzigen Widersacher der Opern von Meyerbeer. Beinahe einstimmig klagten auch die Anhänger des Belcanto Meyerbeer an, die Gesangskunst in den Ruin zu treiben. „Meyerbeer“, sagte ein Kritiker, „hat all dies Geheul und diese häßliche Übertreibung der Gesangseffekte, diesen ganzen fiebrigen Nervenkitzel an überfeinerter Deklamation auf dem Gewissen ... Zu den Folgen seiner Oper gehört auch, daß unsere Sänger nicht mehr singen, sondern kreischen.“
Aber Kritik war für die Opern Meyerbeers, was der Stich einer Hornisse für ein Panzerfahrzeug ist. Für den größten Teil des Jahrhunderts, ja noch zu Wagners Zeiten, galt Meyerbeer als einer der beiden beliebtesten Opernkomponisten. Der andere war Verdi.
Natürlich wurde Meyerbeer reich und berühmt, und er bewegte sich mit großer Würde zwischen Berlin (wo er Leiter der Oper war) und Paris hin und her, mit häufigen Abstechern nach London, um dort die Inszenierungen seiner Werke zu überwachen. Er hatte mehr Ehrenzeichen, mehr Orden vom Adel als irgend jemand sonst, der nichtköniglichen Geblütes war. Für einen Menschen seines Einflusses und Vermögens hatte er überraschend wenig persönliche Feinde, obwohl natürlich manche Musiker die Kunst, die er repräsentierte,

250   Prunk, Prunk und abermals Prunk

heftig angegriffen. Heine nannte Meyerbeer den „Mann des Zeitalters", und wie gewöhnlich hatte Heine recht. Meyerbeers Musik war, so Heine, eher gesellschaftlicher als individueller Natur. „Nimmermehr würde Rossini während der Revolution und dem Empire seine große Popularität erlangt haben. Robespierre hätte ihn vielleicht antipatriotischer, moderantistischer Melodien angeklagt ... Die Menschen in jener alten Zeit hatten Überzeugungen, wir Neueren haben nur Meinungen." Meyerbeer hatte eine notorisch dünne Haut, und mit einiger Schadenfreude erzählt Heine, wie Meyerbeer sich die Kritik gewogen zu machen versuchte: „Wie der Apostel, um eine einzige verlorene Seele zu retten, weder Mühn noch Schmerzen achtet, so wird auch Meyerbeer, erfährt er, daß irgend jemand seine Musik verleugnet, ihm unermüdlich nachstellen, bis er ihn zu sich bekehrt hat; und das einzige gerettete Lamm, und sei es auch die unbedeutendste Feuilletonistenseele, ist ihm dann lieber als die ganze Herde von Gläubigen, die ihn immer mit orthodoxer Treue verehrten." Der umsichtige Meyerbeer, der immer darum besorgt war, die Presse auf seine Seite zu ziehen, lud vor jeder seiner Premieren gewöhnlich die Kritiker zu einem Diner im Hotel des Princes oder in den Trois Frères Provençaux ein. Von keinem Kritiker ist bekannt, daß er die Einladung ausgeschlagen hätte. Sie schwankten von diesen Festgelagen mit großen Freundschaftsgefühlen nach Hause. „Wie kann ein einigermaßen anständiger Kerl", fragte Spiridion in der *Evening Gazette,* „grob über einen Mann schreiben, der einen die erlesensten Weine Frankreichs und die delikatesten Leckerbissen aus Meer, Luft, Wald, Obst- und Gemüsegarten hat kosten lassen? Versuchen Sie es. Sie werden es unmöglich finden ... Es gab wenige Musikkritiker in Paris, die nicht jährliche Pensionen von mehreren Hundert Dollar bekommen hätten, und in einem oder zwei Fällen überstiegen sie sogar die Summe von $ 1000,– pro Jahr. Es gab Kritiker, die Meyerbeer seit 1831 mit Jahrespensionen dotiert hatte. Der Komponist begnügte sich nicht damit, ihnen Pensionen und festliche Diners zukommen zu lassen. Er machte es sich auch zur Pflicht, ihnen zum Geburtstag und zum Jahreswechsel kostbare Geschenke zu überreichen. Meyerbeer pflegte das zu verteidigen, indem er sagte, nicht *er* verpflichte sich diese Herren, vielmehr sei er *ihnen* verpflichtet, und er könne nichts Unrechtes darin sehen, von seiner Dankbarkeit ihnen gegenüber Zeugnis abzulegen."

(Der Kritiker, der vor allen anderen eine ganze Kunstgattung dem Wucher und der Käuflichkeit öffnete, war P.A. Fiorentino, der für *Le Moniteur, La France* und *L'Entr'acte* schrieb. Ein weiteres Spiridion-Zitat: „Er hinterließ einen Besitz von 300 000, obwohl sein Lebensstil aufwendig war ... Er praktizierte Erpressung mit einer Unverfrorenheit, die selbst in dieser Stadt, wo Erpressung an der Tagesordnung war, ihresgleichen suchte ... Die Intendanten der Italienischen, Lyrischen und der Opéra-Comique zahlten ihm jährlich beträchtliche Summen, und der wertvollen Geschenke, die er erhielt, war kein Ende. Meyerbeer zahlte ihm stets eine großzügige Pension, mit geradezu staatlicher Pünktlichkeit." Fiorentino starb 1864.)

Angesichts der seltenen Aufführungen von Meyerbeer-Opern ist es heute schwierig herauszufinden, worum diese ganze Aufregung entstand. Entgegen der von Meyerbeers Bewunderern vertretenen Auffasssung ist seine Musik äußerst konventionell, und das um so mehr, als es keine heroischen Sänger mehr gibt, die sie herausschmettern können wie Caruso, de Reszke, Schumann-Heink und Nordica noch um die Jahrhundertwende. Die Musik klingt synthetisch, abgedroschen und übermäßig berechnet, und die melodischen Einfälle sind zweitklassig. Sogar die einst brillante Instrumentierung und die ehedem gewagten Harmonien klingen blaß, weil sie in so zynischer Absicht eingesetzt wurden. Die Meyerbeer-Opern sind reine Zeitstücke. Aber zu eben dieser Zeit nahmen große Musiker und Kritiker sie sehr ernst. Bizet stellte Meyerbeer beinahe auf eine Stufe mit Beethoven und Mozart und nannte ihn ein „gewaltiges dramatisches Genie". Heine schrieb, die Mutter Meyerbeers sei die zweite Frau der Geschichte, die ihren Sohn als Gottheit anerkannt sehen könne. In ganz Europa beeilten sich die Komponisten, Meyerbeers Rezept nachzuahmen. Wagner tat es in *Rienzi* und Verdi, wenn auch spät, 1871 in *Aida*. Auch Gounod und Massenet ließen sich von Meyerbeers Opern beeinflussen.

Aber Meyerbeer war wie ein totes Gleis. Kaum jemand schien ihn mit einigem Erfolg nachahmen zu können, so sehr man das auch versuchte. Niemand konnte seine Nachfolge antreten, und er hatte geradezu ein Monopol auf die „Große Oper"; wie Berlioz, dessen *Troyens* immer erfolglos blieben, bedauernd feststellte: „Meyerbeers Einfluß und der Druck, den er auf Intendanten, Musiker, Kritiker und das Publikum mit seinem ungeheuren Glück ausübt, das wenigstens ebenso groß ist wie der Druck, den sein echtes eklektisches Talent bewirkt, macht jeden ernstlichen Erfolg an der Opéra nahezu unmöglich." Berlioz meinte auch, Meyerbeer habe nicht nur das Glück, talentiert zu sein, sondern auch das Talent, glücklich zu sein. Und Berlioz brach in echte Bewunderung über *Les Huguenots* aus. Dieses „Meisterwerk" bewegte ihn so, daß er sich ein großer Mann zu sein wünschte, „um seinen Ruhm und sein Genie Meyerbeer zu Füßen zu legen".

Auch Wagner wurde sich bald darüber klar, daß die Meyerbeersche Oper nicht das war, was ihm vorschwebte: „Es ist unmöglich, ihn zu übertreffen." Wagner haßte Meyerbeer – einen Nebenbuhler, einen wohlhabenden und erfolgreichen Konkurrenten und, was das schlimmste war, einen wohlhabenden und erfolgreichen *jüdischen* Konkurrenten. Meyerbeer scheint ein sehr zurückhaltender Mensch gewesen zu sein, der sich für die Arbeiten junger Komponisten interessierte und mit seinem Geld großzügig umging (unter anderem half er auch Wagner); Wagner aber machte ihn zur Zielscheibe seines Spottes. Meyerbeer, schrieb er, „glich dem Stare, der dem Pflugschare auf dem Felde folgt, und aus der soeben aufgewühlten Ackerfurche lustig die an die Luft gesetzten Regenwürmer aufpickt". Oder: „Meyerbeer wollte dagegen ein ungeheuer buntscheckiges, historisch-romantisches, teuflisch-religiöses, bigott-wollüstiges, frivol-heiliges, geheimnisvoll-freches, sentimental-gaunerisches dramatisches Allerlei haben, um an ihm erst Stoff zum Auffinden einer ungeheuer kuriosen Musik zu gewinnen, – was ihm wegen des unbesieglichen Leders seines

252   Prunk, Prunk und abermals Prunk

eigentlichen musikalischen Naturells wiederum nie wirklich recht gelingen wollte." Und so weiter und so weiter, eine Seite schwülstiger als die andere. Wagners Prosa war sehr viel schlechter als Meyerbeers Musik.So kommt es, daß Wagners Auffassungen weitgehend zutreffend waren, seine schriftlichen Äußerungen über Meyerbeer aber so viel Gift verspritzen, daß die Lektüre unerträglich wird. Und doch benutzte Wagner manche Stilmittel Meyerbeers als Bausteine seiner eigenen Musik. Auf merkwürdige Weise war Meyerbeer, der am 2. Mai 1854 starb, eine der befruchtenden Kräfte der Opernmusik des 19. Jahrhunderts.

Luigi Cherubini (1760–1842) wird heute ebensowenig gespielt wie Meyerbeer, obwohl er zu seiner Zeit von Beethoven nicht nur für einen Meister, sondern für einen Unsterblichen gehalten wurde. Die einzige von seinen dreißig Opern, die sich noch einen Platz ganz am Rande des Repertoires des 20. Jahrhunderts erhalten hat, ist *Medée*. Und in sehr großen Zeitabständen taucht gelegentlich noch einmal seine *Anakreon*-Ouvertüre in einem Konzertprogramm auf.

Im Louvre hängt ein Cherubini-Porträt von Ingres aus dem Jahre 1842. Ingres, ein guter Freund Cherubinis, stellt ihn tief in Gedanken versunken dar, begleitet von seiner ständigen Gefährtin, der Muse der Musik, die ihm ihren Segen erteilt. Er nimmt es wie selbstverständlich hin, so als bekäme er von seinem Koch das Diner serviert. Ingres hat das Bild einer starken Persönlichkeit gemalt – mit römischer Nase (Cherubini war italienischer Herkunft und seit 1788 ständig in Paris ansässig), dünnen, fest aufeinander gepreßten Lippen und kalten Augen: ein Gesicht, das von starkem Charakter, Entschlossenheit und Willenskraft geprägt ist.

Andere Zeitgenossen aber sahen ihn anders. Er stand im Rufe der Intoleranz, der Launenhaftigkeit und der Scharfzüngigkeit, und er konnte grausam sein. Adolphe Adam, später selbst ein bedeutender Komponist, wurde dem großen Cherubini als kleiner Junge vorgestellt. Cherubinis einzige Äußerung war: „Mein Gott! Was für ein häßliches Kind!" Berlioz, der in Cherubini seinen ausgemachten Feind sah, berichtet über einen Zusammenstoß mit dem *directeur du Conservatoire*. Cherubini war 1822 zum Leiter dieser Institution ernannt worden. Er war ein Pedant, und seine Anweisungen bezogen sich auch auf so nebensächliche Details wie getrennte Eingänge für Angehörige des männlichen und des weiblichen Geschlechts. Als Berlioz einmal durch die falsche Tür ins Konservatorium kam, machte der Pförtner Cherubini davon Meldung, der in die Bibliothek stürzte und Berlioz entgegentrat, „noch bösartiger, leichenhafter und aufgelöster als gewöhnlich". Die beiden verstrickten sich in eine Auseinandersetzung, und Cherubini jagte Berlioz rund um die Tische. Wenigstens erzählt Berlioz die Geschichte auf diese Weise. Beide konnten nie miteinander auskommen, und Berlioz schreibt mit ingrimmiger Befriedigung, daß, wenn Cherubini ihn mit Peitschenschlägen züchtigte, „ich ihm diese Artigkeit sicherlich mit Skorpionen zurückerstattete".

Wenn es je einen Lehrbuchkomponisten und -pädagogen gab, so war das Cherubini. Und das war sein Problem. Seine ganze Musik ist auf unaussprech-

Luigi Cherubini (1760–1842). Gemälde nach Nigneron, 1832.

lich eindeutige und staubtrockene Weise korrekt. Die Akkordfortschreitungen gehen genau so vor sich, wie die Harmonielehrbücher sie vorschreiben. Ein Blick auf eines seiner Werke – die Opern, das d-Moll-Requiem, die Kammermusik – zeigt einfach-strenge Melodien über einem sehr konservativen harmonischen Füllwerk. Wenn er moduliert, dann in eine sichere, eng benachbarte Tonart. Seine kühnste Harmonie ist der verminderte Septakkord, der bereits zu seiner eigenen Zeit recht abgedroschen war. Als Folge davon bewegt einen seine „Weiße-Tasten"-Musik eigentlich kaum. Eben diese harmonische Zaghaftigkeit beeinträchtigt sogar sein berühmtestes Werk, *Medée*. Der Versuch, seinen Mangel an Vitalität durch die Charakterisierung Cherubinis als Klassizist zu erklären, reicht nicht zu.

Mozart, sicher ebensosehr Klassizist, gelang im *Don Giovanni,* was Cherubini in *Medée* noch nicht einmal ins Auge zu fassen versuchte. Im Grunde setzte Cherubini (und auch sein Zeitgenosse Spontini) lediglich Gluck fort. Nach vier- bis fünfmaligem Hören wird *Medée* mehr und mehr zu einer Gluckschen Fassadenoper mit einem Bündel eingefrorener szenischer Einstellungen, in denen die Figuren permanent erstarrt sind.

Cherubinis musikalisches Denken war zu rigide und im Grunde zu alltäglich, als daß es ihm je eine Nichtbeachtung der Regeln erlaubt hätte. Was ausgerechnet Beethoven an ihm fand, ist schwer vorstellbar. Wahrscheinlich war es seine Technik. Beethoven, selbst ein vollendeter Techniker, achtete technisches Können bei anderen. Und auf dem einzigen Gebiet, wo Beethoven relativ schwach war – der menschlichen Stimme und der Oper (man stelle sich vor, daß Cherubini einen so schwer zu singenden Chor wie *Et vitam venturi* aus der *Missa Solemnis* geschrieben hätte!) –, bewegte sich Cherubini mit technischer Sicherheit und sogar Brillanz.

Beethoven war ein viel zu guter Musiker, als daß er darauf nicht mit Bewunderung reagiert hätte. Ihm und seinen Zeitgenossen kamen keine Zweifel an Cherubinis Erhabenheit. Der *directeur du Conservatoire* wurde den anderen großen Komponisten der Zeit für ebenbürtig gehalten – Ignaz Moscheles, Ludwig Spohr, Johann Nepomuk Hummel und Friedrich Kalkbrenner. Alle waren sie für die Unsterblichkeit ausersehen.

Ferdinand Hérold mit *Zampa* (1831; die Ouvertüre wird noch heute gespielt) und Fromental Halévy mit *La Juive* (1835) waren neben Auber die einzigen Komponisten der dreißiger und vierziger Jahre des 19. Jahrhunderts, die in der Lage waren, Opern zu schreiben, die sich gegen die Konkurrenz Meyerbeers auf der Bühne behaupteten. Halévy war ein Ein-Opern-Komponist, der Werk nach Werk herausbrachte, ohne je seinen Anfangserfolg wiederholen zu können. Dieser eine Erfolg aber machte ihn weltberühmt. Um dieser einen Oper willen wurde er so verehrt, daß sein Bildnis in jeder Kunsthandlung und im Schaufenster jedes Fotografen zu finden war. Bei Halévys Tod setzte der Baron de Rothschild der Witwe des Komponisten eine Jahresrente aus, und – so Spiridion in der *Gazette* – „M. Rodriques, ein wohlhabender Börsenmakler, schickte ihr 8000 Francs als Mitgift für ihre Töchter, eine Summe, die, wie er sagte, von

Daniel-François Auber (1782–1871). Gemälde von E. Felix.

256   Prunk, Prunk und abermals Prunk

verschiedenen Freunden als Bewunderungs- und Achtungstribut zum Gedanken ihres Gatten zusammengetragen worden sei ... Einige Tage später schickte
der Kaiser eine Eingabe an den Staatsrat und bewilligte ihr eine Jahresrente." *La
Juive* blieb das ganze Jahrhundert hindurch und bis zum Tode Enrico Carusos
im Jahre 1921 äußerst beliebt. Bizet heiratete Halévys Tochter, und Ludovic
Halévy, ein Neffe des Komponisten, war einer der Librettisten von *Carmen*.

An der Opéra-Comique, einem Haus mit einer bis ins Jahr 1715 zurückrei-
chenden Geschichte, herrschte ähnliche Aktivität wie am großen Opernhaus. In
den dreißiger und vierziger Jahren des 19. Jahrhunderts war das Repertoire der
Opéra-Comique seinem Wesen nach unterhaltsamer, und die Opern brachten
gesprochenen Dialog. (Der gesprochene Dialog war die einzige Vorbedingung
für ein Werk an der Opéra-Comique!) Im weiteren Verlauf des Jahrhunderts
ging diese Linie verloren, und an der Opéra-Comique gab es Opern – wie im
Jahre 1875 *Carmen* –, die in Wirklichkeit Tragödien waren. Sogar der gesprochene Dialog wurde manchmal gekappt. Die besseren Komponisten der Opéra-
Comique brachten witzige, geschickt gemachte und kultivierte Arbeiten heraus.
Werke wie Adams *Le Postillon de Longjumeau* (1836), Boieldieus *La Dame
Blanche* (1825), Aubers *Fra Diavolo* (1830) und *Domino Noir* (1837) wurden
überall gespielt und werden es teilweise noch heute.

Daniel François Auber (1782–1871) war die herrschende Autorität seiner
Zeit an der Opéra-Comique. Sein erstes Werk kam 1805 heraus, sein letztes –
ganze vierundvierzig Opern später – 1869. Teils wegen der Produktion dieser
großen Anzahl von Werken, teils aber auch wegen seiner Tätigkeit als Leiter des
Konservatoriums, war er ein vielbeschäftigter Mann. Nach seinem Tode veröffentlichte ein Kritiker einige Erinnerungen:

> „Auber komponierte ständig. Begegnete man ihm, wenn er die Boulevards
> entlangschlenderte: er arbeitete. Hatte man im Theater einen Sperrsitz neben ihm,
> in dem ihn bald der Schlaf überfiel: er arbeitete. Ging man nach Mitternacht die
> rue St. Georges entlang, war die Straße auf beiden Seiten dunkel, ausgenommen
> ein einziges Fenster, durch das das Licht einer bescheidenen Lampe schimmerte:
> er arbeitete. Klopfte man um sechs Uhr morgens an seine Tür, so dirigierte einen
> eine Concierge, so hinfällig wie die Fee Urgèle, in den ersten Stock. Eine
> Haushälterin, alt wie Baucis, wies einen an einen Kammerdiener, alt wie Phile-
> mon. Der Kammerdiener führte einen in ein freundliches Wohnzimmer, wo einen
> bereits die Klänge des Klaviers erreichten: er arbeitete."

Im Alter von siebenundachtzig Jahren brachte er noch immer Bühnenwerke
heraus. Er starb reich und mit Ehrungen überhäuft – und keineswegs an
Überarbeitung. Zum Repertoire der lyrischen Bühne steuerte er eine Handvoll
bezaubernder Singspiele bei. Auf lange Sicht hat sich der Reiz und die grazile
Differenziertheit der Musik von Komponisten wie Auber und Adam als beständiger erwiesen als Meyerbeers Prunkdarbietungen und gewaltige Orchester-
klänge; tatsächlich sogar beständiger als alles, was an der Opéra oder irgendei-

ner anderen großen Opernbühne in Paris aufgeführt wurde, bis 1859 Gounods *Faust* herauskam, obwohl das damals niemand geahnt oder, wenn er es schon ahnte, nicht den Mut gehabt hätte, es laut zu sagen.

Giuseppe Verdi (1813–1901). Aufnahme um 1895.

17. Kapitel

Giuseppe Verdi
Der italienische Koloß

Wie es bei Opernkomponisten häufig der Fall ist, hatte Verdi schon als junger Mann Erfolg. Er wurde am 10. Oktober 1813 in Le Roncole bei Busseto (Parma) geboren (beinahe fünf Monate später als Richard Wagner in Leipzig). Seine erste, stilistisch konventionelle Oper, *Oberto*, wurde 1839 in Mailand gut aufgenommen, die zweite, *Un giorno di regno*, fiel durch, und seine dritte, *Nabucco*, machte ihn 1842 im In- und Ausland berühmt. Dreizehn Jahre danach war er mit drei bis heute populären Werken – *Rigoletto, Il Trovatore* und *La Traviata* – der beliebteste Opernkomponist der Welt, seine Werke verdrängten sogar die märchenhaft erfolgreichen Bühnenspektakel Meyerbeers. Verdi war ein Spezialist, der dem Publikum einen Gebrauchsartikel lieferte, und erhob nie den Anspruch, ausgebildeter Musiker zu sein. Selbst auf der Höhe seines Ruhmes bezeichnete er sich noch immer als bloßen Pragmatiker. In einem Brief aus dem Jahre 1869 äußert er sich folgendermaßen. „In meinem Haus gibt es fast keine Noten, ich bin nie in eine Musikbibliothek gegangen, nie zu einem Verleger, um ein Stück anzusehen. Über einige der besten zeitgenössischen Opern bin ich gut unterrichtet, aber ich studiere sie nie, sondern höre sie ab und zu im Theater ... Ich wiederhole Ihnen schließlich, daß ich unter allen Komponisten der Vergangenheit und der Gegenwart der am wenigsten gebildete bin." Das stimmte und war keine bloße *façon de parler*. Verdi sprach auch nicht viel über sein eigenes Werk, mit Ausnahme der direkt Betroffenen – seinem Verleger, Dirigenten und Sängern. Er wollte seine Musik selbst sprechen lassen und wies das Ersuchen um eine Autobiographie nahezu empört von sich. „Nein, ich werde nie einwilligen, meine Memoiren zu schreiben!"

Als Kind gab er sicher keinen Anhaltspunkt dafür, daß er sich einmal zum italienischen Koloß der Musik seiner Zeit entwickeln würde. Er zeigte Talent, aber kein spektakuläres Talent vom Range eines Mozart oder Mendelssohn. In seiner Heimatstadt Le Roncole im Herzogtum Parma hatte er beim Dorforganisten studiert. Seinem Vater, Kleinkrämer und Schankwirt, gefiel das Talent seines Sohnes, und es gelang ihm, ein gebrauchtes Spinett für ihn zu erwerben. Als Giuseppe zehn Jahre alt war, schickte ihn sein Vater zu einem befreundeten Schuster nach Busseto. Dort wurde er von Antonio Barezzi bemerkt, einem wohlhabenden ortsansässigen Kaufmann und großzügigen Gönner. Barezzi nahm ihn als Lehrling in sein eigenes Haus auf und sorgte auch dafür, daß der Junge die beste musikalische Ausbildung erhielt, die Busseto zu bieten hatte. Das aber war nicht viel. Verdi arbeitete und studierte beim örtlichen Organisten, der zugleich auch der Dirigent des städtischen Orchesters war, und vertrat ihn bald. Dann kümmerte sich Barezzi darum, daß Verdi zum Studium ans Konservatorium nach Mailand geschickt wurde. Im Alter von achtzehn Jahren kam der junge Musiker dort an – eine kleine, straffe, schweigsame Gestalt mit braunem Haar, schwarzen Augenbrauen und Bart, sehr blasser Hautfarbe und einem von Pockennarben entstellten Gesicht.

Welche Hoffnungen er auch immer gehegt haben mag, sie wurden auf der Stelle zuschanden gemacht. Die Art von Ausbildung, die er in Busseto erhalten hatte, war für eine Aufnahme ins Konservatorium nicht ausreichend. Sein Klavierspiel war schwach, seine Theoriekenntnis unzureichend. Zwei Jahre blieb er in Mailand und studierte bei einem Privatlehrer. Er begann sogar mit der Arbeit an einer Oper, *Oberto*. 1834 kehrte er nach Busseto zurück und heiratete zwei Jahre später Barezzis Tochter Margherita. Er beendete *Oberto*, und die Oper wurde der Aufmerksamkeit Bartolomeo Merellis, des Impresarios der Scala, empfohlen. Merelli versuchte sein Glück mit der Oper eines unbekannten Komponisten und wurde belohnt, als *Oberto* freundlich aufgenommen wurde. Mit einer Maßnahme, die Weitblick verriet, bot Merelli Verdi einen Vertrag an, der ihn verpflichtete, drei Opern in jeweils Achtmonatsabständen zu komponieren. *Un giorno di regno* war der erste Auftrag. Es war eine komische Oper, und Verdi mußte sie fertigstellen, während seine beiden Kinder und seine Frau einer epidemischen Krankheit erlagen. Kein Wunder, daß diese Oper durchfiel. Verdi war dermaßen entmutigt, daß er seine Karriere beinahe für immer beendet hätte. Er dachte ernsthaft daran, das Komponieren aufzugeben. Natürlich hatte er den Glauben an sich selbst vollständig verloren. Die Enttäuschung über das *Un giorno di regno*-Desaster nagte jahrelang weiter an ihm, und sie half ihm auch dabei, seine eigene innere Beziehung zum Publikum zu finden: „... und es ist sicher eine schlechte Oper, wenn auch wer weiß wie viele nicht bessere hingenommen und vielleicht sogar mit Applaus bedacht worden sind. I, wenn damals das Publikum nicht applaudiert, sondern die Oper schweigend aufgenommen hätte, ich hätte nicht Worte genug, ihm zu danken! ... Ich will es nicht verurteilen: es soll streng sein, soll pfeifen, aber sein Beifall soll mich zu nichts verpflichten." An dieses Versprechen hielt sich Verdi sein Leben lang.

Gleichgültig, ob *Un giorno di regno* nun ein Fiasko war oder nicht: Merelli witterte etwas in dem jungen Komponisten. Er drängte Verdi ein Libretto auf, das Otto Nicolai, der vielversprechende deutsche Komponist, abgelehnt hatte. Verdi machte sich widerstrebend an die Arbeit. Dann aber strömte ihm Einfall auf Einfall zu, und in drei Monaten war die Oper fertig. Sie hatte am 9. März 1842 Premiere, und in Italien wurde ein neuer Opernheld verehrt.

Bei der Oper handelte es sich um *Nabucco*, die Kurzform von *Nabucodonosor*. Heute mag sie wie ein ganz unentwickelter Verdi klingen, und sicherlich war sie das auch in mancher Hinsicht. Sie hält eine unentschiedene Mitte zwischen Belcanto-Oper und der kommmenden dramatischen Schule. Donizettis Einfluß wird in *Nabucco* ebenso deutlich wie der des Rossini der *opera seria*. Aber die erstarrten Schemata erwachten in Verdis Oper zu neuer Weite, zu neuem Leben. Es ist schwierig, sich in jene Epoche zurückzuversetzen und sich den Eindruck zu vergegenwärtigen, den *Nabucco* 1842 machte. Was heute abgeleitet klingt, wirkte damals wie eine Explosion. Während der Proben zu *Nabucco,* so zeitgenössische Berichte, „stand das Theater Kopf". Nie zuvor hatte jemand von einer solchen Musik geträumt. Sie war „so neu, so unbekannt, der Stil so rasch, so ungewöhnlich, daß jedermann verblüfft war . Es war unmöglich, während der Proben hinter der Bühne zu arbeiten, weil die Angestellten, Bühnenarbeiter, Maler, Maschinisten, von der Musik, die sie hörten, aufgeschreckt, ihre Arbeit im Stich ließen, mit offenen Mündern herumstanden und beobachteten, was da auf der Bühne vor sich ging."

Natürlich kursierten Gerüchte in Mailand, und das Publikum brannte darauf, die Oper zu hören. Die Kenner – und jeder Bewohner der Stadt hielt sich für einen Kenner der Oper – spürten sofort, daß sich da ein neues und originelles Talent bemerkbar gemacht hatte. „Mit dieser Oper", sagte Verdi, „hat meine künstlerische Laufbahn, wie man sagen kann, erst wirklich begonnen." Auch Verdis Konkurrenz merkte das. Einige seiner Kollegen waren neidisch, andere nahmen es gelassen hin. Zu diesen letzteren zählte auch Donizetti. „Die Welt will Neues", sagte er. „Letzten Endes haben uns andere den Platz abgetreten, also müssen auch wir ihn jetzt anderen räumen ... Bin entzückt, ihn so begabten Leuten wie Verdi zu räumen." Donizetti sagte voraus, daß sein neuer Rivale bald „einen der ehrenwertesten Ränge in der Komponistenschar" einnehmen werde.

Was Verdi in *Nabucco* unternahm und was das musikinteressierte Italien verblüffte, war die Öffnung und Erweiterung des Schemas der Belcanto-Oper. Er benutzte ein größeres Orchester mit einem entsprechend umfangreicheren Klangvolumen. Die Musik selbst klingt viel breiter und machtvoller als in irgendeiner Belcanto-Oper und entwickelt sich viel direkter. Es gibt kein Sichaufhalten bei leerem Stimmzauber. Natürlich gibt es eine Fülle vokalen Feuerwerks, aber immer aus eher emotionalen denn aus exhibitionistischen Gründen. Die Rolle der Abigaille ist eine der schwierigsten des ganzen Repertoires; sie verlangt einen dramatischen Koloratursopran mit einem Umfang, der auch einen Mezzosopran einschließt, um die Brusttöne zu bringen, und die Fähigkeit, rohe Kraft herauszuschleudern – die Kraft der Gestalt selbst und die Kraft von Verdis Schreibweise. Der ganze *Nabucco* ist von einer großartigen Persönlichkeit geprägt. Selbst da, wo Verdi sich Belcanto-Konventionen und -Manierismen näherte, ließ er sie ausladender und geballter klingen. In dieser Oper fand er zu sich selbst, und die Musik nimmt viele charakteristische Züge des späteren Verdi vorweg. Zaccarias „D'Egitto là sui lidi" antizipiert die Arien des älteren Germont in *La Traviata,* ganz wie das Duett im dritten Akt zwischen Nabucco und Abigaille die Aida-Amonasro-Duette erahnen läßt.

Überdies enthielt *Nabucco* einige politische Implikationen, ja die Oper machte Verdi zum Symbolträger des Widerstands gegen die österreichische Fremdherrschaft. Der „Va, pensiero"-Chor, der sich auf die Sehnsucht der im Exil schmachtenden Juden nach der Heimat bezieht, wurde von allen italieni-

262 Der italienische Koloß

schen Zuhörern mit ihrer eigenen Freiheitssehnsucht identifiziert. Ob Verdi diesen Chor willentlich als politisch orientierte Botschaft vertonte, ist nicht bekannt. Er selbst hatte zumindest ebenso starke nationalistische Züge wie Wagner. Verdi lebte in der Hoffnung auf ein geeintes Italien und durfte sie noch zu seinen Lebzeiten verwirklicht sehen. Wodurch der „Va, pensiero"-Chor aber auch motiviert gewesen sein mag: die Melodie machte unverzüglich ihren Weg durch ganz Italien und wurde als Ausdruck des Widerstands aufgefaßt und gesungen. Für viele Italiener symbolisierte Verdi selbst diesen Geist, und Jahre später wurde aus seinem Namen ein Akrostichon gebildet: Vittorio Emmanuele, Re d'Italia.

Verdi ließ auf Nabucco zwei weitere Treffer folgen – I lombardi (Die Lombarden auf dem ersten Kreuzzug, 1843) und Ernani (1844). Ernani machte ihn auch außerhalb Italiens bekannt. In Paris wurde die Oper im Théâtre des Italiens aufgeführt, und Verdi reiste hin, um die Inszenierung zu überwachen. Einmal in der Lage, größere Honorare zu verlangen, zögerte Verdi auch nicht, das jetzt zu tun. Er war ein solider Geschäftsmann und entschlossen, die bestmöglichen Einkünfte und Vertragsabschlüsse zu erzielen. Nach Ernani kamen einige schlechtere Werke oder gar Versager, und im Jahre 1847 brachte er dann Macbeth heraus. Verdi, der seine Laufbahn mit zwei Vertonungen von Shakespeare-Stücken beschließen sollte, gab sich mit Macbeth, die ihre Premiere in Florenz erlebte, besondere Mühe. Es war die dramatische Entwicklung des Stückes, die er mit allem Nachdruck hervorheben wollte, und selbst wenn seine Librettisten Shakespeare entstellten, war Verdi doch mit aller Kraft bemüht, Shakespeares Genre von Furcht und Mitleid nahezukommen. Es ist eine merkwürdige Oper, dunkel und verhangen, unkonventioenll und häufig wenig befriedigend. Aber sie enthält auch die „Schlafwandler"-Szene, eine Episode, die den größten Szenen seiner späteren Opern gleichkommt. Zur Zeit, da Verdi Macbeth schrieb, hatte er sich beinahe vollständig von den italienischen Opernkonventionen freigemacht. In Macbeth war ihm schöner Gesang nicht einmal erwünscht. Er wollte, daß die sängerische Dimension sich der dramatischen Situation unterordnete; er wollte, daß die von den Sängern hervorgebrachten Töne ihren inneren Aufruhr und den psychologischen Druck, der auf ihnen lastete, widerspiegelten. Das war zu jener Zeit unerhört. Als im Jahre 1848 in Paris die Proben zu Macbeth begannen, schrieb Verdi einen langen Brief an den Direktor, ein aufschlußreiches Dokument, das sehr viel von dem verrät, worauf Verdi Wert legte:

> „Ich weiß, daß Ihr Macbeth probt, und da das eine Oper ist, die mich mehr als die anderen interessiert, erlaubt mir, daß ich Euch ein paar Worte darüber sage. Man hat der Tadolini die Partie der Lady Macbeth gegeben, und ich bin überrascht, daß sie sie angenommen hat. Ihr wißt, wie sehr ich die Tadolini schätze, und sie weiß das selbst; aber in unserem gemeinsamen Interesse halte ich es für nötig, da ein wenig zu überlegen. Die Tadolini hat zu große Qualitäten für diese Partie! Ihr werdet das vielleicht für absurd halten!! ... Die Tadolini hat eine

gute, schöne Erscheinung; und ich möchte die Lady Macbeth häßlich und böse haben. Die Tadolini singt vollendet; und ich möchte, daß die *Lady* nicht singt. Die Tadolini hat eine hervorragende, klare, helle, mächtige Stimme; und ich möchte für die Lady eine rauhe, erstickte, hohle Stimme haben. Die Stimme der Tadolini hat etwas Engelhaftes; die Stimme der Lady sollte etwas Teuflisches haben."

Worauf es ankommt, ist, daß Verdi sich auf seine Weise in Richtung des Musikdramas vorantastete. Musikalische Erwägungen einmal beiseite gelassen, ist der Unterschied zwischen seinem Ansatz und dem Wagners der von Melodrama im Gegensatz zu Drama. Viele Verdi-Opern sind offenkundige Melodramen von dürftiger literarischer Qualität: Schwarz/Weiß-Studien mit minimaler Personencharakterisierung. Opernkenner haben über Verdis Libretti immer die Nase gerümpft. Verdi war kein hochgestochener Snob, kein Intellektueller (obwohl er so viel gesunden Menschenverstand hatte wie nur je ein Komponist in der Musikgeschichte) und schien sich bis zum Ende seiner Laufbahn keine großen Sorgen um die literarischen Qualitäten seiner Libretti zu machen. Um es ganz unverblümt zusagen: er vertonte einiges lächerliche Zeug. Oder lag es daran, daß die Wahl seiner Libretti vom Publikumsgeschmack bedingt war? Verdi war immer empfänglich für Publikumsmeinungen. „Das Publikum wird im Theater alles hinnehmen, nur keine Langeweile", sagte er. Er erhob nie den Anspruch, mehr zu sein als ein handwerklicher Könner, der dem Publikum das lieferte, was es wollte. Vielleicht glaubte Verdi selbst, daß er nur Libretti voller Schauergeschichten vertonen könne. Welcher Grund auch immer ausschlaggebend gewesen sein mag, Verdi benutzte nur zu häufig Libretti, die nicht gerade für seinen guten Geschmack bürgen. Dagegen ist das Argument vorgebracht worden, daß Verdis Libretti so schlecht nicht sind: daß sie „laufen", daß sie unverstellte Emotionen in glänzenden Kontrastfarben schildern – Liebe, Haß, Rache, Machtgier. Eben das aber ist das Material des Melodrams und alles andere als eine subtile literarische Form. Glücklicherweise war Verdis kompositorische Potenz so groß, daß er eine melodramatische Situation aufgreifen und sie in unvergeßliche Musik kleiden konnte. Diese Musik läßt vergessen, wie konventionell und dürftig die Texte sein mögen. Unparteiisch betrachtet ist ein Großteil von Verdis Libretti literarischer Schund. Aber das verschlägt nichts. Die Opern leben auch so weiter, weil sie eben tatsächlich eine – und sei es primitive – dramatische Entwicklung zeigen, und vor allem deshalb, weil sie große Musik bieten.

Auf *Macbeth* folgte eine Reihe von Opern, die sich, mit Ausnahme von *Luisa Miller* (1849), nicht auf der Bühne halten konnten. Dann kamen in den Jahren 1851 bis 1853 die ersten drei Werke seiner Reifezeit – *Rigoletto* (1851), *Il Trovatore* und *La Traviata* (1853). Sie waren zu ihrer Zeit epochemachend und ließen Verdi zum einzigen Opernkomponisten aufsteigen, der es an Beliebtheit mit Meyerbeer aufnehmen konnte. Das Publikum schien von diesen drei Opern nicht genug bekommen zu können. Ein Beispiel: Das Théâtre des Italiens in Paris gab in der Saison 1856/57 siebenundachtzig Vorstellungen. Davon entfie-

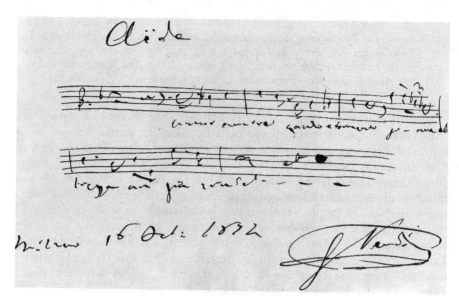

Giuseppe Verdi: »Aida«. Albumblatt, eigenhändig, datiert Mailand 1882.

Giuseppe Verdi: »La Traviata«. Notendruck eines Klavierauszugs.

Giuseppe Verdi 265

len vierundfünfzig auf diese drei Verdi-Opern. In London war der Ruf nach Verdi so lautstark und die drei Opern wurden so häufig gespielt, daß *Punch* spottete:

> „*Three Traviatas in different quarter,*
> *Three Rigolettos murdering their daughters,*
> *Three Trovatori beheading their brothers,*
> *By the artful contrivance of three gipsy mothers.*
> [Drei Traviatas in verschiedenen Vierteln,
> Drei Rigolettos, die ihre Töchter umbringen,
> Drei Troubadoure, die ihre Brüder enthaupten,
> Mit geschickter Beihilfe von drei Zigeunermüttern.]"

Die Londoner *Musical World* behandelte 1855 das Phänomen und bot eine differenziertere Auffassung als die, die manche kritischen Zeitschriften zu vertreten bereit waren. Verdi, so der Artikel, „hat die Opernbühne seines Heimatlandes revolutioniert; angesichts seiner Opern gerieten alle anderen in Vergessenheit. Mit der Zeit machte er sich auch jenseits der Alpen einen Namen. Andere Menschenmengen griffen die Begeisterung auf, die sich von Land zu Land verbreitete, und das Pöbel-Idol des einen Landes wurde zum Pöbel-Idol aller. Ist das das Geheimnis von Signor Verdis Karriere oder nicht? Hätte dies alles ohne Talent geschehen können, und ist er jenes Nichts, zu dem die Musiker ihn stempeln?"

Sänger und Sängerinnen äußerten sich übereinstimmend ebenso begeistert wie das Publikum. Marie Wieck, Clara Schumanns Schwester und selbst eine hervorragende Pianistin, machte 1855 einige Anmerkungen zu diesem Thema. Sie beschreibt die Herrlichkeiten des Belcanto-Gesangs, wie er von den alten Repräsentanten, der Sontag, der Lind und anderen praktiziert wurde, und fährt dann fort: „Dieser Gesangsstil ist heute nur noch selten zu hören … Die jungen, kraftvollen Sänger von heute führen nur noch *einen* Namen auf den Lippen, und das ist Verdi. Auf seinen Opern beruht die ganze musikalische Kunst — was die Gegenwart angeht und auch die Zukunft —, und aus diesem Grunde opfern viele Sänger unter bestimmten Umständen die Reste ihrer Stimme, manchmal sogar ihre Gesundheit und ihren Charakter. Alle haben den Ehrgeiz, nur noch Verdi-Sänger genannt zu werden, und erheben darauf mit majestätischem Stolz Anspruch." Marie Wieck gab sich in dieser Diskussion der Verdi-Opern im Verhältnis zur Gesangskunst gelassener als manche Kritiker. In ihren frühen Jahren wurden Verdi und Wagner unterschiedslos als unverantwortliche Autoren gebrandmarkt, zu deren Füßen der blutende Leib der Muse des Gesanges lag. Die Traditionalisten seufzten den guten alten Tagen von Bellini nach, wo ein Sänger — bei Gott! — noch ein Sänger war und kein Blasebalg. Meyerbeer war der Anteil zum Vorwurf gemacht worden, den er am Tode der Gesangskunst hatte, aber diese Attacken waren nahezu nichts im Vergleich zu dem Artellerie-feuer, das sich gegen Verdi und Wagner richtete. Henry Fothergill Chorley in

England äußerte sich giftig über „die Jahre, in denen die Musik für Sänger von den Wagners aus Neu-Deutschland so in den Boden getrampelt und von den Verdis des wutschnaubenden Italien so in frühe Zerstörung hineingeplärrt wurde".

Interessant bleibt festzuhalten, daß, im Gegensatz zum Publikum, das sich nach Verdi-Opern geradezu verzehrte, und zu den Sängern, die darauf brannten, sich in einer saftigen Verdi-Rolle hören zu lassen, die Konservativen und die Kritiker unglücklich abseits standen. Sie waren an die alten Konventionen gewöhnt, und der furiose dramatische Ansturm der Verdi-Bewegung weckte ihr Unbehagen. Desgleichen waren sie in ihren Opern nur mit mythologischen und historischen Charakteren vertraut und nicht mit buckligen Narren, schwindsüchtigen Kurtisanen und schmutzigen Zigeunerinnen. Chorley spottete: „Schwindsucht bei jemandem, der singen soll! Ebenso angebracht wäre ein Ballett mit einer lahmen Sylphe." Die Gefühle waren verletzt. In New York riefen 1855 zwei Herren zu gerichtlichen Maßnahmen gegen den Impresario Max Maretzek auf. Sie versuchten eine bevorstehende *Rigoletto*-Aufführung mit der Begründung zu verhindern, es handle sich da um ein unanständiges und zügelloses Werk, das „aufgrund seiner Gesangs- und Darstellungsart und seiner Handlungsführung hier und heute ein Opernschauspiel bietet, wie es kein achtbares Mitglied des schönen Geschlechts besuchen könnte, ohne hier und heute Geschmack und Ehrsamkeit zu opfern". In Boston, wo 1857 *La Traviata* aufgeführt wurde, griff John S. Dwight die Oper aus moralischen Gründen an, bevor er zu dem Schluß kam, daß sie musikalisch jedenfalls nichts tauge: „... seine alten Effekte, immer wieder erneut eingesetzt, wie mit einer albtraumhaften Unfähigkeit, darüber hinauszugehen. Nirgendwo, in keinem Detail der Gesangspartien oder der Instrumentation, fügt diese Oper dem, was wir alle von Verdi kennen, irgend etwas hinzu. Die Erfindungskraft scheint erschöpft, und geblieben ist lediglich ein intensiver Produktionsdrang". Die jungen europäischen Komponisten aber wußten es besser, und Bizet wies mit aller Deutlichkeit auf Verdis entscheidende Wesenszüge hin: „Er hat wunderbare Leidenschaftsausbrüche. Seine Leidenschaft ist gewalttätig, wahr, aber es ist besser, auf diese Weise leidenschaftlich zu sein, als gar nicht. Seine Musik ist manchmal aufreizend, aber nie langweilig."

Hätte der frühere unitarische Geistliche John S. Dwight mehr über Verdis Privatleben gewußt, so hätten sich seine dunkelsten Ahnungen bestätigt. In den Jahren von 1851 bis 1853, in denen seine drei großen Opern entstanden, lebte Verdi mit Giuseppina Strepponi zusammen. Sie war Sopranistin, und er hatte sie bereits 1839 kennengelernt, als sie in seiner allererersten Oper, *Oberto,* sang. Zwei Jahre jünger als Verdi, war die Strepponi in den dreißiger und vierziger Jahren des 19. Jahrhunderts als eine der besten Sängerinnen Italiens anerkannt – ein Sopran mit reiner, klarer Stimmgebung, eine gute Schauspielerin und eine sensible Musikerin. Sie teilte seinen großen Triumph in *Nabucco* und sang bei der Premiere die Rolle der Abigaille; später trat sie auch in anderen Verdi-Partien auf, beriet ihn in finanziellen und Vertragsfragen, und 1848 begannen sie zusammenzuleben. Drei Jahre später zogen sie in ein neues Haus in der Nähe von Busseto um. Verdi hatte dort Grund und Boden gekauft, ein Haus gebaut und es Villa Sant'Agata genannt. Es gab Kopfschütteln, Fingerzeigen und schon bald einen offenen Skandal. In Busseto war es im Jahre 1851 üblich, daß Mann und Frau erst dann offen zusammen lebten, wenn sie verheiratet waren. Verdi war aufgebracht über den Klatsch. Er schickte seinem alten Freund und früheren Schwiegervater Antonio Barezzi einen Brief, der ihn als unabhängige, starke, streitbare und unkonventionelle Persönlichkeit zeigt. Tatsächlich bedeutete Verdi Barezzi und der ganzen Stadt Busseto, sich um ihre eigenen Angelegenheiten zu kümmern. „In meinem Hause lebt eine Dame – frei, unabhängig, die Einsamkeit liebend wie ich, mit einem Vermögen, das sie vor jeder Notlage schützt. Weder ich noch sie sind über unser Tun irgend jemand Rechenschaft schuldig." Weiter: „Ich will sogar sagen, daß ihr in meinem Haus die gleiche und sogar noch größere Achtung gebührt wie mir, und daß es daran niemand fehlen lassen darf, unter keinerlei Vorwand." Und schließlich: „Mit dieser langen Rede habe ich nichts anderes zu sagen beabsichtigt, als daß ich meine Freiheit des Handelns verlange, weil alle Menschen ein Recht darauf haben und weil sich meine Natur dagegen auflehnt, wie andere zu handeln." Einige Autoren äußern die Vermutung, es gebe zwei Gründe für Verdis herausfordernden Bruch mit den Konventionen. Der eine war sein starker Antiklerikalismus. Wo war die Kirche, die *ihm* zu sagen gehabt hätte, was er tun und lassen sollte? Verdi war nie gläubiger Christ, und Frank Walker, dessen biographische Untersuchungen zu Verdis Leben und Denken Licht in mehr Bereiche getragen haben als die irgendeines Autors zuvor, gibt mit aller Offenheit zu verstehen, daß Verdi Atheist war. Der andere Grund mag Giuseppinas Scheu gewesen sein. Ihr früheres Leben war nicht über jeden Vorwurf erhaben gewesen und man hat vermutet, sie habe angesichts der Ehe Schuldgefühle gehabt.

Jedenfalls heiratete Verdi 1859 schließlich Giuseppina Strepponi, nachdem er seinen Standpunkt klargemacht hatte. Es war eine glückliche, wenn auch kinderlose Ehe. Zum Ausgleich dafür gab es Tiere: Katzen, Hunde, Papageien, Pfauen und den unbestrittenen Herrn von Sant'Agata – den Malteser Spaniel Loulou.

Nach der Trilogie der Jahre 1851–53 begannen sich Verdis Opern stilistisch zu wandeln. Sie wurden breiter, klanglich reicher, länger und ehrgeiziger angelegt. Anstatt jedes Jahr eine Oper herauszubringen, nahm sich Verdi sehr viel mehr Zeit. Keine Rede war mehr von der „Guitarren"-Begleitung des Orchesters, über die die Deutschen so amüsiert lächelten. Verdi bahnte sich den Weg zu etwas Größerem und experimentierte in diesem Sinne. Es kamen die 1855 für Paris komponierten und an Meyerbeer orientierten *I vespri siciliani*. *Simon Boccanegra*, 1857 für Venedig komponiert, war ein Durchfall. Das unmöglich fahrige und unzusammenhängende Libretto war nicht gerade förderlich. Und doch hatte *Simon Boccanegra* die fruchtbaren Eigenschaften eines Gärstoffes und bot einige hinreißend sinnenfreudige Ensembles, wie sie Verdi bis dahin noch nicht gelungen waren. Das Jahr 1859 sah die römische Premiere

268   Der italienische Koloß

von *Un ballo in maschera*. Das war eine Gesangsoper voll übersprudelnder
Ideen: einer der weitgeschwungensten lyrischen Höhenflüge des ganzen Verdi-
Repertoires. *La forza del destino*, für St. Petersburg komponiert, kam 1862
heraus und erwies sich trotz des dürftigen Librettos als eine der beliebtesten
Opern Verdis.

Das Libretto von *Don Carlos* (Paris, 1867) ist ähnlich wirr. Verdi bastelte
vier Jahre an dieser Oper. Sie hat nie zu seinen populärsten gehört und tauchte
erst nach dem Zweiten Weltkrieg mit einiger Regelmäßigkeit im Repertoire auf.
Dennoch ist sie ein Meisterwerk. Ein Hauch schwarzen Verhängnisses liegt
über dem ganzen Stück – ein Stück, bei dem nicht der Titelheld, sondern der
gequälte Philipp von Spanien im Mittelpunkt steht. Die Autodafé-Szene ist von
beispielloser Intensität und bietet sogar eine bei Verdi seltene Dimension von
Chromatik. Wenn die Posaunen einsetzen, schwer, marschähnlich und bedroh-
lich, so wirkt das, als ob dem Zuhörer der Druck und das Gewicht der
Inquisition aufgebürdet würde. Die darauf folgende und zu recht bewunderte
Inquisitor-Szene mit ihrem großen „Dormirò sol" Philipps, seine Auseinandersetzung mit dem blinden Inquisitor und Ebolis „O don fatale" gehört zu den
Gipfelpunkten von Verdis Schaffen. *Don Carlos* ist ein Panorama, das Spanien
und die Niederlande einbezieht, und wenn die Oper auch grundverschieden von
Mussorgskis *Boris Godunow* ist (der nur ein paar Jahre nach Verdis Oper
herauskam), so haben die beiden Werke doch manche Gemeinsamkeiten. Beide
handeln von Gesetzestreue, von Freiheitssehnsucht, von politisch geteilten
Ländern. Beide sind epische Werke.

Don Carlos ist tatsächlich sogar eindrucksvoller und origineller als *Aida* von
1871. *Aida*, für Kairo und als Beitrag der Feierlichkeiten zur Eröffnung des
Suez-Kanals komponiert, ist in gewisser Hinsicht ein Rückschritt. Sie mag die
beliebteste aller Verdi-Opern sein und ist tatsächlich wohl die Oper, die den
meisten Menschen einfällt, wenn von Großer Oper die Rede ist, aber die
geradezu Meyerbeersche Prachtentfaltung der beiden ersten Akte bietet einige
der schwächsten Stellen Verdis, und die Märsche und Ballettmusiken des
zweiten Aktes lassen sich heute bestenfalls noch mit Nachsicht hören. Erst in
der „Nil-Szene" zeigt Verdi, was er kann, und von da an bis zum Schluß ist die
Oper ein Meisterwerk. Mussorgski beispielsweise vernarrte sich geradezu in
Aida und schwärmte von Verdi: „Der drängt in großem Maßstab voran; dieser
Neuerer kennt keine Scheu. Seine ganze *Aida* läßt jedermann hinter sich, sogar
ihn selbst. Er hat *Il trovatore*, Mendelssohn, Wagner aus dem Sattel gehoben."

Sogar der Erz-Teutone Hans von Bülow ließ sich schließlich bekehren. Bülow
hatte anfangs von Verdi nur eine geringe Meinung. Nachdem er 1874 das
Requiem gehört hatte – das Requiem war das nächste bedeutende Werk Verdis
nach *Aida* –, nannte er es Schund. Kurz darauf aber schickte Bülow Verdi einen
hysterischen *mea culpa*-Brief (Bülow tat eben nie etwas halb), in dem er Asche
auf sein Haupt häufte, sich an die Brust schlug und um Vergebung bat. Das
Requiem, hatte er jetzt entschieden, war eines der größten Werke des Jahrhunderts.

Bülow schrieb nie ein wahreres Wort. Verdi komponierte das Requiem zu Ehren von Alessandro Manzoni, dem italienischen Dichter und Romanautor. Nach Verdis Überzeugung verdiente es Manzoni, mit jener anderen „gloria d'Italia", nämlich Rossini, gleichgestellt zu werden. Bei Rossinis Tod im Jahre 1868 hatte Verdi den Vorschlag gemacht, die bedeutendsten Komponisten Italiens, darunter auch er selbst, sollten bei einer Requiem-Messe zu seinen Ehren zusammenarbeiten. Das Projekt zerschlug sich, obwohl Verdi tatsächlich ein „Libera me" als eigenen Beitrag schrieb. Nach Manzonis Tod im Mai 1873 entschloß er sich, ein Requiem zu komponieren, das am ersten Jahrestag seines Todes in Mailand, wo Manzoni bestattet war, aufgeführt werden sollte. Für dieses Werk benutzte Verdi – angeblich (manche Autoritäten zweifeln das an) – das für Rossini komponierte „Libera me". Das umfangreiche Requiem erwies sich als von lodernder Leidenschaft geprägt – ein kolossales, klangmächtiges Werk. Manche Zeitgenossen griffen es als zu theatralisch an, und noch heute gibt es Hörer, die sich angesichts seiner offenen Dramatik unbehaglich fühlen, die für sie eher an Oper als an eine religiöse Gefühlswelt gemahnt. Giuseppina kam Verdi zu Hilfe:

„Es ist viel die Rede von der Religiosität Mozarts, Cherubinis und anderer. Ich sage, daß ein Mensch wie Verdi auch wie Verdi schreiben muß, das heißt entsprechend seiner eigenen Weise der Einfühlung und Deutung des Textes. Die Religiosität und die Art und Weise, wie ihr Ausdruck gegeben wird, muß den Stempel ihrer Zeit und der Persönlichkeit ihres Autors tragen. Ich würde die Autorschaft einer Messe von Verdi leugnen, die nach dem Vorbild von A, B oder C gestaltet wäre."

Die kritischen Äußerungen nach der Premiere der *Messa da Requiem* für Manzoni – Äußerungen in dem Sinne, die Musik sei flitterhaft, sensationshaschend, religionslos, religionsfeindlich, melodramatisch – waren repräsentativ für die gesamte kritische Einstellung, der Verdi sich einen Großteil seines Lebens ausgesetzt sah. Seinen Opern galten, besonders in England und Amerika, kritische Angriffe von nie dagewesener Schärfe. Je mehr das Publikum seine Musik liebte, desto mehr schäumten und wetterten die Kritiker über die „durchsichtige" Schreibweise, ihre „Stimmfeindlichkeit", ihre „primitive" Instrumentation. Einander und dem Publikum versicherten sie, daß diese Musik nur einen vorübergehenden Reiz habe und nicht überleben könne. Der Kritiker des Londoner *Telegraph* konnte nicht umhin, die eindrucksvoll-gewaltige Aufnahme zur Kenntnis zu nehmen, die dem Requiem bei seiner Premiere in Mailand bereitet wurde. Das aber, erklärte er mit Nachdruck, habe nichts mit der Musik zu tun. Zu der Ovation sei es gekommen, weil Verdi als Person so beliebt sei, wegen Manzoni oder weil die Italiener so stolz auf Verdis Ruhm seien. „Da die Halbinsel jetzt ein geeinter Staat ist, macht sich jeder Einwohner auch des entlegensten Bezirks voller Stolz seinen Teil an der Ehre zu eigen, die jeder italienischen Berühmtheit erwiesen wird." Es wollte dem Kritiker des

270   Der italienische Koloß

Telegraph offenbar nicht einleuchten, daß gerade die Musik des Requiems in diesem Fall irgendwie von Einfluß sein mochte.

Verdi ließ sich von der negativen Reaktion seitens einiger Kritiker nicht beirren. Er scheint ein Komponist gewesen zu sein, der sich allen Ernstes wenig um das kümmerte, was die Kritiker sagten. Er nahm Durchfälle und Erfolge mit Gleichmut hin. „Es war unrecht von Euch", schrieb er einem Freund, „den *Ballo in maschera* gegen die Angriffe der Zeitungen zu verteidigen. Ihr hättet es so machen sollen, wie ich es immer machte: sie nicht lesen oder den Ton singen lassen, den sie wollen ... Im übrigen ist die Frage diese: ist die Oper *schlecht* oder *gut?* Ist sie schlecht und die Journalisten haben schlecht von ihr gesprochen, haben sie recht gehabt; ist sie gut und sie haben sie nicht entsprechend beurteilen wollen, eigenen oder fremden Privatinteressen zu liebe oder zu welchem Ende auch immer, dann mußte man sie reden lassen und sich nicht darum kümmern." Und anderswo: „Was die Zeitungen angeht, zwingt irgend jemand Euch, sie zu lesen? ... Es wird der Tag der Gerechtigkeit kommen, und für den Komponisten ist es eine Lust, eine höchste Lust, sagen zu können: ‚Ihr Schwachsinnigen, Ihr hattet unrecht!'"

Nach dem Requiem für Manzoni vergingen ungefähr vierzehn Jahre, bevor Verdis nächstes Hauptwerk herauskam. Er besuchte Wien, Paris und London, überwachte die Aufführungen seiner Opern und kehrte dann nach Sant'Agata heim, um ein zurückgezogenes Leben zu führen. Italien war jetzt politisch geeint. Das Königreich Italien war 1860 ausgerufen worden, Venedig seinen Grenzen wieder einverleibt worden, nachdem die Preußen 1866 Österreich besiegt hatten; Garibaldi hatte Sizilien und Neapel befreit. 1870 wurde Rom Hauptstadt des geeinten Italiens. Verdi, der immer auf die Unabhängigkeit Italiens gehofft hatte, war jetzt glücklich. Einige Jahre lang hatte er als Abgeordneter Bussetos sogar einen Sitz im Parlament inne. Anfangs, und zwar 1860, nahm er die Aufgabe ernst und besuchte jede Sitzung in Turin. Er beteiligte sich nicht an den Debatten, versuchte jedoch, einen Gesetzesentwurf zur staatlichen Unterstützung von Opernbühnen und Konservatorien durchzubringen. Bald aber begann das politische Geschäft ihn zu langweilen, und er fand wenig Gefallen an den Politikern, mit denen er ständig in Berührung kam. Während einer Sitzung in Turin amüsierte er sich einstens damit, eine Reihe parlamentarischer Zornesausbrüche bestimmter Abgeordneter zu vertonen. Man wüßte gern, was aus dem Manuskript geworden ist. Es würde sicher Spaß machen.

Verdi konnte von seinem Schlupfwinkel in Sant'Agata aus auch die Musikszene Italiens in Augenschein nehmen und sich seiner Rolle darin bewußt werden. In keiner Phase der Musikgeschichte ist eine Epoche und ein Land derart von einer einzigen Persönlichkeit beherrscht worden. Wagner in Deutschland, das Gegenstück zu Verdi in Italien, hatte wenigstens noch einen Brahms als Widerpart. Verdi hatte niemanden. Zwischen Donizettis Tod und dem Auftauchen Amilcare Ponchiellis in den siebziger Jahren des 19. Jahrhunderts gab es in Italien nur *einen* bedeutenden Komponisten, und das war Verdi (zwar komponierte Boito 1868 den eindrucksvollen *Mefistofele,* aber er war

Giuseppe Verdi: »Othello«. Gemälde von Degas.

272 Der italienische Koloß

und blieb tatsächlich ein Ein-Werk-Komponist). Keine andere italienische
Musik dieser Zeit hat überdauert. Die italienischen Opernhäuser führten zwar
jedes Jahr pflichtschuldigst neue Opern auf, aber die Werke selbst fielen nach
einigen wenigen Aufführungen unvermeidlich der Vergessenheit anheim. Man
nehme das Jahr 1869. Es gab neue Opern von Sampieri, Mancini, Ricci, Monti,
Petrella, Morales, Vera, Montuoro, Marchetti, Perelli, Vezzossi, Battista, Ger-
mano, Alberti, Seneke, Zecchini, Tancioni, Libani, Grondona und anderen.
Keinem einzigen dieser Komponisten gilt in irgendeiner Musikgeschichte auch
nur eine Fußnote. Nein; ungefähr dreißig Jahre lang gab es in Italien einen
Riesen und dann nichts mehr – nichts und niemanden mehr.

In seiner Zurückgezogenheit mag Verdi sich auch Gedanken über seine
Position im Verhältnis zu Wagner gemacht haben. Zweifellos müssen ihm
Wagners großartige Erfolge bei seiner ersten Bayreuther Festspielzeit im Jahre
1876 zu Ohren gekommen sein. Überraschend ist, daß die beiden Männer nie
zusammentrafen, denn beide waren viel auf Reisen, und beide erreichten ein
hohes Alter. Und sie waren die bedeutendsten und berühmtesten Opernkomponisten ihrer Zeit. Wagners Einstellung zu Verdi beruhte jedoch auf vollständiger
Indifferenz – ein Löwe, der eine Mücke verscheucht. Wagner muß einige Verdi-
Opern gehört haben, und doch findet sich in seiner gesamten weitläufigen
Korrespondenz praktisch kein Hinweis darauf, ausgenommen einige flüchtige
Bemerkungen im Sinne entrückten, olympierhaften Wohlgefallens. Verdi war
da viel freimütiger. Anscheinend hat er bis zum Jahre 1865, als er Bekanntschaft
mit der Ouvertüre zu *Tannhäuser* machte (die ihm nicht sehr gefiel), nie eine
Note von Wagner gehört. Später fand er einige Lobesworte für seinen Kontra-
henten, obwohl er den Wagnerismus verabscheute und sich von den Theorien
zur sinfonischen Entwicklung, die im Umkreis der Wagner-Opern entstanden,
gelangweilt fühlte. „Oper ist Oper", sagte er, „und Sinfonie ist Sinfonie."

Ein Vorwurf, der Verdi heftig irritierte, lief darauf hinaus, seine Opern des
„Wagnerismus" anzuklagen, und er tauchte fortgesetzt und immer häufiger
auf, in dem Maße, wie die Verdi-Opern länger wurden, sich als ausladender
instrumentiert und besetzt und gekonnter gegliedert erwiesen. Verdi bestand
darauf, daß es so etwas gab wie ein italienisches Temperament, und schaute
bestürzt drein, wenn junge Komponisten wie Arrigo Boito sich an einem
Kompositionsstil versuchten, in dem sich Elemente von Wagnerismus fanden.
Verdis Auffassung zufolge ahmten solche Komponisten Wagners Struktur,
Harmonik und leitmotivische Entwicklung nach, ohne ganz zu verstehen, was
sie da taten. „Wenn die Deutschen, von Bach bis Wagner, gelungene Opern
schreiben – gut und schön. Aber wir Nachkommen Palestrinas begehen ein
musikalisches Verbrechen, wenn wir Wagner nachahmen. Wir schreiben sinn-
lose, sogar schädliche Musik ... Wir können nicht wie die Deutschen komponieren oder sollten es jedenfalls nicht; und auch sie nicht wie wir ... Aber aus
Mode, Neuerungssucht, angeblicher Wissenschaftlichkeit unsere Kunst, unseren Instinkt, unser freies, spontanes, natürliches, sensibles, strahlendes Schaffen
zu verleugnen, ist albern und dumm." Und doch schrieb er, als er 1883 von

Wagners Tod erfuhr, an seinen Verleger: „Traurig, traurig, traurig! Wagner ist tot! Als ich gestern die Depesche las, war ich, das kann ich sagen, entsetzt. Diskutieren wir nicht. – Es ist eine große Persönlichkeit, die vergeht! Ein Name, der in der Geschichte der Kunst einen sehr mächtigen Eindruck hinterläßt!"

In der auf das Requiem für Manzoni folgenden Phase wurde allgemein angenommen, Verdi habe das Komponieren aufgegeben. Er ließ die Welt wissen, er werde nie wieder ein Bühnenwerk schreiben. Und er hätte sein Versprechen sicherlich gehalten, wäre er nicht eine enge Verbindung zu Arrigo Boito eingegangen.

Boito (24. Februar 1842 – 10. Juni 1918) war Literat und Komponist. Der Mehrzahl nicht-italienischer Musikliebhaber ist er als Verdis Librettist bei *Otello* und *Falstaff* bekannt. Andere schätzen ihn als den Komponisten von *Mefistofele*, seinem einzigen musikalischen Werk von einiger Bedeutung. In seiner Jugend aber war er, etwa um das Jahr 1865, einer der Jungtürken der italienischen Musik, und das, obwohl er beinahe nichts komponierte. Er war ständig zwischen Musik und Literatur hin und her gerissen und schwankte viele Jahre lang unentschieden, welcher Gattung er den Vorzug geben sollte. *Mefistofele*, 1868 komponiert und sieben Jahre später umgearbeitet, war seine einzige vollendete Oper. Er arbeitete an einer anderen mit dem Titel *Orestiade*, bot sie dem Publikum aber nie in öffentlicher Aufführung an. Eine dritte, *Ero e Leandro*, gedieh nur bis zum Libretto. Es bleibt *Nerone*, mit der sich Boito um 1862 zu befassen begann. Sein ganzes Leben lang arbeitete er an dieser Oper und hinterließ sie bei seinem Tode im Jahre 1918 unvollendet.

Und doch hatte Boito ungeheures Talent und vielleicht sogar Genie. War es die überwältigende Macht Verdis, die ihn niederhielt? Die beiden Männer trafen in den frühen sechziger Jahren zusammen. Als Boito zwanzig Jahre alt war und noch ganz unter dem frischen Eindruck seiner Ausbildung am Mailänder Konservatorium stand (wo man Großes von ihm erwartete), schrieb er den Text zu Verdis *Inno delle nazioni* (Hymne der Nationen). Aber die Beziehung zwischen den beiden blieb lange heikel. Verdi war notorisch empfindlich und verfiel auf die Vorstellung, Boito sei ihm feindlich gesonnen.

Diese Vorstellung rührte zweifellos von Boitos kritischen Schriften her, in denen er sich unablässig für eine Reform der italienischen Oper einsetzte. Boito war ein Intellektueller und einer der sehr wenigen Italiener seiner Zeit, die für Beethoven, Wagner und deutsche Musik warben. Er schrieb sehr ausführlich über die Notwendigkeit einer „wahren Form" in der Oper. Die Oper, wie sie in Italien praktiziert wurde, so Boito, war bloße schematische Arbeit. „Es ist die Zeit gekommen für einen stilistischen Wandel. Die Form, die in den anderen Kunstgattungen so umfassend entwickelt ist, muß sich auch in der unsrigen entwickeln." Boito dachte ganz im Sinne der Wagnerschen Oper, und für Verdi bedeutete das Verrat. Der italienische Geist würde sich, wie Verdi meinte, nie der deutschen Form und Metaphysik anpassen können. Und da Verdi von Donizettis Tod bis in die neunziger Jahre des 19. Jahrhunderts tatsächlich der einzige bedeutende Komponist italienischer Opern war, hätte sogar eine weniger sensible Persönlichkeit als Verdi gespürt, daß Boitos Angriffe gegen ihn gerichtet waren. In einem Brief an seinen Verleger Tito Ricordi murrte er: „Wenn auch ich, wie die anderen, den Altar beschmutzt habe, wie Boito sagt, so laßt ihn ihn säubern, und ich werde der erste sein, der eine Kerze anzündet."

Als dann 1868 *Mefistofele* seine Premiere an der Scala erlebte, waren unter den Zuhörern viele, die vor Zorn geradezu geladen waren. Im Widerspiel zwischen Boitos Bewunderern und Gegnern endete die Aufführung in jener Art Aufruhr, der den Herzen der gefühlsbetonten Romanen so teuer ist. Im Theater wurde gezischt, handgreifliche Auseinandersetzungen brachen aus, und auf den Straßen kam es zu Demonstrationen. Nach der zweiten Vorstellung untersagte der Polizeipräsident im Interesse der öffentlichen Sicherheit alle weiteren Aufführungen. Verdi hörte die Oper erst mehr als zehn Jahre später. Im Jahre 1879 besuchte er eine Vorstellung in Genua und hatte einige beißende Bemerkungen dazu vorzubringen: „Ich habe immer sagen hören und gelesen, daß der Prolog im Himmel wie aus einem Guß sei, ein Geniestreich ... und ich schien, als ich den nahezu völlig auf Dissonanzen beruhenden Harmonien jenes Gusses lauschte, bestimmt nicht ... gerade im *Himmel* zu sein."

Aber Verdi war grausam. Selbst zu ihrer Zeit waren die Harmonien von *Mefistofele* nicht sehr gewagt, obwohl es richtig ist, daß der Prolog eine durchaus originelle Konzeption ist. Boito strebte nach Höherem als Gounod in seinem zuckersüßen *Faust* von 1859. Gounod komponierte eine französische Serien-Oper, während Boito, seinen Zielen treu, sich um eine Art intellektueller Synthese bemühte, die beide Teile des Goetheschen Werkes verklammerte. Boitos Teufel ist keine Repertoire-Figur des Bösen. Er ist eine Elementarkraft, die ihrem Gegenspieler mit Würde entgegentritt. Bei seiner Beschäftigung mit neuen Opernformen nahm Boito die Bestrebungen der künftigen Ära teilweise vorweg. Der Prolog beispielsweise bedient sich der klassischen Form mit Scherzo und Trio als vorherrschenden Elementen. (Sehr viel später sollte Alban Berg mit *Wozzeck* eine Oper schreiben, in der klassische Formen – Variation, Sonate, Suite, Passacaglia, Invention – die eigentliche Grundlage darstellen, auf der die ganze Oper aufgebaut ist.) Boito war seinem gesamten Ansatz nach von Verdi grundverschieden, und wenn man in Rechnung stellt, daß er zur Zeit der Aufführung von *Mefistofele* erst sechsundzwanzig Jahre alt war, hätte man durchaus erwarten können, daß ihm die Welt gehörte, daß der große Verdi sich zu einem wirklichen Wettstreit bereitfinden müsse. Aber das sollte nicht der Fall sein. Boito, der nach Maßgabe einer derart eindrucksvollen Leistung eines so jungen Mannes aller Wahrscheinlichkeit nach zur Größe hätte aufsteigen können, legte in Wirklichkeit als Musiker die Feder hin. Er schrieb Beiträge zu intellektuellen Zeitschriften, er gab Unterricht, er wurde Direktor des Parmaer Konservatoriums, er schrieb Libretti (*La Gioconda* für Ponchielli stammt, wenn auch unter einem Pseudonym erschienen, von ihm), und er beschäftigte sich mit *Nerone*. Etwas in ihm blockierte seine musikalische Kreativität, und er hatte unter einer jener merkwürdigen Hemmungen in der Geschichte der Musik zu leiden. Er konnte keine Musik mehr schreiben, und gegen Ende seines Lebens war er unfähig, auch nur noch einen Brief abzufassen.

Das war der Mann, der Verdis unvergleichlicher Librettist werden sollte. Die Idee zu *Otello* reicht ins Jahr 1879 zurück. Bei einem Abendessen, zu dem Verdi und Boito als Gäste geladen waren, lenkte Giulio Ricordi (der die Nachfolge seines Vaters Tito als Leiter des Musikverlages angetreten hatte) die Unterhaltung auf Shakespeares Stücke, und Verdi reagierte genau so, wie Ricordi es sich erhofft hatte. Boito und Verdi wurden veranlaßt, sich zusammenzutun und die Möglichkeit einer Oper über den Othello-Stoff zu diskutieren. Verdi schien zuversichtlich, und Boito ließ alle anderen Arbeiten fahren, um ein Libretto liefern zu können. Noch im selben Jahr überreichte er es Verdi, der es beiseitelegte. Dann las er es erneut, machte einige Änderungsvorschläge, bekam ein neues Libretto und legte es wiederum beiseite. Schließlich machte er sich 1884, im Alter von siebzig Jahren, an die Arbeit. Jeder, der mit dem Projekt befaßt war, bewegte sich auf Zehenspitzen. Boito schrieb an Ricordi: „Ich habe gute Neuigkeiten für Sie, aber erzählen Sie um der Barmherzigkeit willen niemandem davon, nicht einmal Ihrer Familie, nicht einmal sich selbst. Ich fürchte, bereits eine Indiskretion begangen zu haben. Der Maestro ist bei der Niederschrift, er hat sogar wirklich schon ein Großteil vom Beginn des ersten Aktes zu Papier gebracht und scheint mit Inbrunst zu arbeiten." Auf dem Wege türmten sich einige Hindernisse auf. Boito mußte immer wieder manches neu- und umschreiben. Es kam zu einem ärgerlichen Mißverständnis, das aufgeklärt werden mußte. Schließlich erlebte die Oper am 5. Februar 1887 an der Scala ihre Erstaufführung, und der dreiundsiebzigjährige Komponist teilte sich mit seinem Librettisten in den Applaus.

In *Otello*, der größten seiner tragischen Opern, verschmolz Verdi alles, was er Zeit seines Lebens gelernt hatte, zu einer Einheit. Er verfügte über das beste Libretto, das ihm je anvertraut worden war, und er erweckte es mit einer selbst für ihn beispiellosen Mischung von Dramatik, Verzückung und Mitgefühl zum Leben. Es gibt keine einzige schwache Stelle in *Otello*, keine falsche Geste, nichts außer der Einheit von Wort, Handlung und Musik. Selbst normalerweise melodramatische Episoden wie Iagos „Credo" oder „Si, pel ciel", das Duett Iago-Otello, ordnen sich ganz natürlich der Entwicklungsbewegung des Dramas unter. Verdis musikalischer Antrieb hatte sich vertieft und bereichert. Das Liebesduett im ersten Akt ist ganz Inbrunst und Sinnlichkeit, zum Ausdruck gebracht in einer Musik, die selbst Inbegriff des Verlangens ist. Sie ist nicht die jubelnde Musik junger Liebender. Eher ist sie die strahlende Musik von Mann und Frau. Iagos Part bietet doppelgesichtige Musik: innig und hochstaplerisch oder subtil, einschmeichelnd und zerrüttend-giftig in eins. Der letzte Akt mit Desdemonas stillem „Salce, salce" und „Ave Maria" ist ganz und gar drohendes, mit den einfachsten Mitteln zum Ausdruck gebrachtes Verhängnis. *Otello* ist sehr viel mehr als eine Zusammenbündelung von Arien und Ensembles. Sie ist eine durchkomponierte Oper, bei der jedes Element sorgsam mit dem nächsten zur Einheit verbunden ist. Und Verdi hatte auch nie zuvor sein

276   Der italienische Koloß

Orchester mit solcher Meisterschaft behandelt. Es begleitet nicht einfach nur die Sänger. Es verleiht der Handlung Nachdruck, verweist auf die sich anbahnende Tragödie und beschreibt Gedanken und Gefühle der handelnden Charaktere. Häufig werden Motti und Figuren anstelle von Themen verwendet. *Otello* ist für die italienische, was *Tristan* für die deutsche Oper ist.

Dennoch ist *Otello* die logische Fortsetzung dessen, was Verdi von *Nabucco* über *La Traviata* und *Don Carlos* bis hin zu *Aida* verwirklicht hatte. Mit seiner letzten Oper tritt dagegen etwas Neues auf den Plan. *Falstaff* ist beinahe eine Laune, etwas, das die Biologen eine Abart nennen. Niemand hatte von Verdi erwartet, daß er noch eine Oper komponieren werde. Und selbst angenommen, es hätte eine weitere Oper gegeben: wer hätte schon eine Komödie vorhergesehen und überdies die untypischste Oper, die Verdi je geschrieben hat?

Falstaff ist eine Oper, die immer Bestandteil des Standardrepertoires gewesen ist, aber nie integraler Bestandteil. Die Musiker loben sie fortgesetzt in den höchsten Tönen. Das herkömmlicherweise mit dieser Oper in Verbindung gebrachte Wort ist „Geheimnis". Und doch hat sie die Einbildungskraft des Publikums nie so vollständig in Bann geschlagen wie *Otello* und die anderen. Die Zuschauer hören größtenteils höflich zu, in Erwartung von etwas, das sich ereignen soll, in Erwartung der großen Arien, die dann aber nie kommen. Die Oper ist immer eher ein *succès d'estime*, ein Achtungserfolg gewesen als irgend etwas sonst, sogar in Italien, wo Verdi ein Gott ist.

Zugegebenermaßen hat *Falstaff* nicht den unmittelbaren gefühlsmäßigen Reiz von *Otello* oder *Aida*. Verdis Gattin Giuseppina beschrieb sie als „neue Kombination von Dichtung und Musik". Sie war in der Tat neu. Nirgendwo in der Operngeschichte hatte es einen gleichwertigen Typus von Verdichtung gegeben, bei dem Text und Musik so eng miteinander verflochten waren. Worauf *Otello* lediglich verwiesen hatte – *Falstaff* löste es ein. Dahin die Arien, bei denen der Tenor an die Rampe tritt, ins Publikum starrt und es mit einem hohen C überwältigt. Dahin der große Rahmen. Dahin das Melodrama. Dahin die kräftigen Grundfarben. Stattdessen ist alles subtil, schnell vorüberhuschend, voll von Lichtstrahlen, spöttischem Gelächter und scherzhafter Laune. *Falstaff* ist ein Komentar zum Leben, die Summe einer Laufbahn, ein Scherz – und welch ein kultivierter! – mit einem Unterton von Trauer. Verdi wußte, daß dies seine letzte Oper sein würde. „Tutto è finito. Va, va, vecchio John ..."

Von Boito war Verdi dazu überredet worden, sich nach dem Erfolg von *Otello* dieser Aufgabe zu widmen. Im Jahre 1889 steckten die beiden Männer tief in der Shakespeare-Komödie. Der Durchfall von Verdis bis dahin einziger komischer Oper, *Un giorno di regno* von 1840, hatte ihn sein Leben lang auch weiterhin als wunder Punkt geschmerzt. Vielleicht nahm er die Arbeit an *Falstaff* in der Hoffnung in Angriff, jene Schlappe wettmachen zu können. Und mochte er *Falstaff* im tiefsten Innern nicht deshalb begonnen haben, um der Welt zu zeigen, daß Wagner kein Monopol auf das Musikdrama hatte, daß auch ein anderer Komponist eine Oper mit ständiger Melodie und innerer Entwicklung schreiben konnte – aber auf italienische und nicht auf deutsche Art und Weise? Jedenfalls arbeitete Verdi an *Falstaff* mit großer Hingabe. Er beschönigte das zwar und gab vor, er arbeite nur zum Zeitvertreib daran. Mit beinahe achtzig Jahren könne er sich nicht mehr als zwei Stunden täglich mit der Oper abgeben. Aber das soll nicht heißen, daß er an *Falstaff* weniger als seine sonst übliche Sorgfalt gewendet hätte. Ganz von Anfang an tat er seine Pflicht. Vor der Lektüre von Boitos erstem Entwurf las er die drei *Heinrich IV.*-Stücke und die *Merry Wives of Windsor*. Dann arbeitete er sorgfältig Boitos Skizze durch und sorgte sich um den letzten Akt, der „trotz seines Anflugs von Phantasie trivial sein wird". Es kam zu einem Briefwechsel mit Boito, in dem Verdi sich tatsächlich sogar kokett gab und einigen symbolischen Widerstand gegen die Idee vorbrachte, noch eine Oper zu schreiben. War er für eine solche Aufgabe nicht zu alt? Würde er lange genug leben, um sie zu Ende zu bringen? Boito schob diese Einwände als „nicht stichhaltig und keine Hindernisse für ein neues Werk" beiseite.

Ein Brief Verdis an Boito von 1889 ist hier von Interesse. „Ihr arbeitet, wie ich hoffe? Das Merkwürdigste ist, daß ich auch arbeite. Ich vergnüge mich damit, Fugen zu schreiben. Ja, Herr, eine Fuge – und eine komische Fuge." Diese Äußerung muß sich auf den Schluß der Oper beziehen. Also hatte Verdi, der alte Schelm, bereits das Ende von *Falstaff* vor Augen. Im März 1891 war er von dem fetten Sir John völlig in Anspruch genommen. „Der Dickwanst spielt verrückt. Es gibt Tage, an denen er sich nicht regt, sondern nur schläft und schlechter Laune ist. Zu anderen Zeiten schreit er, läuft und springt herum und macht einen wahren Teufelsspektakel. Ich lasse ihn seinen Launen gegenüber etwas Nachsicht üben. Wenn er aber so weiter macht, kriegt er einen Maulkorb und eine Zwangsjacke angelegt."

Die Uraufführung fand am 9. Februar 1893 in der Scala statt. Das Werk war natürlich ein Erfolg. Verdi genoß eine derartige Verehrung, daß jede Oper von ihm begeistert aufnommen worden wäre. Die Premiere wurde von bekannten Persönlichkeiten aus ganz Europa besucht, ebenso die kurz darauf folgende Aufführung in Rom. Die Kritiker schrieben fachkundige Rezensionen. Viele von ihnen fragten sich, ob eine Oper, die sich so deutlich vom Wege klar gegliederter und eingängiger Melodien entfernte, je das Publikum anziehen werde. Aber die Kritiker waren auch von der Durchsichtigkeit der Schreibweise, vom Witz der Musik und von der in jedem Takt offenbar werdenden technischen Meisterschaft hingerissen. Die Schatten Mozarts (*Figaro*) und Wagners (*Meistersinger*) wurden beschworen, wie sie das bis heute werden. Denn *Falstaff* ist die dritte in dieser Dreieinigkeit großer komischer Opern und steht den beiden anderen in keiner Weise nach.

Im Jahre 1893 sah George Bernhard Shaw, der Musikkritiker der Londoner Zeitung *World*, die Partitur von *Falstaff* durch und brachte einige Anmerkungen dazu vor:

> „Mir sind hier und da Überraschungsrufe über die angebliche Offenbarung einer ‚bisher ungeahnten' Kraft des Humors des greisen Tragödienkomponisten

im *Falstaff* aufgefallen. Das muß wohl die Folge der riesigen Beliebtheit sein, die erst *Il Trovatore* und dann *Aida* hierzulande errungen haben. Zugegeben, diese Opern sind von komischen Entspannungen völlig unberührt; aber wie steht es mit dem *Maskenball* mit seinem so überaus leichtherzigen *È scherz' od è follia* und dem Finale zum zweiten Akt, wo Renato spöttisch zu seiner ehelichen Tugend beglückwünscht wird ... So töricht dieses tragikomische Quartett mit Chor auf unseren armseligen Opernbühnen auch immer mißhandelt wurde, verstehe ich dennoch nicht, wie ein Mensch, der es kennt, Verdis Begabung für dramatischen Humor abzuleugnen vermag."

Shaw mag über den Humor im *Falstaff* nicht allzu überrascht gewesen sein, aber das Publikum blieb verwirrt. *Falstaff* hat zwar Arien und Ensembles, aber sie folgen einander so rasch, daß sie, wenn der Zuhörer gerade Gefallen daran zu finden beginnt, auch schon vorüber sind. Falstaffs „Quand'ero paggio" dauert dreißig Sekunden – die ganze Arie. Das Duett zwischen Nanetta und Fenton nimmt anderthalb Minuten in Anspruch (obwohl es später wiederholt wird). Wunderbare melodische Einfälle scheinen so rasch unterzugehen, wie sie eingeführt werden. Es mutet beinahe so an, als ob Verdi eine Art musikalischer Kurzschrift schriebe. Als Folge davon vermittelt *Falstaff* vielen Zuhörern den Eindruck einer Oper ohne Entwicklung, ohne jeden festen Anhaltspunkt.

Was der Zuhörer aber wirklich wahrnimmt, wenn er sich auf *Falstaff* einläßt, ist, daß die Oper nicht nur von Anfang bis Ende durchgehend melodisch ist, sondern auch voller melodischer Anspielungen und Beziehungen steckt. Die thematischen Querverbindungen in *Falstaff* sind mit Händen zu greifen, und eben das verleiht dem Werk seine außerordentliche Einheitlichkeit. Wenn Alice bei ihrem ersten Auftritt ihr „Escivo appunto" singt, wird sie von einem kleinen, sechstönigen Motiv begleitet, das dann sofort fallengelassen wird – aber nur, um einen Akt später an auffälliger Stelle wiederaufzutauchen, wenn die Worte „Dalle due alle tre" fallen. In dem Maße, wie man mit dem der Musik vertraut wird, treten solche Querverbindungen deutlich hervor.

Das Orchester spielt in *Falstaff* eine bedeutsamere Rolle als in irgendeiner anderen Verdi-Oper, *Otello* eingeschlossen. In *Otello* beruht die vokale Struktur in der Hauptsache auf dem Gesang, in *Falstaff* dagegen auf einer Mischung von Gesang und Sprechgesang *(parlando)*. Aber wenn die Gestalten in *Falstaff* im *parlando*-Stil agieren, nimmt das Orchester die Melodielinie auf oder bringt es irgendwie fertig, die Handlung zu ergänzen. Nirgendwo wird das besser veranschaulicht als in Falstaffs „Onore"-Monolog. Sänger und Orchester sind hier eins. Wenn sich Falstaff zu seinem „Che ciancia! Che baja!" versteigt, lacht das Orchester auf einem Triller mit: einem Triller von allen Streichern und tiefen Bläsern. Dann beginnen, als ob sie plötzlich aufwachten, unvermittelt auch die Oboen, Klarinetten und Fagotte zu trillern, und zwar allein. Wenn man merkt, was da vor sich geht, ist der Effekt unbeschreiblich witzig. Wenn Falstaff gegen Ende der Szene dann seine wertvollen Gefolgsleute verjagt, hat das Orchester wiederum das letzte Wort. Erneut ist ein Triller zu hören, aber was für ein Triller! Ein grobes Pferdegewieher, ein musikalischer Buhruf, wenn das Orchester Falstaff und die gesamte Welt lächerlich macht.

Überall lauern in *Falstaff* Überraschungen, und die größte bleibt bis zum Schluß aufgespart. Die Oper endet mit einer Fuge. Diese Entwicklung hatte sich bereits seit langem abgezeichnet. *Aida* beispielsweise hat einen ungewöhnlich hohen Anteil an polyphonen Strukturen. Aber in keiner anderen Verdi-Oper findet sich eine vollentwickelte Fuge, und es liegt eine gewisse Symbolik darin, daß der alte Verdi seine größte und revolutionärste Oper mit einer der ältesten und strengsten musikalischen Formen abrundete. Aber diese Fuge hat nichts Strenges an sich. „Alles ist Spaß auf Erden", singen die Personen, ihre Stimmen mehr und mehr erhebend, bis sie in jähem Überschwang abbrechen. Verdi hat seinen kleinen Spaß gehabt.

Obwohl *Falstaff* den Zyklus seiner Opern beschließt, war Verdi mit dem Komponieren noch nicht fertig. Er schrieb ein *Te Deum* und schloß vier geistliche Werke ab (von denen zwei bereits vor dem *Falstaff* entstanden waren), die später unter dem Titel *Quattro pezzi sacri* veröffentlicht wurden. Boito drängte ihn ständig, eine weitere Shakespeare-Oper zu schreiben. *Antonius und Kleopatra? König Lear?* Sein Leben lang hatte Verdi mit der Idee gespielt, den *Lear* zu vertonen. Giuseppina wehrte alle Bittsteller ab. „Verdi ist zu alt, zu erschöpft." So war Giuseppina, die im Jahre 1897 starb. Als Verdi davon Kenntnis erhielt, stand er aufrecht und stumm da und weigerte sich, Platz zu nehmen. Den Großteil seiner verbleibenden Jahre verbrachte er in Sant'A-gata; gelegentlich aber reiste er nach Mailand, um mit Boito und den anderen alten Freunden zusammenzutreffen. In Mailand erlitt er einen Schlaganfall, siechte eine Woche lang bewußtlos dahin und starb am 27. Januar 1901. Mehrere Monate später beschrieb Boito in einem Brief an einen Freund Verdis letzte Stunden: „Armer Maestro, wie tapfer und umgänglich er bis zum letzten Augenblick war! Keine Frage; der alte Schnitter machte sich mit einer übel zugerichteten Sense davon ... Jetzt ist alles vorbei. Er schläft wie der König von Spanien in seinem Escorial, unter einer Bronzeplatte, die ihn vollständig bedeckt."

Richard Wagner (1813–1883).

18. Kapitel

Richard Wagner
Der deutsche Koloß

Wenn Beethoven die Musik der ersten Hälfte des 19. Jahrhunderts beherrschte, so stand die zweite im Zeichen Wagners. Die Wagnersche Oper veränderte nicht nur den Verlauf der Musikgeschichte. Wagner selbst hatte darüber hinaus etwas Messianisches, einen Grad von Größenwahn, der an wirkliche Geisteskrankheit heranreichte und die Vorstellung vom Künstler als Helden in einem bisher nie gekannten Maße zur Geltung brachte. Er war klein, nur etwa 1,65 Meter groß, strahlte aber Kraft, Selbstbewußtsein, Unnachgiebigkeit und genialische Begabung aus. Amoralisch, hedonistisch, selbstsüchtig, rassistisch bis zur Gehässigkeit, arrogant, vom Evangelium des Übermenschen (der natürlich Wagner selbst war) und von der Überlegenheit der deutschen Rasse durchdrungen, steht er als Beispiel für alles ein, was der menschliche Charakter an Unangenehmem zu bieten hat.

Kein Komponist verlangte je derart viel von der Gesellschaft, und Wagner war in bezug auf seine Bedürfnisse gänzlich schamlos. „Ich bin anders organisiert, habe reizbare Nerven; Schönheit, Glanz und Licht muß ich haben! Die Welt ist mir schuldig, was ich brauche! Ich kann nicht leben auf einer elenden Organistenstelle wie Ihr Meister Bach." Sein Egoismus grenzte an Wahnsinn. Er dachte sich nichts dabei, einem jungen Mann, den er kaum kannte, zu schreiben und ihn um Geld zu bitten.

„Mir diese Summe zu verschaffen wird auch Ihnen schwerfallen; möglich aber, wenn Sie *wollen* und Opfer nicht scheuen, wird es Ihnen jedenfalls sein. Dies aber verlange ich ... So zeigen Sie, ob sie ein rechter Mann sind!" Darauf folgt ein verführerischer Anreiz: „Sind Sie dies für mich, ... so treten Sie mir durch Ihre Hülfe dann sehr nahe, und Sie müßten sich dann gefallen lassen, nächsten Sommer auf einem Ihrer Güter, am liebsten im Rheingau, für etwa drei Monate mich bei sich aufzunehmen." Der junge Mann, Robert von Hornstein, weigerte sich, Wagner das Geld zu geben, der darüber baß erstaunt war. Wie konnte ein solcher Schwachkopf es ablehnen, einen Mann wie ihn zu unterstützen? Er schickte Hornstein eine Notiz und kündigte ihm den Kontakt für immer auf: „Es wird sich wahrscheinlich auch wohl schwerlich der Fall „ereignen, daß ein Mann meinesgleichen sich wieder an Sie wendet ..."

Kein anderer Komponist und wohl nur wenige Menschen überhaupt haben Wagners Sendungsbewußtsein gehabt. „Ich lasse mich ohne Furcht von meinem Instinkt leiten. Die unglaubliche Arbeit der Wiederaufnahme und Vollendung der *Nibelungen* geht wirklich vor sich ... Wem das Werk endlich einmal zum Studium vorliegen wird, der mag es dann schwer zu begreifen haben, wie eine solche Ausführung möglich war." So anmaßend war Wagners Selbstbewußtsein, daß es wohl nicht übertrieben ist, wenn man vermutet, daß er sich insgeheim für einen Gott hielt, der von geheimnisvollen Mächten zur Erde herabgesandt worden sei. Er sammelte Schüler um sich und schrieb heilige Werke in Wort und Musik (diese Heiligen Schriften sollten später in zehn umfangreichen Prosa- und weiteren zwanzig Briefbänden gesammelt werden). Er veranlaßte, daß in Bayreuth ein Tempel erbaut wurde, in dem *seine* Werke zelebriert und *er* selbst verehrt werden konnten. Er vertrieb alle daraus, die sich seiner Gottähnlichkeit nicht beugten.

Richard Wagner wurde am 22. Mai 1813 in Leipzig geboren. Seine Herkunft ist zum Teil in mysteriöses Dunkel gehüllt. Es gibt manche Anhaltspunkte dafür, daß sein leiblicher Vater ein Schauspieler namens Ludwig Geyer war. Indirekte Indizien legen die Vermutung nahe, daß Geyer Jude war. Möglicherweise werden die wirklichen Fakten nie ans Licht kommen. Jedenfalls starb sein leiblicher Vater, als er erst ein halbes Jahr alt war, und im darauffolgenden Jahr heiratete seine Mutter jenen Geyer. Die Familie zog nach Dresden um, wo Richard auch die Schule besuchte. Von Kindheit an war er von Schauspielern, Musikern und Malern umgeben, aber er zeigte keinerlei ungewöhnliche Begabung in irgendeiner Richtung. Erst im Alter von fünfzehn Jahren, als er Beethovens Neunte Sinfonie und den *Fidelio* hörte, entschloß er sich, Komponist zu werden. Die Neunte Sinfonie scheint ihn aufgerüttelt und damit das gesamte verborgene musikalische Ferment freigesetzt zu haben, das in ihm schlummerte. „Die letzte Symphonie Beethovens", schrieb er, „ist die Erlösung der Musik aus ihrem ureigensten Elemente heraus zur *allgemeinsamen* Kunst. Sie ist das *menschliche* Evangelium der Kunst der Zukunft. Auf sie ist kein *Fortschritt* möglich, denn auf sie unmittelbar kann nur das vollendete Kunstwerk der Zukunft, das *allgemeinsame* Drama, folgen, zu dem Beethoven uns den künstlerischen Schlüssel geschmiedet hat."

Als Wagner sich im Alter von fünfzehn Jahren entschloß, Komponist zu werden, war er ohne jede musikalische Ausbildung. In gewisser Hinsicht entwickelte er sich autodidaktisch, und wie vielen Komponisten, die Autodidakten waren oder erst spät im Leben zur Musik gefunden hatten, fehlten ihm immer bestimmte Eigenschaften, die gewöhnlich für grundlegend gehalten werden. Wie Berlioz konnte er kein Instrument im professionellen Sinne spielen. Sogar als er später sich rühmen konnte, Dirigent und großer Komponist zu sein, war sein Klavierspiel doch wenig mehr als ein Herumklimpern, und er räumte ein, daß er nur ein mittelmäßiger Partiturspieler war. Diese Mängel glich er durch Instinkt und eine tiefe Musikalität aus. Als Jugendlicher erhielt er einige Unterrichtsstunden in Harmonielehre bei einem Leipziger Musiker; er lernte jedoch weitaus mehr in den Stunden, die er allein mit dem Studium der Partituren von Beethovens Sinfonien verbrachte. Dann begann er zu komponieren. Seine Frühwerke zeigen keinerlei Talent, und von allen großen Komponisten war er derjenige, der sich am spätesten entwickelte.

Im Jahre 1831 studierte er kurze Zeit an der Universität Leipzig, wo er durch sein zwanghaftes, unaufhörliches Reden, seinen Dogmatismus, seine Trunk-

und Spielsucht Aufsehen erregte. Unterschwellig aber gärte in ihm jener gewaltige Fundus von Musikalität, der, ständig steigend, schließlich überquellen sollte. Bald wurde alles andere zugunsten der Musik aufgegeben. Wagner kam schließlich zu dem Entschluß, er brauche jetzt fachliche Zucht, und 1831 studierte er bei Theodor Weinlig, dem Kantor der Thomasschule. Weinlig brach den Unterricht ab, weil er, wie er sagte, Wagner in Harmonielehre und Kontrapunkt nichts mehr beibringen konnte. Wenn Wagner sich einmal auf etwas konzentrierte, so lernte er mit erstaunlicher Raschheit. Soweit bekannt, bildete die kurze Zeitspanne, die er bei Weinlig verbrachte, seine einzige berufliche Ausbildung. Kein großer Komponist hat weniger formalen Unterricht genossen. Als Weinlig ihn entließ, begann Wagner unverzüglich mit der Komposition einer Reihe von Werken – die meisten davon akademische Jugendarbeiten –, darunter eine Klaviersonate und eine Sinfonie. Er begann auch eine Oper mit dem Titel *Die Hochzeit*, führte sie aber nie zu Ende; 1833 entstanden jedoch *Die Feen*, und damit nahm Wagners Laufbahn als Opernkomponist ihren Anfang. (*Die Feen* wurden zu seinen Lebzeiten nie aufgeführt und erlebten erst 1888 ihre Premiere.) 1834 begann Wagner eine Reihe polemischer Schriften zu veröffentlichen. Er schrieb einen Aufsatz zum Lob des französischen Stils der Opernkomposition („leicht ... Gesangsschönheit"), dem er den Vorzug vor dem deutschen gab („zu geistig und viel zu gelehrt"). Von dieser Vorstellung geleitet, schrieb er ein auf Shakespeares *Maß für Maß* beruhendes Libretto, gab ihm den Titel *Das Liebesverbot* und begann mit der Komposition der Musik. Gegen Ende des Jahres übernahm er die Stellung des Musikdirektors einer Magdeburger Theatertruppe. Jetzt hatte er Fuß gefaßt. Seinem beruflichen Aufstieg stand nichts im Wege.

In Magdeburg legte er sich einen Lebensstil zurecht, der sich später als sein ureigenster erweisen sollte. Er geriet in gewaltige Schulden, machte sich viele Feinde und versuchte, dem Musikleben der Stadt und der Truppe seinen Willen aufzuzwingen. In Magdeburg verliebte er sich auch in eine Schauspielerin der Truppe, Minna Planer, und er erschreckte sie durch die Intensität seiner Zuneigung. Er steckte voller Pläne. Er würde sie heiraten; seine Oper *Das Liebesverbot* würde ein großer Erfolg werden und seine Schulden auf einmal tilgen; es war ihm eine Stellung als Musikdirektor der Opernbühne in Riga angeboten, wo er sich großes Ansehen erwerben würde. *Das Liebesverbot* wurde 1836 uraufgeführt und fiel durch. Dennoch heirateten Wagner und Minna Planer im November desselben Jahres. Sie lebten in Königsberg, wo Minna ein Engagement hatte. Wagner häufte weitere Schulden an. Seine Gläubiger in Magdeburg verfolgten ihn bis nach Königsberg. Das beunruhigte wiederum seine Königsberger Gläubiger, die ebenfalls ihre Forderungen geltend machten. Minna war dieser Situation nicht gewachsen. Sie verließ ihn, um zu ihren Eltern nach Dresden zurückzukehren. Glücklicherweise erhielt er die Anstellung in Riga, und Wagner siedelte im September 1837 dorthin über, während Minna ihm später folgen sollte.

Das Grundmuster seines Lebensstils wiederholte sich in Riga. Wagner

284   Der deutsche Koloß

begann mit der Arbeit an einer neuen Oper, die ihn berühmt machen würde. Das war *Rienzi*, dem Vorbild der großen Prunkoper nachgestaltet, wie es Meyerbeer aufgestellt hatte. Wieder wurden Schulden aufgehäuft, wieder machte er sich Feinde. Wagner versuchte dem Musikleben der Stadt neue Impulse zu geben und verlangte mehr Zeit für die Proben, eine Erweiterung des Repertoires und die Aufnahme von Sinfoniekonzerten ins musikalische Programm. Im Jahre 1839 wurde er entlassen. Er floh zu Schiff nach Frankreich (nach der Legende soll die Seereise ihm die Inspiration zum *Fliegenden Holländer* eingegeben haben), seine Gläubiger hinter sich lassend. Mit seiner Frau ließ er sich in Paris nieder, wo er bekannt zu werden versuchte. Meyerbeer empfing ihn, sah sich den ersten Akt von *Rienzi* an und stellte ihn wichtigen Mitgliedern des Pariser Musiklebens vor. Es geschah jedoch nichts, und bald ging den Wagners das Geld aus. Sie verpfändeten alles, und Wagner mußte sogar Gelegenheitsarbeiten annehmen. Ende 1840 legte er letzte Hand an *Rienzi* und begann mit der Arbeit am *Fliegenden Holländer*. Dann kamen gute Nachrichten. Auf Empfehlung des einflußreichen Meyerbeer sollte *Rienzi* an der Dresdner Oper zur Aufführung gelangen. Wagner mußte sich weitere Geldsummen borgen, um Paris verlassen zu können. Er sah völlig abgerissen aus, die Sohlen seiner Schuhe hatten Löcher, und er mußte zu Hause bleiben und am *Holländer* arbeiten. Schließlich gelang es ihm doch, Paris Lebewohl zu sagen und nach Dresden zu reisen, wo am 20. Oktober 1842 die Uraufführung stattfand. Wagner war sich durchaus dessen bewußt, wieviel auf dem Spiel stand, und schwebte am Premierenabend in tausend Ängsten. Heinrich Heine, der ebenfalls anwesend war, schickte einen Bericht nach Paris. Wagner, so Heine, „sah aus wie ein Geist; er lachte und weinte gleichzeitig und umarmte jeden, der in seine Nähe kam, während ihm die ganze Zeit der kalte Schweiß von der Stirne rann." *Rienzi* erwies sich als gewaltiger Erfolg, und Wagner gelangte schnell zu großem Ansehen. Das Dresdner Hoftheater sicherte sich unverzüglich die Rechte am *Fliegenden Holländer,* der Anfang 1843 uraufgeführt wurde, jedoch keinen so großen Eindruck wie *Rienzi* machte und es nur auf vier Vorstellungen brachte. Wagner hinterließ aber einen so nachhaltigen Eindruck, daß er zum Königlich Sächsischen Kapellmeister der Dresdner Oper (neben C. G. Reißiger) berufen wurde. Mit dem Gehalt, das er erhielt, wäre jedermann ausgekommen – nur nicht Wagner. Wie gewöhnlich war er unfähig, seine Einkünfte zusammenzuhalten, und gab weit mehr aus, als er verdiente. Überdies wurde er, als die Nachricht von seiner Ernennung zum Zweiten Kapellmeister sich verbreitete, von den Gläubigern seiner früheren Aufenthaltsorte – Leipzig, Magdeburg, Königsberg, Riga und Paris – bedrängt.

Wagner machte sich mit seinen Amtspflichten vertraut und begann einige Opern des Dresdner Repertoires zu dirigieren. Unvermeidlich kam es zu neuen Mißhelligkeiten. Mit seinem Versuch, das „Anciennitätsprinzip" abzuschaffen, brachte er das gesamte Orchester gegen sich auf. Mit dem Experiment, so große Werke wie den *Don Giovanni* seiner inneren Vision entsprechend zu dirigieren, entfremdete er sich das Publikum. Das Dresdner Publikum war im *Don*

Richard Wagner und Cosima von Bülow, geb. Liszt, im Jahre ihrer Heirat (1870).

Giovanni an ruhige Tempi gewöhnt, und Wagners stürmischer Zugriff verwirrte die Hörer. Er wurde zurechtgewiesen und mußte, mit seinen eigenen Worten, versprechen, „nichts an der bisher gewohnten Interpretation von Tempo, usw. zu ändern, wenn ich ältere Opern dirigiere, selbst wenn das gegen mein künstlerisches Gewissen verstößt". Aber dafür gab es Entschädigungen. In Dresden fand er sich bewundert und geachtet und begann eine neue Oper zu schreiben, *Tannhäuser,* deren Libretto er 1843 und deren Paritur er zwei Jahre später beendete. Die Uraufführung fand am 19. Oktober 1845 statt, und das Publikum war anfangs befremdet. Bald aber erfreute sich *Tannhäuser* großer Beliebtheit, und Wagner trug sich mit neuen Opernplänen, diesmal zum *Lohengrin.* In den beiden nächsten Jahren nahm *Lohengrin* allmählich Gesalt an, aber Wagners finanzielle Lage verschlechterte sich. Er war in verzweifelter pekuniärer Verlegenheit. Überdies überwachte er eine *Rienzi*-Aufführung in Berlin, die durchfiel. Das trug weiter zu seiner Verdüsterung bei.

Einige Jahre später geriet er auch in politische Schwierigkeiten. Vom Zusammenbruch der französischen Monarchie erregt und von den Theorien des Anarchisten Michail Bakunin beeinflußt, trat Wagner während des Aufruhrs in Dresden für die Revolutionäre ein. Es ist durchaus möglich, daß er aufrichtig an der Lage der Arbeiterklasse interessiert war. Vielleicht begrüßte er aber auch nur einen sozialen Umsturz, der die Kapitalisten hinwegfegte und damit auch automatisch seine gewaltigen Schulden beseitigte. In seinen Reden forderte er die Abschaffung des Geldes und die Beseitigung der Aristokratie; außerdem schrieb er aufrührerische Traktate: „Zerstören will ich die bestehende Ordnung der Dinge ... Darum auf, ihr Völker der Erde! auf, ihr Klagenden, ihr Gedrückten, ihr Armen!" Das Scheitern des Dresdner Maiaufstands 1849 zwang Wagner, der bis zur Amnestie von 1862 steckbrieflich verfolgt wurde, zur Flucht nach Weimar zu seinem Freund Liszt, einem der wenigen Musiker, die ihn ermutigt hatten. (Schumann und Berlioz fühlten sich zu Wagners Musik nie hingezogen.) Nach einem kurzen Aufenthalt in Weimar siedelte Wagner nach Zürich über. 1848 hatte er *Lohengrin* vollendet, und Liszt leitete 1850 die Uraufführung in Weimar, bei der Wagner nicht anwesend war. Er trug sich in Zürich mit neuen Projekten. Seine revolutionäre Phase war vorüber. Bald schrieb er abfällig über den „vulgären Egoismus der Massen".

Rienzi war eine gewaltige „Spektakeloper" gewesen. *Der fliegende Holländer, Tannhäuser* und *Lohengrin* hatten die deutsche Mythologie zum Gegenstand. Keine dieser Opern brachte gültig zum Ausdruck, was Wagner vorschwebte. Sechs Jahre lang verstummte er und arbeitete seine künstlerischen Theorien aus, indem er ein großes, auf dem *Nibelungenlied* beruhendes Libretto schrieb und eine Abhandlung nach der anderen veröffentlichte: *Die Kunst und die Revolution* (1849), *Das Kunstwerk der Zukunft* (1849), *Das Judentum in der Musik* (1850), *Oper und Drama* (1851), *Eine Mitteilung an meine Freunde* (1851).

Er entwickelte das Konzept einer alle Gattungen einbeziehenden Kunst, des *Gesamtkunstwerks,* und kam zu dem Schluß, alle große Kunst müsse auf der

Mythologie beruhen. Bereits 1844 schrieb er: „Wenn es die heutige Aufgabe des dramatischen Dichters ist, die materiellen Interessen unserer Zeit vom moralischen Standpunkte aus zu läutern und zu vergeistigen, so ist dem Operndichter und Komponisten überlassen, die ganze heilige Poesie, wie sie uns aus den Sagen und Geschichten der Vorzeit anweht, in dem ganzen ihr eigenen Dufte hervorzuzaubern. Darüber hinaus meinte er, daß „Gott und Götter die ersten Schöpfungen der poetischen Kraft des Menschen" seien. Der Mythos war somit der ideale Stoff, aus dem sich Dichtung machen ließ. Es war erforderlich, auf eine vorchristliche Zeit zurückzugreifen, denn das Christentum hatte den *Mythos* verwässert. „Durch die Übernahme des Christentums hatte das Volk alles wirkliche Verständnis für die originären, vitalen Beziehungen des Mythos eingebüßt."

Wie aber zum *Mythos* zurückfinden? Welche Art von Sprache war da zu verwenden? Wagner folgerte, daß eine neue Art von „Rede" geschaffen werden müsse. Der Dichter mußte den *Stabreim* benutzen, ähnlich der in den Sagas anzutreffenden Poesie. Hier handelt es sich um eine in hohem Maße alliterierende Form von Dichtung, die sich der „Verwandtschaft der Vokale" bediente. Bald schrieb Wagner in seinem *Nibelungen*-Libretto Texte wie den folgenden:

> „Mächt'ger Müh'
> müde nie,
> stauten starke
> Stein' wir auf;
> steiler Turm,
> Tür und Tor,
> deckt und schließt
> im schlanken Schloß den Saal."

War das Sprachproblem einmal gelöst, mußte die Musik in ähnlichem Sinne behandelt werden. Die Musik mußte aus dem Libretto erwachsen. Es durfte keine Anbiederung beim Publikum, keine vokale Zurschaustellung um ihrer selbst willen, kein Arien- und Ensembleschema geben, bei dem die Handlung zum Stillstand kam. So konnten Leitmotive als organisierende Kräfte benutzt werden. Leitmotive sind kurze, deskriptive, wandlungsfähige Motti, die Charaktere oder psychische Verfassungen beschreiben. Diese Leitmotive wurden einem Prozeß der fortgesetzten Bearbeitung und gleichsam symphonischen Entwicklung unterworfen. (Debussy sollte sich später darüber lustig machen, daß das „Leitmotiv-System eine Welt harmloser Irrer vermuten läßt, die einander ihre Visitenkarten vorweisen und singend ihre Namen ausrufen".) Weil dieser Kompositionsstil keinen Einschnitt für Arien bietet und damit kein Gefühl der Überleitung gibt, wie es in früheren Opern üblich war, begann sich die Vorstellung von Wagners „Melodie" durchzusetzen. Es war sein Ziel, ungebunden fließende dramatische Handlung in ungebunden fließender Musik zum Ausdruck zu bringen, und bereits bei *Lohengrin* war er erfreut, darauf hinweisen zu können, daß er an keiner Stelle der Oper das Wort *Rezitativ* über eine Passage geschrieben habe. Die Sänger sollten gar nicht wissen, ob es da irgendwelche Rezitative gibt.

Vor allem fiel die neue Verwendung des Orchesters ins Gewicht. Mehr als jeder andere Komponist der bisherigen Musikgeschichte machte Wagner das Orchester zum gleichwertigen Partner des Dramas. Gerade in Wagners großem, volltönend instrumentierten Orchester wird ein Großteil der Handlung der Oper erklärt, werden psychologische Wandlungen der Charaktere, ihre Motivationen, Triebe, Begierden, Regungen von Liebe und Haß hervorgehoben. Die Sänger mußten lernen, sich gegen ein Opernorchester dieser vorher beispiellosen Größe durchzusetzen. Im Verlauf der zweiten Jahrhunderthälfte gab es große Auseinandersetzungen um Wagner und die menschliche Stimme. Manche Berufsmusiker jammerten darüber, daß Wagner mehr noch als Verdi und Meyerbeer die Sänger erniedrigte, weil er ihnen solch „unnatürliche" Forderungen auferlege. George Bernard Shaw ergriff Wagners Partei, wenn er darauf hinwies, daß Verdis Angewohnheit, l,das obere Fünftel des Umfangs einer außergewöhnlich hohen Stimme zu benutzen und dieses Fünftel als normalen Aktionsradius einzusetzen, sehr viel damit zu tun hat, daß der italienische Sänger heute der schlechteste der Welt ist". Wagner dagegen, so Shaw, benutzte den gesamten Stimmumfang, mit dem Ergebnis, daß Wagner-Sänger „heute die besten der Welt sind".

Wagner erarbeitete während seiner Zürcher Jahre nicht nur die Grundzüge des Gesamtkunstwerks, sondern wandelte dabei auch seinen Kompositionsstil. Bis dahin hatte seine Musik zu rhythmischer Geradlinigkeit geneigt; mit *Tristan und Isolde* und dem *Ring*-Zyklus aber begann sich eine Art von Rhythmik Bahn zu brechen, die mehr von der Phrase als vom Taktstrich abhängig war. Überdies gerieten Wagners harmonische Ideen zunehmend chromatischer, und die Tonartbeziehungen begannen sehr vage zu werden. Wagner war ein Eklektiker, der die Techniken der Frühromantik synthetisierte und bestimmte Vorstellungen der Orchesterbehandlung von Berlioz verwertete. Webers Opern, insbesondere der *Freischütz,* spielten eine bedeutende Rolle in Wagners abschließender Synthese. Harmonische Ideen übernahm er von Chopin, Mendelssohn und vor allem von Liszt, und bis zu einem gewissen Maße war er sogar von Spontini und Meyerbeer beeinflußt. Überdies gab es die übergreifende ethische Idee, wie sie in Beethovens Spätwerken vorausgesetzt war. Wagner verschmolz alle diese Einflüsse zu etwas ihm ganz Eigenen und schuf sich seine spezifische Welt, eine Welt des Mythos, die er mit der fortgeschrittensten Musik der Zeit erfüllte. Interessant ist festzuhalten, daß er selbst seine Theorie des Gesamtkunstwerks nicht umfassend verwirklichte. Am nächsten kommt ihr *Das Rheingold,* während *Die Meistersinger* gegen die Mehrzahl seiner eigenen Regeln verstoßen. Wenn eine musikalische Idee Wagners mit seiner Theorie des Musikdramas kollidierte, so behielt immer die Musik die Oberhand über die Theorie. Die drei „wagnerischsten" Opern, die der Vorstellung des Gesamtkunstwerks wie sie Wagner entwickelte, am genauesten entsprechen, sind in Wirklichkeit Verdis *Falstaff,* Debussys *Pelléas et Mélisande* und Bergs *Wozzeck.*

Seit *Rienzi* waren Wagners Opern der Gesprächsstoff ganz Europas. Verdis Opern waren beliebter, aber es gab einen bedeutsamen Unterschied. Die Verdi-Opern übten keinen erregenden Reiz auf die Avantgarde aus und spalteten auch nicht das Publikum. Wenn aber eine Wagner-Oper aufgeführt wurde, kam es im allgemeinen zu großem Aufruhr und leidenschaftlichen Polemiken. Die berühmten Verdi-Melodien mögen in aller Munde gewesen und von allen *gepfiffen* worden sein; Wagners Opern dagegen wurden ständig *beredet* – ob mit Herabwürdigung oder Bewunderung, ob mit Geringschätzung oder Lobpreisung, aber immer waren sie im Gespräch. Man wurde gewahr, daß Wagner eine elementare musikalische Kraft war – eine zerstörerische Kraft für die einen, die letzte Hoffnung der Musik für die anderen. Der Impresario Max Maretzek spottete über den Tumult: „Ich diskutiere nie über Politik, Religion oder Wagner. Das erregt nur böses Blut und führt zu Streitigkeiten." Nicht nur Wagners Musik war Gegenstand hitzig geführter Auseinandersetzungen. Auch seine Prosaschriften fanden weite Verbreitung, wurden bereits in den fünfziger Jahren des 19. Jahrhunderts sogar in Amerika gelesen, unverzüglich übersetzt und in *Dwight's Journal of Music* veröffentlicht. Liszt und seine Anhänger rührten eifrig die Werbetrommel für Wagner, und die Konservativen glaubten, es sei eine internationale Verschwörung im Gange. Der belgische Musikwissenschaftler François Joseph Fétis beschrieb 1855 das Phänomen der Anti-Wagner-Strömung folgendermaßen:

> „... Vor nur wenigen Jahren hat sich eine Partei zusammengefunden, die die Kühnheit hat, sich selbst als den Schöpfer der einzig wahren und vollendeten Kunst auszurufen, dergegenüber alles Vorhergehende bloße Vorbereitung gewesen sei ... Die Geringschätzung, die sie der Form entgegenbringen, erwächst aus der Schwierigkeit, die sie haben, ihr gerecht zu werden, ohne die Dürftigkeit ihrer Substanz preiszugeben. Unordnung, bloße Phrasen im Rohentwurf und ohne jede Konstruktion sind mehr nach ihrem Geschmack, weil für die Logik der Einfälle nichts lästiger ist als sterile und langweilige Eingebungen ... In Deutschland haben sie die Kontrolle von Zeitschriften übernommen, um den Triumph ihrer revolutionären Umtriebe sicherzustellen. Geradezu tödliches Schweigen herrscht in diesen Blättern in bezug auf die Werke von Musikern, die andere Wege einschlagen. Manche ernsthaften Kenner haben die öffentliche Meinung durch rationale Kritik dieses schändlichen Sozialismus aufzuklären versucht, sich aber kein Gehör verschaffen können. Jeder Zugang zur Presse ist ihnen versperrt geblieben. Es würde zu lange dauern, über alle die Mittel zu berichten, wie sie von den Brüdern und Freunden zur Verherrlichung ihres Oberhauptes benutzt werden: ihre Manöver zur Besitzergreifung von Theatern; ihre Lügen zur Vernebelung der Wahrheit, wenn die sich Gehör zu verschaffen sucht; ihre abgestimmten Pläne zur Anschwärzung und Ausmerzung aller, die nicht auf ihrer Seite stehen ..."

Die englischen Kritiker, angeführt von Henry Fothergill Chorley, waren besonders bösartig. Chorley verriß jede Wagner-Oper, die neu aufgeführt wurde. *Rienzi* nannte er „einfach Lärm". *Der fliegende Holländer* hinterließ bei ihm den „Eindruck wilder Gewalt und trübseliger Verschwommenheit". Über den *Tannhäuser* schrieb er, er sei „noch nie von einem anspruchsvollen Werk so verblüfft, angewidert, ja *beleidigt* (das Wort ist nicht zu stark) gewesen wie von eben diesem *Tannhäuser*. Ebenso sagte Chorley den „völligen Ruin" voraus, „der die Gesangskunst ereilen wird, wenn die Komponisten im Kielwasser ihres Idols [Wagner] mitschwimmen und, wie er, unter dem Vorwand der Wahrheit der Deklamation die Kantilene vollständig entwerten und verrohen lassen". Zum Schluß seiner Beschreibung des *Tannhäusers* aber sah Chorley dann doch noch einen Hoffnungsschimmer: „Es liegt jedoch Trost in dem Gedanken, daß man über Herrn Wagner in seiner besonderen Art schwerlich hinausgehen kann. Die Saturnalie züggelosen Mißklangs muß hier ihren Höhepunkt erreicht haben." Bedauerlicherweise rezensierte Chorley die späteren Opern nie. Sie hätten ihn fraglos zu unnachahmlichen „Prosaausbrüchen" angeregt. Die englischen Kritiker griffen Wagner, heftiger als alle anderen in Europa, fortgesetzt weiter an, sogar noch in den siebziger Jahren des 19. Jahrhunderts, als er seine Schlacht offenkundig bereits gewonnen hatte.

Während seines Exils zehrte Wagner in der Hauptsache vom Geld anderer Leute, häufig von dem für seine Musik empfänglicher Frauen. Julie Ritter und Jessie Laussot halfen ihm im Jahre 1850. (Er plante, Minna zu verlassen und mit der Laussot durchzubrennen, die davor jedoch zurückschrak und zu ihrem Gatten zurückkehrte). Zur Aufbesserung seiner Einkünfte war Wagner häufig als Dirigent tätig, und er erwies sich als einer der stärksten Impulse für die Dirigierpraxis seiner Zeit. Zu Beginn seiner Laufbahn war er Opernkapellmeister gewesen. Später leitete er nur noch Sinfonieorchester. Seine Interpretationen waren originell und sehr persönlich gefärbt, mit allem Nachdruck auf nunanciertem Spiel und voller Ausnutzung der gesamten dynamischen Skala. Durchaus kein Purist, ging es ihm immer mehr um den Geist als um den Buchstaben einer Partitur. Er war es auch, der das Konzept der fluktuierenden Tempi durchsetzte.

Die meisten Dirigenten seiner Zeit waren taktschlagende Vertreter der Schule Mendelssohns. Wagner ersetzte das bloße Taktschlagen durch ein Auf und Ab, eine Verlangsamung und Steigerung, durch eine ständige Variation des Tempos, das für Hörer des 20. Jahrhunderts wahrscheinlich äußerst exzentrisch klänge. Die eher klassische, verhaltene Dirigierpraxis eines Mendelssohn oder Berlioz würde sicherlich vorgezogen werden. Dennoch beherrschte Wagners Dirigierstil die zweite Hälfte des 19. Jahrhunderts. Die berühmtesten von Wagner ausgebildeten Dirigenten waren Hans Richter, Anton Seidl, Hans von Bülow, Felix Mottl und Hermann Levi. Der populärste Dirigent der Zeit war Artur Nikisch, der sich – obwohl er nicht von Wagner selbst angeleitet worden war – den Wagner-Opern doch geradezu verschrieben hatte. Seine erste große Berufung war dann auch die als Dirigent des Wagner-Repertoires. Erst mit dem Auftreten eher text- und werktreuer Dirigenten wie Felix Weingartner und Arturo Toscanini kam es zu einer Gegenreaktion. Doch setzte sich der Wagner-

Richard Wagner: »Lohengrin«. Lohengrin und Elsa am Hochzeitsabend.

292   Der deutsche Koloß

sche Typus des ganz auf seine persönliche Vision bauenden Dirigenten bis 1954 fort, als Wilhelm Furtwängler starb.

In seinem Schweizer Exil begann Wagner mit der Arbeit an den vier Opern des *Rings des Nibelungen*. Seine ursprüngliche Konzeption war eine Oper über den Tod Siegfrieds. Da es ihm unmöglich war, die Handlung in einer einzigen Oper unterzubringen, entschied er sich für einen Zyklus. Im Jahre 1852 beendete er das vollständige Libretto, und 1854 wurde *Das Rheingold* komponiert. 1855 unterbrach er die Arbeit am Ring, weil er nach London als Dirigent berufen wurde, aber es gelang ihm, die *Walküre* 1856 fertigzustellen. In diesen Jahren war Wagner in ein Liebeserlebnis mit Mathilde Wesendonck verstrickt, der Frau seines Freundes, des Großkaufmanns Otto Wesendonck, der auch ein Kunstfreund und freigebiger Gönner war. Das war eine Kombination, die Wagner sehr zusagte. Wagner war Mathilde 1852 begegnet; 1854 wurden sie ein Liebespaar. Sie inspirierte den Komponisten, während Wesendonck ihn mit Geld versorgte. Die Situation verschärfte sich, als Minna einen Liebesbrief abfing. Sie richtete bittere Worte an Mathilde: „Geehrte Frau! Mit blutendem Herzen muß ich Ihnen vor meiner Abreise noch sagen, daß es Ihnen gelungen ist, meinen Mann nach beinahe 22jähriger Ehe von mir zu trennen. Möge diese edle Tat zu Ihrer Beruhigung, zu Ihrem Glück beitragen." Die Beziehung aber begann zu verkümmern. Schließlich reiste Minna, die unter Herzbeschwerden litt, 1858 nach Dresden, dem Anschein nach zu ärztlicher Behandlung. Wagner ging nach Venedig und arbeitete dort an *Tristan und Isolde*. Er hatte die Beschäftigung mit dem *Ring*-Zyklus zeitweilig unterbrochen. Die Wesendonck-Affäre hatte ihm eine andere Art von Inspiration eingegeben, und der Schatten Mathildes schwebt über *Tristan*, den er 1857 in Angriff nahm. (In vielen Wagner-Opern gibt es autobiographische Elemente. Im *Ring* identifizierte sich Wagner mit Siegfried. Im *Fliegenden Holländer* nennt der erste Entwurf die Heldin noch Minna. Wagner änderte den Namen in Senta ab, und der Schluß liegt nahe, daß er spürte, Minna werde den Holländer [Wagner] nicht erlösen können. In den *Meistersingern* ist er Walther von Stolzing, während Beckmesser der Wiener Kritiker Eduard Hanslick ist. Nur unter großen Schwierigkeiten konnte man Wagner ausreden, die Figur Hans Lich zu nennen.)

Nichts von dem, was Wagner zuvor geleistet hatte, bot einen Hinweis auf das Opernwunder *Tristan und Isolde*. In der ganzen Musikgeschichte hatte es bisher keine Opernpartitur von vergleichbarer Größe, Intensität, harmonischer Fülle, massiger Instrumentierung, Sinnlichkeit, Kraft, imaginativer Weite und Klangfarbe gegeben. Die Eröffnungsakkorde von *Tristan* waren für die zweite Hälfte des 19. Jahrhunderts, was die *Eroica* und die Neunte Sinfonie für die erste gewesen waren – ein Durchbruch, ein neues Konzept. Und die Wirkungskraft der Oper ist noch immer ungebrochen. *Tristan und Isolde* ist ebenso häufig analysiert und psychoanalytisch erhellt worden wie *Hamlet* (über Wagner ist mehr geschrieben worden als über irgendeinen anderen Komponisten der Musikgeschichte, und *Tristan* nimmt einen bedeutenden Teil der Gesamtbibliographie ein). Die allerersten Akkorde des Vorspiels rufen mit ihrer harmonischen Unbestimmtheit bis auf den heutigen Tag Auseinandersetzung hervor, und die Analytiker diskutieren ihre „Schreibweise" im Sinne der Harmonielehre. Sind das Quarten oder Septen? Im *Tristan* werden die harmonischen Beziehungen bis zum Zerreißen überdehnt, und Musikwissenschaftler des 20. Jahrhunderts sehen in der Oper die Anfänge der Atonalität. Wagner behauptete, sich bei der Niederschrift in einer Art Trance befunden zu haben: „Mit voller Zuversicht versenkte ich mich hier nur noch in die Tiefen der inneren Seelenvorgänge, und gestaltete zaglos aus diesem intimsten Zentrum der Welt ihre äußere Form ... Leben und Tod, die ganze Bedeutung und Existenz der äußeren Welt, hängt hier allein von der inneren Seelenbewegung ab." Was in *Tristan*, der statischsten aller Opern und doch derjenigen, die am unerbittlichstem zu ihrem Untergang und Verfall beiträgt, geschieht, ist die Beschreibung innerer Zustände, mit einer Art von Kraft und imaginativer Größe, die Schicht und Schicht des Unbewußten freilegt. Sie hat geradezu Überfluß an Symbolen – an Symbolen des Tages, der Nacht, der Liebe, der Erotik, der Traumwelt, des Nirwana. Welche Bedeutung oder Bedeutungen ihr auch innewohnen mögen: *Tristan und Isolde* führt Mann und Weib zusammen und lotet ihre tiefsten Impulse aus.

Der Einfluß Schopenhauers war ein nachhaltiger Faktor zu *Tristan und Isolde*. Wagner begann in den frühen fünfziger Jahren mit der Lektüre des deutschen Philosophen, und Schopenhauers Ideen über Musik färbten weitgehend auf Wagners Denken ab. So ist die Musik, wie Schopenhauer schrieb, „da sie die Ideen übergeht, auch von der erscheinenden Welt ganz unabhängig, ignoriert sie schlechthin, könnte gewissermaßen, auch wenn die Welt gar nicht wäre, doch bestehen: was von den anderen Künsten sich nicht sagen läßt". Die Musik, fuhr er fort, „ist *Abbild des Willens selbst,* dessen Objektivität auch die Ideen sind: deshalb eben ist die Wirkung der Musik so sehr viel mächtiger und eindringlicher, als die der andern Künste: denn diese reden nur vom Schatten, sie aber vom Wesen". In der Melodie sah Schopenhauer die „hohe, singende, das Ganze leitende und mit ungebundener Willkür in ununterbrochenem, bedeutungsvollem Zusammenhange *eines* Gedankens vom Anfang bis zum Ende fortschreitende, ein ganzes darstellende Hauptstimme". Das gab für Schopenhauer „die höchste Stufe der Objektivation des Willens wieder, das besonnene Leben und Streben des Menschen". Der musikalische Schöpfer „offenbart das innerste Wesen der Welt". Schopenhauer behauptete, daß, wenn die Musik „zu sehr sich den Worten anzuschließen und nach den Begebenheiten zu modeln sucht, sie bemüht ist, eine Sprache zu reden, welche nicht die ihrige ist". Im Jahre 1855 machte sich Wagner zu Schopenhauers Echo, wenn er schrieb, daß die Musik das „eigentliche Urabbild der Welt" sei. Schließlich sollte Wagner der Musik den höchsten Rang in der Hierarchie seiner Opern zuweisen; er kam zu dem Schluß – wie Schopenhauer –, daß die Musik letztlich bedeutsamer sei als das Wort. Ein anderer Aspekt Schopenhauers, der Wagners Interesse erregte, war seine Lehre der Erlösung der Seele im Medium der Kunst und durch Selbstverleugnung und asketisches Leben. Wagner war ebensowenig bereit, ein asketisches Leben zu führen, wie Schopenhauer selbst, aber in der Theorie war das eine große und vornehme Offenbarung. Das Konzept des Verzichts und der Erlösung, das bereits im *Fliegenden Holländer* spürbar war, wird im *Ring* und im *Parsifal* beträchtlich intensiviert.

Tristan und Isolde wurde 1859 abgeschlossen, aber eine Aufführung war nicht in Sicht. Die letzten Takte der Oper wurden in Luzern geschrieben, wo Wagner sich nach der Abreise von Venedig niedergelassen hatte – allein, denn Minna hielt sich noch immer in Dresden auf. Sie führten gleichwohl noch einen Briefwechsel, und Wagner faßte den Entschluß, mit ihr nach Paris zu gehen. Wesendonck kam für die Umzugskosten auf, indem er die fertigen *Ring*-Abschnitte für 24 000 Francs kaufte, und gegen Ende des Jahres 1859 trafen die Wagners in Paris ein. Es war bezeichnend, daß Wagner in Paris ein kostspieliges Haus mietete, die Mietsumme auf drei Jahre im voraus zahlte, für Reparaturen am Haus aufkam, sich alle Möbel aus Luzern nachschicken ließ und eine Zofe für Minna und einen Kammerdiener für sich selbst einstellte.

Wesendoncks Geld hielt nicht lange vor. Für das Jahr 1861 wurde von Napoleon III. die Aufführung des neubearbeiteten *Tannhäuser* in der Pariser Opéra veranlaßt; sie endete mit einem der berühmtesten Opernskandale, bei dem der Jockey Club die Aufführenden von der Bühne buhte. Um diesen Mißerfolg ist viel Aufhebens gemacht worden, aber, so sehr er Wagners Stolz verletzt haben mag, bedeutete er auf lange Sicht wenig. Der Komponist war über den *Tannhäuser* bereits weit hinausgegangen.

Die nächsten Jahre waren schwierig. Wien versprach eine Aufführung von *Tristan und Isolde* und nahm dann doch davon Abstand. Wagner ging das Geld aus, er mußte sein großes Haus aufgeben und eine anspruchslosere Wohnung am Quai Voltaire beziehen, wo er mit der Arbeit an einer neuen Oper begann, den *Meistersingern von Nürnberg*. Der Verlag Schott streckte ihm dafür Geld vor, und bald war er auch damit wieder am Ende. Die Amnestie von 1862 erlaubte ihm die Rückkehr nach Deutschland, und er zog mit Minna nach Biebrich am Rhein um. Wieder stellten sich Geldsorgen ein. Er klagte: „Gesicherte Muße wäre mein Wünschenswertestes: ich kann sie nicht erreichen, so muß ich wohl des Lebens Qual noch empfinden; doch steigert sie mir bereits den Genuß meines Schaffens. Ich wünschte mir ein Asyl in allervollkommenster Einsamkeit." Sein nächster Umzug führte ihn im Jahre 1862 nach Wien. Wieder war er allein. Minna hatte ihn für immer verlassen. Dirigentenverpflichtungen in Rußland brachten ihm im Jahre 1863 einige beträchtliche Geldsummen ein, aber seine Ausgaben erreichten kosmische Dimensionen, und was ausgereicht hätte, die meisten Menschen glücklich zu erhalten, war bei Wagner nicht einmal genug, seine Kosten für Pelze, Seidengewänder und Parfüms zu decken. Die Gläubiger bedrängten ihn, und 1864 mußte er in die Schweiz fliehen. Die einzige Alternative wäre sonst die Schuldhaft gewesen.

Im gleichen Jahre wurde er jedoch von König Ludwig II. von Bayern, der soeben den Thron bestiegen hatte und in Wagners Musik und sehr wahrscheinlich auch in Wagner selbst vernarrt war, nach München berufen. Er gab Wagner carte blanche zur Aufführung seiner Opern in München, und zwar unter idealen Bedingungen. Die gesamten Mittel des Opernhauses – mehr noch, die gesamten Mittel Bayerns, wie es hieß – wurden Wagner anvertraut. Der Komponist hielt das für den ihm zustehenden gerechten Lohn. „Ich bin der Deutscheste aller Deutschen. Ich bin der deutsche Geist. Man ermesse die unvergleichliche Magie meiner Werke."

Wagner berief unverzüglich Hans von Bülow nach München und ernannte ihn zum Dirigenten des Münchner Hofopernorchesters. Bülow, als Pianist von Liszt ausgebildet, war bereits 1850 Wagners Reiz erlegen. Im Jahre 1857 heiratete er Liszts Tochter Cosima. Als einer der besten Pianisten Europas war Bülow auch ein glänzender Dirigent und einer der glänzendsten musikalischen Köpfe seiner Zeit. Seine Zunge war ebenso scharf wie sein Geist. Manche Zeitgenossen schrieben ihm nur Verstand, aber keinerlei Seele zu. Wagner hatte als Freund Liszts im Laufe der Jahre häufig Gelegenheit, mit Bülow zusammenzukommen. Er wußte, daß Bülow ihn vergötterte. Und Wagner hatte sehr großes Interesse an Cosima. Schon bald, im Frühjahr 1864, bestanden intime Beziehungen zwischen Wagner und Cosima. Wenn Bülow auch wußte, daß er zum Hahnrei gemacht wurde, so ließ er sich doch nichts davon anmerken. Als Cosima im April 1865 eine Tochter zur Welt brachte, erkannte Bülow sie als sein eigenes Kind an.

Die Proben zu *Tristan und Isolde* begannen. Es gibt eine amüsante Karikatur von Wagner und Cosima, die die Straße entlanggehen, wobei sie ihn weit überragt, mit einem winzigen Bülow dahinter, der sich an die *Tristan*-Partitur klammert und ihnen demütig nachschleicht. Bülow machte sich die Musiker mit seinen Ansprüchen und Wutanfällen zu Feinden, aber nach zuverlässigen Berichten leitete er die Uraufführung am 10. Juni 1865 geradezu brillant. Drei weitere Aufführungen schlossen sich in rascher Folge an.

Es dauerte einige Zeit, bis *Tristan und Isolde* im europäischen Repertoire Fuß faßte. Die Oper war zu lang, zu wenig „ereignisreich", zu „dissonant", zu „modern". Das einzige, was viele Kritiker darin sehen konnten, waren zwei große, einander anbrüllende Menschen. Ein weiterer Grund für den langsamen Durchbruch von *Tristan* war die Unfähigkeit der meisten Sänger, die beiden Hauptrollen in den Griff zu bekommen. Bei der Münchner Uraufführung wurde die Rolle Tristans von Ludwig Schnorr gesungen, einem Tenor, der als Sänger Wagners Ideal entsprach – jung, gutaussehend, von stämmigem, aber heroischem Körperbau, intelligent, mit einer bronzeähnlichen, stabilen Stimme. Drei Wochen nach der vierten Aufführung von *Tristan und Isolde* verstarb Schnorr im Alter von neunundzwanzig Jahren. Ein rheumatisches Fieber raffte ihn dahin. Wagner, Ludwig II. und das ganze musikalische Europa trauerten.

Wagner war eifrig damit beschäftigt, sich in München selbst sein Grab zu schaufeln, und nach der Uraufführung von *Tristan und Isolde* sollten ihm nur noch wenige Monate dort vergönnt sein. Angesichts eines unbegrenzten Etats, der ihm zum erstenmal in seinem Leben zur Verfügung stand, tobte er sich förmlich aus und verwöhnte sich selbst mit unglaublich verschwenderischem

Richard Wagner: »Das Rheingold«. Erste Seite des Rheingold-Gedichts.
Eigenhändig, 1869.

Gebaren. Seine Mischung aus Arroganz, Rücksichtslosigkeit, Selbstsucht und Unehrlichkeit beunruhigte den Hof. Er begann sogar, sich in die Politik einzumischen, und das brachte einige der bedeutendsten Mitglieder der bayerischen Führungsschicht gegen ihn auf, die, um die Finanzen der königlichen Kabinettskasse besorgt, sich zusammenschlossen, um ihm Einhalt zu gebieten. Sie wiegelten das Volk auf, indem sie Wagners Verschwendung, seine unsinnige Extravaganz, seine Moral (bei Hofe war jedermann über seine Beziehung zu Cosima im Bilde, und jetzt wurde auch die Öffentlichkeit darüber in Kenntnis gesetzt) und seine Herrschaft über den König öffentlich aufdeckten. Am 10. Dezember 1865 war Wagner zur Abreise gezwungen. Das Urteil lautete auf Ausweisung, Ludwig II. war der Meinung, es sei besser für ihn, wenn er für einige Zeit verschwände – natürlich bei voller finanzieller Unterstützung. Wagner ging nach Genf, wo er an den *Meistersingern* arbeitete. Im Januar 1866 erhielt er die Nachricht von Minnas Tod. Cosima folgte ihm, und sie fanden einen stattlichen Besitz in Triebschen am Luzerner See. Dort gebar sie ihm 1867 ihr zweites Kind, Eva.

In Triebschen lebte Wagner von all dem Luxus umgeben, den er brauchte. Das Wohnzimmer mit Porträts von Goethe, Schiller und Beethoven hatte mit gelbem, golddruckwirktem Leder überzogene Wände. Die Galerie bildete ein langer, schmaler Raum, mit violettem Samt ausgeschlagen, der mit Statuen wagnerscher Helden gesäumt und mit Wandteppichen behängt war, die Szenen aus dem *Ring* zeigten. In einer Ecke der Galerie fand sich eine Schmetterlingssammlung, in einer anderen ein vergoldeter Buddha, chinesische Weihrauchschalen und andere Orientalia. In den sorgfältig gehegten Gärten tummelte sich ein großer Hund, ein Neufundländer namens Russ. (Wagner hatte immer Hunde. In mehr oder weniger genauer chronologischer Reihenfolge waren da zwei schwarze Pudel, Dreck und Speck; der Neufundländer Robber, der Wagner und Minna von Riga nach London und Paris begleitete; ein Spaniel namens Peps; ein weiterer Spaniel, Fips; ein brauner Jagdhund, Pohl; zwei weitere Neufundländer, Mark und Brangäne; mehrere Terrier; und ein Spitz namens Putzi. Wagner vergötterte sie.)

Hin und wieder traf Cosima, um den äußeren Schein zu wahren, mit ihrem Gatten in München zusammen, wo die *Meistersinger* geprobt wurden. Bülow und Hans Richter leiteten die Aufführung. Richter, ein Ungar, war 1866 als Wagners Sekretär und Kopist nach Triebschen gekommen. Später wurde er, zusammen mit Mottl und Seidl, der erste Vertreter der von Wagner ausgebildeten Dirigentengeneration, die aus Bayreuth kommen sollte. Viele hielten ihn für den Größten. Richter war es auch, dem am 21. Juni 1868 die Ehre der Leitung der *Meistersinger*-Uraufführung zufiel. Einige Monate später trat er als Dirigent der Münchener Hofoper zurück, und zwar mit der Behauptung, die Proben zum *Rheingold* seien auf skandalöse Weise unangemessen. Alle Welt wußte, daß Richter nicht ohne Wagners Zustimmung aufgegeben haben würde, und diesmal war auch Ludwig II. wütend. Franz Wüllner leitete 1869 die Uraufführung von *Rheingold* und 1870 von der *Walküre*.

Bülow war inzwischen in einer unerträglichen Lage. Ganz Deutschland wußte damals bereits über seine Eheprobleme bescheid. Cosima weigerte sich, zu ihm zurückzukehren, und im Jahre 1869 gebar sie Wagner ein drittes Kind, Siegfried. Die Ehe Bülows wurde am 18. 7. 1870 getrennt, und am 25. August desselben Jahres heirateten Wagner und Cosima. *Siegfried* wurde 1871 vollendet und die *Götterdämmerung* in den wesentlichen Abschnitten 1872 fertiggestellt (obwohl die Partitur erst 1874 abgeschlossen vorlag).

In die Jahre 1869–72 fallen auch die Begegnungen mit Friedrich Nietzsche. Nietzsche war Wagner 1868 begegnet und hatte mit abgöttischer Verehrung zu dem großen Meister und seinem Werk aufgesehen (insbesondere für *Tristan und Isolde*). Im Jahre 1872 veröffentlichte er *Die Geburt der Tragödie aus dem Geiste der Musik,* eine Arbeit, in der die griechische Tragödie ganz im Sinne Wagners interpretiert wurde. Nietzsches Konzept der beiden Pole des Apollinischen (Reinen, Klassischen) und des Dionysischen (Wilden, Romantischen), wie es in diesem Buch formuliert wurde, machte auf das zeitgenössische ästhetische Denken einen tiefen Eindruck. Später sollte Nietzsche seine Wagner-Anbetung überdenken, und schließlich schlug das Pendel in die entgegengesetzte Richtung um, als er *Carmen* die schlechthin vollkommene Oper nannte. Für lange Zeit aber war Wagner die Unterstützung des meistgelesenen deutschen Philosophen sicher.

Bereits 1870 dachte Wagner ernsthaft über ein Festspielhaus nach, das allein seinen eigenen Werken vorbehalten sein sollte. Er fand die ideale Stätte dafür in Bayreuth. Ludwig II. zeigte kein besonderes Interesse für diese Idee. Aber in ganz Deutschland wurden Wagner-Gesellschaften gegründet, und Wagners Freunde bemühten sich, Geld für das Projekt aufzutreiben. Wagner brachte ein Rundschreiben in Umlauf, das, auf den 12. November 1871 datiert, den Bescheid erteilte, der *Ring des Nibelungen* werde 1873 die Bayreuther Festspiele eröffnen. Alle Geldspender „werden die Namen und die Rechte von *Patronen des Bühnenfestspiels* in Bayreuth erhalten, wärend die Ausführung der Unternehmung selbst meinen Kenntnissen und meinen Bemühungen hierfür einzig überlassen bleibt. Das aus dieser gemeinsamen Unternehmung sich begründende reale Eigenthum soll als meiner Verfügung zugehörig betrachtet und denjenigen Bestimmungen für die Zukunft unterworfen sein, welche ich als dem Sinne und dem idealen Charakter der Unternehmung am geeignetsten dienlich erachten werden." Am 22. April 1872 übersiedelte Wagner von Triebschen nach Bayreuth; am 22. Mai 1872 erfolgte die Grundsteinlegung des Festspielhauses, neben dem er sich eine Villa bauen ließ, um die Arbeiten zu überwachen. Hanslick in Wien war verblüfft. „Wagner", schrieb er, „hat in allen Dingen eine glückliche Hand. Anfangs wütet er gegen alle Monarchen; und ein großmütiger König begegnet ihm mit einschmeichelnder Liebe und vermittelt ihm eine sorglose, ja sogar üppige Existenz. Dann schreibt er ein Pamphlet gegen die Juden; und das gesamte Judentum, das musikalische wie das außermusikalische, entbietet ihm um so beflissenere Huldigungen, durch Zeitungskritiken und den Kauf von Bayreuther Schuldverschreibungen!"

Dem Bayreuther Projekt wurde weltweite Aufmerksamkeit zuteil, aber Geld begann nur zögernd hereinzufließen. Wagner mußte seine Pläne für eine Spielzeit im Jahre 1873 verschieben. Weniger als die Hälfte der nötigen Mittel war verfügbar. Er setzte seine gesamten Hoffnungen auf Ludwig II. und sah sich nicht enttäuscht. Im Jahre 1874 wies ihm der König so viel Geld an, daß die Dinge wieder in Fluß zu kommen begannen. In Bayern gab es beträchtlichen Widerstand gegen das Projekt. Es wurde als verrückt angegriffen, als Zeugnis für Ludwigs Wahnhaftigkeit. Als Ludwigs Zuschüsse ausgegeben waren, brach Wagner zu Tourneen als Dirigent auf, um Geld zu erwerben. Eine Zeitlang war die Zukunft Bayreuths fraglich. Dennoch wurde das Bauwerk fertiggestellt, und vom 13. bis 30. August 1876 fanden die ersten drei Aufführungen des vollständigen Bühnenfestspiels *Der Ring des Nibelungen* unter der Leitung von Hans Richter statt. Die erste Spielzeit erbrachte ein gewaltiges Defizit, und erneut waren Wagners Bayreuther Zukunftspläne bedroht. Erst 1882 konnten die zweiten Bayreuther Festspiele veranstaltet werden.

Die ersten Festspiele in Bayreuth waren *das* musikalische Ereignis des Jahrzehnts. Etwa viertausend Besucher, darunter sechzig Zeitungskorrespondenten aus aller Welt, überschwemmten das Städtchen. Anwesend waren der deutsche Kaiser, der Kaiser und die Kaiserin von Brasilien, der König von Bayern, Prinz Georg von Preußen aus der Hohenzollern-Dynastie, Prinz Wilhelm von Hessen, Erzherzog Wladimir von Rußland, der Großherzog von Mecklenburg, der Herzog von Anhalt-Dessau und andere Vertreter des Adels. Das Interesse an den Festspielen war so groß, daß den beiden Kritikern aus New York – sowohl die *Times* als auch die *Tribune* hatten Berichterstatter entsandt – gestattet wurde, das neue transatlantische Kabel zu benutzen, um ihre Berichte unverzüglich übermitteln zu können. Zu den Dingen, über die sie sich äußerten, gehörte der Mangel an Annehmlichkeiten in bezug auf die äußeren Bedingungen. „Die große Entfernung von der Stadt, die nur über eine schmutzige, schattenlose Straße ohne Restaurants zurückzulegen ist, schuf viel Unzufriedenheit. Die Unzufriedenheit in dieser Hinsicht wächst täglich", schrieb die *Times*. Die Zuhörer lauschten der Musik mit einiger Verblüffung, aber auch mit aufrichtiger Begeisterung. Gegen Ende jeder Oper kam es zu Ovationen, aber keinem Sänger war es gestattet, zu einem Herausruf vor den Vorhang zu treten. „Der Grund für diese Verweigerung wurde von Herrn Wagner und den leitenden Künstlern dargelegt, die sich dahingehend äußerten, daß das Erscheinen vor dem Vorhang die Einheitlichkeit der Darstellung zu verletzen drohe." Am Schluß der Festspiele gab es ein großes Festbankett für über fünfhundert Menschen. Wagner hielt eine lange Rede, wurde freudig bejubelt und senkte das Haupt, um einen silbernen Lorbeerkranz entgegenzunehmen. Dann zollte er Liszt seinen Tribut, indem er sagte, dies alles verdanke er ihm; woraufhin sich Liszt erhob, um *seine* Ansprache zu halten. „Andere Länder", sagte er, „huldigen Dante und Shakespeare. In diesem Sinne", schloß er, sich an Wanger wendend, „bin ich Ihr ergebener Diener."

Musikalisch waren die Bayreuther Festspiele der Wendepunkt in Wagners wechselhafter Laufbahn durch Europa. Nicht nur das Publikum bestand weitgehend aus Wagner-Bewunderern, auch die Kritiker (die beiden New Yorker eingeschlossen) zählten zum größten Teil zu seinen Anhängern. (Brahms und seine Gruppe waren ostentativ ferngeblieben.) Sie verbreiteten die Kunde von den Herrlichkeiten der neuen Musik, und die vielen Komponisten, die nach Bayreuth kamen, darunter besonders die Franzosen, waren überwältigt. Bezeichnungen wie „melodiös", „klangvoll", „lyrisch" und „schön" kamen nun immer wieder in Aufführungsrezensionen von Wagner-Opern vor. Sogar Hanslick wand sich, obwohl die dem Wagnerismus zugrundeliegende Ästhetik ihn abstieß: „Die bildnerische Kraft von Wagner's Phantasie, die erstaunliche Meisterschaft seiner Orchester-Technik und zahlreiche musikalische Schönheiten walten in den *Nibelungen* mit einer magischen Gewalt, der wir uns willig und dankbar gefangen geben. Die Einzelschönheiten, welche sich gleichsam hinter dem Rücken des Systems einschleichen, hindern nicht, daß dieses System, die Tyrannei des Wortes, des melodielosen Dialogs und der tristen Einstimmigkeit den Todeskeim in das Ganze legt." Joseph Bennett machte sich in der Londoner *Musical Times* zum Echo Hanslicks, wenn er sagte, daß die Musik durchaus schön, voller Genie, voller Melodie sein möge – aber: „Etwas von Miltons gefallenem Engel umgibt Wagner, mit einer merkwürdigen Mischung von Anziehung und Abstoßung. Unter den Göttern seines heimatlichen Himmels mag er groß gewesen sein, und an dem Platz, der jetzt sein eigener ist, erhebt er sich zu titanischer Größe. Lassen wir aber nicht außer acht, daß er mächtig hauptsächlich im Bereiche des Bösen ist." Bennett spürte, wie die anderen alten Kritiker, daß er den Boden unter den Füßen verlor, aber er ging tapfer unter und vertrat bis zum Schluß seine Position.

Von dem Aufruhr angestachelt, leistete auch *Punch* seinen Beitrag. Es brachte ein langes imaginäres Interview zum Thema „Musik – der Gegenwart und der Zukunft". Mrs. Hazy Highfaluter wurde befragt: „Wie definieren Sie die Tonkunst der Zukunft?" Sie antwortete: „Sie entzieht sich der Definition. Ich möchte sie als ein mächtiges System spiritueller Aeronautik beschreiben, dazu bestimmt, die Seele in die sublimen Regionen übersinnlicher Harmonie zu erheben, weit hinaus über die engen und irdischen Beschränkungen der heute gültigen Form in der Komposition und der vulgären Anziehung der getragenen Melodik."

Ganz Europa schrieb oder sprach über Wagner. Wichtiger noch, die Opernhäuser führten auch seine Werke auf, und zwar nicht nur die frühen. Nach Bayreuth setzte ein regelrechter Ansturm auf Wagner ein. An der Berliner Oper beispielsweise gab es in der Spielzeit 1877/78 223 Vorstellungen. Wagner führte die Rangliste mit achtunddreißig Vorstellungen von fünf Opern an. Hinter ihm folgten Mozart mit neunundzwanzig Vorstellungen von sechs und Verdi mit neunzehn von vier Opern. Diese Programmanteile sollten viele Jahre lang an deutschen Opernhäusern vorherrschen. Innerhalb eines Jahrzehnts nach Bayreuth bewarben sich die Opernhäuser in Deutschland, Österreich, England und den Vereinigten Staaten dringlich um die Wagner-Opern, und diese begannen

Richard Wagner 301

sogar in Frankreich und Italien aufgeführt zu werden, wo man bisher keine große Begeisterung für den Titanen aus Bayreuth gezeigt hatte.

Die Meistersinger bahnten sich rasch ihren Weg als die „menschlichste" aller Wagner-Opern. Deutsche Hörer identifizierten sich insbesondere mit dem mittelalterlichen Nürnberg und Hans Sachs' Plädoyer für die deutsche Kunst. Dies ist die heiterste aller Wagner-Opern, und wenn der Humor auch unbeholfen-schwerfällig ist und alle Karten gegen den armen Beckmesser gemischt werden, so ist der großartige Schwung der Musik doch unwiderstehlich. Die „Botschaft" der *Meistersinger* ist eindeutig und direkt und unterscheidet sich gänzlich von der dunklen Symbolik des *Rings*. Die vier Opern des *Rings* mögen äußerlich gesehen mit Göttern, Göttinnen, Erd-Müttern und arischen Helden befaßt sein, die so eingesetzt werden, daß das Motiv der Erlösung durch Liebe die Oberhand behält, aber die Charaktere münden schließlich in Archetypen, die auf zahllose Weisen gedeutet werden können. George Bernard Shaw beispielsweise erfaßte den *Ring* im Sinne des Widerstreits von Kapitalismus und Fabier-Sozialismus. Die Bayreuther Inszenierungen nach dem Zweiten Weltkrieg stellten den *Ring* im Sinne von Sonnengötter-Mythen, Mutter-Bildern, Vater-Bildern, offenen und geschlossenen Kreisen und des ganzen Jungschen Symbolapparates dar. Aber ein Wunder geschieht, wenn man den *Ring* wirklich hört. Alle exegetischen Mühen schwinden dahin, und der Hörer wird in etwas Urtümliches, Zeitloses einbezogen und von elementaren Kräften überschwemmt. Der *Ring* ist eine Konzeption, die nicht um Frauen, sondern um die Frau, nicht um Männer, sondern um den Mann, nicht um Menschen, sondern um das Volk, nicht um den Verstand, sondern um das Unterbewußte, nicht um Religion, sondern um grundlegende Rituale, nicht um die Natur, sondern um Natur schlechthin kreist.

Wagner hatte triumphiert. Er hatte seinen Willen durchgesetzt und war zum berühmtesten Komponisten der Welt geworden. Er konnte, bei relativer psychischer Stabilität, einen Großteil seiner Zeit in der Villa Wahnfried in Bayreuth verbringen und sich ganz den Dingen widmen, die ihn interessierten. Dazu gehörten auch die Arbeit am *Parsifal* und die Niederschrift von Pamphleten und Artikeln für die offiziellen Wagner-Publikationen. Sein Privatleben wurde sogar noch exzentrischer. Unter anderem wurde er Vegetarier und kam zu dem Schluß, daß die Welt gerettet wäre, wenn jedermann statt Fleisch nur pflanzliche Kost zu sich nähme. Er lebte wie ein orientalischer Pascha, nahm Weihrauchbäder und kleidete sich in grell kontrastierende Farben, wobei nur die weichsten Seidenstoffe seine Haut berühren durften. Im sicheren Bewußtsein seiner allumfassenden Weisheit schrieb er ganze Stöße von Prosa zu allen erdenklichen Themen. Manchmal näherten sich seine Artikel dem Schwachsinn, so etwa der folgende Abschnitt eines Essays über Beethoven, der auf Beethovens Schädelmerkmale Bezug nahm:

„Galt es als physiologisches Axiom für hohe geistige Begabung, daß ein großes Gehirn in dünner zarter Hirnschale eingeschlossen sein soll, wie zur Erleichterung eines unmittelbaren Erkennens der Dinge außer uns; so sahen wir dagegen bei der vor mehreren Jahren stattgefundenen Besichtigung der Überreste des Toten, in Übereinstimmung mit einer außerordentlichen Stärke des ganzen Knochenbaues, die Hirnschale von ganz ungewöhnlicher Dicke und Festigkeit. So schützte die Natur in ihm ein Gehirn von übermäßiger Zartheit, damit es nur nach innen blicken, und die Weltschau eines großen Herzens in ungestörter Ruhe üben könnte. Was diese furchtbar rüstige Kraft umschloß und bewahrte, war eine innere Welt von so lichter Zartheit, daß sie, schutzlos der rohen Betastung der Außenwelt preisgegeben, weich zerflossen und verduftet wäre, – wie der zarte Licht- und Liebesgenius Mozarts."

Sein Antisemitismus und sein schrilles Geschrei nach Rassenreinheit grenzten an Wahnsinn. Er ging sogar so weit, die Musik von Brahms mit der eines „jüdischen Czardasaufspielers" zu vergleichen. In einem seiner letzten Traktate, *Heldentum und Christentum,* behauptete er, die Arier stammten von den Göttern ab. Minderwertigere Rassen hätten die Arier ihrer Göttlichkeit jedoch entfremdet, insbesondere die Juden, diese „zu handelskundigen Geschäftsführern unserer Gesellschaft erzogenen ehemaligen Menschenfresser". Christus war kein Jude. Er war im Grunde Arier. Es nimmt kaum wunder, daß Hitler sagen sollte: „Jeder, der das nationalsozialistische Deutschland verstehen will, muß Wagner kennen."

Die Arbeit am *Parsifal* ging weiter und wechselte mit rassistischen Traktaten, Studien zur Geschichte des Christentums und einer Liebesaffäre mit Judith Mendès ab, die ungefähr vierzig Jahre jünger war als er. Die wegen ihrer Schönheit berühmte Judith war die Tochter des französischen Dichters und Kritikers Théophile Gautier, der einer der frühesten Bewunderer Wagners gewesen war. Sie war mit dem Dichter Catulle Mendès verheiratet, und das Paar begegnete Wagner erstmals in Triebschen. Er war von ihr fasziniert, und als sie bei den ersten Bayreuther Festspielen erneut zusammentrafen, entspann sich zwischen den beiden eine leidenschaftliche Beziehung. Sie zog in die Villa Wahnfried, und Cosima gab sich den Anschein, als bemerke sie nichts von alledem. Judith kehrte dann nach Paris und zu ihrem Gatten zurück, aber bis 1878 stand sie mit Wagner in regem Briefwechsel. Das war Wagners letzte Liebesaffäre, und man kann sich kaum enthalten, aus der sinnlichen Musik des zweiten *Parsifal*-Aktes den erotischen Reiz zu erschließen, den Judith auf ihn ausgeübt haben muß.

Der 1882 vollendete *Parsifal* gilt gewöhnlich als religiöse Oper, und es liegt eine gewisse Ironie darin, wenn man sieht, daß das Publikum sie als Teil der christlichen Liturgie betrachtet. Sie ist jedoch ein Werk, das für viele Deutungen offen ist. Das allgemein akzeptierte Grundmotiv ist das christlicher Mystik, Reinheit und Erlösung. Andere Kommentatoren haben darin die Essenz des Anti-Christentums gesehen, und Robert W. Gutman, einer der neueren Wagner-Biographen, hat, wenigstens zu seiner eigenen Zufriedenheit, bewiesen, daß *Parsifal* „eine Allegorie für den Untergang und die Erlösung der Arier" ist. In

Richard Wagner 303

dieser Deutung repräsentiert Klingsor nicht nur die Juden, sondern auch die Jesuiten. Eben das äußerte Wagner einstens zu Cosima. Debussy hatte seine eigenen Ansichten über den *Parsifal*. Halb im Scherz schrieb er, daß Klingsor der „lauterste Charakter" der Oper sei:

> „Er weiß, was die Menschen wert sind, und bemißt die Ernsthaftigkeit ihrer Keuschheitsgelübde in Graden der Verachtung. Daraus läßt sich mit Sicherheit entnehmen, daß dieser schlaue Magier, dieser hartgesottene alte Verbrecher nicht nur die einzige menschliche Figur, sondern auch die einzige normale Figur in diesem Drama ist, das die falschesten moralischen und religiösen Theorien aufbietet – Theorien, deren heroischer und törichter Verfechter der jugendliche Parsifal ist. In Wirklichkeit möchte sich in diesem christlichen Drama niemand selbst opfern ..."

Eines läßt sich von *Parsifal* mit völliger Eindeutigkeit sagen. Sein Komponist war kein religiöser Mensch. Wagner verabscheute religiöse Orthodoxie jeder Art und lehnte das Christentum ab, weil es von den Juden herstammte. Wenn er überhaupt irgendein religiöses Gefühl hatte, so war das ein vager Pantheismus, die Sehnsucht nach den heldenhaften Taten des germanischen Mythos. Der Pangermanismus Richard Wagners war eine der treibenden Kräfte seines Lebens.

Parsifal, beschloß Wagner, sollte dreißig Jahre lang nur in Bayreuth aufgeführt werden, und erst nach dieser Frist, die 1913 ablief, sollte das Werk in die Welt entlassen werden. (Die Metropolitan Opera mochte nicht so lange warten und brachte *Parsifal* in New York im Jahre 1903 heraus. „Häresie!", gellten die Wagnerianer in Bayreuth und andernorts.) Wagner machte für König Ludwig II. eine Ausnahme, und in München kam es zu mehreren Privataufführungen. Die Uraufführung fand am 26. Juli 1882 in Bayreuth unter der Leitung von Hermann Levi statt. Er war Generalmusikdirektor der Münchner Oper und Jude. Wagner verwandte viel Zeit darauf, diesen Sohn eines Rabbiners zur Taufe zu drängen. Levi war davon so angewidert, daß er einen Brief schrieb, in dem er um seine Freistellung von der Aufgabe bat, und Wagner, der Levis Künstlertum bewunderte, kostete es einige Anstrengung, die Dinge wieder ins Lot zu bringen. Nach *Parsifal* war Wagner erschöpft, und er hatte Vorahnungen seines kommenden Todes. Er reiste zur Erholung nach Venedig, wo er am 13. Februar 1883 starb. Seine sterblichen Überreste wurden nach Bayreuth überführt, und als der Sarg ins Grab gesenkt wurde, spielte ein Orchester den Trauermarsch aus der *Götterdämmerung*.

Nach seinem Tod – in Wirklichkeit bereits nach den ersten Bayreuther Festspielen von 1876 – prägte Wagners Musik das geistige Leben ganz Europas. Nicht nur auf alle Komponisten, die in den siebziger Jahren des 19. Jahrhunderts tätig waren, sondern auch auf spätere – auf Richard Strauss, Bruckner, Mahler, die Französische Schule, Dvořák und sogar Debussy – übte er mächtigen Einfluß aus. Der Wagnerismus lebte in Schönbergs *Verklärter Nacht* mit

304 Der deutsche Koloß

ihrer post-*Tristan*-Harmonik und in späteren Schönberg-Werken wie der *Erwartung* weiter, die ein post-*Tristan*-Liebeslied ist und sogar das Äquivalent eines *Liebestodes* enthält. Alban Bergs Musik ist von Wagner geradezu gesättigt. Wagner überdauerte in der Fülle von Büchern, die über ihn geschrieben wurden und immer noch geschrieben werden: Bücher zur Erläuterung der Leitmotive, der „Botschaften" der Opern und ihrer Voraussetzungen (vom Schopenhauerismus über die Jungsche Psychologie bis hin zu ihrer Wirkung auf den Nationalsozialismus). In Frankreich war Wagner in den beiden letzten Jahrzehnten vor der Jahrhundertwende wahrscheinlich das höchste Idol aller Künste überhaupt. Die symbolistischen Dichter machten seine Sache zu der ihren, und so bedeutende Maler wie Whistler, Degas und Cézanne waren Wagnerianer. Redon und Fantin-Latour malten Bilder mit Motiven aus seinen Opern. Daudet beschrieb das Phänomen folgendermaßen: „Wir studierten seine Gestalten, so als berge Wotan das Geheimnis der Welt in sich und als sei Hans Sachs der Fürsprecher einer freien, natürlichen, spontanen Kunst." Mallarmé und Baudelaire waren schwärmerische Wagner-Verehrer, und der letztere äußerte sich überall in dem Sinne, Wagner sei in der Musik, was Delcacroix in der Malerei war. Die französische Literatur der Zeit war voll von Anspielungen auf Wagner.

Zu Beginn des 20. Jahrhunderts begannen sich starke antiwagnerianische Schulen Gehör zu verschaffen. Debussy, der ursprünglich Wagnerianer gewesen war, sagte sich los und bezeichnete sich trotzig als „musicien français". Aber sogar Debussy war nicht in der Lage, sich gänzlich von Wagners Schatten freizumachen. Er spottete über die wortreichen Libretti und ihre Weitschweifigkeit – „Das alles ist unstatthaft für alle, die Klarheit und Bündigkeit lieben" –, mußte aber einräumen, daß Wagners Opern voller Passagen von „unvergeßlicher Schönheit" waren, vor denen „alle Kritik verstummt". Debussy bekämpfte die Musik der Sirene von Bayreuth, und in seinen eigenen Werken gelang ihm ein bemerkenswerter Durchbruch. Aber Strawinsky war wahrscheinlich der erste erfolgreiche Anti-Wagnerianer in dem Sinne, daß er den ganzen Wagner-Apparat zugunsten eines russischen Nationalismus und später des Neoklassizismus fahrenließ.

Mit der Vorherrschaft des Anti-Romantizismus in allen Künsten, der nach 1920 einsetzte, büßte Wagner etwas von seinem Rang ein. Plötzlich wurden Wagner-Opern von Musikern und Intellektuellen für überladen, altmodisch, geschwätzig und leicht lächerlich befunden. In Übereinstimmung damit wurden die Wonnen der Belcanto-Oper und der frühe Verdi wiederentdeckt. Als Wagners Stern im Sinken begriffen war, begann man in das internationale Repertoire Verdi-Opern aufzunehmen, die in manchen Fällen seit Generationen nicht mehr aufgeführt worden waren. In Verdis gefühlsmäßiger Robustheit, Klarheit und Direktheit lag etwas, das auf die Zeit einen bestimmten Reiz ausübte. Ebenso wurde man gewahr, daß Verdi und Wagner, die man einst für durch Welten voneinander getrennt gehalten hatte, manche Gemeinsamkeiten hatten, und *Falstaff* wurde als Beispiel dafür herangezogen – *Falstaff,* ein Werk, in dem isolierte „Nummern"-Arien beinahe ganz fallengelassen, in dem Orchester und Text vollständig integriert sind und in dem etwas, das Wagners Leitmotiven sehr nahe kommt, aufblitzt, verschwindet und wiedererscheint. Damit schloß sich der Kreis. Die beiden großen Meister, die bislang als Antipoden galten, traten in *Falstaff* in einge Berührung zueinander. In Zukunft werden Verdi und Wagner vereint sein, so wie sie in der Vergangenheit Zeitgenossen waren. Eines aber scheint sicher: Verdi wird nie wieder so unterschätzt werden, wie das der Fall war, und Wagner wird nie mehr so ernstgenommen werden wie um die Jahrhundertwende, als er das intellektuelle Leben der westlichen Welt nahezu beherrschte.

19. KAPITEL

Johannes Brahms
Hüter der Flamme

Johannes Brahms war der einzige deutsche Komponist der Wagner-Zeit, der zu großen Ruhm gelangte. Von den Zeitgenossen wurde er weitgehend als Antipode Wagners betrachtet. Wagner war der Revolutionär, Brahms trat das Erbe der alten Meister an, hielt an einem nicht programmatisch gestützten, traditionellen Sinfoniebegriff fest und betrachtete es als sein künstlerisches Anliegen, die überkommenen, spezifisch musikalischen Gattungen und Grundformen in ihrer Eigenart weiterzupflegen und neu zu erfüllen. Einen Schwerpunkt seines instrumentalen Schaffens bildet die Kammermusik. Nicht nur Schubert und Beethoven, Haydn und Mozart, sondern auch Bach, Händel, Vivaldi, Domenico Scarlatti und Couperin haben den Stil seiner Musik beeinflußt. Im Unterschied zu Bach leitet er jedoch nicht eine Entwicklung ein. Seine musikgeschichtliche Bedeutung erschöpft sich aber nicht in der Funktion eines konservativen Pols gegen den „neudeutschen'- Fortschrittsgedanken, sondern fand durch die neuartige Dichte seiner stufenreichen Harmonik einen − wenn auch schwachen − Widerhall bei Arnold Schönberg.

Hugo Wolf, ein glühender Verehrer Wagners, trat im *Wiener Salonblatt* als hitzigster Widersacher Brahms' auf, und bezeichnete den Komponisten in seiner Besprechung der Sinfonie Nr. 3 F-Dur op. 90 (1883) als einen Epigonen Schumanns und Mendelssohns, der genausowenig Einfluß auf die Musikgeschichte ausübe wie der späte Robert Volkmann (ein seinerzeit populärer, nun in Vergessenheit geratener „akademischer" Komponist, der ab 1858 in Pest als Professor für Harmonielehre und Kontrapunkt an der Landesmusikakademie tätig war), besser gesagt, überhaupt keinen Einfluß. Hugo Wolf nennt Brahms' Sinfonien „auf der Folterbank gezeugte Produkte" (23. März 1884), „Leimsiedereien" und „ekelhaft schale, im Grund der Seele verlogene rund verdrehte Machwerke" (27. April 1884) und schreibt über die Sinfonie Nr. 4 c-Moll op. 98: „Die Kunst, ohne Einfälle zu komponieren, hat entschieden in Brahms ihren würdigsten Vertreter gefunden" (24. Januar 1886).

Brahms ließ sich jedoch durch diese maßlosen Angriffe nicht beirren. Trotz aller Bemühungen gelang es den Wagnerianern nicht, seine Werke zu Fall zu bringen. War schon in Wien die Mehrzahl des Publikums durchaus auf Brahms' Seite, so bewiesen die nachfolgenden Aufführungen in anderen Städten, welchen Widerhall seine Kompositionen allenthalben fanden. Ein großer Teil seines Werkes hält sich auch heute noch im Konzertrepertoire. Neben Beethoven gilt Brahms als der beliebteste Sinfoniker. Seine vier Sinfonien, seine Klavierkonzerte in d-Moll op. 15 (1858) und B-Dur op. 83 (1881), das Violin-Konzert in D-Dur op. 77 (1878) und das Doppelkonzert für Violine und

Violoncello in a-Moll op. 102 (1887) sowie die Variationen über ein Thema von J. Haydn in B-Dur op. 56a (1873) und die *Akademische Festouvertüre* in c-Moll op. 80 (1880) gehören zum Grundbestand des Repertoires. Die Konzertpianisten spielen regelmäßig die f-Moll-Sonate op. 5 (1853), die Händel-Variationen op. 24 (1861) und Paganini-Variationen op. 35 (1862/63) sowie verschiedene Rhapsodien, Intermezzi, Fantasien und Klavierstücke aus seiner Spätperiode. Kammermusik-Ensembles finden das Klarinettenquintett in h-Moll op. 115 (1891), die drei Klavierquartette in g-Moll op. 25 (1861), A-Dur op. 26 (1861) und c-Moll op. 60 (1875), die drei Streichquartette in c-Moll op. 51 Nr. 1 und a-Moll Nr. 2 (1873) sowie in B-Dur op. 67 (1875) unentbehrlich. Liederabende ohne Brahmslieder sind nicht vorstellbar. Oft wird auch *Ein deutsches Requiem* op. 45 (1866–68) aufgeführt. Die drei Violinsonaten in G-Dur op. 78 (1879), A-Dur op. 100 (1886) und d-Moll op. 108 (1888) gehören zum Standardrepertoire der Geiger. Wenn man bedenkt, daß zahlreiche der in den Gesamtausgaben enthaltenen Werke Mendelssohns, Schumanns und Liszts kaum noch gespielt werden, so ist das Fortleben von Brahms' Schaffen wahrhaft erstaunlich.

Brahms nahm als Wahrer der Klassik in der zweiten Hälfte des 19. Jahrhundets eine analoge Stellung zu der Mendelssohns in der ersten ein. Wie Mendelssohn beschränkte er sich auf die Formen der alten Meister. Als artistischer Direktor der Gesellschaft der Musikfreunde in Wien brachte er neben zeitgenössischen und klassischen Werken auch zahlreiche ältere Stücke, zum Teil erstmals, zur Aufführung. Nur ein Komponist, der im Kontrapunkt des Barock sehr bewandert war, konnte die vorandrängende Fuge schreiben, die die *Händel-Variationen* op. 24 (1861) beschließt, und nur ein so stark individualistischer Geist wie Brahms war zudem imstande, sie nicht zur Nachahmung eines alten Vorbilds werden zu lassen. Bach liebte er über alles. So schrieb er über dessen berühmte Chaconne an Clara Schumann: „Die Chaconne ist mir eines der wunderbarsten, unbegreiflichsten Musikstücke. Auf ein System, für ein kleines Instrument schreibt der Mann eine ganze Welt von tiefsten Gedanken und gewaltigsten Empfindungen. Wollte ich mir vorstellen, ich hätte das Stück machen, empfangen können, ich weiß sicher, die übergroße Aufregung und Erschütterung hätte mich verrückt gemacht. Hat man nun keinen größten Geiger bei sich, so ist es wohl der schönste Genuß, sie sich einfach im Geist tönen zu lassen!" Und gegenüber Eusebius Mandyczewski äußerte er: „Sobald die neue Händel-Ausgabe erscheint und mir zugeschickt wird, werde ich sie in meinen Bücherschrank stellen und sagen: ‚Ich werde sie mir anschauen, wenn ich Zeit habe.' Sollte aber eine neue Ausgabe von Bachs Werken herauskommen, lasse ich alles andere liegen." In der Klassik war er ebensogut bewandert und besaß ein umfassendes Wissen über Beethovens Musik. Die heftigen romantischen Strömungen seiner Zeit, die „Zukunftsmusik", ignorierte er weitgehend. Der Kunstgesinnung der sog. Zukunftsmusiker setzte er die Werkgerechtigkeit und handwerkliche Tüchtigkeit der alten Meister entgegen, indem er Kontrapunkt, Variation und Sonate gründlich studierte und in seinen

308   Hüter der Flamme

Kompositionen verwendete. Darüber hinaus beschäftigte sich Brahms sein Leben lang mit dem Volkslied, ohne jedoch „nationalistische" Musik zu schreiben. Unerschütterliche Grundlage seiner Kunst sind eine sangbare, liedhafte Melodik, eine stufenreiche Harmonik über kraftvoll ausschreitenden Bässen, strenge motivische und thematische Arbeit, ein Beethovensches Gefühl für die Durchführung und ein Bachscher feiner Sinn für polyphone Mannigfaltigkeit.

Ihrem Wesen nach ist seine Musik in erster Linie ernst, auch wenn Brahms ebenso lyrisch sein konnte, wie nur irgendein romantischer Komponist. Von Anfang an war es sein Bestreben, „reine", absolute Musik zu schreiben als Korrektiv für die extravaganten Ideen Liszts und Wagners. Seine Musik kann kompliziert sein, doch sie ist nie äußerlich prunkend, abgesehen von dem Bravourstück der *Paganini-Variationen*, und selbst hier unterliegt die Virtuosität einer strengen musikalischen Logik. Bewußt mied Brahms oberflächliche Gefälligkeit in der Musik. Lange Zeit galt er als schwieriger Komponist, als komponierender Philosoph.

Er war ein ausgesprochen kompromißloser Musiker und ein unbeugsamer Mann. Leicht aufbrausend, hypersensibel, zynisch, ängstigte er seine Umgebung beinahe so sehr, wie der mürrische Hans von Bülow. Er hatte aber durchaus für sich einnehmende Wesenszüge: Wenn ihn ein Komponist interessierte, wie Dvořák oder Grieg, scheute er keine Mühe, um ihm zu helfen. Aber er war nur an wenigen zeitgenössischen Komponisten interessiert; Johann Strauß (der Jüngere), der „Walzerkönig", genoß als einer der wenigen seine Gunst. Liszt und Wagner waren ihm fremd, Bruckner, Mahler, Tschaikowsky, Verdi und Richard Strauss schätzte er wenig. Für seine manchmal rücksichtslosse Offenheit war er bekannt. Max Bruch, ein repräsentativer Komponist der bürgerlichen Chormusikkultur in der zweiten Hälfte des 19. Jahrhunderts, (sein Violinkonzert in g-Moll op. 26, 1868, wird noch heute gespielt) schickte Brahms das Manuskript eines von ihm komponierten Oratoriums. Brahms sah es durch. Kurz darauf trafen sich die beiden zum Abendessen. Plötzlich hörten sie von der Straße her eine Drehorgel. „Hören Sie doch, Bruch", rief Brahms über den ganzen Tisch, „der Kerl hat Ihren Arminius erwischt!" Selbst die engsten Freunde konnten zur Zielscheibe von Brahms' Reizbarkeit werden. Bei einer Abendgesellschaft im Haus des Komponisten Ignaz Brüll ritt der Musikschriftsteller und Brahms-Biograph Max Kalbeck gerade sein Steckenpferd als radikaler Anti-Wagnerianer, als Brahms ihn plötzlich anherrschte: „Ich bitte Sie um Himmels willen, Kalbeck, reden Sie doch nicht von Dingen, die Sie nicht verstehen!" Kalbeck verstummte und verließ den Raum. Der Kritiker Richard Specht, der Zeuge dieses Vorfalls war, schreibt, daß er einige Tage später Kalbeck auf der Straße getroffen und dieser sich bitter über Brahms beklagt habe: „Was sagen Sie, daß man sich alles bieten lassen muß! Das ist der Lohn für jahrelange Arbeit, für Freundestreue, für tätige Ergebenheit! Aber diesmal habe ich mir die Anpöbelung des Herrn Meisters nicht gefallen lassen; ich habe ihm einen langen Brief geschrieben und ihm den Standpunkt klargemacht." Specht fragte: „Nun, und was hat Brahms darauf geantwortet?" Kalbeck lächelte: „Ach, ich habe ja den Brief nicht abgeschickt." In Wien ging das Gerücht um, Brahms habe beim Verlassen einer Gesellschaft gesagt, er entschuldige sich, wenn er einen der Anwesenden *nicht* beleidigt habe. Der Wiener Kritiker Max Graf bemerkte dazu, die Geschichte klinge zwar überzeugend, sei aber von Béla Haas, einem Freund Brahms' und Hanslicks, erfunden worden.

Alle Brahms-Biographen stimmen darin überein, daß in der rauhen Schale ein gutes Herz steckte. Dennoch erschwerte der barsche Ton seinen Mitmenschen den Umgang mit ihm. Sogar mit so ergebenen, lebenslangen Freunden wie Clara Schumann und dem Geiger Joseph Joachim kam es hin und wieder zu schweren Mißstimmigkeiten. Brahms kannte die eigenen Schwächen: „Freunden gegenüber bin ich mir nur eines Fehlers bewußt: Ungeschicklichkeit im Umgang. Du hast lange und große Nachsicht gegen diese geübt. Hättest Du es doch wenige Jahre mehr", schrieb er am 13. September 1892 an Clara Schumann. Seine freimütigen, sogar groben Äußerungen und seine Unfähigkeit, vom eigenen Standpunkt abzugehen, entfremdeten ihm zahlreiche Freunde. Während seiner Dänemark-Konzertreise von 1868 wurde er von seinen Gastgebern gefragt, ob er das Thorwaldsen-Museum besichtigt habe. „Ja, es ist außergewöhnlich. Es ist nur schade, daß es nicht in Berlin ist", antwortete er. Diese taktlose Bemerkung drang an die Öffentlichkeit und löste solche Empörung aus, daß Brahms das Land verlassen mußte.

In seiner Jugend war er schlank, blond, hatte helle Augen und eine hohe Stimme, die ihm Verdruß bereitete. Mit zunehmendem Alter wurde er dick und schwerfällig und ließ sich einen wallenden Bart stehen. Er rauchte ständig Zigarren und war eine überaus vernachlässigte Erscheinung. In der Tat galt er als sehr unordentlich. Er haßte es, sich neue Kleidung zu kaufen, und seine alten, ausgebeulten, geflickten Hosen waren immer zu kurz. In Wien sprachen viele von einer auffallenden Ähnlichkeit mit Beethoven (wurde sie von Brahms etwa ausdrücklich betont?): Beide waren nicht besonders groß, beide liebten das Landleben, beide hatten ein aufbrausendes Temperament, beide waren Junggesellen. Sie hatten sogar einen ähnlichen Gang mit leicht gebeugtem Kopf und verschränkten Händen hinter dem Rücken. Brahms trug meistens ein kariertes Umhängetuch, das mit einer Sicherheitsnadel festgehalten wurde. In der Hand hielt er seinen Hut, den er nur selten aufsetzte. Seine Ansprüche waren bis zuletzt bescheiden. Sogar als er finanziell gesichert war, aß er weiterhin in billigen Gasthäusern, lebte einfach und gab nur wenig Geld für sich aus. Meistens war er im „Roten Igel" anzutreffen, wo ihm der Kaffee am besten schmeckte. Der höchste Luxus, den er sich erlaubte, war eine Sammlung musikalischer Originalmanuskripte, darunter auch Mozarts Sinfonie in g-Moll KV 550. Er besaß sogar die Partitur einer nachkomponierten Passage zum *Tannhäuser,* die ihm der polnische Pianist und Komponist Carl Tausig geschenkt hatte. (Später stellte sich heraus, daß Tausig kein Recht gehabt hatte, die Partitur zu verschenken. Wagner bat um Rückgabe, und Brahms erfüllte seinen Wunsch.

Zwischen Wagner und Brahms herrschte ein gespanntes Verhältnis, eine Mischung aus Groll und Bewunderung. Sie waren die Anführer zweier gegnerischer Lager, und da sie wenig miteinander zu tun hatten, kam es nie zu einer offenen Feindschaft. Wagner ließ ein paar unbeherrschte Äußerungen über Brahms fallen, ging ihm aber zumeist aus dem Weg, so wie Brahms ihn mied. Durch seine Freunde Joseph Joachim, Julius Otto Grimm und Bernhard Scholz bestimmt, hatte Brahms 1860 ein unrühmliches Manifest der konservativen „ernst strebenden Musiker" gegen die „Neudeutschen", das schließlich zu dem Kampfruf führte: „Hie Wagner – hie Brahms", mitunterzeichnet, während es sich nach Brahms' Meinung allein gegen Liszt und seine Anhänger richtete. Brahms' äußerte sich fortan nie mehr öffentlich über musikalische Fragen. Wenn man ihn zum Anführer der „klassischen" Schule erklärte, so geschah dies ohne sein Zutun. Es war sein Freund Eduard Hanslick, einflußreicher Kritiker der *Neuen freien Presse,* der Brahms die Rolle des „Feindes" von Richard Wagner, des Bannerträgers zuwies, hinter dem die Verfechter der „reinen" Musik marschierten – Clara Schumann, Joseph Joachim und die übrigen Bewahrer der klassischen Tradition.

Brahms führte kein besonders aufregendes Leben und verbrachte die meiste Zeit in Deutschland und Wien. Er wurde am 7. Mai 1833 in Hamburg geboren. Sein Vater Johann Jakob Brahms spielte nach Art der Stadtmusikanten mehrere Instrumente, besonders Horn, Flöte und Violine. Später war er Hornist in der Hamburger Bürgerwehr und fand eine Anstellung am städtischen Orchester als Kontrabassist. Als Johannes Brahms sechs Jahre alt war, entdeckte man, daß er das absolute Gehör und eine außergewöhnliche musikalische Begabung hatte. Den ersten Musikunterricht erhielt er vom Vater. In Komposition und Klavierspiel förderte ihn Eduard Marxsen, ein Freund der Familie und ausgezeichneter Musiker, der ihn sofort in die Werke Bachs einführte. Marxsen war von Brahms' außergewöhnlichem Talent überzeugt. Als er 1847 von Mendelssohns Tod erfuhr, sagte er: „Ein großer Meister ist aus dem Leben geschieden; ein größerer, Brahms, hat schon das Licht der Welt erblickt." Der vielversprechende Brahms war damals erst vierzehn Jahre alt. Ein Leben lang verband die beiden eine tiefe Freundschaft. Brahms' Klavierkonzert in B-Dur op. 83 (1881) ist Marxsen gewidmet, der 1887 starb, zehn Jahre vor Brahms.

Schon früh trug Brahms zum Unterhalt der Familie durch Stundengeben und Bearbeitungen von Unterhaltungsmusik sowie als Theaterpianist bei. Er verdiente sogar Geld in Matrosenkneipen und Tanzlokalen von zweifelhaftem Ruf. Diese Erlebnisse gingen nicht spurlos an ihm vorüber. Zeit seines Lebens empfand er Unbehagen in der Gesellschaft anständiger Frauen und schien mit Prostituierten besser auszukommen. (Max Graf erzählt, daß Brahms in den achtziger Jahren ein anrüchiges Kaffeehaus betreten habe und von einer bekannten Prostituierten gebeten worden sei, sich ans Klavier zu setzen und Tanzmusik zu spielen. Der Komponist der c-Moll-Sinfonie habe sich gehorsam an das ramponierte Klavier gesetzt und die ganze Gesellschaft mit seinem Spiel unterhalten.) Seine Kindheitserlebnisse hielten ihn zweifellos vom Heiraten ab.

Johannes Brahms (1833–1897). Gemälde von Rumpf.

Brahms am Flügel im
Liechtenstein-Palais in Wien.

Johannes Brahms: »Lieder und
Gesänge«. Notendruck N. Simrock.

Johannes Brahms: »Der befreite Prometheus«. Radierung von Max Klinger.

Er war oft versucht, diesen Schritt zu tun, im entscheidenden Augenblick machte er jedoch immer einen Rückzieher. Charakteristisch dafür war seine Beziehung zu Agathe von Siebold. Nachdem er sich mit ihr verlobt hatte, schrieb er ihr einen hysterischen Brief: „Ich liebe Dich! Ich muß Dich wiedersehen! Aber Fesseln tragen kann ich nicht!" Agathe von Siebold verhielt sich wie jedes vernünftige Mädchen in einer solchen Lage und löste die Verlobung. Ein Mann, der so sprach, wäre bestimmt kein guter Ehemann gewesen.

Im Alter von zwanzig Jahren hatte Brahms bereits mehrere große Klavierkompositionen geschrieben, darunter das Scherzo in es-Moll und die Klaviersonaten in C-Dur und f-Moll. Wie all seine Klavierwerke vor den *Händel-Variationen* handelte es sich um ernste, wenig gefällige Musik mit kraftvoll ausschreitenden Bässen. Doch von ihnen ging der Eindruck von Größe und Monumentalität aus. Nicht viele Pianisten interessierten sich für diese Art Musik. Wie Beethoven in seinem Spätwerk zeigte Brahms in seinen Kompositionen Verachtung für die Lisztsche Virtuosität und die anmutigen Verzierungen Chopins. Entgegen den literarisch-musikalischen Ambitionen Liszts und der „Neudeutschen" hielt Brahms an einem nicht programmatisch gestützten, traditionellen Sinfoniebegriff fest.

Er fand jedoch große Anerkennung als Pianist. Als Klavierbegleiter des ungarischen Violinisten Eduard Reményi unternahm er 1853 eine Konzertreise und erregte Bewunderung durch sein musikalisches Gedächtnis und seine Fertigkeit im Vom-Blatt-Spielen und Transponieren. Reményi spielte nach Zigeunerart, *à la tzigane,* und erzielte damit großen Effekt. Sein Repertoire bestand zumeist aus kurzen Salonstücken und eigenen Transkriptionen Chopinscher Nocturnes und Mazurken. Auf der im Frühjahr 1853 gemeinsam mit Reményi unternommenen Konzertreise lernte Brahms den Geiger Joseph Joachim (1831–1907) in Hannover kennen, mit dem er sich befreundete und der ihn in Weimar mit Franz Liszt bekannt machte. Brahms hatte zwar seine Klavierkompositionen dabei, war aber zu schüchtern, sie zu spielen. Liszt, der sich in der Rolle des Förderers junger Komponisten sonnte und als der bedeutendste Vom-Blatt-Spieler galt, spielte prima vista Brahms' Scherzo in es-Moll sowie einen Teil der C-Dur-Sonate. Obwohl Brahms Liszt als Komponisten nicht sehr schätzte, war er von seinem virtuosen Klavierspiel zutiefst beeindruckt. Dann spielte Liszt Brahms seine h-Moll-Sonate vor. Einem Gerücht zufolge soll Liszt den Komponisten beobachtet haben, um zu sehen, wie er das Werk aufnahm, Brahms aber war fast eingeschlafen. Das ist jedoch kaum glaubwürdig, denn das Spiel des Klaviervirtuosen schlug alle in seinen Bann.

Robert Schumann war der zeitgenössische Komponist, dessen Werk Brahms am meisten schätzte. Joseph Joachim hatte Schumann 1853 an Robert und Clara Schumann in Düsseldorf empfohlen. Am 30. September 1853 trug Schumann in sein Tagebuch ein: „Johannes Brahms, ein Genius". Unter dem Eindruck von Brahms' Klavierspiel und seinen noch unveröffentlichten Kompositionen verfaßte Schumann einen längeren Artikel über ihn in der *Neuen Zeitschrift für Musik* vom 28. Oktober 1853 mit der Überschrift *Neue Bahnen,*

314   Hüter der Flamme

in dem er ihn einen „jungen Adler" nannte und prophezeite, daß von ihm
Großes zu erwarten sei. Es war Schumanns letzter Artikel für die von ihm
gegründete Zeitschrift. Außerdem führte er Brahms beim Verlag Breitkopf und
Härtel ein, der seine frühen Werke veröffentlichte. So stark war die Sympathie
zwischen den beiden, daß Schumann darauf bestand, daß der junge Komponist
in sein Haus übersiedelte. Brahms stand Clara zur Seite, als Schumann sich das
Leben zu nehmen versuchte und ebenso nach Schumanns Tod 1856. Schließlich
verliebte sich Brahms in sie. Man sagt, daß es sich nicht nur um eine platonische
Beziehung gehandelt habe, aber vieles spricht gegen diese Annahme. Clara
liebte ihren Mann abgöttisch und trug Trauer bis zum Ende ihres Lebens. Das
schließt nicht aus, daß sie sich nahe standen. Schon die Erinnerung an den von
beiden geliebten Mann verband sie innerlich. Sie brauchten und inspirierten
sich gegenseitig und teilten viele Ideale und Ziele.

Eine tiefe Freundschaft verband Brahms auch mit Joseph Joachim, der ebenso
wie Clara Schumann ein Bewahrer der Tradition, des Klassischen im Zeitalter
der Romantik war. Ein Brief vom 20. Oktober 1854 an Gisela von Arnim gibt
den Eindruck wieder, den Brahms auf Joachim machte:

> „Mit Brahms, der bei mir auf dem schwarzen Kanapee ein paar Tage wohnte,
> ist's mir nicht eigentlich wohl geworden – wenngleich ich alle seine guten, ja
> ungewöhnlichen Seiten auch diesmal wieder erkannte ... Brahms ist der eingeflei-
> schteste Egoist, den man sich denken kann, ohne daß er es selbst, wüßte, wie denn
> überhaupt Alles bei ihm in unmittelbarster Genialität ächt unbesorgt aus seiner
> sanguinischen Natur hervorquillt – bisweilen aber mit einer Rücksichtslosigkeit
> (nicht Rückhaltlosigkeit, denn das wäre mir recht!) die verletzt, weil sie Unbil-
> dung verräth ... Er kennt die Schwächen der Menschen, mit denen er verkehrt,
> benützt sie, und scheut es nicht dann zu zeigen (freilich ihnen selbst gegenüber),
> daß er sich über sie gaudire. Ungestört seiner Musikseligkeit, seinem Glauben an
> eine höhere fantastische Welt nachzuhängen, ist Alles was ihm nahe liegt – und
> wahrhaft genialisch ist seine Art, sich alle ungesunden Empfindungen und
> eingebildeten Schmerzen Anderer vom Halse zu halten – darin ist er wahrhaft
> gesund, wie denn auch seine Sorglosigkeit für die Existenz in ihm schön, ja
> großartig ist ... Auch seine Compositionen sind so ein leichtes Spiel mit der
> schwierigsten Form – so reichhaltig – allen Erden-Kummer rücksichtslos von sich
> weisend. Mir ist solche Begabung noch nie vorgekommen. Er ist mir weit
> vorangeschritten."

Brahms' erste große Orchesterkomposition war das Klavierkonzert in d-Moll
op. 15 (1858), das 1859 mit dem Komponisten am Flügel uraufgeführt wurde.
Die kühne Eröffnung mit ihrem großartigen, trotzigen Thema kündete eine
große Begabung an. Das Werk war nicht dazu angetan, viele Aufführungen zu
erleben, denn dafür war es zu schwierig, zu anspruchsvoll. „Das Publikum war
erschöpft, und die Musiker waren verwirrt", lautete die einhellige Meinung der
Kritiker. Nach der Leipziger Aufführung nannte ein anderer Rezensent das
Konzert „eine Sinfonie mit piano obbligato" (kein origineller Einfall, denn

schon Jahre zuvor hatte E. T. A. Hoffmann das gleiche von den Klavierkonzerten Mozarts und Beethovens gesagt). Der Kritiker bemerkte weiterhin, daß der Solopart so undankbar wie nur möglich sei und der Orchesterpart überaus grelle Akkorde aufweise. Leipzig war die Hochburg der Erzkonservativen, die Mendelssohns Nachfolge angetreten hatten. Doch die Kritik aus Leipzig fand Widerhall. Der russische Pianist, Komponist und Dirigent Anton Rubinstein (1829–1894) war seinerzeit eine markante Gestalt in der Musikwelt. Kalbeck gibt einen Auszug aus einem Brief Rubinsteins an Liszt, worin er seine ersten Eindrücke über Brahms amüsant zusammenfaßt: „Pour ce qui est de Brahms, je ne saurais pas trop préciser l'impression qu'il m'a faite; pour le salon, il n'est pas assez gracieux, pour la salle de concert, il n'est pas assez fougueux, pour les champs, il n'est pas assez primitif, pour la ville, pas assez général – j'ai peu de foi en ces natures-là." Selbst so fortschrittlich gesinnte Komponisten wie Edouard Lalo in Paris konnten sich noch zwanzig Jahre nach der Komposition des d-Moll-Konzertes nicht damit anfreunden. In einem Brief an den spanischen Geiger Pablo de Sarasate schrieb Lalo, daß er das Konzert fünfmal gehört habe. Er sei der Meinung, daß dem Solisten, der auf der Bühne steht, die Hauptrolle zukommen soll. Er dürfe nicht als ein Solist innerhalb des Orchesters behandelt werden. Wenn das Solo-Genre dem Komponisten mißfalle, dann solle er Sinfonien oder andere Orchesterwerke schreiben, aber nicht den Hörer mit Solofragmenten langweilen, die ständig vom Orchester unterbrochen würden. Auch viele Pianisten teilten diese Ansicht. Das d-Moll-Klavierkonzert wurde nicht oft aufgeführt und erst in den fünfziger Jahren unseres Jahrhunderts zu einem der beliebtesten Solokonzerte.

Nach und nach wuchs Brahms' Ansehen. Clara Schumann und Joseph Joachim spielten seine Kompositionen, Julius Stockhausen begann seine Lieder vorzutragen. Am 8. September 1862 siedelte Brahms nach Wien über; im November des gleichen Jahres wurde er bei der Wahl des Leiters der Singakademie wie des Philharmonischen Orchesters in Hamburg übergangen. 1863–64 war er Leiter der Wiener Singakademie. Danach konzentrierte er sich aufs Komponieren. 1868 wählte er Wien zu seinem ständigen Wohnsitz. Dort gewann er viele Freunde, darunter den Pianisten Julius Epstein, den Geiger Joseph Hellmesberger und die Sängerin Amalie Weiß (die Joachim heiratete). Hellmesberger, Primgeiger eines hochangesehenen Streichquartetts, bezeichnete Brahms als den Erben Beethovens. Mit Brahms eng befreundet waren auch der Chirurg und Amateurmusiker Theodor Billroth, der Dirigent Hermann Levi (der später nach München übersiedelte, sich ab 1870 immer mehr dem Kreis und den Idealen Wagners näherte und dadurch von Brahms entfernte), der Musikschriftsteller Max Kalbeck (Verfasser der ersten bedeutenden Brahms-Biographie) und der Musikforscher und Beethovenspezialist Gustav Nottebohm. Brahms hatte bis 1871 verschiedene Wohnungen, ließ sich dann endgültig in der Karlsgasse 4 nieder, wo Celestina Truxa den Haushalt führte. Hier starb er am 3. April 1897.

Das Werk, das Brahms berühmt machte, war *Ein deutsches Requiem* op. 45, dessen Erstaufführung (noch ohne den 5. Satz) am 10. 4. 1868 im Bremer Dom stattfand. Die Sätze I–III wurden in Wien am 1. 12. 1867 unter J. Herbeck, das vollständige siebensätzige Werk am 18. 2. 1869 im Leipziger Gewandhaus unter C. Reinecke zum erstenmal aufgeführt. Den deutschen Text entnahm Brahms der Lutherbibel. Das Werk hat mit der Liturgie der Totenmesse nichts gemein. Am Freidenkertum des Komponisten nahmen Brahms' Freunde Anstoß. „So ein großer Mann! So ein großer Geist! Und er glaubt an nichts!" klagte Dvořák. Nach dem Erfolg des *Deutschen Requiems* stellte Brahms seine Konzertreisen als Pianist ein. 1872–75 war er artistischer Direktor der Gesellschaft der Musikfreunde in Wien, später dirigierte er nur noch seine eigenen Werke, die er bei Fritz Simrock verlegen ließ. Bis 1876 pflegte er alle musikalischen Gattungen mit Ausnahme von Sinfonie und Oper. Die Oper interessierte ihn nicht, obwohl er hin und wieder behauptete, er würde gerne ein Bühnenwerk komponieren. Mit der Komposition von Sinfonien verhielt er sich hingegen anders. Seine Freunde drängten ihn, eine Sinfonie zu schreiben, aber er zögerte. Es war sehr gewagt, mit Beethovens Neunter in Konkurrenz treten zu wollen.

Schließlich erschien 1876 seine Sinfonie Nr. 1 c-Moll op. 68. Brahms hatte jahrelang daran gearbeitet. Mit dreiundvierzig Jahren hatte Beethoven acht seiner neun Sinfonien komponiert, doch Brahms, der als Beethovens Nachfolger gefeiert wurde, zog es vor, sich mit dieser Gattung vertraut zu machen, bevor er sich dem Vergleich mit dem Meister der Sinfonie aussetzte. „Wenn man wagt, nach Beethoven noch Sinfonien zu schreiben, so müssen die ganz anders ausschauen", sagte er zu seinen Freunden, die ihn zur Komposition eines solchen Werks drängten. Obwohl er Anfang der siebziger Jahre behauptete: „Ich werde nie eine Sinfonie komponieren! Du hast keinen Begriff davon, wie es unsereinem zu Mute ist, wenn er immer so einen Riesen hinter sich marschieren hört", konnte von „nie" lange vorher schon nicht mehr die Rede sein.

Brahms' Sinfonie in c-Moll wurde sogleich der Rang von Beethovens Sinfonien zuerkannt, und zwar vor allem weil ein Thema im letzten Satz eine gewisse Ähnlichkeit mit der Melodie zu „Freude, schöner Götterfunken" im Schlußsatz von Beethovens Neunter aufwies. Hans von Bülow nannte Brahms' Sinfonie begeistert „die Zehnte". Brahms war teils erfreut, teils irritiert über Bülows überschwengliche Begeisterung.

1877 schrieb Brahms eine zweite Sinfonie. Dann folgte ein Meisterwerk auf das andere – 1879 das Violinkonzert, 1881 das zweite Klavierkonzert, in B-Dur, 1883 die Sinfonie Nr. 3, 1885 die Sinfonie Nr. 4, 1887 das Doppelkonzert für Violine und Violoncello a-Moll op. 102. Viele Klavierstücke und Lieder sowie drei Violinsonaten und zahlreiche Kompositionen für Klarinette – das Trio für Klavier, Klarinette und Violoncello a-Moll op. 114, das Klarinettenquintett h-Moll op. 115 (beide 1891) und zwei Klarinetten-(Bratschen-)Sonaten in f-Moll op. 120 Nr. 1 und Es-Dur Nr. 2 (1894) schlossen sich an. Diese Klarinettenkompositionen waren die Frucht von Brahms' Freundschaft mit Richard Mühlfeld, dem Soloklarinettisten des Meininger Hoforchesters. Der

Johannes Brahms 317

bedeutendste Interpret von Brahms' Orchesterwerken war in den achtziger Jahren Hans von Bülow, der 1880–85 Hofmusikintendant des Herzogs von Meiningen war und das Meininger Hoforchester zu einem Musterorchester machte. Er unternahm auch zahlreiche Konzertreisen, auf denen er sich besonders für Brahms einsetzte, wie aus einer Schilderung von Max Kalbeck ersichtlich wird: „Wenige Tage darauf, nachdem wir, Brahms, Bülow und der Verfasser, in weniger anspruchsvoller Umgebung in Wien beim ‚Roten Igel‘ unter den Tuchlauben zu Mittag gegessen hatten, gingen wir durch den Stadtpark zum Kurpavillon, wo Brahms nach Tische seinen schwarzen Kaffee zu trinken pflegte, er mehrere Schritte vor uns her, die in graue baumwollene Handschuhe gesteckten Hände auf dem breiten Rücken gekreuzt und den Hut aus der mächtigen Stirn geschoben. Da packte mich Bülow plötzlich am Arme, gestikulierte dabei so wild mit der Rechten, daß die Leute verwundert stehen blieben, und schrie mit heiserer Stimme: ‚Sehen Sie ihn an, den da, wie er breit und sicher und gesund vor uns hergeht! Ihm verdanke ich, daß ich noch zur Vernunft gekommen bin – spät, aber hoffentlich nicht zu spät, – daß ich überhaupt noch lebe!! Drei Viertel meines Daseins habe ich an meinen Ex-Schwiegervater, diesen alten Komödianten, und seine Meschpoche vergeudet, der Rest aber gehört den wahren Heiligen der Kunst und vor allem ihm! ihm!! ihm!!!‘ " An seine Verlobte Marie Schanzer schrieb Bülow, nach Beethoven sei Brahms der großartigste Komponist, den es je gegeben habe, und die Freundschaft, die ihm dieser entgegenbringe, habe einen unschätzbaren Wert für ihn. Leider zerbrach diese Freundschaft an Brahms' Taktlosigkeit. Bülow hatte geplant, während einer Konzertreise des Meininger Hoforchesters in Hamburg Brahms' Sinfonie Nr. 4 zu spielen. Brahms, der einige Tage eher als Bülow dort eingetroffen war, ließ jedoch das Werk vom Hamburger Orchester aufführen. Bülow war so gekränkt, daß er sich nicht nur weigerte, das Meininger Hoforchester in Hamburg zu dirigieren, sondern die Leitung des Orchesters überhaupt niederlegte.

Bülow war nicht der einzige, dessen Freundschaft sich Brahms verscherzte. Als sich Joseph Joachim von seiner Frau Amalie im Jahre 1881 scheiden ließ, ergriff Brahms Partei für Amalie, was Joachim sehr kränkte; 1887 kam es zwar zu einer Aussöhnung, doch die Freundschaft hatte einen merklichen Bruch erlitten. Brahms versuchte, die Sache mit Humor zu tragen: „Nun weiß ich, was ich all die Jahre vermißt habe. Es war der Klang von Joachims Violine." (Es ist musikhistorisch interessant, daß Joseph Joachim um das Jahr 1905 einige Plattenaufnahmen einspielte, darunter eine mit der Bachschen Solosonate in g-Moll.) Mit zunehmendem Alter wurde Brahms immer schwieriger und sarkastischer, und Theodor Billroth klagte, er mache sich oft dadurch unbeliebt. In einem 1892 datierten Brief an seine Tochter stellt Billroth fest, daß er trotz der langjährigen Freundschaft mit Brahms noch immer außerstande sei, sich dessen Verhalten zu erklären: „Mir bleibt er immer ein interessantes Rätsel, das ich nicht zu lösen vermag, ich finde die Brücken zwischen dem tiefen Ernst und der Weichheit seines Wesens – zu dem läppischen Benehmen auch in ernsten

Kreisen nun einmal nicht. Eine gewisse Freude an Frotzelei, selbst eine Art Schadenfreude ist ihm Bedürfnis; es mag ein Rest von Bitterkeit sein, der ihm von früher Jugend geblieben ist, als er, sich schon als erster fühlend, nicht nur nicht anerkannt, sondern verhöhnt wurde mit Kompositionen, die er mit seinem Herzblut geschrieben hat."

1896 starb Clara Schumann. Brahms verlieh seiner Trauer Ausdruck in den *Vier ernsten Gesängen* für eine Baß-Stimme mit Klavier op. 121. Kurz darauf wurde er von einem grausamen Schicksal ereilt: Er erkrankte an Leberkrebs, woran auch sein Vater gestorben war, und siechte jämmerlich dahin. „Es ist wirklich tragisch, daß eine starke Persönlichkeit wie Brahms dazu verurteilt ist, bei klarem Bewußtsein dem allmählichen Verfall des Körpers zuzusehen", schrieb Heinrich von Herzogenberg. Brahms, der zuvor nie ernsthaft krank gewesen war, stand am 7. März 1897 von seinem Krankenbett auf, um die Aufführung der 4. Sinfonie unter der Leitung von Hans Richter beizuwohnen. Die Ovationen nahmen kein Ende. Am 3. April starb der Komponist.

Es gibt drei eindeutig voneinander geschiedene Perioden in Brahms' Schaffen. Anfangs rang er vornehmlich um die Form. Seine Kompositionen wirkten zuweilen etwas schwerfällig – Hanslick sprach von „einem Nebelflor grübelnder Reflexion". 1863 schrieb ein Wiener Rezensent, daß der Komponist sich von der wilden Genialität seiner Jugendwerke, die so unwiderstehlich abschreckend anzog, zu reiferen Schöpfungen emporgearbeitet habe, aber gerade in seinen neuesten Werken tauchten Fragezeichen und Rätselbilder auf, die eine Lösung erst in der nächsten Periode seines Schaffens finden würden.

Brahms bedauerte nicht, daß seine Frühwerke kaum gespielt wurden. Nicht nur zeigt sich darin allzu deutlich der Einfluß Beethovens, sondern Kompositionen wie die drei Klaviersonaten, das Klaviertrio in B-Dur oder das Streichsextett in B-Dur op. 18 sind noch zu sehr vom Formalen bestimmt. Auch später, wie etwa im Klavierquintett in f-Moll op. 34 (1864), zeigt sich noch eine gewisse Schwere und mangelnde Ausgewogenheit des Klangs.

Mit den 25 Variationen und Fuge über ein Thema von Händel B-Dur (1861) und den 28 Variationen über ein Thema von Paganini a-Moll (1863) trat Brahms in eine neue Phase seines Schaffens ein, die in den acht Klavierstücken (Capricci und Intermezzi op. 76, 1878) und den zwei Rhapsodien op. 79 (1879) gipfelte. Hier zeigt sich eine größere Sicherheit, mehr Selbstvertrauen und freudiger Überschwang, eine größere Brillanz. Alle darauffolgenden Klavierkompositionen fielen – wie die acht Klavierstücke – kurz aus. Sie bieten größere Abwechslung, sind harmonisch und rhythmisch höchst anspruchsvoll und schließen an Schumanns *Davidsbündlertänze* an. Ein weiteres Charakteristikum von Brahms' mittlerer Schaffensperiode ist Anmut, wie sich in den drei Streichquartetten von 1873 und 1875 zeigt. Die *Liebeslieder,* Walzer für Klavier zu vier Händen und Gesang ad libitum op. 52

(1869) und op. 65 (1874), in denen Brahms dem „Walzerkönig" Johann Strauß huldigt, wirken schon beinahe sentimental. In seinen Liedern – er komponierte etwa 250 – erreicht er eine vollkommene Ausgewogenheit; in ihnen dominiert die lyrische Entfaltung der Singstimme.

Brahms hatte eine Vorliebe für Werkpaare. So schrieb er im Abstand von wenigen Jahren zwei Sextette, zwei Quartette, die zwei berühmtesten Variationen-Reihen, zwei Serenaden für Orchester, zwei Gruppen von Liebesliedern, zwei Ouvertüren (die *Akademische Festouvertüre* c-Moll op. 80, 1880, die *Tragische* Ouvertüre d-Moll op. 81, 1881), zwei Sonaten für Klarinette und Klavier, zwei Klavierquartette, zwei Sinfonien. Bei der ersten Niederschrift eines Werks schien er so gefesselt zu sein, daß sich ein zweites Werk der gleichen Gattung ergab. Brahms behielt diese Gewohnheit bis zuletzt bei. Wurde Beethovens Musik immer intensiver und kühner, so schien Brahms im Herbst seines Lebens immer entspannter und sanfter zu komponieren, besonders nach der vierten Sinfonie von 1885.

Da die vier Sinfonien so bekannt sind, bedürfen sie keiner eingehenden Analyse. Die 1. Sinfonie in c-Moll kam nach langjährigem Experimentieren heraus. Die von Bülow stammende Bezeichnung „Die Zehnte" erwies sich nicht als vorteilhaft. Die Verehrer Beethovens verübelten sie mehr Brahms als Bülow. Die 2. Sinfonie in D-Dur, die lyrischste seiner Sinfonien, erschien 1877, wurde aber als zu leicht und oberflächlich befunden und enttäuschte die Bewunderer Brahms'. Der zweite Satz jedoch klang sehr geheimnisvoll und überaus kompliziert. Nach der Londoner Erstaufführung von 1878 versuchten alle Rezensenten einen Kommentar zu diesem Satz zu umgehen. In der *Times* konnte man lesen: „Es ist beinahe unmöglich, sich nach dem ersten Hören ein Urteil über diesen Satz zu bilden." Der *Standard* schrieb: „Wir wollen uns die Mühe ersparen, im Detail auf das Adagio einzugehen." Der *Daily Telegraph:* „Selbst der kühnste Kritiker könnte sich nach einmaligem Hören kein sachliches, abgewogenes Urteil erlauben." Nur die *Daily Chronicle* erklärte unumwunden: „In jeder Hinsicht eine meisterhafte Komposition." Die 3. Sinfonie in F-Dur aus dem Jahr 1883 schien das Publikum mehr zufriedenzustellen. Einige Kritiker nannten sie die „Heroische", doch der Name konnte sich nicht durchsetzen. Ganz am Ende des Schlußsatzes wiederholt Brahms das Eingangsthema des ersten Satzes. Hierbei handelt es sich nicht um einen Einfall Brahms', Joachim Raff, ein Komponist der Liszt-Schule, der populäre Programm-Sinfonien schrieb, hatte schon früher seine F-Dur-Sinfonie *Im Walde* op. 153 (1869) auf die gleiche Weise abgeschlossen. Ebenso ist unbemerkt geblieben, daß das Thema mit dem Brahms nach den zwei einleitenden Akkorden seine Sinfonie beginnen läßt, von Schumann stammt, bei dem es zweimal erscheint. Es wird im zweiten Satz von Schumanns erster Sinfonie (Takt 74–78) aufgestellt, taucht aber dann im ganzen Werk nicht mehr auf. Ähnliches geschieht im ersten Satz von Schumanns 3. Sinfonie (siehe Seite 49 und 50 der Eulenburg-Partitur). Beide Sätze sind in Es-Dur geschrieben, und in beiden Fällen erscheint das geheimnisvolle Thema in G-Dur. Die symbolische Bedeutung dieser Wiederkehr des Themas ist nicht bekannt. Vielleicht wußte Brahms, was Schumann damit ausdrücken wollte. Bei Brahms' 4. Sinfonie, in e-Moll, stellte sich der Erfolg erst später ein. Sie galt als „unzugänglich", und die recht unkonventionelle Tonart des Werkes störte manche Musiker. Auch fand man den Finalsatz, eine Chaconne (Variationen über einen wiederkehrenden Baß), zu akademisch und trocken.

Andere wiederum erhoben den Vorwurf, Brahms' Werke seien schwer zu spielen. Die beiden Klavierkonzerte und das Violinkonzert enthalten tatsächlich ungewöhnliche und unbequeme Stellen für die Solisten. In den Klavierkonzerten kommen Passagen vor, in denen etwa die rechte Hand Terzen und die linke Quarten spielt. Diese Rhythmen, die nach Aussagen einiger Zeitgenossen „seekrank" machten, trafen nicht den Geschmack des breiten Publikums. („Sie stellen doch eine fortgeschrittenere Phase der Entwicklung auf die Befreiung musikalischer Gedanken von formalen Zwängen hin dar, weil sie sich nicht von einem barocken Empfinden oder von der Notwendigkeit herleiten, wie es in der dramatischen Musik der Fall war", schrieb später Arnold Schönberg.) Brahms' Instrumentaltechnik ist keineswegs von leerer Virtuosität und verlangt eine große Spannweite der Finger. Eugène d'Albert, einer der bedeutendsten Schüler Liszts, nahm als erster das B-Dur-Klavierkonzert in sein Repertoire auf. Das Publikum staunte, daß er imstande war, ein technisch so anspruchsvolles Werk auswendig zu spielen.

In seinen letzten Lebensjahren komponierte Brahms eine sehr zarte, persönlich gefärbte Musik. Das soll aber nicht heißen, daß diese Kompositionen einer inneren Spannung entbehrten. Doch Werke wie die Violinsonate in d-Moll, das Klarinettenquintett, die Intermezzi für Klavier und seine allerletzte Komposition, die elf Choralvorspiele für Orgel op. 122 (1896), offenbaren eine großartige Ausgeglichenheit, deren nur ein abgeklärter Komponist fähig sein kann. Die späten Sinfonien Haydns sind beispielsweise nicht typisch für das Alterswerk eines Komponisten, während Brahms' Spätwerk nicht mehr vom jugendlichen Feuer gekennzeichnet ist. Die neuartige konstruktive Dichte seiner Musiksprache, die sangbare, liedhafte Melodik, ein feiner Sinn für rhythmische Mannigfaltigkeit und Konflikte sind die unerschütterliche Grundlage seiner Kunst. Von seiner Musik geht kein grelles Aufflackern wie von der Gustav Mahlers aus, keine imponierende Kraft wie von den Sinfonien Bruckners, keine gewalttätigen Eruptionen, wie sie in der Musik von Richard Strauss stattfinden. In einer Epoche, in der die gigantischen Musikdramen Wagners die Opernbühne beherrschten und die sinfonischen Dichtungen von Richard Strauss den Gesprächsstoff des europäischen Publikums bildeten, lebte in Brahms' Musik der Geist Beethovens und Schumanns weiter. Er hält zwar äußerlich an den traditionellen Formschemata fest, doch werden diese nicht als von außen vorgegeben behandelt, sondern erst aus der motivischen Verarbeitung seines Ausgangsmaterials gewonnen.

20. KAPITEL

Hugo Wolf
Meister des Kunstlieds

In dem Jahr, als Brahms starb, trat auch Hugo Wolf von der Wiener Szene ab.
Der größte Liedkomponist seiner Zeit – manche halten ihn für den bedeutendsten überhaupt – wurde in eine Heilanstalt eingewiesen. Hugo Wolf hatte sich
selbst zugrunde gerichtet; abgesehen von der Syphilis, an der er bereits mit
siebzehn Jahren erkrankt war und die seinen Körper erheblich geschwächt
hatte, war er manisch-depressiv veranlagt. Die zahlreichen uns überlieferten
Fotos von Hugo Wolf unterscheiden sich kaum voneinander. Auf allen starrt er
den Fotografen mit seinen stechenden, hypnotisch wirkenden schwarzen Augen
an, trägt ein Samtjackett und eine breite Fliege: eine schlanke, vornehme, ernste
Gestalt, die außergewöhnlich wirkte. Wolfs Bedeutung beruht auf seinen
Liedern, in denen der Klavierpart meistens sehr selbständig geführt ist.

Außerdem komponierte er die interessante Oper *Der Corregidor* (1896), die
nur selten aufgeführt wird, einige Chorwerke, das Streichquartett in d-Moll
(1878–84), die *Italienische Serenade* für kleines Orchester (1892 Bearbeitung
der Serenade für Streichquartett), einige Klavierstücke und die sinfonische
Dichtung *Penthesilea* (1883–85), die gleichfalls nur selten gespielt wird. Einen
Namen machte er sich jedoch schon zu Lebzeiten mit seinen Liedern, und als
Liedkomponisten höchst individueller Prägung ist ihm auch heute noch großer
Erfolg beschieden.

Bestimmend für Hugo Wolf, den Rebellen, der ein stürmisch bewegtes Leben
führte, den Bohemien und stets Unzufriedenen, das Genie, das mit dreiundvierzig Jahren starb, war das Wort des Dichters und die sprachgebundene Melodik
der Singstimme. In seinen 242 Liedern begegnen wir oft einer gelösten Heiterkeit, die ganz und gar im Widerspruch zu seinem Leben steht. Nur wenige
Komponisten hatten einen derart ausgeprägten Sinn für das Poetische. Man hat
oft darauf hingewiesen, daß Schubert, Schumann und Brahms eine poetische
Ader hatten, Hugo Wolf aber ein Dichter gewesen sei, der in musikalischen
Kategorien gedacht habe. Es ist nicht nötig, auf die Klangfarbe und reiche
Harmonik der Lieder Schuberts, Schumanns und Brahms' hinzuweisen. Aber
Hugo Wolfs Lieder sind origineller; der Klaviersatz ist nicht „Begleitung",
sondern eher eine sinfonische Dichtung im kleinen mit einer Fülle von charakte-
ristischen Motiven. Wolf gelang das, was der englische Komponist Thomas
Campion (1567–1620) als Ideal bezeichnete: Worte und Noten harmonisch
miteinander zu verknüpfen, so daß man oft den Ausdruck „psychologisches
Lied" für sein Schaffen angewandt hat. In dieser ungewöhnlichen Verschmelzung von Wort und Musik, in den unerwarteten Modulationen, in der oft die
Wortbedeutung verstärkende Begleitung sind zweifelsohne Anklänge an die

Hugo Wolf (1860–1903). Aufnahme von 1896.

Prinzipien der Deklamation und an die farbenreiche Harmonik des späten Wagner unverkennbar, den Wolf verehrte. Nicht zu unterschätzen ist aber auch der Einfluß Liszts, der hinsichtlich der Liedkomposition bis heute nicht gebührend gewürdigt wird.

Es ist möglich, daß Wolfs Bewunderung für Liszt und Wagner und sein Abscheu gegen Brahms aus persönlichen Gründen erwuchs. Wolf wurde am 13. März 1860 in Windischgräz (Südsteiermark) geboren. Trotz der Einwände seines Vaters ging er 1875 nach Wien, um am Konservatorium Klavier bei Wilhelm Schenner und Harmonielehre bei R. Fuchs zu studieren. Entscheidend für seine Berufswahl waren die Wiener Aufführungen des *Tannhäuser* und *Lohengrin* (1875) unter Richard Wagner. Der fünfzehnjährige Hugo Wolf suchte den großen Meister auf und zeigte ihm einige seiner Kompositionen. Wagner empfing ihn freundlich – im Gegensatz zu Brahms – und ermutigte ihn zum Musikerberuf. Als Wolf an Brahms herantrat, schlug dieser ihm vor, bei Nottebohm Kontrapunkt zu studieren. Wolf war wütend: „... und das ist nur eine norddeutsche Pedanterie von Brahms, daß er mir Nottebohm aufdrängt." In Brahms sah er nun seinen Hauptfeind. Wolf zahlte ihm diese „Empfehlung" während der drei Jahre, in denen er Kritiken für das *Wiener Salonblatt* schrieb, heim.

1884–87 betätigte sich Wolf als Musikkritiker für diese Zeitschrift. Der nervöse, innerlich stets angespannte Wolf hatte bis dahin ein unstetes Leben geführt. In der Schule in Windischgräz langweilte er sich und erzielte gute Leistungen nur in dem Fach, das ihn interessierte: Musik. Das Wiener Konservatorium verließ er bereits nach zwei Jahren, nachdem er dem Direktor, Joseph Hellmesberger, erklärt hatte, daß er an seiner Lehranstalt mehr vergesse als Neues lerne. Hellmesberger verwies ihn sofort vom Konservatorium. Eine Zeitlang erwog Wolf ernsthaft, eine Klage einzureichen. Er brachte die fürs Unterrichten notwendige Geduld nicht auf, und wenn er es doch tat, dann mit geringem Erfolg. Immer wieder wechselte er sein Quartier und lebte von Lebensmittelpaketen, die ihm seine Angehörigen schickten. Als Zweiter Kapellmeister neben dem Dirigenten Karl Muck in Salzburg und dann als Assistent des Chorleiters am Landestheater machte er sich Feinde. Als er in Schwierigkeiten geriet, kehrte er dem „Schweinestall" den Rücken. Wahrscheinlich war er den Anforderungen dieser Stellung nicht gewachsen. Die Tätigkeit als Musikkritiker schien ihm hingegen zu gefallen; als fanatischer Anhänger Wagners und mit der konzessionslosen Art seiner Kritik an Brahms zog er sich jedoch viele Feindschaften zu. Flammender Zorn spricht aus vielen seiner Rezensionen wie beispielsweise aus der vom 2. Januar 1886 über die vierte Sinfonie Brahms', in e-Moll: „... solche Nichtigkeit, Hohlheit und Duckmäuserei wie sie in der e-Moll-Sinfonie herrscht, ist noch in keinem Werke von Brahms in so beängstigender Weise ans Tageslicht getreten. Die Kunst, ohne Einfälle zu komponieren, hat entschieden in Brahms ihren würdigsten Vertreter gefunden. Ganz wie der liebe Gott versteht auch Herr Brahms sich auf das Kunststück, aus nichts etwas zu machen ... In diesem Sinne mag man die Kunst Brahms' immerhin eine göttliche nennen ..." Das Violinkonzert in D-Dur nennt Wolf in seiner Kritik vom 7. November 1886 „ein ganz widerwärtiges Stück, voll von Platitüden und nichtssagendem Tiefsinn". Zum d-Moll-Klavierkonzert schreibt er: „Durch diese Komposition geht eine Luft, so eisig, naßkalt und nebelig, daß einem das Herz erfrieren, der Atem benommen werden möchte ..." Es könnte durchaus sein, daß Wolfs Rezensionen im musikalischen Wien als ein Korrektiv wirkten, denn dort waren die konservativen Ansichten des mit Brahms befreundeten Eduard Hanslick tonangebend. Tatsache war aber auch, daß Wolfs unbeherrscht vorgebrachte Meinungen und seine überschwengliche Begeisterung für Liszt und Wagner seiner Laufbahn schadeten.

Als Komponist und Kritiker befand sich Wolf in einer zwiespältigen Position. Einerseits griff er die (in seinen Augen) uninteressanten Programme der Wiener Philharmoniker an, andererseits suchte er unterwürfig einflußreiche Mitglieder des Orchesters auf, wie den berühmten Konzertmeister Arnold Rosé und den Geiger und Bratscher Sigismund Bachrich, die er im Wiener Salonblatt nicht verschont hatte. Er bat das Rosé-Quartett, sein d-Moll-Streichquartett und die Wiener Philharmoniker, seine *Penthesilea* zu spielen. Rosé hielt ihn genüßlich hin und wies ihn dann mit einem kränkenden Brief ab: „Geehrter Herr Wolf! Wir haben Ihr d-Moll-Quartett aufmerksam durchgespielt und einstimmig den Entschluß gefaßt, dieses Werk für Sie beim Portier der k. k. Hofoper (Operngasse) zu hinterlegen. Wollen Sie die Liebenswürdigkeit haben, es baldmöglichst abholen zu lassen, er könnte es leicht verlegen." Schließlich probten die Philharmoniker unter Hans Richter *Penthesilea*. Laut Wolfs Bericht ließ er es durchspielen, weil er – wie er dem Orchester erklärte – selbst das Werk eines Mannes kennenlernen wolle, „der es wagt, so über *Meister* Brahms zu schreiben". Richter stritt später ab, diese Aussage gemacht zu haben. Als Kritiker verhielt sich Wolf oft nicht einwandfrei und nutzte seine Kolumne für persönliche Angriffe auf seine Gegner. Nach dem Durchfall von *Penthesilea* schwor er in einem Brief an Strasser, sich an Richter rächen zu wollen: „Was ich in den letzten Tagen durchgemacht, davon könnt Ihr Euch nicht etwas träumen lassen. Ich bin geladen wie eine Dynamitbombe, und wehe denen, die meinem Grimme verfallen sind! Was liegt jetzt an mir, wenn ich auch selbst mit in die Luft fliege! weiß ich doch, daß mein Geschoß alle die ..., die mich so schwer gereizt, zum Teufel befördert; sie sollen in Höllenschwefel geröstet werden und in Drachengift getaucht – ich hab' es ihnen geschworen. Eine Schrift will ich gegen [Richter] erlassen, daß der Teufel selber erbleichen soll. O, es wird ein Wutschrei durch Wien gehen, wie solchen noch kein indianischer Schreihals erlebt. Aber hört: Am vergangenen Freitag war meine Penthesilea in der Novitätenprobe aufgeführt. Meine Penthesilea? Nein; die Penthesilea eines Wahnsinnigen, Trottelhaften, eines Spaßmachers und was Ihr sonst wollt, aber meine Penthesilea war das nicht. Ich kann es Euch nicht beschreiben, wie dieses Stück gespielt wurde."

Wolf begann etwa 1875, Lieder zu komponieren, doch zu Ruhm gelangte er erst dreizehn Jahre später. Von 1888 bis 1891 schrieb er über 200 Lieder nach

Gedichten von Mörike, Eichendorff, Goethe, Geibel, Heyse und Keller. Zwischen 1895 und 1897 entstanden rund dreißig Liedkompositionen. Während der Arbeit am 1. Akt seiner Oper *Manuel Venegas,* die unvollendet blieb, traten die ersten Anzeichen einer progressiven Paralyse auf; 1897 kam er in eine Heilanstalt. Zu seinen wichtigsten Werken zählen die 53 Lieder nach Gedichten von Mörike (1888), das *Spanische Liederbuch,* 44 Lieder nach Gedichten von Heyse und Geibel (1891), *Alte Weisen,* 6 Lieder nach Gedichten von Keller (1891), *Das italienische Liederbuch* nach Gedichten von Paul Heyse (Teil I, 22 Lieder, 1892; Teil II, 24 Lieder, 1896) und drei Lieder nach Gedichten von Michelangelo (1898). Zu diesen traten über hundert vermischte Vertonungen von Gedichten Heines, Chamissos, Lenaus und anderer. Am Beginn seiner Meisterschaft stehen die Mörike-Lieder von 1888. Wolf komponierte sie wie in einem Taumel – zwei, zuweilen drei Lieder an einem Tag. In einem Vierteljahr entstanden dreiundvierzig Lieder. 1890 wandte er sich der Vertonung von Goethes Gedichten zu und schrieb in dreieinhalb Monaten 51 Lieder. Diese Lieder, die er selbst Meisterwerke nannte, schreibe er auch für die Nachwelt, betonte Wolf: „*Erstes Liebeslied eines Mädchens:* Dies ist das weitaus beste, was ich bis jetzt zustande gebracht, gegen dieses Lied ist alles Vorhergegangene Kinderspiel. Die Musik ist von so schlagender Charakteristik, dabei von einer Intensität, die das Nervensystem eines Marmorblockes zerreißen könnte." Doch schon am folgenden Tag heißt es in einem Brief an Lang: „Ich revociere, daß das ‚erste Liebeslied eines Mädchens' mein Bestes sei, denn was ich heute Vormittag geschrieben: ‚Fußreise' (Ed. Mörike) ist noch millionenmal besser. Wenn Sie dieses Lied gehört haben, kann Sie nur noch ein Wunsch beseelen: zu sterben."

Die Bedeutung dieser Lieder wurde sogleich erkannt. Rosa Papier und Ferdinand Jäger begannen sie öffentlich vorzutragen. In der Regel wurden sie von Wolf selbst begleitet, der ein guter Pianist war. Sogar seine Feinde gaben offen zu, daß seine Musik sich durch große Individualität auszeichnete. Einige seiner Lieder sind ebenso leicht zu erfassen wie die Schuberts, Schumanns und Brahms', doch es gibt auch schwierige, die sich nur dem geduldigen Hörer erschließen, weil sie karg, unmelodisch, zu sehr dem Sprechgesang angenähert klingen.

Für Wolf stand fest, daß die Form des Gedichts die Form der Musik diktieren müsse. Er faßte seine Gedanken in einem Brief an Rosa Mayreder, die Librettistin des *Corregidor,* wie folgt zusammen:

„Es liegt etwas Grausames in der innigen Verschmelzung von Poesie und Musik, wobei eigentlich nur der letzteren die grausame Rolle zufällt. Die Musik hat entschieden etwas Vampyrartiges in sich. Sie krallt sich unerbittlich an ihr Opfer und saugt ihm den letzten Blutstropfen aus. Oder man könnte sie auch mit einem gierigen Säugling vergleichen, der unerbittlich nach neuer Nahrung verlangt, dick und fett dabei wird, derweil die Schönheit der Mutter dahinwelkt. Dieser Vergleich gilt aber nur in Hinsicht auf die Wirkung, die die Musik im

326   Meister des Kunstlieds

Bunde mit der Poesie auf das Publikum ausübt, Sie haben sich leider davon selbst überzeugen können. Ich sage ‚leider‘, weil nichts mich mehr empörte, als diese bodenlose Ungerechtigkeit, die in der Bevorzugung der einen Kunst vor der anderen liegt."

Inzwischen gewann die Musik selbst Fülle und Form. Im Unterschied zu den meisten Liedkomponisten hielt Wolf die Melodie nicht für das ausschließlich wichtige Elemente, um den Sinngehalt eines Gedichts herauszuarbeiten. Man könnte jedes seiner Lieder als ein kleines Wortgemälde für sich bezeichnen. Das Lied *Daß doch gemalt* hat einen sanften, bewegenden Schluß, während ein weniger phantasievoller Komponist nach der Liebeserklärung, mit der das Gedicht endet, mit Akkorden auf das Klavier eingeschlagen hätte. In *Wer rief dich denn* deutet die Begleitung an, daß die Aussage der Sängerin falsch ist. Zu der ruhevollen, beinahe monotonen Gesangslinie von *Nun wandre, Maria* vermittelt die Begleitung – ganz zart, doch nachhaltig – den Eindruck eines ziellosen Dahinwanderns. In *Gesegnet sei, durch den die Welt entstand* entfaltet die Musik nach den Worten „Er schuf die Schönheit" eine unvergleichliche Pracht. Mit den letzten drei von ihm komponierten Liedern, nach Gedichten von Michelangelo, schließt sich der Kreis: In *Wohl denk ich oft* ist am Ende ein Thema aus den *Meistersingern* zu vernehmen, womit Wolf wieder Wagner huldigte, dessen Musik ihn am stärksten beeinflußte.

Wolfs Oper *Der Corregidor,* die den Erfordernissen der Bühne nicht genügend Rechnung trägt, war wenig Erfolg beschieden. 1895 begann er mit der finanziellen Unterstützung von Freunden daran zu arbeiten. Zeit seines Lebens lebte er in ärmlichen Verhältnissen, hatte nicht einmal ein Zuhause und erwog sogar, nach Amerika auszuwandern, um sein Glück zu versuchen. Ein Brief an Kauffmann vom 7. März enthüllt Wolfs Absichten: „Wir tragen uns jetzt mit großen Plänen herum. Sie will die Bühne verlassen, um einzig und allein nur der Verbreitung meiner Lieder zu leben. Wir haben daher beschlossen, ins Goldland nach Amerika zu reisen, um auf der sicheren Basis von Dollars uns eine solide Existenz zu gründen. Bereits habe ich die ersten Schritte gethan und an einen einflußreichen Impresario nach Boston geschrieben." Natürlich wurde nichts daraus.

Jahrelang wohnte er in den Landhäusern von Freunden; erst 1896 bezog er eine eigene Wohnung, an der er sich allerdings nur ein Jahr lang freuen konnte. Er hatte keine Scheu, von seinen Freunden Geld anzunehmen, um sich über Wasser halten zu können, während er an seiner Oper arbeitete: „Höchste Zeit, daß einem das einfällt! Eigentlich wär's ja verdammte Pflicht und Schuldigkeit des Staates, seine Musiker und Dichter zu erhalten." Auch Schubert war der gleichen Meinung. Wolf kam mit dem *Corregidor* rasch voran und hatte das Werk nach vierzehn Wochen im wesentlichen abgeschlossen. Seine Freude war grenzenlos, seine Zuversicht unerschütterlich: „Heulen wird das Publikum. Da können meine persönlichen Feinde sagen, was sie wollen. Man wird von nichts anderem mehr reden, als von dieser Oper! Alle, Mascagni,

Humperdinck e tutti quanti können sich verstecken und werden verschwinden."

Bei der Uraufführung in Mannheim (1896) erzielte *Der Corregidor* einen bescheidenen Erfolg, die Oper wurde nur kurze Zeit aufgeführt und hat sich auch nicht im Repertoire behaupten können. Im folgenden Jahr wurde Wolf von einer Gemütskrankheit befallen. Er lebte in dem Wahn, man habe ihn zum Direktor der Wiener Hofoper ernannt, ging in der Stadt umher und behauptete, Mahler sei entlassen worden und er, Wolf, werde unverzüglich den Opernbetrieb neuorganisieren. Er platzte dem Opernsänger Hermann Winkelmann ins Haus, stellte sich als der neue Direktor vor und sagte, er brauche seine Dienste noch am selben Nachmittag. Der Sänger gab vor, ans Telephon gerufen zu werden und kehrte nicht zurück, was Wolf sehr aufbrachte. „Das soll er mir büßen, die erste Bitte seinem Direktor abzuschlagen!" Wolfs Freunde waren völlig ratlos. Der Komponist betrachtete ihre düsteren Mienen und sagte: „Ihr seid mir schöne Freunde! Wenn man einmal im Leben etwas erreicht, so freuen sie sich gar nicht. Hört mir auf!" Als einige Tage später bei ihm der Wagen vorfuhr, der ihn in die Nervenheilanstalt bringen sollte, glaubte Wolf, zum Oberhofmeister Prinz Lichtenstein zu fahren, worauf er den Frack anzog. Aus der Anstalt schrieb er detaillierte Berichte über seine Pläne und beschäftigte sich mit den Opern, die er komponieren wollte. Nach seiner Entlassung im Jahr 1898 zog er von einem Ort zum andern. Er versuchte sich zu ertränken und wurde schließlich in die Niederösterreichische Landesirrenanstalt in Wien eingeliefert. Dort starb er am 22. Februar 1903. Seine Totenmaske – ein durchgeistigtes, schönes, schmales Gesicht mit Spitzbart, hervortretenden Wangenknochen und tiefliegenden Augen, wirkt wie das eines von Doré entworfenen Don Quichotte.

21. Kapitel

Strauss, Offenbach, Sullivan
Walzer, Cancan, Satire

Wenn Langlebigkeit das Maß für die Wirksamkeit der Musik eines Komponisten ist, haben wenigstens drei Autoren leichter Musik im 19. Jahrhundert Zeit und Mode derart triumphierend überlebt, daß sie legitimerweise als unsterblich bezeichnet werden dürfen. Der Walzer und die Wiener Operette von Johann Strauß jr., die komische Oper von Jacques Offenbach und die Operette von Sir Arthur Sullivan bleiben für uns so bezaubernd, munter und erfinderisch wie eh und je. Meyerbeer ist nahezu vergessen, Gounod lebt weitgehend nur mit einer einzigen Oper fort, und früher so bedeutende Namen wie die von Goldmark, Rubinstein, Heller und Raff tauchen lediglich in den Musikhandbüchern auf. Die Welt aber läßt sich weiterhin von Strauß, Offenbach und Sullivan unterhalten und sogar bezaubern.

Am Anfang war der Walzer. Er stammte vom Ländler her, einem deutsch-österreichischen Tanz im Dreivierteltakt, und trat zwischen 1770 und 1780 zum ersten Mal in Erscheinung. Beinahe unverzüglich wurde er in Europa zur Modeerscheinung. Michael Kelly, der irische Tenor, der bei der Uraufführung von Mozarts *Le Nozze di Figaro* (Figaros Hochzeit) beteiligt war, äußerte sich zu dieser Mode, als er sich 1826 an die Niederschrift seiner Memoiren machte. „Die Wiener", schrieb er, „waren zu meiner Zeit [in den achtziger Jahren des 18. Jahrhunderts] geradezu tanzverrückt; wenn die Faschingszeit heranrückte, begann sich überall Fröhlichkeit zu verbreiten ... Die Vorliebe der Wiener Damen für Tanz und Karnevalsmaskeraden war so ausgeprägt, daß ihnen nichts den Genuß dieses ihres Lieblingsvergnügens durchkreuzen durfte." Kelly zitierte eine Wiener Vorsichtsmaßnahme als Beispiel, um diesen Gesichtspunkt zu erhärten. Die Tanz-Verrücktheit war so überwältigend, schrieb er, daß „für die Damen in anderen Umständen, die durchaus nicht überredet werden konnten, zu Hause zu bleiben, Räumlichkeiten mit allen erforderlichen Annehmlichkeiten für die Niederkunft bereitgestellt wurden, für den bedauerlichen Fall, daß sie benötigt werden sollten". Kelly, ein wirklicher Kenner, hielt die Wiener Damen für reizend; aber „was mich selbst angeht, so schien mir der Walzertanz, von zehn Uhr abends bis sieben Uhr früh in ständigem Wirbel, für Auge und Ohr doch sehr ermüdend zu sein".

Natürlich wurde der Walzer zum reinen Konsumartikel, und das ganze 19. Jahrhundert hindurch waren sich selbst die größten Komponisten nicht zu schade, die Nachfrage zu decken. Dafür hatte es bereits Präzedenzfälle gegeben. Bis zurück in die elisabethanische Zeit waren die Komponisten eifrig damit beschäftigt, eine entzückte Zuhörerschaft mit Tanzmusik zu versorgen. Haydn und Mozart hatten ganze Stöße von Tanzmusik komponiert. Schubert schrieb

Johann Strauß (1825–1899). Aufnahme um 1890.

330 Walzer, Cancan, Satire

mehrere Bände mit Walzermusik, um das Bedürfnis nach dieser Modeerscheinung zu stillen. Webers *Aufforderung zum Tanz* für Soloklavier (später von Berlioz instrumentiert) begründete das Genre des Konzertwalzers. Chopin schrieb idealisierte Walzer, die zum Tanzen kaum geeignet waren. Brahms steuerte einen Band für Klavier und zwei Folgen für Vokalquartett bei. Dvořák schrieb ebenfalls einige hübsche Walzer. Richard Strauss macht in seinem *Rosenkavalier* viel Gebrauch vom Walzer. Ravel schrieb einen großen Walzer für Orchester und eine Folge von Klavierwerken mit dem Titel *Valses nobles et sentimentales*. Debussy komponierte mehrere Walzer. Sogar im finsteren *Wozzeck* von Alban Berg taucht ein Walzer auf.

Schon bald wurden jedoch Stimmen laut, die den Walzer als unsittlichen Tanz bezeichneten. Johann Strauß Vater und die puritanischen Nationen wußten, wem der Tadel dafür gebührte. „Dieser Unrat deutscher Herkunft, ohne jede Anmut, Zartheit und Schicklichkeit, eine abstoßende Unsitte", grollte ein Kritiker in einer englischen Veröffentlichung, die sich nicht gegen den österreichischen Komponisten, sondern gegen den Walzer selbst richtete. Aber man konnte den Prozeß in seinem Lauf nicht mehr beeinflussen. „In jedem Haus, auf jedem Klavier in Wien", schrieb 1852 ein französischer Journalist, „liegen Strauß' Walzer." Diesmal gilt der Hinweis Johann Strauß Sohn. „Er hat über 200 davon geschrieben, alle sind Publikumslieblinge, alle werden gesungen und geträllert und in ganz Europa gespielt. Volk und Adel summen und pfeifen sie; Orchester und Drehorgeln spielen sie. Wir hören sie auf der Straße, beim Ball, im Garten und im Theater. Die tanzenden Wiener tragen ihn im Triumph auf den Schultern und rufen ,Vivat Strauß!' Und das übrige Europa macht sich zum Echo dieses Schlachtrufes und stimmt ebenfalls sein ,Vivat Strauß!' an."

Beim Walzer war jedoch mehr im Spiel als nur der bloße Unterhaltungseffekt, und die besseren Musiker waren von der Leistung von Strauß Vater sehr beeindruckt. Berlioz besuchte 1845 Wien und hatte einiges zu den technischen Neuerungen zu sagen, die der Walzer und andere Tanzmusikformen mit sich brachten. In seinen *Erinnerungen* widmete er diesem Thema einen ausführlichen Abschnitt:

> „Der Redoutensaal hat seinen Namen von den großen Bällen, die in der Wintersaison in der Halle stattfinden. Hier läßt die Wiener Jugend ihrer Tanzleidenschaft die Zügel schießen ... Ich habe ganze Nächte damit verbracht, diesen in großen Wolken herumwirbelnden unvergleichlichen Walzerpaaren zuzuschauen und die choreographische Präzision der Quadrillen – zweihundert Menschen zur gleichen Zeit, in zwei langen Reihen aufgestellt – und die lebhaften Charaktertänze zu bewundern, die ich an Originalität und geschliffener Ausführung außer in Ungarn nirgendwo übertroffen gefunden habe. Und da steht Strauß und dirigiert sein hervorragendes Orchester; und manchmal, wenn einer der neuen Walzer, die er für jeden Gesellschaftsball schreibt, ein besonderer Treffer wird, halten die Tänzer inne um zu applaudieren, und die Damen eilen ans Dirigentenpult und werfen ihm ihre Blumensträuße zu, und alle rufen *da capo* und

klatschen ihn nach dem Ende der Quadrille erneut hervor (weil der Tanz keine Eifersucht eingibt und der Musik ihren Anteil am Triumph und am Vergnügen zugesteht). Das ist nicht mehr als gerecht; denn Strauß ist ein Künstler. Es ist noch nicht hinreichend anerkannt worden, welchen Einfluß er bereits auf den musikalischen Geschmack von ganz Europa dadurch ausgeübt hat, daß er gegenläufige Rhythmen in den Walzer einführte. (Deren Auswirkung auf die Tänzer ist so stimulierend gewesen, daß sie, obwohl die Musik am Dreierrhythmus festhält, den Zweischritt-Walzer erfunden haben als Versuch, ihn nachzuahmen.) Wenn das Publikum außerhalb Deutschlands je dazu gebracht werden kann, den außerordentlichen Reiz schätzen zu lernen, der sich gelegentlich aus kombinierten und gegenläufigen Rhythmen ergibt, so wird das ihm zu verdanken sein. Beethovens diesbezügliche Muster sind zu erhaben, als daß sie mehr als eine kleine Minderheit von Hörern berührt hätten. Strauß dagegen wendet sich absichtlich an einen volkstümlichen Hörerkreis; und dadurch, daß sie ihn kopieren, tragen seine Nachahmer notgedrungen dazu bei, seinen Einfluß weiter zu verbreiten."

Sogar Henry Fothergill Chorley, jener umständliche Tory, jener Colonel Blimp der Musikkritik, räumte widerwillig ein, daß diese Musik ihren Wert habe. Er hörte Strauß und sein Orchester im Jahre 1844 und kam zu der Auffassung, daß der Walzer in der Form, wie er vom Wiener Meister dirigiert wurde, eine „für alle Musiker erwägenswerte Wahrheit" enthalte. Nie hatte Chorley eine solche Vielgestaltigkeit und Subtilität des Orchesterspiels gehört. Und nie hatte er überdies eine Art von Musik gehört, die sich so wie diese zu solcher Genauigkeit der Interpretation eignete. „Die Art und Weise, wie Einschnitte, Pausen und ähnliche Reize Leben in eine Bewegung bringen können, ohne daß ihr Fluß abreißt, kann mit Nutzen auch vom symphonischen Komponisten studiert werden."

Chorley bezog sich hier auf das Orchester von Strauß Vater und hatte eine überzeugende Erklärung. Das Orchesterspiel in dem Sinne, wie es heute aufgefaßt wird, steckte in den vierziger Jahren des 19. Jahrhunderts noch in den Kinderschuhen. Zu jener Zeit betrat das Phänomen des autokratischen Orchesterleiters, der Vaterfigur, die durch die Kraft ihrer Persönlichkeit den Willen der einzelnen Musiker zu einem integrierten Ganzen zusammenbündelt, gerade erst die Szene. Davor hatte es die geteilte Leitung gegeben, bei der der erste Geiger und der Musiker am Klavier die Dirigentenverantwortung gemeinsam trugen. Dirigenten wie Weber, Spohr, Spontini, Mendelssohn, Wagner, Berlioz und François Habeneck (der 1828 die Concerts du Conservatoire ins Leben gerufen hatte) hatten begonnen, das System der geteilten Orchesterleitung aufzulösen, aber noch in den vierziger Jahren des 19. Jahrhunderts waren die meisten Konzertorchester in Europa aufs Geratewohl zusammengewürfelte Ensembles, die relativ wenige Aufführungen pro Saison boten. Das beste französische Orchester dieser vierziger Jahre, das Orchester du Conservatoire, ließ sich nur sechsmal jährlich hören. In ganz Europa mag es nicht mehr als ein halbes Dutzend gut eingespielter Orchester gegeben haben. Die anderen boten eine Art von Disziplin, Intonation, Zusammenspiel und Interpretation, die den heutigen Anforderungen nicht mehr entsprechen würde. In den fünfziger Jahren sollten dann die Sinfonieorchester zu machtvollen und effizienten Klangkörpern werden; was die vierziger Jahre anbelangt, kann man aber mit Sicherheit sagen, daß die Tanzorchester von Paris und Wien einen für die damalige Zeit einzigartigen Grad von Virtuosität boten. Männer wie Strauß Vater und Sohn in Wien und Napoléon Musard in Paris bildeten eine sorgfältig ausgewählte Gruppe von Instrumentalisten aus, probten mit ihnen und ließen sie Nacht für Nacht auftreten. Kein Wunder, daß sie den Sinfonieorchestern überlegen waren. Überdies wurden sie von Despoten geleitet, die keine Unkorrektheit beim Spiel durchgehen ließen. Adam Carse, der englische Erforscher von Orchesterzusammensetzungen und -praktiken im beginnenden 19. Jahrhundert, hat dargelegt, daß Musard und Strauß Vater insofern die ersten modernen Dirigenten waren, als das Publikum in den Konzertsaal strömte, um ausdrücklich *sie* zu sehen und zu hören, während es in erster Linie wegen der Musik kam, wenn Habeneck oder Mendelssohn ein Orchester leiteten.

Johann Strauß Vater wurde am 14. März 1804 in Wien geboren. Er spielte bereits als Kind Geige und war mit fünfzehn Jahren Berufsmusiker und in verschiedenen Orchestern tätig. 1826 bildete er mit einem seiner Freunde, dem Geiger Joseph Lanner, ein kleines Ensemble. Es wurde ein Erfolg, und bald zählte das Orchester zwölf Mitglieder. Strauß leitete es und dirigierte dabei (wie zu jener Zeit üblich) mit dem Bogen. Lanner besorgte die Kompositionsarbeit. Joseph Lanner (1801–1843) war ein ungewöhnlich tüchtiger Komponist, und manche seiner Werke, insbesondere die *Hofballtänze* mit ihren einschmeichelnden Melodien, ihrer Anmut und ihren in einer speziellen Episode sich äußernden plötzlichen Ausbrüchen fieberhafter Energie (die gewissermaßen die Rastlosigkeit von Ravels *La Valse* vorwegnehmen), halten durchaus einen Vergleich mit jedem späteren Werk von Strauß aus. Strawinsky erwies Lanner die Ehre, einen seiner Walzer in *Petruschka* einzufügen. In den frühen zwanziger Jahren des 19. Jahrhunderts fühlte auch Strauß den Drang zu komponieren, und das war der Grund für das sich anbahnende Zerwürfnis zwischen ihm und Lanner. In Wien ging das Gerücht um, Lanner eigne sich Strauß' Arbeiten an und stelle sie unter seinem eigenen Namen vor. Die beiden Männer wurden bei einem Konzert im Ballsaal *Zum Bock* tatsächlich handgemein, Strauß trennte sich von Lanner, gründete sein eigenes Orchester und nahm einige der besten Musiker mit, während Lanner das Ereignis durch einen Walzer mit dem Titel *Trennung* besiegelte. Jetzt hatte Wien zwei ausgezeichnete Tanzorchester, und es wurde für das eine oder das andere Partei ergriffen, wie Eduard Hanslick schrieb:

„Allein von dem begeisterten Taumel, in welchen sie Wien versetzten, kann man sich kaum noch eine richtige Vorstellung bilden ... Über jede neue Walzerpartie geriethen die Journale in Entzücken, es erschienen zahllose Artikel über Strauß und Lanner, schwärmerisch, humoristisch und jedenfalls länger, als man sie Beethoven und Mozart widmete. Daß dieser süß betäubende Dreivierteltact, der sich aller Köpfe und Füße bemächtigt hatte, nothwendig die große, ernste

Musik in den Hintergrund drängte und die Zuhörer zu einer geistigen Anstrengung immer unfähiger machte, begreift sich."

Lanners Art des Musizierens unterschied sich von der Straußschen. Sie war lyrischer, während die von Strauß Feuer, Temperament und attraktive Effekte ins Spiel brachte. Die Wiener hatten eine sprichwörtliche Redensart: „Bei Lanner heißt es ‚I bitt Euch, geht's tanzen.' Bei Strauß dagegen ‚Geht's tanzen, i will's'." Strauß vergaß nie, daß er Tanzmusik komponierte, auch dann nicht, als er die Form zum Konzertwalzer erweiterte. Er sorgte dafür, daß der Wiener Walzer bald zu einem einträglichen Geschäft wurde. Die Rivalität mit Lanner spornte ihn an. Sehr zum Ärger von Strauß war es Lanner, der 1829 den Auftrag erhielt, Musik für den Redoutensaal zu komponieren. Strauß konnte jedoch mit einem beinahe ebenso wichtigen Vertrag aufwarten, und zwar für den Sperlsaal. Bald beschäftigte er zweihundert Musiker und war in der Lage, Musik für sechs Bälle pro Abend zu liefern. Er konnte sich beim Wiener Publikum bald größter Beliebtheit erfreuen und komponierte inzwischen weltberühmte Stücke wie die *Donaulieder* und den *Radetzky-Marsch*. Die Wiener erwarteten nicht nur Walzer, sondern auch Galopps, Polkas, Quadrillen und Märsche. Strauß gab ihnen, was sie sich wünschten.

Jedermann in Wien besuchte den Sperl, einen großen Biergarten mit Tanzsaal, wo Strauß meistens auftrat. Der Schriftsteller Heinrich Laube beobachtete die Szenerie und hat ein anschauliches Porträt von Strauß entworfen:

„Unter den festlich beleuchteten Bäumen und in offenen Arkaden sitzen die Menschen an zahllosen Tischen, essen und trinken, schwatzen, lachen und hören zu. In der Mitte ist das Orchester postiert, das die neuen Walzer anstimmt, die Schreckgespenster unserer gebildeten Musiker, jene neuen Walzer, die einem das Blut wie der Biß einer Tarantel in Wallung versetzen. Mitten im Garten steht auf der Orchesterplattform der moderne Held Österreichs, der österreichische Napoleon, Musikdirektor Johann Strauß. Der Mann sieht so schwarz aus wie ein Mohr; sein Haar ist dichtgelockt, sein Mund energisch, die Lippen spöttisch gekräuselt, und er hat eine Stupsnase. Wäre sein Gesicht nicht so weiß, könnte er als der wirkliche König der Mohren durchgehen ... Typisch afrikanisch ist auch die Art und Weise, wie er seine Tänze leitet. Seine eigenen Glieder scheinen ihm nicht mehr zu gehören, wenn der Wüstensturm seiner entfesselt Walzer losbraust. Sein Geigenbogen tanzt mit den Armen auf und ab; das Tempo beschwingt auch seine Beine ... und die Wiener nehmen dieses leidenschaftliche Gebaren mit nie dagewesener Begeisterung auf ... Und jetzt beginnen die Vorbereitungen für den richtigen Tanz. Um die unruhige Menge zurückzuhalten, wird ein langes Seil gespannt, und alle, die im Saal verbleiben, werden von den wirklichen Tänzern getrennt ... Diese Orgien dauern bis in die frühen Morgen; und dann packt Österreichs Held seine Geige ein und kehrt heim, um ein paar Stunden zu schlafen und von neuen Kriegslisten und Walzerthemen für den nächsten Nachmittag zu träumen."

Mitte der dreißiger Jahre ging Strauß mit seinem Orchester auf Tournee –
1834 in Ungarn und Deutschland, 1837 und 1838 in Paris, wo er mit Musard
auftrat und 1838 in London. Überall war es das gleiche: Strauß siegte im Sturm.
Jedem gefiel seine Musik; jedem imponierte die Brillanz, die Vollendung, die
Präzision und die Klangfülle seines Orchesters. Die Musiker waren von Strauß'
rhythmischer Subtilität fasziniert, und Berlioz schrieb über Strauß und seine
Rhythmik einen langen Artikel im *Journal des Débats*. In Frankreich gab Strauß
mit seinen Musikern siebenundachtzig Konzerte in einundneunzig Tagen, in
England zweiundsiebzig in hundertzwanzig Tagen. Strauß arbeitete unter
Aufbietung aller Kräfte bis zur Erschöpfung. Dann kehrte er nach Wien zurück.

Er hatte ja schließlich auch ein Familienleben. Seine Frau, Anna Streim, gebar
ihm sechs Kinder – Johann (geboren am 25. Oktober 1825), Josef, Nelli,
Therese, Ferdinand und Eduard. Als Vater war er ebenso despotisch wie als
Orchesterleiter. Die einzigen Dinge, die sein Leben bestimmten, waren sein
Orchester und der Mammon. Für seine Gattin und seine Familie zeigte er wenig
Interesse. In einem Punkt aber war er unnachgiebig. Er wünschte nicht, daß
eines seiner Kinder Musiker würde. Johann, sein ältester Sohn, war begabt, aber
das Widerstreben des Vaters dagegen, daß eines seiner Kinder den Lebensweg
des Berufsmusikers wählte, war so stark, daß er heimlich Unterricht nehmen
mußte. Dann ereignete sich etwas, das dem jungen Johann die Ausbildung
erleichterte, wenn es für seine Mutter auch schmerzlich genug gewesen sein
mag. Strauß Vater zog aus und fing ein Verhältnis mit einer anderen Frau an, die
ihm vier Kinder gebar. Für Wien war das ein großer Skandal. Strauß starb am
25. September 1849, nicht ohne zuvor noch gesehen zu haben, daß sein ältester
Sohn seinem Vorbild folgte. Er konnte jedoch nichts dagegen unternehmen.
Obwohl er wütete und tobte, mußte er letztlich doch, wenn auch widerwillig,
seine Zustimmung geben.

Johann Strauß Sohn war neunzehn Jahre alt, als er den Entschluß faßte, den
Wettstreit mit seinem Vater aufzunehmen. Ganz Wien war gespannt. Es gab
wenig Geheimnisse in der Stadt, und jedermann war mit den Spannungen, die
im Hause Strauß herrschten, vertraut. Johann erhielt ein Engagement in
Dommayers Gartenrestaurant, und bei seinem ersten Konzert beendete er den
Abend taktvoll mit den *Lorelei-Rheinklängen* seines Vaters. Das Debut war ein
vollständiger Erfolg. „Gute Nacht, Lanner. Guten Abend, Strauß Vater. Guten
Morgen, Strauß Sohn." So lautete ein Bericht in einer Wiener Zeitung. Als der
Vater starb, vereinigte der Sohn die Kapelle seines Vaters mit der eigenen.
Schließlich hatte er sechs Orchester, eilte jede Nacht von einem zum anderen
und absolvierte mit jedem einen kurzen Auftritt. Geschäft blieb Geschäft:
Strauß hatte eine ganze Belegschaft zu beschäftigen – die Musiker der sechs
Orchester, stellvertretende Orchesterleiter, einen Buchhalter, Kopisten, Werbe-
fachleute und Eintrittskartenverkäufer. Wie sein Vater ging er mit seinem
besten Orchester auf Tournee und riß Europa zu Beifallsstürmen hin.

Bald aber schuf er sich eine Position, so daß er seinen nächtlichen Verpflichtungen nicht mehr nachzukommen brauchte. Er konzentrierte sich aufs Kom-

Johann Strauß: »Eine Nacht in Venedig«.
Szenenfoto einer Aufführung der Komischen Oper, Berlin 1954.

Johann Strauß: »Gartenlauben-Walzer«.
Musikbeilage zur Gartenlaube. 1895/1.

Johann Strauß: »Polka«. Notendruck
der Originalausgabe bei S. A. Spina.

ponieren und überließ das Dirigieren, besondere Gelegenheiten ausgenommen, seinem Bruder Eduard. Die sechziger Jahre sahen den Beginn seines Reigens großer Konzertwalzer, Märsche und Polkas – eines Reigens, zu dem *Accelerationen, Perpetuum mobile, Morgenblätter, G'schichten aus dem Wiener Wald, Frühlingsstimmen, Wiener Blut, Kaiserwalzer* und *Künstlerleben* zählen sollten. Diese Arbeiten sind mehr als bloße Tanzmusik. Mit ihren ausgefeilten Introduktionen und Codas, ihren melodischen Einfällen, ihrer feinfühlig abgestimmten Instrumentation und ihrer makellosen und subtilen Rhythmik sind sie authentische Beiträge zum großen musikalischen Repertoire. Es nimmt kaum wunder, daß Brahms den Autographenfächer von Strauß' Gattin mit den Eröffnungstakten von *An der schönen blauen Donau* verzierte und dazu schrieb: „Leider nicht von Johannes Brahms." Brahms war es auch, der sagte: „*Das* ist ein Meister des Orchesters, ein so großer Meister, daß einem keine einzige Note eines Instruments entgeht."

Zur Orchestermusik kamen die Operetten. Im Jahre 1871 wurde *Indigo und die vierzig Räuber* (1871) aufgeführt (1906 von Ernst Reiterer als *Tausendundeine Nacht* bearbeitet). Insgesamt komponierte Strauß siebzehn Bühnenwerke, von denen nur zwei ihn beinahe auf der Höhe seiner Bestleistungen zeigen. Das waren *Die Fledermaus* und *Der Zigeunerbaron*. Die meisten anderen – *Der lustige Krieg, Eine Nacht in Venedig, Cagliostro in Wien* und *Waldmeister* – haben unzulängliche Libretti. Die Musik mag wunderbar sein (Teile von *Waldmeister* sind sogar hinreißend), aber die Libretti sind sogar nach den gelockerten Maßstäben der Operette wenig sinnvoll. Strauß kümmerte sich nie um seine Libretti. Er komponierte *Eine Nacht in Venedig,* ohne auch nur die Handlung zu kennen, und war schrecklich unglücklich, als er schließlich dazu kam, sie zu lesen. „Ich habe die Dialoge nie gesehen, sondern nur den Text der Arien. Folglich habe ich zu viel würdevolle Vornehmheit in manche Teile eingearbeitet, die nicht zum Ganzen passen ... Bei der Generalprobe, als ich die vollständige Geschichte in ihrer richtigen Abfolge kennenlernte, war ich entsetzt." Das war die typisch Straußsche unbekümmerte Art und Weise der Operettenkomposition. Aber wenigstens die *Fledermaus* ist ein Meisterwerk; und wenn im zweiten Akt des *Zigeunerbarons* die Liebenden ihre Stimmen zum „Und mild sang die Nachtigall ihr Liedchen in die Nacht, die Liebe, die Liebe ist eine Himmelsmacht" vereinen, so ist das der Inbegriff von Nostalgie, von Wiener Liebe und Leben.

Strauß fuhr 1872 nach Amerika, als er zur Teilnahme an Patrick Sarsfield Gilmores *Peace Jubilee* in Boston eingeladen war. Gilmore war ein Kapellmeister, der in großen Dimensionen dachte und kolossale Festspiele in Philadelphia und Boston finanzierte. Im Einklang mit dem Zuschnitt dieser gewaltigen Unternehmungen versprach Gilmore Strauß ein entsprechendes Honorar – 100 000 Dollar für vierzehn Vorstellungen –, wenn er seinen Walzer *An der schönen blauen Donau* dirigierte. Strauß kam in New York an, und die Reporter fielen über ihn her. „Johann Strauß", berichtete *World*, „der Walzerkönig, ist persönlich offensichtlich ein angenehmer Mensch. Er spricht nur deutsch, lacht aber in allen Sprachen." Strauß reiste nach Boston weiter, machte sich zum großen Amphitheater auf, wo die Jubiläumsfeier stattfinden sollte, und erfuhr, daß man von ihm erwartete, ein Orchester von 1087 Musikern zu leiten. Da *wußte* er endgültig, daß die Amerikaner verrückt waren. Nach der Heimkehr schilderte er seine Erlebnisse:

> „Auf der Musikertribüne befanden sich Tausende Sänger und Orchestermitglieder, und das sollte ich dirigieren. Zur Bewältigung dieser Riesenmassen waren mir hundert Subdirigenten beigegeben, allein ich konnte nur die allernächsten erkennen, und trotz vorhergegangener Proben war an eine Kunstleistung, an einen Vortrag und dergleichen gar nicht zu denken. ...
>
> Nun denken Sie sich meine Lage angesichts eines Publikums von 100 000 Amerikanern. Da stand ich auf dem obersten Dirigentenpult – wie wird die Geschichte anfangen, wie wird sie enden? Plötzlich kracht ein Kanonenschuß, ein zarter Wink für uns zwanzigtausend, daß man das Konzert beginnen müsse. *Die schöne, blaue Donau* steht auf dem Programme.
>
> Ich gebe das Zeichen, meine 100 Subdirigenten folgen mir so rasch und gut sie können, und nun geht ein Heidenspektakel los, den ich mein Lebtag nicht vergessen werde. Da wir so ziemlich zu gleicher Zeit angefangen hatten, war meine ganze Aufmerksamkeit nur noch darauf gerichtet, daß wir auch zu gleicher Zeit aufhörten, Gott sei Dank, ich brachte auch das zuwege."

Strauß nahm die 100 000 Dollar ein, machte dann eine kurze Tournee, verdoppelte seine Einnahmen und kehrte nach Wien zurück. Inzwischen war er, seine Einkünfte aus Europa mitgerechnet, Millionär geworden. Wieder in Wien, setzte er die Reihe seiner Operetten fort. Sehr gern hätte er auch eine ernste Oper komponiert, hatte damit jedoch nie Erfolg. Am 3. Juni 1899 starb er als Komponist von nahezu fünfhundert Werken, der Unsterblichkeit ebenso sicher wie Beethoven und Brahms. Seine Musik hat weltweite Anerkennung erfahren sowohl seitens der naivsten und unschuldigsten Musikliebhaber als auch der gebildetsten und differenziertesten zünftigen Musiker. Strauß' Musik scheint über alle Kritik erhaben, und typisch dafür ist die Würdigung von Richard Strauss:

> „Johann Strauß ist von allen Gottbegnadeten für mich der liebenswürdigste Freudenspender. Dieser erste, allgemeine Satz mag etwa als das Motto der Gefühle gelten, die ich für diese wunderbare Erscheinung hege. Insbesondere verehre ich in Johann Strauß die Ursprünglichkeit, die Urbegabung. In einer Zeit, wo sich schon alles ringsum mehr dem Komplizierten und Gedachten zugewandt hatte, erschien dieses Naturtalent mit der Fähigkeit, aus dem Vollen zu schöpfen. Er gilt mir als einer der letzten, die primäre Einfälle hatten. Ja, das Primäre, das Ursprüngliche, das Urmelodische, das ist's ...
>
> Ich habe ihn auch persönlich gesehen und gesprochen, machte ihm einen Besuch in München, in den ‚Vier Jahreszeiten'. Eigentlich kennen und lieben gelernt im ganzen Reichtum seiner Weisen habe ich ihn in Meiningen durch Hans von Bülow, der in schön gebundenen Exemplaren eine Sammlung aller Strauß-

Walzer besaß. Daraus spielte er mir einmal einen Abend lang vor. Mir allein, einen unvergeßlichen Walzerabend lang. Gern gestehe ich auch, etwa das *Perpetuum mobile* gelegentlich mit viel größerem Vergnügen dirigiert zu haben als manche viersätzige Symphonie. Und bei den Walzern aus dem *Rosenkavalier* ..., wie sollte ich da nicht an den lachenden Genius Wiens gedacht haben?"

Während Strauß' Musik eine beschwörende Verbeugung vor einem beinahe märchenhaften Wien war, einem Wien junger Husaren und liebreizender Damen, einem Wien der Sentimentalität und des Charmes, einem Wien des Tanzes und der Verliebtheit, war die Musik von Jacques Offenbach sehr viel realistischer. Es war eine Musik der sozialen Satire. Strauß war sanft und nostalgisch, Offenbach bissig.

Wie Strauß trat auch Offenbach zur rechten Zeit auf den Plan. Cancan und Polka waren die Modetänze von Paris. Der Cancan war wahrscheinlich von Soldaten aus Algerien eingeführt worden, und genau wie beim Walzer wurde viel Aufhebens um seinen Fortbestand gemacht. Ludwig Rellstab, das deutsche Gegenstück zu Chorley, war bestürzt, als er Paris besuchte und die Leute zur Karnevalszeit Cancan tanzen sah: „Wenn gewahr wird, mit welchen Gesten und Körperbewegungen sich die maskierten Männer den maskierten Frauen nähern, sie eng an sich pressen und, von ständigen Anfeuerungsrufen, Gelächter und obszönen Scherzen begleitet, sie zwischeneinander hin und her werfen, kann man nur Ekel empfinden – nein, sogar Schrecken und Abscheu angesichts dieser Verderbtheit der Menge." Philippe Musard galt als der bekannteste Komponist der modischen Tänze und wurde deswegen der „Quadrillenkönig" genannt. Er war ein unordentlicher, unansehnlich kleiner, ausnahmslos schwarz gekleideter Mann, dessen Promenadenkonzerte ein einschneidendes Ereignis für Paris waren. Seine Darbietungen belebte Musard beim Dirigieren durch das Abfeuern von Pistolenschüssen, das Zerschmettern von Stühlen und das Emporwerfen seiner Geige in die Luft. Berlioz zeigte sich 1835 ganz verwirrt: „Zur Zeit sitzen wir alle ganz sprachlos da angesichts des Triumphes von Musard, der sich, aufgebläht von den Erfolgen seiner Tanzhöhlen-Konzerte, als eine Art höherer Mozart fühlt. Mozart hat nie so etwas wie die *Pistolenschuß-Quadrille* komponiert, folglich starb Mozart in Armut."

Jacques Offenbach, am 20. Juni 1819 in Köln geboren, mit bürgerlichem Namen Jakob Eberst, spielte mit sechs Jahren schon Geige, komponierte mit acht und beherrschte das Cello mit neun. Sein Vater, ein jüdischer Kantor und Geigenspieler aus Liebhaberei, schickte ihn 1833 aufs Pariser Konservatorium, aber der Junge hielt es dort nicht lange aus. Ein Jahr später machte er sich davon, um in verschiedenen Orchestern zu spielen und ein Bohèmeleben zu führen. Sogar zur Zeit des Bürgerkönigs und im bürgerlichen Bannkreis der Bankiers gab es eine Bohème. Die Boulevardlöwen hatten ihre eigene Moral, ihren eigenen Regel-Kodex, und Offenbach war bis zuletzt eher Bürger der Boulevards als Bürger von Paris. Am wohlsten fühlte er sich unter Exzentrikern und Nonkonformisten. Er war extrem kurzsichtig, dürr, leicht zu erkennen an seiner übergroßen Nase und dem langen, wehenden Haar. Er glich einer intelligenten Vogelscheuche mit Papageienkopf.

Als Komponist fand Offenbach anfangs nirgends Anklang. Erst mit Louis-Napoléon und dem Zweiten Kaiserreich kam Offenbachs Aufstieg. Enttäuscht, daß die Opéra-Comique bisher keines seiner Werke aufgeführt hatte, entschloß er sich, sein eigenes Theater zu eröffnen. „Es wurde mir klar", schrieb er in seiner Autobiographie, „daß die komische Oper nicht mehr in der Opéra-Comique ihre Heimstatt hatte; daß wirklich heitere, fröhliche, witzige Musik allmählich in Vergessenheit geriet und das, was für die Opéra-Comique geschrieben wurde, in Wirklichkeit kleingeratene Große Oper war." Und: „Damals kam mir der Einfall, selbst ein Musiktheater zu betreiben, und zwar wegen der immer deutlicher werdenden Unmöglichkeit, mein Werk von irgendeinem anderen Haus aufgeführt zu sehen."

Deshalb eröffnete Offenbach am 5. Juli 1858 die Bouffes-Parisiens. Das Premierenprogramm bestand aus einer Pantomime über Themen von Rossini und zwei eigenen Werken – einer sentimentalen Idylle mit dem Titel *La nuit blanche* und der Farce *Les deux aveugles*. Es war mehr als ein Erfolg, es war eine Sensation, und ganz Paris drängte zu dem winzigen Theater auf den Champs-Elysées. Nach wenigen Monaten mußte Offenbach in ein größeres Theater umziehen – aber auch das sollte sich bald als zu klein erweisen. Im Jahre 1863 wurde es von der New Yorker *Tribune* folgendermaßen beschrieben:

„Dort klafft eine höhlenartige Öffnung, die, tagsüber düster, nachts von oben durch Gaslicht und die glänzende Verheißung heiteren Frohsinns erleuchtet wird. Über dem engen Eingang steht eine bescheidene Inschrift, die die Passanten daran zu erinnern bestimmt ist, daß sich drinnen die Bouffes-Parisiens befinden ... Es ist der David aller Opernhäuser und schlägt den Goliaths, seinen großen Rivalen, schlimmere Wunden, als sie freiwillig zugeben würden.

Die Bouffes-Parisiens sind so klein, daß sie beinahe wie ein Scherz wirken. Man lacht beim Hereinkommen über ihre winzigen Proportionen. Zwei kräftige Sprünge würden nahezu ausreichen, von einer Kulissenseite zur anderen zu gelangen, und ein im Orchestergraben befindlicher Herr könnte mit seinen Freunden auf der Galerie durchaus im Flüsterton konversieren. Es ist tatsächlich kaum genug Platz zum Umdrehen da. Aber die Leute gehen natürlich nicht in die Bouffes, um sich umzudrehen. Sie gehen dorthin, um die lebhafteste und neueste Musik zu hören, um den besten schauspielerischen Leistungen dieser Art beizuwohnen, die die französische Bühne bietet. Und sie werden nie enttäuscht. Absolut niemals."

Offenbach gewann die Mitarbeit zweier bedeutender Zeitgenossen – Ludovic Halévy, Neffe des berühmten Komponisten von *La Juive*, später einer der Librettisten von *Carmen*, und Hortense Schneider, Sängerin und Schauspielerin. Die Schneider war auch im bürgerlichen Leben eine „Operettendiva". Üppig, temperamentvoll und voll *joie de vivre*, verlief ihr Leben genauso stürmisch wie in ihren Rollen. Ihre zahlreichen Liebhaber waren zumeist Millionäre, dennoch behielt die Schneider bei allem Enthusiasmus einen durchaus bürgerlichen Sinn für den Wert des Geldes.

Offenbach war nicht nur ein geschickter Komponist, der sich darauf verstand, zündende, einprägsame Melodien zu schreiben, sondern er hatte auch eine ausgeprägte satirische Ader und parodierte seine Umgebung: Meyerbeer, Wagner, den Hof, den Kaiser selbst, die Armee und die Politiker, die herrschenden Kreise. So geschickt und witzig waren Offenbachs Satiren angelegt, daß sogar Napoleon III. lachte, als er die Bouffes-Parisiens besuchte. Offenbachs beliebtestes Werk, *Orphée aux enfers* (Orpheus in der Unterwelt), ist nur dem Namen nach eine Satire auf die Götter und Göttinnen des Olymp. In Wirklichkeit ist es ein Angriff auf das französische Gesellschaftssystem. *Orphée* wurde am 21. Oktober 1858 uraufgeführt und hatte nur mäßigen Erfolg, bis Jules Janin das Werk im *Journal des Débats* angriff. Diese Rezension löste eine Kontroverse aus, und alle Welt strömte in die Bouffes-Parisiens, um sich eine eigene Meinung zu bilden. Für jeden bestand die Möglichkeit, die Aufführung zu besuchen, denn die Operette wurde 228 Mal *en suite* aufgeführt. Rossini wohnte einer Aufführung bei und nannte Offenbach den Mozart der Champs-Élysées. Nur Wagner, der ein erklärter Feind der Bouffes-Parisiens war, brachte seine Mißbilligung laut zum Ausdruck.

Auf *Orphée aux enfers* folgte, neben anderen Operetten, 1864 *La belle Hélène* (Die schöne Helena), eine weitere Satire auf die griechischen Götter und das zeitgenössische Frankreich. Daran schlossen sich 1866 *Barbe-Bleue* (Blaubart) und *La vie parisienne* (Pariser Leben), 1867 *La Grande-Duchesse de Gerolstein* (Die Großherzogin von Gerolstein) und 1868 *La Périchole*. *La Grande-Duchesse*, eine Satire auf das Militär, erlangte die gleiche Beliebtheit wie *Orphée*. Bei den Konservativen erregte sie jedoch Anstoß. Während die Konservativen in England und den Vereinigten Staaten Strauß und die Operetten von Gilbert und Sullivan liebten, löste Offenbach bei ihnen ein regelrechtes Unbehagen aus. In Offenbachs komischen Opern war der unvermutete Ausbruch von Ungezogenheit allgegenwärtig. Sie paßten nicht in ihr kalvinistisch geprägtes Weltbild. Als die *Grande-Duchesse* in den Vereinigten Staaten aufgeführt wurde, entrüstete sich John S. Dwight aus Boston. Als moralische Darbietung, schrieb er, war die Operette „das Niedrigste, was wir je auf der Bühne gesehen haben ... In wirklicher Scham für den guten Namen unserer Stadt, daß sie sich auch nur dem *Anschein* nach wegen etwas so Seichtem, so Zweideutigem vergessen konnte ..." „Offenbach", schrieb das *Evening Bulletin* in Philadelphia, „mag sein Mangel an Genie vergeben werden, aber seine Lüsternheit ist unentschuldbar ... Er ist der Lieferant gewagter, böser Unschicklichkeit." Chorley in England war nicht weniger schockiert und schloß seinen Bericht über die *Grande-Duchesse* im Londoner *Athenaeum* mit dem Satz: „Die Vulgarität mancher Texte spottet aller Beschreibung."

Aber darauf kam es nicht an. Offenbach gewann immer mehr an Popularität, sowohl in England als auch in Amerika und Frankreich. Im Jahre 1872 konnte

Jacques Offenbach (1819–1880).
Aufnahme von L. Angerer, Wien, um 1868.

man in Paris drei Offenbach-Aufführungen zur gleichen Zeit sehen – *Fantasio*, *La boule de neige* und *Le corsaire noir*. Noch immer beherrschte Meyerbeer die Bühne der Großen Oper, während Offenbach der König des Singspiels war, und der heftig antisemitische Vincent d'Indy wies spöttisch auf die erdrückende Übermacht dieser beiden Komponisten als die „jüdische Schule" hin. Offenbach arbeitete mit dem berühmten Dramatiker Victorien Sardou zusammen, und der Pariser Korrespondent der Augsburger *Allgemeinen Zeitung* nannte die Zusammenarbeit von Offenbach und Sardou die „ägyptische Plage des letzten Jahrzehnts". Aber diese Plage, wenn es überhaupt eine war, dauerte nicht mehr lange. Offenbachs Beliebtheit hatte 1873 bereits ihren Höhepunkt überschritten. Seine deutsche Herkunft wurde ihm während des französisch-deutschen Krieges in Paris zur Last gelegt, obwohl Offenbach sich als Franzose betrachtete: „Ich hoffe, daß dieser Wilhelm Krupp und dieser fürchterliche Bismarck für all das bezahlen werden. Ach! Was für schreckliche Menschen sind diese Preußen doch, und welche Verzweiflung empfinde ich darüber, daß ich jenseits des Rheines geboren und durch viele Bande mit diesen Wilden verbunden bin! Ach! Mein armes Frankreich! Wie danke ich ihm, daß es mich unter seine Kinder aufgenommen hat!" Überdies begann das Publikum der Offenbach-Operetten müde zu werden und hielt nach etwas Neuem Ausschau. Dieses Neue tauchte denn auch 1873 mit Charles Lecocqs *La fille de Mme. Angot* auf. Dann kam Robert Planquette mit seinen *Cloches de Corneville* und schließlich André Messager mit einer Reihe bezaubernd leichter Werke, die heute einer Neuaufführung durchaus standhalten könnten, insbesondere *Véronique* und *Monsieur Beaucaire*. Die Franzosen hatten genug von Gesellschaftssatire und wandten sich der romantischen Operette der Lecocq und Planquette zu.

Verzweifelt versuchte Offenbach sich zu behaupten. Er übernahm das Théâtre de la Gaîté und begann mit einer Reihe von Schauspielaufführungen. Bald war er bankrott. Er berief seine Truppe zusammen: „Ihr werdet bis auf den letzten Sou bezahlt werden, meine Kinder. Wenn ich auch sorglos gewesen bin, so werde ich doch wenigstens ehrenhaft bleiben." Zudem kam Johann Strauß nach Paris und eroberte die Stadt mit seiner *Fledermaus*. Offenbach versuchte sein Glück in Amerika, wo nach Meinung aller Europäer das Geld auf der Straße lag. Maurice Grau, der Impresario, machte ihm ein telegrafisches Angebot von 1000 Dollar pro Abend bei einer Tourneedauer von wenigstens dreißig Auftritten. Bei seinerAnkunft in New York widmete ihm die *New York Times* am 8. Mai 1876 einen Leitartikel:

> „Letzten Freitag langte Europa in Gestalt einer Persönlichkeit jüdischer Herkunft, aber ziemlich unbestimmter Nationalität in dieser Stadt an, in der Absicht, die Jahrhundertfeier [in Boston] zu besuchen. Ein stolzes und dankbares Land ergriff die Gelegenheit zu zeigen, wie es einen ausgezeichneten fremdländischen Gast willkommen zu heißen vermag. Zwei rivalisierende Vereinigungen sandten Begrüßungskomitees, um den Dampfer in Empfang zu nehmen, der ihn an unsere Küsten brachte, und es ist noch unbekannt, welchem Club es als erstem gelang,

ihn für ein Festessen zu gewinnen. Die Reporter umschwärmten ihn, bevor er noch an Land gegangen war, und einer davon, der für eine demokratische Abendzeitung arbeitet, kam tatsächlich sogar in den Genuß einer Privatzigarre des Großen Mannes und bezeugte mit viel Anteilnahme, daß ,kein Sterblicher je etwas besseres an Qualität geraucht' habe."

Der Leitartikel nannte Offenbach den Schöpfer unserer „fleischlichen Schule der Musik" und ließ dann seinen Puritanismus durchscheinen. Er äußerte sich dahingehend, daß, wenn *Geneviève de Brabant* (eine Operette von Offenbach) auch „nicht ohne musikalische Verdienste" sei, ihre Melodien „doch für ein phallisches Fest geschrieben zu sein scheinen... Die Opéra-Bouffe ist schlicht und einfach in Melodien zum Ausdruck gebrachter Geschlechtstrieb." Dann verstieg sich die *Times* zu einem strengen – um nicht zu sagen: verbissenen – Standpunkt: „Was für eine Schande! Eine solche Ausnahme ist eine Beleidigung für jeden großen und ehrbaren Künstler ... Der Priapismus steht nicht auf einer Ebene mit der Musik."

Offenbachs erstes Konzert in Gilmore's Garden war das größte Ereignis, seitdem Jenny Lind Anfang der fünfziger Jahre des 19. Jahrhunderts ihre Konzertreisen unternommen hatte. Spekulanten erzielten beträchtliche Gewinne für die Eintrittskarten. Offenbar waren alle überzeugt, daß der Komponist beim Dirigieren seines *Orphée* Cancan tanzen würde. Und das wollte man sich natürlich nicht entgehen lassen. Offenbach dirigierte natürlich nur, was eine große Enttäuschung zur Folge hatte. Ungefähr ein Drittel des Publikums verließ den Saal vor Ende des Konzerts. Offensichtlich hatten Graus Pressesprecher mehr verheißen, als Offenbach zu halten bereit war. Infolgedessen waren die weiteren Konzerte ein Reinfall, und nur einige Aufführungen von *La jolie parfumeuse* brachten Gewinn. Offenbach war nicht glücklich über diese Aufnahme, andererseits aber waren auch manche Kritiker mit seinen Auftritten in den Vereinigten Staaten nicht zufrieden. Die *Music Trade Review* vom 18. Mai 1876 begann einen langen Artikel folgendermaßen: „Wir möchten einem ausländischen Gast gegenüber nicht unhöflich sein, aber wir möchten Mr. Offenbach fragen: Hat er selbst in Europa je fünf Dollar als Dirigent verdient? Was ist denn an seinem Auftritt als *chef d'orchestre* so Interessantes für das amerikanische Publikum, das zu der Hoffnung berechtigte, es werde begierig herbeiströmen, ihn zu sehen, und einen Dollar Eintrittsgeld für ein Konzert zu zahlen, das nichts bietet, das diesen einen Dollar wert wäre?" Der Artikel fuhr mit einem Angriff auf die Programme, die Musik selbst („sie ist die Frucht der herrschenden Demimonde-Epoche des Zweiten Kaiserreiches, weder gesund noch nahrhaft") und das Orchester fort. Offenbach ärgerte sich natürlich über diese Angriffe und konnte es gar nicht erwarten heimzukehren. In Paris angekommen, verkündete er überschwenglich: „Ich bin wieder Offenbach." Die in Amerika gesammelten Erfahrungen hielt er in einem kleinen Buch fest. Unter anderem äußerte er sich auch über die amerikanischen Frauen. Auf diesem Gebiet war

Offenbach sehr bewandert: „Von hundert Mädchen, denen man begegnet, sind neunzig hübsch", schrieb er.

Von Krankheit gezeichnet, begann er 1877 als letztes seiner 102 Bühnenwerke die phantastische Oper *Les contes d'Hoffmann* (Hoffmanns Erzählungen). Das Libretto war von Barbier und Carré nach deren von Offenbach ungeheuer bewundertem Stück geschrieben worden und beruhte auf den Erzählungen von E. T. A. Hoffmann. Es mag sein, daß er sich mit dem Helden oder – besser gesagt – dem Antihelden identifizierte. Er verwandte auf *Hoffmanns Erzählungen* mehr Zeit als auf die anderen Operetten und flehte Carvalho, den Direktor der Opéra-Comique, inständig an, sich mit der Aufführung zu beeilen: „Mir bleibt nicht mehr viel Zeit, und es ist mein einziger Wunsch, die Premiere zu erleben." Aber es war ihm nicht mehr vergönnt, der Uraufführung beizuwohnen. Er starb am 5. Oktober 1880 und hinterließ einen Teil des Werkes unvollendet. Die Rezitative und ein Teil der Instrumentation wurden von Ernest Guiraud zu Ende geführt, und die Uraufführung fand am 10. Februar 1881 statt. Von allen europäischen Musikkritikern traf nur Eduard Hanslick in seinem Nachruf den richtigen Ton: „Obwohl er viel schrieb, war Offenbach doch immer originell. Als offenbachisch erkennen wir seine Musik schon nach zwei oder drei Takten, und schon das allein erhebt ihn hoch über seine französischen und deutschen Nachahmer, deren Buffo-Opern jämmerlich zusammenschrumpfen würden, wenn wir alles, was daran offenbachisch ist, herausstrichen. Er schuf einen neuen Stil, ein Genre, in dem er mit absoluter Alleinherrschaft regierte." Nietzsche schrieb auf dem Höhepunkt seiner antiwagnerischen Raserei im *Willen zur Macht:* „Wenn man unter Genie eines Künstlers die höchste Freiheit unter dem Gesetz, die göttliche Leichtigkeit, Leichtigkeit im Schwersten versteht, so hat Offenbach noch mehr Anrecht auf den Namen ‚Genie‘ als Wagner."

Offenbachs Musik ist, trotz der deutschen Herkunft des Komponisten, ebenso französisch wie die von Strauß wienerisch. Sie ist rein, aus einem Guß, unsentimental, pointiert und klassisch. Wenn sie auch die Frivolität der Epoche widerspiegelt, so tut sie das doch mit äußerstem Witz und höchster Verfeinerung. Keine Musik ist je lebendig geblieben, die nicht originell gewesen wäre, und Offenbach, der unter Druck und schematisch arbeiten konnte, war durchaus auch in der Lage, Werke von graziöser Melodik zu komponieren. Wie Hanslick feststellte, unterschied er sich grundlegend von allen anderen Komponisten. *Hoffmanns Erzählungen,* sein heute berühmtestes Werk, sind ihrer Wirkung nach ganz außergewöhnlich. Die Hauptfigur, ein Dichter, vermag weder im Leben noch in der Liebe Glück zu finden. *Hoffmanns Erzählungen* sind von Fatalismus durchdrungen – sogar Olympias Koloraturarie und die Barcarole. In dieser Oper ist der Mensch nicht Herr seines Geschicks, wie sehr er sich auch darum bemüht. Unter verschiedenen Namen – Lindorf, Coppelius, Dapertutto und Dr. Mirakel – tritt diese verhängnisvolle Macht auf, welcher Hoffmann ausgeliefert ist. Vom bösen Genius wird er ständig genarrt; er ist wie ein Fisch, der zwanghaft von immer demselben Köder angezogen wird, immer

Sir Arthur Sullivan (1842–1900).

mit demselben schrecklichen Ergebnis. Im letzten Akt steigert sich Offenbachs Musik zu ausdrucksvoller Beredtsamkeit, und die Schlußszene mit dem betrunkenen und hilflosen Hoffmann und Lindorf, der sich fortstiehlt, um die endlose Geschehniskette erneut zu wiederholen, hinterläßt einen bitteren Nachgeschmack.

In England begründeten Sir Arthur Seymour Sullivan und Sir William Schwenck Gilbert eine Tradition, die der von Strauß in Wien und von Offenbach in Paris initiierten vergleichbar war. Die Operetten von Gilbert und Sullivan stehen in ihrer zeitbezogenen Aktualität und satirischen Absicht den Offenbachschen näher als denen von Strauß. Als Musiker aber hatten Sullivan und Offenbach wenig miteinander gemein. Sullivan war ein klassisch gebildeter Komponist aus der Schule Mendelssohns, der eigentlich konventionelle Oratorien, seriöse Opern und Sinfonien in strenger Sonatenform hätte komponieren sollen. Das erwartete man von ihm, und tatsächlich umfaßt sein Werkverzeichnis auch eine Sinfonie, steife, konventionelle Kirchenmusik (wie beispielsweise „Onward Christian Soldiers") und eine längst vergessene große Oper, *Ivanhoe*. Sullivan erfreute sich allgemein großer Beliebtheit und hatte wirklich bemerkenswertes Talent. Die Londoner *Times* bezeichnete den jungen Sullivan als Musiker, „der, wenn wir denn von der kommenden Generation nationaler Komponisten etwas Dauerhaftes erwarten sollen, derjenige ist, bei dem wir das billigerweise und mit den besten Gründen am ehesten tun können".

Am 13. Mai 1842 in London geboren, gewann Sullivan 1856 das erste Mendelssohn-Stipendium am Leipziger Konservatorium und studierte dort zwei Jahre. Neben der erwähnten d-Moll-Sinfonie komponierte er zwei Oratorien, Gelegenheitsmusik für Bühnenstücke und eine große Anzahl erfolgreicher Balladen (eine davon ist *The Lost Chord*). Geld brachten ihm jedoch die gemeinsam mit Gilbert komponierten Operetten ein, woran seine viktorianischen Zeitgenossen Anstoß nahmen. Alle Welt, angefangen von Königin Victoria, beteuerte Sullivan, er vergeude mit dem Schreiben von Operetten nur seine Zeit. Nach einer Weile gelangte er selbst zu dieser Erkenntnis. Aber er lebte seinen kostspieligen Neigungen, spielte in Monte Carlo, hielt sich zwei Vollblutpferde (Cranmer und Blue Mark), hatte eine Geliebte und pflegte den Umgang mit reichen Leuten. Das alles verschlang große Geldsummen, und die Operette bot einen leichten Weg, um sie sich zu verschaffen. In Zusammenarbeit mit William Schwenck Gilbert entstand die Reihe von humoristischsatirischen Comic Operas, die als „Gilbert and Sullivan Operas" bekannt geworden sind. Am 22. November 1900 starb Sullivan mit dem Schuldgefühl, die Kunst mißbraucht zu haben.

Gilbert hatte nicht das quälende Bewußtsein, unrecht gehandelt zu haben. Er komponierte siebzig Werke für die Bühne, von denen neunundsechzig auch aufgeführt wurden. Darüber hinaus schrieb er Lyrik und Prosa. Einundachtzig seiner veröffentlichten Gedichte wurden vom Autor in dem Band *Bab Ballads* gesammelt und mit amüsanten Federzeichnungen illustriert (einige *Bab Ballads* wurden zu Librettos für die Savoy-Operetten umgearbeitet). In jungen Jahren war Gilbert im Staatsdienst tätig; dann wurde er als Anwalt zugelassen. Schließlich fand er als Humorist und Satiriker zu seiner wahren Berufung. Er wurde Mitarbeiter der Zeitschrift *Fun* und schrieb seit 1866 erfolgreiche Stücke und Schwänke. Von 1871 bis 1880 verfaßte er dreiunddreißig Bühnenwerke, von denen zweiunddreißig aufgeführt wurden. Zu den Werken dieser fruchtbaren Periode zählen auch vier Operetten zu Musik von Sullivan.

Der Ruhm, den Gilbert und Sullivan erlangten, gründet in der Hauptsache auf ihrer Zusammenarbeit. Nie hat es in der Geschichte der Musik eine ähnliche symbiotisch ertragreiche Beziehung gegeben. Gilbert, ein reizbarer und jähzorniger Mensch, stritt sich gegen Ende des Arbeitsbündnisses heftig mit Sullivan herum, und ihre Zusammenarbeit, die 1871 begonnen hatte, hörte mit dem erfolglosen *The Grand Duke* auf. Später wurde Gilbert gewahr, was der Bruch bedeutet hatte. „Ein Gilbert", schrieb er 1903, drei Jahre nach dem Tode seines Partners, „taugt nichts ohne einen Sullivan, und ich kann keinen finden." Sir William fand am 29. Mai 1911 den Tod, als er versuchte, eine junge Dame vor dem Ertrinken zu retten.

Mitverantwortlich für den Erfolg der Aufführungen war der Impresario Richard D'Oyly Carte, ursprünglich ein Lieder- und Operettenkomponist. Mit seinem sicheren Instinkt für Erfolg war es ihm gelungen, Gilbert und Sullivan zu ihrer ersten erfolgreichen Gemeinschaftsarbeit, *Trial by Jury* (1875), zusammenzubringen. Gilbert hatte schon 1869 die Bekanntschaft von A. Sullivan gemacht, für den er 1871 das Libretto zu *Thespis* schrieb, das einen Monat lang gespielt worden und dann in Vergessenheit geraten war. Und auch die Partitur war nie veröffentlicht worden. Im Jahre 1875 machte D'Oyly Carte, damals Intendant des Royalty Theatre, Gilbert den Vorschlag, einen Einakter als Vorspann zu Offenbachs *La Périchole* zu schreiben. D'Oyly Carte schlug Sullivan als Komponisten vor. Gilbert entwarf rasch ein Libretto und besuchte Sullivan. „Er las es", erinnerte sich Sullivan, „wie mir schien, in einer verwirrten Art und Weise durch, mit einem wachsenden Crescendo von Entrüstung, ganz wie ein Mann, der beträchtlich enttäuscht ist von dem, was er da geschrieben hat. Sobald er beim letzten Wort angekommen war, klappte er das Manuskript heftig zusammen, war sich aber anscheinend gar nicht bewußt, daß er, was mich betraf, seinen Zweck erreicht hatte, insofern ich die ganze Zeit über aus dem Lachen gar nicht herausgekommen war." *Trial by Jury* wurde unverzüglich ein Erfolg, und zwar so rasch, daß D'Oyly Carte sich sofort die Mitarbeit von Gilbert und Sullivan sicherte, eine Comedy Opera Company zur Aufführung ihrer Werke gründete und 1877 *The Scorcerer* herausbrachte. Die Operetten lösten stürmischen Beifall aus, das Publikum schüttelte sich vor Lachen, und die drei Prinzipale wurden über Nacht reich.

The Scorcerer erlebte 175 Aufführungen; aber das war noch gar nichts im Vergleich zum Erfolg von *H. M. S. Pinafore* im Jahre 1878, mit 700 Aufführungen *en suite*. In den Vereinigten Staaten wurde *Pinafore* überall plagiiert und aufgeführt. Dazu *Dwight's Journal of Music:* „Hunderte von Truppen, professionelle und Liebhaber, haben es gesungen und gespielt. In den Großstädten hat

Pinafore in mehreren Theatern gleichzeitig die Bühne mit Beschlag belegt ... Es ist in jedem Theater, jedem öffentlichen Gebäude aufgetischt worden; Kirchenchöre gehen damit im Lande auf Tournee; jedes Kind summt und singt es; die Klangbilder wiederholen sich wie in einem Spiegelkabinett, auf jeder Plakatwand, durch jede Straße und jedes Tal." In Chicago führten 1879 elf Truppen *Pinafore* auf, manche davon sogar gleichzeitig. Es gab Vorstellungen mit einer Besetzung, die nur aus Farbigen bestand, und für die deutschstämmige Bevölkerung der Vereinigten Staaten wurde es auf deutsch gespielt. (Nach dem Zweiten Weltkrieg gab es kurzzeitig sogar, in der Aufführung einer Hadassah-Gruppe in Brooklyn, eine jiddische *Pinafore*). Einige hunderttausend Drehorgeln wurden mit *Pinafore*-Ausschnitten bestückt. Als Folge davon kamen Gilbert und Sullivan selbst nach Amerika, um sich ihren Anteil am Gewinn zu fordern. Sie inszenierten am Fifth-Avenue-Theater in New York eine „authentische" *Pinafore*-Fassung. Als sie nach England zurückkehrten, sorgten sie dafür, daß ihre nächste Produktion, *The Pirates of Penzance,* aus urheberrechtlichen Gründen zwei nahezu gleichzeitige Uraufführungen in England und Amerika erlebte. So fand die Uraufführung in England am 30. Dezember 1879 in Paignton statt, und am darauffolgenden Abend wurden *The Pirates of Penzance* im Fifth-Street-Theater in New York inszeniert. Die Londoner Erstaufführung erfolgte im April des folgenden Jahres. Kurz darauf erbaute D'Oyly Carte für die Aufführung der Gilbert/Sullivan-Operetten das Savoy Theatre, nach dem sie „Savoy Operas" benannt wurden.

Auf die *Pirates of Penzance* folgten *Patience* (1881), *Iolanthe* (1882), *Princess Ida* (1884), *The Mikado* (1885), *Ruddigore* (1887), *The Yeomen of the Guard* (1888), *The Gondoliers* (1889), *Utopia Limited* (1893) und *The Grand Duke* (1896).

Diese Operetten werden von manchen Kritikern abfällig als viktorianisch bezeichnet, und in gewisser Hinsicht sind sie das auch. Aufgewogen wird dieser Nachteil jedoch durch die satirischen Elemente und einen wachen Sinn für das Lächerliche. Aufgrund ihrer sozialen Stellung waren Gilbert und Sullivan nicht an gesellschaftlichen Reformen interessiert; in ihrem Werk ist nichts von der ingrimmigen Empörung zu verspüren, die Schriftsteller wie Dickens so nachhaltig antrieb. Aber die Gilbert/Sullivan-Operetten sind nie im konventionellen Sinne moralistisch und machen sich über die maßgeblichen Begriffe der viktorianischen Ära lustig. Zur Zeit Königin Victorias bestand in England eine scharfe Klassentrennung, und selten gelang es jemand, diese Schranken zu übertreten. „Er weiß, wo er hingehört" – d. h. er überhebt sich seines Standes nicht – war eine anerkennende Formulierung, und es gab eine berühmte Losung, die für die Zeit charakteristisch war:

> Der Reiche in seinem Palaste,
> Der Arme in seiner Hütte,
> Gott machte sie hoch und niedrig
> Und wies ihnen ihren Stand zu.

Aber *Pinafore* trieb mit diesem Wertekodex seinen Scherz. Im wirklichen Leben verliebten sich Kapitänstöchter natürlich nicht in einfache Seeleute. Das geschah nur in sentimentalen Romanen. Gilbert machte sich darüber in *Pinafore* lustig; dabei verschont er auch die Admiralität nicht. Das Libretto ist ein Beispiel für *topsyturvydom* (ein von Gilbert und Sullivan häufig gebrauchtes Wort, das Durcheinander bedeutet). *Trial by Jury* und *Iolanthe* steuerten Parlament und Rechtssystem durch eine Reihe absurder Situationen; *Patience* unterzog die ästhetische Bewegung der Prärafaeliten, Wilde und Swinburne einer Art *reductio ad absurdum; Princess Ida* veralberte weibliche Erziehungsansprüche und Frauenrechtsbewegung; *The Gondoliers* nahmen satirisch die republikanische Regierung aufs Korn; *Ruddigore,* eines der Stücke, in denen die parodistische Absicht am weitesten getrieben ist, zielte auf die Tingeltangel-Melodramen, die in jenen Tagen so bliebt waren.

Die Handlungsgrundlagen der Operetten von Gilbert und Sullivan sind einfach und häufig schwankhaft. Emsige Forscher haben darauf hingewiesen, daß an keiner Handlungssituation bei Gilbert und Sullivan irgend etwas besonders Neues ist. Selbst eine der berühmtesten Stellen in *Pinafore:* „What, never?" – „No, never!" – „What, never?" – „Well, hardly ever" ist einem Vorbild nachempfunden. Jedenfalls hat Adair Fitzgerald S. J. mit großer Genugtuung dargelegt, daß sich schon bei Persius der Dialog findet: „Quis haec legat?" – „Nemo mehercule." – „Nemo?" – „Vel duo, vel nemo." Und das übersetzt er folgendermaßen: „Wer wird das denn lesen?" – „Zweifellos niemand." – „Was, niemand?" – „Nun, kaum jemand." Persius starb im Jahre 62 v. Chr.

Gilbert und Sullivans musikalisches Werk nimmt einen hohen Rang in der viktorianischen Kunst ein. Sullivan komponierte die einzige englische Musik dieser Zeit, die erwähnenswert ist. Hatte hundert Jahre zuvor der Ruhm Händels die englischen Komponisten überschattet, so ließ nun Mendelssohn – Bartholdy mit seiner Musik alle anderen in den Hintergrund treten. Sullivan mag musikalisch Mendelssohn sowie Schumann und Donizetti verpflichtet gewesen sein – seine Technik war jedoch brillant, sogar besser als die von Strauß oder Offenbach. Er war auch ein besserer musikalischer Parodist als Offenbach. Die wunderbar witzigen, Händel nachahmenden Sequenzen in *Princess Ida,* gesungen von jenem köstlichen Terzett Arac, Guron und Scynthius gehören zu den geistreichsten Stellen der gesamten Musikgeschichte, ebenso die Händel-Parodien in *Trial by Jury.* Und ein Walzer wie „Poor Wand'ring One" ironisiert auf geradezu vollkommene Weise den Belcanto-Stil. Da seine Musik so leicht dahinplätschert, besteht die Gefahr, ihre Qualität zu unterschätzen. Man wird ihr aber nicht gerecht, wenn man sie als zweitklassig beurteilt. Die Anmut und Reinheit von Sullivans Musik erinnert oft an Mozart. Englische Texte vermochte er außerdem hervorragend zu vertonen. Um Feuer zu fangen, brauchte Sullivan die geeigneten Texte – und die lieferte ihm Gilbert. Die beiden waren füreinander unentbehrlich. Ohne Sullivan kein Gilbert. Ohne Gilbert kein Sullivan.

22. KAPITEL

Von Gounod bis Saint-Saëns

Faust und die französische Oper

Die Pariser Opéra, die in den dreißiger Jahren des 19. Jahrhunderts die Führung übernommen hatte, galt in den fünfziger Jahren in Anbetracht der allgemeinen Fortschritte plötzlich als überholt. Die französische Musik schien zu einem Großteil geradezu zu stagnieren. Die Zeiten waren schlecht, und nichts Neues zeichnete sich am Horizont ab. An der Opéra-Comique machten Werke von Boieldieu, Adam und Auber – alles Komponisten der dreißiger Jahre und früher – den Kern des Repertoires aus. Zwischen 1852 und 1870 wurde das Repertoire der Opéra nur um fünf neue französische Opern bereichert. Die Intendanz mochte keinerlei Risiko mit neuen Werken eingehen. So hatte sich die neue Schule französischer Komponisten anderswohin zu wenden. Zu ihrem Glück war Léon Carvalho, der Direktor des Théâtre-Lyrique, für neue Musik aufgeschlossen; ebenso Jules Pasdeloup, der 1860 die *Concerts populaires* begründete und dafür sorgte, daß die französische Musik – und auch Wagner – ein Forum fand. Ironischerweise erlebte die neue französische Oper, die sich als die beliebteste ihrer Zeit erweisen sollte, die Oper, die den meisten Hörern einfällt, wenn von französischer Oper die Rede ist – Charles Gounods *Faust* –, ihre Premiere nicht in der Opéra, sondern im Théâtre-Lyrique.

Faust war ein Triumph der nach bürgerlichem Geschmack zurechtgestutzten bürgerlichen Musik. Das Libretto des Werkes wurde von Jules Barbier und Michel Carré auf kraftlos seichte Weise nach Goethe bearbeitet. Die Musik war in keiner Hinsicht so fortschrittlich wie bei Berlioz. Die Oper bot den bühnenwirksamsten aller Bühnenteufel und eine Heldin auf, die, begleitet von der angemessenen Geräuschkulisse eines Engelchores, gen Himmel schwebte. Aber sie riß ganz Europa und Amerika hin. Zwischen Verdis Trilogie von 1851–53 und der nach den ersten Bayreuther Festspielen von 1876 einsetzenden Wagner-Raserei war sie eine der sehr wenigen Opern, die Europa im Sturm eroberten. „Faust, Faust, Faust", klagte 1863 ein englischer Kritiker, „nichts als *Faust*. *Faust* am Samstag, Mittwoch und Donnerstag; wird heute abend, Dienstag, und ‚bis auf weiteres' wiederholt, wie die Theaterleute sagen."

Charles Gounod, der dreizehn Opern komponierte, ist im internationalen Repertoire noch immer mit zwei anderen Werken vertreten, *Roméo et Juliette* und *Mireille*. Keines davon hat jedoch die Beliebtheit von *Faust* erreicht, aufgrund dessen Gounods Name den meisten bekannt ist. Am 18. Juni 1818 in Paris geboren, war Charles Gounod eine interessante Gestalt. Sein Vater, ein begabter, wenn auch erfolgloser Maler, starb, als Charles vier Jahre alt war. Seine Mutter, selbst tüchtige Malerin, übernahm die Malklassen ihres verstorbenen Gatten und gab überdies Musikunterricht. Charles eignete sich beide

Von Gounod bis Saint-Saëns
351

Kunstgattungen mit Leichtigkeit an. Er war ein guter Zeichner und begann im Alter von zwölf Jahren auch zu komponieren. Als er dreizehn war, beschloß er, die Malerei zugunsten der Musik aufzugeben; das auslösende Ereignis war eine Aufführung von Rossinis *Otello*, der er beigewohnt hatte. „Wenn man versucht hätte, mich vom Musikstudium abzuhalten", behauptete Gounod später, „wäre ich nach Amerika ausgerissen und hätte mich in irgendeinem Winkel versteckt, wo ich ungestört hätte studieren können." Im Jahre 1836 wurde er ins Konservatorium aufgenommen und gewann drei Jahre später den Prix de Rome. Rom faszinierte Gounod. Er entdeckte dort große Schätze geistlicher Musik des 16. Jahrhunderts und begann, sie ernstlich zu studieren, wurde auch bald sehr religiös. Eine Zeitlang konnte er sich tatsächlich sogar nicht entschließen, ob er sich weiterhin mit Musik beschäftigen oder Geistlicher werden sollte.

1843 kehrte er über Wien und Leipzig nach Paris zurück. In Wien sorgte er für Aufführungen mehrerer seiner geistlichen Werke und lancierte damit seine spätere Laufbahn; in Leipzig, wo er vier Tage mit Mendelssohn verbrachte, hörte er zum erstenmal Choralmusik von Bach. Sie hinterließ bei ihm einen überwältigenden Eindruck. Seine erste Anstellung in Paris war die eines Kirchenmusikdirektors der Missions étrangères, und er führte, wenn auch gegen große Widerstände, sofort Musik von Bach, Palestrina und anderen frühen Komponisten in den Gottesdienst ein.

Als Musikdirektor der Missions étrangères trug er halbgeistliche Tracht, bezeichnete sich selbst als „Abbé Gounod" und trat 1847 als Novize ins Karmeliterkloster ein. Wie Liszt fühlte er sich zwischen Sinnenlust und Teufel hin und her gerissen, und in manchen Vierteln der Stadt wurde er der „poussierende Mönch" genannt. Überdies war er ein kontaktfreudiger Mensch, dessen sehnlichster Wunsch es war, von allen geliebt zu werden, und bei seinem überwältigendem Charme gelang es nur wenigen, ihm zu widerstehen. Wer das aber fertigbrachte, fand sein Benehmen exzessiv und schaute mißbilligend auf seine Angewohnheit herab, alle Menschen unterschiedslos zu küssen. Der Schauspieler Edmund Got schrieb in seinem Tagebuch, Gounod sei „musikalisch ebenso begabt, wie er als Mensch überschwenglich und auf schamlose Weise anmaßend ist. Beim ersten Mal, da ich ihm überhaupt begegnete, küßte er mich tatsächlich auf beide Wangen!" Der Schriftsteller Henri Meilhac, einer der Librettisten von *Carmen*, erzählte einem Freund: „Gounod verbrachte immer den ganzen Mittwoch und Donnerstag bei uns. Nie bin ich in so kurzer Zeit so oft geküßt worden."

Den einzigen Weg, in der etablierten französischen Musikwelt Erfolg zu haben, bot die Oper, und ihr wandte sich Gounod denn auch zu, zuerst mit *Sapho*, die 1850 entstand und im folgenden Jahr aufgeführt wurde. Mehrere andere Opern folgten, hinterließen aber keinen bleibenden Eindruck. Er bestritt seinen Lebensunterhalt durch seine Anstellung als Leiter des Pariser Orphéons, eines Verbandes der Männergesangvereine, und erhielt dafür einen hochtrabenden Titel: Generaldirektor und Leiter der Einstudierung der Gesangvereine der Stadt Paris. Zu dieser Stellung hatte ihm sein künftiger Schwiegervater verholfen. 1852 heiratete er Anna Zimmermann, die Tochter eines berühmten Klavierlehrers am Konservatorium. Pierre Zimmermann bildete viele der besten Pianisten der Zeit aus; daß er von Louis Moreau Gottschalk, das Wunderkind aus New Orleans, im Jahre 1842 mit der Begründung abwies, aus Amerika, dem Land der Wilden und der Dampfmaschinen, könne unmöglich ein Pianist kommen, ist in die Annalen der Musikgeschichte eingegangen.

Gounod begann 1856 mit der Arbeit an *Faust*, unterbrach sie jedoch, um eine andere Oper, *Le Médecin malgré lui*, zu schreiben. Sie wurde 1858 aufgeführt und war ein Erfolg. Am 19. März 1859 erlebte *Faust* seine Uraufführung im Théâtre-Lyrique. Von da an war Gounod der berühmteste Komponist Frankreichs. Die Oper enthielt viele Elemente, die Massenet später noch verfeinern sollte – pikante chromatische Harmonien, süße Melodien, Sentimentalität, reizvolle Instrumentation und völlig idiomatische Führung der Singstimmen. Die französische Oper der zweiten Hälfte des 19. Jahrhunderts bietet die Kunst feinfühliger Anpassung, gleichgültig wie eindrucksvoll die dabei beteiligten Kräfte sein mögen. Es kann großes Orchester verwendet werden, aber die Instrumentierung ist sehr viel schlanker als in einem entsprechenden deutschen Werk, dessen Partiturseiten von Noten geradezu wimmeln *Faust* ist große Oper, aber eine Art von großer Oper, die nur dann die größte Wirkung erreicht, wenn sie mit Stil, Ausgewogenheit der Proportionen und klanglicher Feinfühligkeit dargeboten wird.

Für den Rest seines Lebens versuchte Gounod, einen zweiten *Faust* zu schreiben. Es gelang ihm nie mehr, obwohl er noch zahlreiche Werke komponierte. Seine eigene Lieblingsoper, *La Reine de Saba* (1862), fand wenig Zuspruch. *Mireille* (1863) und *Roméo et Juliette* (1864) war mehr Erfolg beschieden, aber keines dieser Werke reichte seiner Beliebtheit nach an *Faust* heran. Relativ unerforscht sind Gounods Lieder. *Venise* und der *Biondina*-Zyklus sind charakteristisch für ihn – elegant, bezaubernd, gefällig. Sie bilden einen wichtigen Bestandteil des internationalen Liedrepertoires und sind außerhalb Frankreichs zu unrecht vernachlässigt worden. Außerdem haben sie die Weiterentwicklung des französischen Liedes durch Debussy beeinflußt. 1922 wies Ravel auf ihre Bedeutung hin, als er schrieb: „Der wirkliche Begründer der Lied-Tradition in Frankreich war Charles Gounod. Es war der Komponist von *Venise,* von *Philémon et Baucis* und des Schäferliedes in *Sapho,* der das Geheimnis harmonischer Sinnlichkeit wiederentdeckte, das seit den französischen Cembalisten des 17. und 18. Jahrhunderts verlorengegangen war."

In seinem letzten Lebensabschnitt wandte sich Gounod der geistlichen Musik zu und errang großen Erfolg, namentlich in England, mit Werken wie *Mors e Vita, La Rédemption* und der *Messe à Sainte-Cécile.* Die Zuhörer reagierten enthusiastisch auf die verhüllte Erotik der Musik. Nicht umsonst wollte Gounod als der Musiker der Liebe gelten, und er spielte auf Dinge an, die mit Liebe im christlichen Sinne nichts zu tun hatten, wenn er in einem arglosen Moment sagte: „Wenn mich ein guter Katholik einmal sezieren sollte, wäre er sehr überrascht angesichts dessen, was er drinnen fände."

Charles Gounod (1818–1893).

Der preußisch-französische Krieg trieb Gounod nach England, wo er von 1870 bis 1875 Zuflucht fand und ein Verhältnis mit Georgina Weldon hatte. Sie war eine geborene Traherne, hatte den Hauptmann George Weldon geheiratet und lebte in London in Tavistock House, dem früheren Wohnsitz von Charles Dickens. Die Situation erinnerte an *Vanity Fair*. Georgina war eine Art Becky Sharp und ihr Gatte das Ebenbild von Colonel Crawley. Sie wurde Gounods Geschäftsführerin und Tavistock House der Schauplatz eines freundlichen *ménage à trois,* nachdem Gounods Frau aufgegeben hatte und empört nach Paris zurückgekehrt war. Später schickte sie ihren Sohn Jean, um nach dem Rechten zu sehen. Dieser versuchte aber, Georgina zu verführen, die ihn sofort des Hauses verwies. Gounod wurde ihrer jedoch schließlich müde und verließ England. Als er wieder in Sicherheit in Paris war, forderte er ihr die Partituren, die persönliche Habe und das Geld ab, das er ihr geliehen hatte. Anstatt darauf einzugehen, führten die Weldons eine Gegenklage, die auch einen großen Betrag für Kost und Logis über drei Jahre umfaßte. Schließlich erhielt Gounod sein Notenmaterial zurück, nachdem man sich auf den Gegenwert von 50 000 Dollar geeinigt hatte; jahrelang lebte er jedoch in ständiger Furcht, Georgina könnte ihn in Paris überfallen und Ansprüche geltend machen. Das war aber nicht der Fall, und so starb er friedlich am 18. Oktober 1893.

Es galt als ausgemacht, das Gounod zu den Unsterblichen zählte und seine großen geistlichen Werke sogar die Ewigkeit überleben würden. Saint-Saëns sah sich genötigt zu schreiben: „In dunkler und ferner Zukunft, wenn die unerbittliche Zeit ihr Werk verrichtet hat und die Opern Gounods, zu ewiger Ruhe gebettet, in den staubigen Sanktuarien der Bibliotheken liegen, werden die *Messe à Sainte-Cécile,* die *Rédemption* und das Oratorium *Mors e Vita* noch immer lebendig sein. Sie werden den kommenden Generationen zeigen, welch großartiger Musiker Frankreich im 19. Jahrhundert Glanz und Ansehen verliehen hat." Die Nachwelt hat Saint-Saëns' schmeichelhafte Würdigung nicht gebilligt. Gelegentlich hört man noch die Cäcilien-Messe voller Plagalkadenzen und Chöre mit sich deutlich aus der Begleitung heraushebenden Harfen. Wie Martin Cooper geschrieben hat, könnte auch Gounod nach 1870 durchaus „Tennysons verzweifelten Aufschrei wiederholt haben, er sei der größte Meister aller lebenden englischen Zeitgenossen und habe doch nichts zu sagen".

Die nächste große französische Oper nach *Faust* war *Carmen.* Der glänzend begabte, im Alter von siebenunddreißig Jahren verstorbene Georges Bizet ist nahezu ein Ein-Werk-Autor – aber was für ein Werk hat er uns hinterlassen! *Carmen* war das einzige Bühnenstück, das ihn in voller Reife präsentierte. Wäre er länger am Leben geblieben – er hätte die Oper in Frankreich revolutionieren können. *Carmen* wurde bald als Geniestreich anerkannt, und manche Zeitgenossen sahen darin ein Gegengewicht zu Wagner.

„Meine Lieblinge unter den zeitgenössischen Franzosen sind Bizet und Delibes", schrieb Nietzsche. Léo Delibes (1836–1891) komponierte zwei der hervorragendsten aller Ballettpartituren, *Coppélia* und *Sylvia,* und seine Oper *Lakmé* hat sich ebenso wie das Liebeslied – *Les Filles de Cadiz* – im Repertoire

Von Gounod bis Saint-Saëns 355

gehalten. „Diese Musik", fuhr Nietzsche fort, „ist vollkommen. Sie kommt leicht, biegsam, mit Höflichkeit daher. Sie ist liebenswürdig, sie *schwitzt* nicht. Sie ist so unaffektiert und aufrichtig, daß ich sie praktisch ganz auswendig gelernt habe, von Anfang bis Ende."

Nietzsche unterschätzte *Carmen*. Es ist ein weitaus tiefgründigeres Werk, als seine herablassenden Bemerkungen zu erkennen geben, und der letzte Akt erinnert in gewisser Hinsicht an das Entsetzen und die Unausweichlichkeit des letzten Aktes von *Don Giovanni*. Carmen ist sozusagen ein weiblicher Don Giovanni. Sie würde eher sterben, als sich selbst gegenüber unaufrichtig zu sein, und das macht sie zu einer auf authentische Weise großen Gestalt. Die Oper hat kein vollkommen stimmiges Libretto – Micaelas Auftritt ist an den Haaren herbeigezogen, und ihr gesamter Beitrag zu der Oper ist ohne jede Überzeugungskraft –, und es gibt auch schwache Stellen in der Partitur; aber das Werk ist dennoch eine großartige Konzeption und sogar heute noch verblüffend.

Der Komponist von *Carmen* war kein bloßer inspirierter Dilettant. Georges Bizet, am 25. Oktober 1838 in Paris geboren, war mit allen musikalischen Gaben zur Welt gekommen – mit absolutem Gehör, raschen Reflexen, kurz: mit allem. Er trat mit neuen Jahren ins Konservatorium ein und gewann jeden erdenklichen Preis – in Klavier- und Orgelspiel, in Komposition und im Solfeggieren. Mit Leichtigkeit siegte er 1857 im Wettbewerb um den Prix de Rome. Zuvor war er Gounod begegnet, der einen starken Einfluß auf seine Entwicklung ausübte. Bizets frühe und anmutige Sinfonie in C-Dur ist im Grunde eine Kopie von Gounods Sinfonie für Blasinstrumente. Aber die Melodik Bizets ist ganz eigenständig. Von Anfang an hatte er ein sehr verfeinertes, überlegenes melodisches Gespür und einen anspruchsvollen Geschmack. Er wollte nie ein Himmelsstürmer sein und zog Apoll Dionysos vor. „Ich habe den Mut einzuräumen, daß ich Raffael lieber habe als Michelangelo, Mozart lieber als Beethoven und Rossini lieber als Meyerbeer", schrieb er einmal. Viele Berufsmusiker erahnten, daß er der kommende große Komponist sein würde. In der Musik gelang diesem rundlichen, reizbaren jungen Mann, der immer elegant gekleidet war und ständig an Süßigkeiten, Kuchen, Schokolade und *petits fours* knabberte, einfach alles.

Seine erste Oper, *Les Pêcheurs de Perles* (Die Perlenfischer), hatte ein unzulängliches Libretto. Michel Carré und Eugene Cormon (Pierre-Étienne Piestre mit richtigem Namen) lieferten das Textbuch, und Cormon sagte später, daß sie Bizet diesen „weißen Elephanten" nicht aufgebürdet hätten, wenn sie damals schon von seiner Begabung gewußt hätten. Das Werk wurde 1863 am Théâtre-Lyrique uraufgeführt, und der Reiz seiner Musik war so groß, daß sie nie gänzlich aus dem Repertoire verschwand. Noch heute erlebt es gelegentliche Neuinszenierungen. Erwähnenswert ist, daß *Les Pêcheurs de Perles* mit ihrer in Ceylon spielenden Handlung eine der vielen Opern der Zeit waren, die den modischen Hang zur Exotik widerspiegelten. Dazu zählen auch Meyerbeers *L'Africaine*, Gounods *Reine de Saba*, Delibes *Lakmé* und Bizets *Djamileh*. Die Franzosen sind immer vom Nahen Osten und orientalischer Exotik fasziniert

356   Faust und die französische Oper

gewesen. Im letzten Viertel des 19. Jahrhunderts wurde ein großes Interesse an der exotischen Musik Spaniens manifest, das von *Carmen* repräsentiert und von Komponisten wie Cabrier, Debussy und Ravel ausgelotet und befriedigt werden sollte.

Bizets nächste bedeutende Oper war *La Jolie Fille de Perth* (Das schöne Mädchen von Perth); sie wurde 1866 im Théâtre-Lyrique uraufgeführt. Auch sie wies ein dürftiges Libretto auf und erlebte einen Durchfall. Bizet war entmutigt. Zwar komponierte er weiterhin Opern, ohne sie jedoch alle fertigzustellen. Im Jahre 1869 heiratete er Geneviève Halévy, die Tochter des Komponisten von *La Juive*. (Sie war Prousts Vorbild für die Prinzessin Guermantes.) Der französisch-preußische Krieg sah Bizet als Soldaten in der Nationalgarde. Nahezu alle französischen Komponisten erfüllten ihre Pflicht als Staatsbürger. Auch Saint-Saëns war in der Nationalgarde eingesetzt, während Massenet und Faure als Infanteristen dienten. Während des Krieges komponierte Bizet eines seiner reizendsten Stücke, *Jeux d'Enfants,* ein Klavierduo. Im Jahre 1872 beendete er *Djamileh,* eine Oper, die zehn Aufführungen erlebte, dann fallengelassen wurde und erst 1938 wieder im Repertoire auftauchte. 1872 komponierte Bizet auch die Begleitmusik zu Daudets *L'Arlésienne* und begann sich mit *Carmen* zu beschäftigen. Henri Meilhac und Ludovic Halévy bereiteten das der Erzählung von Prosper ·Mérimée nachgestaltete Libretto vor. Die Opéra-Comique war darüber nicht glücklich. „Mérimées *Carmen?* Wird sie nicht von ihrem Liebhaber umgebracht? Und dies Milieu von Dieben, Zigeunerinnen und Tabakarbeitern!" Oder: „Ein Tod auf der Bühne der Opéra-Comique! So etwas hat es nie zuvor gegeben. Nie!" Camille Du Locle, der Direktor der Opéra-Comique, hatte kein Vertrauen zu dem Werk. Er hielt es für zu kühn, gewagt und unkonventionell. Da es gesprochenen Dialog anstelle von Rezitativen hatte, gehörte es zwar zum Genre der Opéra-Comique, aber Du Locle war angesichts des Sujets um seinen Eindruck auf das Publikum besorgt. Frankreich hatte den Ruf eines unanständigen Landes, aber die französische Mittelklasse war immer streng moralisch, ja sogar puritanisch gewesen. Du Locle befürchtete, das Publikum werde sein Haus boykottieren.

Aber er hatte sich verpflichtet, und *Carmen* erlebte seine Uraufführung an der Opéra-Comique am 3. März 1875. Bizet kündigte einen „endgültigen und hoffnungslosen Durchfall" an und wurde krank. Wenn die Dinge nicht die von ihm erhoffte Entwicklung nahmen, war er entmutigt und bekam alle möglichen Arten von psychosomatischen Beschwerden. Es ergab sich, daß *Carmen* kein „endgültiger und hoffnungsloser Durchfall" wurde. Die Oper war aber auch kein großer Erfolg. Sie brachte es auf achtundvierzig Vorstellungen, wenn auch vor einer immer kleiner werdenden Zuschauerzahl. Drei Monate nach der Uraufführung starb Bizet am 3. Juni 1875 an einer Herzkrankheit. Bald darauf wandelte Ernest Guiraud den gesprochenen Dialog für die Wiener Erstaufführung zu Rezitativen um, und in dieser Form wird *Carmen* außerhalb Frankreichs gewöhnlich gegeben. Wenige Jahre später wurde das Werk in ganz Europa gespielt. Sogar Wagner war beeindruckt: „Gottseidank ist hier wenig-

Georges Bizet (1838–1875).

Jules Massenet (1842–1912).

stens zur Abwechslung einmal einer, der Ideen im Kopf hat." Tschaikowsky bewunderte die Oper, und Brahms meinte, er wäre bis ans Ende der Welt gelaufen, um den Komponisten von *Carmen* zu umarmen.

In gewisser Hinsicht steht *Carmen* zu Beginn der Schule des musikalischen Naturalismus. Sie bietet zeitgenössische, lebenswahre Figuren und zeichnet den Verfall eines ehrenhaften Soldaten nach. Carmen selbst ist ein subtilerer Charakter, als die üblichen lüsternblickenden, hüftenschwingenden Sopranistinnen oder Mezzosoprane (die Rolle wird von beiden gesungen) ahnen lassen. Carmen ist in Wirklichkeit eher moralisch als unmoralisch, weil sie sich selbst immer treu bleibt. Nie verletzt sie ihren eigenen Verhaltenskodex. Wenn sie den bürgerlichen Sittenkodex auch nicht befolgt, so neigt sie doch nicht zu Promiskuität. Sie gehört jeweils nur einem Mann. Sie kennt ihre Macht und zögert nicht, sie einzusetzen, aber die sexuelle Anziehungskraft ist nicht das wichtigste Element ihrer Wesensart. Eine gutgespielte Carmen sollte im Grunde ihre Geringschätzung der meisten Männer und der Menschheit im allgemeinen durchscheinen lassen.

Technisch weist die Partitur viele originelle Einfälle auf. Das Orchester ist keine bloße Gesangsstütze, sondern hat auch eine durchaus selbständige Dimension. *Carmen* ist eine Oper voll Leidenschaft, Kraft und Wahrheit und den sorgfältig arrangierten, hübschen Darbietungen Gounods und Massenets unendlich überlegen. Sie waren tüchtige, professionelle Musiker, Bizet aber war ein Genie. Er strebte nach der Art von Aufrichtigkeit, um die sich Mussorgsky in *Boris Godunow* bemühte. Die Kunst mußte das Leben wiederspiegeln – nicht das idealisierte Leben, sondern das Leben, wie es tatsächlich gelebt wurde.

Jules Massenet, der populärste französische Opernkomponist des letzten Viertels des 19. Jahrhunderts, war ein musikalischer Geschäftsmann, der wußte, was das Publikum wollte, und entschlossen, es ihm auch zu liefern. Als Opportunist, der zu sehr darum bemüht war, um den Geschmack des Publikums zu buhlen, erfreute er sich keiner großen Beliebtheit bei seinen Kollegen. Bizet sah bereits die sich anbahnende Entwicklung voraus. „Dieser kleine Bursche ist dabei, uns alle zu überrollen", sagte er. Massenets spezielle Mischung war eine Art gezuckerte Erotik – ein „érotisme discret et quasi-religieux", wie Vincent d'Indy das nannte –, und das internationale Publikum konnte davon anscheinend gar nicht genug bekommen. Sie war auch in Massenets geistlicher Musik stark vertreten, der er ebenso zynisch gegenüberstand wie seinen Opern. „Ich glaube nicht an diesen ganzen kriecherischen Jesus-Kram", sagte er zu d'Indy, „aber dem Publikum gefällt er, und wir müssen uns immer auf die Seite des Publikums schlagen." Kein Wunder, daß Rimskij-Korsakow ihn einen „schlauen Fuchs" nannte; kein Wunder, daß die Mehrzahl seiner Kollegen ihn für einen eifersüchtigen, ehrgeizigen und scheinheiligen Schmeichler hielt. Und doch beherrschte Massenet die französische Oper dreißig Jahre lang in einem Maße, daß seine Art von Melodik sogar aus der Musik eines Bilderstürmers wie Debussy herauszuhören war. Romain

Von Gounod bis Saint-Saëns 359

Rolland sollte später sagen, im Herzen jedes französischen Komponisten schlummere ein Massenet.

Massenet wurde am 12. Mai 1842 geboren und starb am 13. August 1912. Im Alter von elf Jahren wurde er ins Konservatorium aufgenommen und gewann 1863 den Prix de Rome. Er war ein ausgezeichneter Pianist und hätte ohne Schwierigkeiten auch eine Solistenkarriere einschlagen können. Nach Paris zurückgekehrt, verdiente er sich seinen Lebensunterhalt jedoch durch Unterricht und Schlagzeugspiel in verschiedenen Orchestern. 1867 wurde seine erste Oper – La grand'tante – aufgeführt. Insgesamt komponierte er sechsundzwanzig Opern. Mit diesen Werken wurde Massenet reich und berühmt. 1878 bekommt er eine Professor für Kontrapunkt, Fuge und Komposition am Konservatorium. Unter seinen Schülern waren einige der hervorragendsten Musiker der nächsten Generation – Alfred Bruneau, Henri Rabaud, Gustave Charpentier, Florent Schmitt, Charles Koechlin und Georges Enesco.

Um die Wende zum 20. Jahrhundert wurden Werke von Massenet wie Hérodiade, Le Cid, Thaïs, Sapho, Cendrillon, Le jongleur de Nôtre-Dame, Don Quichotte, Werther und Manon überall aufgeführt. Erst in den zwanziger Jahren begannen sie an Popularität einzubüßen. Heute beruht Massenets bleibender Ruhm außerhalb Frankreichs in der Hauptsache auf Manon. Seine anderen Opern wirken ebenso antiquiert wie die Meyerbeers. Bei Manon kam wirklich alles zusammen. Als geschickter Musiker benutzte Massenet Leitmotive à la Wagner, sentimentale Melodien à la Gounod, ein Orchester mit einschmeichelnden und sinnlichen Klängen und ein Libretto, das auch den müden Geschäftsmann zu reizen und moralisch gestärkt aus dem Theater zu entlassen vermochte (Manon, ein unanständiges Mädchen, findet ein böses Ende).

Manon bietet eine seltsam feminine Musik und hat nicht wenig weiblichen Charme. „Massenet", schrieb Debussy, „scheint ein Opfer der erregten Fächer seiner weiblichen Hörer geworden zu sein, mit denen sie so lange zu seinem Ruhm gefächelt haben; er sehnte sich danach, den Flügelschlag dieser parfümierten Schwingen sich selbst vorzubehalten; bedauerlicherweise aber hätte er ebenso gut versuchen können, sich einen Schwarm von Schmetterlingen gefügig zu machen." Debussy fuhr mit dem Hinweis fort, daß Musik für Massenet eher eine reizende Nebenbeschäftigung als die grausame Gottheit gewesen sei, die über Bach und Beethoven herrschte. Schlank, feinsinnig, elegant und romantisch, verdrehte Massenet den Damen den Kopf. Er liebte und verstand Frauen, und sie erwiderten seine Liebe. Die Opernsängerin Bessie Abbott erinnerte sich, daß „er Frauen mit seiner wendigen verbalen Schmeichelei so glücklich machen konnte, daß man gar nicht mehr aufhören mochte, ihm zuzuhören. Er wandte den hübschen Trick an, seiner Begleiterin zu bedeuten, sie möge ihm doch eine Melodie vorschlagen, und dann ging er zum Klavier und improvisierte irgendeinen honigsüßen Schwulst, der auch ganz genau zur Persönlichkeit der so Hochbeglückten paßte." Und so erwarb Massenet Reichtum; er verdiente große Geldbeträge, legte sie klug an und blieb im Leben wie in seiner Musik der ewige Charmeur.

Der Nachruf im *Musical Courier* legte besonderen Nachdruck auf den Versuch, Massenets außergewöhnliche Popularität zu erklären: „Es ist ziemlich sicher, daß Massenet, wenn er nicht zu der Zeit gelebt hätte, in der er nun einmal lebte, in der die Welt nach etwas Melodie dürstete und nur wenige Komponisten versuchten, dieses bißchen Melodie zu schreiben, ein Versager gewesen wäre. Es trifft sich nun aber gerade so, daß Massenet dieses bißchen Melodie, kombiniert mit etwas Modernismus und einem kleinen Hauch Wagnerismus, zu einer Zeit schrieb, da die meisten Komponisten über die alte Schule hinauszugelangen versuchten. Deshalb wurde Massenet geschätzt. Wir bewundern seine dürftigen Melodien, weil wir keine anderen haben."

Kein Opernkomponist in Frankreich konnte sich mit Massenet messen. Alfred Bruneaus *Le rêve* (1891) hatte kurzfristig Erfolg, wurde aber bald abgesetzt und tauchte nie wieder auf. Camille Saint-Saëns schrieb viele Opern, konnte aber nur einen – frühen – Erfolg im Jahre 1877 mit *Samson et Dalila* verbuchen. Gustave Charpentier komponierte mehrere Opern und machte nur mit einer, *Louise* (1900), Furore.

In progressiven musikalischen Kreisen zog *Louise* ebensoviel Haß auf sich wie nur je eine Massenet-Oper. Sie wurde für eklektisch und zynisch gehalten. Debussy wurde beinahe wütend, wenn er darauf zu sprechen kam, und die allgemeine Einstellung der Musiker wird in *Grove's Dictionary of Music and Musicians* (Ausgabe von 1955) treffend zusammengefaßt, dessen Autor *Louise* „oberflächlich und geheuchelt" nennt und ihre „Wertschätzung von einer bloß vorübergehenden Neugier abhängig" macht. Das mag zutreffen, aber die bloß vorübergehende Neugier hat lange gebraucht, um sich zu erschöpfen. Louise, 1890 komponiert und erst 1900 auf die Bühne gebracht, hält sich noch heute im Repertoire und hat viele Bewunderer – was für eine bloß vorübergehende Neugier ja nicht schlecht ist. Das Werk hat seine Mängel. Es ist sentimental (ungeachtet seiner naturalistischen Aspekte), hat zu viele Massenet-Anklänge und steht stark unter dem Bann Wagners (der Einfluß der *Meistersinger* ist überdeutlich). Und doch hat es Kraft und Gewicht, und vor allem ist es voll Verehrung für Paris.

Vermeintlich handelt die Oper von zwei Liebenden und dem Ausbruch eines Mädchens aus dem bürgerlichen Familienmilieu. In Wirklichkeit ist sie jedoch eine einzige Huldigung an Paris. „Cité de force et de lumière! Splendeur premièrc! Paris, ô Paris! cité d'amour." So singen die Liebenden (zu Charpentiers eigenem Text; er schrieb das Libretto selbst). Und das allerletzte Wort der Oper ist „Paris"! Louise geht für immer fort, und ihr Vater weiß nur zu genau, bei wem die Schuld liegt. Nicht bei Louises Mutter, nicht bei ihrem Geliebten Julien, sondern bei Paris, und er reckt der großen Stadt die geballte Faust entgegen.

Charpentier lebt in diesem einen Werk weiter. Er war ein ungewöhnlicher Mensch. Am 25. Juni 1860 in Dieuze geboren, kam er im Alter von einundzwanzig Jahren als Musikstudent aus der Provinz nach Paris. Auf spektakuläre Weise verliebte er sich in die Stadt, und er war nur noch in Montmartre glücklich. Er lebte seine Rolle geradezu und sah mit seinen weiten Hosen, seiner langen schwarzen Künstlerkrawatte und seinem Schlapphut wie aus *La Bohème* entsprungen aus. Er war Sozialist, und manches aus seiner eigenen Biographie fand Eingang in die Oper. Louise arbeitet in einer Damenschneiderei, während Charpentier selbst in einer Textilfabrik tätig gewesen war. Er hatte ein Verhältnis mit einer Näherin namens Louise Jehan begonnen, die in einer Damenschneiderei in der rue Lepic beschäftigt war. Für seine Oper übernahm Charpentier sogar ihren Vornamen. *Louise* war für die damalige Zeit eine Sensation. Hier war endlich eine Oper, die in der Gegenwart spielte, die Mädchen aus der Arbeiterklasse und eine Schneiderwerkstatt zeigte, die sich für freie Liebe und die Würde des Individuums einsetzte und Eltern anprangerte, die ihre Kinder zu krampfhaft festhielten. Charpentier kritisierte damit die Moral der französischen Mittelklasse. Und doch wurde *Louise* zu einer der beliebtesten französischen Opern und hat in der Tat manche schöne Stellen. Die Schlafwandlerszene beschwört die von der gesamten Kulturwelt geliebte Stadt herauf, und wenn Julien und Louise ihre Huldigung an Paris singen, kommt echtes französisches Nationalgefühl zum Vorschein. Außerdem gibt es „Depuis le jour", jene ohrwurmartige, überschwengliche Arie, die aufgeregt-emsige Näherinnenszene und das hinreißende Duett im ersten Akt. Charpentier war im Grunde ein Gefühlsmensch und schuf, als er seine Oper auf eine oder zwei Episoden seines eigenen Lebens stützte, eine Welt, die nur in seiner Vorstellung existierte und nicht darüber hinausreichte. Aber *Louise* hat noch immer den authentischen Charme der Zeit.

Am 18. Februar 1956 starb Charpentier im Alter von sechsundneunzig Jahren. Bis zum Schluß trug er die im 19. Jahrhundert übliche Kleidung, und er war eine der Sehenswürdigkeiten von Paris. Er gehörte nicht gerade zu den manierlichsten Menschen. Als er 1903 nach Wien kam, wo *Louise* unter seiner Aufsicht inszeniert wurde, versuchte er sofort, die schöne Alma Mahler, die Gattin des Komponisten und Dirigenten Gustav Mahler zu verführen, der das Wiener Opernhaus leitete und für die Erstaufführung verantwortlich war. Der Montmartre-Verfechter der freien Liebe benahm sich dabei so plump, daß die Mahlers sich darüber höchst amüsiert zeigten und durchaus nicht böse reagierten. Alma Mahler schrieb darüber in ihrem Tagebuch: „Spuckt unter den Tisch, kaut an seinen Fingernägeln, fordert Aufmerksamkeit, indem er einen mit dem Knie drückt oder mit dem Ellbogen anstupst. Trat mir gestern abend auf den Fuß, um mich auf die Schönheit von *Tristan* hinzuweisen ... Er ist Sozialist und möchte mich bekehren." Schließlich schrieb Charpentier eine Fortsetzung von *Louise* und gab ihr den Titel *Julien*. Sie war eine Totgeburt und verschwand nach einigen Vorstellungen für immer von der Bühne.

Ein bedeutenderer Komponist – wenn seine Opern auch nicht mehr im Repertoire vertreten sind – war Emanuel Chabrier, eines der wirklichen Originale in der Musik. Zu den Merkwürdigkeiten seiner Laufbahn zählt, daß er

362 Faust und die französische Oper

alles, was er überhaupt komponierte, in einem Zeitraum von zehn Jahren hervorbrachte. Der am 18. Januar 1842 in Ambert geborene Chabrier spielte schon mit sechs Jahren Klavier, aber sein Vater widersetzte sich einer musikalischen Laufbahn. Deshalb legte Chabrier 1862 das juristische Examen ab und arbeitete die nächsten achtzehn Jahre im Innenministerium. Er bewegte sich in Musiker- und Künstlerkreisen und pflegte freundschaftlichen Umgang mit Manet und Verlaine, komponierte aber lange Zeit nichts. Er sammelte Bilder und besaß Werke von Manet, Renoir, Fantin-Latour, Sisley, Forain und Monet. Nach seinem Tode wurden vierundachtzig Gemälde aus seiner Sammlung bei einer Auktion am 26. März 1896 verkauft. Sie erzielten damals einen angemessenen Preis.

Erst in den späten siebziger Jahren des 19. Jahrhunderts trat Chabrier als Komponist in Erscheinung. 1877 kam die Operette *L'étoile* heraus und 1879 die einaktige *Une éducation manquée*. Dann hörte er *Tristan* und war davon so beeindruckt, daß er sich entschloß, den Rest seines Lebens der Musik zu widmen. 1880 gab er seine Stellung im Innenministerium auf. Daraufhin entstand in rascher Folge eine bemerkenswerte Reihe von Klavierwerken unter dem Titel *Dix pièces pittoresques,* die Orchesterrhapsodie *España*, eine lange Oper, *Gwendoline,* eine komische·Oper, *Le roi malgré lui,* weitere Klavierwerke und eine Reihe von Liedern. Gegen Ende des Jahrzehnts erlitt Chabrier einen psychischen Zusammenbruch und war nicht mehr in der Lage zu komponieren. Er starb am 13. September 1894 in Paris.

Kein französischer Komponist der Zeit war origineller. Der Einfluß Wagners auf *Gwendoline* ist nicht zu verkennen, obwohl man eine ungewöhnliche Harmonik und melodische Originalität der Musik feststellt, wenn man sich eingehend mit der Partitur beschäftigt. Aber das ist es nicht, was das Wesen Chabriers ausmacht. In seinen Werken brachte er in musikalischer Hinsicht manches Neue – etwa die Vorstellung von Frivolität als Selbstzweck. Schon im frühen *L'étoile* sind alle Zeichen dessen vorhanden, was er später vertreten sollte – den Bruch mit dem Offenbachschen Genre von Operette und seine Weiterentwicklung zu etwas sehr viel Differenzierterem. In *L'étoile* sind bestimmte Elemente von Music Hall und Zirkus vorhanden. Das ist musikgewordener Toulouse-Lautrec. Da gibt es überschäumende Duette; da ist ein Duett zwischen Tenor und Bariton, das die heiterste Satire auf die Belcanto-Arie bietet, die je geschrieben worden ist. Da sind Harmonien, die so differenziert und „blues"-artig daherkommen, daß sie von Gershwin stammen könnten. Da ist etwas, das vorausweist und zu Satie und zu der französischen Gruppe hinführt, die in den zwanziger Jahren des 20. Jahrhunderts als *Les six* bekannt wurden. Chabrier – und nicht Satie – ist der geistige Vater der *Six,* in seiner absichtlichen Verwendung und Billigung von Seichtheit und Banalität wie in seiner ähnlich absichtlichen Abkehr vom Wagnerianismus. Obwohl Chabrier von Wagner beeinflußt war, versuchte er doch bald, alle Spuren deutscher Musik bei sich zu verwischen. Er nahm sogar dieselbe Einstellung an wie Debussy, *musicien français.* Bei der Arbeit an *Briséis,* einer Oper, die er nie

Von Gounod bis Saint-Saëns 363

vollendete, schrieb er einem Freund: „Ich weiß nicht, ob die Musik französisch wird, aber in einer Hinsicht bin ich ganz sicher – deutsch wird sie nicht sein. Was auch geschieht, ich muß für mein Land sein. Das ist meine erste Pflicht!"

Von seiner Veranlagung her hätte Chabrier sich nicht auf Themenentwicklung oder klassische Form konzentrieren können. Er hatte eine Form der Geschlossenheit, die seiner eigenen Logik entsprach, und zwar der Art, wie sie die Musik des späten Berlioz repräsentierte. Chabrier bewunderte seinen berühmten Vorgänger ausnehmend. „Hat etwa Berlioz, der vor allem Franzose war (und er war zu seiner Zeit durchaus nicht altmodisch), in *La damnation de Faust,* in *Roméo et Juliette* und *L'enfance du Christ* Abwechslung, Farbigkeit oder Rhythmus gelegt? Aber es fehlt diesen Werken die Geschlossenheit, sagen die Leute. Ich antworte *merde!* Wenn ich, um *einer* zu sein, der Langeweile geweiht bin, ziehe ich es vor, 2, 3, 4, 10 oder 20 zu sein – kurz, ich ziehe es vor, zehn Farben auf meiner Palette zu haben und alle Linien auseinanderstreben zu lassen. Und dazu möchte ich nicht immer und immer wieder zwangsläufig den verheerenden 1. Akt zur Exposition, den 2. Akt mit dummen Frauen und Stimmübungen der Königin, den 3. Akt mit einem Ballet, dem endlosen Ballett, das die Karten neu mischt, das 4. unerläßliche Liebesduett und 5. die trunkene Orgie zwanzig Minuten vor Mitternacht, mit Abfeuern der Musketen, Massaker an den Juden und Tod der Hauptfiguren schreiben müssen." Chabrier liebte die große Oper Meyerbeers offenbar ganz und gar nicht.

Seine Einfälle sind im Grunde melodischer Art. Sie tauchen auf und verschwinden wieder, ohne den deutschen Entwicklungszwang. In gewisser Hinsicht war Chabrier ein inspirierter Amateur. „Ich bin im Grunde Autodidakt", schrieb er. „Ich gehöre keiner Schule an. Ich habe mehr Temperament als Talent. Es gibt viele Dinge, die man in der Jugend lernen muß und die ich nie erreichen werde. Aber ich lebe und atme Musik, ich schreibe wie ich fühle, mit mehr Temperament als Technik. Aber was ist der Unterschied? Ich halte mich für einen ehrlichen und aufrichtigen Menschen." Amateur oder nicht, seine Klaviermusik ist sehr schwer zu spielen. Die Figuren können so unkonventionell ausfallen, daß vom Konservatorium geschulte Hände ganz neue Schemata und Reflexe zu erlernen haben. Es ist wunderbare Klaviermusik, mit Verve und Witz, und die Harmonien mit ihren ständigen Nonenakkorden nehmen Debussy vorweg. Die *Trois valses romantiques* sind kleine Meisterwerke, und der letzte dieser drei Walzer ist in seiner harmonischen Ruhelosigkeit beunruhigend. *España* andererseits ist ganz Klarheit und Überschwang und leitet direkt zu Ravel über. Chabriers Meisterwerk ist *Le roi malgré lui,* eine unbeschwerte Komposition von außerordentlicher Differenziertheit, die es wert ist, wiederaufgeführt zu werden. George Balanchine benutzte einige der Walzer Chabriers für sein Ballett *Bourrée fantasque;* sie vermitteln eine Vorstellung von der Brillanz der Instrumentation und der Lebendigkeit der melodischen Erfindung. Das Publikum aber steht der großartigen Stimmführung in *Le roi malgré lui* noch immer mißtrauisch gegenüber. Viele frühere Komponisten konnten leicht und unterhaltsam schreiben, aber Chabrier war der erste, der mit der Leichtigkeit und Unterhaltsamkeit Ernst machte. Er erhob sein Konzept auf die Ebene einer Ästhetik. Abgesehen von der unvollendeten *Briséis* und *Gwendoline* strebte er nie nach Höherem. Er war der Verfechter der Spontaneität, der kurzen, eleganten Idee. Das gelang ihm vollkommen, und innerhalb dieses beschränkten Rahmens war er einer der bemerkenswertesten Komponisten der Epoche.

Ganz anders war Camille Saint-Saëns, der vollkommenste aller Techniker. Ein beträchtlicher Teil der Werke von Saint-Saëns hält sich noch immer im Repertoire, sein Ansehen ist außerhalb Frankreichs jedoch gering. Man wirft üblicherweise seiner Musik vor, nur Technik und leere Form, das heißt elegant, aber oberflächlich zu sein. In gewisser Hinsicht war er ein französischer Mendelssohn. Es lohnt sich, auf seine Laufbahn näher einzugehen, denn in seinem langen Leben, das vom 9. Oktober 1835 bis zum 16. Dezember 1921 währte, durchlief er verschiedene Entwicklungsstufen, die durch die musikalischen Revolutionen der beiden Jahrhunderte bedingt waren, und er hatte dabei durchaus eigene Beiträge zu leisten.

Es ist im allgemeinen nicht bekannt, daß Saint-Saëns das wahrscheinlich eindrucksvollste Wunderkind der Musikgeschichte war. Sein Intelligenzquotient muß das Mittelmaß weit überragt haben. Man bedenke: Mit zweieinhalb Jahren suchte er sich bereits bestimmte Töne am Klavier heraus. Selbstverständlich hatte er das absolute Gehör. Vor seinem dritten Lebensjahr konnte er lesen und schreiben. Mit drei Jahren komponierte er sein erstes Stück. Das Autograph mit dem Datum des 22. März 1839 wird im Pariser Konservatorium aufbewahrt. Mit fünf studierte er den *Don Giovanni* und benutzte dazu nicht den Klavierauszug, sondern die vollständige Partitur. In diesem Alter gab er auch einige wenige öffentliche Vorstellungen als Pianist. Mit sieben las er lateinische Texte und interessierte sich für Naturwissenschaften, insbesondere für Botanik und Schmetterlingskunde. Außerdem sammelte er geologische Proben. Seine förmliche musikalische Ausbildung begann im Alter von sieben Jahren, und sein öffentliches Debüt gab er mit zehn. Als Zugabe bei diesem Klavierabend erbot er sich, eine der zweiunddreißig Klaviersonaten Beethovens aus dem Gedächtnis zu spielen. Sein Ruhm erreichte sogar die Vereinigten Staaten, und ein Artikel in der Bostoner *Musical Gazette* vom 3. August 1846 weist darauf hin, daß es „in Paris einen Jungen mit Namen St. Saëns gibt, der erst zehneinhalb Jahre alt ist und die Werke von Händel, Johann Sebastian Bach, Mozart, Beethoven und den jüngeren Meistern sämtlich ohne Noten vor sich spielt". Saint-Saëns hatte das absolute Gedächtnis. Wenn er ein Buch las oder ein Musikstück hörte, vergaß er es nie mehr.

Er wuchs zu einem der bedeutendsten Pianisten und Organisten seiner Zeit, zu einem ausgezeichneten Dirigenten, einem brillanten Partiturspieler und einem Komponisten heran, der sich fruchtbar in allen musikalischen Formen betätigte. Überdies war er einer der frühen Musikwissenschaftler und schärfsten Kritiker. Als Liebhaberei betrieb er Astronomie (er war Mitglied der Astronomischen Gesellschaft Frankreichs) und Archäologie, machte sich mit den okkulten Wissenschaften vertraut, veröffentlichte einen Band mit Gedich-

Camille Saint-Saëns (1835–1921).

ten und versuchte sich an einem Bühnenstück. Zu Beginn seiner Laufbahn galt er als einer der musikalischen Revolutionäre Frankreichs. In dem Maße, wie er älter wurde, festigte sich auch sein Ansehen als Erzkonservativer. Er räumte durchaus ein, Eklektiker zu sein, und sagte über seine Musik: „Ich lief der Chimäre von Reinheit des Stils und Vollkommenheit der Form hinterher." Er war ein kleiner, geckenhafter, reizbarer Mann, und es war nicht ratsam, sich mit ihm anzulegen. Pierre Lalo beschrieb ihn folgendermaßen: „Er war klein und ähnelte immer auf seltsame Weise einem Papagei: dasselbe scharfgebogene Profil, eine schnabelartig geformte Nase, lebhafte, ruhelose, durchdringende Augen . . . Er stolzierte herum wie ein Vogel und sprach schnell, überstürzt, mit einem merkwürdig gezierten Lispeln."

Viele Jahre lang war er Organist an der Madeleine (Liszt nannte ihn den größten Organisten der Welt). Er ergriff für Wagner Partei und setzte sich für *Tannhäuser* und *Lohengrin* ein. Auch mit den anderen Progressiven, Liszt und Schumann, verbündete er sich. Im Jahre 1861 wurde er Lehrer an der École Niedermeyer. Fauré war sein bedeutendster Schüler. Er ging als Pianist auf Tournee, und in einem Zeitalter prangender Virtuosen war Saint-Saëns ein erklärter Vertreter von Reinheit, Klarheit, Raffinesse und klassizistischer Geradlinigkeit. Er gab einen Konzertzyklus mit allen Klavierkonzerten Mozarts – wahrscheinlich war er der erste Pianist der Musikgeschichte, der das tat. In der Zwischenzeit machte seine eigene Musik keine sonderlichen Fortschritte. Manche Zeitgenossen fanden insgeheim Gefallen daran, daß dieser phänomenale, aber etwas arrogante musikalische Geist so wenig Erfolg hatte. Berlioz, witzig wie immer, spöttelte über Saint-Saëns: „Er weiß alles, aber es fehlt ihm an Unerfahrenheit." Saint-Saëns begann sich Feinde zu machen. Er konnte Francks Musik nicht ausstehen und befehdete sich mit Massenet. Massenet wurde zum Mitglied des *Institut* gewählt, eine Ehre, die sich auch Saint-Saëns sehnlichst wünschte. Der ewige Schmeichler Massenet schickte ihm ein Telegramm: „Mein lieber Kollege, das *Institut* hat einen schrecklichen Fehler begangen." Wütend kabelte Saint-Saëns zurück: „Ich stimme völlig mit Ihnen überein." Einige Jahre darauf wurde auch er zum Mitglied ernannt. Später sorgte er dafür, daß Debussy keinen Zutritt zum *Institut* erhielt. Er schätzte Debussys Arbeiten gering ein. „Ich bin in Paris geblieben, um schlecht über ‚Pelléath und Melithande' zu sprechen", sagte er mit seinem merkwürdigen Lispeln zu einem Freund. Auch über die Werke von d'Indy und Strauß hatte er viel Schlechtes zu sagen.

Das Böse, das er anrichtete, überlebte ihn. Viele Zeitgenossen scheinen jedoch das Gute vergessen zu haben, das er tat. Er war nicht nur zu seiner Zeit eine fortschrittliche Kraft. Zusammen mit Romain Bussine (einem Gesangslehrer am Konservatorium) gründete er 1871 die Société Nationale de Musique. Diese Organisation stand der ganzen Neuen Generation französischer Komponisten Pate und stellte jahrelang der Öffentlichkeit neue Werke von Franck, d'Indy, Chabrier, Bruneau, Chausson, Dukas, Lekeu, Magnard und Ravel vor. Romain Rolland nannte die Société die „Wiege und das Heiligtum der französischen Kunst ... Alles, was in Frankreich zwischen 1870 und 1900 groß gewesen ist, ist mit ihrer Hilfe zustande gekommen. Ohne sie wäre der größere Teil der Werke, die unserer Musik zur Ehre gereichen, nicht nur nicht aufgeführt, sondern vielleicht nicht einmal geschrieben worden." Und es war auch nicht nur die französische Musik, der Saint-Saëns' Interesse galt. Neben seiner Werbung für Liszt und Wagner war er es auch, der den französischen Musikern die Musik zu *Boris Godunow* vorstellte, als er von einer Rußlandreise die Partitur mit Singstimmen mitbrachte. Aber um 1890 war er zum verbissenen Reaktionär geworden – mürrisch, schlecht gelaunt, ruhelos und mit einem regelrechten Reisezwang. Vielleicht hatte er insgeheim bemerkt, daß er die Erwartungen, zu denen sein großartiges Potential berechtigte, nicht erfüllt hatte. Überdies durch-lebte er privat eine schwere Krise. Im Jahre 1878 verlor er innerhalb weniger Monate seine beiden Kinder. André stürzte aus dem Fenster, und Jean starb an einer Kinderkrankheit. Drei Jahre später verließ Saint-Saëns seine Frau. Es gab weder Scheidung noch Trennung, aber sie begegneten einander nie wieder (sie starb 1950 im Alter von vierundneunzig Jahren). Nach langem Grübeln schrieb Saint-Saëns ein philosophisches Werk mit dem Titel *Problèmes et mystères*, eine pessimistische Studie, die für den Atheismus eintrat. Kunst und Wissenschaft, so Saint-Saëns, werden an die Stelle der Religion treten. Das Leben hat keinen Sinn. „Die Menschen sind bei ihrer Suche nach letzten Ursachen immer enttäuscht worden. Das kann ganz einfach daran liegen, daß es derartige Dinge gar nicht gibt." Der Existenzialismus hatte in Frankreich lange vor Sartre einen Wortführer.

Wie jeder ehrgeizige französische Komponist seiner Zeit komponierte Saint-Saëns Opern. Nach zwei mißglückten Versuchen hatte er mit *Samson et Dalila* 1877 endlich Erfolg. Das Werk erlebte seine Uraufführung nicht in Paris, sondern in Weimar. Keine von Saint-Saëns' zwölf anderen Opern kam ihm an Beliebtheit auch nur entfernt nahe, obwohl Fachleute sagen, daß *Ascanio* (1900) das bessere Werk ist. Im Repertoire hat sich jedoch *Samson* gehalten. In der Tat ist es erstaunlich – berücksichtigt man das im allgemeinen geringe Ansehen, das seine Musik genießt –, daß so viele seiner Werke noch immer im Repertoire vertreten sind, wie beispielsweise die Klavierkonzerte in g-Moll und c-Moll, das gelegentlich gespielte F-Dur-Konzert Nr. 5, die Sinfonie Nr. 3 *(Orgel)* in c-Moll, das Violinkonzert in h-Moll, das Cellokonzert in a-Moll, der *Karneval der Tiere*, aus dem *Der sterbende Schwan* stammt. Sehr häufig ist die Introduktion und das Rondo Capriccioso für Violine und Orchester zu hören. Von den sinfonischen Dichtungen ist *Danse Macabre* berühmt, und gelegent-lich wird auch *Le Rouet d'Omphale* gespielt.

Das ist keine schlechte Auswahl. Sie legt den Schluß nahe, daß Saint-Saëns ein besserer Komponist ist, als sein Ruf nahelegt. Es muß ein gewisses Maß an Vitalität in dieser Musik geben, das sie so lange lebendig erhalten hat. Auch die Logik seiner Musik, ihre Eleganz, Vollendung, ihre klaren Umrisse und ihre handwerkliche Sauberkeit sind in ästhetischer Hinsicht befriedigend. Es ist eine in der klassischen Tradition verwurzelte Musik, trotz ihrer Abweichungen von der orthodoxen Form. Es gibt triftige Gründe, Saint-Saëns für den ersten Neoklassizisten zu halten. Von allen französischen Komponisten seiner Zeit war er der zuchtvollste, und seine Musik entbehrt völlig der hypertrophischen Klangsinnlichkeit von Franck und seiner Schule. Das g-Moll-Klavierkonzert oder die Orgel-Sinfonie mögen nicht viel Tiefgang haben, vermeiden jedoch wenigstens die Banalität und Geschmacklosigkeit so vieler Kompositionen der Zeit. Seine so gut wie nie gespielten Klavierwerke stehen am Rande der Salonmusik, entgehen der Abgedroschenheit aber durch ihre Brillanz und Objektivität. Ein gutes Beispiel dafür ist die c-Moll-Toccata (die solistische Fassung des letzten Satzes des Klavierkonzerts Nr. 5). Sie hat die Art von Glanz, der Liszt und Ravel verbindet. Es mag durchaus sein, daß Saint-Saëns' Einschätzung einer Revision bedarf. Eine Drehung des Rades, und seine leichtgewichtigen, aber eleganten und deutlich umrissenen musikalischen Einfälle können einer Wiederbelebung für wert gehalten werden. Bedauerlicherweise ist Saint-Saëns am bekanntesten mit seinen schwächeren Werken – *Samson et Dalila, Der sterbende Schwan, Danse Macabre* – und nicht mit dem Septett für Klavier, Trompete und Streicher, der d-Moll-Violinsonate oder dem Klavierquartett in B-Dur.

23. KAPITEL

Von Glinka bis Rimskij-Korsakow
Der russische Nationalismus und das „mächtige Häuflein"

Die Vorstellung, daß die Bestrebungen und Sehnsüchte einer Nation bewußt von seiner Musik widergespiegelt werden, war eine Entwicklung des 19. Jahrhunderts und wurde am nachdrücklichsten in den Ländern vertreten, die ein wenig abseits des Hauptstroms europäischen Denkens lagen. Rußland, Ungarn, Böhmen und Spanien brachten sämtlich wenigstens einen nationalen Komponisten von Rang hervor. Die Bürger der meisten dieser Länder hatten auch am meisten Anlaß zu Sehnsüchten. Reiche Länder mit materiell zufriedengestellten Bürgern bringen normalerweise keine nationalistische Musik hervor, die in gewisser Weise Propaganda ist – ein geistiger Ruf zu den Waffen. Ein Land mit einer Bevölkerung unter der Herrschaft fremder Machthaber wie das Königreich Böhmen unter österreichischer Oberhoheit oder ein Land, dessen Einwohner unter der eisernen Faust eines Zaren und seiner alteingesessenen habgierigen Aristokratie seufzten, war, was gesellschaftlichen Protest betraf, zu keinen großen Aufschwüngen in der Lage. Aber Protest ließ sich auch in Literatur und Musik äußern; und eben das taten sie. Wo den politischen Aktivisten die Hände gebunden waren, konnten wenigstens die Musiker die Freiheitssehnsucht ihres Landes oder den Stolz auf ihre Traditionen zum Ausdruck bringen. Und dem kam die romantische Identifikationsbereitschaft mit dem „Volk" zu Hilfe.

Nationalismus in der Musik ist der bewußte Einsatz eines Korpus von Volksmusik, das sich sogar in solch ausladenden Formen wie Oper oder Sinfonie zur Geltung bringt. Wagner ist der teutonischste aller Komponisten, aber er ist kein nationalistischer Komponist, weil er sich nie auf das Erbgut deutscher Volksmusik berufen hat. Sogar dann, wenn ein Komponist gelegentlich ein Stück schreibt, in dem er Folklore-Elemente verwendet, stempelt ihn das nicht schon zwangsläufig zum Nationalisten. Brahms schrieb eine Reihe *Deutscher Volkslieder,* die ihn aber ebensowenig zum nationalen Komponisten machten wie Schubert mit seinem *Divertissement à la hongroise.* Diese Stücke machen nicht das Wesen ihres Werkes aus, ebensowenig wie Liszts *Ungarische Rhapsodien.* Nationalismus in der Musik ist keine Oberflächenpatina aus Volksmusikelementen. Eher ist er Beschwörung der Volksseele, der Lieder, Tänze und geistlichen Musik eines Volkes. Der wirkliche Nationalist hat es nicht nötig, dieses Material direkt zu zitieren. Er ist so vom *melos* geprägt, daß sein Werk als Ganzes und als spezifische Reaktionsweise die Musik seines Heimatlandes wachruft. Das *melos* des Landes eines Komponisten ist wesentlicher Bestandteil seiner tatsächlichen geistigen und auditiven Prozesse, ganz wie es auch die Luft ist, die er atmet, die Speisen, die er ißt, oder die Sprache, die er spricht.

Obwohl beide keine wirklichen Nationalisten waren, hatten doch Chopin mit seinen Mazurken und Polonäsen und Liszt mit seinen Rhapsodien bereits den Weg gewiesen. (Im 19. Jahrhundert wurden Liszts Rhapsodien sehr viel höher eingeschätzt als in späteren Zeiten.) Als Rußland musikalisch zu erwachen begann, richteten die russischen Musiker ihr Augenmerk eher auf Chopin und Liszt als auf die akademischen Komponisten. Chopin und Liszt repräsentierten Freiheit im Gegensatz zu den „Regeln" der deutschen und österreichischen Konservatorien. Und die russischen Nationalisten haßten Regeln. Die russischen Komponisten waren die ersten in Europa, die ihren Nationalismus zur Ästhetik erhoben. Michail Glinka (1804–1857) dokumentierte als erster diese Einstellung in seiner Oper *Ein Leben für den Zaren* (1836). Danach dauerte es nur fünfzig Jahre, bis Rußland Komponisten hervorbrachte, die sich als die originellsten und einflußreichsten der Musikgeschichte erweisen sollten.

Das russische Musikleben war bis zu Glinka von den Italienern beherrscht worden. So bedeutende Komponisten des 18. Jahrhunderts wie Manfredini, Galuppi, Paisiello und Cimarosa hatten in Rußland gearbeitet. Oper in Moskau und St. Persburg bedeutete – wie in anderen europäischen Städten auch – italienische Oper. Die Musik der wenigen einheimischen russischen Komponisten, die vor Glinka aktiv waren, ist nur einigen Fachleuten bekannt. Um die Wende zum 19. Jahrhundert war Rußland ein geheimnisvolles Land – ein ungeheuer mächtiges, wie Napoleon dann feststellte, das aber gerade erst aus mittelalterlichen Lebensbedingungen erwachte. Die gesamte westliche Tradition von philosophischem Denken, Kultur und Wissenschaft war weitestgehend unbekannt, wenn man von einigen aufgeklärten Angehörigen der Aristokratie absah. Musikalisch hatte das Land zwar ein reiches Erbgut an Volksliedern, aber ein funktionierendes Musikleben fehlte völlig. 1850 existierte noch kein Konservatorium in ganz Rußland; es herrschte großer Mangel an Lehrern, Notenmaterial und Musikveröffentlichungen. In St. Petersburg gab eine Vereinigung, die unter dem Namen Russische Philharmonische Gesellschaft bekannt war, zwei Konzerte pro Jahr.

Die Musiker waren Bürger zweiter Klasse. Wie Anton Rubinstein schrieb, bevor er 1862 das St. Petersburger Konservatorium eröffnete: „Rußland hatte beinahe keine Künstler-Musiker im genauen Wortsinn. Das lag daran, daß unsere Regierung der Kunst der Musik nicht dieselben Privilegien zugebilligt hat, die die anderen Künste wie Malerei, Bildhauerei usw. genießen – das heißt, wer Musik betreibt, steht nicht im Range eines Künstlers." Rubinsteins Äußerung läuft darauf hinaus, daß Musiker buchstäblich keinen sozialen Status hatten. Ein Maler konnte von der Regierung anerkannt werden und den Titel eines „Künstlers des Staates" erhalten. Ein Musiker dagegen nicht.

Die Geschichte der russischen Musik, wie sie heutigen Konzertbesuchern vertraut ist, beginnt mit Glinka, der eine große Anzahl minderer, westlich beeinflußter Werke schrieb, bevor er seine Opern *Ein Leben für den Zaren* und *Ruslan und Ljudmila* herausbrachte. Tschaikowsky beispielsweise konnte Glinkas Wandlung nie begreifen. „Ein Dilettant, der heute Geige, morgen Klavier spielte, farblose Quadrillen und Phantasien über modische Themen

Michail Glinka (1804–1857). Gemälde von J. Repin, 1887.

Michail Glinka: »Ein Leben für den Zaren«. Notendruck, Moskau 1906.

Michail Glinka: »Ruslan und Ludmilla«. Notendruck, Moskau 1906.

372 Der russische Nationalismus und das „mächtige Häuflein"

schrieb und sich an ernsthaften Formen (Quartett und Sextett) und Liedern
versuchte, aber nichts als Banalitäten im Stile der dreißiger Jahre komponierte –
der aber plötzlich in seinem vierundvierzigsten Lebensjahr eine Oper hervorbringt, die aufgrund ihres Genies, ihrer Weite, Originalität und makellosen
Technik jedoch auf einer Ebene mit der größten und tiefsten Musik steht!"
Glinka wurde als Begründer der nationalen russischen Schule von seinen
Nachfolgern vergöttert. Tschaikowskys Äußerung ist typisch. Alle russischen
Komponisten – damals wie heute – betrachteten Glinka so wie ein Schüler
seinen Lehrer anstarrt. Lassen wir noch einmal Tschaikowsky zu Wort kommen: „Die gegenwärtige russische Schule ist in *Kamarinskaja* enthalten, genau
wie die Eiche in der Eichel ... Aus *Kamarinskaja* entnehmen alle russischen
Komponisten (auch ich) kontrapunktische und harmonische Kombinationen,
wann immer sie mit russischen Tanzweisen zu schaffen haben."

Michail Glinka wurde am 1. Juni 1804 im Gouvernement Smolensk geboren.
Er bekam Geigen- und Klavierunterricht, darunter mehrere Klavierstunden bei
dem berühmten irischen Pianisten und Komponisten John Field, der sich 1803
in Rußland niedergelassen hatte. Glinkas musikalische Ausbildung war jedoch
bestenfalls flüchtig. Er wurde 1824 Staatsdiener im Verkehrsministerium von
St. Petersburg. Im Jahre 1828 trat er von seinem Posten zurück und reiste durch
Europa, verbrachte beinahe drei Jahre in Mailand, wo er mit Bellini und
Donizetti zusammentraf, und studierte dann ein Jahr in Berlin Komposition bei
Siegfried Dehn. Die Musik, die er in dieser Zeit komponierte, ist in der
Hauptsache kosmopolitisch, und die russischen Anklänge darin sind nicht
deutlicher als etwa Beethovens Benutzung russischer Themen in den Razu-
mowsky-Quartetten. Glinkas Sextett für Klavier und Streicher beispielsweise ist
stark von Mendelssohn-Bartholdy beeinflußt. Berücksichtigt man, daß es 1832
komponiert wurde, so verfügt es über einen verblüffend romantischen, idioma-
tischen Klavierpart, und es zitiert eine russische Volksweise auf ganz schmuck-
lose Weise. Aber das musikalische Material läßt sich unter gar keinen Umständen originell nennen.

Wieder in Rußland und in vertrautem Umgang mit Puschkin und Gogol
begriffen, entschloß sich Glinka, eine Oper über einen russischen Stoff zu
komponieren. Er entschied sich für einen russischen Nationalhelden. Iwan
Sussanin – in der Sowjetunion heißt die Oper bis auf den heutigen Tag eher
Iwan Sussanin, wie ursprünglich geplant, als *Ein Leben für den Zaren* – und
verwandte auf das Werk zwei Jahre Arbeit. Die Oper stellt den Bauern Iwan
Sussanin in den Mittelpunkt, der einen Verband der polnischen Armee in die
Irre führte und damit dem ersten Romanow das Leben rettete, wenngleich er
das eigene einbüßte. Glinka war von der Geschichte geradezu begeistert: „Wie
durch Zauberei fiel mir sowohl der Plan der ganzen Oper als auch die Idee der
Antithese von russischer und polnischer Musik ebenso wie viele der Themen
und sogar der Details der Ausführung – das alles fiel mir wie mit einem Schlage
ein." Die Oper erlebte ihre Uraufführung am 9. Dezember 1836 in Gegenwart
der Zarenfamilie und war ein großer Erfolg. Der Hof war an die italienische

Oper gewöhnt, und *Ein Leben für den Zaren* ist stark italienisch gefärbt. Harmonisch stellt das Werk keine Probleme, und melodisch ist es anziehend. Für uns ist es angenehm, aber kaum revolutionär, und wir können nicht mehr nachvollziehen, warum Tschaikowsky darauf beinahe hysterisch reagierte. Aber für die Russen des Jahres 1836 war *Ein Leben für den Zaren* die erste Oper mit einem russischen Stoff, die erste mit einem Libretto, das von Bauern statt von Adeligen handelte, und die erste, die ein russisches Volkslied zitierte.

Glinka hatte nie wieder einen gleichwertigen populären Erfolg, obwohl *Ruslan und Ljudmila* eine sehr viel interessantere und bedeutsamere Oper ist. Im Jahre 1842 komponiert, war sie heftig nationalistisch, mit Orientalismen, mehrfach benutzter Ganztonskala, manchen scharfen Dissonanzen und einer sehr viel intensiveren persönlichen Prägung als *Ein Leben für den Zaren*. Aber sie fiel beim Publikum durch. Wenigstens ein bedeutenderer europäischer Musiker schätzte sie jedoch. Liszt sah auf einer Rußland-Tournee die ganze Partitur durch, spielte sie am Klavier und sang überall ihr Lob. Neuen Begabungen und neuen Klängen immer aufgeschlossen, war Liszt einer der wenigen Musiker außerhalb Rußlands, der die musikalische Entwicklung des Landes ständig im Blick behielt. In späteren Jahren beschrieb er mit aller Genauigkeit, was die russische Musik repräsentierte. Nachdem sie sich unabhängig und fern von allen fremdländischen Einflüssen entwickelt hatten, führten die Russen (so Liszt) etwas Neues in die Musik ein, das ihn in seiner Rhythmik und seinem lebendigen Geschmack entzückte. Einer der lebendigen Aspekte, die das erfahrene Ohr von Liszt heraushörte, war die exotische Qualität des russischen Volkslieds, das in der Musik des späten Glinka und der seiner Nachfolger eine so große Rolle spielte. Rhythmisch ist die russische Volksmusik höchst regellos und bewegt sich häufig im Fünf- oder Siebenviertel-Takt, Metren, die von westlichen Komponisten relativ selten benutzt wurden, bis Strawinsky sie im 20. Jahrhundert populär machte. Es war kein Zufall, daß Strawinskys rhythmische Abweichungen so hervorstachen; als Schüler von Rimskij-Korsakow war er mit der russischen Folklore vertraut.

Durch den Mangel an Interesse für *Ruslan und Ljudmila* entmutigt – ein Werk, das für die russischen Zeitgenossen allzu fortschrittlich war –, unternahm Glinka 1844 eine ausgedehnte Frankreich- und Spanienreise. Spanien entzückte ihn, und er versuchte sogar, spanische Volkstänze zu erlernen. „Meine Füße kamen schon zurecht, aber es gelang mir nicht, die Kastagnetten in den Griff zu bekommen." *Jota Aragonese,* einer der ersten Versuche eines europäischen Komponisten, spanische Melodien und Rhythmen zu verwenden, war das Ergebnis seiner Bemühungen, dazu eine Ouvertüre mit dem Titel *Eine Nacht in Madrid*. Auch seine russisch geprägte Musik ließ Glinka nicht außer acht, und 1848 entstand *Kamarinskaja*, die Fantasie über zwei russische Volkslieder. Glinka komponierte aber relativ wenig. Er reiste, ließ sich mit mehreren jungen Damen ein (seine 1835 geschlossene Ehe hatte 1839 mit Trennung und 1846 mit Scheidung geendet), besuchte und unterhielt seine Kollegen auf dem gesamten Kontinent. Er langweilte sich. Schließlich fand er

374   Der russische Nationalismus und das „mächtige Häuflein"

ein neues Interessengebiet – die Kirchenmusik. Er ging nach Berlin, um Bach
und die ältere Kirchenmusik zu studieren. Dort zog er sich eine Erkältung zu
und starb am 15. Februar 1857. Unverzüglich wurde er zum Nationalhelden.
„Beethoven und Glinka!" rief Anton Rubinstein aus. Und die Russen sahen in
dieser Verbrüderung nichts Übertriebenes.

Eine weitere Entwicklung nahm die russische Musik, als sich eine Gruppe
begeisterter Amateure um Milij Balakirew scharte, einen kleinen, untersetzten,
Komponisten mit asiatischem Einschlag, der weitgehend Autodidakt war. Was
sich daraus ergab, war eines der merkwürdigsten Ereignisse der Musikgeschichte.

Balakirew war am 2. Januar 1837 in Nischnij-Nowgorod geboren. Im Alter
von zehn Jahren brachte ihn seine Mutter nach Moskau, wo er Klavierunterricht erhielt und mehr oder weniger von Alexander Ulibischew adoptiert wurde,
einem Musikenthusiasten, der Bücher über Mozart und Beethoven schrieb.
Ulibischew ermutigte den jungen Balakirew, der bereits zu komponieren
begann, bevor er überhaupt etwas von den musikalischen Regeln wußte. Sein
Freund und Studienkamerad, der Geiger Pjotr Dmitrjewitsch Baborikin,
bezeugt die Tatsache, daß Balakirew kein einziges Buch über Harmonielehre,
Instrumentation oder Theorie besaß. Aber Balakirew, der ein gutes Gehör und
ein ausgezeichnetes musikalisches Gedächtnis hatte, hielt aus, und als er die
Opern Glinkas hörte, beschloß er, sich für immer der Musik zu widmen. 1855
ließ er sich in St. Petersburg nieder. Dort lebte er, von Glinka ermutigt, als
Pianist und Komponist.

Balakirew war ein Mensch mit strengen Grundsätzen; nach Glinkas Tod im
Jahre 1857 übernahm er die Führung der russischen Musik. Um ihn sammelte
sich eine Gruppe junger Musiker, die später als „das mächtige Häuflein" und
„die russischen Fünf" bekannt werden sollte – eine Gruppe von Autodidakten
und Dilettanten, die andere Berufe ausübten. Manche von ihnen blieben ihr
Leben lang Freizeitkomponisten. César Cui (1835–1918) war der erste, der sich
von Balakirew angezogen fühlte. Er lernte ihn 1856 kennen und arbeitete unter
seiner Anleitung, wie in den folgenden Jahren auch Borodin, Mussorgskij und
Rimskij-Korsakow. Cui hatte die Ingenieurschule in St. Petersburg besucht, an
der er später lehrte. Als Komponist war er der am wenigsten begabte des
„mächtigen Häufleins", und obwohl er verhältnismäßig viel komponierte, hat
sich mit Ausnahme eines Salonstücks mit dem Titel *Orientale* nichts im
Repertoire gehalten. Wertvoller war er für die Gruppe als Kritiker. Seine Artikel
erschienen in Frankreich wie in Rußland, und er war ständig damit befaßt, die
nationalistischen Prinzipien der Fünf zu erläutern.

Modest Mussorgskij (1839–1881) war der zweite, der dem Kreis beitrat. Als
er mit Balakirew 1857 bekannt wurde, war er ein achtzehnjähriger Fähnrich im
feudalen Preobraschenskij-Gardeinfanterieregiment und beherrschte nur das,
was jeder Offizier können und wissen mußte – wie man säuft, hurt, seine
Uniform trägt, spielt, einen Leibeigenen auspeitscht und auf dem Pferd sitzt.
Von diesem Bündel von Fertigkeiten hielt Mussorgkij das Saufen für die ihm

Milij Balakirew
(1836–1910).

Alexander Borodin
(1833–1887).

376   Der russische Nationalismus und das „mächtige Häuflein"

zuträglichste. Schon in frühen Jahren war er ein hervorragender Pianist. Seine Mutter hatte ihm das Klavierspiel beigebracht, und sein Repertoire bestand aus den modischen Potpourris der Zeit. Alexander Borodin, damals Sanitätsoffizier, begegnete ihm 1856, als beide im gleichen Krankenhaus ihren Dienst absolvierten. In einem Brief an den Musikkritiker Wladimir Stassow beschrieb Borodin viele Jahre später seinen ersten Eindruck von Mussorgskij:

> „Ich war gerade zum Stabsarzt befördert worden, und Mussorgskij war frischgebackener Offizier. Da wir die diensthabenden Offiziere im Krankenhaus waren, begegneten wir einander im Gemeinschaftsraum, und da wir uns langweilten und der Kameradschaft bedurften, begannen wir eine Unterhaltung und fanden einander von da an geistesverwandt. Am gleichen Abend waren wir im Hause des Stabsarztes eingeladen. Da er eine erwachsene Tochter hatte, gab er häufig Empfänge, zu denen dann auch die Offiziere vom Dienst gebeten wurden. Mussorgskij war damals noch ein sehr grüner, höchst eleganter, kleiner Offizier: brandneue, enganliegende Uniform, Stiefelspitzen ordentlich ausgestellt, glattgebürstetes und pomadisiertes Haar, gutgeformte und gepflegte Hände. Seine Manieren waren elegant und aristokratisch. Er sprach durch die Zähne, und seine sorgfältig gewählten Sätze waren mit französischen Phrasen durchsetzt und ziemlich umständlich. Er bot in der Tat Zeichen leichter Anmaßung; ebenso aber ganz unverkennbar die von vollkommener Eleganz und Bildung. Er setzte sich ans Klavier, und, kokett die Hände erhebend, begann er empfindsam und anmutig Ausschnitte aus *Trovatore* und *Traviata* zu spielen, wobei der Kreis seiner Zuhörer hingerissen *,Charmant! Délicieux!'* murmelte."

Musik liebte Mussorgskij über alles. Der Einfluß, den Balakirew auf ihn ausübte, war so überwältigend, daß er 1857 auf sein Offizierspatent verzichtete und sich wie besessen ins Musikstudium stürzte. Seine Familie war wohlhabend, und so hatte Mussorgskij keinerlei finanzielle Probleme. Zwei Jahre später begegnete ihm zufällig Borodin, der sich diesmal viel beeindruckter zeigte als zuvor: „Nichts an ihm erinnerte noch an den früheren Offizier. Seine Kleidung, sein Benehmen waren wählerisch wie immer, aber es war keine Spur der alten Stutzerhaftigkeit geblieben." Erst 1861, als die Leibeigenschaft aufgehoben wurde, begannen für Mussorgskij die ernsthaften Sorgen. Viele Großgrundbesitzer, darunter auch die Mussorgskijs, waren davon hart betroffen. Mussorgskij mußte nun ohne die finanzielle Unterstützung seiner Familie auskommen und war gezwungen, eine Stellung im Staatsdienst anzunehmen.

Als nächster wurde in den Balakirew-Kreis ein junger Marineoffizier aufgenommen, Rimskij-Korsakow (1844–1908). Wie Mussorgskij stammte auch er aus einer wohlhabenden Familie. Aber im Gegensatz zu Mussorgskij war er kein hervorragender Pianist, obwohl er Violoncello- und Klavierunterricht erhielt. Er wollte komponieren, wußte aber nicht, an wen er sich wenden sollte, bis er durch Vermittlung seines Klavierlehrers Fjodor Kanille mit Balakirew zusammentraf. „Letzten Sonntag", schrieb Rimskij-Korsakow Anfang Dezember 1861 an seine Eltern, „stellte mich Kanille M. A. Balakirew vor, einem

Von Glinka bis Rimskij-Korsakow 377

bekannten Musiker und Komponisten, und auch Cui, der eine Oper mit dem Titel *Der Gefangene im Kaukasus* geschrieben hat." Rimskij-Korsakow war überwältigt und wußte nicht, wie er Kanille für eine „solch großartige Bekanntschaft" danken sollte. Balakirew hielt Rimskij-Korsakow für einen vielversprechenden jungen Mann und schloß ihn in sein Herz. In einem Brief an Stassow schrieb er, daß Cui „ein Talent, aber kein menschliches Wesen im sozialen Sinne" sei und Mussorgskij „praktisch ein Idiot". „Ich setze Vertrauen in Sie", bedeutete er aber dem jungen Marineoffizier Rimskij-Korsakow, „wie eine alte Tante in einen jungen Neffen, der Rechtsanwalt werden will." Rimskij-Korsakow hatte ihm bereits die Entwürfe zu seiner Sinfonie in es-Moll gebracht. Balakirew drängte den achtzehnjährigen Komponisten, sie fertigzustellen.

1862 stieß Alexander Borodin (1833–1887) zum Balakirew-Kreis. Borodin, der natürliche Sohn des Fürsten Gedianow, hatte eine naturwissenschaftliche Ausbildung genossen. Er studierte an der St. Petersburger medizinischen Akademie, legte 1858 ein glanzvolles Examen ab und unternahm bis 1862 eine Studienreise durch Italien, die Schweiz und Deutschland, wurde Militärarzt und 1864 Professor für organische Chemie an der genannten Akademie. Darüber hinaus galt sein Interesse der Musik. Wie Mussorgskij war er Amateur-Pianist mit dem Drang zu komponieren, und seine Lehrer an der medizinischen Akademie erhoben oft gegen ihn den Vorwurf, daß er zuviel Zeit der Musik opferte.

Nun waren also ein Militäringenieur, ein Ex-Fähnrich, ein Marineoffizier und ein Chemiker versammelt. Zu den peripheren Mitgliedern des Kreises gehörten der Kunsthistoriker und Musikkritiker Wladimir Stassow und die beiden begabten Purgold-Töchter, die eine Sängerin, die andere Pianistin. In enger Verbindung zum Kreis standen außerdem Alexander Dargomyschskij (1813–1869), ein Komponist mit manchen originellen Einfällen, sowie Alexander Serow, der erste bedeutende Musikkritiker Rußlands und selbst Komponist. Die aktiven Gruppenmitglieder (Cui, Mussorgskij, Rimskij-Korsakow und Borodin) saßen Balakirew geradezu zu Füßen. Da es ihnen an Büchern und Grundkenntnissen fehlte, verließen sie sich einfach aufeinander und auf Balakirew. Sie sammelten alle Partituren, die sie nur bekommen konnten, von Bach über Berlioz bis Liszt, spielten sie durch, analysierten ihre Form, nahmen die Stücke auseinander und setzten sie wieder zusammen. Sie kritisierten gegenseitig ihre Werke, halfen einander beim Komponieren und kamen in winzigen Schritten voran. Sie waren eine verschworene Gruppe, und zwei Mitglieder, Mussorgskij und Rimskij-Korsakow, wohnten sogar eine Zeitlang zusammen. Wie Borodin schrieb: „In den Beziehungen innerhalb unseres Kreises ist auch nicht ein Schatten von Neid, Dünkel oder Selbstsucht. Auch die kleinsten Erfolge des einen beglücken den anderen aufrichtig."

Stolz darauf, Autodidakten zu sein, machten sie ihre Mängel trotzig zu Tugenden und erhoben die Flagge ihrer Lehre auf ganz kompromißlose Weise. Geschlossen predigten sie Spontaneität, „Wahrheit in der Musik", Nationalismus und Widerstand gegen den Akademismus und Wagnerianismus. Die

378   Der russische Nationalismus und das „mächtige Häuflein"

Schurken der russischen Musik waren für sie die Rubinstein-Anhänger und ihre Konservatorien, denn sie repräsentierten die „zivilisierte" westliche Tradition. Anton Rubinstein (1829–1894), Rußlands erster großer Pianist, war auch ein fruchtbarer Komponist, der ein Werk nach dem andern in der Mendelssohn-Schumann-Chopin-Tradition der Frühromantik herausbrachte. Seine *Ozean-Sinfonie* war in der zweiten Hälfte des 19. Jahrhunderts eines der populärsten Orchesterwerke in Europa. Erst in jüngster Zeit sind Rubinsteins Kompositionen praktisch aus dem Repertoire verschwunden, obwohl die Sinfonie in F-Dur op. 35 noch immer bekannt ist, das d-Moll-Klavierkonzert op. 70 und einige Stücke für Soloklavier gelegentlich noch zu hören sind und seine Oper *Der Dämon* in der Sowjetunion noch immer gespielt wird. 1862 gründete Rubinstein das Kaiserliche Konservatorium von St. Petersburg. Vier Jahre später eröffnete sein Bruder Nikolaj das Moskauer Konservatorium. Nikolaj Rubinstein (1835–1881) war ebenfalls ein ausgezeichneter Pianist. Tschaikowsky meinte, er sei sogar seinem berühmteren Bruder überlegen.

Beide Rubinsteins waren etwas Verhaßtes für die Fünf. „Es wäre ein schwerwiegender Irrtum", schrieb Cui, „Rubinstein für einen russischen Komponisten zu halten. Er ist lediglich ein Russe, der komponiert." Für die Fünf repräsentierten die beiden Konservatorien die sterile, tote Bürde der deutschen Konventionen. Balakirew hielt das St. Petersburger Konservatorium für die Verkörperung der Verschwörung, „die gesamte russische Musik unter das Joch der deutschen Generäle zu zwingen". Die Fünf waren auf etwas anderes bedacht. Ihr Interesse galt in der Hauptsache dramatischer Musik für Singstimmen oder Orchestermusik, die die Traditionen ihres eigenen Landes repräsentierte. Ihre Vorstellung von „Wahrheit" unterschied sich beträchtlich von der Rubinsteins. Cui erläuterte ihre Doktrin folgendermaßen: „Dramatische Musik muß, als absolute Musik, unabhängig vom Text in sich einen eigenen Wert haben." Und: „Vokalmusik muß in vollkommener Übereinstimmung mit dem Sinn des Textes stehen ... Die Struktur der Szenen muß vollständig von der Beziehung der Charaktere zueinander und von der allgemeinen Entwicklungsbewegung des Stückes abhängen." Also weg mit den Koloratur-Rouladen, weg mit dem „Leitmotiv", weg mit den „unveränderlichen stereotypen Formen"! Die Inspiration war das Entscheidende, weit wichtiger als „Regeln" oder die Sonatenform.

Die Geringschätzung der Akademiker seitens der Fünf wurde auf der anderen Seite rückhaltlos erwidert. Für die aus der Konservatoriumtradition stammenden Musiker bestand der Kreis um Balakirew aus lauter Amateuren. Tschaikowsky beispielsweise machte sich ständig lustig über die (für ihn) unverschämten und selbstgerechten Behauptungen der Fünf. „Man muß immer *arbeiten*, und kein Künstler, der etwas auf sich hält, darf die Hände in den Schoß legen, unter dem Vorwand, er sei nicht in Stimmung ... Ich habe gelernt, mich selbst zu beherrschen, und bin glücklich, nicht in die Fußstapfen jener russischen Kollegen getreten zu sein, die kein Selbstvertrauen und keine Geduld haben und bei der geringfügigsten Schwierigkeit die Flinte ins Korn werfen. Deshalb bringen sie, trotz ihrer großen Gabe, so wenig und das in so unzusammenhängender Weise hervor." In einem langen, berühmten Brief an seine Gönnerin Nadeschda von Meck legte Tschaikowsky mit aller Genauigkeit nieder, was er von den Fünf hielt. Der vom 5. Januar 1878 datierte Brief ist ein bedeutsames Dokument, weil er veranschaulicht, was die „gebildeten" russischen Musiker der damaligen Zeit dachten:

> „... Die jüngsten Petersburger Komponisten sind sämtlich hochbegabte Persönlichkeiten, aber sie alle sind bis ins Mark von der übelsten Sorte von Dünkel und von rein dilettantischem Vertrauen auf ihre Überlegenheit über den gesamten Rest der musikalischen Welt befallen. Rimskij-Korsakow hat da kürzlich eine Ausnahme gemacht. Er war auch Autodidakt wie die anderen, aber bei ihm ist ein radikaler Wandel eingetreten [Rimskij-Korsakow war gerade zum Professor für Komposition am St. Petersburger Konservatorium ernannt worden] ... Als sehr junger Mann traf er zufällig auf eine Gruppe von Leuten, die ihm zuerst versicherten, daß er ein Genie sei, und ihm dann bedeuteten, es sei nicht nötig zu *studieren,* trockener Unterricht töte die Inspiration, trockne die schöpferischen Fähigkeiten aus und so weiter. Anfangs glaubte er das. Seine ersten Kompositionen gaben ein sehr großes Talent ohne jede theoretische Ausbildung zu erkennen. In dem Kreis, dem er angehörte, liebte jeder sich selbst und die anderen ... Cui ist ein begabter Dilettant. Seine Musik ist ohne jede Originalität, aber elegant und anmutig ... Borodin ist ein fünfzigjähriger Chemieprofessor an der medizinischen Akademie. Wieder ein Talent — sogar ein eindrucksvolles ... er hat weniger Geschmack als Cui, und seine Technik ist so schwach, daß er keine Zeile ohne fremde Hilfe schreiben kann. Mussorgskij nennen Sie sehr treffend einen Gestrigen. An Talent überragt er wahrscheinlich alle anderen; aber er hat beschränktes Format, und ihm fehlt das Bedürfnis nach Selbstvervollkommnung ... Die hervorragendste Persönlichkeit dieses Kreises ist Balakirew. Aber er ist still geworden, nachdem er sehr wenig geleistet hatte. Er hat ungeheure Anlagen; aber sie sind aufgrund gewisser verhängnisvoller Umstände verloren gegangen, die ihn zum frommen Pedanten gemacht haben. Das also ist meine ehrliche Meinung über diese Herren. Wie traurig ist das alles! Mit Ausnahme von Rimskij-Korsakow, wieviele Talente, von denen irgend etwas Ernsthaftes zu erwarten sinnlos ist! Und ist das nicht ganz allgemein überall in Rußland der Fall? Gewaltige Kräfte, die auf verhängnisvolle Weise von einer Art Plewna daran gehindert werden, einzugreifen und so am Kampf teilzunehmen, wie sie sollten. Und doch existieren diese Kräfte. Sogar ein Mussorgskij spricht mit seinem völligen Mangel an Disziplin eine neue Sprache. Sie ist häßlich, aber lebendig ..."

Tschaikowsky versuchte ernstlich, gerecht zu sein, aber seine Abneigung und seine Vorurteile lassen sich deutlich wahrnehmen. Er war jedoch zu ehrlich und zu sehr Musiker, als daß er die elementare Kraft Mussorgskijs nicht wahrgenommen hätte. In bezug auf Balakirew hatte er wohl recht. Balakirew war eher Katalysator als Komponist, und von seinem Werk hat sehr wenig überdauert. Die einzige Komposition, die überhaupt noch gespielt wird, ist sein Klavierstück *Islamey.* Sir Thomas Beecham pflegte seine erste Sinfonie zu dirigieren, und Sergej Kussewitzky hatte eine Vorliebe für die sinfonische Dichtung *Thamar*. Aber keines der beiden Werke war im Westen sehr häufig zu hören, nachdem die beiden großen Dirigenten gestorben waren.

In den sechziger Jahren des 19. Jahrhunderts fanden sich die Fünf zur Einheit zusammen. Balakirew war überdies weiterhin als Leiter der Musik-Freischule tätig, die er als Gegenstück zum Petersburger Konservatorium gründete. Die Musik-Freischule finanzierte Konzerte, und Balakirew dirigierte etwa zwanzig Aufführungen jährlich und stellte viele neue russische Werke vor (darunter mehrere von Tschaikowsky). Er hielt seine jungen Freunde auch weiterhin beisammen, und Rimskij-Korsakow wies immer wieder auf seinen „eisernen Griff" hin. Balakirew war auf der einen Seite aufrichtig an ihrer Entwicklung interessiert, auf der anderen war er ein Despot, der nur seinen eigenen Weg für richtig hielt, und er nahm es übel, wenn die Mitglieder seines Kreises sich selbständig zu machen begannen, zur Reife gelangten und seine Ratschläge in den Wind schlugen. Als er seinen Einfluß schwinden sah, wurde er schärfer und dominierender als je zuvor. „Insbesondere verabscheue ich die Einseitigkeit seiner musikalischen Auffassungen", beklagte sich Tschaikowsky, „und die Unerbittlichkeit seines Tones". Aus Angst, nicht mehr die führende Rolle spielen zu können, begann Balakirew sich vom Kreis abzuwenden – ein Umstand, den Borodin 1871 folgendermaßen beschrieb:

> „Ich verstehe nicht, warum sich Balakirew so hartnäckig abwendet ... Vielleicht ist es nur sein Dünkel, der an ihm nagt. Er ist von Natur aus so despotisch, daß er vollständige Unterordnung unter seine Wünsche verlangt, sogar in den belanglosesten Angelegenheiten. Es scheint möglich für ihn zu sein, Freiheit und Gleichheit anzuerkennen. Er kann nicht den leisesten Widerspruch gegen seine Neigungen oder auch nur seine Launen ertragen. Er möchte allen und allem sein Joch auferlegen. Und doch ist er sich deutlich bewußt, daß wir alle bereits erwachsen sind, daß wir fest auf unseren Füßen stehen und keine Krücken mehr brauchen. Das verdrießt ihn augenscheinlich. Mehr als einmal hat er zu Ludma gesagt: ‚Warum sollte ich mir ihre Sachen anhören; sie sind jetzt alle bereits so reif geworden, daß ich für sie entbehrlich geworden bin, daß sie ohne mich auskommen können' usw. Sein Wesen ist nun einmal so, daß er eigensinnig Unterlegene um sich braucht, an denen er herumnörgeln kann wie ein Kindermädchen an einem Kind ... Inzwischen haben die Entfremdung Milijs, seine offenkundige Abwendung vom Kreis und seine scharfen Äußerungen über einige, besonders über Modest, diejenigen, die ihm wohlwollend gegenüberstanden, zurückhaltender werden lassen. Wenn er so weitermacht, kann er sich leicht selbst abkapseln, und das würde in seiner Situation auf seinen geistigen Tod hinauslaufen."

Borodins Prophezeiung traf ein. Balakirew brach bald ganz mit dem Kreis. Im Jahre 1872 gab er die Musik völlig auf und nahm eine Stellung bei einer Eisenbahngesellschaft an. Er fühlte sich abgelehnt und nutzlos und wurde zum religiösen Fanatiker. Das dauerte mehrere Jahre; dann aber kehrte er auf die musikalischen Schlachtfelder zurück, übernahm wieder die Leitung der Musik-

Modest Mussorgskij (1839–1881). Aufnahme von 1865.

382   Der russische Nationalismus und das „mächtige Häuflein"

Freischule und schuf sich eine neue Schülergruppe, zu der auch der begabte
Sergej Ljapunow gehörte. Er begann auch wieder zu komponieren und vollendete schließlich zwei Sinfonien und eine ausladende Klaviersonate. (Balakirew
war zuvor dafür bekannt gewesen, seine Kompositionen anzufangen, aber nie
zu beenden.) Er freundete sich mit Tschaikowsky an und überschüttete ihn mit
Vorschlägen und gutem Rat. Er wurde geachtet, aber sein Wort war nicht mehr
Gesetz. Der Gründer des „mächtigen Häufleins" war der vorletzte, der starb
(Cui überlebte ihn um acht Jahre). Bei seinem Tod im Jahre 1910 bedeutete er
der jüngeren Generation der russischen Komponisten kaum noch etwas. Ohne
ihn würde der Verlauf der russischen Musikgeschichte jedoch eine vollständig
andere Wendung genommen haben.

Mussorgskij war der erste des „mächtigen Häufleins", der ein Meisterwerk
hervorbringen sollte. Er war das originellste und kompromißloseste Mitglied
der Gruppe, lebte nur der Musik und trank wahrscheinlich so maßlos, weil er
nie das erreichte, was ihm vorschwebte. Zweifellos hinderte ihn an diesem
Streben nur der Alkohol. Er war der Meinung, der Künstler habe sich seinen
eigenen Weg zu bahnen und brauche der Masse nicht zu folgen. In einem Brief,
den er 1867 an Rimskij-Korsakow schrieb, findet sich ein erhellender Satz. Er
äußerte sich über Wagner, einen Komponisten, den er nicht sehr schätzte, aber
er spürte, daß Wagner „mächtig" war, „mächtig in der Hinsicht, daß er Hand
an die Kunst legt und sie nach seinem Belieben herumzerrt". Nach und nach
arbeitete Mussorgskij seine eigene Philosophie aus. Grundlegend für seine Ideen
war die Vorstellung der Reproduktion der menschlichen Sprache in musikalischen Wendungen, und er versuchte das in einer Vertonung von Gogols *Die
Heirat* zustande zu bringen, von den er nur einen Akt fertigstellte. Diese Arbeit
nannte er seinen Rubikon. „Das ist lebendige Prosa in Musik ... das ist
Ehrfurcht vor der Sprache der Menschheit, das ist Reproduktion der einfachen
menschlichen Sprache."

Auf diesen Aspekt versteifte er sich geradezu. Immer wieder nahm er darauf
Bezug und war von dem Problem beinahe zwanghaft besessen. „Ich will sagen,
daß, wenn der klangliche Ausdruck menschlichen Denkens und Fühlens von
mir wahrhaftig *in Musik* hervorgebracht wird und diese Reproduktion musikalisch und künstlerisch ist, die ganze Sache so gut wie sicher ist." Oder: „Wenn es
möglich ist, mit den einfachsten Mitteln an die tiefinnersten Gefühle zu rühren,
und zwar nur dadurch, daß man dem künstlerischen Trieb gehorcht, den
Tonfall der menschlichen Stimme einzufangen – warum wendet man sich
diesem Problem dann nicht zu?" Oder: „Ich möchte meine Gestalten auf der
Bühne genau dieselbe Sprache sprechen lassen wie die Menschen im wirklichen
Leben, ohne Übertreibung oder Verzerrung, und doch Musik schreiben, die
ganz und gar künstlerisch ist ... Was ich vorhabe, ist die Melodie des Lebens,
nicht die des Klassizismus." Mussorgskij kam zu der Auffassung, er habe eine
Sendung, wie sie „in der Geschichte der Kunst beispiellos ist: die der Vertonung
einer Prosa, die ganz aus dem Leben gegriffen ist, die der Hervorbringung
musikalischer Prosa". Diese Ideen waren zuvor bereits von Dargomyschskij

Von Glinka bis Rimskij-Korsakow   383

verbreitet worden, dessen Oper *Der steinerne Gast* ein konkretes Beispiel für Sprechgesang darstellte. Dargomyschskij hatte 1857 geschrieben: „Ich habe nicht die Absicht, die Musik auf die Ebene bloßer Unterhaltung herabzuwürdigen ... Ich möchte, daß die Noten genau das zum Ausdruck bringen, was auch die Worte ausdrücken. Ich möchte Wahrheit." *Der steinerne Gast* wurde als „Rezitativoper" verspottet, und Dargomyschskij vollendete sie nie. (Cui ergänzte die Schlußszene, und Rimskij-Korsakow instrumentierte sie.) Aber das Werk und Dargomyschskijs Theorien machten auf Mussorgskij einen gewaltigen Eindruck. Der ganze Entwurf war neu. Kein Komponist hatte zuvor in dieser Weise über die Oper nachgedacht, am wenigsten Wagner. Wagners Stabreim war ein literarisches Mittel und weit entfernt von der natürlichen Sprechweise.

Verbunden mit Mussorgskijs Konzept des Sprechgesangs war ein starker Nationalismus. Er wollte die Gefühlswelt der russischen Menschen zum Ausdruck bringen. „Wenn ich schlafe, sehe ich sie, wenn ich esse, denke ich an sie, wenn ich trinke – habe ich sie leibhaftig vor Augen, ungeteilt, groß, ungeschminkt und ohne allen Flitter." Um seinem Ideal nahezukommen, war Mussorgskij bereit, jede Regel zu brechen, vor nichts zurückzuschrecken. Er verachtete jeden – Saint-Saëns beispielsweise – der seiner Meinung nach den leichten Weg einschlug, indem er um die Gunst des Publikums buhlte –, und seine Äußerungen über Cui und Rimskij-Korsakow nach dem Zerfall des Kreises geben eine Empörung zu erkennen, die merkwürdigerweise die Schriften von Charles Ives vorwegnimmt: „Wenn ich an manche Künstler denke, die die Grenze nicht zu überschreiten wagen, fühle ich mich nicht nur unglücklich, sondern geradezu angewidert. Ihr ganzer Ehrgeiz geht dahin, hübsch nacheinander sorgfältig abgemessene Tröpfchen von Gefälligkeiten zu verteilen. Ein wirklicher Mann würde sich dessen schämen. Aller Weisheit und Willenskraft bar, verstricken sie sich in den Fesseln der Tradition."

Mussorgskij begann 1868 an seinem Meisterwerk, *Boris Godunow*, zu arbeiten. Er schrieb das Libretto der Oper nach Puschkins gleichnamigen Demetrius-Drama. Die sieben Bilder werden durch die gewaltige Gestalt des Boris und, mehr noch, durch einen unerbittlichen Elan zusammengehalten, der von der Hofintrige auf das Leben der Menschen übergreift. Im Mittelpunkt der Oper steht jedoch nicht die Titelfigur, sondern Rußland: das Rußland von Zaren und Bojaren, Priestern und Intriganten, Bauern, Land, Stadt und Wald. Die Partitur wurde nach fünfzehnmonatiger Arbeit im Dezember 1869 abgeschlossen. Mussorgskij reichte sie dem Theater ein, sie wurde aber abgelehnt, weil ihr eine weibliche Hauptrolle fehlte. Das Auswahlkomitee war von der Neuartigkeit der Oper und ihrem finsteren Ingrimm, ihrer „Wahrhaftigkeit" abgeschreckt. Stassow und andere Freunde drängten Mussorgskij, *Boris Godunow* zu überarbeiten, und er machte sich widerstrebend an die Arbeit. Er strich eine Szene, die auf dem Basiliusplatz spielte, verwarf Teile aus anderen Szenen, schob neue Arien ein und komponierte einen gänzlich neuen dritten Akt, den polnischen Akt, der auch eine herausragende Sopranpartie enthält. Jetzt endete die Oper (4 Aufzüge mit 9 Bildern) mit der Bauernrevolution und dem Lied des Blödsinnigen. Die Überarbeitung wurde 1874 abgeschlossen. Manche Mussorgskij-Experten, darunter sein Biograph M. D. Calvocoressi, halten die zweite Fassung für schwächer als die erste.

Im Jahre 1873 wurden drei Szenen aus *Boris Godunow* im Marjinski-Theater aufgeführt. Im folgenden Jahr wurde von Bessel der Klavierauszug mit Singstimmen publiziert. Schließlich fand am 27. Januar 1874 die Uraufführung statt, wenn auch mit einigen Strichen. Beim Publikum hatte sie einen größeren Erfolg als bei den Kritikern. Zu den eine abweichende Auffassung vertretenden Kritikern gehörte auch Cui, der *Boris Godunow* wegen seines „schwachen" Librettos, seines „Wagnerianismus", seiner „plumpen Tonmalerei", seiner „Unreife" und seinem „Mangel an Technik" angriff. Mussorgskij war bestürzt. Die Oper blieb mehrere Jahre lang im Repertoire; in fünf Jahren erzielte sie einundzwanzig Aufführungen. Nach Mussorgskijs Tod folgten fünf weitere Aufführungen; 1882 wurde das Werk aber ganz fallengelassen.

Damit endet die Geschichte dieser Oper noch nicht. Um seinem verstorbenen Freund zu huldigen, übernahm Rimskij-Korsakow die Aufgabe, alle Werke Mussorgskijs, darunter auch *Boris Godunow,* zu veröffentlichen. Rimskij-Korsakow war ein tüchtiger Komponist, ein hingebungsvoller und ehrlicher Musiker und ein loyaler Freund; aber er hatte eine konventionelle Grundeinstellung, und manches an der Oper verwirrte ihn: „Ich verehre *Boris Godunow* und hasse ihn zugleich. Ich verehre ihn wegen seiner Originalität, Kraft, Kühnheit, Unabhängigkeit und Schönheit. Ich hasse ihn wegen seiner Unzulänglichkeiten, der Grobheit seiner Harmonien und der musikalischen Unstimmigkeiten." Er wußte, daß es Widerstand dagegen geben würde: „Obwohl ich weiß, daß ich dafür verdammt werden werde, will ich *Boris* überarbeiten. Es gibt da ungezählte Absurditäten in der Harmonik und mancherlei auch in der Melodik. Bedauerlicherweise werden das Stassow und seine Anhänger nie verstehen."

Und so machte es sich Rimskij-Korsakow zur Aufgabe, *Boris Godunow* herauszugeben, zu verändern, neu zu harmonisieren und zu instrumentieren. Die instrumentatorisch wirksame Neubearbeitung von Rimskij-Korsakow wurde zum Repertoirestück an allen Opernhäusern der Welt. Erst 1928 wurde die vollständige Originalpartitur veröffentlicht. Man hat oft versucht, die Oper in der Urfassung aufzuführen, aber die meisten Musiker sind einhellig der Meinung, daß die Partitur aufgefrischt werden muß, damit sie zum „Klingen" komme. Als die Metropolitan Opera vermeintlich das Musikdrama in der Urfassung aufführte, handelte es sich um eine stark bearbeitete Fassung von Karol Rathaus, der jedoch die ursprünglichen Harmonien unverändert ließ. Erst 1974 führte die Metropolitan Opera einen *Boris Godunow* auf, bei dem die Originalinstrumentation verwendet wurde. Es sind weitere Adaptionsversuche unternommen worden, darunter der von Dmitrij Schostakowitsch, die die Bearbeitung von Rimskij-Korsakow wieder rückgängig zu machen.

Nach *Boris Godunow* schrieb Mussorgskij eine andere Oper, *Die Cho-*

wanschtschina, ein „musikalisches Volksdrama". Er durchlebte überdies eine tiefe psychische Krise im Privatleben, und seine Freunde waren bestürzt über seine Trunksucht. Borodin klagte: „Das ist schrecklich traurig! Ein so hochbegabter Mensch, der moralisch so tief sinkt. Bald verschwindet er zeitweilig, bald taucht er wieder auf, mürrisch, ungesprächig, was seinem gewöhnlichen Benehmen ganz entgegengesetzt ist. Nach einer Weile findet er wieder zu sich selbst – sanft, fröhlich, liebenswert und witzig wie immer. Der Teufel weiß, was für ein Jammer das ist!" Mussorgskijs Freund, der Maler Ilja Repin (dessen unvergeßliches Porträt Mussorgskijs wenige Tage vor seinem Tod eines der Meisterwerke des 19. Jahrhunderts ist), hat den Verfall des Komponisten geschildert:

> „Es war wirklich unglaublich, wie dieser Gardeoffizier aus bestem Hause, mit seinen feinen und makellosen Manieren, dieser witzige Gesprächspartner der Damen, dieser unerschöpfliche Eulenspiegel und Spaßvogel ... rasch unterging, seine Habe verkaufte, sogar seine eleganten Anzüge, und bald bis auf einige billige Salons herunterkam, wo er den vertrauten Typus der früheren Größe verkörperte, wo dieses kindlich glückliche Kind mit seiner roten Kartoffelnase beinahe unkenntlich war ... War das wirklich noch er? Der einst untadelig gekleidete, hackenzusammenschlagende Gesellschaftslöwe, parfümiert, wählerisch und anspruchsvoll? Oh, wie oft war W. W. [Stassow] nach seiner Rückkehr aus dem Ausland kaum mehr in der Lage, ihn aus irgendeiner Kellerkneipe aufzulesen, beinahe schon in Lumpen und vom Alkohol aufgeschwemmt."

Dennoch komponierte Mussorgskij weiter und fand sich, wenn auch nur ganz zufällig, zu seiner Arbeit im Ministerium ein. Es gelang ihm, seine Anstellung in der Forstabteilung des Ministeriums für staatliche Liegenschaften zu behalten. Dann wurde er zum Staatssicherheitsdienst versetzt, wo er einen nachsichtigen Vorgesetzten hatte, der absichtlich zur Seite sah, wenn er betrunken auftauchte. 1874 war der Klavierauszug der *Chowanschtschina* fertig (er instrumentierte die Oper nie, eine Aufgabe, die Rimskij-Korsakow übernahm und abschloß), und von 1875 bis 1877 arbeitete Mussorgskij unter anderem an der Oper *Der Jahrmarkt von Sorotschinzy* und dem Zyklus *Lieder und Tänze des Todes*. Es glückte ihm sogar, als Begleiter einer Sängerin eine Tournee durch Rußland zu unternehmen. Dann aber trank er wieder übermäßig viel. 1880/ 1881 erlitt er Anfälle von Delirium tremens. Schließlich erlebte er einen Zusammenbruch und starb am 28. März 1881 im Alter von zweiundvierzig Jahren.

Mussorgskij hinterließ ein kleines Œuvre und ist nur noch mit wenigen Kompositionen im Repertoire vertreten. Außer *Boris Godunow* mit seinem epischen Schwung und seinen Gestalten aus dem wirklichen Leben sind die vier *Lieder und Tänze des Todes,* einer der kraftvollsten und bestürzendsten Liederzyklen, der je geschrieben wurde, heute noch lebendig. Mit seinen aufreibenden Harmonien, seiner Mischung aus Rezitativ und Gesangsmelodik, seiner Schärfe und seiner brütenden Atmosphäre ist dieser Zyklus neben *Boris Godunow* eine

386 Der russische Nationalismus und das „mächtige Häuflein"

von Mussorgskijs sublimsten Verkörperungen von musikalischer „Wahrhaftigkeit". Das Schreckgespenst des Todes wirft seinen düsteren Schatten über jeden
Takt, und das *Wiegenlied* aus den *Liedern und Tänzen* ist in seinem Ingrimm
und seinem Jammer geradezu schneidend – einem Jammer, der nie zu bloßer
Sentimentalität entartet. Da sind weiter die *Bilder einer Ausstellung* für Soloklavier, ein dauerhaftes Lieblingsstück aller Konzertsäle (und in der Instrumentierung Ravels auch ein Lieblingsstück auf allen Dirigentenpulten). Da ist eine
Reihe bemerkenswerter Lieder, darunter zwei Zyklen – *Ohne Sonne* und
Szenen aus der Kinderstube. Die beiden letzten Opern, *Die Chowanschtschina*
und *Der Jahrmarkt von Sorotschinzy,* wurden von anderen Komponisten
vollendet. Wie groß dabei der Anteil von Mussorgskij ist und wie groß der von
Rimskij-Korsakow bzw. Wissarion Schebalin, läßt sich nicht genau bestimmen.
Das Vorspiel zur *Chowanschtschina,* ein schönes Tongemälde, taucht gelegent-
lich im Programm eines Sinfoniekonzerts auf, ebenso der frühe sinfonische
Entwurf *Eine Nacht auf dem kahlen Berge.*

Mussorgskij blieb außerhalb Rußlands nicht ganz ohne Anerkennung. Liszt
zeigte Interesse für sein Werk, und 1874 machte *Boris Godunow* in französischen Musikerkreisen viel von sich reden, als Saint-Saëns mit der Partitur von
einer Rußland-Reise zurückkehrte. Schon damals gab es – wie heute – Kritiker,
die zu dem Schluß kamen, Mussorgskij sei ein inspirierter Dilettant. Vielen
akademisch gebildeten Musikern entging jedoch, daß Mussorgskijs Musik,
wenn sie manchmal schwerfällig war und die Regeln mißachtete, sich häufig
doch *absichtlich* ungefügig gab. Die Regeln wurden willentlich gebrochen.

Natürlich mußte Mussorgskijs Musik von größtem Interesse für Komponisten sein, die ebenfalls mit den Regeln auf Kriegsfuß standen. Auf Debussy, der
die *Boris-Godunow*-Partitur kannte und auch andere Werke Mussorgskijs
gehört hatte, als er in Rußland Nadeschda von Mecks Pianist gewesen war, übte
seine Musik eine große Faszination aus. Von allen westlichen Musikern reagierte Debussy am intensivsten auf Mussorgskijs modale Klangdimensionen,
unregelmäßige Tonleitern und Rhythmen und seine asymmetrischen Formschemata. Aber sogar Debussy setzte stillschweigend voraus, daß Mussorgskij eine
Art unverbildeter Wilder sei: „Er ist einzigartig und wird es auch bleiben, weil
seine Kunst spontan und frei von trockenem Formelwerk ist. Nie ist mit solch
einfachen Mitteln eine verfeinertere Sensibilität zum Ausdruck gebracht worden; sie ist wie die Kunst eines tastenden Wilden, der die Musik schrittweise
anhand seiner Gefühle entdeckt." Heute gilt Mussorgskij als der bei weitem
originellste und modernste russische Komponist des 19. Jahrhunderts. Wahrscheinlich wußte er, daß er für die Zukunft komponierte. „Der Künstler glaubt
an die Zukunft, weil er in der Zukunft lebt", schrieb er in seiner Vorrede zu
Boris Godunow.

Borodin und Rimskij-Korsakow schlugen verschiedene Wege ein. Borodin
löste sich nie aus dem Bann der Naturwissenschaft und komponierte sogar noch
weniger als Mussorgskij. Nach seiner Rückkehr aus Heidelberg im Jahre 1862 –
er kehrte nach St. Petersburg zurück, und zwar mit seiner Frau, einer russischen

Pianistin, die er in Deutschland kennengelernt hatte –, wurde er zum Professor für organische Chemie an der Medizinischen Akademie berufen. Er zog in eine Wohnung auf dem Gelände der Akademie und lebte dort für den Rest seines Lebens mit seiner Frau, unzähligen Katzen und zahllosen Verwandten in einem Zustand glücklicher und manischer Unordnung. Er war ein großzügiger, gutmütiger Mensch. Man weiß nicht, wie er die Zeit zu komponieren fand. Studenten, Freunde, Wissenschaftler, Musiker und Angehörige suchten ihn unentwegt auf. Der Samowar kochte immerwährend. Borodin war kein Privatleben vergönnt. Oft fand er einen Angehörigen oder Besucher in seinem eigenen Bett vor und übernachtete dann mit einem resignierten Achselzucken auf dem Sofa. Sich selbst beschrieb er als Sonntagskomponisten. „Die Wissenschaft ist meine Arbeit und die Musik mein Vergnügen." Als ausgeglichener Mensch war er nicht bestürzt oder verwirrt, als „das mächtige Häuflein" sich aufzulösen begann. „So weit ich sehe, ist das eine ganz natürliche Situation. Solange wir in der Lage von Eiern unter einer brütenden Henne waren (wenn man an Balakirew als eine solche Henne denkt), waren wir uns alle mehr oder weniger ähnlich. Sobald die Küken aber ihre Schalen zerbrachen, wuchsen ihnen Federn. Jeder hatte andere Federn auszubilden, und als ihre Schwingen vollentwickelt waren, flog jeder dorthin, wohin ihn seine Wesensart lockte." Borodin sagte, jeder habe das schließlich eingesehen – mit Ausnahme von Balakirew.

Borodins Hauptwerk ist die Oper *Fürst Igor*, an der er etwa zwanzig Jahre arbeitete. Aber er fand nie die Zeit, sie fertigzustellen. Rimskij-Korsakow und Alexander Glasunow mußten sie aus einem Bündel von Entwürfen und aus dem rekonstruieren, was sie in Erinnerung behalten hatten, als Borodin selbst ihnen Auszüge daraus vorspielte und vorsang. Es gab nicht einmal eine schriftlich festgehaltene Ouvertüre, obwohl Borodin eine komponiert hatte, und Glasunow mußte sie aus dem Gedächtnis niederschreiben. *Fürst Igor* legt allen Nachdruck auf folkloristische Elemente und steht den Opern von Rimskij-Korsakow näher als *Boris Godunow*. Oder ist dieser Umstand darauf zurückzuführen, daß Rimskij-Korsakow *Fürst Igor* ebenso ausschweifend bearbeitete wie Mussorgskijs Oper? Einige Werke Borodins sind jedoch aller Wahrscheinlichkeit nach nicht überarbeitet worden. Die zweite Sinfonie in h-Moll ist auf jeden Fall ein Meisterwerk. Borodin hatte ein sehr feines Gespür für den Orchesterklang, und da er sehr eng mit Rimskij-Korsakow zusammenarbeitete, kannte er die Klangmöglichkeiten jedes Orchesterinstruments ebensogut wie jeder europäische Komponist. Rimskij-Korsakow besuchte häufig Borodin und schleppte drei oder vier Instrumente mit; die beiden verbrachten dann ein Wochenende mit dem Experimentieren und Spielen von Tuba, Englischhorn, Fagott oder anderen Instrumenten. Gemeinsam erarbeiteten sie sich ihren Weg zur Behandlung jedes im Orchester eingesetzten Instruments. In der h-Moll-Sinfonie gibt es, neben den großartigen, spannkräftigen, exotisch-klingenden Melodien, eine Art glänzenden Orchesterklang von ganz ungewöhnlicher persönlicher Handschrift. Neben den wunderbar deutlich artikulierten Klängen und Klangmischungen von Borodins h-Moll-Sinfonie wirken die Partituren von

388   Der russische Nationalismus und das „mächtige Häuflein"

Rimskij-Korsakow schwerfällig. Für Debussy und andere Komponisten gilt dieses Werk als eine der Meisterleistungen der russischen Sinfonik zusammen mit den drei letzten Sinfonien Tschaikowskys.

Borodin reiste häufig zu wissenschaftlichen Kongressen und nahm dabei die Gelegenheit wahr, mit den bedeutendsten Musikern Europas zusammenzutreffen. Er zeigte das Manuskript der h-Moll-Sinfonie beispielsweise Liszt, der davon so beeindruckt war, daß er sie in ein Konzertprogramm aufnahm. In Belgien organisierte die Comtesse de Mercy-Argenteau, eine Mäzenin, die großes Interesse an russischer Musik zeigte, Aufführungen von Borodins erster Sinfonie. In Paris wurde sein Streichquartett in A-Dur gespielt. Solche Erfolge hätten andere Komponisten sicher angespornt, aber Borodin blieb auch weiterhin ein Sonntagsmusiker voller musikalischer Einfälle, der aber keine Zeit hatte, sie zu verwirklichen. Am 2. Februar 1887 besuchte er eine Abendgesellschaft, erlitt einen Herzanfall und starb auf der Stelle.

Heute ist er in der Hauptsache mit vier Werken im musikalischen Bewußtsein vertreten – mit *Fürst Igor,* dem Streichquartett Nr. 2 in D-Dur, der h-Moll-Sinfonie und *Eine Steppenskizze aus Mittelasien,* einer musikalischen Beschwörung des alten Rußland mit seinen Helden, Bojaren und asiatischen Volksstämmen. Die *Polowetzer Tänze* aus dem zweiten Akt der Oper galten um die Jahrhundertwende als authentische Darstellung des barbarischen Rußland. Die Zeit und Strawinskys *Sacre du Printemps* haben die *Polowetzer Tänze* zu einer Art Unterhaltungsmusik degradiert, aber sie bleiben dennoch sehr effektvoll. Das erste der beiden Streichquartetten Borodins, in A-Dur, ist lang und weitschweifig, das zweite, in D-Dur, dagegen ein Juwel. Weniger nationalistisch als der Großteil von Borodins Werken und an die Salonmusik angrenzend, ist es ein angenehmes Stück Kammermusik, ausgezeichnet komponiert und das bei weitem beliebteste einzelne Kammermusikwerk, das Rußland hervorgebracht hat.

Nikolai Rimskij-Korsakow, am 18. März 1844 im Gouvernement Nowgorod geboren, wurde zum „großen alten Mann" der russischen Musik. Die Bekanntschaft mit Balakirew und dessen „mächtigem Häuflein" gab seiner künstlerischen Entwicklung die Richtung. Er komponierte originelle Werke wie die „sinfonische Suite" *Antar,* die Orchesterfantasie *Sadko* (aus deren Stoff später eine seiner berühmtesten Opern werden sollte) und die Oper *Das Mädchen von Pskow* (auch als „Iwan der Schreckliche" bekannt). In den sechziger Jahren des 19. Jahrhunderts traf das „mächtige Häuflein" oft im Hause von Nikolai Purgold zusammen, einem wohlhabenden Musikliebhaber. Zwei seiner zehn Kinder hatten großes musikalisches Talent: Alexandra war Sängerin, Nadeschda Pianistin. Purgolds Töchter waren die ersten, die einen Großteil der Musik des „mächtigen Häufleins" hörten, und sie spielten sie bei den Abendgesellschaften ihres Vaters. Rimskij-Korsakow verliebte sich in Nadeschda und heiratete sie im Jahre 1873.

Zwei Jahre zuvor – 1871 – wurde Rimskij-Korsakow eine Professur für Praktische Komposition und Instrumentationslehre am St. Petersburger Kon-

Nikolaj Rimskij-Korsakow (1884–1908).

390 Der russische Nationalismus und das „mächtige Häuflein"

servatorium angetragen. Als Komponist hatte er zwar schon großes Ansehen, aber er fühlte sich der Aufgabe nicht gewachsen. Balakirews Unterricht hatte nicht einmal die elementarsten Aspekte der Musiktheorie eingeschlossen. So schrieb Rimskij-Korsakow in seiner Autobiographie:

> „Nicht nur hätte ich damals schwerlich einen Choral angemessen harmonisieren können, nicht nur hatte ich in meinem Leben noch keine einzige Kontrapunktaufgabe geschrieben und von Fuge im strengen Sinne nur ein sehr verschwommenes Verständnis. Ich wußte auch nicht einmal die Namen der erhöhten und verminderten Intervalle oder Akkorde und kannte eigentlich nur den Tonika-Dreiklang, die Dominante und den verminderten Septakkord. Obwohl ich alles vom Blatt singen und jeden denkbaren Akkord *unterscheiden* konnte, waren mir die Ausdrücke ‚Sextakkord' und ‚Quartsextakkord' doch unbekannt. In meinen Kompositionen bemühte ich mich um korrekte Stimmführung und erzielte sie durch Talent und Gehör. Meine Erfassung der musikalischen Formen (insbesondere des Rondos) war ähnlich verschwommen. Ich hatte keine wirkliche Kenntnis von Bogentechnik oder von den praktischen Möglichkeiten von Horn, Trompete oder Posaune. Was das Dirigieren betraf, so hatte ich nie in meinem Leben ein Orchester geleitet."

Man billigte ihm zu, auch weiterhin Mitglied der Seestreitkräfte zu bleiben, und er unterrichtete in Uniform. Was folgte, war eine Komödie großen Maßstabs. Rimskij-Korsakow begann blindwütig zu studieren und hielt sich immer gerade einen Lernschritt vor seinen Schülerklassen. Er versenkte sich in Kontrapunkt, Harmonielehre und Formanalyse. Nach einigen Jahren wurde er ein ausgezeichneter Lehrer. Aber einige Mitglieder des „mächtigen Häufleins", insbesondere Mussorgskij, erbosten sich über ihn. Rimskij-Korsakow wurde als Abtrünniger betrachtet, der sich auf die Seite des Feindes geschlagen und auf das russische Erbe verzichtet hatte, um Fugen und Sonaten zu komponieren. „Das mächtige Häuflein hat sich zu einer Horde seelenloser Verräter gemausert", spottete Mussorgskij. Die Gruppe löste sich auf. Rimskij-Korsakow, weit davon entfernt, seinem Land abtrünnig zu werden, entwickelte sich neben Mussorgskij zum entschiedensten aller Nationalrussen. Er komponierte eine Reihe von Opern – *Schneeflöckchen* (1882), *Der Weihnachtsabend* (1895), *Sadko* (1898), *Die Zarenbraut* (1899), *Das Märchen vom Zaren Saltan* (1900), *Die Sage von der unsichtbaren Stadt Kitesch und der Jungfrau Fewronia* (1907), *Der goldene Hahn* (1909) –, die russische Sujets behandeln. Sie sind zwar nicht so tiefgründig wie *Boris Godunow*, eröffnen aber die faszinierende Welt des russischen Ostens, die Welt des Übernatürlichen und Exotischen, die Welt des slawischen Pantheismus und untergegangener Volksstämme. Echte Poesie umgibt sie, und sie sind mit Brillanz und technischem Geschick instrumentiert. Rimskij-Korsakow war ein Meister der orchestralen Klangfarbe und Tonmalerei. Niemand hat seinen Orchesterklang besser beschrieben als Sergej Rachmaninow:

Von Glinka bis Rimskij-Korsakow 391

„In Rimskij-Korsakows Partituren herrscht nie auch nur der leiseste Zweifel an der ‚meteorologischen Großwetterlage‘, die die Musik zu vermitteln ausersehen ist. Wenn es sich um einen Schneesturm handelt, scheinen die Flocken aus den Holzbläsern und den Schallkörpern der Violinen herauszutaumeln; wenn die Sonne strahlt, leuchten alle Instrumente in beinahe feurigem Glanz auf; wenn von Wasser die Rede ist, plätschern und tanzen die Wellen geradezu hörbar durchs Orchester, und dieser Effekt wird nicht erreicht durch das vergleichsweise billige Mittel eines Harfenglissandos. Gläsern und kalt wird der Klang, wenn er eine stille Winternacht mit glitzerndem Sternenhimmel beschreibt. Er war ein großer Meister der orchestralen Klangmalerei, und man kann von ihm noch immer lernen.“

Die Opern von Rimskij-Korsakow werden unterschätzt. Eine Partitur mit der Klangfülle des *Boris Godunow* kann, in jeder beliebigen Sprache gesungen, einen überwältigenden Eindruck machen. Aber Rimskij-Korsakows Opern sind so eng mit der russischen Volksmusiktradition verbunden, daß sie in jeder Übersetzung an Frische einbüßen. Das kann jeder bezeugen, der eine Aufführung von *Sadko* oder *Kitesch* in der Sowjetunion gesehen hat.

Rimskij-Korsakow komponierte auch zahlreiche Orchesterwerke. Das *Capriccio espagnol* für Orchester op. 34 wurde 1887 beendet, die Orchestersuite *Scheherazade* und die Ouvertüre *Russische Ostern* 1888. Außerdem schrieb er ein einsätziges, Liszt verpflichtetes Klavierkonzert in cis-Moll (1883), eine Sinfonie in es-Moll (1865) und eine in C-Dur (1873), die heute nicht mehr gespielt werden, sowie Lieder, Klavierstücke, Chorwerke und Kirchenmusik. Wenn er nicht komponierte, dirigierte oder reiste er als Inspekteur der russischen Marinekapellen durchs Land (obwohl er 1873 den Marinedienst quittiert hatte). 1883–1894 war er unter Balakirew stellvertretender Direktor der Hofsängerkapelle und 1886–1900 Dirigent von M. Beljajews Russischen Sinfoniekonzerten in St. Petersburg und Moskau. Er unterrichtete am Konservatorium und schrieb ein grundlegendes Buch über Instrumentationslehre. Als Dirigent und Vertreter der russischen Musik unternahm er Reisen nach Belgien und Frankreich. Übereinstimmenden Berichten zufolge war er kein besonders guter Dirigent. Igor Strawinsky, der von 1906 bis 1908 sein Schüler war, schildert ihn folgendermaßen:

„Rimskij-Korsakow war ein großer Mann, wie Berg oder Aldous Huxley, und wie Huxley hatte auch er schlechte Augen. Er trug blaugefärbte Brillengläser und behielt manchmal ein Extrapaar auf der Stirn, eine Angewohnheit, die ich von ihm übernommen habe. Wenn er ein Orchester dirigierte, beugte er sich tief über die Partitur und, kaum je aufschauend, schwenkte er seinen Stab in Richtung seiner Knie. Seine Schwierigkeiten, die Partitur auch nur wahrzunehmen, waren so groß und er war so vom Zuhören in Anspruch genommen, daß er dem Orchester beinahe überhaupt keine Hilfen gab.“

392   Der russische Nationalismus und das „mächtige Häuflein"

In den frühen achtziger Jahren des 19. Jahrhunderts bildete sich ein neuer Kreis um Mitrofan Petrowitsch Beljajew (1836–1904), den Sohn eines wohlhabenden Holzhändlers und Liebhaber von Kammermusik. Im Jahre 1885 gründete er in Leipzig einen Musikverlag, um sich internationale Verlagsrechte zu sichern; im selben Jahr rief er in St. Petersburg die Russischen Sinfoniekonzerte und 1891 die Russischen Quartettabende ins Leben, um russische Komponisten zu fördern. Eine neue Schule entstand, und ihre Mitglieder versammelten sich im Hause Beljajews, mit Rimskij-Korsakow als Berater und Altmeister. Dazu gehörten Rimskij-Korsakows Schüler Anatol Ljadow, Anton Arenski, Alexander Glasunow und Michail Ippolitow-Iwanow. Das Konservatorium von St. Petersburg repräsentierte – und repräsentiert noch heute – die nationalrussische Schule im Gegensatz zum Moskauer Konservatorium, das, von Tschaikowsky über Sergej Tanejew bis Sergej Rachmaninow, für einen eher internationalen, europäischen Stil einsteht. In gewisser Hinsicht wurde Rimskij-Korsakow zum neuen Balakirew. Als er am 21. Juni 1908 starb, ging mit ihm auch die große Periode der russischen Musik zu Ende – und eine neue sollte zwei Jahre später einsetzen, als Strawinskys *Feuervogel* seine Premiere erlebte.

24. KAPITEL

Pjotr Iljitsch Tschaikowsky
Übersättigte Emotionalität

Das „mächtige Häuflein" wußte eigentlich nie so recht, was es von Pjotr Iljitsch Tschaikowsky zu halten hatte. Er war erfolgreicher Konservatoriumsabsolvent und komponierte Sinfonien im mehr oder weniger klassischen Stil und mit orthodoxem Durchführungsteil. Das reichte durchaus, um Mißtrauen zu wecken. Andererseits verwendete er freimütig Volksweisen, und seine Musik hatte unleugbar russischen Zuschnitt. Das war wiederum gut. Wo stand er denn nun eigentlich? Anfangs herrschte Feindseligkeit zwischen Tschaikowsky und dem „mächtigen Häuflein". Später begann sich Balakirew für seine Werke zu interessieren und stellte einige davon dem Publikum der Musikfreischule vor. Ein Burgfriede wurde geschlossen. Aber Tschaikowsky hatte von Balakirew und seinem Kreis nie eine hohe Meinung. Im Grunde war er ein Konservativer und konnte das Ideal der „Wahrhaftigkeit" Mussorgskijs oder die ungebundene formale Sprache der meisten Gruppenmitglieder nicht gutheißen.

Nicht etwa, daß Tschaikowsky selbst ein Großmeister der Form gewesen wäre. Aber er stand der europäischen Tradition näher. Und er hatte – was manchen des „mächtigen Häufleins" fehlte – einen unerschöpflichen, überwältigend klangsinnlichen Fundus von Melodik. Diese spezifisch russische Art von Melodik sollte ihn dereinst berühmt machen, anfangs in Rußland, dann auch international. In weitgehender Ungebundenheit verlieh er subjektiven Ausdrucksgehalten Form. Tschaikowsky war eine nervöse, hypochondrische, unglückliche Natur – unglücklich zu Hause, unglücklich fern von zu Hause, nervös in Gegenwart anderer Menschen und in ständiger Angst, daß seine homosexuelle Veranlagung öffentlich bekannt werden könnte. Es gelang ihm, seine Gefühle, Ängste und Neurosen weitgehend erfolgreich vor den meisten Menschen zu verbergen. Aber einigen wenigen engen Freunden und seinem Tagebuch vertraute er alles an. Gewandt wußte er mit Menschen umzugehen, und sie wurden kaum gewahr, daß sie ihn abstießen. So hält er in seinem Tagebuch fest, daß er „eine unglaublich freundliche und wahnsinnig lebhafte Konversation" führte ... „Aber in meiner Seele war Verzweiflung und der Wunsch, bis ans Ende der Welt vor ihnen zu fliehen." Als er 1891 in New York ankam, ging er sofort in sein Hotel. „Ich machte es mir bequem. Zuerst weinte ich ziemlich lange." Dann nahm er ein Bad, aß zu Abend, spazierte den Broadway hinunter und kehrte in sein Hotelzimmer zurück, wo er „mehrere Male erneut laut aufschluchzte". In Paris mied er seine Kollegen so weit wie möglich. „Jede neue Bekanntschaft, jede unerwartete Begegnung mit einem Unbekannten ist für mich immer eine Quelle des Leidens gewesen ..., die wahrscheinlich aus einer Schüchternheit erwächst, die sich zur Manie gesteigert

394   Übersättigte Emotionalität

hat, vielleicht aber auch aus dem völligen Fehlen jedes Bedürfnisses nach
menschlicher Gesellschaft, vielleicht sogar aus der Unfähigkeit, anstrengungs-
los Dinge über einen selbst zu äußern, die man gar nicht denkt (was im
gesellschaftlichen Umgang nun einmal unvermeidlich ist) – kurz, ich weiß nicht,
was es ist."

   Diese übersättigte Emotionalität, die sich in nahezu allem, was er schrieb,
bemerkbar macht, wirkte unterschiedlich auf das Publikum. Die meisten
Zuhörer genossen von Anfang an das Gefühlsbad, in das sie der Komponist
tauchte. Andere, die gehemmter waren, lehnten Tschaikowskys „Botschaft"
entweder sofort ab oder reagierten nicht darauf. Ein Komponist hätte eigentlich
„männlicher" sein sollen. Diese musikalische Hysterie war peinlich, sogar
unmoralisch. Lange wurde der vom Publikum so geschätzte Tschaikowsky von
Fachleuten und Berufsmusikern abschätzig für übertrieben gefühlvoll gehalten.
In jüngster Zeit hat eine Neubewertung eingesetzt, und die Musiker neigen
dazu, Tschaikowskys Musik gerechter zu werden. Seine Orchestrierungskunst
ist Gegenstand bewundernder Äußerungen. Die Struktur der drei letzten Sinfonien gilt als erfolgreicher Kompromiß zwischen den Forderungen der klassi-
schen Sinfonik und den neuen, von den Ansprüchen des postromantischen
Zeitalters auferlegten. Seine drei letzten Sinfonien, seine drei Ballette (Schwa-
nensee, Dornröschen, Der Nußknacker), sein Klavierkonzert in b-Moll und das
Violinkonzert in D-Dur, seine Romeo-und-Julia-Ouvertüre und die beiden
Opern Eugen Onegin und Pique Dame werden überall gespielt und aufgeführt.
Nahezu ebenso beliebt sind Werke wie die Manfred-Sinfonie op. 58 (eine
Programm-Musik auf der Grundlage eines Dramas von Byron, die nicht zu den
sechs Sinfonien gezählt wird), Francesca da Rimini, das Capriccio italien, die
Hamlet-Ouvertüre und die Serenade für Streicher. Seine Streichquartette
D-Dur op. 11, F-Dur op. 22 und es-Moll op. 30 sowie das Klaviertrio in a-Moll
enthalten schöne Stellen. Alle Liedsänger nehmen noch immer seine Lieder in
ihre Programme auf. Und noch immer gibt es den Slawischen Marsch und die
Ouvertüre 1812 ...

   Am 7. Mai 1840 als Sproß einer wohlhabenden Familie der Mittelschicht in
Wotkinsk geboren, war er zwar ein frühreifes Kind, das mit sechs Jahren
Deutsch und Französisch lesen und mit sieben französische Verse schreiben
konnte, aber keine außergewöhnliche musikalische Begabung zeigte. Er war
sehr sensibel, und seine Gouvernante sagte, er sei ein „Porzellankind". Bei
intensivem Unterricht hätte er durchaus ein Wunderkind werden können, denn
für Musik war er überaus empfänglich, und er hatte ein sehr feines Gehör.
Hörte er Musik – er bekam mit sieben Jahren Klavierunterricht –, ließ sie ihn
lange Zeit nicht los. „Diese Musik! Diese Musik! Schafft sie weg! Sie ist hier in
meinem Kopf und läßt mich nicht schlafen!"

   Die Familie zog 1850 nach St. Petersburg um, wo er in die Rechtsschule
eintrat. Obwohl er nur wenig Musikunterricht genossen hatte, begann er mit
vierzehn Jahren zu komponieren. In der Schule wurde dieses Fach nicht
unterrichtet. Nach seinem Juraexamen im Jahre 1859 erhielt er eine Anstellung

Pjotr Tschaikowsky (1840–1893) mit seiner Frau. Aufnahme von 1877.

396 Übersättigte Emotionalität

im Justizministerium als Sekretär erster Klasse. 1861 ging er dann außer Landes und gab viel mehr Geld aus, als er sich leisten konnte. Zu dieser Zeit verfügte die Familie über wenig Mittel; sein Vater hatte bei einer Reihe von Fehlinvestitionen nahezu alles verloren. „Wenn ich je zu einem gewaltigen Stück Narrheit angesetzt habe", schrieb er seiner Schwester, „so war es diese Reise ... Du weißt, ich habe eine Schwäche. Sobald ich irgendwelches Geld in die Hände bekomme, verschwende ich es für Vergnügungen. Es ist vulgär und dumm, ich weiß, aber es scheint ein Teil meines Wesens zu sein." (Tschaikowsky war nie fähig, sein Geld zusammenzuhalten. Er verdiente in seinem Leben beträchtliche Summen, verschenkte jedoch einen Großteil davon und gab den Rest aus. Eines Tages wurde er gefragt, wo er sein Geld angelegt habe. Er lachte. „Im Korkorew-Hotel, wenn ich in Moskau war."Als er 1891 für seine Reise in die Vereinigten Staaten aus New York einen Vorschuß erhielt, schickte er seinen Freunden und Gläubigern eine Nachricht: „Gerade habe ich gutes Geld bekommen. Kommt und holt Euch Euren Anteil, solange es reicht.")

Erst im Alter von einundzwanzig Jahren begann er ernstlich Musik zu studieren. Er wurde Schüler von Nikolaj Zaremba, bis 1862 das St. Petersburger Konservatorium eröffnet wurde und er sich mit seinem Lehrer dort einschrieb. Er machte sich lustig über sein Studium, träumte aber insgeheim davon, ein neuer Glinka zu werden. 1863 schied er aus dem Staatsdienst aus, um sich ganz der Musik zu widmen und wurde auch Schüler von Anton Rubinstein, der sich seiner annahm, weil er ihn für sehr begabt hielt. In einem Kurs wurde Tschaikowsky speziell für das Dirigieren ausgebildet. Er war immer sehr ängstlich, wenn er vor einem Orchester stand, und er blieb es sein Leben lang. Die düstere Vorstellung, daß sein Kopf im Begriff sei, ihm von den Schultern herabzufallen, bedrückte ihn und er stützte tatsächlich sogar das Kinn mit seiner linken Hand, um ihn festzuhalten. Es nimmt darum nicht wunder, daß er als Dirigent seine Orchestermitglieder nicht mitreißen konnte. Tschaikowsky war aber einer der besten Studenten des Konservatoriums, und 1866 empfahl Anton Rubinstein ihn seinem Bruder Nikolaj, der nach einer Lehrkraft für das Fach Harmonielehre am Moskauer Konservatorium Ausschau hielt. Trotz des niedrigen Gehalts zog Tschaikowsky nach Moskau um und lebte sechs Jahre lang bei Nikolaj Rubinstein, der sich rührend um den unglücklichen, an Heimweh leidenden jungen Mann kümmerte.

Tschaikowsky führte ein ruhiges Leben. Er unterrichtete, komponierte und schloß Freundschaften. Nach drei Jahren hatte er eine Sinfonie in g-Moll (*Winterträume* 1866), einige andere Orchesterstücke und das Melodram *Der Wojewode* (1868), abgeschlossen. Als er 1868 nach St. Petersburg reiste, verbrachte er einige Zeit mit den Mitgliedern des „mächtigen Häufleins", die an seiner Sinfonie, die er ihnen vom Manuskript vorspielte, Gefallen fanden. Sie enthielt genug nationale Komponenten, um ihr Interesse zu erregen. Wie Rimskij-Korsakow schrieb: „Unsere frühere Meinung von ihm hat sich im günstigen Sinne verändert, obwohl seine Konservatoriumsausbildung noch immer eine beträchtliche Schranke zwischen ihm und uns aufrichtet." Tschaikowsky nannte das „mächtige Häuflein" inzwischen privat den „Jakobiner-klub". Als er wieder nach Moskau zurückkehrte, hatte er eine flüchtige Liebesaffäre mit der belgischen Sopranistin Desirée Artôt, die jedoch einen spanischen Bariton heiratete. Dennoch blieben sie gute Freunde, und Tschai-kowsky suchte sie immer auf, wenn er auf seinen Reisen in ihre Nähe kam. Tschaikowsky komponierte eifrig weiter. Die Jahre 1869–1875 brachten eine Reihe von erfolgreichen Werken, in denen er in immer stärkerem Maße seinen eigenen Stil ausprägte. Es entstanden in dieser Zeit die Ouvertüre *Romeo und Julia* (die der Komponist an Balakirew schickte, der sich die Hände rieb und dann das Werk buchstäblich zerriß), die 2. Sinfonie (die *Polnische* in D-Dur op. 29) und das b-Moll-Klavierkonzert. Tschaikowsky wollte das Konzert Nikolaj Rubinstein widmen, aber dieser kritisierte es auf so verheerende Weise, daß er es dann Hans von Bülow widmete (dem er nie begegnet war), und Bülow spielte es auch bei der Welturaufführung in Boston am 25. Oktober 1875. John Dwight, Bostons führender Musikkritiker, war, wie vorherzusehen, entsetzt. Er konnte dieses „äußerst schwierige, fremdartige, wilde, ultra-russische Konzert" einfach nicht verstehen. Zwar räumte er ein, daß es brillant und aufregend sei, aber seine Rezension endete mit einer rhetorischen Frage: „Können wir je lernen, solche Musik zu lieben?" Dwight lernte es nie, andere dagegen wohl, und Tschaikowskys Werk begann. Wenn es auch noch bestimmte Widerstands-nester gab – so etwa Hanslick in Wien –, wuchs Tschaikowskys Ansehen doch stetig.

In diese Zeit fällt auch der Beginn seiner Beziehungen zu Nadescha Filare-towna von Meck und seine Heirat mit Antonina Iwanowna Miljukowa (1877), die er am Moskauer Konservatorium kennengelernt hatte. Während Antonina Miljukowa sich hoffnungslos in Tschaikowsky verliebt hatte, heiratete sie der Komponist aus Berechnung in der Hoffnung auf einen gesellschaftlichen Auf-stieg. Alsbald erwies sich Antonina als dumm und nymphoman – als die ungeeignetste Lebensgefährtin für einen sensiblen, ängstlichen Mann mit homosexuellen Neigungen. Nach wenigen Wochen trennte sich Tschaikowsky von ihr. „Noch einige wenige Tage, und ich wäre verrückt geworden." Er unternahm sogar einen Selbstmordversuch und stürzte sich in einen Fluß, um sich willentlich eine Lungenentzündung zuzuziehen. Aber es kam nur zu einer schweren Erkältung. Sein Bruder Modest rettete ihn, und die beiden flohen nach St. Petersburg, wo Tschaikowsky kurz darauf einen Nervenzusammenbruch erlitt. Die Ehe hatte neun Wochen gewährt. Antonina Miljukowa ließ sich darauf mit zahllosen Liebhabern ein. 1896 wurde sie schließlich in einer Irrenanstalt untergebracht, wo sie 1917 starb.

Als Nadeschda von Meck ihren Briefwechsel mit Tschaikowsky begann, war sie eine begüterte, musikliebende, sechsundvierzigjährige Witwe mit elf Kin-dern. Sie bewunderte Tschaikowskys Werke und erbot sich, ihn durch Ausset-zung einer jährlichen Pension von materiellen Sorgen zu befreien unter der Bedingung, daß sie einander nie persönlich begegneten. Tschaikowsky erklärte sich damit einverstanden und bezog vierzehn Jahre lang ein großzügiges Gehalt.

Sie führten einen ausgedehnten Briefwechsel, der über Denken, Schaffen und Leben des Komponisten Aufschluß gibt. Warum hatte sie Angst davor, ihm zu begegnen? Glaubte sie, ein Zusammentreffen würde sie desillisionieren? „Es gab eine Zeit, da ich sehr darauf bedacht war, Ihre Bekanntschaft zu machen; je mehr Sie mich aber jetzt faszinieren, desto mehr fürchte ich eine persönliche Begegnung mit Ihnen. Ich ziehe es vor, aus der Ferne an Sie zu denken, Sie durch Ihre Musik sprechen zu hören und die Gefühle zu teilen, die Sie dadurch zum Ausdruck bringen." Diese Haltung kam Tschaikowsky sehr entgegen, und er antwortete ihr: „Es hat eine Zeit gegeben, da ich von dieser Menschenscheu so besessen war, daß ich nahezu verrückt wurde ... Ich bin durchaus nicht überrascht, daß Sie, trotz Ihrer Neigung für meine Musik, meine Bekanntschaft nicht zu machen wünschen. Sie fürchten, an meiner Person alle die Eigenschaften vermissen zu müssen, mit denen Ihre idealisierende Einbildungskraft mich ausgestattet hat. Und in dieser Hinsicht haben Sie völlig recht." Sie hielten ihr Versprechen ein und gingen einer persönlichen Begegnung aus dem Wege, obwohl sie gelegentlich dieselben Konzerte besuchten und einander verstohlen musterten.

Diese etwa 14 Jahre dauernde merkwürdige Freundschaft, die Tschaikowsky finanzielle Unabhängigkeit garantierte, ist bestimmt sehr interessant vom psychologischen Standpunkt aus. Der Komponist konnte den eigenen Wünschen nachkommen und, als zusätzliche Einkünfte aus Aufträgen und Aufführungen sich einstellten, 1878 seine Lehrtätigkeit am Konservatorium einstellen und sich ein Landhaus in Maidanowo kaufen. Tschaikowsky war eine eindrucksvolle Gestalt von überdurchschnittlicher Größe, gutaussehend, frühzeitig ergraut, mit blauen Augen, gepflegtem Bart, eleganter Kleidung und ausgezeichneten Umgangsformen. Trotz der finanziellen Sicherheit blieb er psychisch labil. Er litt unausgesetzt unter Kopfschmerzen, brach leicht in Tränen aus, hegte ständige Zweifel an sich und seiner Musik und trank übermäßig, um der Wirklichkeit zu entfliehen. „Man sagt", vertraute er seinem Tagebuch an, „daß Alkoholmißbrauch schädlich ist. Ich stimme dem bereitwillig zu. Dennoch kann ich, eine kranke Person voller Neurosen, absolut nicht ohne das alkoholische Gift auskommen." Ebenso war er dem Kartenspiel verfallen, ohne seine abendliche Whist-Partie konnte er nicht leben. Blieb sie ihm versagt, legte er Patiencen.

Im Tagebuch und in seinen Briefen äußerte er sich auch über seine besonderen musikalischen Interessen. Wagner langweilte ihn, und er verabscheute die Musik von Brahms. „Es erzürnt mich, daß diese überhebliche Mittelmäßigkeit als *Genie* anerkannt wird. Im Vergleich zu ihm ist Raff ein wirklicher Riese, ganz zu schweigen von Rubinstein, der noch immer eine große und vitale Persönlichkeit ist." Beethoven gegenüber hatte er Vorbehalte: „Ich verbeuge mich vor der Größe mancher seiner Werke, aber ich *liebe* Beethoven *nicht*." Der Komponist, dem seine größte Bewunderung galt, war Mozart. Tschaikowsky nannte ihn einen „musikalischen Christus". Für die Barockmusik hatte er nichts übrig. „Ich spiele Bach gern ... aber ich sehe in ihm kein großes Genie (wie andere). Händel hat für mich ganz viertrangige Bedeutung und ist nicht einmal unterhaltsam." Über Gluck und Haydn äußerte er sich folgendermaßen: „Gluck ist trotz der relativen Armut seiner Schöpfungen für mich anziehend. Ebenso liebe ich manche Sachen von Haydn."

Als Kenner der Werke Mozarts und der vorklassischen Komponisten und als schöpferischer Musiker war Tschaikowsky im Gegensatz zu dem „mächtigen Häuflein" um die Form bemüht. Aber es war ihm nicht gegeben, verschiedenartige Elemente zu einem organischen Ganzen zusammenzufügen. In seinen frühen Sinfonien sind die Durchführungsteile reines Flickwerk voll einfallsloser Füllsel. Erst in der vierten Sinfonie entwickelte er eine Art von Form, die sich dem stürmischen, tänzerischen, in der Hauptsache spontanen und lyrischen Wesen seiner Musik fügte. Tschaikowsky war sich dieses Problems deutlich bewußt und äußerte sich dazu 1878 Nadeschda gegenüber wie folgt:

> „... Was mit Leidenschaft hingeworfen worden ist, muß jetzt kritisch durchgesehen, korrigiert, erweitert und – das wichtigste von allem – verdichtet werden, damit es sich den Ansprüchen der Form fügt. Manchmal muß man gegen die eigene Neigung vorgehen, unbarmherzig sein und Dinge vernichten, die man mit Liebe und Inspiration geschrieben hat. Obwohl ich mich über einen Mangel an Einbildungskraft nicht beklagen kann, habe ich doch immer an fehlender Geschicklichkeit im Umgang mit der Form gelitten. Nur hartnäckige Arbeit hat mir schließlich ermöglicht, eine Art von Form zu erreichen, die in gewisser Hinsicht dem musikalischen Inhalt entspricht. In der Vergangenheit war ich sorglos. Die ungeheure Bedeutung dieser kritischen Prüfung des vorläufigen Entwurfs bemerkte ich nicht. Aus irgendeinem Grunde hafteten die aufeinanderfolgenden Episoden locker aneinander, und die Nähte schimmerten stets durch. Das war ein ernsthafter Mangel, und es bedurfte vieler Jahre, bis ich ihm abzuhelfen begann. Und doch werden meine Kompositionen nie Beispiele guter Formbehandlung sein, weil ich nur verbessern kann, was falsch ist – ich kann es aber nicht von innen her ändern."

Analytiker, die als Kriterium die deutsche sinfonische Form nach dem Vorbild Mozarts und Beethovens benutzen, haben vom Zeitpunkt ihrer Niederschrift an „Mängel" in Tschaikowskys Sinfonien festgestellt. Aber die strenge Anwendung formalistischer Kriterien verfehlt das Entscheidende. Tschaikowskys Sinfonien – sogar den ersten drei – ist Farbigkeit des Klanges, Originalität und eine sehr persönliche Prägung eigen. Die drei letzten Sinfonien des Komponisten vollziehen einen scharfen Bruch mit den Regeln der Lehrbücher; aber hier erreichte Tschaikowsky einen Grad der Synthese, die sie strukturell gesehen ebenso überzeugend macht wie jede Sinfonie Brahms' – von den Walzern, Märschen und freien Formen ganz abgesehen. In seiner Bemühung um eine adäquate sinfonische Form schrieb Tschaikowsky drei weitere Sinfonien und ging dem Problem dadurch aus dem Wege, daß er sie „Suiten" nannte. (Die Suite Nr. 4, *Mozartiana*, ist lediglich eine Orchesterbearbeitung einiger Klavierstücke Mozarts) Die ersten drei Suiten werden im allgemeinen vernachlässigt, bieten aber doch viel großartige Musik und sind ganz durchdrungen vom Geist des Tanzes – oder, genauer, des Balletts.

Tschaikowsky komponierte nur drei Ballette im eigentlichen Sinne. Ein Großteil der Ballettmusik vor Tschaikowsky war lediglich rum-ta-ta-Musik gewesen. Einen Durchbruch erzielte Léo Delibes. Tschaikowsky bewunderte Delibes' Ballettmusik, und in manchen Teilen von *Schwanensee* wird seine Dankesschuld ganz offensichtlich. Tschaikowskys Ballette stehen der Oper nahe, mit der einzigen Ausnahme, daß die „Stimmen" für Tänzer anstatt für Sänger ausgeschrieben sind. Der Komponist arbeitete sehr eng mit Marius Petipa, dem Choreographen seiner Ballette, zusammen. Bei der Arbeit an *Dornröschen* schrieb Petipa etwa Richtlinien wie die folgenden vor: „Plötzlich bemerkt Aurora die alte Frau, die ihre Nähnadeln im Zweivierteltakt schwingt. Allmählich wechselt sie zu einem sehr melodiösen Walzer im Dreivierteltakt über, hält dann aber plötzlich inne. Aurora sticht sich in den Finger. Schreit vor Schmerz auf. Blut fließt. Schreiben Sie acht Takte in Viervierteln, breit." Für die *Nußknacker*-Aufführung des Jahres 1891 gab Pepita sogar noch genauere Richtlinien. Tschaikowsky beendete die Partitur und ließ sich von seinem gewohnten Pessimismus leiten. „Nein", schrieb er, „der alte Mann [er meinte sich selbst] sinkt in sich zusammen. Nicht nur fallen seine Haare aus oder werden weiß wie Schnee; nicht nur verliert er seine Zähne, die ihm den Dienst verweigern; nicht nur läßt seine Sehkraft nach, ermüdet er leichter beim Lesen; nicht nur werden seine Füße müde und schleppen sich mühsam dahin; sondern er verliert auch noch schrittweise die Fähigkeit, überhaupt irgend etwas zu tun. Das Ballett ist unendlich viel schlechter als *Dornröschen* – soviel steht fest."

Das klassische Ballett ist eine idealisierte Form des Tanzes, bei der die Ballerina, *en pointe*, der Erde und ihrer Schwerkraft zu entkommen sucht. Die Ballerina ist ihrerseits idealisiert; sie schwebt in der Luft, wird von ihrem Kavalier verehrt, ist jung, strahlend und schön. Eine alte, häßliche oder füllige Ballerina ist undenkbar. Tschaikowsky identifizierte sich mit der idealistischen Dimension des Balletts. Eine bestimmte Art von Homosexuellen verachtet Frauen; ein anderer, eher femininer Typus liebt Frauen (wenn auch nicht physisch) und denkt auch ganz weiblich. Tschaikowsky gehörte zum zweiten Typus, und das trägt zur Erklärung des Gefühls der Identifikation bei, das die der Ballerina anvertrauten sinnlichen Melodien vermitteln – das *Rosenadagio* aus *Dornröschen* oder der große *Pas de deux* im *Nußknacker*. Die romantische, märchenhafte Welt des Balletts mit ihrem Plüsch und Goldflittermilieu, ihren schönen Frauen, ihrem Reiz, ihren homosexuellen Zügen, ihrer Atmosphäre von Pomp und Reichtum, ihrer Beziehung zur vornehmen Welt, ihrem Klatsch hinter der Bühne und ihren behenden Rhythmen – diese Welt taucht in Tschaikowskys Musik immer wieder auf.

Tschaikowsky beschäftigte sich eingehend mit der Oper. Fand er ein Libretto, in dem eine Heldin vorkam, mit der er sich gefühlsmäßig identifizieren konnte, so komponierte er schmerzlich schöne Musik wie in *Eugen Onegin,* das als sein Meisterwerk gilt. Manche halten *Pique Dame* für bedeutender, die schwung-

Tschaikowsky (rechts) mit seinen Brüdern. Von links nach rechts: Anatol, Nikolaj, Hippolyte und Modest.

Pjotr Tschaikowsky: »6. Sinfonie. 2. Satz«. Autograph.

voller ist und ein wachsendes Gefühl des Schreckens und der Unausweichlichkeit vermittelt, aber ihre Melodik steht der des lyrisch-elegischen *Eugen Onegin* bei weitem nach. *Eugen Onegin* ist eine ruhige Oper mit einem lebenswahren Schluß, der Komponisten mit sicherem Theaterinstinkt – wie Verdi beispielsweise – mit Sicherheit bestürzt hätte, denn der Liebhaber, der zuvor Tatjana abgewiesen hatte, wird einfach fortgeschickt, und der Vorhang fällt in dem Augenblick, als wehmütige Erinnerungen aufsteigen, und nicht angesichts eines drohenden Chors oder bei allgemeinem Gemetzel.

Tschaikowskys Einstellung zur Oper glich der eines Viktorianers zur Sexualität. Er liebte sie, hatte aber gleichzeitig Schuldgefühle, weil er glaubte, sich zu versündigen. Er nannte die Oper „eine falsche Art von Kunst" und räumte im gleichen Atemzug ein, ihre Form ziehe alle Komponisten an. Tschaikowsky, der zu keiner Zeit revolutionär auftrat, begnügte sich damit, die vorgefundenen Opernkonventionen hinzunehmen. „Der Stil der Bühnenmusik muß dem Stil der Bühnenmalerei und -bildnerei entsprechen: einfach, klar, farbenreich." Im Gegensatz zu vielen Komponisten der Zeit war Tschaikowsky jedoch mehr an den Charakteren als an stimmlichen oder sonstigen Effekten interessiert. Was er sich wünschte, war ein Libretto, das starke menschliche Gefühlsregungen zur Schau stellte, die er dann mit seiner Musik untermalen konnte. „Ich bin außerstande, für irgendein – und sei es effektvolles – Sujet Musik mit Liebe und Begeisterung zu schreiben, wenn mir die Charaktere nicht lebhafte Sympathie abnötigen. Wenn ich sie nicht liebe, sie nicht mitfühlend begleite, so wie lebende Menschen lieben und mitfühlen ..." Liebe und Mitgefühl sind auch die grundlegenden Gefühlsregungen in *Eugen Onegin,* der eher eine Gesangsoper ist als *Pique Dame.*

Es mag diese stille Trauer, dieser Mangel an scharfen Umrissen gewesen sein, der den durchschlagenden Erfolg von *Eugen Onegin* vereitelt hat. Tschaikowsky konnte wirkungsvoll für Singstimmen schreiben, aber er gab seinen Sängern nie Anlaß zur Bravourentfaltung. Gesang wird als Mittel eingesetzt, um Charakter und Stimmung zu deutlichem Ausdruck zu bringen, aber nicht um die Stimmbänder auszubeuten. Verdi verstand sich darauf, ein Publikum zur Raserei zu treiben; Tschaikowsky dagegen untertreibt stets. Verdi und Wagner waren im musikalischen Sinne straff; Tschaikowsky dagegen gab sich in seinen Opern gleichförmig freundlich und geschmeidig. Natürlich sind sie dadurch auch weniger eindrucksvoll. Aber der russische Komponist mußte sich dafür in seinem Melodienfundus und in seiner Handhabung des Orchesters niemandem unterwerfen; und auf seine eigene, stille Weise kann *Eugen Onegin* durchaus einen außergewöhnlichen Eindruck machen. Die Oper hat kontinuierlichen melodischen Fluß, und Einfall folgt auf Einfall: das vorzügliche Eröffnungsduett (das sich zum Quartett erweitert); das hinreißende Duett von Lensky und Olga, auf das eines der bedeutendsten Liebeslieder der ganzen Operngeschichte folgt – Lenskys „Ich liebe dich, Olga". Tatjanas Briefszene ist der bekannteste und vertrauteste Ausschnitt der Oper (abgesehen von den Orchestertänzen), und je eingehender man sich mit ihr befaßt, um so mehr

Pjotr Iljitsch Tschaikowsky 403

wächst die Achtung vor Tschaikowskys handwerklichem Können. Wie sicher er
die ganze Szene auf ihren Höhepunkt hin anlegt – Tatjanas Ausbruch „Jetzt bin
ich allein!", bei dem sich das Orchester zu einer jener unvergeßlichen Eingebungen Tschaikowskys aufschwingt! Weiter sind da die Streitszenen, insbesondere die kalte Duell-Szene mit der großen Arie, in der Lensky seine Jugend
beschwört. Am Schluß der Oper steht die stumme, aber verzweifelte Konfronta-
tion von Tatjana und Lensky. Dabei benutzt Tschaikowsky, der Wagners
Opern analysiert hatte und gelegentlich einige Leitmotive auf elementare Weise
verwendet, eine höchst subjektive Musiksprache. *Eugen Onegin* ist sicherlich
weder von Wagners noch von Verdis Musik beeinflußt. Die Oper, der ein
Gedicht Puschkins zugrunde liegt, spiegelt zugleich eine bestimmte russische
Gesellschaftsschicht wider. *Eugen Onegin* kommt als Oper die gleiche Bedeutung zu wie Tschechows *Kirschgarten* für die reine Sprechbühne.

Als Tschaikowskys Musik in ganz Europa Fuß zu fassen begann, unternahm
der Komponist immer häufiger Reisen. Als Nadeschda von Meck im Jahre 1890
seine Jahresrente einstellte, war er sehr betroffen. Seine Gönnerin befürchtete
einen Bankrott, was in Wirklichkeit aber nicht der Fall war. Sie brach die
Vereinbarung jedoch abrupt und weigerte sich, Tschaikowskys Briefe zu beantworten. Er fühlte sich entehrt, von einer kapriziösen Frau, der viele Jahre großer
Vertrautheit plötzlich nichts mehr bedeuteten, als Spielzeug behandelt. „Meine
ganze Sicht der Menschheit, mein Glaube an das Beste in ihr sind auf den Kopf
gestellt worden." Später schrieb sein Bruder Modest: „Weder der Triumph von
Pique Dame noch der tiefe Kummer, den ihm im April 1891 der Tod seiner
geliebten Schwester bereitete, noch gar sein amerikanischer Triumph waren in
der Lage, den Schlag zu lindern, den sie ihm versetzt hatte." Tschaikowsky
wußte jedoch nicht, daß Nadeschda eine Krise durchlebte und all ihre Beziehungen einer Prüfung unterzog. Einige vertreten die Auffassung, sie habe die
Verbindung zu Tschaikowsky abgebrochen, weil sie von seiner sexuellen
Perversion erfahren hatte. Diese Vermutung entbehrt jedoch einer berechtigten
Grundlage.

Tschaikowsky floh in den Westen. 1891 wurde er nach New York eingeladen, um an der Einweihung der Music Hall (die einige Jahre später in Carnegie
Hall umbenannt wurde) teilzunehmen. Das Honorar, 2500 Dollar für vier
Konzerte, war großzügig genug bemessen. Der Komponist war von der Offenheit und der Freizügigkeit der Amerikaner beeindruckt:

„Verblüffende Leute, diese Amerikaner! Im Vergleich zu Paris, wo man bei
jeder Annäherung, in jeder freundlichen Geste des Fremden den Versuch der
Ausbeutung spürt, ist die Offenheit, Aufrichtigkeit und Großzügigkeit dieser
Stadt, ihre Gastfreundschaft ohne verborgene Motive und ihr Eifer, zu Dank zu
verpflichten und Zustimmung zu gewinnen, einfach erstaunlich und gleichzeitig
rührend. Dies, und auch die amerikanischen Bräuche, die amerikanischen Sitten
und die Sitten im allgemeinen, ziehen mich sehr an – aber ich genieße das alles wie
jemand, der an einem mit den Wundern der Gastronomie besetzten Tisch sitzt,

404   Übersättigte Emotionalität

aber nicht den geringsten Appetit hat. Einzig die Aussicht auf baldige Rückkehr
nach Rußland kann meinen Appetit reizen."

Er bewunderte die Wolkenkratzer, obwohl er nicht einzusehen vermochte,
wie jemand in solch schwindelerregender Höhe wie dem 13. Stockwerk eines
Gebäudes wohnen könne. Er beschrieb ein Abendessen, das ihm zu Ehren von
Morris Reno, dem Präsidenten der Music Hall, gegeben wurde. Es beeindruckte
ihn, daß vor jeder Tischdame sein Porträt in einem zierlichen Rahmen stand;
und zur Mitte des Diners, das von 19.30 Uhr bis 23 Uhr dauerte, „wurde Eis in
kleinen Behältern hereingetragen, an denen kleine Täfelchen mit Bleistiften und
Schwämmen hingen, auf denen Ausschnitte aus meinen Werken zierlich mit
Bleistift geschrieben standen. Dann mußte ich meine Unterschrift auf diese
Täfelchen setzen." Er besichtigte die Niagara-Fälle und Washington und,
abgesehen von seinen vier Music-Hall-Auftritten leitete er Konzerte in Philadelphia und Washington.

Tschaikowskys letztes großes Werk war die Sinfonie Nr. 6 in h-Moll, die
Pathétique. Er machte geradezu ein Geheimnis daraus. „Diesmal eine Pro-
gramm-Sinfonie, aber mit einem Programm, das allen ein Rätsel bleiben wird.
Lassen Sie sie sich die Köpfe darüber zerbrechen. Das Werk wird einfach
Programm-Sinfonie (Nr. 6) heißen. Das Programm ist durch und durch subjek-
tiv, und während meiner Reise weinte ich oft bitterlich, während ich sie mir im
Kopf zurechtlegte." (Wenigstens einer glaubte, das geheime Programm der 6.
Sinfonie zu kennen. Havelock Ellis nannte das Werk eine „Homosexuellentra-
gödie".) Tschaikowsky war glücklich darüber, daß seine Inspiration nicht
nachließ. „Sie können sich nicht vorstellen, welches Entzücken es bereitet zu
spüren, daß meine Zeit noch nicht vorbei ist." Er behauptete, er habe „seine
Seele" in das Werk gelegt, das am 28. Oktober 1893 in St. Petersburg zur
Aufführung kam. Er erzielte jedoch nicht den erhofften Publikumserfolg, und
der Komponist verzichtete darauf, es eine „Programm-Sinfonie" zu nennen.
Sein Bruder schlug *Tragique* und dann *Pathétique* vor, und Tschaikowsky
entschied sich schließlich für letztere Bezeichnung. Sie ist die imposanteste
seiner Sinfonien, und ihr letzter Satz, der sozusagen mit einem Aufschrei beginnt
und mit einem Seufzer endet, ist das Ungewöhnlichste und Pessimistischste, das
der Komponist je schrieb. Weniger als eine Woche später starb er nach einigen
Tagen schweren Leidens am 6. November 1893 an einer Choleraepidemie.

Es mag dahingestellt sein, ob er der größte aller russischen Komponisten ist.
Er hat sich jedenfalls als der bei weitem beliebteste erwiesen. Von nationalistisch gefärbten Werken ging er zu Musik von mehr kosmopolitischem
Zuschnitt über. Viele Musikhistoriker vertreten die Auffassung, Tschaikowsky
sei kein nationalistischer Komponist gewesen. Man kann ihnen jedoch nicht
restlos beipflichten, denn, wie Strawinsky schreibt: „Tschaikowskys Musik, die
nicht auf jeden spezifisch russisch wirkt, ist häufig in einem tieferen Sinne
russisch als irgendeine Musik, die seit langem mit dem behenden Etikett
moskowitischer Anschaulichkeit belohnt worden ist. Diese Musik ist ebenso

russisch wie Puschkins Verse oder Glinkas Lieder. Obwohl er sich in seiner Kunst der ‚Seele des russischen Bauern' im spezifischen Sinne nie annahm, schöpfte Tschaikowsky *unbewußt* dennoch aus den wirklichen, volkstümlichen Quellen unseres Volkes." Tschaikowsky war sich dieses nationalen Elements bewußt, wie auch aus einem 1878 datierten Brief an Nadeschda zum Ausdruck kommt:

> „Hinsichtlich der russischen Elemente in meinen Werken kann ich Ihnen sagen, daß ich nicht selten eine Komposition in der Absicht beginne, einige Volksweisen darin zu benutzen. Manchmal kommt das auch aus eigenem Antrieb (wie im Finale unserer Sinfonie [Nr. 4]. Was dieses nationale Element in meinem Werk betrifft, so rührt seine Ähnlichkeit mit den Volksliedern in manchen meiner Melodien und Harmonien daher, daß ich meine Kindheit auf dem Lande verbracht habe und von meinen ersten Lebensjahren an von der charakteristischen Schönheit unserer russischen Volksmusik durchdrungen worden bin. Ich habe eine leidenschaftliche Vorliebe für das nationale Element in allen seinen verschiedenartigen Ausdrucksformen. Mit einem Wort, ich bin Russe im entschiedensten Sinne des Wortes. "

Im Verlauf seines Lebens vertrat er nicht mehr so stark diesen nationalistischen Standpunkt. Von Anfang an orientierte sich seine Musik mehr am Westen als an dem „mächtigen Häuflein". Man würde jedoch Tschaikowsky nicht gerecht werden, wenn man ihn nicht auch als nationalrussischen Komponisten betrachten würde, wie verschieden sein Ansatz auch von dem Mussorgskijs und Rimskij-Korsakows war. Breiteten Rimskij-Korsakow und Mussorgskij die Arme aus, um russisches Altertum, Folklore und das ganze russische Volk zu umfangen, so breitete Tschaikowsky die Arme aus, um sich selbst zu umarmen.

Bedřich Smetana (1824–1884).

25. KAPITEL

Europäische Nationalisten
Von Böhmen bis Spanien

Nach Rußland brachte das Königreich Böhmen mit Bedřich Smetana und Antonin Dvořák die bedeutendsten Nationalkomponisten Europas hervor. Im Gegensatz zu Rußland aber verfügte Böhmen über eine hervorragende musikalische Tradition. Es hatte an der Wende zum 19. Jahrhundert einige international bekannte Komponisten und ausführende Musiker gestellt und im Jahre 1811 eines der ersten Musikkonservatorien Mitteleuropas eröffnet. Böhmen war auch das Land, das Mozart Ermutigung zuteil werden ließ, als er sie am dringendsten brauchte.

Viele tschechische Komponisten hatten in früheren Zeiten Böhmen verlassen, um ihr Glück anderswo zu suchen. Österreich beherrschte das Königreich Böhmen so lange, bis Mitte des 19. Jahrhunderts Zugeständnisse gemacht wurden, und es war nur natürlich, daß viele böhmische Musiker sich in Wien niederließen – wie beispielsweise Jiři Benda (1722–1795), der von Mozart gelobt wurde und Jan Ladislav Dussek (1760–1812), ein hervorragender Komponist, einer der bedeutendsten Pianisten seiner Zeit und einer der ersten reisenden Virtuosen, der in St. Petersburg ebenso zu Hause war wie in London. In seiner Jugend führte er ein glanzvolles und sogar unbekümmertes Leben, sah sehr gut aus (er war unter dem Namen *le beau Dussek* bekannt), und seine Liebesabenteuer lieferten ganz Europa Gesprächsstoff. Später wurde er unansehnlich dick. Es war Dussek, der wenigstens *einen* unsterblichen Einfall zur Geschichte des Klavierspiels beitrug. Er war der erste, der das Instrument seitlich auf dem Podium postierte, so daß das Publikum sein Profil bewundern konnte. Er wird als einer der ersten gerühmt, die das Pianoforte zum Singen brachten. Er gab auch schon genaue Pedalanweisungen; seine Kompositionen machen den Übergang von der Klassik zur Romantik deutlich. Seine Musik – etwa das Konzert für zwei Klaviere in B-Dur – erweckt teilweise den Eindruck, von Schumann oder gar Brahms komponiert worden zu sein. *Grove's Dictionary* bietet mehrere überraschende Beispiele für die fortgeschrittenen Harmonien Dusseks. Neben anderen böhmischen Komponisten werden Václav Tomášek (1774–1850) und Jan Voříšek (1791–18235) in jeder Schubert-Biographie als Musiker erwähnt, die die Klaviermusik des Wiener Meisters stark beeinflußt haben.

Keiner dieser Komponisten aber war ein Nationalist. Bedřich Smetana war der erste, der sich dem böhmischen Volkslied zuwandte und es als Grundlage für die Kunstmusik benutzte. Am 2. März 1824 geboren, offenbarte er sich bald als Wunderkind. Im Alter von fünf Jahren spielte er bereits so gut Geige, daß er bei einem Haydn-Quartett mitwirken konnte; mit sechs Jahren trat er öffentlich als Pianist auf und mit acht komponierte er. „Ich wollte in Komposition ein Mozart und in der Technik ein Liszt werden", sagte er später. Aber obwohl er ein brillanter Pianist war, besuchte er doch nicht das Konservatorium und genoß keine regelrechte musikalische Ausbildung. Erst mit neunzehn Jahren erhielt er systematischen Unterricht in Musiktheorie. Wie er 1848 an Franz Liszt schrieb: „Als ich siebzehn war, konnte ich Cis noch nicht von Des unterscheiden. Die Harmonielehre war für mich ein Buch mit sieben Siegeln. Und obwohl ich das alles nicht kannte, schrieb ich doch bereits Musik." Sein meist für Klavier geschriebenes Frühwerk zeigt deutlich seine Anhängerschaft zu Liszt. Smetana weilte in Prag, als die mißlungene Revolution von 1848 niedergeschlagen wurde. Viele Jahre stand er unter Verdacht, weil er für die Patrioten Partei ergriffen hatte. Da er in seiner Heimat nicht gefördert werden konnte, nahm er die Gelegenheit wahr, nach Göteborg auszureisen, wo er von 1856 bis 1861 Leiter der Abonnementskonzerte der Harmoniska Sällskapet war. Darüber hinaus komponierte er eine große Anzahl von Klavierwerken und drei sinfonische Dichtungen.

1861 kehrte Semtana nach Prag zurück, da sich eine Wende in der politischen Entwicklung anbahnte. Österreichs Einfluß schwächte sich ab. Im gleichen Jahr wurde das Prager Nationaltheater eröffnet – es war eigens für die Böhmen erbaut worden –, und Smetana entwickelte die Idee, Nationalopern als Instrument der patriotischen Erneuerung zu komponieren. Glinkas Opern mit ihren Libretti über russische Themen und ihrer Einbeziehung von Melodien russischer Herkunft beeindruckten ihn sehr. Smetana entschloß sich, ein entsprechendes musikalisches Werk für das eigene Land zu schreiben. Für das Prager Nationaltheater komponierte er seine erste Oper, *Die Brandenburger in Böhmen*. Darauf folgte *Prodaná nevèsta* („Die verkaufte Braut").

Die verkaufte Braut ist ein ausgelassenes, witzsprühendes Werk von buffonesker Heiterkeit. Smetana griff böhmische Polkas und andere volkstümliche Tänze darin auf, indem er sie auf eigene Weise umsetzte, so daß am Schluß alle Melodien als seine ureigene Erfindung und nicht als Plagiat erschienen. Smetana war stolz auf seine Fähigkeit, eine direkte Übernahme zu vermeiden und dennoch tschechische Volksmusik in seiner Oper leben zu lassen. Der englische Komponist Ralph Vaughan Williams hob hervor, daß „Smetanas Anleihen bei seiner eigenen Nationalmusik Anleihen der besten Art sind, nämlich unbewußte. Tatsächlich ‚entlehnte‘ er nicht, er führte eine sehr alte Tradition weiter, und zwar nicht vorsätzlich, sondern weil es ihm genauso wenig zu vermeiden gelang, seine eigene musikalische Sprache zu sprechen, wie er es verhindern konnte, die Luft seines Heimatlandes zu atmen." Wenn die *Verkaufte Braut* aber auch starke nationale Anklänge haben mochte, so war sie doch weit mehr westlich geprägt als die Opern von Mussorgskij und Rimskij-Korsakow, die später aus Rußland kommen sollten. Erst mit Smetana fand die böhmische Musik Eingang in den Westen. Es ist kennzeichnend für böhmische Komponisten, daß sie Melancholie auf sanft elegische Weise zum Ausdruck bringen können, ohne die überwältigende Weltverachtung und den Pessimismus der

Russen. Häufiger drückt sich in der Musik der böhmischen Tonsetzer Freude und Glück aus.

Smetana vollendete acht Opern, von denen *Die verkaufte Braut* als einzige im internationalen Repertoire vertreten ist. Die meisten anderen werden in Prag noch heute regelmäßig aufgeführt – darunter *Dalibor, Libuše (Libussa), Hubička (Der Kuß), Dve vdovy (Zwei Witwen)*. Heute gilt Smetana in der Tschechoslowakei als Nationalheld, weit mehr noch als Dvořák, denn er schuf ein Lebenswerk, das nicht nur Anfang, sondern auch Höhepunkt der tschechischen Musik ist. Als Pianist, Dirigent, Lehrer und Propagandist wirkte er auf seine Landsleute ein und hinterließ ein Erbe, auf das sie stolz sein konnten. Zu seinen international noch heute beliebten Kompositionen zählen *Vlatava (Die Moldau)* aus dem Zyklus der sechs sinfonischen Dichtungen, *Ma Vlast (Mein Vaterland)* und die autobiographisch gefärbten zwei Streichquartette in e-Moll (*Aus meinem Leben*) und d-Moll. Gelegentlich wird auch Smetanas Klaviermusik gespielt, die größtenteils nach Monumentalität strebt und den Einfluß Liszts verrät. Zu den besten Klavierstücken zählen die *Tschechischen Tänze*. Auch das Klaviertrio in g-Moll hat einen ungewöhnlichen Reiz.

1874 wurde Smetana taub (wie Beethoven) und mußte alles praktische Wirken aufgeben. Über seine Gehörleiden schrieb er pathetisch einem Freund im Jahre 1875: „Die Ohren sind äußerlich ganz gesund. Aber der inwendige Apparat – diese bewundernswerte Tastatur unserer inneren Orgel – ist beeinträchtigt, verstimmt. Die Hämmerchen sind steckengeblieben, und bisher hat sich kein Klavierstimmer gefunden, der den Schaden mit Erfolg behoben hätte." Ab 1882 zeigten sich Spuren einer Geisteskrankheit mit Gedächtnisschwund und Verlust der Sprachfähigkeit, so daß er in eine geschlossene Anstalt überführt wurde, wo er am 12. Mai 1884 starb.

Smetana war zwar der Begründer der tschechischen Nationalmusik, aber der am 8. September 1841 geborene Antonin Dvořák machte sie populär. Seine Kompositionen haben weltweiten Anklang gefunden, seit der Verleger Simrock in den späten siebziger Jahren des 19. Jahrhunderts seine *Mährischen Duette* veröffentlichte. Seit dieser Zeit sind Dvořáks Werke nicht mehr aus dem Repertoire verschwunden. Dennoch wird er heute häufig für einen minderen Nationalisten, für einen der besseren zweitklassigen Komponisten gehalten. Zu seinen Lebzeiten galt er als das Idol von Prag, wartete ganz Europa gespannt auf sein nächstes Werk, nannte Hans von Bülow ihn „nächst Brahms den begnadetsten Komponisten der Gegenwart". (Bülow beschrieb ihn auch als „Genie, das wie ein Kesselflicker ausschaut".) Brahms las sogar Korrektur für Dvořák, der zu solchem Ruhm gelangt war, daß er 1892 zum Direktor des National Conservatory of Music in New York ernannt wurde.

In allen musikalischen Formen betätigte er sich überaus fruchtbar und mit unverwechselbarer Individualität. Wer ihn einen unbedarften Komponisten zweiten Ranges nennt, unterschätzt ihn ernstlich, wahrscheinlich deshalb, weil ihn die Transparenz seiner Musik irregeführt hat. Natürlich war er ein ungehobelter Bauernjunge aus Böhmen, der bei einem Metzger in die Lehre ging. Seine

Antonín Dvořák (1841–1904).

Antonín Dvořák und seine Frau.

412   Von Böhmen bis Spanien

Musik verrät seine bäuerliche Herkunft, und das ist ihre Stärke und Schwäche
zugleich. Dvořák stand den intellektuellen Komponisten seiner Zeit sehr fern
und war auch in keinem Sinne ein Revolutionär. In kompositorischer Hinsicht
begann er eine eigenständige Musiksprache zu entwickeln, indem er eine an
klassischen Modellen orientierte Formgebung mit Elementen der böhmisch-
mährischen Folklore verband. Sein Leben lang blieb er der glücklichste und am
wenigsten neurotische aller Spätromantiker. „Gott, Liebe, Vaterland", war sein
Motto. Brahms hatte seine Anwandlungen brütender Schwermut; Tschaikowskys Neurosen waren monumental; Mahler, neben dessen Neurosen diejenigen
Tschaikowskys schon wieder geradezu gesund anmuten, schlug sich an die
Brust und raufte sich die Haare (wobei er aus den Augenwinkeln bereits auf die
Nachwelt schielte); Bruckner saß zitternd da und wartete auf die Offenbarung,
ein Mystiker und Naturalist (im elisabethanischen Sinne des Wortes); Wagner
war ein verschrobener Egoist, Liszt ein komplizierter, widersprüchlicher Geist,
ein spitzfindiges Genie und ein Wichtigtuer. Nur Dvořák verfolgte unbeirrt
seinen einfachen, unkomplizierten Weg. Zusammen mit Händel und Haydn
zählt er zu den am meisten in sich ruhenden Komponisten.

Einfachheit und emotionale Ausgeglichenheit sind natürlich keine Garantie
für die Hervorbringung großer Musik. Sie müssen noch anderweitig gestützt
werden. Im Falle Dvořáks kam ihnen ein unerschöpflicher melodischer Reichtum und ein modulatorisches Gespür zu Hilfe, das dem Schuberts nahesteht. Im
Gegensatz zu Schubert aber sind nahezu alle besten Melodien Dvořáks stark
national gefärbt. In seinem eigentlichen Element war er, wenn er Musik schrieb,
in der sein Heimatland und seine Liebe zu ihm zum Ausdruck kam. Wie
Smetana benutzte er nur selten wirkliche Volksliedthemen, aber sein Patriotismus ist genauso tief wie der Smetanas, wenn nicht noch tiefer. Es ist dieser
zum Teil unbewußte Nationalismus – melodisch im weitesten Sinne, originell,
exotisch, voller unerwarteter Wendungen, in seiner Harmonik bezaubernd –,
der Dvořáks Musik ihren großen Reiz und ihre Schönheit verleiht. Seine nicht
national geprägte Musik ist relativ unbedeutend. Das gilt sogar für seine 7.
Sinfonie in d-Moll op. 70. Viele Kritiker, insbesondere die englischen (seit
Mendelssohn-Bartholdy hielten die Engländer Ausschau nach jemandem, den
sie bewundern konnten, und verfielen dabei auf Dvořák), scheinen zu glauben,
daß die 7. Sinfonie die beste sein müsse, weil sie von Brahms beeinflußt und das
am meisten im klassischen Sinne durchgeformte seiner Werke ist. In Wirklichkeit ist sie trotz mancher schöner Stellen etwas schwerfällig und konventionell
geraten. Nur im dritten Satz entfernt sich Dvořák von Brahms, komponiert
einen der reizvollsten Einzelsätze von seinen Sinfonien überhaupt und stimmt
eine jener böhmisch klingenden Melodien an, denen in natürlichster und
ungezwungenster Polyphonie einige melodische Gegenstimmen unterlegt sind.
Die d-Moll-Sinfonie klingt jedoch an kaum einer Stelle so spontan wie die 8. in
G-Dur oder gar die frühe 3. in Es-Dur.

Dvořák war kaum belesen, später versuchte er sporadisch, sich durch die
Lektüre von Elementarlehrbüchern zu „vervollkommnen", aber diese Bemü-

hungen führten nie sehr weit. Die einzige Leidenschaft, die er neben der Musik hatte, war die für Eisenbahnen. Die Dampflokomotive war für ihn eine der größten Erfindungen des menschlichen Geistes. Jeden Tag pflegte er den Franz-Joseph-Bahnhof in Prag zu besuchen, kannte alle Fahrpläne auswendig und war nie glücklicher, als wenn er die Bekanntschaft eines Lokomotivführers machen konnte. Er schickte seine Schüler zum Bahnhof, um zu erfahren, welche Lokomotive an welchen Zug gekoppelt war; kehrte einer seiner Zöglinge von einer Reise zurück, so wollte er wissen, mit welchem Zug, welchem Lokomotiventyp und welcher Seriennummer von Lokomotive er gefahren war. (Die Freudianer haben manches zur Symbolik der Lokomotive und ihrer Kolben zu sagen.) Dvořáks Schüler liebten ihn trotz dieser Besessenheit. Sie liebten seine Sanftmut, seine Freundlichkeit, seine Hingabe. Wenn er sich in etwas vertiefte, vergaß er die ganze Welt um sich herum. Bei einem Spaziergang mit seinen Schülern soll Dvořák erst dann bemerkt haben, daß es „zu regnen begonnen hatte", als alle bis auf die Haut durchnäßt waren. Der Komponist soll plötzlich stehengeblieben sein, bemerkt haben, daß Wasser von seinem Hut tropfte, und gesagt haben: „Also Kinder, jetzt auf nach Hause. Ich glaube, es hat angefangen zu regnen."

Dvořáks musikalische Begabung zeigte sich schon früh; mit zwölf Jahren erhielt er Musikunterricht. Sein Vater war Gastwirt und Metzger, und eine Zeitlang arbeitete Dvořák im elterlichen Geschäft; ein Onkel kam für das Musikstudium des Jungen auf, der 1857–59 an der Orgelschule in Prag Orgel, Musiktheorie und Gesang studierte. In Prag wurde er mit den Werken der Wiener Klassik eng vertraut. Gleichzeitig lernte er in seiner Tätigkeit als Bratschist in mehreren Orchestern Musik von Liszt, Wagner und Schumann kennen. Als Mitglied des Orchesters des Nationaltheaters nahm er 1867–71 an den Erstaufführungen mehrerer Opern Smetanas teil. Für Wagner zeigte er bald große Begeisterung, er komponierte viel, und seine Werke wurden bald öffentlich aufgeführt. Ersten öffentlichen Erfolg errang er 1873 mit der national gefärbten Kantate *Hymnus*. 1874 bewarb sich Dvořák in Wien um ein Staatsstipendium, das ihm auf Vorschlag von Brahms und Hanslick 1875–78 gewährt wurde. Brahms schrieb einen Brief an seinen Verleger Simrock: „Bei Gelegenheit des Staatsstipendiums freue ich mich ... über Sachen von Anton Dvořák aus Prag ... Ich veranlaßte, Ihnen die Lieder [die Mährischen Duette] zu schicken. Wenn Sie sie durchspielen, werden Sie sich wie ich darüber freuen ... Jedenfalls ist er ein sehr talentierter Mensch. Nebenbei arm! Und bitte ich das zu bedenken!" Simrock veröffentlichte die Duette, die ein durchschlagender Erfolg waren. Die Musik fand in ganz Europa Anklang, genau wie kurz darauf die *Slawischen Tänze*.

Damit war Dvořák der Durchbruch gelungen. Louis Ehlert schrieb 1878 eine begeisterte Kritik, die später immer wieder zitiert wurde: „Hier ist endlich einmal ein hundertprozentiges Genie und, was neu ist, ein völlig natürliches Talent." Ehlert fuhr mit einem schwärmerischen Lob der *Slawischen Tänze* fort. Brahms war glücklich, und zwischen ihm und Dvořák entstand eine

414 Von Böhmen bis Spanien

Freundschaft fürs Leben. Der tschechische Komponist schrieb an Simrock: „Brahms scheint an der Verbindung zu mir Gefallen zu finden, und als Künstler und Mensch bin ich von seiner Freundlichkeit so überwältigt, daß ich nicht anders kann als ihn lieben. Welche Warmherzigkeit, welch großer Geist ist doch in diesem Menschen! Sie wissen, wie distanziert er selbst seinen besten Freunden gegenübersteht, wenigstens wenn es um seine Kompositionen geht, und doch hat er sich mir bisher so nicht gezeigt." Als Brahms für ihn Korrektur las, während Dvořák sich in den Vereinigten Staaten aufhielt, war der Komponist überwältigt: „Ich glaube nicht, daß auf der ganzen Welt ein Musiker zu finden wäre, der das gleiche täte." Es war keine einseitige Zuneigung. Einem Freund, dem er Dvořák empfahl und dem er den gemeinsamen Besuch ankündigte, schrieb Brahms: „Ich werde ihm von meinem Tellerchen und aus meinem Becherchen geben, und Reden hält er (soviel ich weiß) nicht!" Ein wirklich reizvolles Bild.

Dvořák brachte ein Werk nach dem anderen hervor: Die *Slawischen Rhapsodien,* Sinfonien, Chormusik, bemerkenswerte Kammermusik, Opern, einige Klavierstücke (der schwächste Teil seines Gesamtwerkes) und Konzerte. In verschiedene Orchester- und Kammermusikwerke integrierte er tschechische und andere slawische Tänze wie den Furiant (den er häufig anstelle eines Scherzos als dritten Satz verwendete), die Polka, die Sonsedeská, die Duma, eine langsame und melancholische Volksweise, und wählte für musikdramatische Kompositionen Sujets aus der slawischen Geschichte und Legende.

Auf Einladung von Mrs. Jeanette Thurber, der Witwe eines wohlhabenden Kaufmanns, reiste er nach New York. Mrs. Thurber hatte die Gründung des National Conservatory of Music befürwortet und unterstützt und wünschte sich den berühmten Dvořák als Direktor. Sie war bereit, für seine Dienste großzügig zu zahlen. Die Vertragsbedingungen sahen ein Jahresgehalt von 15 000 Dollar vor, den Gegenwert von 30 000 Gulden. (In Prag hatte sein Jahresgehalt 1200 Gulden betragen). Dafür sollte Dvořák drei Stunden täglich unterrichten, vier Studentenkonzerte vorbereiten, sechs Konzerte mit eigenen Werken leiten und einen Jahresurlaub von vier Monaten zugestanden bekommen.

Dvořák kam im September 1892 in New York an. Die Reporter empfingen ihn, und einer davon gab folgende Beschreibung:

> „Er ist durchaus keine imposante Persönlichkeit. Er ist größer, als die Abbildungen von ihm ahnen lassen, und legt auch nicht einen Bruchteil der Bulldoggen-Wildheit an den Tag, den manche davon zeigen. Ein Mensch von etwa 1,80 bis 1,83 m Größe, von großer natürlicher Würde, ein Mann von Charakter, beeindruckt mich Dvořák als Original, als Natur, und – wie Rossini sagen würde, imponiert Natürlichkeit mehr als Originalität ... Er ist der Gesichtsform nach nicht schön, aber die Linien seiner Augenbrauen sind so fein gezeichnet und in den feurigen Augen und dem scharfgeschnittenen Gesicht ist so viel Leben und Feuer, daß man, wenn er in der Konversation aufblüht, sein Antlitz schwerlich vergißt."

Mrs. Thurber zeigte großes Interesse an der Förderung einer nationalen amerikanischen Komponistenschule. Sie hatte sich für Dvořák als Leiter des National Conservatory entschieden, weil in seiner Musik die nationale Komponente eine wesentliche Rolle spielte. Sie konnte auf ihn als Beispiel für das verweisen, wonach amerikanische Komponisten streben sollten. In den neunziger Jahren des 19. Jahrhunderts war die seriöse Musik in den Vereinigten Staaten von der deutschen Schule beherrscht, und abgesehen von einigen Klavierstücken Gottschalks gab es kaum Musik, die der Bezeichnung „amerikanisch" gerecht geworden wäre. (Zwar war eine beträchtliche Menge nationaler Volksmusik vorhanden, ihr widmeten jedoch die seriösen Komponisten keinerlei Aufmerksamkeit. Den einzigen Durchbruch erzielte Charles Ives, der damals noch unbekannt war.)

Dvořák wies – ganz im Sinne von Mrs. Thurber – auf das Fehlen einer nationalen amerikanischen Bewegung hin und hatte auch gleich konstruktive Anregungen. „In den Liedern der Neger habe ich eine sichere Grundlage für eine neue nationale Musikbewegung gefunden ... Die Amerikaner können ihre eigene Musik haben, eine ausgezeichnete Musik, die aus ihrem eigenen Boden erwächst und ihren eigenen und besonderen Charakter hat – die natürliche Stimme einer freien und großen Nation", bedeutete er einem Reporter des New Yorker *Herald*. Angeregt von manchem, was er an bodenständiger Musik gehört hatte, praktizierte Dvořák denn auch, was er predigte. In den drei Jahren, die er in den Vereinigten Staaten verbrachte, schrieb er mehrere als „amerikanisch" geltende Werke, darunter das F-Dur-Streichquartett, das Es-Dur-Streichquartett und die Sinfonie Nr. 9 in e-Moll (*Aus der Neuen Welt*). Ein Großteil dieser Sinfonie wurde in der Fünfzimmer-Wohnung komponiert, die Dvořák mit seiner Familie in 327 East 17th Street bezogen hatte. Die Partitur wurde in der tschechischen Ansiedlung Spillville, Iowa, abgeschlossen, wo Dvořák die Sommermonate zu verbringen pflegte.

Die Sinfonie *Aus der neuen Welt* war der Ausgangspunkt einer Kontroverse, die durch Dvořáks eigene widersprüchliche Bemerkungen über das Werk nicht eben erhellt wurde. Anfangs äußerte er sich dahingehend, die amerikanische Musik habe in dieser Sinfonie eine bedeutsame Rolle gespielt: „Es ist der Geist der Neger- und indianischen Melodien, den ich in meiner neuen Sinfonie wiederzugeben bemüht war. Es ist Unsinn, daß ich Originalmelodien gebraucht habe; ich habe nur im Geist dieser Nationalmelodien komponiert und ihnen die Eigenschaft indianischer Musik beigelegt." Der erste Satz der 9. Sinfonie benutzte ein Negro spiritual, „Swing Low, Sweet Chariot", und Dvořák arbeitete auch das Spiritual „Goin' Home" ein. Alle Welt hielt es für selbstverständlich, daß das Werk nicht nur eine Beschwörung amerikanischen Geistes war, sondern auch tatsächlich voller Volkslieder oder Spirituals steckte, auf die Dvořák gestoßen war. Einige sahen in *Aus der Neuen Welt* die Geschichte von Hiawatha; Harry Rowe Shelley, ein Schüler Dvořáks, sagte, er habe selbst gehört, daß der Komponist beteuerte, eine bestimmte Stelle der Sinfonie repräsentiere das Schluchzen des Indianermädchens, als sie Hiawatha den

416   Von Böhmen bis Spanien

Abschiedsgruß entbot. Bald wurde Dvořák das Aufsehen lästig, das *Aus der Neuen Welt* hervorgerufen hatte, und er leugnete kategorisch, daß darin etwas spezifisch Amerikanisches zur Geltung komme. Die Behauptung, *Aus der Neuen Welt* sei der Beginn einer amerikanischen Schule, erklärte er für „Unsinn", und er kam zu dem Schluß, daß die Musik, die er in Amerika komponiert hatte, „echt böhmische Musik" sei, womit er seinen anfänglich überschwenglichen Äußerungen völlig widersprach. Sein reifliches Überlegen war nur allzu berechtigt. Zwar gibt es Spuren amerikanischer Themen und Rhythmen im F-Dur-Quartett und in *Aus der Neuen Welt*, aber die Musik ist dennoch genausowenig amerikanisch wie der Heilige Wenzel. Trotz seines Widerrufs hielt jedoch die Kontroverse in der amerikanischen Presse jahrelang an. *Aus der Neuen Welt* stellt auf jeden Fall eine persönliche Synthese verschiedener idiomatischer Bestandteile dar, die Wendungen der Indianer- und Negerfolklore sowie slowakischer Lied- und Tanzrhythmen umfaßt.

Zu den späten Werken Dvořáks, die größtenteils in Amerika entstanden, zählen die dunkelgetönten *Biblischen Gesänge* (die von den unbeschwerten *Zigeunerliedern* so grundverschieden sind), das glänzende Cellokonzert in h-Moll und die *Humoresken* für Klavier. Dvořáks letzte Streichquartette in As-Dur und G-Dur sind seine ausladendsten und seriösesten Kammermusikwerke und wahrscheinlich auch seine größten. Beide komponierte er noch in den Vereinigten Staaten. Nach seiner Rückkehr nach Prag lehrte er am dortigen Konservatorium und wurde 1901 zum Direktor ernannt. Der Tod des Komponisten (1. Mai 1904) war ein Anlaß zu nationaler Trauer.

Obwohl sich zahlreiche Werke Dvořáks im Repertoire gehalten haben, muß ein beinahe ebensogroßer Teil noch erforscht werden. Die letzten drei seiner neun Sinfonien werden häufig gespielt, während die 6. ‚in D-Dur' weniger bekannt ist und die 5. ‚in F-Dur' in allen Konzertsälen außerhalb der Tschechoslowakei gänzlich unbekannt ist.

Und doch ist die F-Dur-Sinfonie op. 76 ein großartiges Stück, und die Es-Dur-Sinfonie op. 10 beinahe ein Meisterwerk. Letztere wurde 1873 komponiert, aber schon hier wird die volle Kraft von Dvořáks Instrumentationskunst offensichtlich – jener schwungvolle Klang, die goldenen Hörner, die instinktive Sicherheit, mit der jeder Akkord an der richtigen Stelle eingesetzt wird. Der englische Dirigent Julius Harrison betonte, daß in jedem Orchesterstück Dvořáks „jeder Instrumentalpart von Leben erfüllt ist. Nichts stagniert, denn Dvořáks Gehör war sich jeder harmonischen Füllstimme deutlich bewußt." Auch das *Scherzo capriccioso*, die verschiedenen Serenaden, die *Legenden* und die sinfonischen Variationen sollten häufiger gespielt werden. Dvořáks sinfonische Werke sind etwas schwächer, aber *Das goldene Spinnrad* ist reizvoll genug, um gelegentliche Aufführungen zu rechtfertigen.

Seine Konzerte bleiben lebendig. Er schrieb ein reizvolles Klavierkonzert in g-Moll mit einem ziemlich blassen Klavierpart, ein schönes Violinkonzert in a-Moll und ein atemberaubendes Cello-Konzert in h-Moll. Von seiner Kammermusik sind uns das Klavierquintett in A-Dur, die Streichquartette in F- und

Leoš Janaček (1854–1928).

Es-Dur vertraut. Weniger bekannt sind die mächtigen letzten Quartette, das vorwärtsdrängende Es-Dur-Klavierquartett und das ebenso machtvolle f-Moll-Klaviertrio. Jedes dieser Werke hält dem Vergleich mit den besten Kammermusikkompositionen der Spätromantik stand. Dvořáks Opern sind außerhalb der Tschechoslowakei nicht im Repertoire vertreten, obwohl *Rusalka* die erfolgreichste Oper des Komponisten ist und sich in ihr zahlreiche Anklänge an Wagner finden. *Der Teufel und Käthe* ist eine komische Oper mit schöner Musik. Und von den Chorwerken zählen das *Stabat Mater* op. 58 (1876/77) und das *Requiem* op. 89 (1890) zu den ausdrucksvollsten Werken dieser Gattung.

Der letzte im Dreigestirn großer tschechischer Komponisten ist Leoš Janáček (3.Juli 1854–12. August 1928). Über die Grenzen seiner engeren Heimat hinaus wurde er erst infolge der Wiederaufführungen der Oper *Jenufa* 1916 in Prag und 1918 in Wien bekannt, erlangte dann aber rasch Weltruhm.

Er war nur dreizehn Jahre jünger als Dvořák. Während dieser ausschließlich die spätromantische Tradition vertrat, griff die Musik aus Janáčeks Spätphase weit ins 20. Jahrhundert hinein. Schon immer war seine Gesinnung viel fortschrittlicher als die Dvořáks gewesen. Er war kein besonders großer Komponist und verfügte nicht über Dvořáks melodisches Gespür, aber er war entschieden kraftvoller und schärfer und in gewisser Hinsicht für Dvořák das, was Mussorgskij für Tschaikowsky bedeutet hatte. Dvořák bemühte sich um Schönheit, Janáček um Wahrhaftigkeit. Man stelle sich den ordentlichen, religiösen, viktorianisch gesonnenen Dvořák vor, wie er sich ein Libretto wie das von *Jenufa* auswählte, das um den Mord an einem unehelichen Kind kreist!

Janáček verbrachte den größten Teil seines Lebens in Brno (Brünn), wo er 1881 die Brünner Orgelschule gründete und 1881–88 auch Dirigent der Philharmonischen Gesellschaft war. 1919 wurde er Kompositionslehrer an der Meisterschule des Prager Konservatoriums. Erst mit zweiundzwanzig Jahren hatte er zu komponieren begonnen. Sein erstes bedeutendes Werk wurde erst aufgeführt, als er vierzig Jahre alt war. Von diesem Zeitpunkt an komponierte er stetig mit großem Einfallsreichtum. Je älter er wurde, um so knapper, karger, zerklüfteter, dissonanter und epigrammatischer wurde seine Musik. Auch wenn in seinen Kompositionen nicht immer eine Haupttonart vorgezeichnet ist, so haben diese doch immer ein tonales Zentrum. Manche Harmonien aber sind so grell, daß sie auf Atonalität schließen lassen.

Janáček war Nationalist und – im Gegensatz zu vielen frühen Nationalisten – ein profunder Kenner der nationalen Musiktradition. Wie Bartók und Kodály in Ungarn, wie Vaughan Williams und Holst in England erforschte und edierte er mit František Bartoš die Volkslieder seines Landes. Seine eigene, stark von diesen Forschungen beeinflußte Musik verkörpert, wie die Bartóks, einen Nationalismus, der tiefer reicht als der von Smetana, Dvořák, Rimskij-Korsakow oder Grieg propagierte. In seinen Opern und seiner Vokalmusik handelt es sich um einen Nationalismus, der von Deklamationsmodellen repräsentiert wird, wie sie dem Volkslied und der Volkssprache eigen sind.

Janáček arbeitete eine Theorie der Sprache in der Musik aus, die der Mussorgskijs sehr nahe steht, obwohl er erst in seinen letzten Lebensjahren dessen Spätwerk kennenlernte. „Die Untersuchungen über die musikalischen Aspekte der gesprochenen Sprache, die ich angestellt habe", schrieb er, „haben mich zu der Überzeugung gebracht, daß die Gesamtheit der melodischen und rhythmischen Geheimnisse der Musik sich aus der Beziehung zu Melodik und Rhythmik der musikalischen Motive der gesprochenen Sprache erklären läßt." Zu Beginn der neunziger Jahre des 19. Jahrhunderts zeichnete er systematisch die melodischen und rhythmischen Qualitäten der gesprochenen Sprache auf und entdeckte, daß er mit Hilfe dieser „Sprachmelodien" das „Motiv jedes beliebigen Wortes bilden" und damit auch „den gesamten Komplex des Alltagslebens wie der größten Tragödie umfassen" könnte. Janáček setzte sich mit fanatischer Begeisterung für die „Sprachmelodie" ein und forderte, daß an jedem Konservatorium und in jeder Schauspielschule darüber unbedingt Kurse abgehalten werden sollten.

Sein Naturgefühl stand in enger Beziehung zu dieser Theorie der Sprachschemata. „Ich höre den Vögeln zu, wie sie singen. Ich staune über die Äußerungen von Rhythmus in seinen millionenfach verschiedenen Formen in der Welt des Lichts, der Farbe und der äußeren Umrisse, und meine Musik bleibt jung durch den Kontakt mit dem ewig jungen Rhythmus der Natur." Bei jedem anderen wäre das konventionelles und sentimentales Gerede gewesen; aber Janáček schrieb keine sentimentale Musik, und sein Werk ist von einem gewissen Pantheismus beseelt. Von diesem Gefühl war auch Bela Bartók erfüllt, und Janáčeks Musik findet in der „Nachtmusik" vieler Bartók-Partituren ihr Echo.

Obwohl Janáček viele volksliedähnliche Themen in seinen Werken benutzte, kann er nicht als Folklorist gelten. Seine Musik ist eher an bestimmten idiosynkratischen Zügen erkennbar: an melismatischen Schemata, die an Volksmusik gemahnen (vor allem seine Klaviermusik), an einer straffen, verknappten Harmonik oder an einem gewissen Galgenhumor (wie im Capriccio für Klavier und Bläser). In vieler Hinsicht steht er zwischen Spätromantik und Moderne. Seine Harmonik ist, wenn auch kraftvoll, doch nicht gewagt genug, um als vollends modern zu gelten, und im Vergleich zur Nachromantik wiederum zu unkonventionell. Aber sein Stil ist durchaus originell.

Janáčeks frühe Werke – *Jenufa* (1902) oder die zweisätzige Klaviersonate (1905) – sind konventioneller als die späten Opern wie *Die Sache Makropoulos* (1924) oder *Aus einem Totenhaus* (1926). *Katja Kabanowa* (1921) ist das Schlüsselwerk, das die philosophischen Systeme zweier Jahrhunderte umschließt. Der allererste Akkord – F, Des, B, H – ist eindrucksvoll und modern, wird aber nach b-Moll aufgelöst. Neben Passagen voll schneidender Dissonanzen stehen Abschnitte, die beinahe von Tschaikowsky stammen könnten, so die Ces-Dur-Episode auf Seite 27 des Klavierauszuges. (Janáčeks Kompositionssystem verführte ihn häufig zu solch „unmöglichen" Tonarten wie Ces-Dur, und seine Partituren sind wegen der verschwenderisch gebrauchten Versetzungszeichen schwer zu lesen.) Die Dichotomie setzt sich bis ins Libretto

420 Von Böhmen bis Spanien

selbst hinein fort. Die Handlung, die um eine verheiratete Frau kreist, die eine Liebesaffäre hat und von ihrem Gewissen zum Selbstmord getrieben wird, ist durchaus modern. Und doch zögert Janáček nicht, das altmodische Stilmittel einer eingeschobenen Arie zu benutzen, die mit dem Handlungsverlauf nichts zu tun hat. So betritt im zweiten Akt eine Figur die Bühne: „Noch niemand hier? So will ich ein Lied singen, während ich warte." Und unverzüglich verfällt er auf ein Volkslied – in des-Moll (eine weitere „unmögliche" Tonart). Diese Stilmittel tauchen jedoch in den späten Opern nicht mehr auf, Werken, in denen Janáček seine „Sprachmelodie" zu einem logischen Abschluß brachte. Die Figuren deklamieren eher, als daß sie singen, und die Melodik ist dem Orchester anvertraut. Janáčeks Rhythmik ist so faszinierend und seine Sprechgesang-Wendungen sind so genau, daß seine Opern eine gewaltige Anziehungskraft ausüben. Dasselbe gilt für die *Glagolitische Messe* von 1926, die den Hörer in eine urtümliche slawische Welt einführt.

Kein Komponist hätte weniger Ähnlichkeit mit dem unerbittlichen Janáček haben können als Norwegens berühmtester Nationalist Edvard Grieg (15. 6. 1843–4. 9. 1907). Während Janáček aus Granit gemeißelt schien, war Grieg, mit den Worten Debussys, eher „in Schnee gewickelten Bonbons" ähnlich. Die Beschränkung auf nationale Charakteristik hat seinen Werken eine Popularität von Weltgeltung verschafft, die mit der Dvořáks verglichen werden kann. Während aber Dvořák sich in der Hauptsache den großen Formen verschrieb, war Grieg vor allem Miniaturist; und während Dvořák auch heute sich noch großer Beliebtheit erfreut, war Griegs Ruhm nur von kurzer Dauer. Nach seinem Tod waren wenige Musiker bereit, ihn überhaupt ernst zu nehmen. Seiner einst reizvollen chromatischen Harmonien wurde man bald überdrüssig. Grieg war ebenso aus der Mode gekommen wie Zylinder und Samtjackett. Nach dem Ersten Weltkrieg war ihm – genauso wie Mendelssohn und Liszt – kaum noch Erfolg beschieden. Während aber in jüngster Zeit das Interesse für Liszt und Mendelssohn wieder erwacht ist, erlahmt das an Grieg immer mehr.

Grieg zählt nicht zu den Unsterblichen der Musik, er gehört jedoch jener Gruppe von Nationalkomponisten an, die der Musik neue Impulse vermittelten. Durch eine für seine Zeit oft kühne Harmonik und Satztechnik wurde er zum Wegbereiter der modernen Volksliedbearbeitung. Seine besten Werke verraten handwerkliches Können und eine häufig eindrucksvolle Melodik. Die g-Moll-Ballade für Soloklavier ist ein gutes Beispiel dafür. Sie benutzt eine Volksweise und beginnt mit einer Reihe getragener, an Franck gemahnender, stark chromatischer Akkorde, die zu einer Variationenfolge überleiten. Der Kompositionsstil ist eine Kombination aus nationalen Elementen und von Schumann beeinflußter Klaviertechnik. Aber erst mit der glitzernden vierten Variation mit ihrer Kadenz auf der erhöhten Sexte (wie sie für die norwegische Volksmusik typisch ist) gewinnt das nationale Element die Oberhand. Der Stil ist geschmackvoll und virtuos und das Werk ein reizvolles Musikstück, das mit der billigen Salonmusik, die Europa zu jener Zeit überschwemmte, nichts gemein hat.

Europäische Nationalisten 421

Es ist jedoch nicht leicht, zu wirklichem Leben zu erwecken, weil die Tradition, die es repräsentiert, erloschen ist. Pianisten wie Percy Grainger und Leopold Godowsky (der in den späten zwanziger Jahren dieses Jahrhunderts eine Plattenaufnahme der Ballade machte) vermochten Griegs Musik mit feinem Gespür wiederzugeben. Klaviervirtuosen aber, denen der romantische Stil nicht vertraut ist, neigen dazu, die Musik zu verfälschen, weil sie nicht wissen, wann ein Tempo zurückgenomen, ein Rubato eingesetzt und wie die Mittelstimmen zum Klingen gebracht werden müssen.

Grieg, der (mit großer Unzufriedenheit) am Leipziger Konservatorium studierte, war ein guter und vielseitiger Musiker – Pianist, Dirigent, Komponist und Kenner der nordischen Musik. Starken Einfluß hatte auf ihn der heute nahezu vergessene Ole Bull (1810–1880) ausgeübt, ein norwegischer Geiger, der, weitgehend Autodidakt, in Europa und den Vereinigten Staaten zu großem Ansehen kam. Halb Genie, halb Scharlatan, eine exzentrische Persönlichkeit mit eigenwilligen Meinungen, war er für Grieg eine regelrechte Vaterfigur. An norwegischer Volksmusik interessiert, komponierte er 1840 ein *Notturno* für Streichorchester, das viele Elemente von Griegs Musik vorwegnimmt. Auf Bulls Anraten wurde Grieg 1858 auf das Leipziger Konservatorium geschickt. In späteren Jahren beklagte sich der Komponist über diese Lehranstalt und sagte, seine Klavierlehrer seien unfähig gewesen, und seine Kompositionslehrer hätten ihm Übungsaufgaben gegeben, denen er noch nicht gewachsen gewesen sei.

Grieg kehrte 1862 nach Norwegen zurück, gab Klavierabende und ging dann nach Kopenhagen, wo er kurze Zeit mit Niels Gade, dem damals bedeutendsten dänischen Komponisten, zusammenarbeitete. Dort begegnete er auch seiner Cousine Nina Hagerup, mit der er sich 1864 verlobte. Drei Jahre später fand die Hochzeit statt. Nina Hagerup war Sängerin und trug viele seiner Lieder zum ersten Mal in der Öffentlichkeit vor. Bis 1864 standen Griegs Kompositionen unter dem Einfluß Schumanns, Mendelssohns und der frühromantischen Schule. Aber 1864 begann er Interesse für Ole Bulls Bemühung um eine nationale norwegische Musik zu entwickeln, und er schloß überdies Freundschaft mit dem jungen Komponisten Rikard Nordraak, der bereits in einem aus norwegischen Volksweisen abgeleiteten Stil komponierte. Grieg entschloß sich, den Rest seines Lebens der norwegischen Nationalmusik zu widmen, kehrte in sein Heimatland zurück, komponierte stetig, dirigierte, gab Konzerte und erwies sich bald als das größte musikalische Talent Norwegens. Liszt hörte einige seiner Werke und schickte einen begeisterten Empfehlungsbrief mit der Einladung, ihn in Weimar zu besuchen. Sie begegneten sich jedoch nicht in Weimar, sondern 1869 in Rom und schlossen eine enge Freundschaft. Später zeigte Grieg Liszt das Manuskript seines Klavierkonzerts in a-Moll. Liszt drängte mit einer seiner typischen pompösen Gesten den Komponisten beiseite und spielte das Konzert fehlerlos vom Blatt.

In seiner Reifezeit komponierte Grieg ruhige, kleine, vortreffliche Musikstücke. Neben seiner schöpferischen Arbeit bestätigte er sich in Norwegen als Dirigent und Kritiker. Jedes Jahr unternahm er eine Europa-Tournee als Pianist und spielte seine eigenen Werke; er gehörte zu den beliebtesten Pianisten und Komponisten seiner Zeit.

Grieg war ein ausgeglichener, klarsichtiger Mensch, der es verstand, sich beliebt zu machen. Als er zum Ritter des Ordens von Oranien-Nassau geschlagen wurde, schrieb er einem Freund: „Orden und Ehrenzeichen sind für mich im obersten Fach meines Reisekoffers sehr nützlich. Die Zollbeamten sind bei ihrem Anblick immer so freundlich zu mir." Er hatte eine schwache Konstitution und zeit seines Lebens eine angegriffene Lunge. Trotz dieses Leidens setzte er seine Tourneen beinahe bis zu seinem Tod fort, denn, gewohnt im Rampenlicht der Öffentlichkeit zu stehen, brauchte er das Publikum zum Leben. Als er am 3. September 1907 in ein Krankenhaus eingewiesen wurde, plante er eine Reise nach England. Er starb am darauffolgenden Tag.

Griegs Mißgeschick ist, wie das von Saint-Saëns, teilweise darin begründet, daß er zumeist nur mit seinen weniger bedeutenden Stücken bekannt ist – etwa mit *Peer Gynt,* einigen der schwierigeren *Lyrischen Stücke* oder den *Tänzen aus Norwegen*. Aber Grieg hat mehr zu bieten als nur das. Eine seiner Sammlungen norwegischer Bauerntänze, *Slåtter* (op. 72), enthält Stücke, die eine verblüffende Ähnlichkeit mit Bartóks Transkriptionen ungarischer Melodien haben. Viele der *Lyrischen Stücke* (insgesamt 68 Stücke) stehen einigen *Liedern ohne Worte* von Mendelssohn nicht nach und sind sogar zum Teil besser als diese. Griegs g-Moll-Streichquartett diente Debussy als Vorbild für sein eigenes Streichquartett, wie Gerald Abraham überzeugend dargelegt hat. Die drei Violinsonaten sind sehr schön angelegt und inhaltlich reizvoll, gefällig zu spielen und zu hören. Grieg war ein ungewöhnlich begabter Liedkomponist; im Zyklus *Haugtussa* („Das Kind der Berge") oder in Liedern wie *Ein Schwan* brachte er es zur Vollkommenheit.

Griegs Musik ist nicht von großer Tiefe und sein Tätigkeitsfeld ist zugegebenermaßen begrenzt. Sogar das Klavierkonzert in a-Moll, wahrscheinlich sein beliebtestes Konzertstück (*Peer Gynt* taucht kaum noch auf, es sei denn in volkstümlichen Konzerten), steht den modischen Virtuosenkonzerten Rubinsteins, Herz', Scharwenkas und Litolffs näher als den klassischen Meisterwerken der Musik. Als Meister der kleinen Form zeichnet sich Grieg durch kühne Harmonik, Anmut und Gefälligkeit aus.

Die beiden ersten bedeutenden spanischen Nationalkomponisten, Isaac Albéniz und Enrique Granados, standen in einer gewissen inneren Beziehung zu Grieg. Wie Grieg strebten sie nach einer Verbindung von volkstümlichen Melodien mit Virtuosität und befaßten sich weitgehend mit kleineren Formen, vorzugsweise mit Klaviermusik. Auch ihre Werke gehören in die Nachbarschaft der Salonmusik. Im Gegensatz zu Grieg aber komponierten sie ein glanzvolles Klavierwerk, das eine Bereicherung des Repertoires darstellte – Albéniz mit seinem *Iberia*-Zyklus, Granados mit seinen *Goyescas*.

Im 19. Jahrhundert war Spanien eines der rückständigsten und reaktionärsten Länder Europas. Es hatte jedoch ein großes Reservoir vitaler Volksmusik, und europäische Komponisten pflegten nach Spanien zu reisen, sich von der

Edvard Grieg (1843–1907).

Musik hinreißen zu lassen und dann ihre *Jota Aragonesa, Caprice espagnol* und *España* zu schreiben. Eine seriöse Ausbildungsstätte für Musiker fehlte (das Konservatorium in Madrid genügte professionellen Anforderungen nicht). Junge Talente wie Juan Arriaga (1806–1826) mußten zum Studium außer Landes gehen. (Arriaga, der im Alter von zwanzig Jahren starb, war sehr begabt; an ihm ist ein potentiell bedeutender Komponist verlorengegangen.) Die beliebteste Form der spanischen Musik war das Singspiel oder die *zarzuela*, und die Zarzuela-Komponisten waren bestrebt, Rossini und Bellini nachzuahmen.

Erst nach der Jahrhundertmitte bemühte man sich ernsthaft, das reiche Erbe der spanischen Volksmusik zu sichten. Felipe Pedrell (1841–1922) führte durch sein Schaffen die spanische Musik zu ihren Traditionen zurück. Er war Komponist, Musikforscher (er gab die Werke des großen spanischen Kontrapunktikers des 16. Jahrhunderts, Tomas Luis de Victoria, heraus) und Volkskundler. Sein *Cancionero musical popular español* galt viele Jahre lang als die grundlegende Arbeit auf diesem Gebiet. Als Komponist lebte Pedrell im Schatten seiner Gelehrtenarbeit. „Man hat mir nie Gerechtigkeit erwiesen" bedeutete er Manuel de Falla, „weder in Katalonien noch im übrigen Spanien. Man hat mich ständig herabzusetzen versucht, indem man behauptete, ich sei ein großer Kritiker oder großer Historiker, aber kein guter Komponist. Es ist nicht wahr. Ich *bin* ein guter Komponist." Sein Ansehen als Komponist bleibt jedoch auf Spanien beschränkt. Lange Zeit wurde die beste spanische Musik von Nicht-Spaniern geschrieben. Michail Glinka war der erste, der dem Zauber spanischer Volksmusik erlag. Ihm folgte eine Schar anderer ausländischer Komponisten, die sich von der Farbigkeit, dem rhythmischen Schwung und dem exotischen melodischen Reiz Spaniens begeistern ließen. Der französische Komponist Alexis Chabrier war dem Zauber der spanischen Musik regelrecht verfallen: „Wir machen die Runde durch die Konzert-Cafés, wo die *malagueñas*, die *soledas*, die *zapatéados* und die *pateneras* gesungen und gespielt werden; dann die Tänze, die eindeutig arabischen Ursprungs sind, das bildet den Höhepunkt. Wenn Sie sie sehen könnten, wie sie ihre Hinterteile winden, drehen und schwenken, glaube ich nicht, daß Sie sich um die Abreise kümmern würden." Nur für die Spanier selbst schien diese Musik keinen Reiz zu haben.

Zu dieser Zeit wurden Isaac Albéniz (1860–1909) und Enrique Granados (1867–1916) geboren. Beiden Komponisten war vieles gemeinsam. Beide waren Konzertpianisten mit glänzendem internationalem Ruf. Beide waren nationalistische Komponisten, die eine authentische spanische Kunstmusik ins Leben zu rufen trachteten. Keiner war dabei restlos erfolgreich, denn sowohl *Iberia* als auch *Goyescas* verraten den Einfluß Chopins, Liszts, der französischen Schule der Jahrhundertwende und wahrscheinlich der Klaviermusik von Leopold Godowsky. Godowsky (1870–1938) neigte in seinem Klavierspiel zu extremer Virtuosität. Er komponierte zahlreiche Klavierwerke, in denen Komplexität und Bewegung der Mittelstimmen nahezu zum Selbstzweck wurden. Albéniz und Granados vollendeten beinahe zur gleichen Zeit ihre Meisterwerke: *Iberia* wurde zwischen 1906 und 1909 komponiert, *Goyescas* von 1909 bis 1910. Beide Klavierzyklen sind voll des „Duftes" spanischer Rhythmen und Melodien und atmen den Geist spanischen Lebens. Beide Werke sind extrem schwer, voller Nebenthemen; der Kompositionsstil ist durch überschießende Rhythmen, große Spannweite der Finger, feinfühlige Pedaleffekte, nahezu orchestral wirkende Dichte des Stimmengefüges und durchdachte Verzierungsarbeit geprägt. *Goyescas* ist romantischer, verträumter, formal unbestimmter, aber vielleicht einprägsamer als *Iberia*.

Albéniz führte ein interessantes Leben. Als Wunderkind vorgeführt (er spielte bereits mit vier Jahren in der Öffentlichkeit), lief er ständig von zu Hause fort. Mit dreizehn Jahren machte er sich auf den Weg nach Kuba, New York und Südamerika, bevor die Behörden ihn ausfindig machen und aufhalten konnten. 1874 nahm er geregelte Studien am Leipziger und später am Brüsseler Konservatorium auf. Dann erteilte ihm Liszt Klavierunterricht in Budapest. 1890 studierte er bei d'Indy und Dukas in Paris Komposition. Anschließend ging er wieder auf Reisen. Eine Zeitlang ließ er sich in London nieder, wo eine seiner Opern uraufgeführt wurde. Dann siedelte er für immer nach Paris über. Er veröffentlichte zahlreiche Klavierstücke, die heute größtenteils nicht mehr gespielt werden. Einige aber – wie der Tango in D-Dur – sind jedermann bekannt. Keines seiner frühen Werke ließ jedoch die Großartigkeit der späteren *Iberia* ahnen. Sie war von beispielloser Schwierigkeit, und die berühmte französische Pianistin Blanche Selva war geradezu bestürzt beim Anblick der Noten: „Das Werk ist unspielbar!" Albéniz, der damals bereits dem Tode nahe war, versicherte ihr, daß es nicht der Fall sei und das Werk sehr wohl gespielt werden würde. Er starb am 18. Mai 1909 und hinterließ eine unvollendete Operntrilogie über *König Artus*. Seine Oper *Pepita Jiménez* hatte einen kurzlebigen Erfolg. Sie ist heute jedoch gänzlich in Vergessenheit geraten.

Iberia ist ein abstraktes, weitgehend auf andalusischer Volksmusik beruhendes Werk. *Goyescas,* das ebenfalls andalusische und Flamenco-Elemente benutzt, beruht auf Radierungen und Gemälden Goyas. Wie Albéniz hatte auch Granados vor *Goyescas* eine große Anzahl gefälliger Klavierstücke herausgebracht. Granados war Schüler von J. B. Pujol und F. Pedrell sowie 1887 von Charles-Wilfrid de Bériot in Paris. In Barcelona ließ er sich dann als Klavierlehrer nieder. Bald begannen seine Kompositionen Aufmerksamkeit auf sich zu lenken. Die Uraufführung seiner Oper *María del Carmen* im Jahre 1898 war ein Erfolg. Mit der *Colección de tonadillas* schuf er repräsentative Beispiele eines romantisch-nationalen spanischen Stils.

Dann kam der Klavierzyklus *Goyescas*. Granados hatte sich bereits lange damit beschäftigt, bevor er mit der eigentlichen Komposition begann. „Ich bin verliebt in die Psychologie Goyas, in seine Farbpalette, in ihn selbst, in seine Muse, die Herzogin von Alba, in seine Auseinandersetzungen mit seinen Modellen, in seine Liebschaften und Schmeicheleien. Dieses weißliche Rosa der Wangen, das mit dem Schimmer des schwarzen Samtes kontrastiert; diese unterirdischen Geschöpfe, diese Hände aus Perlmutt und Jasmin, die auf Jett-

426   Von Böhmen bis Spanien

Schmuckstücken ruhen, haben mich gefangengenommen." Diese geheimnisvollen, schönen, beinahe bedrohlichen „majas", die Goya malte, diese aristokratischen Frauen, die hinter Fächern hervorblinzelten und in geheime Gedanken versunken waren, diese Mischung aus Bedrohlichkeit und Dekadenz – das alles regte den feinfühligen Granados an.

Sein Klavierzyklus bestand ursprünglich aus sechs Stücken, denen *El Pelele* hinzugefügt wurde. Das bei weitem berühmteste und am häufigsten gespielte Stück ist *Quejas, o la maja y el ruiseñor,* auch unter dem Titel *Die Jungfrau und die Nachtigall* bekannt. Es enthält eine der reizvollsten, wehmütigsten Melodien des Jahrhunderts, die mit den Trillern der singenden Nachtigall schließt. Das alles aber ist weit entfernt von bloßer Klangmalerei; es ist in Musik umgesetzte Poesie, es sind die Verse eines Menschen von ungewöhnlicher Sensibilität.

Granados gestaltete dann *Goyescas* nach einem Libretto von Fernando Periquet zu einer Oper um. 1914 hatte er in Paris mit der Vorführung von Einzelstücken des Zyklus Aufsehen erregt, und die Opéra erteilte ihm den Auftrag, das Ganze zu einer Oper umzuformen. Es brach jedoch der Erste Weltkrieg aus, und die Opéra war nicht mehr in der Lage, das Werk aufzuführen. Giulio Gatti-Casazza übernahm es für die Metropolitan Opera, wo es 1916 uraufgeführt wurde. *Goyescas* wurde freundlich aufgenommen, hatte jedoch keinen dauerhaften Anklang. Das Libretto gilt als zu schwach und ist es wohl auch tatsächlich, obwohl schlechtere Libretti noch immer ihr Publikum finden. Überraschend ist, daß die kleine Oper nicht als Eröffnungseinakter aufgegriffen worden ist. Sie hat einen eigenartigen Reiz.

Die Reise in die Vereinigten Staaten anläßlich der Proben für die Uraufführung wurde Granados zum Verhängnis. Präsident Wilson bat den Komponisten, im Weißen Haus zu spielen. Er fühlte sich durch diese Einladung geehrt und verschob seine Rückfahrt. Am 24. März 1916 ging er schließlich an Bord der S. S. *Sussex* mit Bestimmungshafen Dieppe. Das Schiff wurde im Ärmelkanal jedoch torpediert. Ein Überlebender erzählte, daß Granados bereits in einem Rettungsboot in Sicherheit war, als er sah, daß seine Frau in den Fluten um ihr Leben kämpfte. Er sprang hinein, um ihr zu helfen und ging mit ihr unter. „Ich habe eine Welt voller Ideen im Kopf", sagte er kurz vor seinem Tode. „Ich berste vor Enthusiasmus, mehr und mehr zu arbeiten." Es war ihm aber nicht gegeben, diese Pläne auszuführen. Und so lebt er heute in der Hauptsache mit *Goyescas,* einigen Salonstücken und bezaubernd schönen Liedern fort.

Das Werk von Albéniz und Granados wurde von Manuel de Falla fortgesetzt. Falla, der am 23. November 1876 in Cádiz geboren wurde, studierte bis 1904 privat bei F. Pedrell, gewann 1905 bei einem nationalen Opernwettbewerb der Academia de Bellas Artes den 1. Preis mit seiner Oper *La vida breve* und ging dann für sieben Jahre nach Paris. Der Erste Weltkrieg führte ihn nach Spanien zurück, wo er so beliebte Stücke wie die Ballette *El amor brujo* und *El sombrero de tres picos* komponierte. Aus derselben Zeit stammen seine *Noches en los jardines de España* für Klavier und Orchester. Nach dem Kriege schrieb er eine

Marionettenoper, *El retablo de maese Pedro* (Meister Pedros Puppenspiel), ein Cembalokonzert und das Klavierwerk *Fantasia baëtica*. Nach 1926 komponierte er nur noch sehr wenig. Er ging nach Argentinien, lebte dort zurückgezogen und arbeitete in den letzten zwanzig Jahren seines Lebens an einem ausladenden Projekt, der szenischen Kantate *Atlántida* für Soli, Chor und Orchester. Er starb am 14. November 1946.

Fallas Œuvre ist nicht besonders umfangreich, aber alles, was er komponierte, ist von erlesener handwerklicher Könnerschaft. Anfangs ähnelte seine Musik der früherer spanischer Nationalisten, obwohl sie differenzierter war und einen Hauch impressionistischer Techniken aufwies. Sie basierte auf *cante jondo*, andalusischen Melodien und Rhythmen, dem Flamenco und anderen Elementen des spanischen *melos*, die durch das Filter einer französisch geprägten Technik gegangen waren. *Noches en los jardines de España*, im Jahre 1916 komponiert, ist wenig mehr als ein Gegenstück zu d'Indys *Symphonie sur un chant montagnard français*, die bereits 1886 entstand. Beide Werke sind für Klavier und Orchester geschrieben, beide benutzen eine an Arpeggios und harfenähnlichen Effekten überreiche Klaviertechnik und machen sich in höchst differenzierter Konzertsaal-Manier nationale Elemente zu eigen. Fallas *Noches*, seine Oper *La vida breve* und seine *Sieben volkstümlichen spanischen Lieder* sind seit ihrer Uraufführung beliebte Repertoirestücke. Die Musik beschwört nicht nur auf bezaubernde Weise Spanien herauf, sondern ist auch das Werk eines äußerst gewandten Komponisten mit subtilem Ohr für Klangfarbenwerte und absoluter technischer Präzision. Falla übertraf nicht nur jeden anderen spanischen Komponisten seiner Zeit; er war der *einzige* spanische Komponist der Epoche, der sich über bloße Mittelmäßigkeit erhob.

Nach dem Ersten Weltkrieg trat in seinem Werk ein deutlicher Stilwandel in Erscheinung. Der große Einfluß, der auf de Falla einwirkte, ging von Strawinsky aus, der 1918 *L'histoire du soldat* („Die Geschichte vom Soldaten“) komponiert hatte und dann die Ausdrucksmöglichkeiten des Neoklassizismus auszuloten begann. Falla fing auf dieselbe Weise zu arbeiten an. Sein *El retablo de maese Pedro*, für ein zwanzigköpfiges Orchester geschrieben und mit so ungewöhnlichen Instrumenten wie Cembalo, Laute und Xylophon besetzt, ist ein Gegenstück zu Strawinskys kleiner choreographierter Erzählung vom russischen Soldaten. Ähnlich läßt sich Fallas Cembalokonzert mit einem kleinen Begleitensemble aus Flöte, Klarinette, Violine und Cello als spanischer Neoklassizismus beschreiben. Das Werk hat nie die Beliebtheit seiner früheren Kompositionen erreicht, stößt jedoch tiefer in den Bereich spanischer Volksmusik vor und beschwört überdies die Welt Scarlattis herauf (der viele Jahre seines Lebens in Spanien verbrachte). Sein größtes Werk, *Atlántida*, für Chor, Solisten und Orchester, blieb unvollendet. Der spanische Komponist Ernesto Halffter, der bei de Falla studierte, ergänzte die Partitur. Sie hinterließ aber keinen nachhaltigen Eindruck, als Ernest Ansermet 1962 in New York die amerikanische Erstaufführung leitete; darauf folgten, wenn überhaupt, nur einige wenige weitere Aufführungen.

Frankreich, Italien und Deutschland hatten nie einen bedeutenden national-
bewußten Komponisten. In England gab es Ralph Vaughan Williams und in
Ungarn Béla Bartók, auf die wir später zurückkommen werden. In Polen
brachte Ignacy Jan Paderewski (1860–1941) ein kommerzielles Nationalpro-
dukt heraus – eine an Chopin orientierte, in spätromantischen Klischees zum
Ausdruck gebrachte Spielart von Nationalismus: häufig gefällig, aber unbedeutend. Ein sehr viel gewichtigerer polnischer Nationalkomponist war Karol
Szymanowski (1882–1937), der deutsche, russische und französische Einflüsse
in seine Kunst aufnahm und sich mit Nachdruck an den späten Skrjabin
anlehnte. Im Westen werden seine Werke kaum gespielt. In Dänemark trat Carl
Nielsen (1865–1931) besonders hervor, ein Komponist, dessen Werk neuerdings eine Renaissance erlebt. Im Gegensatz zu seinem finnischen Kollegen Jean
Sibelius (1865–1957) war Nielsen kein wirklicher Nationalist. Brahms und
Mahler übten einen stärkeren Einfluß auf seine Musik aus als die dänische
Folklore. Er war fortschrittlich (bis zur Polytonalität), aber vollkommen unabhängig von einer Richtung, ein eigenartiger, kraftvoller Kontrapunktiker und
volkstümlicher Melodiker.

Sein Talent trat früh in Erscheinung; er lernte Geige spielen und wurde mit
einem staatlichen Stipendium für das Studium ausgezeichnet. In dieser Hinsicht
verlief seine Karriere parallel zu der von Sibelius (obwohl Nielsens Stipendium
seiner Größenordnung nach nicht mit der großzügig bemessenen Rente zu
vergleichen ist, die der finnische Staat für Sibelius aussetzte). 1908–1914 war er
Hofkapellmeister und 1915–27 Dirigent des Kopenhagener Konservatoriums.
Als er 1926 ein Programm mit eigenen Werken dirigierte, erlitt er eine Herzattacke und siechte bis zu seinem Tode im Oktober 1931 als schwerkranker
Mann dahin.

Während Sibelius in erster Linie von Tschaikowsky und der russischen Schule
beeinflußt war, orientierte sich Nielsen an den deutschen Spätromantikern.
Seine frühen Werke stehen ganz und gar in der Tradition der Spätromantik, und
er gab das tonale System nie völlig auf. Er ging sogar so weit, vier seiner sechs
Sinfonien sprechende Titel zu geben: Nr. 2 ist *Die vier Temperamente,* Nr. 3 die
Sinfonia Espansiva, Nr. 4 die *Unauslöschliche* und Nr. 6 die *Sinfonia Semplice.*
In Wirklichkeit machten diese Titel aber keine Programm-Musik *à la* Strauß
kenntlich. Eher handelte es sich da um Anhaltspunkte und Hinweise in der Art
Schumanns. Sein Spätwerk steht in seiner melodischen Linearität und kammer-
musikalischen Instrumentation den Haupttendenzen der zwanziger Jahre des
20. Jahrhunderts nahe. Ihm ging der Ruf voraus, er schreibe stark dissonant
und tendiere zur atonalen Musik. Heute erscheinen solche Angriffe unbegrün-
det. Nielsen war zwar wagemutiger als mancher Komponist seiner Zeit, aber im
Grunde ein Traditionalist, der die klassischen Formen akzeptierte und sie
gelegentlich mit etwas kühneren Harmonien ausstattete als üblich. Sogar in der
5. Sinfonie mit ihren polytonalen Klängen herrscht keinerlei Zweifel an der
zugrunde liegenden Haupttonart.

Wenn auch nicht so entschieden nationalistisch wie die von Sibelius, hat

Jean Sibelius (1865–1957) bei der Arbeit in seinem Hause in Jaervenpaeae.

Jean Sibelius am Klavier.

Nielsens Musik doch nationalistische Anklänge. Das Eindrucksvollste daran aber ist ihr ausladender Zuschnitt. Seine Rhythmik ist energisch, seine Instrumentation freizügig. Der in den dreißiger Jahren des 20. Jahrhunderts außerhalb Dänemarks nahezu unbekannte Nielsen hatte ebensoviel Schwung, sogar mehr Kraft und eine universalere „Botschaft" als Sibelius, der in aller Munde war. Nach seinem Tod im Jahre 1957 verlor Sibelius nur allzu rasch an Ansehen. Anläßlich des hundertsten Jahrestags seiner Geburt gab es 1965 in den Vereinigten Staaten einige Gedenkkonzerte, aber das Publikum schien ebenso wie die meisten Berufsmusiker kein besonderes Interesse zu haben.

In den dreißiger Jahren sah es ganz anders aus. Damals stand Sibelius auf dem Gipfel seines Ruhmes, wenn er auch seit 1926 nichts mehr komponiert hatte. Die 7. Sinfonie von 1924 und die sinfonische Dichtung *Tapiola* von 1925 waren seine beiden letzten bedeutenden Werke. Wie Rossini beobachtete er dann die Welt aus der Position des Müßiggängers. Während sich Rossini jedoch mit der Komposition von *Scherzi* und *Aperçus* vergnügte, nahm Sibelius in den letzten einunddreißig Jahren seines Lebens keinen Notenstift mehr zur Hand. Es ging das Gerücht um, er komponiere eine 8. Sinfonie. Aber es traf nicht zu. Dennoch geriet er nicht in Vergessenheit. Seine Musik wurde besonders in England und in den Vereinigten Staaten verehrt, wo er Fürsprecher wie Sir Thomas Beecham, Constant Lambert, Sergej Kussewitzky und Olin Downes hatte. Downes, Musikkritiker der *New York Times,* erinnerte seine Leser ständig an Sibelius' Beitrag zur Revolutionierung der sinfonischen Form und schrieb zahlreiche Artikel über die „Kraft", die „Männlichkeit" und die „bardischen" Eigenschaften des finnischen Komponisten. In England wurde Sibelius mit ähnlicher Ernsthaftigkeit aufgenommen. Als Lambert 1933 sein umstrittenes Buch *Music Ho!* veröffentlichte, das einen Überblick über die moderne Musik bot, schnitt Sibelius als einziger Zeitgenosse gut ab. „Seine 4. Sinfonie", schrieb Lambert, „wird heute noch ebensowenig gewürdigt wie die späten Sonaten und Quartette Beethovens zu ihrer Zeit. Dennoch, genau wie die späten Quartette Beethovens das moderne musikalische Denken mehr beeinflußt haben als die modischen Werke von Hummel und Czerny, so werden die Sinfonien von Sibelius einen tieferen Einfluß auf künftige Generationen ausüben als die *pièces d'occasion* seiner Zeitgenossen – der Komponisten wie Hindemith und Strawinsky, die ihren Frieden mit dem Zeitgeist geschlossen haben."

Lamberts Voraussage traf jedoch nicht ein. In den Vereinigten Staaten begann Sibelius' Ansehen bereits 1940 zu sinken. Hatte Downes maßgeblich dazu beigetragen, Sibelius zu lancieren, so stieß ihn ein anderer Kritiker wieder vom Podest hinunter. Kurz nachdem er zum Musikkritiker der New Yorker *Herald Tribune* bestellt worden war, hörte Virgil Thomson die 2. Sinfonie von Sibelius und fand sie „vulgär, zügellos und unbeschreiblich provinziell". In einem seiner typischen Zornausbrüche schrieb Thomson, er habe bemerkt, daß es auf der Welt aufrichtige Sibelius-Anhänger gebe, „obwohl ich sagen muß, daß mir unter gebildeten Berufsmusikern nie einer begegnet ist". Thomson machte sich nur zum Echo dessen, was viele Musiker dachten. Für sie war

Europäische Nationalisten 431

Sibelius wenig mehr als ein anachronistisches Überbleibsel der Spätromantik. Erst seit der 4. Sinfonie von 1911 gelang es Sibelius, der Musik tatsächlich einige neue, antiromantische Impulse zu geben. Er sagte sich von der üppigen Melodik und Instrumentation seiner drei ersten Sinfonien und von den langen Durchführungsteilen des sinfonischen Stils Mahlers und Bruckners los und arbeitete statt dessen mit kurzen Motiven und einer knappen, gedrängten Art von Durchführung. Diese Kompositionsweise ist als Mosaikstil beschrieben worden und vermeidet mit Erfolg die romantische Rhetorik. Die letzten vier Sinfonien sind nicht einmal mehr spezifisch national getönt, obwohl man versucht hat, diesen Gehalt hineinzuinterpretieren.

Und doch hielten viele Berufsmusiker nach dem Zweiten Weltkrieg Sibelius für einen altmodischen Langweiler. Die Musik hatte inzwischen eine andere Richtung eingeschlagen. Schönberg und Webern standen nun im Mittelpunkt des Interesses; die serielle Musik hatte den Triumph davongetragen. (Wenn Mahler plötzlich populär war, so lag das daran, daß die Serialisten zu dem Schluß gekommen waren, in Mahlers Werken seien bereits die Keime der seriellen Bewegung angelegt.) Es mag aber noch einen anderen Grund für die Geringschätzung von Sibelius gegeben haben. Berufsmusiker mißtrauen einem Komponisten, der nicht fortwährend Werke hohen Niveaus hervorbringt, und neigen dazu, die wenigen Werke, die etwas Aufsehen erregen, für mißglückt zu halten. Wie konnte der Komponist von *Valse triste* und der *Romance* in Des-Dur für Klavier ernst genommen werden? Es läßt sich nicht leugnen, daß die meisten Werke von Sibelius Kompositionen ohne bleibende Bedeutung und Wirkung sind. Seine Stücke für Violine, ausgenommen das d-Moll-Konzert, sind Salon-Belanglosigkeiten, und seine Lieder sind zwar geschickt aufgebaut, ohne jedoch eindrucksvoll zu sein. Man kann die Werke, die sich nicht schnell überleben werden, an den Fingern abzählen. Das ist keine unbefriedigende Leistung, es ist sogar möglich, daß Sibelius' Werke in Zukunft gebührend gewürdigt werden. In seinen letzten Lebensjahren hatte er einen schlechten Ruf. Sollten romantische oder neuromantische Traditionen wiederbelebt werden, so könnte auch die gängige Meinung über Sibelius' Kompositionen revidiert werden. Man kann nicht leugnen, daß er zu einer Kunst von einfachen Mitteln und selbständiger formaler Gestaltung auf dem Gebiet der absoluten Musik fand. Sibelius nimmt unter den unbedeutenderen Komponisten immerhin einen ehrenwerten Rang ein.

26. Kapitel

Von Franck bis Fauré
Chromatik und Sensibilität

„Frankreich! Groß in allen Künsten, erhaben in keiner!" So klagte Anatole France. Wie dem jedoch auch sei, das letzte Viertel des 19. Jahrhunderts sah eine große Zahl bedeutender, in Paris arbeitender französischer Komponisten, und im letzten Jahrzehnt begann das Werk des jungen Claude Debussy zum Gesprächsthema zu werden. Die musikalische Entwicklung hatte aber jetzt eine andere Richtung genommen. Beinahe das ganze Jahrhundert hindurch hatte Frankreich auf dem Gebiet der Oper eine führende Rolle gespielt. Mit Ausnahme von Berlioz – und auch er hätte sich sehnlichst gewünscht, als erfolgreicher Opernkomponist geschätzt zu werden – hatten die meisten französischen Komponisten (wenigstens die von internationalem Ansehen) durch ihre publikumswirksamen Werke Ruhm erworben. Jetzt trat eine Gruppe von Musikern in Erscheinung, deren Bestrebungen in andere Richtungen gingen. Viele versuchten sich auch an der Oper, obwohl sie nicht mehr ihre eigentliche Existenzgrundlage war. Sie schrieben Sinfonien, Klavier- und Kammermusikwerke und trugen ihren Teil zur in Europa gärenden Unruhe bei. Aber ihre Musik fand außerhalb der Landesgrenzen keinen sehr großen Anklang. César Franck und Gabriel Fauré – und später auch ihre Schüler – komponierten hervorragende Werke, die aber größtenteils für das Ausland nicht interessant waren.

Franck ist heute völlig außer Mode gekommen; die empfindsame Musik von Fauré hat es nie vermocht, außerhalb Frankreichs Fuß zu fassen; und die Werke ihrer Anhänger – Vincent d'Indy, Ernest Chausson, Edouard Lalo, Paul Dukas – werden weitgehend außer acht gelassen, abgesehen von einem oder zwei Werken jedes dieser Komponisten. Für den modernen Geschmack ist diese Musik in den meisten Fällen – wie in dem von Franck – zu chromatisch, zu zügellos, zu aufdringlich. Darüber hinaus ist sie nachhaltig von Wagner geprägt, trotz der manchmal krampfhaften Anstrengungen französischer Komponisten, die Wagner-Abhängigkeit zu vermeiden. Nach den ersten Bayreuther Festspielen von 1876 machte sich jeder französische Komponist pflichtschuldigst auf die Pilgerfahrt zum Festspielhaus und kehrte von Wagners sinnlichen Harmonien berauscht in seine Heimat zurück. Guillaume Lekeu, einer von Francks vielversprechendsten Schülern, fiel nach dem *Tristan*-Vorspiel sogar in Ohnmacht und mußte aus dem Theater getragen werden. Wagner wurde zum Gott der symbolistischen Dichter, und in Paris wurde eigens eine Zeitschrift, *La Revue Wagnérienne*, gegründet, die das Evangelium des *Meisters* verbreiten sollte.

Auf den ersten Blick erkennt man in Francks d-Moll-Sinfonie oder in Chaussons *Poème* nicht sofort Wagners Einfluß. In Wirklichkeit ist er jedoch stark. Wagners fluktuierende Harmonien, sein Widerstreben davor, zu einer Haupttonart zurückzukehren, seine unablässige Chromatik – das alles spiegelt sich in der französischen Musik nach der Eröffnung des Bayreuther Festspielhauses deutlich wider. Francks Chromatik führt die Wagners in der Tat einen Schritt weiter, und ein Großteil der französischen Oper der Zeit ist ein getreuer Spiegel dessen, wofür sich Wagner in Bayreuth einsetzte. Manche französische Komponisten, die anfangs begeisterte Wagnerianer waren, versuchten sich später dem Einfluß des Meisters zu entziehen. Keinem war dabei voller Erfolg beschieden.

César Franck war die beherrschende musikalische Kraft der Zeit in Frankreich, als Komponist wie als Lehrer, und er scharte eine Gruppe von Schülern um sich, die ihn abgöttisch verehrten. Er strahlte etwas aus, das zu Heiligenverehrung geradezu aufrief. Nie kam ein grobes Wort oder eine abschätzige Bemerkung über seine Lippen. Materielle Anerkennung und Ehrungen interessierten ihn nicht. Es beglückte ihn, an der Orgel von Ste.-Clotilde zu sitzen und in religiöser Ekstase zu improvisieren (in gewisser Hinsicht war Franck wie Bruckner). Oft wurde er mit Fra Angelico verglichen. Ihm wandte sich die jüngere Generation zu, worüber manche Mitglieder des musikalischen Establishments wie Saint-Saëns, Ambroise Thomas oder Massenet ihr Mißfallen äußerten.

Franck, am 10. Dezember 1822 in Lüttich geboren, wurde erst 1873 naturalisierter Franzose. Sein Vater versuchte ihn als Wunderkind in Szene zu setzen, und der Junge brachte es sogar zu einigem öffentlichen Ansehen. 1835 zog die Familie nach Paris um, und im Alter von fünfzehn Jahren wurde César aufs Konservatorium geschickt. Beim Abschlußwettbewerb der Klavierprüfungen mußte er ein schwieriges Stück vom Blatt spielen. Aus irgendeinem Grund hatte er sich vorgenommen, die gesamte Komposition zu transponieren, und er spielte sie in C- statt in Es-Dur, womit er bei den Juroren grenzenloses Staunen hervorrief. Es fand eine Sondersitzung der Prüfungskommission statt, und die Entscheidung – wie in *La France Musicale* vom 5. August 1838 nachzulesen – lautete dahingehend, Franck einen Sonderpreis zu verleihen:

> „Zunächst verlieh die Jury einstimmig den ersten Preis M. Franck. Danach aber entschloß sie sich, das Problem erneut zu durchdenken. Nach längerer Diskussion gab Herr Cherubini mit dem bei ihm üblichen Anstand bekannt: ‚Die Kommission ist nunmehr zu dem Schluß gekommen, daß Herr Franck so unvergleichlich weit über seinen Mitbewerbern steht, daß es unmöglich wäre, einen anderen zu benennen, der den Preis mit ihm teilen könnte. Folglich wird all denen ein zweiter erster Preis verliehen, die unter normalen Umständen diese höhere Auszeichnung verdient hätten.‘“

Das war ein vielversprechender Beginn; nach der Absolvierung des Konservatoriums geriet Franck jedoch in Vergessenheit. Er gab Unterricht, konzertierte, komponierte, und sein Werk erregte schließlich die Aufmerksamkeit Liszts, der

César Franck (1822–1890).

seine Klaviertrios lobte. Liszt traf mit Franck zusammen und schätzte ihn sofort richtig ein: „Ich glaube, es fehlt ihm an jenem leichten gesellschaftlichen Umgang, der einem alle Türen öffnet." Und das hatte natürlich seine Richtigkeit. Franck hatte kein großes Durchsetzungsvermögen. In der Tat war sein Bruder Joseph damals sogar der bekanntere Komponist.

Erst im Alter von dreißig Jahren wechselte Franck vom Klavier zur Orgel. Er spezialisierte sich auf Kirchenmusik und freie Improvisation und galt als der größte Improvisator seiner Zeit. Das „klassische" Orgelspiel – der Versuch, sich mit der korrekten Aufführung barocker Orgelmusik auseinanderzusetzen – war in Frankreich im Grunde verlorene Liebesmühe, und zwar so lange, bis Franck und andere Komponisten in der zweiten Jahrhunderthälfte eine Renaissance einleiteten. Jean-Bonaventure Laurens wies in einem Artikel in *La Gazette Musicale* vom 2. November 1845 darauf hin, daß zu einer Zeit, da die Klaviermusik Bachs durchaus bekannt war (man beachte den Ausdruck „Klaviermusik"; niemand hätte damals daran gedacht, das *Wohltemperierte Klavier* und andere Bachsche Klaviermusik auf dem Cembalo zu spielen, immer vorausgesetzt, daß sich ein professioneller Cembalist überhaupt hätte finden lassen, was durchaus zweifelhaft war), seine Orgelwerke vergessen geblieben waren, „weil sie sämtlich die Benutzung des Pedals voraussetzen, eine Technik, die im Augenblick niemand in diesem Lande zu beherrschen gelernt hat". Erst als Adolphe Hesse nach Paris kam und zeigte, wie Bachsche Orgelwerke zu klingen hatten, wurde die Aufmerksamkeit französischer Musiker und Organisten auf diese erhabene Musik gelenkt.

Franck intensivierte seine Bemühungen um die Spiel- und Ausdrucksmöglichkeiten der Orgel, als er 1859 Organist von Ste.-Clotilde wurde. Er begann Orgelkompositionen zu schreiben; 1862 erschien seine erste bedeutende Reihe von Orgelwerken, *Six pièces pour grand orgue,* die sich bis heute im Repertoire gehalten haben. Sie machten ihn jedoch nicht berühmt. Mit sechsunddreißig Jahren genoß Franck als Komponist wenig Ansehen. 1865 zog er mit seiner Frau und seinen vier Kindern nach 95, rue de Rennes um (heute Boulevard Montparnasse) und verbrachte dort den Rest seines Lebens. Mme. Franck war ein Zankteufel, außerdem von brennendem Ehrgeiz besessen; sie schätzte Francks Musik jedoch nicht besonders und haßte seine Experimentierlust. Sie machte kein Hehl aus ihrer Geringschätzung des f-Moll-Klavierquintetts und der d-Moll-Sinfonie. Besonders unglücklich zeigte sie sich über die kritische Aufnahme, die diese beiden Werke fanden. So kam er ihres Erachtens nicht weiter. Sie schalt und schrie, zeterte und nörgelte. Es war keine glückliche Ehe.

Wenige Frühwerke Francks werden heute noch gespielt. Erst in den achtziger Jahren des 19. Jahrhunderts komponierte er einen Großteil der Werke, mit denen er bekannt geworden ist. (Die *Six pièces* von 1862 sind eine Ausnahme.) Davor waren seine Werke nur gelegentlich aufgeführt worden. Die Société Nationale de Musique, die als Motto den Wahlspruch *Ars Gallica* führte, hatte eine seiner Kompositionen in ihr erstes Programm am 25. November 1871 aufgenommen. 1872 wurde Franck zum Professor für Orgel ans Konservato-

Chromatik und Sensibilität

rium berufen und bald zum umstrittensten Lehrer, mit einer Gruppe von Schülern, die in Paris überall kundtaten, er sei in dieser konservativen Institution die einzige fortschrittliche Gestalt. Diese Schüler wurden Franckisten oder, weniger höflich, die Franck-Bande genannt. Dazu gehörten Lekeu (der im Alter von vierundzwanzig Jahren starb), Henri Duparc, Vincent d'Indy, Guy Ropartz, Ernest Chausson, Gabriel Pierné und Alexis de Castillon (der ebenfalls jung starb). Diese jungen Männer unterschieden sich wesentlich von den anderen Studenten des Konservatoriums. Viele verfügten über Geld, einer (Castillon) war Vicomte, ein anderer (d'Indy) stammte aus einer aristokratischen Familie, und sie behandelten den Rest der Studentenschaft herablassend, beinahe so wie ein Flieger auf die Infanterie herabsieht. Dieses aristokratische, snobistische Gehabe führte im Konservatorium zu beträchtlichen Verstimmungen, da Franck ja nur Professor für Orgel sein sollte. Der Sekretär des Instituts brachte einige harte Worte vor: „In dieser Lehranstalt haben wir gegenwärtig einen Orgelprofessor, der sich anheischig macht, seine Orgel- in eine Kompositionsklasse umzugestalten." Es gab einigen Aufruhr, aber niemand machte ernsthafte Anstalten zur Veränderung der Lage.

Als *de jure*-Lehrer für Orgel und *de facto*-Lehrer für Komposition gab Franck den Schülern natürlich seine Ideen zu Harmonie- und Formenlehre weiter. Er wurde unwillig, wenn einer allzu lange in ein und derselben Tonart verblieb. „Modulieren Sie! Modulieren Sie!", drängte er. Als einer der Wegbereiter der zyklischen Form — die er bereits 1842 in seinen Klaviertrios eingeführt hatte — predigte Franck eine Art von musikalischer Entwicklung und Durchführung, bei der das ursprüngliche thematische Material im Laufe der ganzen Komposition der Bearbeitung unterworfen wurde. Liszt hatte mit seiner Konzeption der thematischen Transformation in den vierziger und fünfziger des 19. Jahrhunderts bereits beinahe das gleiche getan. Francks Ideen stießen auf nachhaltigen Widerstand, und auch seine eigene Musik machte wenig Fortschritte. Als das Klavierquintett 1880 bei einem Konzert der Société Nationale seine Uraufführung erlebte, gab Saint-Saëns, der den Klavierpart übernommen hatte, seine Geringschätzung ganz offen zu erkennen, stürzte vom Podium herab und weigerte sich, zum Schlußapplaus wieder herauszukommen. Er hinterließ sogar das Notenmanuskript auf dem Pult des Flügels, obwohl es ihm gewidmet war; einer von Francks Schülern brachte es in Sicherheit. Gounods Äußerung nach der Uraufführung der d-Moll-Sinfonie im Februar 1889 wurde weithin bekannt: „Eine zum Dogma erhobene Bestätigung von Unfähigkeit." Ambroise Thomas fragte sich, warum Franck das Werk eine Sinfonie in d-Moll nenne, wenn es doch in so kurzer Zeit so viele Tonarten durchlaufe. Andererseits ergriffen manche bedeutende Musiker wie Chabrier, Théodore Dubois, Ernest Guiraud und sogar Massenet die Partei Francks.

Der sanftmütige, bescheidene Franck erregte ständig Aufruhr. Zu seinen Lebzeiten kam es jedoch nur zu wenigen Aufführungen seiner Werke. Sein Oratorium *Rédemption* erlebte im Jahre 1873 einen Durchfall; sein bedeutendstes Chorwerk, *Les béatitudes* (1869–79), wurde nur ein einziges Mal aufgeführt, und zwar in Francks Wohnung; sein Oratorium *Rébecca* (1881) ist bis heute allgemein unbekannt geblieben. Die d-Moll-Sinfonie fand bei der Uraufführung ebenfalls wenig Anklang. Bei seinem Tode am 8. November 1890 galt er zwar eingestandenermaßen als das Haupt einer neuen französischen Schule, aber nur wenige hätten seiner Musik große Chancen fürs Fortleben eingeräumt.

Wie sich zeigen sollte, wurde Franck nach seinem Tod sehr populär – und diese Beliebtheit wurde erst in den dreißiger Jahren des 20. Jahrhunderts rückläufig. Einige seiner Werke werden noch regelmäßig gespielt – *Les éolides* (1876), die *Variations symphoniques* für Klavier und Orchester (1885) und die A-Dur-Violinsonate (1886), das wahrscheinlich berühmteste Stück. Vor nicht allzu langer Zeit hätte man auch noch das *Präludium, Choral und Fuge für Soloklavier* (1886), und das *Präludium, Aria und Finale* (1887) hinzurechnen müssen; nun scheinen sie aber gerade aus dem Repertoire zu verschwinden. Organisten spielen dennoch weiterhin Francks *Trois chorals* (1890) und andere Werke, besonders die Fantasie *Grande pièce symphonique*.

Francks Musik ist edel und aufrichtig, manchmal wirkt sie jedoch zu süßlich. Das häufige Modulieren mißfällt vielen. Wenn Franck sich klassischer Formen bediente, bewegte er sich so freizügig voran, als ob er auf der Orgel improvisierte. Tatsächlich wirkte sich seine jahrelange Improvisationspraxis nachhaltig auf manche formale Elemente seiner Musik aus. Überdies stößt sein Mystizismus manche Hörer ab. Mystizismus ist in einem von Technik und Wissenschaft beherrschten Zeitalter nicht mehr tragbar.

Franck – der auch den Spitznamen Pater Seraphicus hatte – vermochte in seinen Werken bemerkenswert differenzierte Riten heraufzubeschwören. Manche Abschnitte der Tondichtungen *Les éolides* und *Les djinns* (1884) sind von einer klanglichen Farbigkeit und einem Glanz, der bestimmte Orchestereffekte Debussys vorwegnimmt. Das D-Dur-Streichquartett (1889) und das Klavierquintett (1879) greifen weit aus und sind so großangelegte, glänzend geschriebene und sehr eindrucksvolle Werke. Man ginge aber fehl, wollte man sie Meisterwerke nennen. Francks Musik findet im Grunde nur Anklang bei Hörern, die auf die sinnlichen Elemente des reinen Klanges reagieren. Nur jemand, der eine physiologische Beziehung zum Klang hat, kann sich voll mit den Werken Francks identifizieren.

Zwei Schüler Francks, der begabte Guillaume Lekeu (1870–1894) und Alexis de Castillon (1838–1873), starben, bevor sie die Zeit der Reife erreicht hatten. Kenner der französischen Musik vertreten den Standpunkt, daß Castillons Musik, insbesondere die Kammermusik, durchaus hörenswert sei. Henri Duparc (1848–1933), der beste Schüler Francks, mußte bereits 1885 wegen einer Nervenlähmung auf jegliche künstlerische Tätigkeit verzichten. Erhalten und gedruckt sind nur die sinfonische Dichtung *Lénore* (nach G. Bürgers Ballade, 1875), *Feuilles volantes* (6 Klavierstücke, 1869), *La fuite* (Duett für Sopran und Tenor, 1872), *Poème nocturne* (1873) und eine Anzahl durchaus individuell geprägter Lieder für Orchester. Nur Hugo Wolf kam ihm in dieser

438 Chromatik und Sensibilität

Art des intensiven, psychologischen, klanglich reich facettierten und musikalisch völlig adäquat ausgeloteten Liedes nahe.

Die beiden berühmtesten Schüler Francks waren Chausson und d'Indy. Chausson war der bedeutendere Komponist, d'Indy übte den nachhaltigeren Einfluß aus. Diejenigen, die Francks Kompositionen schätzen, halten auch die von Chausson für wertvoll, denn beide schöpfen aus dem gleichen üppigen, klangsinnlichen Fundus. Chausson wurde am 20. Januar 1855 in Paris als das wohlbehütete Kind eines begüterten Bauunternehmers geboren. Er erhielt Privatunterricht und studierte dann Jurisprudenz. 1877 legte er sein Examen ab, ohne den Beruf aber je auszuüben. Nur die Kunst zog ihn an. „Seit meiner Kindheit bin ich mir immer sicher gewesen, daß ich einmal komponieren würde. Jedermann rät mir davon ab. Also versuche ich mich in Malerei und Literatur. Alle geben mir andere Ratschläge." Erst nachdem er 1879 die Musik Wagners kennengelernt hatte, beschloß Chausson, Komponist zu werden. Mit vierundzwanzig Jahren besuchte er die Kompositionsklassen von Massenet und Franck, ließ die von Massenet aber bald fahren. 1883 löste er sich auch von Franck und begann zu komponieren. Er kaufte ein Haus am Boulevard de Courcelles und machte es zu einem der künstlerischen Mittelpunkte von Paris – zu einem brillantem Salon, wie ihn fünfzig Jahre zuvor die Prinzessin Belgiojoso geführt hatte. Maler, Musiker, Schriftsteller und Intellektuelle gingen dort ständig ein und aus, und Chausson war mit allen wichtigen Persönlichkeiten befreundet. (An seinem Begräbnis nahmen so prominente Persönlichkeiten wie Degas, Rodin, Redon und Louÿs teil.) Chausson übernahm die Vaterfunktion für den jungen Debussy; die beiden verband eine tiefe Freundschaft. Chausson schulmeisterte Debussy, und der empfindliche junge Mann nahm das nicht nur hin, sondern fühlte sich ihm sogar zu Dank verpflichtet. „Für mich sind Sie wie ein älterer Bruder, zu dem man unbegrenztes Vertrauen hat", schrieb Debussy, „und von dem man sogar eine gelegentliche Schelte hinnimmt." Auch zu vielen anderen Musikern unterheilt Chausson freundschaftliche Beziehungen. Zu seinem engeren Kreis gehörte Isaac Albéniz. Als der spanische Komponist in eine schwierige finanzielle Situation geriet, nahm Chausson ihn mit seiner Familie in sein Haus auf. Später vergalt ihm Albéniz das, indem er bei Breitkopf und Härtel die Druckkosten für die Veröffentlichung von Chaussons *Poème* in Deutschland übernahm.

Da er keine finanziellen Sorgen hatte, konnte Chausson arbeiten, wo und wann immer er dazu aufgelegt war. Er war ein langsamer Arbeiter und dachte oft tagelang über einen einzigen Takt nach. Sein Werkverzeichnis ist nicht umfangreich, und seine bedeutenden Kompositionen lassen sich an den Fingern einer Hand abzählen: die Sinfonie in B-Dur (1891), das Konzert für Klavier, Violine mit Begleitung eines Streichquartetts (1892), das *Poème de l'amour et de la mer* (1893), das Violinkonzert Es-Dur (*Poème*, 1896) und das Klavierquartett (1898). Sein ehrgeizigstes Werk, die Oper *Le roi Arthus*, entstand zwischen 1886 und 1895 und hat sich nicht im Repertoire gehalten. Der Einfluß Wagners ist unverkennbar. Am 10. Juni 1899 stab er plötzlich an den Folgen

Gabriel Fauré (1854–1924).

eines Fahrradunfalls. Chausson verlor die Kontrolle über das Fahrrad, prallte gegen eine Mauer und fand dabei den Tod.

Unter dem Einfluß Francks komponierte Chausson eine überladene, opulent chromatische Musik, in der die Wirkung des reinen Klangs eines der Hauptelemente bildet. Gibt es in der ganzen Musikgeschichte – *Tristan* eingeschlossen – etwas, das der sinnlichen Gefühlslage des *Poème* gleichkommt? Zusammen mit der Sinfonie in B-Dur ist dieses Werk in dem Maße erotisch, wie Musik es nur sein kann. Auf dem Gebiet der Sinfonie steht Chaussons Leistung der Massenets im Bereich der Oper nicht nach. Die B-Dur-Sinfonie wird oft unterschätzt. Sie hat schärfere Konturen als Francks d-Moll-Sinfonie, die Phrasierung ist pointierter, und ihre Melodik hat ein ähnlich hohes Niveau. Man kann den Reiz von Chaussons Musik schwer beschreiben. Sie hat den besonderen französischen Charme eines Gemäldes von Pissarro – zu Recht gilt Chausson mit seinem Schaffen als Vorläufer des Impressionismus.

Alle Schüler Francks verehrten ihren Lehrer, aber Vincent d'Indy (1851–1931) blieb es vorbehalten, diese Verehrung zu einem regelrechten Kult zu erheben. In seinen Schriften entstellte d'Indy Franck sogar wissentlich, so ängstlich war er darum bemüht, diesen Mythos aufrechtzuerhalten. D'Indy hatte großes Talent, war aber im Grunde bis zu seinem achtzehnten Lebensjahr, als er sich entschloß, ernsthaft Musik zu studieren, ein Dilettant. 1872 trat er in die Kompositionsklasse Francks ein, und von da an war seine Zukunft besiegelt. Halsstarrig bis zum Fanatismus, war d'Indy der Propagandist der „Franck-Bande" und half, die Bestrebungen seines Lehrers auch weiterhin zu verbreiten, als er nach Francks Tod 1890 den Vorsitz der Société Nationale de Musique übernahm. Zusammen mit Charles Bordes und Alexandre Guilmant gründete er 1896 die Schola Cantorum, eine Musikschule zugleich wissenschaftlicher und praktischer Tendenz, die sich mit der Wiederbelebung älterer Kirchenmusik und der Erforschung des französischen Volksliedguts befaßte. Viele bedeutende französische Musiker wurden an der Schola Cantorum ausgebildet; der bedeutendste davon war zweifellos Albert Roussel (1869–1937).

D'Indys umfangreiches Werk wird heute kaum noch gespielt. Das einzige Stück, das noch immer in den Konzertprogrammen auftaucht, ist die *Symphonie sur un chant montagnard français* op. 25 (1887) („Sinfonie über eine französische Gebirgsweise"). Sie ist ein reizvolles Werk für Klavier, brillant instrumentiert, namentlich im zweiten Satz einprägsam und durch den ungeheuer differenzierten Einsatz von Volksliedelementen gekennzeichnet. Sehr viel direkter als die Werke Francks und Chaussons und weit weniger chromatisch, ist sie eine der hervorragendsten Kompositionen der französischen Spätromantik. Seltener hört man die B-Dur-Sinfonie op. 57 (1904), die nicht minderer Qualität ist. Französische Dirigenten der älteren Generation – etwa Pierre Monteux – nahmen die B-Dur-Sinfonie und die *Istar*-Variationen von 1897 (für die Kussewitzky eine Vorliebe hatte) in ihre Programme auf, aber die heutigen französischen Dirigenten scheinen bedauerlicherweise dem Werk d'Indys nur Geringschätzung entgegenzubringen.

Zwei andere zu ihrer Zeit angesehene französische Komponisten sind Edouard Lalo (1823–1892) und Paul Dukas (1865–1935). Lalo ist heute noch mit seiner *Symphonie espagnole* op. 21 (1873) im Repertoire vertreten, und seine Oper *Le roi d'Ys* (1888) wird in Frankreich noch aufgeführt. Sie ist ein sehr viel fortschrittlicher als die Werke Massenets oder Gounods, und darin kommt ihr Dukas' *Ariane et Barbe-Bleue* (1897) gleich, eine faszinierende Mischung aus Wagner und Debussy. Leider ist Dukas am bekanntesten mit einer Brotarbeit geworden, *Der Zauberlehrling* (1897), während seine schöne C-Dur-Sinfonie (1896), seine monumentale Klaviersonate in es-Moll (1901) und sein einst beliebtes *poème dansé* mit dem Titel *La Péri* (1910) nahezu völlig in Vergessenheit geraten sind.

Der Komponist, der das genaue Gegenbild zu Franck darstellt und sich in Frankreich der größten Bekanntheit zwischen Berlioz und Debussy erfreute, ist Gabriel Fauré (1845–1924), und zwar ungeachtet der Tatsache, daß er sich nur in kleinen Formen versuchte. Er steht auf einer Ebene mit den größten Liedkomponisten und konzentrierte sich daneben auf Klavier- und Kammermusik. Obwohl er nie eine Sinfonie oder ein Konzert schrieb und seine einzige Oper, *Pénélope* (1913), unaufgeführt blieb, kann man ihn als einen der anregendsten und kultiviertesten Komponisten überhaupt bezeichnen.

Fauré war als Musiker in ständiger Entwicklung begriffen. Zu Beginn seiner Laufbahn schrieb er charmante Lieder im Stil Gounods und Klavierstücke *à la* Chopin und Schumann. Je älter er wurde, kam es zu einer vertieften Introspektion und zu einer merkwürdigen harmonischen Palette. Eine neue Dimension, die man als herbe Mystik beschreiben könnte – das Gegenbild zur sinnlichen Mystik Francks –, machte sich in seiner Musik bemerkbar. Wenn man aber Werke wie das 13. Nocturne (1922), die e-Moll-Violinsonate (1917) oder den Liederzyklus *La chancson d'Eve* (1907–10) analysiert, so kann man dem Komponisten nur Bewunderung und Verehrung zollen. Die Schreibweise ist extrem anspruchsvoll, die Strukturen sind sehr viel transparenter als in den Frühwerken und die Harmonien nahezu karg. Gegen Ende seines Lebens strebte Fauré nach einer neuen Ausdrucksform.

Nie hat es einen Komponisten gegeben, der so wenig deutsche Einflüsse aufwies wie Fauré. Von allen französischen Komponisten seiner Zeit gelang es ihm am erfolgreichsten, sich den Sirenenklängen aus Bayreuth zu verschließen. Daraus ergibt sich denn auch, daß Musikliebhaber, die der Tradition der deutschen Klassik und den üppigen Klängen der deutschen Spätromantik verhaftet sind, an Fauré am wenigsten Gefallen finden. Sie denken im Sinne orthodoxer Strukturen und Entwicklungen und verurteilen Faurés Musik, weil sie nicht „tiefer" oder „unergründlicher" ist – weil sie eben das nicht ist, was sie so angestrengt zu vermeiden suchte. Norman Suckling, der Autor der englischen Standardbiographie über Fauré, äußert sich dazu folgendermaßen: „Seine Musik ist beispielsweise so transparent, daß die Liebhaber des Schwülstigen keine andere Wahl haben, als ihn der mangelnden Tiefgründigkeit anzuklagen. Diesen Vorwurf erheben gegen ihn mit besonderer Bereitwilligkeit alle Hörer, die in mancher anderen Hinsicht darauf erpicht sind, die Legende von der französischen Frivolität zu verewigen, und deshalb ohne weitere Begründung als sicher annehmen, daß ein so typisch französischer Denker wie Voltaire seichter war als etwa Fichte, weil nämlich seine Schriften so viel transparenter sind ...“

Fauré wurde am 12. Mai 1845 in Pamiers geboren und starb am 4. November 1924 in Paris. Seine Lebensspanne umfaßte die Frühromantik, das Wagnersche Musikdrama, die Spätromantik der Brahms und Mahler, den Neoklassizismus von Strawinsky, die Atonalität und Zwölftonmusik von Schönberg und sogar noch das erste Auftreten Aaron Coplands, den er möglicherweise gehört haben könnte, als der junge Amerikaner bei Nadja Boulanger studierte (die ihrerseits eine Schülerin Faurés war). Inmitten all dieser Strömungen ging Fauré seinen eigenen Weg. In den wellenförmig aufeinanderfolgenden Phasen der Musikdramen, der tönenden und tosenden Strauss'schen Tondichtungen und der Ballette Strawinskys schrieb er intime Musik – Quartette, Quintette, Lieder und Klavierstücke mit nicht-deskriptiven Titeln wie Impromptu, Barcarolle, Nocturne oder Prélude.

Als einer der wenigen bedeutenden französischen Komponisten, die ihre Ausbildung nicht am Pariser Konservatorium genossen hatten, studierte Fauré an der Ecole Niedermeyer. Zu seinen Lehrern zählte Saint-Saëns, und Fauré betonte später, daß er seinem älteren Kollegen *alles* verdanke. Mitte der fünfziger Jahre des 19. Jahrhunderts war Saint-Saëns einer der Progressiven, und er machte seine Schüler mit Wagner und Liszt ebenso bekannt wie mit Bach und Mozart. Später unterstützte er Fauré mit Rat und Tat und war ihm dabei behilflich, Anstellungen und Verleger zu finden. Fauré genoß an der École Niedermeyer wahrscheinlich eine bessere Ausbildung, als sie ihm das Konservatorium hätte bieten können, das damals weitgehend eine bloße Fabrik zur Produktion von Virtuosen und Modekomponisten war. Dank Saint-Saëns machte sich Fauré mit dem Gesamtbereich der Musik vertraut. Saint-Saëns konnte nicht nur jegliche Musik sofort vom Blatt spielen, er war darüber hinaus auch Musikwissenschaftler, und zwar lange bevor sich der Begriff einbürgerte. Er wußte mehr über alte Musik als jeder andere ausübende Musiker seiner Zeit und bestand überdies darauf, daß die alte Musik so gespielt wurde, wie sie geschrieben war, also ohne romantische Einschübe. Am Konservatorium war diese Art musikalischer Kultur unbekannt. Fauré schrieb später: „Im Jahre 1853 hatten die Meisterwerke von J. S. Bach, die unser täglich Brot waren [an der Ecole Niedermeyer], noch nicht ihren Weg in die Orgelklasse des Konservatoriums gefunden, und in den Klavierklassen dieses selben Konservatoriums plagten sich die Studenten noch immer mit der Einstudierung der Konzerte von Hertz, während Adolphe Adam sein glänzendes Licht über seiner Kompositionsklasse leuchten ließ.“

Fauré verließ die Ecole Niedermayer als Zwanzigjähriger, mit ersten Preisen in den Fächern Klavier, Orgel, Harmonielehre und Komposition. Er hatte bereits zahlreiche Lieder und Klavierstücke geschrieben. 1866–70 war er

Organist in Rennes, in der Bretagne. Dann kehrte er nach Paris zurück und wurde Organist an St.-Honoré d'Eylan und St.-Sulpice. Er kämpfte im Preußisch-Französischen Krieg, kehrte als Professor für Komposition an die École Niedermeyer zurück, wurde 1877 Kapellmeister an Ste.-Madeleine und 1892 Inspecteur de l'Enseignement musical. 1896 vertauschte er seinen Kapellmeisterposten mit dem des Organisten und übernahm im gleichen Jahre als Nachfolger von Massenet eine Kompositionsklasse am Pariser Konservatorium. Im Laufe der Jahre bildete Fauré so bekannte Komponisten wie Charles Koechlin, Florent Schmitt, Louis Aubert, Raoul Laparra, Jean Roger-Ducasse und Maurice Ravel aus. 1905 wurde er als Nachfolger von Théodore Dubois zum Direktor des Konservatoriums ernannt und blieb dessen Leiter bis 1920.

Fauré führte das Institut mit fester Hand. Der kleine, sanfte Fauré erwies sich als hervorragender Verwalter und Mann mit festen Grundsätzen. Er begann einige Reformen durchzuführen und sah sich einer Revolte gegenüber. Die konservativen Professoren vermochten nicht einzusehen, warum der Lehrbetrieb nicht auf dieselbe Weise verlaufen sollte wie zu Zeiten Cherubinis. Nach und nach entließ Fauré die Andersdenkenden. Die Entlassungen waren aber so zahlreich, daß man über Fauré zu sagen begann, er benötige „wie Robespierre jeden Tag eine Wagenladung von Opfern". Théodore Dubois, ein minderer Komponist, war als emeritierter Professor im Lehrkörper verblieben. In seinem Entlassungsgesuch machte er geltend, er trete zurück, weil „M. Fauré das Konservatorium in einen Tempel der Musik der Zukunft" umzugestalten im Begriff sei. Fauré ersetzte ihn durch d'Indy und Debussy.

Im Alter von vierundsechzig Jahren konnte Fauré eine der höchsten Auszeichnungen entgegennehmen, die Frankreich zu vergeben hatte – einen Sitz im *Institut*. Zu eben dieser Zeit trug er auch zur Gründung der Société Musicale Indépendante (S. M. I.) bei, die als Widerpart zu der von Franck und d'Indy beherrschten Société Musicale Nationale eingerichtet wurde. Dennoch blieben Fauré und d'Indy Freunde. Dann setzten bei Fauré Hörstörungen ein, unter denen er zunehmend litt. Hohe Frequenzen klangen für ihn niedriger, tiefe höher. Es muß für ihn eine Qual gewesen sein. Und doch komponierte er weiter, und manche seiner besten Werke stammen aus dieser Zeit. 1920 wurde er aufgefordert, aufgrund seiner Beschwerden sein Amt niederzulegen. Beinahe bis zu seinem Tod arbeitete er fort und beendete 1924 das Streichquartett e-Moll op. 121 (das einzige, das er schrieb). Auf dem Sterbebett liegend fragte er sich, ob er wohl etwas von bleibendem Wert geschaffen habe. „Was wird von meiner Musik überdauern?" Pause. „Aber das wird dann nur noch von untergeordneter Bedeutung sein." Laut Charles Koechlin sollen das die letzten Worte Faurés gewesen sein.

Chopin übte den größten Einfluß auf Fauré aus. Mit ihm teilte er die extreme Sensibilität. Faurés Gespür für die feinfühlige Anwendung von Klangfarbwerten war bemerkenswert, und Debussy lernte in dieser Beziehung viel von ihm. Beide waren meisterhafte Liedkomponisten, entwickelten sich aber in verschiedene Richtungen. Debussys Lieder waren ebensosehr von Mussorgskij wie von früheren französischen Komponisten beeinflußt. Er versuchte, einen natürlichen Sprachfluß zu erzielen, und seine Gesangslinien sind häufig deklamatorisch geprägt. Fauré hielt sich in seiner Arbeit sehr viel enger an die Schumannsche Tradition, und seine Stimmführung bringt eher Gesangslinien als Sprachmodelle hervor. Seit seinem allerersten Lied, *Le papillon et la fleur,* war deutlich erkennbar, daß Fauré eine geniale Begabung für die Vertonung von Texten hatte. Wieviele Komponisten – sogar Schubert, Duparc und Hugo Wolf – können sich so hinreißender Lieder wie *Dans les ruines d'une abbaye* oder der schwelgerischen Fülle eines Zyklus wie *La bonne chanson* rühmen? Er komponierte etwa hundert Lieder, als letztes das 1922 geschriebene Meisterwerk *L'horizon chimérique.*

Seine Klaviermusik ist lyrisch, elegant und schwer spielbar. Obwohl es kaum Passagen blendenden Virtuosentums in ihr gibt (wie bei Chopin hat die Verzierungsarbeit funktionale Bedeutung), machen die Variationsbreite der Schreibweise, die lineare Komplexität und die großräumige Einbeziehung der gesamten Tastatur sie dem Amateurpianisten doch unzugänglich. Fauré schickte Liszt seine Ballade für Klavier und Orchester, und Liszt, der alles vom Blatt spielen konnte und neuer Musik so aufgeschlossen gegenüberstand, sandte das Manuskript mit einem kurzen Begleitschreiben zurück, sie sei zu schwierig. Je älter der Komponist wurde, um so mehr entfernte er sich vom spontanen lyrischen Stil seiner Jugend- und Reifezeit. Einige vertreten die Ansicht, Faurés Spätwerk sei zu intellektuell, zu „karg", um im Konzertsaal zu „wirken". Man kann nicht leugnen, daß der im Konzertrepertoire vorherrschende Teil des Werkes von Fauré aus eben den Werken besteht, die den problematischen der Spätphase vorausgehen. Darunter finden sich die A-Dur-Violinsonate von 1876 (ein hinreißendes Werk und sehr viel differenzierter als das zehn Jahre später von Franck in derselben Tonart komponierte), die einfache, schöne *Messe de requiem* (1888), das c-Moll-Klavierquartett (1879), die *Dolly*-Suite für Klavierduo (1896), die Lieder und eine Handvoll früher Nocturnes, Barcarolles und Impromptus. Gelegentlich ist auch die von Liszt zurückgewiesene Ballade Fis-Dur op. 19 (1881), ein sich sanft entwickelndes, bezaubernd lyrisches Stück mit deutlichem Höhepunkt, zu hören. Man weiß nicht genau, ob Fauré sie selbst orchestriert hat. Er machte nie ein Hehl daraus, daß er es haßte, Orchestermusik zu komponieren, und seinen Schülern die Aufgabe der Instrumentation zuwies. Charles Koechlin beispielsweise instrumentierte die beliebte Orchestersuite *Pelléas et Mélisande* (1898).

Ist ein Phänomen wie das zu großer Sensibilität denkbar? Fauré war ein Meister, dessen feinfühlig abgestimmter Musik die große Gebärde und Erregung fehlt, die ihr breite Massenwirkung hätte verleihen können. Sein Stil wird häufig als „hellenisch" oder als Inbegriff „kultivierter Sensibilität" und des Gallischen gekennzeichnet. Seine Musik bietet Form, Anmut, Witz, Logik, Individualität und Urbanität zugleich. Es ist eine Musik, die eine kleine, aber fanatische Schar von Bewunderern hat, die, von der lyrisch fließenden, geschmeidigen Harmonik angezogen, Faurés Werk als Kleinod betrachten.

27. KAPITEL

Giacomo Puccini
Nur für das Theater

Gegen Ende seines Lebens schrieb Giacomo Antonio Domenico Michele Secondo Maria Puccini an einen Freund: „Der allmächtige Gott berührte mich mit dem kleinen Finger und sprach: ‚Schreib' für's Theater – verstehst du? Nur für's Theater.' Und diesem höchsten Befehl habe ich gehorcht." Mit dieser Art Bescheidenheit, und mit Talent, fügte sich Puccini in das Unvermeidliche: Er komponierte drei der beliebtesten Opern dieser Welt; besaß, als er starb, ungefähr vier Millionen Dollar; er konnte nach Lust und Laune Poker spielen und nach Herzenslust den Wildenten-Bestand in der Nähe seines Ferienhauses bei Torre del Lago dezimieren sowie seiner Passion für rasche Motorboote, rasche Automobile und rasch entschlossene Damen nachgehen.

Im Grunde ist dies die ganze Geschichte von Puccinis Leben. (Natürlich hat er auch andere Dinge als nur Opern komponiert, aber sie sind gering an Zahl und außergewöhnlich unbedeutend.) Er hat sich selbst einmal als einen „fabelhaften Jäger nach Wild, Opernlibretti und attraktiven Frauen" bezeichnet. Und man erzählt sich auch, er habe behauptet: „Denken Sie doch nur! Wenn mich die Musik nicht gepackt hätte, hätte ich in dieser Welt überhaupt nichts zustande gebracht!" Weder die Politik noch die Ereignisse um ihn herum interessierten ihn sonderlich. Auch was in der musikalischen Welt vor sich ging, was junge zeitgenössische Komponisten anlangte, blieb ihm ziemlich gleichgültig. Die alten Komponisten übrigens auch. Er war weder konservativ noch revolutionär. Er gehörte auch keiner musikalischen Clique an. Er war kein Vertreter des Verismus, jener künstlerischen Schule, die das Leben als Realität schildern wollte und die die Komponisten im Italien der neunziger Jahre stark beeinflußte; wenngleich man in manchen Opern Puccinis auch veristische Elemente entdecken kann. Polytonalität, Neoklassizismus, Futurismus, Impressionismus, Dodekaphonie ... allen diesen Schlachtrufen gegenüber verhielt sich Puccini gleichgültig, wenn er auch die Partituren der damaligen modernen Klassiker, wie etwa Debussys *Pelléas et Mélisande* oder Schönbergs *Pierrot Lunaire,* durchgesehen hatte und keinerlei Hemmungen fand, das, was ihm davon zusagte, auch in seine eigenen Werke einfließen zu lassen. Wenn ihn bestimmte Aspekte des Verismus fesselten, gebrauchte er sie, und zwar in *Tosca* und in *Der Mantel;* wenn ihn Debussys Gebrauch von Ganztonleitern interessierte, nutzte er sie etwa in *Das Mädchen aus dem Goldenen Westen.* Normalerweise hätte diese Art des Plünderns eklektische Folgen gezeitigt, nicht aber bei Puccini. Dafür blieb er sich und seinem musikalischen Stil viel zu treu. Vor allen Dingen: Er bewegte sich völlig außerhalb der geistigen Strömungen seiner Zeit. Musikalisch gesprochen, schuldete Puccini niemanden etwas; und das ist eines

Giacomo Puccini (1858–1924). Ein Foto aus seinem letzten Lebensjahr.

der Wunder des Komponisten von *La Bohème,* von *Tosca* und *Madame Butterfly.*

Geboren wurde er am 22. Dezember 1858 in Lucca, und zwar als letzter Sproß (wie sich herausstellen sollte) einer seit fünf Generationen angesehenen Familie von Musikern. Natürlich wuchs er im Schatten Guiseppe Verdis auf, der in der zweiten Hälfte des 19. Jahrhunderts die italienische Musik außerordentlich dominierte. Nicht etwa, daß es nicht auch andere Komponisten gegeben hätte; am Fuße des Verdi-Gebirges gab es schon ein paar bescheidene Hügel. In den siebziger Jahren des vergangenen Jahrhunderts und danach sind allerdings nur wenige Komponisten mit Opernwerken hervorgetreten, die dann auch ins Repertoire Eingang gefunden haben. Und es ist erstaunlich, wieviele dieser Komponisten stets nur mit einem einzigen Werk sowohl in ihrem Heimatland wie im Ausland zu großem Ruhm gekommen sind. Da gab es Boito und seine revidierte Fassung von *Mefistofele* (1875). Amilcare Ponchielli (1854–1906) brachte 1876 *La Gioconda* heraus, die einzige seiner neun Opern, die überlebt hat. Alfredo Catalani (1854–1893) war zu Lebzeiten relativ bekannt, aber seine beiden bedeutendsten Opern *Loreley* (1880) und *La Wally* (1892) sind von Puccinis Werken sowie von denen der Veristen wie fortgewischt worden; außerhalb Italiens hört man sie heute nur noch selten.

Während der neunziger Jahre wurde eine weitere Komponistenschule des Verismus bekannt; sie hat zumindest zwei wichtige Werke hervorgebracht. Die Veristen versuchten, die Wirklichkeit zu beschwören, indem sie oft ihre Protagonisten in zeitgenössische Kleider steckten oder indem sie sich Handlungen ausdachten, in denen das Volk und nicht die Aristokratie die Hauptrolle spielte; ferner indem sie in roher Bühnen-Gewalttätigkeit schwelgten und Aktionen und Gefühle in ebenso stark gewürzter Musik zum Ausdruck brachten. Pietro Mascagni (1863–1945) begann mit *Cavalleria Rusticana* (1890); Ruggiero Leoncavallo (1858–1945) folgte mit *Der Bajazzo* (1892). Vier Jahre später erschien *Andrea Chénier* von Umberto Giordano (1867–1948). Obwohl sein Stück während der Französischen Revolution spielt, besitzt das Werk soviele veristische Elemente, daß es in diesem Zusammenhang genannt zu werden verdient.

Alle diese veristischen Opern entstanden in dem kurzen Zeitraum von knapp einem Jahrzehnt, und die meisten ihrer Verfasser sind tatsächlich „Ein-Werk-Künstler": Mascagni hat nicht eine einzige weitere Oper verfaßt, die auch nur annähernd so populär geworden wäre wie *Cavalleria Rusticana,* obwohl *L'Amico Fritz* (1891) herrliche Passagen enthält, und das „Kirchen-Duett" dieser Oper von Anfang bis Ende wie pures Gold klingt. Auch Leoncavallo hat den Erfolg seines *Pagliacci* niemals wiederholen können, wenngleich seine *Zazà* ein paar Jahre mit Erfolg gespielt wurde. Ein weiterer dieser Künstler war Francesco Cilèa (1866–1950), dessen *Adriana Lecouvreur* im Jahre 1902 ihre Premiere erlebte. Unser heutiger Geschmack tendiert dazu, die veristische Oper als zu hysterisch und zu melodramatisch abzuleh-

448 Nur für das Theater

nen, obwohl man doch feststellen kann, daß *Cavalleria Rusticana* und *Pagliacci* im Grunde bis heute an Popularität nichts eingebüßt haben.

Puccini ist während dieser Periode aufgewachsen, ohne sich davon übermäßig berühren zu lassen. Und so enthält auch seine Musik relativ wenig von jenem veristischen Blut-und-Donner-Getöse. Auch an Verdis Tonsprache erinnert eigentlich wenig (mit Ausnahme der am *Falstaff* orientierten *Gianni Schicchi*), und von Wagner ist überhaupt keine Spur. Irgendwie und irgendwo entwickelte er einen unnachahmlichen Personalstil, der aus den übrigen italienischen Opern seiner Zeit heraussticht wie eine Nachtigall aus einer Schar von Staren. Der einzige Musiker, dessen Werke man in irgendeiner Form mit ihm vergleichen könnte, war Massenet; Puccini ist in der Tat eine Art italienischer Massenet, wenngleich er auch über stärkeres dramatisches Empfinden und eine überlegene melodische Erfindungskraft verfügte. Die meisten seiner Bühnenwerke besitzen glaubwürdige Libretti, und Puccini war geradezu fanatisch darauf bedacht, daß die dramatischen Situationen überzeugend und folgerichtig aufgebaut waren. Jedoch ist es nicht das, was Puccini in besonderer Weise auszeichnet. Gesang, zarter, sinnlicher Gesang ist es, was er zu bieten hat. Die melodische Eingebung floß ihm mühelos zu, und man mag ihn daher einen instinktsicheren Komponisten nennen; denn alles kann man lernen, was zum Komponieren nötig ist, aber nicht das Erfinden unsterblicher Melodien. Im Schreiben von Fugen mag Puccini vielleicht schwach gewesen sein, jedoch nicht im Erfinden ausdrucksstarker Melodik. Rosa Raisa, die erste berühmte Turandot, gestand einmal, noch nach drei Jahrzehnten Beschäftigung mit Puccinis Musik wäre sie von seiner Musik zutiefst berührt gewesen. „In *La Bohème* kommen mir im dritten Akt noch immer die Tränen."

Vielleicht sind Puccinis Opern „naiv", und mancher Musiker wirft ihnen vor, sie appellierten an die allzu willigen Instinkte der Zuhörer. Man kann nicht umhin zuzugeben, daß manche seiner Werke auf Rührseligkeit spekulieren, und wer Musik als moralisches Mittel zur Besserung der Menschen ansieht, wird Puccini rundweg ablehnen. Eine solche Haltung läßt sich mit den Worten Arnold Schönbergs umschreiben:

> „Es gibt höhere und niedere Mittel, künstlerische und unkünstlerische ... Realistische, heftige Dinge wie etwa die Mordszene in *Tosca* machen natürlich großen Effekt, sollten aber nicht von einem Künstler gebraucht werden, weil sie billig sind und für jedermann so ersichtlich!"

Wer sich auf diesen Standpunkt stellt, kann natürlich jede Oper Puccinis „anbohren", außer vielleicht eine perfekte *Bohème*-Aufführung oder auch *Gianni Schicchi* (obwohl es auch bei dieser späten Oper Kritiker gibt, die an der Arie *O mio babbino caro* herumnörgeln und ihre dramatische Konstruktion für nicht makellos halten.) Zugegeben: die dritten Akte in Puccinis Opern sind oft etwas schwächer und voller Reprisen einzelner Melodien. Und in allen seinen Werken erklingen Melodien, die so süß und so eingängig sind, daß es einem fast

Giacomo Puccini: »La Bohème«. Erstausgabe des Klavierauszugs, 1897.

den Atem verschlägt. Daneben gibt es solche, die Puccinis Werke rundweg ablehnen und die unterschiedlichsten Gründe dafür anführen können, warum man Puccini schlicht „abschaffen" müsse. Nichts von alledem scheint zu fruchten: Puccini hat den Menschen etwas geschenkt, was sie unmittelbar anspricht, und seine Popularität ist ungebrochen. Sein Erfolg ist die melodische Erfindung sowie eine Kompositionstechnik, die raffinierter war, als man es ihm in der Regel zutrauen und zubilligen möchte.

Nicht nur auf seine Melodik scheint das weite Publikum anzusprechen, sondern auch auf seine Helden, vor allem die weiblichen, die bei Puccini fast immer sehr viel überzeugender wirken als ihre männlichen Kollegen. Mit seinen Heroinen hat Puccini sich identifiziert. Mosco Carner, einer seiner Biographen, hat dies richtig erkannt, als er formulierte: „Das Fundament der Verdi-Opern ist der Schlachtruf, der Puccini-Opern der Liebes-Lockruf." Erfahrungsgemäß sprechen die Hörer auch auf Puccinis Libretti an, in denen in der Regel die fundamentalen menschlichen Eigenschaften – Liebe und Haß, Trennung und Tod – abgehandelt werden. Das kann man auch von Verdis Libretti behaupten, aber Puccinis Vorlagen bemühen sich (und, im ganzen gesehen, erfolgreich) um ein höheres literarisches Niveau, Verdis *Othello* und *Falstaff* einmal ausgenommen. Puccini ist niemals derartig grausamen Verwicklungen wie in den Libretti des *Don Carlos* oder *Simon Boccanegra* erlegen. Sein Ziel war es, ohne Umwege Charaktere auf die Bühne zu stellen, die sich mit Problemen auseinandersetzten, die bei jedem durchschnittlichen Zuschauer emphatische Reaktionen zu wecken vermögen. Das mochte bisweilen zu Kitsch gerinnen, aber nicht selten zu herrlichem Kitsch: eine Traumwelt, die nicht existierte und in der die Gefühle meisterlich arrangiert wurden. Die vier jungen Leute in *La Bohème* sind gewissermaßen Archetypen aller jungen Künstler, die je ein Dachstübchen teilen mußten und dort ihren großartigen Träumen nachhingen. Etwas Auto-biographisches ist freilich auch darin eingegangen: Als Student hat Puccini einmal mit Mascagni in Mailand ein gemeinsames Zimmer bewohnt. Sie lebten dort *la vie de bohème,* aßen auf Pump im *Aida*-Restaurant und hielten sich gegenseitig die Gläubiger vom Hals. Puccini mußte einmal sogar seinen Mantel versetzen, wie es Colline in *La Bohème* tut. Cio-Cio-San steht für alle Frauen dieser Welt, die selbstlos geliebt haben. Mimi, das süße, nicht sonderlich intelligente Mädchen, das sich in eine Liebesaffaire verstrickt, die nur unglück-lich enden kann, ist ein weiteres Beispiel der ewig gültigen Frauengestalten Puccinis. Die leicht entzündbare Tosca, jene Mischung aus Temperament, Leidenschaft und Eifersucht, auch sie ist wie Cio-Cio-San und Mimi nicht übermäßig gescheit, kann aber unseres anhaltenden Interesses und unserer stetigen Anteilnahme gewiß sein. Puccini, der die Frauen wahrhaft kannte, hat selten „hölzerne" Frauengestalten geschaffen. Dazu sind sie viel zu lebensecht.

Bei aller Detailbesessenheit und trotz aller musikalischer Könnerschaft und einem ausgeprägten Sinn für Bühnenwirksamkeit ist Puccini doch nicht als ein intellektueller Komponist zu bezeichnen. So ist es nicht verwunderlich, daß

Giacomo Puccini 451

mancher gelehrte Musiker mit dem Finger auf das vermeintlich ungebildete Publikum zeigt, das noch immer solchen billigen Effekten nachläuft. Eines der Gründungsmitglieder eines „Anti-Puccini-Clubs" war Fausto Torrefranca, der schon 1912 prophezeite, in zwanzig Jahren würde man den Komponisten völlig vergessen haben. Nach seiner Meinung war Puccini „dekadent", eher ein Betrüger als ein Künstler. So ging es weiter bis ins Jahr 1956, als Joseph Kerman *Tosca* einen „armseligen kleinen Schocker" nannte und *Turandot* noch weit darunter stellte. Im übrigen dekretierte er, Puccinis Opern seien „durch und durch falsch ..." Je intellektueller der Kritiker, desto heftiger seine Neigung, Puccini zu verachten.

Jedoch haben seine Opern über Jahrzehnte nichts von ihrer Beliebtheit eingebüßt. Eine Opernsaison ohne wenigstens eines der großen Bühnenwerke Puccinis ist kaum denkbar. *Turandot* und *Manon Lescaut* kommen inzwischen zu ihrem eigenen Recht, und selbst das einst so verachtete *Mädchen aus dem Goldenen Westen* gewinnt wieder an Aufmerksamkeit. *Gianni Schicchi,* eine der heitersten Opern, die jemals komponiert wurden (welch ein Jammer, daß Puccini sein komödiantisches Talent so selten genutzt hat), ist mittlerweile ein Repertoire-Stück geworden, und der dunkle *Mantel* (das zweite Werk des *Tryptichon,* in welchem lediglich das dritte Stück *Suor Angelica* etwas abfällt), ist ein schwermütiges, ergreifendes Bühnenwerk. Wie schon erwähnt, ist dies Puccinis einziger Ausflug in den Verismus. Die beiden frühen Werke *Le Villi* und *Edgar* sind eher Gesellenstücke, und *La Rondine* hört man nur selten. Dieses Werk war ein Auftrag aus Wien, es ist eine bitter-süße Operette und wird eines Tages vielleicht wiederentdeckt werden. *Turandot* schließlich, seine letzte und ehrgeizigste Oper, wird stets – sofern der Sopran und der Tenor über genügend Stimme verfügen – von großem Effekt sein.

Als Puccini zur Welt kam, erwartete man, daß er die Laufbahn eines Komponisten einschlagen würde. Die Puccinis waren schließlich seit 1712 als Komponisten und Kirchenorganisten in Lucca ansässig. Aber der junge Giacomo war alles andere als ein Wunderkind. Seine Faulheit faszinierte seine Lehrer: „Er kommt lediglich in die Schule, um dort sein neues Paar Hosen abzuwetzen", hat einer von ihnen überliefert. Dennoch zeigte er genügend Talent, so daß man ihn, mit einem Stipendium versehen, ans Konservatorium nach Mailand schickte. Dort war vor allem Ponchilli sein Lehrer. Der erste Bühnenerfolg *Le Villi* (1884) ließ Giulio Ricordi auf ihn aufmerksam werden, der den gleichnamigen, 1808 gegründeten Musikverlag leitete. Giulio hat immer auf Gedeih und Verderb zu Puccini gehalten und diese Investition niemals bereuen müssen: Nach dem Fehlschlag des *Edgar* (1889) und dem nur mäßigen Erfolg von *Manon Lescaut* (1893) kam Puccini drei Jahre später mit *La Bohème* heraus und wurde sofort reich; Ricordi noch reicher. Er hat es ohne Zweifel verdient, denn er war es schließlich, der Puccini in den mageren Jahren unterstützt und gegen seine Faulheit stets angekämpft hatte. Immer wenn Puccini an einem seiner neuen Werke arbeitete, pflegte Giulio (und nach seinem

Tode sein Sohn Tito) verzweifelte Briefe an ihn zu schreiben: „Die Jagdsaison hat zwar begonnen. Aber laß Dich nicht verrückt machen, Puccini! Laß Dich durch Deine Leidenschaft für die Vögel nicht von der Musik fortziehen!"

Im Jahre 1904 heiratete Puccini Elvira Gemignani, mit der er schon einige Jahre zusammengelebt hatte. Als verheiratete Frau war sie von Lucca nach Mailand übergesiedelt, und als ihr Mann starb, heiratete sie Puccini. Zunächst war es wohl eine leidenschaftliche Beziehung, die aber später von heftigen Streitereien erschüttert wurde, sodaß die beiden zeitweilig getrennt lebten. Das geschah während des sogenannten Doria-Manfredi-Skandals. Doria diente den Puccinis als Hausmädchen in Torre del Lago bei Florenz, und Elvira argwöhnte, daß sich zwischen ihr und Puccini eine Beziehung angebahnt hätte. Sie äußerte ihren Verdacht öffentlich, überschüttete Doria mit allen nur erdenklichen Beschuldigungen, womit sie das arme Mädchen buchstäblich in den Tod trieb: Doria vergiftete sich. Die Autopsie ergab jedoch, daß sie unberührt gestorben war. Puccini eilte nach Rom, schloß sich in ein Hotelzimmer ein und verbrachte ganze Tage aufgelöst und in Tränen. Elvira, die Doria zu ihrer Verzweiflungstat getrieben hatte, wurde zu fünf Monaten Haft verurteilt. „Welch ein Thema für die Opernbühne!" hieß es damals in ganz Italien. Schließlich kehrte Puccini zu Elvira zurück, doch darf man zweifeln, ob sich je wieder eine enge Beziehung zwischen ihnen entwickelt hat.

Allen Berichten zufolge soll Elvira keine interessante Person gewesen sein. Der Bariton Titta Ruffo behauptete, ihre Eifersucht sei „fast krankhaft" gewesen. Musiker, die mit Puccini zusammenarbeiteten oder mit ihm befreundet waren, äußerten sich stets nur widerwillig über sie. Einer von ihnen nannte sie „eine nicht gerade gebildete Frau." Ein anderer erinnerte sich ihrer als „ziemlich grobschlächtiger Person, die eher teutonisch als italienisch wirkte". Offensichtlich war sie von ihrem Mann fundamental verschieden. Mit zunehmendem Alter war Puccini gepflegter und weltläufiger geworden; er begann sich immer mehr für Frauen zu interessieren – ein makellos gekleideter, hochgewachsener Herr mit aristokratischen Zügen, ovalem Gesicht, sorgfältig getrimmtem Schnurrbart, müde herabhängenden Augenlidern und sinnlichem Mund. Er wirkte wie jemand aus einem Modejournal, und anläßlich seines ersten Besuchs in Amerika 1907 machte er einen hervorragenden Eindruck auf die dortigen Journalisten, die an Paderewskis oder Gabrilowitschs Löwenmähnen gewöhnt waren. Hier fanden sie plötzlich einen Musiker, dessen Haar geschnitten war. Puccini selbst hat sich einmal abfällig über jene Musiker geäußert, „die glauben, ein Genie zu sein, nur weil sie Schuppen auf dem Kopf haben". Elvira dagegen besaß wohl wenig gesellschaftlichen Ehrgeiz und hat ihren Mann offensichtlich weder intellektuell noch emotional herausgefordert. Viele glauben, daß Puccini, hätte er eine andere Frau geheiratet, sich künstlerisch wesentlich stärker entwickelt und vielleicht länger gelebt hätte. Er starb bereits am 29. November 1924 in Brüssel, wo er sich wegen seines Kehlkopfkrebs-Leidens hatte behandeln lassen – zweifellos eine Folge seines Kettenrau-

Puccini mit Belasco und Toscanini, 1910.

chens aus Nervosität. Es gibt auch die vielgeäußerte Meinung, daß es Elvira gewesen sei, die dazu beitrug, daß Puccini so wenige (wenn überhaupt) enge Vertraute besaß. Denn Puccini war im Grunde mit niemandem eng befreundet. Seine Affairen hatten wohl eher mit Sex als mit Liebe zu tun. Eine Zeitlang stand er zu Arturo Toscanini in einer ausgesprochen herzlichen Beziehung, der die Premiere von *La Bohème* 1896 dirigiert hatte. Aber diese Beziehung litt unter starken Schwankungen. Der Dirigent Giorgio pflegte gern jene Anekdote vom *pannetone* zu erzählen, den Puccini zu Weihnachten an Toscanini schickte, als sie gerade miteinander verfeindet waren. Puccini bemerkte das jedoch zu spät und ließ ein Telegram folgen: „Pannetone aus Versehen geschickt. Puccini." Am nächsten Tag erhielt er die Antwort: „Panettone aus Versehen gegessen. Toscanini."

Im ganzen gesehen, verlief Puccinis Leben ziemlich ereignislos. In regelmäßigen Abständen brachte er seine Opern heraus, führte ein relativ zurückgezogenes Privatleben (abgesehen vom Manfredi-Vorfall tauchte sein Name nicht in Zusammenhang mit Skandalen auf), und Journalisten pflegte er eher aus dem Weg zu gehen. Sogar in den Vereinigten Staaten, wo ihn die Reporter ständig belagerten, hatte er wenig zu erzählen, so daß die Zeitungsleute in ihrer Verzweiflung nur mit Nachrichten und keinerlei „Histörchen" über den berühmten Mann aufwarten konnten. Er entschädigte sie ein wenig, als er 1910 auf der „Lusitania" nach Italien zurückkehrte. Giulio Gatti-Casazza, Chef der Metropolitan Opera in New York, sowie eine Gruppe von Sängerfreunden waren am Hafen erschienen, um ihm Lebewohl zu sagen. Eine Armee von Journalisten hatte sich ebenfalls eingefunden, und einer von ihnen hat in der Zeitung „Telegraph" jene Verabschiedung beschrieben. Für italienische Gefühlsausbrüche hatte die amerikanische Öffentlichkeit schon immer viel übrig:

> „... Wie ein Mann fiel die Met-Gruppe über Puccini her. Als tapferer Mann erwartete er sie mit ausgebreiteten Armen und gespitzten Lippen.
> Ein Geräusch, wie wenn jemand sich rasch ein Paar nasse Galoschen von den Füßen streift.
> Das war Gatti-Casazzas Doppel-Kuß, je einer für Puccinis Wangen.
> Ein Geräusch, als hätte eine gescheckte Kuh ihren Hinterhuf aus dem Sumpf gezogen!
> Das war Amatos heißer Abschied.
> Ein Geräusch, wie wenn jemand rasch ein Rasiermesser schärft!
> Das war der Bassist Scotti, der sieben oder acht eiligste Küsse gab ..."

Und so ging es in mehreren Absätzen weiter.

Wie es für die Zeitungsleute wenig über den Menschen Puccini zu berichten gab, so hatten sie auch wenig über seine Musik zu sagen. Seine Werke kamen nicht auf dunklen Wolken der Kontroversen daher wie bei Wagner oder 1905 bei Richard Strauss' *Salome*. Vielmehr waren es sofortige, sichere Erfolge, der einzige „Flop" war die Mailänder Premiere von *Madame Butterfly*. Aber rasch machte Puccini einige wenige Retouchen und der Erfolg stellte sich umgehend ein. Abgesehen von *Der Mantel* und *Gianni Schicchi* verraten seine Opern im Grunde eine ähnliche Machart. Die Unterschiede zwischen *La Bohème* (1896) und *Turandot* (1924) sind letztlich überraschend geringfügig, selbst wenn das spätere Werk ausschweifender und harmonisch sehr viel komplexer angelegt ist. Puccinis dramatisch wie emotional eindeutige Bühnenwerke sind möglicherweise so „zynisch" wie diejenigen von Massenet. Puccini wußte nur zu genau, wie er die Gefühle seines Publikum in Bewegung bringen konnte, und er schämte sich nicht, dies auch zu tun. Zumindest war er geschickt genug, bei Anwendung derselben Formeln nicht den Gefahren einer Selbst-Parodie zu verfallen. Die beiden Opern, die aus diesem Muster herausfallen, sind *Der Mantel* (mit seinen musikalischen Schilderungen des Flusses, mit einer ungeschminkt groben Gefühlswelt und veristischen Effekten) sowie vor allem die brillante und funkelnde Oper *Gianni Schicchi*. Hier hat er ein Werk komponiert, das mit Verdis *Falstaff* zu vergleichen ist – eine komische Oper mit nur wenigen Versatzstücken und völlig unsentimental; eine Oper, in der das Orchester die Aktion auf der Bühne kommentiert; die sich mit übersprudelnder Fröhlichkeit über die Menschen und ihre Arbeit lustig macht; sie ist so italienisch wie die *Meistersinger* deutsch sind, nur daß sie mit einem Fünftel der Zeit auskommt; ein herrliches Werk, leider hat Puccini nie wieder etwas Vergleichbares in Angriff genommen. Statt dessen wandte er sich wieder der „Großen Oper" zu: In *Turandot* versuchte er, die Orientalismen der *Madame Butterfly* aufs neue zu beschwören, und dies auf sehr viel anspruchsvollere Art.

Vor Vollendung des letzten Akts starb Puccini. Zu jener Zeit war er außerordentlich entmutigt gewesen. Nach seiner Meinung hatte die Oper einen völlig falschen Weg eingeschlagen, er sah für diese Gattung kaum mehr eine Zukunft. „Jetzt hat das Publikum für die Neue Musik gänzlich den Geschmack verloren", schrieb er 1922.

> „Es liebt oder gibt sich mit unlogischer Musik zufrieden, die allen Sinnes entleert ist. Melodie wird nicht mehr verlangt – und wenn, dann ist sie vulgär. Die Leute glauben an die Herrschaft des symphonischen Elements, aber ich glaube, daß dies das Ende der Oper bedeutet."

Vielleicht hatte er recht. *Turandot* ist die letzte Oper, die sich im Repertoire kontinuierlich gehalten hat. Die Werke von Alban Berg und Leos Janáček bewundert man zwar, aber das große Publikum liebt sie nicht. Auch die Strauss-Opern nach dem Ersten Weltkrieg haben nur eine begrenzte Gefolgschaft errungen; die Opern von Benjamin Britten schließlich sowie die aller Post-Puccini-Komponisten haben sich noch nicht fest etablieren können. *Tu-*

randot ist tatsächlich das letzte große Opernwerk, das sich einer uneingeschränkten Beliebtheit beim Publikum erfreut.

Nur die letzten Partiturseiten dieses Werkes waren beim Tod des Meisters unvollendet, Franco Alfano vollendete sie. Bei der Premiere in der Mailänder Scala am 25. April 1926 wandte sich Toscanini am Ende des dritten Aktes mit den Worten ans Publikum: „Hier hat der Meister die Feder aus der Hand gelegt." Es herrschte Uneinigkeit darüber, ob Toscanini daraufhin die Vorstellung zu Ende dirigierte oder nicht. Rosa Raisa hat dieser Auseinandersetzung 1959 ein Ende gemacht; nach ihrer Darstellung hat Toscanini erst ab der zweiten Vorstellung das Werk bis zum Ende dirigiert, also einschließlich der Ergänzungen von Alfano.

Puccini, der weder besonders rasch noch besonders viel komponierte, nahm sich für jedes seiner neuen Opernwerke viel Zeit. Vielleicht hätte er mehr geschrieben, wenn man ihm mehr brauchbare Libretti angeboten hätte. Zwar machte er sich an die Ausarbeitung verschiedenster Vorlagen, doch verwarf er sie wieder nach näherer Prüfung. Seine Freunde pflegte er dazu anzuhalten, nach brauchbaren Vorlagen Ausschau zu halten, da er die Meinung vertrat, er könne nur ein Libretto studieren, das ihn auch inspiriere. Während des Komponierens verbrachte er viel Zeit und Mühe mit der näheren Erforschung der historischen oder geographischen Umstände. Sein Sinn für Bühnenwirksamkeit und sein Genauigkeitsfanatismus haben insbesondere die Sänger, die mit ihm zusammenarbeiteten, beeindruckt. „Puccini – das bedeutet Drama, Drama, Drama". So hat es Rosa Ponselle formuliert. Für Raisa war Puccinis Künstlertum „das Drama, von Musik untermalt". Um den Werken Authentizität zu verleihen, pflegte Puccini jeden psychologischen, physiologischen und historischen Aspekt der Vorlage genau zu prüfen. So schrieb er 1899 an Ricordi: „Sie wissen ja, wie skrupulös ich bin, wenn ich eine Situation oder einen Text interpretiere; und das ist, bevor ich irgend etwas zu Papier bringe, besonders wichtig." Während der Arbeit an *Tosca* schrieb er an Pater Pietro Panchelli:

> „Um den Kontrast zwischen den schmutzigen Fantasien des Scarpia und der mystischen Atmosphäre des Schauplatzes zu unterstreichen, brauchen wir ein großes Tedeum. Schreiben Sie mir bitte die genaue Tonhöhen der Kirchenglocken in der Nachbarschaft des Castel Sant' Angelo sowie die genaue Tonhöhe der großen Glocke des Petersdoms."

Als er an der *Butterfly* arbeitete, studierte er japanische Musik, ließ davon in Japan Aufnahmen herstellen und nach Italien schicken und bemühte sich, „B. F. Pinkerton wirklich wie einen Amerikaner singen zu lassen", was immer das auch bedeuten mag. Für *Das Mädchen aus dem Goldenen Westen* studierte er frühe amerikanische Folk Songs, „um mich mit der Atmosphäre vertraut zu machen."

Seinem Sinn für Wirklichkeit entging nichts. Lucrezia Bori hat berichtet, daß sie, als sie von Ricordi benachrichtigt wurde, es seien drei Herren aus Mailand unterwegs, um sie anzuhören, rasch ein paar Nummern aus *Manon Lescaut* lernte, weil man sie darum gebeten hatte. Eines Tages präsentierten sich diese drei Herren als Gatti-Casazza, Toscanini und Puccini. „Sie betrachteten mich von Kopf bis Fuß und dann abermals von Fuß bis Kopf", erinnerte sich die Bori. „Und dann sahen sie mich wirklich genau an". Sie müssen wohl mit dem, was sie sahen und hörten, zufrieden gewesen sein; denn die Bori wurde stehenden Fußes, zusammen mit Caruso, für eine Aufführung von *Manon Lescaut* engagiert. Zunächst sang sie diese Rolle als Gast an der Metropolitan Opera in New York und ging dann 1910 damit in Europa auf Tournee.

> „Ich hatte mir in Paris neue Kostüme machen lassen", schreibt sie. „Sie hatten mich ein Vermögen gekostet. Nach der Generalprobe kamen die Leute, um mir zu gratulieren. Auch Puccini erschien, eine Tasse Kaffee in der Hand. ‚Bori', sagte er, ‚das alles war perfekt. Lediglich im letzten Akt, wo Manon keinen Pfennig besitzt und buchstäblich hungert, da wirkt Ihr Kostüm viel zu sauber'. Und er schüttete mir den Kaffee aufs Kleid."

Wenn er mit Sängern arbeitete, konnte Puccini sehr anspruchsvoll sein, wenngleich er nie die Beherrschung verlor. Als Edward Johnson die Hauptrollen in *Der Mantel* und in *Gianni Schicchi* sang, arbeitete er die Rollen mit dem Komponisten durch. „Er war sich meiner nicht ganz sicher", erzählte Johnson. „Schließlich war ich ja ein Ausländer." (Johnson war ein kanadischer Sänger, der es zum Schluß bis zum Chef der Metropolitan Opera in New York brachte). „Als ich das Duett mit dem Sopran im *Mantel* probierte, schwebte Puccini ein ganz bestimmter Klang vor. Immer wieder mußten wir auf eine andere Tonart übergehen, um die gewünschte Intensität zu erreichen." Bei der römischen Premiere des *Tryptichon* rief das Publikum am Schluß frenetisch nach dem Komponisten. Daran konnte sich Johnson gut erinnern. „Er kam hinter die Bühne, und die Künstler umringten ihn. Da ließ er uns alle in einer Reihe antreten, blickte mich an und sagte: ‚Tira, tira!', was bedeutete, wir sollten ihn ‚widerstrebend' aus der Kulisse auf die Bühne ziehen."

Maria Jeritza war seine Lieblings-Tosca, aber als sie unter ihm für die Wiener Premiere probte, bekam sie plötzlich wegen ihres blonden Haars Skrupel. Schließlich wird Tosca als brünett geschildert, und Blondinen ziehen sich durch den Gebrauch einer Perücke aus der Affaire. Die Jeritza, die stolz auf ihr schönes blondes Haar war, haßte den Gedanken, eine Perücke zu tragen. „Madame", sagte Puccini galant. „Es gibt auch in Italien Blondinen, und sie gehören zu den schönsten Frauen dieser Welt." Es war übrigens die Jeritza, die damit begann, *Vissi d'arte* auf dem Boden liegend zu singen. In einem 1926 gegebenen Interview erzählte sie, während einer Probe habe sie der Bariton versehentlich vom Sofa gestoßen und sie habe einfach keine Zeit gehabt, wieder aufzustehen. „Genau so wird es jetzt immer gemacht", rief Puccini aus dem Zuschauerraum. „Das war ja ein göttlicher Einfall!"

Auch die Jeritza bestätigt, was andere Sänger über Puccinis Geduld und über seine Genauigkeit erzählt haben. „Mit einem einfachen ‚nein' als Antwort gab er sich nie zufrieden. Wenn man eine Phrase in einem Atem nehmen mußte, arbeitete er mit mir geduldig, bis ich es geschafft hatte, wie er es wünschte." Nach Jeritzas Meinung wußte Puccini mehr über die menschliche Stimme als die meisten Gesangslehrer, und wenn er auch schwierige Dinge verlangte, so forderte er doch niemals das Unmögliche. „Auch technisch gesehen, half er mir. Er vermochte auf höchst charmante Weise beleidigend zu wirken. Note für Note ging er die Partie durch, Phrase für Phrase. Er hat mich geformt. Ich wurde seine ‚Schöpfung'. Manchmal geriet ich so außer mir, daß ich heulen wollte. ‚Jeritza', pflegte er dann zu sagen, ‚wenn ich Sie morgens um drei wecke und Ihnen befehle, das hohe C zu singen, werden Sie es tun' "!

Puccini hat der Jeritza etwas anvertraut, was sie niemals vergessen hat. Für sie war darin seine gesamte musikalische Philosophie enthalten.

„Carissima mia", sagte er zu ihr, „Sie müssen auf den Wolken der Melodie wandeln."

28. Kapitel

Richard Strauss
Die lange Coda des Romantizismus

Vom Jahr 1888, als der *Don Juan* seine Premiere erlebte, bis 1911, als *Der Rosenkavalier* herauskam, hieß der meist diskutierte europäische Komponist Richard Strauss. Seine symphonischen Dichtungen wurden als schockierend modern empfunden, seine *Salome* (1905) und *Elektra* (1909) gaben Anlaß zu Skandalen und Diskussionen. Den Konservativen, das war keine Frage, mußte Strauss' neue Musik mißfallen. Einem Komponisten wie Saint-Saëns hätte man es übel genommen, wäre er nicht mit folgendem Verdikt hervorgetreten: „Das Verlangen, die Kunst immer weiterzutreiben, führt uns ganz einfach in die Narretei. Richard Strauss ist dabei, uns den Weg dorthin zu weisen." Und selbst diejenigen, die den Progressiven anhingen, waren mit bösen Urteilen zur Stelle. Der Italiener Gian-Francesco Malipiero, von dem man hätte annehmen können, er solidarisiere sich mit Strauss' neuer „Zukunftsmusik", bezeichnete denselben kurzerhand als „den Meyerbeer des 20. Jahrhunderts". Andererseits nannte ein Mann wie Gustav Mahler die *Salome* das Werk eines Genies. Gabriel Fauré, stets ausgewogen in seinem Urteil, machte über die umstrittene Oper eine scharfsinnige Bemerkung. *Salome,* urteilte er, sei nichts weiter als eine symphonische Dichtung mit Gesang, aber er fügte hinzu: „Atmosphärische und Farbwerte sind in die feinsten Nuancen hinein gezeichnet, zugegebenermaßen stets vermittels sehr mediokrer Themen, aber mit solcher großartigen Kunstfertigkeit entwickelt, ausgearbeitet und in Beziehung gesetzt, daß unser Interesse an ihnen von der Magie der genialen Orchesterbehandlung so okkupiert wird, bis diese Themen – wie gesagt medioker – plötzlich Kraft, Charakter, ja einen emotionalen Wert erhalten." Strauss' Interpretationskunst war derjenigen aller seiner Zeitgenossen weit überlegen. Als Paul Dukas die *Salome* gehört hatte, bekannte er, nun wüßte er genau, wieviel er noch zu lernen hätte.

Für die Öffentlichkeit war Strauss der Welt bedeutendster Komponist und übrigens einer ihrer bedeutendsten Dirigenten. Was er auch schuf, es wurde sogleich in aller Öffentlichkeit diskutiert. Was würde das nächste Werk sein? Denn jede neue Komposition schien sensationeller zu sein als die vorherige. Der *Don Juan* war von weiteren Tondichtungen abgelöst worden, die sich durch noch genauere literarische Vorlage, durch immer kräftigere Effekte und immer größere Orchester auszeichneten, bis Amerika 1904 zum ersten Mal die *Sinfonia Domestica* hörte –, die eine der mächtigsten Versammlungen von Musikern seit Berlioz und seinem Idealorchester verlangte. Sensation: Das blieb kennzeichnend für Strauss, den schlanken hochgewachsenen Mann und seine skandalöse Musik. Nicht nur, daß er ein größeres Orchester denn je zuvor verlangte, nicht nur, daß er dieses Orchester meisterhaft instrumentierte; nein, seine

Musik klang auch noch unerträglich dissonant. Mit ihrer Hilfe vermochte er ganze Geschichten zu erzählen, und man hörte das Blöken der Schafe oder das Heulen des Windes. Zudem schien der Mann unzweifelhaft ohne Moral. Wer hätte sonst einen Text von Oscar Wilde vertont, von diesem englischen Kerl, der ... nun ja, wir wissen es ... *Salome* wurde 1907 ein einziges Mal an der Metropolitan Opera in New York aufgeführt; der Aufschrei der Öffentlichkeit zwang die Verantwortlichen zum Rücktritt, und das Stück wurde sofort abgesetzt. Die New Yorker Kritik war empört. Lawrence Gilman erklärte wutschnaubend, er sei gelangweilt gewesen – ein alter Trick der Kritiker: wenn er zutiefst schockiert ist, will er seine Überlegenheit beweisen, indem er behauptet, es habe ihn gelangweilt. Henry Krehbiel nannte die *Salome* einen „moralischen Gestank". Es gab wütende Leserbriefe: „Können wir zulassen, daß unsere Frauen und Kinder, Söhne und Töchter, diesem Spektakel ausgesetzt werden?" Die Schlagzeile einer New Yorker Zeitung nannte *Salome* eine „ekelhafte Oper". Auch in Europa, in Wien, durfte das Werk auf erzbischöfliches Geheiß nicht aufgeführt werden. Kaiser Wilhelm II., dessen musikalischer Geschmack eher von Johann Strauß als durch Richard Strauss bestimmt war, erklärte: „Es tut mir leid, daß Strauss diese *Salome* komponiert hat, ich habe ihn sonst sehr gern, aber er wird sich damit furchtbar schaden." Von diesem Schaden, schrieb Strauss später einmal, „konnte ich mir die Garmischer Villa bauen!"

Bis zur Zeit des *Rosenkavaliers* schien alles, was er komponierte, Schlagzeilen zu machen. Nicht daß er exzentrisch gewesen wäre, alles andere als das. Er war der Typ des guten, soliden deutschen Bürgers, glücklich verheiratet, und niemals gab es in seinem Privatleben den Schatten eines Skandals. Eine Affäre etwa war ganz undenkbar; dazu fürchtete er seine Frau Pauline zu sehr. Selten hat es einen Ehemann gegeben, der mehr unter dem Pantoffel stand. Aber vielleicht lag gerade darin die Attraktion für die Öffentlichkeit. Die Nüchternheit dieses Mannes vermochte kaum mit der Wildheit seiner Musik zu versöhnen. Wenn seine Musik Stürme entfesselte und er selbst am Pult stand, dirigierte er mit kurzen sparsamen Bewegungen, und die Kritiker bestaunten seine Fähigkeit, mit so sparsamer Gestik derart überschäumende Klänge in Bewegung zu setzen. Vielleicht war er auch, ähnlich wie Puccini, der neue Typ des modernen Künstlers, der die Haare kurz trug und sich konservativ kleidete. Der Mann, der solche „modernistische" Musik komponierte, sah aus wie ein Bankier.

In der Presse wurde viel darüber spekuliert, daß man mit dieser Art von Musik soviel machen könne. Als Strauss 1904 in den USA dirigierte, erschien im Clevelander *Plain Dealer* ein langer Artikel, der sich mit seinen Honoraren und Tantiemen beschäftigte und Strauss' Jahreseinkommen mit mindestens 60 000 Dollar bezifferte, „das er in fünf Jahren noch zu verdoppeln hofft." Die amerikanische Zeitschrift *The Theatre* berichtete im Jahre 1909, daß „Richard Strauss mit seinen Opern so viel Geld verdient, daß er vermutlich der reichste Komponist werden wird, der je gelebt hat". Man wußte, daß Strauss ein guter Geschäftsmann war und den Klang von Goldstücken als angenehme Musik

Richard Strauss (1864–1949). Aufnahme von 1904.

462 Die lange Coda des Romantizismus

empfand. Alma Mahler erzählt in ihren Memoiren von der *Feuersnot*-Premiere 1902: „Während des Essens hatte er keinen anderen Gedanken als ‚Geld‘. Er quälte Mahler ununterbrochen, die Eventual-Tantiemen bei großem und bei mittlerem Erfolg zu berechnen, saß während dieses ganzen Abends mit dem Bleistift in der Hand, steckte ihn auch zeitweise hinter das Ohr, quasi zum Scherz, kurz: er benahm sich wie ein Musterkarten-Agent." In New York gab er zwei Konzerte im Warenhaus Wanamaker, und die amerikanische Kritik behandelte ihn, als hätte er damit auf immer die musikalische Kunst besudelt.

Strauss blieb ungerührt. Es sei doch nichts Böses, behauptete er, wenn ein Künstler für Weib und Kind Geld verdiene, und steckte seelenruhig die 1000 Dollar Honorar ein. Er sei gar nicht so geldgierig, beschied er einen Journalisten; er wolle nur genug verdienen, um für den Rest seiner Tage ausgesorgt zu haben. Die Höhe dessen, was er als „genug" empfand, wurde nicht erwähnt. Anekdoten, die dieses Thema weiter spannen, machten indessen die Runde. Als Strauss zu einer *Salome*-Probe nach Dresden fuhr, holte ihn bei der Rückreise nach Berlin sein Sohn am Bahnhof ab. „Und wieviel, Papa, hat man dir für die Probe gezahlt?" Strauss habe seinen Sohn mit Freudentränen an sein Herz gedrückt: „Nun weiß ich, daß du mein Sohn bist."

Aber es gab viele ernsthafte Kollegen, die an Strauss' merkantilen Interessen Anstoß nahmen. Fritz Busch, der in Dresden wirkende Dirigent, der Strauss gut kannte, machte dazu in seiner Autobiographie folgende Anmerkung: „Das Rätsel der Strauss'schen Natur zu lösen, die, obwohl Trägerin einer der erstaunlichsten Begabungen, dennoch nicht von ihr durchdrungen und besessen ist wie die anderer großer Künstler, sondern sie in der Tat nur ‚trägt‘ wie einen Anzug, den man ablegen kann – dies ist weder mir noch wohl irgend jemand anderem gelungen. Seine starken materiellen Neigungen machten aus ihm einen ausgesprochenen Vertreter des Kapitalismus und jeder Opferbereitschaft baren Feind jeder sozialen Umwälzung."

Die amerikanische Presse jedenfalls hielt die Öffentlichkeit über alle finanziellen Manipulationen des Komponisten auf dem laufenden. Als der *Rosenkavalier* an der Metropolitan Opera herauskam, verriet die New Yorker *Sun* vom 8. Dezember 1913, daß „die Met angeblich 1500 Dollar Tantieme pro Abend zahlt, um jene Wunden zu heilen, die Strauss bei der hiesigen *Salome*-Affäre erlitten hat. Das ist zehnmal soviel wie die Tantiemen, die man Puccini für seine bekanntesten Opern zahlt." Alle Welt schien gierig auf solche Details zu sein, ob sie sich nun auf finanzielle oder andere Dinge des „weltgrößten Komponisten" oder – wie es in einer Zeitung hieß – „Musikers der Stunde" bezog.

Und wenn es für einen Artikel über Strauss an Stoff mangelte, gab es ja immer noch seine Frau Pauline. Sie war eine ehemalige Sängerin und eine starke charaktervolle Person, die sich ihr Leben lang nicht viel mit Gedanken an anderer Leute Gefühle, am wenigsten die ihres Mannes, aufhielt. Sie war schon zu Lebzeiten eine Legende. Erstaunlicherweise ertrug Strauss all ihre Launen. Dem Wiener Kritiker Max Graf hat er einmal erzählt, als junger Mann hätte er viel Zeit vertrödelt, und vielleicht wäre gar nichts aus ihm geworden; aber

Pauline hätte ihn geheilt. „Richard, geh' komponieren!" pflegte sie ihn anzufahren, und Strauss zuckte mit den Schultern, stand vom Skatspiel auf und ging in sein Arbeitszimmer. Sie hatte ihn gut trainiert. Der amerikanische Komponist und Kritiker Deems Taylor interviewte ihn einmal in Garmisch; bevor Strauss das Haus betrat, „hielt er inne und trat sich auf einem kleinen feuchten Tuch sorgfältig die Füße ab. Bevor er die Treppen hinaufging, wischte er sich noch einmal die Schuhe, diesmal auf einer trockenen Fußmatte. Und kaum war er über die Schwelle ins Innere des Hauses getreten, als er es zum dritten Mal, diesmal auf einer Gummimatte tat."

Bis zum *Rosenkavalier* galt Strauss als ein Komponist, dessen Werke ständig von neuem das Publikum elektrisierten. Nach dem *Rosenkavalier* wurde es anders. Viele Kritiker empfinden seine späteren Werke als einen Rückschritt: blasse, sich wiederholende Musik, in der nur noch die Kunstfertigkeit vergangener Jahre eingesetzt wird. „Ein Komponist von Talent, der einst ein Genie war", schrieb Ernest Newman kurzerhand. Andere wiederum argumentieren, daß Strauss, nachdem er sich von den oberflächlichen, sensationsheischenden Tondichtungen freigeschrieben hätte, nun eine lange Reihe von Opern komponierte, die in „meisterhaften" und „tiefschürfenden" Alltagswerken kulminiere. Strauss hat selbst einmal angedeutet, daß er in *Salome* (1905) und *Elektra* (1908) sich allzu weit in die Höhle begeben und sich rasch wieder zurückgezogen habe: „Beide Opern stehen in meinem Lebenswerk vereinzelt da: ich bin in ihnen bis an die äußersten Grenzen der Harmonik, psychischer Polyphonie (Klytämnestras Traum) und Aufnahmefähigkeit heutiger Ohren gegangen."

Die Reaktion der Öffentlichkeit auf das Strauss'sche Spätwerk (nach dem *Rosenkavalier*) und auch die Reaktion der meisten seiner Kollegen sind eher mit Newman der Meinung, daß das Genie vom Talent überholt wurde. Strauss' Werke seien Sensationen gewesen, indem ein Werk das andere an aufsehenerregenden Eigenschaften übertraf. Da er diese frühen Werke nicht noch waghalsiger zu übertreffen vermochte, registrierte man ein bisher unbekanntes Nachlassen des allgemeinen Interesses. Premieren von Strauss-Opern waren keine internationalen Ereignisse mehr. Die neuen Opern wurden nur noch höflich aufgenommen, mehr nicht. Allgemeine Erregung und öffentliches Tamtam blieben aus. In den Jahren nach 1911 komponierte Strauss fortan Opernwerke, die einander sehr ähnelten; die komponierenden Kollegen nahmen kaum noch Notiz davon. Für sie waren *Salome* und *Elektra* das Ende des Wegs, den Strauss zu beschreiten imstande gewesen war. Inzwischen gab es neue Helden der internationalen Musik – Prokofjew, Bartók und vor allem Strawinsky; und natürlich sprach man auch viel von Arnold Schönberg, dessen Partituren die einst als revolutionär empfundene Musik von Richard Strauss geradezu altmodisch erscheinen ließen.

Richard Strauss kam am 11. Juni 1864 in München zur Welt. Sein Vater, ein eigenwilliger, charaktervoller, witziger Mann, galt als einer der berühmtesten Hornisten im Lande, der auch komponierte und in Richard Wagner einen Umstürzler sah. Nach seiner Meinung war seit Schumann und Mendelssohn

464   Die lange Coda des Romantizismus

keine rechte Musik mehr geschrieben worden. Franz Strauss blies das Horn im
Münchner Opernorchester und hatte die Uraufführungen von *Tristan und
Isolde* und *Die Meistersinger* miterlebt. Stets lag er sich mit Hans von Bülow
und auch mit Wagner in den Haaren. Er haßte die Hornstimmen in den
Wagner-Opern, aber er blies so himmlisch, daß der Komponist seine bissigen
Bemerkungen ignorierte. Es muß böse Augenblicke gegeben haben, wenn der
Zuchtmeister Bülow, gewiß der mißgelaunteste Dirigent seiner Tage, mit dem
eigensinnigen Franz Strauss aufeinanderstieß. Einmal endete der Streit, indem
Bülow den alten Strauss anfuhr, er solle seine Sachen packen und in Pension
gehen. Und Strauss stand auf und tat, wie ihm geheißen. Aber der Streit wurde
schließlich beigelegt, und Jahre später, als Bülow und der junge Richard Strauss
zusammenarbeiteten, wurden Bülow und Franz beinahe Freunde.

Richard hatte die musikalischen Anlagen vom Vater geerbt. Mit viereinhalb
Jahren spielte er Klavier, kurz darauf die Violine, und im Alter von sechs begann
er mit dem Komponieren. Franz Strauss setzte seinen Sohn auf ziemlich strenge
musikalische Diät, in Richards Jugendkompositionen ist das durchaus spürbar.
Sie sind gekonnt, repräsentieren aber frühes 19. Jahrhundert. Vielleicht hätte
der junge Richard eine Art Wunderkind à la Mozart abgegeben, aber sein Vater
steckte ihn in ein Münchener Gymnasium, wo der Junge eine gute allgemeine
Erziehung erhielt. Man hatte keine Eile, aber man hielt es für selbstverständlich,
daß Richard Musiker werden würde, doch alles zu seiner Zeit. 1882 bezog
Strauss die Münchener Universität, wo er verschiedene Vorlesungen belegte,
aber kein Examen machte. Dann zog er für einige Zeit nach Berlin, wo er sich als
Musiker in der Gesellschaft bekannt machte. Dort traf er 1884 Hans von
Bülow, der die Bläserserenade Es-Dur, opus 7, des jungen Komponisten aufs
Programm seiner Orchesterkonzerte in Meiningen setzte. Bülow dirigierte nicht
selbst; ein Assistent leitete die Uraufführung, während Bülow im Saal saß und
heftig applaudierte. Er war so angetan von dem Stück, daß er Strauss bat, ein
zweites ähnliches Werk zu schreiben: die Bläsersuite in B-Dur, opus 4. Bülow
hielt in Meiningen selbst die Proben ab, aber als eine Art freundschaftlicher
Geste gegenüber dem jungen Komponisten beschloß er, daß die Uraufführung
in Straussens Heimatstadt München stattfinden sollte. Er schlug Strauss sogar
vor, selbst zu dirigieren. Wenn Bülow „vorschlug", gehorchte man. Bis dahin
hatte Strauss niemals einen Dirigentenstab in der Hand gehabt, aber er tat, wie
ihm geheißen – es war, wie er sich später erinnerte, eine Art Schock. Alles, was
er davon im Gedächtnis behielt, war, daß ihm kein grober Fehler unterlief. Er
schreibt: „Da kam mein Vater von der anderen Seite herein, um tief gerührt
Bülow zu danken. Das wars, worauf Bülow gewartet hatte. Wie ein wütender
Löwe sprang er auf meinen Vater los: ‚Sie haben mir gar nichts zu danken',
schrie er, ‚ich habe nicht vergessen, was Sie seinerzeit hier alles mir angetan
haben, hier in diesem verdammten München. Was ich heute tat, habe ich getan,
weil Ihr Sohn Talent hat, nicht für Sie.'... Mir war natürlich durch diese Szene
mein Debüt gründlich versalzen, nur Bülow hatte plötzlich die allerbeste
Laune."

MARQUARTSTEIN, OBERBAYERN.
VILLA DE AHNA.

5. Sept. 1904.

Richard Strauss, Brief an E. v. Schuch über die Vollendung der »Salome«-Skizze.

Die Unterstützung durch einen so mächtigen Mann wie Bülow reichte aus, um Strauss zu einer vielversprechenden Karriere zu verhelfen. Bülow hielt so viel von ihm, daß er ihn zum zweiten Kapellmeister in Meiningen ernannte, wo Strauss 1885 mit seiner eigenen f-Moll-Symphonie debütierte. Seine Laufbahn schien gesichert – als akademischer Komponist.

Der Bruch mit diesem Akademismus resultierte aus seiner Bekanntschaft mit Alexander Ritter, einem Geiger im Meininger Orchester. Ritter hatte Wagner gekannt und dessen Nichte Franziska geheiratet. Ritter war es, der Strauss mit der Musik von Berlioz, Liszt und Wagner bekannt machte; der ihm „die Musik der Zukunft" erläuterte; der Strauss ermunterte, nach neuen Wegen zu suchen. Das geschah natürlich nicht sogleich. Es folgte erst einmal ein Klavier-Quartett in c-Moll in Brahmsscher Manier, und der junge Musiker vervollkommnete sich im Dirigieren. Als Bülow 1885 die Leitung der Meininger Kapelle niederlegte, mußte sich Strauss verantwortlich um das Orchester bemühen. Er führte die Saison zu Ende, reiste nach Italien und kehrte nach München zurück, wo er eine Symphonie mit dem Titel *Aus Italien* komponierte. Deren letzter Satz rief bei der Premiere des Stücks 1887 allerlei Unwillen hervor, und die Aufführung war sehr umstritten. Strauss bekümmerte dies nicht: „Ich kann ganz beruhigt sein, weil ich nun weiß, auf welchem Weg ich weitermachen muß, denn ich bin mir bewußt, daß es nie einen Künstler gegeben hat, den nicht Tausende seiner Mitmenschen für verrückt gehalten haben." Dennoch hatte er sich noch nicht ganz gefunden, wenn auch die kühne Instrumentation des Finales der *Italien*-Sinfonie, in welchem Strauss Luigi Denzas *Funiculì Funiculà* (in der Meinung, es handelte sich um ein Volkslied) zitierte, mehr als einen Hinweis auf die spätere Brillanz seiner Orchesterbehandlung enthält.

Im Oktober 1886 trat Strauss als dritter Musikdirektor in München an. In dieser Zeit hatte er eine Reihe weiterer traditioneller Werke geschrieben: eines war die attraktive *Burleske* für Klavier und Orchester (1885), eine andere die Es-Dur-Violinsonate (1887) – einnehmende, gekonnte, ja meisterhaft gesetzte Musik aus der Vergangenheit. Im Jahr 1886 traf Strauss erstmals die Sopranistin Pauline d'Ahna, die er später heiraten sollte. Sie hatte schon verschiedentlich in München unter ihm gesungen, und die Anekdote will, daß sie während einer Probe im Streit aneinandergerieten. Strauss verschwand in ihrem Ankleidezimmer, aus dem sie gemeinsam wieder hervortraten und ihre Verlobung verkündeten. Pauline war eine Generalstochter und ließ niemanden im Zweifel darüber, daß in *ihren* Adern adliges Blut floß. Auf die bourgeoise Strauss-Familie blickte sie mit Verachtung herab. Strauss' Mutter, Josephine Pschorr, entstammte jener reichen Münchener Brauerfamilie. Strauss' Liebe zu Pauline kam in einer ganzen Reihe von Liedern zum Ausdruck, die er eigens für sie komponierte und die sie in der Öffentlichkeit mit ihm am Klavier vortrug. Eines von ihnen, das *Ständchen* aus dem Jahr 1886, hat sich als das populärste im Repertoire erhalten. Sein ganzes Leben lang komponierte Strauss immer wieder Lieder, und die Welt wäre beträchtlich ärmer ohne so herrliche Stücke wie *Ruhe, meine Seele; Cäcilie; Heimliche Aufforderung; Morgen; Freundliche*

Visionen; Traum durch die Dämmerung und – für viele die schönsten überhaupt – jene vier Orchesterlieder aus dem Jahr 1948, bekannt geworden als die *Vier letzten Lieder*.

Der erste große Bruch in Strauss' Musik entstand mit der Tondichtung *Don Juan* im Jahr 1889. Jedermann in Europa komponierte sinfonische Dichtungen, so wie man 150 Jahre zuvor barocke Concerti Grossi geschrieben hatte. Für die damalige Avantgarde war die Form der Symphonie eine unglückliche Belastung. Beethoven, so meinten viele, hatte in dieser Gattung das letzte Wort gesagt; einen Ausweg aus diesem Dilemma schien die Weiterführung der Lisztschen Tondichtung und Strauss dazu der rechte Mann. Am 11. November 1889 erlebte der *Don Juan* seine Premiere in Weimar. Hier blies ein neuer Wind.

Dies war eine Partitur, aus der jedermann herauslesen konnte, daß Strauss der wahre Nachfolger Liszts, ja Wagners geworden war. Verlangt die Partitur doch ein Orchester von nie zuvor gekanntem Ausmaß, das zudem mit nie zuvor gekannter Virtuosität gehandhabt wurde. Ihr weiträumiges melodisches Material, von großen Sprüngen gekennzeichnet, war etwas absolut Neues. Und wenn auch dem Werk ein ganz spezifisches literarisches Programm zugrunde lag, war die Musik allein doch einfallsreich genug und besaß genügend formale Meriten (eine freie Sonatenform), um sich als absolute Musik zu legitimieren. Dem *Don Juan* folgte eine ganze Serie weiterer sinfonischer Dichtungen, die in Europa jedes interessierte Ohr erreichten: *Tod und Verklärung* (1890, das Premierendatum, nicht das der Komposition), *Till Eulenspiegels lustige Streiche* (1895), *Also sprach Zarathustra* (1896), *Don Quixote* (1898), *Ein Heldenleben* (1899), *Sinfonia Domestica* (1904). Die *Alpen-Sinfonie* aus dem Jahre 1915 war die letzte Tondichtung und obendrein ein Mißerfolg. Jedes der vorangegangenen Werke, die immer umfangreicher geworden waren, hatte zunehmend Aufsehen erregt, wobei man fast davon ausgehen kann, daß ihr jeweiliger musikalischer Wert im umgekehrten Verhältnis zu Dauer und Datum der Entstehung zu sehen ist. Eine Umfrage unter den Musikliebenden würde wahrscheinlich zeigen, daß die ersten fünf die am höchsten geschätzten Werke geblieben sind.

Vieles verdanken diese Werke natürlich den Stücken von Franz Liszt; während Liszts sinfonische Dichtungen sich jedoch auf ziemlich vage literarische Vorlagen stützten, wollte Strauss ausgesprochen deskriptive Musik komponieren: Das mühsame Atmen eines Sterbenden, das Hohe Gericht für Till Eulenspiegel, den Kampf des Helden in *Ein Heldenleben* mit seinen Kritikern, den Sonnenaufgang im *Zarathustra*, Don Quixotes Kampf mit den Windmühlen und so fort. Seine sinfonischen Dichtungen wurden immer detaillierter, und die Schlagzeile in einer New Yorker Zeitung 1904 über die *Sinfonia Domestica* lag gar nicht so falsch: „Home Sweet Home as Written by Richard Strauss – Pappa and Momma and Baby Celebrated in Huge Conglomeration of Orchestral Music." Strauss fühlte sich zur Verteidigung seiner *Domestica* aufgerufen und antwortete etwas humorlos:

„Die Sinfonie soll das musikalische Bild des Familienlebens darstellen. Ich

468   Die lange Coda des Romantizismus

weiß, daß manche Leute glauben, daß dieses Stück ein heiteres Exposé des häuslichen Glückes darstellt, aber ich halte es für erforderlich, daß es gar nicht spaßig sein wollte, als ich die *Domestica* schrieb. Was kann denn auch ernsthafter sein als das eheliche Leben? Die Heirat ist das ernsteste Ereignis im Leben, und die heilige Freude einer solchen Vereinigung wird durch die Ankunft des Kindes erhöht. Dieses Leben hat natürlich auch seinen Humor, den ich auch in das Werk eingeführt habe, um es zu erheitern. Aber ich will, daß die Sinfonie ernsthaft aufgefaßt wird, und in diesem Geist ist es in Deutschland auch gespielt worden."

Strauss konnte sich gar nicht genug erregen, wenn es galt, das Programm in seinen sinfonischen Dichtungen wichtig zu nehmen. Für jede von ihnen hatte er detaillierteste Angaben parat, war aber höchst irritiert, wenn die Analytiker und das große Publikum diesen Vorlagen zuviel Bedeutung beimaßen. 1905 versuchte er dem französischen Schriftsteller Romain Rolland seine Theorien zu entwickeln: „Für mich ist das poetische Programm auch nichts weiter als der formenbildende Anlaß zum Ausdruck und zur reinen musikalischen Entwicklung meiner Empfindungen; nicht wie Sie glauben, bloß eine musikalische *Beschreibung* gewisser Vorgänge des Lebens. Das wäre doch ganz gegen den Geist der Musik. Aber daß die Musik nicht in reine Willkür sich verliere und ins Uferlose verschwimme, dazu braucht sie gewisser Form bestimmender Grenzen." Doch Strauss fühlte sich bei seinen sinfonischen Dichtungen niemals von klassischen Formen abhängig. „Neue Gedanken müssen sich neue Formen suchen", betonte er immer wieder. Und meistens gelang es ihm dabei auch, neue Formen zu entwickeln. Was man auch vom inneren Wert des musikalischen Materials halten mag: Strauss vermochte es in klug durchdachte freie Formen zu packen – erweiterte Sonatenformen, Variationen, Rondoform. Dabei erwies er sich als ein hervorragender Techniker und obendrein als einer der erfindungsreichsten Instrumentationskünstler. Sogar Debussy, für den Strauss gewiß kein Vorbild war, schrieb 1903 über das *Heldenleben*:

> „Man mag sich auch für gewisse gedankliche Ausgangspunkte, die das Banale streifen oder eine übertriebene Italianità bekunden, nicht erwärmen, so ist man doch sehr bald von der wunderbaren orchestralen Vielfalt gefangen, dann aber auch von der rasenden Bewegung, die einen mitreißt, solange Strauss es will ... Man muß doch sagen, daß der Mann, der mit einer so beharrlichen Zielstrebigkeit ein Werk wie dieses geschaffen hat, sehr nahe am Genie ist."

Doch so „modernistisch" den Zeitgenossen seine Partituren erscheinen mochten, so waren sie doch das Symbol des Endes einer Epoche, nicht eines Neubeginns. Nach Strauss hat man kaum noch symphonische Dichtungen geschrieben, und heute tut es praktisch keiner mehr. Diese Form ist jetzt so ausgestorben wie das Concerto Grosso – dem immerhin in der neoklassizistischen Periode zwischen 1920 und 1935 so etwas wie eine Renaissance beschieden war.

Richard Strauss: »Elektra«. Uraufführung: 25. 1. 1909, Dresden.

470 Die lange Coda des Romantizismus

In dem Maße, in dem sich Strauss' Ruf als Komponist verbreitete, wurde er auch als Dirigent bekannt. Bereits 1898 war er Felix Weingartners Nachfolger an der Königlichen Oper in Berlin, wo er bis 1918 blieb, um dann Codirektor der Wiener Oper zu werden. Als Dirigent hatte sich Strauss zu einem Exponenten antiromantischer Haltung entwickelt, wie sie zu Beginn dieses Jahrhunderts immer mehr um sich griff. Romantische Dirigierweise – das war oft ungebändigt, impulsiv, selbstgefällig. Wie Weingartner, wie Karl Muck und Arturo Toscanini gab Strauss beim Dirigieren der Musik vor der eigenen Person den Vorrang. Seine Bewegungen waren knapp, unter strenger Beibehaltung des Rhythmus, genau der Partitur folgend und unter Vermeidung jeglicher Übertreibung. Meistens dirigierte er in der Oper, und bald konzentrierte er sich fast ausschließlich auch beim Komponieren auf diese Form.

In der Zeit, in der seine symphonischen Dichtungen entstanden, hatte Strauss eine Wagnersche Oper mit dem Titel *Guntram* geschrieben, die 1894 in Weimar ihre Premiere erlebte und dort nur einmal aufgeführt wurde. Erst 1935 konnte man sie wieder in einer Rundfunkaufnahme in Berlin hören. Ein solcher Mißerfolg steht in seinem Leben einzig da. „Es ist unglaublich, wieviel Gegner mir der *Guntram* eingebracht hat", schrieb Strauss. „Man wird mich bald wie einen gefährlichen Verbrecher behandeln." So entmutigt war er damals, daß es sechs Jahre dauerte, bis er ein weiteres Bühnenwerk in Angriff nahm. Aber auch die zweite Oper, *Feuersnot,* wurde ein Mißerfolg. Erst mit der *Salome* (1905) gelang Strauss ein Werk, von dem sich das Publikum – wie zuvor von seinen symphonischen Dichtungen – elektrisieren ließ. Natürlich wirkte dabei schon der Salome-Stoff so sensationell wie Strauss' Vertonung. Jedermann wollte einfach seine Neugierde befriedigen, wollte sehen, wie Salome den abgeschlagenen Kopf des Johanaan küßt und beim Tanz einen Schleier nach dem anderen ablegt (Marie Wittich, die für die Dresdner Premiere als Salome vorgesehen war, sträubte sich zunächst: „Das tue ich nicht, ich bin eine anständige Frau!") Fast jedermann schreckte zunächst vor Strauss' schriller, „dekadenter", fast atonaler Schreibweise zurück. Hier und in der 1908 folgenden *Elektra* hatte Strauss seine postromantische Trutzburg verlassen, um die Auseinandersetzung mit einer neuen Art Harmonie zu suchen, einer neuen, machtvollen Melodik sowie einem fortschrittlichen Stil, der ihn zu noch größeren Abenteuern führen mochte. Beide Opern wirkten, und tun dies bis zu einem gewissen Grade noch heute, schockierend. Auch Strauss selbst schien bestürzt darüber, was er angerichtet hatte, und zog sich wieder zurück; ja, er hat niemals mehr derartige harmonische Kühnheiten und psychologische Implikationen gewagt, die *Salome* und *Elektra* zu zwei der herausforderndsten Bühnenwerke des Jahrhunderts gemacht haben.

Bis heute stellt *Elektra* Sänger und Orchester vor immense Probleme. Strauss verlangte nach einer neuen Art des Singens, und natürlich gab es, wie schon zu Wagners oder Meyerbeers Zeiten, einen allgemeinen Aufschrei, das Ergebnis würde der dauerhafte Ruin jeder Stimme sein. Sänger, die in herkömmlicher Tradition ausgebildet waren, zeigten sich entsetzt. Ernestine Schumann-Heink, der berühmte Mezzo-Sopran, sang bei der Premiere die Klytämnestra; sie hat sich noch Jahre später in einem Interview in New York mit großer Spontaneität daran erinnert:

> „Wir waren da auf der Bühne lauter verrückte Weiber, ja wahrhaftig, das ist das richtige Wort. So hatte uns Strauss ahnenden Auges gesehen, und schließlich waren wir wirklich verrückt. Ich habe dies alles Strauss selbst gesagt. Seine Musik an und für sich muß einen normalen Menschen schon verrückt machen. Da beginnt er zum Beispiel mit einer schönen, wirklich schönen Melodie, so etwa fünf Takte lang, dann tut es ihm offenbar leid, daß er etwas Schönes und Liebliches geschrieben hat, und fährt mit einer Dissonanz drein, die sie niederschlägt. Er braucht keine Sänger, denn das ganze Bild, Zeichnung und Kolorit, wird von seinem Orchester besorgt. Jetzt wissen Sie", schloß sie, „was ich bei dieser Klytämnestra gelitten habe. Wenn Mr. Hammerstein (Direktor des Manhattan Opera House) mir für die Klytämnestra 3000 Dollar für eine Vorstellung anbieten sollte – ich würde nein sagen. Und 3000 Dollar ist viel Geld für mich, denn Sie wissen, ich habe einen Haufen Kinder."

Der Elektra-Stoff hatte Strauss und Hugo von Hofmannsthal zusammengeführt. 1903 inszenierte Max Reinhardt Hofmannsthals Übersetzung der sophokleischen Elektra, und Strauss wollte sie in Musik setzen. Hofmannsthal fertigte eine Adaption an, und dieses begründete ihre Zusammenarbeit: Strauss hatte seinen Boito und seinen Lorenzo da Ponte gefunden. Fast fünfundzwanzig Jahre lang währte die gemeinsame Arbeit, aus der der *Rosenkavalier* (1911), die erste Version der *Ariadne auf Naxos* (1912), das Ballett *Josefs Legende* (1914), die revidierte *Ariadne* (1916), *Die Frau ohne Schatten* (1919), *Die ägyptische Helena* (1928) und *Arabella* (1933) entstanden sind. Es ist müßig zu fragen, ob Hofmannsthal letztlich auf Strauss einen heilsamen Einfluß ausgeübt hat. Denn Hofmannsthal war es, der den Komponisten vom Stil der *Elektra* in eine Art literarische Oper führte, die mit Symbolismen beladen war. Strauss' musikalisches Naturell tendierte eher zum Extrovertierten, Heftigen, ja Sensationellen, aber Hofmannsthal, der Cicerone, führte Strauss in die grauen Gefilde von Allegorie und Symbolismus, was dessen überschäumendem Temperament gewiß nicht entsprach. *Der Rosenkavalier* und *Elektra* sind denn auch die einzigen Früchte ihrer gemeinsamen Arbeit, die sich außergewöhnlicher Popularität erfreuen. Freilich hat auch *Ariadne auf Naxos* (1916) einen großen Kreis von Bewunderern angezogen, aber das Werk wird doch weniger häufig aufgeführt. *Ariadnes* Problem ist die Besetzung. Strauss schrieb nicht nur für Stimmen, die an Wagner geschult sein müssen, sondern für die Rolle der Zerbinetta verlangt er überdies einen Koloratursopran, der unglaubliche Schwierigkeiten meistern muß. In der Zerbinetta-Arie des zweiten Aktes, „großmächtige Prinzessin", einem wahrhaft halsbrecherischen Stück, gebraucht Strauss Belcanto-Figuren im Gewande des 20. Jahrhunderts, und es gibt wenige Sänger, die solche Schwierigkeiten mühelos zu meistern wissen. Die weiteren gemeinsam erarbeiteten Werke – *Die Frau ohne Schatten, Die ägyptische Helena* und

472 Die lange Coda des Romantizismus

Arabella – haben niemals die Popularität ihrer Vorgängerinnen erlangt, wenn auch in den letzten Jahren *Die Frau ohne Schatten* und *Arabella* zunehmend häufiger neue Inszenierungen erleben.

Die Beziehung der beiden zueinander war schon etwas seltsam. Der Österreicher Hofmannsthal galt als einer der ausgezeichnetesten Literaten deutscher Zunge, ruhig und zurückhaltend, sensibel, ein Idealist, der sich doch stets seines inneren Werts bewußt blieb. Strauss dagegen die Antithese: praktisch, nüchtern, eher am Konkreten denn an der Abstraktion interessiert. Dennoch respektierten, ja bewunderten beide Männer einander; aber es entwickelte sich keine wahre Freundschaft, und die Beziehung blieb eigentümlich formell. Ihre ausführliche Korrespondenz während der Jahre ihrer Zusammenarbeit ist in vieler Hinsicht faszinierend. Vor allem gibt sie einen Eindruck von dem ewigen Streit zwischen den musikalischen Erfordernissen und denen des Wortes. Strauss hat über dieses Problem jahrzehntelang nachgedacht, und seine letzte Oper *Capriccio* (1942), dessen Libretto von Clemens Krauss und ihm selbst stammt, ist nichts als eine lange Spekulation über die Frage nach der Vorherrschaft von Wort oder Musik. Gibt es eine Lösung? Strauss hatte nichts Derartiges parat, seine Oper endet mit einem Fragezeichen.

In der Korrespondenz wird deutlich, daß Strauss für Hofmannsthal eine enorm schöpferische Figur war und fast ebenso zu fürchten wie zu bewundern. Strauss hingegen hielt Hofmannsthal eher für ein Wesen zur Hervorbringung von Libretti und hatte auch keine Hemmungen, die Gefühle seines Kollegen zu verletzen. Als bei den Vorbereitungen zur *Ariadne* ein schwieriger Punkt erreicht war, machte er Hofmannsthal sogar den Vorschlag, sich einen weiteren Mitarbeiter zu suchen: „Sonst nehmen Sie sich bitte noch einen Mitarbeiter, solche Sachen gehen zu zweit am besten." Hofmannsthal, stets voller Bewunderung für den Älteren, hätte einen solchen Vorschlag Strauss niemals gemacht. Er setzte seine Zusammenarbeit mit Strauss fort, weil er überzeugt war, daß die Komposition eines Librettos eine genauso große Kunst war wie die Konstruktion eines Bühnenstücks. „Ich weiß, ... was eine Arbeit wie die meinige wert ist, ich weiß, daß seit Generationen kein Dichter von dem Rang – den ich mir unter den Lebenden wohl zuerkennen darf – mit Freude und Hingebung für den Musiker gearbeitet hat." Er beugte sich vor der Musik: „Ich betrachte Dr. Strauss als den Hauptpartner, und die Musik als das dominierende Element, im dichterisch-musikalischen Sinn, der ja in Ihnen zur Einheit werden muß, wenn unser Zusammenarbeiten etwas wert sein soll." Und oft mußte er sich damit abfinden, daß Strauss nicht immer genügend Verständnis für seine Arbeit zeigte. So sind manche seiner Briefe, die diese Haltung zu rechtfertigen versuchen, eine traurige Lektüre. Strauss hingegen, der praktische Theatermann, der im allgemeinen mit seinen präzis-kritischen Anmerkungen zu Hofmannsthals Libretti recht behalten sollte, machte seine Einwendungen oft rückhaltlos deutlich. Dann begann sich Hofmannsthal zu verteidigen, wie in seinem langen Brief vom Juli 1911 über den philosophischen Aspekt der *Ariadne*. Durstig nach Anerkennung, fährt er in der Manier eines zurückgewiesenen Mädchens fort, das den Partner noch immer liebt: „Das alles schien mir gewiß von dem, für den es geträumt, konzipiert und ausgeführt ist, den Ausdruck einer gewissen Freude verdient zu haben. Auch glaub' ich, daß sich nicht leicht in einem einaktigen Operntextbuch drei Lieder finden werden, die sich an Zartheit und zugleich an charakteristischer Bestimmtheit mit dem Lied des Harlekin, dem Rondeau der Zerbinetta und dem Circe-Lied des Bacchus messen können. Das alles hätte ich freilich lieber von Ihnen sagen hören, als daß ich es an Sie schreibe." Man kann sich leicht vorstellen, wie ungeduldig und ratlos Strauss mit der Schulter zuckte, als er das las.

Das Tauziehen zwischen dem Mann des Wortes und dem der Musik kam zu keinem Ende, bis heute nicht. Jeder betrachtete seinen Beitrag als wichtig und kämpfte für ihn. Im allgemeinen war es Hofmannsthal, der nachgab, oft in alttestamentarischen Seufzern und Klagen. Während all der Jahre des Gebens und Nehmens blieb Hofmannsthal derjenige, der eher zum Opfer bereit war. Ihre bei weitem erfolgreichste Zusammenarbeit stellte der *Rosenkavalier* dar. Nach der *Elektra* verlangte es Strauss nach einer Komödie, und Hofmannsthal hatte den Gedanken zu einem Werk für zwei Hauptrollen, „für einen Bariton und ein als Mann verkleidetes graziöses Mädchen à la Farrar oder Mary Garden. Zeit: Wien unter Maria Theresia". Das deutschsprachige Opernrepertoire verlangte nach einer neuen Komödie. Seit den *Meistersingern* 1868 hatte es kein gleichermaßen international erfolgreiches Opernwerk dieser Art gegeben. Strauss bestand auf gewissen dramaturgischen Änderungen, denen Hofmannsthal nach langem Zögern zustimmte. Letztlich mußte er zugeben, daß Strauss recht hatte: „daß die ganze (Fassung) rein theatermäßig sehr viel besser ist als die frühere Fassung, bin Ihnen also sehr dankbar für Ihr energisches Eingreifen." Vor allem bestand Strauss auf der Herausarbeitung des komischen Elements. „Vergessen Sie nicht, daß das Publikum auch lachen sollte! *Lachen*, nicht lächeln und schmunzeln! Mir fehlt in unserem Werke bis jetzt eine wirklich komische Situation, es ist alles bloß heiter, nicht *komisch!*" Eine Zeitlang war man sich über den passenden Titel für dieses Werk im unklaren. Noch im April 1910 dachte Strauss daran, das Werk *Ochs* zu nennen, während Hofmannsthal *Der Rosenkavalier* vorschlug und meinte, man sollte es eine „burleske Oper" nennen. Strauss widersetzte sich dem Wort burlesk und argumentierte, daß das Publikum dieses Wort sogleich mit Offenbach oder Gilbert und Sullivan in Verbindung bringen würde. Schließlich einigte man sich auf „*Der Rosenkavalier*, Komödie für Musik von Hugo von Hofmannsthal, Musik von Richard Strauss."

Sie hatten sich auch darüber verständigt, daß das Werk nicht mit Oktavian als zentraler Figur oder etwa des Ochs enden sollte, sondern mit der Marschallin. „Es ist diese Figur", schrieb Hofmannsthal 1910, „die das Publikum, namentlich die Frauen, als Hauptfigur empfinden und mit der sie *gehen*". Es ist eigentümlich, daß in diesem Brief Hofmannsthal den *Rosenkavalier* als „etwas Mozartisches" ansah, als „die Abkehr von der unleidlichen Wagnerischen Liebesbrüllerei ohne Grenzen, sowohl im Umfang als im Maß — eine absto-

474 Die lange Coda des Romantizismus

ßende, barbarische, fast tierische Sache, dieses Aufeinanderlosbrüllen zweier Geschöpfe in Liebesbrunst, wie er es praktiziert". Eine Abkehr von Wagner machte sich bemerkbar, und der *Rosenkavalier* folgte trotz mancherlei Wagnerismen doch einer ganz anderen Ästhetik. Im Gegensatz zu den *Meistersingern,* in denen Wagner etwas treuherzig, ja schwerfällig in seinen Liebesszenen operiert, gab Hofmannsthal seinem Libretto gerade in den delikaten Fragen der „jungen" und „alten" Liebe eine höchst zivilisierte weltläufige Aura. Dagegen wirkt der Wagnersche Geschlechterkampf im *Tristan* wie der unter Primaten, wie der zweier Wale, die aufeinander zustürzen. Im *Rosenkavalier* gibt es keine Jungschen Archetypen, sondern nur menschliche Konditionen. Statt langer Erzählungen hören wir Wiener Walzer; anstelle eines monumentalen Liebestods erleben wir die ebenso elegische wie elegante Klage einer schönen Aristokratin an der Schwelle des Alterns. Hier stirbt keiner, und wir lauschen dem bittersüßen herrlichen Trio, dessen Quintessenz nichts weiter bedeutet, als daß das Leben, wie stets, auch jetzt weitergeht. In Hofmannsthals Welt stirbt keiner aus Liebe. Sie schicken sich ins Unvermeidliche, ergeben sich mit jener Grazie, die ihnen zu Gebote steht, und blicken erwartungsvoll auf des Lebens nächste Episode. So hat es auch Strauss später gesehen: schon vor Oktavian hatte die Marschallin Liebhaber und wird sie auch nach ihm haben.

Nach *Der Rosenkavalier* wurde Strauss so etwas wie ein Anachronismus. Noch während er an seinen alten Formeln arbeitete, hatte sich die Musik in Europa in eine völlig neue Richtung bewegt. Jeder Komponist von Rang repräsentiert sich selbst in seiner Musik; doch ein Beethoven, ein Mozart, Verdi oder Chopin haben ihre Sprache erweitert, haben sie tiefer, bedeutsamer, originaler werden lassen. Diese Art inneren Wachstums ist bei Strauss' nachfolgenden Opern kaum zu spüren, obwohl *Die Frau ohne Schatten* herrliche Passagen enthält. Strauss hielt sie für seine beste Oper. Die Opern nach Hofmannsthal sind *Die schweigsame Frau* (1935), *Der Friedenstag* (1936), *Daphne* (1937), *Die Liebe der Danaë* (1940) und *Capriccio* (1942). Und da ist noch jene seltsame kleine Oper, die *Intermezzo* (1924) betitelt ist, zu der Strauss selbst das Libretto entwarf. Dies ist ein autobiographischer Sketch, eine Familiengeschichte über Strauss und die Eifersucht seiner Frau Pauline.

Die Zeiten schritten fort, die Nazis ergriffen die Macht und ernannten Strauss zum Präsidenten ihrer Reichsmusikkammer. Die Nazis wußten wohl nicht genau, woran sie bei ihm waren. Natürlich *war* er ihr wichtigster Komponist, und er hatte beschlossen, in Deutschland zu bleiben. Und doch tat und sagte er Dinge, die jeden anderen in ein Konzentrationslager gebracht hätten. Dann pflegte er wiederum gute Miene zum bösen Spiel zu machen und sich mit den Behörden zu arrangieren. Strauss war opportunistisch, amoralisch und apolitisch; was er erwartete, war, daß man ihn in Ruhe komponieren und Geld verdienen ließ. Gern bediente er sich jüdischer Librettisten und fand einen solchen in Stefan Zweig, sehr zum Verdruß der Nazis. Andererseits unternahm er keinerlei ernste Versuche, gegen deren Herrschaft zu opponieren. Er wollte die beste seiner Welten.

Richard Strauss 475

Während des Zweiten Weltkriegs komponierte er eine Reihe „retrospektiver" Arbeiten für kleines Orchester — das Oboenkonzert (1946), das zweite Hornkonzert (1942), *Die sinfonischen Metamorphosen* (1945) für 23 Solostreicher. Dann sind da noch *Die vier letzten Lieder* für Sopran und großes Orchester. Über sie herrscht Uneinigkeit: mancher findet darin nichts anderes als in den späten Opern des Meisters — ein letztes spätromantisches Flackern, die Rückschau eines großen Künstlers in großer, verehrungswürdiger Meisterschaft. Andere können mit dieser Musik nichts anfangen und halten sie für gekonnte Stücke, in denen frühe Formeln wiederholt werden, die uns nichts mehr zu sagen haben. Am 8. September 1949 starb Strauss in Garmisch. Die Nachrufe zollten seiner Bedeutung für die Musik des späten 19. und frühen 20. Jahrhunderts ihren Tribut, aber über die Opern nach dem *Rosenkavalier* schwieg man sich aus und tut es eigentlich noch immer. Jedenfalls hat sich herausgestellt, daß Strauss wenig oder gar keinen Einfluß auf die neue Komponisten-Generation ausgeübt hat, von denen die meisten seine Werke geringschätzten oder gar verachteten. Strawinskys Reaktion ist typisch: „aufschneiderisch und bombastisch ... Reiner Sirup ... Bei der Musik (des *Capriccio*) schüttelt es mich. Strauss' Musik fehlt die Interpunktion. Seine Muskulatur kennt keine Maße." Die neue Generation hielt seine symphonischen Dichtungen für vulgär, überladen, voller pompöser Langeweile, die meisten seiner Opern für ermüdend und schwer, in denen er sich wiederholte und seine Stoffe mit Scheinsymbolismen und Scheinphilosophie behängte; was von dem armen alten Strauss nicht viel übrig läßt. Und wahrhaftig kann man sich kaum noch jene Pros und Contras vorstellen, welche die elektrisierenden Tondichtungen *Ein Heldenleben* oder *Don Quixote* hervorriefen oder auch die übrigen Werke, die einst so vielen vieles bedeuteten. Nichts verrauscht so rasch wie die reine Sensation, und Strauss' Tragödie ist die Tragödie eines überlegenen musikalischen Geistes, der an dem eigenen Wunsch zerbrach, den Effekt über den Inhalt zu stellen.

29. Kapitel

Bruckner, Mahler, Reger
Religion, Mystizismus und Rückblick

Der Rosenkavalier erlebte seine Premiere 1911, in dem Jahr, als Gustav Mahler starb. Anton Bruckner war bereits fünfzehn Jahre tot. Max Reger sollte noch bis 1916 leben. Doch diese drei Komponisten waren zu ihren Lebzeiten vom Ruhm Richard Strauss' vollständig verdunkelt. Mahler war vor allem ein berühmter Dirigent, die zentrale Gestalt während der sogenannten goldenen Jahre der Wiener Oper von 1897 bis 1907. Seine Sinfonien wurden gespielt, aber die Aufführungen blieben verhältnismäßig selten und gingen nach seinem Tode weiter zurück. Bruckner wurde von vielen seiner Zeitgenossen als eine Art reiner Tor (im Sinne Parzivals) betrachtet, dem eine Laune eine kleine, aber ergebene Gemeinde von Anhängern beschert hatte. Reger, auf der anderen Seite, wurde weitgehend respektiert, und seine Musik blieb auch noch ein gutes Jahrzehnt nach seinem Tode in Deutschland sehr populär. Dann flaute das Interesse ab, und so ist es bis heute geblieben. Für die meisten heutigen Musiker repräsentiert Reger, der einer der wenigen Brahms-Nachfahren war (und in Opposition zu Mahler und Bruckner, den Wagnerianern, stand), das Unechte und Überladene der Spätromantik.

Seit den sechziger Jahren erleben wir eine bemerkenswerte Renaissance der Musik von Bruckner und Mahler. Vor allem Mahler scheint plötzlich zum Symbol der zweiten Hälfte unseres Jahrhunderts geworden zu sein, ein Prozeß, der sich beschleunigte, als die Köpfe der Avantgarde beschlossen, Mahler sei der geistige Vater der Dodekaphonie. Sein ewiges Infragestellen, sein Suchen und Sehnen, seine Unfähigkeit, sich mit der Gesellschaft abzufinden, seine Schuldkomplexe, seine Zweifel und Ängste – all das machte ihn, so behaupten viele, zum Propheten eines Zeitalters, das von Zweifeln und Ängsten geschüttelt ist. Frühere Zeiten hatten zumindest die Beruhigungen orthodoxer Religionen. Mahler, der konvertierte Jude, der jedoch weder die eine noch andere Religion praktizierte, hatte keine Antwort finden können. Die meisten seiner Zeitgenossen waren imstande – irgendwo zwischen sich selbst und dem Universum –, ihren Frieden zu finden. Mahler war dies versagt, so wie es heutzutage mehr und mehr Menschen ergeht.

Die Frage nach dem Sinn des Lebens blieb Mahlers zentrales Problem, und seine Fragen nahmen kein Ende. Sie lassen jedoch darauf schließen, daß Mahler eher ein Neurotiker als ein tiefer Denker war. Etwas fast Kindliches lag in seinen klagenden Fragen. „Von wo kommen wir? Wohin führt unser Weg? Habe ich wirklich, wie Schopenhauer meint, dies Leben gewollt, noch bevor ich gezeugt war? Warum glaube ich, frei zu sein und bin doch in meinen Charakter wie in ein Gefängnis gezwängt? Was ist der Zweck der Mühe und des Leides? Wie

Anton Bruckner (1824–1896). Aufnahme um 1885.

478   Religion, Mystizismus und Rückblick

verstehe ich die Grausamkeit und Bosheit in der Schöpfung eines gütigen Gottes? Wird der Sinn des Lebens durch den Tod endlich enthüllt werden?" Warum, warum, warum? Bruno Walter, der diese Passage überliefert hat, glaubt, daß jede der Mahlerschen Sinfonien ein neuer Versuch der Antwort auf jene Fragen war, die ihn ewig plagten.

Auch Bruckner komponierte Sinfonien, die eine Art Antwort auf diese Fragen widerspiegeln. Bruckner hingegen quälten keine Zweifel. Er war ein gläubiger Mann, mit einem einfachen Blick auf die Welt und das Leben nach dem Tode. Gott ist gut. Was der Mensch auch tut, es muß zum Ruhme Gottes geschehen. Auch die Musik muß ihn preisen. Der alte Bruckner soll einmal Mahler gegenüber geäußert haben: „Ja, mein Lieber, nun muß ich hart arbeiten, daß wenigstens die 9. Sinfonie fertig wird. Sonst wird mich mein Gott, vor dem ich bald stehen werde, nicht einlassen, sondern er wird sagen: ‚Warum habe ich dir Talent gegeben, du fauler Kerl, als daß du mein Lob und Ehr' singst? Du hast viel zu wenig erreicht.'"

Vom Temperament her gesehen, gab es kaum größere Gegensätze als Bruckner und Mahler. Doch hatten sie einiges gemeinsam. Jeder komponierte neun Sinfonien, neun, jene mystische, von Beethoven gesetzte Grenze. Beider Werke waren umfangreich – Sinfonien, die in Größe, Mächtigkeit und Orchesterbehandlung jeder einzelnen von Brahms, ja selbst der Beethovenschen Neunten, überlegen waren. Beide griffen auf die Erbschaft der österreichischen Volksmusik zurück, ja sie gründeten ganze symphonische Sätze auf ländlerartige Melodik, die man bis zu Schubert zurückverfolgen kann. Zugleich waren beide stark von Wagner beeinflußt; und noch mehr von Beethoven – von seiner 9. Sinfonie vor allem, jenem unerreichbaren Ideal, an dem der Standard jeder Musik danach gemessen wurde.

Diese Fixierung auf die „Neunte" kann man bei Bruckner in den bewußt oder unbewußt eingeflossenen Imitationen technischer und melodischer Art bemerken, wie sie auch in Beethovens d-Moll-Werk vorkommt. Wieviele Brucknersche Sinfonien beginnen doch mit einem Streicher-Tremolo (wie in der „Neunten") und beziehen ihr melodisches Material aus dem einfachen Dreiklang (wie ebenfalls in der „Neunten")! In wievielen langsamen Sätzen bei Bruckner klingt das Echo der Violinfigurationen aus dem Beethovenschen Adagio wieder! Mahlers Fixierung ging sogar noch weiter. Nach den Worten des Psychoanalytikers Theodor Reik war Mahler ein „obsessiver Neurotiker", der einfach Angst hatte, eine „Neunte Sinfonie" zu komponieren. „Die Tatsache, daß Beethoven, Schubert und Bruckner starben, nachdem sie in ihren Symphonien die Nummer neun erreicht hatten, machte diese Ziffer für ihn zu einer Bedrohung." Als Mahler an seiner 9. Sinfonie arbeitete und sie dann beendete, strich er die Nummer in der Partitur aus und veröffentlichte das Werk als *Das Lied von der Erde*. Als er dann das nächste sinfonische Werk in Angriff nahm, bemerkte er zu seiner Frau: „Das ist natürlich eigentlich meine Zehnte, denn *Das Lied von der Erde* war in Wirklichkeit die Neunte." Als dieses Werk sich der Vollendung näherte, sagte er: „Nun ist die Gefahr vorbei." Im Grunde genommen war sie nicht vorbei. Wenige Monate, nachdem das Werk mit der Bezeichnung Neunte Sinfonie beendet war, starb Mahler und hinterließ zwei im Grunde genommen vollendete Sätze sowie eine Menge Skizzen für ein sinfonisches Werk, die seine zehnte sein sollte. All diese Umstände verstärkten natürlich die abergläubischen Gefühle jener in seinem Umkreis. Sie *wußten* eben, welche Strafe sie erwartete, wenn sie gewisse Kräfte herausforderten. „Es scheint", schrieb Arnold Schönberg 1913, „die Neunte ist eine Grenze. Wer darüber hinaus will, muß fort. Es sieht aus, als ob uns in der Zehnten etwas gesagt werden könnte, was wir noch nicht wissen sollen, wofür wir noch nicht reif sind. Die eine Neunte geschrieben haben, standen dem Jenseits zu nahe. Vielleicht wären die Rätsel dieser Welt gelöst, wenn einer von denen, die sie wissen, die Zehnte schriebe. Und das soll wohl nicht so sein."

Trotz mancherlei Ähnlichkeiten waren Bruckner und Mahler grundverschieden. Ihre Musik verkörperte sozusagen Gegensätzliches, stand für die verschiedenen sozialen und philosophischen Polaritäten ihrer Zeit: Bruckner steht für Rast, Mahler für Unrast; Bruckner für Sicherheit, Mahler für Zweifel; Bruckner für Naivität, Mahler für geistige Durchdringung; Bruckner für Provinzialismus, Mahler für Internationalismus.

In Ansfelden in Oberösterreich am 24. September 1824 geboren, begann Anton Bruckner im nahen St. Florian sein Studium, wo er 1845 Chordirektor und Stiftsorganist bei den Augustinern wurde. 1856 zog er nach Linz, um dort das Domorganisten-Amt zu übernehmen. Einmal in der Woche fuhr er nach Wien, um bei Simon Sechter Kontrapunkt zu studieren; das war derselbe Sechter, bei dem Schubert während der letzten Jahre seines Lebens in die Lehre gegangen war.

Bruckner war ein einfacher Charakter, unglaublich bäuerlich und naiv. Sein glatt rasierter Kopf und sein unverfälschter Dialekt, seine unelegante Kleidung trugen dazu bei. Vor den vielen Großstadtmenschen, die über alles so viel besser als er Bescheid wußten, nahm er sich stets in acht. Im Grunde war er ein Naturkind, nicht besonders belesen, ohne besondere Bildung, dafür von spontaner Aufrichtigkeit. So gab er einmal dem majestätischen, reichen Dirigenten Hans Richter am Ende der Generalprobe seiner 4. Sinfonie ein Trinkgeld. „Nehmen Sie dies", er drückte eine Münze in Richters Hand – „und trinken Sie ein Glas Bier auf meine Gesundheit." Der überraschte Dirigent schaute auf die Münze, steckte sie ein und trug sie fortan an seiner Uhrkette. Solche Possen amüsierten die einen, irritierten die anderen. Wagner gehörte zu den ersteren. 1865 fuhr Bruckner nach München zur Premiere von *Tristan und Isolde,* und die Musik machte einen so überwältigenden Eindruck auf ihn, daß er einer der enthusiastischsten Wagnerianer in Europa wurde. Dem Komponisten selbst ist er mehrere Male begegnet. Bei einer solchen Gelegenheit, als Wagner ihm die Hand reichte, geriet Bruckner derart außer sich, daß er niederkniete, Wagners Hand an die Lippen preßte und ihn seiner Verehrung versicherte. Dies wird auch in seiner 3. Sinfonie hörbar, obwohl im allgemeinen Bruckners Musik keine direkten Anleihen bei Wagner macht. Mancher Analytiker kann der

480   Religion, Mystizismus und Rückblick

Versuchung nicht widerstehen, dieses in Bruckners Partituren hineinzulesen, nur weil er Wagner verehrt.

Der Wiener Hofkapellmeister Johann Herbeck setzte sich dafür ein, daß Bruckner 1868 zum Orgel- und Theorielehrer am Wiener Konservatorium ernannt wurde. Drei Jahre später machte man ihn dort zum Professor. Später wurde er auch Hoforganist und Theorielehrer an der dortigen Universität. Nach und nach begann eine Reihe wichtiger Dirigenten, unter ihnen Richter, Arthur Nikisch, Hermann Löwe, Felix Mottl sowie Gustav Mahler, sich für Bruckners Werke zu interessieren. Wann immer ein Stück von ihm in Wien aufgeführt wurde, wurde es von den Kritikern des Establishments, an der Spitze Eduard Hanslick, verrissen. Bruckner war überzeugt, daß hinter diesen Angriffen Johannes Brahms steckte. Die kühle Aufnahme seiner Werke sowie manche finanziellen Schwierigkeiten machten in den Anfangsjahren sein Leben in Wien nicht gerade angenehm.

> „Mußte schon im September und später wieder Geld aufnehmen, wenn es mir nicht beliebte, zu verhungern. Kein Mensch hilft mir, Stremayr verspricht – und tut nichts. Zum Glück sind einige Ausländer gekommen, die Lectionen bei mir nehmen, sonst müßte ich betteln gehen. Hören Sie noch: alle ersteren Clavier-Professoren bat ich um Lektionen, jeder versprach, aber außer den wenigen Theoriestunden bekam ich nichts... Gern gehe ich ins Ausland, wenn ich nur eine ernährende Stellung bekommen könnte. Wohin soll ich mich wenden? In meinem ganzen Leben hätte man mich nicht nach Wien gebracht, wenn ich das geahnt hätte. Ein leichtes wäre es meinen Feinden, mich aus dem Conservatorium zu verdrängen. Es wundert mich, daß dies noch nicht geschehen ist. Studenten des Conservatoriums und sogar die Dienerschaft daselbst entsetzen sich über das Gebaren mit mir."

Bei aller Naivität wußte Bruckner genau, was vorging. In dem von wilden Parteikämpfen geschüttelten Wien seiner Zeit gab es eine Brahms- und eine Wagner-Partei. Bruckner rechnete man zu den Wagnerianern. Da aber die Presse von den Brahmsianern beherrscht wurde, wurde Bruckner fortwährend attackiert. Die Anekdote kursierte, daß Bruckner vom österreichischen Kaiser einmal gefragt wurde, ob er etwas für ihn tun könne. „Ja, Eure Majestät, wenn Sie vielleicht Herrn Hanslick verbieten könnten, so schreckliche Dinge über mich zu schreiben." Der Kaiser bewilligte ihm eine Pension, und 1891 konnte Bruckner sich vom Konservatorium, drei Jahre danach von der Universität zurückziehen. Er starb am 11. Oktober 1896.

Wegen seiner äußeren Ungeschicklichkeiten wurde er für viele zur Zielscheibe des Spottes. Für alle hingegen, die ihn näher kennenlernten, war dies kein Maßstab. Bruckner muß seine Schüler, in ähnlicher Art wie der Franzose César Franck, inspiriert haben, und so nennt man ihn auch den deutschen Franck. Der Österreicher Max Graf besuchte viele seiner Universitätsvorlesungen und gab zu, daß er Bruckners Kurse zunächst einmal belegt hatte, weil er erwartete, sich dabei zu amüsieren. Da kam er, der kleine Mann mit dem

Bruckner mit Wagner. Scherenschnitt von Otto Boehler.

PHILHARMONISCHE CONCERTE.

Sonntag den 18. December 1892,

Mittags präcise ½1 Uhr,

im grossen Saale der Gesellschaft der Musikfreunde:

4ten Abonnement-Concert

veranstaltet von den

Mitgliedern des k. k. Hof-Opernorchesters

unter der Leitung des Herrn

HANS RICHTER,

k. k. Hof-Opernkapellmeister.

—❦4❧—

PROGRAMM.

Anton Bruckner:

Symphonie in C-moll, Nr. 8.

(Sr. k. u. k. Apost. Majestät Kaiser Franz Josef I. gewidmet.)

(Erste Aufführung.)

Streich-Instrumente: **Gabriel Lemböck's Nachfolger Carl Haudeck.**

Programme unentgeltlich.

Text auf der Rückseite.

Das 5. Philharmonische Concert findet am 15. Jänner 1893 statt.

J. B. Wallishausser's k. u. k. Hof-Buchdruckerei.

Programmzettel der Uraufführung im Jahre 1892.

oberösterreichischen Trachtenjackett, mit großem Schädel und zerfurchtem Gesicht, aus dem er die Studenten beäugte. Wenn während der Vorlesung aus einer nahegelegenen Kirche das Angelus ertönte, unterbrach Bruckner seine Rede, fiel auf die Knie und betete, und dann ging die Vorlesung weiter. Manchmal, wenn es sich nicht vermeiden ließ, mit seinem Gegner Hanslick, der Musikwissenschaft lehrte, auf dem Flur zusammenzutreffen, pflegte sich Bruckner vor der verhaßten Gestalt zu verbeugen und einen Kratzfuß zu machen. Schon bald jedoch war Graf beeindruckt und verehrte sogar den Meister. Bruckners Theorievorlesungen basierten auf Simon Sechter. Darüber hat sich Graf, der später der wichtigste Wiener Musikkritiker wurde, folgendermaßen geäußert:

„Sechters Doktrin, die uns Bruckner wie eine heilige Erbschaft hinterlassen hat, gründete sich auf zwei starke Pfeiler. Der eine, der Bruckner angeregt und zu tiefstem Respekt verpflichtet hatte, war die Theorie des ‚basse fondamentale‘, derzufolge der Geist des Basses die Harmonien wie ein Schatten begleitet; und die Theorie der ‚Naturharmonien‘, aus denen die ästhetischen Gesetze der harmonischen Fortschreitung abgeleitet sind. Allerorten traf man auf Ordnung und Gesetz, ja Heiligkeit. Die Fundamental-Schritte des Basses, die Bruckner unter das tiefste Notensystem seiner Partituren zu schreiben pflegte, besaßen kosmische Bedeutung. Das macht uns die Bedeutung, manchmal sogar ernsthafte Rücksichtslosigkeit der Brucknerschen Harmoniefortschreitungen deutlich. Bruckner, ein Schüler von Sechter, den man als einen Architekten der Harmonie bezeichnen kann, grübelte über den Akkorden und Akkordverbindungen, so wie ein Architekt des Mittelalters über den Urformen einer gotischen Kathedrale gebrütet haben mag. Für ihn bedeuteten sie den Weg zum Königreich Gottes.“

Diese langsamen, ernsthaften, ja unerbittlichen Harmoniefortschreitungen sind der Kern der Brucknerschen Musik. Nichts in den Sinfonien und der Kirchenmusik dieses Mannes geschah ohne Bedächtigkeit; so nannten die Wiener ihn denn auch den „Adagio-Komponisten". Selbst die Kopfsätze seiner Sinfonien, große, feierliche Gebilde, brauchten viele, sehr viele Takte, um in Gang zu kommen, so daß sie den Wienern wie langsame Sätze erscheinen mochten. Bruckners Musik, ihre gotischen Bögen, ihre immense Weiträumigkeit, ihre orgelhafte Klanglichkeit, ihre räumliche und zeitliche Weite: das ist die kathedralengleiche Spiegelung einer Gläubigkeit, die man wohl selbst empfinden muß, um sich ganz mit dieser Musik zu identifizieren. Die Scherzi seiner Sinfonien verarbeiten oft österreichische Tanzweisen, was auch ein Spiegel der Gläubigkeit ist. Mozarts und Haydns Menuette spiegelten die Tänze des Hofes und der Landleute wider; Beethovens Scherzi das Spiel der Götter. Bruckners Scherzi beschwören so etwas wie den religiösen Charakter der Natur. Bruckners Religiosität in seinen neun Sinfonien (und natürlich in seinen Messen und anderen geistlichen Werken) signalisiert ihren Hörern eine Art Botschaft, die dem Unendlichen verbunden ist. Selbst Ungläubige vermögen sich von der ehrlichen Überzeugungskraft dieses Mannes forttragen lassen.

484   Religion, Mystizismus und Rückblick

Wenn Bruckners Musik für seine Anhänger beinahe den Charakter einer Offenbarung trägt, so empfinden andere Hörer sie als bedeutungslos, ja quälend. Dabei mag diese ablehnende Haltung nicht unbedingt durch die Länge der Werke begründet sein. Es ist die ständige Wiederholung des musikalischen Materials, das ihnen ohnehin nicht viel zu sagen scheint. Sie haben eher die Empfindung, daß Bruckner dieselbe Sinfonie neunmal komponierte. Bruckner-Anhänger und Bruckner-Gegner bilden zwei feindliche Lager, zwischen denen es keine Verständigung gibt. Was der eine als herrlich und erhebend empfindet, tut der andere als langwierig und langweilig ab. Bruckners kraftvolle Ausbrüche schienen seinen Gegnern wie ein Abbild seiner kompositorischen Schwäche. Bruckner jedenfalls war zu Lebzeiten ziemlich isoliert. Er hatte, im Gegensatz zu dem jüngeren Mahler, keine ausgesprochene Gemeinde. Das hat sich inzwischen geändert, und sogar in den Vereinigten Staaten bilden seine Werke immer häufiger einen wichtigen Bestandteil der Konzertprogramme. Ohne Zweifel liegt ihre Anziehungskraft im unverstellten Glauben, in ihrer ausströmenden Ruhe und ihrer gemächlichen Heiterkeit – alles Qualitäten, nach denen sich heutzutage die Menschen sehnen. Bruckners Musik als eine höhere Art Lebenshilfe.

Die Textfassungen der einzelnen Sinfonien haben mannigfaltige Probleme aufgegeben. Bruckner war so sehr darauf bedacht, daß seine Werke aufgeführt wurden, daß er den Dirigenten freie Hand ließ; mochten sie kürzen, verändern, neu instrumentieren, vermeintlich kühne harmonische Wendungen ausbügeln. Mehr als einmal hat er verkündet, die gültigen Aufführungen seiner Werke könnten einer späteren Generation überlassen bleiben. In der Zwischenzeit erschien eine Reihe seiner Sinfonien zwischen den Jahren 1878 und 1903, die nach unzuverlässigen, ja korrumpierten Textvorlagen entstanden. Wohlmeinende Dirigenten wie Franz Schalk und Ferdinand Löwe wollten dem Komponisten „helfen", und manche der früh publizierten Ausgaben gehen auf diese Hilfe zurück. Erst durch die Gründung der Internationalen Bruckner-Gesellschaft 1929 wurde es möglich, nach und nach Bruckners Werke in einer kritischen, einundzwanzig Bände umfassenden Ausgabe zu veröffentlichen. Robert Haas und Alfred Orel zeichneten als die ersten Herausgeber, denen später Leopold Nowak folgte, der bei manchen Partituren zu abweichenden Interpretationen kam. Heute werden von ernst zu nehmenden Dirigenten die Haas- oder Nowak-Ausgaben benutzt.

Während Bruckner-Freunde seiner Musik mit fanatischer Verehrung begegnen, erweckt Mahler mit seiner Musik Hysterie. Freilich gibt es auch hier Zweifler, die meinen, Mahlers Musik sei viel zu neurotisch und zu banal, als daß man sie genießen könne. Der wahre Mahler-Anhänger betrachtet solche Sündigen, wie Paulus die Heiden. Kaum einen zweiten Komponisten hat die Geschichte hervorgebracht, der eine vergleichbare fanatische Loyalität genießt. Die Anbetung Mahlers trägt fast religiöse Züge. Jeder Musikkritiker ist mit der Tatsache vertraut, daß seine Annäherung an eine Mahler-Sinfonie, die vom Weg der Verzückung abweicht, ihm unweigerlich lange und empörte Drohbriefe einbringt. Weit mehr als bei Bruckner scheint Mahlers Musik im Unbewußten schlummernde Qualitäten freizusetzen, und seine Bewunderer nähern sich ihm auf beinah mystische Weise – etwa Arnold Schönberg:

> „Alles, was ihn charakterisiert, ist eigentlich in seiner 1. Symphonie bereits enthalten. Hier schon beginnt die Lebensmelodie, die er nur entwickelt und bis zum äußersten entfaltet. Hier schon sind Naturverehrung und Todesgedanken erkennbar. Hier hadert er noch mit dem Schicksal, aber mit der Sechsten hat er sich abgefunden, und dies bedeutet Resignation. Doch selbst die Resignation wird produktiv und erhebt sich in der Achten zur Glorifizierung der höchsten Freuden, zu einer Glorifizierung, die nur einem möglich ist, der weiß, daß diese Freuden für ihn für immer vorbei sind. Der sich längst zurückgezogen hat; der längst fühlt, daß sie nur noch eine Allegorie für noch höhere Freuden sind, eine Glorifizierung der allerhöchsten Gnade . . .“

Lebensmelodie . . . Schicksal . . . und Resignation . . . Freude . . . Tod . . . Glorifizierung. Dies ist jedoch keine Analyse. Das ist eine gefühlsmäßige Auslegung von schwarzweißen Symbolen auf Notenpapier in einem Bündel von Folgerungen, denen Mahlers Bewunderer nur gar zu gern folgen; aber es führt dazu, in Mahler nicht länger einen Komponisten zu sehen, sondern eine Kombination von Moses und Christus. Wo Bruckners Musik rein religiöse Impulse freisetzt, beschwört Mahler moralische, psychische, mystische, pathologische à la Freud. Mahlers Bewunderer sprechen über Gemütszustände, innere Krisen, ekstatische Apotheosen, über Schicksal, Verklärung, Geistigkeit und das Allumfassende. Mahlers heroischer, vergeblicher Kampf, seinem Leben einen Sinn zu geben, wird dem Hörer in seiner Musik offenbart. Leicht, ja verführerisch ist es, die Musik mit diesem Kampf zu identifizieren. Die Frage bleibt, ob der Kampf diese Erfahrung wert war oder nicht. Beethovens Kampf drückte sich ausschließlich in musikalischer Weise aus, es waren Kämpfe eines unbeherrschbaren Helden, der nicht nur triumphierte, sondern den eigenen Helden zu erschaffen wußte. Mahlers Kämpfe sind die eines psychischen Schwächlings, eines klagenden Jünglings, der tobte oder jammerte oder hysterisch reagierte, ohne viel zu kämpfen. Freilich vermag Mahlers Musik manche Menschen zu irritieren – solche, die „Mannhaftigkeit“ der Angst vorziehen. Denn Mahler war in tiefster Seele ein Gefühlsmensch. Er *genoß* seine Ängste; er badete in ihnen; er schwelgte darin und wollte die ganze Welt an seinem Leiden teilnehmen lassen. Die klassische Definition des Sentimentalen erfuhr in ihm ein leibhaftiges Beispiel, denn Mahler verwandelte sein Selbst niemals vermittels eines Objektes. Das Objekt veränderte er stets vermittels seiner selbst.

Vielleicht war es diese Schwäche, diese grundsätzliche Unsicherheit, die seinen äußeren Charakter bestimmte. Um sie zu kompensieren, kehrte er den strengen, despotischen, streitsüchtigen, arroganten Menschen heraus – überzeugend von seiner moralischen und musikalischen Rechtschaffenheit. Seine Frau machte einmal die Bemerkung, er habe stets mit Gott telefoniert.

Religion, Mystizismus und Rückblick

„Bleich, mager, klein von Gestalt, länglichen Gesichts, die steile Stirn von tiefschwarzem Haar umrahmt, bedeutende Augen hinter Brillengläsern, Furchen des Leids und des Humors im Antlitz" (Bruno Walters Beschreibung), war er ein Manisch-Depressiver mit einem Hang zum Sadismus. Die Musiker respektierten ihn, haßten es aber, unter ihm zu spielen. Er gehörte zu jenen Dirigenten, die einzelne Spieler herauspicken; jener Dirigenten-Typ, der eine Probe zum Lohengrin-Vorspiel mit dem gellenden Ausruf: „Zu laut!" beginnt, bevor der erste Ton schon erklungen ist. Unter Menschen fühlte er sich unbehaglich, haßte Konversation und jede gesellschaftliche Verbindlichkeit. Seine musikalische Ehrlichkeit verbot ihm, Zweitklassiges zu akzeptieren. Bruno Walter erzählt davon, wie Mahler litt, als ein Komponist ihm aus seinem neuen Stück vorspielte. Mahler schwieg. Der Komponist, mit Mahler befreundet, war betroffen. Nach minutenlanger Stille beendete ein kalt-höfliches „Auf Wiedersehen!" die peinliche Szene. „Ein ganzes Leben voll persönlicher Beziehungen aller Art", schreibt Bruno Walter, „hatte nicht vermocht, Mahler mit dem Minimum an gesellschaftlicher Glätte auszustatten, das dieser Zusammenkunft zu einem normalen Ausgang verhelfen konnte." An Mahlers Hingabe an die Musik gab es keinen Zweifel. Er jagte einem Ideal nach, und sein ganzes Leben ging darüber hin. Ein nobles Leben.

Mahler setzte darin so viel Musik in Bewegung – als Komponist, Dirigent, Operndirektor –, daß für alles übrige nur wenig Zeit blieb, persönliche Beziehungen eingeschlossen. Selbst seine Frau ignorierte er, was sie verletzte. „Ich wußte, daß meine Ehe und mein eigenes Leben völlig unerfüllt blieben", schrieb Alma Mahler viele Jahre später. In Erkenntnis dieser Schwierigkeiten in seiner Ehe suchte Mahler den Rat von Sigmund Freud. In einem Brief an Theodor Reik vom 4. Januar 1935 hat Freud diese Begegnung geschildert:

> „Ich habe Mahler in Leyden einen Nachmittag lang 1912 (oder 1913?) – es war 1910. H. S. – analysiert. Wenn ich den Berichten glauben soll, habe ich damals etwas mit ihm erreicht. Der Besuch schien ihm notwendig, weil seine Frau sich dagegen aufgelehnt hatte, als es wirklich schien, dass er ihr seine Libido entzogen hatte. In höchst interessanten Expeditionen durch seine Lebensgeschichte entdeckten wir seine persönlichen Liebesbedingungen, vor allem seinen Heiligen Marien-Komplex (Mutterfixierung). Ich hatte reichlich Gelegenheit, die Fähigkeit dieses Mannes von Genie zu psychologischem Verständnis zu bewundern. Kein Licht fiel damals auf die symptomatische Facade seiner krankhaften Neurose. Es war, als grabe man einen einzigen Schaft durch ein geheimnisvolles Gebäude."

Reik schloß daraus, Mahlers grundsätzliches Problem habe darin bestanden, daß er auf der leidenschaftlichen Suche, ein Ideal zu finden, versäumt habe, wie andere Menschen zu leben. In sein Werk vergraben, lief das Leben an ihm vorbei. „Er suchte die verborgene metaphysische Wahrheit hinter und jenseits der Erscheinungen dieser Welt, nach seinem Ideal. Niemals ließ er nach auf der

Gustav Mahler (1860–1911) als erster Kapellmeister am Stadttheater in Hamburg, 1892.

488   Religion, Mystizismus und Rückblick

Suche nach den übernatürlichen und transzendentalen Geheimnissen des Absoluten und merkte dabei gar nicht, daß das große Geheimnis des transzendentalen, des metaphysischen Wunders darin liegt, daß es gar nicht existiert."
    Im böhmischen Kalist am 7. Juli 1860 geboren, wuchs Mahler als zweites von
zwölf Kindern auf. 1878 bezog er das Konservatorium in Wien, wo er sich zu
einem guten Pianisten heranbildete und seine Begabung zum Dirigenten entdeckte. Nach dem Examen begann er die Ochsentour durch verschiedene
Opernhäuser, wie es damals für aufstrebende junge Dirigenten üblich war.
1880 wurde er Musikdirektor in der kleinen oberösterreichischen Stadt Bad
Hall. Im folgenden Jahr arbeitete er in Laibach (heute Ljubljana) und zog 1882
nach Olmütz. Das folgende Jahr verbrachte er in Wien, und zwar als Chordirigent am Wiener Carl-Theater sowie in Kassel. 1885 dirigierte er in Prag und
wurde ein Jahr später zweiter Kapellmeister (neben Arthur Nikisch) in Leipzig.
Dort blieb er zwei Jahre, vertrug sich mit Nikisch aber nicht und verließ 1888
die Stadt. Seine erste große Chance erhielt er in Budapest, wo er von 1886 bis
1888 Musikdirektor der Königlichen Oper war. Dort hörte ihn Brahms und
war von seiner Wiedergabe des *Don Giovanni* höchst beeindruckt. Auch
Richard Strauss hörte ihn dort und schrieb an Hans von Bülow: „Ich habe eine
neue, sehr anziehende Bekanntschaft in Herrn Mahler gemacht, der mir ein
hochintelligenter Musiker und Dirigent zu sein scheint." Der nächste Schritt
führt nach Hamburg 1891 bis 1897. Als ihn Bülow dort hörte, stimmte er mit
Strauss überein: „Hamburg besitzt nun einen wirklich ausgezeichneten Operndirigenten in Gustav Mahler (ein ernsthafter, energischer Jude aus Budapest),
der nach meiner Meinung mit den besten zu vergleichen ist: Richter, Mottl,
etc." 1897 endlich wurde der siebenunddreißig Jahre alte Hamburger Dirigent,
nicht zuletzt durch Brahms' enthusiastische Fürsprache, Leiter der Wiener
Hofoper.
    Dort entfaltete Mahler zehn Jahre lang seine strenge Herrschaft. *Er* war die
Oper, er bestimmte das Repertoire, engagierte die Sänger, dirigierte viele
Vorstellungen, inszenierte viele Werke selbst und kümmerte sich um alles, was
mit dem Haus zu tun hatte. Seinen Willen vermochte er selbst den Zuhörern
aufzuzwingen. Ein ernster Blick aus seinem schmalen, nervösen, abweisenden
Gesicht, und im Zuschauerraum wurde es still. Als Dirigent scheint er ein
Präzisionsfanatiker nach Art Bülows gewesen zu sein, in seiner musikalischen
Auffassung ebenfalls sehr vom Intellekt bestimmt. Er bestand auf genauester
Vorbereitung, verlangte sich, den Sängern und Musikern das letzte ab. Unterge-
ordnete Details gab es für ihn nicht; denn auch sie waren wichtig, wie jeder
bedeutende Dirigent weiß. Unbeteiligtes, sorgloses Spiel war Mahler ein Greuel.
So gab es während seines Lebens nicht ein einziges Orchester, das ihn bei seiner
Suche nach Perfektion zufriedenstellte. Hinweise auf sein Gehör und seine
Musikalität erfahren wir aus dem, was er einmal gegenüber einer Freundin,
Natalie Bauer-Lechner, über die mangelnde Orchesterkultur äußerte:

„Die abscheulichen Unarten oder vielmehr Unvollkommenheiten, die ich noch bei jedem Orchester vorgefunden habe, daß sie die Zeichen nicht beobachten können und so gegen die heiligen Gesetze der Dynamik sowie des verborgenen innersten Rhythmus eines Werkes sündigen, waren mir auch hier nicht erspart. Wenn sie ein Crescendo sehen, werden sie schon forte und accelerieren, beim Diminuendo gleich piano und ritardieren das Tempo. Die Abstufungen von mezzoforte, forte, fortissimo, von piano, pianissimo, pianississimo suchst du vergebens. Noch weniger kommen sforzando, fortepiano, Kürzen und Längen zum Ausdruck. Und verlangst du gar, daß sie spielen, was nicht dasteht, wie es beim Begleiten des Sängers in der Oper hundertmal geboten ist, wo sie jedem leisesten Winke des Fingers folgen müssen, da bist du bei jedem Orchester verloren.“

Während der zehnjährigen Mahlerschen Leitung der Wiener Hofoper erfuhr das Haus eine bedeutende Belebung. Prominente Regisseure wie Alfred Roller wurden engagiert, was oft zu großen Kontroversen führte. Rollers Inszenierung von *Tristan und Isolde,* mit gewagten Bühnenbildern, fortschrittlichen Lichteffekten und der Propagierung eines expressionistischen Avantgarde-Gefühls machte Furore. In Wien war Mahler eine Legende, und für manchen Droschkenkutscher schien er so etwas wie eine Wiener Sehenswürdigkeit, ähnlich wie der Stefansdom. „Da ist der Mahler!“, riefen sie ihren Gästen zu und deuteten auf die Straße. Mahlers Arbeitswut war grenzenlos. „Ich kann nichts als arbeiten. In all den Jahren habe ich alles übrige verlernt.“ Bruno Walter vermochte mit ihm nicht Schritt zu halten. „Zu keiner Zeit während der beiden Jahre, die ich mit Mahler in Hamburg verbrachte, oder jener sechs an der Wiener Oper habe ich je ein Nachlassen seiner hochgespannten Arbeitskraft bemerkt.“

Im Jahr 1907 war er für zwei volle Spielzeiten an der Metropolitan Opera in New York tätig, wohin er 1909 mit einem Zweijahresvertrag als Dirigent der Philharmonic Society zurückkehrte. Die amerikanischen Erfahrungen enttäuschten ihn. Seine zweite Saison an der Met fiel mit der ersten Saison des Intendanten Giulio Gatti-Casazza und seinem jungen Stardirigenten Arturo Toscanini zusammen. Zwischen der neuen Leitung des Hauses und Mahler ergaben sich Spannungen, vor allem, als Gatti-Casazza Toscanini *Tristan und Isolde* dirigieren ließ – nachdem Mahler das Orchester bereits einstudiert und sich um die Inszenierung gekümmert hatte. Auch wurde rasch deutlich, daß Mahler in New York nicht derselbe wie in Wien war. So gestattete er in den Partituren Striche, die er im eigenen Hause nie geduldet hätte; und für etwas matte Vorstellungen hatte er nichts weiter vorzubringen als die Entschuldigung, man hätte nicht genügend proben können, die Musiker hätten nicht zur Verfügung gestanden. Die New Yorker Kritiker mochten ihn nicht, und er sie nicht. Als er die Philharmoniker übernahm, wurde es noch unerfreulicher. Seine Programme mißfielen den Ladies im Aufsichtsrat beinahe so sehr wie seine ungesellige Art. So war er taktlos genug, die dortigen Philharmoniker als „das

Gustav Mahler, Aufnahme von 1907.

typische amerikanische Orchester – ohne Talent und ohne Feuer" zu titulieren. Das trug zu seiner Popularität nicht bei. Mahler mußte sich rechtfertigen, und seine Frau war entrüstet. „Sie können sich nicht vorstellen, was Mr. Mahler leiden mußte", teilte sie der Presse mit. „In Wien war mein Mann allmächtig. Selbst der Kaiser konnte ihm nicht befehlen, aber in New York mußte er mit zehn Ladies fertig werden, die ihn wie eine Puppe behandelten." Mahler war bereits von tödlicher Krankheit gezeichnet und hatte nur noch wenige Monate zu leben. Ohne die philharmonische Saison zu beenden, verließ er New York und starb am 11. Mai 1911 in Wien.

Als vielbeschäftigter, erfolgreicher Dirigent zeit seines Lebens hatte Mahler zum Komponieren nur wenig Zeit zur Verfügung. Er nannte sich selbst zuweilen einen „Freizeit-Komponisten"; die Zahl seiner Werke ist nicht lang. Sie bestehen aus neun Sinfonien und einer unvollendeten zehnten, dem *Lied von der Erde,* den *Kindertotenliedern* sowie anderen Orchesterliedern und Liedern mit Klavierbegleitung. Viele von ihnen, wie auch einige sinfonische Sätze, sind von den Gedichten aus *Des Knaben Wunderhorn* inspiriert, jener Volksliedsammlung, die Clemens Brentano und Ludwig von Arnim 1805 veröffentlicht hatten. Wie viele Großstädter sehnte sich Mahler nach dem Leben auf dem Lande, wo er sich zu regenerieren glaubte; die Beschäftigung mit den Wunderhorn-Gedichten gab ihm das Gefühl einer Identifizierung mit den Elementen der österreichischen Volksmusik. Dennoch ist in seinem Werk kein direkter Nationalismus spürbar. Pantheismus mag das bessere Wort sein, sie zu beschreiben.

Wie in vielen musikalischen Werken während Mahlers Zeit ist auch in seinem eigenen Werk in jedem Takt, den er komponierte, ein literarisches Programm spürbar. Man kann es nicht, wie etwa bei Strauss, direkt identifizieren. Seine Natur ist allgemeiner und gibt der Partitur einen psychologischen Schlüssel. Mahler war ein Kind seiner Zeit, und derselbe Impuls, der Clara Schumann dazu veranlaßte, Brahms' 3. Sinfonie mit der Geschichte von Hero und Leander, und Franz Liszt dazu brachte, Chopins f-Moll-Phantasie mit einem törichten Programm zu identifizieren, ließ auch Gustav Mahler in aller Musik, nicht nur der eigenen, ein dahinter liegendes Programm erkennen. „Glauben Sie es mir", schrieb er 1896 an Max Marschalk, „auch die Beethovenschen Sinfonien haben ihr inneres Programm, und mit der genaueren Bekanntschaft mit einem solchen Werk wächst auch das Verständnis für den Ideen-richtigen Empfindungsgang. So wird es endlich auch bei meinen Werken sein." Andernorts schrieb er: „Fangen wir mit Beethoven an; es gibt keine neue Musik ohne inneres Programm." Und: „Gut ist es deshalb immerhin, wenn für die erste Zeit, als meine Art noch befremdet, der Zuhörer einige Wegtafeln und Meilenzeiger auf die Reise mit erhält – oder sagen wir: eine Sternkarte, um den Nachthimmel mit seinen leuchtenden Welten zu erfassen."

Daraus folgte auf natürliche Weise: „Meine Musik ist überall und immer Klang der Natur", meinte Mahler, „das Wort in seiner weitesten Bedeutung – Leben und Tod, Erde und Universum." Von seiner 8. Sinfonie sagte er: „Es ist das Größte, was ich bis jetzt gemacht. Denken Sie sich, daß das Universum zu

492 Religion, Mystizismus und Rückblick

tönen und zu klingen beginnt. Es sind nicht mehr menschliche Stimmen, sondern Planeten und Sonnen, welche kreisen." Bis ins einzelne ging er bei seiner Beschreibung der idealen Programm-Musik in seinem Brief an Max Marschalk vom 26. März 1896:

> „Mein Bedürfnis, mich musikalisch-sinfonisch auszusprechen, beginnt erst da, wo die *dunkeln* Empfindungen walten, an der Pforte, die in ‚die andere Welt' hineinführt; die Welt, in der die Dinge nicht mehr durch Zeit und Ort auseinanderfallen. –
>
> Ebenso, wie ich es als Plattheit empfinde, zu einem Programm Musik zu erfinden, so sehe ich es als unbefriedigend und unfruchtbar an, zu einem Musikwerk ein Programm geben zu wollen. Daran ändert die Tatsache nichts, daß die *Veranlassung* zu einem musikalischen Gebilde gewiß ein Erlebnis des Autors ist, also ein Tatsächliches, welches doch immerhin konkret genug wäre, um in Worte gekleidet werden zu können ...
>
> Über die c-Moll-Sinfonie Ihnen nun etwas zu sagen, nachdem ich mich wie oben erklärt, hat für mich, wie Sie verstehen werden, etwas Mißliches. – Ich habe den ersten Satz ‚Totenfeier' genannt, und wenn Sie es wissen wollen, so ist es der Held meiner D-Dur-Symphonie, den ich da zu Grabe trage, und dessen Leben ich, von einer höheren Warte aus, in einem rechten Spiegel auffange. Zugleich ist es die große Frage: *Warum hast du gelebt?* Warum hast du gelitten? Ist das alles nur ein großer furchtbarer Spaß? – Wir *müssen* diese Fragen auf irgendeine Weise lösen, wenn wir weiter leben wollen – ja sogar, wenn wir nur weiter sterben sollen! In wessen Leben dieser Ruf einmal ertönt ist – der muß eine Antwort geben; und diese Antwort gebe ich im letzten Satz."

In dem Brief wird noch weiter detailliert beschrieben, wie die weiteren Sätze der 2. Sinfonie zu verstehen sind. Alle Mahlersche Musik enthält eine Art von Programm, und jede seiner Sinfonien läßt sich als Ausdruck der Unrast, des Kampfes, der Sehnsucht beschreiben. Natürlich gibt es Unterschiede zwischen Mahlers frühen und späten Werken, zwischen den freudig-forschen Passagen der 1. Sinfonie und dem bewegungslos-pessimistischen Verdämmern, das die Neunte und *Das Lied von der Erde* krönen. Sehnsüchtiges Streben macht am Ende der Resignation Platz.

Mahlers Musik enthält viele unkonventionelle Harmonien, die in der verrückt-makabren *Burleske* der 9. Sinfonie kulminieren – jenem geisterhaften Marsch mit seinen böse-parodistischen Dissonanzen. Aber die harmonischen Kühnheiten Mahlers sind von jenen Wissenschaftlern überspielt worden, die sich weigern, in Mahler ein Bindeglied zwischen Wagner und Schönberg zu sehen. Schönbergs fünf Orchesterstücke (1908) sind in dieser Hinsicht weit fortgeschrittener als Mahlers letzte Werke aus den Jahren 1910 und 1911. Was das betrifft, so hat bereits 1905 Alexander Skrjabin die gemeinen Tonarten verlassen, hat anstelle von Terz- mit Quart-Akkorden gespielt und dabei Dissonanzen gebraucht, die weit prophetischer sind als alles, was Mahler geschrieben hat.

Wenn die Geschichte einmal Mahler seinen Platz anweist, wird es offenbar werden, daß er ästhetisch und technisch eher dem 19. als dem 20. Jahrhundert verhaftet ist. Er dachte in Kategorien der Romantik und komponierte in ihnen. Sein Musikkonzept war das Programm, das sich von Wagners törichter Exegese der Beethovenschen Sinfonien herleitete, und es war romantisch. Sein riesiges Orchester, wie das von Richard Strauss, führte Wagner nur einen Schritt weiter. Seine Harmonik war nicht „fortschrittlicher" als die von Strauss, und sie war nicht einmal so kühn wie jene in *Salome* oder *Elektra*. Schönberg, Strauss, Skrjabin und Debussy waren im Grunde viel moderner als Mahler zu seinen Lebzeiten. Selbst wenn Mahlers Sinfonien das Aufbrechen des klassischen Modells illustrieren, bleiben sie doch Sinfonien „nach Beethoven" in mehr als einer Weise; sie sind unbewußte Versuche, das Adagio der Beethovenschen Neunten nachzukomponieren. Die Mahlerschen Sinfonien besitzen natürlich nicht die formale Strenge Beethovens. Sie zeigen auch nicht jene emotionale Disziplin, was nicht verwundert. Die aufgequollenen Tanzsätze in Mahlers Sinfonien mit ihren Ländlern und Bauerntänzen sind gefühlsmäßige Evokationen eines früheren Österreichs: simple Melodien, durch Mahlers immenses Orchester „angedickt" und von Ernsthaftigkeit triefend. (Vielleicht ist es diese Art von Musik, die Debussy meinte, als er schrieb: „die Mode für populäre Melodien hat sich über die ganze musikalische Welt verbreitet: von Ost nach West hat man die kleinsten Dörfer durchforstet, und einfache Melodien, die plumpen Bauernmäulern entströmen, finden sich erstaunlicherweise, harmonisch aufgeputzt, überall wieder.") Die „kosmischen" Sätze Mahlers klingen hysterisch. Ein geängstigter, gequälter Mahler zuckt vor dem Unendlichen zurück. Dessen ungeachtet sind in Abschnitten fast aller Sinfonien unzweifelhaft brillante Partien, die Mahler, den Musiker, über Mahler, den tiefen Denker, triumphieren lassen. Und in seinem bewegendsten Werk, *Das Lied von der Erde*, schuf Mahler ein Gebäude, in dem Form und Emotion einander die Waage halten. Die unverstellte Trauer und überirdische Qualität der Musik klingen weder künstlich noch forciert, und das letzte Lied ist ebenso ein Abschied vom Ende der Romantik in der Musik wie ein Blick auf das Ende des eigenen Lebens. Mahler jedoch, wie viele es getan haben, zum Symbol der Moderne zu stilisieren, hieße die Moderne und Mahler mißverstehen.

Ein Komponist, der um die Jahrhundertwende in Deutschland künstlerisch ganz bewußt nach rückwärts, in die Vergangenheit, blickte, war Max Reger, die Zentralfigur der Bewegung „Zurück zu Bach". Sein Werk steht vereinzelt in seiner Zeit da, und außerhalb Deutschlands ist seine Musik so gut wie unbekannt geblieben; auch in Deutschland wird sie, mit geringen Ausnahmen, nicht mehr häufig gespielt. Für die meisten Kritiker, die Reger nur von solchen Werken wie den *Mozart-* oder *Hiller-Variationen* kennen, klingt seine Musik monströs – ein Schöpfer gigantischer Partituren mit wirkungslosen Fugen. Mahler und Bruckner haben eine enorme Wiederbelebung erfahren, aber Reger, dessen unermüdliches Schaffen in dieselbe Periode fällt, ist heutzutage fast vergessen.

Max Reger: »Aus meinem Tagebuche«. Titelblatt des Notendrucks.

Max Reger mit seinen Triogefährten Hans Teichlein (Viol.) und Prof. K. Piening bei einer Probe in Regers Musikzimmer in Leipzig um 1910.

Religion, Mystizismus und Rückblick

Zu seiner Zeit jedoch wurde Reger hoch geschätzt. Er war ein schwergewichtiger, aber witziger Mann, der aus heute schwer verständlichen Gründen als ultramoderner Komponist galt. Er war eine Art Wunderkind und hatte im kleinen Ort Brand im bayerischen Fichtelgebirge am 19. März 1873 das Licht der Welt erblickt; mit sechzehn Jahren war er bereits Organist, er wirkte dann jahrelang als Lehrer in München und als Professor am Leipziger Konservatorium und galt als ein gesuchter Pianist und Dirigent. Mit 43 Jahren erlag er am 11. März 1916 einer Herzattacke.

Regers Lebensaufgabe schien es zu sein, Musik im Geiste Johann Sebastian Bachs und Beethovens zu komponieren. „Ich kann mit gutem Gewissen versichern", schrieb er 1914, „daß von allen heute lebenden Komponisten ich wahrscheinlich derjenige mit der engsten Verbindung zu den großen Meistern unserer reichen Vergangenheit bin." Für den „pervertierten Unsinn der Wagnerianer und Strauss-Maniaks" hatte er nur Hohn und Spott übrig. Während die meisten anderen deutschen Komponisten seiner Zeit auf der Linie Berlioz-Liszt-Wagner fortfuhren, begannen seine musikalischen Ahnen mit Bach, denen Beethoven, Mendelssohn und Brahms folgten. Als Romantiker, der zur Zeit des gewaltigen nachwagnerischen Orchesters komponierte, zögerte Reger nicht, sich dieses Instrumentarium zu eigen zu machen. Wo Brahms eine Serie Orchestervariationen auf ein Thema von Haydn gründete und alles hübsch direkt und lyrisch hielt, zögerte Reger keinen Augenblick, das Eingangsthema zu Mozarts A-Dur-Klaviersonate zu nehmen und darüber eine ganze Serie gargantuanischer Variationen zu komponieren, die in eine kolossale Fuge münden. Der Gedanke war dem von Johannes Brahms nicht unähnlich; aber die Ausführung litt an Gigantismus. Es gibt deutsche und auf die deutsche Tradition eingeschworene Komponisten, die noch immer diese Schreibweise bewundern, aber es sind gerade diese gigantischen Partituren wie die der *Mozart-Variationen,* die Max Reger, zumindest im Ausland, eine so schlechte Reputation verschafft haben.

Die *Mozart-Variationen* sind jedoch keineswegs typisch für Regers Werk. Diese Partitur zeigt nur eine Seite seiner Begabung. Ein großer Teil seiner Werke ist reiner Kontrapunkt. Seine Kammermusik, von der das Klarinetten-Quintett ein repräsentatives Beispiel gibt, ist nicht viel mehr als ein extrem chromatisch gefärbter Brahms, so wie auch sein f-Moll-Klavierkonzert eine ziemlich massive Angelegenheit ist, sozusagen eine Nummer größer und massiver als das Brahmssche B-Dur-Konzert. Dennoch kann man nicht sagen, daß Reger Brahms nur imitierte. Sein chromatischer Stil verrät eine sehr individuelle Handschrift (wobei manches etwas nach Sibelius klingt, der ja in den Jahren vor dem Ersten Weltkrieg in Deutschland äußerst populär war). Auch seine Melodik ist bei aller überladenen spätromantischen Färbung von einer gewissen Klarheit. Als Techniker war er unübertroffen. Eine weitere Seite seines musikalischen Charakters wird in den Sonaten für Violino solo erkennbar. Dieser Komponist, den man oft nur als Meister der Fuge und des überladenen Orchesterwerks vorstellt, hat eine Reihe sehr delikater und charmanter Musikstücke für die Geige allein erfunden. Seine Lieder und Klavierstücke, die gewiß zeitgebunden sind, verraten dennoch Eleganz und sind oft von großer Schönheit. Vielleicht hatte Reger nicht die Originalität, ein wirklich großer Meister zu werden, aber seine handwerkliche Fähigkeit und sein eigenständiger Fundus an Melodik sollten verhindern, daß man ihn allzu gering schätzt. Wie bei vielen der romantischen und spätromantischen Kleinmeister wird auch bei Reger, bevor man seine Musik erneut genauer untersucht, eine generelle Umschichtung der ästhetischen Werte vom Objektivismus zum Subjektivismus stattfinden müssen.

Max Reger war ein sehr beherzter Mann, ein mutiger Streiter, der keine Sekunde zögerte, seine Meinung zu vertreten. Er hat bekanntlich eine dankbare Figur für jene Anekdote abgegeben, in der er auf besonders schäbige, aber vollkommene Art einen Musikkritiker abkanzelte. Nach der Lektüre der Kritik eines seiner Stücke, die ihn erzürnt hatte, schrieb er an den Betreffenden folgende Notiz: „Sehr geehrter Herr, ich sitze im kleinsten Zimmer meines Hauses. Ihre Kritik liegt vor mir, bald wird sie hinter mir liegen ..." Zu seinen Lebzeiten hatte Reger durchaus Bewunderer. Arnold Schönberg schätzte seine Werke sehr; und der Dirigent Fritz Busch war einer derjenigen, die Reger regelmäßig zur Aufführung brachten. Busch hielt Reger tatsächlich für den bedeutendsten Komponisten nach Brahms. In seinen *Erinnerungen* beschreibt er den Komponisten als „einen außerordentlich hochgewachsenen Mann mit ganz kleinen Füßen und einem häßlichen Kindergesicht, über dem im Winter eine Biberpelzmütze thronte." Einmal hatte Busch Reger zu einem Konzert nach Bad Pyrmont eingeladen und teilte dem Komponisten mit, daß es kein Honorar geben würde, aber man hätte vorgesehen, ihm einen Orden zu verleihen.

„Zwar lehnte er nicht etwa ab, aber er verlangte seine Auszeichnung unverzüglich. Er wollte wissen, ob es die Medaille für Kunst und Wissenschaft aus Gold sei? Ob es die *große* goldene Medaille sei? Ob es die große goldene Medaille, am roten Band um den Hals zu tragen, sei?"

Während seines Aufenthalts in Bad Pyrmont fragte ihn der Fürst, warum er keinen Steinway, sondern einen Ibach-Flügel spiele. Regers Antwort kam prompt: „Wissen'S, Hoheit, die zahlen viel mehr!"

30. KAPITEL

Claude-Achille Debussy

Symbolismus und Impressionismus

„A tout Seigneur, tout l'honneur", lautet ein französisches Sprichwort. Ehre, wem Ehre gebührt. Nicht, daß es Claude Debussy zu Lebzeiten an Ehrungen gefehlt hätte. Nach einigem Zögern hat man diesen *musicien français* (wie er sich selbst bezeichnete) bald als den bedeutendsten französischen Komponisten seiner Zeit anerkannt. Heute ist er weit mehr als das, nicht nur der bedeutendste französische Komponist, der je gelebt hat, sondern ein Revolutionär, der mit dem *Prélude à l'Après-midi d'un Faune* (1894) die Musik des 20. Jahrhunderts eröffnete. Selbst junge Kritiker geraten in Begeisterung, wenn sie die damaligen Verdienste Debussys untersuchen. Er sei, behaupten sie, einer derjenigen gewesen, der die Rhetorik des 19. Jahrhunderts zerstört habe; derjenige, dessen harmonische und melodische Neuerungen die im 19. Jahrhundert gebräuchlichen Tonsysteme aufbrach und dessen neue Art der Instrumentation direkt zu Webern hinführt; schließlich derjenige, dessen Klaviermusik den Pianisten mehr zu denken gibt als jeder andere Komponist seit Chopin; und schließlich derjenige, der die Ausdruckskraft des Klanges um des Klanges willen zu seinem Recht verholfen habe: der Rimbaud, Verlaine, Cézanne der Musik. Pierre Boulez, ein ausgesprochener Exponent der Seriellen Schule, hat bestätigt, daß eine Reihe der letzten Werke Debussys „beinah genauso staunenswert sind wie die letzten Werke von Webern". Für Boulez sind diese späten Debussy-Werke Stücke, in denen sämtliche Elemente der Vergangenheit abgelegt sind, Stücke, in denen erkenntlich wird, daß sämtliche Begriffe, die bis zu dieser Zeit für gültig gehalten wurden, über Bord geworfen sind. Selbst in dem frühen *L'Après-midi*, behauptet Boulez, „ist die gesamte schwerwiegende Wagnersche Erbschaft aufgegeben ... Die Wirklichkeit Debussys hat sich von jeglichem Akademismus befreit".

Debussy gilt als der bedeutendste der musikalischen Impressionisten, obwohl für ihn eher das Wort Symbolismus zuträfe. Die Impressionisten – Manet, Monet, Cézanne, Renoir, Pissarro und die übrigen Mitglieder der „Société Anonyme des Artistes, Peintres, Sculpteurs et Graveurs" – hielten drei berühmt gewordene Salons zwischen 1874 und 1877 ab, und danach hatte sich der Terminus „Impressionismus" eingebürgert. Er leitete sich von einem Gemälde von Monet mit dem Namen *Sonnenaufgang – Eine Impression* her. Debussy lehnte diesen Terminus in bezug auf seine eigene Musik ab. Sein Geschmack hinsichtlich der bildenden Kunst ging eher in Richtung Whistler und Turner als den der Impressionisten. Die Symbolisten – Mallarmé, Verlaine, Rimbaud, Maeterlinck – hatten auf ihn sehr viel größeren Einfluß. Ein anderer Schriftsteller, der ihn faszinierte (wie übrigens alle französischen Symbolisten), war Edgar

Allen Poe. Eine Zeitlang arbeitete Debussy an einem Orchesterwerk, das Poes *The Fall of the House of Usher* zum Vorwurf hat; 1908 unterschrieb er einen Vertrag mit der Metropolitan Opera für zwei Werke: *Usher* und *The Devil in the Belfry* (sowie für ein nicht von Poe stammendes Projekt mit dem Namen *The Legend of Tristan*).

Dennoch hat man Debussy mit dem Impressionismus stets verknüpft, und dies mit gutem Grund. So wie die impressionistischen Maler ihre neuen Theorien von Licht und Farbe entwickelten, so entwickelte Debussy seine neuen Theorien von Licht und Farbe in der Musik. Wie die Impressionisten und mit ihnen die Symbolisten versuchte er, flüchtige Eindrücke oder Stimmungen einzufangen, dabei die Essenz eines Gedankens so plastisch wie nur möglich festzulegen. Er war viel weniger an klassischen Formen interessiert als an dem, was wir *sensibilité* nennen. Von Anfang an war er ein Kind, dann ein Herr der *sensibilité*. Schon als Junge besaß er den Geschmack des Aristokraten. In dem berühmten Delikatessenladen von Bourbounneux pflegten sich seine Freunde mit billigen Süßigkeiten vollzustopfen, was man auch immer für wenige Centimes bekommen konnte. Debussy dagegen wählte ein winziges Sandwich oder ein kleines *timbale aux macaronis* oder einen Happen delikater Pastete. Auch später blieb sein Geschmack erlesen, und er umgab sich mit frühen Drucken und kostbaren Büchern. Auch als Gourmet, der vor allem Kaviar nicht verachtete, war er bekannt. Seine Kleidung grenzte an die eines Dandys, stets makellos mit sorgfältig gewählter Krawatte, Cape und breitkrempigem Hut. Er wußte genau, was er vom Leben erwarten durfte, und nahm es sich, indem er alles übrige ignorierte.

Geboren wurde er am 22. Oktober 1862 in St.-Germain-en-Laye, ganz in der Nähe von Paris; als Junge hatte er, wegen zwei auffällig hervorstehenden Stirnknochen – *un double front* –, ein seltsames Gesicht. In frühen Jahren schon zeigte sich seine pianistische Begabung, mit zehn wurde er zum Conservatoire zugelassen. Bereits zwei Jahre später gelang es ihm, Chopins f-Moll Konzert zu meistern, zur selben Zeit begann er zu komponieren. Viele enge Freunde besaß er nicht, ein Kommilitone beschreibt ihn als „wenig kommunikativ, beinah schroff; keiner mochte ihn besonders". Bei Alfred Lavignac studierte er Theoriefächer, bei Antoine Marmontel Klavier; Harmonielehre bei Emile Durand und Komposition bei Erneste Guiraud. Schon damals trat seine „rebellische" Natur zutage – eine Art Wißbegier, die erst einmal alles in Zweifel zieht und sich vor unangenehmen Fragen an die Älteren nicht scheut. So saß er im Conservatoire in einer der Klassen von César Franck und litt Qualen. „*Modulez, modulez*", pflegte Franck zu sagen, wenn er sich über Debussys Notenübung beugte. Debussy schockierte seine Mitschüler, indem er dem verehrten alten Maître offen ins Gesicht blickte. „Warum soll ich denn modulieren, wenn ich mich in der Tonart, in der ich gerade bin, ausgesprochen wohl fühle?" Er machte sich oft über Franck lustig und nannte ihn eine Modulationsmaschine. In Guirauds Kompositionsklasse saß er gewöhnlich am Klavier und schlug krude Akkorde an, ohne sie dann aufzulösen. Der ratlose Professor pflegte dann

Claude Debussy (1862–1918). Aufnahme von 1902.

Claude-Achille Debussy   501

zu fragen, welche Regeln er überhaupt gehorche. „*Mon plaisir*", war Debussys kurze Antwort. Dennoch blieb nicht verborgen, wie talentiert er war, und nachdem er einige andere Preise schon erhalten hatte, verlieh man ihm 1884 den bedeutendsten, den „Prix de Rome".

Debussy entwickelte sich immer mehr zu einem komplizierten, zurückhaltenden Menschen, in den man nur mit Mühe einzudringen vermochte. Sein Bekanntenkreis war begrenzt, wahre Freunde selten. Unter ihnen befanden sich Erik Satie und Pierre Louÿs, und sein Privatleben war in der Tat höchst privat und eher schon betrüblich – zumindest nach herkömmlichen Verhaltensnormen. Nachdem er 1887 aus Rom zurückgekehrt war, lebte er mit Gabrielle Dupont – jener Gaby mit den grünen Augen – zehn Jahre lang zusammen. Keiner wußte, woher sie stammte. Sie bezogen in der Nähe des Montmartre ein höchst bescheidenes Zimmer, und während dieser zehn Jahre scheint sie für ihn gesorgt, ja ihn unterstützt zu haben (was sie wohl tat? War sie Wäscherin? Eine *midinette?* Scheuerte sie Böden? Keiner weiß es), und hielt ihm die Gläubiger vom Hals. Als Dank dafür heiratete er 1899 Rosalie Texier. Schon vorher war er ihr untreu geworden und Gabrielle schoß sich, nach einem Streit mit ihm, eine Kugel in den Kopf. Sie überlebte, kehrte kurze Zeit zu ihm zurück und verschwand genauso geheimnisvoll, wie sie in sein Leben getreten war. Viele Jahre später soll der Pianist Alfred Cortot ihr in einem Theater in Rouen begegnet sein. Sie trug die Kleidung einer Putzfrau.

Debussys Ehe mit Rosalie hielt nicht lange. Schon bald, hat Debussy später bekannt, begann ihm der Klang ihrer Stimme auf die Nerven zu gehen. Er trennte sich von ihr 1904, um Emma Bardac zu heiraten, woraufhin Rosalie, wie bereits Gaby, sich erschoß. Als Debussy 1905 Emma heiratete, waren die meisten Intellektuellen in Paris auf seiten Rosalies; sie warfen Debussy vor, daß er nur wegen des Geldes erneut geheiratet hätte. Emma war älter als Debussy und bereits Mutter erwachsener Kinder. Sie schenkte Debussy noch eine Tochter – „Chouchou", die er anbetete –, noch bevor sie sich vom Bankier Raoul Barbac hatte scheiden lassen. Es ist durchaus möglich, daß Debussy sie wegen ihres Geldes geheiratet hat, aber er scheint sie so geliebt zu haben, wie er dazu überhaupt in der Lage war. Emma war Sängerin, eine witzige, gescheite Künstlerin, während Rosalie eher den Typ eines süßen, etwas törichten Provinzmädchens abgab.

Debussy unterschied sich in allen Dingen vom Üblichen. Während das musikalische Europa Wagner anbetete, ließ er sich nur kurz von den Opernwerken des deutschen Meisters gefangen nehmen und sollte von da an sein ganzes weiteres Leben die Wagnerianer heftig bekämpfen. Satie nimmt für sich in Anspruch, Debussy den letzten Anstoß gegeben zu haben, von Wagner her einen „reineren" Stil zu entwickeln. Erik Satie (1866–1925) war ein exzentrischer Pianist und Komponist, der die Gäste im *Le Chat Noir* zu unterhalten pflegte und sich überdies noch eine herausragende Stellung im Kreis der französischen Ästheten zu verschaffen wußte. Er schrieb kleine, simple Stücke in einfachen Tonarten, tat sich als eifriger Anti-Wagnerianer hervor und

502   Symbolismus und Impressionismus

propagierte eine Art von Musik, die im Grunde (und absichtsvoll) eine Art
„Anti-Musik" war. Seine *musique d'ameublement* sollte gespielt werden, ohne
daß jemand zuhörte, so wie man etwa eine Tapete anschaut, ohne sie genauer zu
betrachten. Satie war einer der frühen Dadaisten und Surrealisten und komponierte Stücke mit entsprechenden Titeln wie *Pièces en forme de poire* (Stücke in
Form einer Birne) oder *Embryons desséchés* (Trockengelegte Embryos). Seine
Stücke, die eine Art Verbindung zwischen Chabrier und Poulenc darstellen,
tragen außergewöhnlich individuellen Charakter. Sein ganzes Leben lang hat
Satie die Fortschrittlichen der französischen Schule inspiriert – zuerst Debussy,
dann die Komponisten der Gruppe *Les Six*. Der vollkommene Bruch mit jeder
Tradition war für ihn kennzeichnend.

Debussy und Satie trafen sich um 1890 erstmals in *Le Chat Noir*.

> „Als ich Debussy zum ersten Mal sah" (schrieb Satie später), „war er voller
> Mussorgsky und schien sich schwer zu tun, einen neuen Weg zu finden, der aber
> gar nicht so leicht zu finden war. Was das betrifft, so war ich ihm längst voraus.
> Mich beschwerte kein ‚Prix de Rome' oder irgendein anderer Preis, denn ich bin
> jemand wie Adam (aus dem Paradies), der niemals einen Preis gewonnen hat –
> ohne Frage, ein fauler Kerl. Damals schrieb ich gerade *Le fils des étoiles* nach
> einem Libretto von Joseph Péladan, und ich versuchte Debussy zu erklären, daß
> ich gar kein Anti-Wagnerianer sei, sondern daß wir unsere eigene Musik kompo-
> nieren sollten – möglichst ohne Sauerkraut. Warum konnten wir uns nicht der
> Mittel eines Claude Monet, eines Cézanne, Toulouse Lautrec oder anderer
> bedienen? Warum sollte man nicht diese Mittel ins Musikalische verwandeln
> können? Nichts einfacher als das."

Debussy kam ganz unabhängig davon zu derselben Lösung. Schon 1894
merkte er, daß seine „Affäre" mit Wagners Musik zu Ende ging.

> „Nach einigen Jahren leidenschaftlicher Pilgerfahrten nach Bayreuth begann
> ich, an der Lösung Wagners zu zweifeln, oder vielmehr, es schien mir, daß sie nur
> für den Spezialfall des Wagnerschen Genies tauglich sei. Wagner war ein großer
> Sammler musikalischer Formeln, er faßte sie zu einer Gesamtformel zusammen,
> die als ursprüngliche Errungenschaft erschien, weil man sich in der Musik
> schlecht auskannte."

So kam er zu der Schlußfolgerung, man sollte seine Erkundigungen *jenseits*
von Wagner treiben und nicht in seinem Schlepptau. Immer intensiver begann
Debussy, sich von Mussorgskij anstelle von Wagner inspirieren zu lassen.
Dessen Musik hatte er in Rußland gehört, wo er 1881 als Klavierlehrer der
Kinder von Nadeshda von Meck, Tschaikowskys Gönnerin, verbracht hatte.
(Als er sich in deren älteste Tochter Sonia verliebte, warf die Mutter ihn heraus).
Ein weiterer nachhaltiger musikalischer Einfluß, der das Gefüge seiner *sensibi-
lité* berührte, war die exotische Musik des javanesischen Gamelan-Orchesters,
die er bei der großen Weltausstellung 1889 zum ersten Mal vernommen hatte.

Damals bemerkte er, daß die javanesische Musik kontrapunktische Züge aufweise, „im Vergleich mit denen etwa diejenigen Palestrinas ein reines Kinderspiel sind". Exotische und mittelalterliche Musik faszinierten ihn stets. Hand in Hand mit diesem verfeinerten Geschmack ging seine Ablehnung der meisten anderen Komponisten. Brahms bedeutete ihm nichts, Tschaikowsky verachtete er, und Beethoven langweilte ihn. Nur selten bediente er sich der Sonatenform, die seit Mozart noch immer vorherrschte. Auch glaubte er, daß die sinfonische Form sich überlebt habe. „Mir scheint, daß seit Beethoven der Beweis für die Sinnlosigkeit der Sinfonie erbracht wurde. Ohnehin ist sie bei Schumann und Mendelssohn nur mehr die achtenswerte Wiederholung der gleichen Formen mit schwächeren Kräften." Seine Musik war persönlich, auf fast greifbare Art gefühlsmäßig („formlos!" heulten die Akademiker auf), eine Musik, deren Akkorde nicht „korrekt" aufgelöst wurden, eine Musik, in der die Tonalität bereits aufgebrochen war, in der verschiedene Gedanken des 20. Jahrhunderts, und zwar formaler wie technischer Art, eingeführt wurden. Debussy war der erste der nachwagnerschen Komponisten, der einem völlig neuen Stil huldigte, und so hat sein „L'après-midi d'un faune" seinen Platz in der Musikgeschichte gefunden, der mit jenem der „Eroica" und Monteverdis *Orfeo* vergleichbar ist. Jedes dieser epochemachenden Werke verdeutlicht, daß die alten Regeln nicht länger gültig waren.

> Debussy *dachte* bereits auf neuen Wegen: „Mehr und mehr bin ich davon überzeugt, daß die Musik durch ihre bloße Natur in keine traditionelle oder fixierte Form eingeschlossen werden kann. Sie besteht aus Farben und Rhythmen; der Rest ist nichts als Humbug, von unbefriedigten Idioten erfunden, die auf den Buckeln der großen Meister weiter reiten – Leute, die meistens nichts weiter geschrieben haben als zeitgebundene Musik. Nur Bach hatte eine Ahnung von der Wahrheit."

Es gab also wenig Musik, die vor Debussy bestehen konnte; seine Verachtung erstreckte sich sowohl auf seine französischen Zeitgenossen, oder ihre unmittelbaren Vorgänger, als auch auf eine Reihe verehrter Gestalten der Vergangenheit. So war Massenet ein „Meister in der Kunst, törichten Ideen und den Normen eines Amateurs zu frönen." Gounod hatte den *Faust* „massakriert", und Shakespeares *Hamlet* war „von M. Ambroise Thomas höchst unglücklich behandelt worden". Charpentier war „schlicht vulgär". Ganz allgemein: „Unsere arme Musik! Wie hat man sie in den Schmutz gezogen!"

Nicht umsonst nannte sich Debussy „musicien français". Diese Kennzeichnung diente in erster Linie als Bestätigung seines Antiwagnerianertums und schloß später seine antideutschen Gefühle während des Ersten Weltkriegs ein. Jedenfalls war seine Musik auf essentielle Art französisch. Er hat sich einmal weitschweifig über die gallischen Ideale geäußert, indem er französische Klarheit und Eleganz mit deutscher Schwere und Langatmigkeit verglich. „Für den Franzosen sind *finesse et nuance* die Töchter der Intelligenz". Ein französischer

504 Symbolismus und Impressionismus

Musiker solle nicht die Klänge aufeinanderschichten, das sei unfranzösisch; der Künstler müsse sich kontrollieren. Als Debussy dies schrieb, war er auf der Suche nach einem Libretto:

> „Ich träume von einer Dichtung, die mich nicht dazu verdammt, mich mit langen, schweren Akten abzumühen; vielmehr eine Dichtung, die mir abwechslungsreiche Szenen beschert und in der die Charaktere nicht argumentieren, sondern sich dem Leben und seinen Gegebenheiten stellen."

Das wurde 1889 niedergeschrieben. Vier Jahre später hatte er seine Traumdichtung gefunden. Es war Maurice Maeterlincks Stück *Pelléas et Mélisande,* das im Jahr zuvor aufgeführt worden war. Debussy sah es und war begeistert. Es war genau das, was er von einem Libretto erwartete. Schon als Student am Konservatorium hatte er nach einer Vorlage gesucht, die „keinen Ort, keine Zeit, keine großen Szenen" enthält. Seinem Lehrer gegenüber argumentierte er, das musikalische Element in der Oper steche viel zu sehr hervor, es würde viel zu viel gesungen. „Das Blühen der Stimme in wirklichem Gesang sollte sich nur dann begeben, wenn es nötig ist. Ein Gemälde, ganz in Grau, das wäre das Ideal." Es sollten, so argumentierte Debussy, keine Entwicklungen nur um der Entwicklung willen stattfinden. *Pelléas et Mélisande* könnte fast in Debussys Auftrag geschrieben worden sein, und so bat er auch umgehend um des Autors Zustimmung, den Text zu vertonen – ein kühner Wunsch von seiten eines fast unbekannten Komponisten gegenüber einem weltberühmten Schriftsteller. Das Ergebnis, zehn Jahre später, war ein Meisterwerk. Es war daneben eine harte Zeit für Debussy und Maeterlinck, eine Komödie der Irrungen und des verletzten Stolzes, der Bitterkeit, des Heldentums und der schieren Torheit.

Zunächst ließ sich alles relativ gut an. Debussy machte Maeterlinck einen Besuch, um über das Libretto zu diskutieren. Einem Freund schrieb er, daß zunächst Maeterlinck „sich benommen hat wie ein junges Mädchen, dem man seinen zukünftigen Ehemann vorstellt". Debussy fand ihn charmant, allgemein gut informiert, aber ohne jede musikalische Bildung. „Wenn er von einer Beethoven-Sinfonie spricht, klingt es, als wenn ein Blinder über das Museum redet." Die Partitur war 1895 beendet, aber Debussy war nicht zufrieden und schrieb sie völlig neu. Erst 1901 war die endgültige Fassung fertiggestellt. In der Zwischenzeit hatte er sein Streichquartett veröffentlicht, die drei Nocturnes für Orchester sowie einige bemerkenswerte Lieder. Er war ein berühmter Komponist geworden.

Als er Maeterlinck zum ersten Mal aus dem Klavierauszug vorspielte, schien dieser so gelangweilt, daß er fast einschlief. Seine Frau Georgette Leblanc mußte ihn wach halten. Leblanc war Schauspielerin, die sich in Maeterlincks Stücken einen Namen gemacht hatte. Sie war gleichzeitig Sängerin und hoffte darauf, die Rolle der Mélisande zu singen. Damit fing aller Streit an. Nach ihrer Version – und die meisten Leute glaubten ihr – war Debussy von dem Gedanken, daß sie die Premiere singen sollte, „begeistert", und es fanden ein paar gemeinsame

Claude Debussy mit seiner Tochter Claude-Emma (Chouchou), 1916.

Igor Strawinsky zu Besuch bei Debussy, 1912.

506   Symbolismus und Impressionismus

Proben statt. Albert Carré, Direktor der Opéra Comique, dachte jedoch anders darüber. Er wünschte sich Mary Garden, und Garden wurde engagiert. Weder Maeterlinck noch Leblanc hatten eine Ahnung davon, bis sie es eines Tages in der Zeitung lasen. Es kam zum Eklat: Maeterlinck versuchte sofort, die Inszenierung zu verhindern. Debussy dementierte, daß er Madame Leblanc die Rolle versprochen hätte. Maeterlinck rief die Gerichte an, und diese entschieden zugunsten Debussys. Die Nachricht von dieser Entscheidung veranlaßte Maeterlinck, wutentbrannt bei Debussy zu erscheinen, der indes keine besonders heldische Figur machte und bei dem Anblick des wütenden und furchterregenden Maeterlinck zu keiner Gegenwehr bereit schien, vielmehr in einen Sessel sank, wo ihn seine Frau mit Riechsalz wieder zu beleben wußte. Maeterlinck quittierte die Szene mit den Worten: „Alle verrückt, alle krank – diese Musiker!" Man sprach davon, daß Debussy und Maeterlinck, oder Carré und Maeterlinck, sich duellieren wollten, aber nichts dergleichen fand statt. Statt dessen konsultierte Maeterlinck einen Wahrsager. Er behauptete zwar, daß er von Hellsehern nichts halte, blieb den Beweis aber schuldig. Dieser Hellseher hatte eine Antwort parat, die kaum Zweifel erwecken konnte: „Die natürlichen Kräfte halten sich die Waage", war die Antwort. „Nach menschlicher Logik ist es unmöglich, ein Ergebnis vorauszusagen."

Die Affäre endete damit, daß Maeterlinck einen Leserbrief an *Le Figaro* schrieb, in dem er der Welt mitteilte, daß die Uraufführung gegen seinen Willen stattfinden würde. Dabei beschuldigte er Debussy, das Libretto „willkürlich und mit absurden Kürzungen" verstümmelt zu haben. „Unter diesen Umständen", schrieb Maeterlinck, „bleibt mir nichts anderes übrig, als dem Werk sofortigen, entschiedenen Mißerfolg zu wünschen."

Maeterlincks Wunsch wurde beinahe erfüllt. *Pelléas et Mélisande* war bei der Premiere am 30. April 1902 kein Erfolg beschert, obwohl jedermann dazu seine Meinung zum besten gab. Bald jedoch sollte sich das Werk durchsetzen, wenn sich auch eine Reihe von bedeutenden Musikern, darunter manche aus Deutschland, irritiert zeigten. Das Werk widersprach allem, was die deutschen Zeitgenossen unter der Oper verstanden, so daß es nichts gab, an das man sich halten konnte. Im Jahr 1907 besuchte Richard Strauss in Begleitung von Romain Rolland eine Aufführung von *Pelléas et Mélisande;* Rolland hat über diesen Abend einen amüsanten Bericht verfaßt:

> „Strauss erschien zu Beginn der ersten Szene und nahm zwischen Ravel und mir Platz. Jean Marnold und Lionel de la Laurencie (zwei Musikkritiker) saßen hinter uns ... In seiner üblichen Ungeniertheit, die auf keine konventionelle Höflichkeit achtete, redete Strauss lediglich auf mich ein, wobei er mir seine Eindrücke vom *Pelléas* flüsternd mitteilte. (Er mißtraute der Flüsterpropaganda der Presse). Er hörte mit größter Aufmerksamkeit zu und folgte, das Opernglas vor den Augen, aufmerksam den Vorgängen auf der Bühne und im Orchester. Er schien nichts zu verstehen. Nach dem ersten Akt (den ersten drei Szenen), fragte er: ‚Bleibt das die ganze Zeit so?' ‚Ja.' ‚Weiter nichts? Das ist doch gar nichts. Keine Musik. Es hat

keine Folgen. Keine musikalischen Phrasen. Keine Entwicklung.' Marnold trachtete, sich an dem Gespräch zu beteiligen, und sagte in seiner üblichen bedeutungsvollen Art: ‚Es gibt musikalische Phrasen, aber sie sind weder herausgestellt, noch irgendwie auffällig gemacht, um sie für den gewöhnlichen Zuhörer kenntlich zu machen.' Strauss, außer Gefecht gesetzt, aber doch mit Würde, erwiderte: ‚Aber ich bin doch Musiker, und ich höre nichts …"

Bis zum heutigen Tage reagieren Zuhörer, die an die herkömmliche Art der Oper gewöhnt sind, wie Strauss. *Pelléas et Mélisande* ist niemals in dem Sinne populär geworden wie die Werke von Verdi, Puccini und Wagner. Aber es gibt eine Minderheit, die Debussys Oper für die nuancen- und atmosphärereichste Oper halten, die je geschrieben wurde. Es ist ein Werk, aus dem alle traditionellen Arien verbannt sind. Statt dessen gefallen sich die Charaktere in einer Art Sprechgesang. Vor der Premiere rief Debussy die Künstler zu sich und bat sie inständig zu vergessen, daß sie Sänger wären. Nicht Wagner, sondern Mussorgskij ist der Protagonist der vokalen Behandlung in dieser Oper, obwohl es eine Art integriertes Kunstwerk bildet, das sowohl Leitmotive (wie Strauss genüßlich feststellte) aufweist, die sich theoretisch an Wagners Ideal der Verbindung von Musikdrama und Ausstattung anschließen. Was Klangwirkung und Konzept anlangt, so unterscheidet sich *Pelléas* erheblich von Wagners Werk. Die Komposition spielt in einer Traumwelt, einer Welt der Pianissimo-Klänge, der durchsichtigen Akkorde, der Zurückhaltung und Andeutung. Es ist eine typische Oper der *sensibilité*. Debussy war zufrieden:

> „Ich habe versucht, einen Pfad zu finden, auf dem andere mit ihren eigenen Entdeckungen mir folgen können, und die dramatische Musik von dem belastenden Zwang zu befreien, unter dem sie so lange Zeit gelitten hat."

Einige Jahre nach der Premiere schrieb er für die Opéra Comique eine Einführung zu *Pelléas et Mélisande*, die ungewöhnlich interessant ist.

> „Seit langem schon war es meine Absicht gewesen, Musik für das Theater zu schreiben, aber die Form, in der ich dies tun wollte, war so ungewöhnlich, daß ich nach verschiedenen Versuchen den Plan schon fast aufgegeben hatte. Frühere Erkundungsgänge im Reich der Instrumentalmusik hatten bei mir eine Abneigung gegen die klassische Durchführungstechnik hervorgerufen, deren Schönheit rein technischer Art ist und außer den Mandarinen unserer Kaste keinen Menschen interessiert. Ich strebte für die Musik eine Freiheit an, die sie vielleicht mehr als jede andere Kunst in sich birgt, eine Freiheit, welche nicht mehr auf die mehr oder weniger getreue Wiedergabe der Natur eingeengt bleibt, sondern auf den geheimnisvollen Entsprechungen zwischen Natur und Phantasie beruhen sollte."

Wagners Theorien gaben keine Antwort. „Folglich sollte man seine Erkundigungen *jenseits* von Wagner treiben und nicht in Wagners Schlepptau." Maeterlincks Stück diente Debussy – trotz seiner traumhaften Atmosphäre – so gut,

508   Symbolismus und Impressionismus

weil das Drama „bei weitem mehr Menschlichkeit enthält als all die sogenannten ‚lebensechte Stoffe‘". Debussy:

> „Auch habe ich versucht, einem Schönheitsgesetz zu gehorchen, das man
> seltsamerweise zu vergessen scheint, sobald es sich um Musik für das Theater
> handelt. Die Personen des *Pelléas*-Dramas versuchen ganz natürlich zu singen und
> nicht in einem willkürlichen Tonfall, der aus veralteten Traditionen stammt. Das
> hat mir den Vorwurf der Parteinahme für monotone Deklamation eingetragen, in
> der es nicht die geringste Melodik gebe. Zum ersten ist das falsch; zum zweiten
> lassen sich die Gefühle einer Person nicht unausgesetzt auf melodische Art
> ausdrücken; zum dritten muß die dramatische Melodie ganz anders beschaffen
> sein als die Melodie im allgemeinen. Die Leute, die im Theater Musik hören
> wollen, lassen sich mit jenen vergleichen, die um die Straßensänger herumstehen!
> Hier kann man sich für zwei Sous melodische Gemütsbewegungen verschaffen ...
> Es liegt schon eine einzigartige Ironie darin, daß das gleiche Publikum, das nach
> ‚Neuem‘ verlangt, jedesmal dann außer Fassung gerät und sich mokiert, wenn
> man versuchte, es aus seinen Gewohnheiten und seinem eingefleischten Wohlbe-
> hagen herauszulocken. Das mag manchem unverständlich vorkommen, aber man
> darf nicht vergessen, daß ein Kunstwerk, ein Versuch zur Schönheit, auf viele
> Leute wie eine persönliche Beleidigung zu wirken scheint."

Pelléas et Mélisande blieb ohne Nachfolger. Es war einzigartig und ist
einzigartig geblieben. Niemals hat Debussy den Versuch gemacht, seine Oper
oder andere seiner Werke mit Gewalt unter die Leute zu bringen. Seine Haltung
gegenüber dem Leben war die eines *Laissez-faire*-Standpunktes. Er hatte keine
hohe Meinung von seinen Mitmenschen, und das allein verhinderte, daß er
durch einzelne persönliche Kontakte seine Musik zu propagieren hoffte, wie
dies andere Komponisten für unentbehrlich hielten. Als er den „Prix de Rome"
1894 gewann und in der Villa Medici lebte, fühlte er sich höchst unglücklich. Er
haßte seine Umgebung, seine Kommilitonen, ja er konnte Rom nicht ausstehen
und floh nach Paris zurück, ohne die drei Jahre „Zwangsarbeit" (wie er es
nannte) abgesessen zu haben.

Stets reagierte er außerordentlich empfindlich – rasch beleidigt, unbehaglich
gegenüber jedermann, den er nicht kannte. Natürlich haßte er auch, in der
Öffentlichkeit zu erscheinen, lehnte es ab, zu dirigieren und mochte nicht am
Klavier in Konzerten auftreten. Katzen zog er Menschen vor und hielt sich stets
eine oder mehrere siamesische Katzen. Vielleicht sah er in ihnen die Reserviert-
heit, Unabhängigkeit und den Mangel an Moral verkörpert, der ihn selbst
auszeichnete. Er besaß tatsächlich manche ihrer Eigenschaften und ihre Moral,
wenngleich seine äußere Erscheinung dem radikal widersprach. Er war mittelgroß, untersetzt, nicht sehr kräftig, von fahler Gesichtsfarbe und indolent;
müde herabhängende Augenlider traten unter seiner gewaltigen, gewölbten
Stirn hervor, und sein Bart erinnerte viele an die Christusbilder in italienischen
Renaissancemalereien. Er trug sein Haar in einer Weise, daß man die Stirnwöl-
bungen nicht sogleich bemerkte, aber es schien nichts zu nützen – man nannte

ihn „*le Christ hydrocéphalique*". In der Tat sah er ungewöhnlich aus, Colette nannte ihn „Pfannengesicht" ... Sie verglich das Starren seiner Augen mit dem eines Tieres, das gnadenlos seine Beute fixiert. Er pflegte sich wie eine Katze und dachte nur an sich selbst. „Ich kann mir kaum vorstellen", schrieb sein Schulfreund Paul Vidal, „wie er seinen Egoismus unter Kontrolle bekommen wird ... Seine Eltern sind arm. Anstatt das Geld, das er durch Unterrichtsstunden einnimmt, zu ihrer Unterstützung zu verwenden, kauft er sich Bücher, Bilder, Antiquitäten und dergleichen. Ganze Schubladen davon hat uns seine Mutter gezeigt." Wenn seine Freunde ihm ein „Darlehen" gaben, wußten sie genau, daß sie es nie wiedersehen würden.

Debussy, der Kettenraucher, war ein Genießer, Sensualist, Ironiker und nicht einer der angenehmsten Zeitgenossen. Daraus folgt, daß er in bezug auf Freunde außerordentlich wählerisch verfuhr. Marcel Proust bewunderte ihn, wollte ihn näher kennenlernen, und versuchte bei einer Gelegenheit, ihn mit seiner Kutsche heimzufahren. Aber das Treffen der beiden bedeutenden Vertreter der *sensibilité* war nicht gerade glücklich. Proust klagte später darüber, Debussy habe ihm gar nicht zugehört. Debussy dagegen hielt Proust für „langatmig und geschwätzig wie eine Concièrge". Proust, stets der Snob, blieb indes beharrlich und bat Debussy zu einer Gesellschaft, die er zu seinen Ehren zu geben beabsichtigte. Debussy sagte ab. „Ich weiß, daß ich ungezogen bin, aber ich ziehe es vor, Sie wieder im Café zu treffen. Bitte sehen Sie es mir nach. Ich kann nun einmal nicht anders."

Er war nun einmal als Genie geboren, das die sensibelsten Ohren der Welt besaß. Kein Musiker vor ihm hatte jenen untrüglichen Instinkt für einen bestimmten Akkord, der die rechte Klangfarbe besaß, um etwas Bestimmtes auszudrücken. Diese Valeurs machen seine Musik, vor allem seine Klaviermusik, einzigartig. Sein Œuvre für dieses Instrument – von dem ziemlich konventionellen *Pour le piano* bis zu den strengen *Etudes* – ist bedeutend. Es reflektiert die Originalität, mit der er selbst dieses Instrument spielte. Der italienische Komponist Alfredo Casella war, als er Debussy spielen hörte, wie verzaubert:

> „Mit Worten läßt sich sein Spiel der *Préludes* nicht beschreiben. Zwar besitzt er nicht die Könnerschaft des Virtuosen, aber sein Anschlag ist höchst sensibel. Fast hatte man den Eindruck, daß er mit den Saiten spielt, ohne sich der mechanischen Hämmer zu bedienen. Auch das Pedal benutzte er, wie ich es nie zuvor erlebt habe. Das Resultat war reine Poesie."

Debussy wäre mit diesem Urteil zufrieden gewesen. Sein ganzes Streben ging dahin, das Klavier vom Odium des reinen Schlaginstruments zu befreien. Diese Art der Betrachtung rührte eher von Chopin als von Beethoven her. „Nach und nach wurde ich überzeugt", schrieb er 1909, „daß Beethoven für das Klavier nicht instrumentgemäß komponiert hat". Und an die Pianistin Marguérite Long: „Zwar verabscheue ich die Mozartschen Klavierkonzerte, aber nicht so sehr wie die von Beethoven". Chopin hatte ihm gezeigt, wie man – durch

510 Symbolismus und Impressionismus

Pedaleffekte und abgestufte Anschläge – das Klavier zum Singen bringen konnte. Debussy ging einen Schritt weiter. Tatsächlich bestand er darauf, das Klavier solle klingen, als ob es ein „Instrument ohne Hammer" wäre. Die Finger sollten „in die Töne eindringen". Effekte brauchten nicht durch den Gebrauch des Pedals erreicht zu werden – Debussy nannte es ein „atmendes Pedal". Im Jahr 1903 begann er eine Reihe von Meisterwerken für das Klavier. In *Estampes, l'Isle joyeuse, Images, Children's Corner,* in den beiden Heften der *Préludes* und denen der *Etudes* fand er eine Schreibweise für das Klavier, wie sie seit Chopin unbekannt war. Technisch gesehen, verlangt er viel, aber darauf kommt es nicht an. Die Pianisten hatten wohl ihre Mühe mit den neuartigen Fingersätzen, großen Intervallen, neuartigen Klangfarben und dem ungewohnten Gebrauch des Pedals. Klänge und Akkorde schienen sich mit der Luft zu vermengen über ganze Trauben unaufgelöster Harmonien triumphierten melodische Floskeln. Später haben Musiker wie etwa Pierre Boulez etwas hochmütig behauptet, in ihren Interpretationen hätten sie die Nebelschleier von Debussys Werken fortziehen wollen, doch haben sie wohl übersehen, daß Debussy bewußt diesen Schleier über seine Musik gebreitet hat. Auch die Klavierstücke Debussys sind „Impressionen" ähnlich den Bildern der impressionistischen Maler. Sie zeigen keine „Entwicklung". Statt dessen basieren sie auf einer stets eigenen Idee, auf einem Eindruck des Auges, und lassen es dabei bewenden. Harmonisch gesehen, folgt die Musik keinem Gesetz. Debussys feines Ohr war die einzige Richtschnur, und es war untrüglich. Die Tonalität war zwar nicht abgeschafft, aber sie begann sich aufzulösen. Die Akkorde blieben nebeneinander stehen, ohne daß sie nach der Regel weitergeführt wurden. Ein Stück wie *Voiles* schien mit drei Tonarten zu gleicher Zeit zu arbeiten – a-Moll, C-Dur und B-Dur.

Auch in Debussys Liedern finden wir diese Art tonaler Doppeldeutigkeit; ein verfeinertes Gefühl für Deklamation, wie wir es aus dem *Pelléas* kennen, ist in ihnen noch weiter entwickelt. Die Vokalstimme vollzieht sich in Form eines Rezitativs, in dem die Worte einen gesteigerten Wert erhalten, wobei Debussys unfehlbarer Instinkt für Wortrhythmus und exotisch klingende Begleitung in Aktion tritt. Stets war Debussy ein Sensualist; selbst wenn er sich herkömmlicher Mittel bediente – modale Harmonien, gregorianischer Gesang, orientalische oder pentatonische Klänge: die Musik blieb stets sensualistisch. Jedenfalls klang sie so, selbst wenn er als eine neue Erfindung Ganzton-Skalen verwendete. Typisch für seine Musik ist eine Art verhangener Klänge und, in der Orchestermusik, eine völlig neue Art der Instrumentation. Sie ist subtil, höchst originell und sehr beweglich. Wie in seinen Klavierstücken *hörte* er anders als seine Kollegen. Stets gibt es nur aufeinanderfolgende Impressionen der Sinne; selbst in *La Mer,* wo er der Komposition einer Sinfonie am nächsten kommt, hat man eher das Gefühl der Improvisation als das einer Entwicklung. Farbe, Timbre und Rhythmus haben dieselbe Bedeutung wie Harmonie und Melodie. Es gibt viele Hörer der jüngeren Generation, denen die Musik von *Jeux* aus dem Jahr 1912 revolutionärer vorkommt als alles, was Schönberg und Strawinsky geschaffen haben.

Debussy hat jahrelang über seine ästhetischen Prinzipien nachgedacht, bevor er daran ging, ihnen zufolge eine ganze Reihe von Werken zu schaffen. Bis zum Alter von dreißig Jahren hatte er eigentlich nichts von Bedeutung geschrieben. Ravel, dreizehn Jahre jünger als er, begann mit fünfundzwanzig, also im Jahre 1900, zu komponieren; die Karrieren beider bieten manche Parallele. Um das Jahr 1907 gab es Debussy- und Ravel-Cliquen, die einander bekämpften, und das musikalische Paris jener Tage hallte vom Kampflärm wider. Debussy, der sich eigentlich um die öffentliche Meinung wenig scherte, war entsetzt. Eines Tages traf er einen Bekannten auf der Straße, der ihm gegenüber bemerkte, wie sehr ihn die Debussyisten ärgerten. „Sie ärgern Sie?" fragte Debussy. „Mich bringen sie um."

Als Debussy regelmäßig zu komponieren anfing, zeigte sich sofort, daß er kein Theoretiker war. Wie in einer Kettenreaktion setzte sich das Komponieren der einzelnen Stücke fort, und es ist bezeichnend, daß sie fast alle Namen besitzen – *Printemps, Iberia, Children's Corner, Estampes, La Mer, Suite bergamasque, En blanc, en noir* und so fort. Jedes der vierundzwanzig Préludes hat einen Titel, obwohl sie am Ende, nicht am Anfang der einzelnen Stücke notiert sind. Dadurch bewies Debussy eindeutig, daß er keinerlei Programm-Musik zu schreiben beabsichtigte. Niemals erzählte er eine „Geschichte". Lieber vermittelte er einen Eindruck – die Impressionen des Meeres, des Mondlichtes, eines Goldfisches, der Atmosphäre in Spanien. So wurde er zum musikalischen Maler und Epigrammatiker par excellence. Selbst sein ehrgeizigstes Orchesterwerk, *La Mer*, enthält so gut wie kein „Programm", jedenfalls sehr viel weniger als etwa Beethovens Pastoralsinfonie (die ja auch eine Naturimpression ist); denn Beethoven gibt ganz genaue Angaben über Vogelzwitschern, Gewitter, Tanz der Landleute etc. *La Mer* ist andererseits eine Folge tonaler Impressionen, in denen man keine Wellen sieht, sondern sie eher fühlt; eine Serie von Impressionen, in denen die Imagination sehr viel mehr als die Wirklichkeit in Anspruch genommen wird. „Ich habe nur die größte Verachtung für alle Musik, die literarischen Vorlagen folgt, die man vor dem Betreten des Konzertsaales dem Zuhörer aushändigen muß", schrieb er einmal.

Es ist interessant zu beobachten, daß in seinem bedeutenden Werk *La Mer* die freie „Impression" in gewisser Weise von klassischen Formen in Schach gehalten wird. Es gibt drei Sätze, die an die Struktur der klassischen Sinfonie erinnern. Als Debussy am 25. März 1918 in Paris (das gerade von den Deutschen bombardiert wurde) starb, hatte er eben eine neue Vorstellung von klassischer Form gewonnen und war im Begriff, sechs Instrumentalsonaten zu schreiben, von denen drei vollendet wurden. Die Cellosonate und die Sonate für Flöte, Harfe und Viola hört man nur selten, aber die Geigensonate wird oft gespielt und ist ein herrliches Werk, das an das frühe Streichquartett erinnert.

512   Symbolismus und Impressionismus

Es ist möglich, daß Debussy die klassische Form auf diese Art revolutioniert hätte, so wie es ihm bei anderen musikalischen Aspekten gelungen war.

Der Ausdruck „Impressionismus" hat ihn immer irritiert, so wie Robert Schumann, drei Generationen zuvor, vom Ausdruck „Romantik", irritiert worden war. Als Debussy *Images* komponierte, versuchte er seine Theorien zu erläutern. „Was ich versuche, ist irgendwie anders – ein realistischer Effekt, den ein paar törichte Leute Impressionismus nennen – ein Ausdruck, der gewöhnlich falsch angewendet wird, vor allen Dingen von Kritikern, die ihn stets für Turner verwenden, jenen bedeutendsten Schöpfer verschleierter Effekte in der Welt der Kunst". Aber hier geht es bereits um einen semantischen Streit. Wie man es auch nennt – Impressionismus, Auflösung der Realität oder was immer – Debussy arbeitete in derselben Art wie die Dichter und Maler, indem er die Wirklichkeit durch ein neues hörbares Bild der Welt bereicherte. Sein hochsensibilisiertes Gehör schuf ein neues Tonvokabular. Es war nicht die starke, „sehnige" Musik eines Bach oder Beethoven, sondern in Geschmack, Farbe und „Duftigkeit" etwas völlig Neues. Seine Werke haben eine ganz bestimmte Qualität – sie sind durchsichtig, sie glühen, sie sind auf vage Art modal, exotisch und doch außerordentlich genau – mit anderen Worten, eine völlig unvergleichbare Musik. Ebenso original ist ihre Harmonie, mit jenen bisher unbekannten Parallelakkorden, unaufgelösten Dissonanzen, eigensinnigen Skalen und neuartiger Grammatik.

Von hier aus bricht die Musik ins 20. Jahrhundert auf. Keine gewaltigen Strukturen werden mehr kathedralgleich aufgerichtet. Noch gab es weiterhin jene Sätze, nach denen diese Modulationen oder jene Fortschreitung gestattet war oder nicht. Mit derselben Freiheit behandelte Debussy die Beziehungen der Töne, wie Monet und Cézanne die traditionellen Beziehungen der Farben zueinander handhabten.

31. Kapitel

Maurice Ravel und „Les Six"
Gallische Eleganz und neue Saat

Das Verhältnis von Claude Debussy und Maurice Ravel ist vergleichbar mit dem von Anton Bruckner und Gustav Mahler in Österreich. Ihre Lebensalter überschnitten sich, sie hatten manches gemeinsam und waren von ähnlicher Herkunft und Tradition. Debussy und Ravel werden allgemein als Impressionisten bezeichnet – und sie sind auch die beiden einzigen „Impressionisten" von Bedeutung. Doch wie schon bei Bruckner und Mahler sind die Dinge, die sie unterschieden, bedeutender als das, was sie miteinander verband.

Während Debussy gefühlsmäßig komponierte – etwa in der Linie von Chopin zu Gounod und Massenet, schien Ravel sehr viel objektiver zu arbeiten, ein Pedant, der sich von der Ahnenreihe Liszt, Saint-Saëns bis Fauré herleitet. Ravel war ein höchst beständiger Arbeiter – Strawinsky nannte ihn einmal „einen Schweizer Uhrmacher", und man warf ihm „Künstlichkeit" vor. Darauf pflegte er zu entgegnen, „daß man von Natur aus künstlich veranlangt sein kann". Diesen Vorwurf hat Ravel folglich nie als solchen empfunden, wohl aber den, daß er ein Nachahmer sei. Während des ersten Jahrzehnts unseres Jahrhunderts haben ihm viele Kritiker vorgehalten, er kopiere Debussy, was Ravel stets entschieden zurückwies.

Die Beziehung zwischen den beiden bedeutendsten musikalischen Figuren in Frankreich zu Beginn dieses Jahrhunderts ist etwas umwölkt, Genaueres weiß man darüber nicht. Debussy und Ravel haben nicht einmal Briefe gewechselt, jedenfalls ist bis heute nichts Entsprechendes bekannt geworden. In die Korrespondenz mit anderen hat Debussy wohl gelegentlich verächtliche Bemerkungen über seinen jüngeren Kollegen einfließen lassen. Ravel dagegen, sehr viel beherrschter, hatte sein Leben lang für Debussy nur Lob übrig, auch wenn dieses gelegentlich nicht frei von Schärfen war.

Wahrscheinlich sind sich beide im Jahr 1901 zum ersten Mal begegnet. Damals war Ravel, der am 7. März 1875 (also dreizehn Jahre nach Debussy) in Ciboure in den Pyrenäen geboren wurde, noch auf dem Pariser Konservatorium, das er 1889 bezogen hatte. Obwohl er schon mit sieben Jahren das Klavierspiel begann, war er keineswegs ein Wunderkind und blieb ungewöhnlich lange, nämlich ganze sechzehn Jahre, Student des Konservatoriums. 1898 führte man die ersten Stücke von ihm auf, 1901 entstanden seine *Jeux d'Eau*, die im folgenden Jahr gedruckt wurden. Zu jener Zeit hatte Debussy noch keine Klaviermusik von Bedeutung komponiert. Ravel hat denn auch, höflich aber bestimmt, auf seine Priorität hingewiesen; wenn es also um die Frage der Nachahmung ging, hatte Debussy von *ihm* gelernt. So schreibt er 1906 in einem Brief an Louis Laloy: „Sie haben sich ziemlich ausführlich über eine ganz

514 Gallische Eleganz und neue Saat

spezielle pianistische Schreibweise verbreitet, deren Urheberschaft Sie Debussy zuschreiben. Nun, die *Jeux d'Eau* sind Anfang 1902 erschienen, als von Debussy nur die drei Stücke *Pour le Piano* existierten, Werke, von denen ich Ihnen nicht zu sagen brauche, wie leidenschaftlich ich sie bewundere, die aber vom rein pianistischen Gesichtspunkt aus nicht gerade etwas Neues bringen." Und noch im Jahr 1928, zehn Jahre nach Debussys Tod, gab Ravel zu erkennen, wie eifersüchtig er seine Position verteidigte:

> „Für den Musiker und den Menschen Debussy hege ich die tiefste Bewunderung; wenn ich mich auch von Natur aus sehr von Debussy unterscheide und zu bedenken gebe, daß er alledem, was ich ererbt habe, nicht absolut fremd gegenübersteht, vermag ich allerdings die ersten Phasen meiner Entwicklung auch mit Gabriel Fauré, Emmanuel Chabrier und Erik Satie zu identifizieren ... Ich glaube, daß ich stets in eine völlig andere Richtung als die des Debussyschen Symbolismus gegangen bin ... Man hat immer wieder darauf hingewiesen, daß das frühere Erscheinen meines *Jeux d'Eau* möglicherweise Debussy bei der Komposition seiner *Jardins sous la Pluie* beeinflußt haben, und ein noch erstaunlicheres zeitliches Zusammentreffen hat man im Fall meiner *Habanera* unterstellt; doch solche Kommentare muß ich anderen überlassen. Natürlich könnte es ohne weiteres sein, daß ähnliche Vorstellungen in verschiedenen Charakteren reifen, im Bewußtsein zweier ganz verschiedener Komponisten fast zur selben Zeit, ohne daß man vom Einfluß des einen auf den anderen sprechen kann."

Anfangs scheint Debussy Ravel ermutigt zu haben. Man spricht von seinem Brief an Ravel zu dessen Streichquartett 1904, in dem es heißt: „Im Namen der musikalischen Götter und in meinem Namen: verändern Sie keine Note." Dieser Satz wird in vielen Biographien beider Komponisten zitiert, aber keiner hat den Brief wohl wirklich gesehen. Ravels Ruf breitete sich rasch aus, und Louis Laloy, französischer Musikwissenschaftler und Kritiker, behauptet in seinen Erinnerungen, daß Debussys und Ravels Freunde jeweils heftig Partei ergriffen und sich so viele „lästige Vermittler" hervortaten, daß beide Musiker sich einfach nicht mehr zu Gesicht bekamen. Romain Rolland glaubte, daß vor allem Debussy kühl reagierte, „der, wie ich weiß, eine heftige Abneigung gegen die Musik Ravels (oder ihren Erfolg), hegt. Ravel spricht von ihm mit großer Würde und Bescheidenheit." Debussy, der ziemlich aggressiv auf alles reagierte, was nicht seine eigenen Werke betraf, machte denn auch anläßlich der Besprechung Laloys von Ravels *Histoires Naturelles* 1907 böse Bemerkungen. Laloy hatte festgestellt, daß diese Lieder den Geist Mussorgskis atmeten, nur wären sie besser. Debussy war außer sich und schrieb Laloy einen Brief. Er sei „erstaunt zu sehen, daß ein Mann von Ihrem Geschmack ein reines, unverfälschtes Meisterwerk wie *Wiegenlied* dem so künstlichen Amerikanismus der *Histoires Naturelles* eines Ravel opfert. Trotz Ravels unbestrittenem Können enthalten diese Lieder eine Art von Musik, die man einfach nicht billigen kann." Ravel

Maurice Ravel (1875–1937). Aufnahme von 1937.

dagegen bewunderte stets Debussys Musik und schrieb sogar dessen *Nocturnes*
und *L'Après-midi d'un Faune* im Jahre 1909 in eine Fassung für zwei Klaviere
um.

1910 war Ravel ein bekannter Mann, und dies bereits seit fünf Jahren, als
nämlich etwas Skandalöses passiert war: Er hatte den „Prix de Rome" nicht
erhalten. Schon 1901 hatte er sich darum beworben. Damals hatte er sich über
den trockenen Text, über den er eine Kantate komponieren sollte, lustig
gemacht und eine Partitur eingeschickt, die hauptsächlich im Walzertakt notiert
war. Die Jury zeigte sich entrüstet: „M. Ravel soll nicht glauben, er könne sich
über uns lustig machen. M. Ravel mag uns durchaus für primitive Pedanten
halten, aber seine Anmaßung, uns für Ignoranten zu erklären, darf nicht
ungestraft bleiben." Ravel wurde mit einem zweiten Preis bedacht und war mit
der Publicity, die er damit erreicht hatte, zufrieden. Er blieb weiter auf dem
Conservatoire und bewarb sich 1902 und 1903 abermals, ohne indes einen
Preis zu gewinnen. Als er 1905 um den Prix de Rome einkam, wurde ihm dies
verwehrt, weil er schon über dreißig Jahre alt sei. Die Presse erhob daraufhin ein
großes Geschrei, und der Fall wurde zur *cause célèbre*.

Denn Ravel war schließlich nicht nur ein talentierter Komponist, sondern
weit mehr als das: er hatte sich längst bewährt und gehörte zu den meistdiskutierten Komponisten der jungen Generation in Frankreich. Schon 1895 hatte
man sein *Menuet Antique* gedruckt, ein kurzes Klavierstück, das die ausgeklü-
gelte Genauigkeit seines späteren Stils verriet. Seine *Les Cites Auriculaires* hatte
man auf der „Société Nationale" 1898 in einem Konzert aufgeführt. Riccardo
Viñes, ein spanischer Pianist, der Ravels Kommilitone am Konservatorium
gewesen war und später fast alle Klaviermusik von Ravel und Debussy urauf-
führen sollte, hatte bereits 1902 *Jeux d'Eau* bekannt gemacht. Im Jahr darauf
schrieb Ravel den Liederzyklus *Sheherazade,* und im darauffolgenden Jahr sein
einziges Streichquartett. Das war also jener Komponist, den man nicht für
kompetent genug hielt, 1903 den „Prix de Rome" entgegenzunehmen, und dem
man zwei Jahre später sogar verbot, sich überhaupt zu bewerben. Nicht nur in
musikalischen Kreisen entrüstete man sich, auch die Zeitungen griffen die
Geschichte auf und stellten sich auf Ravels Seite. Monatelang hielt der Disput
Paris lebendig. Man interviewte ihn für *Le Temps,* wo er folgende Ehrenerklä-
rung abgab:

> „Ich gehe nicht nach Rom. Das hat jenes Institut entschieden, das als einziges
> die Macht hat, einem jungen Komponisten den Weg in die Villa Medici zu
> bahnen. Dieses Mißgeschick empört mich. Die Verleihung eines zweiten Preises,
> mein vorliegendes Werk, das von meinem Professor, M. Gabriel Fauré, gutgehei-
> ßen wird, meine publizierten und von der Öffentlichkeit mit Wohlwollen aufge-
> nommenen Werke – dies alles erlaubte mir zu hoffen (ohne jene lächerliche
> Voraussetzung, eine perfekte Kantate schreiben zu können oder gar eine, die
> besser ist als die meiner Freunde), daß ich am Wettbewerb würde teilnehmen
> können."

Das Ergebnis der *affaire Ravel* war der Rücktritt Theodore Dubois' als Direktor des Konservatoriums und an seiner Statt die Ernennung von Fauré. Dennoch blieb Ravel von all dem unberührt und verließ das Conservatoire. Von diesem Zeitpunkt bis an sein Lebensende hat er als Komponist völlig zurückgezogen gelebt. Er war von kleiner Statur, nur wenig über anderthalb Meter groß, ein eleganter und stets korrekt – bis ans Dandyhafte grenzend – gekleideter Herr. „Ich wäre jederzeit lieber Beau Brumel als Maurice Ravel gewesen", hat er einmal geäußert. Über ihn kursierte mancherlei Gerede. Er behauptete stets, mütterlicherseits baskische Vorfahren zu besitzen, aber keiner hat den Stammbaum so weit zurückverfolgen können, um dies zu beweisen. Ferner gab es einige, die ihn für jüdisch hielten. Auch dafür gibt es keinerlei Beweise, obwohl es unwahrscheinlich ist. Man flüsterte, er wäre homosexuell: aber auch hierfür gibt es keine Anzeichen. Zwar war er nie verheiratet, doch tauchte sein Name weder in Verbindung zu einem anderen Mann oder einer Frau jemals auf.

Eine Zeitlang war er Mitglied einer Gruppe, die sich die „Apachen" nannten, gemeinsam mit seinem Kollegen Florent Schmitt, dem Poeten Tristan Klingsor, dem Pianisten Viñes, dem Schriftsteller Léon-Paul Fargue, dem Kritiker Dimitri Calvocoressi sowie anderen bekannten französischen Intellektuellen. Es handelte sich um einen französischen *Davids-Bund,* Schumann wäre begeistert gewesen. Die „Apachen" bekamen eine Reihe von Ravels Werken erstmals zu hören, er nahm ihre kritischen Bemerkungen äußerst ernst. Seine Sonatine und die fünf *Miroirs* entstanden 1905; „Introduction und Allegro für Harfe, Flöte, Klarinette und Streichquartett" beendete er 1906, im selben Jahr auch den erwähnten Liederzyklus *Histoires Naturelles*. Von *Miroir* schienen die „Apachen" irritiert; und tatsächlich hat auch nur ein Stück aus diesem Zyklus, *Alborado del Gracioso,* durch seine spanische Eleganz und seinen brillanten Klaviersatz besondere Popularität erlangt. Die anderen Stücke – *Oiseaux tristes, Nocturelles, La Vallée des cloches* und *Une Barque sur l'Océan* – haben einen Platz im Niemandsland zwischen Musik und Malerei eingenommen. Während *Miroirs* die meisten Zuhörer langweilte, verursachten die *Histoires Naturelles* nach Gedichten von Jules Renard einen Skandal. Jane Bathori sang sie bereits 1907 in einem Konzert der „Société Nationale", es wurde ein denkwürdiger Abend. Die Debussyisten schrien auf die Raveliten ein und vice versa. Die Zeitungen machten aus dem Konzert und den folgenden Auseinandersetzungen eine zweite *Affaire Ravel*. Laloy goß Öl in die Flammen, indem er in seinen Artikeln Ravel beschuldigte, Debussy imitiert zu haben, ohne recht zu wissen, was er damit anrichtete.

Ravel beteiligte sich am Disput und schrieb einige Leserbriefe, machte sich aber dann an die Arbeit, seine einaktige komische Oper *L'Heure espangnole*. 1907 war die Partitur beendet, doch mußte er vier Jahre warten, bis sie auf der Bühne erschien. Zu den weiteren wichtigeren Werken in diesen Jahren bis zum Beginn des Ersten Weltkriegs gehören die drei Sätze *Gaspard de la Nuit* (1908) sowie die *Valses nobles et sentimentales* (1911, beide für Klavier), ferner *Ma Mère l'Oye* (1908 für zwei Klaviere), die *Rhapsodie espagnole* (1907, für

518 Gallische Eleganz und neue Saat

Orchester) sowie das Ballett *Daphnis et Chloë*. Dieses Ballett schrieb er für Diaghilews *Ballet Russe*, das es 1912 uraufführte. Im Unterschied zu Strawinskys beiden „Bomben", *Der Feuervogel* (1910) und *Petruschka* (1911), hat *Daphnis und Chloë* nie große Popularität erlangt. Ihre Geschichte ist zu statisch, die Choreographie von Waslaw Nijinsky war nicht gelungen, und die griechischen Posen der Akteure wollten sich nicht so recht mit Ravels Partitur vertragen. Die beiden Orchestersuiten hingegen, die unmittelbar danach entstanden, machten die Runde, und die *Daphnis und Chloë*-Suite Nr. 2 ist zu einem der beliebtesten Orchesterstücke unseres Jahrhunderts avanciert. Das Ballett wurde bald vom Repertoire des *Ballet Russe* abgesetzt; aber Ravels Verbindung zu Diaghilew hatte immerhin zu einer der interessantesten Orchesterpartituren jener Zeit geführt und dazu beigetragen, Ravel und Strawinsky miteinander bekanntzumachen. Beide Künstler hegten Bewunderung für einander, 1913 arbeiteten sie sogar eine Zeitlang gemeinsam an der Instrumentation von Mussorgskijs *Khovantschina* für eine Ballettproduktion. Ravel und die „Apachen" erschienen selbstverständlich zur Premiere von Strawinskys *Sacre du Printemps* am 29. Mai 1913 im „Théatre Champs Elysées" und bejubelten ihren neuen Helden.

Die letzte Komposition, die Ravel vor dem Ersten Weltkrieg fertigstellte, war das herrliche Trio in a-Moll, eine seiner durchdachtesten und elegantesten Partituren: das Anfangsthema des Kopfsatzes mag man getrost für seine bedeutendste lyrische Erfindung halten. Ravel meldete sich zum Militär, wurde aber zurückgewiesen; er war wohl zu klein und hatte Untergewicht. Im Jahr 1916 wurde er schließlich als Lastwagenfahrer rekrutiert und kam an die Front. Im Jahr darauf holte man ihn indes nach Paris zurück, wo er aus Gesundheitsgründen den Abschied nahm. Unter anderem hatte man ihn für tuberkuloseverdächtig gehalten. Die folgende Zeit verbrachte er zur Erholung in der Normandie, arbeitete an *Le Tombeau de Couperin* und beendete 1917 sowohl die Fassung für Klavier wie die instrumentierte Fassung. Nach Paris zurückgekehrt, nahm er *La Valse* (1920) in Angriff, welche zuerst den Titel *Wien* getragen hatte. *La Valse,* ein „choreographisches Gedicht", war für Diaghilew komponiert, der die Partitur honorierte, die Musik aber nie für seine Produktionen verwandt hat. Ravel war aufs tiefste verletzt. Noch 1925, als beide einander begegneten, weigerte sich Ravel, ihm die Hand zu geben. Diaghilew fühlte sich seinerseits beleidigt und forderte Ravel zum Duell. Wie gottlob meistens üblich, ließ sich der Herausforderer jedoch davon wieder abbringen; beide haben sich nie wiedergesehen. Ravel erwarb in Montfort l'Amaury eine kleine Villa, „Le Belvédère", und stopfte sie mit einer Sammlung mechanischer Spielzeuge voll, die er mit großer Freude seinen Bekannten vorzuführen pflegte. 1920 schließlich wollte man ihn mit dem Kreuz der Ehrenlegion auszeichnen, aber er verweigerte die Annahme; noch hatte er nicht vergessen, mit welchen Tricks man ihn um den „Prix de Rome" gebracht hatte. Um zu zeigen, was er von der französischen Regierung hielt, nahm er, fast demonstrativ, einen Orden aus der Hand des Königs Leopold von Belgien sowie einen Ehrendoktorhut von Oxford entgegen.

Mittlerweile waren auch *Les Six* ans Licht der internationalen Öffentlichkeit getreten. Sie hatten sich um Erik Satie geschart und verkörperten eine Ästhetik, die sich von der Ravels wesentlich unterschied. Doch selbst er hatte ihnen 1925 in seiner Opernpantomime *L'Enfant et les Sortilèges* eine Komposition vorgeführt, die sich mit der Raffiniertheit von *Les Six* durchaus messen konnte. Nun folgten die *Chansons Madécasses* (1926), eine Violinsonate (1927), eine Konzertreise 1928 in die Vereinigten Staaten, der berühmt gewordene *Boléro* (1929) sowie die beiden Klavierkonzerte (1931). Eines dieser Konzerte in D-Dur für die linke Hand allein, war vom österreichischen Pianisten Paul Wittgenstein, der im Krieg seinen rechten Arm verloren hatte, bei Ravel bestellt worden. Das andere ist das „gewöhnliche" in G-Dur. Im Jahre 1932 erlitt Ravel – ob als Nachwirkung eines Autounfalls oder vielleicht aus tieferliegenden gesundheitlichen Gründen – einen Nervenzusammenbruch. Die aus dem Unfall herrührenden Verletzungen erwiesen sich als nicht so schwer, Ravel machte sich darüber lustig: „Ein paar Schläge und eine verbogene Nase, um die Amerikaner von meiner hebräischen Abstammung zu überzeugen, aber vor allem ein paar tüchtige blaue Flecke auf der Brust, die mich ganz entsetzlich husten lassen." Im folgenden Jahr 1933 verlor er die Kontrolle über die Bewegungen seiner Arme und Beine. Dem folgten Erinnerungsverlust und die Unfähigkeit zur Koordination. Obwohl sein Geist normal funktionierte, vermochte er nicht länger zu komponieren oder Klavier zu spielen. 1937 unterzog er sich einer Hirnoperation, von der er sich nicht mehr erholte. Seine Krankheit wurde geheimgehalten; am 28. Dezember 1937 starb Ravel in einem Pariser Krankenhaus.

Sein Nachlaß enthielt wenige Werke, kaum etwas von größerer Bedeutung. Ein großer Teil seiner Orchestermusik bestand ja aus instrumentierten Klavierstücken. Das betraf sowohl *Ma Mère l'Oye*, die *Pavana pour une Infante défunte, Alborado del Gracioso,* den dritten Satz, *Habanera,* der *Rhapsodie Espagnole, Le Tombeau de Couperin* sowie die *Valses nobles et sentimentales.* Eines seiner bekanntesten Stücke basierte ebenfalls auf einem Klavierstück, die Instrumentation von Mussorgskijs *Bilder einer Ausstellung.* Die elegante *Tzigane* war ursprünglich 1924 als Stück für Violine und Klavier entstanden, eine Version, welcher später die Orchesterfassung mit Solo-Violine folgte. Sein ganzes Œuvre scheint wie aus einem Guß; es gibt kaum Qualitätsunterschiede. Von Anfang an hatte Ravel einen individuellen Stil gepflegt, den er während seiner Schaffensjahre überraschend wenig veränderte. Frühe Einflüsse waren durch Liszt, Chabrier, Mussorgskij und Fauré sichtbar geworden; und natürlich hatte Debussy einen wichtigen Anteil an seiner Entwicklung. Kein junger Musiker, der nach *L'Après-midi d'un Faune* in Paris aufwuchs, konnte sich diesen neuen Klängen entziehen.

Doch im Innern blieb Ravels Ästhetik auf eigenständige Voraussetzungen gegründet. So arbeitete er präziser als Debussy, war ein sehr viel strengerer Formalist und gebrauchte die Sonatenform sowie weitere von klassischen und barocken Modellen entlehnte Gattungen. So persönlich seine Musik auch sein mag, so strahlt sie doch ein gewisses Maß an strenger Objektivität aus. Niemals finden wir in ihr jene sinnliche Verweillust wie bei Debussy; sie wirkt wie eine

Gruppenbild. Erster von rechts: Ravel.

Maurice Ravel am Klavier.

Maurice Ravel und „Les Six"   521

Radierung gegenüber den Aquarellen seines berühmten Zeitgenossen. Debussys Formen ergaben sich oft aus Tonfarben und Texturen und schienen keinerlei Regeln zu folgen. Ravel hingegen arbeitete thematisch, nicht so sehr nach Tonfarben und Mischungen. Viel mehr als Debussy blickte er auf seine Vorgänger zurück, indem er häufig Stücke „im Stil von" komponierte. Sein erstes bedeutendes Werk, *Jeu d'Eau*, war ein „Wasserstück", das sich von Liszts *Jeux d'Eau à la Villa d'Este* inspiriert wußte. „Man sollte es so spielen wie ein Stück von Liszt", riet Ravel seinem Freund Viñes. Niemals empfand Ravel – wie es Debussy tat – das Klavier als ein hammerloses Instrument. In seinem *Gaspard de la Nuit* setzte er ganz bewußt alles daran, ein nachlisztsches Virtuosenstück zu schreiben, „das noch schwerer als Balakirews *Islamey*" sein sollte. *Scarbo*, das letzte der drei Stücke in *Gaspard de la Nuit*, gilt als eines der technisch vertracktesten in der gesamten Klavierliteratur. Nach dem Zweiten Weltkrieg wurde es mit besonderer Vorliebe gespielt; die neue Pianistengeneration schloß es in ihr Herz und machte *Gaspard* zu einem der am häufigsten gespielten Klavierwerke unserer Zeit.

Nachdem sich Ravel von Liszt und Balakirew hatte verführen lassen, wandte er sich in seinen *Valses nobles et sentimentales* Franz Schubert zu.

> „Der Titel *Valses nobles et sentimentales* zeigt zur Genüge meine Absicht an, eine Walzerkette nach dem Vorbild Schuberts zu komponieren. Der Virtuosität, die das Wesen von *Gaspard de la Nuit* ausmachte, folgte eine abgeklärtere Schreibweise, die die Akkorde verhärtete und das ‚Relief' der Musik scharf hervortreten ließ."

Diese *Valses nobles et sentimentales* stellten sich als ebenso französisch heraus, wie Schubert wienerisch war. Die Anregung mag von Schubert ausgegangen sein, aber die Ausführung erfüllt französischer Geist, vor allem den letzten dieser Walzer, der träumerisch den Geist der vorherigen Stücke wieder aufnimmt. Schubert war indes nicht der einzige österreichische Komponist, der Ravel zu einer Komposition inspirierte. Hinzu kamen Johann Strauß und Mozart. *La Valse* verdankt vieles dem ersteren, das Klavierkonzert in G-Dur hat manches vom letzteren. Ravel beschrieb *La Valse* als „eine Art Hommage zum Gedächtnis des großen Strauß, nicht Richard, sondern des anderen – Johann. Sie kennen ja meine große Sympathie für diesen bewunderswerten Rhythmus und wissen, daß ich *La Joie de vivre,* der sich im Tanz ausdrückt, viel höher einschätze als den, der sich im Puritanismus César Francks ausdrücken mag. Ich bin halt so wenig katholisch." Was das Klavierkonzert betrifft, behauptete Ravel, es sei „ein Concerto im wahrsten Sinne des Wortes, ganz im Geiste Mozarts und Saint-Saëns gehalten. Die Musik eines solchen Concertos muß nach meiner Meinung leicht und brillant sein, ohne auf tiefe und dramatische Effekte zu zielen." Ravel läßt keinen Zweifel, daß er kein Freund der Klavierkonzerte von Brahms sei; er behauptete, sie seien nicht für, sondern gegen das Instrument geschrieben.

Immer rastlos und nach allen Seiten Ausschau haltend suchte Ravel nach weiteren Anregungen. Im *Tombeau de Couperin* kehrte er zu den Clavecinisten zurück. In den Vereinigten Staaten traf er George Gershwin, machte sich ausführlich mit dem Jazz bekannt und nahm ihn, zusammen mit anderen amerikanischen Anregungen, in seine Musik auf. So behauptete er, er habe versucht, *L'Enfant et les Sortilèges* „im Stil einer amerikanischen Operette" zu komponieren. Der langsame Satz in der Violinsonate ist mit „Blues" überschrieben, und auch im Klavierkonzert herrschen Jazz-Anklänge. In der *Rhapsodie espagnole* und in *L'Heure espagnole* wandte er sich nach Spanien, wie so viele französischen Komponisten vor ihm.

Den Höhepunkt seines Schaffens erreichte er 1914. Später fiel ihm wegen seiner Erkrankungen das Komponieren immer schwerer. „Ich habe versagt", gestand er seinem Kollegen Claude Delvincourt. „Ich bin keiner von den ganz großen Komponisten. Alle haben enorm viel geschrieben. Man findet alles bei ihnen – das Beste und Schlechteste, jedenfalls in stattlicher Menge. Ich habe relativ wenig geschrieben ... Und auch damit hatte ich ziemlich große Schwierigkeiten. Ich habe langsam gearbeitet, Tropfen auf Tropfen, hab' alles stückweise mir abgerungen ... Jetzt bin ich erschöpft und nichts kann mich mehr freuen." Dennoch hat Ravel in den folgenden zwölf Jahren eine ganze Reihe wunderbarer Werke komponiert, die kein Nachlassen seiner schöpferischen Kräfte verraten. Es gibt Kenner, die das Konzert für die linke Hand, eine seiner letzten Kompositionen, für das aufregendste und charakteristischste Werk halten, das er überhaupt komponiert hat.

Alle seine Werke – gleichgültig, ob Liszt, Schubert oder Spanien ihn dazu inspirierten – sind letzten Endes durch Ravels Phantasie und seine kompositorischen Fähigkeiten zu einer überzeugend eigenständigen Leistung geworden. Alles trägt „seinen Klang". Ravel war ein reiner, einfacher Musiker, der auf direkte Art mit dem musikalischen Material umging und – darin vielen seiner Kollegen unähnlich – überhaupt keine musikalische Theorie hatte, noch sich von den verschiedenen zeitgenössischen ästhetischen Bewegungen einfangen ließ. Ein instinktives Empfinden ist selten in seiner Musik anzutreffen; alles ist sorgfältig arrangiert und ausbalanciert. Nur selten zeigt er Gefühle. Mancher Kenner hat darüber geklagt, daß bei Ravel alles zu distanziert klänge; aber in Wahrheit *war* Ravel selbst höchst distanziert. Bei aller Objektivität besitzt seine Musik jedoch Charme, außerordentliche Eleganz, Witz (z. B. in den *Histoires naturelles*) und Farbigkeit. Seine Orchesterpalette ist noch erfindungsreicher als die Debussys, von dem er viel lernte. Man vergleiche Ravels *Rhapsodie espagnole* mit Debussys *Iberia*, zwei wichtige Partituren, die beide von spanischer Musik beeinflußt wurden und fast zur selben Zeit (1907 bzw. 1908) entstanden. Ravels Instrumentation zeigt eine noch größere Geschmeidigkeit und Elastizität.

Dabei war er eine nicht so kraftvolle, schöpferische Potenz wie etwa Debussy. Sein musikalischer Geist bewegte sich auf eher konventionellen Pfaden, wie er sich auch des eigenen Stils eine Spur zu bewußt blieb. Aber in dieser Begrenzung arbeitete er sicher und perfekt, und seine Musik ist seither wenig gealtert.

Maurice Ravel und „Les Six"

Jedenfalls sehr viel weniger als die Werke der meisten Mitglieder der *Les Six,* den Pariser Lieblingen der zwanziger Jahre, jenen Jünglingen, die wirklich „modern" komponierten und die französische Musik auf neue Wege führten. Die Genesis dieser Sechsergruppe geht auf das Jahr 1917 zurück, als Diaghilew die *Parade* (Musik von Erik Satie, Text von Jean Cocteau, Ausstattung von Pablo Picasso) inszenierte. Dieses Werk löste einen Skandal aus, so ganz nach dem Herzen der französischen Öffentlichkeit. Eine Gruppe junger Komponisten, einträchtig in ihrer Bewunderung für dieses Werk, hatte sich um Satie versammelt. Diese Leute, die Satie seine *nouveaux jeunes* nannte, waren der Schweizer Arthur Honegger, Georges Auric, Louis Durey und Germaine Tailleferre. Ein Jahr danach traten Francis Poulenc sowie Darius Milhaud hinzu. „Wir haben genug von Debussy, Florent Schmitt und Ravel", schrieb Poulenc. „Was mir vorschwebte, war eine klare, gesunde, robuste Musik – eine Musik, die so eindeutig französisch war wie Strawinskys *Petruschka* russisch. Was *Petruschka* für Sankt Petersburg bedeutet, bedeutet mir Saties *Parade* für Paris." Das war eine Art Ästhethik, die die jungen Komponisten miteinander verband. Milhaud hat beschrieben, wie sich *Les Six* zusammenschlossen:

> „Nach einem Konzert in der Salle Huyghens, wo Bertin Louis Dureys *Image à Cruso* mit dem Text von *Saint-Léger* sang und das Capelle-Quartett mein 4. Quartett spielte, publizierte der Kritiker Henri Colet in *Comoedia* einen Aufsatz *Les cinq Russes et les six Français.* Ganz willkürlich hatte er sechs Namen gewählt: Auric, Durey, Honegger, Poulenc, Tailleferre und den meinen; nur weil wir uns kannten, gute Kameraden waren und oft auf denselben Programmen standen, ohne sich dabei um unsere verschiedenen Temperamente und ungleichen Naturelle zu kümmern. Auric und Poulenc waren Parteigänger von Cocteaus Ideen, Honegger ging auf die deutschen Romantiker zurück und ich auf lyrische Mittelmeer-Einflüsse ... Aber es war sinnlos, zu protestieren. Colets Artikel fand solch weltweites Interesse, daß er die Gruppe der *Six* gebar, und ich war, ob ich wollte oder nicht, einer von ihr.
> Wie die Dinge standen, entschlossen wir uns, einige Konzerte der *Six* zu geben. Im ersten wurden unsere Kompositionen gespielt. im zweiten ausländische Musik ... Satie war unser Idol, und wir liebten ihn alle heiß. Er aber liebte die Jugend so, daß er mir eines Tages sagte: ,Ich möchte so gern wissen, was für Musik die Kinder schreiben werden, die heute vier Jahre alt sind!' Die Reinheit seiner Kunst, sein Horror vor jeder Konzession, seine Verachtung des Geldes, seine Unnachgiebigkeit Kritikern gegenüber waren für uns ein wundervolles Beispiel."

Cocteau wurde ihr intellektuelles Leitbild, so wie Satie das musikalischkünstlerische war. Strawinsky fungierte als dritter Guru, ohne indes persönlich in Erscheinung zu treten. *Les Six* bewunderten seine Werke mehr als die jedes anderen Zeitgenossen. Für sie war Debussy „gestorben" und Ravels Musik „künstlich", „überfeinert", „abgetragen". Die ganze Musik der Zeit, behaupteten sie, wäre steril und lebte von den Formen der alten Meister. Befruchtungen und frisches Blut täten not; die Verbindung der „seriösen" Musik mit dem Jazz, der Volksmusik, dem Vaudeville, der Music-Hall –, Zirkus- und kommerziellen Musik. Primitiv zu sein galt als chic. Man rümpfte die Nase über alles, was Tradition hieß. Man komponierte keine Sinfonien. Statt dessen schrieb man Foxtrotts, Satiren, Burlesken, Karikaturen, kurze Stücke, Tanzmusik. Es war das Jazz-Zeitalter: eine fröhliche Zeit, die fröhliche Werke hervorbrachte, die heute fast alle vergessen sind. Von Durey und Tailleferre sollte man bald nichts mehr hören, und auch Auric hat uns nicht viel Wichtiges hinterlassen. Darius Milhaud (4. September 1892 – 22. Juni 1974) war der erste von ihnen, der internationale Beachtung fand. Honegger durchlief eine langsame Entwicklung, und den umgänglichen Poulenc betrachtete man eher als Clown. Anfang der zwanziger Jahre stand Milhaud im Rampenlicht der Öffentlichkeit, vor allem wegen seiner polytonalen Experimente. Strawinsky hatte in seiner berühmten *Petruschka*-Episode die Tonarten Fis-Dur gegen C-Dur gesetzt. Milhaud versuchte, dieses Konzept weiterzuentwickeln:

> „Ich machte mich daran, alle möglichen Kombinationen zweier übereinandergesetzter Tonarten und die sich daraus ergebenden Akkorde zu studieren. Auch beschäftigte ich mich mit dem Effekt ihrer Umkehrungen. Ich versuchte jede nur denkbare Abwandlung, indem ich die Art der Tonfolgen, aus denen die Akkorde bestanden, variierte. Dann tat ich dasselbe für drei Tonarten. Was ich nicht begriff, war, weshalb man dasselbe nicht auch für Polytonalität tun konnte, da sich doch die Harmonielehre mit den Akkorden und ihren Umkehrungen beschäftigt. Ich wurde mit einigen dieser Akkorde vertraut. Sie befriedigten mein Gehör mehr als die üblichen, denn ein polytonaler Akkord ist subtiler in seiner Süße wie auch heftiger in seiner Stärke."

Der unglaublich fleißige und gewandte Milhaud verstand es, seine polytonalen Theorien in jeder Art Komposition aufscheinen zu lassen, und seine Partituren – *La Création du Monde* (1923), *Le Boeuf sur le Toit* (1919), *Les Choëphores* (1919) und die sogenannten „Opéras Minutes" – galten unter den Avantgardisten der zwanziger Jahre als besonders schick. Sie waren witzig und hatten Pfeffer, sie waren dissonant und höchst raffiniert, und sie schockierten die Bourgeoisie. Milhauds unermüdlicher Einfallsreichtum produzierte immer neue Effekte; doch nach einer Weile nützten sich der schockierende Effekt und sein Neuigkeitswert ab. Heute klingen viele Werke Milhauds aus den zwanziger und dreißiger Jahren wie ein Strawinsky, den man durch einen Pariser Filter gepreßt hat. Und so hat sich relativ wenig von Milhauds Kompositionen im laufenden Repertoire gehalten.

Arthur Honegger (10. März 1892 – 28. November 1955) wurde zum Verbündeten der *Les Six*, obwohl er bewußt einen anderen künstlerischen Stil anstrebte. Ihn verbanden viele Gemeinsamkeiten mit der mitteleuropäischen Tradition, und von seinen Werken ging etwas Rastloses, Trotziges, Konzentriertes aus. Von Humor war in seiner Musik wenig zu spüren, schon allein dies unterschied ihn von den meisten anderen Mitgliedern der *Les Six*. Auch, daß er sich der Sonatenform bediente: fünf Sinfonien, drei Streichquartette und ande-res. Anfang der zwanziger Jahre erregte sein Tongemälde des Stahlzeitalters, *Pacific 231*, beträchtliches Aufsehen. Aber aus den Konzertprogrammen ist es längst verschwunden. Seine großräumigen Vokalwerke – *König David* (1921) und *Johanna auf dem Scheiterhaufen* (1938) – fanden damals außerordentli-ches Interesse, sie sind auch heute noch gelegentlich zu hören. Doch im ganzen gesehen ist Honegger aus seiner einst herausragenden Position abgedrängt, seine Werke sind aus den Konzertsälen nach und nach verschwunden.

Es scheint keine Frage, daß Francis Poulenc (7. Januar 1889 – 30. Januar 1963) als stärkstes und individuellstes Mitglied von *Les Six* überlebt hat. Dabei hätte man dies in den dreißiger Jahren kaum vermutet und viel eher auf Milhaud oder Honegger gesetzt. Poulenc hielt man für einen Komiker (er besaß sogar eine physiognomische Ähnlichkeit mit dem großen französischen Komiker Fernandel), für einen Spaßmacher und einen gescheiten dazu. Er war ausneh-mend charmant und amüsant! Doch was schloß man daraus: ein Leichtgewicht letztlich! Für die musikalische Welt galt Poulenc als jemand, der sich in oberflächlicher Music-Hall-Routine gefiel und sich, ein permanentes Lächeln auf den Lippen, um den Rest der Welt wenig scherte.

Aber es sollte sich herausstellen, daß weder Milhaud noch Honegger Überle-benskraft besaßen. Poulenc war derjenige, dessen Bedeutung zunahm. Vom „enfant terrible" der *Les Six* entwickelte er sich zu einem kunstvollen Komponi-sten, dessen Technik und Ansehen mit den Jahren wuchs. Von Anfang an hatte man wohl gewußt, daß Poulenc ein erlesener Liederkomponist war. Manche behaupten, daß er der bedeutendste seit Fauré ist, was also Debussy einschließt. Poulenc besaß Stil und Geschmack; er hatte einen untrüglichen Instinkt für die Bedeutung der Worte, den Sprachduktus und seine Beziehung zur Musik. Vor allem besaß er die Gabe, frische, originelle Melodien zu erfinden. Und hierin war Poulenc weit mehr als ein Unterhalter. Da besaß er einen ganz persönlichen Stil. Zeit seines Lebens hat er sich nicht besonders eingehend mit großen Formen beschäftigt, doch auf dem Gebiet des Liedes und Klavierstücks gelang es ihm, sein zwar begrenztes, aber ausgeprägtes Talent vorteilhaft einzusetzen. So haben Poulencs Lieder einen festen Platz im Repertoire gefunden, was aller Voraussicht nach so bleiben wird.

Aber auch andere seiner Werke haben sich im Repertoire gehalten. Vielleicht deshalb, weil seine musikalische Sprache im Grunde konservativ ist. Seine Musik klingt gescheit und unzweifelhaft „modern", wenn man die ständigen Anspielungen auf Strawinskys Neoklassizismus, den reizvollen Gebrauch der Dissonanzen und die unerwarteten harmonischen Wendungen mit in Betracht zieht. Einer von Poulencs beliebtesten Tricks, die er bis an die Grenze des Manierismus trieb, war der Gebrauch von unerwarteten Halbtonmodulatio-nen. Das ist fast ein Markenzeichen, das man in jeder seiner Kompositionen findet. Konservativ hingegen war Poulenc insofern, als er nie den Kontakt mit der Vergangenheit abreißen ließ – weder zu Schumann noch zu Fauré oder Chabrier und damit zum Hauptstrom der harmonischen Welt des 19. Jahrhunderts. Trotz seiner Flirts mit der Polytonalität und anderen damals als fortschrittlich geltenden Entdeckungen dachte Poulenc im Grunde tonal und komponierte entsprechend. Und in jedem zweiten seiner Stücke findet man Dreiklänge und Tonika-Dominant-Harmonien. Aber genau aus diesem Grunde wollte man ihn in den zwanziger und dreißiger Jahren nicht ernst nehmen. Es war die große Zeit des „Modernismus" und dieser wurde mit Dissonanz gleichgesetzt oder was man damals dafür hielt. Jeder, der diesem Trend nicht folgte und gewissermaßen nur Musik „auf den weißen Tasten" machte, konnte nicht erwarten, als bedeutender Schöpfer Anerkennung zu finden.

Poulenc hingegen ging seinen eigenen Weg und blieb am Ende der Lachende; hat er doch so manchen verehrten Komponisten des 20. Jahrhunderts überlebt – wie Berlioz hundert Jahre zuvor Meyerbeer, Offenbach, Halévy, Fauré und Vincent d'Indy überlebt hat. Poulencs Talent mag seine Grenzen haben, und niemand hat je behauptet, er wäre ein so universeller Komponist wie etwa Beethoven oder Mozart gewesen; er verkörperte zugleich ein Talent, das nicht nur wertvoll, sondern vor allem ehrlich war. Er hatte einiges zu sagen und tat dies mit Stil und Persönlichkeit.

Zu Anfang seiner Laufbahn seit Ende des Ersten Weltkriegs bis in die dreißiger Jahre hinein schrieb er flotte, modische, anregende kleine Werke wie *Aubade* für kleines Orchester, das Ballett *Les Biches*, die *Mouvements Perpétuels* für Klavier, *Le Bal masqué*, eine Reihe von Liedern, einschließlich des Zyklus *Le Bestiaire* – alles Werke eines frechen talentierten jungen Mannes, der sich über die ältere Generation lustig zu machen schien. Auch heute noch übt seine Musik, ihren Charme aus. Wenig später schrieb er vergleichsweise wichtigere Werke: die Messe in G (1937) sowie das Orgelkonzert (1938), in denen er ernstere Töne anschlug. Aus dieser Zeit datiert eine Serie von herrlichen Liedersammlungen – vor allem *Banalités, Chansons villageoises, Tel jour, Telle nuit, Caligrammes*. Während des Zweiten Weltkriegs entstand eine Oper unter dem Titel *Les Mamelles de Tirésias*. Das war ein Rückfall in die Tage des Clowns. Aber als solcher war er außergewöhnlich und entpuppte sich als Neo-Offenbachianer, bissig und bezaubernd zugleich. Während der letzten zwei Jahrzehnte seines Lebens hat er diese Linie nicht weiter verfolgt. Vielmehr lag sein Hauptinteresse in der Komposition geistlicher Musik. Zu diesen Werken zählen das schöne, einfache *Gloria* (1961) sowie die Oper *Les dialogues des Carmélites* (1957).

Wie das meiste in seinem Œuvre, ist auch diese Oper ein Kammerwerk. Die große Geste ist Poulenc immer fremd gewesen. Seltsamerweise erinnert manches in den *Carmélites* an die frühen, leichtgewichtigen Stücke wie *Les Biches* und *Aubade,* was beweist, daß Poulencs melodische Erfindungskraft sich im Grunde wenig verändert hatte. Manche Erfindungsarmut wird durch Wiederholung ausgeglichen. Aber die Schlußformeln dieser melodischen Einfälle enthalten jetzt neuartige, bedeutende Wendungen, welche die Ausdruckskraft vertiefen. Im ersten Dialog zwischen Blanche und Constance in den *Carmélites* erscheint ein feines, fast mottoartiges kurzes Thema, das jedes Mal zitiert wird, wenn vom Tod die Rede ist, und in seiner Ausdrucksstärke und Konzentration ist es von überraschender Wirkung. Bei genauerer Betrachtung merkt man, daß dieses Thema jenem nah verwandt ist, das sich bereits im unterhaltsamen Sextett von 1940 findet und später noch einmal in *Gloria* aus dem Jahre 1961. Und dennoch, jedes Mal besitzt das Thema einen völlig neuartigen Gefühlswert.

Noch heute gibt es viele, die sich weigern, Poulenc ernst zu nehmen. Das rührt teilweise daher, daß unsere musikalische Entwicklungsgeschichte eng mit deutschen Vorbildern hinsichtlich Form, Struktur und „Erhabenheit" verknüpft wird. Poulenc war kein orthodoxer Komponist, schrieb keine vollkommen entwickelten Sonaten und Sinfonien; hatte wenig mit Fugen und Kanons im Sinn. Dafür spezialisierte er sich in hübschen Liedern und ausgeklügelten Klavierstücken. Ergo, muß er wohl „Kitsch" verfaßt haben. Aber diese Art von Kitsch, wie sie sich in Poulencs Vokalmusik zeigt, wird so lange leben, wie es Sänger auf dieser Erde gibt.

(1882–1971).

Igor Strawinsky: »Le sacre du Printemps«, getanzt von einem russischen Ballett. Erster von links: Nijinsky.

32. KAPITEL

Igor Strawinsky
Das Chamäleon

Igor Strawinsky, geboren am 17. Juni 1882 in St. Petersburg, wird heute als der bedeutendste Komponist seiner Zeit angesehen. Er hat seine Laufbahn bereits ganz oben, an der Spitze, begonnen. Nach den drei russischen Balletten, die er für Sergej Diaghilew komponierte, bestand kein Zweifel mehr an der Außergewöhnlichkeit seiner Begabung. Der *Feuervogel*, der am 25. Juni 1910 seine Premiere erlebte, war das erste Werk, das den 28jährigen über Nacht berühmt machte, ganz so, wie es Diaghilew am Tage vor der Uraufführung vorhergesagt hatte. Die Partitur war ein brillantes Musikstück des russischen Nationalismus, wie er sich von Rimskij-Korsakow im allgemeinen und dessen Oper *Coq d'Or* im besonderen herleitet. Doch war es bereits viel kühner und viel origineller als alles, was Rimskij-Korsakow bis dahin geschrieben hatte, und jedermann spürte, daß sich da ein ungewöhnliches Talent meldete. Debussys Hellhörigkeit vermochte sogleich die wichtigsten Qualitäten des *Feuervogels* auszumachen: „Es ist kein perfektes Stück, aber in gewissen Hinsichten ist es doch sehr bedeutend, denn hier ist die Musik nicht länger gelehrige Dienerin des Tanzes. Und vor allem hört man sogleich ganz ungewöhnliche rhythmische Kombinationen heraus."

Am 13. Juni 1911 kam *Petruschka* heraus und bestätigte Strawinskys Stellung als kommender Mann der europäischen Musik. Wie der *Feuervogel*, so war auch *Petruschka* als Ballett an ein russisches Thema gebunden, aber es bewegte sich mit viel Selbstvertrauen und Meisterschaft und zeigte bereits einige Freiheiten, vor allem seine Polytonalität, die den Gang der europäischen Musik nachhaltig beeinflussen sollten. Da gab es einen Abschnitt, in dem zwei gegensätzliche Tonarten, C-Dur und Fis-Dur, miteinander verbunden wurden, und der Effekt dieser „geeinten" Kraft schien auf manche junge europäische Komponisten wie eine Befreiung zu wirken. In den folgenden beiden Jahrzehnten sollte es zahlreiche polytonale Experimente geben, die sich von *Petruschka* herleiteten. Für die Hörer des Jahres 1911 besaß Strawinskys Ballett eine Qualität des Barbarischen, die alles, was man bis dahin aus Rußland gehört hatte, übertraf. Der zierliche Strawinky wuchs zur Größe eines Giganten. Selbst Diaghilew hatte nicht erwartet, daß *Petruschka* ein solches Aufsehen erregen würde. Der Triumph überraschte selbst ihn.

Doch diese Aufregung war nichts gegen jenes Ungestüm, das die Uraufführung von *Le Sacre du Printemps* am 29. Mai 1913 hervorrief. Der Gedanke zu diesem Ballett war Strawinsky bereits während der Arbeit am *Feuervogel* gekommen; „Die Vision einer großen heidnischen Feier: Alte, weise Männer sitzen im Kreis und schauen dem Todestanz eines jungen Mädchens zu, das

530   Das Chamäleon

geopfert werden soll, um den Gott des Frühlings günstig zu stimmen." Vorher hatte *Petruschka* die Arbeit an allem Übrigen verdrängt, doch bald sollte Strawinsky den Plan in die Tat umsetzen. (Er hat sich übrigens dahingehend geäußert, der Titel *Frühlings-Krönung* käme im Grunde dem Original näher als die übliche Übersetzung mit *Frühlings-Opfer*) Vaslaw Nijinsky fungierte als Choreograph, und die Premiere sollte sich zu einem der berühmtesten Skandale der Musikgeschichte auswachsen. Kaum irgend jemand im Saal war auf eine solche Fülle von wilden Dissonanzen, solche komplexen Rhythmen vorbereitet gewesen. Keiner derjenigen, die diese Premiere hatten vorbereiten helfen, hätte sich diese Reaktion des Publikum erträumen können. Kaum hatte das Fagott seine ziemlich hochliegende, etwas näselnd klingende Anfangsphrase zu Ende gespielt, als bereits Gelächter laut wurde. Bald begann ein allgemeines Zischen und Pfeifen. Keiner hörte mehr der Musik zu. Diaghilew wies die Beleuchter an, das Licht im Saal an- und abzuschalten, um die Leute damit zur Raison zu bringen. Nijinsky stand in der Kulisse und schrie den Tänzern den Rhythmus in Ohr. Die Comtesse de Pourtalès stand aufrecht in ihrer Loge, schwenkte ihren Fächer und rief: „Zum ersten Mal seit sechzig Jahren wagt es jemand, mich zu verspotten!" Fremde Leute warfen sich Beleidigungen an den Kopf. Die „Apachen", von Ravel angeführt, jubelten laut. Strawinsky hat den denkwürdigen Abend im Théâtre des Champs-Elysées in seinem Buch *Expositions and Developments* beschrieben:

> „Daß die Premiere von Le *Sacre du Printemps* von einem Skandal begleitet wurde, weiß inzwischen jedermann. Es ist seltsam, aber ich selbst war darauf völlig unvorbereitet. Auch die Musiker hatten bei den Orchesterproben keinerlei Anzeichen gegeben, und auch, was auf der Bühne vor sich ging, schien auf keinerlei Tumult hindeuten zu wollen. Seit Monaten hatten die Tänzer geprobt, sie wußten genau, was zu tun war, wenn dies auch bisweilen nichts mit der Musik zu tun haben schien ... Von Anfang an machte sich der Protest gegen die Musik bemerkbar. Als sich dann der Vorhang hob, und eine Gruppe x-beiniger, langmähniger Lolitas auf- und niederhüpften (Tanz der Jünglinge), brach der Sturm los. Schreie wie ‚Ta gueule' tönten hinter mir. Florent Schmitt hörte ich rufen: ‚Taisez-vous, garces du seizième'; und mit ‚garces' des 16. Arondissement waren natürlich die eleganten Ladies der Stadt gemeint. Der Tumult hielt jedoch an, und wenige Minuten danach stürmte ich wütend aus dem Saal. Ich hatte auf der rechten Seite in der Nähe des Orchesters gesessen, und ich erinnere mich, daß ich die Tür heftig zuschlug. Niemals in meinem Leben bin ich wieder so außer mir gewesen. Die Musik war mir völlig vertraut; ich liebte sie und konnte überhaupt nicht begreifen, warum die Leute schon protestierten, bevor sie sie gehört hatten. Ich eilte daraufhin hinter die Bühne, wo ich Diaghilew das Licht immerzu an- und ausknipsen sah, damit sich die Leute beruhigten. Den Rest der Verstellung verbrachte ich hinter den Kulissen bei Nijinsky, an dessen Frack ich mich krallte, während er, auf einem Stuhl balancierend, den Tänzern wie ein Steuermann den Takt zubrüllte."

Igor Strawinsky   531

Mit unvorhergesehner Kraft hatte der *Sacre* Europa getroffen, vergleichbar
allenfalls der Beethovenschen *Neunten* oder dem *Tristan* von Richard Wagner
im Jahrhundert zuvor. Jahrzehnte lang hallte es nach, wenn Komponisten in der
ganzen Welt die neuen Strawinskyischen Rhythmen und Klänge nachzunahmen
versuchten. In Prokofjews *Skytischer Suite*, in Bartóks *Der wunderbare Mandarin* und in Milhauds *Operas minutes*, ja, überall konnte man Anklänge an
den *Sacre* hören. Jedem jungen Komponisten waren sie ins musikalische
Unterbewußtsein gedrungen. *Le Sacre du Printemps* kam mit seiner unheimli-
chen Kraft, seinen ständig sich ändernden Metren, seiner fast durchgängigen
Dissonanz und dem Verneinen alles dessen, was man bislang von Harmonie
und Melodie gehalten hatte, einer wahren Explosion gleich. Nach seiner
Premiere in Boston, USA, erschien in der Zeitung *Herald* ein kleines Gedicht,
das sehr populär geworden ist. Es spiegelt die Meinung wider, die damals der
größte Teil des Publikums Strawinskys Werk gegenüber einnahm:

> Who wrote the fiendish *Rite of Spring*,
> What right had he to write the thing,
> Against our helpless ears to fling
> Its crash, clash, cling, clang, bing, bang, bing?
> And then to call it *Rite of Spring*
> The season when on joyous wing
> The birds harmonious carols sing
> And harmony's in everything!
> He who could write the *Rite of Spring*
> If I be right, by right should swing!

Strawinsky wurde zum neuem Apostel des Modernismus und nahm damit
den Platz des verblassenden Richard Strauss ein. Strawinsky diskutierte man
damals noch ausführlicher als die Musik Debussys. Der Franzose wurde eifersüchtig und hat sich über ihn außerordentlich bissig geäußert, was nur von
Strawinsky selbst übertroffen worden ist, als er in hohem Alter in einer Reihe
von Büchern, die er gemeinsam mit Robert Craft herausbrachte, über musikalische Zeitgenossen urteilte. Debussy und Strawinsky trafen einander und vertru-
gen sich, und es war Debussy, dem Strawinsky den kompletten *Sacre* in einer
Fassung für Klavier zu vier Händen dedizierte. Die beiden spielten das Stück
gemeinsam durch (Debussy war ein hervorrangender Vom-Blatt-Spieler) und
auch bei den Ballettproben war Debussy immer dabei. Offensichtlich respek-
tierte er den russischen Kollegen, wobei er im *Sacre* auch manches aus seinen
eigenen Werken entdeckt haben mag, wie Strawinsky in seinem 1962 erschienen Band *Expositions and Developments* beschreibt: „... *Le Sacre* schuldet
Debussy mehr als jedermann außer mir selbst – sowohl die stärkste Musik (das
Vorspiel) als auch die schwächste (die Musik des zweiten Teils zwischen dem
Einsatz der beiden Solo-Trompeten und der *Glorification de l'Elue*)". Der
Sacre-Beginn, das berühmte Fagott-Solo, ist vom Thema des *L'après-midi d'un*

532   Das Chamäleon

Faune von Debussy gar nicht so weit entfernt. Dennoch gab es zwischen
Debussy und Strawinsky Spannungen, wie wir einem amüsanten Brief entneh-
men können, in dem sich Kleinlichkeit und brummige Anerkennung mischen.
Debussy schrieb 1916 an Robert Godet:

> „Ich habe neulich Strawinsky gesehen. Er sagt ‚mein *Feuervogel,* mein *Sacre*‘,
> wie ein Kind ‚mein Kreisel, mein Reifen‘ sagt. Und genau das ist er: Ein verzogenes
> Kind, das manchmal seine Finger in die Nase der Musik steckt. Er ist aber auch ein
> junger Barbar, der knallige Krawatten trägt, den Frauen die Hand küßt und sie
> dabei auf den Fuß tritt. Im Alter wird er unerträglich sein und kann überhaupt
> keine Musik mehr ertragen; aber im Augenblick ist er unerhört! Er rühmt sich
> meiner Freundschaft, weil ich ihm geholfen habe, eine Stufe der Leiter zu
> erklimmen, von deren Höhe er Granaten wirft, die nicht alle explodieren. Aber ich
> wiederhole: Er ist unerhört. Ich habe begriffen, wie erbarmungslos sein Verstand
> arbeitet.“

In St. Petersburg, so viel ist sicher, hätte kein Mensch Strawinskys Karriere als
enfant terrible der Musik vorhersagen können. Als Kind zeigte er Talent, aber
auf keineswegs spektakuläre Weise. Auch seine ersten Kompositionsversuche
tragen keinerlei revolutionäre Züge. Doch von Anfang an wurde er jeder
überhaupt denkbaren Art von Musik ausgesetzt. Sein Vater, der bereits 1902
starb, war Bassist an der Petersburger Oper; russische und ausländische Musiker gingen zuhause aus und ein. So hörte der junge Igor viel Musik, bekam auch
Klavierstunden, mußte aber bis zum Alter von 23 Jahren an der Universität Jura
belegen. Um 1900, als er noch studierte, wurde er Rimskij-Korsakow vorgestellt, dem er einige Kompositionen von sich zeigte und von dem er 1903 als
Privatschüler angenommen wurde. Dieser Unterricht setzte sich bis zu Rimskijs
Tod 1908 fort. Aus dieser Zeit stammt eine 1907 vollendete große Sinfonie in Es
– ein traditionelles, reich instrumentiertes Stück, das jeder damalige Musiker
hätte verfertigen können. Es enthält noch nichts vom typischen Idiom Strawinskys, sondern ist ein Beispiel für den etwas sterilen Akademismus à la Glasunow.
Im darauffolgenden Jahr 1908 schrieb Strawinsky ein weiteres Orchesterwerk mit dem Namen *Feuerwerk,* das ihm die Aufmerksamkeit von Sergej
Diaghilew einbrachte, dem man ein Talent zum Aufspüren von Genies nachge-
sagt hat. Ohne ihn wäre die Musikgeschichte des ersten Vierteljahrhunderts
merklich ärmer. Diaghilew, ein Intellektueller, der alles in großem Maßstab
betrieb, ein Impresario mit der Bereitschaft zu Risiko, ein Mann mit lebhaften
Interessen für alle Künste, war seit 1906 in Paris aktiv geworden, wo er eine
russische Kunstausstellung betreute. Im Jahr darauf organisierte er an der Oper
fünf Konzerte mit Werken russischer Komponisten und brachte 1908 den *Boris
Godunow* heraus, mit Fjodor Schaljapin in der Titelrolle. 1909 stellte er das
russische Ballett in Paris vor; es wurde ein solcher Erfolg, daß er dieses Ensemble fortan ständig unter seine Fittiche nahm. Ihm und seiner Truppe sind einige
der bedeutendsten Musikwerke dieses Jahrhunderts zu verdanken; er machte

das russische Ballett zum Zentrum der musikalischen Avantgarde: Debussy, de Falla, Strawinsky, Prokofjew, Ravel – die bedeutendsten und fortschrittlichsten Komponisten der damaligen Zeit steuerten Werke bei, Picasso, Bakst und weitere große Künstler Bühnenbilder und Kostüme. Die Tänzer des Ensembles, an der Spitze Nijinsky und Karsawina, wurden zur Legende. Es war eine Ballett-Truppe, deren Charme, Glanz, *goût* und Imagination ihren Ruf begründete. Und über allem schwebte die saturnische, machtvolle, aristokratische Figur von Sergej Diaghilew.

Für die Saison 1910 wünschte sich Diaghilew ein russisches Ballett nach dem Szenario der *Feuervogel*-Legende, die Michel Fokine choreographieren sollte. Man wandte sich an Anatol Liadow, der den musikalischen Auftrag annahm, aber mit der Ablieferung arg in Verzug geriet. Der verzweifelte Diaghilew erinnerte sich an Strawinsky und dessen *Feuerwerk,* das ihn so beeindruckt hatte, und wandte sich jetzt an den jungen Russen. Strawinsky schuf die Partitur in erstaunlich kurzer Zeit und reiste nach Paris, um dort die Proben zu überwachen. Dieser *Feuervogel* sollte zu Strawinskys ewigem Kummer das populärste aller seiner Werke werden und bleiben. Was auch immer er danach komponierte: zumindest die Orchestersuite des *Feuervogel* (denn die vollständige Ballett-Musik wird sehr viel seltener aufgeführt) steht bis heute an der Spitze aller seiner Werke, was die jährlichen Aufführungsziffern anlangt.

Die ersten drei Strawinsky-Ballette sind ein Beispiel russischer Nationalmusik. Danach wandte sich der Komponist einer völlig anderen musikalischen Ästhetik zu, indem er von Riesen-Partituren für Riesen-Orchester nunmehr zu kleineren instrumentalen Gruppierungen und zu einer pointierten, präzisen Schreibweise überging. Dieses führte ihn zu den sogenannten neo-klassizistischen Kompositionen. In der Zeit des Übergangs zwischen diesen beiden Extremen schuf Strawinsky *Die Geschichte vom Soldaten* (1918), das Ballett *Renard* (1922), die einaktige Oper *Mawra* (1922), die *Symphonien für Blasinstrumente* (1921) sowie die Kantate *Les Noces* (1923). In allen diesen Werken sind noch nationalistische Elemente enthalten, aber die entsprechenden Bemühungen lassen nach, der kompositorische Weg schlägt eine neue Zielrichtung ein. Strawinsky hat niemals Zweifel an seiner Überzeugung aufkommen lassen, daß Musik in erster Linie für ihn Logik und Form bedeutete. Seine antiromantische Haltung führte zu wilden Attacken gegen Dirigenten und ausübende Künstler, die seine Werke vermeintlich mißinterpretierten. Solche Dinge irritierten Strawinsky, im übrigen auch die ständige Bevorzugung des romantischen Repertoires. Sein hauptsächliches Interesse lag weiterhin in der Struktur, der formalen Anlage, der klanglichen Ausgewogenheit und rhythmischen Fragen begründet. So ist sein gesamtes Werk das eines überragenden Logikers.

Alles, was Strawinsky tat, weist auf solche intellektuelle Ordnung hin, und diese erstreckte sich auch auf seine täglichen Gewohnheiten. Im Jahr 1916 hat der Schweizer Schriftsteller C. F. Ramuz, der mit Strawinsky, gemeinsam *Die Geschichte vom Soldaten* schuf, einmal auf dessen Arbeitstisch geschaut und folgendes darüber berichtet:

Das Chamäleon

„Strawinskys Schreibtisch sah aus wie der Instrumententisch eines Chirurgen; mit der Ordnung, der der Chirurg hier walten läßt, schafft er sich eine neue Chance in seinem Kampf gegen den Tod ... Jede einzelne dieser Flaschen mit verschiedenfarbigen Tinten trug in ihrer vorschriftsäßigen Rangordnung ihren kleinen Teil dazu bei, den Glauben an eine höhere Ordnung eindrucksvoll zu bestätigen. Ihre Nachbarn waren Radiergummis von verschiedener Art und verschiedener Form und funkelnde Stahlinstrumente aller Art: Lineale, Rasiermesser, Federmesser, Reißfeder, ganz abgesehen von einem gewissen Instrument mit Röllchen, das dazu diente, die Linien des Notensystems zu ziehen, und das Strawinsky selbst erfunden hatte. Man wird hier an die Definition des Heiligen Thomas denken müssen: Schönheit ist der Glanz von Ordnung. Ordnung an sich genügt nicht, sie muß auch Erleuchtung bringen. Hier herrschte eine erhellende Ordnung, weil sie selber nur der Widerschein einer inneren Klarheit war. Und diese Klarheit leuchtete auch durch alle jene großen mit Schrift bedeckten Blätter hindurch, in einer noch vielfältigeren Form, die noch eindringlicher, noch endgültiger war durch das Auftreten der verschiedenen Tinten, der blauen, der grünen, der roten, der schwarzen Tinte: zwei Sorten schwarzer Tinte (gewöhnliche Tinte und chinesische Tusche), und jede hatte ihre besondere Bestimmung, ihre besondere Bedeutung und diente einem besonderen Zweck; mit der einen wurden die Noten geschrieben, mit der anderen der Text (der eine der Texte); mit einer dritten der zweite Text; diese waren für die Titel bestimmt, jene für die verschiedenen schriftlichen Anweisungen, die zu einer Partitur gehören; dabei wurden die Taktstriche mit dem Lineal gezogen, die Fehler sorgfältig mit dem Rasiermesser ausradiert."

(Dreißig Jahre später hatte sich nichts geändert. Nicolas Nabokov besuchte Strawinsky in Los Angeles. „Ich glaube", notierte er, „daß Strawinsky in seinem Arbeitszimmer sämtliche Instrumente vereinigt hat, die zum Schreiben, Kopieren, Zeichnen, Schneiden, Abheften, Anspitzen und Kleben gehören. Kein Papierwaren- oder Klempnerladen könnte dieses Angebot übertreffen." In Strawinskys Laden drehte sich alles um das Klavier. „Das Klavier selbst ist Zentrum meiner musikalischen Entdeckungen", schrieb Strawinsky einmal. „Jede Note wird auf ihm geprüft, bevor ich sie niederschreibe, und jede Beziehung zwischen diesen Noten wird um- und umgedreht und immer wieder gehört.")

Nach seinen frühen Erfolgen in Paris war Strawinsky unaufhörlich unterwegs. Bis zum Ausbruch des Ersten Weltkriegs war er in Rußland, Frankreich und der Schweiz ansässig gewesen. Die Kriegsjahre verbrachte er in der Schweiz, wo er bis 1920 wohnte. Infolge der russischen Revolution von 1917 kehrte er dorthin nicht mehr zurück (und ist dort, mit Ausnahme seines Besuchs 1962, niemals wieder gewesen). Von 1920 bis 1939 lebte er in Frankreich, konzertierte aber in ganz Europa und in den Vereinigten Staaten. Dorthin vertrieb ihn der Zweite Weltkrieg für immer; er ließ sich in Hollywood nieder.

In Amerika begann eine fruchtbare Beziehung mit dem in Rußland geborenen Choreographen George Balanchine, mit dem er schon zuvor in Europa zusammengearbeitet hatte. Da gab es die Ballette *Das Kartenspiel* (1936; M. Malajew), die *Danses concertantes* (1942), *Orpheus* (1948), *Agon* (1957), *Mouvements* (1958) und weitere. Verschiedene dieser Werke, wie zum Beispiel *Danses concertantes* und *Mouvements*, waren ursprünglich nicht als Ballette komponiert, aber als Balanchine sich ihrer choreographisch annahm, erreichten sie eine Popularität, die ihnen im Konzertsaal versagt geblieben war. Noch eine weitere bizarre Zusammenarbeit zwischen Strawinsky und Balanchine gibt es – ein Stück, 1942 für den Zirkus Barnum und Bailey komponiert. Die Tänzer in Strawinskys *Circus Polka* waren Elefanten, und das Ereignis wurde als „choreographische tour de force" angekündigt, eine Beschreibung, gegen die sich wenig einwenden ließ. Die Zusammenarbeit mit W. H. Auden und Chester Kallman mündete in die abendfüllende Oper *The Rake's Progress*. Die Freundschaft mit dem jungen amerikanischen Dirigenten Robert Craft sollte zur Folge haben, daß Strawinsky sich der seriellen Komposition zuwandte, und ferner in einer ganzen Reihe von scharfzüngigen Publikationen, in denen er sich über alles mögliche, über den Ursprung seiner sämtlichen Kompositionen, seine Komponisten-Kollegen und über allgemeine Lebensbetrachtungen zu äußern beliebte. Strawinsky und Craft bedienten sich keiner Samthandschuhe, und als diese Bücher erschienen, stürzten sich die Musiker darauf, als wäre zwischen den Buchdeckeln das große Los zu gewinnen. Und es gab berühmte Musikkritiker, die allen Grund hatten zusammenzuzucken.

Bis zum Ende des Zweiten Weltkriegs galt Strawinsky als ein Symbol des musikalischen Fortschritts. Prokofjew, Bartók, Schönberg und Webern waren zwar noch aktiv, aber für die Öffentlichkeit repräsentierte Strawinsky den musikalischen Modernismus. Im großen und ganzen waren die Musiker glücklich, Strawinsky als Führer der Avantgarde zu akzeptieren. Mit dem Aufkommen der seriellen Schreibweise und ihrer Verfechter, die eben Schönberg und die serielle Schule vertraten, geriet Strawinsky zum ersten Mal unter Beschuß von seiten junger Komponisten und Kritiker. Alles, was er nach *Les Noces* komponiert hatte, wurde jetzt in Frage gestellt, vor allem durch die Polemiker der Pariser Schule. André Hodeir und Pierre Boulez waren ihre Anführer. Sie vertraten die Anschauung, Strawinskys Ästhetik sei überholt, seine Partituren ein typischer Fall von „beschleunigter Erschöpfung", sie repräsentierten „den Verfall aller Werte: Harmonie und Melodie, der sich in einem künstlichen Akademismus gefällt; und selbst im Rhythmus, in welchem eine trostlose Atrophie bemerkbar wird." Diese Worte stammen von Boulez, der darauf insistierte, daß Strawinskys Neoklassizismus im Grunde ein Rückschritt gewesen sei. „Selbst unfähig, zu einer anderen als einer tonalen Sprache zu gelangen, streckte Strawinsky die törichterweise erhobenen Waffen und begann, sich auf seine Hilfstruppen zu verlassen – was eine sehr willkürliche und dankbare Geste wurde, die lediglich dazu dienen sollte, den bereits verdorbenen Ohren zu schmeicheln." Boulez warf Strawinsky intellektuelle Trägheit vor, Genuß um des Genusses willen.

Nach diesen Angriffen dauerte es nicht lange, bis Strawinsky die tiefen Gewässer des Serialismus zu prüfen begann und dann beschloß, ein ganzes Bad

Das Chamäleon

darin zu nehmen. Keiner seiner kompositorischen Schritte hat so viel Aufsehen erregt wie dieser Entschluß, die Welt von Schönberg und Webern zu seiner eigenen zu machen. Mit Schönberg hatte ihn nie sehr viel verbunden, und Schönberg hat kaum je ein gutes Wort über Strawinskys Musik verloren. Schließlich hat Schönberg im Jahr 1926, als Strawinsky dem Neoklassizismus huldigte, eine Satire auf ihn verfaßt, die er sogar vertonte:

Ja, wer trommelt denn da?
Das ist ja der kleine Modernsky!
Hat sich einen Bubikopf schneiden lassen;
Sieht ganz gut aus!
Wie echt falsches Haar!
Wie eine Perücke!
Ganz (wie sich ihn der kleine Modernsky vorstellt),
Ganz der Papa Bach!

In Europa waren sich Strawinsky und Schönberg gelegentlich begegnet, nach 1912 jedoch nicht mehr. Strawinsky hörte Schönbergs *Pierrot Lunaire* und mußte zugeben, daß er es nicht verstand, daß es „damals keiner von uns verstand". Jahrelang danach hörte Strawinsky keine einzige Note mehr von Schönberg. Auch in Los Angeles, wo sie beinahe Nachbarn waren, haben sie sich niemals gesehen. Früher hatte Strawinsky über die Zwölftonschreibweise kein einziges gutes Wort gefunden; aber als Craft ihn in die Geheimnisse der Dodekaphonie einführte, vor allem in die Musik von Webern, revidierte er diese Haltung. 1952 bemerkte er in einem Interview, er sei selbst nicht am Komponieren von serieller Musik interessiert, aber „die seriellen Komponisten sind die einzigen, deren Disziplin ich anerkenne". Dann machte sich Strawinsky an ein gründliches Studium der Webernschen Werke. Die Folge waren Experimente mit seriellen Elementen in verschiedenen Kompositionen – vor allem in *Canticum Sacrum* (1955) und *Agon* (1957). Dann folgten *Threni* (1958), die *Mouvements für Klavier und Orchester* (1959), *A Sermon, a Narrative and a Prayer* (1961), die *Variationen zum Gedenken an Aldous Huxley* (1964) und die *Requiem Canticles* (1966), alles serielle Kompositionen.

Natürlich gab es allerorten einen Aufschrei, daß Strawinsky zum „Feind" übergelaufen sei. Man beschuldigte ihn, auf den seriellen Zug aufgesprungen zu sein, seine eigene Stellung verraten zu haben – alles aus dem unziemlichem Ehrgeiz, seinen Platz als Führer der Avantgarde weiterhin beizubehalten. Was man darüber jedoch vergaß, war, daß *Threni* und die anderen Kompositionen, ob nun seriell oder nicht, noch immer den alten Strawinsky-„Sound" hatten; daß seine seriellen Partituren nicht mehr Webern enthielten als etwa *Der Kuß der Fee*. Strawinsky verfuhr mit der seriellen Schreibweise wie mit allen anderen stilistischen Elementen, die seinen Weg gekreuzt hatten: alles durch einen Strawinsky-Filter gepreßt. Kein Musiker mit der überwältigenden Eigenständigkeit eines Strawinsky konnte plötzlich etwas anderes komponieren, als was seinem eigenen Geist entsprungen. Jedenfalls nehmen die seriellen Kompositionen nur einen geringen Teil in seinem Œuvre ein. Im Repertoire haben sie keinen Platz gefunden und werden weitgehend ignoriert.

Strawinskys Positionswechsel waren im Laufe der Jahrzehnte in der Tat erstaunlich: Von 1911 bis zum Ende des Zweiten Weltkriegs betrachtete man ihn als den Führer der musikalischen Avantgarde und, ganz allgemein, als den bedeutendsten lebenden Komponisten. Für das große Publikum blieb er der Apostel der Moderne; seine Kollegen hielten ihn für den raffiniertesten, genauesten Fachmann ihrer Zeit. Ohne Zweifel hat er bis 1945 den stärksten Einfluß auf die zeitgenössische Musikszene ausgeübt. Allein dieses würde ihm einen Platz in der Geschichte sichern. Mindere Komponisten mögen zu Lebzeiten größere Popularität erlangen, aber niemals den Lauf der Musik beeinflussen. Strawinsky tat es. Seine Laufbahn erinnert in gewisser Weise an die seines Freundes Pablo Picasso. So gibt es viele Parallelen zwischen beiden; ihren fast gleichzeitigen Eintritt in jeweils verschiedene stilistische Perioden; die Zertrümmerung des Bestehenden zur Erlangung neuartiger Ausdrucksmittel, ihre handwerkliche Vollkommenheit; der Einfluß, den sie auf die Avantgarde ausübten.

Nun ist es eigentümlich, daß Strawinsky in seinen Kompositionen, die nach dem *Sacre* entstanden, von seinen Kollegen und den Musikern sehr viel größere Anerkennung widerfuhr als von seiten der Öffentlichkeit. Nicht, daß Strawinsky über mangelnde Aufführungen zu klagen gehabt hätte. Dazu waren sein Rang und sein Ruf zu bedeutend. Was er auch komponierte, wurde sogleich aufgeführt, und Schallplattenaufnahmen folgten unverzüglich. Er ist einer der wenigen zeitgenössischen Komponisten, deren Gesamtwerk auf Schallplatten festgehalten ist, wobei er selbst die Mehrzahl der Aufnahmen dirigierte oder zumindest überwachte. Dennoch hat seine Musik eher den Respekt als die Liebe der Menschen erringen können. Die Mehrzahl seiner Kompositionen nach dem *Sacre* bewegen sich eher am Rande des Konzertrepertoires als in dessen Zentrum. Wenn man von den drei russischen Balletten absieht sowie von den zwei anderen oft aufgeführten Stücken *Oedipus Rex* und *Psalmen-Sinfonie*, bleibt im Grunde genommen nicht viel übrig, was von den Orchestern aufgeführt wird. So hat Strawinsky eher den Respekt der musikalischen Welt errungen, als daß er ein Kassenmagnet wurde. Dazu ist seine Musik vielleicht zu scharf, pointiert, reserviert, ausgewogen oder auch zu intellektuell. Es ist jedenfalls keine Musik nach jedermanns Geschmack. „Ich bin zu der Überzeugung gekommen", schrieb Aaron Copland 1943, „daß Strawinsky der Henry James der Komponisten ist. Dieselbe Psychologie, dieselbe polierte Perfektion, derselbe Einfluß auf die künstlerischen Temperamente, derselbe Mangel an Spontaneität beim Kontakt mit der ihn umgebenden Welt."

Strawinskys Musik besitzt auch nicht jene Melodik, die sich einer großen Menge mitteilt, wenn es auch nicht zutrifft (wie bisweilen irrtümlicherweise behauptet wird), daß seine Musik gar keine Melodien enthalte. Die Jocasta-Arie im *Oedipus Rex* oder jene Melodie, die zu Beginn des langsamen Satzes in der *Sinfonie in drei Sätzen* auftaucht, oder in jener Szene, in der *Orpheus* die Unterwelt besingt, oder etwa *Sur le lit elle repose* aus *Persephone* widerlegen diesen Vorwurf. Wenn er wollte, konnte Strawinsky Melodien komponieren. Aber er wollte eben nicht immer. Seinen Gefühlen hat er niemals freien Lauf gelassen, oft ganz bewußt typische melodische Wendungen zugunsten anderer musikalischer Elemente unterdrückt. Daher hat man seine Werke auch „intellektuell", im üblichen negativen Sinne genannt. Nichts als diese Art Vorwurf konnte Strawinsky mehr erregen. Was denn so verwerflich sei am Intellekt, pflegte er zu fragen. Wenn man seine Musik „intellektuell" schimpft, verdammt man als das, was im Grunde genommen an ihr zu preisen ist. Natürlich ist seine Musik, im besten Sinne des Wortes, intellektuell. Es ist eine Musik, in welcher die formalen Elemente in untrüglich sicherem Gleichgewicht gehalten werden, in der thematische Formeln virtuos gehandhabt werden, in der ein starker Geist, der ganz bewußt jeder Berührung mit dem 19. Jahrhundert aus dem Wege geht, neue musikalische Ideen kurz, objektiv und bewußt unromantisch auszubeuten versucht. Der Genuß beim Anhören der Musik von Strawinsky erwächst aus dem Miterleben der geistigen Prozesse eines hervorragend organisierten Verstandes – eines Verstandes, dem zugegebenermaßen eine ganze Portion Unverschämtheit innewohnt. Zugleich ein faszinierender Verstand, witzig und aphoristisch. Und vor allem hervorragend organisiert. In seiner Musik gibt es keine Füllsel, keine überflüssigen, verlegenen „Entwicklungen". Strawinskys Musik vermag vermutlich nur bestimmte Gemüter für sich einzunehmen, die sich Strawinsky verwandt fühlen – also einen Verstand, der auf Form, Technik, Rhythmus und Stil zu reagieren weiß. Beethoven, Schubert oder sogar Bach mögen alle Hörer auf allen Ebenen ansprechen; Strawinsky besitzt diese universelle Eigenschaft nicht. Aber er vermag den Musikliebhaber von einiger geistiger Erfahrung schier zu hypnotisieren; doch das sind schließlich die wenigsten. Es mag schon sein, daß Strawinsky „der bedeutendste Komponist dieses Jahrhunderts" gewesen ist, aber man wird ihn letztlich wohl eher beurteilen nach dem, was ihm die Musik seiner Zeit verdankt, als danach, was eine größere Hörerschaft dem Genuß seiner Musik verdankt.

Strawinskys letzte Lebensjahre verliefen ziemlich ereignislos. Der gebrechliche alte Herr komponierte immer weniger und starb am 6. April 1971 in New York. Begraben wurde er in Venedig – in jenem russischen Winkel des Kirchhofs von San Michele, der nicht weit vom Grab Sergej Diaghilews liegt.

Erst nach seinem Tod ergaben sich Auseinandersetzungen in Verbindung mit den Büchern, die er gemeinsam mit Robert Craft geschrieben hatte. Sie begannen mit einem Artikel in der *New York Times* vom 3. März 1972, in dem Lillian Libman, Strawinskys Privatsekretärin, behauptete, vieles an den Strawinsky-Craft-Texten sei pure Erfindung. Sie verfaßte selbst ein Buch über den Komponisten, in dem sie versicherte, daß der brillante, gebildete, witzige Strawinsky, wie er von Craft gezeichnet wird, keinerlei Ähnlichkeit mit jenem müden alten Mann habe, der kaum etwas sagte und alles tat, was Craft ihm vorschlug. Schon früher hatten viele Musiker und Musikforscher den Verdacht gehegt, daß die Bücher einen größeren Anteil von Craft als von Strawinsky aufwiesen. Nun war der Fall an die Öffentlichkeit gebracht, es ging ja schließlich um nichts Geringes.

Igor Strawinsky 539

In den kommenden Jahren werden die Gelehrten versuchen, den echten Strawinsky aus jenen Büchern herauszudestillieren und ihn von jenen wuchernden Verzierungen zu trennen, von denen Frau Libman behauptet, sie seien eine pure Erfindung von Robert Craft.

33. KAPITEL

Elgar, Delius, Vaughan Williams
Die englische Renaissance

Von Rechts wegen hätte im 19. Jahrhundert England eine genauso starke und individuelle Komponistenschule hervorbringen müssen wie Deutschland, Frankreich oder Rußland. Die Wurzeln waren vorhanden, auch die Tradition, und in Henry Purcell (1659–1695) besaß England einen großen Künstler. Aber schon lange vor ihm hatte es bedeutende Komponisten in England gegeben, die ihren Beitrag zur musikalischen Entwicklung nach dem Mittelalter leisteten. Es waren kunstfertige Kontrapunktiker wie John Dunstable, der 1453 starb (sein Geburtsdatum ist unbekannt), John Taverner (1495–1545) und Thomas Tallis (1505–1585), die vor allem auf dem Gebiet der geistlichen Musik hervortraten. Gegen Ende der Regierungszeit Königin Elisabeths I. waren eine ganze Reihe brillanter Musiker in London tätig. Da waren William Byrd, Orlando Gibbons, Thomas Morley, John Dowland, John Wilbye und Thomas Weelkes mit ihren Madrigalen, ihrer Lauten- und sonstigen Instrumentalmusik sowie geistlichen Werken. Shakespeare, Marlowe, Jonson, Donne, Herrick und viele andere große Sterne des elisabethanischen Zeitalters haben mit ihren Texten zu der musikalischen Entwicklung beigetragen. Welch eine herrliche Zeit das gewesen sein muß!

In der Gestalt Purcells kulminierte diese Entwicklung. In seinem nur sechsunddreißig Jahre währenden Leben hat er eine enorme Anzahl von Werken komponiert – geistliche Musik, Oden, Bühnenmusik, die erste englische Oper von Bedeutung (*Dido and Aeneas,* 1689), Kammermusik, mehrstimmige Lieder (teilweise nach herrlich unanständigen Texten) und Stücke für Tasteninstrumente. Seine Musik besitzt einen ungewöhnlich starken persönlichen Stil und klingt bisweilen auf bestürzende Art modern. Abgesehen von seiner melodischen Einbildungskraft und einem Harmoniebewußtsein, das bisweilen die Chromatik der Romantik vorwegzunehmen scheint, spricht seine Musik, ganz ungewöhnlich für die damalige Zeit, auch den Hörer von heute unmittelbar an. Elisabethanische Madrigale beispielsweise mögen bezaubernd klingen, aber sie verlangen doch wegen ihrer altertümlichen Fortschreitungen ein besonders geschultes Gehör. Ein erfahrener Hörer vermag ihre Schönheit gleich zu begreifen. Purcells Musik, zumindest ein großer Teil seiner Werke, erreicht spontan das Ohr jedes Hörers. Seine Nachfolger hätten seine Kunst weiterentwickeln und verfeinern sollen, was die Musik in England auf der Höhe gehalten hätte. Aber leider gab es solche Nachfolger nicht; statt dessen ließ sich Georg Friedrich Händel in England nieder.

Händels Einfluß auf das Musikleben in England war von umstürzender Gewalt. Man kann von einer Katastrophe sprechen. Die massige Gestalt des aufgedunsenen Sachsen lastete schwer auf seinen Nachfolgern, ja schien deren schöpferische Kräfte zu ersticken. Die Engländer konnten von der Chormusik im Stil Händels gar nicht genug bekommen; und weil Händel, nicht ganz ohne Grund, ein besserer Komponist war als alle seine Nachfolger, wurden seine Werke unermüdlich aufgeführt. Aber schließlich setzte sich die Romantik sogar in England durch. Wordsworth begründete mit seinen *Lyrical Ballads* (1798) gewissermaßen die britische romantische Schule. Wenn die Phantasie und Schaffenskraft die Höhe der romantischen Literatur erklommen hätte, wäre England zur führenden Musiknation aufgestiegen. Die musikalische Romantik folgte jedoch in England eher der Mendelssohnschen Linie als der von Chopin, Liszt und Wagner.

Mendelssohn hat auf das musikalische Bewußtsein der Engländer im 19. Jahrhundert einen ähnlich starken Einfluß ausgeübt wie Händel im vorangegangenen. Es lag wohl tatsächlich an dem bürgerlichen, fachkundigen, konservativen Mendelssohn, mit dem sich das musikalische England völlig identifizierte. Hier galt er, mehr noch als im heimatlichen Leipzig, als musikalischer Gott. England war ein konservatives Land und zudem noch reich; die höheren Stände besaßen großen Einfluß, sie scheuten jeden Wechsel. Gewiß war Mendelssohn unbestreitbar ein Genie, und gleich ein so maßgeschneidertes! Er war ein Gentleman, wohlhabend, konservativ, und er rüttelte an keiner Tradition. So war es unvermeidlich, daß Mendelssohn und Königin Victoria in einen freundschaftlichen Kontakt gerieten. Hatten sie doch so viel gemeinsam – Vorsicht, Konvention des Geistes, Erziehung, einen konservativen äußeren Habitus, und so blieb es nicht aus, daß sie sich rasch gut verstanden. Ihre Beziehung hatte etwas Charmant-Unschuldiges: Königin Victoria und Prinz Albert, beide Musikliebhaber, hießen den Mitspieler Mendelssohn willkommen wie in einer gutbürgerlichen Familie. Es muß alles sehr freundlich und friedlich im Buckingham Palace zugegangen sein, als der freundliche Mr. Mendelssohn eintraf, um dort seine Aufwartung zu machen:

„Prinz Albert hatte mich auf den Sonnabend um ½ 2 zu sich einladen lassen, damit ich vor meiner Abreise seine Orgel noch probieren möchte; ich fand ihn ganz allein, und wie wir mitten im Gespräch sind, kam die Königin, ebenfalls ganz allein im Hauskleid, sie müsse in einer Stunde nach Claremont abreisen, sagte sie; ‚aber mein Gott wie sieht es hier aus‘, setzte sie dazu indem sie sah, daß der Wind von einem großen ungebundnen Musikheft alle Blätter einzeln auf das Pedal der Orgel (die einen hübschen Zimmerschmuck bildet) und in die Ecken geworfen hatte. Indem sie das sagte, kniete sie hin und fing an, die Blätter zusammenzusuchen, Prinz Albert half, und ich war auch nicht faul; drauf fing der Prinz an, mir die Register zu applizieren, und währenddessen sagte sie, sie wolle es schon allein wieder in Ordnung bringen.
Drauf bat ich aber, der Prinz möge mir lieber erst was vorspielen, ich wolle damit in Deutschland recht renommieren, sagte ich, und da spielte er mir einen Choral auswendig, mit Pedal, so hübsch und rein und ohne Fehler, daß mancher Organist sich was draus machen konnte, und die Königin, die mit ihrer Arbeit

fertig geworden war, setzte sich daneben und hörte sehr vergnügt zu. Drauf sollte ich spielen, und fing meinen Chor aus dem ‚Wie lieblich sind die Boten' an. Noch ehe ich den ersten Takt ausgespielt hatte, fingen sie beide an, den Chor ordentlich mitzusingen und der Prinz Albert zog mir nun so geschickt die Register zum ganzen Stück: erst eine Flöte dazu, dann beim Forte voll, beim D-Dur alles, dann machte er mit den Registern solch ein exzellentes Diminuendo, und so fort bis zum Ende des Stücks, und das alles auswendig – daß ich wirklich ganz entzückt war."

Für Queen Victoria sollte alle Musik so klingen wie die von Mendelssohn. Ihre Untertanen taten ihr den Gefallen, komponierten eine sehr saubere, wenn auch nicht sehr originelle Musik. Zwischen dem Tod Händels 1759 und dem Auftreten von Edward Elgar in den neunziger Jahren des vorigen Jahrhunderts hat England nicht einen einzigen Komponisten von Rang hervorgebracht. Natürlich gab es eine Reihe von Komponisten – William Sterndale Bennett, Arthur Sullivan, Alexander Mackenzie, Charles Hubert Parry und Charles Villiers Stanford. Es waren akademische Musiker, und die Werke dieser bedeutenden Herren waren außerhalb Englands kaum je zu hören. Das traf sogar auf Schumanns Protegé Sterndale Bennett zu, während ein Mann wie Sullivan lediglich in seiner Operettenmusik weiterlebt. Das Gegenstück dieser Art Komponisten waren in den Vereinigten Staaten die Bostoner Klassizisten. Es gibt eine ganze Reihe von hübschen Stücken, die wir den Vertretern dieser Londoner Gruppe von Musikern verdanken, und sie ist besser als der Ruf ihrer Verfasser. Aber es ist letzten Endes Musik, die zunächst von Mendelssohn, später dann von Schumann und Brahms allzu abhängig war.

Edward Elgar, der am 2. Juni 1857 in Broadheath geboren wurde, sollte diese Tradition brechen. Er wurde Englands bedeutendster Komponist. Zu seinen Lebzeiten war sein Einfluß außergewöhnlich. Dann ging seine Popularität rasch zurück, bis sie in den sechziger Jahren wieder anzog. Während der „Modernisten"-Periode zwischen 1920 und 1940, in der großen Zeit der Strawinsky, Bartok, Prokofjew und Milhaud hätten sich die Musiker bei dem Gedanken, man könne in Elgar einen bedeutenden Komponisten sehen, aufs höchste amüsiert. Man hielt ihn für einen langweiligen Provinzler, der zu Lebzeiten populär geworden war, weil England schließlich irgendeinen Komponisten auf den Schild heben mußte. Er galt als steifer Vertreter der Edward-Epoche und des Empire. Was konnte man schließlich von einem Mann erwarten, der Golf spielte, auf die Fuchsjagd und zum Fischen ging? Schon seine äußere Erscheinung sprach gegen ihn: aufrecht und robust, mit üppigem Schnurrbart unter einer Hakennase. Stets trug er den Regenschirm eingerollt und wirkte wie ein alter Militär. Untadelig war seine Kleidung: der Inbegriff des Clubmitglieds unter Edward VII. Was folgerte man daraus? Ein musikalischer Bursche, der vulgäres, chauvinistisches Zeug schrieb. *Pomp and Circumstance:* da hatte man es! Seine Stücke konnte man nicht mehr hören, so wie man Kiplings Gedichte nicht mehr las. So entstand ein ganzer Sündenkatalog.

Dabei war es nicht einmal nur die Ästhetik des Neoklassizismus und seine

Edward Elgar (1857–1934).

544   Die englische Renaissance

Abneigung gegen alles Romantische, was dazu führte, daß Elgar jahrzehntelang
aus dem Verkehr gezogen war. Grund dafür war auch der neu erwachte
Nationalismus, wie er in England von Ralph Vaughan Williams verkörpert
wurde, und die Wiederentdeckung der Elisabethanischen Schule. Der Nationalismus durchdrang die gesamte Musikwelt – mit Bartók in Ungarn, Janácek in
der Tschechoslowakei, Nielsen in Dänemark, Sibelius in Finnland und Charles
Ives in den Vereinigten Staaten (wenn auch Ives' Werk so gut wie unbekannt
geblieben war). Die Nationalisten bedienten sich der musikalischen Quellen
ihrer Heimat und machten daraus einen Springbrunnen. Das war etwas, das
Elgar nicht vermochte. Er glaubte noch immer daran, daß ein Komponist
Melodien erfinden müsse und sie nicht aus dem Folklore-Brunnen der Vergangenheit einfach ableiten dürfe. Wie Strauss und Mahler war er jemand, der den
blanken Effekt liebte. „Wenn jemand für vierzig Harfen komponiert, dann gebt
sie ihm." Doch diese Denkweise war längst aus der Mode gekommen, als Elgar
am 23. Februar 1934 in Worcester starb. Man begnügte sich nun festzustellen,
wo er sich in seinen eigenen Werken derer von Strauss, Wagner und Brahms
bedient hatte. Seine wichtigsten Kompositionen – die beiden Sinfonien, das
Violinkonzert und das Cellokonzert sowie die ausladende sinfonische Dichtung
Falstaff – waren bald vergessen. Lediglich seine *Enigma-Variationen* und *Der
Traum des Gerontius* honorierte man durch Aufführungen, wobei *Gerontius*
nur selten außerhalb Englands erklang. Die Vertreter der jungen Generation
verbreiteten die Meinung, der *Traum des Gerontius* sei ein „Alptraum".

Für den Musiker der neunziger Jahre des vorigen Jahrhunderts hingegen war
Elgar ein Individualist und einer der maßgeblichen Beherrscher des modernen
Orchesters. Dabei war er als Komponist fast ausschließlich Autodidakt. Sein
Vater, ein Organist, Klavierstimmer und Geigenspieler, hatte die frühen Kompositionsversuche seines Sohnes mit Ermutigung begleitet, und der junge Elgar
begann Geige und Klavier zu spielen, arbeitete aber zunächst als Gehilfe in
einem Rechtsanwaltsbüro, bevor er beschloß, sich ganz der Musik zu widmen.
Mit seiner Provinzausbildung erhielt er lediglich eine Geigerstelle bei den
Philharmonikern von Worcester und schrieb nebenher eine ganze Menge,
meistens Unterhaltungsmusik ohne alle Bedeutung. Nichts unterschied ihn von
anderen fleißigen musikalischen Tagelöhnern. Wenn er sich irgendeinen Ruf
verdiente, dann wegen seiner kleinen sentimentalen Stückchen wie *Salut
d'Amour* für Klavier und ähnliches.

Dann entstand, 1889, die *Froissart-Ouvertüre,* Elgars erstes bedeutenderes
Werk, wobei sich ihr Verfasser als ein brillanter Beherrscher des großen
spätromantischen Orchesters entpuppte. Weitere Stücke wie *The Black Knight*
(1893), *King Olaf* (1896) und *Caractacus* (1898) –, alle für Chor und Orchester
– verstärkten das Interesse. So kam es, daß um 1900 Elgar der bekannteste
Komponist seines Landes war, insbesondere nach dem beträchtlichen Erfolg
seiner *Enigma-Variationen* 1899. Dieses Orchesterstück war zugleich ein musikalisches Porträt seiner Freunde. Elgar erklärte außerdem, der Kontrapunkt des
Hauptthemas sei „ein Thema, das man nicht hört". Keiner hat bisher dieses

mysteriöse, ungehörte Thema ausfindig machen können: das *Enigma* der Variationen! Hans Richter dirigierte die Londoner Uraufführung, und bald war das Stück auch auf dem Kontinent zu hören. Fritz Steinbach, der Brahms-Spezialist, nannte Elgar „ein unerwartetes Genie und einen Bahnbrecher auf dem Gebiet der Instrumentation ... Völlig originale Effekte bei beinahe einzigartiger Virtuosität". Was für einen Dirigenten aus dem Lande Richard Strauss' wohl als Kompliment zu gelten hatte.

Unzweifelhaft war Elgar von Strauss beeinflußt. Manche seiner Themen besitzen die charakteristischen Strauss-Konturen — weiträumig, mit großen Intervall-Sprüngen und unerwarteten Modulationen. Auch die Instrumentierung verdankt dem Verfasser von *Ein Heldenleben* manches. Doch dessen Instrumentierung, so effektvoll sie ist, wirkt bisweilen durch Größe und Volumen. Elgar erreicht dagegen manchmal einen noch leuchtenderen Klang. Vaughan Williams hat dazu angemerkt:

> „Ich habe immer festgestellt, daß man nach Wagner fast auf alle Extra-Instrumente verzichten kann, vielleicht mit einem Verlust an Farbe, zugegeben, aber doch ohne Verlust an Substanz. Bei Elgar hingegen ist es ganz anders: Sogar seine Instrumentalbegleitungen zu den Chorsätzen enthalten kaum etwas, auf das man verzichten könnte, ohne daß man an Substanz einbüßt."

Den *Enigma-Variationen* ließ Elgar sein Oratorium, *Traum des Gerontius* (nach Kardinal Newmans Text) folgen; viele halten dies für sein bedeutendstes Werk. Dabei war die Uraufführung auf dem Birmingham Festival fast ein Desaster. Der Dirigent Richter erschien unvorbereitet, der Chor kannte die Noten nicht, und die Solisten entsprachen keineswegs den Erwartungen. Danach hat Elgar stets seine Uraufführungen selbst dirigiert. Weitere Aufführungen des *Gerontius* gerieten sehr viel besser, und das musikalische England mit seiner Chortradition akzeptierte das Werk. (Die Engländer, hat George Bernhard Shaw einmal bemerkt, „besitzen ja ein schauderhaftes Vergnügen an jeder Art Requiem".) *Gerontius* enthält tatsächlich viele noble, schöne Musik. Manches hingegen klingt etwas steif-frömmelnd; wenn es auch Elgars ehrgeizigstes Stück ist, so muß man es dennoch nicht, trotz der Behauptungen seiner Bewunderer, für sein bestes halten. Es ist sicherlich ein großer Wurf, aber es hat das Ziel nicht erreicht.

Ein neues Werk, *Cockaigne: in London Town*, erschien 1901. Elgar hatte nie vorgetäuscht, ein „nationaler" Komponist zu sein; doch in *Cockaigne*, wie auch später in *Falstaff* (1913), schrieb er Musik, die durchaus nationale Züge enthüllte. Das mag nichts Reales sein, sondern eher die Verkörperung von „Merry England", aber kein anderer als ein Engländer hätte sie sich ausdenken können. Das läßt sich auch von den vier Märschen *Pomp and Circumstance* behaupten, von dem der erste in D-Dur eine ähnliche Popularität erlangt hat wie die *Valse triste* von Sibelius und das cis-Moll-Präludium von Rachmaninow. Für jedermann war Elgar der Komponist von *Pomp and Circumstance*. Die beiden ersten Märsche erklangen zum ersten Mal bei einem Konzert 1901. „Niemals werde ich die Szene vergessen, als der erste Marsch zu Ende war", schrieb Elgar in seinen Erinnerungen. „Die Leute sprangen einfach auf und schrieen. Ich mußte ihn wiederholen – mit demselben Resultat; ich konnte einfach nicht weitermachen mit meinem Programm ... Um die Leute zu beruhigen, spielten wir das Stück ein drittes Mal." Wenig später machte Edward VII. den Vorschlag, dieser Melodie Worte zu unterlegen, und so geschah es: *Land of Hope and Glory*. War Elgar bis dahin einigermaßen bekannt gewesen, so war er nun geradezu volkstümlich. Ehrungen ließen nicht auf sich warten, einschließlich solcher von amerikanischen Universitäten; 1904 folgte die Erhebung in den Adelsstand. In jenem Jahr feierte man ihn zusätzlich mit einem dreitägigen Festival in Covent Garden.

Pomp and Circumstance hatte Elgar zwar Geld und Ruhm eingebracht, seiner musikalischen Reputation aber eher geschadet. Mit diesem Stück entlarvte man ihn, wie auch Kipling, als einen Chauvinisten, dessen Musik man nicht ernst nehmen könne. Dabei brauchte man dieses Musikstück nur so aufzunehmen, wie es war: als einen zündenden perfekten Marsch. Inzwischen hatte Elgar eine Reihe weiterer wichtiger Werke hervorgebracht – das großartige *Introduktion und Allegro* für Streichorchester (1905), die *1. Sinfonie* (1908), das *Violinkonzert* (1910), die *2. Sinfonie* (1910) und das *Cellokonzert* (1919). Darüber hinaus arbeitete er an einer großen Chor-Trilogie: *The Apostels* kamen 1903 heraus, *The Kingdom* 1906. Aber keines dieser Stücke hat sich international eingebürgert. Der dritte Teil der Trilogie blieb unvollendet.

Die beiden Sinfonien sind weiträumige, spätromantische Werke, kraftvoll, ganz in der Brahms-Tradition und mit ein paar Tupfern von Strauss. Es sind gekonnte sinfonische Stücke, die ihre hörbare Abhängigkeit durch ihren Schwung und eine eigenständige Melodik wieder wettmachen. Mittlerweile nimmt man sich ihrer erneut an, wie auch des Violinkonzerts, das in vielem an dasjenige von Brahms erinnert. Das gelungenste Werk Elgars ist vielleicht sein Cellokonzert, ein elegisches, mit außergewöhnlich schönen Themen ausgestattetes Stück. Der durchgehaltene lyrische Grundzug des Hauptthemas ist für Elgar, der eher ausladende Melodien bevorzugte, nicht charakteristisch. Neben Dvořáks h-Moll-Konzert ist das Cellokonzert von Elgar eines der bedeutendsten seiner Gattung.

Nach 1919 hat Elgar nicht mehr viel geschrieben, und nichts davon hat irgendwelche Bedeutung erlangt. Wie Rossini und Sibelius hat auch er auf dem Höhepunkt seiner Karriere Abschied genommen. Den Tod seiner Frau 1920 hat er nie verwunden. Auch goutierte er nicht die Richtung, die fortan die musikalische Entwicklung nahm. Wahrscheinlich hat er sich selbst als einen Anachronismus empfunden, zumindest haben andere ihn als einen solchen betrachtet. In den hektischen zwanziger Jahren legte man sein Werk ad acta, und die musikalische Öffentlichkeit vergaß es. Beim Konzert zu Ehren seines 70. Geburtstags in der Queen's Hall blieb der Saal zur Hälfte leer.

Nun war er ein vereinsamter alter Herr, zog sich aus dem Musikleben völlig zurück, besuchte keine Konzerte, behauptete, daß er keine Musik mehr gern höre, und zog es vor, über Cricket und Pferderennen zu reden. Comptom Mackenzie, der gerade die neue Zeitschrift *Grammophon* herausgebracht hatte, erzählte er, die neuen Kritiker nähmen ihn sicherlich besonders aufs Korn. „Nicht, daß es mir was ausmacht, aber ich interessiere mich nicht mehr für Musik." In seinen Briefen betont er immer wieder – vielleicht etwas zu hartnäckig –, daß er mit allem fertig sei. „Musik hasse ich, ich habe ein paar Manuskripte herausgeholt, aber alles ist tot ... Das alte Leben ist vorbei, und alles scheint ausgelöscht." Oder: „Meine gesamte Vergangenheit ist wie weggewischt, und ich bin ganz allein." Oder: „Ich habe versucht, mein altes Leben wieder aufzunehmen, aber es geht nicht, und so soll es ein Ende haben." Oder, verzweifelt und traurig: „Nun weiß ich es und beuge mich." Die Freunde wurden immer weniger. Und Elgar, mit seinen sarkastischen Bemerkungen, bemühte sich nicht, dies zu verhindern. Manchmal konnte er regelrecht verletzend sein. Gegen Ende seines Lebens verbrachte er die Zeit auf dem Pferderennplatz, ging mit seinen Hunden spazieren oder fuhr im Auto durch die Lande. An Weihnachten 1929 zitierte er Walt Whitman: „Ich glaube, ich könnte noch einmal beginnen und mit den Tieren leben. Sie machen mich nicht krank und diskutieren nicht, welche Pflichten sie gegenüber dem lieben Gott haben."

Doch vollständig zog er sich aus der menschlichen Gesellschaft nicht zurück. Sogar in den letzten qualvollen Jahren begann er wieder zu arbeiten: er machte Schallplattenaufnahmen, darunter eine von seinem Violinkonzert mit Yehudi Menuhin, „diesem wunderbaren Jungen". Zwischen 1929 und 1930 schrieb er ein paar kürzere Kompositionen, im folgenden Jahr, als er 75 wurde, lud man ihn als Gastdirigent seiner eigenen Werke verschiedentlich ein, und er trug sich sogar mit Plänen einer Oper nach einem Libretto von Ben Jonson. Doch dann kam es zu einem allgemeinen Aufsehen über seine 3. Sinfonie.

Vielleicht entsprang sie seinem Drang, geliebt zu werden oder zumindest der Welt zu zeigen, daß er noch nicht ganz ausgetrocknet war. Aus welchen Gründen auch immer: während des Worcester-Festivals 1932 ließ Elgar jedenfalls die Bemerkung fallen, er habe seine 3. Sinfonie beendet. Aber, setzte er hinzu, es wäre ja doch nutzlos, sie zu instrumentieren, weil ja ohnehin keiner mit seiner Musik noch etwas zu tun haben wolle. Natürlich erregte dies rasch Aufsehen. Die Zeitungen nahmen die Geschichte auf und verlangten, die 3. Sinfonie müßte vollendet werden. Sir Landon Ronald, der bedeutende englische Dirigent, wurde von der BBC für das neue Werk verpflichtet. Das alles brachte Elgar in arge Verlegenheit, obwohl er zugegebenermaßen manches für eine neue Sinfonie skizziert hatte; aber es bestand kein Zweifel, daß sie noch weit von ihrer Vollendung entfernt war. Eigentlich hatte er noch gar nicht angefangen. Elgar machte sich an die Arbeit, aber er war inzwischen krank geworden, kränker, als er selbst wußte. Er hatte Krebs, und nach einem Jahr war das Ende abzusehen. Die 3. Sinfonie, die Oper und ein weiteres Chorwerk, die er geplant hatte, wurden nie vollendet. Das Klavierquintett a-Moll (1918) und das Cellokonzert (1919) blieben die beiden letzten Werke von Bedeutung.

Frederick Delius (1862–1934).

Was man in den dreißiger Jahren in Elgars glühenden spätromantischen Werken nicht erkannte, war das heute sichtbare, außergewöhnlich hohe Maß an individueller Schreibweise. Zugegeben, er hatte sein Orchester an Strauss und Wagner geschult, seine sinfonischen- und Konzertformen von Brahms entlehnt, aber seine Melodik und seine formale Handhabung waren höchst eigenwillig. Die Elgarschen Melodien, mit ihrer eigentümlichen Spannung, ihren weiten Intervallen und ausladenden Sprüngen, ihrem starken, vertrauenerweckenden britischen Charakter (schwer zu beschreiben und doch spürbar), sind in jedem seiner Werke sofort als sein persönlicher Stil zu erkennen. Das allein schon würde ihn über die technischen Könner oder fortschrittlicheren Experimentierer stellen. Denn Musik ohne Persönlichkeit, gleichgültig wie perfekt sie ist, hat keine Lebensfähigkeit. Elgars Musik mag bürgerlich oder „edwardisch" genannt werden, sie mag den britischen Imperialismus (ausdrücklich oder eher stillschweigend) zelebrieren oder bisweilen in konventioneller Rhetorik erstarren (im *Gerontius* sicherlich der Fall), so ist sie doch voller Vitalität und trägt einen individuellen Stempel. Es ist kein Zufall, daß Elgars Rehabilitierung Hand in Hand mit derjenigen von Kipling und anderen Figuren der Zeit erfolgte. Betrachtete man jene Epoche etwas genauer (das geschah in den fünfziger Jahren), wurde man gewahr, daß jene bärtigen Gentlemen und geschnürten Ladies durchaus interessante, um nicht zu sagen faszinierende Leute gewesen sind.

Freilich gibt es einige zeitgenössische Elemente in Elgars Werk, die einer Aufführung entgegenstehen. Zunächst das immense Orchester, das einen Dirigenten leicht überfordert. Dann klingt die Musik vulgär. Elgar hat dieses Problem erkannt und sich darüber den Kopf zerbrochen. Dem Kritiker Ernest Newman erklärte er, aller Ausdruck sei bereits in seiner Musik enthalten, der Dirigent müsse nur den Angaben folgen. „Wenn doch nur", meinte er nachdenklich, „die Leute zufrieden wären, und nur die Musik spielten, die in der Partitur niedergeschrieben ist." Nach Newman war es ein Grundübel der Zeit, bei den Aufführungen zu pfuschen, wofür man fälschlicherweise Elgar verantwortlich machte. „Wenige Komponisten", schrieb Newman, „haben derart unter unverständlichen Interpreten zu leiden wie Elgar; seine hervorragende Sensibilität wird in Sentimentalität umgemünzt, seine Fröhlichkeit in Vulgarität, sein *nobilmente* in theatralischen Bombast – nur weil die Dirigenten nicht wissen, wann sie sich zurückhalten müssen." Wobei hinzuzufügen ist, daß Elgar selbst die Plattenaufnahmen seines Violinkonzerts (mit dem jungen Yehudi Menuhin) und seiner beiden Sinfonien sowie weiterer Kompositionen dirigierte, so daß man seine Tempi und seine Phrasierungen auch heute noch studieren kann.

Elgar war indes nur einer jener drei englischen Komponisten, die alle zur selben Zeit lebten und die englische Musik von ihrer Nach-Händel- und Nach-Mendelssohn-Windstille erlösten. Die anderen beiden: Frederick Delius und Ralph Vaughan Williams. Alle drei Musiker waren extrem verschieden voneinander. Elgar, ehrlich und irdisch, war bereit, das England seiner Zeit zu akzeptieren und seinen Ruhm in Musik umzusetzen. Vaughan Williams, ein ausgesprochener Nationalist, tauchte tief in das Zeitalter der Tudors des 16. Jahrhunderts, um dort seine Inspiration zu finden. Delius dagegen ging außer Landes und fand in der eigenen Phantasie die einzige Anregung. Er liebte das England seiner Tage nicht, war eher ein feinsinniger Aristokrat denn bürgerlicher Musiker, und seine sehr persönlich gefärbten Werke gerieten in die Nähe eines musikalischen Pantheismus.

In mancher Hinsicht kann man Delius als Komponisten mit Fauré vergleichen – sehr persönlich, bisweilen zart, elegant, im traditionellen Stil, ohne akademisch zu wirken. Sein Œuvre ist nicht besonders groß, die allgemeine Anerkennung ließ auf sich warten. Mit vierzig Jahren hatte er bereits wichtige Werke geschrieben, aber außer einigen Liedern war nichts im Druck erschienen. Bis 1905 sollte es dauern, ehe man ernsthaft von ihm Notiz nahm – und zwar in Deutschland. Aber selbst da blieb der internationale Erfolg aus. Delius ließ sich in seinem Haus in Grez-sur-Loing, rund siebzig Kilometer von Paris entfernt, beim Komponieren und ständig neuen Überarbeiten seiner Werke nicht stören. 1924 erlitt er einen Schlaganfall; Lähmung und Sehstörungen waren die Folge. Der englische Musiker Eric Fenby stellte dem behinderten Delius seine Dienste zur Verfügung, und sie dachten sich eine Methode aus, mit Hilfe derer der Komponist seine Partituren diktieren konnte. Aus dieser Zusammenarbeit entstanden zwar einige Kompositionen, doch hatte Delius glücklicherweise alle jene Werke, auf denen sich sein Ruhm gründet, bereits hinter sich.

Es ist nicht leicht, seine Musik zu beschreiben. Man hat sie als englischen Impressionismus bezeichnet, doch das will nicht recht passen. Eine so komplexe Persönlichkeit wie Frederick Delius war vielerlei Einflüssen unterworfen. Geboren wurde er in Bradford in der Nähe von Manchester am 29. Januar 1862. Seine Familie war deutscher Abstammung und hatte es durch Wollhandel zu Wohlstand gebracht. Delius zeigte musikalische Begabung, der er sich ernsthaft zu widmen dachte. Aber der Vater wünschte, daß Frederick sich dem Familienunternehmen widmete. Das tat er denn auch, doch erwies er sich als der schlechteste Geschäftsmann seit Erfindung des Geldes. So war der Vater letztlich froh, ihn im Geschäft loszuwerden. Gemeinsam mit einem Freund schiffte er sich 1884 nach Florida ein, um eine Orangenplantage zu betreiben. Beide ließen sich in Solano Grove in der Nähe von Jacksonville nieder, waren allerdings nicht sehr erfolgreich. Delius begann sich ganz der Musik zuzuwenden, machte die Bekanntschaft eines New Yorker Musikers namens Thomas Ward, mit dem ihn bald eine Freundschaft verband. Später behauptete Delius, von ihm nur hätte er in seinem Leben etwas gelernt; Ward scheint ein solider Theorie- und Harmonielehrer gewesen zu sein.

Eine Zeitlang unterrichtete Delius in Jacksonville, später in Virginia. Auch in New York verbrachte er einige Zeit und bezog danach, 1887, das Leipziger Konservatorium, was wiederum sein Vater finanzierte. Um Geld brauchte sich Delius nie zu sorgen. In Leipzig entstand seine attraktive *Florida-Suite,* aber schon das nächste Jahr 1888 sieht man ihn in Paris. Dort lebte er eine Zeitlang bei einem Onkel und beschloß, Frankreich zu seiner Heimat zu machen. In Paris heiratete er die Malerin Jelka Rosen und schrieb zwei wichtige Orchesterwerke – *Over the Hills and Far Away* (1895) und *Paris* (1899). Diese beiden Stücke markieren bereits seinen reifen Stil, der sich langsam entwickelt hatte und sich von nun an behaupten sollte. „Es dauerte ziemlich lang, bis ich wußte, was ich eigentlich wollte, aber dann kam alles auf einmal." Es folgte die Oper *Irmelin* (1892), die allerdings erst im Jahr 1953, also lange nach seinem Tode, erstmals auf die Bühne kam; ferner eine Reihe anderer Musikbühnenwerke, Orchesterstücke und ein Klavierkonzert. Mit einundvierzig Jahren hatte Delius fünf Opern, sechs Werke für großes Orchester, ungefähr fünfzig Lieder und viele weitere Kompositionen beendet, aber buchstäblich nichts war bislang gedruckt worden. Mit einem Mal jedoch begann man in Deutschland seine Stücke zu spielen; seine Oper *Koanga* wurde 1904 in Elberfeld inszeniert, eine weitere, *A Village Romeo and Juliet*, folgte 1907 in Berlin. Das Chorwerk *Appalachia* (1902) und *Sea Drift* (1903) gelangten ebenfalls in Deutschland zur Aufführung. In England begann sich Thomas Beecham für Delius' Musik zu interessieren und setzte sich mit der ganzen Kraft seines nicht unbeträchtlichen Einflusses für ihn ein. Nach und nach eroberte sich Delius sein Heimatland. In Deutschland hielt man ihn bereits für einen der wichtigsten zeitgenössischen Komponisten. Beecham hat bestätigt, daß in den zehn Jahren vor dem Ersten Weltkrieg nur noch Richard Strauss populärer gewesen sei. Die heftige Anti-England-Stimmung in Deutschland nach Ausbruch des Weltkriegs hat Delius allerdings aus dem deutschen Repertoire verschwinden lassen.

Eines seiner Werke, das große Anerkennung fand und das man sein Meisterwerk genannt hat, war *A Mass of Life* (1905). Das ist aber keineswegs der Fall, genausowenig wie *Gerontius* Elgars wichtigste Komposition darstellte – abgesehen von jenen, die Meisterwerke nach Länge und Breite messen. Dennoch enthält es einige sehr phantasievolle Partien. Der Text von *A Mass of Life* stammt von Nietzsche, den Delius anbetete. Manchmal nahm er sich ein Kapitel aus dessen Werk vor und studierte es wochenlang, bis er sich einem weiteren zuwandte. „Ich preise ihn als einen sublimen Dichter und wunderbaren Menschen", sagte er einmal.

Dem Werk *A Mass of Life* lag Nietzsches *Also sprach Zarathustra* zugrunde. Beecham dirigierte die Uraufführung 1905. Es ist kein geistliches Werk, so wie Delius kein religiöser Mensch gewesen ist. Eric Fenby hat er einmal anvertraut, daß weder Glaube noch Religion ihm etwas bedeuteten. „Es gibt im Leben nur eine Glückseligkeit, die des Schöpferischen". (Übrigens waren eine überraschend große Anzahl bedeutender Komponisten Freidenker oder schlichtweg Atheisten: Verdi, Saint-Saëns, Debussy, Brahms, Wagner, wahrscheinlich auch Schubert, Berlioz und Chopin, um einige der wichtigsten zu nennen.) Allenfalls war Delius ein Solipsist, Anhänger eines subjektiven Idealismus. Er und seine Musik waren sich genug – ein beständiger Kreislauf, in dem das eine den anderen befruchtete und umgekehrt.

552 Die englische Renaissance

Delius war eine beeindruckende Erscheinung, und als Beecham ihm das erste Mal begegnete, hielt er ihn für einen Kardinal oder zumindest Bischof:

„Seine Züge verrieten jene Mischung von Asketentum und Intelligenz, die man unwillkürlich mit hohen kirchlichen Würdenträgern verbindet. Auch war ich von seiner makellosen Eleganz beeindruckt, die man ja bei Künstlern selten findet. Ein unerwarteter Kontrast, jedoch kein unerfreulicher, war seine Sprechweise, die unmißverständlich aus der Provinz stammte. Jedenfalls befleißigte er sich nicht jener tadellosen Diktion, wie man sie auf unseren führenden Public Schools und ehrwürdigen Universitäten unermüdlich einimpft und kultiviert. Vielmehr pflegte er jenen breiten, etwas groben Dialekt des Nordens unserer Insel, von wo aus man die Raffiniertheiten des Südens nur mit Neid betrachtet. Und auf diese Sprechweise hatte er ein polyglottes Mischmasch aufgesetzt, das er während seines vierundzwanzigjährigen, selbstgewählten Exils angenommen hatte. Seine Sätze waren sowohl mit französischen wie mit deutschen Worten gespickt ... In der Öffentlichkeit wirkte er außerordentlich würdevoll und zeigte hervorragende Manieren; von einem Bohémien hatte er nicht die Spur."

Während der letzten Lebensjahre nach dem Ausbruch des Ersten Weltkrieges fuhr Delius zwischen England und Frankreich hin und her, verbrachte aber die meiste Zeit in Grez-sur-Loing, wo er friedlich mit seiner Frau lebte. Was musikalisch um ihn herum vor sich ging, interessierte ihn wenig. Tatsächlich hat er außer dem, was er selbst komponierte, keine Musik gemocht. Innerhalb von anderthalb Jahrzehnten, ungefähr zwischen 1900 und 1915, hatte sich seine Entwicklung vollzogen. Am 10. Juni 1934 starb er in Grez.

Delius' Musik ahmte nichts und niemanden nach. Debussy-ähnlich, hat er mit den herkömmlichen Formen vollständig gebrochen; seiner Musik ist eine sehr freizügige, improvisatorische Qualität eigen, was manchmal so klingt, als habe er am Klavier mit üppigen exotisch-chromatischen Akkorden experimentiert. Es ist eine rhapsodische Art von Musik, sehr frei in den Formen und ohne jeden Anklang von Klassizismus. Die Harmonik kann bisweilen überwältigend reich, ja dissonant sein, doch ist sie mit der keines anderen Komponisten vergleichbar. „Ich glaube nicht an das Erlernen von Harmonielehre und Kontrapunkt", hat Delius bekannt. „Das Lernen tötet den Instinkt. Glauben Sie niemals daran, daß man Musik viele Male hören müßte, um sie zu verstehen. Das ist absoluter Unsinn, die letzte Zuflucht vor dem Unvermögen ... Für mich ist Musik etwas Einfaches; sie ist der Ausdruck von Gefühl und Poesie." Für Delius zählte allein „das natürliche Fließen", durch welches sich gute von schlechter Musik unterschied. Seine Reaktion gegenüber der „fortschrittlichen" Musik der zwanziger Jahre war außerordentlich heftig, wie aus einem längeren Artikel, den er für *The Sackbut* schrieb, deutlich wird:

„In der Welt ist Platz für alle Arten der Musik, um jeden Geschmack zu befriedigen, und es gibt keinen Grund, warum die Dadaisten sich nicht jener musikalisch-infantilen Produkte, die in ihrem kleinen Kreis entstehen, erfreuen

Ralph Vaughan Williams (1872–1958).

554   Die englische Renaissance

sollten, so wie die Operetten-Liebhaber *ihre* Bedürfnisse befriedigen. Wenn ich
aber sehe, wie die Propheten der allerneuesten Clique ihr Äußerstes daran setzen,
den musikalischen Geschmack zu pervertieren und einen falschen Wertekatalog
der nachfolgenden Generation von Musikliebhabern zu präsentieren, indem sie
auf die Meister der Vergangenheit schimpfen (in der Hoffnung, dadurch auf die
petits maîtres der Gegenwart größere Aufmerksamkeit zu lenken) – dann halte ich
es für höchste Zeit, dagegen öffentlich zu protestieren ...
    Wir huldigen heutzutage der Anarchie in der Kunst; es gibt keine Autorität,
keinen Standard, keinen Sinn für Proportion. Jeder kann alles tun und es „Kunst"
nennen, in der sicheren Erwartung, daß es immer eine Menge Idioten gibt, die um
ihn herumstehen, erfüllt von Staunen und Bewunderung ... Musik ist nicht dazu
da, um irgend etwas, das über ihre wahre Natur hinausgeht, zu unterstreichen
oder zu übertreiben. Der musikalische Ausdruck beginnt dort, wo Worten und
Aktionen der Ausdruck versagt ist. Musik kann mit Emotionen zu tun haben,
nicht aber mit äußerlichen Ereignissen ... Musikalischer Ausdruck ist dann erst
etwas wert, wenn er durch keinen anderen ersetzt werden kann."

Delius hielt sich an die eigenen Maximen. Im Grunde war er ein „Tonmaler",
der sich in heftigen Improvisationen auszudrücken verstand. Seine kleinen
Tondichtungen – *Brigg Fair* (1907), *Summernight on the River* (1911), *On
hearing the First Cuckoo in Spring* (1912) – klingen wie Improvisationen; und
die umfänglicheren Werke wie umfänglichere Improvisationen. Es ist Musik,
„die Gefühle ausdrückt", und sie drückt Dinge aus, „die mit anderen Mitteln
nicht auszudrücken sind". Delius war ein wunderbarer Melodiker, er kam
darin fast an Tschaikowsky heran. Aber es mangelte ihm an der Kraft des
Russen und seinen Themen an der unmittelbaren Eingängigkeit. Trotz seiner
Theorie, gute Musik müsse unmittelbar zu uns sprechen, braucht es etwas Zeit,
um sich Delius' Musik anzueignen. Ist das einmal geschehen, kann man nicht
genug von ihr hören. Und wenn man einmal eines seiner Stücke schätzen gelernt
hat, wird man sie wahrscheinlich alle mögen, denn Delius' Stil hat sich
eigentlich nie geändert. Freilich war er kein universeller Künstler wie die großen
Meister. Aber was er schuf, war auf seine Art perfekt. Vor allem war seine
Musik von exquisitem Raffinement, oft untermischt mit tragischen Untertönen,
bisweilen klingt sie sinnlich, bisweilen kraftvoll, stets jedoch empfindsam und
elegant. Es ist keine Programm-Musik, aber man kann immer mit ihrer Hilfe
assoziieren – musikalische Stimmungsbilder von Seen, Sonnenuntergängen,
Landschaften oder dem Himmel über Paris oder der atlantischen Küste. Selbst
seine Opern haben einen intimen Charakter. *A Village Romeo and Juliet* eignet
sich nicht für große Häuser. Delius hat die meiste Zeit seines Lebens in privater
Zurückgezogenheit verbracht, und in allem, was er komponierte, ist etwas von
dieser Reserve spürbar, dieser zögernden Haltung, seine Gefühle lauthals zu
präsentieren. Delius war kein Komponist für die große Menge. Er verlangt die
Hinwendung des einzelnen. Aber wer es, wie Beecham, tat, für den war Delius'
Musik eine einzigartige Erfahrung. „Natürlich können die Meinungen weit
auseinandergehen", schrieb Beecham in seiner Delius-Biographie. „Ich selbst

betrachte ihn in unserer Zeit als den letzten bedeutenden Apostel der musikalischen Romantik, der Schönheit und Emotion."

Ralph Vaughan Williams, fünfzehn Jahre jünger als Elgar und zehn Jahre jünger als Delius, war von großer, wuchtiger, unverwüstlicher Erscheinung; er ist über einen ungewöhnlich langen Zeitraum schöpferisch tätig gewesen. In Gloucestershire wurde er am 12. Oktober 1872 geboren und starb am 26. August 1958 in London, nachdem er noch kurz vor seinem Tod, im Alter von sechsundachtzig Jahren, seine 9. Sinfonie vollendet hatte. Da man seine ersten Kompositionen bereits gedruckt hatte, als er neunzehn Jahre alt war, umspannt die Zeit seiner Produktivität über fünfundsechzig Jahre. Seine Familie war wohlhabend, und so konnte er sich Zeit lassen, bevor er sich in einem Idiom heimisch fühlte, dem er lange auf der Spur gewesen war. Schon als Junge lernte er verschiedene Instrumente spielen, jedoch ohne professionellen Ehrgeiz. „Man lehrte mich Klavier spielen, was ich niemals fertig gebracht habe, aber auch Geige, was meine musikalische Rettung gewesen ist." Am „Royal College of Music" studierte er bei Stanford und Parry, dem er sich besonders verbunden fühlte. „Wir Parry-Schüler haben, sofern wir schlau waren, von ihm die große englische Chortradition übernommen, die von Tallis über Byrd, Gibbons, Purcell zu Battishill und Greene und schließlich bis zu Parry reicht. Er hat uns die Fackel weitergereicht, und wir müssen sie weiter leuchten lassen." Ganz im Gegensatz zu Elgar lehnte Vaughan Williams die Tradition des deutschen 19. Jahrhunderts ab und stützte sich eher auf die englische Volksmusik und die Chortradition seines Landes. Auch von seinem Temperament her mochte er sich mit der deutschen Schule nicht identifizieren. „Noch heute kann ich mit Beethoven nichts anfangen", schrieb er als alter Mann, setzte aber hinzu: „aber ich hoffe, zumindest etwas von jener Größe entdeckt zu haben, die hinter seiner Schreibweise steckt, die mir so zuwider ist; und gleichzeitig auch manche Schwäche in der Schreibweise Bachs, die ich liebe."

Es ist seltsam (wenn man seine Abneigung gegen die deutsche Musik des 19. Jahrhunderts bedenkt), daß er dennoch nach Berlin ging, um bei Max Bruch zu studieren. Viel kam dabei nicht heraus. 1901 erwarb er in Cambridge den Grad eines Doktors der Musik. Ziemlich bald darauf trat er der „English Folk Music Society" bei, was einen Wendepunkt in seinem Leben bedeuten sollte. Wie Bartók und Kodaly machten sich Vaughan Williams und sein Freund Gustav Holst auf, um auf dem Lande so viel unverdorbene Volksmelodien wie möglich zu sammeln und zu notieren. Holst war damals bereits ein bekannter Komponist, auch wenn man heute nicht mehr viel von ihm hört. Damals betrachtete man ihn als einen Vertreter der aggressiven Moderne, als einen aus jener wichtigen Gruppe von Komponisten nach Elgar, der Männer wie Arnold Bax, John Ireland und, etwas später, Arthur Bliss, angehörten.

Vaughan Williams schwelgte im Folk Song. Diese Studien ermöglichten es ihm, sich von allen auswärtigen Einflüssen freizumachen, wie er einmal in einem Vortrag erläutert hat:

„Als Elgar seinen Stil fand, lag englischer Folk Song ‚nicht in der Luft‘, sollte aber dreißig Jahre danach eine Auferstehung und eine gewisse Popularität erlangen. Was hatte dies für einen Komponisten für Konsequenzen? Es bedeutete, daß mancher von uns darin die einfachste Form des musikalischen Idioms fand, die wir im Unterbewußtsein bereits kultiviert hatten. Es beflügelte unsere Phantasie … Die Kenntnis unserer Volksmusik war weniger die Entdeckung von etwas Neuem als vielmehr die Wiederentdeckung von Dingen, die von fremden Einflüssen überdeckt gewesen waren."

Diese Haltung gegenüber nationaler Musik zeigt, wie bewußt Vaughan Williams sich sowohl gegen eine „Fremdherrschaft" als auch gegen jede Art von Kompositions-Philosophie der Volksmusik abzugrenzen verstand. Zuviele andere englische Komponisten hatte er gesehen, die sich wie Gefangene vom Seil der deutschen Theoretiker weitergeschleppt sahen, und dieser Befangenheit wollte er entschieden entgegentreten. „Solange die Komponisten nicht aufhören, die musikalischen Charakteristika anderer Völker aus zweiter Hand zu servieren, dürfen sie sich nicht wundern, wenn die Leute den echten Brahms, den echten Wagner, den echten Debussy oder den echten Strawinsky ihren aufgewärmten Fadheiten vorziehen." Lieber Eigenständigkeit in Grenzen als schlichte Nachahmung. „Nicht jeder Komponist kann erwarten, daß seine Kunst die ganze Welt erreicht, aber er kann doch erwarten, sein eigenes Volk anzusprechen." Jedermann könne im Stil von Wagner oder Strauss komponieren, doch sollten sich die englischen Komponisten dem nicht ausliefern. „Kann man nicht vernünftigerweise erwarten, daß derjenige, der unser Leben lebt, unsere Sitten, unser Klima, ja unsere Nahrung mit uns teilt, doch eher eine verborgene Botschaft für uns bereithält als jener Ausländer das vermag, der vielleicht phantasiebegabter und künstlerisch und technisch stärker begabt ist?" Das, schloß Vaughan Williams, sei das Geheimnis des Nationalkomponisten. Schließlich kam es so weit, daß ihn Musik nur noch interessierte, wenn sie nationale Töne anschlug. Aus diesem Grunde machte er sich aus den meisten Werken von Strawinsky überhaupt nichts – ausgenommen Partituren wie *Les Noces* und die *Psalmen-Sinfonie,* in denen Strawinskys russisches Erbe stark hervortritt. Im übrigen, schloß er, sei Strawinsky nichts weiter als ein cleverer Modekomponist, der sich aus einem ganzen Sack schlauer Tricks bediene. Auch von Schönbergs Atonalität und seiner Wiener Schule mochte Vaughan Williams nichts wissen. „Schönberg bedeutet mir nichts – aber da es viele Leute gibt, denen er was bedeutet, wird es wohl an mir liegen."

Angestachelt von seinem alles bestimmenden Interesse an der englichen Folk Music begann er, Stücke zu komponieren, von denen er hoffte, sie würden als Speerspitze einer Nationalbewegung dienen können. Zwei von ihnen – die drei *Norfolk Rhapsodies* und *In the Fen Country* – erregten in den Jahren 1906 und 1907 beträchtliches Interesse. Aber Vaughan Williams fühlte wohl, daß er noch weitere Studien treiben müsse, und beschloß, ausgerechnet bei Maurice Ravel ein paar Stunden zu nehmen. „Im Jahr 1908 kam ich zu der Überzeugung, daß ich noch sehr plump und unerfahren, daß ich an einem toten Punkt angelangt war und mir ein bißchen französische Politur ganz gut tun würde." Und so fuhr er nach Paris – der große, beleibte, bärenstarke Mann, der sich unbekümmert nachlässig kleidete (er zog sich an, „als wenn er sich an das Nest des Folk Songs heranpirschen wollte", hat man einmal gespottet), und der zarte Dandy Ravel scheint nicht recht gewußt zu haben, was er mit seinem Besucher anfangen sollte. Er sah einige seiner Partituren durch und riet ihm, kleine Menuette im Stil von Mozart zu komponieren. Vaughan Williams empfand dies als eine Herausforderung: „Schauen Sie, ich habe meine Arbeit, meine Freunde und meine Karriere aufgegeben, um hier bei Ihnen etwas zu lernen, und ich werde bestimmt *nicht* ein *petit menuet dans le style de Mozart* komponieren." Dennoch scheint es Ravel gelungen zu sein, Vaughan Williams vom „schweren Kontrapunkt teutonischer Art" abzubringen. Doch nach der Erfahrung mit Ravel betrachtete Vaughan Williams seine musikalische Erziehung als beendet.

Nach England zurückgekehrt, begann er verschiedenste Werke, u. a. die Sinfonien *A Sea Symphony* (1910), *A London Symphony* (1914) und die *Pastoral Symphony* (1922). Auch eine Oper komponierte er, *Hugh the Drover* (1914), ferner Werke für Chor, Bühnenmusiken, die *Fantasia on the Theme by Tallis* (1910) für doppeltes Streichorchester (eines seiner beliebtesten Werke), sodann den herrlichen Liederzyklus *On Wenlock Edge* (1909) für Tenor, Streichquartett und Klavier. Mit der 4. Sinfonie 1935 vollzog sich ein scharfer stilistischer Bruch. Er nahm Abschied vom Idiom der Volksmusik, die seine früheren Sinfonien befruchtet hatten und zeigte nunmehr die Hinwendung zu einem dissonanten, knorrigen, ja fast abstrakten Stil. Man sagt, dieses Werk spiegele Vaughan Williams Erregung über die italienische Invasion Abessiniens wider. „Ich weiß gar nicht, ob ich sie selbst besonders mag", sagte Vaughan Williams über sein eigenes Werk. „Aber so mußte ich es eben schreiben."

Von da an zeigen seine weiteren Sinfonien eine immer spannungsvollere Harmonik. Einige, wie die 6., klingen ziemlich abstrakt; andere, wie die 5. und die 9., kehren zum Folk-Idiom zurück. Aber selbst die „abstrakten" Sinfonien verraten einen englischen Charakter, deren melodische und harmonische Manifestationen fast bis in die Zeit der Tudors zurückzuverfolgen sind. Es sind wahrlich keine hübschen und harmlosen Werke. Vaughan Williams hat nie Interesse daran gehabt, „hübsche" Evokationen der Vergangenheit oder Gegenwart musikalisch wiederzugeben; seine Sinfonien sind viel eher ruppige Stücke mit einer starken Dosis von Dissonanzen, in denen nicht selten die „Sonatenform" auf den Kopf gestellt wird. Es ist eine kompromißlose Musik, die keiner Tagesmode folgt; sie ist, im besten Sinne des Wortes, original.

Die 5. Sinfonie aus dem Jahre 1943, in der er wieder zur Folk-Tradition und damit zu idyllischen Pastoralklängen zurückfindet, ist vielleicht sein bestes Orchesterstück. Die „abstrakte" 6. Sinfonie enthält ein bemerkenswertes Finale, das mit „Stets pianissimo, ohne crescendo" überschrieben ist. Ein zwielichtiger, geheimnisvoller Satz, der allenfalls im Finale der b-Moll-Sonate von Chopin sein Gegenstück hat. Für die 7. Sinfonie, die *Sinfonia antartica* adaptierte er 1953 einiges aus seiner Filmpartitur *Scott of the Antarctis*. Die 8. Sinfonie (1956) ist ein sehr unkonventionelles Stück, das Vaughan Williams als „Sieben Variationen auf der Suche nach einem Thema" beschrieben hat. Vier Monate vor seinem Tode war die 9. Sinfonie (1958) beendet, ein retrospektives Werk, reich an Erinnerungen und voller sublimierter Anklänge an das frühere nationale Idiom.

Diese 9. Sinfonie ist in jeder Hinsicht ein großes Werk, aber man hört sie selten. Verständlicherweise hat es auf Vaughan Williams' Musik, so wie seinerzeit auf die Elgars, Reaktionen gegeben. Elgar ist bereits wiederentdeckt, Vaughan Williams hat offenbar noch zu warten. Es ist durchaus möglich, daß man ihn eines Tages als den bedeutendsten Sinfoniker des Jahrhunderts bezeichnet. Weder akademisch noch avantgardistisch, schrieb er emotional unverfälschte Musik, die sich in alten Formen ausdrückte und stets besonders wirkungsvoll zu Ende geführt war. Es ist leicht, seinen Nationalismus überbewerten zu wollen. Wenn Patriotismus, wie Dr. Johnson behauptet hat, das letzte Refugium des Feiglings ist, so stimmt es ebenfalls, daß der musikalische Nationalismus die letzte Zuflucht des Chauvinisten sein kann (wie wir es auf überzeugende Weise während der Periode des sozialen Realismus in der russischen Musik erlebt haben). Es ist die einfachste Sache der Welt, „nationale Musik" einer gewissen Art zu produzieren; man nimmt eine Volksmelodie und hüllt sie in das bunte Kleid des Orchesters. Aber das war nicht die Art, in der Vaughan Williams vorging. Sein Nationalismus – wie der von Bartók oder Dvořák – war vielmehr der Ausdruck seines Innersten als äußerer Ausdruck der Kultur seines Landes. Was auch immer bei Vaughan Williams den Impuls zum Komponieren ausgelöst haben mag – zuerst kam die Musik, dann der Nationalismus: Musik eines bedeutenden Mannes, eines bedeutenden Geistes und eines höchst originalen Denkers. Vaughan Williams liebte ein Zitat von Gustav Stresemann, das man als die Summe dessen, was er selbst erstrebte, ansehen kann: „Der dient der Humanität am besten, der, verwurzelt in der eigenen Nation, die geistigen und moralischen Kräfte bis zum Äußersten anstrengt, so daß er über die Grenzen seiner eigenen Nation hinauswächst und damit imstande ist, der gesamten Menschheit etwas zu geben."

34. Kapitel

Skrjabin und Rachmaninow
Mystizismus und Melancholie

Nach Tschaikowsky und den „Fünf" erschienen zwei russische Komponisten
am Horizont, deren Lebensläufe sich eine Zeitlang überschneiden sollten:
Alexander Skrjabin, am 6. Januar 1872 in Moskau, und Sergej Rachmaninow,
in der Nähe von Nowgorod, in Oneg am 1. April 1873 geboren. Beide studierten gemeinsam, beide waren hervorragende Pianisten und die wichtigsten
Exponenten der russischen Musik in den Jahrzehnten vor dem Ersten Weltkrieg. Während Skrjabin bereits am 27. April 1915 in Moskau starb, lebte
Rachmaninow achtundzwanzig Jahre länger und beendete sein Leben auf der
anderen Seite der Erdkugel, in Beverly Hills in Kalifornien am 28. März 1943.
Skrjabin war ein loderndes Temperament, gegen Ende seines Lebens wahrscheinlich verrückt – ein Mann, der mit dem Schreiben von kleinen charmanten
Klavierstücken begann und als Mystiker endete; der fast unbegreifbar musikalische Werke komponierte, in denen sämtliche Künste und Religionen einbezogen waren. Rachmaninow dagegen komponierte sein c-Moll-Klavierkonzert
1901 und hat sich, im Grunde genommen, von dieser Art Musik sein Leben lang
nicht mehr entfernt. Das Publikum liebte seine Kompositionen, aber für viele
Fachleute in aller Welt gilt er als ein schöpferischer Niemand, der sich zu Füßen
seines russischen Landsmannes Tschaikowsky ausweint. Sergej Prokofjew war
es, auf den alle Welt schaute, als in den zwanziger Jahren die russische Musik ins
Blickfeld rückte. Prokofjew, das war der Meteor aus dem Osten, der Komponist
des stählernen Zeitalters, der musikalische Kubist. Und nach Prokofjew kam
sein natürlicher Nachfolger Dmitrij Schostakowitsch. Aber Rachmaninow?
 Rachmaninow und Skrjabin sind sich zuerst in der Klavierklasse von Nikolaj
Zwerew begegnet: Rachmaninow war zwölf, Skrjabin dreizehn Jahre alt. Beide
waren außerordentliche Talente, gesegnet mit absolutem Gehör und manueller
Begabung, phänomenalem Gedächtnis und schöpferischen Aspirationen. Dabei
war es keine leichte Schule: Zwerew war ein strenger Lehrmeister. Seine
Studenten hatten um sechs Uhr morgens aufzustehen und die nächsten sechzehn
Stunden zu üben. Sie trugen Uniform, nahmen Sprachunterricht und erhielten
gesellschaftlichen Schliff. Der wohlhabende Zwerew nahm für seine Stunden
kein Honorar, aber die Schüler mußten aus guten Familien stammen. Er war
homosexuell, und natürlich schwirrten Gerüchte durch Moskau, daß er seinen
Schülern auch manches andere als Musik beibrächte. Skrjabin und Rachmaninow haben jedenfalls seinen Unterricht offenbar unbeschadet überstanden.
Rachmaninow wurde 1887, Skrjabin ein Jahr später Student des Moskauer
Konservatoriums. Beide komponierten bereits; Skrjabin war der Frühreife; zu
jener Zeit ein großer Chopin-Verehrer, schlief er oft mit einem Band von

560 Mystizismus und Melancholie

Chopin-Werken unter seinem Kissen und komponierte mit vierzehn seine Etüde in cis-Moll op. 2 – sehr chopinesk, dennoch ein kleines Meisterwerk.

Während Rachmaninow am Konservatorium bei Alexander Siloti studierte, nahm Skrjabin Stunden bei Wassilij Safonow. Beide ließen sich von Tanejew in Kontrapunkt, von Arensky in Theorie und Komposition unterweisen. Unter Safonows Schülern war auch der fabelhafte Josef Lhevinne; und Skrjabin, der versuchte, Lhevinnes donnerndes Spiel der Lisztschen *Don Juan-Phantasie* zu imitieren, ruinierte dadurch beinahe seine rechte Hand. Jedenfalls machte sie ihm noch jahrelang danach zu schaffen. Sowohl Rachmaninow wie Skrjabin durchliefen alle Kurse mit Glanz und wurden mit allerlei Preisen ausgezeichnet. Im Jahr 1892 gewann Rachmaninow die *Große Goldmedaille,* Skrjabin die kleine. Nach ihren Prüfungen gingen beide verschiedene Wege. Der elegante, kontaktfreudige, dem Alkohol nicht abgeneigte Skrjabin machte sich auf eine Europa-Tournee als Pianist. Rachmaninow blieb eine Weile in Moskau, wo man ihn eher als Komponisten und Dirigenten denn Pianisten schätzte. Er war eine gänzlich anders geartete Natur als Skrjabin: streng, ernst, schweigsam, nur wenigen engen Freunden gegenüber offen. Zudem war er ziemlich eigensinnig und ließ sich, selbst als Student, nicht gern herumschieben. So war er einer der wenigen, die Zwerew zu widersprechen wagten; und auch im Konservatorium bestand er auf seinen Rechten. Mit siebzehn schrieb er sein erstes Klavierkonzert (was er später revidierte) und konnte es im Jahr darauf im Konservatorium selbst ausprobieren. Sein Kommilitone Michail Bukinik hat uns von der Premiere folgenden Bericht überliefert:

> „Bei den Proben zeigte der achtzehnjährige Rachmaninow dieselbe unerschütterliche Ruhe, die wir aus unseren privaten Begegnungen mit ihm kannten. Safonow, der sonst die Kompositionen der Studenten dirigierte, pflegte brutal und ohne Federlesen in den Partituren zu ändern, was ihm in den Sinn kam, einzelne Stimmen herauszunehmen oder Kürzungen anzubringen, um das Stück spielbar zu machen. Die jungen Komponisten, glücklich, daß sie ihre schöpferischen Bemühungen hörbar machen konnten, wagten es nicht, Safonow zu widersprechen, und schienen mit seinen Bemerkungen und Änderungsvorschlägen stets einverstanden. Mit Rachmaninow jedoch hatte Safonow Schwierigkeiten. Nicht nur, daß dieser Student sich kategorisch weigerte, irgendwelche Änderungen zu akzeptieren, er hatte auch noch die Kühnheit, Safonow, den Dirigenten, zu unterbrechen und ihn auf Irrtümer in bezug auf Tempi und Ausdruck aufmerksam zu machen. Offensichtlich mißfiel dies Safonow, aber da er intelligent war, akzeptierte er die Rechte des Verfassers (auch wenn es ein Anfänger war) auf eigene Interpretation und versuchte, die Peinlichkeit der Situation zu überspielen. Außerdem war Rachmaninows Talent als Komponist so offensichtlich und sein ruhiges Selbstvertrauen so beeindruckend, daß sogar der allmächtige Safonow klein beigeben mußte."

Rachmaninows Prüfungsstück war die einaktige Oper *Aleko,* die sogar Tschaikowskys Bewunderung gewann. Dem großen Meister war er von Zwerew

Skrjabin und Rachmaninow 561

vorgestellt worden. „Er hörte mir, dem jungen Anfänger zu, als wenn ich seinesgleichen wäre", hat Rachmaninow berichtet. Später sorgte Tschaikowsky dafür, daß *Aleko* am Hoftheater inszeniert wurde, ja er tat noch mehr: „Bescheiden und schüchtern, als fürchte er, daß ich mich weigern würde, erkundigte er sich, ob ich einverstanden wäre, daß meine Oper gemeinsam mit einem von seinem Werken gebracht werden könne. Auf einem Plakat mit Tschaikowsky zu stehen, war die größte Ehre, die man einem Komponisten antun konnte." Die beiden Musiker hatten tatsächlich vieles gemeinsam, und Tschaikowsky mag in Rachmaninow seinen Nachfolger gesehen haben. Beide verkörperten die russische Melancholie, zum Ausdruck gebracht in den Formen deutscher Tradition. Sein ganzes Leben lang hat sich Rachmaninow damit zufrieden gegeben, innerhalb eines völlig traditionellen formalen Rahmens zu arbeiten.

Seine Karriere ging langsam voran. Er unterrichtete und spielte, komponierte sein berühmt gewordenes Präludium in cis-Moll (1892), vollendete die d-Moll-Sinfonie (1895), bei deren Uraufführung er 1897 in Sankt Petersburg anwesend war. Sie wurde ein Fiasko; nicht etwa, daß sie einigen Leuten mißfiel. Keinem Menschen gefiel sie. Rachmaninow verlor jedes Vertrauen in sich selbst und durchlebte eine harte Zeit. Fast drei Jahre lang schrieb er keine Note. „Ich fühlte mich, als hätte ich einen Schlaganfall gehabt, und wußte weder Hirn noch Hände zu gebrauchen." Stattdessen wandte er sich dem Klavier zu, und als er 1899 in London auftrat, mußte er feststellen, daß er eine Berühmtheit war. Sein cis-Moll-Präludium war ihm vorausgeeilt; aber noch immer vermochte er nicht, erneut zu komponieren. Schließlich suchte er einen Moskauer Spezialisten mit Namen Dr. Nikolai Dahl auf, der ihn mit Hypnose und Autosuggestion behandelte. Während Rachmaninow hypnotisiert auf der Couch lag, wiederholte Dr. Dahl: „Sie werden Ihr Konzert komponieren ... Sie werden Ihr Konzert komponieren ... Es wird Ihnen ganz leicht fallen ... Das Konzert wird hervorragend werden ..." Die Behandlung wirkte. Rachmaninow begann sein c-Moll-Konzert, das er 1901 beendete. Es ist sein populärstes Werk geblieben. Konzertreisen nach Europa und Amerika folgten, auf denen er eigene Werke spielte und dirigierte. Bei der Uraufführung seines d-Moll-Konzerts 1909 in New York war er sein eigener Solist. Bis zum Ausbruch des Ersten Weltkriegs hatte er drei Klavierkonzerte, zwei Sinfonien (von denen die zweite in e-Moll wieder an Popularität gewonnen hat), die symphonische Dichtung *Isle of the Deads* sowie viele Lieder und Klavierstücke komponiert. Die Klaviermusik war gewissermaßen für seine außerordentlichen Hände maßgeschneidert: extrem schwierig, mit großen Intervall-Griffen und über die Maßen virtuos, ohne jedoch in das Lisztsche Feuerwerk auszuufern. Es ist eine ganz eigenständige Musik für dieses Instrument, die der Romantik des vergangenen Jahrhunderts wenig schuldet, auch wenn sie aus ihr hervorgegangen ist. Sie trägt einen starken russischen Charakter. Suchte man einen Vorgänger, fände man ihn in den Klavierstücken von Balakirew oder Adolph Henselt, jenem bayerischen Pianisten und Komponisten, der sich

Alexander Skrjabin (1871–1915). Aufnahme um 1905.

1838 in Rußland niederließ. Sicherlich verdankt Rachmaninow auch manches seinem Freund Skrjabin.

Währenddessen machte Skrjabin auf ganz andere Art in Rußland und im Ausland von sich reden. Mit Hilfe des Musikverlegers Mitrofan Belajew unternahm er in ganz Europa Konzertreisen und demonstrierte dabei ein besonders sinnliches, farbenreiches Klavierspiel, das sich von Rachmaninows klaren, starken und logischen Arbeiten erheblich unterschied. Mit sechsundzwanzig Jahren wurde er Professor für Klavierspiel am Moskauer Konservatorium, das – wenn er nicht konzertierte – bis 1903 Mittelpunkt seiner Aktivitäten blieb. Nebenher schrieb er eine ganze Reihe neo-chopinesker Klavierstücke – Chopin mit russischer Untermalung. Das waren angenehme lyrische Stücke, persönlich, ja aristokratisch gefärbt und keineswegs nur Chopin-Imitationen. Vielmehr verströmten sie eine ganz eigene Art Charme. Und 1897 komponierte er sein Klavierkonzert in fis-Moll, das Rachmaninow gewiß kennengelernt hat.

Im Jahr 1898 änderte sich sein Stil völlig. Die 3. Klaviersonate zeigt eine Tendenz, den musikalischen Fluß in lauter pointillistische Farbwerte aufzulösen. Die Konturen verschwammen, der Inhalt klang geheimnisvoll. Skrjabin nannte dieses Werk *Etat d'âme*. Das bedeutete nicht nur einen Einschnitt für seine, sondern die Musik überhaupt. Niemand hatte das Klavier bisher auf diese Art behandelt. Von diesem Werk weiterhin angespornt, wandte er sich größeren Formen zu und komponierte bis 1901 zwei Symphonien. Er begann Friedrich Nietzsche zu lesen und verlor sich in einem Mystizismus, der durch die theosophischen Schriften von Helena Blawatsky angeregt war. Er begann in Begriffen wie Klang und Ekstase, Musik als mystisches Ritual zu begreifen. Es war, als hätte Parsifal den Osten entdeckt. Auch in sein Reden mischte sich ein theosophischer Jargon: „In diesen Mysterien der Vergangenheit lagen wahre Verklärung, wahre Geheimnisse und eine heilige Verpflichtung."

Daneben fühlte sich Skrjabin von den Symbolisten angezogen, und mit der russischen Schule kam er ebenfalls in engen Kontakt. Die Bewegung hatte von Frankreich auf Rußland übergegriffen, und nach 1905 nahmen die russischen Symbolisten deutlich Elemente des Sozialreformertums an. Bedeutende Vertreter waren zu Skrjabins Zeit Wiascheslaw Iwanow, Andrej Bjely und Alexander Blok. Von diesen drei war Blok der bedeutendste und wahrscheinlich der wichtigste russische Dichter des Jahrhunderts. Skrjabins Theosophie war nicht die seine; er war ein Pessimist, für den das Universum leer, die Seele hohl und erschöpft war. „Das Leben der gesamten Menschheit ist ein riesiger schmutziger Pfuhl", schrieb er und vermochte bis zur Revolution 1917 keinen Silberstreif zu erblicken; doch dann versuchte er, die Exzesse der Revolution als reinigendes Element zur Wiedergeburt der Welt zu akzeptieren. Skrjabin dagegen wandte sich sogar der indischen Philosophie zu, damit einem apokalyptischen Ende der Welt als Vorbereitung auf ein neues Leben.

Dennoch schienen sich die beiden intellektuellen Geister auf einer gemeinsamen Ebene zu begegnen; Bloks Schriften beeinflußten Skrjabins *Mysterium* – dieses Werk aller Werke, mit Text von Skrjabin, Musik von Skrjabin, mit

Farben und Düften, Tanz und religiöser Ekstase und dem Gesang eines gewaltigen Chores. Blok schrieb:

> „Schwärzer und schwärzer wird sich die schreckliche Welt verdunkeln,
> toller und toller der wirbelnde Tanz der Planeten,
> jahrhundertelang, ach! Jahrhunderte.
> Und am letzten Tag, schrecklicher als alle zuvor,
> werden wir sehend, du und ich."

Bloks Worte fanden in Skrijabins Aufzeichnungen ein Echo:

> „Ich bin eine Feuerbrunst
> Die das All erfaßt
> Und in die Tiefen des Chaos
> Geschleudert hat.
> Ich bin das blinde Spiel frei waltender Kräfte
> Ich bin entschlummerndes Bewußtsein, erloschener Verstand."

So kam es nicht von ungefähr, daß die russischen Symbolisten Skrjabin als einen der ihren priesen; er war *der* Komponist der Symbolisten, über ihn schrieben sie viel und ständig. Skrjabin selbst hatte mit ihnen allen freundschaftlichen Umgang; zudem hatte er einige Zeit in Paris zugebracht, wo er an der Quelle des Symbolismus getrunken hatte. Skrjabin, der Symbolist, ist bisher noch kein Gegenstand wissenschaftlicher Untersuchungen. Seine letzten Werke mit ihren verschleierten Anspielungen, mit den bedeutsamen Trillern und mystischen Akkorden sowie ihrer Identifikation mit einer heidnischen Gottheit, formuliert in einer neuen Tonsprache, die wenig Nachfolger besaß – all dies war Musik, die man erst im Laufe der Zeit zu verstehen begann.

Kurz nach der Jahrhundertwende fing Skrjabin an, mit jenem Stil zu experimentieren, der zum weltfernen Mystizismus seiner letzten Kompositionen hinführen sollte. Die 3. Sinfonie und die 4. Sonate (1903) brachen mit sämtlichen Konventionen. Skrjabin experimentierte mit Akkorden, die auf Quarten statt Terzen aufgebaut waren, und die Partituren, vor allem für Klavier, wurden diffiziler und komplexer. So entwickelte er einen „mystischen Akkord": c, fis, b, e, a, d und komponierte ganze Stücke, die darauf aufgebaut waren. Vorzeichen gab es nicht länger, Dissonanz wurde auf Dissonanz gehäuft. Seine Musik versuchte die Annäherung mit mystischen Elementen zu erforschen. In der 3. Sinfonie, überschrieben *Le divin poème*, braucht er ein enormes Orchester; „Mensch und Gott", sinnliche Freuden, göttliche Spiele, Seele und Geist sowie schöpferischer Wille spielen in der Musik ihre Rolle. Diese 3. Sinfonie op. 43 war der Wendepunkt in seinem Schaffen. „Zum erstenmal fand ich Licht in der Musik, zum erstenmal erfuhr ich einen Rausch, ein Fliegen, die *Atemlosigkeit* des Glücks." Bald fand man in seinen Partituren Bemerkungen wie „leuchtend und immer strahlender". Es ist möglich, daß Skrjabin von Natur aus eine Gabe

Skrjabin und Rachmaninow 565

besaß, die man heute als Synästhesie bezeichnet: er konnte Klang direkt in Farbe wahrnehmen. Menschen mit dieser Eigenschaft vermögen keine Musik zu hören, ohne sogleich Farben zu sehen.

Während Skrjabins Mystizismus fortschritt, gab es in seinem Privatleben eher Rückschritte. Er entwickelte Eigentümlichkeiten, verspürte den Drang, sich fortwährend die Hände zu waschen, und zog Handschuhe an, bevor er ein Geldstück anrührte. Viele Stunden verbrachte er mit seiner Toilette und sorgte sich wie eine Diva um Falten und eine beginnende Glatze. Er war ein extremer Hypochonder. Seine Amoralität näherte sich der eines Richard Wagner; wie bei diesem war es ihm ein leichtes, alle seine Vorhaben zu rationalisieren und zu rechtfertigen. „Da es viel schwieriger ist, alles zu tun, was man tun möchte, als nicht zu tun, was man will, ist es also sehr viel nobler, das zu tun, was man möchte." Eine ehemalige Schülerin ließ sich von ihm verführen; es löste in Moskau einen größeren Skandal aus. Wegen einer anderen weiblichen Person verließ er seine Frau Vera (ebenfalls eine Pianistin) und ihre gemeinsamen vier Kinder und teilte Vera mit, er wolle, „als Opfer an die Kunst" fortan mit Tatjana Schloezer leben. Seine Freunde erhielten seltsame Briefe von ihm: „Ich verstehe nicht, wie man ,nur Musik' heute komponieren kann. Wie uninteressant ist das! Denn natürlich nimmt Musik Ideen und Bedeutungen an, so wie sie schließlich einem bestimmten Plan innerhalb einer Weltsicht folgt ... Musik ist der Pfad zur Erlösung." In Tagebuchheften hielt er seine Ideen fest, in einer Art wirrer, prosaischer Poesie, die man kaum mehr als „üblich" bezeichnen kann:

„Ein Sichregen und Flimmern hat begonnen, und was da flimmert und sich regt, ist eins. Ich unterscheide keine Vielheit. Dieses *Eine* ist der Gegensatz des Nichts, es ist – Alles. Ich bin Alles. Es ist die Möglichkeit von Allem, es ist noch nicht das Chaos. Die Schwelle des Bewußtseins ist noch nicht überschritten. Es umschließt die ganze Geschichte und die ganze Zukunft des Weltalls. Alle Elemente sind vermengt, aber alles, was sein kann, ist darin enthalten. Farben blitzen auf, Empfindungen entstehen und undeutliche Wünsche. Ich will. Ich schaffe. (Ich beginne zu unterscheiden.) Ich unterscheide. Das Wort „beginne" bezeichnet keinen bestimmten Zeitpunkt, denn es gibt noch keine Zeit. Ich unterscheide undeutlich. Alles ist unbestimmt. Ich weiß noch nichts, aber Ahnung und Erinnerung erschließen mir alles. Augenblicke der Vergangenheit und der Zukunft stehen nebeneinander. Vorgefühl und Erinnerung, Freuden und Schrecken mischen sich."

Skrjabin ließ sich von dem Gedanken tragen, er sei in den Rhythmus des Universums eingebunden, und dieser Gedanke stieg ihm zu Kopfe: er setzte sich mit Gott gleich:

„Ich bin die Freiheit
Ich bin das Leben
Ich bin ein Traum
Ich bin die Sehnsucht

Ich bin ein brennendes Verlangen
Ich bin die Wonne
Ich bin schrankenlose Leidenschaft
Ich bin ein Nichts, ich bin ein Zittern und Zagen
Ich bin die Welt
Ich bin ein unsinniger Aufflug
Ich bin ein Wunsch
Ich bin das Licht
Ich bin ganz Schaffensdrang
   zärtlich
   blendend
   versengend
   tötend
   belebend
Ein tosender Strom unerforschter Triebe
Ich bin eine Grenze, ein Gipfel.
Ihr, Tiefen der Vergangenheit, die ihr in den Strahlen meiner Erinnerung entsteht!
Ihr, Höhen der Zukunft, Gebilde meiner brennenden Sehnsucht! Ihr seid nicht da,
ihr ...
Ich bin Gott!
Ich bin ein Nichts, ein Spiel, bin Freiheit, bin das Leben
Ich bin eine Grenze, ein Gipfel
Ich bin Gott
bin ein Erblühen, bin die Wonne
bin die alles versengende
alles verschlingende Leidenschaft
Ich bin eine Feuersbrunst,
die das All erfaßt
und in die Tiefen des Chaos
geschleudert hat
(Ich bin die Ruhe)
Ich bin das Chaos
Ich bin das blinde Spiel frei waltender Kräfte
Ich bin ein schlummerndes Bewußtsein, erloschener Verstand."

Von 1904 an lebte er mit Tatjana in aller Öffentlichkeit zusammen. Da sich seine Frau nicht von ihm scheiden lassen wollte, verließen Skrjabin und Tatjana Rußland zwischen 1904 und 1909. 1906 war er von Modest Altschuler, einem nach New York emigrierten Studienkollegen, der dort das Russian Symphony Orchestra gründete, in die Vereinigten Staaten eingeladen worden. Altschuler war wohl einer der weniger talentierten Dirigenten seiner Zeit, aber machte eine Menge russischer Musik in Amerika bekannt. Im Dezember traf Skrjabin in New York ein, wo er einen Klavierabend gab. Sofort erhielt er von der Presse einen Spitznamen: „der Kosaken-Chopin". Skrjabin fühlte sich in Amerika wohl, wenn er auch das nicht recht verstand, was Altschuler ihm als amerikanische Moral erklärte. So hatte Maxim Gorki einige Schwierigkeiten, als er mit seiner Mätresse in die USA reiste, wo man ihn in verschiedenen Hotels abwies.

Skrjabin und Rachmaninow 567

Skrjabin enthüllte Tatjana seine Beobachtungen: „Altschuler behauptet, keiner hätte sich etwas dabei gedacht oder Gorki in irgendeiner Weise verfolgt, wenn dieser jeden Tag eine andere Hure aufs Zimmer genommen hätte. Das gilt als etwas völlig Natürliches. Als ein Verbrechen betrachtet man es jedoch, mit einer geliebten Frau treu, aber in wilder Ehe zusammen zu leben." Dennoch erschien Tatjana bereits 1907 in New York. Die Presse griff den Fall auf. Altschuler, aus Angst vor persönlichem Ruin, verfrachtete Skrjabin und Tatjana auf das nächste Schiff nach Europa. Nur vier Monate war er in den Vereinigten Staaten gewesen. Er kehrte nie mehr dorthin zurück, wenn auch seine amerikanischen Eindrücke insgesamt freundlich geblieben sind. „Amerika hat eine große Zukunft", ließ er Freunde wissen. „Es gibt dort eine sehr starke mystische Bewegung."

Für kurze Zeit lebten Skrjabin und Tatjana in Paris und ließen sich Ende 1907 in Lausanne nieder. Dort erfuhren sie, daß Altschuler in New York das Stück *Poème de l'Extase* uraufgeführt hatte. Altschuler behauptete, das Werk sei noch nicht rezensiert worden, was jedoch nicht stimmte. Die Aufnahme war ziemlich reserviert gewesen, Altschuler wollte Skrjabin Details ersparen. In jener Zeit war Skrjabin in verzweifelten Geldnöten, aber durch seine Begegnung mit Sergej Kussewitzky, einem durch Heirat wohlhabend gewordenen Dirigenten, sollte sich sein Glück wenden. Sie trafen sich im Sommer 1908. Kussewitzky hatte in Berlin einen russischen Musikverlag gegründet und hielt nach wichtigen Werken Ausschau. Er suchte Skrjabin in Lausanne auf und verschaffte ihm ein Konzert als Solopianist mit seinem Orchester. Skrjabin akzeptierte und „floß von neuen Plänen über", schreibt Faubion Bowers in seiner großen Skrjabin-Biographie. Er sprach von „fühlbaren Sinfonien". Er nannte den Weihrauch eine Kunst, in der Himmel und Erde sich vereinen. Er beschrieb das *Mysterium* (ein Werk, an dem Skrjabin jahrelang gearbeitet hatte). Er verstand dieses letzte, große, kataklysmische Werk als den Zusammenschluß aller Künste – als ein Werk, das „alle Sinne einer betäubenden Multimedia-Extravaganz mit Klang, Sicht, Duft, Gefühl, Tanz, Dekor, Orchester, Klavier, Sänger, Licht, Skulpturen, Farben und Visionen bedient. Kussewitzky erwarb die Aufführungsrechte auf der Stelle." Die beiden einigten sich darauf, daß Skrjabin fünf Jahre lang jährlich 5000 Rubel erhalten sollte, was als notwendiger Zeitraum bis zur Vollendung des *Mysterium* schien. Kussewitzky verpflichtete sich, in demselben Zeitraum alle übrigen Werke des Komponisten zu veröffentlichen, und zwar zu günstigen Bedingungen. Eines dieser Werke war die 5. Sinfonie, die Skrjabin mit dem Titel *Prometheus: (Le Poème du Feu)* versehen hatte. Es enthielt ein ausgedehntes Programm, endete mit dem Erwachen der Welt und dem kosmischen Tanz der Atome. Zum vollen Orchester trat in der *Prometheus*-Sinfonie Klavier, ein Chor sowie eine Farbenorgel, mit Hilfe derer bestimmte Farben auf eine Projektionswand geworfen wurden. Das war Skrjabins erster wirklicher Versuch, Musik und Farben zu vereinen, und er benutzte dazu folgende Tabelle (nach L. Sabanejew in „Der Blaue Reiter", 1912, Seite 60):

Sergej Rachmaninow (1873–1943).

C	rot	Fis	blau, grell
G	orange-rosa	Des	violett
D	gelb	As	purpur-violett
A	grün	Es	stahlartig mit Metallglanz
F	blau-weißlich	B	blau-perlgrau
H	ähnlich dem E	F	rot, dunkel

Kussewitzky dirigierte die Uraufführung des *Prometheus* in Moskau am 2. März 1911. Es gab allerdings keine Farborgel; das Instrument erwies sich als unbrauchbar, so daß man es fortließ. Zur Premiere hatte Skrjabin nach Rußland zurückgefunden. Seine Lausanner Behausung hatte er bereits 1910 verlassen und kehrte für immer in die Heimat zurück. Natürlich kreuzte er dabei auch Rachmaninows Weg; Rußland war in zwei musikalische Lager gespalten. Skrjabin und Rachmaninow: welcher war der größere Komponist? Der größere Pianist? Skrjabin wurde viel mehr diskutiert, wenn auch nur wegen der Fremdheit seiner Kompositionen. Inzwischen war er beim Aufbau seiner Akkorde zu Sekunden und Nonen (zusätzlich zu den Quarten) übergegangen, und lebte in einer seltsamen Welt. „Meine 10. Sonate ist eine Sonate der Insekten. Insekten werden von der Sonne geboren ... Sie sind der Sonne Küsse ... Wie einsinnig das Weltverständnis ist, wenn wir die Dinge so anschauen." Ein Großteil seiner Zeit verbrachte er bei der Arbeit am *Mysterium* – nicht etwa beim Komponieren, sondern beim Nachdenken über die außermusikalischen Begleitumstände des Spektakels. Das *Mysterium* beinhaltete ja nichts Geringeres als das Ende der Welt und die Schaffung eines neuen Menschen. Auf dem Höhepunkt des *Mysterium* sollten die Mauern des Universums auseinanderbrechen. „Ich werde nicht sterben", behauptete Skrjabin. „Nach dem *Mysterium* werde ich in Ekstase ersticken." Er hielt sich für den wahren Messias und hätte sein Werk gern in einem halbkugelförmigen indischen Tempel aufgeführt gesehen. Um sich auf Indien vorzubereiten, kaufte er sich einen Sonnenhut und erwarb eine Sanskrit-Grammatik. Bowers beschreibt das *Mysterium* folgendermaßen:

> „Glocken, von den Wolken im Himmel herabhängend, sollten die Zuschauer aus der ganzen Welt einladen. Die Aufführung sollte in einem Tempel-Halbrund, das in Indien errichtet war, stattfinden. Die Reflexe eines Wasserteichs sollten die Göttlichkeit der halbrunden Bühne komplettieren. Die Zuschauer in Reihen, über dem Wasser, plaziert werden. Wer auf den Rängen saß, galt als geistig weniger fortschrittlich. Es gab eine strenge Sitzordnung, radial vom Mittelpunkt der Bühne, wo Skrjabin am Klavier sitzen wollte, von Spielern, Sängern und Tänzern umgeben. Die ganze Gruppe sollte in ständiger Bewegung gehalten werden; kostümierte Sprecher sollten den Text rezitieren, und zwar in Form von Prozessionen und Paraden als Bestandteil der gesamten Aktion ..."

Gott weiß, wie weit Skrjabin es mit seinem Projekt noch gebracht hätte. Hatte nicht auch Wagner Bayreuth gegen alle nur denkbaren Widerstände erschaffen?

Aber Skrjabin starb, noch bevor das *Mysterium* Gestalt angenommen hatte.
Und zwar auf ganz lächerliche Weise. Menschen wie er müßten eigentlich in
einem Feuerwerk aufgehen. Skrjabin aber starb an Blutvergiftung, als Folge
eines Karbunkels an der Lippe. Rachmaninow war betrübt. Er, der nur
eigene Werke in der Öffentlichkeit gespielt hatte, gab jetzt zu Ehren des
Verstorbenen Klavierabende mit Skrjabins Werken. Dessen Anhänger hono-
rierten die Absicht, verschmähten jedoch die Ausführung. Rachmaninows
Spiel war nicht nach ihrem Geschmack. Bei einem dieser Konzerte saß der
junge Sergej Prokofjew im Publikum. Rachmaninow spielte unter anderem
die 5. Sonate. Skrjabins Spiel war nuanciert und farbenreich gewesen. „Sie
flog dahin", sagte Prokofjew. „Bei Rachmaninow blieben die Noten fest und
klar auf dem Grunde stehen." Skrjabins Freunde waren empört. Der Sänger
Iwan Alschewsky mußte daran gehindert werden, auf die Bühne zu stürmen
und Rachmaninow seine Meinung zu sagen. Prokofjew versuchte, die Wogen
zu glätten, indem er behauptete, jedes Musikstück könne man auf verschiedene Weise spielen. Er ging ins Künstlerzimmer und erklärte, in seiner
berühmt taktlosen Art, Rachmaninow habe sehr gut gespielt. Mehr hatte der
junge Mann nicht zu sagen. „Und offensichtlich hatten Sie erwartet, ich
würde schlecht spielen?" erwiderte jener eisig. Jedenfalls fror damit für viele
Jahre Rachmaninows Beziehung zu Prokofjew ein.

Kurz nach der Revolution 1917 verließ Rachmaninow Rußland für immer
und ließ sich in der Schweiz nieder, wo er ein neues Leben als Klaviervirtuose
begann. Er war immerhin schon fünfundvierzig Jahre alt und verfügte, abgesehen von den eigenen Werken, über kein Repertoire. Sein Ruf als Dirigent
war gut – er war einer der prominentesten Dirigenten am kaiserlichen Theater und bei der Moskauer Philharmonie gewesen –, so daß verschiedene größere amerikanische Orchester ihm Angebote machten, die er aber zugunsten
einer Pianistenkarriere ablehnte. Gewiß ein weiser Entschluß, denn Rachmaninow war einer der herausragendsten Pianisten der Geschichte. Im Jahr
1935 ließ er sich endgültig in den USA nieder. All die Jahre hindurch hatte er
nicht nur konzertiert, sondern auch neue Werke geschrieben, darunter vor
allem das 4. Klavierkonzert (1926), die *Variationen über ein Thema von
Corelli* für Klavier (1931), die *Rhapsodie über ein Thema von Paganini* für
Klavier und Orchester (1934), die 3. Sinfonie (1936) und die sinfonischen
Tänze (1940).

In keiner Zeit war Rachmaninows Musik gänzlich vom Repertoire verschwunden. Damit steht sie in deutlichem Gegensatz zu Skrjabins Werken,
die im Grunde genommen niemals im Repertoire gewesen sind, wenn auch
seine frühen Klavierstücke einige Popularität erlangt haben und man *Le
Poème divin* und *Le Poème de l'Exstase* bisweilen hören kann. Erst in den
späten sechziger Jahren begann man Skrjabin wiederzuentdecken, und seine
Werke ernsthaft zu studieren. Rachmaninow, so viel er auch gespielt wurde,
erfuhr selten eine kritische Auseinandersetzung. Er war ein Komponist, der
unverhüllt die Vorbilder des 19. Jahrhunderts für seine Werke benutzte, was

dazu führte, daß er von Wissenschaftlern, Historikern und geschmacksbildenden Profis verachtet wurde.

Typisch für diese Haltung ist die hochmütige Behandlung, die er in der 5. Ausgabe des berühmten *Grove's Dictionary of Music and Musicians* erfährt. Dies ist wohl eine der arrogantesten, ja törichsten Anmerkungen, die man in einem Werk finden kann, das angeblich objektiv berichtet. Gerade fünf Absätze sind Rachmaninow in dieser erhabenen neunbändigen Enzyklopädie gewidmet. Es lohnt sich, die beiden letzten im Wortlaut zu zitieren:

> „Als Pianist war Rachmaninow einer der besten Künstler seiner Zeit; als Komponist gehörte er wohl überhaupt nicht seiner Zeit, und Rußland hat er allenfalls in dem Sinne repräsentiert, wie dies angesehene, aber konventionelle Komponisten wie Glasunow oder Arensky getan haben. Er besaß weder die nationalen Eigenschaften der Balakirew-Schule noch die Individualität Tanejevs oder Medtners. Technisch war er hochbegabt, wenn auch äußerst begrenzt. Seine Musik ist wohlgebaut und effektvoll, ihr Inhalt aber ziemlich langweilig, weil er im Prinzip aus künstlichen, überschwenglichen Melodien besteht, die von einer Vielzahl, aus dem Arpeggio abgeleiteten Figuren begleitet werden.
>
> Der enorme, volkstümliche Erfolg, den einige von Rachmaninows Werken zu dessen Lebzeiten hatten, wird nicht andauern und die Musiker haben nie sehr viel von ihnen gehalten. Das 3. Klavierkonzert lieben die Leute eigentlich nur, weil es sie an das 2. erinnert, während das 4., das so etwas wie einen neuen Anfang setzt, von vornherein ein Fehlschlag war. Das einzige spätere Werk, das für ein großes Konzertpublikum attraktiv geworden ist, sind die Rhapsodie-Variationen über ein Thema von Paganini für Klavier und Orchester."

Vieles davon ist Unfug, wenn es auch das vorherrschende Urteil über Rachmaninow und seine Musik widerspiegelt. Man tadelt ihn, weil er nicht Mussorgskij ist. Man kommt mit dem staunenswerten Argument, er habe nicht die Individualität eines Tanejevs oder Medtners besessen. Sergej Tanejew (1856–1915) war ein russischer Akademielehrer und Kontrapunkt-Spezialist, dessen Musik (nehmen wir seine 2. Sinfonie als ein faires Beispiel) bar jeden Lebens und jeden Charakters ist und so individuell wie ein Zahnstocher neben vielen anderen in seinem Behälter. Nikolaj Medtner (1880–1951) war ebenfalls ein russischer Eklektiker, wie Rachmaninow sowohl Pianist wie Komponist. Er erwies Rachmaninow die große Ehre, ihn zu imitieren. Medtners Werke sind aus dem Repertoire völlig verschwunden; er war ein Komponist auf der Ebene eines Ernst von Dohnányi – ein guter Handwerker, dem selten etwas Originelles einfiel. Diese beiden Russen für individueller zu halten als Rachmaninow, verrät völlige Unkenntnis und störrische Blindheit, ein unangenehmes Urteil der Geschichte hinzunehmen.

Tatsache ist, daß Rachmaninow so populär ist wie eh und je; daß seine Musik einfach aus den Konzertsälen nicht zu verbannen ist; daß jeder angehende Pianist – keineswegs aus Abneigung gegenüber seiner Musik – das c-Moll- und das d-Moll-Konzert in seinem Repertoire hat; daß sich dasjenige in c-Moll

572 Mystizismus und Melancholie

inzwischen über fast achtzig Jahre bewährt, das in d-Moll über fast siebzig
Jahre, ohne daß eines von ihnen Zeichen der Ermüdung verursacht; daß,
abgesehen von den Konzerten, die e-Moll-Sinfonie noch immer gern gehört
wird; daß in den Konzertprogrammen der ganzen Welt Rachmaninows Klaviermusik noch immer stark repräsentiert ist und viele seiner Lieder noch immer
geliebt werden. Was muß ein Komponist eigentlich darüber hinaus anstellen,
um seinen Rang zu beweisen?

Bei Rachmaninows Musik geht es um folgendes: Innerhalb ihrer begrenzten
Möglichkeiten fließt sie mit perfekter Sicherheit und auch großer Individualität.
Wie bei vielen bedeutenden Komponisten braucht es nur ein paar Takte, um
seine Identität festzustellen (Medtner und Tanejew würden diesen Test nicht
bestehen). Rachmaninow mag nichts zur Form oder Harmonie des 20. Jahrhunderts beigetragen haben, aber er überzog die alten Formen mit höchstpersönli-
chem Stil, wie es auch Tschaikowsky getan hat; und außerdem war er einer der
begabtesten Melodiker seiner Zeit. Seine Melodik war keineswegs so sentimental, wie der Artikel im Grove's uns glauben machen will. Man kann behaupten,
daß Rachmaninow weniger sentimental als etwa Tschaikowsky oder Mahler
gewesen ist. Seine Nachahmer haben ihn sentimental werden lassen: jene
zweitrangigen Komponisten, die Musik auf Bestellung schrieben, sie in die
Kinos brachten und damit halfen, den Namen Rachmaninow zum Anathema
werden zu lassen.

Ferner ist es nicht wahr, daß seine Musik international, im Sinne von antinatio-
nal wäre. Eine starke russische Qualität gilt noch immer als Essenz der
Rachmaninowschen Musik, und das macht sie anziehend. Doch ob nationali-
stisch oder nicht, ob sie „zu unserer Zeit gehört" – das alles trifft nicht den Kern.
Viele Musikwerke, die „in unsere Zeit gehören", taugen nicht, und in jeder
Geschichtsperiode hat es bedeutende Musik gegeben, die eher nach rückwärts
blickte denn in die Zukunft. Entscheidend bei jedem Komponisten ist vielmehr,
wie individuell er ist, wie gut er sich auszudrücken versteht, wie stark seine
Erfindungskraft ist. Und da schneidet Rachmaninow besser als die meisten ab.
Seine Erfindungskraft besaß gewiß nicht die Universalität der großen Meister.
Emotional (wie auch technisch) geriet er in Gefahr, sich zu wiederholen. Doch
die Themen selbst besitzen Eigengewicht und Qualität (wie begeisterte Zuhörer
seit über einem halben Jahrhundert es immer wieder beglaubigen), die Melodik
besitzt einen natürlichen Schwung, der seine Wirkung nicht verfehlt. Ferruccio
Busoni, so sagt man, sei Rachmaninow intellektuell zehnfach überlegen gewesen, vielleicht war er auch der interessantere Pianist. Aber Rachmaninows
Musik ist heute lebendig, während die Busonis kaum am Leben geblieben ist.
Der Grund liegt darin, daß Rachmaninow sich selbst zum Ausdruck bringen
wollte, während Busoni die Tendenz besaß, alles von Bach bis Liszt ausdrücken
zu wollen. Rachmaninows Musik ist uns seit langer Zeit vertraut; wenn sie uns
nicht etwas zu sagen hätte, wäre sie längst vergessen.

Noch ein Wort über Rachmaninow, den Pianisten. Er gehörte zu den drei
oder vier bedeutendsten seines Faches und trat bis kurz vor seinem Tod in der

Öffentlichkeit auf. Von Anfang an besaß er jene Eigenschaften, die alle großen Pianisten auszeichnen: schon als Jüngling war er der Stolz des Konservatoriums, der kommende Mann. Nicht nur, daß er phänomenale Finger besaß; vielmehr schien er alles zu können: komponieren, dirigieren, hervorragend vom Blatt spielen, transponieren. Sein Gedächtnis war nicht nur allumfassend, es war buchstäblich erschreckend. Er hörte ein Musikstück, etwa eine Sinfonie, und konnte sie nicht nur am folgenden Tag auf dem Klavier reproduzieren, sondern auch noch im folgenden Jahr oder im Jahrzehnt danach. Er besaß jenen musikalischen Verstand, der Klang und Seheindrücke automatisch verarbeitete. Der Prozeß von Ohr und Auge zum Gehirn und den Fingern vollzog sich unmittelbar und automatisch.

So ließ ihn sein Lehrer Alexander Siloti am Moskauer Konservatorium ein langes anspruchsvolles Stück lernen, und Rachmaninow hatte es buchstäblich über Nacht auswendig gelernt. Sein Kommilitone, der Pianist und Lehrer Alexander Goldenweiser, verbürgt sich dafür, daß Siloti Rachmaninow die *Händel-Variationen* von Brahms aufgab, die Rachmaninow zwei Tage später „mit absoluter künstlerischer Vollkommenheit" interpretierte. Goldweiser war verblüfft. „Welche Stücke man auch immer erwähnte – Klavierstücke, Orchesterwerke oder Opern – ob von klassischen oder zeitgenössischen Komponisten: wenn Rachmaninow es nur irgendwann gehört hatte, spielte er es nach, als wenn er es gründlich studiert hätte."

Als Rachmaninow seine Karriere begann, gab es niemanden, der mit ihm verglichen werden konnte. Vielleicht war Josef Hofmann der einzige, der ihm das Wasser reichte. (Rachmaninow behauptete stets, Hofmann sei der bedeutendste Pianist der Zeit, während Hofmann dieses von Rachmaninow sagte.) Rachmaninow pflegte ernst und etwas verkrampft das Podium zu betreten, nie lächelnd, das Haar kurz geschoren wie ein Sträfling. Unerhört würdevoll nahm er vor dem Flügel Platz und wartete auf absolute Ruhe im Saal. Stets spielte er mit einem Minimum an körperlicher Bewegung; seine Finger beschworen einen unerklärlichen Ton; trotz zurückhaltenden Pedalgebrauchs warm im Timbre, weitreichend und scheinbar unendlich modulationsreich. Nicht einmal der legendäre Josef Lhévinne besaß diese Art von Klarheit; nicht einmal Hofmann verfügte über diese kontrollierte Genauigkeit. Manche glauben, Rachmaninow habe ein wenig puritanisch gespielt, er sei kein Poet am Flügel gewesen. Das ist nicht zutreffend. Er nahm sich bei der Interpretation alle Freiheit und verließ sich auf seinen Geschmack. Was er auch spielte, es war eine Einheit; alles genau geplant und proportioniert. Themen wurden mit strahlender Sicherheit modelliert; kontrapunktische Innenstimmen auf kammermusikalische Weise deutlich hörbar. Und seine herrlichen Finger schienen unfähig, einen falschen Ton zu spielen. In einer Zeit spektakulärer Klaviertechniker blieb Rachmaninow unvergleichlich. Die kompliziertesten Sätze – in den eigenen Werken gibt es sie häufig – erschienen plötzlich kristallin und klar. Stets blieb sein Spiel elegant, auch wenn es eher den Charakter von Gültigkeit denn von Spontaneität zeigte. Niemals vermittelte er den Eindruck (wie es Hofmann oft tat), daß er sich von augenblicklichen Eingebungen leiten ließ. Sein Klavierspiel klang, als wenn er es in langer Zusammenarbeit mit dem lieben Gott ausgearbeitet hätte – gütige Aussage eines Werkes, so und nicht anders zu spielen.

Rachmaninow wirft freilich in seiner Musik keine Probleme auf; Skrjabin tut es. Seine Musik veranschaulicht, fast im selben Ausmaß wie Schönberg, den Bruch vom musikalischen Denken der Vergangenheit. Tatsächlich gibt es deutliche Parallelen zwischen Schönberg und dem späten Skrjabin. Obwohl keiner vom anderen beeinflußt war, begannen sie ungefähr zur selben Zeit sich von der Harmonie des Dreiklangs zu lösen und harmonische Verbindungen zu prüfen, die statt auf die Terz auf die Quart gegründet waren. Im Laufe dieses Prozesses wurde die Musik beider Musiker immer dissonanter; Schönberg stürzte sich von dort aus in die Atonalität, was Skrjabin scheute, aber durch die Verneinung der traditionellen Tonarten kam er dem doch sehr nahe. Skrjabins späte Partituren sind beladen mit Vorzeichen und furchterregenden Akkorden sowie mörderisch schwierigen Klavierpassagen. Ein Stück wie die 10. Sonate mit ihren seltsamen Trillerketten, Quartharmonien, ihren unterbrochenen Melodieführungen, ihren Dissonanzen und jeglichem Verzicht auf Gefälligkeit kommt erstaunlich nahe an Schönberg heran. Ein Abschnitt gegen Ende der Komposition klingt so, als hieße der Komponist Anton Webern.

Ein weiterer Aspekt, der seit dem Ende der sechziger Jahre Interesse erweckte, war Skrjabins Gebrauch zusätzlicher Medien. Das Konzept der „mixed media" faszinierte Musiker nach 1965, und sie fingen an, mit Licht, Sprache, Tonbändern und anderen Geräuschquellen in ihren Partituren zu experimentieren. Skrjabin hatte freilich schon vor 1910 etwas ganz Ähnliches angestrebt. Ein Schlüsselwort der späten sechziger Jahre hieß „psychedelisch", und man fand heraus, daß Skrjabin der am meisten von diesen Ideen affizierte Komponist war, der mit Visionen, Halluzinationen, Farben, Düften und Geschmacksunterschieden operierte. Selbst dadaistische Elemente kann man in Skrjabins musikalischem Denken entdecken. So sprach er einmal davon, eine Sonate zu schreiben, die auf der Qual des Zahnschmerzes basiert oder davon, eine Melodie in ein Aroma aufzulösen.

Doch trotz aller Absonderlichkeiten in seinen späteren Werken gibt es Aspekte, die die späten Werke mit seinen frühen verbinden. Letzten Endes liegt seinen Harmonien – gleichgültig wie kompliziert oder wie weit entfernt sie von verschiedenen Grundtonarten sind – eine sensualistische Qualität zugrunde. Ja, man kann Skrjabins Musik als erotisch bezeichnen. Vielleicht erlangt sie nur durch Assoziation solche Qualität; doch gibt es Musiker mit einem stärkeren Gefühl für reichhaltige harmonische Verbindungen, was man oft als „erotisch" bezeichnet. Skrjabin muß diese Eigenschaft in einem ungewöhnlich ausgeprägten Maße besessen haben. Auch die Art seiner Melodiebildungen ist charakteristisch, und die gewaltigen, auffahrenden Gesten im *Poème de l'Extase* oder im *Prometheus* sind nur Steigerungen von frühen Werken wie dem *fis-Moll-Poème*.

In seinen frühen Werken ist ein nationalistischer Zug spürbar, der sich später

Skrjabin und Rachmaninow 575

verflüchtigt. Skrjabin ist keiner jener russischen Nationalisten, wenn er sie auch beeinflußt hat. Strawinsky nannte Skrjabin den Fall eines „musikalischen Emphysems" und seine Musik „bombastisch"; doch als Strawinsky seinen *Feuervogel* komponierte, hatte er nicht nur Rimskij-Korsakow im Blut; er hatte auch das *Poème de l'Extase* kennengelernt.

Es wäre müßig zu bestreiten, daß Skrjabins Musik, vor allem seine Orchesterwerke, eine Art musikalischer Genußsucht ausstrahlen. Auch trifft es zu, wenn man seinen Mystizismus, mit dem er sich umgab, unverständlich nennt. Richard Anthony Leonard hat in seinem Buch über die Musik der Russen eine Parallele zwischen Skrjabin und William Blake gezogen. Beide waren Mystiker, beide fühlten sich durch Visionen angespornt, beide sprachen mit dem lieben Gott, beide brachten Kunstwerke hervor, die nur in Begriffen religiöser Ekstase zu erklären sind, und beide erfanden ihren eigenen Symbolismus. So ist keiner von ihnen nur oberflächlich zu begreifen. Ihr Werk verdient ein ernstes Studium, und das Verständnis dessen, was sie anstrebten, umfaßt ebenfalls die Kenntnis jener Dinge, die sie neben den Künsten beschäftigten. Blake hat in den Augen der Nachwelt die Prüfung bestanden; Skrjabin hat sie noch vor sich. Dennoch war er einer der originellsten, faszinierendsten, rätselhaftesten, revolutionärsten und markantesten Komponisten um die Zeit der Jahrhundertwende.

Sergej Prokofjew (1891–1953).

35. Kapitel

Prokofjew und Schostakowitsch
Unter den Sowjets

Vor dem Ersten Weltkrieg, als Rachmaninow und Skrjabin in Rußland hoch im Kurs standen, besuchte ein Student mit Namen Sergej Prokofjew das Konservatorium in Sankt Petersburg. Es war ein intelligenter, sturer, etwas vorlauter junger Mann von unzweifelhaftem Talent. Manche sahen in ihm bereits das Genie.

Er war in Sontsowka, Ukraine, am 23. April 1891 zur Welt gekommen. Im Alter von sechs Jahren trat er bereits als Pianist auf, und mit neun versuchte er sich an seiner ersten Oper. Als er das Konservatorium besuchte (mit dreizehn Jahren), zog er allgemeine Aufmerksamkeit an sich – allein schon wegen seines Aussehens. Er hatte einen röhrenförmigen Hals; seine rosa Haut färbte sich dunkelrot, wenn er zornig war (und das geschah ziemlich oft), seine Augen waren durchdringend blau, die Lippen dick und gewölbt. Als er seine Studien begann, brachte er die Noten von vier Opern, einer Sinfonie, zwei Sonaten und anderen Klavierstücken mit ins Konservatorium. Rimskij-Korsakow, Nikolai Tscherepnin und Anatol Liadow zählten zu seinen Lehrern. „Liadow bekommt meine Stücke nicht zu sehen", sagte Prokofjew, „denn sonst würde er mich sofort aus der Klasse herauswerfen." Mit Annette Essipow studierte er Klavier, einer der zahlreichen Gattinnen des berühmten Lehrers Theodor Leschetizky, der später so prominente Künstler wie Paderewski, Schnabel, Gabrilowitsch und Ignaz Friedmann zu seinen Schülern zählte. Sie selbst wurde als eine der bedeutendsten Pianistinnen ihrer Zeit angesehen.

Prokofjew machte seiner Lehrerin zu schaffen. Er machte jedermann zu schaffen. Er benahm sich wie König Gama in der *Prinzessin Ida:* stets mit einer schlagfertigen Antwort, einem irritierenden Lachen, einem berüchtigten Grinsen zur Stelle. Er war jemand, der sich nicht anzupassen vermochte, und dumme Menschen waren ihm unerträglich. Er mußte immer genau sagen, was er dachte, und schon als Student befremdete er seine Professoren durch scharfe Urteile über ihre Werke oder ihre Lehrmethoden. (So sollte er sein ganzes Leben lang bleiben, und man mußte ihn sehr vorsichtig behandeln. Wenn er jemanden nicht mochte, konnte er bösartig werden. Typisch war seine Antwort an einen Bewunderer, der auf ihn zueilte und ihm die Hand schüttelte: „Welch ein unermeßliches Vergnügen, Ihnen zu begegnen!" Prokofjew wandte sich ab und murmelte: „Kein Vergnügen meinerseits.")

Als Vertreter einer neuen, antiromantischen Generation in einem der Romantik verpflichteten Konservatorium komponierte Prokofjew Musik, die seine verehrungswürdigen Professoren schockierte. Sein *Suggestion diabolique* (1909) und sein *1. Klavierkonzert* (1911), beide während seiner Konservatoriumszeit in Petersburg entstanden, machten am Institut Furore; man bezeichnete ihn als „einen extremen Linken". Am Klavier wirkte er wie ein eiskalter Dämon – rauhe Dissonanzen (oder was man damals so nannte) und mitreißende Rhythmen exerzierte er völlig kontrolliert und ohne Anzeichen von Emotion. Von der Tradition eines Chopin oder Liszt hatte er nichts geerbt. Das Klavier, so verlangte er, sei ein Schlaginstrument und daher entsprechend zu behandeln. Jedenfalls schätzte Prokofjew weder die Lisztsche noch Chopinsche Musik und machte sich ständig über sie lustig. „Sie behaupten, sie kämen bei ihrem Klavierabend nicht ohne Chopin aus? Ich werde es ihnen beweisen, daß wir auf ihn verzichten können." Kein Wunder, daß die Essipow ihn in ihren Berichten als „sehr talentiert, aber ungehobelt" bezeichnete. Dennoch errang er 1914 den Rubinstein-Preis für Klavier, indem er seine Vorstellungen durchsetzte. Anstatt das vorgeschriebene klassische Konzert zu spielen, bestand er darauf, sein eigenes Nr. 1 in Des-Dur aufzuführen. Es gab einigen Widerstand, aber trotzdem setzte Prokofjew sich durch. Eine der lebendigsten Beschreibungen des jungen Prokofjew stammt von dem Komponisten Vernon Duke. Damals hieß er noch Wladimir Dukelsky und dachte ebenfalls daran, Komponist zu werden. Seine Mutter ging mit ihm ins Konzert, um dem Petersburger Goldmedaillengewinner spielen zu hören. Reinhold Glière dirigierte:

> „Glière verbeugte sich und kehrte kurz darauf mit einem hochgeschossenen jungen Mann von erstaunlicher Erscheinung auf die Bühne zurück: er trug weißblondes Haar, einen ziemlich schmalen Kopf mit breitem Mund und sehr dicken Lippen ... (Prokofjew trug damals den Spitznamen ‚weißer Neger'.) Und extrem lange, merkwürdig baumelnde Arme, die in mächtigen Händen eines Boxers endeten. Er trug einen atemberaubend eleganten Frack, eine herrlich geschnittene Weste und blitzend schwarze Lackschuhe. Die seltsam linkische Art, in der er das Podium überquerte, war kein Anzeichen dafür, was folgen sollte; nachdem er Platz genommen und den Klavierstuhl mit einer abrupten Drehung zurechtgerückt hatte, ließ er uns bei gnadenlosem Muskeleinsatz eine völlig neue Art von Klavierspiel erleben. In jenen Tagen waren entweder Skrjabins schwüle Gewächshaus-Manier oder die nachdebussyschen impressionistischen Harfen- und Celestaklänge in Mode; die Musik dieses jungen Mannes und sein Spiel hingegen erinnerten mich an die Sturmangriffe meiner einmaligen Fußball-Erfahrung – nichts als gnadenlose Energie und athletische Lebensfreude. Kein Wunder, daß die ersten vier Töne des Konzerts, oft wiederholt, später mit dem Spitznamen ‚Po Pscherepo' (‚Schläge auf den Kopf') bedacht wurden, was genau nach Prokofjews Sinn lag ... Es gab frenetischen Applaus, nicht weniger als sechs Blumenbuketts für Prokofjew, den man nun mit lachendem Erstaunen begrüßte. Er verbeugte sich etwas linkisch, wobei er mit dem Kopf fast auf die Knie schlug und sich abrupt wieder aufrichtete."

Zu Beginn der Russischen Revolution befand sich Prokofjew auf dem Weg in die Vereinigten Staaten, und zwar über Japan. Einige seiner wichtigsten Werke hatte er mitgenommen. Die Revolution mag der letzte Anlaß für seine Reise

Prokofjew und Schostakowitsch   579

gewesen sein, aber auch sonst war 1917 ein außergewöhnlich schöpferisches
Jahr für ihn: die meisten Solostücke der *Visions fugitives*, das *D-Dur-Violin-
konzert* sowie die *Klassische Sinfonie*, insgesamt Werke, die besonders populär
geworden sind. Die *Klassische Sinfonie* war ein einziges *jeu d'esprit*. „Hätte
Joseph Haydn in diesem Jahrhundert gelebt, hätte er bestimmt seinen Kompositionsstil beibehalten und gleichzeitig gewisse Dinge aus der neueren Musik
aufgenommen. Ich wollte eine Art Sinfonie schreiben, die sich eines solchen Stils
bedient." Diese Sinfonie war auch Prokofjews erste Komposition, die nicht für
das Klavier geschrieben war. „Ich wollte den Beweis erbringen, daß Themen-
material, das man ohne Klavier erdacht hat, von besserer Qualität ist."

In den Vereinigten Staaten wurde Prokofjew viel diskutiert; man bewunderte
ihn, wenn man ihn auch nicht besonders mochte, Sein scharfes, schlagzeugarti-
ges, wildes Klavierspiel war etwas gänzlich Neues; und seine Musik war es
auch. „Der Bolschewik-Pianist", wurde er genannt. Oder: „Finger aus Stahl,
Bizeps aus Stahl, Trizeps aus Stahl – ein einziger musikalischer Stahltrust." Für
jeden, der in der romantischen Art der Liszt- und Leschetizky-Schüler aufgewachsen war, erwies sich Prokofjews Klavierspiel als Gift. Hier gab es keine
romantischen Landschaften, statt dessen Kolben und Ketten – die Maschinerie
einer neuen Zeit. Nein, man mochte ihn nicht besonders in Amerika, und er
mochte Amerika nicht – vor allem nach dem Fehlschlag seiner Oper *Die Liebe
zu den drei Orangen*, die in Chicago 1921 inszeniert worden war. So fand er
über Amerika harsche Worte:

> „Als ich durch den riesigen Park mitten in New York wanderte und die
> Wolkenkratzer anstarrte, die ihn umsäumen, dachte ich voller Zorn an die
> herrlichen amerikanischen Orchester, die sich nichts aus meiner Musik machen;
> an die Kritiker, die zum hundertsten Mal den Spruch ,Beethoven ist ein großer
> Komponist' wiederholen, während sie alles, was neu ist, anbellen; an die Mana-
> ger, die Künstlertourneen arrangieren, bei denen dasselbe abgedroschene Pro-
> gramm fünfzigmal abgezogen wird."

Verärgert fuhr er nach Paris, wo er sich häuslich niederließ. Diaghilew fand
Interesse an dem jungen Russen und bestellte von ihm zwei Ballette: *Le Pas
d'acier* (1925) und *L'Enfant prodigue* (1929). Außerdem arbeitete er an einer
weiteren Oper *Der feurige Engel*, beendete sein 3. Klavierkonzert, konzertierte
ziemlich häufig und wurde zu einem der meistdiskutierten Komponisten seiner
Zeit. In mancher Hinsicht war er *der* Komponist schlechthin. Seine Musik
wurde zwar nicht so oft aufgeführt, wie er sich das wünschte, aber dennoch
erregte sie in den zwanziger Jahren einiges Aufsehen und wirkte auf viele Leute
äußerst unbehaglich. Die so empfanden, hatten allen Grund dazu; ihr Instinkt
gab ihnen recht. Denn Prokofjew war in der Tat der Komponist des stählernen
Zeitalters, und seine Musik spiegelte die neue antiromantische Haltung wieder.
In jener Zeit, als Schönbergs Zwölftontheorie unverständlich blieb und wenig
bewirkte, als Strawinsky sich nach den gewaltigen Explosionen von *Petruschka*

580   Unter den Sowjets

und *Le Sacre du Printemps* in den Neoklassizismus „zurückgezogen" hatte, war Prokofjew für viele der Protagonist einer neuen Ära, die dem Ersten Weltkrieg und der Russischen Revolution folgte. Die Leute mochten seine Musik verachten, ja hassen, aber sie ließ sich nicht aus der Welt schaffen.

Heute sehen wir, daß Prokofjew durchaus in traditionellem Rahmen komponierte. Zumeist bediente er sich der Formen des vorigen Jahrhunderts; bei aller Anhäufung von Dissonanzen blieb seine Musik tonal. Sie ist Ausdruck einer machtvollen Persönlichkeit und besitzt viele Qualitäten, die sie eigenständig macht. Da sind zunächst die Behändigkeit, die Überraschungseffekte sowie der selbstbewußte, ja positive musikalische Geist. Und in seinen besten Werken schreibt er eine klare pointierte Musik von bemerkenswert straffer Qualität. Er war durchaus in der Lage, schöne Melodien zu erfinden, wenn er ihrer bedurfte; doch dies war nicht seine ausgesprochene Stärke. Was Prokofjews Musik repräsentiert, sind seine behenden, scharfen und treffenden Attacken auf die musikalischen Konventionen der Romantik. Wenn er sich letzten Endes als nicht so revolutionär erwies, wie viele es von ihm erwartet hatten, so sind seine Werke doch machtvoll, ja athletisch geblieben und haben die meisten Kompositionen seiner Zeit überdauert.

Während seines Pariser Aufenthaltes war ein weiterer Held in Rußland zu Wort gekommen: Dmitrij Schostakowitsch, am 25. September 1906 in St. Petersburg geboren.

Wie Prokofjew war auch Schostakowitsch schon mit dreizehn Jahren zum Konservatorium zugelassen worden, wo er von Maximilian Steinberg und Glasunow Anregungen empfing. Es gab keinen, den er nicht mit seinem Talent beeindruckte – der ernste, schmächtige, nervöse, scheue, kettenrauchende junge Mann mit der großen Brille. 1925, nach einigen Jahren des Konservatoriums, schrieb er seine 1. Sinfonie, die im folgenden Jahr uraufgeführt wurde und bereits alle positiven Voraussagen bestätigte, die man zuvor geäußert hatte. Diese 1. Sinfonie ist ein bemerkenswertes Stück für einen 19jährigen – eine Sinfonie mit großem Atem, Witz und einer nicht zu unterdrückenden *Joie de vivre,* mit Ironie und parodistischen Elementen, saftigen Melodien und reich klingender Instrumentation. Sofort hatte sich Schostakowitsch als Komponist von Bedeutung etabliert. Der 1. Sinfonie folgte eine Reihe von Werken, die den ersten Eindruck verstärkten. Da gab es die satirische Oper *Die Nase* (1928) nach Gogol; und in einem der Zwischenspiele, das für Schlagzeug orchestriert ist, demonstrierte Schostakowitsch, daß er durchaus so modern zu schreiben verstand wie seine Kollegen im Westen. Da war das kesse, schmissige Klavierkonzert (mit Trompete), das bewies, wie leicht es ihm gefallen wäre, in die Fußstapfen der Pariser *Les Six* zu treten. Dann gab es ein Ballett mit dem Titel *Das Goldene Zeitalter* (1930), dessen Polka eine Zeitlang ein besonders populäres Stück war. Schostakowitsch schrieb daneben zwei Sinfonien, die die neuere russische Geschichte zur Vorlage hatten. Eine war überschrieben *Oktober* (1927), die andere mit *Erster Mai* (1931). Ein Jahr danach beendete er seine Oper *Die Lady Macbeth des Mzensker Kreises* nach Leskow, ein auf Verfüh-

Prokofjew und Schostakowitsch 581

rung und Mord basierendes Stück russischen Verismus, mit mächtigen Dissonanzhäufungen durchzogen.

Mit dieser Oper hatte sich Schostakowitsch einiges eingehandelt, denn die Führer des neuen Sowjetstaates vermochten weder mit der Moral noch der musikalischen Sprache der *Lady Macbeth* etwas anzufangen. Anfang der zwanziger Jahre hatte man in der jungen Sowjetunion experimentelle Arbeiten auf allen künstlerischen Gebieten gefördert. Im Theater, wo so kreative Figuren wie Meyerhold und Majakowski tätig waren, brach man offensichtlich mit jeder Tradition. Sergej Eisenstein eröffnete für den Film neue Horizonte. Auf dem Gebiet der Malerei und Skulptur wurde die Moderne zum offiziellen Stil erklärt, und die Konstruktivisten, von Naum Gabo angeführt, machten ihren Einfluß geltend. Die schöpferischen Kräfte, welche die Revolution entließ, glaubten wahrhaftig, daß ihre Kunst und die sowjetische Politik in dieselbe Richtung gingen. So hat Kasimir Malewitsch erklärt: „Kubismus und Futurismus waren die revolutionären Kunstformen, in denen sich die spätere Revolution der politischen und wirtschaftlichen Kräfte von 1917 bereits ankündigte." Im Jahr 1930 war die gesamte Wertskala auf den Kopf gestellt. Es ist eine besondere Ironie der Geschichte, daß das revolutionäre Rußland nunmehr begann, Kunst von einer Banalität und Eintönigkeit des Ausdrucks hervorzubringen, die eine krasse Antithese zur Revolution darstellt.

In gewisser Weise lag dieser Umschwung im bourgeoisen Charakter Stalins begründet. Darüber hinaus verkörperte er die offizielle Sowjet-Doktrin, die sich auf Lenin berief, und Lenins Worte waren heilig. Russische Ästhetiker und Bürokraten stützten ihre Theorie auf Lenins Worte, daß „Kunst dem Volk gehört". Von nun an diente die Kunst als Vehikel der sowjetischen Propaganda, und der sozialistische Realismus kam in Mode. In allen Diktaturen ähneln sich die Künste, nur die Terminologie ist unterschiedlich. Während Hitler die Avantgarde-Kunst und -musik verbannte, weil sie einen dekadenten Kultur-Bolschewismus verkörpere, verbannte sie Stalin mit der Begründung, sie repräsentiere einen dekadenten imperialistisch-kapitalistischen Formalismus. Jede neuartige Musik war in Rußland verpönt. Komponisten konnten sie nicht schreiben, das Publikum sie nicht hören. Die Zwölftonmusik, alles von Bartók und Hindemith, alles von Strawinski nach *Petruschka* (da bleibt ja nicht viel übrig), alles, was nur den Geruch des Abstrakten hatte, wurde verbannt. Das ganze Land hatte sich isoliert. Keinerlei Veröffentlichungen aus dem Ausland waren erlaubt, und alle ausländischen Rundfunksendungen wurden gestört. So hatten die sowjetischen Komponisten kaum Möglichkeiten, sich umzusehen, was in der Welt vor sich ging. Eine gräßliche Uniformität legte sich wie Mehltau über sowjetische Kunst, Literatur und Musik; und die Kritiker – sämtlich offizielle Sprecher der amtlichen Doktrin – entwickelten einen hanebüchenen Jargon, in dem alle Musik nicht nach ihren Qualitäten, sondern ihrer Verkörperung der reinen Doktrin bewertet wurde. Jurij Keldisch hat in seiner *History of Russian Music* Strawinskys Musik als „reaktionäre Essenz des Modernismus, Anti-Volkskunst, welche die dekadente Ideologie der imperialistischen Bour-

Dmitrij Schostakowitsch (1906–1975).

geoisie reflektiert", verdammt. Alle russischen Kritiker schrieben ähnliches. Der schlimmste Vorwurf gegenüber einem Komponisten war „Formalismus". Keiner wußte genau, was dies bedeutete, aber wenn ein Komponist dessen angeklagt war, tat er gut daran, sich zu „bessern". Allgemein gesprochen, war musikalischer Formalismus, wenn etwas modern oder dissonant klang; alles was man für „pessimistisch" hielt, was nicht die heroischen Ideale des sowjetischen Arbeiters reflektierte. „Formalismus", behauptete Prokofjew, „ist ein Etikett, das man aller Musik aufklebt, die man nicht beim erstenmal versteht."

Damals war Prokofjew nach Rußland zurückgekehrt. 1927 hatte er bereits einen Heimaturlaub angetreten, bei dem er enthusiastisch willkommen geheißen wurde; 1932 war er für immer zurückgekehrt. Strawinsky hat in seinen *Erinnerungen und Kommentaren* kühn behauptet, Prokofjews Rückkehr nach Rußland sei „ein zu Kreuzekriechen" gewesen, weiter nichts. „Aus verschiedenen Gründen hatte er weder in Amerika noch in Europa besonderen Erfolg, aber sein Besuch in Rußland war triumphal. Als ich ihn zum letzten Mal 1937 in New York sah, war er ganz verzweifelt, weil er in Frankreich nichts verdiente und keine Anerkennung fand. Politisch war er jedoch naiv, und hatte von dem Beispiel seines engen Freundes Mjaskowskij nichts gelernt. Er ging nach Rußland zurück, und als er plötzlich merkte, wo er stand, war es zu spät." Nikolaj Mjaskowskij (1881–1950) war ein fruchtbarer Sinfoniker (er komponierte 27 Sinfonien) und bedeutender Lehrer, der gelernt hatte, nach der russischen Pfeife zu tanzen.

Zunächst war Prokofjew einigermaßen glücklich. Man feierte und ehrte ihn, und er hatte viel zu tun, zumal er bis 1937 Auslandstourneen unternehmen durfte. Seinem Freund Vernon Duke berichtete er, wie zufrieden er sei:

> „... Ich stellte Sergej eine knifflige Frage, die mich sehr bewegte. Ich wollte wissen, wie man in der Atmosphäre des sowjetischen Totalitarismus überhaupt leben und arbeiten könne. Einen Augenblick lang schwieg Sergej und sagte dann ruhig und ernst: ‚Das will ich dir genau sagen: ich kümmere mich nicht um Politik – ich bin ausschließlich Komponist. Jedes Regierungssystem, das mich in Frieden komponieren läßt, alles druckt, was ich komponiere, noch bevor die Tinte trocken ist, und jede Note, die mir aus der Feder fließt, aufführt, ist mir willkommen. In Europa müssen wir um Aufführungen betteln, die Dirigenten und Operndirektoren umschmeicheln. In Rußland kommen sie zu *mir* – ich kann kaum mit den Bestellungen Schritt halten. Und außerdem: ich habe eine komfortable Wohnung in Moskau, eine herrliche Datscha auf dem Lande und ein neues Auto. Meine Jugen gehen auf eine gute englische Schule in Moskau ...'"

Prokofjew und Schostakowitsch kannten sich natürlich. Als die zwei Helden der sowjetischen Musik waren sie bei verschiedensten Aufträgen auch gemeinsam tätig. Aber bestenfalls verband sie eine abwartende Beziehung, besonders gemocht haben sie sich nicht. In seinen Erinnerungen hat Schostakowitsch eine Reihe häßlicher Dinge über seinen bedeutenden Kollegen zu sagen. Er nennt ihn einen Poseur; behauptet, er habe nicht instrumentieren können und sich von anderen dabei helfen lassen; seine Musik klinge inzwischen ziemlich langweilig; er habe „die Seele einer Gans" besessen; „er spielte immer die gekränkte Leberwurst"; wichtige Dinge habe er dem unmittelbaren Effekt geopfert.

Schostakowitsch' Memoiren wurden im Oktober 1979 postum in Amerika veröffentlicht, und zwar unter dem Titel *Testimony*. Sie waren von einem sowjetischen Emigranten namens Solomon Wolkow herausgegeben, der behauptete, ein enger Freund des Komponisten gewesen zu sein. Man hat manches im Zusammenhang mit *Testimony* in Frage gestellt, und die Sowjetunion nannte das Buch schlicht eine Fälschung. Wenn diese Erinnerungen jedoch Schostakowitsch' Gedanken zuverlässig wiedergeben, dann zeichnen sie das Bild eines starken schöpferischen Menschen, der dem sowjetischen System, vor allem Josef Stalin, zum Opfer fiel. In seinem Memoirenbuch ist Schostakowitsch fast besessen von Stalin, der damals buchstäblich über Leben und Tod jedes sowjetischen Bürgers entschied.

Bis Mitte der dreißiger Jahre ließ man die Komponisten einigermaßen gewähren. Als jedoch Stalin immer paranoider wurde, begannen sich die ideologischen Fesseln auch auf die Musik auszudehnen, wie früher bei der Literatur und Kunst. Keiner blieb davon verschont, Prokofjew nicht, und auch Schostakowitsch nicht. Er sollte als erster einen Rüffel bekommen, sein Widersacher war Stalin. Die Gelegenheit, dessen Zorn herauszufordern, ergab sich bei einer Vorstellung der *Lady Macbeth von Mzensk* in Moskau 1936. Man sagt, Stalin sei nach dem ersten Akt wütend aus dem Theater gestürmt und habe, außer sich vor Zorn, die „degenerierte" Musik getadelt. Kurz darauf postulierte er drei Kriterien für die sowjetische Oper: die Handlung müsse ein sozialistisches Thema haben; die musikalische Sprache „realistisch", also ohne harte Dissonanzen sein und auf russischer Volksmusik basieren; und die Handlung müsse „positiv" sein, das heißt mit einem happy end, in dem der Staat verherrlicht würde. Gemeinsam mit diesen Forderungen wurde in der *Prawda* ein Angriff auf Schostakowitsch lanciert. Nun wurde es ernst. Ein sowjetischer Musiker, der einen offiziellen Rüffel erhielt, konnte seinen Beruf verlieren und riskierte, daß ihm jede Möglichkeit zur Publikation und Aufführung versperrt wurde. Man konnte ihm auch seine Wohnung und Annehmlichkeiten, wie etwa Auto oder Datscha nehmen. In Stalins Tagen konnte er sogar eingesperrt werden.

Schostakowitsch war zufällig auf einer Konzertreise in Archangelsk, als er den Artikel in der *Prawda* las. Eine Welt brach für ihn zusammen. Bis dahin war er der „golden boy" der sowjetischen Musik gewesen. Nun, so schreibt er in seinen Memoiren, war er abgestempelt, „ein Feind des Volkes", allen seinen Gegnern wehrlos ausgeliefert. „Ich war dem Selbstmord nahe. Die Gefahr schreckte mich, und ich sah keinen anderen Ausweg." Zwar konnte sich Schostakowitsch 1937 mit seiner 5. Sinfonie rehabilitieren; doch im Grunde genommen war er als Komponist ruiniert. Nie mehr schrieb er mit solchem Schwung, solcher Spritzigkeit und Modernität, wie sie seine 1. Sinfonie, *Die Nase, Lady Macbeth* und das 1. Klavierkonzert offenbart hatten. Nun komponierte er nichts als „sichere" Musik, indem er alte Formeln wiederholte und einige der Prokofjewschen Manierismen nachahmte. Erst am Ende seines Lebens wagte er es, die sowjetischen Kulturzaren zu ignorieren und diejenige Musik zu schreiben, die ihm wirklich wichtig war.

Während der dreißiger und vierziger Jahre, nachdem Schostakowitsch von der Bühne abgetreten war, galt Prokofjew im sowjetischen Musikleben als dominierend. Manches von seiner Harmonik und sarkastisch klingenden Melodik vermochte man in den Werken fast aller bedeutenden sowjetischen Komponisten des Tages wiederzufinden – bei Schostakowitsch, Dmitrij Kawalewskij, Aram Chatschaturjan und Tichon Chrennikow. Sie alle komponierten eine Art verwässerten Prokofjew. Aber auch er selbst tat dieses. Und sie alle machten sich zum Aushängeschild des Staates und seiner Propaganda – alle, außer Prokofjew, der groß und hartnäckig genug war, nichts zu tun als nur zu komponieren. Er schrieb Filmmanuskripte, von denen *Leutnant Kije* (1934) und *Alexander Newsky* (1939) die populärsten wurden. Er beendete 1935 sein 2. Violinkonzert, 1936 *Peter und der Wolf* und seine Ballettmusik *Romeo und Julia*. Alle diese Werke wurden auch international große Erfolge. Seiner Oper mit dem Titel *Semjon Katko* (1939) war jedoch kein Erfolg beschieden. Ein weiteres Bühnenstück *Die Verlobung im Kloster* (1946) nach Sheridans *The Duenna* erlebte nur wenige Vorstellungen. In den Kriegsjahren waren indes eine Reihe wichtiger Werke entstanden – die gewaltige Oper *Krieg und Frieden*, die 7. Klaviersonate, das 2. Streichquartett, die Flöten-(Violin) Sonate in D, die Ballettmusik *Aschenbrödel* sowie die 5. Sinfonie. Das waren eindeutig Partituren eines Meisters, wenn auch verschieden von seinen Werken aus der französischen und amerikanischen Periode. Doch enthielten sie Prokofjews rhythmische, melodische und harmonische Sprache, auch wenn sie weniger modern, weniger stählern klangen. Es war eine etwas „mildere" Musik, die den Prinzipien des sozialistischen Realismus treu blieb.

Aber selbst ein so berühmter und international renommierter Komponist wie Prokofjew war gegen Kritik nicht immun; im Jahr 1948 gab es höchsten Alarm: Prokofjew und alle übrigen maßgeblichen sowjetischen Komponisten wurden von seiten der Regierung angegriffen. Das Ereignis, das diese Explosion bewirkte, war die Premiere von Vano Muradelis Oper *Große Freundschaft* am 7. November 1947. Man bezichtigte sie der historischen und ideologischen Inkorrektheit, mit „ausdrucksloser, armseliger, unharmonischer, unordentlicher Musik ... Auf durchgehenden Dissonanzen und ohrenbetäubenden Klangkombinationen beruhend." Drei Monate später trat das Zentralkomitee der Kommunistischen Partei zusammen, um die Vorwürfe gegen Muradeli, Prokofjew, Schostakowitsch, Chatschaturjan, Mjaskowskij, Wissarion Schebalin und andere zu formulieren. Das Zentralkomitee veröffentlichte eine Resolution, in der diese Komponisten des Formalismus, „antidemokratischer Tendenzen, die dem sowjetischen Volk und seinem künstlerischen Geschmack widersprechen", geziehen wurden; ferner hätten sie eine Musik komponiert, die „stark an den Geist der zeitgenössischen modernistischen bourgeoisen Musik in

Europa und Amerika erinnert". In diesem Stil ging die Philippika Seite für Seite weiter. Auch die Kritiker bekamen etwas ab. „Die Musikkritik hat aufgehört, die Meinung der sowjetischen Gesellschaft wiederzugeben." Das Dokument enthielt die Drohung, daß solche Musik „nicht länger toleriert werden" könne, und endete mit einem Vier-Punkte-Programm:

> „1. Die formalistische Bewegung in der Sowjetmusik, die antinationalen Charakter trägt und auf die Liquidation der Musik hinsteuert, zu verdammen.
> 2. Die Agitprop-Abteilung des Zentralkomitees und das Komitee der schönen Künste zu veranlassen, die Lage der Sowjetmusik zu korrigieren; die in der vorliegenden Resolution des Zentralkomitees erwähnten Abweichungen zu liquidieren und die Entwicklung der Sowjetmusik in eine realistische Richtung zu sichern.
> 3. Die sowjetischen Komponisten aufzurufen, die ‚vornehmen' Bedürfnisse des sowjetischen Volkes nach musikalischer Kunst vollständig zu verwirklichen, alles aus ihrem Wege zu räumen, das unsere Musik schwächen und ihre Entwicklung behindern kann, und einen Aufschwung des schöpferischen Werkes zu sichern, der die sowjetische Musikkultur vorantreibt und auf allen musikalischen Feldern zur Schaffung hochqualifizierter Werke beiträgt, die des sowjetischen Volkes würdig sind.
> 4. Alle organisatorischen Maßnahmen der entsprechenden Partei- und Staatsorgane zu billigen, die ergriffen worden sind, um den Zustand des musikalischen Lebens zu verbessern."

Das geschah am 10. Februar 1948. Vom 17. bis zum 26. Februar wurde in Moskau ein sowjetischer Musikerkongreß abgehalten, bei dem Andrej Schdanow, der Sprecher des Politbüros für kulturelle und ideologische Fragen, die Punkte des Zentralkomitees erläuterte. Chrennikow sprach nach ihm und griff seine Kollegen an, die er das Formalismus bezichtigte. Dabei erwähnte Chrennikow ausdrücklich die 8. und 9. Symphonie sowie die 2. Klaviersonate von Schostakowitsch, ferner Prokofjews *Krieg und Frieden,* seine 6. Klaviersonate und eine Reihe anderer Klavierstücke. Er behauptete, die sowjetischen Komponisten „müssen alle Relikte des bourgeoisen Formalismus in der Musik als überflüssigen und schädlichen Unrat von sich werfen." (Chrennikow wurde kurz danach zu einer mächtigen Figur der sowjetischen Musikbürokratie.) Einer nach dem anderen unter den angeklagten Komponisten erhob sich und bereute. Muradeli: „Wie konnte es geschehen, daß ich nicht ein einziges Volkslied in meiner Opernpartitur verwendet habe? ... Vor mir liegt die wichtige Aufgabe, die Schwere meiner künstlerischen Fehler rückhaltlos zu erkennen und diese Irrtümer mit ideologischer Klarheit in meinem zukünftigen Werk zu korrigieren." Schostakowitsch: „Ich bin zutiefst dankbar für ... alle Kritik, die in der Resolution enthalten ist ... Ich werde mit noch größerer Entschlossenheit an die musikalische Schilderung des heroischen sowjetischen Volkes herangehen." Chatschaturjan: „Wie konnte es dazu kommen, daß ich in meiner Kunst beim Formalismus angelangt bin? . . Ich möchte alle jene

Prokofjew und Schostakowitsch 587

Genossen warnen, die, wie ich selbst, hofften, daß ihre Musik, die vom Volk heute nicht verstanden wird, dieses Verständnis bei künftigen Generationen finden wird. Dies ist eine tödliche Theorie. In unserem Land gibt es Millionen von Menschen, ja die gesamte Sowjetnation, die inzwischen Freunde der Musik geworden sind. Welche höhere und vornehmere Aufgabe kann es geben als die, Musik zu komponieren, die unser Volk versteht, und die durch ihre schöpferische Kraft Millionen Freude bereitet?" Prokofjew: „Die Resolution ... hat das tote Gewebe der schöpferischen Produktion des Komponisten von den gesunden Teilen getrennt ... Die Resolution ist vor allem wichtig, weil sie demonstriert, daß die formalistische Bewegung dem sowjetischen Volk fremd ist ..." Alle Komponisten verfaßten gemeinsam einen Brief an Stalin, in dem sie ihm für die öffentliche Maßregelung dankten: „Wir sind dem Zentralkomitee der KPdSU (Bolschewiki) und Ihnen persönlich, verehrter Genosse Stalin, außerordentlich dankbar für die schwere, aber völlig gerechte Kritik am gegenwärtigen Stand der Sowjetmusik ... Wir werden jede Anstrengung unternehmen, unser Wissen und unsere künstlerischen Fähigkeiten einsetzen, um eine lebendige, realistische Musik hervorzubringen, die das Leben und den Kampf des Sowjetvolkes widerspiegelt ..."

Wen wundert es da noch, daß jede im Verborgenen blühende Idee einer Individualisierung der Musik nach der Resolution des Zentralkomitees 1948 keine Nahrung mehr fand? Wenn jene perfekten Kindereien in Prokofjews *Krieg und Frieden* bereits als formalistisch verdammt wurden, was blieb dem sowjetischen Komponisten noch übrig, als Volkslieder zu instrumentieren und es damit genug sein zu lassen? Nun folgte eine Periode absoluter Eintönigkeit. Russische Musik hatte, ebenso wie russische Malerei, der Welt nichts mehr zu bieten. Selbst die bedeutendsten Komponisten des Landes, Prokofjew und Schostakowitsch, reduzierten ihre Arbeit darauf, simple, unzweideutige Partituren ihres künstlerischen Unvermögens zu produzieren – ein musikalisches Äquivalent zu jener Bauernmalerei, welche die bildenden Künstler beisteuerten. Schostakowitsch machte sich an das Komponieren neuer Kammermusik, weiterer Sinfonien und Filmmusiken. Prokofjews Ballett *Die steinerne Blume* (1948) war ein musikalischer Aufguß, das 2. Cellokonzert (1950, später als Sinfonia concertante für Cello und Orchester revidiert) und die 7. Sinfonie folgten im letzten Jahr seines Lebens. Er starb am 5. März 1953 in Moskau, am selben Tag wie Stalin.

Prokofjew hat eine große Reihe von Werken hinterlassen, die bis zum heutigen Tag an Popularität nichts eingebüßt haben. Bis zur Stunde ist er einer der meistgespielten Komponisten des 20. Jahrhunderts. Zwei von seinen Klavierkonzerten, beide Violinkonzerte, die 5. Sinfonie, viele Klavierstücke (vor allem die 3., 7. und 8. Sonate) und zumindest drei seiner Ballettmusiken – *L'Enfant prodigue, Romeo und Julia* und *Aschenbrödel* – kann man regelmäßig hören. *Alexander Newskij* wird eines der bedeutendsten Filmmusik-Beispiele bleiben. Dennoch ist es wahrscheinlich, daß ein großer Prozentsatz seines Werkes nach und nach aus den Programmen verschwinden wird: In den frühren Werken stellte er häufig den Effekt über den Inhalt; und in den späteren fühlte er sich veranlaßt, harmlose, ja billige Musik zu schreiben, was im Grunde genommen zynisch war. Kompositionen wie die 7. Klaviersonate, die D-Dur-Geigensonate und das g-Moll-Violinkonzert werden sich nicht lange halten. Prokofjews emotionale Bandbreite als Komponist war begrenzt, und öfter – zum Beispiel in *Der feurige Engel* – wollte er schlichtweg schockieren. Aber sowie dieser Effekt verrauscht ist, bleibt nicht viel übrig. Doch in seinen besten Kompositionen rührte er an einen bloßliegenden Nerv dieses Jahrhunderts.

Nach Stalins Tod entwickelte sich eine etwas liberalere Kunstpolitik; der zweite Allunionskongreß der Komponisten 1957 zeigte sogar etwas wie ein Verlangen nach mehr künstlerischer Freiheit. Nikita Chruschtschow, der 1958 zur Macht gekommen war, trat zwar noch öffentlich für die alte Doktrin des sozialistischen Realismus ein, aber viele Menschen in der Sowjetunion glaubten, daß der neue Parteisekretär diese Meinung nur für die amtliche Öffentlichkeit abgab. Sie ließen sich durch den Parteibeschluß von 1958 ermutigen, in dem Muradeli und alle übrigen, die 1948 gerügt worden waren, ausdrücklich entlastet wurden.

Während dieser Zeit blieb Schostakowitsch die beherrschende Figur der Sowjetmusik, und in seinem Heimatland wurde er vergöttert. 1957 wählte man ihn zum Sekretär der Union Sowjetischer Komponisten, 1966 verlieh man ihm zwei der höchsten sowjetischen Auszeichnungen – Held der sozialistischen Arbeit und den Lenin-Orden. Im selben Jahr erlitt er eine Herzattacke; der scheue, nervöse, noch immer kettenrauchende Schostakowitsch zog sich ganz aus dem öffentlichen Leben zurück. Er komponierte weiter, arbeitete an einer Serie von Streichquartetten, von denen das Werk Nr. 8 autobiographische Züge trägt und aus früheren Werken zitiert. Seine Oper *Lady Macbeth* erfuhr einige Revisionen und kehrte unter dem neuen Titel *Katerina Ismailowa* auf die Bühne zurück, ja sie wurde sogar verfilmt. Im Jahre 1962 vollendete er seine 13. Sinfonie, die fünf Gedichte von Jewgenij Jewtuschenko verwendet, von denen eines, Babi Jar, die Juden-Massaker in Kiew während des Zweiten Weltkriegs behandelt. Man sprach davon, daß Chruschtschow die Behandlung dieses Themas mißbilligte; die Uraufführung wurde zu einem bedrückenden Ereignis: Obwohl das Werk von zwei der kulturellen Stars der Sowjetunion stammte, nahm kein Regierungsmitglied daran teil. Amtliche Mißbilligung wurde zwar nur inoffiziell laut, doch nach zwei Aufführungen wurde die Sinfonie zurückgezogen. Im folgenden Jahr, nachdem Jewtuschenko eine Revision des Textes vorgenommen hatte (die Musik blieb davon unberührt), wurde sie wieder gespielt. Aber selbst in der ersten Version bleibt es blanke Musik des sozialistischen Realismus, ein Beispiel musikalischer Plakat-Propaganda. Das Stück hat nur wenige Aufführungen erlebt.

Zu jener Zeit war Schostakowitsch bereits ein trauriger, verbitterter Mann, der genau wußte, was er alles hätte leisten können, wenn er die notwendige Freiheit dazu gehabt hätte. In seinen Memoiren erläutert er, warum er dennoch so und nicht anders gehandelt hat, und identifiziert sich mit Hamlet: „Besonders berührt mich Hamlets Gespräch mit Rosenkrantz und Güldenstern: als Hamlet sagt, er sei keine Flöte, auf der die Menschen blasen könnten. Eine herrliche Passage. Gut, daß er immerhin ein Prinz war. Sonst würden sie so auf ihm geblasen haben, daß er gar nicht gemerkt hätte, wie ihm geschah." Auch den *König Lear* liebte er: „Im *Lear* ist für mich das wichtigste der Zusammenbruch der Illusion des unglücklichen Königs. Nein, eigentlich nicht der Zusammenbruch. Ein Zusammenbruch kommt plötzlich, mit einem Schlag, und alles ist vorbei. Das ist keine Tragödie, das wäre uninteressant. Aber zu beobachten, wie diese Illusionen allmählich sterben, das ist eine andere Sache. Das ist ein quälender, schmerzhafter Prozeß." Soweit Schostakowitsch/Hamlet/Lear – ein Mensch, der seine Illusionen verloren hatte, ein verzweifelter, langsam sterbender Mensch, der sich durch sein Leben und seine Arbeit schleppt, von einem tristen Tag in den anderen. Alles, was er vermochte, war dieses Gefühl in Musik umzusetzen, und es scheint (wenn man seinen Memoiren vertrauen will), daß er in seiner Musik etwas sah, was von der offiziellen Meinung durchaus abwich. Die 7. Sinfonie beispielsweise wird in der Öffentlichkeit als ein musikalisches Abbild der Schlacht um Leningrad und der Rolle der heroischen sowjetischen Verteidiger bezeichnet. Schostakowitsch sah dies völlig anders. Er behauptet, seine 7. Sinfonie wäre bereits vor dem Krieg konzipiert gewesen und „daher nicht das bloße Echo mit Hitlers Überfall ... Ich dachte an ganz andere Feinde der Menschheit, während ich dieses Thema komponierte." Die „anderen Feinde" waren natürlich Stalin und seine Satrapen. „Der Krieg gegen Hitler brachte unendlich viel neues Leid, neue Zerstörungen. Aber darüber habe ich die schrecklichen Vorkriegsjahre nicht vergessen. Davon zeugen alle meine Sinfonien, angefangen mit der 4. Die 7. und die 8. gehören ebenfalls dazu ... Die meisten meiner Sinfonien sind Grabdenkmäler. Zu viele unserer Landsleute kamen an unbekannten Orten um. Niemand weiß, wo sie begraben liegen, nicht einmal ihre Angehörigen. Wo soll man Meyerhold ein Denkmal setzen? Wo Tuchatschewski? Man kann es in der Musik. Ich würde gern für jeden Umgekommenen ein Stück schreiben. Das ist unmöglich. Darum widme ich ihnen allen meine gesamte Musik."

Nachdem Chruschtschow 1964 von Alexej Kossygin und Leonid Breschnew abgelöst worden war, wurde die allgemeine künstlerische Doktrin etwas gelockert. Man störte nicht mehr die Rundfunksendungen, und Studenten und junge Komponisten konnten nicht nur ausländische Musiksendungen hören, sondern sie auch auf Tonband festhalten. Ein Dutzend junger Leute fing sogar an, serielle Musik zu schreiben, wobei sie ohne Unterrichtsmaterial auskommen und sich Informationen von Besuchern aus dem Ausland verschaffen mußten. Ihre Stücke fanden zwar keine offizielle Anerkennung, aber die Behörden ließen sie zumindest in Ruhe. Plötzlich konnte man wieder Strawinskys und Bartóks Werke hören, und eine ganze Generation von Musikern begann von neuem, *Le Sacre du Printemps* und die *Musik für*

Streichinstrumente, Schlagzeug und Celesta nachzuahmen wie vordem die Werke von Prokofjew und Schostakowitsch.

Schostakowitsch selbst ließ sich von diesem neuen „Tauwetter" nicht beeindrucken. Es dauerte ja auch nicht allzu lange. Nach dem Prager Frühling 1968 kehrte in der Sowjetunion wieder das ideologische Frostwetter ein und damit eine neuerliche Beeinträchtigung der künstlerischen Freiheit. Schostakowitsch findet bittere Worte über die nachstalinistische Musikbürokratie, die von Tikon Khrennikow angeführt wurde, der jahrzehntelang Oberhaupt des sowjetischen Komponisten-Verbandes ist. Der Schostakowitsch der letzten Lebensjahre enthüllt sich in seinen Memoiren als ein Genie, der jedes Vertrauen zu sich und der Welt, in der er lebt, verloren hat. Die letzten Seiten seines Buches zeigen die Düsternis und das Selbstmitleid eines Dostojewski: „Nein, ich habe keine Kraft mehr, mein trübseliges Leben noch weiter zu beschreiben. Daran, daß es trübselig war, kann jetzt niemand mehr zweifeln. In meinem Leben gab es keine besonders glücklichen Augenblicke, keine besonderen Freuden. Es war ziemlich grau und farblos. Die Erinnerung daran macht mich traurig." Die letzte Seite seines Buches ist so düster wie seine 14. Sinfonie. Da spricht er von den jungen sowjetischen Menschen, denen vielleicht die Chance zu einer menschenwürdigen Existenz gegeben wird: „Vielleicht gehen sie besser vorbereitet, besser abgehärtet als ich ins Leben. Vielleicht wird ihr Leben frei sein von den Bitternissen, die mein Leben grau gefärbt haben." Aber auch im Jahr 1980 schienen die Chancen für die jungen sowjetischen Musiker gering. Schostakowitsch ist tot, die Ideologen sind weiterhin wachsam, die sowjetische Musiklandschaft öde, ohne einen einzigen Komponisten in diesem unermeßlichen Land, dessen Name international etwas bedeutet. Solange im ästhetischen und politischen Denken der Sowjetunion keine Umkehr erfolgt, wird das Land kaum in der Lage sein, Musik hervorzubringen, die die Chance des Überlebens besitzt.

36. Kapitel

Busoni, Weill, Hindemith
Deutscher Neoklassizismus

In den frühen zwanziger Jahren dieses Jahrhunderts hat es einige Komponisten gegeben, die sich der Vergangenheit zuwandten. Da gab es Strawinsky und seinen Neoklassizismus; Max Reger mit seiner Zurück-zu-Bach-Bewegung. Und Paul Hindemith mit seiner Wiederbelebung des Barocken. Und es gab Ferruccio Busoni, der als Apostel des jungen Klassizismus (bisweilen auch „Neuer Klassizismus" genannt) fungierte.

Busoni war einer der bedeutendsten und originellsten Pianisten, ein Intellektueller, ein Komponist, dessen Werke sowohl damals wie heute nur selten zu hören sind, eine jener bedeutenden Übergangsfiguren, dessen rastloser Geist und dessen Theorien die Menschen weit mehr interessierten als die Werke, die daraus entstanden. Selbst so fortschrittliche Komponisten wie Debussy, Strawinsky und Schönberg begnügten sich beim Komponieren mit den Ganz- und Halbtönen innerhalb der Oktave. Busoni hingegen stellte bereits 1906 die Theorie auf, man könne die Oktave auch in 36 Intervalle teilen, und dachte ernsthaft über die Konstruktion eines neuen Instrumentes nach, das imstande wäre, solche Mikrotöne zu produzieren (der Gedanke mikrotonaler Musik geht auf das frühe Griechentum zurück, und auch Musiker des Mittelalters haben sich darüber den Kopf zerbrochen, wenn auch ihre Theorien längst vergessen sind). Busoni gelang es im Zuge seiner Bemühungen das musikalische Vokabular zu erweitern, 113 verschiedene Tonleitern auszuarbeiten, in denen er die normalen Intervalle erhöhte bzw. erniedrigte. Einige Beispiele: C, Des, D, Fes, G, A, H, C; oder C, D, ES, Fes, G, Ais, H, C; oder C, Des, Es, Fis, Gis, A, B, C. In seinem *Entwurf für eine neue Ästhetik der Musik* (1911) spricht er von einem „Reichtum" des harmonischen und melodischen Ausdrucks durch Spaltung des Ganztons in drei Teile. Als in den Vereinigten Staaten Thaddeus Cahill ein Instrument mit dem Namen Dynamophone erfand, das in der Lage war, elektrischen Strom in bestimmte, mathematisch exakt zu berechnende Schwingungen umzuwandeln, bemühte sich Busoni, dieses Instrument für die Produktion mikrotonaler Musik zu benutzen. Mehr noch: dieses Dynamophon arbeitete völlig unabhängig von allen übrigen Musikinstrumenten, und Busoni sah darin bereits die Möglichkeiten der heutigen elektronischen Musik. Seine Gedanken führten direkt zum Werk des tschechischen Komponisten Alois Hába, der um 1920 mit Viertel- und Sechsteltönen zu experimentieren anfing. Busoni hat schließlich auch manches im Werk von Edgar Varèse vorweggenommen.

Busonis eigene Kompositionen sind jedoch weder mikrotonal noch elektronisch. Es genügte ihm, Theorien auszuarbeiten, doch komponierte er niemals

Ferruccio Busoni (1866–1924).

Ferruccio Busoni: »Kadenz zum Violinkonzert von Johannes Brahms«.
Autograph, 16. 9. 1913.

594   Deutscher Neoklassizismus

Werke, denen solche riskanten Ideen zugrunde liegen. Er wurde am 6. April 1866 in Empoli geboren und starb am 27. Juli 1924 in Berlin. Sein Vater war Italiener, seine Mutter deutsch-italienischer Abstammung. Busoni war eines von jenen phantastisch begabten Kindern, die kaum eines Lehrers bedürfen, weil sie, was Musik anlangt, alles längst wissen. Mit acht Jahren trat er bereits öffentlich auf, mit zehn war er fast schon ein Routinier auf dem Konzertpodium. Außer seiner Mutter hat ihn niemand am Klavier unterrichtet; die einzigen Kompositionsstunden nahm er 1886 während eines kurzen Aufenthalts am Leipziger Konservatorium, als er bereits zwanzig Jahre alt war. Der gut aussehende junge Mann hätte als Klaviervirtuose die ganze Welt zu seinen Füßen gesehen, aber offensichtlich war er doch etwas zu reserviert, etwas zu intellektuell für die Tagesmode, so daß ihm der Applaus des großen Publikums versagt blieb. Lange Zeit unterrichtete er – in Helsingfors, in Moskau und in Boston – und unterbrach diese Tätigkeiten durch ausgedehnte Konzertreisen. In Berlin war er lange Jahre zu Hause, wo er von 1894 bis 1914 wohnte und Leiter einer Meisterklasse war. Als Klavierspieler war er Exponent der „großen Geste"; er besaß eine stupende Technik und konzentrierte sich auf die großen Werke des Repertoires, die er mit einer neo-Lisztschen Virtuosität und einer Intellektualität des 20. Jahrhunderts interpretierte. So fand er nichts dabei, auf den Programm Beethovens *Hammerklaviersonate* und gleichzeitig vier Balladen von Chopin zu setzen. Der Krieg machte seiner Berliner Tätigkeit ein Ende, und er ließ sich in Zürich nieder. Nach 1920 kehrte er in die deutsche Reichshauptstadt zurück, wo er hauptsächlich Kompositionsfächer unterrichtete.

Busonis Ziel als Komponist war es, italienische Wärme mit deutscher Formstrenge zu vereinen. Trotz mancher weither geholter Theorien war er im Grunde ein Traditionalist, ja Konservativer. Als er 1919 den Begriff „Junge Klassizität" prägte, erläuterte er, das bedeute „die Meisterung, die Sichtung und Ausbeutung aller Errungenschaften vorausgegangener Experimente: ihre Übertragung in feste und schöne Formen." Teil der Jungen Klassizität war „der definitive Abschied vom Thematischen und das Wiedererreifen der Melodie ... das Abstreifen des ‚Sinnlichen' und der Verzicht auf den Sujektivismus ... die Wiedereroberung der Heiterkeit (Serenitas)." Nach seinen Worten stellte die Junge Klassizität den Weg zu einer „Vollendung in zweifachem Sinne dar, Vollendung als Perfektion und Vollendung als Beendigung. Conclusion vorausgegangener Versuche." Das war ein milder Aufruf, wenn man ihn mit den Manifesten der Futuristen verglich, der zweiten Wiener Schule und den Primitivisten; so ist es kein Wunder, daß die breite Öffentlichkeit von der Jungen Klassizität nur wenig Notiz nahm.

Weil verschiedene Avantgarde-Theorien durch Busonis Schriften hindurchschimmern, haben manche Exegeten in seine Musik Dinge hineingelesen, die in ihr gar nicht existieren. Tatsache ist, daß seine Musik, wenn auch oft außerordentlich interessant, doch einen eklektischen Ansatz gegenüber den neuen Formproblemen darstellt, die in der ersten Hälfte dieses Jahrhunderts virulent wurden. Schöpferische Temperamente wie Strawinsky und Schönberg kamen mit eigenen Lösungen, Busoni (wie übrigens auch Reger) offerierten Auswege – der eine mit seiner jungen Klassizität, der andere mit seiner Zurück-zu-Bach-Bewegung; im Grunde genommen hatten sie den Radikalen der damaligen Zeit nicht viel Interessantes zu bieten. Busonis frühe Kompositionen, von denen er später manches zurückzog, sind in blankem postromantischen Stil, mit einer deutlich hörbaren Verbeugung vor Brahms geschrieben. Eine Art Übergangswerk ist das monumentale Klavierkonzert (1904), das in einem Chorfinale mündet. Die drei für Busoni wichtigsten Komponisten waren Bach, Beethoven und Liszt. Einer seiner Aphorismen lautet: „Bach ist die Grundlage des Klavierspiels, Liszt sein Gipfel. Sie beide machten Beethoven möglich." Busonis drei Idole kommen denn auch in seinem Klavierkonzert zu Wort. Selbst eine Anspielung auf Tschaikowsky gibt es. Wenn dieser schon ein populäres Klavierkonzert mit schmetternden Anfangsakkorden zu komponieren wußte, so tat es ihm Busoni nach, und zwar gleich mit einer Serie gigantischer Akkorde, die zehnmal so lange anhalten wie der berühmte Beginn des Tschaikowsky-Konzerts. Der Klaviersatz leitet sich von Liszt her, und ein Satz dieses Busoni-Konzerts basiert völlig auf einem Thema Liszts, und zwar auf der Tarantella in *Venezia e Napoli*. Busonis musikalischer Geist scheint vieles aufgesogen und kaum eine Note, die er je gehört hatte, vergessen zu haben; so konnte er sich niemals von Themen und Gedanken fremder Komponisten völlig lösen. Sein Klavierkonzert – ungeachtet einiger Kritiken – ist im Grunde nichts als ein ehrgeiziges, weiträumiges Stück romantischer Musik, in dem Busoni entschlossen war, Liszt, Rubinstein, Tschaikowsky und alle übrigen Komponisten virtuoser Konzerte auszupunkten. Das Finale, für Männerchor, wirkt künstlich hinzugefügt. So interessant es in sich sein mag, so ist es doch in diesem Konzert fehl am Platze; es verleiht der Komposition eine Aura forcierter Kunstfertigkeit.

Später ist Busoni wohl in der Lage gewesen, diesen offensichtlichen postromantischen Charakter seiner Musik abzustreifen. Er begann eine Reihe von Stücken, die sehr überlegt, sehr rätselhaft und voller neuartiger Wendungen sind. Es ist ein ganz persönlicher Stil, der dem allgemeinen Trend der damaligen Zeit zuwiderläuft. Als Strawinski die Welt mit den Rhythmen und Barbarismen seines *Sacre* in Erstaunen setzte, als Schönberg in einen atonalen Expressionismus mündete und Debussy eine neue Welt der sinnlichen, anti-akademischen Farben schuf, arbeitete Busoni in einem Medium, das sehr viel intellektueller und gar nicht sinnlich war: einem Medium, in dem alte Formen in neue Sprachen übersetzt wurden. Doch Busonis „Neoklassizismus" trat schüchtern auf, ganz im Gegensatz zu Strawinskys revolutionärer Filterung klassischer und barocker Elemente mit Hilfe einer dissonanten und polyrhythmischen musikalischen Sprache. Busonis Harmonik und Rhythmik blickten nach rückwärts, sie entfernten sich kaum vom 19. Jahrhundert.

Dennoch ist seine Musik rechtschaffen und ganz individuell. Seine Bewunderung für Bach ist in der bemerkenswerten *Fantasia contrapuntistica* für Klavier (später für zwei Klaviere arrangiert) sichtbar. Innerhalb von 25 Minuten wird der Bach vom Jahre 1740 in den Beginn des 20. Jahrhunderts befördert. Zur gleichen Zeit schrieb auch Reger seine an Bach orientierten Stücke, aber er bediente sich fast eines Franckschen Klaviersatzes von farbiger Harmonik und gesundem Genießertum. Busonis Bach-Vorstellung dagegen war intellektuell und von eindrucksvoller Strenge. Die *Contrapuntistica* enthält zwölf Abschnitte – eine Reihe von Variationen über Bachs *Ehre sei Gott in der Höhe,* denen vier Fugen, durch ein Intermezzo und Variationen unterbrochen, folgen, und schließlich einen Choral. Die erste Fuge ist der Versuch, das letzte Stück in Bachs *Kunst der Fuge* zu Ende zu komponieren. Aber dann kommen eine Reihe bemerkenswerter Wendungen. Im Verlauf des Werkes vernimmt man allmählich eine Beethovensche Entwicklung des Fugenthemas: Die *Kunst der Fuge,* gesehen (oder besser gehört) durch Beethovens *Große Fuge* – voll rätselhafter, dissonanter Triller und aufsehenerregender harmonischer Wirkungen. Schließlich findet Busoni zu sich selbst zurück, und das Ende der *Fantasia contrapuntistica* ist seine eigene Musik. Die Harmonien werden trocken, bisweilen dissonant, und der Eindruck entsteht, als wenn der Barockmeister Bach ein ihm fremdes musikalisches Gewand übergestülpt bekäme. Liszt macht sich im Klaviersatz bemerkbar (und zwar der Liszt der *Variationen über Weinen und Klagen*), vor allem in der Fassung für zwei Klaviere. Aber was zu hören ist, ist ein moderner Liszt, wenn auch ohne die für ihn typischen glitzernden pianistischen Auswüchse. So schwer und virtuos die *Fantasia contrapuntistica* auch ist, so gilt sie doch nicht als ein ausgesprochenes Virtuosenstück.

Außer seinen vielfältigen Klavierwerken komponierte Busoni eine Reihe von Opern – *Die Brautwahl* (1912), *Arlecchino und Turandot* (1917) und *Doktor Faust* (1925), den er unvollendet hinterließ. Mit ihnen befindet er sich in guter Nachbarschaft zu Puccinis *Turandot,* Boitos *Nerone* und Bergs *Lulu.* Sein Schüler Philipp Jarnach hat die letzten Szenen nach den Skizzen des Lehrers vollendet. Busoni hatte 1914 ein eigenes Libretto geschrieben, war aber als Pianist so viel unterwegs, daß er diese Oper nur in Abständen zu Ende schreiben konnte. Längst waren die Tage vorbei, in denen es einem Rossini oder Donizetti gelang, eine komplette Oper innerhalb von drei Wochen zu produzieren.

Doktor Faust ist eines der bemerkenswertesten Bühnenwerke mit einigen modernen Gedanken. Busoni selbst hatte einiges höchst Faustische an sich, vielleicht auch etwas von Hamlet: „Ein schwacher Mann, doch ein tüchtiger Ringer, dessen Zweifel ihn hier und dort hintreiben; ein Meister des Gedankens, Sklave seines Instinkts, der alles erforscht, doch keine Antwort findet." So komponierte Busoni ein Werk über die eigene Natur. *Doktor Faust* bildet eine Summe des eigenen Lebens: ein zerrissenes, kompliziertes Werk, das in die Vergangenheit blickt und doch Abschnitte enthält, die prophetisch wirken. Busoni hat uns über diese Oper einige Anmerkungen hinterlassen. Dabei lag ihm daran, so berichtet er, Goethe möglichst aus dem Wege zu gehen, aber die Faust-Idee hatte ihn fasziniert. Seine Lösung war daher, Bestandteile des mittelalterlichen Puppenspiels einzubeziehen, die er mit Symbolgehalten füllte. Am Ende der Oper überantwortet Faust seinen Geist dem Leichnam jenes

Kindes, das ihm die Herzogin von Parma geboren hatte. „Nachdem Faust – auf seinen letzten Versuch einer Annäherung an Gott – auch den Glauben von sich geworfen, schreitet er zu einer mystischen Handlung, die ihm sein erschöpftes Leben erneuert."

Busoni hatte wenig mit jenen Opernkomponisten gemeinsam, die, wie Gounod in seiner Fassung des *Faust,* eher beschreibende, illustrierende Musik komponierten. In seinem Werk suchte er einen größeren Zusammenhang, „vornehmlich war es mir darum zu tun, musikalisch-selbständige Formen zu gießen, die zugleich dem Worte, dem szenischen Vorgang sich anpaßten, die jedoch, auch losgelöst vom Worte, von der Situation, ein eigenes und sinnvolles Bestehen führten". So ist die Teufelsszene eine Variationsform, das szenische Intermezzo ein Rondeau, und so fort. Das ist genau derselbe Weg, den Berg in seinem *Wozzeck* beschreiten sollte. Dies ist auch in *Doktor Faust* der originellste Charakterzug. Die Musik selbst variiert: es gibt mehrere offenkundige Ableitungen von Berlioz, Liszt und Wagner, und auch Strauss spielt eine Rolle. Diese Phänomene sind leicht auszumachen, aber auch dann verblüfft ihre ungewöhnliche, originelle Gestalt, in der sie aufscheinen. Trotz aller dieser Herleitungen und der allgemein dem 19. Jahrhundert verpflichteten Harmonik ist der Charakter der gesamten Oper höchst originell; es ist ein Post-Wagnerismus ohne Wagner, Post-Straussismus ohne Strauss. Sie besitzt eine melodische Faktur, die hie und da an den frühen Schönberg erinnert. Im 2. Präludium gibt es eine Passage, die Doktor Schön und sein Liebesmotiv in Bergs *Lulu* direkt vorwegnimmt.

Wie vor ihm Gustav Mahler, glaubte Busoni daran, für eine spätere Generation zu komponieren, und deutete dies in seinem Epilog des *Doktor Faust* an:

> „Noch unerschöpft beharren die Symbole,
> die dieser reichste Keim in sich begreift,
> es wird das Werk fortzeugen eine Schule,
> die durch Jahrzehnte fruchtbar weiterreift,
> daß jeder sich heraus das Eigene hole,
> so, daß im Schreiten Geist auf Geist sich häuft."

Doch im Gegensatz zu Mahler hat Busoni noch keine Renaissance erlebt, obwohl man sich Ende der sechziger Jahre für sein Werk mehr zu interessieren begann. Sein *Doktor Faust* hat nur wenige Aufführungen in Europa erlebt und ist in den Vereinigten Staaten bis 1980 nur zweimal inszeniert worden. Der Opernkomponist, der den Erfolg des Jahrzehnts für sich verbuchte, war nicht Busoni, sondern sein Schüler Kurt Weill, dessen *Dreigroschenoper* einen außerordentlichen internationalen Erfolg errang, der bis heute anhält.

Weill wurde am 2. März 1900 in Dessau geboren und starb in New York am 3. April 1950. Er begann mit respektierlicher „moderner Musik", die in regelmäßigen Intervallen bei den verschiedenen Festivals der Internationalen Gesellschaft für Neue Musik (IGNM) aufgeführt wurde. Sie wurde stets mit

Kurt Weill (1900–1950).

Kurt Weill und Lotte Lenya. Premiere der »Dreigroschenoper«, 31. 8. 1928.

600 Deutscher Neoklassizismus

guten Kritiken bedacht und danach nie wieder gespielt. (Nach Weills Tod hat man versucht, diese Stücke zu beleben, aber sie haben sich als zu schwach erwiesen). Erst als Weill begann, mit Bertolt Brecht zusammenzuarbeiten, fand er endgültig zu seinem Metier. Im Jahr 1928 adaptierte Brecht – ziemlich wörtlich sogar, eigentlich war es mehr eine neue Fassung – John Gays *Ballad Opera* aus dem Jahr 1728 mit der neuen Musik von Weill, der seine Partitur für ein kleines Jazzorchester einrichtete. Die *Dreigroschenoper* hatte in Ernst Kreneks Jazz-Oper *Johny spielt auf* (1927) eine Art Vorgänger besessen, aber dieses Werk, so populär es ein Jahrzehnt lang gewesen sein mag, ist für immer verschwunden und hat sich als zu zeitgebunden herausgestellt; während *Die Dreigroschen-oper* noch immer ihre Kraft und ihren „Biß" beibehalten zu haben scheint. In gewisser Weise war *Die Dreigroschenoper* das deutsche Gegenstück zu dem, was *Les Six* zur gleichen Zeit in Paris unternahmen. Während die Musik der *Les Six* sich indes von Strawinsky herleitete, oft neoklassizistisch, leicht und unterhaltend war, hatte Weills kleine Oper einen bitteren, Anti-Strawinsky-, Anti-Wagner-Charakter, der gegen alles Front machte, was man bis dahin unter einer Oper verstanden hatte. Es war ebenso ein soziologisches wie musikalisches Dokument, das die böse Nachkriegsperiode in Mitteleuropa reflektierte. Es war deutsche Musik in dem Sinne, wie George Grosz' Zeichnungen deutsche Kunst repräsentierten.

Weill hat den Erfolg seiner *Dreigroschenoper* niemals wiederholen können, obwohl er verschiedene Bühnenstücke in derselben Richtung komponierte, zu denen die längere und ehrgeizigere Oper *Mahagonny* gehört. Im Grunde genommen sind es Wiederholungen nach dem ersten Erfolgsrezept. 1933 verließ Weill Deutschland, lebte eine Zeitlang in Frankreich und ließ sich dann in New York nieder, wo er am Broadway ein sehr bekannter Komponist wurde. Er versuchte sich auch in der „American Opera"; sowohl *Street Scene* und *Down in the Valley* markieren seine beiden Versuche in diesem Genre. Aber es wollte nicht klappen, und der *Dreigroschenoper*-Komponist landete in den Niederungen der Platitüde. In seinem Erstlingswerk indessen hatte Weill einen wichtigen Beitrag zur lyrischen Oper geleistet, für den das Wort Meisterwerk nicht zu hochgegriffen scheint.

Die wichtigste Figur im deutschen Musikleben der zwanziger Jahre waren jedoch weder Busoni noch Weill, sondern der untersetzte, kahlköpfige, unerhört begabte Paul Hindemith. Zu jener Zeit gab es in Deutschland eine Fülle von Talenten, aber ihre Musik war kurzlebig. Eugene d'Albert, Hans Pfitzner, Franz Schmidt, Paul Gräner, Walther Braunfels, Max von Schillings, Manfred Gurlitt, Artur Schnabel, Heinrich Kaminski ... Wo ist ihre Musik heute? Hindemith und Weill sind tatsächlich die einzigen aus dieser Zeit, deren Musik weiterlebt.

Paul Hindemith war in der Tat der Inbegriff eines Musikers. Er hatte ein absolutes Gehör, war ein professioneller Geiger und Bratschist, spielte relativ gut Klavier, vermochte buchstäblich jedes Orchesterinstrument zu meistern (wenn es ihm noch unbekannt war, nahm er eine Woche frei und lernte es

Paul Hindemith (1895–1963).

spielen), war musikwissenschaftlich interessiert, vermochte mit verblüffender Leichtigkeit zu komponieren und hatte in seinem gewaltigen Schädel eine nicht minder gewaltige musikalische Kenntnis angesammelt. In den zwanziger Jahren galt er als das, was man Prokofjew und der russischen Musik attestierte – als junger Revolutionär, der ungeduldig mit der spätromantischen Tradition brach, der Musik schrieb, die – was schneidende Dissonanzen und Atonalität betraf – das letzte Wort zu haben schien (er hat nie atonale Musik komponiert, aber für seine Zeitgenossen hat es so geklungen). Seine scharfen, ja rücksichtslosen Partituren machten ihn zum *enfant terrible* des Jahrzehnts. Wohl bekannt ist Richard Strauss' Vorwurf an Hindemith: „Warum schreiben Sie eigentlich so? Sie haben doch Talent." Weniger bekannt ist Hindemiths witzige Antwort: „Herr Doktor, Sie machen Ihre Musik, und ich mache meine."

Wenn Busoni eine verwässerte Form des Neoklassizismus repräsentierte, dann war Hindemith der Vertreter des Neobarock. Er arbeitete mit klassischen alten Formen – mit Fuge, Sonate und Suite – und produzierte enorme Mengen Musik, darin den barocken Meistern ähnlich. Während seiner gesamten Schaffenszeit (er wurde am 16. November 1895 in Hanau geboren und starb am 28. Dezember 1963 in Frankfurt am Main) hat er diesen barocken Wesenszug besessen. Und wie die Barockkomponisten vertrat er gegenüber der Musik einen praktischen, aufs Zweckhafte gerichteten Standpunkt. Seine Philosophie war durchaus antiromantisch, wie auch seine Musik, die ihre Kraft aus der Verbindung zur großen deutschen Tradition Bachs und Beethovens zog. In seiner Jugend gebärdete er sich als Avantgardist, und seine gewichtige, dissonante Musik hat die Herzen des großen Publikums wohl nie erreicht, obwohl man allgemein sein überragendes Talent rasch anerkannte. Ferner schrieb er jedoch eine Handvoll Werke, die ihren Platz im Repertoire des Konzertbetriebs behauptet haben – die Sinfonie *Mathis der Maler* (1934), die *Kleine Kammermusik* für Bläser (1922), den Liederzyklus *Das Marienleben* (1924), das Violinkonzert (1939), *Die vier Temperamente* (1944), die *Sinfonischen Metamorphosen* über Themen von Weber (1943), das 3. Streichquartett (1922), der *Ludus tonalis* für Klavier (1943) und das Ballett *Nobilissima visione* (1938) – wenn er auch im ganzen gesehen bei den professionellen Musikern mehr Anerkennung fand als beim breiten Publikum. Die Professionellen erkennen das Handwerk; und Hindemith ist ganz gewiß einer der bedeutendsten „musikalischen Handwerker" und überdies einer der gebildetsten Musiker unserer Zeit gewesen.

Die kompositorische Machart seiner Werke ist dem Einfluß der barocken wie klassischen deutschen Musik verpflichtet. Bach war vermutlich derjenige Komponist, dem Hindemith innerlich am nächsten stand. Von Anbeginn verzichtete er auf jegliche Programm-Musik, wie er auch den Theorien von Schönberg und Strawinsky ablehnend gegenüberstand. Er war ein musikalischer Akademiker, und er war stolz darauf. Seine Ausbildung übertrug er auf die Musik seines Jahrhunderts. Er bewies, daß die deutsche Tradition noch keineswegs erschöpft war und daß sie, wenn man sie geschickt nutzte, genügend Vitalität besaß. Alte

Formen verwendete er in der Regel, um sich auszudrücken. Aber sie klangen, wenn Hindemith sie erfüllte, keineswegs alt. Im Gegensatz zu dem eklektischen Busoni, der ebenfalls in alten Formen dachte, entwickelte Hindemith eine ungewöhnlich harmonische und melodische Sprache, so daß jede Phrase, die er komponiert hat, unmittelbar identifizierbar ist. Sein tonales System basierte auf den Gesetzen der Naturtöne, das heißt auf den jeweiligen Grund- und Obertonreihen. Vor allem aber besaß alles, was er schrieb, die Aura des Fachmännischen. Von allen bedeutenden Musikern seiner Zeit kann man ihn wohl als Fachmann par excellence bezeichnen.

Hindemith ist außerdem als Autor einiger wichtiger und zum Widerspruch reizender Theoriebücher hervorgetreten. Er verharrte jedoch nicht im Elfenbeinturm. Nach 1933, als die Nazis in Deutschland seine Musik als entartete Kunst brandmarkten, war er als musikalischer Organisator für das türkische Erziehungsministerium tätig. 1939 ließ er sich in den Vereinigten Staaten nieder, wo er 1942 Leiter der „School of Music" an der Yale University wurde. 1946 erhielt er die amerikanische Staatsbürgerschaft, 1953 kehrte er nach Europa zurück.

Sein ganzes Leben lang hat Hindemith sorgfältig darauf geachtet, Musikwerke zu komponieren, die nicht nur von berufsmäßigen Spielern, sondern auch von Amateuren zu meistern sind. So ist er denn auch für den Ausdruck *Gebrauchsmusik* verantwortlich, zumal er bereits in den zwanziger Jahren das immer weiter zunehmende Schisma zwischen Komponist und Publikum beobachtet hatte. Folgerichtig begann er, zusätzlich zu seinen Orchesterwerken, eine ganze Reihe von Stücken für Amateurspieler zu komponieren. So schrieb er für buchstäblich jedes Orchesterinstrument Sonaten – sowohl für Soloinstrument als auch in Verbindung mit Klavier. Es spielte in diesem Falle wirklich keine Rolle, ob diese Art von Gebrauchsmusik wirklich bedeutend war oder nicht. Signifikant bleibt, daß ein bedeutender Komponist sich dieser Musik zuwandte, und bekanntlich ist ein minderes Werk eines bedeutenden Komponisten meist von größerem musikalischem Wert als die Tüftelei eines Stümpers.

So kommt es, daß vieles von Hindemiths Gebrauchsmusik sehr viel besser ist, als sie klingen mag (was auch auf seine anderen Werke zutrifft). Beim ersten Hören schreckt zum Teil seine Kompositionsweise ab: streng in der Form, aggressiv im Klang, herb in der Melodik. Es ist nicht eine gerade liebliche Musik. Aber merkwürdigerweise verschafft uns die Beschäftigung mit Hindemiths Musik einen ganz eigenen Lohn. Was zunächst abweisend schien, stellt sich als stark, seltsam faszinierend, durchaus subtil, in seiner Logik, Machart und Integrität als höchst reizvoll heraus. Lediglich gegen Ende seines Lebens hat Hindemith ein paar Partituren geschrieben (Darius Milhaud nicht unähnlich), in denen gut gemachte, aber nicht sehr inspirierte Musik ertönt, einem Schwungrad gleich, das sich von der Maschine gelöst hat.

Man tut sich schwer, wenn man Hindemiths endgültigen Platz in der Musikgeschichte festlegen will. Vielleicht wird er den Platz eines Max Reger der zwanziger und dreißiger Jahre einnehmen. Es kann ebenso sein, daß eine

604 Deutscher Neoklassizismus

zukünftige Zeit seiner Solidität, seiner untadeligen kompositorischen Arbeit, seiner Wiederbelebung des Barock und seiner so persönlich gefärbten Melodik mehr Aufmerksamkeit widmen wird als die Generationen der sechziger Jahre. Denn nach dem Zweiten Weltkrieg hatte seine Musik der neuen Generation wenig zu bieten. Alles, was sich vom Barocken oder von der Klassik (inklusive der Werke Strawinskys) ableitete, wurde mit Argwohn angesehen. Doch die Mode wechselt, während das Können – und zwar wirkliches Können – immer anerkannt bleiben wird. Und in dieser Eigenschaft hatte Hindemith kaum seinesgleichen. Zugegeben: man muß einräumen, daß handwerkliches Können ohne befeuernde Gedanken nicht ausreichend ist; und Hindemith hat in seinen letzten Lebensjahren sein Können auf eine bisweilen mechanistische Weise ausgeübt. Aber in seinen besten Werken ist er eine starke schöpferische Figur, die sehr viel zu bieten hat. Der Schwung und die Eindringlichkeit einiger seiner Kammermusikwerke, die kühne Konzeption seiner *Mathis*-Sinfonie, die nachempfundene, von frühen Vorbildern bestimmte Qualität seines *Schwanendreher*, die Faszination der kunstvollen Kontrapunktik in *Ludus tonalis* – das alles sind Zeugnisse einer Kunst und eines Kunstverstandes, der noch gültig sein wird, wenn vieles andere längst überlebt ist.

37. KAPITEL

Von Gottschalk zu Copland
Beginn einer amerikanischen Tradition

Während Europa die größten Komponisten hervorbrachte, waren die Vereinigten Staaten während des 19. Jahrhunderts damit beschäftigt, ihren Kontinent zu erobern. Alle Kräfte dienten dieser gewaltigen Aufgabe, und erstaunliche Dinge wurden vollbracht; der Geist der Nation war anderen Dingen zugewandt als der Entwicklung einer seriösen Musikkultur. Nicht etwa, daß es den Vereinigten Staaten an Musik gemangelt hätte: Da gab es den einflußreichen Komplex der Volksmusik, die sich aus England, von den Sklaven aus Afrika und aus der Karibik lebendig erhalten hatte – eine Tatsache, aus der zumindest zwei Komponisten ihre Anregung zogen: Louis Moreau Gottschalk und Stephen Foster. Foster (1826–1864), der in der Musikgeschichte die Rolle eines amerikanischen „Minnesängers" spielt, wurde einer jener wenigen Musiker, die dafür eintraten, daß die Musik etwas spezifisch Amerikanisches enthalten solle. Seine Lieder wurden außerordentlich populär. Das ganze Land sang „Old Folks at Home", „Old Black Joe", „Camptown Races", „Come Where My Love Lies Dreaming" und andere Foster-Favoriten. Foster war eine echte lyrische Begabung, und seine Lieder haben bis heute ihre authentische sanfte Schönheit bewahrt.

Im ganzen galt während des 19. Jahrhunderts in den Vereinigten Staaten die „ernste" Musik als eine Art mehr oder weniger exotische Kunst, die von eingewanderten Professoren praktiziert wurde. Die einheimischen Symphonieorchester rekrutierten sich in der Regel aus Musikern des Auslands. Solisten und Lehrer waren Emigranten, viele unter ihnen Deutsche, welche die Tradition der Beethoven-Nachfolge fortsetzten. So gründeten die amerikanischen Komponisten ihre Werke auf fremde Vorbilder. Als William Mason (1829–1908) seine Klavierstücke komponierte, klangen sie wie eine Mischung aus Schumann und Chopin. Als William Henry Fry im Jahr 1845 die erste amerikanische grand opéra, *Leonora,* in Angriff nahm, ließ er sich von Bellini inspirieren. Erst mit Charles Ives betrat Ende des Jahrhunderts ein amerikanischer Komponist die Bühne, der eigene, kraftvolle Töne anschlug. Sein Vorgänger war der faszinierende Louis Moreau Gottschalk gewesen, ein Musiker, der bei aller Bemühung und aller Begabung einen solchen Durchbruch nicht schaffte.

Vielleicht hätte Gottschalk eine ähnliche Rolle wie Glinka in Rußland spielen können, doch eine Reihe von Umständen verhinderte dies. Er wurde nicht alt; mit vierzig Jahren starb er im Jahre 1869 in Rio de Janeiro, wo er erstmals größere Kompositionen in Angriff nahm; wäre ihm mehr Zeit vergönnt gewesen, hätte er gewiß das Repertoire bedeutend bereichert. So blieb er nur eine „interessante" Gestalt, deren Werke nach dem Zweiten Weltkrieg in den USA allmählich wieder entdeckt wurden.

Als Sohn eines englischen Vaters und einer Kreolin kam er am 8. Mai 1829 in New Orleans zur Welt. Bald hatte er alles das gelernt, was ihm die Lehrer in seiner Heimat beibringen konnten; so wurde er mit dreizehn Jahren nach Paris geschickt, wo man ihm jedoch aufgrund seiner Nationalität den Besuch des Conservatoire verweigerte. Pierre Zimmermann, Leiter der Klavierklassen, wollte den Jungen nicht einmal anhören. „Amerika ist nichts als ein Land von Dampfmaschinen." Gottschalk mußte also Privatstunden nehmen, zunächst bei Charles Hallé, später bei Camille Stamaty. Unter dessen Schülern befand sich auch der siebenjährige Camille Saint-Saëns; Gottschalks Eindruck bei der ersten Begegnung mit diesem genialen Kind muß offenbar nachhaltig gewirkt haben. Dabei war Gottschalk selbst außerordentlich talentiert und wurde nicht nur bald ein guter, sondern ein bedeutender und gefeierter Pianist. Zu seinen Bewunderern zählten Berlioz und Chopin, und eine Zeitlang war er eine europäische Berühmtheit; gutaussehend, schlank, aristokratisch, hochbegabt eroberte er die romantische Klaviermusik wie im Sturm. Eine Reihe kompetenter Kritiker nannte ihn in einem Atemzug mit Liszt und Thalberg.

Ende der vierziger Jahre schrieb Gottschalk seine ersten Kompositionen. In seiner Erinnerung lebten gewiß noch jene Plantagen-Lieder, mit denen er aufgewachsen war, ebenso wie die kubanischen und karibischen Rhythmen, die er von New Orleans her im Ohr hatte. Von den polnischen Elementen der Chopinschen Mazurken beeinflußt, begann Gottschalk Stücke zu schreiben, die seine eigene ethnische Herkunft reflektierten. Heimatliche Melodien und Rhythmen wurden nun in kompositorische Rahmen eingebettet, die von Chopin und Liszt stammten, doch würzte Gottschalk sie mit eigenen Zutaten, die er später als „Pianola-Stil" bezeichnete. Manches an ihnen erinnerte an das Klimpern des automatischen Klaviers. Gottschalk benutzte mit Vorliebe die zwei oberen Oktaven der Klaviatur, denen er wahre Kaskaden von Silberklängen entlockte. Seine erste Serie von Klavierstücken, die er im Alter von sechzehn Jahren in Paris in Angriff nahm, basierte vor allem auf Neger- und Plantagen-Melodien, was allein die Titel wie *Bamboula, Le Bananier, La Savanse* u. a. deutlich machen. In späteren Jahren verbrachte Gottschalk einige Zeit in Westindien und in Südamerika, was seiner Musik einen neuen, veränderten nationalistischen Klang verlieh. Sie klingt auch heute noch raffiniert, kaum gealtert, und besitzt ein rhythmisches Flair, dessen scharfe Synkopierungen überraschend modern wirken. Ein Stück wie *Souvenir de Porto Rico* aus den fünfziger Jahren unterscheidet sich eigentlich wenig von vielen Stücken in Milhauds *Saudades do Brasil,* die fast siebzig Jahre später entstanden.

Als Gottschalks Musik in Europa bekannt wurde, mochten die Hörer gar nicht genug davon bekommen; berühmte Pianisten wetteiferten, diese exotischen, farbigen Stücke aus der Neuen Welt in ihr Repertoire aufzunehmen. Jahrzehntelang hielt diese Popularität an. Gottschalk war der erste Kompo-

Von Gottschalk zu Copland 607

nist, der amerikanische und karibische Volksmelodien aufzugreifen verstand, ohne ihre lebendige Qualität zu verwässern.

Im Jahr 1853 kehrte Gottschalk in die Vereinigten Staaten zurück, wo er ständig konzertierte, unermüdlich komponierte und den gesamten Kontinent sowie Westindien bereiste, wobei er in verschiedene Affären verwickelt wurde, von denen eine, mit der Schauspielerin Ada Clare, die Grundfesten der New Yorker Gesellschaft erschütterte. In Westindien, vor allem in Havanna, fühlte er sich besonders wohl und nahm viel von der dortigen Musik in seine Kompositionen auf. Er hat ein Tagebuch geführt, was als *Diary of a Pianist* posthum erschien, in dem seine literarische, außerordentlich einnehmende Persönlichkeit sichtbar wird. Gottschalk war ein guter Beobachter; sein Buch ist eine erstklassige Quelle über das Amerika zur Zeit des Bürgerkriegs. In seiner Heimat galt er auch als Komponist viel, schrieb eine Reihe von Salonwerken, von denen zwei – *The Last Hope* und *The Dying Poet* – die Klavierpulte jedes besseren amerikanischen Hauses schmückten. Ständig war er unterwegs, als wenn er sich auf der Flucht befände. Vor und während des Bürgerkriegs unternahm er in den Ost- und Mittelwest-Staaten Tourneen – meistens gemeinsam mit anderen Musikern, denn damals war in Amerika der Soloabend noch nicht populär. 1865 spielte er im Westen, in San Francisco und vielen Bergwerksstädten. In San Francisco entfachte er einen Skandal, weil die Bürger durch die Nachricht erschreckt wurden, Gottschalk habe mit einer jungen Dame der Gesellschaft „angebändelt". Das war indes nicht der Fall (zumindest nach den Beteuerungen Gottschalks); doch anstatt sich einem Untersuchungsausschuß zu stellen, floh er per Schiff nach Südamerika. Dort schlug er sich bis Rio de Janeiro durch, wo man große Konzerte für ihn arrangierte – „Monsterfestivals" nannte man sie, was seinen Freund Berlioz mit Stolz erfüllt hätte. Romantisch bis zum bitteren Ende, brach er beim Spiel eines eigenen Werkes mit dem Titel *Morte* am Klavier zusammen. Kurz danach starb er, wie es heißt, an Gelbfieber. Anderen Gerüchten zufolge wurde er von einem eifersüchtigen Ehemann umgebracht. Nach neuesten Quellen starb er an Peritonitis.

Ein großer Teil der Musik Gottschalks war Gebrauchsmusik. Seine zeitgebundenen Salonstücke bieten nicht viel mehr als einen nostalgischen Blick auf jenes musikalische Genre, das unsere Vorväter entzückt hat. Interessanter indes sind seine ausgedehnten Virtuosenstücke, die in der romantischen Tradition stehen. Manche sind es wert, wieder zum Leben erweckt zu werden. Am bedeutendsten scheinen seine „nationalistischen" Arbeiten für Klavier, Orchester und für Singstimmen. Ihr Charakter ist beinahe prophetisch: Gottschalk komponierte sie, um zu unterhalten, und hegte wahrscheinlich keinerlei Illusionen hinsichtlich ihres Wertes. Dennoch bedeuten sie, noch nach vielen Generationen, mehr als nur einen authentischen Widerhall aus einem versunkenen Amerika; sie sind bedeutende Schöpfungen eigener Prägung. Wahrscheinlich besaß kein Komponist in der damaligen Welt, nicht einmal Berlioz oder Liszt, Gottschalks rhythmische Originalität; denn er arbeitete in einer afro-kubanischen Welt, deren Rhythmen von keinem ernsthaften Komponisten bis dahin

608   Beginn einer amerikanischen Tradition

erforscht worden waren. Unglücklicherweise besaß er nicht jene geistige Unabhängigkeit, die es ihm erlaubt hätte, diese Ansätze zu einem logischen Ende zu bringen. Er war zu rastlos und sorglos – jemand, der nur seinen natürlichen Neigungen folgte. So komponierte er bisweilen mit einem schier atemberaubenden Verzicht auf das Konventionelle, wie etwa die verrückten Dissonanzen am Schluß der vierhändigen Version von *La Gallina* zeigen, die fast schon Ives vorwegnehmen. Aber er machte erfolgreiche Ansätze zu umfangreicheren Werken; seine zweisätzige Sinfonie (Sinfonie nur deshalb genannt, weil er sie so nannte), *A Night in the Tropics,* hat einen weitgespannten, gut disponierten, herrlich klingenden 1. Satz, in dem Berlioz Pate steht. Dann folgt ein kubanischer Tanz, der sich auf unwiderstehliche Weise Bahn bricht.

Begreiflicherweise wurde diese Musik in den Jahrzehnten nach Gottschalks Tod nicht ernst genommen und geriet völlig in Vergessenheit. Man betrachtete sie als Schund, dessen sich ernsthafte Komponisten zu schämen hatten. Konnte solch leichtgewichtiges, kommerzielles Material amerikanische Musik repräsentieren? Die Tendenz ging von nun an eher dahin, in deutscher Manier zu komponieren. Und so wurden im letzten Viertel des Jahrhunderts eine Gruppe als Boston Classicists bekannt. Fast alle von ihnen waren ins Ausland gereist, um ihre musikalische Ausbildung in Deutschland zu vollenden; sie kehrten in die Vereinigten Staaten zurück mit dem festen Vorsatz, ihren Schülern die Vorschriften' ihrer eigenen Professoren aus Leipzig, Berlin oder München weiterzugeben. John Knowls Paine (1839–1906) studierte bei Karl August Haupt in Berlin und wurde Musikdirektor in Harvard im Jahre 1862. George Chadwick (1854–1931) studierte bei Solomon Jadassohn in Leipzig und bei Josef Rheinberger in München. Arthur Whiting (1861–1936) war ebenfalls ein Rheinberger-Schüler wie auch Horatio Parker (1863–1919). Weitere Personen dieser Gruppe waren Arthur Foote (1853–1937), der allerdings nicht in Europa studierte, sowie Charles Martin Loeffler (1861–1935), ein im Elsaß geborener Geiger, der mit zwanzig Jahren nach Boston emigriert war. Alle diese Komponisten waren in New England tätig, alle waren konservativ, alle (außer Loeffler) von Brahms beeinflußt, und sie komponierten brav akademische Stücke, die der herkömmlichen akademischen Musik in Europa nicht das Wasser reichen konnten.

Sie alle standen indes im Schatten von Edward Alexander MacDowell, der am 18. Dezember 1861 in New York geboren wurde und dort am 23. Januar 1908 starb. Es gibt wenige Komponisten, die zu Lebzeiten derart verherrlicht worden sind. MacDowell hatte in den USA eine Stellung inne, die der Elgars in England vergleichbar ist. Nicht nur wurde er als Amerikas wichtigster Komponist gerühmt; man hielt ihn darüber hinaus für so bedeutend wie die klassischen Meister. Das jedoch geschah zu seinen Lebzeiten. Denn es gibt wenige Komponisten, die nach ihrem Tod in so vollständige Vergessenheit gerieten. Was ist von MacDowells ziemlich umfangreichem Werk im Repertoire geblieben? Das d-Moll-Klavierkonzert (1890), einige der *Woodland-Sketches* (1896) und die *Indian Suite* (1897). Das ist wohl alles. Hin und wieder hört man eine seiner großen sinfonischen Dichtungen. *Lamia* (1908) gehört vielleicht dazu, auch *Hamlet und Uphelia* (1895). Aber sie klingen wie verblaßte, vergessene Kuriositäten. Selbst die vier Klaviersonaten, die man dann und wann zu hören pflegte, scheinen gänzlich verschwunden zu sein.

Die Ironie bei der Beurteilung MacDowells liegt darin, daß er als Amerikas größter Komponist akzeptiert wurde, ohne daß seine Musik etwas spezifisch Amerikanisches auszeichnete. Das wußte er so gut wie jedermann, und man mochte wohl verstehen, warum er gegen dieses Etikett vehement in Reden und Artikeln zu Felde zog. Immer wieder insistierte er, daß seine Musik aus sich selbst heraus verstanden werden müsse, und wenn man seine Werke auf ein „amerikanisches Programm" setzte, protestierte er lautstark. Auch dem Gedanken einer nationalistischen Musik widersetzte er sich energisch. „Sogenannte russische, böhmische oder sonstige nationale Musik hat keinen Platz in der Kunst, denn ihre Charakteristika sind von jedermann nachzuahmen, der es sich in den Kopf setzt. Andererseits ist das lebenswichtige Element der Musik, die Persönlichkeit, einzigartig." MacDowell wollte nicht als amerikanischer Komponist klassifiziert werden; er hielt sich für einen Komponisten ohne spezielle oder gar chauvinistische Züge. Natürlich wetterte er auch deshalb streng gegen jede Art von Nationalismus, um dadurch den Gebrauch deutscher Vorbilder zu rechtfertigen. So gibt es wenig Lokalkolorit in seinen Werken. Stücke wie *New England Idylls* (1902) oder *From Uncle Remus* (1898) könnten auch von jedem beliebigen deutschen Komponisten jener Zeit stammen.

Das überrascht nicht, denn abgesehen von einem Jahr am Pariser Conservatoire (1876) hat MacDowell lediglich in Deutschland – in Stuttgart, Wiesbaden, Frankfurt und kurz in Weimar bei Liszt – studiert. Sein großes Vorbild war Joachim Raff, damals ein populärer Komponist. MacDowell studierte bei ihm in Frankfurt, und Raff nahm an dem gutaussehenden, hochgewachsenen rothaarigen Amerikaner regen Anteil. Im Jahr 1881 wurde MacDowell Klavierlehrer am Darmstädter Konservatorium, wo er eine ganze Reihe von Kompositionen schrieb, an denen Liszt Interesse fand. Erst 1888 kehrte er für immer nach Amerika zurück. Zwölf Jahre hatte er in Europa verbracht und ließ sich nun in Boston nieder, wo er Privatstunden gab und komponierte. 1896 ging er nach New York, um das neu gegründete Department of Music an der Columbia Universität zu übernehmen. Nach siebenjähriger Tätigkeit überwarf er sich mit dem Universitätspräsidenten Nicholas Murray Butler und trat 1904 von seinem Posten zurück, wobei er Butler und die Universität des „Materialismus" bezichtigte. Resigniert und mit dem Gefühl, im Leben versagt zu haben, starb MacDowell im Jahr 1908.

MacDowell war ein Romantiker durch und durch und völlig zufrieden, wenn er Partituren schrieb, die sich auf direkte Weise von Schumann, Liszt, Grieg, Raff und Rubinstein ableiteten. Vor allem von Rubinstein. MacDowells zwei Klavierkonzerte sind oft mit demjenigen in a-Moll von Grieg verglichen worden; doch im Grunde genommen sind sie ähnlich konventionell wie diejenigen von Rubinstein. Wobei freilich die Konzerte beider Komponisten gute Stücke in

610 Beginn einer amerikanischen Tradition

ihrem Genre sind, wenn auch dasjenige in d-Moll von MacDowell sehr viel spontaner und gelungener erscheint als das in a-Moll.

Konventionell: das ist jenes Wort, das – unglücklicherweise – MacDowells Musik genau kennzeichnet. Er hatte Begabung, aber wagte nicht, sie zu gebrauchen. Seine harmonische Kraft stammte immer aus zweiter Hand, und was seine Werke vor völliger Vergessenheit gerettet hat, ist seine ungewöhnlich eigenständige melodische Kraft. Seine große *Sonata tragica* (1893) und *Sonata eroica* (1895) haben eine Zeitlang überlebt, wobei es sehr einfach ist, zu erkennen, was diese beiden Werke auszeichnet. Hier realisierte MacDowell ehrgeizige Träume und versuchte sie in großem Maßstab in Tönen zu malen. Zeitgenössische Kritiker haben seine vier Klaviersonaten (die beiden anderen nennen sich *Norse* [1900] und *Keltic* [1901]) mit ähnlichem Respekt behandelt wie Liszts h-Moll-Sonate. Sie lobten das handwerkliche Geschick, das brillante pianistische „Layout" und die Tiefe und Leidenschaftlichkeit des musikalischen Ausdrucks. Was sie jedoch nicht sahen, weil ihnen die Stücke noch zu nahe waren: das handwerkliche Geschick reichte nicht aus, die Leidenschaftlichkeit war nur vorgetäuscht, und die großen Anforderungen wurden durch das mangelnde musikalische Material nicht gerechtfertigt.

Völlig echt jedoch ist die Serie der reizenden *Woodland Sketches* sowie eine Reihe anderer Klavierstücke. Einige seiner Lieder sind von großer Schönheit und würden die Aufmerksamkeit der Interpreten lohnen. Denn MacDowell, so gern er auch ein „großer" Komponist sein wollte, war im Grunde ein Miniaturist. Und kurioserweise werden dort Nationalströmungen in seiner Musik sichtbar. Die *Woodland Sketches* sind im Grunde weit mehr als nur zeitgenössische Stücke (wie Mendelssohns *Lieder ohne Worte* und Griegs *Lyrische Stücke* ihre Zeit überdauert haben). Und zwar deshalb, weil sie in sich perfekt und unverwechselbar sind und eine melodische Kraft besitzen, die genuin ist. *To a Wild Rose* ist ebensoviel wert wie alle vier Klaviersonaten zusammen genommen.

Während uns also MacDowells Orchestermusik ziemlich in Verlegenheit bringt und seine umfangreicheren Kompositionen (das d-Moll-Klavierkonzert ausgenommen) mehr Rhetorik als Inhalt verströmten, verdienen seine kleinen Klavierstücke und Lieder doch eine Nische im Repertoire. Zugegeben: mit dem dreizehn Jahre nach MacDowells geborenen Charles Ives sollte der erste bedeutende amerikanische Komponist auf die Welt kommen; MacDowells Verdienst ist es jedoch, gezeigt zu haben, daß es den Vereinigten Staaten nicht völlig an schöpferischem musikalischem Talent mangelte, daß dieses Land einen Komponisten hervorbringen konnte, der öffentliche Anerkennung fand. Durch seine Tätigkeiten als Komponist von Weltruf und Pianist und Lehrer verlieh er einem wachsenden nationalen Stolz Ausdruck. Er betrat in jenem Augenblick die Szene, als Amerika die letzten Territorien erobert hatte und zum erstenmal über Dinge nachzudenken begann, die über den puren Materialismus hinausreichten. Es war die Zeit, als die Industriebarone daran gingen, europäische Kunstschätze in Beschlag zu nehmen, und sich die reichen Herrschaften

Von Gottschalk zu Copland 611

zusammenfanden, um sich und New York zu einem großen Opernhaus zu verhelfen; als man anfing, sich weitläufig über eine amerikanische Nationalakademie Gedanken zu machen; als Theodore Thomas alles daran setzte, die bedeutendsten sinfonischen Werke unters Volk zu bringen.

Charles Ives, dessen Aufstieg mit den letzten Lebensjahren von MacDowell zusammenfiel, ist auf rationale Weise gar nicht zu beurteilen. Seine Musik war so zukunftsträchtig, daß ihre Komposition fast einer musikalischen „Mutation" gleichkommt. Er war das genaue Gegenteil von MacDowell, eine irritierende Mischung von Prophet und Praktiker, Mystiker und Demokrat, Sentimentalist und Businessman. Seine Musik ist in jedem Takt die Reflexion seiner Jugend in New England: Erinnerungen an ein einfacheres Lebensalter. Er sehnte die Tugenden eines älteren, reiferen Amerikas herbei und verstand es, diese Sehnsüchte in höchst fortschrittlichen, unorthodoxen, penetranten musikalischen Klängen auszudrücken, wie sie vor ihm niemand erdacht hatte.

Zudem war er ein Komponist, der gemeinsam mit seinem Partner Julian Myrick eine der erfolgreichsten Versicherungsagenturen des Landes betrieb (im Jahr 1929, als er sich zur Ruhe setzte, ca. 48 Millionen Dollar wert). Nebenbei ein Komponist, der an der Danburry Highschool Kapitän der Baseball- und Fußball-Mannschaft war, und jemand, der die Begegnung mit anderen Musikern peinlichst vermied, selten ein Konzert besuchte, seine Musik selbst veröffentlichte, auf jede Tantieme und jedes Copyright verzichtete und sich längst vor Schönberg in die Atonalität vertiefte. Er gebrauchte Dissonanzen, welche die meisten Stücke seiner Zeitgenossen harmlos-romantisch erscheinen lassen, Ton-Cluster lange vor Henry Cowell, Polytonalität lange vor Strawinsky und Milhaud, sowie Polyrhythmen, die erst die Postserialisten ausfindig machen sollten. Vierteltöne, asymmetrische Rhythmen, Jazz- und Ragtime-Elemente, Anklänge an die Aleatorik – was man auch antippt: Ives hatte damit gearbeitet, lange bevor irgend jemand anders auf den Gedanken gekommen war.

Seine Musiksprache war so fortschrittlich, so erschreckend dissonant und kompliziert, so erfüllt mit ungewöhnlichen Wendungen, daß kaum jemand ihre Bedeutung erkannte. Typisch dafür war Strawinskys Reaktion. Erst 1942 hörte er zum erstenmal Musik von Ives. „Ich wünschte, ich wäre angetan gewesen von dem, was ich hörte; denn ich habe Ives immer als einen originalen und erfindungsreichen Mann respektiert, so daß ich mir vornahm, seine Musik zu mögen. Ihre Qualität scheint mir jedoch sehr ungleich zu sein, auch schlecht proportioniert." Nach weiterer Bekanntschaft mit Ives äußerte sich Strawinsky, wenngleich seine ursprünglichen Bedenken bestehen blieben, folgendermaßen:

„Ich glaube, ich erkenne jetzt die eigentlichen Qualitäten, die jene Bedenken unwichtig machen. Die Gefahr ist nun: zu denken, daß Ives nur ein geschichtliches Phänomen gewesen ist, der große Antizipator. Er ist gewiß mehr als das, aber dennoch: seine Antizipationen erstaunen mich noch immer. Man denke zum Beispiel an seine *Soliloquy* oder eine Studie in Septimen und andere Dinge. Die Vokalstimme dieses kleinen Liedes *sieht* aus wie Weberns *Drei Volkstexte*, wenngleich Ives zehn Jahre zuvor oder noch länger vor Webern sein Stück komponierte. Manches erinnert an Berg, als der sich mit seinem *Kammerkonzert* und *Der Wein* beschäftigte, wenn *Soliloquy* auch über zehn Jahre vor Bergs Stücken entstanden ist. Die rhythmischen Organisationen *(Vier in Fünf)* hält man gewöhnlich für Entdeckungen der sogenannten Post-Webern-Generation, aber Ives hat diese Generation um vier Jahrzehnte vorweggenommen. Allein die Idee des Intervalls, die Idee des aphoristischen ‚Statements‘ und sein Klavierspiel deuten allesamt in Richtung späterer, aber eher akzeptierter Komponisten. Ives hat bereits zehn Jahre vor Schönberg die ‚Grenzen der Tonalität‘ überschritten und Musik komponiert, in der die Polytonalität fast zwei Jahrzehnte vor *Petruschka* ausgebeutet wird, und hat mit polyorchestralen Gruppen experimentiert wie Stockhausen ein halbes Jahrhundert nach ihm.“

Da nimmt es kaum wunder, daß man Ives als den Heiligen der amerikanischen Musik kanonisiert hat. Nur wenige Komponisten haben sich seines Stils bedient, aber er ist zum geistigen Vater aller in Amerika tätigen Musiker geworden. Für sie bedeutet er ein Symbol des Wagnisses und der Unabhängigkeit, ein kompromißloses Genie, das um Jahrzehnte seiner Zeit voraus war, und einen vollständigen Bruch mit jedem Akademismus; übrigens auch als ein Komponist von Werken, die sich ihren eigenen Platz erobert haben, Werke, die in der Literatur einzigartig dastehen, bisweilen zerbrechlich, aber doch lebendig. Ives' Musik reflektiert auf gewisse Weise das amerikanische Selbstverständnis, wie es schon die Musik des schwarzen Amerikas oder die amerikanische Folk-Music getan hatten. Ives' Musik repräsentiert die Geschichte der gesamten amerikanischen Musik.

Er wurde am 20. Oktober 1874 in Danburry in Connecticut geboren und starb am 19. Mai 1954 in New York. In Zeiten, da alle braven amerikanischen Komponisten zum Studium nach Leipzig und München reisten, um pflichtschuldigst die Mysterien der Fuge und Sonate von Rheinberger und anderen bedeutenden Professoren zu erlernen, heuerte Ives zwei Musikbands an, die er mit zwei verschiedenen amerikanischen Liedern in zwei verschiedenen Tonarten gegeneinander antreten ließ. Im Alter von zwanzig Jahren komponierte er einen *Song for Harvest Season* für Singstimme, Kornett, Posaune und Orgelpedale – jedes in verschiedener Tonart: komplette Polytonalität im Jahr 1894. MacDowell und Paine, die damals führenden amerikanischen Komponisten, sprachen eine wahrhaft andere Sprache als Ives, bei dem man amerikanische Vortragsbezeichnungen wie „rauh und halbgesprochen“ oder „das Klavier sollte so *undeutlich* wie möglich gespielt werden“ oder „mäßig aufgeregt“ findet. Eines seiner Lieder nennt sich *A Song of a Gambolier,* und am Ende der Partitur schreibt Ives vor: „Kazoo Chorus with flutes, fiddles and flageoletts.“ Nach ein paar Takten die Anweisung: „... und Piccolos, Okarinas und Pfeifen.“

Natürlich wollte er dem Sänger nicht zumuten, jedesmal einen Trupp Kazoo-Spieler (gemeint ist das Kinderinstrument Mirliton) ausfindig zu machen. Seine Vorschrift zielte vielmehr dahin, die beabsichtigte Tonfärbung anzugeben.

Louis Moreau Gottschalk (1829–1869).

Charles Ives (1874–1954).

Edward MacDowell (1861–1908).

Aaron Copland (geb. 1900).

Leopold Stokowskij, der in den fünfziger Jahren ein Programm mit Ives-Stücken vorbereitete, tat sich damals sehr schwer, einen jüdischen Harfenisten für einen bestimmten von Ives geforderten Effekt ausfindig zu machen. Die American Federation of Musicians hatte Tausende von Mitgliedern, aber nicht einen einzigen jüdischen Harfenisten. Stokowski mußte deswegen annoncieren.

Das meiste hat Ives zwischen 1896 und 1916 komponiert. Seine Werke waren so unkonventionell, so exzentrisch und so schlechterdings unspielbar, daß keines seiner Orchesterwerke bis zum Jahr 1927 öffentlich erklang. Der Pianist John Kirkpatrick brauchte bald zehn Jahre, um die 2. Sonate (die Concorde) zu studieren. Im Jahr 1947 verlieh man Ives den Pulitzer-Preis für seine 3. Symphonie – 43 Jahre, nachdem er sie geschrieben hatte. Inzwischen war er 73 Jahre alt, und sein Stil hatte sich bereits Mitte der neunziger Jahre des vergangenen Jahrhunderts geformt. „Ich fand heraus, daß ich die bisherigen Akkordverbindungen einfach nicht mehr benutzen konnte", erklärte er. „Ich *hörte* einfach etwas anderes." In Yale hatte er bei Horatio Parker 1898 einen Kompositionskurs absolviert, und Parker blickte sorgenvoll auf die Übungshefte des jungen Adepten. „Ives, *müssen* Sie alle Tonarten benutzen?", seufzte er.

Nur wenige Werke von Ives sind veröffentlicht worden. Seine Manuskripte, eine wüste Kollektion von Noten, Notizen (seine Handschrift war schlimmer als die Beethovens), Marginalien und Ausgestrichenem sind kaum zu enträtseln. Es gibt fertige Stücke, Rohentwürfe, angefangene und liegengelassene Kompositionen, geniale und banale Ideen. In eines seiner Manuskripte kritzelte er: „Ist vielleicht keine Musik, aber echte Geräusche klingen für mich schön." Dann schreibt er am Ende einer seiner *Tone Roads:* „Es gibt ja bekanntlich noch andere Straßen als Wabash" (womit er auf eine berühmte Straße in New York anspielte). Eines seiner beeindruckendsten Stücke ist *The Unanswered Question.* Die Streicher, schrieb Ives, „verkörpern das Schweigen der Druiden – die nichts wissen, nichts sehen und nichts hören". Die Trompete intoniert „die ewige Frage nach dem Dasein", während „die fliegenden Antworter" (Flöten und andere Leute) vergeblich herumirren, um die unsichtbare Antwort der Trompete zu finden. Unsinn? Tiefsinn? Mystizismus? Oder nur spöttischer Witz? Vielleicht alles miteinander; aber jeder war sich einig, daß dies doch eine seltsame Sprache war, die aus der Ives- und Myrick-Agentur für Lebensversicherung ertönte.

Ives machte sich nichts daraus, wenn man seine Stücke für unspielbar erklärte. „Die Unmöglichkeiten von heute sind die Möglichkeiten von morgen", kommentierte er. Selbst ein Individualist, scherte er sich wenig darum, wenn die Interpreten mit seinen Noten großzügig verfuhren, solange sie nur begriffen, was der Komponist beabsichtigte, und ihnen die allgemeine Wirkung gelang, die er angestrebt hatte. Bei einer der seltenen Aufführungen seiner Stücke im Jahr 1931 mühte sich das Orchester mit seinen Noten ab, endete aber im Chaos. „Genau wie in der Stadtverwaltung – jeder für sich selbst. Herrlich, wie das herausgekommen ist!", sagte er bewundernd. Wie Beethoven, den er verehrte, verfocht Ives – im platonischen Sinn – eine „Idee". Dennoch war er kein Komponist im Elfenbeinturm; er akzeptierte Kunst als natürliche menschliche Funktion und wartete auf den Tag, da „jedermann, während er seine Kartoffeln baut, seine eigenen Epen, seine eigenen Sinfonien (auch Opern) an den Tag bringt. Und wenn er eines Abends im eigenen Garten sitzt, in Hemdsärmeln, mit der Pfeife im Mund, und seine Kinder auf eigene Art eigene Themen für ihre eigenen Sonaten des eigenen Lebens schaffen sieht, dann wird er auf die Berge schauen und seine Visionen verwirklicht sehen". Aber die vom Publikum so geschätzte „hübsche Musik" verachtete er. So beschuldigte er „Richie Wagner" falscher Vornehmheit, Debussy war für ihn „ein Großstädter mit seinen Wochenendausflügen in die Naturästhetik". Chopin „schlapp ... im Rock". Ravel „schwach, morbide und monoton". Strawinskys *Feuervogel* „immer und immer dasselbe, und das macht müde". Mozart war für ihn feminin und von schlechtem Einfluß auf die Musik.

Ives ist ein Beispiel strikter musikalischer Integrität und überdies ein einzigartiger Vertreter des Nationalismus. Er war im Glauben an den amerikanischen Philosophen Ralph Waldo Emerson aufgewachsen, den er als Mann und Schriftsteller verehrte, und er versuchte, den Transzendentalismus Emersons in seiner Musik auszudrücken. Fast jedes Werk von Ives hat Bezug auf seine Jugend in New England – auf Melodien, Hymnen, patriotische Lieder, Tänze und Märsche, die er in seiner Kindheit hörte. Das läßt sich am vollständigsten aus seinen Notizen zur 4. Violinsonate ablesen: „Wenn es hierbei überhaupt einen Inhalt gibt, so ist es eine Art Reflexion, Erinnerung, Ausdruck oder ähnliches an die Kinder-Sommerlager in der Nähe von Danburry und andere kleine Städte in Connecticut während der siebziger, achtziger und neunziger Jahre ..." *Erinnerung, Reflexion, Ausdruck:* das ist der Schlüssel zu Ives, ob zu seiner 2. Sinfonie, seinem 2. Streichquartett, zu den *Three Places in New England* oder die *Concorde-Sonata*. Die 2. Sinfonie versucht „die musikalischen Gefühle der Connecticut-Landschaft in den neunziger Jahren" auszudrücken. „Sie ist voller Melodien, die damals gesungen und gespielt wurden ..." Der Satz aus der *Holiday-Symphony*, mit *Washington's Birthday* betitelt, beschreibt einen „Erntetanz im Dorf. Die Musikanten mit ihren Fideln, Pfeifen und Hörnern musizieren ihr nicht endenwollendes ,break-down'-Potpourri ..." *Central Park in the Dark* ist „ein Klangbild der Natur und von Ereignissen, die vor dreißig Jahren vernommen wurden – also bevor der Verbrennungsmotor und der Rundfunk sich der Erde und des Himmels bemächtigt haben". Manche dieser Klänge sind Straßengeräusche, Nachteulen, die Hochbahn, Rufe von Zeitungsjungen, Pianolas, Feuerwehren, ein durchgehender Gaul, das Echo über dem Teich ... „Und dann gehen wir nach Hause."

Es scheint, als ob alles, was Ives als Kind an Klang oder Geräusch mitbekommen hat, einen unauslöschlichen Eindruck auf ihn gemacht hätte. In Danburry hörte er bei einem Baseball-Fest, wie zwei Musikzüge, die zwei verschiedene Märsche spielten, antraten und wieder abzogen. Als sie sich begegneten, gab es einen Zusammenprall der beiden Tonarten. Ives fand das himmlisch und hat diesen Effekt immer wieder in seiner Musik zur Geltung gebracht. Das war für ihn das Leben: so hörten sich eben die Menschen an, und warum sollte es seine Musik nicht tun? In den Vorbemerkungen zu seiner 4. Violinsonate lesen wir: „... der 2. Satz ist ruhiger und ernster – bis der Diakon Bell und der Farmer John aufstehen und die Leute in Rage bringen. Aber sonst bewegt sich dieser Satz ganz geruhsam um den alten Kinder-Hymnus ‚Ja, Jesus liebt mich, wie es die Bibel erzählt', während man in der Begleitung etwas zu hören bekommt, was so klingt wie die Naturgeräusche in jenen Sommertagen ..." Und das alles ist in der Musik enthalten. Nicht daß es Programmusik wäre. Sie ist voller Farben und Gerüche, aber sie erzählt keine Geschichte.

Reflexion, Erinnerung, Ausdruck. Dies mag einfach klingen. Aber es zu hören und zu verstehen ist nicht so einfach. Zugegeben, Ives gebraucht oft bekannte Melodien – wie „America", „Columbia the Gem of the Ocean", „Tenting Tonight on the Old Camp Ground", „Rule, Britannia", „Good Night Ladies"; auch beliebte Hymnen und Ragtime-Melodien. Aber was er damit macht, ist etwas völlig Neues. Der Schluß der 2. Sinfonie enthält Fragmente aus „Columbia the Gem of the Ocean", Anklänge an Bauern-Fidelei sowie „De Camptown Races" – alle gleichzeitig in verschiedenen Tonarten. Wenn man Ives' Idiom etwas kennt, kann man die Polyphonie beiseite lassen. Die unauffällige und unaufdringliche Art, mit der die sentimentalen alten Melodien (niemals in toto, sondern nur als bruchstückhafte Zitate) durch das Sieb der Dissonanz gepreßt werden, unterscheidet Ives' nationale Musiksprache von der anderer amerikanischer Komponisten. Mit ihm verglichen erscheint Roy Harris als eifernder Chauvinist, Virgil Thomson als ein Pariser Ästhet, der vom Mittelwesten träumt, während er an seinem Tee nippt, und Copland wie ein Cowboy aus Brooklyn. Ives besaß die authentische Yankee-Stimme, sprach mit klarem Akzent und vermochte Glauben und Würde des Volkes wiederzugeben.

Für diesen Yankee-Akzent gab es allen Grund. Seine Vorfahren waren 1653 nach New England eingewandert. Sein Vater, George, war ein bemerkenswerter Mann, während des Bürgerkriegs Bandmaster und später Lehrer in Danburry. „Pa hat mir alles beigebracht", sagte Ives später. Dabei waren die Instruktionen seines Vaters manchmal völlig unorthodox. Er bestand darauf, daß Charlie alle Regeln lernte, bevor er sie brach. Aber ein wichtiger Teil der väterlichen Anweisungen war damals unbekannt. Ihn faszinierten völlig neue tonale Beziehungen, und er war in dieser Frage ganz offen. „Nur Dummköpfe und Steuern sind nicht zu ändern", sagte er. Er arbeitete an einem System von Mikrotönen, mit 24 Tönen innerhalb der Oktave. Wie später sein Sohn, so konnte er Leute nicht ausstehen, die in Konventionen dachten und hörten. Als Charles zehn Jahre alt war, zwang ihn sein Vater dazu, „Swanee-River" in Es-Dur zu singen, während er ihn in C-Dur begleitete. Das war, sagte Ives viele Jahre später, „um mein Gehör zu erweitern ... und von den üblichen Gebräuchen unabhängig zu werden."

Bei dieser Erziehung verwundert es nicht, daß Ives eine besondere Entwicklung nahm. Sein Biograph Henry Cowell hat vermutet, daß Ives im Grunde nur das komponierte, was er vom Vater gehört hatte. Doch Ives gab den Gedanken,

Von Gottschalk zu Copland
617

hauptamtlich Komponist zu werden, bald auf. „Mein Vater war der Meinung, daß man sein musikalisches Interesse stärker, lebendiger, unverfälschter und freier aufrechterhalten kann, wenn man nicht davon leben muß." So hat es Ives niemals bedauert, in die Versicherungsbranche überzuwechseln, und war bisweilen der Meinung, daß es in der Business-Welt unvoreingenommener zuging als in der Musik. „Meine musikalische Arbeit half mir im Beruf, und mein Beruf half mir bei der Musik." Im Jahr 1908 heiratete er, adoptierte eine Tochter, ging seinem Gewerbe nach, komponierte fleißig an den Wochenenden und in den Ferien (er besaß eine Farm in West-Radding in der Nähe von Danburry) und kümmerte sich nicht darum, wenn die Leute seine Kompositionen bei Aufführungen verspotteten. Seine Frau Harmony Twitchell war die Tochter eines Pfarrers aus Hartford. „Sie hat nie verlangt, ich solle ein guter Mensch sein und etwas komponieren, das die Leute auch mögen", sagt er erleichtert. 1951, als Leonard Bernstein Ives' 2. Sinfonie mit den New Yorker Philharmonikern aufführte, hatte sich Mrs. Ives, die, was die Musik ihres Mannes und die Öffentlichkeit betraf, traurige Erfahrungen besaß, schüchtern in eine Loge gesetzt. Die Aufführung dieser Sinfonie wurde jedoch eine Sensation, und Mrs. Ives konnte zunächst gar nicht fassen, daß eine Komposition ihres Mannes Charles überhaupt mit Beifall bedacht wurde. Ives war dem Konzert fern geblieben und hörte die Übertragung zu Hause in seiner Wohnung in der 74. Straße, wo er vor dem kleinen Apparat des Dienstmädchens in der Küche saß (das war das einzige Rundfunkgerät, das er besaß). Als die Sinfonie zu Ende war, soll er, nach Überlieferung von Henry Cowell, einen kleinen Freudentanz aufgeführt haben.

Von seinen vier Sinfonien war es zunächst die 2., die bekannt wurde. Die 1. war ein Prüfungsstück gewesen, lautstark und voller Erinnerungen an Beethoven, Brahms und Dvorak. Die 2., 1902 geschrieben und bis 1951, als sie Bernstein „entdeckte", unaufgeführt, verrät einen sehr viel sichereren Stil. Sie ist eines von Ives' „milderen" Kompositionen, aber sie ist authentisch amerikanisch, angenehm und melodiös. Die 3. Sinfonie aus dem Jahre 1911 (bis 1945 niemals aufgeführt) trägt gewissermaßen hymnischen Charakter und ist ebenfalls angenehm und melodiös, wenn auch bisweilen harmonisch gewürzt. Im Jahr 1911 hätte sie die Zuhörer aus dem Konzertsaal getrieben. Die 4. Sinfonie ist ganz wild. Sie ist Ives' größtes, sonores, komplexes Werk. Er beendete sie 1916; ihre erste Aufführung erfuhr sie erst 1965 durch Leopold Stokowski und das American Symphony Orchestra. Die Kopisten hatten ihre liebe Mühe damit; die Noten waren bisweilen kaum zu entziffern, und es gab keine Stimmen. Dieses Werk ist ein Kompendium dessen, was Ives bewirken wollte: massierte Dissonanzen und Polyrhythmen alternieren mit Passagen, die aus der Sonntagsschule stammen könnten; Stokowski benötigte bei der Premiere zwei assistierende Dirigenten. Es ist ein erstaunliches Werk und wohl die bedeutendste Sinfonie, die je von einem Amerikaner komponiert wurde.

Während all jener Jahre hat Ives nur eine Handvoll seiner eigenen Werke gehört. Als man ihn mehr und mehr aufzuführen begann, war er ein alter Mann

618 Beginn einer amerikanischen Tradition

mit schwachem Herz, kurzsichtig und nicht imstande, außer Haus zu gehen, um die Konzerte zu besuchen. Für die Öffentlichkeit blieb er unbekannt. Nur wenige Fotografien existieren von ihm, er scheute jede Publizität. Nur einmal in seinem langen Leben, 1949, gab er ein Zeitungsinterview. Da niemand seine Werke hören mochte, veröffentlichte er einige von ihnen selbst: „Privatdrucke, nicht für den Markt bestimmt. Freiexemplare werden an jedermann versandt, solange der Vorrat reicht." Unter seinen wenigen Förderern waren der Schriftsteller Henry Bellamann, der Pianist E. Robert Schmitz, der Komponist Henry Cowell sowie der Komponist und Dirigent Nicolas Slonimsky. Slonimsky setzte für ein Konzert am 10. Januar 1931 in der Town-Hall *Three Places in New England* aufs Programm. Das Werk wurde gründlich ausgebuht, aber Carl Ruggles' *Men and Mountains,* das ebenfalls auf dem Programm stand, wurde mit noch größerer Ablehnung bedacht. Während Ives den eigenen Mißerfolg stoisch ertrug, sprang er, während man Ruggles auspfiff, auf die Füße und schrie: „Ihr verdammten Schlappschwänze! Warum könnt ihr diese herrliche, starke Musik nicht ertragen und eure Ohren wie ein Mann benutzen!" Später dirigierte Slonimsky Ives' Werke auch in Europa, und wenn man sie auch nicht allzu ernst nahm, wurden doch einige wichtige Musiker und Kritiker aufmerksam. Der einzige amerikanische Kritiker, der sich für Ives einsetzte, war Lawrence Gilman in der *New York Harold Tribune.* Als Anerkennung und Ruhm sich schließlich einstellten (während des letzten Jahrzehnts seines Lebens), mag Ives schon betroffen gewesen sein, daß es so verspätet geschah. Zwar nahm er den Pulitzer-Preis 1947 für seine 3. Sinfonie entgegen, ließ aber das Komitee wissen: „Solche Preise sind für junge Leute. Ich bin schon erwachsen." Und einen Reporter beschied er: „Preise sind Medaillen für Mittelmäßigkeit", und die 500 Dollar, die er erhielt, gab er weiter. Dabei fügte er hinzu, daß manche Komponisten, auch begabte, mit dem Gewinn eines 10 000-Dollar-Preises für eine Oper auf den Weg nach unten gelangt wären. Damit spielte er gewiß auf Horatio Parker an, dessen (völlig unbekannt gebliebene) Oper *Mona* im Jahre 1911 den von der Metropolitan Opera ausgeschriebenen 10 000-Dollar-Preis gewonnen hatte.

Diese Haltung war typisch für Ives. Man kann das natürlich beiseite wischen und darauf hinweisen, daß er unabhängig und wohlhabend war und sich über kommerzielle Dinge lustig machen konnte. (Mozart oder Beethoven hätten zu allerletzt 10 000-Dollar-Aufträge abgelehnt). Aber so leicht kann man es sich mit Ives' Bemerkung nicht machen. Nach seiner Meinung kann mit Subventionen eines Gönners nur Harmloses entstehen, denn wer zahlt, schafft an; und ein begabter Komponist gerät in Gefahr, sich zu prostituieren. Was Ives anbelangt, kam eine solche zeitweilige Prostitution nicht in Frage: Man hatte standhaft zu bleiben, denn nette, belanglose Musik bedeutete einen Kompromiß. Und als Yankee und Puritaner sah es Ives als seine Pflicht an, jeden Genuß beim Zuhören zu verdammen; er glaubte fest daran, daß auch das Publikum, das ohnehin verwöhnt genug war, in ähnlicher Weise verpflichtet war, den neuen Tonarten-Gebäuden ernsthaft zu folgen. Was er musikalisch vollbrachte – jene

Von Gottschalk zu Copland 619

erstaunlichen Neuerungen –, erreichte er *trotz* allem; denn er besaß keine besonders gute Technik; in gewisser Weise war sie miserabel. Aber er hatte Genie und ein offenes Ohr für Neues. Es ist interessant, darüber zu spekulieren, wie Ives wohl komponiert hätte, wenn man ihn öfter aufgeführt hätte, wenn er mit Orchestern und Musikern zusammengearbeitet hätte. Hätte sich dann eine etwas mildere Kompositionsweise durchgesetzt? Hätte er etwas klarer notiert? Das ist schwer zu sagen; wahrscheinlich nicht. Dazu war Ives ein zu hartnäckiges Temperament, und er stammte ja aus einer Gegend, wo, wie er im Manuskript zu seinen *Tone-Roads Nr. 1* überliefert hat, die Leute „aufstanden und ohne Rücksicht auf die Folgen sagten, was sie dachten".

Da Ives bis zu seiner Wiederentdeckung in den fünfziger Jahren so gut wie unbekannt war, wurde der am 14. November 1900 in Brooklyn geborene Aaron Copland derjenige Komponist, der die Vereinigten Staaten in der Öffentlichkeit und in der Fachwelt am ehesten repräsentiert. Ihm gelang der Durchbruch, mit dem die amerikanische Musik sich vom faden Provinzialismus eines MacDowell zu einer mächtigen, modernen, sehr persönlichen Musiksprache entwickelte. Er hat dazu beigetragen, daß die Bevormundung der amerikanischen Musik durch deutsche Vorbilder beendet wurde. Als junger Pianist und vielversprechender Komponist studierte er zunächst bei Rubin Goldmark (einem Neffen von Karl Goldmark, dem Komponisten der *Königin von Sheba*), brach das Studium aber abrupt ab und reiste 1921 nach Paris. Dort arbeitete er bei Nadia Boulanger an der neuen School of Music for Americans in Fontainebleau. Diese Studienjahre bei Madame Boulanger hat Copland später als die wichtigsten musikalischen Erfahrungen seines Lebens bezeichnet. Und in der Zeit zwischen 1920 bis 1940 hat Nadia Boulanger offensichtlich jeden einigermaßen bedeutenden amerikanischen Komponisten unterrichtet. So nahm sie die Stelle ein, die Jahrzehnte zuvor Rheinberger und Jadassohn hatten. Sie unterrichtete so unermeßlich viele amerikanische Studenten, daß man spottete, jede amerikanische Kleinstadt besäße zwei Dinge – einen Supermarket und einen Boulanger-Schüler.

Diese französische Komponistin führte ihre Schüler fort von den Vorbildern des 19. Jahrhunderts. Ihr Interesse galt Mussorgskij und Strawinsky im selben Maße wie Brahms und Beethoven, und für die Experimente, die in der ganzen musikalischen Welt sichtbar wurden, hatte sie stets ein offenes Ohr. Copland studierte in Paris zur rechten Zeit und empfing zahlreiche geistige Anregungen. Strawinsky, Ravel, Prokofjew, Les Six, das russische Ballett – alle waren sie hier zu Hause. Picasso, Hemingway, Gertrude Stein und ihr Kreis, James Joyce und andere Helden der Rive Gauche machten das Paris der zwanziger Jahre zur interessantesten Stadt der Welt. Der flotte, selbstbewußte Copland, den Kopf voller neuer musikalischer Ideen und vom amerikanischen Jazz fasziniert, begann eine ganz eigene Musik zu entwickeln. Sie war der Widerhall eines neuen Zeitalters. Aber Copland war nicht der einzige Amerikaner, der in einem neuen Avantgarde-Stil arbeitete. Auch Henry Cowell hatte mit Ton-Cluster und allerlei neuen Klängen experimentiert; der brillante junge Pianist Leo Ornstein

620   Beginn einer amerikanischen Tradition

hämmerte auf seinen Klaviaturen und heimste mit seiner rhythmischen dissonanten Musik einige Publizität ein. Aber Ornstein sollte bald verschwinden, und Cowell stellte sich zuletzt als ein schwächeres Talent heraus. Copland war zuletzt derjenige, der gescheit und entschlossen genug war, sein Ziel weiterzuverfolgen.

Zunächst geriet er unter den Einfluß von Strawinsky und Les Six und schrieb polyrhythmische Stücke, in denen er mit Jazz-Elementen experimentierte. Das Ballett *Grohg*, später in die *Dance Symphony* (1925) eingearbeitet, gehört in diese Zeit, ebenfalls *Music for the Theatre* (1925) sowie das Klavierkonzert (1927). Nun wurde deutlich, daß ein großes Talent am Werke war. Nach 1927 ließ Copland den Jazz fallen. „Mit dem Konzert hatte ich das Gefühl, alles, was ich vermochte, in diesem Idiom ausgedrückt zu haben, zumal es gefühlsmäßig ziemlich begrenzt ist. Natürlich war das ein einfacher Weg, sich damit als Amerikaner musikalisch vorzustellen, aber amerikanische Musik ist ja schließlich nicht auf die beiden Jazz-Modelle Blues und snappy-number begrenzt." Eine ganze Reihe anderer Komponisten der Zeit waren zu demselben Schluß gekommen: Während der zwanziger Jahre hatten internationale Stars, ja selbst Strawinsky, eine kurze Affäre mit dem Jazz, aber zu großen Resultaten hat dies nicht geführt.

Nach dem Klavierkonzert wandte sich Copland einer völlig anderen Ausdrucksform zu, die alle jungen amerikanischen Komponisten angeregt hatte. Mit den Klaviervariationen (1930), der *Short Symphony* (1933, später zum Sextett reduziert) und den *Statements* für Orchester (1935) avancierte Copland zum führenden Musiker der neuen amerikanischen Schule.

Diese neuen Werke aus seiner Feder waren ziemlich magere Partituren, dissonant, mit viel Schlagzeug, vital, aber abstrakt. Rhythmus und Struktur waren ihre Hauptmerkmale, weitaus mehr als die Melodik. Die Sowjets würden es „Formalismus" genannt haben. Ein kühner Geist war am Werk, der die musikalischen Elemente so handhabte, wie es die reine Logik befahl. Selbst Strawinsky war nicht so weit gegangen. „Sie sind schwer aufzuführen und für das Publikum schwer zu begreifen", urteilte Copland über diese Werke. Das Publikum reagierte kaum; das tut es selten gegenüber abstrakter Musik – im Fall einer Musik, in der die rigorose Entwicklung eines Gedankens die Gewichtigkeit einer Melodie (im traditionellen Sinn des Wortes) überwiegt. Für viele Hörer klingt diese Art Musik zu „intellektuell", verwirrend und „undankbar". Doch die Elemente des neuen Copland-Stils drangen in die Partituren vieler amerikanischer Komponisten ein. Das war jene Zeit, als jedermann verzweifelt „modern" sein wollte; Copland war der modernste von allen.

Doch mit einemmal begann Copland abermals seinen Stil zu verändern, indem er von der Abstraktion zu einer eher populären Sprache umschwenkte. Er glaubte, daß die neue Musik in Gefahr sei, sich dem Publikum völlig zu entfremden. In seinem Buch *The New Music* verdeutlicht er seine Gedanken aus den frühen dreißiger Jahren:

Von Gottschalk zu Copland 621

„Ich empfand ein zunehmendes Unbefriedigtsein, was die Beziehungen des musikliebenden Publikums zu den Komponisten der Zeit anlangt. Das ehemalige ‚Spezialpublikum' in Konzerten mit moderner Musik war ausgeblieben, und das konventionelle Konzertpublikum blieb allem gegenüber, was kein etablierter Klassiker war, apathisch oder indifferent. Es schien mir, als wenn wir Komponisten in Gefahr seien, in einem Vakuum zu arbeiten. Außerdem war durch Radio und Schallplatte ein völlig neues Musikpublikum herangewachsen. Es wäre sinnlos gewesen, dieses Publikum zu ignorieren und weiter zu komponieren, als wenn es nicht existierte. So glaubte ich, daß es die Anstrengung lohne, herauszufinden, ob ich nicht in der Lage wäre, das, was ich zu sagen hätte, auf möglichst einfache Weise zu tun."

So entstanden jene Werke, die zu Coplands bekanntesten und beliebtesten gehören. Mit *Billy the Kid* (1938) für Eugene Loring, *Rodeo* (1940) für Agnes de Mille, und *Appalachian Spring* (1944) für Martha Graham durchbrach er den bisherigen engen Kreis und wuchs in die Position nicht nur des am meisten geschätzten, sondern auch des populärsten amerikanischen Komponisten. Man könnte noch weitere Werke hinzufügen: *A Lincoln Portrait* (1942), die Oper *The Tender Land* (obwohl sie sich bei ihrer Premiere 1954 als nicht besonders erfolgreich herausstellte), *Quiet City* (1940) sowie die *Twelve Poems of Emily Dickinson* (1950). Alles dies sind gekonnte Partituren, klangvoll und voller Atmosphäre – populär, aber nicht „billig heruntergehauen". Sie tragen Coplands Handschrift, seine charakteristische Harmonik und seine rhythmischen Effekte; mit anderen Worten: Copland beugte sich nicht dem musikalischen Stoff, sondern bog ihn nach seinem Willen zurecht. Wieder einmal erschienen junge amerikanische Komponisten auf dem Plan, um den Meister zu imitieren.

So sah man in den dreißiger Jahren eine ganze Gruppe von prominenten amerikanischen Komponisten neben Copland. Wenige von ihnen haben sich als so ausdauernd wie er erwiesen. Damals hoffte man, daß Copland, Roy Harris, Walter Piston, William Schuman, Samuel Barber und Virgil Thomson eine amerikanische neue Schule anführen würden. Aber die Dinge haben sich nicht so entwickelt, und die Geschichte wird dieser Gruppe (mit Ausnahme von Copland) eine Position zuweisen, die derjenigen der Boston Classicists nicht unähnlich ist – wertvolle, kenntnisreiche Musiker, denen es lediglich an Individualität fehlte, Musik zu schreiben, die Bestand hat. Harris komponierte ein Werk nach dem anderen, aber nur seine 3. Sinfonie ist oft gespielt worden, und heute bewegt er sich nur am Rande des Repertoires. Piston brachte angenehme, gutgearbeitete klassizistische Partituren hervor, denen es sowohl an Individualität wie an Stringenz mangelt. Schumans Musik, geschickt instrumentiert und gut gebaut, wurde häufig diskutiert, auch wenn man sie nicht besonders schätzte. Vielleicht war ihre melodische Dürftigkeit der Grund. Thomson schrieb zumindest zwei Opern nach Libretti von Gertrude Stein – *Four Saints in Three Acts* (1934) und *The Mother of Us All* (1947) –, Werke von liebenswürdiger Selbständigkeit. Es sind alles eigenwillige Werke und nicht nach jedermanns Geschmack, aber mit ihrer Satie-gemäßen „weißen Tasten"-Harmonik sind sie sehr gekonnt und attraktiv. Barber, der traditionellste von allen, erfreute sich großer Popularität und hat sich auch im Repertoire gut gehalten. Sein anspruchsvollstes Werk, die Oper *Anthony and Cleopatra*, mit der 1966 die neue Metropolitan Opera im Lincoln Center eröffnet wurde, war jedoch ein Mißerfolg, und danach hat Barber nur noch relativ wenig komponiert.

Die Musik hat sich verändert. Statt als Speerspitze der amerikanischen Bewegung zu fungieren, fanden sich Copland (und die übrigen Amerikaner aus den Jahrzehnten zwischen 1920 und 1940) plötzlich auf dem Altenteil. Jüngere Musiker wandten sich der seriellen Musik und ihren Abkömmlingen zu, und anstelle eines amerikanischen Stils gab es mit einemmal eine internationale Schreibweise. Copland, der im Laufe seines Lebens nicht sonderlich viel geschrieben hat, unternahm einige Versuche mit seriellen Kompositionen – zum Beispiel die Klavier-Phantasie und die *Connotations* für Orchester (1962 für das Eröffnungskonzert der Philharmonic Hall im New Yorker Lincoln Center komponiert). Beide sind nicht gerade häufig aufgeführt worden, und Copland hat von da an kaum noch etwas komponiert. Dafür war er auf anderen Gebieten tätig: Als profiliertester Fürsprecher der amerikanischen Musik und ihrer Musiker hat er sich als Schriftsteller, Kritiker, Analytiker, Dirigent, Lehrer und Kulturpolitiker betätigt. In seinen Büchern und Artikeln hat er seit Jahren die Neue Musik zu erklären versucht; als Lehrer viele Studenten im Berkshire Music Center in Tanglewood unterwiesen, wo er von 1940 bis 1969 den Ton angab. Als Berater und „elder statesman" ist Aaron Copland zu einem urbauen, angesehenen Symbol eines halben Jahrhunderts amerikanischer Musik geworden.

38. Kapitel

Béla Bartók
Der kompromißlose Ungar

Es besteht Übereinstimmung darüber, daß die bedeutendsten Komponisten in der ersten Hälfte des 20. Jahrhunderts Igor Strawinsky, Arnold Schönberg und Béla Bartók hießen, jeder von ihnen ein Individualist und jeder ein bedeutender Erneuerer. Repräsentierte Strawinsky Präzision und Logik in seiner Musik, Schönberg hingegen die Überführung der Tonalität in eine völlige neue Philosophie der musikalischen Komposition, so wurde für Bartók die Fusion eines nationalen Musikerbes mit der Musikanschauung des 19. Jahrhunderts zu einem mächtigen Instrument neuen Ausdrucks.

Bartók war ein zarter, schmächtiger Mann, doch besaß er eine eminente psychische Kraft, die ihn befähigte, kompromißlos seinen Weg zu gehen, auch wenn seine Musik keine Hörer fand. Er verfügte, bis zur Widerspenstigkeit, über ein Gefühl für Integrität und war so nachhaltig von einer humanistischen Haltung durchdrungen, daß er nie von seiner eigenen Vorstellung von Wahrhaftigkeit abwich, obwohl sie ihn in Konflikt mit den Nazis brachte und er in der Fremde ein neues Leben beginnen mußte. Jederzeit war er bereit, seine Musik und seine Freiheit gegenüber der Gesellschaft zu verteidigen. Diese Entschlossenheit, seine persönliche und künstlerische Unabhängigkeit zu erhalten, erinnert an Schönberg; manche seiner Briefe könnten von Schönberg geschrieben sein. Im Jahr 1915, als Bartók so gut wie nicht aufgeführt wurde, spielte man einmal seine 1. Suite, aber nur in verstümmelter Form. Sofort protestierte er in einem Schreiben an die Direktion der Budapester Philharmonischen Gesellschaft, in dem er zum Ausdruck brachte, daß „der thematische Zusammenhang der einzelnen Sätze so eng" sei, „daß die Takte einiger Sätze geradezu unverständlich sind, wenn ihnen die anderen Sätze nicht vorausgehen". Und dann fügte er noch einen Absatz hinzu; die Direktoren der Budapester Philharmonischen Gesellschaft, die der ehrlichen Meinung gewesen waren, sie hätten Bartók einen Gefallen getan, indem sie einzelne Teile seiner Suite aufs Programm gesetzt hatten, müssen angesichts der folgenden Sätze äußerst erstaunt gewesen sein:

„Unter diesen Umständen muß ich Ihnen erklären, daß Sie mich außerordentlich zu Dank verpflichten würden, wenn Sie in Zukunft keines meiner Werke mehr zum Vortrag brächten. Diese meine Bitte ist um so berechtigter, als mich die bedauerlichen Verhältnisse des Budapester Musiklebens sowieso gezwungen haben, mich seit vier Jahren von jeder Art öffentlichen Auftretens als Komponist fernzuhalten und meine seitdem komponierten Werke nicht vor die Öffentlichkeit zu bringen."

624   Der kompromißlose Ungar

Bartók war ein nationaler Komponist, gemeinsam mit Mussorgskij wahrscheinlich der bedeutendste, und es gibt kaum einen Takt in seiner Musik, der
nicht vom Gefühl des ungarischen „Melos" durchdrungen ist. Nicht etwa, daß
er Volksmelodien erfand oder zitierte, wenn dies ihm auch gelegentlich unter-
laufen mochte. Es gab etwas viel Tieferes als dieses: Als einer der in der Welt
angesehensten Musikethnologen – Bartók hatte einen internationalen Ruf als
wissenschaftlicher Experte für Volksmusik – waren ihm Klang, Rhythmus und
Faktur der Musik seines ungarischen Heimatlandes Teil seines Bewußtseins
geworden, so daß er in diesen Kategorien dachte. Und was er damit ausdrückte,
war wahr und unverfälscht. Die meisten Nationalkomponisten des vergangenen Jahrhunderts hatten die Volksmusikelemente in zivilisierter, abgemilderter
Form gebraucht. Bartók ging zu den Ursprüngen zurück, zum ursprünglichen
Material. Und oft hat er dieses Material in Formen gegossen, die sich aus der
westlichen Musik ableiten. „Kodály und ich", sagte er, „strebten eine Synthese
von Ost und West an." Zoltan Kodály hat in seiner Musik ebenfalls Folklore-
Elemente benutzt. Aber im Vergleich zu Bartóks Werken klingt seine Musik fast
zahm. Kodály besaß offensichtlich ein höflicheres, konventionelleres Naturell,
und obwohl er ein hervorragender Musiker war, vermochte er doch nicht mit
den überkommenen Formen des 19. Jahrhunderts zu brechen. Bartók tat es,
zerbrach die Sonaten- und andere Formen nach seinem Willen und setzte die
Folklore-Elemente auf völlig neue, waghalsige Weise ein.

Von Anfang an hatte er sich der Volksmusik verschrieben. Am 25. März
1881 wurde er in Nagyszentmiklós in Südungarn geboren, das heute zu
Rumänien gehört. Er war ein ernstes Kind, das zu einem ernsthaften jungen
Mann heranwuchs, und obwohl er von zarter Gestalt und von sensiblem
Gesichtsausdruck war, vermittelte er doch stets den Eindruck unbeugsamer
Kraft. Sein Vater starb, als er sieben Jahre alt war, und seine Mutter, die als
Klavierlehrerin wirkte, wechselte häufig mit der Familie den Wohnsitz. So hat
Bartók schon während seiner Kindheit die verschiedenen Variationen der
ungarischen Volksmusik kennengelernt. Seine Mutter begann ihn im Klavier-
spiel zu unterrichten, als er fünf Jahre alt war, und fand bald heraus, daß er
hochbegabt war und überdies das absolute Gehör besaß. Mit elf spielte der
Junge bereits öffentlich. Im Jahre 1899 wurde er an die Budapester Musikaka-
demie geschickt, wo Ernö von Dohnányi (1877–1960) als der bedeutendste
ungarische Musiker galt. Dohnányi war ein bemerkenswerter Pianist, der im
Stil der Brahms-Tradition komponierte und später der Zar der ungarischen
Musik werden sollte. Er und Bartók waren freundschaftliche Rivalen, deren
Wege sich in den folgenden Jahren noch häufig kreuzen sollten. Als Bartók
1901 Examen machte und sein Abschlußkonzert gab, hatten die Kritiker nichts
Geringeres zu sagen als daß Bartók der einzige Klavierschüler der Akademie
wäre, der einmal in Dohnányis Fußstapfen treten könne. (Dohnányi hatte die
Akademie 1897 verlassen und inzwischen eine Reihe von Preisen gewonnen.)

Schon als Kind hatte Bartók zu komponieren angefangen. Eine Zeitlang
pausierte er, um sich dem Klavier ganz zuwenden zu können. 1902 hörte er

Béla Bartók (1881–1945).

Richard Strauss' *Also sprach Zarathustra,* was ihn außerordentlich beeindruckte. „Augenblicklich warf ich mich auf das Studium der Strauss-Partituren und begann zu komponieren." Die Stücke, die er dann schrieb – zum Beispiel die *Kossuth-Sinfonie* (im Grunde eine sinfonische Dichtung in zehn Teilen), waren ein Abbild der deutschen Tradition, speziell derjenigen von Strauss. Werke für Klavier sollten folgen, wobei er weiterhin Stunden bei Dohnányi nahm. Zwischendurch gab es Zeiten, in denen er nicht gesund war (sein ganzes Leben ist Bartók auf die eine oder andere Weise leidend gewesen). 1904 entstand das Opus 1, eine Rhapsodie für Klavier und Orchester. Wieder war es ein an deutsche Vorbilder erinnerndes Stück, wenngleich von starken nationalungarischen Einflüssen aus dem 19. Jahrhundert. Liszt hätte es komponieren können, wenn er noch zwanzig Jahre länger gelebt hätte; und so bewegt sich die Rhapsodie im Stil der Lisztschen Ungarischen Phantasien. Bartók komponierte es, um vorwärts zu kommen. Wie alle Pianisten-Komponisten seit Mozart benötigte er Stücke, um die eigenen Fähigkeiten zu beweisen; dieses war, unter anderen, ein Stück, das Bartók 1905 mit nach Paris nahm, wo er im Zusammenhang mit dem Rubinstein-Preis den 2. Kompositionspreis nach einem Italiener namens Attilio Brignoli errang; beim Klavierwettbewerb verlor er gegen Wilhelm Backhaus, was schließlich keine Schande war.

Einen scharfen Einschnitt in Bartóks Entwicklung bedeutete das Jahr 1905, als er und Zoltan Kodály sich aufmachten, um Volksmelodien zu sammeln. Sie nahmen eine Edison-Maschine mit, auf deren Zylindern sie Hunderte von Liedern aufnahmen, wobei sie ausführliche Notizen machten. Studium und Klassifizierung des Volksliedguts sollte Bartók zeit seines Lebens in Anspruch nehmen. Seine erste Veröffentlichung, gemeinsam mit Kodály, war eine Sammlung mit dem Titel *Zwanzig ungarische Volkslieder,* die 1906 erschienen. Bartók und Kodály entdeckten, daß es verschiedene Kategorien ungarischer Volkslieder gab – einen älteren, vorwiegend pentatonischen Melodiestil und einen neuen, in dem modale und siebenstufige Skalen verwendet wurden; schließlich noch eine Kategorie, in der sich die Stile mischten. Seiner Freundin, der Geigerin Stefi Geyer, hat Bartók einen amüsanten Brief in Dialogform geschrieben, worin er die Schwierigkeiten beschreibt, den Bauern die alten Melodien zu entlocken. Bartók ist „R" (der Reisende), „B" (das Bauernweib):

> „R: Die Nachbarin hier behauptet, Sie könnten so uralte Lieder singen, die Sie noch in Ihrer Jugend von den Alten gelernt hätten.
>
> B: Ich?! Alte Lieder?! Der Herr soll mich nicht zum Narren halten! Hi-hi-hi-hi-hi!
>
> R: Schauen Sie mal, das ist keine Narretei. Ich spreche in vollem Ernst. Ich kam nur deshalb hierher, von weit, von sehr weit, von Budapest, um diese uralten Lieder zu suchen, die man nur hier kennt!
>
> B: Na, und was fängt man dann mit diesen Liedern an? Kommen sie in die Zeitung?
>
> R: Keineswegs! Diese Arbeit bezweckt, daß wir diese Lieder bewahren, daß sie notiert werden. Denn würden wir sie nicht aufschreiben, so wüßte später nie-

mand, was hier zu dieser Zeit gesungen wurde. Denn schauen Sie, die jungen Leute kennen ganz andere Lieder, sie haben die alten Lieder nicht gern, sie lernen sie auch nicht, obwohl diese alten Lieder viel schöner sind als die jetzigen. Na, nicht wahr? In fünfzig Jahren sind sie spurlos verschollen, wenn wir sie jetzt nicht aufschreiben.

    B: Wirklich? (Pause.) Bruhahahaha! – Hihihihi! Nein, ich glaub's doch nicht!

    R (verzweifelt): Schauen Sie sich doch dieses kleine Büchlein an; sehen Sie, das alles habe ich hier notiert. (Er pfeift ein Lied). Dieses Lied hat Frau Andras Gegö gesungen. (Er pfeift ein anderes.) Und dieses Frau Bálint Kósza. Diese kennen Sie doch auch, gelt?

    B: Ach, meine Zeit ist um. Eine so alte Frau wie ich ist nicht dazu da, sich mit solchen Liedern abzugeben; ich kenne nur mehr die Kirchengesänge.“

Bartók konnte der alten Frau nur Kirchengesänge entlocken, die er gar nicht hören wollte, sowie verfälschte Volkslieder, die er noch weniger haben wollte. Er geht „niedergeschmettert“ weg, aber er hat dem Bauernweib eine Empfehlung an Frau Gyurka Sándor entlockt, die ein Stückchen weiter an der Ecke wohnt und so viele alte Lieder kennt, die sie von Sonnenaufgang bis Sonnenuntergang vor sich her singt.

Was Bartók mit „Bauernmusik“ bezeichnete, enthielt für ihn verjüngende Kraft. In einem weitläufigen Artikel in der Zeitschrift *Melos*, der 1920 erschien, behauptet er, daß der Beginn des 20. Jahrhunderts eine Art Wendepunkt in der Musik darstellt:

> „Die Übertreibungen der Spätromantik begannen unerträglich zu werden. Aber wohin sich wenden? Unschätzbar waren der Antrieb und die Hilfe, die dieser Wandel oder richtiger: diese ‚Renaissance‘ von der bislang völlig unbekannten Bauernmusik bzw. von der im engeren Sinne so bezeichneten erhielt. Diese Bauernmusik weist in der Form höchste Vollendung und Mannigfaltigkeit auf. Erstaunlich ist ihre große Ausdruckskraft, die dabei völlig frei von Sentimentalität und überflüssigem Geschnörkel ist. Manchmal einfach bis zur Primitivität, aber niemals einfältig, bildet sie den idealen Ausgangspunkt für eine musikalische Wiedergeburt und ist dem Komponisten der vorzüglichste Lehrmeister. Worin liegt wohl eine der Vorbedingungen für eine intensive Wirkung der Bauernmusik? Darin, daß der Komponist das Wesen der Bauernmusik seines Landes so gründlich kennenlernt wie seine eigene Muttersprache.“

Ralph Vaughan Williams war zur gleichen Zeit in England tätig und argumentierte in ähnlicher Weise. Der Gedanke der Assimilierung beherrschte Bartóks Denken, so wie es Vaughan Williams und die anderen Nationalkomponisten der Zeit, einschließlich Janácek mit seinen tschechischen Sprachlauten bestimmte. Sie alle waren der Auffassung, daß man die Volksmusik am Ort studieren müsse, wo sie noch lebendig ist, und daß man mit den Bauern leben müsse. „Ich bin überzeugt“, schrieb Bartók, „daß es nicht genügt, sich lediglich mit der in den Museen aufbewahrten Bauernmusik zu befassen.“ Es genüge nicht, lediglich Motive oder entsprechende Nachahmungen der Kunstmusik einzuverleiben, was nur einen äußerlichen Aufputz bedeute. Bartók verlangte, daß man gegenüber der Volksmusik eine völlig neue Haltung einnehmen müsse. Jene merkwürdige Anschauung des 19. Jahrhunderts, daß Volksmusik nur schlichte harmonische Fortschreitungen benutze: sie sei verfehlt. „So merkwürdig es auch klingen mag, ich scheue mich nicht zu betonen: je primitiver eine Melodie, desto eigenartiger kann die Harmonisierung bzw. die Begleitung sein."

Wenn ein Komponist sich in diesem Idiom ausdrücken wollte, war es nötig, eine neue Tonsprache zu entwickeln. Und hier gingen die Wege von Bartók und der Wiener Schule auseinander. Bartók beharrte auf der „Selbstverständlichkeit", daß Volksmusik, die ja tonal ist, mit Schönbergs Atonalität nicht vereinbar sei. Jedenfalls war Bartók ein wenig irritiert durch den Anspruch, den Schönberg und seine Anhänger erhoben, die darauf bestanden, es gäbe eben nur eine Methode, und das sei die ihre. „Ich bin weit davon entfernt, zu behaupten, daß die alleinseligmachende Kunstmusik unserer Tage nur auf Volksmusik beruhen kann", schrieb Bartók 1931. „Weniger liberal zeigt sich aber die Auffassung mancher unserer Gegner über die Rolle und Bedeutung der Volksmusik." Bartók versuchte einige Gedanken klar auszusprechen. Die Nationalkomponisten würden von den Atonalen beschuldigt, mit „geliehenem" Material zu arbeiten. Aber der Gebrauch solchen Materials hätte überhaupt nichts mit dem künstlerischen Resultat des Musikstückes zu tun. Wenn man genau überlege, fuhr Bartók fort, hätten auch Shakespeare, Molière, Bach und Händel „geliehen". Jeder habe die Wurzeln in der Kunst früherer Zeiten gefunden. Und für Bartók hieß das: „Aus all dem geht klar hervor, daß es durchaus kein Zeichen von ‚Unvermögen' und ‚Phantasielosigkeit' sein muß, wenn der Komponist, anstatt auf Brahms und Schumann zu fußen, die Wurzeln seiner Kunst in den Boden der Volksmusik seines Landes schlägt". Und er fuhr fort:

> „Es gibt noch eine Auffassung, die dem völlig widerspricht: viele glauben, es genüge für das Aufblühen einer nationalen Musikkunst, sich mit der Volkskunst zu befassen und deren Formeln in westliche Musikformeln einzupflanzen ... Ihre Vertreter stellen ebenfalls die Bedeutung der Thematik in den Vordergrund und denken gar nicht an die Wichtigkeit der Formgebung – der eigentlichen schöpferischen Arbeit ... In unfähigen Händen kann weder Volksmusik noch irgendein anderes Musikmaterial jemals Bedeutung erlangen. Der Talentlosigkeit hilft weder die Berufung auf die Volksmusik noch auf sonstiges, das Ergebnis bleibt immer null."

Bartóks Theorien arbeiteten für ihn. Die Atonalisten in Wien hätten nicht uninteressierter reagieren können. Sie arbeiteten an ihrem eigenen Weg, und, wie sich herausstellte, schlug sich die Geschichte auf ihre Seite. Nach dem Zweiten Weltkrieg und nach Bartóks Tod hat seine Musik, obwohl sie sehr bekannt geworden ist, auf das Denken junger Musiker wenig Einfluß ausgeübt. Exponenten der seriellen Schule fanden Bartóks Musik wohl interessant, aber nur auf jenen Gebieten, in denen sich eine Beziehung zu Schönberg und seiner Schule herstellen ließ. So hat Pierre Boulez Bartók als „eine Art Synthese des späten Beethoven und des reifen Debussy" abgetan und fand für Bartóks Musik lediglich dort ein lobendes Wort, wo „sie eine sehr spezielle chromatische Phase erreicht, die nicht weit von Berg und Schönberg liegt". Die übrige Musik Bartóks ist für Boulez „ohne innere Kohärenz"; und was jene Werke Bartóks anlangt, die sich des populärsten Zuspruchs erfreuen – das 3. Klavierkonzert und das Konzert für Orchester –, so verrieten sie für ihn einen „zweifelhaften Geschmack". Bartóks Nationalismus wird von Boulez, ziemlich hochmütig, als „ein Überbleibsel des nationalistischen Vorstoßes im 19. Jahrhundert" abgetan.

Wer sich Bartóks Ästhetik auf so doktrinäre Weise nähert, ignoriert die Tatsache, daß er 1906 in einem Idiom zu komponieren begann, in dem die Volkselemente in eine universelle Sprache transformiert wurden. Sein Stil hat sich nicht in einem Zug entwickelt, es gab Übergangszeiten: Als sein Interesse an der Musik von Strauss nachließ, begannen ihn Liszts und Debussys Werke zu faszinieren; in der russischen Musik diejenigen von Strawinsky bis *Les Noces*. Bartók wurde Klavierlehrer an der Budapester Akademie (Komposition hat er niemals unterrichtet) und wurde selbst schöpferisch tätig: die *Portraits* (1908), *Die Bagatellen* (1907), das 1. Streichquartett (1908) und eine ganze Serie von Klavierstücken, in denen das Instrument sehr aggressiv, ja wie ein Schlaginstrument behandelt wird. Eine einaktige Oper, *Herzog Blaubarts Burg* (1911), das Tanzspiel in einem Aufzug *Der holzgeschnitzte Prinz* (1917) sowie die einaktige Pantomime *Der wunderbare Mandarin* (1919) zählen zu den umfangreicheren Kompositionen. Keine von ihnen hat wirkliche Popularität erlangt, und der *Mandarin* mit seinen Neo-*Sacre*-Rhythmen, seinen wilden Dissonanzen und dem erotomanischen Textbuch ernteten allgemein Ablehnung. Weitere Werke aus dem Zeitraum zwischen 1907 und den frühen zwanziger Jahren waren die beiden Violinsonaten (1921/22) sowie das 2. Streichquartett (1917).

Wenn Bartóks Werke auch wenig aufgeführt wurden, so hinterließen sie in der Fachwelt Europas doch starke Eindrücke. Sie sind auch außerhalb Ungarns viel mehr diskutiert worden als in seinem Heimatland, wo bekanntlich der Prophet nicht viel gilt. Man hielt seine Musik schlicht für atonal, was sie im Grunde nicht war, auch wenn es so klang. Bis 1920 hat Bartók kaum ein Werk komponiert, das wirklich akzeptiert wurde. Das geschah erst mit seiner *Tanzsuite*. In der zweiten Hälfte der zwanziger Jahre sollte sich Bartóks Stil voll entfalten. Eine ganze Reihe bedeutender Werke entstand: die *Cantata Profana* (1934), die ersten beiden Klavierkonzerte (1927 und 1931), die letzten vier Streichquartette (1927, 1928, 1934 und 1939), die Sonate für zwei Klaviere und Schlagzeug (1938), die *Musik für Saiteninstrumente, Schlagzeug und Celesta* (1937), von vielen als sein wichtigstes Stück bezeichnet, das 2. Violinkonzert (1939) sowie das Divertimento für Streicher (1940). Alle diese Werke zeichnet enorme innere Kraft, persönliche Tonsprache und Reife aus, allesamt mit wilden Folkloretönen gewürzt. Das klang alles noch brutaler als Strawinsky,

630   Der kompromißlose Ungar

Prokofjew oder die Vertreter der französischen Schule, und die wilden Klänge waren rasch als für Bartók typisch zu identifizieren. Lediglich die Vertreter der Wiener Schule und Charles Ives konnten mit derart kompromißloser Musik konkurrieren.

Verständlicherweise ist Bartók wegen seines Mangels an Melodik angegriffen worden. Er liebte es, seine Werke aus kurzen floskelhaften Motiven zu entwikkeln, manchmal nur wenige Noten lang, wobei er von Liszt die Möglichkeiten der zyklischen Form übernahm, in die alle verschiedenen Elemente eingebettet wurden. Halsey Stevens hat in seiner Bartók-Biographie bemerkt:

> „Seine Motive, oft nur zwei oder drei Noten, befinden sich im ständigen Prozeß der Veränderung. Sie wachsen organisch; sie profilieren sich; dieser Entwicklungsprozeß ist kinetisch. Kein Zweifel, daß viele motivische Verknüpfungen, die so sorgfältig kalkuliert erscheinen, intuitiv entstanden sind: Die Grenze zwischen Verstand und Intuition läßt sich niemals scharf ziehen, aber die thematische Logik insgesamt ist nicht zu leugnen."

Bartók war ein politisch äußerst sensitiver Mensch, den der Aufstieg des Nationalsozialismus entsetzte. Nach dem Anschluß Österreichs im März 1938 war ihm klar, daß er seine Heimat verlassen mußte, denn nach Österreich würde Ungarn an der Reihe sein. So schrieb er an einen Freund in der Schweiz: „Es ist nämlich die eminente Gefahr, daß sich auch Ungarn diesem Räuber- und Mördersystem ergibt ... Wie ich dann in so einem Lande weiter leben oder – was dasselbe bedeutet – weiter arbeiten kann, ist gar nicht vorstellbar." Bartók war damals 58 Jahre alt und hatte neben Frau und Familie noch seine Mutter zu unterstützen. Für die Nazis und ihre rassistischen Theorien hatte er nur spöttische Bemerkungen. Sein Verleger war der Wiener Verlag der Universal-Edition; als die Nazis Österreich einnahmen, erhielten alle Komponisten des Verlags einen Fragebogen – „einen berüchtigten Fragebogen", wie Bartók wütend anmerkte, in dem man wissen wollte, „sind Sie deutschblütig, rassenverwandt oder nichtarisch"? Bartók und Kodály weigerten sich, ihn zu beantworten, da sie „solche Fragerei für rechts- und statutenwidrig" hielten. Es war, meinten sie, im Grunde bedauerlich, denn man hätte bei der Beantwortung „schöne Späße machen" können:

> „Zum Beispiel sagen, wir sind nichtarisch – weil ja schließlich, wie ich aus meinem Lexikon erfahre, ‚arisch' heißt ‚indoeuropäisch'; wir Ungarn sind jedoch philo-ugrisch, ja sogar vielleicht rassenmäßig nordtürkisch, also überhaupt nicht indoeuropäisch, demzufolge nicht arisch. Eine andere Frage lautet: ‚Wo und wann wurden Sie verwundet?' Antwort: ‚Am 11., 12. und 13. März in Wien!'"

Bartók verließ die Universal-Edition und wurde Autor des britischen Verlags Boosey und Hawkes. 1939, im Todesjahr seiner Mutter, beschloß er Ungarn zu verlassen und erreichte im folgenden Jahr die Vereinigten Staaten, wo er den

Béla Bartók   631

Rest seines Lebens verbringen sollte. Bevor er seine Heimat verließ, verfaßte er ein Testament, in dem er seinen Haß auf die Diktatur wie auch gleichzeitig seine liberale Grundhaltung zum Ausdruck bringt:

„Wenn man nach meinem Tode eine Straße nach mir benennen will oder eine Erinnerungstafel in der Öffentlichkeit aufstellen, möchte ich folgendes beachtet wissen: Solange die Straßen, die früher Oktogon-tér und KöröND hießen, in Budapest nach denselben Männern benannt sind wie heute (Hitler und Mussolini) und solange es in Ungarn irgendeinen Platz oder eine Straße gibt, die nach ihnen benannt ist, soll weder ein Platz, noch eine Straße, noch ein öffentliches Gebäude im Lande nach mir benannt werden, auch keinerlei Erinnerungstafel an irgendeiner öffentlichen Stelle angebracht werden."

In den Vereinigten Staaten verschaffte man ihm an der Columbia University eine Stelle, wo er an seiner Volkslied-Sammlung arbeiten konnte. Er hatte zwar wenig Geld, doch sind die Geschichten über seine völlige Verarmung eine romantische Erfindung. Niemals war er wirklich bedürftig. Eine Zeitlang lebte er in Forest Hills in einem Apartmenthaus, von wo aus er am Weihnachtsabend 1940 einen launigen Brief an seine Söhne in Budapest schickte, in dem er seine neue Bleibe beschrieb und seine amerikanischen Erfahrungen zum besten gab:

„Am 7. Dezember zogen wir in eine möblierte Wohnung unter obiger Adresse. Diese liegt 16 km vom Zentrum New Yorks entfernt, aber die Haltestelle der Untergrundbahn (Express) ist vor unserer Haustür, und wir können daher für 5 Cents in zwanzig Minuten im Zentrum sein. Die Züge verkehren sehr häufig und Tag und Nacht ohne Unterbrechung ... Geschäfte und jede Art von Bequemlichkeit sind vorhanden. Die Heizung funktioniert so gut, daß wir zu drei Viertel absperren müssen. Das eine Fenster unseres Schlafzimmers lassen wir (wenn kein Wind ist) sperrangelweit offen. Wir beginnen uns allmählich zu ‚amerikanisieren‘, beispielsweise mit der Verköstigung. Morgens Grapefruit, grilled corn! (gerösteter Weizen) mit süßer Sahne, Braunbrot mit Butter bestrichen, Eier oder Speck oder Fisch ... Mein Kopf ist wirr von lauter neuen Dingen, Namen von Straßen und Untergrundbahnstationen, Zeichnungen von Eisenbahnnetzen mit der Masse von Umsteige- und Verkehrsmöglichkeiten, lauter Sachen, die für das hiesige Leben unumgänglich notwendig, jedoch an sich ganz belanglos sind ... Es machte uns reichlich Mühe, mit den verschiedenen elektrischen- und Gasgeräten, Korkenziehern, Konservenöffnern und dergleichen sowie auch mit den Verkehrsvorschriften fertig zu werden, aber jetzt gehts schon. Nur manchmal passieren kleine Unglücksfälle: So z. B. wollten wir unlängst nach dem südlichsten Punkt New Yorks fahren, aber ich wußte nicht genau, wo und auch wann wir umsteigen müssen. (Die Wegweiser sind hier nicht besonders übersichtlich angebracht, dabei lückenhaft und eher verwirrend.) So fuhren wir drei Stunden lang unter der Erde hin und her, bis wir endlich – da uns keine Zeit mehr blieb – unverrichteter Dinge und etwas beschämt nach Hause zurückschlichen, natürlich auch wieder unter der Erde."

632   Der kompromißlose Ungar

Außer seiner Arbeit an der Columbia Universität komponierte Bartók und gab einige Konzerte. Bald erkrankte er jedoch, sein Auftreten am 21. Januar 1943 in New York sollte das letzte sein. Gemeinsam mit seiner Frau Ditta spielte er das Konzert für zwei Klaviere (ursprünglich die Sonate für zwei Klaviere und Schlagzeug) mit den New Yorker Philharmonikern unter Fritz Reiner. Die Ärzte konnten keine rechte Diagnose seiner Krankheit stellen oder gaben dies zumindest vor. Er hatte Leukämie, und es gab keine Hoffnung. Bartók verlor sehr rasch an Gewicht (bis er nur noch 87 Pfund wog) und hatte ein chronisches Fieber. Die „American Society of Composers, Authors and Publishers" (ASCAP) unterstützte ihn während der schlimmsten Zeit. Da erschien der Dirigent Sergej Kussewitzky bei Bartók, um ihm den Kompositionsauftrag in Höhe von 1000 Dollar für ein Orchesterwerk zu überbringen (auf Anregung von Reiner und dem Geiger Josef Szigeti). Das *Konzert für Orchester* war das Ergebnis; es stellte sich als Bartóks erfolgreichstes Orchesterstück heraus. Für Yehudi Menuhin komponierte er eine Sonate für Violino solo ferner arbeitete er, für seine Frau, am 3. Klavierkonzert. Ende 1944 konnte er wieder hoffen. Durch Tantiemen und Aufführungsgebühren kam etwas Geld herein; ein neuer Vertrag mit Boosey und Hawkes versprach noch mehr. Für William Primrose arbeitete er an einem Bratschenkonzert und schmiedete Pläne über ein Konzert für zwei Klaviere für Bartlett und Robertson. Aber je hoffnungsvoller er wurde, desto hoffnungsloser wurde sein physischer Zustand. Verzweifelt versuchte er, zwei umfangreiche Werke gleichzeitig fertigzustellen – das Bratschenkonzert (unvollendet geblieben) und das 3. Klavierkonzert, das er, mit Ausnahme weniger Takte, fertigstellen konnte. Am 26. September 1945 starb er in New York. Noch auf dem Totenbett soll er, wie Schubert, geklagt haben: „Welch ein Jammer, daß ich abtreten muß, und noch ist soviel zu tun."

Wenige Jahre nach seinem Tod wurde Bartók zu einem der meistgespielten Komponisten unserer Zeit. Das *Konzert für Orchester* wurde ein Repertoirestück, das beinahe *Petruschka* und die *Klassische Symphonie* verdrängte. Angehende Klavierspieler begannen sich an den sechs Bänden des *Mikrokosmos* die Zähne auszubeißen, an jenen 153 Stücken, die vom Einfachen zum Schwersten fortschreiten und die jungen Musiker mit dem modernen Klavierklang vertraut machen wollen. Als Unterrichtsmaterial kamen sie allerorten in Gebrauch. Angehende Virtuosen nahmen sich der beiden letzten Klavierkonzerte, vor allem des 3., an. Man riß sich geradezu darum; es zählt neben Prokofjews C-Dur-Konzert und denen von Rachmaninow zu den meistaufgeführten Klavierkonzerten dieses Jahrhunderts. Seine sechs Streichquartette begann man besonders zu schätzen: Immer häufiger führte man alle sechs in einem Zyklus auf, und es hat nicht an Stimmen gefehlt, die sie als die bedeutendsten Kammermusikwerke nach Beethovens Quartetten bezeichneten.

Die ersten beiden Bartók-Quartette (1908 und 1917) sind relativ konventionell, wenn sich auch die Harmonik durch stark dissonante Chromatik auszeichnet. Das 3. aus dem Jahr 1927 sowie die folgenden führen in eine neue, wilde, widersprüchliche Welt, voller orchestraler Klänge und einer Reihe von Effek-

Béla Bartók 633

ten, die damalige Hörer wie Spieler gleichermaßen erschreckten. Bartók verlangte Glissandi von allen Instrumenten, den Gebrauch des Ponticello (dicht am Steg zu spielen), Flageoletts, Col Legno (Schlagen des Bogenholzes auf die Saite), komplizierte Akkordballungen, Vierteltöne sowie eine Auswahl von Schlageffekten, unter denen das Anreißen der Saiten und ihr Zurückschnellen auf das Griffbrett als „Bartók-Schnappen" berüchtigt wurden. Wenn man diese Werke, mit der Erinnerung an Brahms' oder die späten Beethoven-Quartette zum erstenmal hört, mag dies befremden. Aber mit einmaligem Hören sind diese Werke, wie auch Beethovens späte Quartette, nicht zu erfassen. Dasselbe kann man von Bartóks *Musik für Saiteninstrumente, Schlagzeug und Celesta* behaupten sowie von der *Sonate für zwei Klaviere und Schlagzeug.* Der Kopfsatz des ersteren mit seinen gedämpften polyphonen Bewegungen, die eine gewisse Leere auszeichnet, ist mit der Eingangsfuge von Beethovens cis-Moll-Quartett verglichen worden. In die Sprache dieser Werke muß man eintauchen, und das braucht seine Zeit. Aber dann wird die Musik ganz durchsichtig. Reich und kompliziert wie sie ist, scheint sie nicht im entferntesten so schwierig zu sein wie beim ersten Hören. Der stets präsente ungarische Rhythmus und die Fragmente von Volksliedern treten dann deutlicher hervor, während die Dissonanzen nicht mehr erschrecken, sondern überzeugen. Die „knirschenden" Sekunden und Septimen, die verzahnten Akkorde, die modalen Harmonien der „Bauernmusik", die wilden exzentrischen Rhythmen im Fünfer- und Siebenertakt – das alles klärt sich zu einer direkten Sprache des Gefühls.

Bartók hat sich, vorsichtigerweise, niemals als einen überwiegend „nationalistischen" Komponisten bezeichnet. Er war ein Musiker, der daran glaubte, daß Volksmusik in ihrer reinen Überlieferung befruchtend wirkt. So wollte er als Komponist, und nicht als Folklorist, verstanden werden. Die rücksichtslosen Werke, die er schrieb, buhlten nicht um Anerkennung, und seine besten Werke reflektieren eine der stärksten musikalischen Kräfte unseres Jahrhunderts.

39. Kapitel

Schönberg, Berg, Webern

Die zweite Wiener Schule

Das erste Jahrzehnt des 20. Jahrhunderts erlebte eine ganze Reihe von erschütternden Entdeckungen des menschlichen Geistes. Sie waren so radikal, daß man die Folgen in ihrem Ausmaß nicht abzusehen vermochte; es brauchte Jahre, bis dies gelang. Im Jahr 1900 veröffentlichte Sigmund Freud seine *Traumdeutung,* die der Menschheit einen gänzlich neuen Weg in die Welt des Geistes eröffnete. Im selben Jahr erschien Max Plancks *Quantentheorie,* die sowohl das euklidische geometrische Weltbild als auch die Newtonschen Gesetze auf den Kopf stellte. Gestützt auf Max Plancks Gleichungen trat 1905 Albert Einstein mit seiner Relativitätstheorie hervor, die das menschliche Verständnis von den unser Universum regierenden Regeln auf den Kopf stellte. Im Jahre 1903 gelang es den Brüdern Wright, ein Flugzeug in die Luft zu befördern und damit einen uralten Menschheitstraum in Erfüllung zu bringen. 1910 malte Wassily Kandinsky sein erstes abstraktes Gemälde, und die Malerei sollte von da an nicht länger bleiben, was sie gewesen war. Zum erstenmal war es möglich, ein Gemälde als eine reine Versammlung von Formen und Farben zu sehen, ohne jede Beziehung zu etwas Gegenständlichem. 1908 komponierte Arnold Schönberg sein *Buch der hängenden Gärten,* in dem er das uralte Konzept der Tonalität genauso nachhaltig zerstörte, wie es Einstein mit Newtons Makrokosmos getan hatte. All dies geschah in einem Jahrzehnt, vielleicht dem revolutionärsten, das unsere Geschichte verzeichnen kann.

Arnold Schönberg, am 13. September 1874 in Wien zur Welt gekommen, war ein Revolutionär, der sein Leben lang darauf bestand, daß er im Grunde ein Traditionalist war. Wenn er auch zugeben mußte, daß er die musikalische Ästhetik der Vergangenheit verworfen hatte, beharrte er doch darauf, daß alle seine Werke „völlig der Tradition der deutschen Musik entstammen ... Meine Lehrer waren vor allem Bach und Mozart; in zweiter Linie Beethoven, Brahms und Wagner". Oder: „Ich bin ein Konservativer, der gezwungen wurde, ein Radikaler zu werden!" Schönberg war ein untersetzter, glatzköpfiger Herr mit dem Gesicht eines Fanatikers: ein starkes, zerfurchtes, messianisches, kompromißloses Gesicht; ein Gesicht, dessen Mund zu einer dünnlippigen Grimasse des Mißtrauens verzerrt war; ein Gesicht mit großen, starrenden, magnetischen Augen. „Seine Augen waren hervorstehend und explosiv", sagte Strawinsky von ihm, „die ganze Kraft des Mannes liegt in ihnen."

Schönberg fühlte sich von einer Mission durchdrungen. „Einmal, in der Armee, wurde ich gefragt, ob ich der ‚vielumstrittene Komponist' Arnold Schönberg sei. ‚Keiner hat es sein wollen, so hab ich mich halt dazu hergegeben'". Er betrachtete die Musik als eine Kunst mit einer prophetischen Bot-

Arnold Schönberg (1874–1951).

Musikalisches Albumblatt. Autograph, 17. 6. 1923.

schaft, die eine höhere Lebensform enthüllt, der die Menschheit zustrebt. Schönberg hielt sich für den Propheten dieser Botschaft. Höhere Kräfte inspirierten ihn. Als er seine Kammersinfonie beendet hatte, teilte er seinen Freunden mit, daß er nun seinen endgültigen Stil gefunden habe. „Aber mein nächstes Werk zeigte eine größere Abweichung von diesem Stil; es war mein erster Schritt auf meinen jetzigen Stil hin ... Der Oberste Kriegsherr hat mich auf einen höheren Weg beordert." Seine Briefe sind voll von Beispielen seiner Überzeugung von der Unfehlbarkeit seiner Musik. Schönbergs Selbstüberschätzung ähnelte derjenigen Richard Wagners: „Ich glaube, was ich tue, und ich tue, was ich glaube; und wehe jedem, der meine Redlichkeit in Frage stellt. Einen solchen Menschen betrachte ich als meinen Feind, und da kenne ich kein Pardon! Keiner kann auf meiner Seite stehen, der auch zu meinen Gegnern hält." Oder: „Anschauungen, die von den meinigen abweichen, sind etwas, was ich nicht verachten sollte, genauso wie ich einen Krüppel nicht verachten kann, der nur ein Bein, eine verkrüppelte Hand usw. hat. Für solche Menschen empfinde ich nur Mitleid, kann ihnen aber nicht böse sein." Im Jahre 1942 erbat sich ein Doktorand für seine Arbeit einige Informationen über Schönberg und seine Musik. Dessen Antwort war vernichtend: „Der Komponist des *Pierrot Lunaire* und anderer Werke, welche die Musikgeschichte verändert haben, dankt Ihnen für die ehrenvolle Einladung, an der Entstehung der wissenschaftlichen Arbeit teilzunehmen. Er hält es jedoch für wichtiger, jene Werke zu komponieren, die den Kandidaten von Universitätsarbeiten stets verborgen bleiben werden; und wenn Sie sie je kennenlernen sollten, werden Sie wohl nie die Distanz spüren, die Ihnen verbietet, ihn mit derartigen Fragen zu belästigen." Und dann machte er klar, daß nur wenig zeitgenössische Musik – falls überhaupt – seine Billigung fand. Er spottete über Strawinskys Neoklassizismus und machte sich über ihn persönlich lustig. Für alle jene Komponisten, die Dissonanz auf Dissonanz häufen „wie Vielfraße (die sich damit als ‚modern' ausgeben), aber nicht den Mut besitzen, die Konsequenzen daraus zu ziehen", hatte er nur Verachtung übrig. Er verhöhnte die „Pseudo-Tonalen" sowie neobarocke Musiker wie Busoni oder Hindemith, „die vorgeben, sich auf dies oder das zurückzuziehen" (obwohl er den Anführer der Zurück-zu-Bach-Bewegung Max Reger für ein Genie hielt). Auch die von Bartók angeführte „Folklore-Schule" verachtete er, „die den Gedanken der Volksmusik ins Feld führen, welche von Natur aus primitiv ist, was aber nur auf einer viel höheren gedanklichen Stufe überhaupt möglich ist". Und schließlich, so als hätte er sicher sein wollen, keinen übersehen zu haben, sprach er seinen Bann über alle „ismen" aus, „die für mich allesamt nur Manieristen sind".

Begonnen hatte Schönberg mit mehr oder weniger konventioneller Musik von extrem chromatischer Art, die sich von Wagner und Mahler herleitete. Doch von der ersten Partitur an betrachtete sich Schönberg als einen Revolutionär. Im Jahr 1900 hatte ein Liederzyklus das Publikum heftig erregt. „Von da an", sagte Schönberg viele Jahre später, „hat der Skandal nie aufgehört". Sogar *Verklärte Nacht* bewirkte bei der Uraufführung 1903 einige Unruhe. Heute betrachtet man dieses Werk als eine Art Essenz der Spätromantik, aber die Zuhörer der Jahrhundertwende haben dies nicht erkennen können; das Fehlen einer eindeutigen Tonalität wirkte irritierend.

Im Grunde genommen war Schönberg Autodidakt. Obwohl er mit acht Jahren bereits die Geige spielte, empfing er kaum eine geregelte Ausbildung. Als er, noch ein „Teenager", zu komponieren begann, ahmte er das nach, was ihm vertraut war. Eine Zeitlang arbeitete er in einer Bank, wobei er allerdings nicht versäumte, am geistigen Leben Wiens teilzunehmen und mit Künstlern, Schriftstellern und Musikern in Verbindung zu treten. Dort traf er auch den Komponisten und Dirigenten Alexander von Zemlinski, der ihn im Kontrapunkt unterrichtete. Bekanntlich hat Schönberg keinerlei weiteren Unterricht genossen. Er ist einer der wenigen bedeutenden Komponisten der Geschichte, der weitgehend sich selbst unterrichtete. Schönberg heiratete 1901 Zemlinskis Schwester, die 1923 starb. Später heiratete Schönberg die Schwester des Geigers Rudolf Kolisch.

Unter Schönbergs frühen Werken figurieren ein Streichquartett und ein Liederzyklus. 1899 begab er sich an das üppige Streichsextett *Verklärte Nacht*, das im Grunde ein ausgedehnter, etwas matter Seufzer in der *Tristan*-Nachfolge ist. (1941 richtete Schönberg das Werk für Streichorchester ein.) Die Absonderlichkeit der *Verklärten Nacht* besteht darin, daß es ein Kammermusikwerk nach einem Programm ist (das einzige andere Beispiel, das einem sogleich einfällt, ist Smetanas e-Moll-Quartett *Aus meinem Leben*). Die Vorlage bildete ein Gedicht von Richard Dehmel. Im Laufe der Zeit begann Schönberg beim Komponieren die bestehenden „Regeln" außer Kraft zu setzen und gelangte dabei zu einem neuen Kompositionssystem – der sogenannten „Zwölfton-Methode" –, das letztlich den wichtigsten Einfluß auf das musikalische Denken der Generation nach dem Zweiten Weltkrieg ausüben sollte. Ironischerweise ist das vergleichsweise konventionelle Werk *Verklärte Nacht* Schönbergs populärstes geblieben, so wie Strawinskys *Feuervogel* in der öffentlichen Gunst ganz obenan steht.

Kurze Zeit nach seiner Heirat arbeitete Schönberg in Berlin, wo er als Dirigent, unter anderem in Operettenhäusern, tätig war. Nebenbei arbeitete er an seiner sinfonischen Dichtung *Pelleas und Melisande* sowie an den gigantischen *Gurreliedern* (1900), die indes erst viele Jahre später instrumentiert wurden. 1903 kehrte er nach Wien zurück, um zu unterrichten. Unter seinen ersten Schülern befanden sich Anton von Webern und Alban Berg. Webern war am 3. Dezember 1883 geboren – ein ruhiger, gelehrter Mann, der 1906 Leiter des Wiener Arbeiter-Sinfonieorchesters wurde. Berg, am 9. Februar 1885 geboren, war ein hochgewachsener, gutaussehender, aristokratischer junger Mann aus guter, reicher Familie. Als Musiker war er ein ausgesprochener Dilettant, bevor er zu Schönberg kam. „Aber in dem Zustande", schrieb Schönberg 1910, „in dem er zu mir gekommen ist, war es seiner Phantasie scheinbar versagt, was anderes als *Lieder* zu komponieren. Ja selbst die Klavierbegleitungen zu diesen hatten etwas vom Gesangsstil. Einen *Instrumentalsatz* zu schreiben, ein *Instru-*

638 Die zweite Wiener Schule

mentalthema zu erfinden, war ihm absolut unmöglich. Sie können sich kaum vorstellen, welche Mittel ich aufgewendet habe, um diesen Mangel im Talent zu beheben." Schönberg hatte noch weitere talentierte Schüler, aber keinen vom Rang eines Berg oder Webern. Sie alle beteten ihn an, was ganz natürlich war, weil Schönberg dieses erwartete. Sein Unterricht war streng, er verlangte viel, war aber nicht doktrinär.

> „Schönberg", schrieb Webern später, „verlangt vor allem, daß dieser in den Arbeiten für die Stunden nicht beliebige Noten zur Ausfüllung einer Schulform schreibe, sondern daß er diese Arbeiten aus einem Ausdrucksbedürfnis heraus leiste. Also, daß er tatsächlich schaffe; gleich in den primitivsten Anfängen musikalischer Satzbildung. Was dann Schönberg dem Schüler an der Hand von dessen Arbeit erklärt, ergibt sich alles organisch aus dieser. Von außen trägt er keinen Lehrsatz dazu. So erzieht Schönberg tatsächlich im Schaffen. Er folgt mit höchster Energie den Spuren der Persönlichkeit des Schülers, sucht sie zu vertiefen, ihr zum Durchbruch zu verhelfen ..."

Schönberg ist sein Leben lang der geistige Vater Bergs und Weberns geblieben. Er predigte, und sie gehorchten.

Bald jedoch begann Schönbergs Musik sich von den kolossalen Orchesterwerken wie *Pelleas und Melisande* und den *Gurreliedern* zu entfernen. Sie wurde kompakter, aphoristischer und dissonanter. Die *Kammersymphonie* aus dem Jahr 1906 experimentierte mit Quarten, wie es Skrjabin zur gleichen Zeit in Rußland versuchte. 1908 war Schönberg an einem Punkt angelangt, wo die Tonalität sich aufzulösen anfing. So war er sich im klaren darüber, daß die Lieder *Buch der hängenden Gärten* op. 15 (nach Texten von Stefan George) zu etwas Neuem geführt hatten:

> „Mit den ‚Liedern nach George' ist es mir zum erstenmal gelungen, einem Ausdrucks- und Formideal näher zu kommen, das mir seit Jahren vorschwebt. Es zu verwirklichen, gebrach es mir bis dahin an Kraft und Sicherheit. Nun ich aber diese Bahn endgültig betreten habe, bin ich mir bewußt, alle Schranken einer vergangenen Ästhetik durchbrochen zu haben; und wenn ich auch einem mir als sicher erscheinenden Ziele zustrebe, so fühle ich dennoch schon jetzt den Widerstand, den ich zu überwinden haben werde; fühle den Hitzegrad der Auflehnung, den selbst die geringsten Temperamente aufbringen werden, und ahne, daß selbst solche, die mir bisher geglaubt haben, die Notwendigkeit dieser Entwicklung nicht werden einsehen wollen."

Diesem Liederzyklus folgte eine kurze einaktige Oper *Erwartung*, sodann die fünf Orchesterstücke (beide 1909), die sechs kleinen Klavierstücke (1911) und vor allem der *Pierrot Lunaire* (1912). Es handelte sich nicht länger um eine spätromantische, sondern expressionistische Musik, die Schönberg komponierte. Das schien kein Zufall. Er war mit den deutschen Malern der Gruppe *Die Brücke* in engen Kontakt geraten, jenen, die sich dem Expressionismus verschrieben hatten; und auch Schönberg selbst malte eine Reihe sehr intensiver, etwas amateurhafter Ölgemälde, darunter ein Selbstporträt. Kandinskys Definition der expressionistischen Malerei enthielt folgenden Satz: „... der Zweck eines Bildes ist: in malerischer Form einem inneren Eindruck einen äußeren Ausdruck zu geben." Und Schönberg versuchte ganz bewußt, das, was die Expressionisten in der Malerei anstrebten, ebenfalls zu vollbringen. „Alles, was ich geschrieben habe, besitzt eine gewisse innere Ähnlichkeit mit mir selbst." Expressionismus als intensivierter Romantizismus, als Erforschung des Inneren. Jede Art expressionistischer Kunst und Musik ist von Ernst geprägt. Der Expressionismus vermeidet das oberflächlich Hübsche und versucht, das Natürliche zu transzendieren. Oft ist es sozialer oder psychologischer Kommentar, betrifft die Seele, die Psyche, das Unbewußte. Oskar Kokoschka hatte einmal ein Porträt vollendet. „Alle, die Sie kennen, werden Sie nicht erkennen", sagte er zu dem Porträtierten. „Aber alle, die Sie nicht kennen, werden Sie sofort erkennen." Während die Impressionisten versuchten, ihr Ideal durch eine transparente, sensualistische Malweise zu erreichen, wobei sie die schwarze Farbe ausklammerten („Schwarz kommt in der Natur nicht vor"), kam der Expressionismus in heftigen und oft brutalen Gesten daher, sprengte Linien und Farben vorsätzlich auseinander und war voller nervöser Spannungen. Impressionistische Musik ist sanft und bricht nie vollständig aus der Tonalität aus (Natur); expressionistische Musik ist dissonant, atonal, mit wilden melodischen Sprüngen; sie beschwört einen intensiven Realismus anstelle eines Ideals.

Schönberg wurde immer mehr zu einer völlig atonalen Schreibweise getrieben – er nannte das „Emanzipation der Dissonanz" –, und in den Klavierstücken op. 11 sowie im *Pierrot Lunaire* hat er dieses Ziel erreicht. Seine Oper *Erwartung* war ein wichtiger Schritt zu einer Ästhetik, die schließlich in Bergs *Wozzeck* mündete. Schönberg komponierte die *Erwartung* in 17 hektischen Tagen zwischen dem 17. August und dem 12. September 1909 (er sollte 15 Jahre lang warten, bis das halbstündige Werk aufgeführt wurde). Der Text stammt von Marie Pappenheim: Eine Frau sucht ihren Liebhaber im Wald und findet ihn tot neben dem Haus einer Nebenbuhlerin. Die Musik reflektiert den Seelenzustand der Frau, und zwar in einer Vokalstimme, die weitgehend deklamatorisch ist, sowie in Harmonien, die vor allem auf Quarten, alterierten Quarten, Septimen und komplexen Akkorden basieren. Das ganze Werk ist athematisch; d. h., es gibt kaum Wiederholungen von Themen; der Begriff Melodie ist im herkömmlichen Sinne nicht anwendbar. Doch wenn man mit dem Idiom des Werks etwas vertraut geworden ist, bemerkt man, daß es nicht nur in die Zukunft, sondern auch in die Vergangenheit blickt. Wagner hat hier Pate gestanden; er schimmert durch das große Orchester, durch die dichte Satzweise und auch den Geist des Librettos. *Tristan und Isolde* ist voll von Tag-und-Nacht-Symbolismus genauso wie *Erwartung*. *Tristan und Isolde* endet mit dem Liebestod, so auch *Erwartung:* Als die Frau (in Schönbergs Oper) ihren Liebhaber tot findet, singt sie eine lange Passage, die im Grunde

640   Die zweite Wiener Schule

genommen nichts weiter ist als ein *Liebestod*. Trotz Schönbergs neuer, unkonventioneller Tonsprache bleibt der Bezug zur Tradition spürbar.

So wie *Erwartung* auf Wagner zurückblickt, so weist die Oper vorwärts auf *Pierrot Lunaire*, jenes Werk, das von vielen als Schönbergs wichtigste Partitur angesehen wird. *Pierrot Lunaire* ist komponiert für Sprecher (er wurde von einer Schauspielerin, nicht von einer Sängerin in Auftrag gegeben), Flöte (auch Piccolo), Klarinette (auch Baßklarinette), Violine (auch Viola), Violoncello und Klavier. Für die 21 Lieder des Werks wählte Schönberg ein Gedicht von Albert Giraud in der deutschen Übersetzung von Otto Erich Hartleben. Dieses Gedicht hat Ähnlichkeiten mit dem späteren *Waste Land* von T. S. Eliot – es ist eine Folge von Strophen über die Dekadenz des modernen Menschen; Schönbergs kühne, höchst ungewöhnliche Vertonung hatte keinerlei Vorbild, und zum erstenmal erschienen die Worte *Sprechstimme* und *Sprechgesang* in einer Partitur. Die Vokalstimme verlangt nach einem überhöhten Sprechgesang, in dem die Stimme sich hebt und wieder fällt. Es ist weder Gesang noch Sprechen, sondern etwas dazwischen, wobei die Stimme in Klängen von nur ungefähr bestimmbarer Höhe auf- und niederwandert, sich hier und da sogar zu einem unirdisch hohen Falsett-Klang versteigt. Manche Strophen im *Pierrot Lunaire* basieren auf traditionellen Formen – auf Passacaglia, Kanon und ähnlichem. Wenn, formal gesehen, manches von klassischer Genauigkeit ist, so bricht das harmonische und melodische Idiom doch mit allen bekannten Regeln. Die Musiker erkannten sogleich, daß sich hier eine völlig neue Klangwelt ausgebreitet hatte. Aber es war mehr als dies. *Pierrot Lunaire* ist eine magische, beschwörende Partitur, eine Geisterwelt, von Bildern und einem blutvollen Symbolismus gejagt. Heute erkennt man, daß es ein Werk war, das so fruchtbar wirkte wie *Le Sacre du Printemps*, wie Joyce's *Ulysses* oder Picassos *Les Demoiselles d'Avignon*. Vor allem hat der Vokalstil des *Pierrot Lunaire* einen überwältigenden Einfluß auf viele Komponisten der Zeit nach dem Zweiten Weltkrieg ausgeübt.

In seinem Buch *Style and Idea* hat Schönberg seine Entwicklung vom Komponisten der *Verklärte Nacht* über *Pierrot Lunaire* und die Dodekaphonie beschrieben. Ein wichtiger Absatz handelt von seinen Überlegungen, die schließlich zum *Pierrot* führten:

> „In den letzten hundert Jahren hat sich der Begriff der Harmonie durch die Entwicklung der Chromatik entscheidend verändert. Der Gedanke, daß ein Grundton, die Wurzel, die gesamte Akkordkonstruktion beherrschte und ihre Fortführung bestimmte – der Gedanke der *Tonalität* –, mußte sich zunächst zu einem Konzept der *erweiterten Tonalität* entwickeln. Sehr bald wurde es fragwürdig, ob solch eine Wurzel noch immer Zentrum bleiben könne, auf die sich jeder Akkord und jede harmonische Fortschreitung beziehen konnte. Außerdem wurde es fragwürdig, ob eine Tonalität, die am Anfang oder am Ende oder an jedem anderen Punkt aufschien, wirklich noch eine konstruktive Bedeutung besaß. Richard Wagners Harmonie hatte eine veränderte Logik und Kraft der Konstruktion bewirkt. Daraus ergab sich die Konsequenz des sogenannten *impressionisti-*

schen Gebrauchs von Harmonien, wie sie vor allem von Debussy benutzt wurden. Seine Harmonien, ohne konstruktive Bedeutung, haben oft nur koloristischen Zwecken oder als Ausdruck von Stimmungen und Bildern gedient. Stimmungen und Bilder, obwohl außermusikalisch, wurden daher zu konstruktiven Elementen und als musikalische Funktionen gebraucht; sie bewirkten in der Praxis eine Art von emotionaler Begrifflichkeit, nicht aber in der Theorie. Das allein hätte vielleicht noch nicht einen radikalen Wechsel der Kompositionstechnik gebracht. Aber ein solcher Wechsel wurde nötig, als sich gleichzeitig eine Entwicklung vollzog, die damit endete, was ich als die *Emanzipation der Dissonanz* bezeichnen möchte.«

Der Ausdruck *Emanzipation der Dissonanz,* erklärte Schönberg, beziehe sich auf die Begrifflichkeit der Dissonanz, „die man als Gegenstück der Begrifflichkeit der Konsonanz" ansehen könne – ein Stil, der auf dieser Voraussetzung beruhe, behandle Dissonanzen wie Konsonanzen und verzichte auf ein tonales Zentrum. Durch den Verzicht auf herkömmliche Tonarten sei jede „Modulation" ausgeschlossen, da dieses ja bedeute, daß eine etablierte Tonalität verlassen und eine andere errichtet wird. Im Jahre 1908, so Schönberg, habe er die ersten Werke in diesem Stil geschrieben, und bald danach auch Webern und Berg.

Es erübrigt sich festzustellen, daß diese Art Musik auf außergewöhnliche Ablehnung stieß und noch immer stößt. Selbst in den sechziger Jahren, auf dem Höhepunkt der Schönberg- und Webern-Welle der jungen Komponisten, wurde wenig von beiden aufgeführt. Während der ersten Jahrzehnte dieses Jahrhunderts war fast jede Schönberg-Premiere von einem Skandal begleitet. Nicht etwa, daß es viele Aufführungen gegeben hätte. Die Musik klang fremdartig, war schwer aufzuführen, wurde vom Publikum nicht geschätzt und also von Musikern und Dirigenten gemieden. Schönberg jedoch war zuversichtlich, daß seine Musik zu einer ganz „normalen" Tonsprache werden würde. „Denn in zehn Jahren werden alle Talentierten so schreiben", bemerkte er 1910, „gleichviel, ob sie es direkt bei mir gelernt haben oder nur aus meinen Werken." Später war er nicht ganz so zuversichtlich. „Ich sehe heute ein", schrieb er 1924, „daß ich nicht verstanden werden kann, und begnüge mich gern mit Achtung." Und ein paar Jahre vor seinem Tod hatte er sich mit seinem Schicksal abgefunden. In einem Brief von 1947 heißt es: „Ich bin mir der Tatsache bewußt, daß volles Verstehen meiner Werke für einige Jahrzehnte nicht erwartet werden kann. Der Verstand der Musiker und der Hörer muß reifen, ehe sie meine Musik begreifen können. Ich weiß dies und habe persönlich auf baldigen Erfolg verzichtet, und ich weiß, daß – Erfolg oder nicht – es meine historische Pflicht ist, zu schreiben, was mir mein Schicksal zu schreiben befiehlt."

Wie jeder andere Komponist bemühte sich Schönberg unermüdlich um Aufführungen. Aber im Gegensatz zu vielen seiner Kollegen bestand er darauf, daß die Aufführungen die Musik wahrheitsgetreu wiedergeben müßten – das heißt sorgfältig vorbereitet –, oder die Aufführung würde nicht gestattet

werden. „Vor allem lasse ich mir nicht drohen: ‚Aufführung sonst abgesagt' ",
schrieb er 1913 an seinen Verleger, nachdem der Dirigent und Komponist Franz
Schreker damit gedroht hatte. „Ich hänge dazu doch nicht genug am Erfolg.
Insbesondere aber: mir liegt nicht so viel an einer Aufführung, sondern nur an
einer guten ... Es wäre ja sehr bedauerlich für Sie, wenn Sie absagen müßten. –
Ich werde mir schon allein weiterhelfen." Auch wandte er sich dagegen, daß
seine Opern *Erwartung* oder *Die glückliche Hand* nur einmal gegeben und dann
abgesetzt wurden. „Ich überlasse sie einem Theater nur zur Aufnahme in den
regulären Spielplan." Er war irritiert und verletzt, daß die Wiener Philharmoniker keines seiner Stücke aufführten, und so schrieb er an Wilhelm Furtwängler:
„Nur eines möchte ich sofort sagen: Für eine Aufführung in Wien würde ich ein
neues Werk nicht hergeben. Ich bin nämlich der einzige Komponist, der
irgendeinen Namen hat, den die Philharmoniker bisher noch nicht aufgeführt
haben. Und dabei soll es bleiben!" In den Vereinigten Staaten hatte er erfahren,
daß Otto Klemperer sich ungünstig über seine Werke geäußert hätte, daß sie
ihm „fremd" geworden wären. Als Klemperer sich später an Schönberg wandte,
weil er eines seiner Stücke aufführen wollte, erhielt er wegen der angeblichen
Äußerung einen Brief voll von bitteren Anklagen. „Es sollte keiner weiteren
Erklärung bedürfen, warum ich denn finde, daß Sie meine Werke nicht mehr
aufführen sollten. Denn wie kann eine Aufführung sein, wenn einem diese
Musik fremd geworden ist?" Schon im Jahr 1922 hatte Edgar Varèse, der eine
Aufführung des *Pierrot Lunaire* plante, von Schönberg einen steifen Brief
erhalten, in dem der Komponist unter anderem folgendes ausführte:

> „Ebenso übel jedoch nehme ich Ihnen, daß Sie, ohne mich zu fragen, ob Sie das
> *können und dürfen,* meinen „Pierrot Lunaire" einfach für ein bestimmtes Datum
> ansetzen. Wissen Sie denn schon, ob Sie das zusammenbringen? Haben Sie schon
> eine geeignete Sprecherin; einen Geiger, einen Pianisten, einen Dirigenten ... etc.?
> Wieviele Proben wollen Sie machen etc ...? In Wien hat man hungernd und
> frierend an die hundert Proben gemacht und ein tadelloses Ensemble unter meiner
> Mitwirkung herangebildet. Aber ihr setzt einfach ein Datum an und meint, damit
> sei es getan! Haben Sie eine Ahnung von den Schwierigkeiten; vom Stil; von der
> Deklamation; von den Tempi; von der Dynamik und alldem? Und ich soll da
> mittun? Nein; dazu bin ich doch nicht smart genug! Wenn Sie mit mir etwas zu tun
> haben wollen, dann müssen Sie ganz anders kommen. Ich frage: 1. Wieviele
> Proben? 2. Wer studiert? 3. Wer spricht? 4. Wer spielt? Wenn mich das alles
> befriedigt, gebe ich meinen Segen. Sonst aber bin ich ja machtlos und Sie können
> tun, was Sie wollen. Aber fragen Sie mich dann gefälligst nicht. Es tut mir leid,
> Ihnen nichts Liebenswürdigeres sagen zu können. Aber dies Bloß-Geschäftliche
> muß ich ablehnen. Hoffentlich habe ich ein andermal Anlaß, freundlicher zu
> sein."

Während des Ersten Weltkriegs diente Schönberg zwischen 1915 und 1917
zweimal für kurze Zeit in der Armee. In diesen Jahren komponierte er wenig,
und bis 1923 erschien nichts Neues im Druck. Von seinen beiden berühmten

Schülern diente Alban Berg drei Jahre lang in der Armee, Webern nur für kurze Zeit. Der hochgewachsene, gutaussehende Berg, der so gesund aussah, es aber eigentlich nie war, wurde wegen Asthma ausgemustert. Webern entließ man wegen seiner schlechten Augen. Berg, Webern und Schönberg blieben auch während der Kriegsjahre in steter Verbindung, und als Schönberg nach Berlin zog, schrieben sie einander Briefe und erläuterten und analysierten gegenseitig ihre neuesten Kompositionen. Unter den dreien war Berg der Romantiker, der sich am ehesten von Wagner, von Mahler und der Spätromantik einfangen ließ. Wie Schönberg hatte auch Berg seine Wurzeln in der deutschen Tradition und arbeitete stets in herkömmlichen Formen. Sein gesamtes Werk ist nicht groß: 1912 erschienen die *Altenberg-Lieder,* 1914 die *Drei Orchesterstücke,* und im selben Jahr begann er die Arbeit am *Wozzeck,* wobei er sich der Vorlage von Georg Büchner bediente. Das Libretto war 1917 beendet, die Partitur 1922. Es ist für Berg charakteristisch, daß er seine Oper auf klassische und vorklassische Formen gründet. Diese expressionistische Oper beschrieb ihr Verfasser als eine Sonate – der 1. Akt die Exposition, der 2. die Durchführung, der 3. eine Art Reprise. Der 1. Akt, in fünf Szenen, enthält eine Suite, eine Rhapsodie, einen Marsch, ein Wiegenlied, eine Passacaglia und ein Rondo. Die fünf Szenen des 2. Aktes bilden im Grunde die fünf Sätze einer Sinfonie: Sonatensatz, Phantasie und Fuge, Largo, Scherzo und Rondo (mit einer Introduktion). Der 3. Akt, ebenfalls in fünf Szenen, enthält eine Reihe von Inventionen: über ein Thema, einen Ton, einen Rhythmus, einen Akkord und eine Tonart.

Denen, die den *Wozzeck* zum erstenmal hörten, waren diese Konstruktionen natürlich kaum bewußt. Die Uraufführung fand, nach einer beispiellosen Anzahl von Proben, an der Berliner Staatsoper statt, und Erich Kleiber dirigierte. Man kann wohl nicht behaupten, daß die Oper gefiel, aber sie verursachte ein so großes Aufsehen, daß andere europäische Opernhäuser sich rasch um sie bemühten. Es gab Kritiker, die das Werk als degenerierte Kunst und Chaos in der Musik bezeichneten; aber *Wozzeck* hatte auch seine Verteidiger und Bewunderer. Ein so kraftvolles und originelles Werk hatte natürlich eine Reihe von klugen Hörern auf seiner Seite. Die sensiblen Hörer waren der Ansicht, daß in Bergs Verrücktheit Methode lag. Max Marschall erklärte in der *Vossischen Zeitung,* daß die Dissonanz im *Wozzeck* zum Prinzip erhoben sei: „Formen lösen sich in Kontinuität auf, Farben verschwinden, was bewirkt, daß durch reine Oszillierung und diffuse Atmosphäre wahrscheinlich genau diejenige Musik entsteht, welche die Transformation des *Wozzeck* in eine Oper rechtfertigt." Adolf Weißmann schrieb in *Die Musik* über die geistigen Werte der Oper und ihre „instinktive Erkenntnis".

Andere Kritiker fühlten sich unbehaglich. „Der Zuhörer gerät in einen hypnotischen Zustand, in dem er glaubt, daß die Wände des Theaters jeden Augenblick auf ihn herabstürzen können", schrieb Erich Steinhardt in *Der Auftakt.* Und natürlich gab es auch altväterliche Kritiker, die schäumten. Paul Zschorlich von der *Deutschen Zeitung* gehörte zu diesen: „Als ich die Staatsoper verließ, hatte ich das Gefühl, nicht in einem öffentlichen Theater, sondern

Alban Berg (1885–1935).

Schönberg, Berg, Webern   645

in einem Irrenhaus gewesen zu sein. Auf der Bühne, im Orchester, im Saal –
lauter Verrückte ... Es handelt sich, im Bereich der Musik, um ein Kapitalver-
brechen." Erwartungsgemäß erblickten die sowjetischen Kritiker im *Wozzeck*
Zeichen westlicher Dekadenz, was in der offiziellen Propagandasprache so
lautete: „Bergs Oper ... enthüllt die Hilflosigkeit der westlich-europäischen
kleinbourgeoisen Intelligenzia, die dem Faschismus vorangeht, und demonstriert diese Krise nicht nur im individuellen Bewußtsein eines westeuropäischen bourgeoisen Komponisten, sondern in der westeuropäischen Musikkultur allgemein" (Boris Asafiew in *Sowjetskaja Musika*).

Berg hat 1928 zu erklären versucht, was seine Absicht war, und zwar in einer
musikalischen Sprache, die auf Gluck und Wagner zurückgreift:

> „Es ist mir nicht im Schlaf eingefallen, mit der Komposition des *Wozzeck* die
> Kunstform der Oper reformieren zu wollen. Ebensowenig wie dies Absicht war,
> als ich sie zu komponieren begann, ebensowenig habe ich je das, was danach
> entstanden war, für etwas gehalten, was für ein weiteres Opernschaffen – sei es
> das eigene oder das anderer Komponisten – vorbildlich sein sollte, und auch nicht
> angenommen oder gar erwartet, daß der *Wozzeck* in diesem Sinne „Schule
> machen" könnte.
>
> Abgesehen von dem Wunsch, gute Musik zu machen, den geistigen Inhalt von
> Büchners unsterblichem Drama auch musikalisch zu erfüllen, seine dichterische
> Sprache in eine musikalische umzusetzen, schwebte mir, in dem Moment, wo ich
> mich entschloß, eine Oper zu schreiben, nichts anderes, auch kompositionstech-
> nisch nichts anderes vor, als dem Theater zu geben, was des Theaters ist, das heißt
> also, die Musik so zu gestalten, daß sie sich ihrer Verpflichtung, dem Drama zu
> dienen, in jedem Augenblick bewußt ist – ja ferner: daß sie alles, was dieses Drama
> zur Umsetzung in die Wirklichkeit der Bretter benötigt, aus sich allein herausholt,
> damit vom Komponisten alle wesentlichen Aufgaben eines idealen Regisseurs
> fordernd. Und zwar all dies: unbeschadet der sonstigen absoluten (rein musikali-
> schen) Existenzberechtigung einer solchen Musik; unbeschadet ihres durch nichts
> Außermusikalischem behinderten Eigenlebens. Daß dies unter Heranziehung von
> mehr oder weniger alten musikalischen Formen geschah (was als eine der
> hauptsächlichsten meiner angeblichen Opernreformen angesehen wurde), ergab
> sich ganz von selbst.
>
> Schon die Notwendigkeit, aus 26 losen, teils fragmentarischen Szenen eine
> Auswahl für mein Opernbuch zu treffen, hierbei Wiederholungen, soweit sie
> musikalisch nicht variationsfähig waren, zu vermeiden, weiter, diese Szenen
> eventuell zusammenzuziehen und aneinanderzureihen und sie gruppenweise in
> Akte zusammenzufassen, stellte mich – ob ich wollte oder nicht – vor eine mehr
> musikalische als literarische Aufgabe, die nur mit den Gesetzen der musikalischen
> Architektonik zu lösen war und nicht mit denen der Dramaturgie ...
>
> Mag einem noch so viel davon bekannt sein, was sich im Rahmen dieser Oper
> an musikalischen Formen findet, wie das alles streng und logisch „gearbeitet" ist,
> welche Kunstfertigkeit selbst in allen Einzelheiten steckt ..., von dem Augenblick
> an, wo sich der Vorhang öffnet, bis zu dem, wo er sich zum letztenmal schließt,
> darf es im Publikum keinen geben, der etwas von diesen diversen Fugen und
> Inventionen, Suiten- und Sonatensätzen, Variationen und Passacaglien merkt –

646   Die zweite Wiener Schule

keinen, der von etwas anderem erfüllt ist, als von der, weit über das Einzel-
schicksal Wozzecks hinausgehenden Idee dieser Oper. Und das – glaube ich – ist
mir gelungen!"

Anton von Webern war mittlerweile dabei, eine völlig andere Welt zu
erkunden – eine Welt des musikalischen Mikrokosmos; eine Welt des zarten,
ephemeren, pointillistischen Klanges und der Stille, der neuartigen Verbindung von weit auseinanderliegenden Tonhöhen, der ständigen aphoristischen
Auflösung und schimmernden Instrumentation. In seiner *Passacaglia* für
Orchester, in den *Stefan-George-Liedern,* in den fünf Sätzen für Streichquartett, in den sechs Orchesterstücken – alle zwischen 1908 und 1909 entstanden,
arbeitete er mit winzigen Fragmenten, Motti und Zellen statt mit regulären
Themen. Er erarbeitete eine neue Methode der Instrumentation, bei welcher
fast jedem Ton einer Phrase ein anderes Instrument zugewiesen wurde, was
eine stark wechselnde Farbgebung zur Folge hatte. Webern hatte diesen
Gedanken von Schönberg übernommen, der sich einmal über die Möglichkeit
einer „Klangfarbenmelodie" geäußert hatte. Weberns Musik entwickelte sich
immer mehr zu kurzen, kompakten Gebilden. Mit seinen Liederzyklen 1914/
17 nahm er – wenigstens nach Meinung von Pierre Boulez – das serielle
System vorweg, und zwar mit seiner „Assimilation von strengem Kontrapunkt
und grundsätzlich seriellen Formen". Für Boulez hatte Webern eine neue
Dimension, den Klangraum, geschaffen. „Der Genius von Webern ist ohne
Beispiel, was den Radikalismus seiner Gedanken als auch seine neuartige
Sensibilität anlangt."
     1923 begann Schönberg erneut zu komponieren und bescherte der Welt eine
neue musikalische Entdeckung: der „Komposition mit zwölf Tönen", präzi-
siert im Begriff „Komposition mit zwölf nur aufeinander bezogenen Tönen".
Ein anderer Komponist mit Namen Josef Matthias Hauer hatte ein vergleich-
bares System entwickelt, aber Schönbergs Methode sollte überleben. Schönbergs Zwölfton-Methode (auch Dodekaphonie genannt) basiert auf einer
„Reihe", die sich aus den zwölf Tönen der chromatischen Skala so zusammen-
setzt, daß keine Note innerhalb der Grundreihe wiederholt wird. Auf diese
Weise ist keine einzige Note wichtiger als die andere. Die Reihe tritt in vier
Gestalten auf, außer in der Grundgestalt in der Umkehrung, sodann im Krebs,
außerdem im Krebs der Umkehrung oder in der Umkehrung des Krebses, was
dieselbe Tonfolge ergibt. All dies sind sogenannte Spiegelformen, und sie
waren nicht neu. Bach hatte sie in der Kunst der Fuge und an anderen Stellen
gebraucht. Was Schönberg suchte – und was, im Grunde genommen, auch
Bach suchte – war, innerhalb eines Musikstücks eine vollständige Einheitlichkeit zu erreichen. Schönberg hatte das Gefühl, daß seine neue Methode das
Mittel sei, eine absolute und einheitliche Anschauung des musikalischen
Raums zu erreichen. Doch wie immer auch die Musik komponiert sein würde,
welchen Systems sie sich bediente – Schönberg beharrte darauf, daß die
Zuhörer und Musiker das System völlig vergessen sollten, um die Musik als

Musik zu werten: „Ich kann es nicht oft genug sagen: meine Werke sind Zwölfton-*Kompositionen*, nicht *Zwölfton*-Kompositionen."

Im Grunde genommen war diese Musik eine neue horizontale, also kontra-punktische Musik im Gegensatz zur vertikalen, harmonischen Schreibweise der Romantiker. Die Melodik war „durchbrochen", aus großen Intervallsprüngen bestehend. Die „Reihe" war stets so angelegt, daß Anklänge an traditionelle harmonische Zusammenhänge vermieden wurden. (Berg sollte diese Regel durchbrechen.) Instrumente und die menschliche Stimme wurden in bisher unüblichen Registern eingesetzt. An die Stelle von wahrnehmbaren Themen traten einzelne Zellen, die aus der Grundreihe entwickelt waren. Der letzte Satz von Schönbergs Klavierstücken op. 23 sowie Abschnitte seiner Serenade (beide 1923 publiziert) enthielten Zwölfton-Elemente; und die Klaviersuite op. 25 (aus demselben Jahr) war ein durchkomponiertes Zwölfton-Stück.

Beide Schönberg-Schüler adoptierten begeistert die neue Technik. Berg ver-mochte sich nie ganz von der Spätromantik zu emanzipieren; spätere serielle Puristen haben sein Werk einen „Bastard" genannt, weil sich darin, inmitten der seriellen Technik, tonale Bezüge finden. Berg machte sich an die Arbeit der *Lyrischen Suite* für Streichquartett sowie an ein Kammerkonzert, in denen beide serielle Prinzipien zur Anwendung kamen. Dann begann er eine neue Oper: *Lulu;* und auch sein letztes Werk, das Violinkonzert, bediente sich der Zwölfton-Technik. Für *Lulu* hatte Berg die beiden dramatischen Werke Frank Wedekinds – *Erdgeist* und *Die Büchse der Pandora* – zusammengefaßt. Lulu ist die Verkörperung der Lilith: eine amoralische Verführerin, die alles, was sie berührt, ins Verderben stürzt; und doch besitzt sie jene eigentümliche Unschuld, weil sie sich des Bösen nicht bewußt ist. Sie ist die Schlange in der Menagerie des Lebens. Berg führte die gesamte Oper auf eine Grundreihe von zwölf Tönen zurück, aber, wie oft bei ihm zu beobachten, suggerieren die Ton-zu-Ton-Verhältnisse bisweilen herkömmliche tonale Beziehungen.

Die Geschichte der *Lulu*-Oper ist eine der bizarrsten Episoden in der Musik-geschichte. Im Jahr 1934 schrieb Berg an Webern, daß er die Oper beendet hätte und noch einmal darüber gehen wolle. Doch starb er am 24. Dezember 1935, der letzte Akt war noch unvollendet. Er hinterließ zwar ein „Particell" – eine kurzgefaßte Partitur mit einigen Instrumentationsangaben. Jede Note des 3. Akts – mit Ausnahme einiger Takte im Vokalquartett – ist darin enthalten. Berg hinterließ auch weitere Skizzen und Materialien, einschließlich des Typo-skripts vom Libretto des 3. Akts. Erwin Stein, der einen Klavierauszug der ersten beiden Akte hergestellt hatte (die auch veröffentlicht wurden), bereitete den 3. Akt vollständig vor. Die Universal Edition, Bergs Verleger, machte sich daran, Steins Klavierauszug für den Druck vorzubereiten; aber dann erfolgte der „Anschluß", und die Nationalsozialisten hatten die Macht übernommen. Berg stand als „entarteter" Komponist auf ihrer Liste. Sofort wurden sämtliche Arbeiten an der *Lulu* eingestellt, und die zweiaktige Version wurde 1937 in Zürich uraufgeführt. Bis nach dem Krieg gab es keinerlei weitere Inszenie-rungen.

648   Die zweite Wiener Schule

Wie kam es, daß sich die Universal Edition nach 1945 nicht sofort an die
Fertigstellung des Steinschen Klavierauszugs vom 3. Akt begab? Das hing mit
dem Verhalten von Bergs Witwe Helene zusammen. Sie scheint, um es milde
auszudrücken, etwas exzentrisch gewesen zu sein; denn sie berief sich darauf,
mit ihrem verstorbenen Mann in ständiger Verbindung zu sein; sie sprächen
täglich miteinander. Und er habe ihr mitgeteilt, daß die *Lulu* noch keineswegs
abgeschlossen sei. Nicht nur dieses: Arnold Schönberg, Anton von Webern und
Alexander Zemlinski – Bergs engste Freunde und Mitarbeiter – hätten ihr
befohlen, die *Lulu* nicht vollenden zu lassen. Soweit Frau Helene Berg.

Stein starb 1958. Die Universal Edition, in dem Bestreben, Bergs Witwe (die
ebenfalls Universalerbin war) entgegenzukommen, sperrte das gesamte *Lulu*-
Material. Keiner erhielt Zugang dazu. Der amerikanische Komponist und Berg-
Experte George Perle versuchte vergeblich, die *Lulu*-Hinterlassenschaft einzusehen. Man schlug es ihm ab. Die Universal Edition teilte ihm ebenfalls mit, daß
man keinerlei Pläne habe, den Steinschen Klavierauszug des 3. Akts zu veröffentlichen.

So blieb es bis zum Jahr 1963. Da, auf einmal, erlaubte man Perle, die
Universal Edition in Wien aufzusuchen und die *Lulu*-Materialien einzusehen.
Man legte ihm das Particell und das Libretto vor, und Perle war elektrisiert. Die
Lulu-Oper war, das konnte er deutlich sehen, so gut wie vollendet. Tatsächlich
würde es nicht allzu schwer sein, sie zu vollenden. Und er machte sich daran, in
einem langen Brief an Dr. Alfred A. Kalmus von der Universal Edition seine
Entdeckung darzulegen: „Mit Ausnahme von nicht mehr als zwanzig Takten im
3. Akt, 2. Szene“, schrieb Perle, „die fast, aber nicht vollständig auskomponiert
sind, ist der 3. Akt der *Lulu* komplett – sowohl musikalisch wie dramaturgisch,
einschließlich der gesamten Instrumentation von drei Fünfteln der 2. Szene und
fast demselben Teil der 2. Szene.“ Was die wenigen unvollständigen Takte
anlangt, so fand Perle vielerlei Anzeichen dafür, daß Berg diese Takte gar nicht
für so „unvollendet“ gehalten habe. Nach seiner Ansicht erwuchsen daraus
keinerlei Probleme. „Mit Hilfe der von Berg selbst gemachten Vorschläge kann
ich überhaupt nicht einsehen, warum eine befriedigende Lösung mehr als einige
Stunden Arbeit in Anspruch nehmen sollte.“ Ferner machte Perle auf Bergs für
den 3. Akt geplantes Vorhaben aufmerksam, daß die Musik der neuen Personen, die als „alter ego“ der früheren auftreten, die Musik der vorangegangenen
zwei Akte wieder aufnehmen sollte. Und da sie in den früheren zwei Akten von
Berg vollständig instrumentiert war, würde die gleiche oder eine ähnliche
Orchestrierung bei den entsprechenden Episoden im 3. Akt die Rekonstruk-
tionsaufgabe erleichtern.

Was Perle jedoch nicht wußte, war die Tatsache, daß die Universal Edition
1962 bereits einem Spezialisten die Aufgabe übertragen hatte, den 3. Akt zu
vollenden. Friedrich Cerha, ein österreichischer Komponist, Dirigent und
Wissenschaftler, war bereits bei der Arbeit, als Perle die *Lulu*-Materialien 1963
einsah. Das wurde aber geheimgehalten, zumal keiner wollte, daß die Witwe
Berg etwas davon erfuhr. Sie starb erst 1976, worauf sich sofort die ersten

Aufführungsangebote einstellten. Überall gab es Opernhäuser, die der Ehre teilhaftig werden wollten, die erste komplette *Lulu* auf die Bühne zu bringen. In der Pariser Oper wurde am 24. Februar 1979 die „Weltpremiere" gefeiert, wobei die meisten Musiker und Kritiker die Inszenierung von Patrice Chéreau mißbilligten, Cerhas Komplettierung der Partitur jedoch einhellig priesen. Und man stimmte allgemein darin überein, daß der letzte Akt nötig war, um dem zyklischen Charakter des Werkes Genüge zu tun. Vorher war *Lulu* nur ein Torso gewesen. Doch im Lichte von Lulus Erniedrigung und Ende (im 3. Akt) gewinnen frühere Motivationen und musikalische Anspielungen ihren Sinn – vor allem was die letzten drei „Klienten", den Professor, den Neger und Jack the Ripper, anlangt. Sie sind Spiegelbilder jener Männer, die Lulu zuvor herabgezogen hatten, und Berg verlangt dort dieselben Sänger, um das klar herauszuarbeiten. In der dreiaktigen Fassung ist *Lulu* ein sehr viel ausgedehnteres Werk als der straff durchkomponierte *Wozzeck*, doch die kompositorische Meisterschaft ist nicht weniger brillant, und die Zwölfton-Elemente sind auf außerordentlich expressive Weise eingesetzt.

Während der zwanziger Jahre hatte Webern seinen Stil so verfeinert, daß Boulez ihn später „eine neue Art musikalischen *Seins*" bezeichnete. Webern, meinte er, „ist der erste gewesen, der die dialektischen Möglichkeiten von Klang und Stille erforscht hat". (Wobei die Stille als integraler Bestandteil der rhythmischen Zellen zu verstehen ist.) Webern hat zudem ganz neue Strukturen der Tonhöhen geschaffen, indem er „den essentiellen Gedanken der Polyphonie auf der Grundlage der Prinzipien der Zwölftonmusik" (Boulez) neu überdachte. Während Schönberg und Berg sich von der Romantik nie ganz befreien konnten, war es Webern, der seine Werke völlig durchorganisierte, wobei er jegliche romantische Rhetorik außer acht ließ. Man könnte sagen, daß es bei ihm überhaupt keine Rhetorik gab. Seine Werke sind so kondensiert, daß sie in der Regel nur wenige Minuten, bisweilen sogar weniger in Anspruch nehmen. So hochkonzentrierte Formen vertragen keine gedehnte Ausbreitung. Boulez, Weberns beredtester Anwalt, hat behauptet, Weberns Anwendung der seriellen Technik habe sein Vokabular bereichert, sein musikalisches Denken jedoch nicht grundsätzlich verändert: Schon vor der Zwölftontechnik sei sein Stil revolutionär gewesen und auch danach geblieben. Boulez weist darauf hin, daß in Weberns späteren Werken zwischen 1927 und 1934 – also dem Streichtrio, der Sinfonie und dem Konzert für neun Solo-Instrumente – „jeder Klang ein Phänomen für sich wird, der mit anderen verkettet ist … Er setzt seine Positionen in Zeit und Raum sowie ihren instrumentalen Kontext der frischen Luft aus". Instrumentation wird so zu einer strukturellen Funktion. Boulez empfindet Weberns Kunst als einzigartig, was Verfeinerung und Konzentration des musikalischen Materials anlangt, wobei die Beziehungen untereinander so straff organisiert sind, daß Melodie, Harmonie und selbst der Rhythmus nicht voneinander mehr zu trennen sind. Von dort war es nur ein kleiner Schritt zu der völlig durchorganisierten Musik eines Olivier Messiaen, Milton Babbitt und Boulez, die sich nach dem Zweiten Weltkrieg rasch ausbreitete. In dieser Art

Anton Webern (1883–1945). Aufnahme um 1935.

Musikorganisation sind selbst die Dynamik, die Klangfarbe und die Pausen in das serielle System einbezogen.

Der Übergang von der Zwölftontechnik zum seriellen System hätte sich vielleicht früher durchgesetzt, wenn die Nazis und die Kriegsjahre dies nicht verhindert hätten. Mit Hitlers Machtergreifung geriet die Musik der Zweiten Wiener Schule (wie die Schönberg-Berg-Webern-Gruppe genannt wurde) unter das Verdikt des „Kulturbolschewismus". Berg starb 1935, bevor die Nazis ihr wahres Gesicht zeigten. Webern mußte im verborgenen leben und fristete mit Herausgeber-Arbeiten bei der Universal Edition sein Leben. Am 14. September 1945 wurde er in Mittersill von einem amerikanischen Soldaten, der eine Schwarzmarkt-Untersuchung durchführte, in die Weberns Schwiegersohn angeblich verwickelt war, durch ein Versehen erschossen. Der Jude Schönberg, der 1933 aus Berlin fliehen mußte, hatte dort seit 1926 gelebt, als Lehrer an der Preußischen Akademie der Künste. Über Frankreich gelangte er in die Vereinigten Staaten, wo er 1933 einen kleinen Posten als Lehrer am Malkin-Konservatorium fand. Wegen seines schlechten Gesundheitszustands zog er im darauffolgenden Jahre nach Los Angeles, wo er an der University of California unterrichtete und Privatstunden gab. 1941 amerikanischer Staatsbürger geworden, wurde er 1944 im Alter von 70 Jahren pensioniert, wobei diese Pension – 38 Dollar im Monat – deshalb so gering war, weil er lediglich acht Jahre der Fakultät angehört hatte, so daß er weiter Privatstunden geben mußte. Während der siebzehn Jahre, in denen er in Kalifornien lebte, nahm ihn die Lehrtätigkeit so in Anspruch, daß er vergleichsweise wenig Zeit zum Komponieren fand, wenn er auch das Violinkonzert, das 5. Streichquartett, Thema und Variationen für Blechbläser, das Klavierkonzert und *Ein Überlebender aus Warschau* für Sprecher, Männerchor und Orchester fertigstellte. Außerdem setzte er die Arbeit an seiner Oper *Moses und Aaron* fort, die er bereits 1927 begonnen hatte. Zwei Akte waren 1932 fertig geworden. Es lag Schönberg sehr daran, diese Oper zu vollenden, aber es sollte nicht sein. Am 13. Juli 1951 starb er in Los Angeles.

Vieles in *Moses und Aaron* reflektiert Schönbergs eigene Persönlichkeit. Am Ende seines Lebens war er verbittert, weil er sich seiner Stellung sowie der Ablehnung, die seine Werke erfuhren, gleichermaßen bewußt war: ein Mann der höchsten Ideale, der der Welt eine Botschaft brachte, welche die meisten ablehnten oder nicht begriffen. Man sollte sich nicht wundern, daß er sich bisweilen wie Moses selbst fühlte. Schönberg hatte den jüdischen Glauben aufgegeben, doch als der Antisemitismus in Deutschland zunahm, fand er wieder zu ihm zurück und war auf sein Judentum stolz. Es gibt zwei faszinierende, ja enthüllende Briefe, die er bereits 1923 an den Maler Wassily Kandinsky schrieb. Kandinsky war einer der Mitbegründer der Avantgarde-Gruppe *Der Blaue Reiter* gewesen, der Schönberg sich angeschlossen hatte; er war mit Kandinsky eng befreundet. Nach dem Ersten Weltkrieg arbeitete Kandinsky am Bauhaus. Es gab Gerüchte, daß einige seiner Kollegen sich antisemitisch geäußert hätten. Offensichtlich hatte sich dies aber erledigt, denn inzwischen zählten viele seiner Kollegen Juden zu ihren besten Freunden. Am 20. April 1923 schrieb Schönberg an Kandinsky einen besorgten Brief:

> „... denn was ich im letzten Jahre zu lernen gezwungen wurde, habe ich nun endlich kapiert und werde es nicht wieder vergessen. Daß ich nämlich kein Deutscher, kein Europäer, ja vielleicht kaum ein Mensch bin (wenigstens ziehen die Europäer die schlechtesten ihrer Rasse mir vor), sondern, daß ich Jude bin ... Ich habe gehört, daß auch ein Kandinsky in den Handlungen der Juden nur Schlechtes und in ihren schlechten Handlungen nur das Jüdische sieht, und da gebe ich die Hoffnung auf Verständigung auf ... In meine herzlichen und hochachtungsvollen Grüße mögen sich der Kandinsky der Vergangenheit und der jetzige mit Gerechtigkeitsgefühl teilen."

Kandinsky antwortete und erklärte, Schönberg sei für die meisten Juden nicht repräsentativ. Schönberg explodierte:

> „Lieber Kandinsky, so schreibe ich Ihnen, weil Sie schreiben, daß mein Brief Sie erschüttert habe. Das habe ich von Kandinsky erhofft, obwohl ich noch nicht den hundertsten Teil dessen gesagt habe, was die Phantasie eines Kandinsky ihm vor Augen führen muß, wenn er mein Kandinsky sein soll! Weil ich noch nicht gesagt habe, daß ich zum Beispiel, wenn ich auf der Gasse gehe und von jedem Menschen angeschaut werde, ob ich ein Jud oder ein Christ bin, weil ich da nicht jedem sagen kann, daß ich derjenige bin, den der Kandinsky und einige andere ausnahmen, während allerdings der Hitler dieser Meinung nicht ist."

Das war im Jahre 1923. *Moses und Aaron* lag noch vor ihm. Nachdem Schönberg 1932 den 2. Akt vollendet hatte, besaß er keine Vorstellung mehr, wie die Oper enden könnte. Er war sich des Problems bewußt, die seiner Meinung nach „fast unbegreiflichen Widersprüche in der Bibel" zu versöhnen. Jedenfalls versuchte er nie, eine biblische Oper à la *Samson und Dalila* zu komponieren. Bei derartigen Unternehmungen kann man sich alle Freiheiten mit dem Text erlauben. In einem Werk, das die philosophische Wahrheit sucht (wie es in *Moses und Aaron* geschieht), mußten die Folgerungen doch etwas untermauert werden. Und obwohl Schönberg nach dem Ersten Weltkrieg streng religiös geworden war („in diesen Jahren war die Religion meine einzige Stütze – das bekenne ich hier zum erstenmal"), war dies eine Religion, die sich eher auf die ethische Lehre denn auf äußerliche Frömmigkeit stützte. Sein Interesse schien vor allem von einem Wort Moses' geweckt, als dieser zu Gott sagt: „Ach mein Herr, ich bin seit eh und je nicht beredt gewesen, auch nicht seit der Zeit, da Du mit Deinem Knecht geredet hast; denn ich habe eine schwere Sprache und eine schwere Zunge." Im Libretto stellt Schönberg den Dualismus zwischen Moses und seinem Bruder Aaron heraus. Moses erkennt und versteht den Gott der Juden, aber er kann seine Visionen nicht vermitteln. Aaron, ein Mann von geringerer Vision und Einsicht, ist der politische Demagoge, der für Moses reden und das Volk bewegen kann. Aber nur solange Moses ihm zur Seite steht, kann er diese Aufgabe erfüllen.

So stehen Gott und Moses auf der einen Seite, Aaron und das Volk auf der anderen. Der Konflikt ist geschürt. Moses begreift die Einzigartigkeit Gottes; aber solche Einsicht ist nur wenigen gegeben. Das Volk, die Menge, wird ihrer vielleicht nie teilhaftig werden. Selbst Aaron, Moses so nahe, ist nicht nur zum Kompromiß bereit, sondern sogar zur Götzenanbetung, wenn der geistige Beistand Moses' ausbleibt. Aaron begreift, daß die Massen „nichts als ihre Gefühle" besitzen. Für Moses ist dies Anathema. „Meine Liebe dient der Idee. Nur für sie lebe ich." Aaron argumentiert, die Tafeln mit den zehn Geboten seien auch nur Abbilder, „nur Teile der ganzen Idee". Dann, sagt Moses, „werde ich diese Tafeln in Stücke schlagen, und ich will Ihn bitten, die Aufgabe von mir zu nehmen, die Er mir gegeben hat." Am Schluß des 2. Akts kniet Moses verzweifelt nieder. Nicht, daß er die Existenz des einen Gottes anzweifelt. Es ist die Verzweiflung, womöglich nicht im Stande zu sein, das Volk zu erleuchten. „O Wort, es fehlt Dein Wort." Die Allegorie ist deutlich genug. Wird Moses-Schönberg jemals die Welt erreichen?

Schönberg unternahm Versuche, die Oper zu beenden, und komponierte den letzten Akt viermal neu. „Hier haben mir", schrieb er 1933 an den Wissenschaftler Walter Eidlitz,

> „bisher einige fast unverständliche Widersprüche der Bibel die größten Schwierigkeiten bereitet. Denn wenn ich mich auch nur in wenigem streng an die Bibel halte, so ist es doch gerade hier schwer, über diese Verschiedenheit hinwegzukommen, daß es das eine Mal heißt: ,Schlag auf den Felsen', das andere Mal aber: ,Sprich ...'! Sie haben sich lange mit dem Stoff befaßt: können Sie mir vielleicht Literatur nennen, die ich zu dieser Frage lesen kann? Bisher habe ich selbst eine Lösung gesucht. Und was mein Drama an sich betrifft, kann ich auch auskommen, ohne das zu lösen. Aber es läßt mich doch nicht in Ruhe!"

Doch Schönberg hat diese Lösung nie gefunden, und so ist *Moses und Aaron* ein Torso geblieben. Sie ist gleichzeitig eine der persönlichsten Opern, die je geschrieben wurden; und unglücklicherweise dabei so statisch, so weltanschaulich und so wenig opernhaft, daß sie vermutlich niemals große Hörerschaft anziehen wird. Immer schimmert die Figur des Moses-Schönberg durch, die das Volk anfleht, ihm zu folgen, nie an der Botschaft zweifelnd, die sie bewegt, doch stets im Zweifel, ob diese Botschaft je akzeptiert werden wird. Kann das geistige Prinzip jemals über das irdische, das Goldene Kalb, triumphieren? Schönberg ist nie im Zweifel gewesen, daß letztlich das Prinzip triumphiert. Und er starb, als seine Vision sich zu bewahrheiten begann – als seine „Botschaft" die Gedanken fast aller Avantgarde-Komponisten in der Welt zu beherrschen anfing.

Die Zeit von 1830 bis 1860 gilt als das Romantik-, der weitere Rest des

Jahrhunderts als das Wagner-Zeitalter und die Periode von 1915 bis 1945 als die Strawinsky-Ära. Die auf 1950 folgenden Jahrzehnte sollten die Periode Schönbergs und seiner Schule werden.

40. Kapitel

Nach 1945: Die internationale serielle Schule

Nicht Arnold Schönberg war es – wenn er auch als einer der Heiligen der neuen Musik nach 1945 fungierte –, der die Phantasie der Komponisten der gesamten westlichen Welt gefangenhielt, sondern Anton von Webern. Weberns unerhört straffe, durchorganisierte Form des musikalischen Satzes, seine logische und musikalische Reinheit waren wie ein unaufhaltsamer Strom, der die internationale Avantgarde mit sich fortriß. Plötzlich schien die Musik einen neuen Anfang zu nehmen. Neue Götter wurden angebetet; vor allem Webern, aber auch die bis dahin so geheimnisvollen Gestalten wie Edgar Varèse und Olivier Messiaen.

Offensichtlich strebte der „Zeitgeist" zu einem Ideal der Ordnung und Klarheit in der Musik. Es war, als ob das neue, von der Atombombe bestimmte Zeitalter – eine Welt, in welcher die Menschheit sich selbst zerstören konnte, eine Welt der Quantenmechanik und der Heisenbergschen Unendlichkeitsformel sowie der beginnenden Eroberung des Weltraums – nach einer Musik verlangte, die durch wissenschaftliche Prinzipien kontrolliert wurde. Plötzlich regte sich eine völlig neue Art von Musik. Sie war abstrakt, konstruiert wie ein Präzisionsinstrument und oft auf mathematische Theorien begründet. Es war eine Musik, die sich völlig vom Romantizismus und seinem Putz lossagte, indem sie sich vollständig auf neue Konzepte der musikalischen Organisation und des Klanges gründete.

Doch nichts kommt von ungefähr. Einer jener Komponisten, der in den Augen der neuen Schule als „Ziehvater" fungierte, war Edgar Varèse (1883 bis 1965). Der in Frankreich geborene Varèse war 1915 Amerikaner geworden, ein geborener Revolutionär – auch Dirigent und Unternehmer –, der mit fast jedem Element der Vergangenheit brach und eine völlig neue Art von Musik anstrebte. „Ich hatte eine Obsession: ein Instrument, das die Musik vom temperierten System befreien könnte", sagte er einmal. Er war stets auf der Suche nach neuen Instrumenten, die neue Klänge hervorbringen könnten; auf eine eigene, merkwürdige Weise schrieb er „elektronische Musik" – längst bevor sie im eigentlichen Wortsinn existierte. Was ihn interessierte, waren Rhythmus und Timbre – viel eher als die traditionelle Harmonie –, und er erstrebte eine Art „reinen Klang als Lebensstoff". Um das Instrument seiner Träume zu finden, arbeitete er mit dem russischen Erfinder Leon Theremin zusammen, der ein elektronisches Instrument gleichen Namens erfand, daneben mit den Forschungsstätten der Bell Telephone Company.

Zunächst komponierte Varèse Musik, die von *Le Sacre du Printemps* beeinflußt war. Aber bereits mit seiner *Ionisation* (1933) brach er völlig mit allen Einflüssen der Vergangenheit. Dieses Stück war für ein Orchester komponiert, das ausschließlich aus Sirenen, Schlaginstrumenten und elektronischem Instrumentarium (z. B. dem Theremin) bestand. Varèse beschrieb seine *Ionisation* als eine Studie „innerer rhythmischer und motivischer Beziehungen. Auch war ich interessiert an den klanglichen Aspekten der Schlaginstrumente als strukturellen, architektonischen Elementen." Für diese Art von Musik gab es keinerlei Vorbild, nicht für die komplexen Rhythmen des Schlagzeugs, ihr Heulen und Schreien, ihre Modernität, die der Zeit weit voraus war. Als *Ionisation* sich dieser Welt präsentierte, lachte man darüber und nannte es schlicht Kakophonie. Drei Jahre später komponierte Varèse ein Stück für Soloflöte, das er *Density 21,5* nannte. Es war für Georges Barrère und seine Platinflöte (das spezifische Platingewicht ist 21,5) verfaßt. Dann folgte ein langes Schweigen.

Erst 1954 begann Varèse wieder zu komponieren. Schon damals wurden Tonband und elektronische Musik von den Avantgarde-Komponisten gebraucht, und Varèse schloß sich ihnen an: *Déserts* ist ein Stück, in dem Orchesterpartien mit elektronischen Zwischenspielen verknüpft werden. Im Jahr 1958 erschien das *Poème electronique*, das für die Brüsseler Weltausstellung komponiert war – und zwar über 11 Kanäle und 425 Lautsprecher, installiert in Le Corbusiers neuem Philips-Pavillon. Heute hört man Varèses elektronische Werke nur noch selten; und ein bahnbrechendes Werk wie *Ionisation* fristet sein Leben am Rande des Repertoires. Es war eine geschichtliche Stunde, die zeigte, daß es möglich war, Musik ohne Melodie, Harmonie und Kontrapunkt zu komponieren. Der Klang allein, der durch den pulsierenden Rhythmus getrieben wird, diente als einzige Erklärung seiner selbst.

Es gab noch andere: Henry Cowell und Leo Ornstein, die zur Zeit des Ersten Weltkrieges mit Toncluster und extrem dissonanter Musik experimentierten. Ornstein, ein bemerkenswerter Pianist, ist unserem Bewußtsein völlig entschwunden (obwohl in den späten siebziger Jahren ein neues, behutsames Interesse an ihm erwachte); nur Cowell sollte einer der grand old men der amerikanischen Musik werden. Er bediente sich einer eklektischen Mixtur von Folkmusic (aus dem asiatischen Raum), Polyrhythmen und Dissonanzen, die mit Tonika-Dominant-Konsonanzen verquirlt wurden.

Doch die Zukunft der Musik nach dem Zweiten Weltkrieg gehörte nicht ihnen. In Frankreich beschäftigten sich Komponisten wie Olivier Messiaen und seine Schüler Pierre Boulez und Karlheinz Stockhausen mit ganz anderen Dingen. Und Milton Babbitt in Amerika ebenfalls. New York und Paris wurden die beiden Zentren der internationalen Avantgarde.

Sowohl Messiaen als auch Babbitt setzten dort an, wo Webern aufgehört hatte. Für die meisten der jungen Generation – vor allem in Frankreich – war es Webern und nicht Schönberg, der die Musik zu ihrem logischen Extrem geführt hatte. Schönberg hatte zwar den Weg eröffnet, doch für die erregten jungen französischen Revolutionäre der fünfziger Jahre war er ein Schöpfer, der hinter seinen eigenen Erwartungen zurückgeblieben war. Nach den Worten von André Hodeir (einem Sprecher der französischen Gruppe) hatte Schönberg nicht erkannt, daß die neue Tonsprache „eine *vollständige* Neubeurteilung der Form in der Musik bedeutete ... Schönberg hatte zwar neue Pfade betreten, wußte aber nicht, wohin der Weg führen würde". Alban Berg „hat eigentlich

Nach 1945: Die internationale serielle Schule   657

nur das neue System benutzt, ohne seine wahren Möglichkeiten zu begreifen". Ganz anders Webern! Er war es, der, wie der französische Avantgarde-Komponist Jean Barraqué schrieb, „das Wort *Polyphonie* mit seiner viel weiteren, tieferen Bedeutung versehen hat; die musikalischen Komponenten wurden dissoziiert und reorganisiert, und zwar in einer Weise, daß sie ganz neue engere Verbindungen eingingen, indem sie bei aller Gleichwertigkeit einander respektierten und als Ganzes unteilbar wurden." Webern, so entschieden die Exponenten der neuen seriellen Schule, war der erste Komponist in der Geschichte, der die deutliche Vision einer athematischen Musik (ohne jedes thematische Material und für konventionelle Ohren ohne jede Melodie) hatte; er war der erste Komponist, der die Musik von aller Schlacke befreite; er war der erste, der Schönheit durch die Form allein zu destillieren verstand. Ja, er war der erste Forschungsreisende in eine musikalische Welt, die vor ihm niemand betreten hatte.

In den Jahren vor dem Zweiten Weltkrieg, in denen Webern komponierte, hatten selbst hochbegabte und qualifizierte Komponisten gewisse Mühe, seiner Musik zu folgen. Luigi Dallapiccola, Italiens prominentester Komponist, der sich der Zwölfton-Technik bediente, erfuhr an sich selbst eine ganz typische Reaktion. Ihm war bewußt, daß er vor etwas völlig Neuem stand, aber er wußte noch nicht, wie er es einzuordnen hatte. 1935 hörte er Weberns Konzert op. 24 beim Fest der Internationalen Gesellschaft für Neue Musik in Prag und schrieb in sein Tagebuch: „... eine Komposition von unglaublicher Kürze (kaum sechs Minuten Musik) und wahrhaft außergewöhnlicher Konzentration. Jedes dekorative Element ist vermieden ... Es ist mir noch nicht gelungen, den wahren Sinn dieses Stückes zu ergründen, da es viel zu schwierig für mich ist; daß es jedoch eine ganz eigene Welt beschwört, scheint mir unzweifelhaft."

Weberns Musik ist konzis, dennoch mit „Informationen" gefüllt (um in der Terminologie der Computer zu bleiben). Sie enthält eine Art Polyphonie, die sich von der niederländischen Schule der Renaissance ableitet (Weberns Doktorarbeit hatte Heinrich Isaac zum Thema). Kanonische Verbindungen spielen in Weberns Musik eine große Rolle, und er selbst hat von seiner zweiten Kantate op. 31 gesagt, daß sie im Grunde eine *Missa Brevis* sei, mit einem Schlußsatz, an dessen Konstruktion sich kaum einer der Niederländer gewagt hätte: „Es war vielleicht die schwierigste Aufgabe, die ich, was das betrifft, zu erfüllen hatte. Denn die Grundlage ist ein vierstimmiger Kanon von höchst komplizierter Art."

Man mußte über einen sehr ausgebildeten musikalischen Geist verfügen, um festzustellen, daß es sich um einen Kanon handelte, ganz zu schweigen von der Möglichkeit, ihn auch zu hören. Konnte ein professionelles Ohr, gleichgültig, wie versiert in allen Stilen, diese Art von Musik durch wiederholtes Hören wirklich begreifen? Viele verneinen dies; der Ausdruck *Augenmusik* begann sich einzubürgern – Augenmusik, die man eher auf dem Papier sehen und analysieren kann; Musik, die uns eher visuell denn vom Gehör her beeindruckt.

Während viele Komponisten der älteren Generation, wie Dallapiccola,

658 Nach 1945: Die internationale serielle Schule

zunächst Schwierigkeiten hatten, Weberns Musik zu verstehen, schien die
Generation nach dem Zweiten Weltkrieg sie so mühelos wie Muttermilch
einzusaugen. Rasch begannen sich die Komponisten mit seinen Ansichten
vertraut zu machen. Aber wie war eigentlich mit ihnen zu verfahren? Es sollte
nicht lange dauern, bis Weberns Theorien sich zu einem seriellen Konzept
ausgeweitet hatten, das die ganze westliche Welt überflutete.

1948 verfaßte Milton Babbitt an der Princeton University seine *Drei Kompositionen für Klavier* und seine *Komposition für vier Instrumente,* in denen
zum erstenmal die verschiedenen musikalischen Aspekte innerhalb desselben
Stücks den seriellen Gesetzen unterworfen sind: die Tonhöhen (als Tonreihe
oder, korrekter, als Tongestalt) und Tondauern, aber auch Tempo, Dynamik,
Register des Instruments und Timbre. Vielleicht war es nur einem mathematisch so gebildeten und brillanten Kopf wie Babbitt möglich gewesen, eine
solche Tour de Force durchzuhalten. Nachdem er dieses Beispiel gegeben
hatte, folgten rasch andere, und Babbitt avancierte zum Führer der amerikanischen seriellen Schule.

Aber es gab auch ältere Komponisten, die entschlossen waren, Weberns
Theorien bis zu ihrem logischen Ende weiterzuführen. Einer unter ihnen war
Messiaen, der so etwas wie eine Anomalie ist: ein Komponist, der Debussy viel
verdankt; ein Mystiker, der sich von der Natur, vom Katholizismus, von
Vogelstimmen und der asiatischen Gamelang-Musik inspirieren läßt; und
doch war es derselbe Messiaen, der sich im Nachkriegs-Paris dem spektakulär-
sten Fortschritt verschrieb. 1949 komponierte er ein Stück mit dem Titel
Mode de Valeurs et d'Intensités. Dieses Werk basiert auf vier Elementen:
einem Grundmodus von 36 verschiedenen Tonhöhen; einem Modus von 24
„Tondauern" oder verschiedenen rhythmischen Werten; einem Modus von
sieben verschiedenen Arten der Intensität; und einem Modus von zwölf verschiedenen Arten, auf der Tastatur des Klaviers zu spielen. Auch das war ein
Versuch, sehr viel mehr Elemente als nur die Tonhöhen unter ein serielles
System zu zwingen.

Messiaens *Mode de Valeurs et d'Intensités* sollte nicht ungehört verklingen;
es wirkte zündend auf seinen brillanten Schüler Pierre Boulez, der später
seinem Meister den Tribut zollen sollte. Nach Boulez' Meinung lagen Messiaens wirkliche Entdeckungen auf dem Gebiet des Rhythmus. „Wir alle sind
Messiaen dankbar, weil er eine eigene Technik der Tondauern bewußt
gemacht hat, die sich auf seine gründlichen Studien der Gregorianik, der
Hindumusik und der Werke von Strawinsky gründet." Messiaen, behauptete
Boulez, müßte in der westlichen Musik als der erste große Theoretiker des
Rhythmus seinen Platz finden.

Mit Beginn der fünfziger Jahre wurde der Ruf nach totaler Organisation
innerhalb der Musik laut. Dennoch gab es berühmte Komponisten, die auf
ihrer eher traditionellen Schreibweise beharrten: etwa Benjamin Britten in
England oder Dmitri Schostakowitsch in der Sowjetunion. Und sie wurden
aufgeführt – viel öfter als die Repräsentanten der neuen Gruppierung. Doch

Karlheinz Stockhausen (geb. 1928) bei Versuchen mit elektronischer Musik, Westdeutscher Rundfunk, Köln.

Musikfestival Darmstadt 1969. Kompositionskurs von Karlheinz Stockhausen.

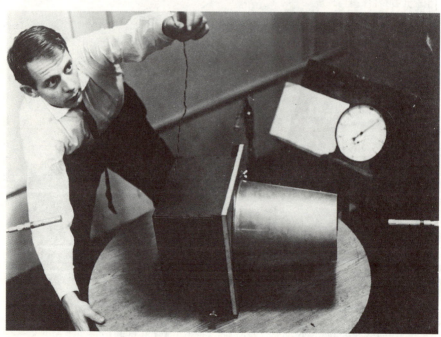

Karlheinz Stockhausen. Aufnahme um 1960.

Nach 1945: Die internationale serielle Schule   661

die Avantgarde-Komponisten eroberten sich die Schlagzeilen, selbst wenn die Öffentlichkeit und die musikalischen Organisationen sich ihrer Musik widersetzten.

In aller Herren Länder arbeiteten sie: In Frankreich, außer Boulez und Messiaen, Jean Barraqué, Maurice Le Roux und Gilbert Amy; Ungarn steuerte György Ligeti bei; in Deutschland waren (und sind) Hans Werner Henze, Giselher Klebe und Karlheinz Stockhausen tätig; in Italien Sylvano Bussotti, Luciano Berio, Luigi Nono und Bruno Maderna; in der Schweiz begann sogar ein „Veteran" wie Frank Martin mit der seriellen Technik zu experimentieren; in Belgien arbeitete Henri Pousseur, in Griechenland Yannis Xenakis; in Schweden Bo Nilsson; in Polen Tadeusz Baird; in England Alexander Goehr und Humphrey Searle; ja sogar in Japan gab es Toru Takemitsu und Toshiro Mayazumi. Freilich waren da auch andere Komponisten, die sich – obwohl keineswegs orthodoxe Vertreter der seriellen Schreibweise – verschiedener ihrer kompositorischen Elemente bedienten. Zu ihnen zählen Krzystof Penderecki in Polen und eine Gruppe englischer Komponisten, die von Peter Maxwell Davies und Harrison Birtwistle angeführt wird. Selbst in der Sowjetunion gibt es eine „Untergrund"-Gruppe von Serialisten, die naturgemäß mit erheblichen Schwierigkeiten zu kämpfen hat.

Pierre Boulez, dessen 2. Klaviersonate (1948) und dessen *Le Marteau sans Maître* (1954) uraufgeführt worden waren, wurde zu einem der führenden Gestalten der musikalischen Avantgarde. Seine Kompositionen sowie die von Karlheinz Stockhausen bildeten eine Art Lehrbuch, in dem die Musiker aus aller Welt Anregung suchten. Boulez arbeitete langsam und vorsichtig und hat nur eine kleine Anzahl von Werken hervorgebracht (zumal das Dirigieren einen großen Teil seiner Zeit beanspruchte). Er ist ein Doktrinär geblieben, ein Exponent totaler Kontrolle über das musikalische Material. Stockhausen hat bereits ein größeres Œuvre vorgelegt und ist vielseitiger, ja abenteuersüchtiger. Eine seiner ersten Kompositionen, die allgemeine Aufmerksamkeit erregten, waren seine Klavierstücke I–IV (1953), in denen das gesamte musikalische Material serialisiert war. Dann folgten verschiedene stark diskutierte Arbeiten wie *Kontra-Punkte* (1952), *Gesang der Jünglinge* (1956), *Gruppen für drei Orchester* (1957), *Zyklus* (1959) und *Momente* (1964). Im *Gesang der Jünglinge* benutzte Stockhausen als einer der ersten elektronische Klänge in Form von verfremdeten Vokalstimmen. Ein Polemiker wie Boulez, verkündete er, daß seine Musik „keine Reprise, keine Variation, keine Entwicklung" besäße. Er behauptete, er hätte sich von alten Formeln getrennt, um eine völlig neue musikalische Organisation zu schaffen. Stockhausen experimentierte weiter, arbeitete auch mit offenen Formen und geschlossenen Formen, mit Musik im Raum (die drei Orchester in den *Gruppen* haben drei Dirigenten an drei verschiedenen Orten des Saales), mit elektronischer Musik und „Klangstrukturen". Jahrelang hatte er einen mächtigen Einfluß, und andere Komponisten suchten herauszufinden, womit er sich gerade beschäftigte, um ihn nachahmen zu können.

662   Nach 1945: Die internationale serielle Schule

Bis ungefähr 1960 war das Verlangen nach totaler Organisation in der seriellen Musik vorherrschend. Nicht nur die Tonhöhen wurden nach der „Serie", der Grundreihe, determiniert, sondern ebenfalls die Tondauern, die Tonqualität, die Intensität, das Tempo und die Dynamik. In der Musik begann eine Phase, in der totale Dissonanz möglich war; in der die Melodie im üblichen Sinne abgeschafft war; in der nationale Eigenschaften nicht mehr vorkamen. So wurden die einzelnen Werke tendenziell austauschbar. „Wir sind der Tyrannei des Themas entronnen", jubelte der britische Komponist Iain Hamilton. Aber nicht nur dem Thema waren die Komponisten entronnen, sondern auch der Harmonie. Die neue Musik hatte sich von der Konzeption des Akkordes – einschließlich der Umkehrungen und Alterationen – losgesagt und setzte dagegen ein lineares System, das sich auf Manipulationen der ursprünglichen Tonreihe (oder Tongestalt) gründete. Es war, als hätte sich die Musik um drei Jahrhunderte in die Vergangenheit zurückbegeben, um noch einmal völlig polyphon zu werden.

Ein neuer, oft pointillistischer Klang setzte sich allmählich durch. Exotische Schlagzeugkombinationen, von Vibraphon, Xylophon und Holzbläsern unterstützt, wurden zu einer Art „offizieller" Instrumentation. Und es stellte sich heraus, daß diese Musik ziemlich schwierig zu spielen war. Nur wenige Musiker, die in der herkömmlichen Tradition aufgewachsen waren, mochten sich den neuen Anforderungen stellen. Selbst Spezialisten benötigten einige Zeit, um sich mit den neuen Notationsformen vertraut zu machen und ihre Fingersätze und Bogenstriche entsprechend einzurichten.

Parallel zu der seriellen Musik und den übrigen Manifestationen der neuen musikalischen Gedankenwelt entwickelte sich eine veränderte Terminologie. Die Komponisten sprachen nicht länger von Akkorden, sondern vom „Dichten". Die neuen Analytiker sprachen von Ereignissen, Aktionen, Gesten, Intervallklassen, Tonhöhenklassen, Periodizität, Aggregaten, Parametern, Tetrachorden, Hexachorden und Aleatorik. Selbst so verehrte Mitglieder der Avantgarde wie Ernst Krenek mußten zugeben, daß sie das etwas verwirrte. Krenek fragte sich, ob so altmodische Vorstellungen wie „Inspiration" in der neuen Musik überhaupt noch Platz hätten. Er wies darauf hin, daß eine strikt gehandhabte serielle Musik auch die „Inspiration" einbeziehe, denn „die Prä-Determination hat bereits sämtliche Einzelheiten des musikalischen Vorgangs auf eine Weise einbezogen, die weitere ‚erfinderische' Arbeit überflüssig macht ... Diese Evolution macht tatsächlich die meisten grundsätzlichen Anschauungen, die die Erfindung und Anschauung der Musik seit Beginn der westlichen Kultur beherrscht haben, überflüssig". Aber Kreneks Anschauung war die einer Minderheit. Die meisten Anhänger der seriellen Technik hatten keinen Zweifel daran, daß ihre Kompositionskunst geschichtliche Berechtigung hatte. Sie jubelten, mit der Vergangenheit gebrochen zu haben, und Luciano Berio, einst einer der Helden der Bewegung, nahm den Fehdehandschuh an: „Grundsätzliche Erörterungen, ob richtig oder nicht, häßlich oder schön, typisch für den rationalistischen Gedankengang tonaler Ästhetik, sind nicht

Nach 1945: Die internationale serielle Schule   663

länger nützlich, wenn man begreifen will, warum und wie heutzutage komponiert wird."

Natürlich hatte man gemerkt, daß – paradoxerweise – ein Stück dem laienhaften Zuhörer um so chaotischer erschien, je strikter es durchorganisiert war. Ein „Schisma" zwischen Komponisten und Publikum war die Folge. Die Welt der internationalen Avantgarde in den sechziger Jahren hatte zwar eine Vielzahl von musikalischen Stilen entwickelt, doch buchstäblich jeder Komponist – ob seriell oder nicht – ähnelte in mancherlei Hinsicht dem anderen: Abschaffung der Melodie, Betonung der linearen (polyphonen) statt der horizontalen (harmonischen) Aspekte der Musik, totale Dissonanz und eine Tendenz zur Abstraktion verband sie miteinander. Das Publikum indes rührte sich nicht. Und das war etwas, was es bisher in der Geschichte der Musik noch nicht gegeben hatte. Selbst die außergewöhnlichsten Experimente im 19. Jahrhundert hatten immer eine Schar von Bewunderern angelockt, und nach einer neuen Generation gelangte die Musik, wenn sie etwas zu sagen hatte, auch ins Repertoire. Die seriellen Komponisten reden immerfort von der „Verzögerung". Sie behaupten, daß sie für ein zukünftiges Zeitalter komponieren. Doch wie lange soll diese „Verzögerung" dauern? Das fragte man sich 1950 und 1960 und abermals 1970 und 1980; auch ein Werk wie Schönbergs *Pierrot Lunaire* aus dem Jahr 1912 kann man nicht direkt als Repertoirestück bezeichnen, Boulez' *Marteau sans Maître* noch weniger. Konservative Kritiker haben zu bedenken gegeben, daß vielleicht nicht das Publikum Schuld daran trägt, sondern der Komponist.

Obwohl die seriellen Techniken das Denken der meisten Nachkriegskomponisten beherrschten, gab es in den fünfziger und sechziger Jahren eine Reihe von anderen Möglichkeiten musikalischer Betätigung. Kurz nach 1945 begannen Pierre Schaeffer und Pierre Henry in Paris mit elektronischer Musik zu experimentieren, indem sie Tonbandgeräte und verwandtes Gerät benutzten, das in Deutschland entwickelt worden war. Zunächst nahmen sie Naturlaute, einschließlich der menschlichen Stimme auf und manipulierten sie. Diese „paläolithische" Periode der elektronischen Musik nannte man *musique concrète*. In vielen Städten, in Mailand, Utrecht und Köln entstanden elektronische Tonstudios. Unter denjenigen, die in den Columbia-Princeton-Studios frühe Experimente durchführten, waren Babbitt, Otto Luening und Vladimir Ussachewsky. Aber bald machten sich die seriellen Komponisten breit, nutzten jeden Millisekundenvorteil der elektronischen Musik, um die musikalischen Vorgänge noch straffer zu determinieren. Bedauerlicherweise betrachtete die Öffentlichkeit diese neuesten Techniken als eine chaotische Mischung von tonalen Anklängen und unschuldigem Geräusch. Man experimentierte auch mit Musik aus dem Synthesizer, dem man die menschliche Stimme – in natura oder ebenfalls elektronisch verfremdet – gegenüberstellte; Babbitts Werk mit dem Namen *Philomel* galt als bahnbrechendes Werk auf diesem Gebiet. Der in Argentinien geborene Komponist Mario Davidovsky benutzte die Columbia-Princeton-Studios in New York dazu, in einem Stück Klaviermusikklänge mit Tonbandmusik zu kombinieren. Später traten Komponisten wie La Monte Young und Steve Reich mit ihren „Environments" in Erscheinung. Lejaren Hiller war einer der ersten, der mit Computer-Musik arbeitete. Berio und Charles Dodge versuchten sich in Tonband-Manipulationen der menschlichen Stimme. Und dann gab es natürlich die großen elektronischen Werke von Stockhausen. Eine Zeitlang, nachdem der Moog-Synthesizer entwickelt worden war, schien es, als ob die elektronische Musik eine noch größere Bedeutung erlangen würde; doch die anfängliche Freude ebbte bald ab. Inzwischen benutzen die Komponisten, wenn sie sich des Tonbands bedienen, die Klangeffekte nur so, als ob sie ein einzelnes neues Instrument einsetzen.

John Cage und seine Schule standen zu dieser „organisierten" Musik in Widerspruch. Cage repräsentierte „dada" in der Musik. Er spielte die Rolle eines Apostels der Nichtvorhersehbarkeit und hatte für die mathematischen Tricks der seriellen Komponisten nichts übrig. Cage versuchte, jeglicher Form der rationalen Kontrolle über die Musik zu entkommen. Er begann Stücke zu komponieren, deren Tonfolgen sich aus Würfelspielen, Tintenklecksen oder einer Sternkarte herleiteten. In einem Stück wie *Imaginary Landscapes* beschäftigt er zwölf Rundfunkgeräte, die gleichzeitig zwölf verschiedene Programme spielen. In seinem berühmten Stück *4'33"* verlangt er von dem Pianisten, genau vier Minuten und dreiunddreißig Sekunden stumm vor dem Klavier zu sitzen. Der Hintergedanke dabei war, währenddessen die Geräusche durch das Publikum einzufangen, das Klopfen ihrer Herzen, alles und jedes. Das war die eigentliche „Musik" des Stückes. Cages Bewunderer behaupten, er hätte die Musik überhaupt erst befreit. Die ihn ablehnen (darunter viele serielle Komponisten), halten seine Theorien für Unsinn.

Doch Cages Gedanken nisteten sich in den Köpfen vieler Komponisten, auch in denen seiner Gegner, ein. Seine Gedanken des Indeterminismus beflügelten allmählich ihre Phantasie. War Cage vielleicht der Gegenpol zum strikt angewendeten Serialismus? Seine Gedanken kehren in Stockhausens *Klavierstücke XI* (1956) wieder. Dies war ein Versuch, die programmierte Einheit eines Musikstücks aufzubrechen. Die gedruckte Ausgabe der *Klavierstücke XI* zeigt einen großen Bogen, auf dem neunzehn separate Segmente des Stücks abgedruckt sind. Dem Interpreten steht es frei, sie in beliebiger Reihenfolge zu spielen, wobei die größtmögliche Länge des Stückes erreicht ist, wenn jedes Fragment dreimal erklungen ist. Die Aufführung kann also fünf Minuten oder eine volle Stunde in Anspruch nehmen. Auf diese Art und Weise präsentiert jede Aufführung der *Klavierstücke XI* ein anderes, neues Werk.

Die verschiedenen Stile wechselten in atemberaubender Folge. Grundlage war der Gebrauch der seriellen Technik, aber die Komponisten experimentierten auch mit Kollagen. Aleatorische Musik (bei der die Interpreten eigene, vom Zufall abhängige Beiträge innerhalb des vom Komponisten gegebenen „Parameters" beisteuern können) war eine Zeitlang sehr in Mode. Es gab Improvisationsgruppen, unter denen Lukas Foss in Amerika sich als Vorkämpfer betätigte; „Dreistrom-Musik", in der Gunther Schuller Jazz mit seriellen und

Nach 1945: Die internationale serielle Schule 665

aleatorischen Techniken kombinierte; Kollagetechniken, in der die Musik der Vergangenheit (z. B. das Mahler-Zitat in Berios *Sinfonia*) mit modernen Techniken kontrastiert wurde. Der Grieche Jannis Xenakis entwickelte 1956 eine sogenannte „stochastische Musik" – eine vom Zufall gesteuerte Musik, als weiterer Versuch, den logischen Kontrollen der Serialisten zu entgehen. Natürlich gab es auch „Happenings", bei denen Violinen auf der Bühne verbrannt wurden oder ein Sänger nichts als Nonsens-Formeln von sich gab.

Die Musik wurde immer schwieriger und komplizierter. Instrumente wie die menschliche Stimme wurden auf bisher unbekannte Weise benutzt, und das Ergebnis waren neue Klänge. Die technischen Möglichkeiten wurden weiterhin erforscht, so daß man auf monodischen Instrumenten wie Flöte und Oboe plötzlich mehrstimmig zu spielen vermochte. Die extremen Lagen der Instrumente und der menschlichen Stimme übten auf die Komponisten große Faszination aus. Von Sängern verlangte man, daß sie ganz absonderliche Klänge von sich gaben, die weit über die natürlichen Möglichkeiten hinausgingen. Cellisten begannen mit ihren Knöcheln auf das Instrument zu klopfen; neue Schlagtechniken wurden allenthalben entwickelt, neue Notationsweisen erfunden.

Und so trieben die Dinge einem Punkt zu, an dem selbst die Spezialisten ratlos wurden. Welcher Sinn lag darin, Musik zu schreiben, die ohnehin keiner spielen oder singen konnte? Im Jahre 1960 verlangte Gunther Schuller (der selbst Dirigent, Komponist und ein ehemaliger professioneller Hornspieler gewesen war) nach mehr Realitätssinn. „Ich möchte mich dafür einsetzen – und manche von Ihnen wird es überraschen –, daß die seriellen Komponisten sich wieder einmal der Charakteristiken der einzelnen Instrumente, für die sie komponieren, bewußt werden ... Wenn Sie glauben, daß die menschliche Stimme, also das menschliche Instrument, Sie einengt – nun ja, dann bedienen Sie sich anderer, vielleicht elektronischer Mittel. Aber zwingen Sie den Spieler nicht in eine extreme Position, in der er ... unmöglich das vollbringen kann, was Sie von ihm erwarten." Und er führte ein paar Beispiele von Nono und Berio an, die einfach nicht ausführbar sind.

Selbst die seriellen Komponisten fingen an, Zweifel zu hegen, welchen Weg ihre Musik nehmen würde. Im Jahr 1965 schrieb Billy Jim Layton in *Perspectives of New Music* lakonisch: „Das Fest ist vorbei ... Der neue Stil der fünfziger Jahre", fügte er hinzu, „war von Anbeginn negativ. Er mußte, koste es, was es wollte, neu und antitraditionell sein. Da sie kein humanes, soziales oder geistiges Programm besaßen, konzentrierten sich die Komponisten ausschließlich auf die Tonsprache, auf das Schaffen von perfekten Formen um ihrer selbst willen." Der bedeutendste Komponist der Schule ist Boulez. Aber selbst bei ihm „werden die ästhetischen Grenzen sichtbar; die verblüffenden Klänge auf der Oberfläche können den Mangel an Tiefe in der Musik nicht verbergen." Layton schloß daraus, daß „sowohl Neoklassizismus wie post-Webernscher Konstruktivismus – vom sozialen Standpunkt aus – formalistisch, abstrakt, grundsätzlich im Freiraum sich bewegend und eskapistisch" sei.

Der Bruch zwischen dem Komponisten und seinem Publikum war nicht zu

666 Nach 1945: Die internationale serielle Schule

überbrücken. In Amerika zog sich die Avantgarde vor allem in die Universitäten zurück, welche die frühere Aufgabe der Kirche und des Adels übernahmen, d. h. die fortschrittlichen Komponisten beschäftigten und ernährten. Die Komponisten indes bestanden darauf, daß das Publikum sich ihrer Musik aussetzte. Es tat dies und haßte sie dafür. Die Avantgardisten vermochten zudem nicht mehr viele Dirigenten als Herolde und Interpreten ihrer Musik zu gewinnen. In den dreißiger und vierziger Jahren hatte es Dirigenten wie Hans Rosbaud und Hermann Scherchen gegeben, die die neue Musik aufführten. In den sechziger Jahren geschah dies zumeist nur noch aus Pflichtbewußtsein. Und nicht ein einziger Avantgarde-Komponist hat ein größeres Publikum gefangennehmen können. In den 35 Jahren nach dem Zweiten Weltkrieg – Jahre der Aufführungen, der Publizität, der Polemiken, der Public Relation, der verschiedenen (häufig subventionierten) Schallplatteneinspielungen zeitgenössischer Musik – hat nicht ein einziges serielles Werk den Rang eines Repertoirestücks erlangt. Den jungen Komponisten, jenen, die nach einem Publikum verlangten, begann es zu dämmern, daß die serielle Musik vielleicht zu abstrakt, zu fremdartig war, um auch dem nichtprofessionellen Hörer verständlich zu werden.

Freilich gab es Komponisten, die hochgeschätzt wurden – von ihren Anhängern oder auch von anderen. In den Vereinigten Staaten erlangten Roger Sessions und Elliott Carter den Status von Klassikern. Wenn man sie auch bewunderte und verehrte, vermochten sie dennoch kein großes Publikum für sich zu gewinnen. Carter, der sehr langsam arbeitete, komponierte dissonant (indes nicht seriell) – Werke von fast erschreckender Komplexität. Sein 3. Streichquartett beispielsweise entstand 1973 und besteht im Grunde aus zwei Duos: Violine und Viola gegen Viola und Violoncello. Ein Duo spielt gegen das andere, sie gehen eigene Wege, treffen sich gelegentlich, um sich wieder zu trennen. Von Anfang an haben das Duo 1 und Duo 2 verschiedene Tempovorschriften sowie zwei völlig unterschiedliche rhythmische Muster. Die Geige des Duo 1 spielt Triolen gegen Quintolengruppen in der Viola. Im anderen Duo spielen der Geiger und der Cellist zur gleichen Zeit wie Duo 1 im Zwölfachteltakt. Das dynamische Vorzeichen ist Fortissimo, alle Instrumente spielen zweistimmige und dreistimmige Akkorde, das Ergebnis ist völlige Atonalität. Claus Adam, der Cellist des Juilliard-Quartetts, das das Werk uraufführte, verriet dem Publikum, daß dieses Werk Carters das schwierigste gewesen sei, welches sein Quartett (das schon sehr viele moderne Stücke aus der Taufe gehoben hatte) jemals erarbeitete. „25 Jahre lang", sagte Adam, „haben wir uns bemüht zu lernen, aufeinander zu hören. Nun mußten wir alles wieder verlernen."

Schwierigkeiten um ihrer selbst willen? Oder neue Musik, geschrieben für ein zukünftiges Zeitalter von Interpreten und Hörern? Oder eine völlige Sackgasse? Carters Bewunderer halten ihn für einen Komponisten von beispiellosem technischen Vermögen und beispielloser Integrität, für einen der großen musikalischen Denker seiner Generation. Andere mokieren sich bei

Nach 1945: Die internationale serielle Schule 667

dem Gedanken, daß dieser „bedeutende" Komponist nicht einmal den Bruch-
teil einer interessierten Öffentlichkeit für sich habe gewinnen können.

In den siebziger Jahre vollzog sich eine allmähliche Abkehr vom Serialismus,
von atonalen Werken und von jener Art intellektueller Strenge, wie sie aus der
Musik eines Carter, Boulez und Babbitt spricht. Die serielle und postserielle
Bewegung schien an ihrem Ende angelangt. Cage hatte keinen Ausweg gewiesen. Es schien fast zum guten Ton zu gehören, daß ein Komponist ein Manifest
herausgab – des Inhalts, daß er mit den schlimmen früheren Zeiten nichts mehr
zu tun haben wolle. Man verlangte plötzlich, daß zwischen dem Komponisten
und seinem Publikum wieder eine Kommunikation hergestellt würde. Ein neuer
Eklektizismus, gewürzt mit einer Prise Neoromantik, machte sich bemerkbar.
Die Kompositionen von Peter Maxwell Davies in England zeigten, daß man
keine Fronten einreißen mußte, um interessante, höchstpersönliche Musik zu
komponieren. Oberflächlich gesehen, schien Davis der vollendete Eklektiker. In
L'Homme armé oder *Eight Songs for a Mad King* vermengte er Gregorianik mit
Jazz, Raga mit Zitaten eines Broadway-Musicals, serielle Elemente mit Renais-
sance-Polyphonie. In seinen *Vesalii Icones,* einem Bühnenstück für Solotänzer
und kleines Orchester, schuf Davies eine Tanzstudie über die Passion und die
Geburt des Antichrist. In diesem Stück spielt auch die Musik von Oliver
Messiaen eine Rolle, daneben Jazzelemente, Parodien, modale und elektronische Klängen. Christus' Ende illustriert ein sentimentaler Akkord aus dem
19. Jahrhundert à la Gounod, dem ein orchestrales Pandämonium folgt, das
von den schrillen Pfiffen einer Polizeipfeife und ein paar Jazzakkorden gekrönt
wird. Ein seltsames, sehr verstörendes Stück Musik. Aber mit diesen und
anderen vergleichbaren Partituren erlangte Davies den Ruf, einer der wenigen
Komponisten seiner Generation zu sein, der einen persönlichen Stil besitze.

In den Vereinigten Staaten löste sich zur gleichen Zeit George Crumb von der
seriellen Technik zugunsten einer neuen Musik, indem er Kollage-Elemente in
herkömmlicher Technik den Avantgarde-Abschnitten überstülpte. Und dann
ist da Frederick Rzewski, der in seinem Stück *The People United* ein chileni-
sches Revolutionslied dazu benutzt, fünfzig Minuten lange Variationen darüber
zu schreiben, in denen er die gesamte Geschichte des Klavierspiels (von Bachs
Goldberg-Variationen über Beethovens *Diabelli-Variationen* bis zu Brahms
Paganini-Variationen und der 2. Klaviersonate von Boulez) durchmißt. Das
war eine bemerkenswerte Tour de Force. Da gibt es ferner David del Tradici,
der in seinem *Final Alice* für großes Orchester, Tonband und verstärkten
Sopran Musik komponiert, die unzweifelhaft „modern" ist, doch scheut er sich
nicht, dabei ein Hauptthema zu benutzen, das unmittelbar an eine sentimentale
viktorianische Ballade erinnert. Zum erstenmal seit Menschengedenken
strömte das Publikum aus dem Saal, das Thema eines zeitgenössischen Werks
auf den Lippen.

Daneben machen Komponisten von sich reden, die zu den, wie sie meinen,
essentiellen Elementen der Musik zurückfinden, indem sie zugunsten einfach-
ster Klänge auf alles andere verzichten. Terry Riley, Steve Reich und Phillip

Glass haben die Möglichkeiten erkundet, die ein lang anhaltender und sich wenig verändernder Akkord bietet. Das ist vielleicht eine Art Neo-Dada. Der Gedanke dabei ist, den Hörer in einen fast hypnotischen Zustand zu versetzen, der seinen Geist klärt und reinigt. Andere Musiker kehren auf ihrer Flucht von der seriellen Musik zu unverhohlenen Evokationen der Vergangenheit zurück. George Rochberg geht in seinem Violinkonzert und seinen Streichquartetten bis zum späten Beethoven und zu Mahler zurück, wobei er nur einige neue Wendungen interpoliert, um zu beweisen, daß er mit der seriellen Technik vertraut ist.

Das Publikum hat auf diese Art Neoromantik leidenschaftlich reagiert. Vielleicht basierte diese Verzückung auf früheren unglücklichen Erfahrungen, da man jedem neuen Stück eher mit Apathie begegnet war. Nun erschienen plötzlich Komponistenpersönlichkeiten, deren Werke zumindest einige erkennbare melodische Charakteristika aufwiesen. Eine ganze Reihe glänzender Talente wurde sichtbar, doch am Anfang der achtziger Jahre wartet das Publikum immer noch auf ein neues Talent, auf einen Genius vom Range eines Berlioz oder Wagner, der alle Strömungen zu vereinen weiß. Es waren interessante, wilde, höchst produktive 35 Jahre, doch haben sie letztlich in eine Sackgasse geführt. Wie vielseitig die Gründe auch gewesen sein mögen: die Zeit vom Ende des Zweiten Weltkriegs und die darauffolgenden Jahrzehnte machten ein Abbrechen jener machtvollen Linie deutlich, welche die großen Komponistenpersönlichkeiten von Claudio Monteverdi bis Igor Strawinsky und Arnold Schönberg verbindet.

Bibliographie

Allgemeine Literatur

Baker's Biographical Dictionary of Music and Musicians, hrsg. von Nicolas Slonimsky. New York ⁶1978.

Burney, Charles: *Dr. Burney's Musical Tours Through Europe.* 2 Bde. hrsg. von Percy Scholes. Nachdr. London 1959; dt. *Tagebuch einer musikalischen Reise* (1772/73) Faks. hrsg. von Schaal, Richard, Kassel 1959; gekürzte Neuaufl. hrsg. von Klemm, Eberhard, Wilhelmshaven 1980.

ders.: *A General History of Music.* 2 Bde. London 1935, Nachdr. New York 1957; engl. Neuaufl. in 4 Bänden, Baden-Baden 1958.

Dwight's Journal of Music, 1852–1881. 41 Bde. Nachdr. New York 1968.

Grout, Donald J.: *A Short History of Opera.* 2 Bde. New York 1947, New York u. London ²1965, ³1966.

Grove's Dictionary of Music and Musicians, hrsg. von Eric Blom. New York ⁵1954.

Lang, Paul Henry: *Music in Western Civilization.* New York 1941; dt. *Die Musik im Abendland.* 2 Bde. Augsburg 1947.

Morgenstern, Sam: *Composers on Music.* New York 1956; dt. *Komponisten über Musik.* München 1957.

Nettl, Paul: *The Book of Musical Documents.* New York 1948.

ders.: *Forgotten Musicians.* New York 1951.

Slonimsky, Nicolas: *Music since 1900.* New York 1937, revid. u. erw. ⁴1971.

Strunk, Oliver: *Source Readings in Music History.* New York 1950.

Tovey, Donald: *The Main Stream of Music and other Essays.* London 1949, Nachdr. New York 1977.

Weiss, Piero (Hrsg.): *Letters of Composers Through Six Centuries.* Philadelphia 1967.

Zoff, Otto (Hrsg.): *Die großen Komponisten gesehen von ihren Zeitgenossen.* Bern 1952.

Kap. 1: Claudio Monteverdi · Wegbereiter der Oper

Arnold, Denis: *Monteverdi.* London 1963.

Arnold, Denis/Fortune, Nigel: *The Monteverdi Companion.* London u. New York 1968 u. 1972 (mit Bibliographie).

Einstein, Alfred: *The Italian Madrigal.* 3 Bde. Princeton, New Jersey 1949, Nachdr. 1970; dt. *Das italienische Madrigal.* Zürich 1952.

Prunières, Henry: *La vie et l'œuvre de Claudio Monteverdi.* Paris 1926, ²1931; engl. London u. New York 1926, Nachdr. New York u. London 1972 (darin 53 Briefe Monteverdis).

Redlich, Hans: *Claudio Monteverdi.* Musikerreihe VI. Olten 1949.

Schrade, Leo: *Monteverdi, Creator of Modern Music.* London 1950, New York 1951, New York u. London ²1964, Nachdr. d. Aufl. v. 1951 New York 1969.

670   Bibliographie

Kap. 2: Johann Sebastian Bach · Verklärung des Barock

Bodky, Erwin: The Interpretation of Bach's Keyboard Works. Cambridge, Mass. u. London 1960; dt. Der Vortrag der Klavierwerke von Johann Sebastian Bach. Tutzing 1970.

Bukotzer, Manfred: Music in the Baroque Era. New York 1947.

Dammann, Rolf: Der Musikbegriff im deutschen Barock. Köln 1967.

David, Hans T./Mendel, Arthur: The Bach Reader, A Life of J. S. Bach in Letters and Documents. New York 1945, revidierte Neuaufl. New York 1966 u. London 1967.

Donington, Robert: The Interpretation of Early Music. London 1963, revidierte Neuaufl. 1974.

Geiringer, Karl/Geiringer Irene: The Bach Family. New York 1954; dt. erw. Die Musikerfamilie Bach, Leben und Wirken in drei Jahrhunderten. München 1958.

dies.: Johann Sebastian Bach, The Culmination of an Era. New York 1966; dt. Johann Sebastian Bach. München 1971, ²1978.

Hutchings, Arthur J. B.: The Baroque Concerto. New York 1961.

Keller, Hermann: Das Wohltemperierte Klavier von Johann Sebastian Bach. Kassel 1965.

Kirkpatrick, Ralph: Domenico Scarlatti. New York 1968; dt. Domenico Scarlatti. 2 Bde. München 1972.

Neumann, Frederick: Ornamentation in Baroque and Post-Baroque Music, With Special Emphasis on J. S. Bach. Princeton, New Jersey 1978.

Neumann, Werner: Auf den Lebenswegen Johann Sebastian Bachs. Berlin 1953, 4. verb. Aufl. Berlin 1962.

Schweitzer, Albert: Johann Sebastian Bach. Leipzig 1908, Wiesbaden ⁹1976.

Spitta, Philipp: Johann Sebastian Bach. 2 Bde. Leipzig 1873–80, ⁴1930, Wiesbaden u. Darmstadt ⁵1962, ⁶1964.

Terry, Charles: Johann Sebastian Bach, A Biography. London 1928, Nachdr. New York 1962; dt. Bach. Eine Biographie. Leipzig 1929, ²1934, viele Neuaufl.

ders.: Johann Christian Bach. London 1929, 2. Aufl. rev. v. H. C. R. Landon, London 1967 (mit Werkverzeichnis).

Kap. 3: Georg Friedrich Händel · Komponist und Impresario

Abraham, Gerald (Hrsg.): A Symposium. London 1954; dt. in Händel-Jahrbuch VIII (= N. F. II) 1956, S. 125 ff.

Chrysander, Friedrich: Georg Friedrich Händel. 3 Bde. Leipzig 1858–67, Neuaufl. ²1919, Nachdr. Hildesheim u. Wiesbaden 1966.

Dean, Winton: Handel's Dramatic Oratorios and Masques. London 1959.

Dent, Edward: Handel. London 1934, ²1947, New York 1948.

Friedenthal, Richard: Georg Friedrich Händel in Selbstzeugnissen und Bilddokumenten. Reinbek 1959, ³1965.

Lang, Paul Henry: George Frideric Handel. New York 1966, London 1967.

Myers, Robert Manson: Handel's Messiah. New York 1948.

Pleasants, Henry: The Great Singers. New York 1966.

Bibliographie   671

Kap. 4: Christoph Willibald Gluck · Reformer der Oper

Asow, Hedwig u. Erich H. Müller von (Hrsg.): *The Collected Correspondence and Papers of Christoph Willibald Gluck,* übers. v. St. Thomson, London u. New York 1962.

Cooper, Martin: *Gluck.* London 1935.

Einstein, Alfred: *Gluck.* London 1936 u. 1954; dt. *Gluck. Sein Leben – seine Werke.* Zürich 1954, Kassel ²1959.

Howard, Patricia: *Gluck and the Birth of Modern Opera.* London 1963, New York 1964.

Landon, H. C. Robbins: *Essays on the Viennese Classical Style. Gluck, Haydn, Mozart, Beethoven.* New York 1970.

Vetter, Walther: *Christian Willibald Gluck.* Leipzig 1964.

Kap. 5: Franz Joseph Haydn · Klassik par excellence

Geiringer, Karl: *Joseph Haydn. Der schöpferische Werdegang eines Meisters der Klassik.* Mainz 1959.

Landon, H. C. Robbings: *The Collected Correspondence and London Notebooks of Joseph Haydn.* London u. Fairlawn, New Jersey 1959.

ders.: *Haydn, Chronicle and Works.* 5 Bde. London u. Bloomington, Indiana, 1976 ff.

ders.: *The Symphonies of Joseph Haydn.* London 1955; dazu separates Suppl., London u. New York 1961.

Newman, William: *The Sonata in the Classic Era.* Chapel Hill 1963.

Rosen, Charles: *The Classical Style. Haydn, Mozart, Beethoven.* London u. New York 1971, ³1977.

Somfai, László: *Joseph Haydn. Sein Leben in zeitgenössischen Bildern.* Kassel und Budapest 1966.

Kap. 6: Wolfgang Amadeus Mozart · Das Wunder aus Salzburg

Badura-Skoda, Eva u. Paul: *Mozart-Interpretation.* Wien 1957.

Bauer, A./Deutsch, O. E.: *Briefe und Aufzeichnungen.* Gesamtausgabe, 7 Bde., hrsg. v. d. Internationalen Stiftung Mozarteum Salzburg, Kassel 1962–75.

Brion, Marcel: *Daily Life in the City of Mozart and Schubert.* New York 1962.

Burk, John N.: *Mozart and His Music.* New York 1959.

Dent, Edward J.: *Mozart's Operas.* London 1913, ²1955 u. ö.; dt. *Mozarts Opern.* Berlin 1922.

Deutsch, Otto Erich: *Mozart. Die Dokumente seines Lebens.* Kassel 1961.

Einstein, Alfred: *Mozart, His Character, His Work.* New York 1945; dt. *Mozart. Sein Charakter – sein Werk.* Stockholm 1947, revidierte Neuaufl. Zürich 1953, Neuaufl. Frankfurt/M. 1968.

Girdlestone, Cuthbert: *Mozart et ses concertes pour piano.* 2 Bde. Paris 1939, ²1953; engl. London 1948, erw. Neuaufl. London 1958, Nachdr. New York 1964.

Hutchings, Arthur: *Mozart, The Man, The Music.* New York 1950.

672 Bibliographie

Kelly, Michael: *Reminiscences.* 2 Bde. London 1826, Nachdr. New York 1975.

King, A. Hyatt: *Mozart in Retrospect.* London 1955, ³1970; dt. *Mozart im Spiegel der Geschichte.* Kassel 1956.

Landon, H. C. Robbins/Mitchell, Donald (Hrsg.): *The Mozart Companion.* London 1956, rev. Neuaufl. 1965.

Medici, Nerina/Hughes, Rosemary (Hrsg.): *A Mozart Pilgrimage, Being the Travel Diaries of Vincent and Mary Novello in the Year 1829.* London 1955.

Nettl, Paul: *Mozart und die königliche Kunst.* Berlin 1932; u. d. T. *Musik und Freimaurerei.* Esslingen ²1956.

Ponte, Lorenzo Da: *Memorie.* 2 Bde. hrsg. v. Gambarin, G. u. Nicolini, F. Bari 1918; dt. *Denkwürdigkeiten des Venezianers Lorenzo Da Ponte.* 3 Bde. Dresden 1924–25.

Schenk, Erich: *Wolfgang Amadeus Mozart.* Wien 1955.

Schiedermair, Ludwig (Hrsg.): *Die Briefe W. A. Mozarts und seiner Familie.* 5 Bde. München 1914.

Schrade, Leo: *Wolfgang Amadeus Mozart.* Bern 1964.

Schmid, Manfred H.: *Mozart und die Salzburger Tradition.* 2 Bde. Tutzing 1976.

Turner, W. J.: *Mozart, The Man and His Work.* New York 1954.

Kap. 7: Ludwig van Beethoven · Der Revolutionär aus Bonn

Cooper, Martin: *Beethoven, The Last Decade.* London u. New York 1970.

Kalischer, A. Chr. (Hrsg.): *Beethovens sämtliche Briefe.* 5 Bde., Berlin u. Leipzig 1906 bis 1908.

Landon, H. C. Robbins: *Beethoven. A Documentary Study.* London u. New York 1970; dt. *Beethoven. Sein Leben und seine Welt in zeitgenössischen Bildern und Texten.* Zürich 1970, ²1974.

Marek, George: *Beethoven, Biography of a Genius.* New York 1969, ²1972.

Moscheles, Ignaz: *Recent Music and Musicians.* London 1873, Nachdr. New York 1970.

Newman, William: *Performance Practices in Beethovens's Piano Sonatas.* New York 1971.

Scherman, Thomas/Biancolli, Louis: *The Beethoven Companion.* Garden City, New York, 1972.

Schindler, Anton Felix: *Biographie von Ludwig van Beethoven.* Münster 1840, erw. ³1860, Neuaufl. hrsg. v. A. Chr. Kalischer Berlin u. Leipzig 1909; Nachdr. d. 3. Aufl. hrsg. v. E. Klemm Leipzig 1970 (= Reclams Universal-Bibl. Bd. 496).

Solomon, Maynard: *Beethoven.* New York 1977.

Sonneck, Oscar G. (Hrsg.): *Beethoven, Impressions by His Contemporaries.* New York 1926, Nachdr. New York 1967.

Spohr, Louis: *Selbstbiographie.* 2 Bde. Göttingen 1860–61, Nachdr. Kassel 1954–55.

Sterba, Richard u. Edith: *Ludwig van Beethoven und sein Neffe. Eine psychoanalytische Studie.* München 1964.

Sullivan, J. W. N.: *Beethoven, His Spiritual Development.* New York 1927.

Thayer, Alexander Wheelock: *The Life of Beethoven.* Revid. u. hrsg. v. E. Forbes, 2 Bde. London u. Princeton, New Jersey, 1964, 1970; dt. *Ludwig van Beethovens Leben.* 5 Bde. I Berlin 1866, II Berlin 1872, III Berlin 1879, IV Leipzig 1907, V Leipzig 1908.

Tovey, Donald Francis: *Beethoven.* Oxford 1944, Neuaufl. London 1965.

Bibliographie

Kap. 8: Franz Schubert · Der Liedkomponist

Abraham, Gerald (Hrsg.): *The Music of Schubert*. New York 1947, Nachdr. Port Washington, N. Y. 1969.

Brown, Maurice J. E.: *Essays on Schubert*. New York 1977.

ders.: *Schubert, A Critical Biography*. New York 1977.

Capell, Richard: *Schubert's Songs*. London 1928, Nachdr. New York 1973.

Deutsch, Otto Erich: *Schubert, Die Erinnerungen seiner Freunde*. Leipzig 1957, [2]1966.

ders.: *Franz Schubert, Briefe und Schriften*. München u. Leipzig 1919, Wien [4]1954.

Einstein, Alfred: *Schubert, A Musical Portrait*. New York 1951; dt. *Schubert*. Zürich 1952.

Fischer-Dieskau, Dietrich: *Auf den Spuren der Schubert-Lieder*. Wiesbaden 1971, [2]1972; Taschenbuchausg. dtv Bd. 1178, München 1976.

Reed, John: *Schubert, The Final Years*. London 1972.

Kap. 9: Weber und die Frühromantiker · Freiheit und eine neue Sprache

Blume, Friedrich: *Die Musik in Geschichte und Gegenwart*. 14 Bde. Kassel 1949–68; Suppl. seit 1970 im Erscheinen.

Carse, Adam: *The Orchestra from Beethoven to Berlioz*. Cambridge 1948.

Courcy, G. I. C. de: *Beiträge zur Biographie Paganinis*, „Die Musikforschung" XIX, 1966.

Einstein, Alfred: *Music in the Romantic Era*. New York 1947; dt. *Die Romantik in der Musik*. München 1950.

Kennedy, M. (Hrsg.): *The Autobiography of Charles Hallé, With Correspondence and Diaries*. New York u. London 1973.

Newman, William S.: *The Sonata Since Beethoven*. Chapel Hill 1959–69.

Plantinga, Leon: *Clementi, His Life and Time*. New York 1977.

Schonberg, Harold C.: *The Great Pianists*. New York 1966; dt. *Die großen Pianisten*. München 1972.

Stevens, Denis (Hrsg.): *A History of Song*. New York 1961, revid. Aufl. 1970.

Warrack, John: *Carl Maria von Weber*. New York u. London 1968; dt. *Carl Maria von Weber. Eine Biographie*. Hamburg, Düsseldorf 1972.

Kap. 10: Hector Berlioz · Romantischer Überschwang und klassisches Maß

Barzum, Jacques: *Berlioz and the Romantic Century*. 2 Bde. Boston 1950, revid. Aufl. New York 1969.

Berlioz, Hector: *Mémoires*. 2 Bde. Paris 1870 (postum); dt. *Memoiren*. München 1914.

ders.: *Hector Berlioz' Werke*. Gesamtausgabe. 20 Bde. Leipzig 1900–07.

Dickinson, A. E. F.: *The Music of Berlioz*. London u. New York 1972.

Kap. 11: Robert Schumann · Florestan und Eusebius

Abraham, Gerald (Hrsg.): *Schumann, A Symposium*. London 1952, Nachdr. New York 1973.

674   Bibliographie

Brion, Marcel: *Robert Schumann et l'âme romantique*. Paris 1954; dt. *Robert Schumann und die Romantik*. Zürich 1955.
Chissel, Joan: *Schumann*. London 1948, London u. New York ²1956, revid. Aufl. ³1967.
Höcker, Karla: *Das Leben von Clara Schumann, geb. Wieck*. Berlin 1975.
May, Florence: *The Girlhood of Clara Schumann*. London 1912, Nachdr. Boston 1978.
Platinga, Leon: *Schumann as Critic*. New Haven, Connecticut, 1967, ²1976.
Pleasants, Henry: *The Musical World of Robert Schumann*. New York 1965.
Sams, Eric: *The Songs of Robert Schumann*. New York 1969.
Schumann, Robert: *Gesamtausgabe der Werke*, hrsg. v. Clara Schumann. 31 Bde. Leipzig 1879–93, Nachdr. London 1967–68.
Wolff, Konrad (Hrsg.): *On Music and Musicians*. New York 1946, Nachdr. 1969.

Kap. 12: Frédéric Chopin · Apotheose des Klaviers

Abraham, Gerald: *Chopin's Musical Style*. London 1939.
Boucourechliew, A.: *Chopin, A Pictorial Biography*. New York 1963; dt. *Chopin, eine Bildbiographie*. Kindlers Bildbiographien, München 1962.
Cortot, Alfred: *Aspects de Chopin*. Paris 1949; dt. *Chopin, Wesen und Gestalt*. Zürich 1954.
Delacroix, Eugène: *Journal d'Eugène Delacroix*, 3 Bde. Paris 1893–95; dt. München 1903.
Gavoty, Bernard: *Chopin*. New York 1977; dt. *Chopin, Ein Magier der Musik*. München 1980.
Hedley, Arthur: *Chopin*. New York 1963.
Holcman, Jan: *The Legacy of Chopin*. New York 1954.
Huneker, James: *Chopin, The Man and His Music*. New York 1900, Nachdruck hrsg. v. H. Weinstock ebd. 1966; dt. *Chopin*, hrsg. v. L. Lorme u. H. Glücksmann. München 1914.
Liszt, Franz: *Frédéric Chopin*. Paris 1852 (frz.); dt. Leipzig ²1879, neu hrsg. v. J.-G. Prod'homme Paris 1941, 1957 u. 1959; dt. *Frédéric Chopin und Franz Liszt*, Gesammelte Schriften von Fr. Liszt, Leipzig 1880, ⁴1924; dt. Neuausgabe Basel 1948.
Opienski, Henryk: *Gesammelte Briefe*. Leipzig 1911.
Walker, Alan (Hrsg.): *Frédéric Chopin*. New York 1967.
Wierzyński, Casimir: *Life and Death of Chopin*. New York 1949; frz. Paris 1954, ²1959.

Kap. 13: Franz Liszt · Virtuose, Scharlatan – und Prophet

Beckett, Walter: *Liszt, The Master musician Series*. London 1956, ²1963.
Fay, Amy: *Music Study in Germany*. New York 1903, ²1978; dt. *Musikstudien in Deutschland*. Berlin 1882.
Friedheim, Arthur: *Life and Liszt*. New York 1961.
Huneker, James: *Franz Liszt*. New York 1911, ²1971.
Liszt, Franz: *Briefe* (hrsg. von La Mara), 8 Bde. Leipzig 1893–1905.
Mason, William: *Memories of a Musical Life*. New York 1901.
Newman, Ernest: *The Man Liszt*, London 1934, New York 1935, ²1970.
Perenyi, Eleanor: *Liszt, The Artist as Romantic Hero*. London 1974.
Searle, Humphrey: *The Music of Liszt*. London 1954, New York ²1966.

Bibliographie   675

Sitwell, Sacheverell: *Liszt.* London 1934, New York ²1955; dt. Zürich 1958.
Walker, Bettina: *My Musical Experiences.* New York 1893.

Kap. 14: Felix Mendelssohn-Bartholdy · Bürgerliches Genie

Hiller, Ferdinand: *Felix Mendelssohn-Bartholdy. Briefe und Erinnerungen.* Köln 1874 u. ö.
Jacob, Heinrich Eduard: *Felix Mendelssohn und seine Zeit.* Frankfurt/M. 1969.
Marek, George: *Gentle Genius, The Story of Felix Mendelssohn.* New York 1972.
Mason, Lowell: *Musical Letters from Abroad.* New York, 1854; Neuaufl. New York 1967.
Mendelssohn, Felix: *Briefe.* Berlin 1968 ff.
Moscheles, Ignaz: *Aus Moscheles' Leben* (hrsg. von seiner Frau). 2 Bde. Leipzig 1972/73.
Radcliffe, Philip: *Mendelssohn.* London u. New York 1954; revidierte Aufl. Totowa, New Jersey, 1976.
Werner, Eric: *Mendelssohn.* New York 1963; Neuaufl. Westport, Connecticut, 1978.

Kap. 15: Rossini, Donizetti und Bellini · Gesang, Gesang und abermals Gesang

Fitzlyon, April: *The Price of Genius: A Life of Pauline Viardot.* London u. New York 1964.
Moscheles, Felix: *Fragments of an Autobiography.* New York 1899.
Pleasants, Henry: *The Great Singers.* New York 1966.
Russell, Frank: *Queen of Song, The Life of Henriette Sontag.* New York 1964.
Schultz, Gladys Denny: *Jenny Lind, the Swedish Nightingale.* New York 1962.
Stendhal (M.-H. Beyle): *Vie de Rossini.* Zunächst engl. erschienen als: *Memoirs of Rossini.* London 1824, erw. auf 2 Bde., frz. Paris 1824, ²1854 u. ö., Neuaufl. hrsg. v. H. Prunières, 2 Bde., ebd. 1922, Neudr. 1929; dt. in *Gesammelte Werke* (hrsg. von Fr. von Oppeln-Bronikowski, 10 Bde., 1921–24).
Toye, Francis: *Rossini, A Study in Tragicomedy.* London u. New York 1934, ²1954, Neuaufl. New York 1963.
Weinstock, Herbert: *Donizetti and the World of Opera in Italy, Paris and Vienna in the First Half of the 19th Century.* New York 1963 u. London 1964 (mit Werkverzeichnis).
ders.: *Rossini.* New York u. London 1968; dt. *Rossini. Eine Biographie.* Lottstetten 1981.

Kap. 16: Meyerbeer, Cherubini und Auber · Prunk, Prunk und abermals Prunk

Crosten, William L.: *French Grand Opera: An Art and a Business.* New York 1948. Neuaufl. 1972.
Dieren, Bernard van: *Down among the Dead Men and other Essays.* London 1935, S. 142–74.

676 Bibliographie

Kap. 17: Giuseppe Verdi · Der italienische Koloß

Budden, Julian: *The Operas of Verdi*, 2 Bde. Bd. I London 1973, Bd. II London 1979.
Busch, Hans: *Verdi's Aida*. Minneapolis 1978.
Gatti, Carlo: *Verdi*. 2 Bde. Mailand 1930.
Godefroy, Vincent: *The Dramatic Genius of Verdi*. 2 Bde. London 1975.
Hume, Paul: *Verdi: The Man and His Music*. New York 1977.
Hussey, Dyneley: *Verdi*. New York 1963.
Martin, George: *Verdi, His Music, Life and Time*. New York 1963.
Osborne, Charles: *The Complete Operas of Verdi*. London u. New York 1969, auch London 1973.
Shaw, George Bernard: *London Music in 1888–89*. London 1937, Neuaufl. New York 1973; dt. *Musikfeuilletons des Corno di Bassetto*. Leipzig 1972.
ders.: *Music in London 1890–94*, 3 Bde. Nachdruck New York 1973; dt. *Musik in London*. Frankfurt/M. 1957.
Toye, Francis: *Giuseppe Verdi: His Life and Works*. New York 1946, ²1972.
Verdi, Giuseppe: *Briefe* (hrsg. von Franz Werfel und Paul Stefan) Leipzig 1926.
ders.: *Briefe* (hrsg. von Hans Busch). Frankfurt/M. 1979.
Walker, Frank: *The Man Verdi*. London u. New York 1962.
Weaver, William (Hrsg.): *Verdi, A Documentary Study*. London 1977.
Werfel, Franz/Stefan, Paul: *Giuseppe Verdi, Briefe*. Berlin 1926.

Kap. 18: Richard Wagner · Der deutsche Koloß

Barth, Herbert/Mack, Dietrich/Voss, Egon (Hrsg.): *Wagner. Sein Leben, sein Werk und seine Welt in zeitgenössischen Bildern*. Wien 1975.
Bülow, Hans von: *Briefe und Schriften*. 8 Bde. Leipzig 1895–1908.
Burbidge, Peter und Sutton, Richard (Hrsg.): *The Wagner Companion*. New York 1979.
Burk, John (Hrsg.): *Letters of Richard Wagner*. New York 1950; dt. *Briefe. Die Sammlung Burrell*. Frankfurt/M. 1953.
Culshaw, John: *Wagner, the Man and His Music*. New York 1978.
Donington, Robert: *Wagner's „Ring" and Its Symbols*. New York ²1974; dt. *Richard Wagners „Ring des Nibelungen" und seine Symbole*. Stuttgart 1970.
Goldman, Albert, und Sprinchorn, Evert (Hrsg.): *Wagner on Music and Drama*. New York 1964.
Gutman, Robert W.: *Richard Wagner, The Man, His Mind, and His Music*. New York 1968; dt. *Richard Wagner. Der Mensch, sein Werk, seine Zeit*. München 1974.
Hanslick, Eduard: *Geschichte des Concertwesens in Wien*. 2 Bde. Wien 1869 u. ö.
Jacobs, Robert: *Wagner*. New York 1962.
Kunze, Stefan (Hrsg.): *Richard Wagner. Von der Oper zum Musikdrama*. Bern 1978.
Newman, Ernest: *The Life of Richard Wagner*. 4 Bde. London 1933–46; Neuaufl. New York 1976.
ders.: *Wagner As Man and Artist*. New York 1963.
Shaw, George Bernard: *The Perfect Wagnerite*. London 1898, Neuaufl. 1966; dt. *Ein Wagnerbrevier. Kommentar zum Ring des Nibelungen*. Berlin 1908 u. ö.
Westernhagen, Curt von: *Richard Wagner. Sein Werk, sein Wesen, seine Welt*. Zürich 1956.

Bibliographie 677

Wagner, Cosima: *Die Tagebücher* (hrsg. von M. Gregor-Dellin und D. Mack). 3 Bde. München 1976 ff.

Wagner, Richard: *Mein Leben*. 2 Bde. München 1911. – Kritische Ausgabe von W. Altmann. 2 Bde. Leipzig 1923.

Kap. 19: Johannes Brahms · Hüter der Flamme

Billroth, O.-G. (Hrsg.): *Theodor Billroth und Brahms im Briefwechsel*. Wien 1935; gekürzte Neuausgabe als: *Billroth im Briefwechsel mit Brahms*. Hrsg. v. A. Greither. München 1964.

Drinker, H. S.: *The Chamber Music of Brahms*. Philadelphia 1932, Nachdr. Westport, Connecticut, 1974.

Ernest, G.: *Johannes Brahms*. Berlin 1930.

Gal, Hans: *Johannes Brahms*. Frankfurt/M. 1961, ²1980.

Geiringer, Karl: *Brahms. Sein Leben und Schaffen*. Wien 1934, Neuaufl. Kassel 1974.

Hill, Ralph: *Brahms*. London 1933.

Jacobson, Bernard: *The Music of Johannes Brahms*. Cranbury, New Jersey 1977.

Latham, Peter: *Brahms*. New York 1949.

Litzmann, Berthold (Hrsg.): *Clara Schumann – Johannes Brahms, Briefe aus den Jahren 1853–1896*. 2 Bde. Leipzig 1927, Nachdr. New York 1973.

May, Florence: *The Life of Johannes Brahms*. 2 Bde. London 1905; Nachdr. New York 1976.

Schauffler, Robert Haven: *The Unknown Brahms. His Life, Character and Works*. New York 1933; Nachdr. Westport, Connecticut, 1972.

Specht, Richard: *Johannes Brahms*. Leben und Werk eines deutschen Meisters. Hellerau 1928.

Kap. 20: Hugo Wolf · Meister des Kunstlieds

Newman, Ernest: *Hugo Wolf*. London 1907, Neuaufl. New York u. London 1963, auch New York 1966; dt. *Hugo Wolf*. Leipzig 1910.

Rolland, Romain: *Gesammelte Aufsätze I. Zur Geschichte der Musik*. Dt. v. Frotscher, G. u. Lamerdin, K., Potsdam 1950.

Sams, Eric: *The Songs of Hugo Wolf*. New York 1962.

Varges, K.: *Der Musikkritiker Hugo Wolf*. Magdeburg 1934.

Walker, Frank: *Hugo Wolf*. London 1951, revidierte Neuaufl. New York und London 1968, London ²1974 (mit vollständigem Werkverzeichnis).

Werba, Erik: *Hugo Wolf oder Der zornige Romantiker*. Wien 1971, Taschenbuchausgabe 1978.

Kap. 21: Strauß, Offenbach, Sullivan · Walzer, Cancan, Satire

Ayre, Leslie: *The Gilbert and Sullivan Companion*. New York 1972.

Darlington, W. A.: *The World of Gilbert and Sullivan*. New York 1951.

Fantel, Hans: *The Waltz Kings*. New York 1972.

Fitz-Gerald, S. J. Adair: *The Story of the Savoy Opera*. New York 1925, Neuaufl. 1979.

Gilbert, William Schwenck: *The Savoy Operas Being the Complete Texts of Gilbert and*

Sullivan Operas as Originally Produced in the Years 1875–1896. London 1926, zahlreiche Nachdrucke.

Hibbert, Christopher: Gilbert and Sullivan and Their Victorian World. New York 1976.

Hughes, Gervaise: The Music of Arthur Sullivan. New York 1960, Neuaufl. Westport, Connecticut, 1973.

Kracauer, Siegfried: Pariser Leben. Jacques Offenbach und das Paris seiner Zeit. Amsterdam 1937; dt. Neuaufl. Pariser Leben. Jacques Offenbach und seine Zeit. Eine Gesellschaftsbiographie. München 1962, Berlin 1964.

Pastene, Jerome: Three-Quarter Time, The Life and Music of the Strauß Family of Vienna. New York 1951, Neuaufl. Westport, Connecticut, 1971.

Sitwell, Sachaverell: La Vie Parisienne, A Tribute to Offenbach. London 1937.

Kap. 22: Von Gounod bis Saint-Saëns · Faust und die französische Oper

Bovet, M. A. de: Charles Gounod. Paris 1890, engl. London 1891.

Brown, David: Mikhail Glinka: A Biographical and Critical Study. London 1974.

Cooper, Martin: French Music. New York 1951, Nachdr. Westport, Connecticut, 1971.

Curtiss, Mina: Bizet and His World. New York 1958, London 1959, Nachdr. London 1964, New York 1974.

Finck, Henry, T.: Massenet and His Operas. London 1910, Nachdr. New York 1976.

Glinka, Michail: Aufzeichnungen aus meinem Leben. Berlin 1961.

Gounod, Charles: Aufzeichnungen eines Künstlers. Breslau 1896.

Harding, James: Massenet. London 1970, New York 1971.

ders.: Saint-Saëns and His Circle. London 1965.

Saint-Saëns, Camille: Harmonie et mélodie. Paris 1885; dt. v. W. Kleefeld: Harmonie und Melodie. Berlin 1902, ²1905.

ders.: Ecole buissonnière, Notes et souvenirs. Paris 1913, dt. v. R. Zimmermann, Reclams Universalbibl. Bd. 741, Leipzig 1978.

Kap. 23: Von Glinka bis Rimskij-Korsakow · Russischer Nationalismus und das „mächtige Häuflein"

Abraham, Gerald: Borodin: The Composer and His Music. London 1927, Nachdr. New York 1976.

Calvocoressi, M. D.: Modest Mussorgskij. Paris 1908; dt. Mussorgskij. Leipzig 1921.

ders. u. Abraham, Gerald: Masters of Russian Music. New York 1936.

Diehl, A. M.: Musical Memories. London 1897.

Garden, Edward: Balakirew. New York 1967.

Leyda, Jay/Bertensson, Gergei: The Mussorgsky Reader. New York 1947, Nachdr. 1970.

Rimskij-Korsakow, Nikolai: Chronik meines musikalischen Lebens 1844–1906. Stuttgart 1928.

Rubinstein, Anton: Autobiography. London 1890, Nachdr. 1970; dt. Erinnerungen aus fünfzig Jahren, 1839–1889. Leipzig 1893.

Seroff, Victor: The Mighty Five. New York 1948; dt. Das mächtige Häuflein. Der Ursprung der musischen Nationalmusik. Zürich u. Freiburg ²1963.

Bibliographie

679

Kap. 24: Peter Iljitsch Tschaikowsky · Überladene Emotionalität

Abraham, Gerald (Hrsg.): *The Music of Tchaikowsky.* New York 1946, Nachdr. London 1968 sowie Port Washington, N. Y., 1969 und New York 1974.

ders.: *Tchaikowsky.* London 1939, ²1944; Nachdr. Westport, Connecticut, 1978.

Bowen, Catherine Drinker/von Meck, Barbara: *Beloved Friend, The Story of Tchaikowsky and Nadejda von Meck.* New York 1937, 1946; Nachdr. Westport, Connecticut, 1976; dt. *Geliebte Freundin. Tschaikowskys Leben und sein Briefwechsel mit Nadeshda von Meck.* Leipzig 1938.

Brown, David: *Tchaikowsky, The Early Years.* New York 1978.

Lakond, Wladimir (Hrsg.): *The Diaries of Tchaikowsky.* New York 1945; Nachdr. Westport, Connecticut, 1973.

Tschaikowski, Modest/Newmarch, Rosa (Hrsg.): *The Life and Letters of Peter Ilich Tchaikowsky.* London 1900; Nachdr. Westport, Connecticut, 1973.

Volkoff, Vladimir: *Tchaikowsky, A Self-Portrait.* Boston u. London 1975.

Warrack, John: *Tchaikowsky.* London u. New York 1973.

Kap. 25: Europäische Nationalisten · Von Böhmen bis Spanien

Abraham, Gerald (Hrsg.): *Grieg: A Symposium.* London 1948; Nachdr. Westport, Connecticut, 1972.

ders.: *The Music of Sibelius.* New York ²1975.

Clapham, John: *Antonin Dvořák. Musician and Craftsman.* London u. New York 1966.

Finck, Henry, T.: *Grieg and His Music.* New York 1889, Nachdr. 1929; dt. *Edvard Grieg.* Stuttgart 1908.

Fischl, Viktor (Hrsg.): *Antonin Dvořák, His Achievement.* London 1942, Nachdr. Westport, Connecticut, 1978.

Gray, Cecil: *Sibelius.* London 1931.

Johnson, Harald E.: *Jean Sibelius.* London u. New York 1959, auch London 1960.

Ringbom, Nils-Eric: *Sibelius.* Stockholm 1948; dt. *Jean Sibelius.* Olten 1950 (= Musikreihe IX).

Robertson, Alec: *Dvořák.* London 1945, New York 1949, revidierte Neuausgabe London u. New York 1964; dt. *Antonin Dvořák.* Zürich 1947.

Simpson, Robert: *Carl Nielsen, Symphonist.* London 1952, Neuaufl. Westport, Connecticut, 1978.

Sourek, Otakar/Stefan, Paul: *Dvořák, Leben und Werk.* Leipzig und Prag 1935.

Trend, J. B.: *Manuel de Falla and Spanish Music.* New York 1929.

Vogel, Jaroslav: *Leoš Janáček. Leben und Werk.* Prag 1958; dt. Kassel 1959.

Kap. 26: Von Franck bis Fauré · Chromatik und Sensibilität

Barricelli, Jean-Pierre/Weinstein, Leo: *Ernest Chausson. The Composers Life and Works.* Norman, Oklahoma, 1955; Nachdr. Westport, Connecticut, 1973.

Davies, Laurence: *César Franck and His Circle.* London u. Boston 1970.

Demuth, Norman: *César Franck.* London 1949.

D'Indy, Vincent: *César Franck.* Paris 1906, ¹⁶1930; engl. London 1910, Nachdr. New York u. Gloucester, Mass. 1965.

680   Bibliographie

Koechlin, Charles: *Gabriel Fauré*. Paris 1927, ²1949; engl. London 1964.

Myers, Rollo: *Emmanuel Chabrier and His Circle*. London 1969.

Northcote, Cydney: *The Songs of Henry Duparc*. London 1949, New York 1950.

Suckling, Norman: *Fauré*. London 1946, ²1951.

Vallas, Leon: *La véritable histoire de César Franck*. Paris 1950; engl. London 1951, Nachdr. Westport, Connecticut, 1973.

Kap. 27: Giacomo Puccini · Nur für das Theater

Adami, Giuseppe (hrsg.): *Briefe von Giacomo Puccini*. Mailand 1928; deutsch Berlin 1939 und Lindau o. J.

Adami, Giuseppe: *Giacomo Puccini*. Mailand 1935/44; Stuttgart 1943.

Carner, Mosco: *Puccini: A critical Biography*. New York 1977.

Fellerer, Karl Gustav: *Puccini*. Potsdam 1937.

Greenfeld, Howard: *Puccini: Sein Leben und seine Welt*. Königstein 1982.

Marek, George R.: *Puccini*. London 1952.

Marggraf, Wilhelm: *Puccini*. Tübingen 1979.

Weaver, William/Hume, Paul: *Puccini: The Man and His Music*. New York 1977.

Kap. 28: Richard Strauss · Die lange Coda des Romantizismus

Ehrhardt, Otto: *Richard Strauss. Leben, Wirken, Schaffen*. Olten/Freiburg 1953.

Krause, Ernst: *Richard Strauss. Der letzte Romantiker*. Leipzig 1963, München 1979.

Mann, William: *Richard Strauss: A Critical Study of the Operas*. London 1964, München 1967.

Marek, George R.: *Richard Strauss. The Life of a Non-Hero*. New York 1967.

Strauss, Richard: *Briefwechsel mit Hugo von Hofmannsthal*. Zürich 1952; erweitert 1955 u. ö.

Strauss, Richard: *Briefwechsel mit Clemens Krauss*. München 1964.

Strauss, Richard: *Briefwechsel mit Stefan Zweig*. Frankfurt 1957.

Strauss, Richard: *Betrachtungen und Erinnerungen*. Zürich/Freiburg 1949, erweitert 1957.

Thomas, Walter: *Richard Strauss und seine Zeitgenossen*. München/Wien 1964.

Kap. 29: Bruckner, Mahler, Reger · Religion, Mystik und Rückblick

Blaukopf, Kurt: *Gustav Mahler oder der Zeitgenosse der Zukunft*. Wien/München/Zürich 1969.

La Grange, Henry Louis de: *Mahler*, Band 1. London 1974.

Mahler, Gustav: *Briefe 1879–1911*. Berlin/Wien/Leipzig 1924.

Mahler, Gustav: *Briefe an Alma Mahler*. Frankfurt 1971.

Mahler, Gustav: *Briefwechsel mit Richard Strauss 1888–1911*. München/Zürich 1980.

Schreiber, Wolfgang: *Gustav Mahler in Selbstzeugnissen und Bilddokumenten*. Hamburg 1971.

Walter, Bruno: *Gustav Mahler*. Berlin/Frankfurt 1957.

Auer, Max: *Anton Bruckner. Leben und Werk*. München 1982.

Bruckner, Anton: *Gesammelte Briefe*. Regensburg 1924.

Grebe, Karl: *Anton Bruckner in Selbstzeugnissen und Berichten.* Hamburg 1972.
Nowak, Leopold: *Anton Bruckner. Musik und Leben.* Linz 1973.
Orel, Alfred: *Bruckner-Brevier.* Briefe, Dokumente, Berichte. Wien 1953.
Stein, Fritz: *Max Reger.* Potsdam 1939.
Stein, Fritz: *Max Reger. Sein Leben in Bildern.* Leipzig 1956.
Wirth, Helmut: *Max Reger in Selbstzeugnissen und Bilddokumenten.* Hamburg 1973.

Kap. 30: Claude-Achille Debussy · Symbolismus und Impressionismus

Debussy, Claude: *Monsieur Croche. Sämtliche Schriften und Interviews.* Stuttgart 1974.
Dietschy, Marcel: *La passion de C. Debussy.* Neuchâtel 1962.
Jarocinski, Stefan: *Debussy: impressionisme et symbolisme.* Paris 1970.
Lockspeiser, Edward: *Debussy: His Life and Mind.* 2 Bde. London/New York 1962/65.
Strobel, Heinrich: *Claude Debussy.* Zürich 1961.
Vallas, Léon: *Debussy und seine Zeit.* München 1961.

Kap. 31: Maurice Ravel und Les Six · Gallische Eleganz und neue Saat

Demuth, Norman: *Ravel.* London 1947.
Hell, Henri: *Francis Poulenc.* New York 1959.
Honegger, Arthur: *Ich bin ein Komponist.* Zürich 1952.
Jankélévitch, Vladimir: *Ravel in Selbstzeugnissen und Bilddokumenten.* Hamburg 1958.
Milhaud, Darius: *Noten ohne Musik.* München 1962.
Orenstein, Arbie: *Maurice Ravel. Leben und Werk.* Stuttgart 1978.
Roland-Manuel: *Maurice Ravel und sein Werk.* Potsdam 1951.
Seroff, Victor: *Maurice Ravel.* New York 1953.
Stuckenschmidt, H. H.: *Maurice Ravel.* Frankfurt 1966.

Kap. 32: Igor Strawinsky · Das Chamäleon

Ansermet, Ernest: *Die Grundlagen der Musik.* München 1965.
Craft, Robert: *Chronicle of a Friendship 1948–71.* London 1972.
Dömling, Wolfgang: *Stravinsky.* Hamburg 1982.
Hirsbrunner, Theo: *Igor Stravinsky in Paris.* Laaber 1982.
Lederman, Minna: *Stravinsky in the Theatre.* New York 1949.
Lindlar, Heinrich: *Lübbes Stravinsky Lexikon.* Bergisch-Gladbach 1982.
Ramuz, Charles Ferdinand: *Erinnerungen an Igor Stravinsky.* Frankfurt 1974.
Scherliess, Volker: *Igor Stravinsky und seine Zeit.* Laaber 1983.
Stravinsky, Igor: *Leben und Werk* (Erinnerungen, Musikalische Poetik, Antworten auf 35 Fragen). Mainz 1957.
Stravinsky, Igor: *Gespräche mit Robert Craft* (Conversations, Memories and Commentaries). Zürich 1961.
Stravinsky, Igor: *Expositions and Developments.* London 1962.
Stravinsky, Igor: *Themes and Episodes.* New York 1966.

682   Bibliographie

Stravinsky, Igor: *Dialogues and a Diary*. London 1968.
Stravinsky, Igor: *Erinnerungen und Gespräche* (Retrospectives and Conclusions). Frankfurt 1972.
Stravinsky, Igor: *Selected Correspondence* (I). London 1982.
Stravinsky, Vera: *Stravinsky in Pictures and Documents*. London 1979.
White, Eric Walter: *Stravinsky. The Composer and his Work.*London 1966.

Kap. 33: Elgar, Delius, Vaughan Williams · Die englische Renaissance

Beecham, Sir Thomas: *Frederick Delius*. New York 1973.
Fenby, H. C.: *Delius as I knew him*. Westport 1976.
Foss, Hubert: *Ralph Vaughan Williams*. Westport 1974.
Holst, Imogen: *The Music of Gustav Holst*. London 1951.
Holst, Imogen: *Holst*. London 1974.
Howes, Frank: *The Music of Ralph Vaughan Williams*. London 1954.
Howes, Frank: *The Music of William Walton*. London 1974.
Kendall, Alan: *Benjamin Britten*. London 1973.
Kennedy, Michael: *Portrait of Elgar*. New York 1968.
Kennedy, Michael: *The Works of Ralph Vaughan Williams*. New York 1964.
Mitchell, Donald and Evans, John: *Benjamin Britten. Pictures from a Life 1913–1976*. London 1978.
Vaughan Williams, Ralph: *National Music*. New York 1964.
Vaughan Williams, Ursula: *R. V. W*. New York 1964.
Walker, Ernest: *A History of Music in England*. London 1952.
White, Eric Walter: *Benjamin Britten*. Zürich 1948.
Searle, Humphrey and Layton, Robert: *Twentieth Century Composers 3: Britain, Scandinavia and The Netherlands*. London 1972.

Kap. 34: Skrjabin und Rachmaninow · Mystizismus und Melancholie

Abraham, Gerald/Calvocoressi, M. D.: *Masters of Russian Music*. New York 1936.
Bertensson, Sergei und Leyda, Jay: *Sergej Rachmaninoff: A Lifetime in Music*. New York 1956.
Bowers, Faubion: *The New Scriabin: Enigma and Answers*. New York 1973.
Bowers, Faubion: *Scriabin: A Biographie of the Russian Composer* (2 Bde.). Palo Alto 1969.
Culshaw, John: *Rachmaninow: The Man and His Music*. New York 1950.
Seroff, Victor: *Rachmaninoff*. New York 1950.

Kap. 35: Prokofjew und Schostakowitsch · Unter den Sowjets

Laux, Karl: *Die Musik in Rußland und in der Sowjetunion*. Berlin 1958.
Martynow, Ivan: *Dmitrij Schostakowitsch*. Berlin 1947.
Nabokow, Nicolas: *Zwei rechte Schuhe im Gepäck*. München 1975.
Nestiev, Israel: *Prokoviev. Der Künstler und sein Werk*. Berlin 1962.
Polyakova, Lyudmilla: *Soviet Music*. Moskau o. J.
Prieberg, Fred K.: *Musik in der Sowjetunion*. Köln 1965.

Bibliographie 683

Prokofjew über Prokofjew. Aus der Jugend eines Komponisten. München 1981.
Rabinovich, David: Dmitry Shostakovich. London 1959.
Schostakowitsch, Dmitrij: Zeugenaussage. Die Memoiren des D. S. (herausgegeben von S. Volkow). Hamburg 1979.
Schwarz, Boris: Musik und Musikleben in der Sowjetunion (3 Bände). Wilhelmshaven 1982.

Kap. 36: Busoni, Weill, Hindemith · Deutscher Neoklassizismus

Briner, Andres: Paul Hindemith. Zürich/Mainz 1971.
Busoni, Ferruccio: Entwurf einer neuen Ästhetik der Tonkunst. Wiesbaden 1954.
Busoni, Ferruccio: Wesen und Einheit der Musik. Berlin 1956.
Busoni, Ferruccio: Briefe an seine Frau. Erlenbach/Zürich/Leipzig 1935.
Hindemith, Paul: Briefe. Frankfurt 1982.
Hindemith, Paul: Komponist in seiner Welt. Welten und Grenzen. Zürich 1959.
Kotschenreuther, Helmut: Kurt Weill. Berlin 1962.
Strobel, Heinrich: Paul Hindemith, Zeugnis in Bildern. Mainz 1961.
Stuckenschmidt, H. H.: Ferruccio Busoni. Zürich 1967.
Über Kurt Weill (mit Werkverzeichnis). Frankfurt 1975.
Kurt Weill: Ausgewählte Schriften. Frankfurt 1975.

Kap. 37: Von Gottschalk zu Copland · Beginn einer amerikanischen Tradition

Berger, Arthur: Aaron Copland. Westport 1971.
Broder, Nathan: Samuel Barber. New York 1954.
Chase, Gilbert: Die Musik Amerikas. Berlin 1958.
Copland, Aaron: Unsere Neue Musik. München 1947.
Copland, Aaron: Copland on Music. New York 1968.
Cowell, Henry: American Composers on American Music. New York 1962.
Cowell, Henry: Charles Ives and his Music. New York 1969.
Ewen, David: The Book of Modern Composers. New York 1950.
Gilman, Lawrence: Edward MacDowell. A Study. New York 1969.
Gottschalk, Louis Moreau: Notes of a Pianist. New York 1964.
Hitchcock, H. Wiley: Ives. London 1977.
Howard, J. T.: Our Contemporary Composers. Philadelphia 1953.
Ives, Charles: Essays Before a Sonata, The Majority and Other Writings. New York 1962.
Ives, Charles: Memos (Hrsg. John Kirkpatrick). New York 1972.
Lang, Paul Henry: One Hundred Years of Music in America. New York 1961.
Loggins, Vernon: Where the World Ends: The Life of Louis Moreau Gottschalk. Baton Rouge 1958.
Lowens, Irving: Music and Musicians in Early America. New York 1964.
MacDowell, Edward: Critical and Historical Essays. New York 1969.
Mathews, W. S. B.: A Hundred Years of Music in America. New York 1969.
Perlis, Vivian: Charles Ives Remembered: An Oral History. New Haven 1974.
Reis, Claire R.: Composers, Conductors and Critics. New York 1955.

684   Bibliographie

Rossiter, Frank: *Charles Ives and His America*. New York 1975.
Smith, Julia: *Aaron Copland*. New York 1955.
Thomson, Virgil: *Virgil Thomson*. New York 1966.
Woolridge, David: *From the Steeples and Mountains. A Study of Charles Ives*. New
  York 1974.

Kap. 38: Béla Bartók · Der kompromißlose Ungar

Bartók, Béla: Musik-Konzepte Heft 22. München 1981.
Bartók, Béla: *Weg und Werk. Schriften und Briefe*. Kassel/München 1972.
Bónis, Ferenc: *Béla Bartók. Sein Leben in Bilddokumenten*. Zürich 1981.
Fassett, Agatha: *The Naked Face of Genius: Béla Bartók's American Years*. Boston
  1958.
Helm, Everett: *Bartók. In Selbstzeugnissen und Bilddokumenten*. Hamburg 1965.
Kroó, György: *Bartók-Handbuch*. Wien 1974.
Moreux, Serge: *Béla Bartók*. Zürich 1950.
Stevens, Halsey: *The Life and Music of Béla Bartók*. New York 1964.
Zieliński, Tadeusz A.: *Bartók*. Zürich 1973.

Kap. 39: Schönberg, Berg, Webern · Die zweite Wiener Schule

Berg, E. A.: *Alban Berg. Leben und Werk in Daten und Bildern*. Frankfurt 1976.
Carner, Mosco: *Alban Berg: The Man and His Work*. London 1975.
Freitag, Eberhard: *Arnold Schönberg*. Hamburg 1973.
Leibowitz, René: *Schoenberg et son école*. Paris 1947.
Krellmann, Hanspeter: *Anton Webern in Selbstzeugnissen und Bilddokumenten*. Ham-
  burg 1975.
Moldenhauer, Hans: *Der Tod Anton von Weberns*. Wiesbaden 1970.
Redlich, Hans F.: *Alban Berg: Versuch einer Würdigung*. Wien 1957.
Reich, Willi: *Alban Berg*. Zürich 1963.
ders.: *Arnold Schönberg*. Wien 1968.
ders.: *Alban Berg: Bildnis im Wort. Selbstzeugnisse und Aussagen der Freunde*. Zürich
  1959.
Rufer, Josef: *Das Werk Arnold Schönbergs*, Kassel 1974.
Schönberg, Arnold: *Stil und Gedanke*. Frankfurt 1976.
ders.: *Ausgewählte Briefe*. Mainz 1958.
Stuckenschmidt, H. H.: *Arnold Schönberg*. Zürich 1957.
ders.: *Schönberg, Leben, Umwelt, Werk*. Zürich 1974.

Kap. 40: Nach 1945: Die internationale serielle Schule

Boulez, Pierre: *Thoughts on Music*. Cambridge 1970.
ders.: *Werkstatt-Texte*. Frankfurt 1972.
Brindle, Reginald Smith: *The New Music: The Avant-Garde since 1945*. New York
  1975.
Cage, John: *Silence*. Neuwied 1969.
Cott, Jonathan: *Stockhausen: Conversations with the Composer*. New York 1973.

Bibliographie

Dibelius, Ulrich: *Moderne Musik 1945–1965*. München 1966.

Edwards, Allen: *Flawed Words and Stubborn Sounds: A Conversation with Elliott Carter*. New York 1971.

Henze, Hans Werner: *Essays*. Mainz 1964.

Henze, Hans Werner: *Zwischen den Kulturen. Neue Aspekte der musikalischen Ästhetik*. Frankfurt 1979.

Henze, Hans Werner: *Die englische Katze. Ein Arbeitstagebuch 1978–1982*. Frankfurt 1983.

Johnson, Robert Sherlaw: *Messiaen*. London 1975.

Klüppelholz, Werner: *Mauricio Kagel 1970–1980*. Köln 1981.

Kostanelitz, Richard: *John Cage*. Köln 1973.

Maconie, R.: *The Works of Karlheinz Stockhausen*. New York 1976.

Nyman, Michael: *Experimental Music: Cage and Beyond*. New York 1974.

Nordwall, Ove: *György Ligeti. Eine Monographie*. Mainz 1971.

Ouellette, Fernand: *Edgard Varèse*. London 1973.

Peyser, Joan: *Boulez: Composer, Conductor, Enigma*. New York 1976.

Prieberg, Fred. K.: *Lexikon der Neuen Musik*. Freiburg 1958.

Reich, Steve: *Writings about Music*. New York 1974.

Ruppel, K. H.: *Musica Viva*. München 1959.

Ruppel, K. H.: *Musik in unserer Zeit*. München 1960.

Stockhausen, Karlheinz: *Texte zur elektronischen und instrumentalen Musik*. Köln 1963.

ders.: *Texte zu eigenen Werken, zur Kunst anderer, Aktuelles*. Köln 1963.

ders.: *Texte zur Musik 1963–1970*. Köln 1971.

ders.: *Texte zur Musik 1970–1977*. köln 1978.

Stone, Kurt und Else: *The Writings of Elliott Carter*. Bloomington 1977.

Stuckenschmidt, H. H.: *Neue Musik*. Frankfurt 1951 u. ö.

ders.: *Schöpfer der Neuen Musik*. Frankfurt 1974.

ders.: *Die großen Komponisten unseres Jahrhunderts (Deutschland und Mitteleuropa)*. München 1971.

Thomson, Virgil: *Twentieth Century Composers*. New York 1970.

Varèse, Louise: *Varèse: A Looking-Glass Diary, Vol. 1, 1883–1928*. New York 1972.

Wörner, Karl H.: *Musik der Gegenwart. Geschichte der Neuen Musik*. Mainz 1949 u. ö.

ders.: *Karlheinz Stockhausen. Werk und Wollen*. Rodenkirchen 1963.

Zillig, Winfried: *Variationen über neue Musik*. München 1959.

Bildnachweis

Archiv für Kunst und Geschichte, Berlin:
19, 36, 37, 51, 57, 63, 68, 77, 95, 96,
105, 106, 110, 111, 120, 125, 132, 138,
149, 158, 173, 174, 186, 201, 205, 215,
218, 226, 234, 238, 247, 253, 255, 258,
264, 271, 280, 285, 291, 296, 311, 312,
322, 328, 335, 341, 345, 353, 365, 371,
381, 389, 395, 401, 410, 411, 417, 423,
429, 434, 439, 449, 461, 465, 469, 477,
481, 482, 487, 490, 494, 495, 500, 505,
515, 520, 528, 543, 548, 562, 568, 576,
582, 592, 593, 598, 599, 601, 625, 635,
644, 650, 659, 660.

Veröffentlichungen der Neuen Bachgesellschaft: 28.
Mozartmuseum, Salzburg: 91.
Zeichnung nach einer anonymen Lithographie von 1850. Ausschnitt: 166.
Museum La Scala, Mailand: 237.
New York Public Library: 357.
Bettmann Archiv: 357, 613.
Sammlung Hans Christoph Worbs: 375.
Smetana Museum, Prag: 406.
Archiv der Metropolitan Opera; New York: 445, 453.
Boosey Hawkes: 613.

Personenregister

Abraham, Gerald 154, 422
Adam, Adolphe 252, 256, 442
Adam, Claus 666
Addison, Joseph 47 f.
Agricola, Johann Friedrich 45
Albéniz, Isaac 422, 424 ff., 438
Alboni, Marietta 235 f.
Altschuler, Modest 567
Amati, Andrea 14
Amy, Gilbert 661
Ansermet, Ernest 427
Arenski, Anton 392, 560, 571
Arriaga, Juan 424
Assafjew, Boris 645
Auber, Daniel-François-Esprit 162, 241 f., 244 f., 256, 350
Auden, W. H. 535
Auric, Georges 523 f.

Babbitt, Milton 649, 656, 658, 663, 667
Bach, Carl Philipp Emmanuel 38, 44, 76, 84, 94, 191

Bach, Johann Christian 32, 44 f., 93
Bach, Johann Christoph 30 f., 45
Bach, Johann Sebastian 12 f., 23, 29 ff.,
47, 49 f., 58, 61, 64, 94, 100 f., 107,
123, 148, 151, 153, 167 f., 170, 172,
180, 182, 190, 194, 198, 200, 206, 213,
216 f., 219, 272, 281, 306 ff., 310, 317,
351, 359, 364, 374, 377, 398, 435, 442,
493, 496, 503, 512, 536, 538, 555, 572,
591, 595 f., 602, 628, 634, 636, 646
Bach, Wilhelm Friedemann 44
Bachrich, Sigismund 324
Backhaus, Wilhelm 626
Baird, Tadeusz 661
Bakunin, Michail 286
Balakirew, Milij 204, 374, 376 ff., 382,
387 f., 390 ff., 397, 521, 561
Balanchine, George 363, 534 f.
Barber, Samuel 621 f.
Bardac, Emma 501
Barezzi, Antonio 259 f., 267
Barraqué, Jean 657, 661

Barrère, Georges 656
Bartók, Béla 208, 210 f., 222, 418 f., 421, 428, 463, 531, 535, 542, 544, 555, 558, 581, 589, 623 ff., 636
Bartoš, František 418
Bathori, Jane 517
Bax, Arnold 555
Beecham, Thomas 379 f., 430, 551 f., 554
Beethoven, Ludwig van 11, 52, 74, 85, 93, 100, bes. 101 ff., 117, 119 f., 123, 124, 127 ff., 131, 135, 137, 139 ff., 143, 150, 153, 155, 167, 170 f., 172, 179 f., 196 ff., 200, 216, 219, 224, 230 f., 251, 252, 254, 273, 281 f., 288, 297, 301, 306 ff., 313, 315 ff., 331 f., 337, 355, 359, 364, 372, 374, 398 f., 409, 430, 467, 474, 478, 483, 485, 491, 493, 496, 503 f., 509, 511 f., 526, 531, 538, 555, 579, 594 ff., 602, 605, 614, 617 ff., 629, 632 ff., 667 f.
Beljajew, Mitrofan 391 f., 563
Bellermann, Heinrich 618
Bellini, Vincenzo 135, 180, 224, 228, 233, 236 ff., 265, 372, 424, 605
Benda, Jiři 407
Bennett, William Sterndale 172, 542
Berg, Alban 18, 176 f., 274, 288, 304, 330, 391, 455, 596 f., 612, 629, 637 ff., 641, 643, 645, 647 ff., 651, 656 f.
Berio, Luciano 661 f., 664 f.
Berlioz, Hector 72, 116, 131, 134, 136, 141, 143, 145 ff., 165 f., 172, 179 ff., 195 f., 198, 200 f., 212, 214, 217, 224, 232, 235, 245, 249, 251 f., 282, 286, 288, 290, 330 f., 334, 338, 350, 363, 366, 377, 432, 441 f., 459, 466, 480, 496, 551, 594, 606 ff., 668
Bernardi, Francesco 48, 55
Bernstein, Leonard 617
Billroth, Theodor 315, 317
Birtwistle, Harrison 661
Bizet, Georges 251, 256, 266, 354 ff., 358
Bliss, Arthur 555
Böhm, Joseph 107
Boieldieu, François 241, 244, 256, 350
Boito, Arrigo 270, 272 ff., 279, 447, 471, 596
Bordoni, Faustina 56

Borodin, Alexander 204, 374, 376 f., 379 f., 385 ff.
Boulanger, Nadia 442, 619
Boulez, Pierre 489, 510, 535 f., 629, 646, 649, 656, 658, 661, 663, 665, 667
Bowers, Faubion 567, 569
Brahms, Johannes 11, 117, 130, 133, 172, 204, 211, 270, 300, 302, 306 ff., 321 f., 324 f., 330, 334, 337, 358, 369, 398 f., 407, 409, 412 ff., 428, 466, 476, 478, 488, 491, 496 f., 503, 521, 542, 544 ff., 551, 556, 573, 595, 608, 617, 619, 624, 628, 633 f.
Britten, Benjamin 455, 658
Bruch, Max 308, 555
Bruckner, Anton 116, 130, 303, 308, 320, 412, 431, 433, 476, 478, 480, 483 ff., 513
Bruneau, Alfred 359 f.
Bülow, Hans von 134, 136, 200, 204, 268 f., 290, 295, 297 f., 308, 316 f., 319, 337, 397, 409, 464, 466, 488
Burney, Charles 70 f.
Busch, Fritz 462, 497
Busoni, Ferruccio 572, 591, 594 ff., 600, 602 f., 636
Buxtehude, Dietrich 40
Byrd, William 13 f., 540, 555

Caccini, Giulio 16 f., 27
Caffarelli 55
Cage, John 664, 667
Calvocoressi, M. D. 384
Calzabigi, Ranieri de 62, 64 f., 69
Cannabich, Christian 80
Carner, Mosco 450
Carse, Adam 332
Carter, Elliott 666 f.
Carvalho, Léon 157, 159, 344, 350
Casella, Alfredo 509
Catalani, Alfredo 447
Cavalieri, Emilio de' 16
Cavalli, Francesco 22, 27
Cerha, Friedrich 648 f.
Cesti, Antonio 22
Chabrier, Alexis Emanuel 232, 356, 361 ff., 366, 424, 436, 502, 514, 519, 525

Chadwick, George 608
Charpentier, Gustave 359 ff., 503
Chausson, Ernest 432, 436, 438, 440
Cherubini, Luigi 72, 148, 162, 181, 219,
 221, 224, 244 f., 252 ff., 269, 433, 443
Chopin, Frédéric 40 f., 113, 134 ff., 147,
 150, 152, 162, 164, 165 f., 169 f.,
 176 f., 180 ff., 196, 198, 202, 206 f.,
 212, 214, 217, 219 ff., 236, 248, 288,
 313, 330, 369 f., 378, 424, 428, 441,
 443, 474, 491, 498 f., 509 f., 513, 541,
 551, 558 f., 563, 566, 578, 594, 605 f.
Chorley, Henry Fothergill 331, 338, 340
Cicéri, Pierre 242
Cilèa, Francesco 447
Clemens, Jacobus 14
Clementi, Muzio 52, 99, 139, 183
Copland, Aaron 442, 537, 605, 616,
 620 ff.
Corelli, Arcangelo 52
Cornelius, Peter 202 f.
Couperin, François 38, 40, 306
Cowell, Henry 611, 616 ff., 656
Craft, Robert 531, 535 f., 538 f.
Cramer, Johann Baptist 45, 133, 231
Crumb, George 667
Cui, César 374, 377 ff., 382 ff.
Cuzzoni, Francesca 50, 56
Czerny, Carl 101, 182, 197, 430

Dalayrac, Nicolas 241
Dallapiccola, Luigi 657 f.
Dargomyschskij, Alexander 377, 382 f.
David, Ferdinand 220
Davies, Peter Maxwell 661, 667
Davison, James William 195
Debussy, Claude 72, 116, 188, 192, 208,
 248, 288, 303 f., 352 f., 358 ff., 362 f.,
 366, 386, 420, 422, 432, 437 f., 441,
 443, 445, 448, 493, 498 ff., 513 f.,
 516 f., 519, 521 ff., 525, 529, 531 ff.,
 551 f., 556, 591, 595, 615, 629, 641,
 658
Delacroix, Eugène 154, 180 f., 194, 304
Delibes, Léo 354 f., 400
Delius, Frederick 549 ff., 554 f.
Delvincourt, Claude 522
Deutsch, Otto Erich 48, 123

Diaghilew, Sergej 518, 523, 529 f., 532 f.,
 538, 579
Dittersdorf, Karl Ditters von 93
Dohnányi, Ernst von 571, 624, 626
Doles, Johann Friedrich 45
Donizetti, Gaetano 134, 224, 227 f.,
 233 f., 236 f., 244, 260 f., 270, 273,
 349, 372, 596
Dorn, Heinrich 169
Dubois, Théodore 436, 443, 517
Dufay, Guillaume 14
Dukas, Paul 366, 425, 432, 441, 459
Duke, Vernon 578, 583
Duparc, Henri 436 f., 444
Duprez, Gilbert, 134, 236, 242, 243
Dussek, Johann Ladislaus 113, 133, 407
Dvořák, Anton 130, 303, 308, 316, 330,
 407, 409, 412 ff., 418, 420, 546, 558,
 617

Ehlert, Louis 413
Elgar, Edward 542, 544 ff., 549 ff., 555 f.,
 558, 608
Elsner, Joseph 182, 184
Elßler, Fanny 242
Esterházy, Paul Anton 76, 79, 81, 84
Esterházy, Johann Karl 117
Esterházy, Nikolaus 74, 79, 81, 84

Falcon, Cornélie 242, 426
Falla, Manuel de 424, 427
Farinelli 55, 225
Fauré, Gabriel 223, 356, 366, 432, 441 ff.,
 459, 513 f., 516 f., 519, 525 f., 550
Ferri, Baldassare 225
Fétis, François-Joseph 289
Field, John 46, 113, 139, 167, 191
Filtsch, Joseph 190, 193
Foote, Arthur 608
Forkel, Johann Nikolaus 44
Foss, Lukas 664
Foster, Stephen 605
Franck, César 193, 366, 368, 420, 432 f.,
 435 ff., 440 f., 480, 499, 521, 596
Furtwängler, Wilhelm 292, 642

Gabrieli, Andrea 21
Gabrieli, Giovanni 13, 21 f.

Personenregister

Gade, Niels 172, 219, 421
Garden, Mary 473, 506
Gastoldi, Giovanni Giacomo 15
Gatti-Casazza, Giulio 426, 454, 457, 489
Gautier, Théophile 154, 181, 302
Gay, John 47 f., 53, 58, 600
Gelinek (auch Jelinek), Josef 52, 103
Gershwin, George 362, 522
Gesualdo, Carlo 14 f.
Geyer, Stefi 626
Gilbert, William Schwenck 340, 346 ff.,
    473
Giordano, Umberto 447
Glasunow, Alexander 387, 392, 532,
    571
Glière, Reinhold 578
Glinka, Michail 369 f., 372 ff., 396, 405,
    407, 424, 605
Gluck, Christoph Willibald 58, 62 ff., 88,
    90, 137, 153, 159 f., 162, 245, 254,
    399, 645
Godowsky, Leopold 421, 424
Goehr, Alexander 661
Goethe, Johann Wolfgang von 101, 122,
    126, 168, 196, 325, 350, 596
Gonzaga, Vincenzo 15, 21
Goldberg, Johann 45
Goldenweiser, Alexandr 573
Gottschalk, Louis Moreau 352, 415,
    605 ff.
Gounod, Charles 146, 162, 223, 251,
    256, 274, 329, 350 ff., 354 f., 358 f.,
    436, 441, 503, 513, 597, 667
Goupy, Joseph 50
Graf, Max 309 f., 462, 480, 483
Graham, Martha 621
Grainger, Percy 421
Granados, Enrique 422, 424 ff.
Grau, Maurice 342 f.
Grétry, André 88, 241, 245
Grieg, Edvard 204, 308, 418, 420 ff.,
    609 f.
Grillparzer, Franz 119, 122 f., 124 f.
Grimm, Friedrich Melchior von 88
Grisi, Giulia 235 f.
Grouve, George 221
Guilmant, Alexandre 439
Guiraud, Ernest 344, 356, 436, 499

Haas, Robert 122, 484
Hába, Alois 591
Habeneck, François Antoine 131, 155 f.,
    242, 331 f.
Halévy, Fromental 241 f., 244, 254 f., 526
Halévy, Ludovic 339
Hallé, Charles 156, 190, 196, 198, 216,
    606
Händel, Georg Friedrich 29, 38 ff., 46 ff.,
    64, 94, 123, 167, 219, 306 f., 318,
    349, 364, 398, 412, 540, 541 f., 549,
    628
Hanslick, Eduard 232, 292, 298, 300,
    309 f., 318, 324, 332, 344, 397, 413,
    480, 483
Harris, Roy 616, 621
Harrison, Julius 416
Hasse, Johann Adolf 46
Hauer, Joseph Matthias 646
Haydn, Franz Joseph 29, 44 f., 73 ff., 87,
    93 f., 99, 101 f., 108, 109, 114, 124,
    128, 153, 167, 219, 231, 306 f., 320,
    329, 399, 407, 412, 483, 496, 579
Haydn, Michael 75
Heine, Heinrich 126, 140, 178, 181, 199,
    239, 250 f., 284, 325
Hellmesberger, Joseph 315, 322
Henry, Pierre 663
Henselt, Adolf von 170, 177, 561
Henze, Hans Werner 661
Herbeck, Johann 128, 316, 480
Herold, Ferdinand 241, 254
Herz, Henri 140, 171, 176, 181, 190, 206,
    422, 442
Hiller, Ferdinand von 148, 248
Hiller, Lejaren 663
Hindemith, Paul 430, 581, 591, 600,
    602 ff., 636
Hodeir, André 535, 656
Hoffmann, E. T. A. 139, 157, 167, 315,
    344
Hofmannsthal, Hugo von 471 ff.
Holst, Gustav 418, 555
Honegger, Arthur 523 ff.
Hugo, Victor 154, 181, 198
Hummel, Johann Nepomuk 103, 112,
    117, 139 f., 167, 169, 182 f., 194, 198,
    221, 254, 430

Hünten, Franz 140, 171, 176, 206
Hüttenbrenner, Anselm 117, 128

Indy, Vincent d' 342, 358, 366, 425, 427, 432, 436, 438, 440, 443, 526
Ippolitow-Iwanow, Michail 392
Ireland, John 555
Isaac, Heinrich 14, 657
Ingegneri, Marc Antonio 14
Ives, Charles 12, 383, 415, 544, 605, 608, 610ff., 614ff., 630

Jadassohn, Salomon 608, 619
Janáček, Leoš 418ff., 455, 544, 627
Jarnach, Philipp 596
Jeritza, Maria 457f.
Joachim, Joseph 204, 309f., 313ff., 317

Kalkbrenner, Friedrich 140f., 181, 183f., 192, 217, 220, 254
Kallman, Chester 535
Keldysch, Jurij 581, 583
Kelly, Michael 329
Kerman, Joseph 451
Klebe, Giselher 661
Kleiber, Erich 643
Klemperer, Otto 642
Kirnberger, Johann Philipp 45
Kodály, Zoltan 418, 555, 624, 626, 630
Koechlin, Charles 359, 443f.
Koželuch, Leopold 81
Krenek, Ernst 600, 662
Kussewitzky, Sergej 380, 430, 567, 569, 632

Lachner, Franz 119
Lalo, Edouard 315, 432, 441
Laloy, Louis 513f., 517
Lanner, Joseph 332f.
Lasso, Orlando di 13f., 217
Lecocq, Charles 342
Legrenzi, Giovanni 40
Lehmann, Lilli 240
Lekeu, Guillaume 366, 432, 436f.
Leoncallo, Ruggero 447
Le Roux, Maurice 661
Leschetizky, Theodor 577, 579

Levi, Hermann 197, 290, 303, 315
Lhevinne, Josef 560, 573
Liadov, Anatol 533, 577
Ligeti, György 661
Lind, Jenny 235, 239, 265, 343
Liszt, Franz 99, 133f., 136f., 139, 141f., 146, 150ff., 161f., 170, 172, 177f., 180f., 184f., 189f., 192, 195, bes. 196ff., 212, 217, 219ff., 231, 286, 289, 295, 299, 307f., 310, 313, 315, 320, 324, 351, 366ff., 373, 377, 386, 391, 408f., 412f., 420f., 424f., 433, 436, 442, 444, 466f., 491, 496, 513, 519, 521f., 541, 560f., 572, 578f., 594ff., 606f., 609, 626, 629f.
Loeffler, Charles Martin 608
Löwe, Ferdinand 484
Lübeck, Vincent 40
Lully, Jean-Baptiste 13f., 40, 56, 69

MacDowell, Edward 204, 608ff., 619
Mackenzie, Compton 542, 547
Maderna, Bruno 661
Maeterlinck, Maurice 498, 504, 506ff.
Mahler, Alma 361, 491
Mahler, Gustav 116, 130, 137, 146, 178, 204, 303, 308, 320, 327, 361, 412, 428, 431, 442, 459, 462, 476, 478f., 484ff., 488f., 491ff., 513, 544, 572, 597, 636, 643, 664, 668
Mainwaring, John 49f., 52
Malibran, Maria 134, 181, 203, 236, 242
Malipiero, Gian-Francesco 459
Mannlich, Johann Christoph von 70
Marcello, Benedetto 65
Marenzio, Luca 14
Martin, Frank 661
Marx, Adolf Bernhard 115
Mascagni, Pietro 327, 447, 450
Massenet, Jules 251, 352, 356, 358ff., 366, 433, 436, 440f., 443, 448, 455, 503, 513
Mattheson, Johann 49f., 52
Mayrhofer, Johann 119, 122, 124, 126
Meck, Nadeschda von 379, 386, 397, 399, 403, 405, 502
Medtner, Nikolaj 571f.
Mendelssohn, Felix 45f., 75, 128, 134,

137, 139, 141, 148f., 152, 157, 162, 167, 170, 172, 176, 178, 180f., 184, 188, 191, 195f., 212ff., 227, 245, 248, 259, 268, 288, 290, 306f., 310, 315, 331f., 346, 349, 351, 364, 372, 378, 412, 420ff., 463, 496, 503, 541f., 549, 610
Menuhin, Yehudi 547, 549, 632
Messager, André 342
Messiaen, Oliver 649, 655f., 658, 661, 667
Metastasio, Pietro 65, 92
Meyerbeer, Giacomo 55, 134, 137, 155, 160ff., 172, 176, 181, 190, 224, 231, 236, 241f., 244f., 246ff., 252, 254f., 257, 259, 263, 265, 267f., 284, 288, 329, 340, 342, 355, 359, 363, 459, 470, 526
Milhaud, Darius 603, 606, 611
Monteux, Pierre 439
Monteverdi, Claudio 11ff., 503, 668
Moreschi, Alessandro 55
Mörike, Eduard 325
Moscheles, Ignaz 103, 133, 135, 169, 182f., 188, 192
Mottl, Felix 290, 297, 480, 488
Mozart, Leopold 71, 87ff., 90, 93, 94f.
Mozart, Anna Maria (Nannerl) 86f., 214
Mozart, Wolfgang Amadeus 26, 45, 52, 62, 71ff., 80f., 84f., 86ff., 101f., 107f., 109, 113ff., 119, 123f., 127, 131, 136f., 139f., 144, 147, 153, 162, 167, 169, 180, 190, 193, 198f., 212, 214, 217, 219, 241, 245, 251, 254, 259, 269, 277, 300, 302, 306, 315, 329, 332, 338, 340, 349, 355, 364, 366, 374, 398f., 407f., 442, 464, 473f., 483, 496, 503, 509, 521, 526, 557, 615, 618, 626, 634
Muck, Karl 322, 470
Muradeli, Wano 585f., 588
Mussorgskij, Modest 268, 358, 374, 376, 377, 379, 382ff., 390, 393, 405, 408, 418f., 443, 502, 507, 514, 518f., 571, 619, 624

Nabokov, Nikolas 534
Newman, Ernest 156, 463, 549

Nicolai, Otto 241, 260
Nielsen, Carl 428, 430, 544
Nietzsche, Friedrich 298, 344, 354f., 551
Nijinsky (Nischinskij), Vaclav 518, 530, 533
Nikisch, Arthur 290, 480, 488
Nilsson, Bo 661
Nono, Luigi 661, 665
Nottebohm, Gustav 315, 322
Nourrit, Adolphe 182, 243f.
Novalis 167, 176
Nowak, Leopold 484

Ockeghem, Johannes 13f.
Offenbach, Jacques 329, 338ff., 342ff., 346f., 349, 362, 473, 526
Onslow, Georges 140
Orel, Alfred 484
Ornstein, Leo 619f., 656

Paderewski, Ignacy 199, 428, 452, 577
Paganini, Niccolò 123, 133f., 155, 168, 176, 189, 198, 307, 318, 571
Paine, John 608, 612
Palestrina, Giovanni Pierluigi 13f., 40, 217, 272, 351
Parker, Horatio 608, 614, 618
Pasta, Giuditta 181, 203, 235
Patti, Adelina 227, 235, 239
Paul, Jean 135, 165, 168ff., 177
Pedrell, Felipe 424ff.
Pepusch, John Christopher 58
Peri, Jacopo 16f., 27
Perle, George 648
Petipa, Marius 400
Pfitzner, Hans 177f., 600
Picasso, Pablo 11, 523, 533, 537, 619, 640
Piccini, Niccolò 69, 88
Piston, Walter 621
Ponchielli, Amilcare 270, 274, 447, 451
Ponte, Lorenzo da 62, 92, 97f., 471
Porpora, Nicola 76
Poulenc, Francis 502, 523ff.
Pousseur, Henri 661
Prokofjew, Sergej 188, 463, 531f., 535, 542, 559, 570, 577ff., 583ff., 602, 619, 630, 632

Puccini, Giacomo 445 ff., 450 ff., 454 ff., 460, 507, 596
Purcell, Henry 540, 555

Quantz, Johann Joachim 55

Rachmaninow, Sergej 133, 390 ff., 545, 559 ff., 563, 569 ff., 632
Raff, Joachim 202, 204, 319, 329, 398, 609
Ravel, Maurice 330, 332, 352, 356, 366, 368, 386, 443, 506, 511, 513 f., 516 ff., 521 ff., 530, 533, 556 f., 619
Reger, Max 204, 476, 493, 496 f., 591, 595 f., 603, 636
Reich, Steve 663, 667
Reichardt, Johann Friedrich 124
Reik, Theodor 478, 486, 488
Reiner, Fritz 632
Reinhardt, Max 471
Rellstab, Ludwig 195, 338
Remény, Eduard 313
Rheinberger, Joseph 608, 612, 619
Richter, Hans 290, 297, 299, 318, 324, 479 f., 488, 545
Ricordi, Giulio 275, 451 f., 456
Ries, Ferdinand 140, 219
Riley, Terry 667
Rimskij-Korsakow, Nikolaj 204, 358, 373 f., 376 f., 379 f., 382 ff., 396, 405, 408, 418, 529, 532, 575, 577
Rinuccini, Ottavio 16
Ritter, Alexander 466
Rolland, Romain 358 f., 468, 506, 514
Roller, Alfred 489
Rore, Cyprian de 14, 21
Rosbaud, Hans 666
Rosé, Arnold 324
Rossi, Salomone de' 15, 53
Rossini, Gioacchino 118, 128, 134, 143, 171 f., 181, 199, 219, 224 f., 227 ff., 233, 236, 241, 414, 424, 430, 546, 596
Rousseau, Jean-Jacques 66, 69, 135, 241
Roussel, Albert 440
Rubini, Giovanni Battista 181, 203, 235, 239 f.
Rubinstein, Anton 315, 329, 370, 374, 378, 396, 398, 422, 595, 609

Rubinstein, Nikolaj 378, 396 f.
Ruggles, Carl 618
Rzewski, Frederic 667

Saint-Saëns, Camille 154, 227, 232, 350, 354, 356, 360, 364, 366 ff., 383, 386, 422, 433, 436, 442, 459, 513, 521, 551, 606
Salieri, Antonio 118, 139, 197
Salomon, Johann Peter 81 f., 84
Sammartini, Giovanni Battista 62
Sand, George 181, 184, 185, 187 ff., 193, 248 f.
Satie, Erik 232, 501 f., 514, 519, 523, 622
Scarlatti, Alessandro 40, 52
Scarlatti, Domenico 38, 40, 427
Schaeffer, Pierre 663
Schaljapin, Fjodor 532 f.
Schalk, Franz 484
Scherchen, Hermann 666
Schikaneder, Emanuel 98
Schindler, Anton 124
Schmitt, Florenz 359, 443, 517, 523
Schneider, Hortense 339 f.
Schnorr, Ludwig 295
Schnabel, Arthur 142, 577, 600
Schober, Franz von 119, 122 f., 124, 126
Schobert, Johann 94
Schönberg, Arnold 11, 151, 176, 204, 320, 431, 442, 445, 448, 463, 479, 485, 492 f., 496 f., 511, 535 f., 556, 574, 579, 591, 595, 597, 602, 611 f., 623, 628 f., 634, 636 ff., 646 ff., 651 ff., 663, 668
Schostakowitsch, Dmitrij 384, 559, 577, 580 f., 583 ff., 658
Schreker, Franz 642
Schubart, Christian 80
Schubert, Franz 48, 75, 113, 117 ff., 131, 137, 139, 141, 143, 147, 151 f., 165 f., 172, 178, 193, 199, 219, 230, 306, 321, 325 f., 329, 369, 407, 412, 444, 478, 521, 538, 551
Schuller, Gunther 664, 655
Schumann, William 621
Schumann, Clara siehe Wieck, Clara
Schumann, Robert 126, 128 f., 133, 136 f., 139, 142 f., 147, 150 ff., 162,

164ff., 183f., 188, 192, 194ff., 202, 212, 214, 217, 219ff., 250, 286, 306f., 313f., 319ff., 325, 349, 366, 378, 407, 413, 420f., 428, 441, 444, 463, 503, 512, 525, 542, 605, 609, 628
Schütz, Heinrich 13, 40
Schweitzer, Albert 43
Scribe, Eugène 242ff., 246f.
Searle, Humphrey 661
Sessions, Roger 666
Shaw, George Bernard 60, 277f., 288, 301, 545
Sibelius, Jean 428, 430f., 496, 544ff.
Siloti, Alexander 204, 560, 573
Simrock, Nikolaus 409, 413f.
Skrjabin, Alexander 428, 492f., 538, 559ff., 563ff., 569ff., 575, 577f.
Slonimsky, Nicolas 618
Smetana, Bedřich 204, 407ff., 412f., 418
Sonnleithner, Leopold von 121, 124
Sontag, Henriette 182, 235, 239, 242, 265
Spohr, Ludwig 113, 117, 131, 140, 143, 219, 241, 256, 331
Spontini, Gaspare 72, 131, 143, 153, 159, 245, 256, 288
Stamitz, Johann 80
Stassow, Wladimir 376f., 383ff.
Steibelt, Daniel 103
Steinberg, Maximilian 580
Stockhausen, Karlheinz 612, 656, 661, 664
Stokowski, Leopold 614, 617
Strauss, Franz 464
Strauß, Johann 308, 318f., 329ff., 336ff., 340, 342, 344, 346, 349, 366, 428, 460, 521
Strauß, Johann Baptist 330ff., 334
Strauss, Richard 146, 150, 204, 223, 303, 308, 320, 330, 337, 442, 455, 459ff., 476, 488, 491, 493, 506f., 531, 544ff., 551, 556, 597, 602, 626, 629
Strawinsky, Igor 11, 222, 304, 332, 373, 388, 391, 404, 427, 430, 442, 463, 475, 511, 513, 518, 523, 524f., 529ff., 542, 556, 575, 580f., 583, 589, 591, 595, 600, 604, 615, 619f., 623, 629f., 634, 636f., 653f., 658, 668

Strepponi, Giuseppina 266f., 269, 276, 279
Sullivan, Arthur 329, 340, 346f., 473, 542
Sweelinck, Jan Pieterszoon 13, 37
Swieten, Gottfried van 45, 94
Szigeti, Joseph 632

Taglioni, Maria 242
Tailleferre, Germaine 523f.
Takemitsu, Toru 661
Tallis, Thomas 13, 540, 555
Tanejew, Sergej 392, 560, 571f.
Tausig, Carl 134, 202, 204, 208
Telemann, Georg Philipp 34, 40, 44
Thalberg, Sigismund 177, 606
Theremin, Leon 655
Thomas, Ambroise 162, 433, 436, 503
Thomson, Virgil 430f., 616, 621f.
Tomášcek, Wenzel Johann 74
Tomášcek, Václav Jan 407
Torrefranca, Fausto 451
Toscanini, Arturo 136, 290, 454, 456f., 470, 489
Tovey, Donald 64f.
Tschaikowsky, Pjotr Iljitsch 223, 308, 358, 370, 372f., 378ff., 380, 382, 388, 392ff., 396ff., 402ff., 412, 418f., 428, 502f., 559ff., 572, 595
Tscherepnin, Alexandr 577

Ussachevsky, Vladimir 663

Varèse, Edgar 591, 642, 655f.
Vaughan, Williams Ralph 408, 418, 428, 544f., 549f., 555ff., 627
Verdi, Giuseppe 24, 99, 134, 137, 139, 162, 202, 224, 244, 246, 251, 259ff., 288f., 300, 304f., 308, 350, 402, 447f., 450, 455, 474, 507, 551
Viadana, Grossi da Lodovico 15
Victoria, Tomás Luis de 14, 424
Vivaldi, Antonio 38, 40ff., 122, 306
Vogl, Johann Michael 119, 122
Vořišek, Jan Václav 407

Wagner, Cosima 200, 295, 297, 302f.
Wagner, Richard 18, 41, 101, 116, 134,

136f., 139ff., 146f., 150, 152, 160ff.,
165, 172f., 192, 197, 200ff., 204, 207,
211ff., 224, 229, 232, 236, 241, 249,
251f., 259, 262f., 265f., 268, 270,
272f., 276f., 281ff., 306, 308ff., 315,
320, 322, 324, 326, 331, 340, 344, 350,
354, 356, 359f., 362, 366f., 369,
382f., 402f., 413, 418, 432, 438,
441f., 448, 471, 473f., 478, 480,
492f., 496, 498, 501f., 507, 531, 541,
544f., 549, 551, 556, 565, 569, 597,
634, 636, 639f., 643, 645, 668
Walter, Bruno 478, 486, 489
Weber, Carl Maria von 113, 117, 130f.,
134, 139ff., 147, 167, 198, 224, 241,
245, 288, 330f., 602
Webern, Anton von 176, 431, 498,
535ff., 574, 611, 634, 641, 643, 646f.,
651, 655ff., 665
Weill, Kurt 591, 597, 600
Weingartner, Felix 163, 290, 470

Werckmeister, Andreas 42
Wert, Giaches de 15f.
Wesendonck, Mathilde 292
Wieck, Clara 128, 140, 169ff., 172ff.,
178, 180, 196, 265, 307, 309f., 313ff.,
318, 491
Wieck, Friedrich 126, 168ff., 172, 176
Willaert, Adrian 13f., 21
Wolf, Hugo 306, 321ff., 437, 444
Wölffl, Joseph 103

Xenakis, Iannis 661, 665

Young, La Monte 663

Zachow, Friedrich 50
Zelter, Carl Friedrich 124
Zemlinsky, Alexander von 637, 648
Zumsteeg, Johann Rudolf 124
Zweig, Stefan 474